U0519003

中国商业秘密法学者建议稿及立法理由

郑友德　马一德　范长军◎编著

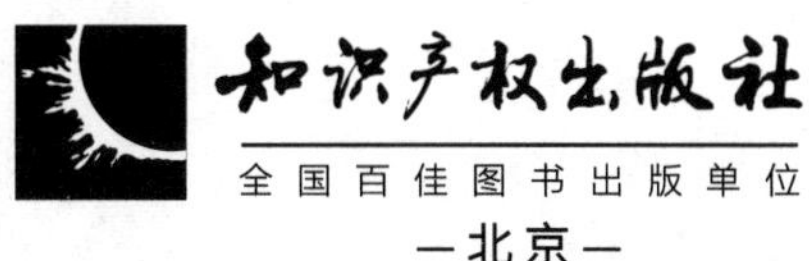

图书在版编目（CIP）数据

中国商业秘密法学者建议稿及立法理由/郑友德，马一德，范长军编著．—北京：知识产权出版社，2024.8．—ISBN 978－7－5130－9405－4

Ⅰ．D923.404

中国国家版本馆 CIP 数据核字第 2024WV3511 号

责任编辑：李芸杰　　**责任校对**：谷　洋

封面设计：戴　鹏　　**责任印制**：刘译文

中国商业秘密法学者建议稿及立法理由

郑友德　马一德　范长军　编著

出版发行：知识产权出版社有限责任公司　　**网　　址**：http：//www.ipph.cn

社　　址：北京市海淀区气象路 50 号院　　**邮　　编**：100081

责编电话：010－82000860 转 8739　　**责编邮箱**：liyunjie2015@126.com

发行电话：010－82000860 转 8101/8102　　**发行传真**：010－82000893/82005070/82000270

印　　刷：三河市国英印务有限公司　　**经　　销**：新华书店、各大网上书店及相关专业书店

开　　本：787mm×1092mm　1/16　　**印　　张**：50

版　　次：2024 年 8 月第 1 版　　**印　　次**：2024 年 8 月第 1 次印刷

字　　数：1100 千字　　**定　　价**：298.00 元

ISBN 978－7－5130－9405－4

编 委 会

序

1988年初秋，我来到阿尔卑斯山脚下风光旖旎的博登湖畔求学。在德国康斯坦茨大学法律学系“工商业产权法”的研讨课堂上，卡尔－海因茨·费策（Karl－Heinz Fezer）教授深厚的竞争法学与知识产权法学造诣被展现得淋漓尽致，他透过历史钩沉与对社会现实的及时关照，以典型案例穿针引线，勾勒出反不正当竞争法的生动画面。Fezer教授对德国反不正当竞争法条分缕析，将制止不正当竞争与保护商业秘密的微妙情结逐一精辟破解，似春风化雨，滋润心田，令人心驰神往，让我深切领会到竞争法的诱人魅力，激发了我对这一法域的无尽热情与探索欲望。从此，我与反不正当竞争法和商业秘密结下了不解之缘。

2005年，国务院启动国家知识产权战略纲要编写工作。经中国社会科学院知识产权中心郑成思教授推荐，我有幸参与其中，分别担任前国家工商行政管理总局承担的国家知识产权战略纲要“商业秘密专题”专家组组长和教育部承担的国家知识产权战略纲要“知识产权人才专题”专家组组长。与张玉瑞研究员、王先林教授、徐士英教授、李祖明教授、郑胜利教授等共同探讨商业秘密法的相关难题。鉴于我国商业秘密的保护规定分散于《反不正当竞争法》《刑法》《劳动合同法》等不同法律中，现有的实体与程序条款既不完善又分散凌乱，缺乏完整性、系统性和逻辑自洽性，导致司法尺度不一、执行力度不足、实施效果不佳、企业商业秘密管理水平也随之低下，为此我们首次提出制定专门商业秘密法的基本构想，以期完善我国商业秘密保护体系，提升商业秘密保护效果。

2016年6月19日，在深圳峰创智诚科技有限公司（简称峰创智诚）总裁王活涛博士的大力支持下，我与张玉敏教授、黄武双教授、蒋言斌教授、朱理法官、祝建军法官等在深圳参加了由峰创智诚举办的国内首届商业秘密立法研讨会。会上对我和我指导的硕士研究生高薇同学共同起草的《中国商业秘密法建议稿及其立法说明和立法参考》进行了充分论证和修改，形成了后期《中国商业秘密法学者建议稿》的雏形。

2016年和2017年，适逢反不正当竞争法首次修订之机，在腾讯研究院支持下，我们在武汉和北京多次举办反不正当竞争法修订研讨会，对该法的商业秘密相关条款提出了诸多修改和完善建议。

二十年前，我与马一德教授因对中国商业秘密立法的共同兴趣而相识相知。

2018 年暑期，在马一德教授的大力支持下，华中科技大学举办了商业秘密专门立法研讨会，就我和范长军副教授、李薇薇副教授和伍春艳副教授根据 2016 年深圳研讨会的建议稿初稿起草的《中华人民共和国商业秘密法学者建议稿和立法说明》进行了深入论证与修改。

我国商业秘密立法的学术讨论也引起了国外著名学者的高度关注。2017 年 6 月 15 日，深圳峰创智诚科技有限公司专门邀请德国马普创新与竞争研究所所长瑞托·赫尔提（Reto M. Hilty）教授，在深圳举行的"商业秘密立法研讨会暨智诚知识产权研究院成立大会"上作了"欧盟及中国商业秘密保护制度的最新发展与比较研究"的专题报告（见本书"（四）其他参考资料"）。他随后赴武汉参加了由华中科技大学中国知识产权司法保护理论研究基地与腾讯研究院联合举办的"反不正当竞争法修订与商业秘密立法研讨会"。衷心感谢 Reto M. Hilty 先生的邀请和德国马普学会的赞助，让我有机会于 2019 年在慕尼黑马普创新与竞争研究所专心从事中欧德商业秘密立法与司法的研究，从而极大地拓宽了我的国际视野，为《中华人民共和国商业秘密法学者建议稿》的修改和完善提供了宝贵的比较法参考依据。

2019 年 1 月，在清华大学法学院崔国斌教授的筹划和赞助下，在清华大学再次举办商业秘密立法研讨会，继续商讨完善上述建议稿。最终，由马一德教授领衔的团队根据我们提供的国内外立法参考文献，综合与会专家意见，完成了近 30 万字的建议稿及立法参考资料。2019 年 3 月，马一德教授作为全国人大代表，向十三届全国人大二次会议提交了"《中华人民共和国商业秘密法》代表议案"，得到了 20 多位全国人大代表的联合签名。

2020 年武汉"封城"期间，马一德教授和我受国家市场监管总局委托，会同北京市高级人民法院陶钧法官和华为公司张仲卿知识产权总监，主要参考"《中华人民共和国商业秘密法》代表议案"，共同起草了《关于保护商业秘密的若干规定》建议稿。

2021 年春节期间，马一德教授组织团队将多国不同语种的商业秘密立法等翻译成中文，并全力支持本书的公开出版。没有马一德教授对我国商业秘密立法的满腔热忱，本书的问世将无从谈起。

《中华人民共和国商业秘密法学者建议稿》的诞生，凝聚了诸多专家学者和同仁的真知灼见。在本书即将付梓之际，首先要感谢中南财经政法大学知识产权研究中心马一德教授、中国社会科学院知识产权中心张玉瑞研究员、同济大学上海国际知识产权学院刘晓海教授、华东政法大学知识产权学院黄武双教授、清华大学法学院崔国斌教授、北京市高级人民法院知识产权庭陶钧法官、北京金诚同达律师事务所李德成律师和白露律师、华东政法大学知识产权学院王艳芳教授、华中科技大学法学院范长军副教授、李薇薇副教授、伍春艳副教授等为《中华人民共和国商业秘密法学者建议稿》的撰写与修改所付出的辛勤劳动。同时，还要感谢张玉敏教授、孔祥俊教授、王先林教授、谢晓尧教授、刘孔中教授、徐世英教授、李祖明教授、黄勇教授、孟雁北教授、宁立志教授、林秀芹教授、蒋言斌教授、喻玲教授、熊琦教授、金明浩教授、邓社民教授、李陶副教授、陈思勤副教授、牟萍副教授、蒋舸副教授、袁嘉副教授、李杜副教授、黄炜杰讲师，郭玉新讲师、朱理法官、杜微科法官、程永顺法官、宋健法官、顾韬法官、何震法官、姚兵兵法官、姚建军法官、祝建军法官、徐俊法官、叶宇法官、尹为法官、赵千禧法官、余杰法官、李薇薇检察官，韩秀成主任、李青局长、高玮玮处长、张学军顾问、张仲卿总监、曾旻辉律师、邹雯律师、刘庆辉律师、谷海燕律师、李霞律师、闫新律师、何丹律师、黄晖律师、李豆豆律师等为商业秘密立法建议稿提供的宝贵建议和支持。

特别感谢腾讯研究院张钦坤博士、深圳峰创智诚科技有限公司王活涛博士和《电子知识产权》杂志编辑部黄蕴华主任为《中华人民共和国商业秘密法学者建议稿》的编写提供的诸多支持和帮助。

由于参与历次商业秘密立法讨论的专家学者众多，感谢名单难免有所遗漏，敬请谅解。

本书从 2016 年构想到最终付梓，历经八载光阴，正好赶上我卸下教鞭，享受惬意闲适、逍遥自在的美好时光。2018 年，鉴于商业秘密作为重要无形资产在国内外市场竞争中的显著作用，我撰写了五万多字的《论我国商业秘密保护专门法的制定》，发表在《电子知识产权》2018 年第 10 期，并被《新华文摘》网络版全文转载（见本书“（四）其他参考资料”）。该文论证了我国制定商业秘密保护专门法的必要性与可行性，并初步设计了立法的主要框架，旨在引发学界和实务界的关注和讨论。在此前后，我们倾尽所能，搜集各国资料，汇聚他国立法经验之精华，总结中国司法执法之成果，力图打造契合中国国情的商业秘密法。尽管我们的理想是试演一幕活色生香的歌舞剧，现实却往往更像是一出孤零零的独角戏。我们仅希望本书能够成为未来中国商业秘密专门立法的奠基石。若有朝一日梦想成真，那将是我们最大的欣慰。

同时，还要感谢为本书资料汇编、分类和出版做出重大贡献的马一德教授的得意门生、中南财经政法大学博士生汪婷同学，以及华中科技大学法学院硕士高薇和雷蕾同学等。

本书责任编辑李芸杰女士在编辑过程中细心入微、认真责任，其出色的专业素养和敬业精神令人钦佩。我们对她的辛勤付出深表感谢。

正是我老伴和爱女爱子一直以来的默默支持，才让我这个“70 后”至今仍然笔耕不辍。借此机会，向我的妻儿表达最深切的谢意和感激之情。

限于我们的学术水平，书中难免有疏漏与错误，敬请读者雅正。

郑友德
2024 年 5 月 25 日于喻园

编辑说明

本书第二部分“学者建议稿立法参考资料”分为“（一）国际公约、条约、示范条款”“（二）其他国家与地区相关立法”“（三）中国相关立法”以及“（四）其他参考资料”。需要特别说明的是：

（1）该部分收录的相关法律，有的仅为与商业秘密相关的法条，而非整个法律文件，鉴于该种情况较多，文中不再使用“选译”或“节选”字样一一标识。

（2）“（二）其他国家与地区相关立法”共收录和翻译二十余个国家和地区的商业秘密立法。需要读者注意的是，此部分在组织翻译的过程中，我们严格尊重了各翻译依据文本的结构、序号等表达方式。有些专业术语、法条数目描述在原文未作统一表述的情况下，我们一般采取保留原貌的做法。但为了便于读者查询，书中不同法律文件中的同一重要法条，编写中尽量使用了相同的法条数目描述。

（3）“（三）中国相关立法”中如《最高人民法院关于审理不正当竞争民事案件应用法律若干问题的解释》《国家经贸委办公厅关于加强国有企业商业秘密保护工作的通知》等法律文件虽已失效，但鉴于其对我国商业秘密法学者建议稿有较大的借鉴意义，本书予以收录，供广大读者比较阅读。

（4）“（四）其他参考资料”收录七篇可供我国商业秘密专门立法参考的学者文章、译文，鉴于各篇文章的独立性和脚注序号对应性，各篇文章的脚注编码采用“连续编码”的形式，这与前文使用的“每页重新编码”形式是不一致的。

目　录

一、《中华人民共和国商业秘密法》学者建议稿和立法说明

（一）学者建议稿

目　录

第一章　总　则

第一条　立法宗旨

为了保护商业秘密权利人和相关主体的合法权益，激励研发与创新，鼓励和保护公平竞争，促进社会主义市场经济健康发展，制定本法。

第二条　基本原则

商业秘密的获取、使用与披露，应当遵循诚实信用原则。

第三条　定义

（一）本法所称的商业秘密，是指不为公众所知悉、具有商业价值并经权利人采取合理保密措施的技术信息和经营信息。

不为公众所知悉，是指有关信息不为其所涉范围的相关人员普遍知悉和容易获得。

具有商业价值，是指从竞争角度看，该信息能为权利人带来现实或潜在的竞争优势。

采取合理保密措施，是指通常能够防止保密信息泄露并确保信息秘密性的合理措施。

（二）商业秘密权利人是指合法控制商业秘密的自然人、法人和非法人组织。

（三）侵权人是指违反本法获取、使用与披露商业秘密的自然人、法人或非法人组织。

（四）侵权产品是指其方案、特征、功能、制造工艺或营销主要依赖于违法获取、使用与披露的技术秘密的产品。

第四条　市场监督管理

县级以上人民政府市场监督管理部门对侵犯商业秘密行为进行查处；法律、行政法规规定由其他部门查处的，依照其规定。

商业秘密保护执法工作坚持依法、公正、平等、统一的原则。

国家推动建立健全商业秘密自我保护、行政保护、司法保护一体的商业秘密保护体系。

第二章　权利归属、转让与许可

第五条　商业秘密的权利归属

单位员工执行本单位的任务所获得的商业秘密为职务商业秘密。单位为职务商业秘密权利人。员工有义务根据单位工作需要及时向单位披露职务商业秘密。

两个以上单位或个人合作获得商业秘密的，合作方为共同权利人。

单位或个人接受他人委托获得商业秘密的，受委托方为权利人，但委托方有权在自己现有和潜在的业务范围内披露和利用该商业秘密。

商业秘密权利人依据上述各款获取商业秘密之前，应当采取合理措施确保该商业秘密一经产生即受到保护。

第六条　共同权利人

单位或个人可以因法定或约定原因成为商业秘密的共同权利人。

商业秘密的共同权利人可以自行披露、利用或以普通许可方式许可第三方利用该商业秘密，但不得违反自己已经承担的保密义务。共同权利人对外转让商业秘密共有权利时，应当征得其他共同权利人一致同意。

第七条　商业秘密转让

商业秘密权利人可以转让自己对商业秘密享有的全部权益。

权利人转让商业秘密的，当事人应当订立书面合同。

权利人转让商业秘密后，应当对该商业秘密保密，除其他法律法规规定的身份利益外，不再对商业秘密享有权益，尤其不得向第三方披露、自行利用、许可第三方利用或再次转让该商业秘密。

中国单位或者自然人向外国自然人、企业或者其他组织转让商业秘密的，应当遵守其他法律法规的具体规定，并履行必要的手续。

第八条　商业秘密许可

商业秘密权利人可以以普通许可、排他许可或独占许可等方式许可他人利用商业秘密。权利人许可利用商业秘密时，应当订立许可合同，约定使用方式、许可费、地域、期限、保密义务和其他内容。除了实现许可合同目的所必需外，被许可人不得向第三方披露该商业秘密。

未明确约定许可性质时，商业秘密许可推定为普通许可，被许可人有相反证据的除外。

商业秘密独占许可的被许可人可以单独对侵权行为人提起诉讼；排他许可的被许可人在权利人不起诉的情况下，可以自行提起诉讼；普通许可的被许可人经权利人书面授权也可以单独提起诉讼。

商业秘密的被许可人利用商业秘密的行为侵害第三方权益时，除非合同明确约定，商业秘密权利人不承担违约责任。权利人明知或应知上述侵权行为发生依然发放许可的，权利人与被许可人应承担共同侵权责任。

第九条　其他法律法规

除本法外，其他法律和法规对商业秘密的权属、披露、利用、许可或转让等另有规定的，从其规定。

商业秘密权利人和相关各方对商业秘密的权属、披露、利用、许可或转让等另有约定的，从其约定；约定违反强制性规范的除外。

第三章　保密义务

第十条　民事活动中的保密义务

在民事活动中，商业秘密权利人可以与他人就保守商业秘密达成协议。当事人不得违反协议的要求，披露、使用或允许他人使用该商业秘密。

在民事活动中，如商业秘密权利人未要求保密信息接触人签订保密协议，但只要在合作过程中权利人采取了合理保密措施，该接触人对在合作过程中知悉的商业秘密负有保密义务，无论最终是否订立合同或者合作是否成立，均不得擅自披露或不当使用。

第十一条　员工的保密义务和竞业限制

依本法保护商业秘密，不应限制员工的合理流动，不应成为限制员工使用在其日常工作中正常获得的经验和技能或限制员工使用不构成商业秘密的信息的理由，亦不应依本法在员工的劳动合同中施加任何其他的限制。

用人单位与员工可以在劳动合同中约定保守用人单位商业秘密的有关事项。对负有保密义务的员工，用人单位在劳动合同或者保密协议不足以保护其商业秘密的情形下，可以与员工约定竞业限制条款，规定员工离职后的一定期限内不得擅自披露或者不当使用前款所述的商业秘密，用于自营或者为他人经营与所任职公司同类的业务。但用人单位必须给予法律所规定的经济补偿。

竞业限制条款约定的竞业限制范围、地域、期限等内容应当与员工知悉、接触的商业秘密的保密事项、具有的商业价值和形成的竞争优势相适应。劳动者违反竞业限制约定，用人单位应按照约定依法要求劳动者返还违反竞业限制约定期间已经支付的经济补偿，并支付违约金。

第十二条　公务活动中的保密义务

国家机关及其公务人员对其在履行公务过程中所知悉的商业秘密负有保密义务，不得超出其职责范围进行披露、使用或者允许他人使用权利人的商业秘密。

按照有关法律法规规定，药品或者农业化学物质产品在上市审批程序中提交的文书涉及未披露的实验数据或其他数据的，负有审批或监督检查职责的机构及其工作人员对其在履行职责过程中所知悉的商业秘密负有保密义务，不得超出其职责范围进行披露、使用或者允许他人使用，不论该行为是否取得经济利益。

第十三条　司法诉讼与仲裁程序中的保密义务

人民法院审理或者仲裁机关受理商业秘密案件或者涉及商业秘密的其他类型案件过程中，应当事人的申请，可将涉案信息全部或部分信息认定为必须保密的信息。

当事人、委托诉讼代理人、辩护人、鉴定人、勘验人、证人、翻译人员及其他参与商业秘密案件或能获取案件中资料的相关人员，必须签订保密承诺书，对被认定为必须保密的信息保密，不得在诉讼之外使用或披露该信息，但在诉讼之外获取该信息的除外。

有权查阅卷宗的第三人，只能查阅未包含被认定为必须保密信息的内容。

第四章　侵害商业秘密的行为

第十四条　侵害商业秘密的行为

以下行为构成侵害商业秘密：

（一）明知或者应知是商业秘密，以盗窃、贿赂、欺诈、胁迫或者其他不正当手段获取权利人的商业秘密；

（二）披露、使用或者允许他人使用以前项手段获取的权利人的商业秘密；

（三）违反合同或者违反保密义务，披露、使用或者允许他人使用其所掌握的商业秘密；

（四）明知或者应知是侵害他人商业秘密的侵权产品后，为生产经营目的的直接制造、销售或许诺销售该侵权产品，或者为了实现该目的而实施的进口、出口或储存该侵权产品。

第三人明知或者应知商业秘密权利人的员工、前员工或者其他单位、个人实施前款所列违法行为，仍获取、披露、使用或者允许他人使用该商业秘密的，视为侵犯商业秘密。

以不正当手段获取权利人的商业秘密，包括擅自接触、占有或复制由权利人合法控制、包含该商业秘密或能从中推导出该商业秘密的文件、物品、材料、原料或电子数据。

第十五条　不构成侵害商业秘密的行为

下列行为不构成侵害商业秘密：

（1）独立发现或者自行开发研制；

（2）通过技术手段对从公开渠道取得的产品或特定对象，进行反向工程、研究或者实验等而获得该产品的有关技术信息，且依法不存在限制获取的情况；

（3）员工在工作过程中诚实获取属于自身的经验、技能与知识，与其人身不能分离，前述经验、技能与知识在其离职后可正当使用或披露；

（4）其他符合诚实信用的商业行为。

第十六条　免责条款

对商业秘密的获取、使用与披露存在下列情形之一时，行为人不承担相应的法律责任：

（一）股东依法行使知情权而获取公司商业秘密，但不得违法披露或使用其所获取的商业秘密。

（二）商业秘密权利人的员工、前员工或合作方基于环境保护、公共卫生、公共安全、揭露违法犯罪行为等公共利益需要，而必须披露商业秘密的。举报人在向有关国家行政机关、司法机关、检察机关及其工作人员揭露前述行为时须以保密方式提交包含商业秘密的文件或法律文书。基于公共利益需要必须使用该商业秘密的，可以不停止使用，但应当给予商业秘密权利人合理补偿。

第五章　救济措施与法律责任

第十七条　民事责任

侵权人违反本法规定，应当依法承担停止侵权、返还侵权载体等民事责任。

第十八条　停止侵权

侵权人承担停止侵权的民事责任时，停止侵权的时间一般持续到该商业秘密已为其所涉范围的相关人员知悉为止。依据前述规定确定的停止侵权时间如果明显不合理的，人民法院可以酌情判决侵权人在一定期限或者范围内停止使用该商业秘密。

第十九条　损害赔偿

侵权人违反本法规定，给商业秘密权利人造成损害的，应当承担损害赔偿责任。赔偿数额按照商业秘密权利人因被侵权所受到的实际损失确定；实际损失难以确定的，可以按照侵权人因侵权行为所获得的利益确定。商业秘密权利人的损失或者侵权人获得的利益难以确定的，参照该商业秘密许可使用费的倍数合理确定。赔偿数额还应当包括商业秘密权利人为制止侵权行为所支付的合理开支。

侵权人因其侵权行为导致商业秘密已为公众所知悉的，应当根据该商业秘密的商业价值确定损害赔偿额或者根据其侵权行为造成该商业秘密价值贬损和市场竞争优势下降等因素酌定损害赔偿额。商业秘密的商业价值，根据其研发成本、实施该商业秘密的收益、可得利益、可保持竞争优势的时间等因素确定。

商业秘密权利人的损失、侵权人获得的利益和商业秘密许可使用费均难以确定的，由人民法院根据侵权行为的情节判决给予商业秘密权利人五百万元以下的赔偿。

对恶意侵犯商业秘密，情节严重的，可以在按照上述方法确定数额的一倍以上五倍以下确定赔偿数额。

第二十条　针对侵权产品可采取的救济措施

依商业秘密权利人的申请，人民法院可以根据商业秘密纠纷的判决，责令侵权人从市场上召回侵权产品、消除侵权产品的侵权部分或销毁侵权产品。

第二十一条　行为保全

商业秘密权利人因情况紧急，不立即申请保全将会使其合法权益受到难以弥补的损害的，可以在提起诉讼前向人民法院申请采取保全措施。

商业秘密纠纷的当事人在判决、裁定生效前，可以依法向人民法院申请采取保全措施。

第二十二条　证据保全

为了制止侵犯商业秘密的行为，在证据可能灭失或者以后难以取得的情况下，商业秘密权利人可以在起诉前或诉讼过程中向人民法院申请保全证据。人民法院裁定保全证据的，当事人及其他执行协助人必须执行或者配合人民法院执行。如果拒不执行或者不配合执行，当事人及其他执行协助人将承担相应法律责任。

第二十三条　举证责任

在侵犯商业秘密的民事审判程序中，原告对其主张权利或利益的商业秘密的存在负举证责任。如果原告能够提供初步证据证明其商业秘密的存在，而被告予以否认的，则被告应当证明原告所主张的商业秘密不符合本法规定的商业秘密。

原告提供初步证据证明商业秘密被侵犯，或者有足够理由怀疑被告侵犯商业秘密，并提供以下任一证据的，被告应当证明其不存在侵犯商业秘密的行为：

（一）初步证据表明被告所利用的信息与原告的商业秘密相同或实质相同，且被告有获取上述信息的途径或可能性；

（二）初步证据证明原告的商业秘密已经被被告披露、使用，或有足够理由表明原告的商业秘密存在被披露、使用的风险；

（三）其他初步证据表明原告的商业秘密被被告侵犯。

在原告完成初步举证责任后，被告应当承担举证责任，证明其不存在侵犯商业秘密的行为。被告可以通过以下方式进行抗辩：

（一）证明所使用的信息并非原告的商业秘密；

（二）证明其通过合法途径（如反向工程或独立开发）获得了相关信息；

（三）证明原告的商业秘密已被公开或在诉讼前已为公众所知悉。

在涉及生产方法的技术秘密时，如果被告实施了《中华人民共和国反不正当竞争法》第九条第一款第（一）项或第三款规定的不正当获取商业秘密的行为，并且被告已经生产了使用该技术秘密所产生的物品，或从事了明显使用该技术秘密的其他行为，则应推定被告从事了使用商业秘密的行为。在此情况下，原告应提供初步证据或有足够理由怀疑被告侵犯技术秘密，并对以下三点进行举证：

（一）所主张的信息是原告享有的关于生产方法等的技术信息；

（二）被告实施了《中华人民共和国反不正当竞争法》第九条第一款第（一）项或第三款规定的不正当获取商业秘密的行为；

（三）被告使用原告享有的商业秘密，生产出了能够量产的物品。

第二十四条　证据

原告主张其享有商业秘密的，应说明其商业秘密的具体内容，同时可以提供载有商业秘密的合同、文档、计算机软件、产品、招投标文件、数据库文件，原告与披露、使用或允许他人使用商业秘密的人存在约定保密义务的合同，员工证明、社保证明、离职手续，企业规章制度，密钥、限制访问系统或物理保密装置等证据。

原告主张被告实施侵害商业秘密行为的，可以提供以下证据：

（一）被告生产的含有原告商业秘密的产品、产品手册、宣传材料、计算机软件、文档；

（二）被告与第三方订立的含有原告商业秘密的合同；

（三）被告所用信息与原告商业秘密相同或存在相似程度的鉴定报告、评估意见、勘验结论；

（四）被告与披露、使用或允许他人使用商业秘密的主体存在合同关系或其他关系的合同；

（五）针对原告商业秘密的密钥、限制访问系统或物理保密装置等被破解、规避的记录；

（六）能反映原告商业秘密被窃取、披露、使用的证人证言；

（七）体现原告商业秘密存在的产品说明书、宣传介绍资料；

（八）被告明知或应知他人侵犯商业秘密仍提供帮助的宣传网页、销售或展览展示场所；

（九）被告教唆、引诱、帮助他人侵犯商业秘密的录音录像、聊天记录、邮件；

（十）其他证据。

原告主张被诉信息与原告主张的商业秘密构成实质性相同，可以提供以下证据：

（一）有资质的鉴定机关、评估机构出具的鉴定意见、评估意见，相关专家辅助人意见；

（二）能体现与原告主张的商业秘密实质性相同的信息的产品、合同、意向书；

（三）前述证据来自与被告有关的第三方；

（四）其他证据。

必要时，原告可以申请对含有原告商业秘密与被诉信息的产品、文档等载体进行现场勘验或鉴定。

被告否认侵犯商业秘密的，可以提供以下证据：

（一）已公开原告商业秘密的文献资料、宣传材料、网页、相关产品；

（二）原告保密措施无效的鉴定意见、评估报告；

（三）被告所用信息与原告商业秘密不同的鉴定意见、评估报告、勘验结论；

（四）被告获取、披露、使用或者允许他人使用的商业秘密经过合法授权的授权书、合同；

（五）被告自行开发研制或者反向工程等的开发文件、研发记录、音视频文件；

（六）客户基于对离职员工个人的信赖而自愿与该个人或者其新单位进行市场交易的说明、证人证言；

（七）其他证据。

被告抗辩被诉信息与原告商业秘密存在实质性区别的，可列明二者之间存在的区别点，并对相关区别点导致二者构成实质性区别予以说明，必要时可以提供专家辅助人意见、鉴定意见等；或者提供被诉信息与原告商业秘密中构成实质性相同部分的信息属于他人信息或公有领域信息的文档、专家辅助人意见、鉴定意见、评估意见等证据。

必要时，被告可以申请对原告商业秘密与被诉信息的产品、文档等载体进行现场勘验或鉴定。

被告抗辩被诉信息系通过反向工程获取的，可以提供以下证据：

（一）通过公开渠道取得产品的购买合同、接受赠予的凭证、票据；

（二）通过拆卸、测绘、分析等相关技术手段从公开渠道取得的产品中获得有关技术信息的工作记录、视频、文档数据；

（三）委托他人通过拆卸、测绘、分析等技术手段从公开渠道取得的产品中获得有关技术信息的合同、往来邮件；

（四）其他证据。

被告提出个人信赖抗辩的，可以提供以下证据：

（一）所涉行业领域强调个人技能的行业特点说明；

（二）客户明确其系基于对员工个人的信赖自愿选择交易的声明、说明或者聊天记录、往来邮件；

（三）与相关客户的交易未利用原告所提供的物质条件、交易平台的文件、沟通记录；

（四）其他证据。

第二十五条　行政责任

侵权人违反本法规定侵犯商业秘密的，监督检查部门可以责令停止违法行为，处十万元以上五十万元以下的罚款；情节严重的，处一百万元以上五百万元以下的罚款。监督检查部门可以没收、销毁侵权产品、专用于制造侵权产品或者使用侵权方法的零部件、工具、模具、设备等。

第二十六条　商业秘密的海关保护

商业秘密权利人发现涉嫌侵权产品即将进出口的，可以向产品进出境地海关提出扣留涉嫌侵权产品的申请。

商业秘密权利人请求海关扣留涉嫌侵权产品的，应当提交申请书及相关证明文件，并提供足以证明侵权事实明显存在的证据。

商业秘密权利人请求海关扣留涉嫌侵权产品的，应当向海关提供担保。

第二十七条　刑事责任

违反本法规定，行为人明知或者应知其行为会给商业秘密权利人造成重大损失仍故意实施该行为，构成犯罪的，依法追究刑事责任。

违反本法规定，行为人明知或者应知其行为会有益于外国政府、外国机构或外国代理人仍故意实施该行为，以侵犯商业秘密罪论，可比照前款刑事责任加重处罚。

为实施前述第一、二款行为准备、制造条件的，属预备行为，可比照既遂行为从轻、减轻处罚或者免除处罚。

任何单位实施前述第一款行为的，处以十万元以上六百万元以下罚金；任何单位实施前述第二款行为的，处以五十万元以上一千万元以下罚金。

第二十八条　民事赔偿优先

侵权人违反本法规定，应当承担民事责任、行政责任和刑事责任，其财产不足以支付的，优先用于承担民事责任。

第六章　附　则

第二十九条　生效

本法自××××年××月××日起施行。

（二）立法说明

第一章 总 则

第一条 立法宗旨

为了保护商业秘密权利人和相关主体的合法权益，激励研发与创新，鼓励和保护公平竞争，促进社会主义市场经济健康发展，制定本法。

☞ 立法说明

（一）国外商业秘密单行立法（《美国统一商业秘密法》、《欧盟商业秘密指令》、《德国商业秘密保护法》、《瑞典商业秘密保护法》、《克罗地亚保护具有市场价值的未披露信息法》）没有立法宗旨条款。

（二）立法宗旨条款确立了法律的价值追求、体系定位、性质功能等，是一部法律的核心，是解释该部法律其他条文的依据，因而本法规定了立法宗旨。

（三）“保护商业秘密权利人的合法权益”是本法的根本宗旨。

（四）“保护相关主体的合法权益”表明，商业秘密权利人的权益不是传统的绝对权利，而是一种框架权利，对其保护需要与相关主体（企业员工等）的合法权益进行合理平衡。本法采用“权利人”概念，与《民法典》第123条规定保持一致。对该立法宗旨的具体化是第三章规定的“保密义务”。该章规定采纳了第一稿绝大部分学者的“对商业秘密权利人的合法权益既要进行保护，也要进行限制”的建议。

（五）“激励研发与创新”表明，商业秘密法作为国家创新保障体系的重要组成部分，其立法目的与专利法的激励创新主旨有所差异，更侧重于研发阶段的激励与保护。这里的“创新”，既包括技术创新，也包括经营创新。特别需要说明的是，商业秘密法和专利法均可从不同层面鼓励技术创新。商业秘密法旨在鼓励尚未达到专利保护高度的发明，促使独立的创新者发现和运用其发明，从而培育竞争，使公众不会被剥夺使用一个有价值的、尚不可专利的发明。

（六）“鼓励和保护公平竞争，促进社会主义市场经济健康发展”表明，对商业秘密的保护，应以保障市场中的正常竞争秩序为目标，既包括自由竞争，也包括公平竞争等具体形式，对私人行为、公权力行为等不能适用本法，从而实现促进社会主义市场经济健康发展的终极目标。

（七）反不正当竞争法对商业秘密的保护，只是从反面规定了不正当获取、使用与披露商业秘密的行为，而本法从正面规定了推动商业秘密应用的制度。知识产权是一种绝对权利，对侵权的判断不需要再进行利益平衡。依据本法的立法宗旨，对侵害商业秘密行为的判断，需要在维护公平竞争秩序的目标之下，在商业秘密权利人与相关主体之间进行合理的利益平衡。本法不是知识产权法，也不是反不正当竞争法，而是知识产权法与反不正当竞争法的结合，兼具财产法与行为法的性质，兼具权利保护与行为规制的双重性质。

☞ 立法参考

（一）《反不正当竞争法》（2019）

第一条 为了促进社会主义市场经济健康发展，鼓励和保护公平竞争，制止不正当竞争行为，保护经营者和消费者的合法权益，制定本法。

（二）《商标法》（2019）

第一条 为了加强商标管理，保护商标专用权，促使生产、经营者保证商品和服务质量，维护商标信誉，以保障消费者和生产、经营者的利益，促进社会主义市场经济的发展，特制定本法。

（三）《著作权法》（2020）

第一条 为保护文学、艺术和科学作品作者的著作权，以及与著作权有关的权益，鼓励有益于社会主义精神文明、物质文明建设的作品的创作和传播，促进社会主义文化和科学事业的发展与繁荣，根据宪法制定本法。

（四）《专利法》（2020）

第一条 为了保护专利权人的合法权益，鼓励发明创造，推动发明创造的应用，提高创新能力，促进科学技术进步和经济社会发展，制定本法。

（五）国家市场监督管理总局《商业秘密保护规定（征求意见稿）》（2020）

第一条 为了制止侵犯商业秘密的行为，加强商业秘密保护，保护商业秘密权利人和相关主体的合法权益，激励研发与创新，维护公平竞争、优化营商环境，促进社会主义市场经济健康发展，根据《中华人民共和国反不正当竞争法》（以下简称《反不正当竞争法》）的有关规定，制定本规定。

第二条 基本原则

商业秘密的获取、使用与披露，应当遵循诚实信用原则。

☞ 立法说明

（一）第二条为本法一般条款，承担填补法律漏洞功能。

（二）“商业秘密的获取、使用与披露”中针对商业秘密的具体行为，在本法中统一规范为“获取、使用与披露”。

☞ 立法参考

（一）《民法典》（2020）

第七条 民事主体从事民事活动，应当遵循诚信原则，秉持诚实，恪守承诺。

第八条 民事主体从事民事活动，不得违反法律，不得违背公序良俗。

（二）《反不正当竞争法》（2019）

第二条 经营者在生产经营活动中，应当遵循自愿、平等、公平、诚信的原则，遵守法律和商业道德。

（三）《商标法》（2019）

第七条 申请注册和使用商标，应当遵循诚实信用原则。

（四）《专利法》（2020）

第二十条 申请专利和行使专利权应当遵循诚实信用原则。不得滥用专利权损害公共利益或者他人合法权益。

（五）《促进科技成果转化法》（2015）

第三条 科技成果转化活动应当尊重市场规律，发挥企业的主体作用，遵循自愿、互利、公平、诚实信用的原则，依照法律法规规定和合同约定，享有权益，承担风险。科技成果转化活动中的知识产权受法律保护。

（六）《科学技术进步法》（2021）

第三十八条 技术交易活动应当遵循自愿平等、互利有偿和诚实信用的原则。

（七）国家市场监督管理总局《商业秘密保护规定（征求意见稿）》（2020）

第二条 商业秘密的获取、披露、使用应当遵循诚信原则及商业道德。

（八）《与贸易有关的知识产权协议》

第39条 2. 自然人和法人应有可能防止其合法控制的信息在未经其同意的情况下以违反诚实商业行为的方式向他人披露，或被他人取得或使用（根据《与贸易有关的知识产权协议》英文版注释，本款中“以违反诚实商业行为的方式”，应至少包括如违反合同、泄密和违约诱导，并且包括第三方取得未披露信息，而该第三方知道或因严重疏忽未能知道未披露信息的取得涉及此类做法）。

第三条 定义

（一）本法所称的商业秘密，是指不为公众所知悉、具有商业价值并经权利人采取合理保密措施的技术信息和经营信息。

不为公众所知悉，是指有关信息不为其所涉范围的相关人员普遍知悉和容易获得。

具有商业价值，是指从竞争角度看，该信息能为权利人带来现实或潜在的竞争优势。

采取合理保密措施，是指通常能够防止保密信息泄露并确保信息秘密性的合理措施。

（二）商业秘密权利人是指合法控制商业秘密的自然人、法人和非法人组织。

（三）侵权人是指违反本法获取、使用与披露商业秘密的自然人、法人或非法人组织。

（四）侵权产品是指其方案、特征、功能、制造工艺或营销主要依赖于违法获取、使用与披露的技术秘密的产品。

☞ 立法说明

（一）第（二）、（三）、（四）项吸纳最高人民法院司法解释对商业秘密三个构成要件的进一步具体化，且与《与贸易有关的知识产权协议》（TRIPS 协议）规定的商业秘密定义一致。实践中，“不为公众所知悉”应区别于专利之新颖性要件。商业秘密对权利人的商业价值在实践中通常表现为，与其他不拥有该商业秘密的人相比，权利人拥有现实或潜在的竞争优势。权利人必须采取保密措施是其拥有商业秘密的基本要件，也可以看作是权利人的义务。强调保密措施要确保信息处于秘密状态，而随着互联网经济和大数据时代的来临，保密措施的形式越来越多样化，无法在此具体枚举，因此只作定性规定，且强调以“合理”为限，不要求能够阻止不正当手段获取、披露和使用的情形。

（二）“商业秘密权利人”并非意味着商业秘密是一种类似专利等工业产权的排他权，而是沿袭了我国反不正当竞争法的规制不正当竞争行为的传统，它至多创设一种框架权利。《欧盟商业秘密指令》序言第（16）段指出，为了激励创新和促进竞争，本指令的规定不应为受到商业秘密保护的任何专有技术或信息创设排他权。因此，应该仍然可以独立发现相同的专有技术或信息。除合同约定外，对合法获得的产品进行反向工程应被视为获取信息的合法手段。然而，订立此类合同的自由受法律限制。故该款所称“商业秘密权利人”与《欧盟商业秘密指令》第 2 条“商业秘密持有人”的定义内涵一致，将商业秘密控制权合法的概念作为一个关键要素，与《与贸易有关的知识产权协议》第 39 条（信息合法控制人）保持一致。这样，同时保护了商业秘密的原始所有人和被许可人所有和控制的商业秘密。

因此，本法中所称的“商业秘密权利人”，与 TRIPS 协议及国外立法定义的核心含义一致，强调的是“控制”或“持有”等，而非“所有”的概念。

（三）侵权人是承担侵权责任的主体。

（四）侵权产品也是本法中的重要概念，因为本法第四章规定生产、销售侵权产品也构成侵害商业秘密行为，召回、销毁侵权产品是停止侵权这种民事责任的特殊形式。

☞ 立法参考

（一）《民法典》（2020）

第一百二十三条 民事主体依法享有知识产权。

知识产权是权利人依法就下列客体享有的专有的权利：

（一）作品；

（二）发明、实用新型、外观设计；

（三）商标；

（四）地理标志；

（五）商业秘密；

（六）集成电路布图设计；

（七）植物新品种；

（八）法律规定的其他客体。

（二）《反不正当竞争法》（2019）

第九条 本法所称的商业秘密，是指不为公众所知悉、具有商业价值并经权利人采取相应保密措施的技术信息、经营信息等商业信息。

（三）《最高人民法院关于审理不正当竞争民事案件应用法律若干问题的解释》（2020）（已失效）

第九条 有关信息不为其所属领域的相关人员普遍知悉和容易获得，应当认定为反不正当竞争法第十条第三款①规定的“不为公众所知悉”。具有下列情形之一的，可以认定有关信息不构成不为公众所知悉：

（一）该信息为其所属技术或者经济领域的人的一般常识或者行业惯例；

（二）该信息仅涉及产品的尺寸、结构、材料、部件的简单组合等内容，进入市场后相关公众通过观察产品即可直接获得；

（三）该信息已经在公开出版物或者其他媒体上公开披露；

（四）该信息已通过公开的报告会、展览等方式公开；

（五）该信息从其他公开渠道可以获得；

（六）该信息无需付出一定的代价而容易获得。

第十条 有关信息具有现实的或者潜在的商业价值，能为权利人带来竞争优势的，应当认定为反不正当竞争法第十条第三款规定的“能为权利人带来经济利益、具有实用性”。

第十一条 权利人为防止信息泄漏所采取的与其商业价值等具体情况相适应的合理保护措施，应当认定为反不正当竞争法第十条第三款规定的“保密措施”。

人民法院应当根据所涉信息载体的特性、权利人保密的意愿、保密措施的可识别程度、他人通过正当方式获得的难易程度等因素，认定权利人是否采取了保密措施。

具有下列情形之一，在正常情况下足以防止涉密信息泄漏的，应当认定权利人采取了保密措施：

（一）限定涉密信息的知悉范围，只对必须知悉的相关人员告知其内容；

（二）对于涉密信息载体采取加锁等防范措施；

（三）在涉密信息的载体上标有保密标志；

（四）对于涉密信息采用密码或者代码等；

---

① 原文如此，该解释中的“反不正当竞争法第十条第三款”应当是指《反不正当竞争法》（2019）第九条第三款。

（五）签订保密协议；

（六）对于涉密的机器、厂房、车间等场所限制来访者或者提出保密要求；

（七）确保信息秘密的其他合理措施。

（四）《最高人民法院关于审理侵犯商业秘密民事案件适用法律若干问题的规定》（2020）

第一条 与技术有关的结构、原料、组分、配方、材料、样品、样式、植物新品种繁殖材料、工艺、方法或其步骤、算法、数据、计算机程序及其有关文档等信息，人民法院可以认定构成反不正当竞争法第九条第四款所称的技术信息。

与经营活动有关的创意、管理、销售、财务、计划、样本、招投标材料、客户信息、数据等信息，人民法院可以认定构成反不正当竞争法第九条第四款所称的经营信息。

前款所称的客户信息，包括客户的名称、地址、联系方式以及交易习惯、意向、内容等信息。

第二条 当事人仅以与特定客户保持长期稳定交易关系为由，主张该特定客户属于商业秘密的，人民法院不予支持。

客户基于对员工个人的信赖而与该员工所在单位进行交易，该员工离职后，能够证明客户自愿选择与该员工或者该员工所在的新单位进行交易的，人民法院应当认定该员工没有采用不正当手段获取权利人的商业秘密。

第三条 权利人请求保护的信息在被诉侵权行为发生时不为所属领域的相关人员普遍知悉和容易获得的，人民法院应当认定为反不正当竞争法第九条第四款所称的不为公众所知悉。

第四条 具有下列情形之一的，人民法院可以认定有关信息为公众所知悉：

（一）该信息在所属领域属于一般常识或者行业惯例的；

（二）该信息仅涉及产品的尺寸、结构、材料、部件的简单组合等内容，所属领域的相关人员通过观察上市产品即可直接获得的；

（三）该信息已经在公开出版物或者其他媒体上公开披露的；

（四）该信息已通过公开的报告会、展览等方式公开的；

（五）所属领域的相关人员从其他公开渠道可以获得该信息的。

将为公众所知悉的信息进行整理、改进、加工后形成的新信息，符合本规定第三条规定的，应当认定该新信息不为公众所知悉。

第五条 权利人为防止商业秘密泄露，在被诉侵权行为发生以前所采取的合理保密措施，人民法院应当认定为反不正当竞争法第九条第四款所称的相应保密措施。

人民法院应当根据商业秘密及其载体的性质、商业秘密的商业价值、保密措施的可识别程度、保密措施与商业秘密的对应程度以及权利人的保密意愿等因素，认定权利人是否采取了相应保密措施。

第六条 具有下列情形之一，在正常情况下足以防止商业秘密泄露的，人民法院应当认定权利人采取了相应保密措施：

（一）签订保密协议或者在合同中约定保密义务的；

（二）通过章程、培训、规章制度、书面告知等方式，对能够接触、获取商业秘密的员工、前员工、供应商、客户、来访者等提出保密要求的；

（三）对涉密的厂房、车间等生产经营场所限制来访者或者进行区分管理的；

（四）以标记、分类、隔离、加密、封存、限制能够接触或者获取的人员范围等方式，对商业秘密及其载体进行区分和管理的；

（五）对能够接触、获取商业秘密的计算机设备、电子设备、网络设备、存储设备、软件等，采取禁止或者限制使用、访问、存储、复制等措施的；

（六）要求离职员工登记、返还、清除、销毁其接触或者获取的商业秘密及其载体，继续承担保密义务的；

（七）采取其他合理保密措施的。

第七条 权利人请求保护的信息因不为公众所知悉而具有现实的或者潜在的商业价值的，人民法院经审查可以认定为反不正当竞争法第九条第四款所称的具有商业价值。

生产经营活动中形成的阶段性成果符合前款规定的，人民法院经审查可以认定该成果具有商业价值。

第八条 被诉侵权人以违反法律规定或者公认的商业道德的方式获取权利人的商业秘密的，人民法院应当认定属于反不正当竞争法第九条第一款所称的以其他不正当手段获取权利人的商业秘密。

第九条 被诉侵权人在生产经营活动中直接使用商业秘密，或者对商业秘密进行修改、改进后使用，或者根据商业秘密调整、优化、改进有关生产经营活动的，人民法院应当认定属于反不正当竞争法第九条所称的使用商业秘密。

第十条 当事人根据法律规定或者合同约定所承担的保密义务，人民法院应当认定属于反不正当竞争法第九条第一款所称的保密义务。

当事人未在合同中约定保密义务，但根据诚信原则以及合同的性质、目的、缔约过程、交易习惯等，被诉侵权人知道或者应当知道其获取的信息属于权利人的商业秘密的，人民法院应当认定被诉侵权人对其获取的商业秘密承担保密义务。

第十一条 法人、非法人组织的经营、管理人员以及具有劳动关系的其他人员，人民法院可以认定为反不正当竞争法第九条第三款所称的员工、前员工。

第十二条 人民法院认定员工、前员工是否有渠道或者机会获取权利人的商业秘密，可以考虑与其有关的下列因素：

（一）职务、职责、权限；

（二）承担的本职工作或者单位分配的任务；

（三）参与和商业秘密有关的生产经营活动的具体情形；

（四）是否保管、使用、存储、复制、控制或者以其他方式接触、获取商业秘密及其载体；

（五）需要考虑的其他因素。

第十三条 被诉侵权信息与商业秘密不存在实质性区别的，人民法院可以认定被诉侵权信息与商业秘密构成反不正当竞争法第三十二条第二款所称的实质上相同。

人民法院认定是否构成前款所称的实质上相同，可以考虑下列因素：

（一）被诉侵权信息与商业秘密的异同程度；

（二）所属领域的相关人员在被诉侵权行为发生时是否容易想到被诉侵权信息与商业秘密的区别；

（三）被诉侵权信息与商业秘密的用途、使用方式、目的、效果等是否具有实质性差异；

（四）公有领域中与商业秘密相关信息的情况；

（五）需要考虑的其他因素。

（五）《最高人民法院关于审理技术合同纠纷案件适用法律若干问题的解释》（2020）

第一条 技术秘密，是指不为公众所知悉、具有商业价值并经权利人采取保密措施的技术信息。

（六）国家市场监督管理总局《商业秘密保护规定（征求意见稿）》（2020）

第五条 本规定所称商业秘密，是指不为公众所知悉、具有商业价值并经权利人采取相应保密措施的技术信息、经营信息等商业信息。

本规定所称技术信息是指利用科学技术知识、信息和经验获得的技术方案，包括但不限于设计、程序、公式、产品配方、制作工艺、制作方法、研发记录、实验数据、技术诀窍、技术图纸、编程规范、计算机软件源代码和有关文档等信息。

本规定所称经营信息是指与经营活动有关的各类信息，包括但不限于管理诀窍、客户名单、员工信息、货源情报、产销策略、财务数据、库存数据、战略规划、采购价格、利润模式、招投标中的标底及标书内容等信息。

本规定所称商业信息是指与商业活动有关的，包括但不限于技术信息、经营信息的任何类型和形式的信息。

第六条 本规定所称不为公众所知悉，是指该信息不为其所属领域的相关人员普遍知悉或者不能从公开渠道容易获得。

具有下列情形之一的，可以认定有关信息不构成“不为公众所知悉”：

（一）该信息已经在国内外公开出版物或者其他媒体上公开披露或者已经通过公开的报告会、展览等方式公开；

（二）该信息已经在国内外公开使用；

（三）该信息为其所属领域的相关人员普遍掌握的常识或者行业惯例；

（四）该信息无需付出一定的代价而容易获得或者从其他公开渠道可以获得；

（五）仅涉及产品尺寸、结构、部件的简单组合等内容信息，进入公开领域后相关公众可通过观察、测绘、拆卸等简单方法获得。

申请人提交的技术查新报告、检索报告、公开渠道查询商业信息的资料等与涉案信息不构成实质上相同的，可以推定该信息“不为公众所知悉”，但有相反证据证明的除外。

第七条 本规定所称具有商业价值，是指该信息因其秘密性而具有现实的或者潜在的商业价值，能为权利人带来商业利益或竞争优势。

符合下列情形之一的，可以认定为该信息能为权利人带来商业利益或竞争优势，但有相反的证据能证明该信息不具有商业价值的除外：

（一）该信息给权利人带来经济收益的；

（二）该信息对其生产经营产生重大影响的；

（三）权利人为了获得该信息，付出了相应的价款、研发成本或者经营成本以及其他物质投入的；

（四）涉嫌侵权人以不正当手段获取或者试图获取权利人的商业秘密的；

（五）其他能证明该信息能为权利人带来商业利益或竞争优势的情形。

第八条 本规定所称权利人采取相应保密措施，是指权利人为防止信息泄露所采取的与商业秘密的商业价值、独立获取难度等因素相适应、合理且具有针对性的保密措施。多个权利人共有商业秘密的，均应当采取相应保密措施。

具有下列情形之一，足以防止涉密信息泄漏的，可以认定权利人采取了“相应保密措施”：

（一）限定涉密信息的密级、保密期限和知悉范围，只对必须知悉的相关人员告知其内容；

（二）任职离职面谈，提醒、告诫现职员工和离职员工履行其保密义务；

（三）对该信息载体采取了加密、加锁、反编译等预防措施或在相关载体上加注保密标志或加密提示；

（四）对于涉密信息采用密码或者代码等；

（五）对于涉密的机器、厂房、车间等场所限制来访者，采取基本的物理隔离措施，如门禁、监控、权限控制等；

（六）制定相应的保密管理制度并与相关人员签署保密协议；

（七）在竞业禁止协议中对保密义务进行明确约定的；

（八）权利人在劳动合同或保密协议中对商业秘密范围有明确界定且与其所主张的秘密范围相符的；

（九）确保涉密信息他人轻易不能获得的其他合理措施。

（七）《最高人民法院关于审理科技纠纷案件的若干问题的规定》（1995）（已废止）

第五十一条 非专利技术成果应具备下列条件：（1）包含技术知识、经验和信息的技术方案或技术诀窍；（2）处于秘密状态，即不能从公共渠道直接获得；（3）有实用价值，即能使人获得经济利益或竞争优势；（4）拥有者采取了适当保密措施，并且未曾在没有约定保密义务的前提下将其提供给他人。

（八）《美国统一商业秘密法》（1985）

第1节 （4）“商业秘密”指特定信息，包括配方、样式、汇编作品、程序、设计、方法、技术或工艺等，且该信息：

（i）由于未被可从其披露或使用中获取经济价值的他人普遍知悉或通过正当手段容易获取，因而具有实际或潜在的独立经济价值，且

（ii）是在特定情形下已尽合理保密努力的对象。

（九）《与贸易有关的知识产权协议》

第 39 条 2. 自然人和法人应有可能防止其合法控制的信息在未经其同意的情况下以违反诚实商业行为的方式向他人披露，或被他人取得或使用，只要此类信息：

（a）属秘密，即作为一个整体或就其各部分的精确排列和组合而言，该信息尚不为通常处理所涉信息范围内的人所普遍知道，或不易被他们获得；

（b）因属秘密而具有商业价值；且

（c）由该信息的合法控制人，在此种情况下采取合理的步骤以保持其秘密性质。

（十）《欧盟商业秘密指令》（2016）

第 2 条 为实现本指令之立法目标，下列定义特指：

1. “商业秘密”是指同时满足以下所有要求的信息：

（a）其具有下述秘密性，即无论是整体，还是对具体部分的编排组合，对于在该领域从事与相关信息有关的工作人员，均属于不能够正常接触或不知道的信息；

（b）其因秘密性而具有商业价值；

（c）为保持其秘密性，合法控制人根据情况采取了适当的保密措施。

2. “商业秘密持有人”是指任何合法控制商业秘密的自然人或法人。

3. “侵权人”是指任何实施了非法获取、使用或披露商业秘密行为的自然人或法人。

4. “侵权产品”是指其设计、特点、功能、制造工艺或营销，极大地受益于被非法获取、使用或披露商业秘密的产品。

（十一）《德国商业秘密保护法》（2019）

第 2 条 本法律中：

1. 商业秘密是指符合如下条件的信息：

a）具有下述秘密性，即无论是整体，还是对具体部分的编排组合，对于该领域的相关工作人员均属于无法知晓且不能因此获得经济利益的信息；

b）其合法拥有者在使用恰当的保护措施保护它；

c）因其利益属性而应受保护；

2. 商业秘密权利人：

以合法方式对商业秘密享有所有权或者使用权的自然人或法人；

3. 侵权人：

任何违反第 4 条的规定，非法获取、使用、披露商业秘密的自然人或法人，侵权人无权援引第 5 条规定的例外情况；

4. 侵权产品：

若某产品的设计、特征、功能、制造方法或销售从以非法方式获取、使用或披

露的商业秘密中获得显著经济利益，该产品即被认定为侵权产品。

（十二）《瑞典商业秘密保护法》（2018）

第2条 本法中，凡任何信息符合下列情形的，即属商业秘密：

1. 该信息与贸易商开展业务或研究机构开展活动时所处业务或经营环境有关；

2. 通常能够接触此类信息的人士一般无法知晓或无法轻易接触该信息，无论是作为一个整体，还是在其部件的精密配置和组装过程中；

3. 持有人已经采取合理措施对该信息进行保密；

4. 从竞争角度看，如果披露该信息，则可能会对持有人造成损害。

雇员在其正常受雇期间所获取的经验与技能并不会构成商业秘密。与构成犯罪或其他严重不当行为的事宜有关的信息同样不会构成商业秘密。

第四条 市场监督管理

县级以上人民政府市场监督管理部门对侵犯商业秘密行为进行查处；法律、行政法规规定由其他部门查处的，依照其规定。

商业秘密保护执法工作坚持依法、公正、平等、统一的原则。

国家推动建立健全商业秘密自我保护、行政保护、司法保护一体的商业秘密保护体系。

☞ 立法说明

对于第一稿，绝大部分专家建议不规定行政监管执法。考虑我国的现实情况，本法仍然保留了相关规定，对商业秘密的保护持“行政、司法并举”的基本立场。

☞ 立法参考

（一）《反不正当竞争法》（2019）

第四条 县级以上人民政府履行工商行政管理职责的部门对不正当竞争行为进行查处；法律、行政法规规定由其他部门查处的，依照其规定。

（二）《反不正当竞争法（修订草案征求意见稿）》（2022）

第五条 县级以上市场监督管理部门对不正当竞争行为进行查处。

反不正当竞争执法工作坚持依法、公正、平等、统一的原则。

本法没有作出规定的，可以适用其他法律、行政法规的规定。

第十条 国家推动建立健全商业秘密自我保护、行政保护、司法保护一体的商业秘密保护体系。

（三）《商标法》（2019）

第六十一条 对侵犯注册商标专用权的行为，工商行政管理部门有权依法查处；涉嫌犯罪的，应当及时移送司法机关依法处理。

（四）《著作权法》（2020）

第五十三条 有下列侵权行为的，应当根据情况，承担本法第五十二条规定的民事责任；侵权行为同时损害公共利益的，由主管著作权的部门责令停止侵权行为，予以警告，没收违法所得，没收、无害化销毁处理侵权复制品以及主要用于制作侵权复制品的材料、工具、设备等，违法经营额五万元以上的，可以并处违法经营额一倍以上五倍以下的罚款；没有违法经营额、违法经营额难以计算或者不足五万元的，可以并处二十五万元以下的罚款；构成犯罪的，依法追究刑事责任：

（一）未经著作权人许可，复制、发行、表演、放映、广播、汇编、通过信息网络向公众传播其作品的，本法另有规定的除外；

（二）出版他人享有专有出版权的图书的；

（三）未经表演者许可，复制、发行录有其表演的录音录像制品，或者通过信息网络向公众传播其表演的，本法另有规定的除外；

（四）未经录音录像制作者许可，复制、发行、通过信息网络向公众传播其制作的录音录像制品的，本法另有规定的除外；

（五）未经许可，播放、复制或者通过信息网络向公众传播广播、电视的，本法另有规定的除外；

（六）未经著作权人或者与著作权有关的权利人许可，故意避开或者破坏技术措施的，故意制造、进口或者向他人提供主要用于避开、破坏技术措施的装置或者部件的，或者故意为他人避开或者破坏技术措施提供技术服务的，法律、行政法规另有规定的除外；

（七）未经著作权人或者与著作权有关的权利人许可，故意删除或者改变作品、版式设计、表演、录音录像制品或者广播、电视上的权利管理信息的，知道或者应当知道作品、版式设计、表演、录音录像制品或者广播、电视上的权利管理信息未经许可被删除或者改变，仍然向公众提供的，法律、行政法规另有规定的除外；

（八）制作、出售假冒他人署名的作品的。

（五）《专利法》（2020）

第六十五条 未经专利权人许可，实施其专利，即侵犯其专利权，引起纠纷的，由当事人协商解决；不愿协商或者协商不成的，专利权人或者利害关系人可以向人民法院起诉，也可以请求管理专利工作的部门处理。管理专利工作的部门处理时，认定侵权行为成立的，可以责令侵权人立即停止侵权行为，当事人不服的，可以自收到处理通知之日起十五日内依照《中华人民共和国行政诉讼法》向人民法院起诉；侵权人期满不起诉又不停止侵权行为的，管理专利工作的部门可以申请人民法院强制执行。进行处理的管理专利工作的部门应当事人的请求，可以就侵犯专利权的赔偿数额进行调解；调解不成的，当事人可以依照《中华人民共和国民事诉讼法》向人民法院起诉。

（六）国家市场监督管理总局《商业秘密保护规定（征求意见稿）》（2020）

第二十条 侵犯商业秘密行为由县级以上市场监督管理部门认定查处。

第二章 权利归属、转让与许可

第五条 商业秘密的权利归属

单位员工执行本单位的任务所获得的商业秘密为职务商业秘密。单位为职务商业秘密权利人。员工有义务根据单位工作需要及时向单位披露职务商业秘密。

两个以上单位或个人合作获得商业秘密的，合作方为共同权利人。

单位或个人接受他人委托获得商业秘密的，受委托方为权利人，但委托方有权在自己现有和潜在的业务范围内披露和利用该商业秘密。

商业秘密权利人依据上述各款获取商业秘密之前，应当采取合理措施确保该商业秘密一经产生即受到保护。

☞ 立法说明

利用单位物质条件引发的问题应该由企业通过劳动合同和企业规章制度解决，没有必要从劳动成果的权利归属方面进行强制规定。商业秘密成果的价值很多时候远远超出所利用的物质条件的价值，剥夺员工的权益，可能过于严厉。这在职务发明权属规则的修改过程中，已产生争议。专利法最终没有修改，并不意味着直接借用到商业秘密领域依然是合理的。

知识产权法和其他一些法律法规（专利法、著作权法、合同法、劳动法以及一些条例）都可能涉及商业秘密权利归属问题。为了实现不同法律之间更好地衔接，规定法律适用顺序很有必要。商业秘密法规定一般原则，但是许可各种专门立法作出例外规定。在过渡阶段这一安排比较合理，将来部门法也可能因为商业秘密法有了一般规定，而放弃各自的某些特殊规定。

☞ 立法参考

（一）《民法典》（2020）

第八百五十九条 委托开发完成的发明创造，除法律另有规定或者当事人另有约定外，申请专利的权利属于研究开发人。研究开发人取得专利权的，委托人可以依法实施该专利。

研究开发人转让专利申请权的，委托人享有以同等条件优先受让的权利。

第八百六十条 合作开发完成的发明创造，申请专利的权利属于合作开发的当事人共有；当事人一方转让其共有的专利申请权的，其他各方享有以同等条件优先受让的权利。但是，当事人另有约定的除外。

合作开发的当事人一方声明放弃其共有的专利申请权的，除当事人另有约定外，可以由另一方单独申请或者由其他各方共同申请。申请人取得专利权的，放弃专利申请权的一方可以免费实施该专利。

合作开发的当事人一方不同意申请专利的，另一方或者其他各方不得申请专利。

第八百六十一条 委托开发或者合作开发完成的技术秘密成果的使用权、转让权以及收益的分配办法，由当事人约定；没有约定或者约定不明确，依据本法第五百一十条的规定仍不能确定的，在没有相同技术方案被授予专利权前，当事人均有使用和转让的权利。但是，委托开发的研究开发人不得在向委托人交付研究开发成果之前，将研究开发成果转让给第三人。

（二）《专利法》（2020）

第六条 执行本单位的任务或者主要是利用本单位的物质技术条件所完成的发明创造为职务发明创造。职务发明创造申请专利的权利属于该单位，申请被批准后，该单位为专利权人。该单位可以依法处置其职务发明创造申请专利的权利和专利权，促进相关发明创造的实施和运用。

非职务发明创造，申请专利的权利属于发明人或者设计人；申请被批准后，该发明人或者设计人为专利权人。

利用本单位的物质技术条件所完成的发明创造，单位与发明人或者设计人订有合同，对申请专利的权利和专利权的归属作出约定的，从其约定。

第八条 两个以上单位或者个人合作完成的发明创造、一个单位或者个人接受其他单位或者个人委托所完成的发明创造，除另有协议的以外，申请专利的权利属于完成或者共同完成的单位或者个人；申请被批准后，申请的单位或者个人为专利权人。

（三）《著作权法》（2020）

第十四条 两人以上合作创作的作品，著作权由合作作者共同享有。没有参加创作的人，不能成为合作作者。

第十八条 自然人为完成法人或者非法人组织工作任务所创作的作品是职务作品，除本条第二款的规定以外，著作权由作者享有，但法人或者非法人组织有权在其业务范围内优先使用。作品完成两年内，未经单位同意，作者不得许可第三人以与单位使用的相同方式使用该作品。

有下列情形之一的职务作品，作者享有署名权，著作权的其他权利由法人或者非法人组织享有，法人或者非法人组织可以给予作者奖励：

（一）主要是利用法人或者非法人组织的物质技术条件创作，并由法人或者非法人组织承担责任的工程设计图、产品设计图、地图、示意图、计算机软件等职务作品；

（二）报社、期刊社、通讯社、广播电台、电视台的工作人员创作的职务作品；

（三）法律、行政法规规定或者合同约定著作权由法人或者非法人组织享有的职务作品。

第十九条 受委托创作的作品，著作权的归属由委托人和受托人通过合同约定。合同未作明确约定或者没有订立合同的，著作权属于受托人。

（四）《促进科技成果转化法》（2015）

第四十条 科技成果完成单位与其他单位合作进行科技成果转化的，应当依法由合同约定该科技成果有关权益的归属。合同未作约定的，按照下列原则办理：

（一）在合作转化中无新的发明创造的，该科技成果的权益，归该科技成果完成单位；

（二）在合作转化中产生新的发明创造的，该新发明创造的权益归合作各方共有；

（三）对合作转化中产生的科技成果，各方都有实施该项科技成果的权利，转让该科技成果应经合作各方同意。

第四十一条 科技成果完成单位与其他单位合作进行科技成果转化的，合作各方应当就保守技术秘密达成协议；当事人不得违反协议或者违反权利人有关保守技术秘密的要求，披露、允许他人使用该技术。

第四十三条 国家设立的研究开发机构、高等院校转化科技成果所获得的收入全部留归本单位，在对完成、转化职务科技成果做出重要贡献的人员给予奖励和报酬后，主要用于科学技术研究开发与成果转化等相关工作。

第四十四条 职务科技成果转化后，由科技成果完成单位对完成、转化该项科技成果做出重要贡献的人员给予奖励和报酬。

科技成果完成单位可以规定或者与科技人员约定奖励和报酬的方式、数额和时限。单位制定相关规定，应当充分听取本单位科技人员的意见，并在本单位公开相关规定。

第四十五条 科技成果完成单位未规定、也未与科技人员约定奖励和报酬的方式和数额的，按照下列标准对完成、转化职务科技成果做出重要贡献的人员给予奖励和报酬：

（一）将该项职务科技成果转让、许可给他人实施的，从该项科技成果转让净收入或者许可净收入中提取不低于百分之五十的比例；

（二）利用该项职务科技成果作价投资的，从该项科技成果形成的股份或者出资比例中提取不低于百分之五十的比例；

（三）将该项职务科技成果自行实施或者与他人合作实施的，应当在实施转化成功投产后连续三至五年，每年从实施该项科技成果的营业利润中提取不低于百分之五的比例。

国家设立的研究开发机构、高等院校规定或者与科技人员约定奖励和报酬的方式和数额应当符合前款第一项至第三项规定的标准。

国有企业、事业单位依照本法规定对完成、转化职务科技成果做出重要贡献的人员给予奖励和报酬的支出计入当年本单位工资总额，但不受当年本单位工资总额限制、不纳入本单位工资总额基数。

（五）《科学技术进步法》（2021）

第三十二条 利用财政性资金设立的科学技术计划项目所形成的科技成果，在不损害国家安全、国家利益和重大社会公共利益的前提下，授权项目承担者依法取得相关知识产权，项目承担者可以依法自行投资实施转化、向他人转让、联合他人共同实施转化、许可他人使用或者作价投资等。

项目承担者应当依法实施前款规定的知识产权，同时采取保护措施，并就实施和保护情况向项目管理机构提交年度报告；在合理期限内没有实施且无正当理由的，国家可以无偿实施，也可以许可他人有偿实施或者无偿实施。

项目承担者依法取得的本条第一款规定的知识产权，为了国家安全、国家利益和重大社会公共利益的需要，国家可以无偿实施，也可以许可他人有偿实施或者无偿实施。

项目承担者因实施本条第一款规定的知识产权所产生的利益分配，依照有关法律法规规定执行；法律法规没有规定的，按照约定执行。

第六十条 各级人民政府、企业事业单位和社会组织应当采取措施，完善体现知识、技术等创新要素价值的收益分配机制，优化收入结构，建立工资稳定增长机制，提高科学技术人员的工资水平；对有突出贡献的科学技术人员给予优厚待遇和荣誉激励。

（六）国家市场监督管理总局《商业秘密保护规定（征求意见稿）》（2020）

第十条 自然人为完成法人或者非法人组织工作任务所研究或开发的商业秘密，归法人或者非法人组织所有，但当事人另有约定的，从其约定。自然人在法人或者非法人组织工作任务以外所研究或开发的商业秘密，归该自然人所有。但其商业秘密系利用法人或者非法人组织的物质技术条件或经验的，法人或者非法人组织有权在支付合理报酬后，于其业务范围内使用该商业秘密。

受委托所研究或开发的商业秘密，该商业秘密的归属由委托人和受托人通过合同约定。未约定或者约定不明的，该商业秘密属于受托人。但委托人有权在其业务范围内使用该商业秘密。

两人以上合作共同研究或开发的商业秘密的归属，当事人有约定的，从其约定；无约定的，由合作者共同享有。商业秘密为合作者共有时，对商业秘密的使用或处分，如无约定，应征得全体共有人同意，各共有人无正当理由，不得拒绝同意。

第六条　共同权利人

单位或个人可以因法定或约定原因成为商业秘密的共同权利人。

商业秘密的共同权利人可以自行披露、利用或以普通许可方式许可第三方利用该商业秘密，但不得违反自己已经承担的保密义务。共同权利人对外转让商业秘密共有权利时，应当征得其他共同权利人一致同意。

☞ 立法说明

在共有状态下，究竟是应该鼓励各自利用，还是强调共同利益的保护，有重要的产业政策考虑。规定共有状态下各个共有人可以自由披露或利用，可以避免所谓后续使用利益分配问题，使法院处理纠纷变得比较简单。当事人如果对这一默认规则不满，则应当通过合同仔细约定。在这一方面，可以参考美国专利法中的共有规则。

☞ 立法参考

（一）《民法典》（2020）

第八百六十一条 委托开发或者合作开发完成的技术秘密成果的使用权、转让权以及收益的分配办法，由当事人约定；没有约定或者约定不明确，依据本法第五百一十条的规定仍不能确定的，在没有相同技术方案被授予专利权前，当事人均有使用和转让的权利。但是，委托开发的研究开发人不得在向委托人交付研究开发成果之前，将研究开发成果转让给第三人。

（二）《专利法》（2020）

第十四条 专利申请权或者专利权的共有人对权利的行使有约定的，从其约定。没有约定的，共有人可以单独实施或者以普通许可方式许可他人实施该专利；许可他人实施该专利的，收取的使用费应当在共有人之间分配。

除前款规定的情形外，行使共有的专利申请权或者专利权应当取得全体共有人的同意。

第七条 商业秘密转让

商业秘密权利人可以转让自己对商业秘密享有的全部权益。

权利人转让商业秘密的，当事人应当订立书面合同。

权利人转让商业秘密后，应当对该商业秘密保密，除其他法律法规规定的身份利益外，不再对商业秘密享有权益，尤其不得向第三方披露、自行利用、许可第三方利用或再次转让该商业秘密。

中国单位或者自然人向外国自然人、企业或者其他组织转让商业秘密的，应当遵守其他法律法规的具体规定，并履行必要的手续。

☞ 立法参考

（一）《民法典》（2020）

第八百六十四条 技术转让合同和技术许可合同可以约定实施专利或者使用技术秘密的范围，但是不得限制技术竞争和技术发展。

第八百六十八条 技术秘密转让合同的让与人和技术秘密使用许可合同的许可人应当按照约定提供技术资料，进行技术指导，保证技术的实用性、可靠性，承担保密义务。

前款规定的保密义务，不限制许可人申请专利，但是当事人另有约定的除外。

第八百六十九条 技术秘密转让合同的受让人和技术秘密使用许可合同的被许可人应当按照约定使用技术，支付转让费、使用费，承担保密义务。

第八百七十条 技术转让合同的让与人和技术许可合同的许可人应当保证自己是所提供的技术的合法拥有者，并保证所提供的技术完整、无误、有效，能够达到约定的目标。

第八百七十一条 技术转让合同的受让人和技术许可合同的被许可人应当按照约定的范围和期限，对让与人、许可人提供的技术中尚未公开的秘密部分，承担保密义务。

（二）《专利法》（2020）

第十条 专利申请权和专利权可以转让。

中国单位或者个人向外国人、外国企业或者外国其他组织转让专利申请权或者专利权的，应当依照有关法律、行政法规的规定办理手续。

转让专利申请权或者专利权的，当事人应当订立书面合同，并向国务院专利行政部门登记，由国务院专利行政部门予以公告。专利申请权或者专利权的转让自登记之日起生效。

（三）《著作权法》（2020）

第二十七条 转让本法第十条第一款第（五）项至第（十七）项规定的权利，应当订立书面合同。

权利转让合同包括下列主要内容：

（一）作品的名称；

（二）转让的权利种类、地域范围；

（三）转让价金；

（四）交付转让价金的日期和方式；

（五）违约责任；

（六）双方认为需要约定的其他内容。

（四）《商标法》（2019）

第四十二条 转让注册商标的，转让人和受让人应当签订转让协议，并共同向商标局提出申请。受让人应当保证使用该注册商标的商品质量。

转让注册商标的，商标注册人对其在同一种商品上注册的近似的商标，或者在类似商品上注册的相同或者近似的商标，应当一并转让。

对容易导致混淆或者有其他不良影响的转让，商标局不予核准，书面通知申请人并说明理由。

转让注册商标经核准后，予以公告。受让人自公告之日起享有商标专用权。

第八条 商业秘密许可

商业秘密权利人可以以普通许可、排他许可或独占许可等方式许可他人利用商业秘密。权利人许可利用商业秘密时，应当订立许可合同，约定使用方式、许可费、地域、期限、保密义务和其他内容。除了实现许可合同目的所必需外，被许可人不得向第三方披露该商业秘密。

未明确约定许可性质时，商业秘密许可推定为普通许可，被许可人有相反证据的除外。

商业秘密独占许可的被许可人可以单独对侵权行为人提起诉讼；排他许可的被许可人在权利人不起诉的情况下，可以自行提起诉讼；普通许可的被许可人经权利人书面授权也可以单独提起诉讼。

商业秘密的被许可人利用商业秘密的行为侵害第三方权益时，除非合同明确约定，商业秘密权利人不承担违约责任。权利人明知或应知上述侵权行为发生依然发放许可的，权利人与被许可人应承担共同侵权责任。

☞ **立法参考**

（一）《民法典》（2020）

第八百六十四条 技术转让合同和技术许可合同可以约定实施专利或者使用技术秘密的范围，但是不得限制技术竞争和技术发展。

第八百六十八条 技术秘密转让合同的让与人和技术秘密使用许可合同的许可人应当按照约定提供技术资料，进行技术指导，保证技术的实用性、可靠性，承担保密义务。

前款规定的保密义务，不限制许可人申请专利，但是当事人另有约定的除外。

第八百六十九条 技术秘密转让合同的受让人和技术秘密使用许可合同的被许可人应当按照约定使用技术，支付转让费、使用费，承担保密义务。

第八百七十条 技术转让合同的让与人和技术许可合同的许可人应当保证自己是所提供的技术的合法拥有者，并保证所提供的技术完整、无误、有效，能够达到约定的目标

第八百七十一条 技术转让合同的受让人和技术许可合同的被许可人应当按照约定的范围和期限，对让与人、许可人提供的技术中尚未公开的秘密部分，承担保密义务。

第八百七十四条 受让人或者被许可人按照约定实施专利、使用技术秘密侵害他人合法权益的，由让与人或者许可人承担责任，但是当事人另有约定的除外。

（二）《专利法》（2020）

第十二条 任何单位或者个人实施他人专利的，应当与专利权人订立实施许可合同，向专利权人支付专利使用费。被许可人无权允许合同规定以外的任何单位或者个人实施该专利。

第十四条 专利申请权或者专利权的共有人对权利的行使有约定的，从其约定。没有约定的，共有人可以单独实施或者以普通许可方式许可他人实施该专利；许可他人实施该专利的，收取的使用费应当在共有人之间分配。

除前款规定的情形外，行使共有的专利申请权或者专利权应当取得全体共有人

的同意。

第六十五条 未经专利权人许可，实施其专利，即侵犯其专利权，引起纠纷的，由当事人协商解决；不愿协商或者协商不成的，专利权人或者利害关系人可以向人民法院起诉，也可以请求管理专利工作的部门处理。管理专利工作的部门处理时，认定侵权行为成立的，可以责令侵权人立即停止侵权行为，当事人不服的，可以自收到处理通知之日起十五日内依照《中华人民共和国行政诉讼法》向人民法院起诉；侵权人期满不起诉又不停止侵权行为的，管理专利工作的部门可以申请人民法院强制执行。进行处理的管理专利工作的部门应当事人的请求，可以就侵犯专利权的赔偿数额进行调解；调解不成的，当事人可以依照《中华人民共和国民事诉讼法》向人民法院起诉。

（三）《著作权法》（2020）

第二十六条 使用他人作品应当同著作权人订立许可使用合同，本法规定可以不经许可的除外。

许可使用合同包括下列主要内容：

（一）许可使用的权利种类；

（二）许可使用的权利是专有使用权或者非专有使用权；

（三）许可使用的地域范围、期间；

（四）付酬标准和办法；

（五）违约责任；

（六）双方认为需要约定的其他内容。

第二十九条 许可使用合同和转让合同中著作权人未明确许可、转让的权利，未经著作权人同意，另一方当事人不得行使。

（四）《商标法》（2019）

第四十三条 商标注册人可以通过签订商标使用许可合同，许可他人使用其注册商标。许可人应当监督被许可人使用其注册商标的商品质量。被许可人应当保证使用该注册商标的商品质量。

经许可使用他人注册商标的，必须在使用该注册商标的商品上标明被许可人的名称和商品产地。

（五）《最高人民法院关于审理侵犯商业秘密民事案件适用法律若干问题的规定》（2020）

第二十六条 对于侵犯商业秘密行为，商业秘密独占使用许可合同的被许可人提起诉讼的，人民法院应当依法受理。

排他使用许可合同的被许可人和权利人共同提起诉讼，或者在权利人不起诉的情况下自行提起诉讼的，人民法院应当依法受理。

普通使用许可合同的被许可人和权利人共同提起诉讼，或者经权利人书面授权单独提起诉讼的，人民法院应当依法受理。

（六）天津市高级人民法院《审理侵犯商业秘密纠纷案件研讨会纪要》（2007）

4. 能够证明自己合法拥有商业秘密的人是商业秘密专有权人。合法使用他人商业秘密的人，其使用权的范围、期限及权利义务依法由许可使用合同约定。合法获知他人商业秘密的人，其保密责任及权利义务，依照法律和合同约定确定。因商业秘密的权利人或使用人的过失泄密而获知他人商业秘密的人，负有不使用和传播该商业秘密的义务。

（七）《西班牙商业秘密法》（2019）

第6条 商业秘密许可

1. 商业秘密可以作为许可协议的标的物，根据许可具体规定限制其客观范畴、材料、地理及时效范围。除非许可合同有相反约定，被许可人有任意使用商业秘密的权利。

2. 许可可以是独占或非独占的。若许可是非独占的，许可人可以授予他人许可或自己使用商业秘密。独占许可禁止另行授予许可，许可人仅能在合同明确允许的情况下使用此商业秘密。

3. 被许可人不得将许可转让给第三方，或授予分许可，除非合同中另有约定。

4. 被许可人或再许可人有义务采取必要措施以防止侵害商业秘密。

第九条 其他法律法规

除本法外，其他法律和法规对商业秘密的权属、披露、利用、许可或转让等另有规定的，从其规定。

商业秘密权利人和相关各方对商业秘密的权属、披露、利用、许可或转让等另有约定的，从其约定；约定违反强制性规范的除外。

第三章 保密义务

第十条 民事活动中的保密义务

在民事活动中，商业秘密权利人可以与他人就保守商业秘密达成协议。当事人不得违反协议的要求，披露、使用或允许他人使用该商业秘密。

在民事活动中，如商业秘密权利人未要求保密信息接触人签订保密协议，但只要在合作过程中权利人采取了合理保密措施，该接触人对在合作过程中知悉的商业秘密负有保密义务，无论最终是否订立合同或者合作是否成立，均不得擅自披露或不当使用。

☞ 立法说明

根据民事活动的意思自治原则，本条认可民事合同中保密义务的法律效力。即使未以专门的保密协议或者条款明确规定，也可遵循有关法律法规中涉及商业秘密保护的默示义务。

☞ 立法参考

（一）《民法典》（2020）

第五百零一条 当事人在订立合同过程中知悉的商业秘密或者其他应当保密的信息，无论合同是否成立，不得泄露或者不正当地使用；泄露、不正当地使用该商业秘密或者信息，造成对方损失的，应当承担赔偿责任。

第八百四十五条 技术合同的内容一般包括项目的名称，标的的内容、范围和要求，履行的计划、地点和方式，技术信息和资料的保密，技术成果的归属和收益的分配办法，验收标准和方法，名词和术语的解释等条款。

第八百六十八条 技术秘密转让合同的让与人和技术秘密使用许可合同的许可人应当按照约定提供技术资料，进行技术指导，保证技术的实用性、可靠性，承担保密义务。

前款规定的保密义务，不限制许可人申请专利，但是当事人另有约定的除外。

第八百六十九条 技术秘密转让合同的受让人和技术秘密使用许可合同的被许可人应当按照约定使用技术，支付转让费、使用费，承担保密义务。

第八百七十一条 技术转让合同的受让人和技术许可合同的被许可人应当按照约定的范围和期限，对让与人、许可人提供的技术中尚未公开的秘密部分，承担保密义务。

第八百七十二条 许可人未按照约定许可技术的，应当返还部分或者全部使用费，并应当承担违约责任；实施专利或者使用技术秘密超越约定的范围的，违反约定擅自许可第三人实施该项专利或者使用该项技术秘密的，应当停止违约行为，承担违约责任；违反约定的保密义务的，应当承担违约责任。

让与人承担违约责任，参照适用前款规定。

第八百七十三条 被许可人未按照约定支付使用费的，应当补交使用费并按照约定支付违约金；不补交使用费或者支付违约金的，应当停止实施专利或者使用技术秘密，交还技术资料，承担违约责任；实施专利或者使用技术秘密超越约定的范围的，未经许可人同意擅自许可第三人实施该专利或者使用该技术秘密的，应当停止违约行为，承担违约责任；违反约定的保密义务的，应当承担违约责任。

受让人承担违约责任，参照适用前款规定。

（二）《促进科技成果转化法》（2015）

第四十一条 科技成果完成单位与其他单位合作进行科技成果转化的，合作各方应当就保守技术秘密达成协议；当事人不得违反协议或者违反权利人有关保守技术秘密的要求，披露、允许他人使用该技术。

（三）《最高人民法院关于审理侵犯商业秘密民事案件适用法律若干问题的规定》（2020）

第十条 当事人根据法律规定或者合同约定所承担的保密义务，人民法院应当认定属于反不正当竞争法第九条第一款所称的保密义务。

当事人未在合同中约定保密义务，但根据诚信原则以及合同的性质、目的、缔约过程、交易习惯等，被诉侵权人知道或者应当知道其获取的信息属于权利人的商业秘密的，人民法院应当认定被诉侵权人对其获取的商业秘密承担保密义务。

（四）《最高人民法院关于审理技术合同纠纷案件适用法律若干问题的解释》（2020）

第二十八条 民法典第八百六十四条所称"实施专利或者使用技术秘密的范围"，包括实施专利或者使用技术秘密的期限、地域、方式以及接触技术秘密的人员等。

当事人对实施专利或者使用技术秘密的期限没有约定或者约定不明确的，受让人、被许可人实施专利或者使用技术秘密不受期限限制。

第二十九条 当事人之间就申请专利的技术成果所订立的许可使用合同，专利申请公开以前，适用技术秘密许可合同的有关规定；发明专利申请公开以后、授权以前，参照适用专利实施许可合同的有关规定；授权以后，原合同即为专利实施许可合同，适用专利实施许可合同的有关规定。

人民法院不以当事人就已经申请专利但尚未授权的技术订立专利实施许可合同为由，认定合同无效。

第三十一条 当事人对技术咨询合同委托人提供的技术资料和数据或者受托人提出的咨询报告和意见未约定保密义务，当事人一方引用、发表或者向第三人提供的，不认定为违约行为，但侵害对方当事人对此享有的合法权益的，应当依法承担民事责任。

（五）《最高人民法院关于审理科技纠纷案件的若干问题的规定》（1995）（已废止）

第五十二条 技术合同当事人通过合同关系获得对方的非专利技术成果，应当遵守合同约定的保密义务和使用范围。合同终止后，不影响保密约定的效力，但所约定事项已经公开的情形除外。

（六）WIPO《关于反不正当竞争保护的示范规定》

第6条 关于秘密信息的不正当竞争

6.12 第（2）款第（ii）目。与秘密信息有关的契约性义务可在口头或书面合同中明确，典型的是在雇主与雇员之间的合同中明确，或者如果没有明确的合同，亦可由雇佣关系来推断。此种义务可同样存在于商业伙伴之间或雇主与承包人之间。

（七）江苏省高级人民法院《关于审理商业秘密案件有关问题的意见》（2004）

第十三条 保密义务不以义务人是否同意或权利人是否支付对价为前提。

第十四条 保密义务的期限与商业秘密存续的期限相同。

第十一条 员工的保密义务和竞业限制

依本法保护商业秘密，不应限制员工的合理流动，不应成为限制员工使用在其日常工作中正常获得的经验和技能或限制员工使用不构成商业秘密的信息的理由，亦不应依本法在员工的劳动合同中施加任何其他的限制。

用人单位与员工可以在劳动合同中约定保守用人单位商业秘密的有关事项。对负有保密义务的员工，用人单位在劳动合同或者保密协议不足以保护其商业秘密的情形下，可以与员工约定竞业限制条款，规定员工离职后的一定期限内不得擅自披露或者不当使用前款所述的商业秘密，用于自营或者为他人经营与所任职公司同类的业务。但用人单位必须给予法律所规定的经济补偿。

竞业限制条款约定的竞业限制范围、地域、期限等内容应当与员工知悉、接触的商业秘密的保密事项、具有的商业价值和形成的竞争优势相适应。劳动者违反竞业限制约定，用人单位应按照约定依法要求劳动者返还违反竞业限制约定期间已经支付的经济补偿，并支付违约金。

☞ 立法说明

2023 年 10 月 10 日，最高人民法院举办新闻发布会，发布《最高人民法院关于优化法治环境促进民营经济发展壮大的指导意见》，该意见指出：强化商业秘密司法保护，处理好保护商业秘密与自由择业、竞业限制和人才合理流动的关系，在依法保护商业秘密的同时，维护就业创业合法权益。

本条根据中国现有的相关立法、借鉴欧美的有关立法，规定了员工的保密义务和竞业限制协议的基本条款，旨在平衡保护商业秘密与促进人才合理流动的关系。

☞ 立法参考

（一）《促进科技成果转化法》（2015）

第四十二条 企业、事业单位应当建立健全技术秘密保护制度，保护本单位的技术秘密。职工应当遵守本单位的技术秘密保护制度。企业、事业单位可以与参加科技成果转化的有关人员签订在职期间或者离职、离休、退休后一定期限内保守本单位技术秘密的协议；有关人员不得违反协议约定，泄露本单位的技术秘密和从事与原单位相同的科技成果转化活动。

职工不得将职务科技成果擅自转让或者变相转让。

（二）《劳动法》（2018）

第二十二条 劳动合同当事人可以在劳动合同中约定保守用人单位商业秘密的有关事项。

（三）《劳动合同法》（2012）

第二十三条 用人单位与劳动者可以在劳动合同中约定保守用人单位的商业秘密和与知识产权相关的保密事项。

对负有保密义务的劳动者，用人单位可以在劳动合同或者保密协议中与劳动者约定竞业限制条款，并约定在解除或者终止劳动合同后，在竞业限制期限内按月给予劳动者经济补偿。劳动者违反竞业限制约定的，应当按照约定向用人单位支付违约金。

第二十四条 竞业限制的人员限于用人单位的高级管理人员、高级技术人员和其他负有保密义务的人员。竞业限制的范围、地域、期限由用人单位与劳动者约定，竞业限制的约定不得违反法律、法规的规定。

在解除或者终止劳动合同后，前款规定的人员到与本单位生产或者经营同类产品、从事同类业务的有竞争关系的其他用人单位，或者自己开业生产或者经营同类产品、从事同类业务的竞业限制期限，不得超过二年。

（四）《公司法》（2023）

第一百四十八条 董事、监事、高级管理人员不得有下列行为：

（一）侵占公司财产、挪用公司资金；

（二）将公司资金以其个人名义或者以其他个人名义开立账户存储；

（三）利用职权贿赂或者收受其他非法收入；

（四）接受他人与公司交易的佣金归为己有；

（五）擅自披露公司秘密；

（六）违反对公司忠实义务的其他行为。

（五）《深圳经济特区企业技术秘密保护条例》（2019）

第九条 违反法律、法规，损害国家利益、社会公共利益，违背公共道德的技术秘密，不在本条例的保护范围。

第十四条 企业可以根据技术秘密的生命周期长短、技术成熟程度、技术潜在价值大小和市场需要程度等因素，自行确定其密级和保密期限。法律、法规另有规定的除外。

第十五条 企业需要保密的科研项目，应于立项时确立相应的保密措施。

第十七条 企业员工或者业务相关人应当保守其所知悉的企业技术秘密。

企业有权要求员工或者业务相关人保守企业技术秘密。企业可以通过签订保密协议、公布保密制度、发放保密费等方式向员工提出保密要求。员工和业务相关人向企业作出保密承诺且企业接受的，视为保密协议成立。

（六）WIPO《关于反不正当竞争保护的示范规定》

第6条　关于秘密信息的不正当竞争

6.12　第（2）款第（ii）目。与秘密信息有关的契约性义务可在口头或书面合同中明确，典型的是在雇主与雇员之间的合同中明确，或者如果没有明确的合同，亦可由雇佣关系来推断。此种义务可同样存在于商业伙伴之间或雇主与承包人之间。

（七）《最高人民法院关于审理劳动争议案件适用法律问题的解释（二）（征求意见稿）》（2023）

第十九条【劳动者违反竞业限制约定应承担的责任】竞业限制条款约定的竞业限制范围、地域、期限等内容应当与劳动者知悉、接触的商业秘密和与知识产权相关的保密事项、具有的商业价值和形成的竞争优势相适应。劳动者违反竞业限制约定，用人单位按照约定依法要求劳动者返还违反竞业限制约定期间已经支付的经济补偿、支付违约金的，人民法院应予支持。

（八）《欧盟商业秘密指令》（2016）

序言第（3）、（13）、（21）、（34）段（具体内容省略），有关商业秘密的保护必须与确保建立自由以及员工的自由流动和流动的需要相平衡的规定。

第 1 条 客体和适用范围

3. 对本指令内容的解释，不得限制员工的流动。为实现员工的流动，本指令特别禁止：

（a）限制员工对于本指令第 2 条第 1 款规定范围以外的非商业秘密信息之使用；

（b）限制员工对其在日常工作中，以诚实方式掌握的工作经验和能力之使用；

（c）在工作合同中强制规定，属于欧盟法或成员国法非强制规定范围内其他限制员工的条款。

（九）《西班牙商业秘密法》（2019）

第 1 条 目的

3. 对商业秘密的保护不应影响社会参与者的自主权或集体谈判权。亦不能限制员工的流动。尤其是，它不能用于限制员工使用其在正常职业生涯中诚实获得的经验及技能，或不符合商业秘密所有要求的信息，亦不可用于强制员工遵守没有法律依据的工作合同或限制。

（十）《美国不正当竞争重述（第三版）》（1995）

第 42 节评论 d（节选） 对商业秘密与一般技能、知识、培训收获和经验进行区分，旨在合理平衡保护秘密信息与雇员流动性之间的关系。对于雇员在工作中处处需要用到的信息，如果作为商业秘密予以保护将会使雇员丧失一定的工作能力，从而无法胜任与其整体资质相符的职务，则通常不会作为前雇主的商业秘密加以保护。

第十二条 公务活动中的保密义务

国家机关及其公务人员对其在履行公务过程中所知悉的商业秘密负有保密义务，不得超出其职责范围进行披露、使用或者允许他人使用权利人的商业秘密。

按照有关法律法规规定，药品或者农业化学物质产品在上市审批程序中提交的文书涉及未披露的实验数据或其他数据的，负有审批或监督检查职责的机构及其工作人员对其在履行职责过程中所知悉的商业秘密负有保密义务，不得超出其职责范围进行披露、使用或者允许他人使用，不论该行为是否取得经济利益。

☞ 立法说明

本条规定履行公务过程中相关人员的保密义务。因应大数据时代的现实需要与我国药品产业发展的必然趋势，应当强化对于数据的保护，因此本条增加涉及对申请药品或农业化学物质产品上市而提交的未披露的实验数据或其他数据的保护。主要是政府有关部门或者负有审批监督检查职责的机构不得不当使用或披露，因为如有其他企业经由前述部门或机构直接或间接地获取该数据信息的行为是不正当的，因此应予规制。同时还应考虑落入基于公共利益保护的目的而免责的例外情况。

☞ 立法参考

（一）《反不正当竞争法》（2019）

第十五条 监督检查部门及其工作人员对调查过程中知悉的商业秘密负有保密义务。

（二）国家市场监督管理总局《商业秘密保护规定（征求意见稿）》（2020）

第三十六条 市场监督管理部门不得公开行政处罚信息中涉及的商业秘密具体内容。

其他国家机关及其公务人员对其在履行公务过程中所知悉的商业秘密负有保密义务，不得超出其职责范围进行披露、使用或者允许他人使用权利人的商业秘密。

（三）国家工商行政管理局《关于禁止侵犯商业秘密行为的若干规定》（1998）

第十条 国家机关及其公务人员在履行公务时，不得披露或者允许他人使用权利人的商业秘密。

工商行政管理机关的办案人员在监督检查侵犯商业秘密的不正当竞争行为时，应当对权利人的商业秘密予以保密。

（四）台湾地区“营业秘密法”（2013）

第九条 公务员因承办公务而知悉或持有他人之营业秘密者，不得使用或无故泄漏之。

（五）《与贸易有关的知识产权协议》

第39条 3. 各成员如要求，作为批准销售使用新型化学个体制造的药品或农业化学物质产品的条件，需提交通过巨大努力取得的、未披露的试验数据或其他数据，则应保护该数据，以防止不正当的商业使用。此外，各成员应保护这些数据不被披露，除非属为保护公众所必需，或除非采取措施以保证该数据不被用在不正当的商业使用中。

（六）WIPO《关于反不正当竞争保护的示范规定》

第6条 关于秘密信息的不正当竞争

（4）使用或泄露为销售批准程序所提交的信息

凡在工商业活动中的行为或做法，如果其表现为下列情况或导致下列情况产生，应被视为不正当竞争的行为：

（i）对获得时需付出相当大的努力并为得到销售采用新化学成分的医药或农业化学产品的批准而向主管当局提交的秘密测试数据或其他数据进行不正当的商业使用，或

（ii）除为保护公共之所必需之外，或除非已采取步骤确保该数据受到防止不正当商业使用的保护，对此种数据的泄露。

关于第6条的注释

6.26　第（4）款第（i）目。“泄露”第（4）款第（i）目提及的测试数据或其他数据，同任何未经许可使用该信息一样，可对申请销售批准的企业产生同样有害的作用。因此泄露此种信息的行为被认为是不正当竞争的行为。未经许可泄露可表现为，例如为研究目的，公布该信息或将其传递给他人。无论泄露该信息的人员是否因泄露行为得到过任何金钱报酬，此种泄露均应被视为不正当竞争的行为。

第十三条　司法诉讼与仲裁程序中的保密义务

人民法院审理或者仲裁机关受理商业秘密案件或者涉及商业秘密的其他类型案件过程中，应当事人的申请，可将涉案信息全部或部分信息认定为必须保密的信息。

当事人、委托诉讼代理人、辩护人、鉴定人、勘验人、证人、翻译人员及其他参与商业秘密案件或能获取案件中资料的相关人员，必须签订保密承诺书，对被认定为必须保密的信息保密，不得在诉讼之外使用或披露该信息，但在诉讼之外获取该信息的除外。

有权查阅卷宗的第三人，只能查阅未包含被认定为必须保密信息的内容。

☞ 立法说明

为避免商业秘密权利人因诉讼而受侵害，本条规定了司法诉讼与仲裁程序过程中可能知悉商业秘密的相关人员的保密义务，且特别增加“签订保密承诺书”的具体措施。

☞ 立法参考

（一）《民事诉讼法》（2023）

第七十一条　证据应当在法庭上出示，并由当事人互相质证。对涉及国家秘密、商业秘密和个人隐私的证据应当保密，需要在法庭出示的，不得在公开开庭时出示。

第一百三十七条　人民法院审理民事案件，除涉及国家秘密、个人隐私或者法律另有规定的以外，应当公开进行。

离婚案件，涉及商业秘密的案件，当事人申请不公开审理的，可以不公开审理。

（二）《律师法》（2017）

第三十八条　律师应当保守在执业活动中知悉的国家秘密、商业秘密，不得泄露当事人的隐私。

律师对在执业活动中知悉的委托人和其他人不愿泄露的有关情况和信息，应当予以保密。但是，委托人或者其他人准备或者正在实施危害国家安全、公共安全以及严重危害他人人身安全的犯罪事实和信息除外。

（三）《最高人民法院关于审理侵犯商业秘密民事案件适用法律若干问题的规定》（2020）

第二十一条 对于涉及当事人或者案外人的商业秘密的证据、材料，当事人或者案外人书面申请人民法院采取保密措施的，人民法院应当在保全、证据交换、质证、委托鉴定、询问、庭审等诉讼活动中采取必要的保密措施。

（四）台湾地区“营业秘密法”（2013）

第九条 当事人、代理人、辩护人、鉴定人、证人及其它相关之人，因司法机关侦查或审理而知悉或持有他人营业秘密者，不得使用或无故泄漏之。

第十四条 法院为审理营业秘密诉讼案件，得设立专业法庭或指定专人办理。

当事人提出之攻击或防御方法涉及营业秘密，经当事人声请，法院认为适当者，得不公开审判或限制阅览诉讼资料。

（五）台湾地区“智慧财产案件审理法”（2014）

第十一条 （秘密保持命令）当事人或第三人就其持有之营业秘密，经释明符合下列情形者，法院得依该当事人或第三人之声请，对他造当事人、代理人、辅佐人或其他诉讼关系人发秘密保持命令：

一、当事人书状之内容，记载当事人或第三人之营业秘密，或已调查或应调查之证据，当事人或第三人之营业秘密。

二、为避免因前款之营业秘密经开示，或供该诉讼进行以外之目的使用，有妨害该当事人或第三人基于该营业秘密之事业活动之虞，致有限制其开示或使用之必要。

前项规定，于他造当事人、代理人、辅佐人或其他诉讼关系人，在声请前已依前项第一款规定之书状阅览或证据调查以外方法，取得或持有该营业秘密时，不适用之。

受秘密保持命令之人，就该营业秘密，不得为实施该诉讼以外之目的而使用之，或对未受秘密保持命令之人开示；

第十二条 （申请秘密保持命令应载事项）秘密保持命令之声请，应以书状记载下列事项：

一、应受秘密保持命令之人。

二、应受命令保护之营业秘密。

三、符合前条第一项各款所列事由之事实。

第十三条 （声请之裁定）准许秘密保持命令之裁定，应载明受保护之营业秘密、保护之理由，及其禁止之内容。

准许秘密保持命令之声请时，其裁定应送达声请人及受秘密保持命令之人。秘密保持命令自送达受秘密保持命令之人，发生效力。

驳回秘密保持命令声请之裁定，得为抗告。

第十四条 （秘密保持命令之撤销）受秘密保持命令之人，得以其命令之声请欠缺第十一条第一项之要件，或有同条第二项之情形，或其原因嗣已消灭，向诉讼系属之法院声请撤销秘密保持命令。但本案裁判确定后，应向发秘密保持命令之法院声请。秘密保持命令之申请人得声请撤销该命令。

关于申请撤销秘密保持命令之裁定，应送达于声请人及相对人。前项裁定，得为抗告。

秘密保持命令经裁定撤销确定时，失其效力。

撤销秘密保持命令之裁定确定时，除声请人及相对人外，就该营业秘密如有其他受秘密保持命令之人，法院应通知撤销之意旨。

第十五条 （声请秘密保持命令之通知）对于曾发秘密保持命令之诉讼，如有未经限制或不许阅览且未受秘密保持命令之人，声请阅览、抄录、摄影卷内文书时，法院书记官应即通知声请命令之人。但秘密保持命令业经撤销确定者，不在此限。

前项情形，法院书记官自声请命令之当事人或第三人受通知之日起十四日内，不得将卷内文书交付阅览、抄录、摄影。声请命令之当事人或第三人于受通知之日起十四日内，声请对请求阅览之人发秘密保持命令，或声请限制或不准许其阅览时，法院书记官于其声请之裁定确定前，不得为交付。

声请秘密保持命令之人，同意第一项之声请时，第二项之规定不适用之。

（六）《美国统一商业秘密法》（1985）

第 5 节　秘密的保全

在依照本法规定提起的诉讼期间，法院应对指称的商业秘密采取合理的保密措施，包括在质证程序中发布保护令、举行秘密听证会、密封诉讼记录，以及裁定未经法院事先许可任何诉讼相关人均不得披露指称的商业秘密。

（七）《欧盟商业秘密指令》（2016）

第 9 条　司法程序中对商业秘密秘密性的维持

1. 成员国应当确保当事人、律师或其他代表、法院人员、证人、鉴定人以及参与非法获取、使用或披露商业秘密或有权查阅文件的诉讼的任何其他人员不得使用或披露司法机关根据利害关系方合理申请而确定为秘密且已成为秘密的任何涉案商业秘密。此外，成员国还可以赋予相关法院以相应权力，通过行政途径确保诉讼过程中保护商业秘密的秘密性。

本款第一段所述及的相应义务即便在司法程序结束后依然存在。但当满足下列情形之一时，相应保密义务消失：

（a）依据一项生效的司法判决，确定涉案的商业秘密不满足本指令第 2 条第 1 款所要求的标准；或者

（b）随着时间的推移，涉案商业秘密信息就相关领域内的人员而言，已经成为公知信息或通过非保密渠道即能够接触。

2. 成员国还应当进一步确保在有关涉及非法获取、使用以及披露商业秘密案件的司法程序进行过程中，相关法院可以根据一方当事人合理的申请，判定采用相应的措施，维持在诉讼程序进行过程中所争议的商业秘密以及某项与本案有关的商业秘密的秘密性。此外，成员国还可以赋予相关法院以相应权力，通过行政措施保护

诉讼过程中商业秘密的秘密性。

本款第一段所称的措施至少包括：

（a）针对一方当事人或者第三人提交的，包含了争议的商业秘密或者其他商业秘密的全部或部分文件，仅允许特定数量的人员进行接触；

（b）针对有关披露争议的商业秘密或者披露其他商业秘密的庭审，限制参加人员的数量，以及限制接触载有庭审内容的同步书面记录和视听资料人员的数量；

（c）在对上述第（a）项和第（b）项以外的人员提供不具有秘密性的司法判决材料时，在准备材料的过程中，若案件本身涉及秘密信息，则应当将判决材料中有关记载商业秘密内容的部分删除或者涂黑。

上述第（a）项和第（b）项所称的人员数量虽不能超过，但应当以保障参与案件的当事人能够有效获得救济为限，且同时也需兼顾实现程序公正的目标，对此，必须保障每一方能够有一名自然人以及他们的律师或者其他诉讼代理人允许出席。

3. 在作出是否应当给予本条第2款所称的保护商业秘密秘密性的措施以及针对当事人行为是否适当的判断过程中，受诉法院应当考虑当事人是否能因此获得有效的救济，法院的决定是不是有利于保障程序公正、当事人以及第三人因法院同意提供该措施而获得的正当利益，以及因法院拒绝采取该措施可能造成的对当事人以及第三人的损失。

4. 任何本条第1、2、3款涉及的有关针对个人信息处理的情形，应当依据欧盟指令95/46/EC的相关规定执行。

第四章　侵害商业秘密的行为

第十四条　侵害商业秘密的行为

以下行为构成侵害商业秘密：

（一）明知或者应知是商业秘密，以盗窃、贿赂、欺诈、胁迫或者其他不正当手段获取权利人的商业秘密；

（二）披露、使用或者允许他人使用以前项手段获取的权利人的商业秘密；

（三）违反合同或者违反保密义务，披露、使用或者允许他人使用其所掌握的商业秘密；

（四）明知或者应知是侵害他人商业秘密的侵权产品后，为生产经营目的的直接制造、销售或许诺销售该侵权产品，或者为了实现该目的而实施的进口、出口或储存该侵权产品。

第三人明知或者应知商业秘密权利人的员工、前员工或者其他单位、个人实施前款所列违法行为，仍获取、披露、使用或者允许他人使用该商业秘密的，视为侵犯商业秘密。

以不正当手段获取权利人的商业秘密，包括擅自接触、占有或复制由权利人合法控制、包含该商业秘密或能从中推导出该商业秘密的文件、物品、材料、原料或电子数据。

☞ 立法说明

（一）本条主要采纳了《反不正当竞争法》第九条规定的侵害商业秘密行为。本条第一款规定“明知或者应知”的标准，是明确将侵权人应有主观过错作为侵权行为认定条件之一。除此之外，第一款第（四）项比照我国专利法中针对侵权产品的规定，同时借鉴《欧盟商业秘密指令》《德国商业秘密保护法》内容，规定了生产、销售侵权产品，以及涉嫌侵权产品的进出口或储存行为构成侵害商业秘密行为。但未借鉴《欧盟商业秘密指令》中扩张至间接侵权的规定，因为以目前我国面临的国内外经济形势，我国商业秘密保护范围不宜过宽。第三款规定了对商业秘密载体的违法或无权占有、控制或复制构成不正当获取商业秘密的主要形式。

（二）第一款第（三）项“违反合同或者违反保密义务”指的是违反前述第三章“保密义务”的相关规定。

☞ 立法参考

（一）《反不正当竞争法》（2019）

第九条 经营者不得实施下列侵犯商业秘密的行为：

（一）以盗窃、贿赂、欺诈、胁迫、电子侵入或者其他不正当手段获取权利人的商业秘密；

（二）披露、使用或者允许他人使用以前项手段获取的权利人的商业秘密；

（三）违反保密义务或者违反权利人有关保守商业秘密的要求，披露、使用或者允许他人使用其所掌握的商业秘密；

（四）教唆、引诱、帮助他人违反保密义务或者违反权利人有关保守商业秘密的要求，获取、披露、使用或者允许他人使用权利人的商业秘密。

经营者以外的其他自然人、法人和非法人组织实施前款所列违法行为的，视为侵犯商业秘密。

第三人明知或者应知商业秘密权利人的员工、前员工或者其他单位、个人实施本条第一款所列违法行为，仍获取、披露、使用或者允许他人使用该商业秘密的，视为侵犯商业秘密。

（二）《专利法》（2020）

第十一条 发明和实用新型专利权被授予后，除本法另有规定的以外，任何单位或者个人未经专利权人许可，都不得实施其专利，即不得为生产经营目的制造、使用、许诺销售、销售、进口其专利产品，或者使用其专利方法以及使用、许诺销售、销售、进口依照该专利方法直接获得的产品。

（三）《最高人民法院关于审理侵犯商业秘密民事案件适用法律若干问题的规定》（2020）

第八条 被诉侵权人以违反法律规定或者公认的商业道德的方式获取权利人的商业秘密的，人民法院应当认定属于反不正当竞争法第九条第一款所称的以其他不正当手段获取权利人的商业秘密。

（四）国家市场监督管理总局《商业秘密保护规定（征求意见稿）》（2020）

第十二条 经营者不得以盗窃、贿赂、欺诈、胁迫、电子侵入或者其他不正当手段获取权利人的商业秘密。包括但不限于：

（一）派出商业间谍盗窃权利人或持有人的商业秘密；

（二）通过提供财务、有形利益或无形利益、高薪聘请、人身威胁、设计陷阱等方式引诱、骗取、胁迫权利人的员工或他人为其获取商业秘密；

（三）未经授权或超出授权范围进入权利人的电子信息系统获取商业秘密或者植入电脑病毒破坏其商业秘密的，其中，电子信息系统是指所有存储权利人商业秘密的电子载体，包括数字化办公系统、服务器、邮箱、云盘、应用账户等；

（四）擅自接触、占有或复制由权利人控制下的，包含商业秘密或者能从中推导出商业秘密的文件、物品、材料、原料或电子数据，以获取权利人的商业秘密；

（五）采取其他违反诚信原则或者商业道德的不正当手段获取权利人商业秘密的行为。

第十三条 经营者不得披露、使用或者允许他人使用以不正当手段获取的权利人的商业秘密。

本条所称“披露”，是指将权利人的商业秘密公开，足以破坏权利人的竞争优势或损害其经济利益的行为。

本条所称“使用”，是指将权利人的商业秘密应用于产品设计、产品制造、市场营销及其改进工作、研究分析等。

第十四条 经营者不得违反保密义务或者违反权利人有关保守商业秘密的要求，披露、使用或者允许他人使用其所掌握的商业秘密。

本条所称“保密义务”或者“权利人有关保守商业秘密的要求”包括但不限于：

（一）通过书面或口头的明示合同或默示合同等在劳动合同、保密协议、合作协议等中与权利人订立的关于保守商业秘密的约定；

（二）权利人单方对知悉商业秘密的持有人提出的要求，包括但不限于对通过合同关系知悉该商业秘密的相对方提出的保密要求，或者对通过参与研发、生产、检验等知悉商业秘密的持有人提出的保密要求；

（三）在没有签订保密协议、劳动合同、合作协议等情况下，权利人通过其他规章制度或合理的保密措施对员工、前员工、合作方等提出的其他保守商业秘密的要求。

（五）国家工商行政管理局《关于禁止侵犯商业秘密行为的若干规定》（1998）

第三条 禁止下列侵犯商业秘密的行为：

（一）以盗窃、利诱、胁迫或者其他手段获取权利人的商业秘密；

（二）披露、使用或者允许他人使用以前项手段获取的权利人的商业秘密；

（三）与权利人有业务关系的单位和个人违反合同约定或者违反权利人保守商业秘密的要求，披露、使用或者允许他人使用其所掌握的权利人的商业秘密；

（四）权利人的职工违反合同约定或者违反权利人保守商业秘密的要求，披露、使用或者允许他人使用其所掌握的权利人的商业秘密。

第三人明知或者应知前款所列违法行为，获取、使用或者披露他人的商业秘密，视为侵犯商业秘密。

（六）台湾地区“营业秘密法”（2013）

第十条 有左列情形之一者，为侵害营业秘密。

一、以不正当方法取得营业秘密者。

二、知悉或因重大过失而不知其为前款之营业秘密，而取得、使用或泄漏者。

三、取得营业秘密后，知悉或因重大过失而不知其为第一款之营业秘密，而使用或泄漏者。

四、因法律行为取得营业秘密，而以不正当方法使用或泄漏者。

五、依法令有守营业秘密之义务，而使用或无故泄漏者。

前项所称之不正当方法，系指窃盗、诈欺、胁迫、贿赂、擅自重制、违反保密义务、引诱他人违反其保密义务或其他类似之方法。

（七）《欧盟商业秘密指令》（2016）

第 4 条 非法获取、使用以及披露商业秘密

1. 成员国须确保，商业秘密持有人针对非法获取、使用及披露商业秘密的行为，能够运用本指令所规定的措施、程序和救济，防止上述行为的发生或针对上述行为获得赔偿。

2. 当行为人实施下列行为时，视为未征得商业秘密持有人的同意非法获取商业秘密：

（a）针对处于商业秘密持有人合法控制下的，包含商业秘密或者通过其能演绎出商业秘密的文档、物体、原料、材料或者电子信息，通过未经授权的渠道接触、未经授权的占有或未经授权的复制；

（b）其他根据具体情况不属于诚信商业惯例的行为。

3. 使用或者披露一项商业秘密将视为违法，当行为人未经商业秘密持有人之允许，而通过第三人获取了相关商业秘密，且第三人自己表示，其实施了下列行为之一：

（a）非法获取商业秘密；

（b）违反了不披露商业秘密的保密协议或其他保密义务；

（c）违反了关于限制性使用商业秘密的合同义务或者其他义务。

4. 同样被认为是非法获取、使用以及披露商业秘密的行为还包括，当行为人在获取、使用以及披露商业秘密时，知道或者根据具体情况应当知道，该直接或者间接从持有商业秘密的第三人处取得的商业秘密，视为存在本条第 3 款所述及的违法使用或者披露的情形。

5. 直接生产、提供侵权产品或将侵权产品投放市场，或为了实现此种目的而进口、出口或储存侵权产品，上述三种行为也将被认为是侵犯了商业秘密，当行为人在实施上述三种行为时，已知或者根据具体的情况应知，存在本条第 3 款所述及的违法使用商业秘密的情形。

（八）《德国商业秘密保护法》（2019）

第 4 条　非法行为

（1）商业秘密不可以通过以下方式获取：

1. 未经商业秘密权利人同意而获得或者复制其合法控制的（包含商业秘密内容以及可以推演出商业秘密内容的）文件、物体、材料、物质或电子文档；或

2. 任何违反公正的市场秩序，或不符合诚信商业惯例的其他行为。

（2）以下商业秘密不可使用或披露：

1. 通过本条第（1）款描述的自主行为而获取的商业秘密：

a）第 1 项，或

b）第 2 项；

2. 违背商业秘密使用限制要求；或

3. 违背商业秘密披露要求。

（3）当商业秘密是从他人处获得，且在获取、使用或披露的时间点知道或者根据具体情况应当知道该商业秘密的使用或披露违反了本条第（2）款中所述准则，则不可获取、使用或披露该商业秘密。本款适用于生产、供应、流通、进口、出口、储存产品时商业秘密的使用。

（九）《美国统一商业秘密法》

第 1 节　定义

除非上下文另有解释，本法用语有下列含义：

（1）“不正当手段”包括窃取、贿赂、虚假陈述、违反或诱使违反保密义务，或通过电子手段或其他手段进行间谍活动。

第十五条　不构成侵害商业秘密的行为

下列行为不构成侵害商业秘密：

（1）独立发现或者自行开发研制；

（2）通过技术手段对从公开渠道取得的产品或特定对象，进行反向工程、研究或者实验等而获得该产品的有关技术信息，且依法不存在限制获取的情况；

（3）员工在工作过程中诚实获取属于自身的经验、技能与知识，与其人身不能分离，前述经验、技能与知识在其离职后可正当使用或披露；

（4）其他符合诚实信用的商业行为。

☞ 立法说明

本条规定的特定行为属于不构成侵害商业秘密行为情形，因为上述行为依法不存在限制获取的情况，且第（二）项行为的实施对象是处于公共领域内的客体及通过合法占有取得的信息。第（三）项行为的实施对象在国外相关立法中均不构成商业秘密。第（四）项是根据本法的立法宗旨和基本原则规定的兜底条款，以弥补前述列举式条款的不足。

☞ 立法参考

（一）《最高人民法院关于审理不正当竞争民事案件应用法律若干问题的解释》（2020）（已失效）

第十二条　通过自行开发研制或者反向工程等方式获得的商业秘密，不认定为反不正当竞争法第十条第（一）、（二）项规定的侵犯商业秘密行为。

前款所称“反向工程”，是指通过技术手段对从公开渠道取得的产品进行拆卸、测绘、分析等而获得该产品的有关技术信息。当事人以不正当手段知悉了他人的商业秘密之后，又以反向工程为由主张获取行为合法的，不予支持。

（二）《最高人民法院关于审理侵犯商业秘密民事案件适用法律若干问题的规定》（2020）

第二条　当事人仅以与特定客户保持长期稳定交易关系为由，主张该特定客户属于商业秘密的，人民法院不予支持。

客户基于对员工个人的信赖而与该员工所在单位进行交易，该员工离职后，能够证明客户自愿选择与该员工或者该员工所在的新单位进行交易的，人民法院应当认定该员工没有采用不正当手段获取权利人的商业秘密。

第四条　具有下列情形之一的，人民法院可以认定有关信息为公众所知悉：

（一）该信息在所属领域属于一般常识或者行业惯例的；

（二）该信息仅涉及产品的尺寸、结构、材料、部件的简单组合等内容，所属领域的相关人员通过观察上市产品即可直接获得的；

（三）该信息已经在公开出版物或者其他媒体上公开披露的；

（四）该信息已通过公开的报告会、展览等方式公开的；

（五）所属领域的相关人员从其他公开渠道可以获得该信息的。

第九条　被诉侵权人在生产经营活动中直接使用商业秘密，或者对商业秘密进行修改、改进后使用，或者根据商业秘密调整、优化、改进有关生产经营活动的，人民法院应当认定属于反不正当竞争法第九条所称的使用商业秘密。

第十四条　通过自行开发研制或者反向工程获得被诉侵权信息的，人民法院应当认定不属于反不正当竞争法第九条规定的侵犯商业秘密行为。

（三）国家市场监督管理总局《商业秘密保护规定（征求意见稿）》（2020）

第十九条　下列行为不属于侵犯商业秘密行为：

（一）独立发现或者自行研发；

（二）通过反向工程等类似方式获得商业秘密的，但商业秘密或者产品系通过不正当手段获得、或违反保密义务的反向工程除外；

（三）股东依法行使知情权而获取公司商业秘密的；

（四）商业秘密权利人或持有人的员工、前员工或合作方基于环境保护、公共卫生、公共安全、揭露违法犯罪行为等公共利益或国家利益需要，而必须披露商业秘密的。

前款所称反向工程，是指通过技术手段对从公开渠道取得的产品进行拆卸、测绘、分析等而获得该产品的有关技术信息，但是接触、了解权利人或持有人技术秘密的人员通过回忆、拆解终端产品获取权利人技术秘密的行为，不构成反向工程。

披露人在向有关国家行政机关、司法机关及其工作人员举报前述违法犯罪行为时，须以保密方式提交包含商业秘密的文件或法律文书。

商业秘密权利人或持有人应在其与员工、合作者、顾问等签订的管控商业秘密或其他保密信息使用的任何合同或协议中，向后者提供举报豁免和反报复条款。合同或协议的形式包括但不限于劳动合同、独立承包商协议、咨询协议、分离和解除索赔协议、遣散协议、竞业禁止协议、保密和所有权协议、员工手册等。

（四）《欧盟商业秘密指令》（2016）

第3条　合法获取、使用以及披露商业秘密

1. 当满足下列情形之一时，属于合法获取商业秘密的情形：

a）独立的发现或者发明；

b）针对产品或特定对象，进行观察、研究、反向工程或者实验，且上述行为的实施对象是处于公共领域内的客体及通过合法占有取得的信息，且依法不存在限制获取的情况；

……

（五）《德国商业秘密保护法》（2019）

第3条　合法行为

（1）商业秘密可以通过以下渠道获取：

1. 自主发现或创造；

2. 通过对产品进行观察、检查、反向工程或试验，且：

a）该产品已经是公开可以使用的，或

b）该产品由观察者、检查者、反向工程研究者或试验者合法拥有，且不受商业秘密的获取限制。

（六）《瑞典商业秘密保护法》（2018）

第2条第2款　雇员在其正常受雇期间所获取的经验与技能并不会构成商业秘密。与构成犯罪或其他严重不当行为的事宜有关的信息同样不会构成商业秘密。

（七）《美国不正当竞争重述（第三版）》（1995）

第 42 节　雇员违反保密义务

雇员或前雇员违反保密义务，使用或披露雇主或前雇主所拥有的商业秘密的，应根据第 40 节所述规则就侵犯商业秘密行为承担责任。

评论 d. 一般技能、知识、培训收获和经验。构成雇员一般技能、知识、培训收获和经验的信息，即使直接归因于雇主对雇员的资源投入，前雇主也不得主张为商业秘密。1562 年（伊丽莎白一世 5 年）颁布的《学徒法》第 4 章强制要求设置 7 年学徒期，这是早期调和劳资双方利益的一种举措，旨在确保雇主因培训雇员而取得投资收益，同时保障雇员在其所服务的竞争市场中的利益。现代社会为了平衡劳资双方的关系主要依靠以下手段：确立雇员的忠实义务（参见评论 b）；大多数州的雇主和雇员都可通过订立合同合理限制雇员在雇佣终止后与雇主竞争的自由（参见第 41 节评论 d）；对符合条件、可以作为商业秘密得到保护的特定信息，承认权利人的权利。因此，若无可强制执行的竞业禁止契约，前雇员可以在与前雇主的竞争中使用受雇期间获得的一般技能、知识、培训收获和经验，但雇员仍有义务避免使用或披露雇主的商业秘密。特定信息被视为属于前雇主的商业秘密更适当，还是被视为属于前雇员的一般技能、知识、培训收获和经验更适当，取决于具体案件的事实和情形。对前雇员主张信息权的雇主应负责证明商业秘密的存在，并证明自己对商业秘密的所有权。相较行业内相关人员普遍知悉的信息，以及由行业内雇员普遍掌握的技能推导出的信息，雇主业务特有的专门信息更有可能被承认存在商业秘密权。雇主和雇员在信息形成中各自的相对贡献也是应当予以考虑的关联性因素。若其他竞争对手独立尝试开发信息而失败则可能表明，信息符合作为商业秘密得到保护的条件。如果雇员在终止雇佣关系时盗用了体现特定信息的某些材料，如书面公式、蓝图、计划或客户名单，法院也倾向于认定该信息是商业秘密。然而，如果没有故意记忆的证据，则雇员记忆中的信息可不被认定为商业秘密，但这一点并不是绝对的。

对商业秘密与一般技能、知识、培训收获和经验进行区分，旨在合理平衡保护秘密信息与雇员流动性之间的关系。对于雇员在工作中处处需要用到的信息，如果作为商业秘密予以保护将会使雇员丧失一定的工作能力，从而无法胜任与其整体资质相符的职务，则通常不会作为前雇主的商业秘密加以保护。

（八）WIPO《关于反不正当竞争保护的示范规定》

第 6 条　关于秘密信息的不正当竞争

关于第 6 条的注释

6. 08 前雇员一般有权为谋生使用和利用其可能在过去就业当中所获得的任何技能、经验和知识。不得不承认，常常很难划分合法使用就业中所获技能、知识和经验与不正当地泄露或使用前雇主秘密信息之间的界限，尽管雇佣合同可能对特别安排作出了规定。但是，如果雇员的操守涉及违约、违背保密义务、偷窃、挪用、工业间谍或与竞争者合谋，在这种情况下，其泄露或使用信息则绝对为非法。

（九）《日本与欧盟经济伙伴协定》

第 14.36 条　商业秘密的保护范围

4. 本小节（Sub - Section 7）中的任何内容均不得要求缔约方将下列任何行为视为违反诚实商业惯例或将这些行为置于 C 节第 3 小节所述措施、程序和补救措施之下：

（a）由个人独立发现或创造的相关信息；

（b）合法占有产品且没有任何合法有效的限制获取相关资料义务的人对产品进行逆向工程；

（c）获取、使用或披露其相关法律法规要求或允许的信息；

（d）雇员使用他们在正常工作过程中诚实获得的经验和技能；或者

（e）在行使言论和信息自由权时披露信息。

第十六条　免责条款

对商业秘密的获取、使用与披露存在下列情形之一时，行为人不承担相应的法律责任：

（一）股东依法行使知情权而获取公司商业秘密，但不得违法披露或使用其所获取的商业秘密。

（二）商业秘密权利人的员工、前员工或合作方基于环境保护、公共卫生、公共安全、揭露违法犯罪行为等公共利益需要，而必须披露商业秘密的。举报人在向有关国家行政机关、司法机关、检察机关及其工作人员揭露前述行为时须以保密方式提交包含商业秘密的文件或法律文书。基于公共利益需要必须使用该商业秘密的，可以不停止使用，但应当给予商业秘密权利人合理补偿。

☞ 立法说明

（一）本条规定行为人虽实施了对商业秘密的获取、使用与披露行为，但依法可免于法律处罚的情形。因而，将原草案第二稿中第二十条和第二十一条合并规定于此条。

（二）本条第（一）项规定股东等为行使知情权等法律规定的权利而知悉相关信息，属于不构成侵害商业秘密行为的例外情形。但只是不构成以不正当手段获取商业秘密，其不得违法披露或使用所获得的商业秘密。员工、员工代表为行使知情权而适用侵害商业秘密行为的例外规定，在我国现行相关法律中未有规定。基于公共利益需要而获取、使用与披露商业秘密，属于不追究侵害商业秘密行为法律责任的免责情形，但仍须遵守相应的保密义务。为披露职务犯罪等犯罪行为或其他违法行为而获取、使用或披露商业秘密的，其目的也是维护社会公共利益，因此也属于前述免责情形。

☞ 立法参考

（一）《最高人民法院关于适用〈中华人民共和国公司法〉若干问题的规定（四）》（2020）

第十一条 股东行使知情权后泄露公司商业秘密导致公司合法利益受到损害，公司请求该股东赔偿相关损失的，人民法院应当予以支持。

根据本规定第十条辅助股东查阅公司文件材料的会计师、律师等泄露公司商业秘密导致公司合法利益受到损害，公司请求其赔偿相关损失的，人民法院应当予以支持。

（二）《欧盟商业秘密指令》（2016）

第 3 条 合法获取、使用以及披露商业秘密

1. 当满足下列情形之一时，属于合法获取商业秘密的情形：

（c）员工或者员工代表基于欧盟法或者成员国的规定及习惯，因行使信息披露请求权或旁听权而知晓的信息。

第 5 条 例外

当对商业秘密的获取、使用及披露存在下列情形之一的，成员国应当确保驳回要求适用本指令所规定的措施、程序以及救济的申请：

（b）为了维护公共利益的目的揭露不当行为、不法行为或非法活动。

（三）《美国 2016 年保护商业秘密法》

第 7 节 向政府或法院披露商务秘密的免责条款

（a）修订。对《美国法典》第 18 编第 1833 节修订如下：

（3）在第（a）条末尾加入以下内容：

“（b）向政府或法院披露商业秘密的免责条款。

（1）豁免。个人披露商业秘密的，如有下述情形，则行为人无须承担联邦或州商业秘密法规定的刑事或者民事责任：

（A）披露商业秘密系：

（i）以保密的方式直接或间接地向联邦、州或地方政府官员、律师作出；且

（ii）仅出于举报或调查涉嫌违反法律的行为的目的；或（B）在诉讼或其他司法程序中，以保密形式在起诉状或其他法律文书中披露商业秘密。

（2）在反报复诉讼中使用商业秘密信息。雇员在针对雇主涉嫌违法报复而提起的诉讼中，可以向其律师披露商业秘密，并且在庭审过程中使用商业秘密，只要该披露符合以下条件：

（A）以保密方式提交含有商业秘密的文件；且

（B）除非依法院的命令，否则不对外披露商业秘密。”

（四）《德国商业秘密保护法》（2019）

第 3 条 合法行为

（1）商业秘密可以通过以下渠道获取：

3. 员工在行使其知情权或听证权时或员工在参与协同工作时。

第 5 条　例外情况

当出于维护某种正当权利的原因，而通过非第 4 条中所述的禁止行为获取、使用或披露商业秘密，尤其是当：

2. 出于保护公共利益，揭露非法行为或不正当职业行为等时，对商业秘密的获取、使用和披露。

第五章　救济措施与法律责任

第十七条　民事责任

侵权人违反本法规定，应当依法承担停止侵权、返还侵权载体等民事责任。

☞ 立法参考

（一）《反不正当竞争法》（2019）

第十七条　经营者违反本法规定，给他人造成损害的，应当依法承担民事责任。

经营者的合法权益受到不正当竞争行为损害的，可以向人民法院提起诉讼。

因不正当竞争行为受到损害的经营者的赔偿数额，按照其因被侵权所受到的实际损失确定；实际损失难以计算的，按照侵权人因侵权所获得的利益确定。经营者恶意实施侵犯商业秘密行为，情节严重的，可以在按照上述方法确定数额的一倍以上五倍以下确定赔偿数额。赔偿数额还应当包括经营者为制止侵权行为所支付的合理开支。

经营者违反本法第六条、第九条规定，权利人因被侵权所受到的实际损失、侵权人因侵权所获得的利益难以确定的，由人民法院根据侵权行为的情节判决给予权利人五百万元以下的赔偿。

（二）《最高人民法院关于审理侵犯商业秘密民事案件适用法律若干问题的规定》（2020）

第十六条　经营者以外的其他自然人、法人和非法人组织侵犯商业秘密，权利人依据反不正当竞争法第十七条的规定主张侵权人应当承担的民事责任的，人民法院应予支持。

第十八条　停止侵权

侵权人承担停止侵权的民事责任时，停止侵权的时间一般持续到该商业秘密已为其所涉范围的相关人员知悉为止。依据前述规定确定的停止侵权时间如果明显不合理的，人民法院可以酌情判决侵权人在一定期限或者范围内停止使用该商业秘密。

☞ 立法说明

承担停止侵权的民事责任不以主观方面存在过错为条件。因为这类民事责任属于预防性的，以将来为指向。不管是否有过错，只要存在侵权行为，就应该责令停止。本条主要根据商业秘密的特殊性，规定停止侵权的时间一般持续到该商业秘密已为其所涉范围内的相关人员知悉为止，在表述上与商业秘密定义条款一致。

☞ 立法参考

（一）《反不正当竞争法》（2019）

第二十一条　经营者以及其他自然人、法人和非法人组织违反本法第九条规定侵犯商业秘密的，由监督检查部门责令停止违法行为，没收违法所得，处十万元以上一百万元以下的罚款；情节严重的，处五十万元以上五百万元以下的罚款。

（二）《商标法》（2019）

第六十条　工商行政管理部门处理时，认定侵权行为成立的，责令立即停止侵权行为，没收、销毁侵权商品和主要用于制造侵权商品、伪造注册商标标识的工具，违法经营额五万元以上的，可以处违法经营额五倍以下的罚款，没有违法经营额或者违法经营额不足五万元的，可以处二十五万元以下的罚款。对五年内实施两次以上商标侵权行为或者有其他严重情节的，应当从重处罚。销售不知道是侵犯注册商标专用权的商品，能证明该商品是自己合法取得并说明提供者的，由工商行政管理部门责令停止销售。

（三）《专利法》（2020）

第六十五条　未经专利权人许可，实施其专利，即侵犯其专利权，引起纠纷的，由当事人协商解决；不愿协商或者协商不成的，专利权人或者利害关系人可以向人民法院起诉，也可以请求管理专利工作的部门处理。管理专利工作的部门处理时，认定侵权行为成立的，可以责令侵权人立即停止侵权行为，当事人不服的，可以自收到处理通知之日起十五日内依照《中华人民共和国行政诉讼法》向人民法院起诉；侵权人期满不起诉又不停止侵权行为的，管理专利工作的部门可以申请人民法院强制执行。进行处理的管理专利工作的部门应当事人的请求，可以就侵犯专利权的赔偿数额进行调解；调解不成的，当事人可以依照《中华人民共和国民事诉讼法》向人民法院起诉。

（四）《著作权法》（2020）

第五十三条　有下列侵权行为的，应当根据情况，承担本法第五十二条规定的民事责任；侵权行为同时损害公共利益的，由主管著作权的部门责令停止侵权行为，予以警告，没收违法所得，没收、无害化销毁处理侵权复制品以及主要用于制作侵权复制品的材料、工具、设备等，违法经营额五万元以上的，可以并处违法经营额一倍以上五倍以下的罚款；没有违法经营额、违法经营额难以计算或者不足五万元的，可以并处二十五万元以下的罚款；构成犯罪的，依法追究刑事责任：

（一）未经著作权人许可，复制、发行、表演、放映、广播、汇编、通过信息网络向公众传播其作品的，本法另有规定的除外；

（二）出版他人享有专有出版权的图书的；

（三）未经表演者许可，复制、发行录有其表演的录音录像制品，或者通过信息网络向公众传播其表演的，本法另有规定的除外；

（四）未经录音录像制作者许可，复制、发行、通过信息网络向公众传播其制作的录音录像制品的，本法另有规定的除外；

（五）未经许可，播放、复制或者通过信息网络向公众传播广播、电视的，本法另有规定的除外；

（六）未经著作权人或者与著作权有关的权利人许可，故意避开或者破坏技术措施的，故意制造、进口或者向他人提供主要用于避开、破坏技术措施的装置或者部件的，或者故意为他人避开或者破坏技术措施提供技术服务的，法律、行政法规另有规定的除外；

（七）未经著作权人或者与著作权有关的权利人许可，故意删除或者改变作品、版式设计、表演、录音录像制品或者广播、电视上的权利管理信息的，知道或者应当知道作品、版式设计、表演、录音录像制品或者广播、电视上的权利管理信息未经许可被删除或者改变，仍然向公众提供的，法律、行政法规另有规定的除外；

（八）制作、出售假冒他人署名的作品的。

（五）《最高人民法院关于审理不正当竞争民事案件应用法律若干问题的解释》（2020）（已失效）

第十六条 人民法院对于侵犯商业秘密行为判决停止侵权的民事责任时，停止侵权的时间一般持续到该项商业秘密已为公众知悉时为止。

依据前款规定判决停止侵权的时间如果明显不合理的，可以在依法保护权利人该项商业秘密竞争优势的情况下，判决侵权人在一定期限或者范围内停止使用该项商业秘密。

（六）《最高人民法院关于审理侵犯商业秘密民事案件适用法律若干问题的规定》（2020）

第十七条 人民法院对于侵犯商业秘密行为判决停止侵害的民事责任时，停止侵害的时间一般应当持续到该商业秘密已为公众所知悉时为止。

（七）《最高人民法院关于审理侵犯专利权纠纷案件应用法律若干问题的解释（二）》（2016）

第二十六条 被告构成对专利权的侵犯，权利人请求判令其停止侵权行为的，人民法院应予支持，但基于国家利益、公共利益的考量，人民法院可以不判令被告停止被诉行为，而判令其支付相应的合理费用。

（八）台湾地区“营业秘密法”（2013）

第十一条 营业秘密受侵权时，被害人得请求排除之，有侵权之虞者，得请求防止之。

被害人为前项请求时，对于侵权行为作成之物或专供侵权所用之物，得请求销毁或为其他必要之处置。

第十九条　损害赔偿

侵权人违反本法规定，给商业秘密权利人造成损害的，应当承担损害赔偿责任。赔偿数额按照商业秘密权利人因被侵权所受到的实际损失确定；实际损失难以确定的，可以按照侵权人因侵权行为所获得的利益确定。商业秘密权利人的损失或者侵权人获得的利益难以确定的，参照该商业秘密许可使用费的倍数合理确定。赔偿数额还应当包括商业秘密权利人为制止侵权行为所支付的合理开支。

侵权人因其侵权行为导致商业秘密已为公众所知悉的，应当根据该商业秘密的商业价值确定损害赔偿额或者根据其侵权行为造成该商业秘密价值贬损和市场竞争优势下降等因素酌定损害赔偿额。商业秘密的商业价值，根据其研发成本、实施该商业秘密的收益、可得利益、可保持竞争优势的时间等因素确定。

商业秘密权利人的损失、侵权人获得的利益和商业秘密许可使用费均难以确定的，由人民法院根据侵权行为的情节判决给予商业秘密权利人五百万元以下的赔偿。

对恶意侵犯商业秘密，情节严重的，可以在按照上述方法确定数额的一倍以上五倍以下确定赔偿数额。

☞ 立法说明

（一）第一款规定承担损害赔偿责任以主观方面存在过错为条件。

（二）第二款规定确定赔偿数额应考虑的因素。

（三）第三款规定法定赔偿，既规定赔偿上限，又规定最低赔偿标准。

（四）第四款规定针对恶意侵害行为的惩罚性损害赔偿标准。

☞ 立法参考

（一）《反不正当竞争法》（2019）

第十七条　经营者违反本法规定，给他人造成损害的，应当依法承担民事责任。

经营者的合法权益受到不正当竞争行为损害的，可以向人民法院提起诉讼。

因不正当竞争行为受到损害的经营者的赔偿数额，按照其因被侵权所受到的实际损失确定；实际损失难以计算的，按照侵权人因侵权所获得的利益确定。经营者恶意实施侵犯商业秘密行为，情节严重的，可以在按照上述方法确定数额的一倍以上五倍以下确定赔偿数额。赔偿数额还应当包括经营者为制止侵权行为所支付的合理开支。

经营者违反本法第六条、第九条规定，权利人因被侵权所受到的实际损失、侵权人因侵权所获得的利益难以确定的，由人民法院根据侵权行为的情节判决给予权利人五百万元以下的赔偿。

（二）《反不正当竞争法（修订草案征求意见稿）》（2022）

第二十七条 因不正当竞争行为受到损害的经营者的赔偿数额，按照其因被侵权所受到的实际损失确定；实际损失难以计算的，按照侵权人因侵权所获得的利益确定。赔偿数额还应当包括经营者为制止侵权行为所支付的合理开支。

经营者违反本法规定，情节严重的，可以在按照上述方法确定数额的一倍以上五倍以下确定赔偿数额。

经营者因被侵权所受到的实际损失、侵权人因侵权所获得的利益难以确定的，由人民法院根据侵权行为的情节判决给予权利人五百万元以下的赔偿。

（三）《商标法》（2019）

第六十三条 侵犯商标专用权的赔偿数额，按照权利人因被侵权所受到的实际损失确定；实际损失难以确定的，可以按照侵权人因侵权所获得的利益确定；权利人的损失或者侵权人获得的利益难以确定的，参照该商标许可使用费的倍数合理确定。对恶意侵犯商标专用权，情节严重的，可以在按照上述方法确定数额的一倍以上三倍以下确定赔偿数额。赔偿数额应当包括权利人为制止侵权行为所支付的合理开支。

（四）《专利法》（2020）

第七十一条 侵犯专利权的赔偿数额按照权利人因被侵权所受到的实际损失或者侵权人因侵权所获得的利益确定；权利人的损失或者侵权人获得的利益难以确定的，参照该专利许可使用费的倍数合理确定。对故意侵犯专利权，情节严重的，可以在按照上述方法确定数额的一倍以上五倍以下确定赔偿数额。

权利人的损失、侵权人获得的利益和专利许可使用费均难以确定的，人民法院可以根据专利权的类型、侵权行为的性质和情节等因素，确定给予三万元以上五百万元以下的赔偿。

赔偿数额还应当包括权利人为制止侵权行为所支付的合理开支。

人民法院为确定赔偿数额，在权利人已经尽力举证，而与侵权行为相关的账簿、资料主要由侵权人掌握的情况下，可以责令侵权人提供与侵权行为相关的账簿、资料；侵权人不提供或者提供虚假的账簿、资料的，人民法院可以参考权利人的主张和提供的证据判定赔偿数额。

（五）《著作权法》（2020）

第五十四条 侵犯著作权或者与著作权有关的权利的，侵权人应当按照权利人因此受到的实际损失或者侵权人的违法所得给予赔偿；权利人的实际损失或者侵权人的违法所得难以计算的，可以参照该权利使用费给予赔偿。对故意侵犯著作权或者与著作权有关的权利，情节严重的，可以在按照上述方法确定数额的一倍以上五倍以下给予赔偿。

权利人的实际损失、侵权人的违法所得、权利使用费难以计算的，由人民法院根据侵权行为的情节，判决给予五百元以上五百万元以下的赔偿。

赔偿数额还应当包括权利人为制止侵权行为所支付的合理开支。

（六）《最高人民法院关于审理侵犯商业秘密民事案件适用法律若干问题的规定》（2020）

第十九条 因侵权行为导致商业秘密为公众所知悉的，人民法院依法确定赔偿数额时，可以考虑商业秘密的商业价值。

人民法院认定前款所称的商业价值，应当考虑研究开发成本、实施该项商业秘密的收益、可得利益、可保持竞争优势的时间等因素。

第二十条 权利人请求参照商业秘密许可使用费确定因被侵权所受到的实际损失的，人民法院可以根据许可的性质、内容、实际履行情况以及侵权行为的性质、情节、后果等因素确定。

人民法院依照反不正当竞争法第十七条第四款确定赔偿数额的，可以考虑商业秘密的性质、商业价值、研究开发成本、创新程度、能带来的竞争优势以及侵权人的主观过错、侵权行为的性质、情节、后果等因素。

（七）《最高人民法院关于审理不正当竞争民事案件应用法律若干问题的解释》（2020）（已失效）

第十七条 确定反不正当竞争法第十条规定的侵犯商业秘密行为的损害赔偿额，可以参照确定侵犯专利权的损害赔偿额的方法进行；确定反不正当竞争法第五条、第九条、第十四条规定的不正当竞争行为的损害赔偿额，可以参照确定侵犯注册商标专用权的损害赔偿额的方法进行。

因侵权行为导致商业秘密已为公众所知悉的，应当根据该项商业秘密的商业价值确定损害赔偿额。商业秘密的商业价值，根据其研究开发成本、实施该项商业秘密的收益、可得利益、可保持竞争优势的时间等因素确定。

（八）台湾地区“营业秘密法”

第十三条 依前条请求损害赔偿时，被害人得依左列各款规定择一请求：

一、依“民法”第二百十六条之规定请求。但被害人不能证明其损害时，得以其使用时依通常情形可得预期之利益，减除被侵权后使用同一营业秘密所得利益之差额，为其所受损害。

二、请求侵权人因侵权行为所得之利益。但侵害人不能证明其成本或必要费用时，以其侵害行为所得之全部收入，为其所得利益。

依前项规定，侵害行为如属故意，法院得因被害人之请求，依侵权情节，酌定损害额以上之赔偿。但不得超过已证明损害额之三倍。

第二十条 针对侵权产品可采取的救济措施

依商业秘密权利人的申请，人民法院可以根据商业秘密纠纷的判决，责令侵权人从市场上召回侵权产品、消除侵权产品的侵权部分或销毁侵权产品。

☞ 立法说明

（一）目前我国的产品召回制度主要针对所售出的缺陷产品。根据《侵权责任法》第四十六条，产品投入流通后发现存在缺陷的，生产者、销售者应当及时采取警示、召回等补救措施。未及时采取补救措施或者补救措施不力造成损害的，应当承担侵权责任。我国目前发布的相关行政法规和部门规章主要包括《缺陷汽车产品召回管理条例》《消费品召回管理暂行规定》《缺陷消费品召回管理办法》《药品召回管理办法》。

（二）《欧盟商业秘密指令》第12条针对商业秘密侵权产品采取召回侵权产品、消除侵权产品的侵权部分或销毁侵权产品等救济措施专门进行了规定。

（三）本条主要参考借鉴了瑞托·赫尔提（Reto M. Hilty）（德国马克斯普朗克创新与竞争研究所所长，慕尼黑大学法律系、苏黎世大学法律系教授）的观点。Reto M. Hilty教授在其撰写的《欧盟商业秘密保护制度的最新发展与中国比较研究》一文中指出："《欧盟商业秘密指令》在第三章第三节中，详细地规定了'基于实质性判决的措施'。其中第12条和第13条尤其引人注目。第13条首先明确了基于实质性判决的各种执行措施，最具特点的是明确了针对侵权产品可以进行销毁、从市场上召回。"与《欧盟商业秘密指令》中详尽的救济体系形成鲜明对比，对于商业秘密保护而言，中国法律层面的救济体系的制度建设则略显粗疏，建议遵循中国立法者在其他知识产权部门法立法中已经运用的方法，可以考虑通过法律直接细化对侵犯商业秘密的救济体系，该救济体系之构建应当以强化民事救济为主导，并特别关注诉前禁令、损害赔偿数额确定、销毁、返还、召回、禁止入境和禁止在市场中流通等针对侵权产品之执法措施的运用。

☞ 立法参考

（一）《民法典》（2020）

第一千二百零六条 产品投入流通后发现存在缺陷的，生产者、销售者应当及时采取停止销售、警示、召回等补救措施；未及时采取补救措施或者补救措施不力造成损害扩大的，对扩大的损害也应当承担侵权责任。

依据前款规定采取召回措施的，生产者、销售者应当负担被侵权人因此支出的必要费用。

（二）《最高人民法院关于审理侵犯商业秘密民事案件适用法律若干问题的规定》（2020）

第十八条 权利人请求判决侵权人返还或者销毁商业秘密载体，清除其控制的商业秘密信息的，人民法院一般应予支持。

（三）《消费品召回管理暂行规定》（2020）

第十二条 经缺陷调查认为消费品存在缺陷的，组织缺陷调查的市场监督管理部门应当通知生产者实施召回。

生产者接到召回通知，认为消费品存在缺陷的，应当立即实施召回。

（四）《缺陷汽车产品召回管理条例》（2019）

第十五条 国务院产品质量监督部门调查认为汽车产品存在缺陷的，应当通知生产者实施召回。

生产者认为其汽车产品不存在缺陷的，可以自收到通知之日起15个工作日内向国务院产品质量监督部门提出异议，并提供证明材料。国务院产品质量监督部门应当组织与生产者无利害关系的专家对证明材料进行论证，必要时对汽车产品进行技术检测或者鉴定。

生产者既不按照通知实施召回又不在本条第二款规定期限内提出异议的，或者经国务院产品质量监督部门依照本条第二款规定组织论证、技术检测、鉴定确认汽车产品存在缺陷的，国务院产品质量监督部门应当责令生产者实施召回；生产者应当立即停止生产、销售、进口缺陷汽车产品，并实施召回。

（五）《缺陷消费品召回管理办法》（2016）

第十七条 省级以上质检部门调查认为消费品存在缺陷的，应当书面通知生产者实施召回，并自通知生产者实施召回之日起5个工作日内将通知生产者情况通过信息系统报告质检总局。

第十八条 生产者认为其消费品不存在缺陷的，可以自收到通知之日起15个工作日内向通知其实施召回的省级以上质检部门提出异议，并提供证明材料。收到异议的省级以上质检部门应当组织与生产者无利害关系的专家或检测实验机构对证明材料进行论证或技术鉴定，做出确认缺陷调查结果的决定，并将该决定告知生产者。省级质检部门应当在做出决定后5个工作日内通过信息系统报告质检总局。

生产者既不按照通知实施召回又不在本条第一款规定期限内提出异议的，或者经省级以上质检部门依照本条第一款规定经组织论证或技术鉴定确认消费品存在缺陷，通知生产者实施召回而生产者不按要求召回的，省级以上质检部门应当责令生产者实施召回；生产者应当立即停止生产、销售、进口存在缺陷的消费品，并实施召回。

（六）《药品召回管理办法》（2007）

第二十五条 药品监督管理部门经过调查评估，认为存在本办法第四条所称的安全隐患，药品生产企业应当召回药品而未主动召回的，应当责令药品生产企业召回药品。

必要时，药品监督管理部门可以要求药品生产企业、经营企业和使用单位立即停止销售和使用该药品。

（七）《欧盟商业秘密指令》（2016）

第12条 禁令和救济措施

1. 成员国应当确保，基于一项针对非法获取、使用或者披露商业秘密的实质性的判决，主管司法机关可以根据申请人的申请，下令对侵权行为人采取下列一项或者多项措施：

（a）终止或视情况禁止使用或披露商业秘密；

（b）禁止生产、提供侵权产品或将侵权产品投放市场，或禁止为实现上述目的而进口、出口或储存侵权产品；

（c）针对侵权产品采取适当的救济措施；

（d）根据申请人的请求，销毁全部或部分商业秘密的载体或包含商业秘密的任何文档、物品、材料、物质或者电子信息，或是酌情将这些包含商业秘密的文档、物品、材料、物质或者电子信息全部或部分交付给申请人。

2. 本条第1款（c）项所说的救济措施包括：

（a）从市场上召回侵权产品；

（b）消除侵权产品的侵权部分；

（c）销毁侵权产品，或在适当情况下将侵权产品做下架处理，但该下架处理的行为不得对涉案商业秘密造成不利影响。

3. 成员国可以规定，在清理排除市场上侵权产品的过程中，相应的主管司法机关可以根据申请人的申请，将涉案侵权产品交付给商业秘密持有人或慈善机构。

4. 主管司法机关可以要求侵害商业秘密的主体，承担因执行本条第1款第（c）项以及第（d）项而产生的费用，除非有特殊理由无须支付相关费用。但这些措施的适用，不能影响商业秘密持有人正常地获得因商业秘密遭受非法获取、使用以及披露而造成的损害赔偿。

第二十一条　行为保全

商业秘密权利人因情况紧急，不立即申请保全将会使其合法权益受到难以弥补的损害的，可以在提起诉讼前向人民法院申请采取保全措施。

商业秘密纠纷的当事人在判决、裁定生效前，可以依法向人民法院申请采取保全措施。

☞ 立法说明

对于商业秘密持有人而言，保全制度可以帮助其避免遭受无法弥补的损害，为其提供临时性救济，以及保证民事司法裁决有效执行。

☞ 立法参考

（一）《专利法》（2020）

第七十二条　专利权人或者利害关系人有证据证明他人正在实施或者即将实施侵犯专利权、妨碍其实现权利的行为，如不及时制止将会使其合法权益受到难以弥补的损害的，可以在起诉前向人民法院申请采取财产保全、责令作出一定行为或者禁止作出一定行为的措施。

（二）《著作权法》（2020）

第五十六条　著作权人或者与著作权有关的权利人有证据证明他人正在实施或

者即将实施侵犯其权利、妨碍其实现权利的行为，如不及时制止将会使其合法权益受到难以弥补的损害的，可以在起诉前依法向人民法院申请采取财产保全、责令作出一定行为或者禁止作出一定行为等措施。

（三）《商标法》（2019）

第六十五条 商标注册人或者利害关系人有证据证明他人正在实施或者即将实施侵犯其注册商标专用权的行为，如不及时制止将会使其合法权益受到难以弥补的损害的，可以依法在起诉前向人民法院申请采取责令停止有关行为和财产保全的措施。

（四）《民事诉讼法》（2023）

第一百零三条 人民法院对于可能因当事人一方的行为或者其他原因，使判决难以执行或者造成当事人其他损害的案件，根据对方当事人的申请，可以裁定对其财产进行保全、责令其作出一定行为或者禁止其作出一定行为；当事人没有提出申请的，人民法院在必要时也可以裁定采取保全措施。

人民法院采取保全措施，可以责令申请人提供担保，申请人不提供担保的，裁定驳回申请。

人民法院接受申请后，对情况紧急的，必须在四十八小时内作出裁定；裁定采取保全措施的，应当立即开始执行。

第一百零四条 利害关系人因情况紧急，不立即申请保全将会使其合法权益受到难以弥补的损害的，可以在提起诉讼或者申请仲裁前向被保全财产所在地、被申请人住所地或者对案件有管辖权的人民法院申请采取保全措施。申请人应当提供担保，不提供担保的，裁定驳回申请。

人民法院接受申请后，必须在四十八小时内作出裁定；裁定采取保全措施的，应当立即开始执行。

申请人在人民法院采取保全措施后三十日内不依法提起诉讼或者申请仲裁的，人民法院应当解除保全。

（五）《最高人民法院关于审理侵犯商业秘密民事案件适用法律若干问题的规定》（2020）

第十五条 被申请人试图或者已经以不正当手段获取、披露、使用或者允许他人使用权利人所主张的商业秘密，不采取行为保全措施会使判决难以执行或者造成当事人其他损害，或者将会使权利人的合法权益受到难以弥补的损害的，人民法院可以依法裁定采取行为保全措施。

前款规定的情形属于民事诉讼法第一百条、第一百零一条所称情况紧急的，人民法院应当在四十八小时内作出裁定。

（六）《最高人民法院关于审查知识产权纠纷行为保全案件适用法律若干问题的规定》（2019）

第二条 知识产权纠纷的当事人在判决、裁定或者仲裁裁决生效前，依据民事诉讼法第一百条、第一百零一条规定申请行为保全的，人民法院应当受理。

第二十二条　证据保全

为了制止侵犯商业秘密的行为，在证据可能灭失或者以后难以取得的情况下，商业秘密权利人可以在起诉前或诉讼过程中向人民法院申请保全证据。人民法院裁定保全证据的，当事人及其他执行协助人必须执行或者配合人民法院执行。如果拒不执行或者不配合执行，当事人及其他执行协助人将承担相应法律责任。

☞ 立法说明

由于侵犯商业秘密的事实及损害范围的证据有极易灭失或隐匿之可能，导致权利人因无法有效举证，而无法享有法律上的保障，故证据保全制度的妥适运用，对于维护商业秘密权利人的合法权益具有十分重要的意义。并且，依商业秘密实体法而非单纯依程序法中的制定保全规定，对商业秘密的保护有更重大的意义。

☞ 立法参考

（一）《专利法》（2020）

第七十三条　为了制止专利侵权行为，在证据可能灭失或者以后难以取得的情况下，专利权人或者利害关系人可以在起诉前依法向人民法院申请保全证据。

（二）《著作权法》（2020）

第五十七条　为制止侵权行为，在证据可能灭失或者以后难以取得的情况下，著作权人或者与著作权有关的权利人可以在起诉前依法向人民法院申请保全证据。

（三）《商标法》（2019）

第六十六条　为制止侵权行为，在证据可能灭失或者以后难以取得的情况下，商标注册人或者利害关系人可以依法在起诉前向人民法院申请保全证据。

（四）《民事诉讼法》（2023）

第八十四条　在证据可能灭失或者以后难以取得的情况下，当事人可以在诉讼过程中向人民法院申请保全证据，人民法院也可以主动采取保全措施。

因情况紧急，在证据可能灭失或者以后难以取得的情况下，利害关系人可以在提起诉讼或者申请仲裁前向证据所在地、被申请人住所地或者对案件有管辖权的人民法院申请保全证据。证据保全的其他程序，参照适用本法第九章保全的有关规定。

（五）台湾地区“智慧财产案件审理法”（2023）

第四十六条　保全证据之声请，在起诉前，向应系属之法院为之；在起诉后，向已系属之法院为之。

法院实施证据保全时，得为鉴定、勘验、保全书证或讯问证人、专家证人、当事人本人。

法院实施证据保全时，得命技术审查官到场执行职务。

相对人无正当理由拒绝证据保全之实施时，法院于必要时得以强制力排除之，并得请警察机关协助。

法院于证据保全有妨害相对人或第三人之营业秘密之虞时，得依声请人、相对人或第三人之请求，限制或禁止实施保全时在场之人，并就保全所得之证据数据，命另为保管及不予准许或限制阅览、抄录、摄影或其他方式之重制。

前项有妨害营业秘密之虞之情形，准用第三十六条至第四十条规定。

法院认为必要时，得嘱托受讯问人住居所或证物所在地地方法院实施保全。受托法院实施保全时，适用第二项至前项规定。

第二十三条　举证责任

在侵犯商业秘密的民事审判程序中，原告对其主张权利或利益的商业秘密的存在负举证责任。如果原告能够提供初步证据证明其商业秘密的存在，而被告予以否认的，则被告应当证明原告所主张的商业秘密不符合本法规定的商业秘密。

原告提供初步证据证明商业秘密被侵犯，或者有足够理由怀疑被告侵犯商业秘密，并提供以下任一证据的，被告应当证明其不存在侵犯商业秘密的行为：

（一）初步证据表明被告所利用的信息与原告的商业秘密相同或实质相同，且被告有获取上述信息的途径或可能性；

（二）初步证据证明原告的商业秘密已经被被告披露、使用，或有足够理由表明原告的商业秘密存在被披露、使用的风险；

（三）其他初步证据表明原告的商业秘密被被告侵犯。

在原告完成初步举证责任后，被告应当承担举证责任，证明其不存在侵犯商业秘密的行为。被告可以通过以下方式进行抗辩：

（一）证明所使用的信息并非原告的商业秘密；

（二）证明其通过合法途径（如反向工程或独立开发）获得了相关信息；

（三）证明原告的商业秘密已被公开或在诉讼前已为公众所知悉。

在涉及生产方法的技术秘密时，如果被告实施了《中华人民共和国反不正当竞争法》第九条第一款第（一）项或第三款规定的不正当获取商业秘密的行为，并且被告已经生产了使用该技术秘密所产生的物品，或从事了明显使用该技术秘密的其他行为，则应推定被告从事了使用商业秘密的行为。在此情况下，原告应提供初步证据或有足够理由怀疑被告侵犯技术秘密，并对以下三点进行举证：

（一）所主张的信息是原告享有的关于生产方法等的技术信息；

（二）被告实施了《中华人民共和国反不正当竞争法》第九条第一款第（一）项或第三款规定的不正当获取商业秘密的行为；

（三）被告使用原告享有的商业秘密，生产出了能够量产的物品。

☞ 立法说明

与通过公开换保护的专利相比，商业秘密是通过不公开或保密换保护的，其保护的信息具有一定的机密性，故其受侵害或受侵害之虞的证据，往往存在他人或第三人处，存在证据偏在、搜证困难等因素。若未能促使他人将证据提出于法院，仍依一般举证责任分配原则，要求被害人就受侵害或受侵害之虞的事实负举证责任，将使被害人难获应有的救济。

在商业秘密侵权诉讼中，需要平衡所涉及的实体利益与程序利益，考量待证事项的证明度、现实中的举证可能性及其难易度等因素，并依据诉讼诚信原则，适当配置当事人之间的举证责任。这种做法是必要且正当的。

被诉侵权行为人不能仅就被害人主张受侵害，或有受侵害之虞的事实进行否认，而必须就其自身并无被诉之事实及证据进行具体答辩，一方面降低被害人举证的证明度，另一方面赋予他人对被害人的举证证明负具体答辩义务，借由侵权行为举证便利，规范被控侵权行为人的诉讼协力方式，有助于达成审理迅速与公正裁判的目标。

侵害商业秘密行为，亦常涉及高技术或新兴产业的商业竞争，若被害人未证明受侵害，或有受侵害之虞的高度可能性，即令他人应就其否认的理由进行具体答辩，恐失之过苛，且对产业公平竞争秩序的影响至为重大。故对于被害人主张之举证应提高其证明程度，以资衡平。

根据《民事诉讼法》第六十七条的规定，当事人对自己提出的主张，有责任提供证据。《最高人民法院关于适用〈中华人民共和国民事诉讼法〉的解释》第九十条第一款的规定，当事人对自己提出的诉讼请求所依据的事实或者反驳对方诉讼请求所依据的事实，应当提供证据加以证明，但法律另有规定的除外。该解释第一百零八条规定，对负有举证证明责任的当事人提供的证据，人民法院经审查并结合相关事实，确信待证事实的存在具有高度可能性的，应当认定该事实存在。

2019 年《反不正当竞争法》未明确规定当事人对其请求保护的商业秘密的存在负举证责任的情况下，在第三十二条规定了“商业秘密权利人提供初步证据，证明其已经对所主张的商业秘密采取保密措施，且合理表明商业秘密被侵犯，涉嫌侵权人应当证明权利人所主张的商业秘密不属于本法规定的商业秘密”，该条款在业界引起了非常大的争议。

侵犯商业秘密的证明涉及两个基本事实环节，即商业秘密是否存在以及侵权行为是否发生。2019 年《反不正当竞争法》第三十二条第一款和第二款分别针对商业秘密存在及侵权行为发生的证明，即第一款旨在解决商业秘密是否存在的证明问题，第二款旨在解决侵权行为是否发生的证明问题。这说明第三十二条旨在全面解决侵犯商业秘密的举证责任问题，而不是针对特殊情形的举证责任处置。关于此条规定是否合理，业界主要有两种观点：一种观点认为，该条的规定说明 2019 年《反不正当竞争法》不要求商业秘密权利人对其商业秘密的存在负举证责任，符合商业秘密保护的内在规律；另一种观点认为，第三十二条是一般性地减轻权利人对其商业秘密是否存在以及侵权行为是否成立的举证责任，属于全方位地引入减轻权利人举证责任而加重被诉侵权人侵权风险的举证责任分配规则，并认为现行法是一种过度亲权利的制度选择，有悖私权与社会公共利益的平衡。

2019 年《反不正当竞争法》修正于2020 年签署的《中华人民共和国政府和美利坚合众国政府经济贸易协议》（以下简称《中美第一阶段经贸协议》）签订之前，修正过程中两国经贸谈判正在进行，分析两者相关条款之异同可见第三十二条关于举证责任的规定显然与该政府间协议第 1.5 条相契合。根据《中美第一阶段经贸协议》第 1.5 条对“民事程序中的举证责任转移”的明确规定（见本条立法参考）可知，我国《反不正当竞争法》第三次修法时有可能在与该 1.5 条契合时忽视了该条的核心内容是“民事程序中的举证责任转移”，在《反不正当竞争法》对商业秘密的存在之举证责任未作规定的情况下，2019 年贸然规定了第三十二条，由此引发歧义和巨大争议。

鉴于此，有必要对 2019 年《反不正当竞争法》第三十二条进行改造，针对商业秘密保护难、举证难的特点，既相对减轻权利人的举证责任，又要防止商业秘密权利人滥用权利，确保经营者利益和公共利益之间的平衡；既要涉及商业秘密的举证设计，又要涉及各类侵权行为的举证责任设计。

☞ 立法参考

（一）《专利法》（2020）

第六十六条　专利侵权纠纷涉及新产品制造方法的发明专利的，制造同样产品的单位或者个人应当提供其产品制造方法不同于专利方法的证明。

（二）《最高人民法院关于知识产权民事诉讼证据的若干规定》（2020）

第三条　专利方法制造的产品不属于新产品的，侵害专利权纠纷的原告应当举证证明下列事实：

（一）被告制造的产品与使用专利方法制造的产品属于相同产品；

（二）被告制造的产品经由专利方法制造的可能性较大；

（三）原告为证明被告使用了专利方法尽到合理努力。

原告完成前款举证后，人民法院可以要求被告举证证明其产品制造方法不同于专利方法。

第四条　被告依法主张合法来源抗辩的，应当举证证明合法取得被诉侵权产品、复制品的事实，包括合法的购货渠道、合理的价格和直接的供货方等。

被告提供的被诉侵权产品、复制品来源证据与其合理注意义务程度相当的，可以认定其完成前款所称举证，并推定其不知道被诉侵权产品、复制品侵害知识产权。被告的经营规模、专业程度、市场交易习惯等，可以作为确定其合理注意义务的证据。

（三）《中华人民共和国政府和美利坚合众国政府经济贸易协议》

第 1.5 条　民事程序中的举证责任转移

一、双方应规定，在侵犯商业秘密的民事司法程序中，如商业秘密权利人已提供包括间接证据在内的表面证据（prima facie evidence, including circumstantial evidence），合理指向被告方侵犯商业秘密，则举证责任或提供证据的责任（在各自法律体系下使用适当的用词）转移至被告方。①

二、中国应规定：（一）当商业秘密权利人提供以下证据，未侵犯商业秘密的举证责任或提供证据的责任（在各自法律体系下使用适当的用词）转移至被告方：1. 被告方曾有渠道或机会获取商业秘密的证据，且被告方使用的信息在实质上与该

---

① 在中国官方译本上，将《中美第一阶段经贸协议》第 1.5 条第一款“包括间接证据在内的表面证据（prima facie evidence, including circumstantial evidence）”译为“*包括间接证据在内的初步证据（prima facie evidence, including circumstantial evidence）*”。在美国法中，preliminary evidence（初步证据）与 prima facie evidence, including circumstantial evidence（包括间接证据在内的表面证据）在侵害商业秘密民事诉讼中有不同的含义和应用。以下试解释之：

第一，两者的概念。初步证据（preliminary evidence）指的是在案件初期，权利人需要提供的足以让法庭认为其指控有合理基础的证据。这些证据通常不需要证明侵权行为的全部事实，但必须足以让法庭相信案件有进一步审理的必要性。表面证据（prima facie evidence）是指在没有其他相反证据时，能够支持某一事实或主张的证据。这种证据可以是直接证据，也可以是间接证据（circumstantial evidence），后者是通过推论得出的证据，而非直接证明某一事实的证据。

第二，初步证据与表面证据的异同。首先，在性质和要求上，初步证据主要用于案件初期，要求较低，只需表明权利人的主张有合理基础。表面证据适用于必须足以在没有反驳情况下支持权利人的主张的情况，包括直接和间接证据。其次，在应用阶段上，初步证据通常在申请临时禁令（preliminary injunction）或案件初期阶段使用。表面证据适用于整个诉讼过程中，特别是在审判阶段，以支持权利人的主张。

典型案例中的初步证据与表面证据：

案例 1：PepsiCo, Inc. v. Redmond

案情背景：PepsiCo 起诉其前雇员 Redmond 和其新雇主 Quaker Oats，指控他们盗用了 PepsiCo 的商业秘密。PepsiCo 提出申请，要求法庭发出临时禁令，阻止 Redmond 在新职位上工作，声称他会不可避免地披露 PepsiCo 的商业秘密。其提供的初步证据包括：（1）Redmond 的新工作职责描述：显示他在新职位上的角色和职责与他在 PepsiCo 的工作内容高度相关，可能会涉及使用 PepsiCo 的商业秘密。（2）Redmond 对公司核心策略和敏感信息的了解：证明 Redmond 在 PepsiCo 任职期间接触并掌握了大量关键的商业秘密信息。（3）Redmond 离职后立即加入竞争对手 Quaker Oats：暗示他可能会在新职位中使用这些商业秘密。这些初步证据足以让法庭相信，有必要进一步审理此案，认为存在潜在的商业秘密侵权风险。表面证据包括：（1）Redmond 的角色和职责变化：提供进一步的证据，显示 Redmond 在 Quaker Oats 的新角色需要利用他在 PepsiCo 获得的商业秘密。（2）与 Quaker Oats 的合同条款：详细说明 Redmond 在新公司中的职责和任务，与 PepsiCo 的业务战略和计划高度重合。（3）邮件和通信记录：显示 Redmond 在离职前后与 Quaker Oats 的高层管理人员之间的交流，可能涉及商业秘密的披露或使用。这些表面证据包括直接证据和间接证据，进一步支持了 PepsiCo 的主张，最终法庭发出了临时禁令。

案例 2：DuPont v. Kolon Industries

案情背景：DuPont 起诉 Kolon Industries，指控其窃取用于生产 Kevlar 防弹材料的商业秘密。DuPont 发现其前雇员向 Kolon 提供了大量内部文件，涵盖生产流程、市场策略等关键商业秘密。其提供的初步证据包括：（1）前雇员离职后与 Kolon 的通信记录：显示前雇员在离职后与 Kolon 之间有频繁的联系，可能涉及商业秘密的传递。（2）转移的文件清单：证据显示前雇员带走了一些 DuPont 的关键文件，这些文件包含商业秘密信息。（3）雇员在 Kolon 的职位描述：显示前雇员在 Kolon 的新职位与其在 DuPont 的工作内容高度相关，可能会使用 DuPont 的商业秘密。这些初步证据让法庭相信 Kolon 有可能侵权，案件需要进一步审理。表面证据包括：（1）前雇员在 Kolon 的邮件内容：具体邮件显示前雇员向 Kolon 提供了 DuPont 的商业秘密，直接证据证明侵权行为。（2）生产记录比对：DuPont 提供的证据显示 Kolon 的生产流程和技术与其商业秘密高度相似，间接证明侵权。（3）泄露的文件：具体文件内容详细列出了 DuPont 的商业秘密，并显示这些信息被 Kolon 使用。这些表面证据，包括直接证据（如泄露的文件）和间接证据（如生产线相似性），进一步支持了 DuPont 的主张，最终法庭认定 Kolon 侵犯了 DuPont 的商业秘密，判决 DuPont 胜诉，并裁定 Kolon 支付巨额赔偿。——编者注

商业秘密相同；2. 商业秘密已被或存在遭被告方披露或使用的风险的证据；或3. 商业秘密遭到被告方侵犯的其他证据；以及（二）在权利人提供初步证据（preliminary evidence），证明其已对其主张的商业秘密采取保密措施的情形下，举证责任或提供证据的责任（在各自法律体系下使用适当的用词）转移至被告方，以证明权利人确认的商业秘密为通常处理所涉信息范围内的人所普遍知道或容易获得，因而不是商业秘密。

（四）《反不正当竞争法》（2019）

第三十二条 在侵犯商业秘密的民事审判程序中，商业秘密权利人提供初步证据，证明其已经对所主张的商业秘密采取保密措施，且合理表明商业秘密被侵犯，涉嫌侵权人应当证明权利人所主张的商业秘密不属于本法规定的商业秘密。

商业秘密权利人提供初步证据合理表明商业秘密被侵犯，且提供以下证据之一的，涉嫌侵权人应当证明其不存在侵犯商业秘密的行为：

（一）有证据表明涉嫌侵权人有渠道或者机会获取商业秘密，且其使用的信息与该商业秘密实质上相同；

（二）有证据表明商业秘密已经被涉嫌侵权人披露、使用或者有被披露、使用的风险；

（三）有其他证据表明商业秘密被涉嫌侵权人侵犯。

（五）《民事诉讼法》（2023）

第六十七条 当事人对自己提出的主张，有责任提供证据。

当事人及其诉讼代理人因客观原因不能自行收集的证据，或者人民法院认为审理案件需要的证据，人民法院应当调查收集。

人民法院应当按照法定程序，全面地、客观地审查核实证据。

（六）《最高人民法院关于适用〈中华人民共和国民事诉讼法〉的解释》（2020）

第九十条 当事人对自己提出的诉讼请求所依据的事实或者反驳对方诉讼请求所依据的事实，应当提供证据加以证明，但法律另有规定的除外。

（七）《最高人民法院关于审理不正当竞争民事纠纷案件适用法律若干问题的解释（征求意见稿）》（2005）

第二十七条 原告举证证明被告接触了原告所掌握的商业秘密或者被告有非法获取原告商业秘密的条件，被告使用的商业秘密又与原告的商业秘密相同或者实质相同，根据案件的具体情况或者已知事实和日常生活经验法则，能够判断被告具有违法获取商业秘密的较大可能性，可以推定被告以违法手段获取了商业秘密，但被告对其商业秘密的合法来源举证属实的除外。

（八）《最高人民法院关于审理侵犯商业秘密民事案件适用法律若干问题的规定》（2020）

第二十四条 权利人已经提供侵权人因侵权所获得的利益的初步证据，但与侵犯商业秘密行为相关的账簿、资料由侵权人掌握的，人民法院可以根据权利人的申请，责令侵权人提供该账簿、资料。侵权人无正当理由拒不提供或者不如实提供的，人民法院可以根据权利人的主张和提供的证据认定侵权人因侵权所获得的利益。

（九）国家工商行政管理局《关于禁止侵犯商业秘密行为的若干规定》（1998）

第五条 权利人（申请人）认为其商业秘密受到侵害，向工商行政管理机关申请查处侵权行为时，应当提供商业秘密及侵权行为存在的有关证据。

被检查的单位和个人（被申请人）及利害关系人、证明人，应当如实向工商行政管理机关提供有关证据。

权利人能证明被申请人所使用的信息与自己的商业秘密具有一致性或者相同性，同时能证明被申请人有获取其商业秘密的条件，而被申请人不能提供或者拒不提供其所使用的信息是合法获得或者使用的证据的，工商行政管理机关可以根据有关证据，认定被申请人有侵权行为。

（十）国家市场监督管理总局《商业秘密保护规定（征求意见稿）》（2020）

第二十一条 权利人认为其商业秘密受到侵害，向市场监督管理部门举报侵权行为时，应当提供其拥有的商业信息符合商业秘密的法定条件，以及其商业秘密被侵犯等证明材料。

认定商业秘密符合法定条件的材料，包括但不限于下列情形：

（一）商业秘密的研发过程和完成时间；

（二）商业秘密的载体和表现形式、具体内容等不为公众所知悉；

（三）商业秘密具有的商业价值；

（四）对该项商业秘密所采取的保密措施。

权利人提交以下材料之一的，视为其已提供初步证据合理表明其商业秘密被侵犯：

（一）有证据表明涉嫌侵权人有渠道或者机会获取商业秘密，且涉嫌侵权人使用的信息与权利人的商业秘密实质上相同；

（二）有证据表明涉嫌侵权人有渠道或者机会获取商业秘密，且保密设施被涉嫌侵权人以不正当手段破坏；

（三）有证据表明商业秘密已被涉嫌侵权人披露、使用或者有被披露、使用的风险；

（四）权利人提交了与该案相关的民事诉讼、刑事诉讼或其他法定程序中所形成的陈述、供述、鉴定意见、评估报告等证据，用于合理表明其商业秘密被侵犯；

（五）有其他证据表明商业秘密被涉嫌侵权人侵犯。

第二十二条 权利人、涉嫌侵权人可以委托有法定资质的鉴定机构对权利人的信息是否为公众所知悉、涉嫌侵权人所使用的信息与权利人的信息是否实质相同等专门性事项进行鉴定。

权利人、涉嫌侵权人可以委托有专门知识的人对权利人的信息是否为公众所知悉等专门性事项提出意见。

权利人、涉嫌侵权人可以就上述鉴定结论或者有专门知识的人的意见向市场监督管理部门提出意见并说明理由，由市场监督管理部门进行审查并作出是否采纳的决定。

第二十三条 侵犯商业秘密行为涉及计算机软件程序的，可以从该商业秘密的软件文档、目标程序与被控侵权行为涉及的软件是否相同，或者被控侵权行为涉及的计算机软件目标程序中是否存在权利人主张商业秘密的计算机软件特有内容，或者在软件结果（包括软件界面、运行参数、数据库结构等）方面与该商业秘密是否相同等方面进行判断，认定二者是否构成实质上相同。

第二十四条 涉嫌侵权人及利害关系人、证明人，应当如实向市场监督管理部门提供有关证据。

权利人能证明涉嫌侵权人所使用的信息与自己主张的商业秘密实质上相同，同时能证明涉嫌侵权人有获取其商业秘密的条件，而涉嫌侵权人不能提供或者拒不提供其所使用的信息是合法获得或者使用的证据的，市场监督管理部门可以根据有关证据，认定涉嫌侵权人存在侵权行为。

（十一）《日本不正当竞争防止法》（2022）

第五条之二　技术秘密获取者使用该技术秘密行为等的推定

对技术秘密（限于生产方法及其他政令规定的信息，以下本条亦同）实施第二条第1款第四项、第五项或第八项规定的行为（限于获取商业秘密的行为）时，如果实施者已经生产了使用该技术秘密所产生的物品，或从事了政令规定的明显使用技术秘密的其他行为（以下本条中称为“生产等”），应推定该实施者从事了各项规定中（限于使用商业秘密的行为）的生产等行为。

（十二）《美国北卡罗来纳州商业秘密保护法》（2011）

第155条　举证责任

盗用商业秘密须提出实质性证据，表面证明被告：

（1）已知或应知商业秘密；和

（2）有特定机会获得该商业秘密以供披露或使用，或在未经商业秘密所有人明示或暗示同意或授权而获得、披露或使用。

该表面证据可以通过提出实质性证据反证，即被告通过独立开发、反向工程获得了包含商业秘密的信息，或者该信息是从有权披露商业秘密的他人获得。本条不得解释为剥夺被告依法提供的任何其他辩护。

（十三）嘉兴市中华化工有限责任公司、上海欣晨新技术有限公司等与王某某侵害技术秘密纠纷案，最高法（2020）知民终1667号

裁判摘要：权利人举证证明被诉侵权人非法获取了完整的产品工艺流程、成套的生产设备等技术秘密，且被诉侵权人已经实际生产出相同产品的，人民法院可以根据优势证据规则和日常生活经验推定被诉侵权人使用了全部技术秘密。

（十四）Electronicas y de Radiofrecuencia, S. L. 诉 Tradingall Electronicas S. L. /Aplicaciones Electronicas y de Radiofrecuencia S. L.，西班牙巴塞罗那省上诉法院（2022）

裁判摘要：根据《西班牙不正当竞争法》第13条，Electronicas y de Radiofrecuencia, S. L. 起诉 Tradingall Electronicas S. L. / Aplicaciones Electronicas y de Radiofrecuencia S. L. 侵犯其商业秘密，并依同一法律第 11 条起诉被告从事了不正当模仿行为。本案中被告针对原告两种复杂产品的秘密源代码作为模仿对象。一审中，被告被判定侵犯了商业秘密，并实施了不正当模仿行为，即被告通过工业间谍活动非法获取了这些秘密信息。在上诉中，上诉人声称因果关系没有得到证明，并且无法证明其访问了原告电子产品的源代码。尽管如此，上诉法院得出了与一审法院相同的结论。上诉法院认为，为了评估是否存在侵害商业秘密，是否实际获取软件或源代码并不重要。事实表明原告与被告的产品和目录（几乎）完全相同。根据专家的意见，两种产品之间的大量相似之处绝非偶然。此案涉及商业秘密的非法获取。值得注意的是，法院不要求用直接证据来证明所涉商业秘密是非法获取的。而基于原被告产品之间的极端相似性，推定原告的商业秘密被非法获取。在应用这一推定原则时，法院考虑了产品的复杂程度及其相似性。

（十五）台湾地区“智慧财产案件审理法”（2023）

第三十五条 专利权、计算机程序著作权、营业秘密侵害之事件，如当事人就其主张之权利或利益受侵害，或有受侵害之虞之事实已释明者，他造否认其主张时，法院应定期命他造就其否认之事实及证据为具体答辩。

前项他造无正当理由，逾期未答辩或答辩非具体者，法院得审酌情形认当事人已释明之内容为真实。

前项情形，法院应予当事人辩论之机会，始得采为裁判之基础。

（十六）厦门市中级人民法院《关于解决知识产权诉讼当事人举证难的若干工作指引》（2021）

第二条 人民法院应根据生活经验、商业惯例和逻辑推理等，对证据进行综合判断，根据高度盖然性标准，认定案件事实。证据能够初步证明权利人主张的事实成立的，否认该事实的当事人应提供反证支持其反驳或抗辩。

第二十四条　证据

原告主张其享有商业秘密的，应说明其商业秘密的具体内容，同时可以提供载有商业秘密的合同、文档、计算机软件、产品、招投标文件、数据库文件，原告与披露、使用或允许他人使用商业秘密的人存在约定保密义务的合同，员工证明、社保证明、离职手续，企业规章制度，密钥、限制访问系统或物理保密装置等证据。

原告主张被告实施侵害商业秘密行为的，可以提供以下证据：

（一）被告生产的含有原告商业秘密的产品、产品手册、宣传材料、计算机软件、文档；

（二）被告与第三方订立的含有原告商业秘密的合同；

（三）被告所用信息与原告商业秘密相同或存在相似程度的鉴定报告、评估意见、勘验结论；

（四）被告与披露、使用或允许他人使用商业秘密的主体存在合同关系或其他关系的合同；

（五）针对原告商业秘密的密钥、限制访问系统或物理保密装置等被破解、规避的记录；

（六）能反映原告商业秘密被窃取、披露、使用的证人证言；

（七）体现原告商业秘密存在的产品说明书、宣传介绍资料；

（八）被告明知或应知他人侵犯商业秘密仍提供帮助的宣传网页、销售或展览展示场所；

（九）被告教唆、引诱、帮助他人侵犯商业秘密的录音录像、聊天记录、邮件；

（十）其他证据。

原告主张被诉信息与原告主张的商业秘密构成实质性相同，可以提供以下证据：

（一）有资质的鉴定机关、评估机构出具的鉴定意见、评估意见，相关专家辅助人意见；

（二）能体现与原告主张的商业秘密实质性相同的信息的产品、合同、意向书；

（三）前述证据来自与被告有关的第三方；

（四）其他证据。

必要时，原告可以申请对含有原告商业秘密与被诉信息的产品、文档等载体进行现场勘验或鉴定。

被告否认侵犯商业秘密的，可以提供以下证据：

（一）已公开原告商业秘密的文献资料、宣传材料、网页、相关产品；

（二）原告保密措施无效的鉴定意见、评估报告；

（三）被告所用信息与原告商业秘密不同的鉴定意见、评估报告、勘验结论；

（四）被告获取、披露、使用或者允许他人使用的商业秘密经过合法授权的授权书、合同；

（五）被告自行开发研制或者反向工程等的开发文件、研发记录、音视频文件；

（六）客户基于对离职员工个人的信赖而自愿与该个人或者其新单位进行市场交易的说明、证人证言；

（七）其他证据。

被告抗辩被诉信息与原告商业秘密存在实质性区别的，可列明二者之间存在的区别点，并对相关区别点导致二者构成实质性区别予以说明，必要时可以提供专家辅助人意见、鉴定意见等；或者提供被诉信息与原告商业秘密中构成实质性相同部分的信息属于他人信息或公有领域信息的文档、专家辅助人意见、鉴定意见、评估意见等证据。

必要时，被告可以申请对原告商业秘密与被诉信息的产品、文档等载体进行现场勘验或鉴定。

被告抗辩被诉信息系通过反向工程获取的，可以提供以下证据：

（一）通过公开渠道取得产品的购买合同、接受赠予的凭证、票据；

（二）通过拆卸、测绘、分析等相关技术手段从公开渠道取得的产品中获得有关技术信息的工作记录、视频、文档数据；

（三）委托他人通过拆卸、测绘、分析等技术手段从公开渠道取得的产品中获得有关技术信息的合同、往来邮件；

（四）其他证据。

被告提出个人信赖抗辩的，可以提供以下证据：

（一）所涉行业领域强调个人技能的行业特点说明；

（二）客户明确其系基于对员工个人的信赖自愿选择交易的声明、说明或者聊天记录、往来邮件；

（三）与相关客户的交易未利用原告所提供的物质条件、交易平台的文件、沟通记录；

（四）其他证据。

☞ 立法参考

《北京市高级人民法院知识产权民事诉讼证据规则指引》（2021）

5.6　原告主张其享有商业秘密的，应说明其商业秘密的具体内容，同时可以提供载有商业秘密的合同、文档、计算机软件、产品、招投标文件、数据库文件，原告与披露、使用或允许他人使用商业秘密的人存在约定保密义务的合同、员工证明、社保证明、离职手续、企业规章制度，密钥、限制访问系统或物理保密装置等证据。

5.7　原告主张被告实施侵害商业秘密行为的，可以提供以下证据：

（一）被告生产的含有原告商业秘密的产品、产品手册、宣传材料、计算机软件、文档；

（二）被告与第三方订立的含有原告商业秘密的合同；

（三）被告所用信息与原告商业秘密相同或存在相似程度的鉴定报告、评估意见、勘验结论；

（四）被告与披露、使用或允许他人使用商业秘密的主体存在合同关系或其他关系的合同；

（五）针对原告商业秘密的密钥、限制访问系统或物理保密装置等被破解、规避的记录；

（六）能反映原告商业秘密被窃取、披露、使用的证人证言；

（七）体现原告商业秘密存在的产品说明书、宣传介绍资料；

（八）被告明知或应知他人侵犯商业秘密仍提供帮助的宣传网页、销售或展览展示场所；

（九）被告教唆、引诱、帮助他人侵犯商业秘密的录音录像、聊天记录、邮件；

（十）其他证据。

5.8 原告主张被诉信息与原告主张的商业秘密构成实质性相同，可以提供以下证据：

（一）有资质的鉴定机关、评估机构出具的鉴定意见、评估意见，相关专家辅助人意见；

（二）能体现与原告主张的商业秘密实质性相同的信息的产品、合同、意向书；

（三）前述证据来自于与被告有关的第三方；

（四）其他证据。

必要时，原告可以申请对含有原告商业秘密与被诉信息的产品、文档等载体进行现场勘验或鉴定。

5.9 被告否认侵犯商业秘密的，可以提供以下证据：

（一）已公开原告商业秘密的文献资料、宣传材料、网页、相关产品；

（二）原告保密措施无效的鉴定意见、评估报告；

（三）被告所用信息与原告商业秘密不同的鉴定意见、评估报告、勘验结论；

（四）被告获取、披露、使用或者允许他人使用的商业秘密经过合法授权的授权书、合同；

（五）被告自行开发研制或者反向工程等的开发文件、研发记录、音视频文件；

（六）客户基于对离职员工个人的信赖而自愿与该个人或者其新单位进行市场交易的说明、证人证言；

（七）其他证据。

5.10 被告抗辩被诉信息与原告商业秘密存在实质性区别的，可列明二者之间存在的区别点，并对相关区别点导致二者构成实质性区别予以说明，必要时可以提供专家辅助人意见、鉴定意见等；或者提供被诉信息与原告商业秘密中构成实质性相同部分的信息属于他人信息或公有领域信息的文档、专家辅助人意见、鉴定意见、评估意见等证据。必要时，被告可以申请对原告商业秘密与被诉信息的产品、文档等载体进行现场勘验或鉴定。

5.11 被告抗辩被诉信息系通过反向工程获取的，可以提供以下证据：

（一）通过公开渠道取得产品的购买合同、接受赠予的凭证、票据；

（二）通过拆卸、测绘、分析等相关技术手段从公开渠道取得的产品中获得有关技术信息的工作记录、视频、文档数据；

（三）委托他人通过拆卸、测绘、分析等技术手段从公开渠道取得的产品中获得有关技术信息的合同、往来邮件；

（四）其他证据。

5.12 被告提出个人信赖抗辩的，可以提供以下证据：

（一）所涉行业领域强调个人技能的行业特点说明；

（二）客户明确其系基于对员工个人的信赖自愿选择交易的声明、说明或者聊天记录、往来邮件；

（三）与相关客户的交易未利用原告所提供的物质条件、交易平台的文件、沟通记录；

（四）其他证据。

第二十五条　行政责任

侵权人违反本法规定侵犯商业秘密的，监督检查部门可以责令停止违法行为，处十万元以上五十万元以下的罚款；情节严重的，处一百万元以上五百万元以下的罚款。监督检查部门可以没收、销毁侵权产品、专用于制造侵权产品或者使用侵权方法的零部件、工具、模具、设备等。

☞ 立法参考

（一）《反不正当竞争法》（2019）

第二十一条　经营者以及其他自然人、法人和非法人组织违反本法第九条规定侵犯商业秘密的，由监督检查部门责令停止违法行为，没收违法所得，处十万元以上一百万元以下的罚款；情节严重的，处五十万元以上五百万元以下的罚款。

（二）《反不正当竞争法（修订草案征求意见稿）》（2022）

第三十一条　经营者以及其他自然人、法人和非法人组织违反本法第十条规定侵犯商业秘密的，由监督检查部门责令停止违法行为，没收违法所得，处十万元以上一百万元以下的罚款；情节严重的，处一百万元以上五百万元以下的罚款。

（三）《专利法》（2020）

第六十五条　未经专利权人许可，实施其专利，即侵犯其专利权，引起纠纷的，由当事人协商解决；不愿协商或者协商不成的，专利权人或者利害关系人可以向人民法院起诉，也可以请求管理专利工作的部门处理。管理专利工作的部门处理时，认定侵权行为成立的，可以责令侵权人立即停止侵权行为，当事人不服的，可以自收到处理通知之日起十五日内依照《中华人民共和国行政诉讼法》向人民法院起诉；侵权人期满不起诉又不停止侵权行为的，管理专利工作的部门可以申请人民法院强制执行。进行处理的管理专利工作的部门应当事人的请求，可以就侵犯专利权的赔偿数额进行调解；调解不成的，当事人可以依照《中华人民共和国民事诉讼法》向人民法院起诉。

（四）《商标法》（2019）

第六十条　有本法第五十七条所列侵犯注册商标专用权行为之一，引起纠纷的，由当事人协商解决；不愿协商或者协商不成的，商标注册人或者利害关系人可以向人民法院起诉，也可以请求工商行政管理部门处理。

工商行政管理部门处理时，认定侵权行为成立的，责令立即停止侵权行为，没收、销毁侵权商品和主要用于制造侵权商品、伪造注册商标标识的工具，违法经营额五万元以上的，可以处违法经营额五倍以下的罚款，没有违法经营额或者违法经营额不足五万元的，可以处二十五万元以下的罚款。对五年内实施两次以上商标侵权行为或者有其他严重情节的，应当从重处罚。销售不知道是侵犯注册商标专用权的商品，能证明该商品是自己合法取得并说明提供者的，由工商行政管理部门责令停止销售。

对侵犯商标专用权的赔偿数额的争议，当事人可以请求进行处理的工商行政管理部门调解，也可以依照《中华人民共和国民事诉讼法》向人民法院起诉。经工商行政管理部门调解，当事人未达成协议或者调解书生效后不履行的，当事人可以依照《中华人民共和国民事诉讼法》向人民法院起诉。

第二十六条　商业秘密的海关保护

商业秘密权利人发现涉嫌侵权产品即将进出口的，可以向产品进出境地海关提出扣留涉嫌侵权产品的申请。

商业秘密权利人请求海关扣留涉嫌侵权产品的，应当提交申请书及相关证明文件，并提供足以证明侵权事实明显存在的证据。

商业秘密权利人请求海关扣留涉嫌侵权产品的，应当向海关提供担保。

☞ 立法说明

根据我国《知识产权海关保护条例》第二条，知识产权海关保护，是指海关对与进出口货物有关并受中华人民共和国法律、行政法规保护的商标专用权、著作权和与著作权有关的权利、专利权实施的保护。

尽管《知识产权海关保护条例》的规定只涉及商标专用权、著作权和与著作权有关的权利、专利权，但是由于《民法典》第一百二十三条已将商业秘密列为知识产权的客体，就应当考虑商业秘密的海关保护问题。

本条借鉴了《欧盟商业秘密指令》第12条的规定。

☞ 立法参考

（一）《知识产权海关保护条例》（2018）

第十二条　知识产权权利人发现侵权嫌疑货物即将进出口的，可以向货物进出境地海关提出扣留侵权嫌疑货物的申请。

第十三条　知识产权权利人请求海关扣留侵权嫌疑货物的，应当提交申请书及相关证明文件，并提供足以证明侵权事实明显存在的证据。

申请书应当包括下列主要内容：

（一）知识产权权利人的名称或者姓名、注册地或者国籍等；

（二）知识产权的名称、内容及其相关信息；

（三）侵权嫌疑货物收货人和发货人的名称；

（四）侵权嫌疑货物名称、规格等；

（五）侵权嫌疑货物可能进出境的口岸、时间、运输工具等。

侵权嫌疑货物涉嫌侵犯备案知识产权的，申请书还应当包括海关备案号。

第十四条 知识产权权利人请求海关扣留侵权嫌疑货物的，应当向海关提供不超过货物等值的担保，用于赔偿可能因申请不当给收货人、发货人造成的损失，以及支付货物由海关扣留后的仓储、保管和处置等费用；知识产权权利人直接向仓储商支付仓储、保管费用的，从担保中扣除。具体办法由海关总署制定。

（二）《欧盟商业秘密指令》（2016）

第12条 禁令和救济措施

1. 成员国应当确保，基于一项针对非法获取、使用或者披露商业秘密的实质性的判决，主管司法机关可以根据申请人的申请，下令对侵权行为人采取下列一项或者多项措施：

（a）终止或视情况禁止使用或披露商业秘密；

（b）禁止生产、提供侵权产品或将侵权产品投放市场，或禁止为实现上述目的而进口、出口或储存侵权产品；

（c）针对侵权产品采取适当的救济措施；

（d）根据申请人的请求，销毁全部或部分商业秘密的载体或包含商业秘密的任何文档、物品、材料、物质或者电子信息，或是酌情将这些包含商业秘密的文档、物品、材料、物质或者电子信息全部或部分交付给申请人。

第二十七条 刑事责任

违反本法规定，行为人明知或者应知其行为会给商业秘密权利人造成重大损失仍故意实施该行为，构成犯罪的，依法追究刑事责任。

违反本法规定，行为人明知或者应知其行为会有益于外国政府、外国机构或外国代理人仍故意实施该行为，以侵犯商业秘密罪论，可比照前款刑事责任加重处罚。

为实施前述第一、二款行为准备、制造条件的，属预备行为，可比照既遂行为从轻、减轻处罚或者免除处罚。

任何单位实施前述第一款行为的，处以十万元以上六百万元以下罚金；任何单位实施前述第二款行为的，处以五十万元以上一千万元以下罚金。

☞ 立法说明

侵犯商业秘密罪虽在《刑法》中已有专条规定，但有必要在本法中参照其他知识产权相关法律条款规定侵权行为构成犯罪的刑事责任。第二款中对比一般侵犯商业秘密犯罪行为更加严重的商业间谍窃取商业秘密行为设置了加重责任。在第三款中规定了犯罪预备行为。在第四款中规定了单位犯罪行为，并对罚金的上限与下限予以明确规定。

☞ 立法参考

（一）《反不正当竞争法》（2019）

第三十一条 违反本法规定，构成犯罪的，依法追究刑事责任。

（二）《刑法》（2020）

第二百一十九条 有下列侵犯商业秘密行为之一，情节严重的，处三年以下有期徒刑，并处或者单处罚金；情节特别严重的，处三年以上十年以下有期徒刑，并处罚金：

（一）以盗窃、贿赂、欺诈、胁迫、电子侵入或者其他不正当手段获取权利人的商业秘密的；

（二）披露、使用或者允许他人使用以前项手段获取的权利人的商业秘密的；

（三）违反保密义务或者违反权利人有关保守商业秘密的要求，披露、使用或者允许他人使用其所掌握的商业秘密的。

明知前款所列行为，获取、披露、使用或者允许他人使用该商业秘密的，以侵犯商业秘密论。

本条所称权利人，是指商业秘密的所有人和经商业秘密所有人许可的商业秘密使用人。

第二百一十九条之一 为境外的机构、组织、人员窃取、刺探、收买、非法提供商业秘密的，处五年以下有期徒刑，并处或者单处罚金；情节严重的，处五年以上有期徒刑，并处罚金。

第二百二十条 单位犯本节第二百一十三条至第二百一十九条之一规定之罪的，对单位判处罚金，并对其直接负责的主管人员和其他直接责任人员，依照本节各该条的规定处罚。

（三）《最高人民检察院、公安部关于印发〈关于修改侵犯商业秘密刑事案件立案追诉标准的决定〉的通知》（2020）

为依法惩治侵犯商业秘密犯罪，加大对知识产权的刑事司法保护力度，维护社会主义市场经济秩序，将《最高人民检察院、公安部关于公安机关管辖的刑事案件立案追诉标准的规定（二）》第七十三条侵犯商业秘密刑事案件立案追诉标准修改为：［侵犯商业秘密案（刑法第二百一十九条）］侵犯商业秘密，涉嫌下列情形之一的，应予立案追诉：

（一）给商业秘密权利人造成损失数额在三十万元以上的；

（二）因侵犯商业秘密违法所得数额在三十万元以上的；

（三）直接导致商业秘密的权利人因重大经营困难而破产、倒闭的；

（四）其他给商业秘密权利人造成重大损失的情形。

前款规定的造成损失数额或者违法所得数额，可以按照下列方式认定：

（一）以不正当手段获取权利人的商业秘密，尚未披露、使用或者允许他人使用的，损失数额可以根据该项商业秘密的合理许可使用费确定；

（二）以不正当手段获取权利人的商业秘密后，披露、使用或者允许他人使用的，损失数额可以根据权利人因被侵权造成销售利润的损失确定，但该损失数额低于商业秘密合理许可使用费的，根据合理许可使用费确定；

（三）违反约定、权利人有关保守商业秘密的要求，披露、使用或者允许他人使用其所掌握的商业秘密的，损失数额可以根据权利人因被侵权造成销售利润的损失确定；

（四）明知商业秘密是不正当手段获取或者是违反约定、权利人有关保守商业秘密的要求披露、使用、允许使用，仍获取、使用或者披露的，损失数额可以根据权利人因被侵权造成销售利润的损失确定；

（五）因侵犯商业秘密行为导致商业秘密已为公众所知悉或者灭失的，损失数额可以根据该项商业秘密的商业价值确定。商业秘密的商业价值，可以根据该项商业秘密的研究开发成本、实施该项商业秘密的收益综合确定；

（六）因披露或者允许他人使用商业秘密而获得的财物或者其他财产性利益，应当认定为违法所得。

前款第二项、第三项、第四项规定的权利人因被侵权造成销售利润的损失，可以根据权利人因被侵权造成销售量减少的总数乘以权利人每件产品的合理利润确定；销售量减少的总数无法确定的，可以根据侵权产品销售量乘以权利人每件产品的合理利润确定；权利人因被侵权造成销售量减少的总数和每件产品的合理利润均无法确定的，可以根据侵权产品销售量乘以每件侵权产品的合理利润确定。商业秘密系用于服务等其他经营活动的，损失数额可以根据权利人因被侵权而减少的合理利润确定。

商业秘密的权利人为减轻对商业运营、商业计划的损失或者重新恢复计算机信息系统安全、其他系统安全而支出的补救费用，应当计入给商业秘密的权利人造成的损失。

（四）《澳门特别行政区刑法典》（2017）

第一百八十九条 （违反保密）未经同意，泄漏因自己之身分、工作、受雇、职业或技艺而知悉之他人秘密者，处最高一年徒刑，或科最高二百四十日罚金。

第一百九十条 （不当利用秘密）未经同意，利用因自己之身分、工作、受雇、职业或技艺而知悉之有关他人之商业、工业、职业或艺术等活动之秘密，而造成他人或本地区有所损失者，处最高一年徒刑，或科最高二百四十日罚金。

（五）《美国经济间谍法》（1996）

第1831节　经济间谍罪

（a）一般规定。任何人图谋使或明知相关犯罪行为有益于外国政府、外国机构或外国代理人，而故意实施下列行为的，即：

（1）窃取商业秘密，或者未经许可侵占、取得、泄露、藏匿商业秘密，或者以伪造、阴谋或欺骗手段，获取商业秘密；

（2）对商业秘密，未经许可进行抄写、临摹、复写、草绘、绘制、拍摄、下载、上传、改变、破坏、影印、复制、传送、递送、托送、邮寄，或者用通信或口头传递；

（3）明知商业秘密是未经许可窃取、侵占、获取或传递的结果，仍然接受、购买或占有该商业秘密；

（4）上述第（1）至（3）项行为的未遂行为；

（5）与一个或以上他人共谋实施上述第（1）至（3）项行为，且其共谋人中的一个或以上为达到共谋的目的实施了任何行为，

则对上述行为人应处50万美元罚金，或15年以下有期徒刑，或二者并处；组织犯罪依第（b）条规定。

（b）组织犯罪。任何组织犯第（a）条罪的，处1000万美元以下罚金。

第1832节　窃取商业秘密罪

（a）对于为州际、国际贸易生产或处于该贸易中的产品涉及或包含的商业秘密，任何人意图将该商业秘密转化为该商业秘密权利人以外任何人的经济利益，且图谋使或明知相关犯罪行为有损于权利人，而故意实施下列行为的，即：

（1）窃取商业秘密，或者未经许可侵占、取得、带出、藏匿商业秘密，或者以伪造、阴谋或欺骗手段，获取商业秘密；

（2）对商业秘密，未经许可进行抄写、临摹、复写、草绘、绘制、拍摄、下载、上传、改变、破坏、影印、复制、传送、递送、托送、邮寄，或者用通信或口头传递；

（3）明知商业秘密是未经许可盗窃、侵占、获取或传递的结果，仍然接受、购买或占有该商业秘密；

（4）上述第（1）至（3）项行为的未遂行为；

（5）与一个或以上他人共谋实施上述第（1）至（3）项行为，且其共谋人中的一个或以上为达到共谋的目的实施了任何行为，

则对上述行为人应处罚金，或10年以下有期徒刑，或二者并处；组织犯罪依第（b）条规定。

（b）组织犯罪。任何组织犯第（a）条罪的，处500万美元以下罚金。

（六）《德国商业秘密保护法》（2019）

第四章　刑事责任

第23条　损害商业秘密

（1）凡以有利第三方或意图损害企业所有人，以促进自己或他人竞争而从事下列行为者，将处以3年以下有期徒刑或罚金：

1. 违反第4条第（1）款第1项规定获取商业秘密；

2. 违反第4条第（2）款第1项规定使用或披露商业秘密；

3. 违反第4条第（2）款第3项规定，企业雇员披露在雇佣关系存续期间在工作中获取或可接触到商业秘密。

（2）凡出于自身利益，以有利第三方或意图损害企业所有人，以促进自己或他人竞争，使用或披露通过本条第（1）款第2项或第3项规定的他人行为获取的商业秘密者，亦受前项同样惩罚。

（3）凡出于自身利益，以有利第三方或意图损害企业所有人，以促进自己或他

人竞争，违反第4条第（2）款第2项或第3项规定，使用或披露商业交往中秘密文件或电子形式秘密文件中的商业秘密者，处2年以下有期徒刑或罚金。

（4）有下列行为将处5年有期徒刑或罚金：

1. 从事本条第（1）款或第（2）款规定的商业行为；

2. 从事本条第（1）款第2项或第3项及本条第2款规定的商业行为，披露商业秘密时应知该商业秘密将在国外使用；

3. 从事本条第（1）款第2项或第（2）款规定的商业行为，该商业秘密已在国外使用。

（5）未遂行为亦处罚。

（6）依据《德国刑事诉讼法》第53条第1款第1句第5项规定的人员的协助行为，如果其仅限于接受、评估或公布商业秘密，则不构成违法。

（7）根据《德国刑法》第5条第7项的规定，若行为人为了促进或自己或他人竞争或者出于自身利益实施行为，则《德国刑法》第30条和第31条亦适用。

（8）该行为属于告诉乃论之罪，除非司法机关认为出于特别公共利益的考量，有必要主动介入。

第二十八条　民事赔偿优先

侵权人违反本法规定，应当承担民事责任、行政责任和刑事责任，其财产不足以支付的，优先用于承担民事责任。

☞ 立法参考

（一）《民法典》（2020）

第一百八十七条　民事主体因同一行为应当承担民事责任、行政责任和刑事责任的，承担行政责任或者刑事责任不影响承担民事责任；民事主体的财产不足以支付的，优先用于承担民事责任。

（二）《反不正当竞争法》（2019）

第二十七条　经营者违反本法规定，应当承担民事责任、行政责任和刑事责任，其财产不足以支付的，优先用于承担民事责任。

第六章　附　则

第二十九条　生效

本法自××××年××月××日起施行。

二、

学者建议稿立法参考资料

（一）国际公约、条约、示范条款

保护工业产权巴黎公约[①]

第 10 条之二　不正当竞争

（1）本联盟国家有义务对各该国国民保证给予制止不正当竞争的有效保护。

（2）凡在工商业事务中违反诚实的习惯做法的竞争行为构成不正当竞争的行为。

（3）下列各项特别应予以禁止：

1. 具有采用任何手段对竞争者的营业所、商品或工商业活动产生混淆性质的一切行为；

2. 在经营商业中，具有损害竞争者的营业所、商品或工商业活动的信用性质的虚伪说法；

3. 在经营商业中使用会使公众对商品的性质、制造方法、特点、用途或数量易于产生误解的表示或说法。

与贸易有关的知识产权协议（TRIPS 协议）[②]

第 7 节　对未披露信息的保护

第 39 条

1. 在保证针对《巴黎公约》（1967）第 10 条之二规定的不正当竞争而采取有效保护的过程中，各成员应依照第 2 款对未披露信息和依照第 3 款提交政府或政府机构的数据进行保护。

2. 自然人和法人应有可能防止其合法控制的信息在未经其同意的情况下以违反

---

① 本译文来源于世界知识产权组织官方翻译文本，保护工业产权巴黎公约（1979 年 9 月 28 日修正）（正式翻译），https：//wipolex. wipo. int/zh/text/287559，最后访问时间：2021 年 2 月 16 日。——译者

② 原文来源于世界贸易组织官方网站，TRIPS Agreement（as amended on 23 January 2017），http：//wto. org/english/docs_e/legal_e/31bis_trips_01_e. htm，最后访问时间：2021 年 2 月 16 日。本译文为中国保护知识产权网翻译版本，http：//ipr. mofcom. gov. cn/zhuanti/law/convetions/wto/trips. html，最后访问时间：2021 年 2 月 16 日。——译者

诚实商业行为的方式①向他人披露，或被他人取得或使用，只要此类信息：

（a）属秘密，即作为一个整体或就其各部分的精确排列和组合而言，该信息尚不为通常处理所涉信息范围内的人所普遍知道，或不易被他们获得；

（b）因属秘密而具有商业价值；并且

（c）由该信息的合法控制人，在此种情况下采取合理的步骤以保持其秘密性质。

3. 各成员如要求，作为批准销售使用新型化学个体制造的药品或农业化学物质产品的条件，需提交通过巨大努力取得的、未披露的试验数据或其他数据，则应保护该数据，以防止不正当的商业使用。此外，各成员应保护这些数据不被披露，除非属为保护公众所必需，或除非采取措施以保证该数据不被用在不正当的商业使用中。

关于反不正当竞争保护的示范规定②

第6条　关于秘密信息的不正当竞争

（1）总纲

凡在工商活动中导致他人未经合法控制秘密信息人员（以下称为合法持有人）许可并以违背诚实商业做法的方式泄露、获得或使用该信息的行为或做法，应构成不正当竞争的行为。

（2）关于秘密信息的不正当竞争的事例

他人未经合法持有人许可泄露、获取或使用秘密信息可尤其因下列情况而产生：

（i）工业或商业间谍行为；

（ii）违约；

（iii）泄密；

（iv）诱使他人从事本款第（i）至（iii）目提及的任何行为；

（v）由在获得信息时已知或主要因疏忽而不知涉及了本条第（i）至（iii）目提及的行为的第三方获得秘密信息。

（3）秘密信息的定义

在本条中，符合下列条件的信息应被视为“秘密信息”：

（i）作为整体或在其组成部分的精确配置和组合上，不为通常涉及该类信息的同行业的人们所普遍了解或容易获得；

---

① 在本规定中，“违反诚实商业行为的方式”应至少包括以下做法：如违反合同、泄密和违约诱导，并且包括第三方取得未披露信息，而该第三方知道或因严重疏忽未能知道未披露信息的取得涉及此类做法。

② 本译文来源于世界知识产权组织官方翻译文本。Model Provisions on Protection Against Unfair Competition，世界知识产权组织出版物 No. 832（C），1997，https：//www. wipo. int/publications/en/details. jsp？id = 3227&plang = ZH，最后访问时间：2021 年 2 月 18 日。——译者

（ii）因其为秘密而具有商业价值；以及

（iii）由合法持有人根据情况已采取了合理的步骤来保守秘密。

（4）使用或泄露为销售批准程序所提交的信息

凡在工商业活动中的行为或做法，如果其表现为下列情况或导致下列情况产生，应被视为不正当竞争的行为：

（i）对获得时需付出相当大的努力并为得到销售采用新化学成分的医药或农业化学产品的批准而向主管当局提交的秘密测试数据或其他数据进行不正当的商业使用，或

（ii）除为保护公共之所必需外，或除非已采取步骤确保该数据受到防止不正当商业使用的保护，对此种数据的泄露。

关于第6条的注释

6.01　总纲。第6条以TRIPS协议第39条为依据。第6条中使用了“秘密信息”的说法，而未用TRIPS协议第39条“未泄露信息”[①] 的说法，这并不是暗示任何实质性的改变，而只是用来表示按TRIPS协议所要求的，信息的合法持有人必须采取一定措施或必须以某种方式表现出不使其信息为第三方所知。如果需要，“秘密信息”一词在整条中均可由“未泄露信息”取代，而对意义或范围没有任何改变。

6.02　第（1）款。禁止在未经合法持有人许可的情况下泄露、获取或使用秘密信息适用于所有人（“他人”）。可能了解秘密信息的人员典型的有：与权利持有人有特别关系之人，诸如目前或过去的雇员、合作伙伴、董事会成员和其他此类人员；独立承包人、专家、律师、顾客或向该企业提供商品或服务的任何供应商也可能了解此种信息。

6.03　商业秘密的“合法持有人”系指合法控制该信息的自然人或法人（见TRIPS协议第39条第2款）。

6.04　一旦有价值的秘密信息未经持有人许可被泄露给公众，该持有人便有丧失该信息的经济价值的危险，包括其许可价值及竞争价值。向公众泄露可通过例如传播媒介或在展览会上公布的形式发生，亦可表现为将该信息传播给他人，而该他人虽然保守秘密，但却在未经合法持有人许可的情况下自己利用这一信息，此种传播不必以获得金钱或其他好处为交换条件。

6.05　竞争力通常取决于在工业和商业领域中的创新技巧和随之而来的技术诀窍。所以，如果秘密信息的合法持有人已采取适当措施为该信息保密，则他人未经许可的“获得”应被视为不正当竞争的行为。但是，雇员为行使其职责可能需要获得有关其雇主工商业活动的机密信息。此种信息的获得，只要经雇主授权，不属第（1）款的范围，由第三方获得秘密信息属于第（2）款第（v）目的范围。

6.06　“使用”秘密信息的典型情况是出于私利的利用，例如用于获得该信息的人员企业的生产中的情况，也可以其他方式将其用于支持该企业的制造或贸易活动

① 此处“未泄露信息”与前文所译“未披露信息”相对应。——译者

当中。

6.07　秘密信息的性质决定了由他人合法地泄露、获得或适用只能在经权利持有人许可的情况下发生。通过采取合理步骤来为信息保密使其成为秘密信息是由权利持有人决定的（见第（3）款第（iii）目和下文第6.20段注释）。关于此种信息只有经权利持有人许可才能被泄露、获得或使用的要求，可直接从例如权利持有人与其雇员之间或权利持有人与某具体项目所涉的供应商之间的合同或口头协议产生，也可间接地产生于某些具体情况，即产生于由权利持有人为信息保密而使他人意识到该信息的秘密性质所采取的步骤。

6.08　前雇员一般有权为谋生使用和利用其可能在过去就业当中所获得的任何技能、经验和知识。不得不承认，常常很难划分合法使用就业中所获技能、知识和经验与不正当地泄露或使用前雇主秘密信息之间的界限，尽管雇佣合同可能对特别安排作出了规定。但是，如果雇员的操守涉及违约、违背保密义务、偷窃、挪用、工业间谍或与竞争者合谋，在这种情况下，其泄露或使用信息则绝对为非法。

6.09　由在与合法持有人进行合法商业交易中获得秘密信息的人员泄露或使用该信息，如果该泄露或使用并未违反合同（例如，如果合同未就该事项作出规定），则不能被视为不正当竞争的行为。但是，通常如果该泄露或使用系善意所为，则权利持有人显然未采取充分的措施为该信息保密（见第（3）款第（iii）目），并因此不得提出不正当竞争行为主张。

6.10　第（2）款。列举了易于发生泄露、获得或使用秘密信息情况的事例。这些事例与TRIPS协议第39条第2款的脚注相符合。

6.11　第（2）款第（i）目。典型的工业或商业间谍行为指蓄意窃取他人秘密信息的行为，间谍行为可通过与权利持有人建立某种关系企图诱骗后者透露秘密信息而得以实现，例如通过受聘或通过将合伙人安插在权利持有人身边做雇员等手段。也可通过采用窃听器、获得进入工厂的途径从而发现秘密信息并拍下照片以及其他手段来实现。还可通过远距离非法地进入计算机文件和数据库来实现。间谍行为通常为刑事犯罪，但这一点并不意味着这一行为不能同时被视为不正当竞争行为而不受民事救济的约束。

6.12　第（2）款第（ii）目。与秘密信息有关的契约性义务可在口头或书面合同中明确，典型的是在雇主与雇员之间的合同中明确，或者如果没有明确的合同，亦可由雇佣关系来推断。此种义务可同样存在于商业伙伴之间或雇主与承包人之间。

6.13　第（2）款第（iii）目。涉及没有保护秘密信息合同的情况以及秘密取决于个人之间信任关系的情况。此种关系可存在于合作伙伴之间；亦可产生于雇主与其雇员之间的联系。如果前雇员在其建立了与前雇主行业相同的自己的公司之后可以被认为是其前雇主的竞争对手，该前雇员泄密应被视为不正当竞争的行为。

6.14　第（2）款第（iv）目。泄露、获得或使用秘密信息明显可对能得到该信息以外的人员有利。尤其是，竞争对手可能很愿意诱使权利持有人的雇员或前雇员以如违反向权利持有人所承诺的契约性义务的方式泄露该信息。此种诱使行为常常伴有不合理地煽动雇员离开，这也可被视为不正当竞争的行为。

6.15 第（2）款第（v）目。涉及由并未直接参与第（i）至（iv）目所列行为的第三方获得秘密信息的情形。正如在第（iv）目所规定的诱使行为的情形当中，比方说，如果第三方系权利持有人的竞争对手，他可能对该信息有特别的兴趣，只有当竞争者不知道获得信息时已涉及第（i）至（iv）目提及的行为时，其行为方可不被视为不正当竞争的行为。

6.16 第（3）款。第（3）款中“秘密信息”的定义与TRIPS协议第39条第2款中“未泄露信息”的定义相同（当然开头部分除外）。秘密信息可由制造秘密或商业秘密组成；可包括生产方法、化学配方、绘图、原型、销售方法、经销方法、合同形式、商业计划表、价格协议细节、消费者情况介绍、广告策略、供应商或顾客花名册、计算机软件和数据库。

6.17 秘密信息可以构成可获专利权的发明，但其获专利的可能性——尤其是其在专利法意义上的新颖性和发明性步骤（非显而易见的特点）——并非获得保护的前提条件。

6.18 第（3）款第（i）目。并不要求绝对的秘密。只要信息不为通常涉及该类信息的同行业中的人们所普遍了解或容易获得，该信息即应被视为秘密信息。

6.19 第（3）款第（ii）目。为获得保护，秘密信息必须因其为秘密而具有一定的商业价值。

6.20 第（3）款第（iii）目。在确定是否为信息保密采取了合理步骤时，应考虑到权利持有人开发该秘密信息所花费的精力和金钱、该信息对于他和他的竞争对手的价值、权利持有人为该信息保密所采取措施的范围以及该信息为他人所合法获得的难易程度。此外，秘密信息还必须可被例如以文件形式或通过存储在数据库的形式辨别。虽然不需要有订立契约的义务，但权利持有人必须曾经表示出将该信息视为秘密信息的意图。

6.21 第（4）款。与TRIPS协议第39条第3款相符合。TRIPS协议的规定基本上是向政府提出的，要求提供保护以对为获得医药或农业产品销售批准所提交的未泄露信息进行不正当的商业使用加以制止。但是第（4）款是向企业提出的，该企业通过不正当的途径从收到申请人为获得销售批准所提交的此种信息的政府当局获得这一信息之后，从事了某些行为。

6.22 第（4）款第（i）目。仅涉及未泄露的测试数据或其他数据，这些数据已向主管批准医药或农业化学产品销售的诸如政府或政府机构的当局提交。为此，正如TRIPS协议所规定的，只有使用了“新化学成分”的化学产品，亦即新化学化合物，才属考虑范围。但是，由于作为原则问题，信息并非必须“新”才受保护，而只需因其为秘密而具有商业价值（见上文第6.19段注释），因此关于医药或农业化学产品——无论其是否使用新的化学成分——方面的数据是否应受到保护的问题，应由立法者考虑。

6.23 获得信息的方式对于被认为是不正当竞争行为的行为或做法并不重要。

该信息可直接或间接地从政府当局得到。行为的不公正性在于企业本身并没有开发出该测试数据或其他数据，并因此避免了花在产生这些数据上的费用。

6.24 测试数据或其他数据必须相对于有关医药和农业化学领域已有的测试数据或其他数据系付出相当大的努力之后获得，方可被认为可获得制止未经许可使用或泄露的保护。“努力”包括在诸如员工时间和需要作出财政开支的设备等事项方面的投资。

6.25 “不正当商业使用”系指例如用该有关数据生产相同的或类似的产品。此种使用通常不会由政府当局而是由第三方进行的；亦可采取将数据卖给他人的形式。

6.26 第（4）款第（i）目。“泄露”第（4）款第（i）目提及的测试数据或其他数据，同任何未经许可使用该信息一样，可对申请销售批准的企业产生同样有害的作用。因此泄露此种信息的行为被认为是不正当竞争的行为。未经许可泄露可表现为，例如为研究目的，公布该信息或将其传递给他人。无论泄露该信息的人员是否因泄露行为得到过任何金钱报酬，此种泄露均应被视为不正当竞争的行为。

6.27 同 TRIPS 协议第 39 条第 3 款一样，第（4）款第（ii）目规定了不将泄露第（i）目提及的测试数据或其他数据视为不正当竞争行为的两种例外。这两种例外典型地适用于由公共当局的泄露。第一种例外适用于当泄露为保护公众、主要是为保护健康之所必需时的情况。第二种例外适用于已采取步骤确保该数据受到防止不正当商业使用保护的情况。例如，如果为获得销售批准所提交的数据是专利申请的主题，而该申请在专利程序当中被予公告，由主管销售批准的政府当局泄露这些数据不会造成任何损害，因为这些数据作为申请的主题，在授予专利前享有临时保护。

跨太平洋伙伴关系协定①

第 18.78 条　商业秘密②

1. 在保证有效防止《巴黎公约》第 10 条之二所规定的不正当竞争的过程中，每一缔约方应保证个人有法律手段以阻止其合法控制的商业秘密在未经其同意的情况下以违反诚信商业惯例的方式③向他人（包括国有企业）披露、被他人获得或使用。在本章中，商业秘密至少包含如 TRIPS 协议第 39 条第 2 款规定的未披露信息。

---

① 英文原文来源于商务部国际贸易经济合作研究院官网《跨太平洋伙伴关系协定》（TPP）英文，www.caitec.org.cn/ne/sy_gzdt_xshd/json/5145.html，最后访问时间：2021 年 2 月 18 日。本译文参考中国自由贸易区服务网商务部贸研院组织翻译版本，www.caitec.org.cn/n5/sy_gzdt_xshd/json/3839.html，最后访问时间：2021 年 2 月 18 日。——译者

② 进一步明确，本条不损害一缔约方保护为提供违反该缔约方法律的证据而作的善意合法披露的措施。

③ 就本款而言，“违反诚实商业惯例的方式”至少指违反合同、泄露机密或引诱违约等惯例，并包括第三方在获得未披露信息时知道或因重大过失不知道获得过程涉及前述惯例。

2. 在遵守第 3 款的前提下，每一缔约方应对下列一项或多项行为规定刑事程序和处罚：

（a）未经授权且故意获取计算机系统中的商业秘密；

（b）未经授权且故意盗用[①]商业秘密，包括通过计算机系统的方式盗取；或

（c）欺诈性地披露，或作为替代，未经授权且故意披露商业秘密，包括通过计算机系统的方式披露。

3. 关于第 2 款所述的相关行为，每一缔约方可酌情将其刑事程序的可获性或可获得的刑事处罚的水平限定在下列一种或多种情况：

（a）该行为的目的为商业利益或经济收入；

（b）该行为与国内或国际贸易中的产品或服务有关：

（c）该行为的意图是对此类商业秘密的拥有者造成损害；

（d）该行为受外国经济实体指示或为其利益或与其有关；或

（e）该行为有害于一缔约方的经济利益、国际关系或国防或国家安全。

美国、加拿大与墨西哥贸易协定[②]

第一部分　商业秘密[③,④]

第 20.69 条　商业秘密保护

为了有效防止《巴黎公约》第 10 条之二所规定的不公平竞争行为，各缔约方应确保商业秘密持有人在商业秘密未经其同意，被他人（包括国有企业）以违反诚实的商业惯例的方式披露、获取或使用的情况下，能够采取法律措施获得救济。

第 20.70 条　民事保护和执法

在履行 TRIPS 协议第 39 条第 1 款和第 2 款规定的义务时，各缔约方应：

（a）为合法控制商业秘密的人提供[⑤]民事司法程序，以防止其他人侵害商业秘密，并针对侵权能够获得相应救济；和

（b）对于第 20.72 条（定义）所规定的商业秘密，不得限制其保护期限。

第 20.71 条　刑事执法

1. 除第 2 款另有规定外（受第 2 款规定限制），各缔约方应对未经授权和故意

① 一缔约方可将“盗用”一词视为“非法获得”的同义词。

② 英文版原文参见：https：//ustr. gov/sites/default/files/files/agreements/FTA/USMCA/Text/20% 20 Intellectual%20Property%20Rights. pdf，最后访问时间：2021 年 2 月 16 日。——译者

③ 为了进一步明确，J 节中所规定的执法义务和原则，本节也同样适用。

④ 对于违反缔约方本国法律的行为，缔约方为了获得相关证据而规定的善意合法披露措施，不适用本节规定。

⑤ 为了更加明确，本条所规定的民事司法程序，只要行之有效，就不必是联邦程序。

侵占①商业秘密的行为规定刑事程序和处罚。

2. 对以下一种或多种行为，缔约方可根据第 1 款的规定，酌情限制适用或限制可用处罚的等级：

（a）为商业利益或经济利益的目的；

（b）与国内或国际商业中的产品或服务有关；或者

（c）意图伤害该商业秘密的所有人。

第 20.72 条　定义

就本节而言：

商业秘密是符合所有如下条件的信息：

（a）具有秘密性，即无论是整体，还是对具体部分的组合，对于在该领域从事与相关信息有关的工作人员，均属于不能够正常接触或不知道的信息；

（b）因其秘密性而具有实际或潜在的商业价值；和

（c）依法持有该信息的人应根据具体情况采取合理措施保持其秘密性；

侵占（盗用）是指以违反诚实商业惯例的方式获取、使用或披露商业秘密，包括知道或有理由知道该交易的第三方获取、使用或披露的商业秘密是以违反诚实商业惯例的方式所获得。②

“侵占”不包括以下情况：

（a）反向工程合法取得的信息；

（b）独立发现或独立设计所涉及的信息；或者

（c）在不承担保密义务或不知道该信息属于商业秘密的情况下，以合法方式从他人处获取的该信息；和

违反诚实商业惯例的行为包括但不限于违反合同，违反信任和诱导违约等行为，并包括知道或因重大过失从涉及这些行为的第三方处获取未公开的信息的行为。

第 20.73 条　临时措施

在第 20.70 条（民事保护和执法）所述的民事司法程序中，各缔约方应规定其司法机关有权下令采取迅速有效的临时措施，例如责令停止侵害商业秘密和相关证据保全。

第 20.74 条　保密

关于第 20.70 条（民事保护和执法）中所述的民事司法程序，各缔约方应规定其民事司法机关有权：

（a）责令执行特定程序，对任何商业秘密或利害关系方声称保密的任何其他信息采取保密措施；和

（b）对违反有关保护商业秘密或在该程序中产生或交换的所声称的商业秘密，以及利害关系方声称保密的任何其他信息的命令的当事人、律师、专家或受该程序

---

① 就本条而言，“故意侵占”要求行为人知道商业秘密是以违反诚实商业惯例的方式获得的。

② 为了更加确定，本段中定义的“侵占”包括获取、使用或披露涉及计算机系统的情况。

制约的其他人实施制裁。

各缔约方应在其法律中进一步规定，如果利害关系方声称信息为商业秘密，除非司法机关事先向该利害关系方告知其可提交盖章的情况说明，说明其信息保密的利益，否则司法机关不应披露该信息。

第 20.75 条　民事救济

关于第 20.71 条（民事保护和执法）中所述的民事司法程序，各缔约方应规定其司法机关可裁定或判决（包括但不限于）：

（a）针对侵占商业秘密的人采取符合 TRIPS 协议第 44 条的禁令救济措施；和

（b）侵权人向商业秘密持有人赔偿足以弥补因侵犯商业秘密而遭受的损失，以及在适当情况下，因保护商业秘密而支出的合理费用。[①]

第 20.76 条　商业秘密的许可和转让

任何一方不得通过对授权施加过多的或歧视性条件，以及通过稀释商业秘密价值或歧视性条件阻止、阻碍商业秘密的自愿许可。

第 20.77 条　禁止政府官员在其官方职责范围之外未经授权地披露或使用商业秘密

1. 在可以向法院或政府单位提交商业秘密的民事、刑事和监管程序中，缔约方应禁止中央政府官员在其官方职责范围之外，未经授权披露商业秘密。

2. 各缔约方应在其法律中规定威慑性的处罚，包括罚款、停职、解雇以及监禁，以防止未经授权披露第 1 款所述的商业秘密。

日本与欧盟经济伙伴协定[②]

第 14.36 条　商业秘密的保护范围

第 7 小节　商业秘密和未披露的试验或其他数据

1. 各缔约方应在其法律和法规中，根据 TRIPS 协议第 39 条第 2 款充分有效地保护商业秘密。

2. 就本条和 C 节第 3 小节而言：

（a）“商业秘密”是指以下信息：

（i）具有秘密性，即无论是整体，还是对具体部分的组合，对于在该领域从事与相关信息有关的工作人员，均属于不能够正常接触或不知道的信息；

（ii）因秘密性而具有商业价值；和

（iii）合法控制该信息的人已对该信息采取了合理的保密措施。

---

① 为了进一步明确，缔约方可以规定在确定侵犯商业秘密成立后判决损害赔偿金。

② 英文版原文参见：https：//www. mofa. go. jp/files/000382106. pdf，最后访问时间：2021 年 2 月 16 日。——译者

（b）“商业秘密持有人”是指合法控制商业秘密的任何人。

3. 根据本条和 C 节第 3 小节的规定，各缔约方应认定下列行为（包括但不限于）违反诚实的商业惯例：

（a）未经商业秘密持有人同意而获取商业秘密，以不法手段实施或未经授权接触、侵占或复制商业秘密持有人合法控制下的包含商业秘密或可以从中推断出商业秘密的任何文件、物品、材料、物质或电子文件；

（b）未经商业秘密持有人同意，符合下列任何条件的人无论何时进行使用或披露商业秘密：

（i）以（a）项所述方式取得商业秘密；

（ii）违反保密协议或不披露商业秘密的任何其他义务，意图获取不正当的利益或对商业秘密持有人造成损害；或者

（iii）违反限制商业秘密使用的合同的或任何其他的义务，意图获取不正当的利益或对商业秘密持有人造成损害。

（c）行为人在获取、使用或披露时知道或应当知道[1]商业秘密的获得是直接或间接源自另一个以（b）项所述方式披露商业秘密的人，包括考虑到某人诱使他人实施（b）项所述的行为。

4. 本小节（Sub－Section 7）中的任何内容均不得要求缔约方将下列任何行为视为违反诚实商业惯例或将这些行为置于 C 节第 3 小节所述程序和补救措施之下：

（a）由个人独立发现或创造的相关信息；

（b）合法占有产品且没有任何合法有效的限制获取相关资料义务的人对产品进行反向工程；

（c）获取、使用或披露其相关法律法规要求或允许的信息；

（d）雇员使用他们在正常工作过程中诚实获得的经验和技能；或者

（e）在行使言论和信息自由权时披露的信息。

第 14.37 条　在上市批准程序中对试验数据的处理

1. 每一缔约方应防止上市申请人为了获得新的活性药物成分药品[2]的上市批准，而依赖或参考自（第一申请人的）申请批准之日起计算的一定的期限内，第一申请人提交给其主管当局的未公开试验或其他数据。从本协议生效之日起，每一缔约方的有关法律法规规定该期限不得少于 6 年。

2. 如果缔约方以批准销售使用新化学物体的农业化学产品[3]为条件，要求提交未公开的试验或其他数据，这些数据的创立涉及相当大的努力，该缔约方应确保上市申请人根据其相关法律法规：

---

① 就本条而言，缔约方可将“应当知道”解释为“因重大过失而不知（存在重大过失）”。

② 对于欧盟，本条款中的“药品”是指欧洲议会和理事会于 2009 年 5 月 6 日第（EC）469/2009 号条例中关于药品补充保护证书的药品。

③ 对于欧盟，本条款中的“农业化学产品”是指欧洲议会和理事会 1996 年 7 月 23 日第（EC）1610/96 号关于为植物保护产品制定补充保护证书条例中的植物保护产品。

（a）自（第一申请人的）申请获得批准之日起至少10年内不得依赖或参考第一申请人向主管当局提交的数据；或者

（b）即使就同一产品有在先申请的情况下，从在先申请的批准之日算起至少10年的时间内，通常需要提交一整套试验数据。

第14.39条　不正当竞争

1. 各缔约方应根据《巴黎公约》提供有效保护，制止不正当竞争行为[①]。

2. 关于欧盟和日本各自系统管理其国家代码顶级域（ccTLD）域名[②]，应根据各自的法律和法规，在某人以恶意意图营利而注册或持有与商标相同或容易混淆的域名的提供适当的救济措施[③]。

3. 各缔约方应通过执行《巴黎公约》第6条之七的第2款的规定，有效防止未经授权使用商标的行为。

第3小节　防止侵占商业秘密的保护执法

第14.50条　民事程序和救济措施

1. 每一缔约方应为商业秘密持有人规定适当的民事司法程序和救济措施，防止侵权人以违反诚实商业惯例的方式获取、使用或披露商业秘密的行为，并且使商业秘密持有人能够获得相应的救济。

2. 各缔约方应根据其法律和条例规定，其司法机关基于利害关系人的正当申请，有权责令相关民事司法程序中的当事人、律师和其他人员，不得使用或披露因参与此类民事司法程序而知悉的任何商业秘密或司法机关已认定的商业秘密[④]。

3. 在相关的民事司法程序中，各缔约方应规定其司法机关可以采取下列措施（包括但不限于）：

（a）责令采取禁令救济，以防止侵权人以违反诚实商业惯例的方式获取、使用或披露商业秘密；

（b）责令知道或应当知道[⑤]他或她或它当时正在以违反诚实商业惯例的方式获取、使用或披露商业秘密的人，向商业秘密持有人支付由于与此类获取、使用或披露商业秘密结果所遭受的实际损害相适应的损害赔偿；

（c）采取具体措施保护在涉及所谓的以违反诚实商业惯例的方式获取、使用和披露商业秘密的民事司法程序中产生的任何商业秘密或所称商业秘密的秘密性。这些具体措施可以包括根据其法律和法规全部或部分限制获取某些文件；限制参加听证会和接触相应录音或记录；提供已删除商业秘密段落或节选的司法判决的非保密

---

① 缔约方应在各自的法律和条例中明确，有关《巴黎公约》第10条之二所规定的服务方面的不公平竞争行为。

② 对于欧盟而言，本段仅适用于“.eu”的域名。

③ 各缔约方应明确此类救济措施可包括撤销、取消和转让注册域名，对注册或持有注册域名的人员以及域名注册管理机构的禁令救济，以及对已注册或持有域名的权利人进行损害赔偿。

④ 为了更加确定，缔约方可以规定其司法机关可以通过保护令认定一个商业秘密的保密性。

⑤ 就本条而言，一方可将“应当知道”解释为“因重大过失而不知（存在重大过失）”。

版本；和

（d）对违反第 2 款规定的当事人、律师和其他有关人员进行制裁。

4. 根据缔约方的相关法律和法规，当实施违反诚实商业惯例的行为，是为了揭露不当行为、不法行为或非法活动，或保护法律承认的合法利益，不应要求缔约方规定第 1 款所述的民事司法程序和救济措施。

中华人民共和国政府与美利坚合众国政府关于保护知识产权的谅解备忘录①

第 4 条

一、为确保根据保护工业产权巴黎公约第十条之二的规定有效地防止不正当竞争，中国政府将制止他人未经商业秘密所有人同意以违反诚实商业惯例的方式披露、获取或使用其商业秘密，包括第三方在知道或理应知道其获得这种信息的过程中有此种行为的情况下获得、使用或披露商业秘密。

二、只要符合保护条件，商业秘密的保护应持续下去。

三、中国政府的主管部门将于 1993 年 7 月 1 日前向立法机关提交提供本条规定保护水平的议案，并将尽最大努力于 1994 年 1 月 1 日前使该议案通过并实施。

北美自由贸易协议②

第十七章　知识产权

第 1711 条　商业秘密

1. 各方应为任何人提供法律手段，以防止未经合法控制信息的人以违反诚实商业惯例的方式向他人披露、获取或使用商业秘密，到目前为止：

（a）该信息是秘密的，因为该信息作为一个整体或其组成部分的精确配置和组装并不为通常处理该类信息的人员普遍知晓或易于获取；

（b）该信息因保密而具有实际或潜在的商业价值；和

（c）合法控制该信息的人已在该情况下采取合理措施对其保密。

---

① 中华人民共和国政府与美利坚合众国政府关于保护知识产权的谅解备忘录［J］. 中华人民共和国国务院公报，1994（25）：1028 – 1033.

② 英文原文参见：https：//www. international. gc. ca/trade – commerce/trade – agreements – accords – commerciaux/agr – acc/nafta – alena/fta – ale/17. aspx？lang = eng，最后访问时间：2023 年 8 月 16 日。——译者

2. 一方可要求商业秘密必须以文件、电子或磁性手段、光盘、缩微胶卷、胶卷或其他类似工具证明其有资格获得保护。

3. 任何一方不得限制商业秘密的保护期限，只要符合第1款的条件。

4. 任何一方不得通过对商业秘密的许可或稀释商业秘密价值的条件施加过度或歧视性的条件来阻止或阻碍商业秘密的自愿许可。

5. 如果缔约方要求作为批准使用新化学实体的医药或农业化学产品上市的条件，提交未公开的测试或其他必要的数据以确定此类产品的使用是否安全有效，该缔约方应防止披露提交此类数据的人的数据，如果此类数据的来源涉及相当大的努力，除非披露是保护公众所必需的，或除非采取措施确保数据受到保护，以防止不公平的商业使用。

6. 各方应规定，对于在本协议生效之日后提交给缔约方的第5款规定的数据，未经提交人许可，除提交人外，任何人不得依赖此类数据。在提交后的合理时间内支持产品批准申请。为此目的，考虑到数据的性质和该人的努力以及生产它们的费用，合理期限通常是指从缔约方批准生产数据以获准销售其产品之日起不少于5年。在符合本条规定的前提下，任何一方在生物等效性和生物利用度研究的基础上对该等产品实施简化批准程序不应受到限制。

7. 一方依赖另一方授予的上市许可的，为获得所依赖的许可而提交的数据的合理专有使用期限应从所依赖的第一次上市许可之日开始计算。

中华人民共和国政府和美利坚合众国政府经济贸易协议[①]

第一章　知识产权

第一节　一般义务

美国认识到知识产权保护的重要性。中国正从重要知识产权消费国转变为重要知识产权生产国，中国认识到，建立和实施知识产权保护和执行的全面法律体系的重要性。中国认为，不断加强知识产权保护和执法，有利于建设创新型国家，发展创新型企业，推动经济高质量发展。

第1.1条

中国与美国为此确认承诺有关知识产权第一节至第十一节的条款。

第1.2条

双方应确保公平、充分、有效的知识产权保护和执法。对于依赖知识产权保护

① 《关于发布中美第一阶段经贸协议的公告》，商务部官网：http：//images. mofcom. gov. cn/www/202001/20200116104122611. pdf，最后访问时间：2023年8月16日。

的一方个人，对方应确保为其提供公平、平等的市场准入。

第二节　商业秘密和保密商务信息

美国重视商业秘密保护。中国认为保护商业秘密是优化营商环境的核心要素之一。双方同意，确保对商业秘密和保密商务信息的有效保护，以及对侵犯上述信息[①]行为的有效执法。

第 1.3 条　侵犯商业秘密责任人的范围

一、双方应确保所有自然人和法人均可承担侵犯商业秘密的法律责任。

二、中国应将侵犯商业秘密的“经营者”定义为包括所有自然人、组织和法人。

三、美国确认，美国现行措施给予与本条款规定内容同等的待遇。

第 1.4 条　构成侵犯商业秘密的禁止行为范围

一、双方应确保，侵犯商业秘密被追究责任的禁止行为，其范围完全涵盖盗窃商业秘密的方式。

二、中国应列出构成侵犯商业秘密的其他行为，尤其是：（一）电子入侵；（二）违反或诱导违反不披露秘密信息或意图保密的信息的义务；（三）对于在有义务保护商业秘密不被披露或有义务限制使用商业秘密的情形下获得的商业秘密，未经授权予以披露或使用。

三、中国与美国同意加强商业秘密保护方面的合作。

四、美国确认，美国现行措施给予与本条款规定内容同等的待遇。

第 1.5 条　民事程序中的举证责任转移

一、双方应规定，在侵犯商业秘密的民事司法程序中，如商业秘密权利人已提供包括间接证据在内的初步证据，合理指向被告方侵犯商业秘密，则举证责任或提供证据的责任（在各自法律体系下使用适当的用词）转移至被告方。

二、中国应规定：（一）当商业秘密权利人提供以下证据，未侵犯商业秘密的举证责任或提供证据的责任（在各自法律体系下使用适当的用词）转移至被告方：1. 被告方曾有渠道或机会获取商业秘密的证据，且被告方使用的信息在实质上与该商业秘密相同；2. 商业秘密已被或存在遭被告方披露或使用的风险的证据；或 3. 商业秘密遭到被告方侵犯的其他证据；以及（二）在权利人提供初步证据，证明其已对其主张的商业秘密采取保密措施的情形下，举证责任或提供证据的责任（在各自法律体系下使用适当的用词）转移至被告方，以证明权利人确认的商业秘密为通常处理所涉信息范围内的人所普遍知道或容易获得，因而不是商业秘密。

三、美国确认，美国现行措施给予与本条款规定内容同等的待遇。

第 1.6 条　阻止使用商业秘密的临时措施

一、双方应规定及时、有效的临时措施，以阻止使用被侵犯的商业秘密。

---

① 双方同意，保密商务信息是涉及或与如下情况相关的信息：任何自然人或法人的商业秘密、流程、经营、作品风格或设备，或生产、商业交易，或物流、客户信息、库存，或收入、利润、损失或费用的金额或来源，或其他具备商业价值的信息，且披露上述信息可能对持有该信息的自然人或法人的竞争地位造成极大损害。

二、中国应将使用或试图使用所主张的商业秘密信息认定为“紧急情况”，使得司法机关有权基于案件的特定事实和情形采取行为保全措施。

三、美国确认，美国现行措施给予与本条款规定内容同等的待遇。

第 1.7 条　启动刑事执法的门槛

一、双方应取消任何将商业秘密权利人确定发生实际损失作为启动侵犯商业秘密刑事调查前提的要求。

二、中国：（一）作为过渡措施，应澄清在相关法律的商业秘密条款中，作为刑事执法门槛的“重大损失”可以由补救成本充分证明，例如为减轻对商业运营或计划的损害或重新保障计算机或其他系统安全所产生的成本，并显著降低启动刑事执法的所有门槛；以及（二）作为后续措施，应在可适用的所有措施中取消将商业秘密权利人确定发生实际损失作为启动侵犯商业秘密刑事调查前提的要求。

第 1.8 条　刑事程序和处罚

一、双方应规定刑事程序和处罚适用于对故意侵犯商业秘密的处理。

二、中国的刑事程序和处罚应至少将出于非法目的，通过盗窃、欺诈、实体或电子入侵的形式侵犯商业秘密的行为，以及未经授权或不当使用计算机系统的行为列为禁止行为。

三、美国确认，美国现行措施给予与本条款规定内容同等的待遇。

第 1.9 条　保护商业秘密和保密商务信息免于政府机构未经授权的披露

一、为进一步加强对商业秘密的保护，更好地鼓励各类企业创新，中国应禁止政府工作人员或第三方专家或顾问，未经授权披露在中央或地方政府层面刑事、民事、行政或监管程序中提交的未披露信息、商业秘密或保密商务信息。

二、中国应要求各级行政机构和其他机构：（一）将提交信息的要求控制在合法实施调查或监管所需范围内；（二）将有权接触所提交信息的人员仅限于实施合法调查或监管的政府工作人员；（三）确保已提交信息的安全和保护；（四）确保与信息提交方有竞争关系，或与调查或监管结果有实际或可能经济利益关系的第三方专家或顾问，不得接触到此类信息；（五）建立申请豁免信息披露的程序，以及对向第三方披露信息提出异议的机制；（六）对未经授权披露商业秘密或保密商务信息的行为实施应阻遏此类未经授权披露的刑事、民事和行政处罚，包括罚金和停止或终止聘用，以及作为修订相关法律的最终措施一部分的监禁。

三、美国确认，美国现行措施给予与本条款规定内容同等的待遇。

……

附录二　乳品和婴幼儿配方乳粉

三、为更好满足中国消费者日益增长的婴幼儿配方乳粉需求，中国应：

（六）确保不会披露婴幼儿配方乳粉产品注册过程中提供的所有商业秘密；

……

（二）其他国家与地区相关立法

美国统一商业秘密法[①]

（1985 年修订版）

目　录

（1985 年修订内容使用下划线和删除线标出）

序　言

发明人通过公开披露其发明取得有效专利后，可合法垄断该发明 17 年。但是，如果法院最终判决专利局颁发专利证书存在不当之处，则会出现发明已被披露给竞争对手而发明人也未取得相应利益的情况。鉴于大量专利被法院宣告无效，许多企业现在选择依赖州商业秘密保护法来保护其具有商业价值的信息。1974 年凯文尼石油公司诉百可隆公司案（《美国判例汇编》第 416 卷第 470 页）（*Kewanee Oil Co. v. Bicron Corp.*，416 U. S. 470）确定了一项原则，即无论是《美国宪法》的专利条款

① 本译文根据英文文本翻译，原文参见：https：//wipolex. wipo. int/en/text/130067，最后访问时间：2021 年 3 月 24 日。——译者

还是联邦专利法，都不得优先于各州对可取得专利或不可取得专利信息的商业秘密进行保护，这极大地增加了企业对商业秘密保护法的依赖。

1979 年阿伦森诉快点铅笔公司案中（《美国最高法院判例汇编》第 99 卷第 1096 页，《美国专利季刊》第 201 卷第 1 页）（*Aronson v. Quick Point Pencil Co.*，99 S. Ct. 1096，201 USPQ 1），法院的判决再次肯定了凯文尼案的判决观点，同时认为，当事人订立合同同意持续支付使用费以换取有关产品商业秘密披露的，联邦专利法不构成订立合同的障碍。

尽管州商业秘密法对州际商业具有重要的商业意义，但其发展并不令人满意。第一，各州商业秘密法发展不平衡。虽然在作为商业中心的州，通常会出现数量众多的判例，但在人口较少的州和农业大州情况并非如此。第二，即使在发生过重大诉讼案件的州，商业秘密保护的各项考量因素以及对侵占商业秘密提供的适当救济也存在太多的不确定性。一位评论员曾说：

"在技术和经济压力之下，尽管普通法和制定法救济缺乏明确的尺度而且比较混乱，但工业界仍然依赖商业秘密保护。当前亟须明确、统一的商业秘密保护……"

评论，"窃取商业秘密：呼唤依法破解之策"，《宾夕法尼亚大学法学评论》第 120 期第 378 页、第 380—381 页（1971 年）。

尽管如此，商业秘密法中最为广泛接受的规则即《侵权法重述》第 757 节，在《侵权法重述（第二版）》（1978 年）中却被忽略了。

《美国统一商业秘密法》将普通法商业秘密保护的基本原则法典化，保留了其与专利法的本质区别。例如，根据本法和普通法原则，多人有权就同一信息获得商业秘密保护，并且允许对合法取得的产品进行"反向工程"分析以期发现商业秘密。请比较《美国统一商业秘密法》第 1 节第（2）条（侵犯指通过应当知晓属于不正当的手段获取商业秘密以及擅自披露或使用应当知晓属于他人商业秘密的信息）与米勒诉欧文斯 - 伊利诺斯公司案（《美国专利季刊》第 187 卷第 47、48 页，马里兰州联邦地区法院 1975 年）（*Miller v. Owens - Illinois, Inc.*，*187 USPQ 47, 48*）（*D. Md. 1975*）（可选择的判决）（先前独立发现构成对侵权责任的完全抗辩事由）以及韦斯利隐形眼镜公司诉雷诺兹案（《美国专利季刊》第 182 卷第 135 页、第 144 - 145 页，伊利诺伊北区联邦地区法院 1974 年）（*Wesley - Jessen, Inc.*，*v. Reynolds*，*182 USPQ 135, 144 - 45*）（*N. D. Ill. 1974*）（可选择的判决）（由于通过对自由销售和出租的相机进行反向工程，可在几天内得出指称的商业秘密，因而不应就所主张的侵权判予救济）。

只有在满足下列条件之时才可确定本法下的责任：第 1 节第（4）条规定的商业秘密必须存在，而且必须构成第 1 节第（2）条所指的不正当获取、披露或使用商业秘密行为。仅模仿产品中不存在专利的部分，不构成可起诉的行为。

与传统的商业秘密法一样，《美国统一商业秘密法》也包含了一般的概念。《美国统一商业秘密法》的贡献在于其取代了各州法对商业秘密和侵犯商业秘密的单独定义，对普通法中使用的各种财产、准契约和违反信托关系理论中关于非契约责任的时效限制进行了统一。《美国统一商业秘密法》还选取了在侵犯商业秘密相关救济方面说理更为严谨的案件，将这些案件的判决结果法典化。

《美国统一商业秘密法》特别委员会的历史

1968年2月17日，美国统一州法全国委员会下设的关于范围与项目的分委员会向执行委员会报告如下：

14《美国统一商业秘密法》

美国律师协会专利法部的皮尔斯（Pierce）总裁、乔伊纳（Joiner）和艾莉森·邓纳姆（Allison Dunham）两位专员向分委员会提出了这一问题。据称，1966年美国律师协会专利法部广泛讨论了一项决议，其大意是“美国律师协会赞成制定一项统一的保护商业秘密的法律，以防止商业秘密、技术诀窍或他人予以保密的其他信息被非法披露或非法侵占”。不过，当时未决定将这一决议付诸表决，而是由专利法部的相关委员会进一步审议。为了使全国委员会在目前就此采取合适的行动，以下几点应当予以考虑：

(1) 当前，关于商业秘密保护的问题，联邦和各州在制定法发展方面均作出了很多努力。

(2) 当前保护商业秘密的州法律倾向于对创新进行保密，而联邦专利政策通常旨在鼓励对创新进行公开披露，这个根本性的政策性冲突仍未解决。也许可以在二者之间设计出合理的折中方案，但要做到这一点，就需要联邦政府和各州的立法者相互协调各自的制定法改革工作。

(3) 美国律师协会中与这一问题关系最为密切的专利法部尚未准备好给出明确的立场。

建议任命一个特别委员会，授权其围绕商业秘密保护统一法的相关起草问题展开调查，与美国律师协会的专利法部，公司、银行和商业法部以及反托拉斯法部建立联系。

在1968年2月17日至18日于伊利诺伊州芝加哥举行的年中会议上，执行委员会“投票授权任命关于统一商业秘密保护法的特别委员会，要求其围绕商业秘密保护统一法的相关起草问题展开调查，并指示其与美国律师协会的专利法部，公司、银行和商业法部以及反托拉斯法部建立联系”。根据这项行动，任命了特别委员会，其中包括华盛顿州西雅图的理查德·科斯韦（Richard Cosway）教授，科斯韦教授是首批成员中目前唯一还在职的人。第二年特别委员会的人员构成发生了很大的变化。艾奥瓦州艾奥瓦市的小理查德·F. 多尔（Richard F. Dole, Jr.）教授在这一年进入委员会而且一直任职至今。

特别委员会的工作内容于1972年8月10日（星期四）下午首次提交全国委员会审议，当时这是初审的三项法案之一。此后，由于各种原因，特别委员会陷入沉寂，而且令人遗憾的是，特别委员会原主席于1974年12月7日辞世。1976年，特别委员会再次活跃起来，并在1978年美国统一州法全国委员会年会上提交了第五份拟议法案的暂定草案。

尽管以前曾进行初审，但特别委员会认为，由于时间的推移，1978 年的报告还应纳入初审。全国委员会对此表示同意，并提议在 1979 年年会上进行终审并正式通过。

1979 年 8 月 9 日，全国委员会批准本法并建议在所有州颁布。在与相关律师和法官进行商讨后，特别委员会提议对第 2 节第（b）条、第 3 节第（a）条、第 7 节和第 11 节进行修订，以澄清 1979 年官方文本的意图。1985 年 8 月 8 日，全国委员会批准了这四项修订并建议在所有州颁布。

第 1 节　定　义

除非上下文另有解释，本法用语有下列含义：

（1）“不正当手段”包括窃取、贿赂、虚假陈述、违反或诱使违反保密义务，或通过电子手段或其他手段进行间谍活动。

（2）“侵犯”指：

（i）行为人获取他人商业秘密，且知晓或应当知晓该商业秘密为通过不正当手段获取；或

（ii）未经明示或默示同意披露或使用他人商业秘密，且行为人有以下情形：

（A）使用了不正当手段获取该商业秘密知识；或

（B）在披露或使用时，知晓或应当知晓其商业秘密知识系：

（I）源于或经由使用了不正当手段获取该商业秘密的人获得的；

（II）在已产生保密或限制使用义务的情形下获得的；或

（III）源于或经由对已请求司法救济以保持秘密或限制使用者负有义务的人获得的；或

（C）在行为人地位产生实质性变动之前，知晓或应当知晓有关内容为商业秘密，且商业秘密的内容系由于意外或错误而获得。

（3）“人”指自然人、公司、商业信托、不动产、信托基金、合伙、联合、合资、政府、政府分支机构或代理机构，或其他法律或商务实体。

（4）“商业秘密”指特定信息，包括配方、样式、汇编作品、程序、设计、方法、技术或工艺等，且该信息：

（i）由于未被可从其披露或使用中获取经济价值的他人普遍知悉或通过正当手段容易获取，因而具有实际或潜在的独立经济价值，且

（ii）是在特定情形下已尽合理保密努力的对象。

评　论

商业秘密法被广泛声明的主要目的之一是“维护商业道德的水准”（1974 年凯文尼石油公司诉百可隆公司案，《美国判例汇编》第 416 卷第 470 页）。《美国侵权法重述》第 757 节评论（f）注明：“完全列出不正当手段的目录是不可能的。”但该重

述第1节第（1）条包括一部分列举。

正当手段包括：

1. 通过独立发明获得。

2. 通过“反向工程”获得，即从已知产品开始，向相反方向作业发掘产品开发方法。当然，已知产品必须是以正当和诚实方式获取的，例如从公开市场上购买物品进行反向工程是合法的。

3. 通过取得商业秘密权利人的许可获得。

4. 通过对公开使用或公开展出的物品观察获得。

5. 从公开出版物获得商业秘密。

不正当手段可包括本为正当但在特定情形下成为不正当的行为；例如，在竞争对手建造工厂时，驾驶飞机飞过工地上空进行航空侦察，以确定竞争对手的工厂布局（1970年杜邦公司诉克里斯托弗案，《联邦判例汇编（第二辑）》第431卷第1012页，联邦第五巡回上诉法院，调卷令被驳回，《美国判例汇编》第400卷第1024页）[*E. I. du Pont de Nemours & Co.*, *Inc. v. Christopher*, *431 F. 2d 1012*（*CA5. 1970*），*cert. den. 400 U. S. 1024*（*1970*）]。因商业秘密可因进入公知领域而被破坏，故未经许可披露商业秘密亦为一种侵犯行为。

第1节第（2）条第（ii）款（c）项所指可能引起侵犯行为的意外或错误，其中所涉请求救济人实施的行为不构成第1节第（4）条第（ii）款规定的在特定情形下未尽合理保密努力。

《美国侵权法重述（第一版）》要求商业秘密要“连续地用于某人的经营”，而本法中“商业秘密”的定义与该重述具有合理的不同，本法中的定义更为宽泛，对尚未获得使用商业秘密的机会或手段的原告也予以保护。该定义亦包括否定性的信息，例如耗费大量时间和金钱而证明特定工艺不可行的研究结果，对竞争对手可以有巨大价值。

参见1975年电报有限公司诉IBM股份有限公司案（《联邦判例汇编（第二辑）》第510卷第894页，联邦第十巡回上诉法院，法院一致判决，调卷令被驳回，《美国判例汇编》第423卷第802页）[*Telex Corp. v. IBM Corp.*, *510 F. 2d 894*（*CA10*, *1975*）*per*, *curiam*, *cert. dismissed*, *423 U. S. 802*（*1975*）]（就未上市产品开发成本节约所承担的责任）。商业秘密不需要具有排他性即可被赋予竞争优势，所以不同的独立开发者对同样的商业秘密均可取得权利。

“方法、技术”的用语是希望包括“技术诀窍”（Know－How）的概念。

“未被他人普遍知悉或通过正当手段容易获取”不要求以信息被公众所知悉作为商业秘密权利丧失的条件。如果能从该信息中获得经济利益的主要人员知晓该信息，该信息就不属于商业秘密。如一种铸铁方法可能不被一般公众所知悉，但在铸造行业中是已知的。

如果信息出现在行业刊物、参考书或出版的材料上，则该信息即为容易获取。通常的情况是产品的性质使其一旦上市，便导致易于被模仿。另外，如果反向工程耗费时间长且成本高，则通过反向工程获得的信息可构成反向工程行为人享有的商业秘密。

最后，合理的保密努力被认为包括将商业秘密的存在告知雇员、将接触商业秘密的人员限制在“需要知道该商业秘密的范围”，对进入工厂的权限加以控制。另外，通过展示、行业刊物发表、广告宣传或其他疏忽而造成信息公开披露的，可使该信息丧失保护。

保守秘密努力的要求是“在特定情形下是合理的”。法院不要求为预防无孔不入的工业间谍而采取极端的和费用过高的程序来保护商业秘密，见杜邦公司诉克里斯托弗案（案件编号同前文）。该案支持的一项原则是，对商业秘密的合理使用，包括有限制地向雇员和被许可人披露，符合相对秘密性的要求。

第 2 节　禁令救济

（a）对实际或潜在的侵犯行为可采用禁令予以禁止。当商业秘密不再存在时，法院应当依当事人请求取消禁令，但如果侵犯行为将导致商业优势，则禁令应另外合理延长一段时间，以消除该优势。

（b）~~如果法院认定禁止在未来使用涉案商业秘密是不合理的~~在例外情形下，可以在禁令中对未来使用附加条件，要求使用人支付合理的使用费，但使用费支付期间不应超过本应禁止使用的期间。例外情形包括但不限于：在知晓或应当知晓侵犯行为之前，当事人地位产生实质性不利变化，使禁令失去公平。

（c）在适当情形下，法院可发布命令采取强制措施保全商业秘密。

评　论

当事人经常会请求法院发布对被侵犯商业秘密限制未来使用和披露的禁令。尽管有法院发布过惩罚性的永久禁令，例如 1973 年化学股份有限公司诉阿格里 – 苏尔公司案（《西南地区判例汇编（第二辑）》第 494 卷第 204 页，得克萨斯州民事上诉法院）[*Elcor Chemical Corp. v. Agri – Sul Inc. , 494 S. W. 2d 204*（*Tex. Civ. App. 1973*）]，但本法第 2 节第（a）条采用主流立场，将禁令救济的期间限制在消除侵犯行为人相对于善意竞争对手获得的时间优势范围内。例如 1974 年 K – 2 滑雪板公司诉海德滑雪板公司案（《联邦判例汇编（第二辑）》第 506 卷第 471 页，联邦第九巡回上诉法院）[*K – 2 Ski Co. v. Head Ski Co. , Inc. , 506 F. 2d 471*（*CA9, 1974*）]（无论临时禁令还是永久禁令，禁令救济的最大合理期限为，被告合法地通过独立开发或对原告产品反向工程而获取该商业秘密所需的时间）。

第 2 节第（a）条和第（b）条的基本原则为，禁令的延续时间应以必需为限，但不应长过消除侵权行为人相对于善意竞争对手所获商业优势或“领先时间”所需要的时间。如果没有其他任何为消除领先时间而必需的限制使用或披露期限，则在因为可以对合法取得的产品进行反向工程而使商业秘密显现，故以前的商业秘密已为善意竞争对手普遍知悉或可以知悉时，禁令即应相应终止。

例如，假定 A 有一商业秘密，行业中的 B 和 C 开始并不知道。如果 B 后来侵犯了商业秘密并被禁止使用，但 C 其后以合法的反向工程得出了该商业秘密，则限制 B 使用的禁令在 B 的领先时间消失以后应立即取消。现在全部可从信息使用中获取经济价值的人均知道了该信息，第 1 节第（4）条规定的商业秘密也就不复存在。在 B 从侵犯行为中获得的领先时间消除后，再限制 B 将是妨害竞争。

在具体案件中，如果在判决时侵权行为人没有利用领先时间，或者善意竞争对手已经赶上了侵权行为人，则侵权行为人未来的披露和使用对商业秘密权利人将不会造成损害，再发布限制未来披露和使用的禁令也是不适当的。例如 1973 年北方石化公司诉汤姆林森案（《联邦判例汇编（第二辑）》第 484 卷第 1057 页，联邦第七巡回上诉法院）[*Northern Petrochemical Co. v. Tomlinson*, *484 F. 2. d. 1057*（*CA7, 1973*）]（维持初审法院部分驳回预防性禁令请求的判决，因为被控侵犯行为的当事人工厂发生爆炸，已使该当事人不能利用领先时间）；1974 年库比克公司诉赫尔案（《美国专利季刊》第 185 卷第 391 页，密歇根州上诉法院）[*Kubik, Inc.*, *v. Hull*, *185 USPQ 391*（*Mich. App. 1974*）]（禁令确立的通过合法反向工程可发现商业秘密的时间，与其说是赔偿性的，不如说是惩罚性的）。

第 2 节第（b）条针对~~独特~~<u>特殊</u>情形，即虽然侵权行为人的未来使用将对商业秘密权利人造成损害，然而发布禁止未来使用的禁令因~~案件的特定情形而不合理~~<u>例外情形而不适当</u>。~~不合理性可能存在的情形~~<u>例外情形</u>包括：存在压倒地位的公共利益，要求取消禁止未来使用的禁令；行为人对被侵犯的商业秘密已善意产生合理依赖，且没有理由知晓以前的侵犯事实，因而禁止行为人未来的损害性使用将使行为人受到不公正的伤害。1967 年共和航空公司诉申克案（《美国专利季刊》第 152 卷第 830 页，纽约州最高法院）[*Republic Aviation Corp. v. Schenk*, *152 USPQ 830*（*N. Y. Sup. Ct. 1967*）] 说明了出于公共利益不发布禁令救济的情况。法院考虑到禁止侵权行为人向美国供应飞机武器控制系统，将会危及越南战争中的军事人员。商业秘密权利人通知善意第三方使其知晓其商业秘密来源于他人的侵犯行为，这种通知可以破坏以善意第三方为由请求不发布禁令的辩护。依照第 1 节第（2）条第（ii）款（B）项第（Ⅰ）目，这种通知使第三方从此成为侵权行为人。通过比较被侵害人的利益和善意依靠自己能力利用信息的第三方的利益，法院可以作出限制第三方未来使用信息属不适当的结论。对于善意获取被侵犯商业秘密的当事人，第 2 节第（b）条的原则与 1939 年《侵权法重述（第一版）》第 758 节第（b）条的原则是相吻合的，但反对该重述从字面上对所有善意支付了被侵犯商业秘密对价的第三方赋予的绝对免责。《美国统一商业秘密法》的立场得到 1971 年森林实验室公司诉皮尔斯伯里公司案（《联邦判例汇编（第二辑）》第 452 卷第 621 页，联邦第七巡回上诉法院）[*Forest Laboratories, Inc.*, *v. Pillsbury Co.*, *452 F. 2d 621*（*CA7, 1971*）] 的支持，该案中被告买下了一家公司的财产，但原告的商业秘密以保密为条件披露给了该公司，被告未被免责。

在适用第 2 节第（b）条时，法院~~被授予~~<u>享有</u>自由裁量权，可以决定以支付合理使用费作为未来使用条件的禁令，来替代禁止未来使用的禁令。如所有对侵犯行为的禁令救济一样，支付使用费禁令也只有在侵犯行为人已获得了竞争优势，且禁令仅限于消除该竞争优势时才合理。在一些情况下，通常是对善意获取他人侵犯的商业秘密的人，法院可认定，导致禁令禁止未来使用不合理的考量因素，同样也导致使用费禁令不合理。一般参见1976年王子制造公司诉自动伙伴公司案（《美国专利季刊》第198卷第618页，新泽西州最高法院）[*Prince Manufacturing Inc. v. Automatic Partner Inc.*，*198 USPQ 618*（*N. J. Super. Ct. 1976*）]（在由于产品销售导致商业秘密公开之后，购买商业秘密侵权行为人企业资产的购买者，对侵犯行为不承担责任）。

第2节第（b）条规定的使用费禁令必须与第3节第（a）条中以使用费代替赔偿的措施区别开，见第3节关于不同救济措施的评论。

第2节第（c）条授权发布强制执行的命令，要求侵权行为人向受害人返还侵犯行为的产物，如归返盗窃的蓝图或交出偷拍的照片或偷录的录音。

当对同样信息有一个以上的人有权请求保护商业秘密时，只有遭受侵犯行为的人才有权请求救济。

第3节 损害赔偿

（a）~~与禁令救济同时或替代禁令救济~~除非当事人在知晓或应当知晓侵犯行为前，地位产生实质性不利变化，致使进行经济赔偿失去公平，否则原告~~可以~~有权针对侵犯行为~~导致的实际损失~~要求获得损害赔偿。损害赔偿可同时包括侵犯行为造成的实际损失，以及在计算实际损失~~的损害赔偿~~时未计算在内的被告因侵犯行为而获得的不当得利。

替代其他任何损失计算方法，侵犯行为造成的损失可用侵权行为人对未经许可披露或使用商业秘密而承担的支付合理使用费责任来计算。

（b）如果存在故意或恶意侵犯行为，则法院可责令被告支付惩罚性损害赔偿，金额不超过依照上条规定判令支付的任何赔偿的二倍。

评　论

与禁令救济相同，对商业秘密侵犯行为损失进行的金钱赔偿，其合理计算期间仅为有关信息可作为商业秘密得到保护的期间，以及行为人因侵犯行为而相对于善意竞争对手保持优势的其他期间（如有）。原告所受的实际损害和侵犯行为人的不当得利仅产生于上述期间，参见1949年孔马尔产品公司诉统一拉链公司案（《联邦判例汇编（第二辑）》第172卷第150页，联邦第二巡回上诉法院）[*Conmar Products Corp. v. Universal Slide Fastener Co.*，*172 F. 2d 150*（*CA2*，*1949*）]（对批准专利从而公开商业秘密之后的阶段没有救济）；1970年卡宝拉因公司诉加尔布案（《西南地区判例集（第二辑）》第454卷第540页，密苏里州法院）[*Carboline Co. v. Jarboe 454 S. W. 2d 540*（*Mo. 1970*）]（可获得的金钱救济仅限于侵权行为人不靠侵权行为而发现商业秘密所需的时间）。获得实际损失和净利润赔偿的请求，可与禁令救济请求同时提出，但如果两者均被准许，则禁令救济通常在其有效期内排除金钱救济。

只要不存在双重计算，第 3 节第（a）条采用了最近的判例原则，允许同时就原告因侵犯行为而遭受的实际损失和侵权行为人因侵犯行为而取得的不当得利获得赔偿。例如 1975 年特里－特兰国际诉维尔托案（《联邦判例汇编（第二辑）》第 525 卷第 432 页，联邦第九巡回上诉法院）［*Tri－Tron International v. Velto*，*525 F. 2d 432*（*CA9*，*1975*）］（原告的损失和侵权行为人的利润可合并）。因为某些案件中在就损失和不当得利合并判令支付损害赔偿时可能存在惩罚性的双重计算，例如 1975 年电报有限公司诉 IBM 股份有限公司案（《联邦判例汇编（第二辑）》第 510 卷第 894 页，联邦第十巡回上诉法院，法院一致判决，调卷令被驳回，《美国判例汇编》第 423 卷第 802 页）［*Telex Corp. v. IBM Corp.*，*510 F. 2d 894*（*CA10. 1975*）*per*，*curiam*，*cert. dismissed*，*423 U. S. 802*（*1975*）］（IBM 就因被侵权行为人产品抢走客户造成的租金损失获得了赔偿，同时没有扣除因被抢走客户而节省的成本；由于承审法官采用粗略估算方法，对于同一批被抢走的客户，IBM 可能还就侵权行为人因侵权行为而节省的开发成本获得了赔偿），所以本法明确禁止同一项目同时计算原告的损失和侵权行为人的不当得利。

对因侵权行为人过去的行为造成的损失，除所有其他计算方法外，原告还可替代性地选择以侵权行为人未经许可披露或使用商业秘密应支付的明显合理的使用费为基础，提出赔偿请求。为证明这一替代性损失计算方法的合理性，必须有关于合理使用费金额的合格证据。

依第 3 节第（a）条针对侵权行为人过去行为导致的损害进行的替代性合理使用费计算法，很容易与第 2 节第（b）条的许可费禁令中的算法相区别，后者是对侵权行为人未来使用商业秘密的能力设置支付合理使用费的条件。依第二节第（b）条发布的使用费禁令仅在例外情形下才是合理的；然而根据合理使用费计算损失的方式是常用备选手段。因为第 3 节第（a）条规定的赔偿是针对侵权行为人过去行为造成的损害，而第 2 节第（b）条的使用费禁令是针对侵权行为人未来的行为，所以不得针对同一行为同时判予这两种救济。如果某人在知悉或应当知悉商业秘密是通过侵犯行为获取之前，其地位发生了实质性不利改变，从而使使用费禁令变得合理，那么对行为人被告知商业秘密系通过侵权行为而取得之前发生的行为所造成的损害，就不应责令赔偿。

无论是否依照第 2 节规定发布禁令，金钱救济均可单独适用。如果被控实施侵犯行为的当事人~~善意取得商业秘密~~对善意取得的商业秘密的依赖已产生了实质性不利变化，且没有理由知道他人对该商业秘密的侵犯行为，那么拒绝发布任何禁令的理由也可同时证明不判予金钱救济是合理的。参见 1949 年孔马尔产品公司诉统一拉链公司案（《联邦判例汇编（第二辑）》第 172 卷第 150 页，联邦第二巡回上诉法院）［*Conmar Products Corp. v. Universal Slide Fastener Co.*，*172 F. 2d 150*（*CA2*，*1949*）］（对于根据合同承担不得披露前雇主商业秘密义务的雇员，如果该雇员的新雇主在被告知存在侵犯行为前，已善意地为开发该商业秘密投入了 4 万美元，则不得针对该新雇主判予原告任何救济）。

如果发现存在故意或恶意的侵犯行为，则第 3 节第（b）条授权法院可在第 3 节第（a）条的实际赔偿之外责令被告支付不超过该赔偿的二倍的惩罚性赔偿。这一条款是仿照联邦专利法的规定，即授权法官即使在可能有陪审团的情况下仍可行使自由裁量权，责令支付三倍惩罚性赔偿，请比较《美国法典》第 35 编第 284 节（1976 年）。

当对同样信息有一个以上的人有权请求保护商业秘密时，只有遭受侵犯行为的人才有权请求救济。

第 4 节　律师费用

如果（i）侵犯行为的指控出于恶意，（ii）提出取消禁令请求或拒绝执行禁令出于恶意，或（iii）存在故意或恶意侵犯行为，则法院可责令向胜诉一方支付合理的律师费用。

评　论

第 4 节允许法院在特定条件下可责令败诉一方向胜诉一方支付合理的律师费，以阻止原告对侵犯行为的模糊请求，阻止侵权行为人以模糊理由请求终止禁令，以及震慑故意和恶意的侵犯行为。在后两者情况中，法院在决定是否责令支付律师费时，必须考虑原告将得到多大程度的惩罚性赔偿。请比较《美国法典》第 35 编第 285 条（1976 年）。

第 5 节　秘密的保全

在依照本法规定提起的诉讼期间，法院应对指称的商业秘密采取合理的保密措施，包括在质证程序中发布保护令、举行秘密听证会、密封诉讼记录，以及裁定未经法院事先许可任何诉讼相关人均不得披露指称的商业秘密。

评　论

如果不能合理保证维护秘密性，那么值得一试的商业秘密诉讼会令人望而却步，在保守秘密的形式下，法庭必须保证充分提供信息，使当事人能够进行抗辩，使审理事实的法官能够对案情作出决定。除了制定法中规定的实例性方法外，法院在商业秘密案件中保护秘密性的方法还有：仅限向当事人的律师和助手披露，以及指定无利害关系的专家作为特别助审，听取保密信息，然后向法院报告结论。

第 6 节　时效限制

对侵犯行为的诉讼必须于侵犯行为被发现或出于合理的注意应当被发现后的 3 年内提起。就本条而言，对连续的侵犯行为仅可提起一项单独的权利主张。

评　　论

司法审判显然对侵犯商业秘密行为是不是连续的违法行为存在分歧，请比较1969年巨石波兰中西公司诉凯撒铝业化工股份有限公司（《联邦判例汇编（第二辑）》第407卷第288页，联邦第九巡回上诉法院）[*Compare Monolith Portland Midwest Co. v. Kaiser Aluminum & Chemical Corp.*，*407 F. 2d 288*（*CA9*，*1969*）]（依照加利福尼亚州法不属于连续的违法行为，对单个侵权行为的诉讼时效期间应开始于最早的侵犯行为）与1966年水下贮存公司诉美国橡胶公司案［《联邦判例汇编（第二辑）》第371卷第850页，哥伦比亚特区联邦巡回上诉法院，调卷令被驳回，《美国判例汇编》第386卷第911页（1967年）］[*Underwater Storage*，*Inc. v. U. S. Rubber Co.*，*371 F. 2d 950*（*CADC*，*1966*），*cert. den.*，*386 U. S. 911*（*1967*）]（根据一般原则属于连续违法行为，单个侵犯行为的诉讼时效期间应开始于该侵犯行为发生之时）。

本法定义法定期限不采用诉讼时效法的连续违法理论，但将期限的起算点推迟到受侵害人发现或有理由应当发现存在侵犯行为之时，如果存在对侵犯行为的客观合理的警惕，3年时间足够其维护自己的法律权利。

第7节　对其他法的影响

（a）~~本法~~除第（b）条规定的以外，本法取代与之相冲突的本州侵权、赔偿和其他法中~~关于~~侵犯商业秘密民事~~责任~~救济的规定。

（b）本法不影响：

（1）~~不基于侵犯商业秘密行为的~~合同~~责任或~~救济~~或者其他民事责任或救济~~，无论其是否基于侵犯商业秘密行为；或

（2）~~侵犯商业秘密的刑事责任~~其他不基于侵犯商业秘密行为的民事救济；或

（3）刑事救济，无论其是否基于侵犯商业秘密行为。

评　　论

本法~~不是综合性救济规定~~不涉及对侵犯商业秘密行为的刑事救济，也不是对民事救济的综合规定。本法仅适用于~~为保护比较重要的秘密信息而~~由法律强制规定的义务保护比较重要的秘密信息的义务。本法不适用于通过明示或事实默示合同自愿达成的义务。以保护商业秘密为目的的不披露商业秘密合同和竞业禁止合同的执行，由其他法调整。本法并不适用于由法律强制规定的、不取决于比较重要的秘密信息是否存在的义务，例如代理人对于委托人的忠实义务。

第8节　适用和解释的统一

本法的适用和解释应贯彻其基本宗旨，即在实行本法的各州间统一与本法主题

有关的法律。

第9节 法律简称

本法可引称为《美国统一商业秘密法》。

第10节 法律可分性

如果本法特定条款或其适用对特定人或情形无效，该无效不影响去除无效条款或适用后其他条款或本法的适用，鉴于此，本法的条款具有可分性。

第11节 生效时间

本法于__________生效，不适用于生效日前发生的侵权行为。对于本法生效以前发生的连续侵犯行为在本法生效之后继续发生的部分，本法亦不适用。

评　论

本法仅适用于生效日后开始的侵犯行为，不适用于开始并且结束于生效日前的侵犯行为，也不适用于开始于生效日前、在生效日后仍在继续的侵犯行为。

第12节 废　止

下列法律和法律的部分废止。(略)

美国不正当竞争重述（第三版）[①]

第4章 侵犯商业利益

主题2 商业秘密

第39节 商业秘密的定义

商业秘密，指符合下列条件的任何信息：能够用于商业机构或其他企业的经营且具有充分的价值和秘密性，足以使权利人相较其他人而言获得实际或潜在的经济优势。

---

① 本译文根据英文文本翻译，原文参见：https：//wipolex. wipo. int/en/text/194018，最后访问时间：2021年3月24日。——译者

评　论

a. 商业秘密保护的理论基础。对机密商业信息的保护至少可以追溯至罗马法时期。罗马法针对诱使其他雇员泄露雇主商业事务相关秘密的行为，规定了相应的救济措施。19 世纪初期，现代商业秘密法在英国逐步发展形成，这显然是为了顺应工业革命期间各种技术诀窍不断积累、雇员流动性增加的形势。到 19 世纪中叶，美国的普通法承认了对商业秘密的保护。到 19 世纪末时，当代商业秘密法的主要特征已经牢固确立。

商业秘密保护有助于促进多方面的利益。在早期的商业秘密案件中，法院主要强调通过违反保密义务而取得竞争优势的行为所固有的不公平性，从而对侵犯商业秘密的行为追究责任，以保护原告，使原告免受不正当竞争的侵害，并且剥夺被告因恶意行为取得的不当得利。后来，随着商业秘密保护规则的出现和不断发展，则从某种角度阐明了公平竞争的标准。在近代，保护商业秘密的意义还体现在鼓励人们投资于研究活动，因为一旦创新成功即有机会获得回报。同时，商业秘密保护规则不鼓励无谓囤积有用信息，而是推动向雇员、代理人、被许可人等能够协助有益应用该信息的人披露，从而促进对知识的有效利用。最后，商业秘密法中针对违反保密义务和不正当的实际侵占行为而出台保护措施，更好地保护了个人隐私。

为了保障公共利益和合理私人利益，某些有价值信息应当予以公开，因此商业秘密保护的内容和范围需要得到必要的限制。在没有专利、版权或商标保护的情况下（参见第 16 节和第 17 节），市场竞争自由包括模仿他人商品、方法、工艺和创意的自由。然而，模仿自由并不适用于通过正当手段无法获取的信息。因此，针对侵犯商业秘密行为追究责任时主要考量的是，在获取、使用或披露秘密信息过程中违反保密义务的行为或其他非法行为。

b. 学说发展。在早期的商业秘密案件中，当事人请求对违反保密义务的行为授予禁令救济的，法院往往将原告在商业秘密中拥有的利益描述为一种财产权（通常认为这种财产权因发现有价值信息而得），从而支持行使衡平法管辖权。现代判例法有时也会对商业秘密进行类似的定性。财产说侧重被侵犯信息的性质，特别是其价值性和保密性。然而，即使是在最早的案件中，也会对被告行为是否正当进行审查。原告的财产权仅对不正当使用或获取信息的被告有效，向通过正当手段获取信息的人主张的任何排他性权利均不予承认。而对于早期的其他商业秘密案件，法院则选择从审视被告的行为开始分析案情，最后得出结论认为商业秘密诉讼的核心问题在于当事人违反保密义务的行为或其他不当行为，有时明确否认商业秘密具有任何财产特性。《美国侵权法重述》（1939 年）第 757 节称财产说“不断得到发展，但又常常被否定”，而占据上风的当事人责任说则建立在“一般善意义务”基础之上，这一观点颇具影响力（同上评论 a）。但是，《美国侵权法重述》和相关判例法还要求相关信息符合作为商业秘密得到保护的条件，从而纳入了构成财产说基础的秘密性和价值性要件。

在现实中，对侵犯商业秘密行为追究民事责任时，关于商业秘密权利性质的理论之争对相关的适用规则影响甚微。在商业秘密案件中，通常要求原告根据本节所述原则证明存在商业秘密，并根据第40节所述规则证明被告行为不当的事实。许多案件确认，首要问题是被告作为竞争手段而实施的行为是否正当。因此，商业秘密法所承认的实质性权利范围反映了对多方利益的统筹考虑，包括商业秘密权利人要求获得保护、免受被告恶意行为或不当行为侵害的主张，竞争对手和其他人利用公开领域内信息和技能的权利，以及从公共利益出发对于鼓励创新和确保富有活力的有益竞争的要求。

1979年，美国统一州法全国委员会颁布了《美国统一商业秘密法》，其序言部分指出："该法将普通法商业秘密保护的基本原则法典化。"该法最初的版本或其1985年修订版已在大多数州获得通过（参见本节后面的法定注释）。除非另有说明，本重述中所述的商业秘密法原则适用于根据《美国统一商业秘密法》提起的诉讼以及根据普通法提起的诉讼。本节中定义的商业秘密概念旨在与该法第1节第（4）条中"商业秘密"的定义保持一致。

一些州通过了专门针对侵犯商业秘密行为的刑事制定法。而其他州则对内容较为宽泛的刑事制定法进行了解释，以涵盖侵犯商业秘密的行为。在某些情况下，侵犯商业秘密还可能违反《联邦电信和邮件反欺诈法》（《美国法典诠注》第18编第1341节、第1343节）和《国家被盗财产法》（《美国法典诠注》第18编第2314节）。不过，本节所载商业秘密的定义仅直接适用于根据第40节所述规则追究民事责任，不适用于根据刑事制定法提起的诉讼或其他不涉及侵犯商业秘密民事责任的情况，例如根据《美国信息自由法》（《美国法典诠注》第5编第552节）保护商业秘密，使其不被披露，但类推适用除外。

c. 与专利法和版权法的关系。联邦专利法对"任何新的和有用的工艺、机器、制品或组合物"予以保护（《美国法典诠注》第35编第101节），除非"在作出发明之时，对于在前述发明之内容所属技术领域中的普通技术人员而言，前述发明是显而易见的"（《美国法典诠注》第35编第103节）。联邦设计专利保护"任何新的、原创的和装饰性的制造品设计"，但同样也应满足非显而易见性要求才可获得保护（《美国法典诠注》第35编第135节）。根据第40节所述规则给予商业秘密权利人的是有限保护，仅针对不正当获取、披露和使用商业秘密的行为，而专利持有人则享有排除他人制作、使用或销售专利发明的普遍权利（《美国法典诠注》第35编第271节），这项权利甚至对凭借独立发现或反向工程取得相关信息的人也可强制行使。专利申请必须包括说明书，其中包括"对发明、制作和使用发明的方式和过程的书面描述"和"发明人拟实施发明的最佳方式"（《美国法典诠注》第35编第111节、第112节）。专利一经公布，说明书和构成专利档案的其他材料就可供公众查阅（《美国联邦法规汇编》第37编第1.11节）。因此，对于专利中披露的事项，专利的公布即终止了该事项作为商业秘密继续得到保护所需的秘密性，即使专利随后被宣布无效（参见评论f）。不过，未决的、被驳回的和被放弃的专利申请通常不会公布供公众查阅（《美国法典诠注》第 35 编第 122 节；《美国联邦法规汇编》第 37 编第 1.14 节）。因此，提交专利申请本身并不妨碍将发明作为商业秘密继续予以保护。

在 1974 年凯文尼石油公司诉百可隆公司案中（《美国判例汇编》第 416 卷第 470 页，《美国最高法院判例汇编》第 94 卷第 1879 页，《美国最高法院判例汇编—律师版第二辑》第 40 卷第 315 页）［*Kewanee Oil Co. v. Bicron Corp.*, *416 U. S. 470*, *94 S. Ct. 1879*, *40 L. Ed. 2d 315* （*1974*）］，美国最高法院认为联邦专利法并不优先于州商业秘密法对发明和其他信息的保护规定。美国最高法院认定，对商业秘密保护至关重要的秘密性要求（参见评论 f），避免了对关于获取公开领域内信息的联邦专利政策造成干扰。美国最高法院还认定，因为州商业秘密法对保护范围进行了一定的限制（参见第 40 节），所以对可申请专利的发明可依赖商业秘密保护，这种行为不可能明显损害诱导“公开换保护”的联邦专利政策。但是在随后的一项判决中，美国最高法院强调，州法中任何规定若实质上妨碍了对已向公众披露或可从公开渠道容易获得的信息的使用，则应认定无效。参见 1989 年博尼托船业公司诉雷艇船业公司案（《美国判例汇编》第 489 卷第 141 页，《美国最高法院判例汇编》第 109 卷第 971 页，《美国最高法院判例汇编—律师版第二辑》第 103 卷第 118 页）［*Bonito Boats*, *Inc. v. Thunder Craft Boats*, *Inc.*, *489 U. S. 141*, *109 S. Ct. 971*, *103 L. Ed. 2d 118* （*1989*）］。

联邦版权法保护“载于任何有形表达媒介中的原创作品”［《美国法典诠注》第 17 编第 102 节第（a）条］，使上述作品未经授权不得擅自复制、用于制作衍生作品、发行、公开表演或公开展示（《美国注释法典》第 17 编第 106 节）。然而，保护仅限于作品的表达方式，而不包括作品中体现的“任何思想、程序、工艺、制度、操作方法、概念、原理或发现”［《美国法典诠注》第 17 编第 102 节第（b）条］。版权保护要保护的是人们的创作行为，与作品是否公共传播无关（参见《美国法典诠注》第 17 编第 302 节）。因而主张作品的联邦法版权，与要求对作品中包含的信息予以商业秘密保护，二者并不存在矛盾。尽管《美国版权法》第 301 节规定，对于作为《美国版权法》“保护对象”的作品，如果州法律规定与版权“任何排他性权利相当的权利”，则州法中的该规定无效而应优先适用《美国版权法》。但是根据本重述第 40 节所述规则赋予的商业秘密保护，并不符合优先适用《美国版权法》的情形。

版权登记不属于获得版权保护的条件（《美国法典诠注》第 17 编第 408 节）。对未出版作品主张版权而进行登记的，通常需要交存作品的完整副本［《美国法典诠注》第 17 编第 408 节第（b）条第（1）款］，然后公开供公众查阅（《美国法典诠注》第 17 编第 705 节）。但是，美国版权局的条例规定，对于与计算机程序有关的交存文件，可以从该文件中删除构成商业秘密的材料，并且规定，在其他一些情形下可以给予特别救济，使当事人免于遵守正常交存要求。作为版权登记客体的作品中所含的信息是否具有商业秘密地位，要根据评论 f 中所述的关于秘密性和可获得性的一般原则加以确定。

d. 保护对象。商业秘密可包括公式、模式、数据汇编、计算机程序、装置、方法、技巧、工艺，或具有经济价值的信息的其他存在方式或表现形式。商业秘密可能涉及技术事项，如产品的成分或设计、制造方法或执行特定操作或服务所需的技术诀窍。商业秘密还可能涉及商业运营的其他方面，如定价和营销技巧，以及客户的身份和需求（参见第 42 节评论 f）。尽管商业秘密权利通常由商业机构和其他商业企业主张，但慈善组织、教育机构、政府、兄弟会和宗教组织等非营利实体也可以要求对具有经济价值的信息予以商业秘密保护，例如对潜在成员名单或捐赠者名单等予以保护。

关于这一主题的前一版重述将商业秘密法的保护对象限定为能够“在商业机构经营中持续使用”的信息，从而排除了与单个事件有关的信息，例如秘密投标和即将发布的商业公告，或因商业利用而迅速丧失秘密性的信息（参见 1939 年《美国侵权法重述》第 757 节评论 b）。然而，无论是判例法还是前一版重述，都针对“不正当”获取此类短暂信息的行为提供保护措施，这种保护所依照的规则与适用于商业秘密的规则几乎完全相同（参见《美国侵权法重述》第 759 节评论 c）。《美国代理法重述（第二版）》第 396 节同样也保护商业秘密和“其他类似的秘密事项”，防止在代理关系终止后被擅自使用或披露。对于信息的经济价值存续时间长短，《美国统一商业秘密法》中采用的“商业秘密”定义未作要求（参见《美国统一商业秘密法》第 1 节第（4）条和附带评论）。本节中采用的定义同样不要求信息具有持续或长期的优势。

主张商业秘密权的人应负责界定所请求保护的信息，信息界定应具备充分的确定性，以便法院适用本节所述的保护标准，并认定是否存在侵犯事实。对于技术信息，相关信息在具体产品、工艺、工作模型中的有形体现，通常可以满足前述的界定要求。但是，如果原告以其他方式对信息进行了充分划定，即可完成界定要求，不再要求信息必须以有形形式融于或体现于某种载体之中。在特定案件中，商业秘密界定的确定性程度也受到被告合法利益的影响。因此，如果原告的权利主张所涉及的信息与前雇员可正当保留的一般技能和知识密不可分，则法院可要求进行更加具体的界定（参见第 42 节评论 d）。

当事人订立的协议若将特定信息定性为“商业秘密”，则在决定信息是否符合本节规定的条件、能否作为商业秘密得到保护时，可以将该协议作为重要的考量因素，但此项因素不一定具有决定性作用。作为一项预防信息披露的措施，此类协议是信息具有价值和秘密性的证据（参见评论 e 和 f），也可以满足或有助于满足界定商业秘密的确定性要求。协议对于证明保密义务的存在也很重要（参见第 41 节）。然而，从公共利益角度出发，公开领域的信息应可自由获取，因此，此类协议通常不能禁止被告对商业秘密的已经存在提出抗辩（关于合同对信息的保护，参见本法第 41 节评论 d）。

企图通过制定精确的标准来评判是否存在商业秘密是一项无法完成的任务。必须通过对所有相关因素，包括信息的价值性、秘密性和确定性以及被告不当行为的性质等进行比较评估，来甄别声称为商业秘密的信息。

e. 价值性要求。商业秘密必须在商业机构或其他企业的经营中具有充分的价值，足以使权利人相较其他人而言获得实际或潜在的经济优势。不过，商业秘密带来的这种优势并不需要很大，只要不是微不足道即可。虽然商业秘密包括可申请专利的发明，但并不要求商业秘密符合联邦专利法规定的创造性标准。

对于声称为商业秘密的信息，其价值可以通过直接证据或间接证据来加以确定。毋庸置疑，与秘密的内容及其对业务经营的影响具有关联性的是直接证据。具有关联性的间接证据包括原告在制作信息时所投入资源的数量、原告为保护信息的秘密性而采取的预防措施（参见评论 g），以及其他人为获取信息付费的意愿。

原告在其业务经营中对商业秘密的使用，本身就可在一定程度上证明信息的价值性。可以认定为商业秘密权利人通过使用信息实现的利益，亦为价值性的证据。在一些早期案件中，法院认定商业秘密权利人对商业秘密的使用构成侵犯商业秘密之诉的诉因要件，这样一来就拔高了商业秘密权利人使用商业秘密行为的地位，赋予了其独立的意义。然而，这项“使用”要求对商业秘密保护的范围施加了不合理的限制，法院可据此拒绝对研发中的信息予以保护。尤其对于那些没有能力实施其创新成果的创新者来说，这项要求是一项沉重的负担（参见评论 h）。这项要求还引发了对保护“负面”信息的质疑。“负面”信息是指教导人们要避免哪些行为的信息，例如有关某一特定工艺或技术不适合商业用途的知识。在许多司法管辖区的案件中，明确放弃了商业秘密必须经由权利人使用的要求。《美国统一商业秘密法》也否定了这项要求（参见该法第 1 节的评论）。根据本节所述规则，主张信息权利的人对信息的使用并不是受保护的先决条件。

f. 秘密性要求。为了符合作为商业秘密的条件，信息必须是秘密的。然而，秘密性不一定是绝对的。本节所述规则只要求秘密性足以使权利人获得实际或潜在的经济优势。因此，如果可利用信息的其他人不通过第 40 节所禁止的非法行为获取信息，该过程会很困难或代价高昂，则信息即满足秘密性要求。商业秘密不需要具备专利法要求的新颖性。尽管商业秘密案件中有时会提出“新颖性”要求，但其本质上等同于本节所述的秘密性和价值性概念，而且排除了已知技术显而易见的变体。

除商业秘密权利人以外还为其他人所知的信息，如果对其他有可能凭借该信息取得经济价值的人仍然保密，则可以保留该信息作为商业秘密的地位。例如，尽管有他人独立发现同样信息并保密的事实，但上述事实不妨碍针对侵犯商业秘密的第三人执行相关救济措施。同样，向雇员、被许可人或其他人进行保密披露，不会破坏信息作为商业秘密的地位。甚至对于未加保密要求的有限披露，如果接受披露者对信息予以保密，则该项披露也不一定会造成商业秘密保护的终止。

若信息已为公众所知悉，或其他有可能从该信息中获得经济价值的人通过正当手段（参见第 43 节）容易获得该信息，则该信息不可作为商业秘密加以保护。因此，在专利中披露的信息，或包含在竞争对手可合理接触到的出版资料中的信息，不符合本节规定的保护条件。同样，通过研究公开售卖或展示的产品而容易获得的信息也不构成商业秘密。已知工艺、程序或方法的任何显而易见的变体或变形也缺乏作为商业秘密得到保护所必需的秘密性。但是，对于信息是否具有商业秘密地位，具有决定性意义的是声称为商业秘密的信息整体上是否具有秘密性。商业秘密的全部或部分组成要素已经为公众所知悉的事实，并不妨碍对具有秘密性的单个要素组合、汇编或整合予以保护。

他人理论上能够通过正当手段得到信息，这一事实并不一定会使该信息无法作为商业秘密得到保护。除非可通过正当手段很容易地获得该信息，否则该信息仍然应作为商业秘密予以保护。因此，如果通过研究竞争对手的产品来获取信息存在困难、代价昂贵或耗费时间，则商业秘密权利人根据第 40 节所述规则继续享有针对不正当获取、披露或使用的保护。但是，任何人若通过研究自公开渠道获得的产品而实际获得了信息，即构成通过正当手段取得信息，因此无须承担任何责任（参见第 43 节）。同样，如果只是从理论上有可能根据出版材料中的零散信息重新组合出秘密，或者从不可能引起侵权行为人注意的公共材料中提炼出秘密，则并不妨碍对第 40 节所禁止的非法行为执行相关救济措施，当然，从这些来源实际获取了秘密的人不必承担责任。

间接证据若可证明信息不容易通过正当手段获得，并因此符合作为商业秘密得到保护的条件，则应当予以采信。权利主张人为保护信息的秘密性而采取的预防措施（参见评论 g）、被许可人愿意有偿得到秘密的意愿、被告或其他人试图以正当方式复制信息而未获成功、被告诉诸不正当获取手段，这些事实均可用以证明信息获取的难易程度。如果被告为了获取信息而实施的不当行为情节特别恶劣，则尤其可推断出信息具有足够的不可获得性，从而符合作为商业秘密得到保护的条件（参见第 43 节评论 d）。

尽管法院承认，不得对公开领域的信息主张商业秘密权利，但对于被告在保密情况下收到商业秘密之后、被告随后未经授权擅自使用或披露商业秘密之前，相关信息的秘密性丧失会导致怎样的后果，案件的处理方式却存在分歧。有些判决对据称的侵权行为实施之时是否已经可以从公开领域获取信息不予考虑，至少在被告自保密披露而非公开渠道得知商业秘密的情况下不予考虑。另一些判决则对保密披露产生的义务进行了狭义的解释，认为信息的秘密性丧失以后，不应针对未经授权擅自使用或披露的行为提供保护措施（对被告侵权行为发生以后信息丧失秘密性时的救济，参见第 44 节评论 f；第 45 节评论 h）。然而，在法院从法律适用角度拒绝考虑秘密性是否丧失的很多案件中，相关信息在被告披露或使用的时间点上仅在理论上而非实际上可以从公共渠道获得，因此，在这些案件中，根据本节或第 40 节所述规则对侵权行为执行相关救济措施的理由成立。

当信息失去足够的秘密性而无法作为商业秘密得到保护时，不得基于对信息的使用而根据第 40 节所述规则对行为人追究责任。如果信息从公开渠道已经容易获得，以致通过其他手段获取该信息的人无法获得重大利益，则该信息属于公开领域，不再受商业秘密法的保护。即使拒绝考虑信息在向被告进行保密披露之后丧失秘密性的法院，也常常在判决意见书中称，如果被告确系从公开渠道提炼出信息，则不承担任何责任。然而，当信息已经可以从公共渠道容易获得的时候，从公开领域的实际获得只是一种形式，不应以被告未曾实际取得而追究责任。出于公共利益的需要，应避免对有价值信息的利用施加不必要的限制，因此当信息不再是秘密时，作为商业秘密得到的保护即告终止。但是，对于在秘密性丧失之前的任何未经授权擅自使用或披露，被告仍应承担责任。这一立场与《美国统一商业秘密法》的表述和原则一致。该法第 1 节第（2）条将“侵犯”定义为不正当获取、披露或使用“商业秘密”，而第 1 节第（4）条将“为公众所知悉的或通过正当手段容易获得的”信息排除在“商业秘密”定义之外。丧失秘密性之后商业秘密权利即告终止，也符合该法第 2 节和第 3 节（以及本重述第 44 节和第 45 节）的精神，这些规定适用于相关信息丧失秘密性之前发生的侵权行为的禁令救济和金钱救济。

g. 保持秘密性的预防措施。在认定信息是否符合条件、能够作为商业秘密得到保护时，为保持信息的秘密性而采取的预防措施也是具有关联性的考量因素。保持秘密性的预防措施可采取多种形式，包括防止未经授权擅自访问的物理安保措施、将信息披露限制在“需要知晓”范围内的程序以及向接收人强调信息保密性质的措施，如保密协议、标志和警告语。这些预防措施可作为信息价值性（参见评论 e）和秘密性（参见评论 f）的证据。关于这一主题，在前一版重述中，将为保持信息的秘密性而采取的预防措施作为认定商业秘密是否存在时需要考虑的关联性要点之一（参见 1939 年《美国侵权法重述》第 757 节评论 b）。《美国统一商业秘密法》要求商业秘密必须是“在特定情形下已尽合理保密努力的对象”（第 1 节第（4）条第（ii）款）。在认定是否存在商业秘密时，对权利人实施的预防措施，无论作为一项单独的要求，还是需要与其他要素综合考虑，都应当结合其他对于信息价值性和秘密性具有关联性的证据进行评估。因此，如果信息的价值性和秘密性非常明显，则不必再要求商业秘密权利人提供关于具体预防措施的证据。

商业秘密权利人采取的预防措施还关系到侵犯商业秘密诉讼中的其他潜在问题。预防措施的设立可以向雇员和其他接收人表明，商业秘密权利人对商业秘密的披露具有要求保密的意图（参见第 41 节）。此外，在认定被告是否具有根据第 40 节所述规则承担责任所需的明知情形时（参见第 40 节评论 d）、根据第 43 节所述规则认定获取方式是否不当时（参见第 43 节评论 c），以及认定意外披露是否会导致商业秘密权利的丧失时，预防措施也是应当予以考虑的关联性因素（参见第 40 节评论 e）。

h. “创意法（Law of ideas）”。涉及由雇员、客户、发明人或其他人向有能力实施创意的商业机构提供创意的案件，有时会根据被称为“创意法”的规则另行处理。此类案件经常产生于向制造商提供新产品或产品改进的创意之后，或向娱乐性质的商业机构提供有关节目编排和其他方面的创意之后。原告在就相关创意请求获得损害赔偿时，一般会以合同法为依据提出权利主张，声称创意接收人在合同中明示或者事实上默示承诺对相关创意支付报酬。然而，在某些案件中，原告是通过主张侵权或返还不当得利而请求获得损害赔偿的。对后一类不以合同法为依据的诉讼请求，法院在处理时往往会分析信息的性质和提交创意的具体情形，而这种分析所依照的规则与商业秘密适用的规则并无本质区别。某些判决中，法院明确将此类诉讼请求纳入商业秘密法适用范围。

对于针对侵犯创意而提起的侵权主张，为了使侵权主张成立，大多数法院要求提交的创意具有一般不为公众知悉的“新颖性”（参见评论 f），并且足够“具体”，以便法院评估其价值和接收人使用该创意的事实（参见评论 d）。法院还会审查披露时的情形，以确定接收人是否受保密义务的约束。在认定接收人的义务时，需要考虑提交人和接收人之间的关系、双方之间的先前交易、行业惯例，以及接收人发出的披露请求或拒绝披露的机会等因素（参见第 41 节）。

由于《美国统一商业秘密法》和本节禁止提出相关信息必须经由商业秘密权利人使用的要求（参见评论 e），因而商业秘密和创意（提供创意相关案件的标的）实际上已无区别。在缺乏明示或事实上默示的合同时，逐步发展的关于创意提交人和接收人权利的各项规则，于是就可以理解为本节所述一般规则的具体适用。因此，本重述有关保护商业秘密的规则，可以直接或通过类推适用于因指称侵犯创意而提起的侵权主张。

出于公共利益和合理私人利益的考虑，应当允许自由获取公开领域的信息，在对依据合同法提起的权利主张进行分析时，这也是需要考虑的一项关联性因素。因此，在很多司法辖区，法院为了强制执行明示或事实上默示应为所提供创意付费的合同，也要求原告提供新颖性和确定性的证据。因此，本节所述规则也有助于在提供创意相关案件中认定合同责任。

第 40 节　侵犯商业秘密

在下列情形下，行为人应就侵犯他人商业秘密承担责任：

（a）行为人通过第 43 节所述不正当手段获取其知晓或应当知晓属于他人商业秘密的信息。或

（b）行为人未经他人同意使用或者披露他人商业秘密，而且在使用或者披露时有下列情形：

（1）行为人知晓或应当知晓相关信息属于商业秘密，而且考虑到获取该信息时的情形，根据第 41 节所述规则，行为人对他人负有保密义务；或

（2）行为人知晓或应当知晓，相关信息是行为人通过第 43 节所述不正当手段获取的商业秘密；或

（3）行为人知晓或应当知晓，行为人从第三人处或通过第三人获取的信息属于商业秘密，且该第三人通过第 43 节所述不正当手段获取该信息，或第三人披露商业秘密违反了根据第 41 节所述规则对他人负有的保密义务；或

（4）行为人知晓或者应当知晓，信息是行为人因意外或者他人失误而获取的商业秘密，但因对方未采取合理的预防措施保持信息秘密性而获取的除外。

评 论

a. 适用范围。本节所述规则适用于针对侵犯他人商业秘密而根据普通法提起的侵权诉讼或返还不当得利诉讼，不论如何表述对商业秘密的侵犯，包括“侵占”“侵权”或“侵害”商业秘密的诉讼、基于未经授权擅自使用商业秘密而提起的“不当得利”诉讼以及以商业秘密为保密对象的“违反保密义务”诉讼。除非另有说明，否则本重述中所述适用于商业秘密的规则也旨在与依照《美国统一商业秘密法》提起的诉讼保持一致并适用于该等诉讼。本节不适用于针对侵犯其他受保护利益的行为追究法律责任，如干涉合同关系（参见 1979 年《美国侵权法重述（第二版）》第 766 – 774A 节）、违反雇员或其他代理人所负的忠实义务（参见 1958 年《美国代理法重述（第二版）》第 387—398 节）或不涉及商业秘密的违反保密义务行为（参见第 41 节评论 c）。

本节所述规则不适用于违约诉讼，包括违反不使用或披露商业秘密的承诺或违反不与商业秘密权利人竞争的承诺。此类协议应适用一般适用于合同订立和强制执行的规则，包括 1981 年《美国合同法重述（第二版）》第 186—188 节中对于强制执行竞业限制合同的限制性规定。不过，本章所述规则有助于解释和实施这些限制性规定所体现的原则（参见第 41 节评论 d）。当事人之间存在关于明示或事实上默示保护商业秘密的合同，并不妨碍根据本节所述规则单独提出侵权诉讼。在侵权诉讼中，合同条款与很多问题具有关联性，包括可获得保护的商业秘密是否存在（参见第 39 节评论 d）和保密义务的创设（参见第 41 节评论 b）。

在侵犯商业秘密诉讼中，应由原告承担举证责任，证明在根据第 39 节所述规则符合条件、可以作为商业秘密得到保护的信息中，原告享有财产性权益，并且证明被告违反本节规定获取、披露或使用该信息。足以引起本节规定之救济的财产性权益，可因自己发现商业秘密而产生，或因取得对他人所发现商业秘密的权利而产生。关于雇主对雇员所发现商业秘密的权利（参见第 42 节评论 e），由于新颖性和绝对秘密性都不是作为商业秘密得到保护的先决条件（参见第 39 节评论 f），所以若干人独立发现商业秘密的，每个人对同一信息均可享有财产性权益。

b. 不正当获取。关于商业秘密主题，前一版重述只对非法使用或披露他人商业秘密的行为规定了责任。不正当获取商业秘密并不是独立的可起诉行为（参见 1939 年《美国侵权法重述》第 757 节）。在判例法中，非法使用或披露也经常被作为侵犯商业秘密的诉因要件。然而，要求提供非法使用或披露证据的案件通常涉及被告通过商业秘密权利人的保密披露而获得的信息。在此类案件中，秘密的获取并无不当，后来违反被告的保密义务而使用或披露才违法。即使在这种情况下，如果被告的不当行为很可能发生，则法院也承认原告有权在任何非法使用或披露之前获得救济（参见第 44 节评论 c）。被告为获取商业秘密而采取不正当手段的意愿，本身就可证明存在被告随后使用或披露该商业秘密的重大风险。本节第（a）条遵循了《美国统一商业秘密法》第 1 节第（2）条第（i）款所采用的规则，该规则规定对利用不正当手段获取商业秘密的行为追究责任。因此，通过窃听获得商业秘密的人，或诱导他人违反保密义务披露商业秘密的人，或明知对方负有保密义务仍接受披露的人，应承担责任（参见第 43 节评论 c）。根据本节第（b）条第（2）款所述规则，随后使用或披露不正当获取的商业秘密构成进一步侵犯。但是，在这种情况下，商业秘密权利人可获得的救济可能比被告使用或披露秘密之前可获得的救济更为广泛。

c. 不正当使用或披露。就本节第（b）条所述规则而言构成“使用”商业秘密的行为，对该行为的性质不存在严格的限制。一般而言，对商业秘密的任何利用，如有可能对商业秘密权利人造成损害或使被告获利，即属本节所指的“使用”。因此，销售体现商业秘密的商品、在制造或生产中使用商业秘密、依靠商业秘密协助或加速研究或开发、通过使用属于商业秘密的信息招揽客户（参见第 42 评论 f）都构成“使用”。不过，未经授权擅自使用行为的性质却是确定适当救济时需要加以考虑的关联性因素（参见第 44 节和第 45 节）。

擅自使用不必涵盖商业秘密的所有方面或特征，使用商业秘密的任何实质部分足以使行为人承担责任。同样，行为人不一定必须使用商业秘密的原始形式才应承担责任。因此，如果行为人在使用商业秘密过程中独立进行了改进或改动的，若使用结果实质上仍来源于商业秘密，则行为人依然应承担责任。不过，行为人的销售额或其他利益在多大程度上可归因于这种独立的改进或改动，可能会影响金钱救济数额的计算（参见第 45 节评论 f）。但是，如果商业秘密的贡献很小，以至于行为人的产品或工艺可以说得自其他信息来源或独立创造，则就根据第（b）条所述规则追究责任而言，商业秘密未被“使用”。尽管商业秘密权利人承担擅自使用行为的举证责任，但若有证据表明被告明知相关信息为商业秘密，再加上双方产品或工艺之间的实质相似性，就可以合理推论出被告存在使用行为。

与未经授权擅自使用一样，未经授权擅自披露商业秘密的行为亦可对商业秘密权利人造成损害。因为破坏了信息作为商业秘密继续得到保护所必需的秘密性，公开披露损害了商业秘密权利人的利益（参见第 39 节评论 f）。私下披露会增加擅自使用和进一步披露的可能性。因此，在第（b）条所述的情形下，行为人可能因公开或私下披露商业秘密承担责任。行为人并未明确表明向他人披露但却导致他人获知商业秘密的，行为人也应承担擅自披露责任。只要行为人的任何行为可使他人知悉商业秘密，包括出售或转让从中可获取商业秘密的商品或其他有形物品，根据本节所述规则即构成“披露”秘密。

未经授权擅自披露商业秘密一般是希望通过使用商业秘密与商业秘密权利人竞争，或通过将相关信息出售给其他潜在用户，从而利用秘密的商业价值谋利。对于不涉及商业利用秘密信息的披露行为，普通法和《美国统一商业秘密法》未明确界定相关责任范围。如果披露商业秘密的主要目的是对商业秘密权利人造成损害，则尽管不存在商业利用，但法院依旧可以适当认定行为人应承担法律责任。因此，前雇员被解聘后若为报复而公开披露前雇主的商业秘密，则根据本节（规定）应承担法律责任。不过，在其他情况下，并非出于商业利用目的而披露他人商业秘密，则可能出于言论自由或其他重要公共利益的需要。例如，在司法程序中证人若依法必须披露他人商业秘密，则无须为此承担责任。至于何时享有此种披露特权，要具体情况具体分析，需要考虑的因素包括信息的性质、披露的目的以及行为人获取信息的手段等。例如，在披露与公共卫生或安全、犯罪或侵权行为或其他公众关切的重大事项有关的信息时，特权可能会得到承认。

d. 明知非法占有。根据本节第（b）条的规定，只有当行为人在知晓或应当知晓其使用或披露商业秘密属于非法行为时，才可对商业秘密权利人予以保护。如果行为人并非通过商业秘密权利人的保密披露获得信息［参见第（b）条第（1）款］，则使用或披露信息不会使行为人承担责任，除非行为人知晓或应当知晓由于行为人获取商业秘密的方式，使用或披露该商业秘密是非法的［参见第（b）条第（2）—（4）款］。因此，如果行为人以不正当手段获取商业秘密，例如诱导第三人违反保密义务披露信息或明知第三人披露信息将违反保密义务但依然接受披露，则行为人应对随后使用或披露秘密的行为承担责任［参见第（b）条第（2）款］。但是，如果行为人从第三人处获取商业秘密时，未被告知第三人系违反保密义务向其披露，则行为人并未构成以不正当手段获取信息，因而对随后的使用或披露行为不承担责任，除非行为人随后被告知其占有该信息属于非法行为［参见第（b）条第（3）款］。

商业秘密权利人无须证明行为人知晓其对商业秘密的占有是非法的，如果行为人应当知晓，即应根据第（b）条第（2）—（4）款所述规则承担责任。因此，如果处于行为人地位的理性人推断出自己非法占有了他人商业秘密，则行为人即应对随后的任何使用或披露行为承担责任。在多个案件中，如果基于已知的事实，理性人应会进一步询问且得知自己存在违法行为，则行为人亦被追究责任。因此，在获取信息时刻意忽视相关的情况，不一定能免除本节规定的责任。为了证明行为人实际或应当知晓相关情况，需要以若干具有关联性的事实为证据，其中包括行为人明知商业秘密权利人为防止披露所采取的任何预防措施，行为人熟悉有关行业惯例或实践且据此可合理推断第三人向行为人披露未取得相关授权，行为人了解商业秘密权利人与向行为人披露信息之人存在何种关系，以及商业秘密权利人向行为人作出的任何直接交流。若向行为人披露信息之人宣称其拥有所有权或作出其他保证，而行为人信赖该声称或保证，且在当时情形下行为人的信赖是合理的，则足以使行为人免于承担责任。

如果行为人在最初获取商业秘密时实际或应当知晓本节第（b）条第（2）—（4）款中所述的相关情形，则行为人应对该商业秘密的所有使用或披露行为承担责任。如果行为人在获取商业秘密后才知晓相关情形的，则行为人对知晓后发生的任何使用或披露行为承担责任，但对知晓前的使用或披露行为不承担责任。不过，尽管知晓相关情形足以使行为人对知晓后的行为承担责任，但在具体案件中，商业秘密权利人可获得的救济可受到衡平原则的限制。因而，如果知晓相关情形之前，行为人已经为商业秘密善意地支付了对价，或对商业秘密进行了重要的设备投资或研究开发，或以其他方式实质改变了其对商业秘密的依赖关系，则对知晓后的使用或披露行为追究法律责任可能是不合适的（参见第 44 节评论 b；第 45 节评论 b）。

e. 意外披露。本节第（b）条第（4）款所述意外或因失误而向行为人披露商业秘密，可以是商业秘密权利人、行为人或第三人因失误而导致。如果向行为人披露信息不是由于商业权利人未能采取合理的预防措施保护商业秘密造成的，且行为人知晓或应当知晓信息是因为意外或失误而向行为人披露的商业秘密，则行为人应对知晓后的使用或披露行为承担责任。但是，如果善意行为人在知晓上述这些情形之前已经实质性地改变了其对信息的依赖关系，则商业秘密权利人可获得的救济可以适当地受到限制（参见第 44 节评论 b；第 45 节评论 b）。

第 41 节　保密义务

就第 40 节所述规则而言，商业秘密披露的接收人若存在下列情形，则对商业秘密权利人负有保密义务：

（a）接收人在商业秘密披露之前明确承诺保密。或

（b）根据在商业秘密披露给接收人之时双方的关系或其他相关事实，有理由认为在披露之时存在下列情形：

（1）接收人知晓或应当知晓被披露信息应予保密，且

（2）披露人可合理推断接收人同意承担保密义务。

评　论

a. 适用范围。本节阐明了商业秘密披露的接收人何时受到保密义务的约束。第 42 节将探讨将本节所讨论原则适用于雇主和雇员之间的披露时需要特别考虑的事项。

b. 保密披露。根据第 40 节所述规则可强制执行的保密义务，可由接收人的明确保密承诺而创设。此外，还可以根据披露双方的关系和相关事实推定存在保密义务。然而，只有接收人注意到披露的保密性质时，才能推定产生保密义务。尽管没有具体规定接收人如何才算注意到披露的保密性质，但相关情形必须表明，接收人知晓或应当知晓披露人意图进行保密披露。另外，相关情形必须能支持披露人的判断，即接收人已同意承担保密义务。因此，如果披露是对表示拒绝保密的人作出的，或是对事前没有机会表示拒绝保密的人作出的，则接收人不承担保密义务。

在一些案件中，特定的商业或行业惯例足以向接收人表明，特定的披露是披露人意图保密进行的。在非商业场景下进行信息披露时，披露人通常希望接收人对待信息的方式，可能不同于商业场景下的披露。例如，在工业公司的研究机构中披露信息时，披露人通常希望接收人予以保密，而在非营利研究实验室中披露信息时则不然。商业秘密权利人为保持信息的秘密性而采取的预防措施，若为接收人已知的，则可作为证据证明接收人知晓或应当知晓商业秘密权利人希望接收人对信息予以保密。接收人请求披露信息的，也有助于推断接收人知晓应对信息予以保密，尤其是接收人进行失实陈述或采取其他不当行为以促使信息披露的，更有助于作出这种推断。在一些案件中，关于特定信息保密的明示协议，可以作为证据证明当事人对不

在协议范围内的其他信息有保密的期望。

如果商业秘密权利人披露信息只为了在限定范围内使用，而在披露时接收人知晓这一限定条件，则除非接收人已表示不愿意按照该等条件接受披露，否则接收人通常应受该限定条件约束。例如，在与潜在买受人、客户或被许可人谈判期间，有时必须披露商业秘密，以便让对方评估拟议交易可以带来的利益。商业秘密法要求在此情形下接收人提供必要的保证，以确保该等披露在限定范围使用的目的得到尊重。

若无相反协议，销售体现商业秘密的产品通常不视为保密披露。因此，买受人可以自由利用通过研究或分析产品获得的任何信息。但是，在租赁或委托保管等事项中，若当事人知晓物品转移只是出于特定目的，此时推断存在保密义务就显得顺理成章。例如，将体现商业秘密的机器交付维修机构进行维修，通常并不授权接收人使用或披露因该事项而获知的商业秘密。

法院通常认可，对于所谓“保密关系”中当事人之间交流的信息，接收人负有避免未经授权擅自使用或披露的义务。某些商业关系有时被定性为“保密”关系，例如雇主—雇员关系和许可人—被许可人关系。当事人之间持续存在的这种关系，在认定具体披露是否产生保密义务时应当予以考虑，但并非特定关系下作出的每一项披露都可视为保密披露。即使在通常被称为“保密”的关系中，在认定接收人的义务时，披露目的、当事人以往的惯例、行业惯例以及与披露相关的其他情形也是需要考虑的关联性因素。因此，尽管向被许可人披露作为许可标的的秘密配方通常视为保密披露，但向被许可人披露其他信息而未表明该信息是秘密的，则可能不会产生保密义务。关于在雇佣关系中进行披露需要特别注意的事项，请参见第 42 节。

c. 作为单独侵权的违反保密义务行为。对于被认定不符合条件、无法作为商业秘密得到保护的秘密商业信息，一些法院确认，未经授权擅自披露此类信息将产生侵权责任。在一些相关案件中，针对擅自披露行为提起的权利主张被称作针对“违反保密义务”，而在另一些案件中，却被描述为针对“不正当竞争”。这些案件中有很多是基于“商业秘密”的狭义定义作出判决，将客户身份等非技术性信息或未持续、长期使用的其他信息排除在外。此类信息现已归入第 39 节中采用的关于“商业秘密”的较广泛定义。在其他案件中，对违反保密义务的行为追究责任不是因为要保护有价值的商业信息，而是出于相关利益的需要，例如为了让人们更好地认识到雇员对雇主负有的一般忠实义务（参见第 42 节评论 b），或在特殊关系中相关人员负有的保密义务，例如律师与委托人或医生与患者之间。然而，如果从任何人的利益出发均没有正当理由要求被告承担更广泛的义务，则原告应证明信息符合第 39 节规定的作为商业秘密得到保护的条件。如果认可商业信息权利人拥有扩大化的禁止使用或披露商业信息权，则可能会妨碍人们获得被合理地视为属于公开领域的知识（参阅第 39 节评论 f）。

d. 商业秘密的合同保护。商业秘密权利人可以通过与披露接收人签订合同来保护商业秘密，禁止未经授权擅自使用或披露。此类合同可以采取多种形式，包括接收人承诺不与商业秘密权利人竞争，承诺避免披露或使用在特定关系或交易中获得的任何秘密信息，或承诺避免使用或披露协议中指定的特定信息。违反此类协议使用或披露的，根据《美国侵权法重述（第二版）》所述规则可导致违约责任。不过，由于此类协议可减少或消除潜在的竞争，因此必须遵守适用于竞业限制合同的传统规则，所以只有在附属于有效交易或有其他合理情形时才可强制执行（参见《美国合同法重述（第二版）》第186—188节）。一般来说，此类合同的限制条款如果超过为了保护受诺人合法利益而必要的范围，就是不合理的；而如果对承诺人或公众可能造成的损害大于受诺人保护其利益的需要，也是不合理的（同上，第188节评论a）。

在许多司法辖区，一项合理的竞业禁止契约可对承诺人强制执行。本重述所述关于保护商业秘密的规则有时有助于评估此类契约的合理性。雇员承诺在终止雇佣关系后不与雇主竞争，或卖方承诺在买卖交易后不与买方竞争，此类承诺可以被证明是保护秘密信息的合理措施，但契约之期限及地域范围应当根据受诺人合法权益进行合理限定。在以保护秘密信息为由而要求强制执行竞业禁止契约时，关于商业秘密的规则虽然不具有决定性，但有助于认定契约维护的合法利益以及认定保护范围的适当界限。

仅禁止使用或披露特定信息的协议是否合理，主要取决于受协议保护的信息是否符合作为商业秘密得到保护的条件。如果根据第39节所述规则符合得到保护的条件，则禁止使用或披露信息的合同通常可根据其条款强制执行。尽管在一些案件中，法院针对被认定不符合条件、无法得到商业秘密保护的信息强制执行了保密协议，但其中许多判决仅仅反映了相比第39节中所采用定义更为狭窄的商业秘密定义。然而，如果保密合同对象包括为公众所知悉的信息，或受诺人在相关信息中不存在可保护利益，例如前雇员承诺不使用的信息属于前雇员的一般技能和经验，则属于不合理的竞业限制，因而不可强制执行（参见第42节评论d）。任何协议若取消承诺人使用公开领域信息的权利，如果不是出于保护秘密信息，则必须有其他合理利益作为基础，通常才可强制执行。

某些法院表示，保密协议一定要具备竞业禁止协议传统上要求的期限和地域限制。然而，即使不限定地域范围，保密协议也是合理的。因为一旦秘密被披露，掌握信息的人通常不局限于特定地区。所以，在任何地理区域擅自披露商业秘密都可能对商业秘密权利人造成损害。同样，在任何地区擅自使用商业秘密都可能会剥夺商业秘密权利人潜在的许可机会。因此，尽管竞业禁止契约规定的义务更加繁杂，通常只有划定合理地域范围才能强制执行，但是商业秘密权利人在签订保密协议时只要证明了其合法利益，就可绝对禁止使用或披露商业秘密。如果没有对不使用或不披露商业秘密的承诺限定期限，未限定期限本身并不一定导致协议不可强制执行，因为在没有明显相反意思表示时，保密协议的有效期一般被解释为在有关信息可为公众所知悉或可用正当手段获得之时为止。然而，如果保密合同被解释为在有关信息进入公开领域以后，仍然禁止承诺人使用，则失去保护秘密信息的合法利益支持，尽管这种做法可能有其他合法基础。例如，许可协议要求即使在商业秘密为公众知悉之后，使用商业秘密仍需继续支付使用费，此类许可协议通常是可强制执行的。此类协议的合理性基础可以解释为，被许可人早于他人接受商业秘密披露，取得了领先优势，因而同意支付对价。同样，某些情况下协议要求不得使用公开领域的信息，是为了保护受诺人名声和商誉的合法利益。这里所述规则未涵盖支持强制执行不得使用、披露特定信息协议的所有正当理由，但是在受诺人请求保护相似于商业秘密法保护的利益时，这些规则有助于认定对协议可强制执行性的适当限制。

第 42 节　雇员违反保密义务

雇员或前雇员违反保密义务，使用或披露雇主或前雇主所拥有的商业秘密的，应根据第 40 节所述规则就侵犯商业秘密行为承担责任。

评　论

a. 适用范围。第 40 节和第 41 节规定的是关于禁止违反保密义务使用或披露商业秘密的一般规则，而本节是上述一般规则的具体适用。本节讨论的问题主要适用于根据代理法被视为商业秘密权利人的雇员或“雇工”的人，区别于“独立承包商”（参见《美国代理法重述（第二版）》第 2 节和第 220 节）。本节适用于现任和前任雇员对商业秘密的使用或披露。不过，现任雇员还要承担一般的忠实义务，比商业秘密法项下的具体义务更为广泛（参见评论 b）。对于作为独立承包商向商业秘密权利人提供服务的人员，如律师、财务顾问或咨询人士等，商业秘密法要求上述人员承担的义务，应根据第 41 节中规定的保密义务一般原则加以确定。不过在某些情况下，本节所述适用于雇员的规则，在涉及独立承包商的案件中可通过类推方式用于案件审理。出于促进其他利益而非维护正当竞争的需要，律师和医生等专业人员，除商业秘密法项下的义务之外，还负有其他保密义务。

b. 雇员和前雇员的义务。在雇佣关系存续期间，雇员应遵守适用于雇佣范围内所有行为的忠实义务（参见《美国代理法重述（第二版）》第 387 节）。忠实义务涵盖不与雇主就受雇期间工作内容进行竞争的一般义务（同上第 393 节），包括避免使用通过雇佣获得的秘密信息与雇主竞争的义务（同上第 395 节）。因此，如果现任雇员与雇主竞争，则可要求该雇员承担责任，无论是否存在商业秘密，也无论是否发生商业秘密侵犯情形。忠实义务还包括不向他人披露雇主秘密信息的义务（同上）。当现任雇员被指控向第三人披露了在雇佣过程中获得的有价值信息时，审理重点应放在雇员是否违反了忠实义务，而非特定信息的性质上。但是，雇员“披露”众所周知的信息或雇员没有理由相信该信息属于秘密信息，通常不认为违反了忠实义务（同上，评论 b）。尽管根据本章所述规则，现任雇员可因侵犯商业秘密而承担责任，但现任雇员对擅自使用或披露有价值信息的责任，更多的是根据雇员对雇主负有的一般忠实义务，适用相关规则来加以认定。

关于侵犯商业秘密之责任的适用规则，在规范雇佣关系终止后的雇员行为方面发挥着更为重要的作用。一旦雇佣关系终止，若无相反的可强制执行协议，则前雇员可与前雇主进行竞争。约束前雇员竞争行为的限制性契约，只有在其中规定的限制条款合理的情况下才可强制执行（参见第 41 节评论 d）。然而，即使没有可强制执行的契约，前雇员仍须遵守禁止违反保密义务使用或披露他人商业秘密的一般规则。

在涉及前雇员竞争的案件中适用保护商业秘密的规则，需要谨慎地平衡各方利益。雇员需要推销自己的才能和经验来谋生，保障其就业自由权事关重大公共利益。雇员的流动性还通过传播有用的技能和信息促进竞争。然而，在许多情况下，雇主如果不向雇员披露有价值的商业秘密，就无法有效地开展业务。如果不针对前雇员不经授权擅自使用或披露此类信息的行为进行合理的保护，则雇主将不得不限制雇员获取信息的权限，此举代价高昂又导致效率低下。此外，如果因为前雇员的披露行为，让竞争对手轻而易举地获得自己的研发成果，则企业就不太可能投资于研发。因此，必须根据具体情况权衡前雇主和前雇员的利益，以确保充分保护商业秘密，同时不过度限制雇员的流动性。

c. 作为保密关系的雇佣。因雇佣关系本质使然，往往有理由推断雇员同意对通过雇佣获得且雇员知晓或应当知晓属于秘密的任何信息承担保密义务（参见第 41 节评论 b）。雇佣关系终止后，避免未经授权擅自使用或披露秘密信息的义务继续有效。但是，在雇佣关系中开发的一些信息可能属于雇员而不是雇主（参见评论 e）。前雇员也有权利用他们的一般技能、知识、培训收获和经验，即使是通过前雇主的资源获得或提高（参见评论 d）。尽管一些法院以不存在保密关系为由，保护了雇员利益，但是更恰当的解释是，这些案件中雇主没有可以得到保护的商业秘密，或没有采取充分的措施使雇员注意到信息的秘密性质。如果雇主能够证明对商业秘密的所有权，并且相关情形足以使雇员注意到有关信息属于秘密，则一般即可根据雇佣关系合理认定产生了保密义务。

d. 一般技能、知识、培训收获和经验。构成雇员一般技能、知识、培训收获和经验的信息，即使直接归因于雇主对雇员的资源投入，前雇主也不得主张为商业秘密。1562 年（伊丽莎白一世 5 年）颁布的《学徒法》第 4 章强制要求设置 7 年学徒期，这是早期调和劳资双方利益的一种举措，旨在确保雇主因培训雇员而取得投资收益，同时保障雇员在其所服务的竞争市场中的利益。现代社会为了平衡劳资双方的关系主要依靠以下手段：确立雇员的忠实义务（参见评论 b）；大多数州的雇主和雇员都可通过订立合同合理限制雇员在雇佣终止后与雇主竞争的自由（参见第 41 节评论 d）；对符合条件、可以作为商业秘密得到保护的特定信息，承认权利人的权利。因此，若无可强制执行的竞业禁止契约，前雇员可以在与前雇主的竞争中使用受雇期间获得的一般技能、知识、培训收获和经验，但雇员仍有义务避免使用或披露雇主的商业秘密。

特定信息被视为属于前雇主的商业秘密更适当，还是被视为属于前雇员的一般技能、知识、培训收获和经验更适当，取决于具体案件的事实和情形。对前雇员主张信息权的雇主应负责证明商业秘密的存在，并证明自己对商业秘密的所有权。相较行业内相关人员普遍知悉的信息，以及由行业内雇员普遍掌握的技能推导出的信息，雇主业务特有的专门信息更有可能被承认存在商业秘密权。雇主和雇员在信息形成中各自的相对贡献也是应当予以考虑的关联性因素。若其他竞争对手独立尝试开发信息而失败则可能表明，信息符合作为商业秘密得到保护的条件。如果雇员在终止雇佣关系时盗用了体现特定信息的某些材料，如书面公式、蓝图、计划或客户名单，法院也倾向于认定该信息是商业秘密。然而，如果没有故意记忆的证据，则雇员记忆中的信息可不被认定为商业秘密，但这一点并不是绝对的。

对商业秘密与一般技能、知识、培训收获和经验进行区分，旨在合理平衡保护秘密信息与雇员流动性之间的关系。对于雇员在工作中处处需要用到的信息，如果作为商业秘密予以保护将会使雇员丧失一定的工作能力，从而无法胜任与其整体资质相符的职务，则通常不会作为前雇主的商业秘密加以保护。

e. 雇主和雇员之间的所有权分配。对于雇员在受雇期间创造的有价值信息，代理法已经规定了信息所有权的归属（参见《美国代理法重述（第二版）》第 397 节）。若无相反协议，该法一般将发明或创意的所有权赋予构思者。然而，雇员因完成岗位职责而产生的有价值信息归雇主所有，即使这些信息是雇员个人知识或技能应用的结果。

但是，如果受雇的目的是通过实验进行发明创造，则通常可以推断，可申请专利的实验成果归雇主所有，即使双方没有如此约定。如果受雇的目的是将发明付诸实践，则更应推断工作成果归雇主所有。另外，如果雇员仅受雇在其作为专家的特定领域从事工作，就不能推断其在工作期间所作的发明属于雇主（《美国代理法重述（第二版）》第 397 节评论 a）。

雇员对于在其岗位职责之外开发的专利和商业秘密，通常可以主张所有权，即使相关发明或创意与雇主的业务有关，并且利用了雇主的时间、人员、设施或设备。不过，在后一种情况下，雇主有权获得“雇员发明实施权”，这是一种不可撤销的非排他性许可，被许可人可以免费使用相关创新。同样，对包含其一般技能、知识、培训收获和经验的信息，雇员保留所有权（参见评论 d）。雇主与雇员之间的所有权分配原则，还可通过合同进行变更（参见评论 g）。

如果雇员开发的商业秘密归雇主所有，则根据第 40 节所述规则，雇员对任何未经授权擅自使用或披露该商业秘密的行为承担责任。如果商业秘密归雇员所有，当雇员对现雇主负有的忠实义务结束以后，即使原雇主继续拥有对商业秘密的“雇员发明实施权”，雇员也可以自由使用或向他人披露相关信息。

对于在雇佣关系中生成的有价值信息，尽管适用的所有权分配规则最常用于发明，但这些规则也适用于客户名单、营销创意和其他有价值的商业信息等。如果雇员收集或开发此类信息属于其岗位职责的一部分，则信息归雇主所有。因此，如果信息符合作为商业秘密得到保护的条件，则雇员未经授权擅自使用或披露该信息的，应根据第 40 节所述规则承担责任。

f. 客户名单。关于商业秘密的一般规则适用于保护与客户身份和需求有关的信息。客户身份和相关的客户信息可构成公司最有价值的资产，体现了公司大量的资源投入。尽管关于保护客户名单的纠纷可能发生于各种背景之下，但大多数案件都涉及前雇员使用受雇于前雇主期间获得的客户信息招揽前雇主的客户。保护客户信息牵涉公共利益和私人利益，为了充分合理地予以保障，可适用关于商业秘密的传统规则、订立竞业禁止契约和确立现任雇员对雇主的忠实义务。

根据第 39 节所述规则，客户名单不可作为商业秘密加以保护，除非其具有足够的价值性和秘密性，能够为获得名单的人带来经济优势。因此，如果特定产品或服务的潜在客户易于识别，则其身份不构成商业秘密。另外，不易复制的专门客户信息，例如使用商业清洁服务的业主名单或个人客户具体信息的汇编，则可能具有足够的价值和秘密性，符合作为商业秘密的条件。在终止雇佣关系之前，如果雇员盗取一份书面清单或者试图记住客户信息，则有理由推断这些信息是有价值的，并且不容易通过正当方式得到。然而，如果众多竞争对手招揽相同的客户，则可证明客户身份在业内是众所周知的或很容易查明的。一些关于客户名单的案件涉及送货路线上客户的身份。在大多数案件中，通过观察送货车辆可以很容易地确定这类客户的身份。关于个人客户特殊需求的信息，如果不易得到并且对获取客户或维持客户很有价值，则这些信息可能符合作为商业秘密得到保护的条件。

当关于客户身份或需求的信息符合作为商业秘密得到保护的条件时，评论 e 中所述的规则适用于认定所有权。如果雇主向雇员披露客户名单，或者如果雇员被专门指派识别潜在客户，则雇主通常是信息的所有权人。另外，若无可强制执行的竞业禁止契约，则对于前雇员在就职于前雇主之前拥有的相关客户信息，在终止雇佣关系后，前雇员可自由使用此类信息与前雇主进行竞争。

如果前雇主客户的身份不能作为商业秘密加以保护，则若无相反的可强制执行协议，前雇员有权在雇佣关系结束后招揽客户与前雇主进行竞争。但是，即使前雇员与客户已经建立了实质性的个人关系，少数法院仍然禁止其在雇佣关系结束后招揽该客户，特别是在关于送货线路的案件中。然而，这样的禁令可能会不公平地限制雇员的流动性。如果客户名单或相关信息不符合作为商业秘密得到保护的条件，则前雇主通常应仅享有通过订立合理竞业禁止契约可得到的保护（参见第 41 节评论 d）。

g. 合同保护。有关商业秘密的保护和所有权的适用规则，一般可以由当事人约定进行合理的修改。而对于技术上不可作为商业秘密得到保护的信息，雇主可通过订立合理竞业禁止契约保护其信息，禁止前雇员用来与之竞争（参见第 41 节评论 d）。同样，禁止使用或披露特定信息的保密协议可以澄清和扩大雇主权利的范围（同上）。不过，在评估此类合同限制的合理性以及据此判断是否可强制执行时，有关商业秘密的适用规则仍然具有关联性（同上）。

在普通法中，仅在相关信息是雇员岗位职责的产物时，雇主才对雇员的发明和发现拥有所有权（参见评论 e）。但是，如果没有适用的法定禁止规定，对于雇员在雇佣期间所作发明和发现的所有权，有关的协议通常可根据其条款强制执行。雇佣协议有时规定，对雇员在雇佣期内构思的所有发明和发现，雇主享有所有权。然而，在某些情况下，可能很难证明某项发明是何时构思的。为了避免雇主根据普通法或者合同主张权利，雇员可能故意等到雇佣关系结束以后才公开发明。要证明离职后发明是否采用不正当的手段利用了前雇主的商业秘密，同样存在困难。为此，一些雇佣协议规定，对于雇员作出的发明和发现，如果与就职于前雇主期间工作内容相关，则即使在终止雇佣关系后作出，该发明和发现所有权也属于前雇主。此类协议会限制前雇员利用其技能和培训收获的能力，而这些可能是其他雇主渴望得到的，这样就会抑制竞争，限制雇员的流动性。因此，法院对此类“逾期继续占有”协议，按照与审查竞业禁止合同类似的标准进行仔细审查。所以，如果效力超过合理时间，或相关发明和成果实际只是前雇员的一般技能和经验产生的，则相关协议可能不可强制执行。

第 43 节　不正当获取商业秘密

第 43 节规定的获取他人商业秘密的“不正当”手段包括盗窃、欺诈、未经授权擅自截取通信内容、诱导他人违反保密义务或明知他人违反保密义务却参与其中，以及其他本身非法或在所处特定情形下属于非法的手段。独立发现商业秘密和通过分析公开渠道获得的产品或信息获取商业秘密，不构成不正当获取手段。

评　论

a. 适用范围。商业秘密权利人对秘密信息的占有或使用不享有排他性权利。只在商业秘密被非法获取、使用或披露时，才向商业秘密权利人提供保护（参见第 40 节）。违反保密义务使用或披露商业秘密的情形在第 41 节和第 42 节中已进行讨论，本节要探讨的是并非通过保密披露而获得商业秘密的人获取、使用和披露商业秘密。

b. 正当获取手段。除非商业秘密是在产生保密义务的情况下获得的，否则以正当手段获得商业秘密的人可自由使用或披露信息，不产生任何责任。与专利持有人不同的是，商业秘密权利人对独立发现秘密的人不得主张任何权利。同样，其他人可自由分析商业秘密权利人公开售卖的产品，并且若无专利或版权保护，对通过这种“反向工程”获得的任何信息均可加以利用。其他人还可以通过分析已出版的资料，或通过观察公众可见的物体或事件，或通过其他适当手段获得商业秘密。

c. 不正当获取手段。将构成“不正当”获取商业秘密手段的行为全部列出是不现实的。如果获取商业秘密的行为本身构成对商业秘密权利人权利的侵权行为或刑事犯罪，则通常认为构成不正当获取。因此，通过在竞争对手的办公室行窃获得商业秘密的人系通过不正当手段获取秘密。窃听权利人的电话内容，或通过欺诈性陈述诱使权利人披露商业秘密而获得商业秘密亦是如此。诱使以不正当手段获取商业秘密的第三人披露商业秘密的，或明知第三人以不正当手段获取商业秘密仍接受其披露的，或诱使对商业秘密权利人负有保密义务的第三人违反保密义务披露商业秘密的，或明知第三人对商业秘密权利人负有保密义务仍接受其披露的，均属于通过不正当手段获取商业秘密。

即使获取商业秘密的手段单独来看并不违法，但通过这一手段获取商业秘密的行为也可能构成不当行为。获取商业秘密的手段是否正当，必须根据所有相关情形进行综合评估，包括获取手段是否有悖于公认的公共政策原则，以及如果商业秘密权利人未能采取合理预防措施以防止他人通过所涉手段发现秘密，该未能采取合理措施的行为在多大程度上促成了行为人获取商业秘密。而商业秘密权利人的预防措施是否合理，需要考虑的关联性因素包括：获取秘密行为的可预见性，以及根据商业秘密的经济价值评估，是否具有防止该获取行为的有效预防措施，该措施的成本如何。

d. 商业秘密的存在。除非根据第 39 节所述规则，相关信息符合作为商业秘密得到保护的条件，否则行为人无须根据第 40 节所述规则承担侵犯信息的责任。所以，行为人获取的信息如果不属于商业秘密，则尽管根据其他规则，该获取行为可能因侵犯其他受保护利益而被起诉，因而使行为人承担责任，但是无论采取何种手段获取该信息，行为人均无需根据第 40 节规定承担责任。可通过正当手段容易得到的信息不可作为商业秘密加以保护（参见第 39 节评论 f）。因此，即使对通过不正当手段获取此类信息的行为，也不可根据第 40 节提起诉讼。然而，信息的可获取性，以及信息的商业秘密地位，是根据通过正当手段获取的难度和成本来评估的（参见第 39 节评论 f）。在某些情况下，行为人决定采用不正当手段获取本身就是证据，表明相关信息通过正当手段不易获得，因此可以作为商业秘密加以保护。从公共利益角度出发，一切以不正当手段获取信息的行为均应禁止，因此法院在判定信息是否符合作为商业秘密的条件时，如果行为人获取信息的手段明显不正当，则会倾向于对信息予以保护。

第 44 节　禁令：侵犯商业秘密

（1）为防止根据第 40 节应承担责任的人对他人商业秘密的持续侵犯或侵犯威胁，根据本节第（2）条认为适当的，法院可以裁定实施禁令救济。

（2）禁令救济的适当性和范围取决于对案件所有因素的比较评估，包括以下主要因素：

（a）被保护利益的性质；

（b）侵犯行为的性质和严重程度；

（c）相对于其他救济措施，禁令是否能使原告得到充分救济；

（d）授予禁令可能对被告的合法利益造成的相对损害；拒绝授予禁令可能对原告的合法利益造成的相对损害；

（e）第三者和公众的利益；

（f）原告在提起诉讼或以其他方式主张其权利时，是否存在任何不合理拖延；

（g）原告的任何相关不当行为；以及

（h）拟定和强制执行禁令的可行性。

（3）商业秘密诉讼中对禁令的时间长度应加以限制，以保护原告免受侵犯行为导致的任何损害和剥夺被告因侵犯行为取得的经济优势为限。

评　论

a. 适用范围。本节阐述了商业秘密侵权诉讼中有关禁令救济的原则。《美国侵权法重述（第二版）》第48章中关于侵权诉讼禁令救济的一般规则适用于因侵犯商业秘密而进行的诉讼。本节只探讨对商业秘密案件中的禁令具有特殊意义的规则。本节内容导源于《美国侵权法重述（第二版）》第936节，该节规定了侵权诉讼中禁令适当性的一般因素。另请参见第933—935节，说明了禁令救济“适当性”的标准，以及第937—943节，详细描述了决定适当性的相关因素。还有其他一些考量因素可能会影响初步禁令救济的授予（参见评论g）。

侵犯商业秘密与商标侵权或欺骗性营销不同，后两者取决于潜在购买者的认知，而侵犯商业秘密更类似于对有形财产权利的侵权干涉。因此，在商业秘密案件中，相较其他不正当竞争诉讼而言，更可能直接适用《美国侵权法重述（第二版）》第933—943节关于侵权诉讼禁令的一般规则。

关于诉讼期间可用来保护商业秘密的各种方法，相关适用规则（例如保护令、秘密审理程序和案卷密封）不在本重述探讨之列（参见《美国统一商业秘密法》第5节）。

b. 与其他救济的关系。侵权诉讼中通常的救济是判予损害赔偿，而衡平法禁令救济传统上只有在损害赔偿不充分时才可用。随着普通法和衡平法的融合，在被告似将采取不当行为之时，为了最有效地保护原告的利益，法院一般可自由选择单一救济或组合救济形式（参见《美国侵权法重述（第二版）》第938节评论c）。在商业秘密案件中，原告的主要利益在于被侵犯信息的秘密性和排他性使用权。与其他形式的不正当竞争一样，由于难以证明损失数额，而且不易厘清原告损失与被告不当行为之间的因果关系，所以商业秘密被侵犯所造成的损害可能无法通过给予金钱救济得到充分的赔偿。因此，鉴于被告持续或似将使用或披露商业秘密，给予禁令救济是合乎情理的。

在许多商业秘密案件中，禁令救济和金钱救济都是适当的：金钱救济是为了补偿原告现有的损失，而禁令救济是为了防止将来因进一步使用或披露商业秘密而遭受损失。然而，在某些案件中，禁令可能是唯一适当的救济途径，如被告尚未披露或使用通过不正当手段获取的商业秘密时，或被告似将违反因商业秘密的保密披露而产生的保密义务时。在另外一些案件中，无条件的禁令救济可能并不适当，如被告在知晓进一步使用足以构成承担责任的情形之前，因信赖商业秘密而善意地进行了大量投资（参见第45节评论b）。

c. 禁令救济的适当性。在商业秘密案件中，禁令救济经常可用于防止因进一步擅自使用商业秘密而造成额外损害，同时消除被告因侵犯行为获得额外利益的机会。如果信息尚未为公众所知，则禁令还可以通过防止公开披露来保护原告对商业秘密的权利。如果商业秘密已经进入公开领域，则为消除被告因侵犯行为而获得的领先优势和其他不正当优势，也可发布禁令。但是如果被告没有因侵犯行为而产生不正当优势，对于使用已经不构成商业秘密信息的行为，发布禁令依据的理由只能是对被告实施某些惩罚或进行威慑。考虑到为了保障公共利益应当促进市场竞争，此类惩罚性禁令在商业秘密案件中一般并不适当。

对于似将使用或披露商业秘密的情形，禁令有时可能是适当的，可以避免实际发生使用或披露行为。此类禁令的范围应当谨慎制定，以避免过度限制合法竞争。例如，对于掌握前雇主商业秘密的雇员，若未与其前雇主订立可强制执行的竞业禁止契约，且没有明确证据证明该雇员拟从事的工作将会导致秘密被披露，则法院通常不会禁止该雇员从事某一特定职业或为其前雇主的竞争对手工作。然而，如果存在重大披露风险，则下达禁令禁止披露或禁止参与具有特殊披露风险的特定项目就可能是适当的。

尽管在商业秘密案件中通常给予禁令救济，但该救济措施仍受衡平原则的约束，这些原则包括本节第（2）条所述的因素。禁令救济适当与否，必须权衡双方当事人和公共利益加以决定，包括对于原告而言维护商业秘密固有商业优势的利益、对于被告而言避免干扰合法商业交易的利益、对于公众而言推动创新促进激烈竞争的利益。例如，虽然雇主有权保护其商业秘密以防止雇员侵犯，但若无可强制执行的合同作为约束机制，则雇员有权向他人推销自己的技能和培训收获。以上所述各方利益相互冲突，不但在界定有关事项是否符合作为商业秘密得到保护的条件时需要妥善予以考虑（参见第 42 节评论 d），而且在拟定适当的救济措施时亦是如此。传统衡平法上的迟误原则、禁止反悔原则和污手原则也适用于商业秘密案件。

根据第 40 节所述规则，非恶意使用他人商业秘密的，不构成可起诉对象。被告实际或推定知晓信息是他人商业秘密之后使用的，才应承担责任（参见第 40 节评论 d）。也有一些权威主张，善意使用者在被告知存在侵犯行为之前，如果已秘密支付对价或以其他方式对其使用进行投资，则对于在被告知之后的继续使用不承担责任。但对此类案件，通过向原告给予有限制的救济，同时亦不禁止被告以后使用，可更为妥善地处理各方利益。尽管在有的情况下，禁止被告在被告知之后进一步使用是不公平的，但是可以考虑其他救济，例如下达禁令，要求被告支付合理的使用费后才可进一步使用［参见《美国统一商业秘密法》第 2 节第（b）条］。

在商业秘密案件中，若法院打算提供禁令救济，还必须考虑自身是否有能力合理拟定并强制执行禁令，从而保护商业秘密权利人的合法利益，而同时又不过度干涉被告的合法竞争。例如，禁令应足够准确地妥善告知被告禁令条款涵盖的信息。

d. 确定禁令救济范围的因素。在认定禁令救济的范围和适当性之时，本节第（2）条中列出的因素未加以考虑的关联性因素。禁令通常只禁止使用或披露商业秘密和实质上源于商业秘密的信息。然而，鉴于现实中的各种问题，有时应当提供更广泛的救济。例如，在一些案件中，由于难以区分商业秘密的进一步不正当使用或披露行为与独立发现商业秘密的行为，仅针对商业秘密及其派生信息的禁令无法强制执行。因此，禁止参与特定项目或业务的禁令可能是适当的。同样，在某些案件中，侵权责任可能很清楚，但难以明确界定商业秘密范围。因此，为了恰当地平衡原告获得保护的权利和被告妥善获知被禁行为的权利，法院需要将禁令的范围设置得宽窄得当。

如果商业秘密的范围较窄，且与公开信息密切相关，则禁令应当谨慎限定在该商业秘密的界限，以避免侵犯公开领域。然而，如果商业秘密属于某一工艺或产品的核心组成部分，而该工艺或产品的其他方面属于公开领域，则在一些案件中，保护商业秘密的唯一有效手段可能是禁止使用该工艺或制造该产品。

在商业秘密案件中，对禁令救济范围进行地域限制通常是不适当的。即使是在商业秘密权利人的市场所在地之外，被告通常也被禁止披露或使用商业秘密。被告在任何市场上使用商业秘密都可能增加向公众披露的风险，并可能剥夺原告潜在的许可费收入。即使不太可能对原告造成直接损害，为了消除被告因侵犯商业秘密而进一步不当得利的机会，对地域范围不加限定的禁令通常也是适当的。

在某些情况下，非出于商业利用目的而擅自披露他人商业秘密可能享有特权（参见第 40 节评论 c）。尽管几乎没有判例法，但在这种情况下为了保护原告商业秘密而发布禁令救济，必须考虑到这项特权所体现的言论自由或其他利益。

e. 返还相关物项和转让专利。为了确保对商业秘密权利人进行充分的赔偿，并剥夺被告的一切不当得利，法院可适当地要求被告将体现商业秘密的文件、蓝图、客户名单或其他物项归还商业秘密权利人［参见《美国统一商业秘密法》第 2 节第（c）条］。如被告就涵盖商业秘密或源自商业秘密的发明取得了专利，则法院还可责令被告将专利转让予商业秘密权利人。

f. 禁令救济的期限。在商业秘密案件中为保护原告，使原告不受被告使用或披露商业秘密造成的进一步损害，或者为剥夺被告的进一步不当得利，可发布禁令。但是，对于非因被告侵犯行为所造成的原告的损失或被告的得利，商业秘密法不向原告提供保护措施。这一原则确立了商业秘密案件中禁令救济的适当期限。因此，禁令救济通常只应持续到被告能够通过适当手段获得信息为止，只有为了消除被告因侵犯行为而获得的领先优势或其他不公平优势而有必要，才可提供超过前述期限的禁令［参见《美国统一商业秘密法》第 2 节第（a）条］。禁令超过限度会限制合法竞争，从而损害公共利益。

专利公布或其他公开披露，将导致被披露信息不再符合作为商业秘密继续受到保护的条件（参见第 39 节评论 f）。然而一些法院在商业秘密公开后，对在秘密状态时实施了侵犯行为的被告，依然会发布禁令或维持禁令的效力。而另一些法院则认为，公开披露决定了披露之后不能再发布禁令，而且应当取消先前禁令。如果在被告侵犯商业秘密以后，商业秘密因原告或第三人的行为公开，这时应认真考虑的问题是，针对被告在公开以前的非法行为，为使原告免受进一步损失或消除被告进一步不当得利机会，禁令救济是否仍有必要。因此，禁令是否继续有效，取决于具体案件的事实。例如，凭借在专利披露之前获得的信息，被告可以更快地将专利中阐明的原理推向市场或付诸实践。同样，公开披露可能不包括被告所侵犯信息的所有方面。因而仍有必要通过有限制的禁令来消除商业秘密公开后如果没有禁令则被告仍将占有的不当经济优势。如果公开披露是由于被告的擅自行为造成，则直到被告可以通过正当方式很容易地得到信息，禁令救济仍有存在的必要。然而，如果被告向公众披露导致信息的广泛使用，这种情况下继续禁止被告使用，不会给原告带来多少利益，这时禁令的合理期限也难以确定。由于被告对原告因商业秘密被破坏而遭受的金钱损失以及被告因擅自披露而取得的金钱利益承担责任（参见第 45 节），因此在一些案件中，法院可适当认定金钱救济是一种充分的救济措施。

禁令的期限通常也不应超过被告可以通过反向工程或独立发现而正当获取和实施信息的时间。被告在这一时间之后使用的，不构成侵犯原告的商业秘密，因而不会给原告造成损害。在一些案件中，禁令的期限可以参照行业内的普通技术人员通过独立手段发现商业秘密或通过对公开售卖的产品进行反向工程得出商业秘密所需的时间。因此，在判定适当的禁令期限时，可以将特定行业专家的意见作为关联性因素予以考虑。在判定被告不通过侵犯行为而获取信息所需的时间时，其他竞争对手试图通过正当方式获取信息的经验也是可以考虑的一个关联性因素。被告还可证明，由于与侵犯无关的比较优势，合法开发的期限比其他同行要短。不过，禁令的期限应足以消除被告因侵犯行为获得的任何领先优势和其他经济优势。在某些案件中，法院颁布的禁令带有特定期限，以反映被告使用正当手段可以获得信息的时间。在另一些案件中，法院发布了没有时间限制的禁令，同时要求在被告因侵犯行为而获得的商业优势消除以后，向法院申请对禁令作出修改。采用哪种方式最为有效，在具体案件中取决于事先是否可容易、确切地决定禁令的时间。以上两种情况中，对于被告因侵犯行为而避免发生的反向工程费用或独立开发费用，被告对原告仍然负有赔偿责任（参见第 45 节评论 f）。

g. 诉前救济。本节所述规则主要围绕作为最终救济而授予的禁令，但第（2）条所述因素在授予临时救济时也是应予以考虑的关联性因素。不同法院的具体表述可能不同，但所有法院都承认，诉前救济的适当性取决于原告在没有诉前救济的情况下是否有可能遭受无法弥补的损害、根据案情判断原告是否有可能胜诉、当事人之间的利益衡平以及是否符合公共利益。在评估商业秘密案件中造成不可弥补的损害的可能性时，法院认识到，由于擅自使用或披露商业秘密而给商业秘密权利人造成的损失往往难以通过随后的金钱救济来补救。

第 45 节　金钱救济：侵犯商业秘密

（1）根据第 40 节所述规则对侵犯他人商业秘密行为承担责任的人，应对侵犯行为给他人造成的金钱损失或行为人自己因侵犯行为而获得的金钱收益，按其中数额较大者决定赔偿数额，但根据第（2）条所述规则，金钱救济不适当的除外。

（2）判予金钱救济适当与否，以及救济数额的适当测算方法，取决于对案件所有相关因素的比较评估，包括下列主要因素：

（a）对侵犯行为给原告造成的金钱损失，或给行为人带来的金钱收益，原告有多大程度的确定性证明有关损失或收益事实和程度；

（b）侵犯行为的性质和严重程度；

（c）其他救济方式是否能使原告获得相对充分的救济；

（d）行为人是否为故意实施行为，是否明知相关情形而实施行为，以及行为人产生善意信赖的性质和信赖程度；

（e）原告提起诉讼或以其他方式主张其权利时，是否存在任何不合理拖延；以及

（f）原告的任何相关不当行为。

评　论

a. 适用范围。本节规定了商业秘密侵权行为中通过金钱救济进行赔偿的规则。金钱救济可以包括以原告损失来衡量的补偿性损害赔偿，或者以被告不当收益来衡量的返还性救济。本节阐述了适用于这两种金钱救济措施的规则。

侵权诉讼中有关补偿性损害赔偿的一般规则，适用于关于商业秘密侵权行为的诉讼。本节仅讨论对商业秘密诉讼中追讨损害赔偿具有特殊意义的问题。《美国侵权法重述（第二版）》的下列章节与本节主题亦有关系：第 902 节和第 903 节，确定了“损害赔偿”和“补偿性损害赔偿”的定义；第 907 节，说明了象征性损害赔偿的赔偿规则；第 908 节和第 909 节，说明了惩罚性损害赔偿的赔偿规则；第 912 节，说明了“确定性”要求；第 435A 节和第 435B 节，说明了与侵权行为预期中的后果和非预期后果相关的规则。

有关返还侵权所得利益的一般规则也适用于侵犯商业秘密的诉讼（参见 1937 年《美国返还法重述》第 136 节）。

b. 金钱救济的适当性。原告损失或被告得利可由擅自使用商业秘密导致，也可由擅自披露商业秘密导致。法院已经认可，为了实现补偿性和返还性目标，需要灵活制定金钱救济措施。

对因侵犯商业秘密行为而遭受的任何可证明的金钱损失，原告一般享有要求赔偿的权利。对要求赔偿的任何损失，原告有义务证明相关事实和原因。不过，原告需要证明的损失数额，仅限于在相关情形下可合理确定的范围内（参见《美国侵权法重述（第二版）》第 912 节）。如果在其他方面适当，则对被告因侵犯商业秘密行为而获利的，只要不造成双重补偿，原告亦有权要求返还（参见评论 c）。

在判定适当的救济时，应当考虑被告是否故意或明知相关情形而实施行为。在被告实际或应当知晓商业秘密的使用或披露属于非法之前，被告无须根据第 40 节所述规则承担责任（参见第 40 节评论 d）。如果被告在知晓商业秘密的使用或披露属于非法之前就已经对商业秘密进行了投资，则剥夺被告因随后使用商业秘密而获得的所有收益就可能有失公允。就被告在获知存在非法行为之后的使用判赔原告合理的使用费，并下达禁令，要求支付合理的使用费才可以进一步使用，则可能是合理的救济（参见评论 g）。

原告的行为也可能影响金钱救济的适当性。传统衡平法上的迟误原则、禁止反悔原则和污手原则适用于商业秘密诉讼中金钱救济和禁令救济的授予（参见第 31 节和第 32 节）。

c. 普通法救济和衡平法救济的关系。针对侵犯商业秘密行为判予金钱救济的规则源于普通法和衡平法原则（参见第 36 节评论 b）。传统的损害赔偿措施是按照侵犯行为导致的原告损失来计算救济数额。然而，由于市场的竞争性质，原告往往难以证明因商业秘密侵权行为而造成的销售额损失或其他方面的损失。同样，对于因公开披露而遭破坏的商业秘密价值，通常也只能通过推测来计算。于是，返还不当得利就成为商业秘密案件中重要的金钱救济形式。返还性救济将被告因侵犯原告商业秘密而不公平获得的收益判给原告。在某些情况下，被告得利表现为通过侵犯行为而获得的销售利润；在另一些情况下，则表现为通过在被告的业务中使用商业秘密而节省的费用。在一些案件中，原告补偿性损害赔偿的数额计算标准和被告不当得利的数额计算标准可能会趋同。例如，基于被告销售利润提供的救济，救济数额可以参照被告获得的收益计算，也可以参照原告因业务流失而遭受的损失计算。同样，基于对被告使用商业秘密而收取的合理使用费提供的救济，救济数额可以参照被告节省的费用或原告损失的收入计算。因而很多案件对补偿性救济和返还性救济不作严格区分。

在少数案件中，法院要求原告在补偿性救济和返还性救济中选择一种。其他法院允许原告对两者同时提出要求，只要不存在双重补偿。由于在很多情况下原告损失与被告得利并不完全重叠，所以更好的方法是允许原告二者选一或二者均选进行举证。不过，如果允许原告获得二者中数额较大的一项作为赔偿，则补偿性和返还性目标就基本上均已实现。返还性救济旨在剥夺被告的不当得利，但同时也在救济数额范围内赔偿了原告因商业秘密被侵犯而导致的损失。同样，对原告已证明的损失判予赔偿，也相当于判令从被告的不当得利中扣除前述赔偿数额。于是选择二者中数额较大者作为赔偿，通常既实现两种救济手段的目的，又可很好地防止双重补偿（另请参见第 36 节评论 c）。

d. 金钱救济的数额计算方法。在商业秘密案件中，法院至少确立了四种计算金钱救济数额的方法。第一种方法是计算侵犯行为给原告造成的损失。原告的损失通常包括因侵犯行为导致原告销售减少而造成的利润损失、若无侵犯行为发生则原告将赚得的使用费或其他收入的损失、因被告公开披露而破坏的商业秘密的价值。第二种方法将被告因商业秘密而获得的销售利润判给原告。第三种方法是“比较标准”法，其源自专利侵权案件。这种方法计算的是被告因使用商业秘密而节省的费用。这种方法对被告在不正当使用商业秘密和未不正当使用商业秘密的情况下获得相同结果的成本进行比较，并将差额判给原告。第四种方法是判令被告就商业秘密的使用向原告支付合理的使用费。合理的使用费是自愿买卖双方就被告使用商业秘密达成的价格。这一方法不限于按被告销售额、利润的百分比进行计算，而是可用任何合适的方法来计算被告使用商业秘密的合理市场价值。如何选择金钱救济数额计算的适当方法，取决于具体案件的事实和情形（参见评论 e—g）。

e. 以原告损失计算数额的救济。因被告使用商业秘密而使原告失去的利润，是侵犯商业秘密经常会引起的损失。原告可以通过确定流向被告的特定客户来证明利润损失。原告也可以通过被告开始使用商业秘密后原告销售额普遍下降或业务停止增长来证明利润损失，但其他影响原告销售额的市场因素会影响原告证据的证明力。如果依据相关证据有理由认为，如果不发生侵犯行为，则被告取得的销售额本来应该是原告的，原告就可以根据自己的利润率和被告的销售额，证明自己的利润损失。如果证据充分，对原告损失利润的赔偿还可包括备件、服务、耗材及其他一般应从原销售方处购买物品的销售利润。在一些案件中，可根据被告销售额确认合理的使用费，来认定原告的损失（参见评论 g）。

原告还可要求赔偿因侵犯行为而遭受的任何其他可证明的金钱损失。法院已认可对原告补救措施的支出进行赔偿，例如为夺回因被告侵犯行为而失去的客户而支付的宣传费用。对于因被告的不正当竞争行为而迫使原告对商品降价销售而受到的损失，原告也有权要求赔偿。

擅自披露商业秘密造成的损害数额，往往比擅自使用造成的损害数额更难以计算。例如，在一些案件中，被告擅自向原告的某一竞争对手披露商业秘密，可能会使其他竞争对手获知该商业秘密或使该商业秘密进入公开领域，从而破坏商业秘密的价值。此时可能按商业秘密在被侵犯时的公平市场价值计算救济数额是适当的。如何计算这一价值取决于多种因素，包括在被告未实施侵犯行为的情形下商业秘密为人所知的可能性（参见评论 h）。如果被破坏的商业秘密是原告企业的核心资产，在某些案件中原告可以按照被告侵犯行为造成原告资本价值的减少额来计算赔偿额。

f. 以被告获利计算数额的救济。在侵犯商业秘密的诉讼中，返还性救济的传统形式是对被告因使用商业秘密而获得的销售利润进行会计核算。关于利润会计核算的一般规则适用于商业秘密诉讼。原告若要求按被告的净利润额获得赔偿，原告有责任证明被告的销售额；如被告主张该销售额中有任何部分并非因商业秘密而实现，以及在认定净利润额时应扣除任何费用，则被告负有相关举证责任。关于费用扣除及摊销一般管理费用的规则，与关于商标侵权诉讼中会计核算的规则类似（第 37 节评论 g、评论 h）。在会计核算中，被告不仅必须计入销售含有商业秘密的产品所赚取的利润，而且还必须计入依赖侵犯行为而取得的其他销售收入。例如，销售体现商业秘密的机器所使用的耗材而取得的利润或销售备件和服务而取得的利润，如果被告是因销售主体产品才有可能取得这些利润，则可以纳入会计核算。

如果被告销售所得利润只有一部分可归因于商业秘密，例如被告产品中仅一个部件涉及商业秘密，而且若无该部件也可以上市销售，则将被告全部利润判予原告就可能有失公允。在确定被告利润中可归因于使用商业秘密的部分时，可参考在正常情况下原告与被告可能就被告使用商业秘密而达成一致的使用费（参见评论 g）。

如果被告所取得的利益主要是节约费用，例如当商业秘密是一种更有效的生产方法时，以被告使用商业秘密所节约费用计算的“比较标准法”，可能是最适当的救济数额计算方法。“比较标准法”通过比较被告的实际成本与被告在不使用被侵犯商业秘密的情况下为达到相同结果而可能发生的成本，来确定被告的收益。当被告有可能通过反向工程或独立开发等正当手段获取商业秘密时，可以适当比较通过此类正当手段获取商业秘密的成本和使用被侵犯信息的成本。在确定正当获取商业秘密的成本时，法院可以考虑原告的实际开发成本，而且还可以考虑第三方的开发成本或反向工程成本（若有）。当不可能通过正当手段获得商业秘密时，可以适当比较使用商业秘密的成本和被告为达到相同结果而采用替代方法花费的成本。

根据第44节评论f中讨论的原则，在被告通过正当手段获得信息所需的期限内，禁止被告使用商业秘密通常是适当的。不过，在此类案件中被告仍然负有赔偿责任，应将未进行正常开发或反向工程所节省的费用，作为被告利润或其他金钱救济赔付给原告。

g. 合理使用费。根据合理使用费计算救济数额的方法，是针对被告对商业秘密的使用，按照自愿买卖的双方可能为该使用而达成一致的价格，责令被告向原告支付该价格。不过，实际市场交易中达成的使用费，反映了当事人均可获利的价格，如果法院决定的合理使用费精确地反映了市场价格，则该价格可能弥补了原告的损失，但没有剥夺被告因侵犯行为而获得的全部收益。由于合理使用费救济的基础是被告自愿达成的公平交易价格，因此可能未形成对侵犯商业秘密的足够制裁。

至少在三种情况下，根据合理使用费计算救济数额的方法得到了应用。第一种情况，被告接到原告索赔通知前，对商业秘密进行了善意的实质性投资，在此情况下，将被告在收到通知后的所有利润赔付给原告有失公允。可以将合理使用费作为标准，针对接到通知后使用商业秘密的行为计算损害赔偿额，并判令被告向原告支付该损害赔偿，同时下达禁令，要求被告支付合理使用费后才可进一步使用，这样既保护了原告商业秘密的市场价值，又保护了被告对商业秘密的善意信赖。第二种情况，尽管难以计算，但是原告损失明显大于被告的任何所得，在这种情况下，合理使用费可能是最适当的救济数额计算方法。例如，由于被告效率低下导致其对原告商业秘密的使用获利甚微或根本未能获利，而且不能从其他方面证明原告遭受的损失，这时合理使用费是对原告损失的最佳表达。第三种情况，尽管难以计算，但是被告使用商业秘密的所得明显超过原告损失，这时合理使用费是对被告不当得利的最佳表达。

在计算合理使用费时，应当考虑合理使用费救济额计算法要达到的目的，以及特定案件中的利益衡平。为保证具有足够的威慑力和防止不当得利，对故意侵犯商业秘密的被告，法院在处理使用费金额相关争议时，可以作出不利于被告的判决。

h. 金钱救济的限制。金钱救济，无论是以原告损失还是被告收益来计算，都只适用于被告如不实施侵犯行为则无法获得信息的期间。这一期间可以参照被告通过反向工程或独立开发等正当手段获得信息所需的时间来加以确定。同样，专利公布或者原告或第三人以其他方式公开披露信息时，保护商业秘密所必需的秘密性即告终止。因此，基于在丧失秘密性之后被告使用信息的金钱救济，仅在必要的范围内适用，以矫正由于被告事先获得信息而享有的领先优势或其他不公平优势。因此，第 44 节评论 f 中所述禁令救济的适当期限限制，通常也适用于金钱救济数额的计算。

有关侵犯商业秘密的侵权诉讼中为实施金钱救济而适用的合理责任期限规则，在有关违反协议使用或披露商业秘密的合同诉讼中不一定适用。违反商业秘密相关合同的救济，一般根据合同规定的义务条款确定。例如许可合同中通常会规定在一段期限内支付使用费，该期限的终止时间在商业秘密公开披露之前或公开披露之后（参见第 41 节评论 d）。同样，尽管保密合同被解释为效力延伸至商业秘密公开披露之后的，可能因构成不合理竞业限制而不可强制执行（同上），但保密合同规定的义务也可能根据合同约定条款，在任何公开披露之前终止。但是违反可强制执行协议使用商业秘密的行为，既可引起针对违约提出的权利主张，也可引起根据第 40 节所述规则针对侵权行为提出的权利主张。在侵权诉讼中根据本节所述规则认定金钱救济的适当期限时，协议中规定的期限限制可能有影响，但不一定起决定作用。

i. 惩罚性损害赔偿。根据普通法就侵犯商业秘密行为提起的诉讼中胜诉的原告，可根据侵权诉讼中相关司法辖区普遍适用的惩罚性赔偿判决规则，获得惩罚性损害赔偿（参见《美国侵权法重述（第二版）》第 908 节）。惩罚性损害赔偿目的在于威慑和惩罚恶劣行为，所以通常要求提供被告系恶意或故意实施违法行为的证据。《美国统一商业秘密法》第 3 节第（b）条规定了对“故意、恶意侵占行为”判令被告支付不超过补偿性和返还性损害赔偿二倍的惩罚性损害赔偿。

j. 律师费。大多数州没有规定在普通法诉讼中判赔律师费。在根据《美国统一商业秘密法》提起的诉讼中，如果侵犯行为是“故意和恶意”实施的，如果当事人恶意主张侵犯行为，或者当事人恶意提出或抵制终止禁令的动议，可以判赔合理的律师费（参见《美国统一商业秘密法》第 4 节）。

美国经济间谍法[①]

第 90 章　保护商业秘密

① 本文根据英文文本翻译，为 1996 年版本，原文参见：https：//wipolex. wipo. int/en/text/405984，最后访问时间：2021 年 3 月 24 日。——译者

第 1831 节　经济间谍罪

（a）一般规定。任何人图谋使或明知相关犯罪行为有益于外国政府、外国机构或外国代理人，而故意实施下列行为的，即：

（1）窃取商业秘密，或者未经许可侵占、取得、泄露、藏匿商业秘密，或者以伪造、阴谋或欺骗手段，获取商业秘密；

（2）对商业秘密，未经许可进行抄写、临摹、复写、草绘、绘制、拍摄、下载、上传、改变、破坏、影印、复制、传送、递送、托送、邮寄，或者用通信或口头传递；

（3）明知商业秘密是未经许可窃取、侵占、获取或传递的结果，仍然接受、购买或占有该商业秘密；

（4）上述第（1）至（3）款行为的未遂行为；

（5）与一个或以上他人共谋实施上述第（1）至（3）款行为，且其共谋人中的一个或以上为达到共谋的目的实施了任何行为，

则对上述行为人应处 50 万美元罚金，或 15 年以下有期徒刑，或二者并处；组织犯罪依第（b）条规定。

（b）组织犯罪。任何组织犯第（a）条罪的，处 1000 万美元以下罚金。

第 1832 节　窃取商业秘密罪

（a）对于为州际、国际贸易生产或处于该贸易中的产品涉及或包含的商业秘密，任何人意图将该商业秘密转化为该商业秘密权利人以外任何人的经济利益，且图谋使或明知相关犯罪行为有损于权利人，而故意实施下列行为的，即：

（1）窃取商业秘密，或者未经许可侵占、取得、带出、藏匿商业秘密，或者以伪造、阴谋或欺骗手段，获取商业秘密；

（2）对商业秘密，未经许可进行抄写、临摹、复写、草绘、绘制、拍摄、下载、上传、改变、破坏、影印、复制、传送、递送、托送、邮寄，或者用通信或口头传递；

（3）明知商业秘密是未经许可盗窃、侵占、获取或传递的结果，仍然接受、购买或占有该商业秘密；

（4）上述第（1）至（3）款行为的未遂行为；

（5）与一个或以上他人共谋实施上述第（1）至（3）款行为，且其共谋人中的一个或以上为达到共谋的目的实施了任何行为，

则对上述行为人应处罚金，或 10 年以下有期徒刑，或二者并处；组织犯罪依第（b）

条规定。

（b）组织犯罪。任何组织犯第（a）条罪的，处500万美元以下罚金。

第1833节　禁止规定的例外情形

本章不禁止：

（1）美国联邦、州或州下一级行政区划的任何政府实体所实施的合法行为；

（2）向美国联邦、州或州下一级行政区划的任何政府实体举报可疑违法行为，但该政府实体应对该违法行为具有管辖权。

第1834节　没收犯罪财产

除法律规定的任何其他类似救济措施外，与本章有关的没收、销毁和归还应遵守第2323节规定，在该节规定范围内实施。

第1835节　保密令

在依本章进行的任何起诉或其他程序中，为必要和恰当地保守商业秘密，法院应当依照《联邦刑事诉讼程序规则》《联邦民事诉讼程序规则》《联邦证据规则》和其他适用法律，下达命令和采取其他有关措施。针对联邦地区法院授权或指令披露任何商业秘密的判决或命令，美国政府可以提起中间上诉。

文中引用

文中提到的《联邦刑事诉讼程序规则》载于本编附录。

文中提到的《联邦民事诉讼程序规则》载于第28编“司法和司法程序”的附录。

文中提到的《联邦证据规则》载于第28编附录。

第1836节　禁止违法行为的民事程序

（a）在民事诉讼程序中，司法部长对违反本节之犯罪行为，可申请适当的禁令救济。

（b）对依本节提起的民事诉讼，联邦地区法院具有专属初审管辖权。

第1837节　对美国境外犯罪行为的适用性

如有以下情形，则本章规定亦适用于美国境外发生的犯罪行为：

（1）犯罪人为自然人的，该人为美国公民或有美国永久居留权的外国人，或者犯罪人为组织的，该组织为根据美国联邦、州或州下一级行政区划的法律成立。

（2）有促成该犯罪的行为在美国境内实施。

第 1838 节　与其他法律相关的解释

本章不得解释为，相对于无论是美国联邦、州、自由联邦、属地、领地法律所规定的，对侵占商业秘密的任何其他民事、刑事救济，产生了优先于或替代上述救济的作用；也不得解释为对政府雇员根据《美国法典》第 5 编第 552 节（一般称为《信息自由法》）进行的合法信息披露产生任何影响。

第 1839 节　定　义

本章中：

（1）“外国机构”是指由外国政府实质上所有、控制、赞助、指挥、管理或支配的任何机构、部委局、处室、协会、社团，或者任何法律、商业或业务组织、团体、公司或实体；

（2）“外国代理人”指任何外国政府的任何官员、雇员、授权代理人、公务人员、委任代表或代表。

（3）“商业秘密”是指所有形式和类型的财务、经营、科学、技术、经济或工程信息，包括样式、计划、汇编作品、程序装置、公式、设计、原型、方法、技术、工艺、流程、程序或编码，无论有形或无形，无论是否或怎样得到物理、电子、绘制、照相或书写方式的存放、组织、存储，且该信息：

（A）权利人对该信息采取了合理的保密措施；并且

（B）该信息由于未为公众所知悉，且采用正当手段不易获得，因而具有实际或潜在的独立经济价值。

（4）商业秘密“权利人”，指由于法定权利或衡平法权利，或接受许可，从而使商业秘密受该人照管的人或实体。

美国 2016 年保护商业秘密法①

（公法 114—153 号——2016 年 5 月 11 日）

为修订《美国法典》第 18 编第 90 章，使联邦司法获得对窃取商业秘密行为的管辖权，以及其他目的，特制定本法。

本法由美利坚合众国参众两院在国会全体会议上通过。

第 1 节　法律简称

本法可引称为《美国 2016 年保护商业秘密法》。

---

① 本文根据英文文本翻译，原文参见：https：//wipolex. wipo. int/en/text/406004，最后访问时间：2021 年 3 月 24 日。——译者

第2节　对于窃取商业秘密行为的联邦管辖权

（a）一般规定。《美国法典》第18编第1836节经修订后，删除原第（b）条，加入以下内容：

（b）民事诉讼。

（1）一般规定。如果商业秘密涉及或者将被用于跨州或跨境贸易中的产品或服务，商业秘密遭到侵犯的，该商业秘密权利人可以依本条规定提起民事诉讼。

（2）民事扣押。

（A）一般规定：

（i）申请。在特殊情况下，基于当事人的誓言证词或法院核实的起诉状，对于满足本款要求的案件，法院可依当事人的单方申请，但只有在特殊情况下，签发扣押令，以防止案件涉及的商业秘密遭到传播或扩散。

（ii）签发扣押令的条件。除非法院明确认定案件存在以下具体事实，否则不得依照第（i）目规定批准扣押申请：

（I）由于扣押令的被申请人可能逃避、躲避或以其他方式不遵守法院依照《联邦民事诉讼程序规则》第65条签发的命令，因此根据该条签发的命令或者其他衡平救济形式，不足以达到本款目的；

（II）如果不下令扣押，则涉案侵权行为将对当事人产生直接的、无法挽回的损害；

（III）拒绝扣押申请对申请人造成的损害大于执行扣押对被申请人的合法利益可能造成的损害，并且远远大于执行扣押对第三人可能造成的损害；

（IV）申请人能够举证证明：

（aa）涉案信息属于商业秘密；及

（bb）扣押令的被申请人：

（AA）通过不正当手段侵犯了该商业秘密；或者

（BB）企图通过不正当手段侵犯申请人的商业秘密；

（V）扣押令的被申请人实际控制：

（aa）涉案商业秘密；及

（bb）任何应被扣押的财产；

（VI）申请应合理地提供被扣押物的细节，并且应当根据当时情形，以合理的详细程度指明被扣押物的确切位置；

（VII）如果申请人向被申请人或者与被申请人合作的人发出了通知，则上述主体可能以毁灭、转移、隐匿等方式使法院无法获得涉案物品；且

（VIII）申请人尚未公开其所请求的扣押。

（B）扣押令的内容。如果法院依照第（A）项签发扣押令，则扣押令应包

含以下内容:

(i) 列出查明的事实以及法律结论;

(ii) 以达到本款规定的目的为限,明确被扣押财产的最小范围,并且注明对扣押令的执行应尽可能不对第三人的经营造成阻碍,同时尽可能不对被控侵犯商业秘密之人的合法经营造成阻碍;

(iii) (I) 签发扣押令的同时,法院必须下令保护被扣押财产,禁止申请人与被申请人接触被扣押财产,并禁止全部或部分复制被扣押财产,以防止对被申请人或其他利害关系人造成不必要的损害,直到前述被申请人或利害关系人获得当庭陈述的机会;

(II) 如果法院允许申请人或被申请人接触被扣押财产,则应遵循(D)项的规定;

(iv) 扣押令中应注明执行扣押的人员应当遵循的操作规范,明确执行人员的权限,包括:

(I) 可执行扣押的时间;

(II) 是否可强行进入封闭上锁的区域;

(v) 法院应在扣押令中为第(F)项中规定的听证设定尽早的举行时间。听证举行时间不得迟于扣押令签发后的7天,除非被申请人和其他因扣押令而受损害的第三方同意其他时间举行,或者在扣押令签发后的任何时间,在通知已获得扣押令的申请人的条件下,被申请人或因扣押令而受损害的任何人可以向法院申请撤销或更改扣押令;且

(vi) 法院应当要求获得扣押令的申请人依法院确定的数额提供充足的担保,以确保在法院根据本条规定试图扣押或执行扣押,但发生错误或超过必要限度的情况下,申请人能向任何有权获得赔偿的人支付损害赔偿。

(C) 不公开性保护。法院应当采用适当的手段保护本条款规定的扣押令的被申请人的信息,使该信息不被公之于众,或者通过或应扣押令申请人请求,保护该扣押令以及该扣押令的执行不被公开。

(D) 法院保管的材料。

(i) 一般规定。依照本款规定所扣押的任何材料均应由法院保管。在扣押和保管的过程中,法院应保护这些材料的安全,不得允许对这些材料进行任何物理或电子方式的接触。

(ii) 存储介质。如果扣押的材料包含存储介质,或者扣押材料被储存在存储介质上,则在第(B)项第(v)目和第(F)项所规定的听证举行之前,在未获申请人和被申请人双方同意的情况下,禁止存储介质连接到网络或互联网。

(iii) 秘密性保护。法院应当采取适当手段,对依照本条款规定所扣押的材料中不涉及商业秘密信息的材料进行保密,除非扣押令的被申请人同意披露该材料。

(iv) 指定特殊专家。法院可以指定一位特殊专家来确定和隔离所有被侵犯的商业秘密信息，以及协助将不相关的财产和数据返还给被扣押财产的主体，被法院指定的特殊专家应当同意遵守法院审批通过的保密协议。

(E) 扣押令的送达。法院应当指令，依照本款规定送达扣押令以及申请人为获得扣押令而提交申请文件时，应当由一位联邦法执法人员执行送达或提交，且扣押令一经送达，该执法人员即应当根据扣押令执行扣押。法院可以允许州或者地方执法人员参与，但不得允许申请人或者申请人的代理人参与扣押。在执法人员的要求下，法院如果认为技术专家参与将有助于有效执行且减轻扣押的负担，则可以允许一位技术专家参与扣押，该技术专家必须与申请人无关联且遵守由法院审批通过的保密协议。

(F) 扣押听证。

(i) 日期。签发扣押令的法院应当在其依照第 (B) 项第 (v) 目的规定所设定的日期举行听证。

(ii) 举证责任。在本项所规定的听证会上，根据第 (A) 项规定获得扣押令的一方当事人应当举证证明支持扣押所必要的事实和所适用的法律。如该当事人没有完成该证明责任，该扣押令应当撤销或者适当更改。

(iii) 扣押令的撤销与更改。扣押令的被申请人或者任何因扣押令而遭受损害的人，均可在通知扣押令的申请人之后的任何时间向法院申请撤销或更改该扣押令。

(iv) 调查时限。为避免本项规定的听证目的无法实现，在必要情况下，法院可以命令方式更改《联邦民事诉讼程序规则》规定的调查时限。

(G) 扣押错误致损的诉讼。如当事人因本款规定的扣押发生错误或超过必要限度而受到损害，则受损害人可以针对该扣押令的申请人，就该扣押令提起诉讼，并且有权根据《1946 年商标法》第 34 节第 (d) 条第 (11) 款 [《美国法典》第 15 编第 1116 节第 (d) 条第 (11) 款] 获得救济。法院根据第 (B) 项第 (vi) 目所设置的担保不得成为第三方获赔数额的上限。

(H) 申请加密。任意一方当事人或任何其他人如果对扣押对象享有利益，则可以在任意时候对本款所规定的存储在存储介质上的被扣押或将要被扣押的材料申请加密，法院在对该申请进行听证时可以只听取该一方当事人的主张。如有可能，该申请应当包含申请人所要求的加密方法。

(3) 救济。在依照本条规定提起的有关侵犯商业秘密的民事诉讼中，法院可以:

(A) 颁发禁令。

(i) 禁令应以法院认为合理的条件，阻止第 (1) 款中所述的任何实际或者潜在的侵犯行为，只要该禁令满足下列条件:

(I) 禁令并未完全禁止某人确立雇佣关系，其禁止某人确立雇佣关系应基于可能发生的侵犯商业秘密的行为，而不是仅基于当事人所知晓的

相关信息；或

(II) 禁令未与禁止限制合法职业、贸易或商业的州适用法相冲突；

(ii) 在法院认为适当的情况下，该禁令应规定采取积极行动以保护商业秘密；且

(iii) 在导致该禁令失去公正性的特殊情形下，应规定以支付合理使用费为今后继续使用相关商业秘密的条件，并规定支付使用费的时限应不长于该禁令原本可能禁止使用该项商业秘密的时限。

(B) 通过下列形式判予损害赔偿：

(i) (I) 判决被告就侵犯商业秘密行为所造成的实际损失支付损害赔偿；以及

(II) 如被告因侵犯商业秘密行为而产生的不当得利超过原告所遭受的实际损失数额，则应判决被告就超出部分支付损害赔偿；或者

(ii) 不采取其他计算方法，而是根据行为人对其未经授权擅自披露或使用行为应承担的合理使用费来计算侵犯商业秘密行为所造成的损害数额，并判决被告支付相关损害赔偿；

(C) 如果商业秘密系被故意或恶意侵犯，则法院可以根据依照上述第(B)项规定判予的损害赔偿金额，判决被告支付不超过上述损害赔偿金额两倍的惩罚性损害赔偿；且

(D) 如果有间接证据证明有关侵犯商业秘密行为的权利主张系恶意提出，或对终止禁令的提出或反对系恶意作出，或者商业秘密系被故意或恶意侵犯，则法院可以判令败诉方承担胜诉方所支付的合理律师费。

(c) 管辖。对于依照本节规定提起的民事诉讼，美国联邦地区法院拥有初审管辖权。

(d) 时效。第(b)条规定的民事诉讼应当在自发现或尽合理的注意义务应当发现侵犯商业秘密行为之日起3年内提起。就本条而言，对同一商业秘密的连续侵占构成一个诉讼。

(b) 定义。《美国法典》第18编第1839节修订如下：

(1) 第(3)款：

(A) 在第(B)项中，删除“公众”，加入“可以通过披露或使用信息获得经济价值的另一人”；且

(B) 在末尾删除“和”；

(2) 在第(4)款中，在末尾删除句号，加入分号；且

(3) 在末尾增加如下内容：

(5)‘侵犯’一词的含义为：

(A) 知晓或应当知晓他人商业秘密是以不正当手段获得而获取该商业秘密；或

(B) 未经明示或默示许可而披露或使用他人的商业秘密，且

(i) 使用了不正当手段获取该商业秘密的内容；

(ii) 在披露或使用时，知晓或应当知晓该商业秘密的内容系：

(I) 来源于或通过以不正当手段获取商业秘密的第三人而获取；

(II) 在负有保守商业秘密或限制性使用商业秘密之义务的情形下获取；或

(III) 来源于或者通过向救济请求人承担了保守商业秘密或限制性使用商业秘密义务的第三人处获取；或

(iii) 在接触商业秘密者的角色发生实质性改变之前，知晓或应当知晓：

(I) 相关商业秘密系商业秘密；且

(II) 商业秘密的内容系因偶然或错误而获取；

(6)‘不正当手段’一词：

(A) 包括窃取、贿赂、虚假陈述、违反或诱使违反保密义务，或通过电子手段或其他手段进行间谍活动；及

(B) 不包括反向工程、独立研发或其他任何合法获取方式；以及

(7)《1946 年商标法》系指“1946 年 7 月 5 日获准通过的，为规制在贸易中使用的商标的注册和保护，执行特定国际条约的规定，以及出于其他目的而制定的法律（《美国法典》第 15 编第 1051 节及以下）[通常称为《1946 年商标法》或《兰哈姆法》]”。

(c) 禁止条款的例外情形。《美国法典》第 18 编第 1833 节经修订后，就第 (a) 条第 (1) 款前的内容，在“禁止”之后加入“或为……创设私人诉权”。

(d) 整合修订。

(1)《美国法典》第 18 编第 1836 节的标题经修订如下：

第 1836 节　民事诉讼程序

(2)《美国法典》第 18 编第 90 章的目录经修订后，删除与 1836 节有关的条目，并加入以下内容：

第 1836 节　民事诉讼程序

(e) 生效日期。本节所作的修订应适用于任何在本法通过之日或其后实施的侵犯商业秘密（《美国法典》第 18 编第 1839 节定义，本节修订）行为。

(f) 解释规则。本节所作的任何修订均不得解释为修改《美国法典》第 18 编第 1838 节所规定的解释规则，或取代任何其他法律的规定。

(g) 对其他法律的适用性。为实现其他国会法律的立法目的，本节及本节所作修订不应被解释为与知识产权相关的法律。

第 3 节　针对窃取商业秘密行为的执法

(a) 一般规定——《美国法典》第 18 编第 90 章应作以下修订：

(1) 第 1832 节第 (b) 条删除“5000000 美元”，加入“5000000 美元以上或者对于该组织而言被窃商业秘密所具备价值的 3 倍，包括研究费、设计费以及其他该

组织因实施犯罪行为而避免支出的费用”；

（2）第1835节：

（A）删除“在任何诉讼中”并加入以下内容：

（a）一般规定。在任何诉讼中

（B）在末尾加入：

（b）商业秘密权利人的权利。法院不得批准或指示披露任何被权利人称为商业秘密的信息，除非法院允许权利人以保密形式提交文件并注明信息保密所维护的权利人的利益。任何根据本条所作的保密提交，均不得出于本节所列举或法律要求之外的任何目的，在以本章为依据的诉讼中使用。在根据本章进行的起诉中，向美国政府或法院提供商业秘密信息不构成对商业秘密保护的放弃；在根据本章进行的起诉中，披露与商业秘密有关的信息，也不应构成对商业秘密保护的放弃，除非商业秘密权利人明确同意放弃。

（b）《反诈骗与腐败组织法》的上游犯罪。《美国法典》第18编第1961节第（1）款经修订后，在“第1951节”之前加入“第1831和1832节（经济间谍罪以及窃取商业秘密罪）”。

第4节　对国外发生的商业秘密窃取行为进行报告

（a）定义。在本节中：

（1）主管负责人。“主管负责人”一词系指商务部主管知识产权的副部长以及美国专利商标局局长。

（2）国外组织机构等。“国外组织机构”“国外代理机构”以及“商业秘密”的含义见《美国法典》第18编第1839节。

（3）州。“州”一词包含哥伦比亚特区以及任何自由联邦、领土或美国的属地。

（4）美国公司。“美国公司”一词系指根据美国联邦、州或州以下行政区划的法律所建立的组织。

（b）报告。自本法颁布之日起1年以内以及此后每半年，司法部部长应当在与知识产权执法协调员、主管负责人以及其他相关机构负责人协商之后，向众议院和参议院的司法委员会提交报告，并通过在司法部网站上公布以及由司法部部长确认的其他方式，向公众传播该报告。报告应包含下列内容：

（1）在美国境外发生的，窃取美国公司商业秘密行为的范围和程度。

（2）外国政府、组织机构或代理机构对在美国境外发生的窃取商业秘密行为的纵容程度。

（3）在美国境外发生的窃取商业秘密行为所造成的威胁。

（4）在阻止美国境外的侵犯商业秘密行为、执行针对外国实体窃取商业秘密的判决、阻止基于海外盗窃商业秘密的进口等方面，商业秘密权利人具有的能力以及局限性。

(5)美国贸易伙伴国在给予美国公司商业秘密保护上遇到的障碍，以及这些国家已实施的和可能提供的执法措施。在某些特定国家，商业秘密窃取行为、对应的立法或执法对美国公司构成严重问题，报告应以清单方式对相关国家予以确认。

(6)联邦政府与境外国家合作，共同调查、逮捕及起诉涉嫌在美国境外窃取商业秘密的实体或个人的事例。

(7)根据贸易协定和条约实现的具体进步，包括其他国家为了规制发生于境外的窃取美国公司商业秘密行为所实施的新救济方式。

(8)就各立法和行政分支机构为实现以下目的可能采取的行动提出建议：

(A)降低在境外发生窃取美国公司商业秘密行为的可能性及此类行为所带来的经济影响；

(B)就携商业秘密出境可能受到的威胁，为美国公司提供培训；

(C)向携商业秘密出境的美国公司提供帮助，以降低丧失其商业秘密的风险；

(D)设立举报机制，使得美国公司可以秘密举报或匿名举报在境外发生的商业秘密窃取行为。

第5节 国会共识

国会发表如下意见：

(1)本法所指的商业秘密窃取行为发生地包括美国境内及世界范围内；

(2)无论商业秘密窃取行为发生在何地，都会损害拥有商业秘密的公司及其员工的利益；

(3)《美国法典》第18卷第90章(1996年《美国经济间谍法》)对于规制商业秘密窃取行为具有广泛的适用性；且

(4)在扣押相关信息时，既应考虑阻止侵犯商业秘密行为及授予相关救济的需要，又应尽量避免妨碍：

(A)第三人的商业经营；及

(B)被控侵权当事人的合法利益。

第6节 最佳实施方式

(a)一般规定。联邦司法中心应当在本法实施之日起2年内，利用现有资源，为以下行为推荐最佳的实施方式：

(1)信息的扣押和信息的存储；

(2)扣押信息后对信息和存储介质的安全保密工作。

(b)更新。联邦司法中心应当实时更新本节第(a)条规定下推荐的最佳实施方式。

(c)提交给国会。联邦司法中心应当将其在本节第(a)条规定下推荐的最佳实施方式的副本及所有更新版本提交给：

（1）参议院司法委员会；及

（2）众议院司法委员会。

第7节　向政府或法院披露商业秘密的免责条款

（a）修订。对《美国法典》第18编第1833节修订如下：

（1）删除“本章”，并加入“（a）一般规定。本章”；

（2）依据第（1）款，在第（a）条第（2）款中，删除“向任一有法律授权的美国政府机构、州政府机构，或任一州以下行政区划政府机构所作出的涉嫌违反法律规定的举报”，加入“根据下述第（b）条规定披露商业秘密的行为”；且

（3）在第（a）条末尾加入以下内容：

（b）向政府或法院披露商业秘密的免责条款。

（1）豁免。个人披露商业秘密的，如有下述情形，则行为人无须承担联邦或州商业秘密法规定的刑事或者民事责任：

（A）披露商业秘密系：

（i）以保密的方式直接或间接地向联邦、州或地方政府官员、律师作出；且

（ii）仅出于举报或调查涉嫌违反法律的行为的目的；或

（B）在诉讼或其他司法程序中，以保密形式在起诉状或其他法律文书中披露商业秘密。

（2）在反报复诉讼中使用商业秘密信息。雇员在针对雇主涉嫌违法报复而提起的诉讼中，可以向其律师披露商业秘密，并且在庭审过程中使用商业秘密，只要该披露符合以下条件：

（A）以保密方式提交含有商业秘密的文件；且

（B）除非依法院的命令，否则不对外披露商业秘密。

（3）告知。

（A）一般规定。雇主在与雇员签订有关使用商业秘密或其他保密信息的合同或协议时，应当在该合同或协议中将上述免责条款告知雇员。

（B）政策文件。如果雇主向雇员提供了参见项，请雇员参考雇主制定的有关举报涉嫌违法行为的政策文件，则应当认定雇主遵守了上述第（A）项的规定。

（C）非合规行为。如果雇主未遵守上述第（A）项规定的告知义务，则雇主在向雇员提起的诉讼中，将无法获得《美国法典》第1836节第（b）条第（3）款第（C）项和第（D）项所规定的惩罚性损害赔偿或律师费。

（D）适用。本条规定适用于在本条生效后签订或更改的所有合同及协议。

（4）雇员的定义。本条中‘雇员’包括作为承包人或咨询顾问而为雇主工作

的任何个人。

（5）本条解释规则。除非本条明确规定，否则本条内容不得被解释为授权任何人实施法律禁止之行为，或是减少相应的法律责任，比如在未经许可的情况下非法获取他人资料的行为。

（b）法条整合修订。《美国法典》第18编第1838节经修订后，删除“本章”，并加入“除非在第1833节第（b）条中有所规定，本章”。

于2016年5月11日批准。

《美国2016年保护商业秘密法》议案报告（美国参议院）

司法委员会格拉斯利（Grassley）先生提交

司法委员会在审议了向其提交的S. 1890号议案（旨在修订《美国法典》第18编第90章，从而使联邦司法获得对窃取商业秘密行为的管辖权并达到其他目的）后，编制了赞成该议案的报告，同时提出了修订意见，并建议经修订的议案予以通过。

目　录

Ⅰ.《美国2016年保护商业秘密法》的出台背景与目的

商业秘密是知识产权的一种形式，具有商业价值的专有信息作为商业秘密可受到法律的保护。在美国公司的知识产权组合中，商业秘密占有越来越重要的地位。商业秘密包括各类金融、科学、技术、工程或其他形式的信息，是许多美国公司开展经营、保持竞争优势和取得财务成功不可或缺的一部分。

作为知识产权的一种形式，商业秘密的重要性日益增加，这使得窃取商业秘密成为一种经济破坏性特别严重的犯罪行为。在最近的一份报告中，美国知识产权窃取问题专门委员会估计，商业秘密窃取行为每年给美国经济造成的损失超过3000亿美元，相当于美国目前对亚洲的年出口额。① 同一份报告还认为，商业秘密窃取问题导致美国每年损失210万个工作岗位，非法窃取知识产权正在削弱企业家创新的能力和动力。而这种境况，使得新发明和新产业的发展步伐减缓，因而无法帮助每个人推进事业兴盛，提高生活质量。② 在另一项研究中，普华永道会计师事务所和负责任企业与贸易中心（Center for Responsible Enterprise and Trade）发现，企业应对商业秘密窃取方面的成本每年可能高达4800亿美元。③

随着技术的不断进步，保护商业秘密变得愈发困难。窃贼正在使用越来越复杂的方法盗窃商业秘密，而且越来越多地借助技术手段和网络空间，使得对于窃取商业秘密的侦查工作变得尤为困难。④ 产业界、国会⑤和政府都承认商业秘密失窃问题日益严重，司法部长埃里克·霍尔德（Eric Holder）在2013年的一次白宫会议上说："受商业秘密失窃影响的公司只有两类：一类知道自己的商业秘密遭到泄露，另一类还不知道。"⑥

与其他类型的知识产权主要受联邦法律保护不同，商业秘密主要受州法律管辖。《美国统一商业秘密法》已被47个州和哥伦比亚特区采用（全部或经部分修改后）。⑦ 遵循《美国统一商业秘密法》的州法律规定，商业秘密所有者可以对窃取商业秘密的一方提起民事诉讼。尽管各州法律与《美国统一商业秘密法》之间的差异通常相对较小，但可能牵扯到一些问题：哪一方有责任证明商业秘密不容易确定，所有者是否对无过错获取商业秘密的一方拥有任何权利，可作为商业秘密保护的信息范围，以及按照相关要求所有者需要采取什么样的措施才称得上使用"合理措施"对其信息加以保密，而这些都会对案件产生决定性的影响。在联邦层面，1996年《美国经济间谍法》（《美国法典》第18编第1831节及其后条文）规定，侵犯跨州或跨境商业秘密属于联邦刑事犯罪。然而，1996年《美国经济间谍法》并未赋予商

---

① 美国知识产权委员会，《美国知识产权窃取问题专门委员会报告》（2013年5月），查阅网址：http://www.ipcommission.org/report/IP_Commission_Report_052213.pdf。

② 《美国知识产权窃取问题专门委员会报告》，第1、10页（2013年5月），查阅网址：http://www.ipcommission.org/report/IP_Commission_Report_052213.pdf。

③ 理查德·赫特林（Richard A. Hertling）和亚伦·库珀（Aaron Cooper），《商业秘密窃取：联邦民事救济的必要性》，《国家法律评论》（2014年6月25日），查阅网址：http://www.natlawreview.com/article/trade-secret-theft-need-federal-civil-remedy。

④ 布莱恩·叶（Brian T. Yeh），《商业秘密保护：现行法律和立法概览》，R43714号CRS（美国国会研究服务处）报告（2014年），查阅网址：http://www.crs.gov/pages/Reports.aspx?PRODCODE=R43714&Source=search#fn12。

⑤ 《经济间谍和商业秘密窃取：我们的法律是否足以应对当今的威胁？——参议院司法委员会犯罪和恐怖主义小组委员会听证会》，第113届国会（2014年）；《商业秘密：促进美国创新、在海外市场的竞争力和市场准入——众议院司法委员会听证会》，第113届国会（2014年）；《保护商业秘密：商业秘密窃取对美国竞争力的影响以及纠正这种危害的潜在解决方案——参议院司法委员会听证会》，第114届国会（2015年）。

⑥ 西奥万·希林（Siobhan Gorman）和贾里德·法沃勒（Jared A. Favole），《美国政府加大对企业监控力度》，《华尔街日报》（2013年2月21日）（转载司法部长雷尔德在白宫会议上的发言），查阅网址：http://www.wsj.com/articles/SB100014241278873235 49204578316413319639782。

⑦ 美国统一法委员会：全国统一州法专员会议，《美国统一商业秘密法》，查阅网址：http://www.uniformlaws.org/Act.aspx?title=Trade+Secrets+Act。

业秘密所有者在联邦法院提起私人诉讼的权利。委员会了解到，尽管打击经济间谍活动和商业秘密窃取行为是联邦执法部门的一项首要任务①，但由于联邦调查局和司法部能够动用的资源有限，因而刑事执法对于制止窃取商业秘密行为的作用有限②。

S. 1890 号议案修订了 1996 年《美国经济间谍法》，针对侵犯商业秘密的行为提供了联邦民事救济。通过联邦层面上诉权的创设，商业秘密所有者得以通过在联邦法院寻求补救来保护他们的创新，从而使他们享有的权利与其他形式的知识产权（包括版权、专利和商标）所有者长期以来享有的权利相一致。该议案基于《美国统一商业秘密法》对侵犯的定义，规定了对侵犯商业秘密的衡平法救济和损害赔偿。此外，该议案还规定了单方面的快速救济，即扣押被控侵犯方的财产，这是在特殊情况下为保全证据或防止商业秘密传播所必需的救济措施。单方面扣押对商业秘密所有者来说是一种重要的救济，因为能"使商业秘密所有者在有限、受控的条件下，主动遏制窃取行为，避免事态进一步发展和商业秘密丢失。"③ 例如，2006 年杜邦创新产品凯夫拉（Kevlar）的独门技术秘密被大规模窃取，证据遭到严重破坏，当时如果有扣押救济，很可能会减轻这一事件造成的损失。

该议案兼顾了当事人各方的利益，既要帮助商业秘密所有者高效地追回被窃商业秘密，又要保护被告及第三方的相关权利。因此，扣押令必须尽量减少对第三方业务运营的干扰，保护被扣押财产不被泄露，并尽早确定听证日期。

通过加强对商业秘密的保护，《美国 2016 年保护商业秘密法》将激励未来的创新活动，同时保护和鼓励创造美国的就业机会。

Ⅱ. 议案的形成过程和委员会审议情况

A. 议案的提出

2015 年 7 月 29 日，哈希（Hatch）和孔斯（Coons）两位参议员提出了《美国 2015 年保护商业秘密法》（议案）。鲍德温（Baldwin）、德宾（Durbin）、弗莱克（Flake）和蒂利斯（Tillis）四位参议员为最初的共同提案人。该议案被提交至司法委员会。该议案脱胎于参议院在前两届国会中提出的以下两项立法：S. 3389 号《2012 年保护美国商业秘密和创新法案》，由科尔（Kohl）、孔斯和怀特豪斯（Whitehouse）三位参议员在第 112 届国会上提出；S. 2267 号《美国 2014 年保护商业秘密

① 《经济间谍和商业秘密窃取：我们的法律是否足以应对当今的威胁？——参议院司法委员会犯罪和恐怖主义小组委员会听证会》，第 113 届国会（2014 年）（联邦调查局反情报处助理处长兰德尔·科尔曼（Randall C. Coleman）的发言），查阅网址：https：//www. fbi. gov/news/testimony/combating - economic - espionage - and - trade - secrettheft。

② 《商业秘密：促进和保护美国创新、在海外市场的竞争力和市场准入——众议院司法委员会法院、知识产权和互联网小组委员会听证会》，第 113 届国会（2014 年）（保护商业秘密联盟科文顿·柏灵律师事务所顾问理查德·赫特林的发言），查阅网址：http：// judiciary. house. gov/_cache/files/5311b6c1 - 9a4f - 49e5 - a477 - 451a3ee228bf/113 - 97 - 88436. pdf。

③ 《保护商业秘密：商业秘密窃取对美国竞争力的影响以及纠正这种危害的潜在解决方案——参议院司法委员会听证会》，第 114 届国会（2015 年），杜邦公司副总法律顾问兼首席知识产权律师凯伦·科克伦女士的发言，第 4 - 5 页。

法》（议案），由孔斯和哈奇两位参议员在第 113 届国会上提出。

B. 委员会的审议情况

2015 年 12 月 2 日，格拉斯利参议员主持召开委员会听证会，这次听证会围绕商业秘密窃取问题进行，题为“保护商业秘密：商业秘密窃取对美国竞争力的影响以及对这种损害进行补救的潜在解决方案”。听证会梳理分析了商业秘密对美国公司的重要性、现有民事救济的充分性以及针对商业秘密侵犯行为的统一联邦民事救济的潜在影响。以下人士发表了证词：凯伦·科克伦（Karen Cochran）女士，杜邦公司（E. I. DuPont de Nemours and Company）首席知识产权顾问，特拉华州威尔明顿市；① 汤姆·贝奥（Tom Beall）先生，康宁公司副总裁兼首席知识产权顾问，纽约州康宁市；② 詹姆斯·库利（James Pooley）先生，詹姆斯·库利，PLC 负责人，加利福尼亚州门洛帕克市；③ 莎朗·桑丁（Sharon Sandeen）女士，哈姆林大学法学院法学教授，明尼苏达州圣保罗市。④

委员会犯罪和恐怖主义小组委员会此前在第 113 届国会期间于 2014 年 5 月 13 日举行听证会，这次听证会围绕商业秘密窃取问题进行，题为“经济间谍和商业秘密窃取：我们的法律足以应对今天的‘威胁’吗”。以下人士发表了证词：兰德尔·科尔曼，联邦调查局反情报处助理处长；彼得·霍夫曼（Peter L. Hoffman），波音公司知识产权管理副总裁，伊利诺伊州芝加哥市；帕梅拉·帕斯曼（Pamela Passman）女士，负责任企业与贸易中心总裁兼首席执行官，华盛顿哥伦比亚特区；德鲁·格林布拉特（Drew Greenblatt）先生，马林钢丝产品公司总裁，马里兰州巴尔的摩市；道格拉斯·诺曼（Douglas K. Norman）先生，礼来公司副总裁兼专利总顾问，印第安纳州印第安纳波利斯市。

委员会于 2016 年 1 月 28 日在公开会议上审议了 S. 1890 号议案。哈奇和孔斯参议员根据委员会几位成员的意见，提出了替代修正案。这项修正案规定，只有商业秘密所有者可以针对侵犯其商业秘密的行为提起民事诉讼，将诉讼时效期限从 5 年缩短为 3 年，从而与《美国统一商业秘密法》保持一致，并修改了“商业秘密”和“不正当手段”的定义。这项修正案还明确规定，只有在“特殊情况下”才能进行单方面扣押，并在其他方面对扣押进行了限定。这项修正案进一步明确了与员工就业相关禁令的适当范围，以确保法院命令不违反适用的州法律。最后，这项修正案阐明了国会的观点，即在单方面扣押时务必平衡相关各方的利益，并指示联邦司法

① 《保护商业秘密：商业秘密窃取对美国竞争力的影响以及纠正这种危害的潜在解决方案：参议院司法委员会听证会》，第 114 届国会（2015 年）（杜邦公司首席知识产权律师凯伦·科克伦女士的发言），查阅网址：http：//www. judiciary. senate. gov/imo/media/doc/12 –02 –15%20Cochran%20Testimony. pdf。

② 同上，康宁公司副总裁兼首席知识产权顾问汤姆·贝奥先生的发言，查阅网址：http：//www. judiciary. senate. gov/imo/media/doc/12 –02 –15%20Beall%20Testimony. pd。

③ 同上，詹姆斯·库利 PLC 负责人，詹姆斯·库利先生的发言，查阅网址：http：//www. judiciary. senate. gov/imo/media/doc/12 –02 –15%20Pooley%20Testimony. pdf。

④ 同上，哈姆林大学法学院法学教授莎朗·桑丁女士的发言，查阅网址：http：//www. judiciary. senate. gov/imo/media/doc/12 –02 –15%20Sandeen%20 Testimony. pdf。

中心制定关于执行扣押和存储被扣押信息的最佳实践。这项修正案经口头表决无异议通过。莱希（Leahy）和格拉斯利两位参议员提出了另一项修正案，规定对于为了举报或调查涉嫌违法行为而向执法部门秘密披露商业秘密的举报人，应向其提供保护。这项修正案还规定，在诉讼程序（包括反报复程序）中可以不秘密披露商业秘密。这项修正案经口头表决无异议通过。

委员会以口头表决一致通过了上述两项修正案。随后，委员会经口头表决同意就经修订的《美国2016年保护商业秘密法案》向参议院提交赞成报告。

Ⅲ. 议案各节摘要

第1节　简　　称

第1节规定，S. 1890简称为《美国2016年保护商业秘密法》。

第2节　对于窃取商业秘密行为的联邦管辖权

第2节第（a）条修订了第18编第1836节，具体改动：删除了第（b）条。被删除的该条规定，联邦地区法院对司法部长就侵犯商业秘密提起的民事诉讼拥有专属管辖权。取而代之的是，新条款针对商业秘密侵犯向私人当事方设立了联邦民事救济。

概　述

新的第1836条第（b）条之第（1）项中授权，如果商业秘密涉及跨州或跨境贸易中使用或计划使用的产品或服务，则该商业秘密被侵犯时，其所有者可向联邦法院提起民事诉讼。该项中将管辖权界定在跨州或跨境贸易范围内，与第1832节第（a）条关于窃取商业秘密刑事犯罪行为的联邦管辖的表述相同。

民事扣押

新的第1836节第（b）条授权联邦法院在特殊情况下，根据单方申请（须提供宣誓书或诉状经核实属实）发布命令，要求扣押必要的财产，以保全证据或防止商业秘密的传播或扩散。只有在具备签发扣押令的先决条件时，才会签发单方面扣押令。扣押令只能在“特殊情况”下签发。该条（A）（ii）分项列出了签发扣押令的要求。例如，如果根据现有的民事诉讼规则发布禁令对于当时的情形是充分的，那么不得签发扣押令。单方面扣押预计将用于以下情况：被告试图逃往国外，或计划立即向第三方披露商业秘密，或以其他方式不执行法院的命令。

该条（A）（ii）分项包含下文所述的诸多限制，无意影响联邦法院根据《联邦民事诉讼程序规则》第65条、《所有令状法案》（《美国法典》第28编第1651节）或任何其他权限（包括法院的固有权限）提供衡平法救济和签发适当命令的权力。

第1836节第（b）条之（A）（ii）分项明确规定，除非法院认为相关具体事实可以清楚表明如下各项，否则不得批准扣押令：（1）根据《联邦民事诉讼程序规则》第65（b）条签发临时限制令这种手段不足以应对当时情形，因为该命令所针对的当事人会逃避、躲避或以其他方式不遵守该命令；（2）如果不下令扣押，将立即造成无法弥补的伤害；（3）驳回申请对申请人的损害超过了对被扣押令所针对的人合法利益的损害，也大大超过了对任何第三方的损害；（4）申请人可能成功证明，扣押令所针对的人以不正当手段侵犯了商业秘密，或共谋以不正当手段侵犯商业秘密，且实际占有商业秘密和任何待扣押的财产；（5）申请人合理详细地说明要扣押的物品，并在合理范围内指明要扣押物品的地点；（6）如果申请人向扣押令所针对的人发出通知，扣押令所针对的人或其一致行动人将销毁、转移、藏匿或以其他方式使他人无法找到该物品；（7）申请人没有公布所申请的扣押事宜。

委员会希望，在批准单方扣押令之前，法院须要求申请人充分详细地描述将成为扣押令对象的商业秘密，以便法院对其扣押请求进行评估。（V）款中关于实际占有的要求是为了保护第三方免遭扣押。例如，不会对另一方当事人存储被侵犯商业秘密的服务器的运营商，或互联网服务提供商等在线中介机构采取扣押措施，因为他们的服务器和存储在服务器上的数据并不在扣押令所针对的被告的实际占有之下。虽然根据这一条款，法院不能下令对第三方进行扣押，但法院可以决定利用其现有的提供衡平法救济的权限，发布第三方禁令阻止商业秘密的披露。与不正当手段相关的要求旨在防止扣押规定被用于针对明知自己占有被侵犯的商业秘密、但并未使用或合谋使用不正当手段获取该商业秘密的当事人。① 根据这一条款，允许扣押被一方窃取并交给共犯的商业秘密。

新的第 1836 节第（b）条之（2）（B）分项规定，在签发扣押令时应满足下列条件：（i）扣押令应列出签发命令所需的事实认定和法律结论；（ii）扣押令应最大限度地缩限扣押范围，只要能保护商业秘密即可，以尽量减少对第三方商业运营的任何干扰，并在可能的情况下不中断被指控侵犯商业秘密之人的合法商业运营；（iii）签发扣押令的同时发布一项命令，禁止申请人或命令所针对的人接触被扣押的财产，并禁止复制被扣押的财产，以保护被扣押的财产不被披露，直到当事人有机会在法庭上陈述意见为止；（iv）扣押令应为执行扣押的执法人员提供指导，明确界定其权限范围，包括执行扣押的时间，以及是否可以强制进入封锁区域；（v）尽早确定听证日期，最迟不得晚于命令下达后 7 天，除非有关各方同意另定日期；（vi）要求取得命令的人提供法院认为充分的担保，以支付扣押令所针对的人因错误或过度扣押或试图扣押而有权获得的损害赔偿。

新的第 1836 节第（b）条之（2）（C）分项要求，法院在签发扣押令时，应采

① 该议案保护商业秘密不受侵犯——并针对侵犯行为提供救济——并不是为了取代或限制《美国宪法第一修正案》承认的对新闻界成员的保护。该议案在适用时，应遵循《美国宪法第一修正案》和最高法院在 Bartnicki 诉 Vopper 案［《美国判例汇编》第 532 卷第 514 页（2001 年）］所作裁定中确定的原则。该案认为，《美国宪法第一修正案》保护新闻界成员免于因披露信息而承担责任（包括民事诉讼），即使该信息是由另一方以不正当或非法的方式首先获得，而且如果该信息涉及公众关切时更是如此。Bartnicki 案中承认最高法院“曾多次表明其观点，‘如果一家报纸合法地获得了有关重大公众关切的真实信息，如果不是……最高秩序而有必要，州政府官员不得依据宪法因信息被公布而进行惩罚’”。参见 Bartnicki 案，《美国判例汇编》第 532 卷第 528 页［引述 Smith 诉 Daily Mail Publ’g Co. 案，《美国判例汇编》第 443 卷第 97、102 页（1979 年）］。

取适当行动保护扣押令的目标，确保在取得扣押令的人或在其授意下公布关于扣押令和根据扣押令进行的任何扣押行动时，不公开关于扣押令目标的信息。

（D）分项规定，根据命令扣押的任何材料均应交由法院保管，法院应确保无法通过物理或电子方式接触材料。在执行（D）分项时，除非征得当事人同意，否则法院应注意保持任何电子数据或存储介质的安全，并断开与任何网络或互联网的连接，从而提高材料的安全程度。法院应采取适当措施，保护被扣押的与商业秘密无关的材料的保密性，除非命令所针对的人同意披露这些材料。法院可任命一名特别主事官（受法院批准的保密协议约束），负责查找和隔离所有被侵犯的商业秘密信息，并协助将不相关的财产和数据归还给财产被扣押人。

（E）分项要求将法院命令和申请人提交的材料送达命令所针对的当事人。命令必须由联邦执法官员执行。法院可允许州和地方执法人员参与，但不得允许申请人或其代理人参与。应执法部门的要求，如果法院确定专家参与将最大限度地减轻扣押人员的工作负担，法院可以任命一名中立技术专家（受保密协议约束）协助扣押。

（F）分项规定，法院应举行听证会，取得命令的一方有责任在听证会上证明相关事实，以支持事实认定和法律结论，进而证明签发扣押令的必要性。如果当事人未能就提议扣押提供充分的证据，扣押令应被解除或适当修改。扣押令所针对的一方或利益受到扣押令损害的任何人可随时向法院提出动议，要求解除或修改扣押令。

（G）分项规定，因不当或过度扣押而遭受损害的人有理由对扣押令的申请人提起诉讼，以追讨损害赔偿，包括惩罚性损害赔偿和合理的律师费。

（H）分项规定，声称与被扣押标的物存在利害关系的一方或其他人可以申请对任何被扣押材料进行加密。

救　济

新的第1836节第（b）条之第（3）项规定了对侵犯商业秘密的救济措施。

（A）分项规定了可获得的衡平法救济，其内容直接参照《美国统一商业秘密法》（构成了几乎每个州商业秘密法的基础）第2节。只要不妨碍建立雇佣关系或与禁止贸易限制的适用州法相抵触，法院即可发布禁令，以防止任何实际的或似将发生的侵犯行为。法院对人员就业施加的任何条件都必须依据似将发生的侵犯行为的证据，而不能仅依据某人知晓的情况。[①] 加入这些对于禁令救济的限制条件，是为了保护员工的流动性，因为包括范斯坦（Feinstein）参议员在内的一些成员曾表示担心，根据该议案授权的禁令救济可能会推翻保护员工流动性的州法律限制，因而可能会严重偏离这些州的现行法律。如果认为合适，法院可以要求采取肯定性措施来保护商业秘密，并且，在任何特殊情况下如采用禁令有失公平，法院可以规定支付

① 委员会注意到，解释州商业秘密法的法院对不可避免披露原则的适用性得出了不同的结论。有关于此，可比较以下两个案例：百事公司诉Redmon案，《联邦判例汇编》第3辑第54卷第1262、1269页（第七巡回法院，1995年）（“原告可以证明被告的新工作将不可避免地导致他依赖原告的商业秘密，从而证明商业秘密被侵犯”）和Whyte诉Schlage Lock Co.案，《加利福尼亚州判例汇编》第2辑第125卷第277、281页（上诉法院，2002年）（明确否认加利福尼亚州法律规定的不可避免披露原则）。

合理的特许权使用费方可使用商业秘密，但支付时间不得超过本应禁止使用的时间。

该条第（3）（A）（i）（1）（I）分项强调了就业流动性的重要性，并对可下达的禁令救济作出了一些限制。但是，正如委员会在其行政事务会议上审议该议案期间范斯坦参议员所解释的那样，如果州商业秘密法授权了额外的救济措施，则这些州法规定的救济措施仍将可用。一些法院认为，仅根据雇员掌握的信息，就可以签发禁令以禁止前雇员从事必将导致商业秘密被不当使用的工作。该条第（3）（A）（i）（1）（I）分项规定的救济旨在与适用州法（关于在商业秘密侵犯事件中何时应发布禁令）并存，而不是优先于、影响或修改这些适用州法，遵循了本保护商业秘密法的总体意图，特别是第（2）（f）分项，其中规定该议案“不优先于任何其他法律规定”。

（B）分项内容直接参照《美国统一商业秘密法》第3节，具体规定了法院可以授予的损害赔偿。具体而言，该分项授权对因侵犯商业秘密而造成的实际损失和任何不当得利给予损害赔偿，或者，作为对通过任何其他方法衡量的损害赔偿的替代，授予合理的特许权使用费。委员会并不鼓励使用合理的特许权使用费来解决商业秘密侵犯问题。相反，委员会更倾向于按以下方式提供其他救济：首先，阻止侵权人使用和传播被侵权人的商业秘密；其次，提供适当的损害赔偿。[①]

（C）分项授权，如果商业秘密被故意和恶意侵犯，则可判予惩罚性损害赔偿，但不得超过所判予的补偿性损害赔偿的两倍。该分项类似于《美国统一商业秘密法》的第3节第（b）条。

（D）分项规定，如果侵犯索赔系恶意提出，存在故意和恶意的侵犯行为，或者恶意提出或反对终止禁令的动议，可判予承担胜诉方律师费。该分项是参照《美国统一商业秘密法》第4节制定。

管辖权

新的第1836节第（c）条规定，美国地区法院对根据该节提起的民事诉讼拥有原始管辖权。这一点与现行的第（b）条相同。

时效期限

新的第1836节第（d）条规定诉讼时效为3年，即在3年内可根据该节提起诉讼。原本拟定的诉讼时效是5年，经委员会讨论缩短为3年，与《美国统一商业秘密法》的诉讼时效相同（尽管一些州在颁布《美国统一商业秘密法》时修改了这一时效期限）。

定义；解释规则；为了保持一致性而进行的修改

该议案第2节第（b）条修订了第18编第1839节，具体改动：新增3个定义。

---

① 委员会注意到，解释《美国统一商业秘密法》类似条款的法院认为，授予合理的特许权使用费是最后的救济途径。例如，参见 Progressive Prod.，Inc. 诉 Swartz 案，《太平洋地区判例汇编》第2辑第258卷第969、979—980页（堪萨斯州，2011年）（引述《美国统一商业秘密法》第2节的注释，并解释说授予特许权使用费是为“特殊情况”而保留的，特殊情况包括“例外情形”——因为存在压倒一切的公共利益而使得禁令丧失存在的合理性基础）。

第2节第（b）条之（1）（A）分项删除“公众”并插入“因信息的披露或使用而获取经济价值的其他人”，旨在使联邦层面上对于商业秘密的定义与《美国统一商业秘密法》中使用的定义一致。第七巡回上诉法院在美国诉Lange案［《联邦判例汇编》第3辑第312卷第263、267页（第七巡回上诉法院，2002年）］和第三巡回上诉法院在美国诉Hsu案［《联邦判例汇编》第3辑第155卷第189、196页（第三巡回法院，1998年）］中分别指出，《美国统一商业秘密法》与联邦层面上的商业秘密定义之间的这种差异可能牵涉甚广。虽然《美国统一商业秘密法》和联邦层面上的商业秘密定义之间仍存在其他细微差异，但委员会不希望该议案中对于商业秘密的定义与采用《美国统一商业秘密法》的州法院所理解的商业秘密存在实质性的差别。

首先，在所有相关方面，“侵犯”的定义与《美国统一商业秘密法》第1节第（2）条中“侵犯”的定义相同。委员会希望使用这一既定定义来表明，本案无意改变现行商业秘密法的平衡能力或改变具体的法院判决。

其次，该条定义了“不正当手段”。（A）分项中包含的定义与《美国统一商业秘密法》第1节第（1）条中的定义相同，包括盗窃、贿赂、虚假陈述、违反或诱导违反保密义务，或通过电子或其他手段进行间谍活动。（B）分项旨在澄清对商业秘密进行反向工程或独立研发不构成不正当手段。

最后，该条对《1946年商标法》（通常称为《兰哈姆法》）进行了定义，后者为因非法或过度扣押而受到损害的一方提供了追讨损失的依据。

该议案第2节第（c）条确保立法中的任何内容都不会被理解为对政府实体的行为或（在该议案第7节对《美国法典》第18篇第1833节进行修订之后）根据新的《美国法典》第18编第1833节第（b）条向政府或在向法院提交的各种文件中披露商业秘密信息的行为创设私人诉权。

该议案第2节第（d）条是为了保持一致性而进行的修改，根据该议案所作的修改，更新了章节标题和章节目录中第1836节的标题。

第2节第（e）条规定，该议案第2节所作的修订应适用于在本案颁布之日或之后发生的任何侵犯行为。

该议案第2节第（f）条澄清，该议案的任何规定均不对第18编第1838节中的解释规则进行修改，因此，该议案不会优先于或影响州商业秘密法。此外，该议案的任何规定均不影响《信息自由法》规定的合法披露。

该议案第2节第（g）条还明确指出，就国会任何其他法案而言，该议案规定的新民事救济不得解读为与知识产权有关的法律。

第3节　关于商业秘密窃取的执法工作

该议案第3节第（a）条对第18编第1832节第（b）条进行了修订，具体改动：将对违反第1832节第（a）条处以的最高罚金修改为500万美元或违法组织因盗取商业秘密而获取的价值（包括因此而免于发生的研究和设计费用及其他费用）的3

倍（取二者中较高者）。

第3节第（a）条还修订了《美国法典》第18编第1835节，具体改动：新增第（b）条，规定法院不得指示披露所有者声称属于商业秘密的任何材料，除非法院允许所有者提交密封文件（其中说明对信息加以保密对于所有者具有的意义）。除非所有者明确同意放弃商业秘密保护，否则因诉讼而向美国或法院提供或披露与商业秘密有关的信息不构成放弃商业秘密保护。该条款还旨在确保在起诉与被控窃取商业秘密有关的共谋时，实际商业秘密本身不会被披露给被告方，因为作为共谋对象的信息的实际秘密性与起诉共谋指控无关。

该议案第3节第（b）条对第18编第1961节第（1）条进行了修订，具体改动：将第1831和1832节有关经济间谍活动和窃取商业秘密作为《反诈骗与腐败组织法》的上游犯罪。

第4节　关于国外窃取商业秘密情况的报告

该议案第4节要求，不迟于本法颁布之日后一年以及此后每半年，司法部长经与知识产权执法协调员、美国专利商标局局长以及其他有关机构的负责人协商，向参议院和众议院的司法委员会提交一份报告，其中包括下列事项：

（1）在美国境外发生的美国公司商业秘密失窃事件的范围和程度；

（2）在美国境外发生的商业秘密失窃事件在多大程度上得到了外国政府、代理人或机构的赞助；

（3）在美国境外发生的商业秘密失窃事件所构成的威胁；

（4）商业秘密所有者防止商业秘密在美国境外被侵犯、执行对外国实体关于窃取商业秘密的判决以及阻止进口基于海外商业秘密窃取行为的物项的能力和局限性；

（5）作为美国贸易伙伴的每个国家对美国公司提供的商业秘密保护措施，以及每个此类国家现有和已开展的执法工作的具体信息，其中应列出商业秘密窃取行为对美国公司构成严重问题的具体国家；

（6）联邦政府与外国合作调查、逮捕和起诉在美国境外参与窃取商业秘密的实体和个人的事例；

（7）根据贸易协定和条约（包括外国颁布的任何新救济），在保护美国公司的商业秘密在美国境外免遭被盗方面取得的具体进展；

（8）就立法和行政部门可采取的行动提出建议，以便（A）减少在美国境外发生的美国公司商业秘密被窃事件造成的威胁和经济影响；（B）对美国公司开展宣教活动，使其了解其商业机密被带到美国境外时所面临的威胁；（C）向美国公司提供援助，以减少其商业秘密在被带到美国境外时的丢失风险；以及（D）为美国公司提供秘密或匿名举报美国境外发生的商业秘密失窃事件的机制。

第5节　国会的意见

在该议案第5节中，国会认为商业秘密窃取行为在美国国内和世界各地都有发生，对于拥有和依赖商业秘密的美国公司而言商业秘密被窃将有损其利益。1996 年《美国经济间谍法》通过刑法保护商业秘密免遭窃取。在出台民事救济措施时，务必确保在扣押信息的过程中，既要对侵犯行为进行防止或补救，又要避免干扰被扣押方的合法利益和第三方的业务。

第 6 节　最佳实践

第 6 节指示联邦司法中心在该议案颁布后 2 年内，编制关于根据该议案进行信息扣押、存储和确保秘密性的最佳实践建议。建议文本和任何更新内容应提供给参议院和众议院的司法委员会。

第 7 节　向政府或在向法庭提交的文件中秘密披露商业机密的责任豁免

该议案第 7 节修订了《美国法典》第 18 编第 1833 节，具体改动：新增第（b）条。新的第 1833 节第（b）条之第（1）项规定，在两种情况下披露商业秘密的人享有刑事和民事豁免权。（A）分项是关于为报告或调查涉嫌违法行为而向联邦、州或地方政府官员或律师进行的保密披露。（B）分项适用于在司法程序中密封提交的诉状或其他文件中进行的披露。委员会强调，该条款豁免了条款本身规定的有限情况下的披露行为；并不豁免法律禁止的其他行为，如通过未经授权的手段非法获取材料。

该议案设立的第 1833 节第（b）条之第（2）项规定，因举报涉嫌违法行为而遭到报复的个人对雇主提起诉讼时，可向律师披露商业秘密，供其在诉讼中使用，但个人须密封提交任何内含商业秘密的文件，除非根据法院命令进行披露。

第 1833 节第（b）条之第（3）项要求在任何有关商业秘密使用的雇佣合同中列明本条款的豁免通知，尽管雇主可以选择通过提及相关政策文件（其中阐明雇主关于涉嫌违法行为的举报政策，而该政策中提供豁免通知）来作出此类通知。根据该议案，不得判定由未收到此类通知的雇员向雇主支付惩戒性赔偿或律师费。关于豁免通知的要求，应纳入在本小节颁布日之后签订或更新的合同。

第 1833 节第（b）条之第（4）项对“雇员”一词作出了定义，是指以承包商或顾问身份从事工作的任何个人。

第 1833 节第（b）条之第（5）项是为了保持一致性而进行的修改，根据该议案所作的修改，更新了章节标题和章节目录中第 18 编第 1838 节的标题。

Ⅳ. 国会预算办公室费用估算

委员会就 S. 1890 号议案提交了国会预算办公室主任根据《1974 年国会预算法案》第 402 节编制的以下估算和对比情况：

S. 1890 号议案将为因商业秘密被侵犯而寻求救济的个人建立一种联邦救济。根据该议案，商业秘密的所有者可以向地方法院提起民事诉讼，法院可以下令扣押任何必要的财产，以保全民事诉讼证据。这项立法要求在与商业秘密有关的法律程序中收集或存储的信息必须得到保护，以保护其保密性。该议案还将增加在商业秘密窃取事件中可能收取的罚款。最后，这项立法要求司法部和联邦司法中心提交有关美国商业秘密窃取情况的定期报告。

根据司法部和美国法院行政办公室提供的信息，国会预算办公室估计实施 S. 1890 不会对联邦预算产生重大影响。由于 S. 1890 的颁布将影响直接支出和收入，因此适用现收现付程序。具体而言，该议案将影响法院民事案件立案费，并可能增加某些罚款，这些罚款将作为收入记录在预算中。这些收入的一部分无须进一步拨款即可使用。国会预算办公室估计，在 2016—2026 年期间，这些条款对每年预算的影响可忽略不计。

国会预算办公室估计，若颁布 S. 1890，在 2027 年开始的连续 4 个 10 年期间，都不会增加直接支出净额或预算赤字。

当商业秘密在调查或法律程序中被披露给政府官员时，S. 1890 将优先于管辖个人责任的州法律。这种优先适用将是《无经费职责改革法案》中定义的强制职责（mandate），因为其将限制各州应用自己法律的权力。然而，国会预算办公室估计，优先适用不会影响州、地方或部落政府的预算，因为不会对各州施加任何义务从而导致额外支出或收入损失。

此外，S. 1890 规定，向在调查过程中或作为某些法律程序的一部分而向政府当局披露商业秘密的个人提供相关保护措施，使其免于承担民事和刑事责任，从而实施《无经费职责改革法案》中定义的私营部门强制职责。该议案通过提供相关保护措施使相关人免于承担民事和刑事责任，将阻止实体根据商业秘密法向这些个人寻求损害赔偿。相关实体根据商业秘密索赔原本将获得但是因该法案实施而丧失的对于前述披露的判赔额和损害赔偿，将算作因强制责任产生的费用。该议案将加强对举报人的现有保护措施，以保护个人免受潜在的商业秘密索赔。现有文献表明，在当前法律下，很少针对个人提起此类诉讼。因此，国会预算办公室估计，因强制职责产生的费用可能会低于《无经费职责改革法案》为私营部门强制职责设定的年度门槛（2016 年为 1. 54 亿美元，每年根据通货膨胀进行调整）。

Ⅴ. 监管影响评估

根据《参议院议事规则》第 XXVI 条，委员会认为 S. 1890 号议案的颁布不会产生重大的监管影响。

Ⅵ. 结　论

经修订的 S. 1890 号《美国 2016 年保护商业秘密法》（议案）对联邦法律进行了必要的更新，从而为商业秘密窃取提供了联邦民事救济。这项立法在设计上进行了仔细权衡，既要确保为知识产权被盗用的商业秘密所有者提供有效且高效的救济，又要避免对合法业务造成干扰，同时又不优先于州法律。这项范围狭窄的立法将为商业秘密窃取提供一个统一的国家标准，为所有相关人员提供明确的规则和可预见性。受害者能够迅速向联邦法院寻求救济，届时可依据明确的规则、标准和惯例来阻止商业秘密被传播并失去其价值。随着商业秘密所有者日益面临来自国内外的威胁，该议案为他们提供了有效保护知识产权所需的工具，确保了美国经济的持续增长和创新。

Ⅶ. 议案对现行法律的修改（如报告所示）

根据《参议院议事规则》第 XXVI 条第 12 项的规定，委员会认为有必要删除第 12 项的规定，以加快参议院事务的处理。

《美国 2016 年保护商业秘密法》议案报告（美国众议院）

司法委员会古德拉特（Good latte）先生提交）

司法委员会在审议了向其提交的 S. 1890 号议案（旨在修订《美国法典》第 18 编第 90 章，从而使联邦司法获得对窃取商业秘密行为的管辖权并达到其他目的）后，编制了赞成该议案的报告，没有提出修订意见，并建议议案予以通过。

目　　录

目的和概要

S. 1890 号议案修订了 1996 年《美国经济间谍法》，针对侵犯商业秘密的行为提供了联邦民事救济，允许商业秘密所有者通过在联邦法院寻求补救来保护他们的创新，同其他形式的知识产权（包括版权、专利和商标）所有者在其权利受到侵犯时一样。该议案规定了对侵犯商业秘密的衡平法救济和损害赔偿裁定事宜，而且对“侵犯”的定义效仿了《美国统一商业秘密法》。此外，该议案还规定了单方面的快速救济，即扣押被控侵犯方的财产，这是在必要时为保全证据或防止商业秘密传播而采取的救济措施。法院签发的任何单方面扣押令必须最大限度上降低对第三方业务运营的干扰，保护被扣押财产不被泄露，并尽早确定听证日期。该议案还规定了对错误扣押的制裁措施。

立法的背景和必要性

根据美国法律，商业秘密由三部分组成：（1）非公开的信息；（2）为保护该信息而采取的合理措施；以及（3）信息因不为公众所知而产生独立经济价值这种事实。与专利不同，这种机密商业信息可以无限期地受到保护，而且不需要正式的登记程序。且与专利不同的是，一旦这些信息被公开，其价值立即丧失，财产权本身也不复存在。

因此，对于一项创新，是获得专利保护还是作为商业秘密加以保护，肯定要权衡二者各自的利弊。通过申请专利保护，发明者同意向全世界公开其发明及其工作原理，从而促进创新和研究。发明者还可获得 20 年的专有保护期，以及防止他人未经许可制造、使用、销售、进口或分销专利发明的权利。通过将其作为商业秘密，发明者理论上可以无限期地保守其发明秘密（例如：可口可乐的配方①；肯德基上校的秘方②）。但缺点是，如果商业秘密被他人通过反向工程或独立研发而发现，则将无法再得到保护。

商业秘密指公司不对外披露的具有商业价值的设计、工艺、技术和其他形式的信息，由于这些信息的秘密性，使得公司在激烈的市场竞争中处于优势地位。这些信息通常耗费巨资经过多年的研究和开发才取得。在以知识和创新为基础的全球经济中，商业秘密是任何公司最有价值的财产。

商业秘密的例子包括保密配方、制造技术和客户名单。商业秘密法对商业秘密“侵犯”行为提供了保护措施。“侵犯”指未经授权获取、使用或披露通过不正当手段获得的商业秘密。但允许通过公平、合法的方法（如反向工程或独立研发）发现

---

① http：//www. coca－colacompany. com/press－center/press－releases/coca－cola－moves－its－secretformula－to－the－world－of－coca－cola/——“在过去 86 年里一直从未离开，但是今天这个秘密不在这里了，因为可口可乐公司已将拥有 125 年历史的可口可乐秘密配方迁至新家，即亚特兰大的可口可乐世界”。

② https：//www. kfc. com/menu/chicken/original－recipe——“上校的 Original Recipe ® 鸡肉仍由每家餐厅新鲜烹制，使用了我们秘制的 11 种香草和香料调味，然后由认证厨师全天手工裹粉”。

商业秘密。

尽管允许各州制定自己的商业秘密法，但大多数州都采用了《美国统一商业秘密法》作为其商业秘密法的范本。联邦政府目前通过1996年《美国经济间谍法案》（《美国法典》第18编第1831—1839节）的刑事和公共民事执法章节来保护商业秘密。根据第1831节（关于经济间谍活动），故意盗窃或侵犯商业秘密以“使任何外国政府、外国机构或外国代理人受益”属重罪。第1832节是关于窃取“跨州或跨境贸易中生产或订购的产品涉及或包含的”商业秘密的行为。该节规定，如果被告“打算或知道该犯罪行为将……伤害商业秘密的任何所有者”，而故意盗窃或侵犯商业秘密以“为其所有者以外的任何人带来经济利益”的行为构成犯罪。

盗窃商业秘密的人或者希望快速发财，或者希望复制商业秘密所有者所开发的市场领先的创新技术，这导致美国公司的商业秘密正面临越来越大的风险。这些窃贼使用日益复杂的攻击手段，想要窃取美国工业先进的技术诀窍。美国知识产权窃取问题专门委员会认为，商业秘密非法窃取问题正在削弱企业家创新的能力和动力，使新发明和新产业的发展步伐减缓，因而无法帮助每个人推进事业兴盛，提高生活质量。①

美国公司商业秘密面临的威胁是巨大的：在当今经济中，商业秘密是公司竞争优势不可或缺的一部分，而随着关键数据数字化程度的提高和全球贸易的增加，这些信息极易被窃取。② 美国国防部发现，“每年从美国企业、大学、政府部门和机构管理的网络中窃取的知识产权数量超过了美国国会图书馆所收藏的数量”。③ 美国国家安全局和美国网络司令部前负责人基恩·亚历山大（Keith Alexander）将军估计，因为知识产权被盗问题，美国企业每年损失2500亿美元。④ 最近，负责任企业与贸易中心（Center for Responsible Enterprise and Trade）与普华永道共同发布了一份报告，其中估计商业秘密失窃给美国企业造成的损失每年占GDP的1%到3%，大约每

① 《美国知识产权窃取问题专门委员会报告》，第1、10页（2013年5月），查阅网址：http：//www. ipcommission. org/report/IP_Commission_Report_052213. pdf。

② 参阅《商业秘密：促进和保护美国创新、在海外市场的竞争力和市场准入——众议院司法委员会法院、知识产权和互联网小组委员会听证会》，第113届国会（2014年），科文顿·柏灵律师事务所顾问理查德·赫特林（Richard A. Hertling）的发言，第2页；另请参见，同上，全国制造商协会国际商业政策高级主任克里斯·摩尔（Chris Moore）的发言，第2页；salesforce. com，Inc. 知识产权高级副总裁大卫·西蒙（David M. Simon）的发言，第2—3页；通用电气公司知识产权与贸易高级顾问撒迪厄斯·伯恩斯（Thaddeus Burns）代表知识产权所有者协会的发言，第2页。由于截至本报告发布时，2014年6月24日的听证会记录尚未公布，因此引用该记录中的证词时所引用的是所提交材料中的页码，而不是GPO印刷品的页码，已用星号标明。

③ 美国国防部，《网络空间行动战略》，第4页（2011年7月），查阅网址：http：// www. defense. gov/news/d20110714cyber. pdf。

④ Josh Rogin，《美国国家安全局局长：网络犯罪构成了“历史上最大的财富转移”》，The Cable，2012年7月9日，查阅网址：http：//thecable. foreignpolicy. com/posts/2012/07/09/ nsa_chief_cybercrime_constitutes_the_greatest_transfer_of_wealth_in_history。

年损失 1.6 亿到 4.8 亿美元。[①] 在第 112 届国会任期，本委员会认识到“代表外国敌对势力和竞争对手从事间谍活动的犯罪分子构成的重大且日益增长的威胁[②]”。

美国企业已经采取了一系列措施来应对这种威胁，包括加强网络安全措施、对关键文件加密、检查供应链中的薄弱环节、采用强有力的合同保护措施来保护商业关系中的商业秘密，以及加强工厂和办公室的实体安全。当窃取行为发生时，公司会求助于各州的民事法律（因司法管辖区而异）或《美国经济间谍法》[③]。

《美国经济间谍法》(《美国法典》第 18 编第 1831 节及其后条文）于 1996 年颁布，规定侵犯跨州或跨境商业秘密属于联邦刑事犯罪。本委员会关于《美国经济间谍法》的报告认为，商业秘密是“美国经济福祉不可或缺的一部分”[④]。作为第一部保护商业秘密的联邦法规，《美国经济间谍法》使得联邦调查局能够对商业秘密窃取案件进行调查，例如福特汽车公司的一起案件。在该案中，福特汽车公司的一名前工程师盗窃了 4000 份文件，并跳槽到竞争对手公司工作，给福特造成的损失估计达 5000 万美元。但是，联邦调查局并没有足够的资源来调查每一起商业秘密窃取案件。而作为一项刑事法规，《美国经济间谍法》并不适合为侵犯行为的受害者提供补偿。

面临商业秘密窃取问题的公司也会求助于州商业秘密法，其中许多是以《美国统一商业秘密法》为范本。虽然有 48 个州在《美国统一商业秘密法》的基础上出台了各自的商业秘密法，但各州在许多方面有所不同，且存在固有的限制，所以在全国和全球经济环境下并不能完全发挥效用。首先，各州的商业秘密法要求企业定制成本高昂的合规计划，以满足每个州的法律要求。其次，今天的商业秘密窃取问题往往不局限于一州范围之内。窃取行为越来越多地涉及秘密的跨州转移，这使各州法院难以有效地下令调查取证和送达诉讼文件。最后，商业秘密案件往往需要法院跨州迅速采取行动，以保全证据，防止商业秘密窃贼登上飞机，将秘密带出美国法律的管辖范围。在全球化和全国的经济环境中，联邦法院更有能力解决这些问题。

在第 112 届国会任期内，司法委员会帮助颁布了两项立法，以加强对商业秘密的保护。

- 第 112 - 236 号公法——《2012 年商业秘密窃取澄清法案》(S. 3642)，弥补了《美国经济间谍法》中的一个漏洞，即允许窃取宝贵的商业机密源代码。[10] 这项立法是针对第二巡回法院在美国诉 Aleynikov 案［《联邦判例汇编》第 3 辑第 676 卷第 71 页（第二巡回法院，2012 年）］的判决而出台的，前述判决推翻了认定被告从其雇主处窃取商业秘密——专有计算机代码的行为违反了《美国法典》第 18 编第 1832 节第（a）条的判决。

---

① 负责任企业与贸易中心和普华永道，《商业秘密失窃的经济影响：公司保护商业秘密和减少潜在威胁的框架》，第 7—9 页（2014 年 2 月）)》，查阅网址：https://create.org/wp - content/uploads/2 - 14/07/CREATe.org - PwCTrade - Secret - Theft - FINAL - Feb - 2014_01.pdf。

② 第 112 - 610 号众议院报告，《2012 年外国经济间谍惩罚加重法案》，第 1 页（2012 年）。

③ 《美国 1996 年经济间谍法》，104 - 294 号公法，《美国制定法大全》第 110 卷第 3488 页（1996 年）。

④ 第 104 - 788 号众议院报告，《美国 1996 年经济间谍法》，第 4 页（1996 年）。

- 第112－269号公法——《2012年外国经济间谍惩罚加重法案》（H. R. 6029/S. 678），加强了对经济间谍的刑事处罚，并指示量刑委员会考虑提高商业秘密犯罪的犯罪等级。该法案的通过，标志着向确保处罚与商业秘密所有者遭受的经济损失对等迈出了重要的一步。

在第113届国会任期内，众议院和参议院提出了多项与侵犯商业秘密相关的法案。在第114届国会任期内，参议院再次提出并通过了S. 1890号《美国2016年保护商业秘密法》（议案）。

2014年，霍尔丁（Holding）众议员和纳德勒（Nadler）众议员及其他16名共同提案人（其中13位是司法委员会成员）提出了一项众议院议案［H. R. 5233，"《美国商业秘密保护法》（议案）"］，对1996年《美国经济间谍法》进行了修订，以建立针对商业秘密窃取行为的联邦民事救济措施。该议案于2014年9月10日在委员会获得通过。2015年，众议院提出了一项议案［H. R. 3326，"《美国2015年保护商业秘密法》（议案）"］，与之前通过的法案类似。参议院提出了一项姊妹议案，即"《美国2015年保护商业秘密法》（议案）"（S. 1890号议案），参议院司法委员会于2016年1月28日审议了该议案。参议院于2016年4月4日以87票对0票通过了该议案。众议院司法委员会于2016年4月20日讨论并通过了参议院通过的S. 1890号议案。

该议案对"侵犯"的定义效仿了《美国统一商业秘密法》（48个州已采用）。该议案并不优先于这些州的法律，但在满足联邦管辖门槛的情况下提供补充性联邦救济措施。该议案将"侵犯"定义为：通过不正当手段获取商业秘密；有理由知道商业秘密是通过不正当手段或在触发保密义务的情况下获取的人披露或使用商业秘密；有理由知道商业秘密是因意外或无意间披露的人披露或使用商业秘密。

该议案还规定了衡平法救济和损害赔偿裁定事宜，以及对故意和恶意侵犯行为的双倍损害赔偿，并规定了3年的诉讼时效。

该议案还规定，在为了保全证据或防止商业秘密传播而有必要的情况下，可单方面扣押被控侵犯方的财产。扣押令的申请人必须证明其可能成功地证明扣押令所针对的一方侵犯了商业秘密并且不会遵守禁令，如果不扣押就会造成无法弥补的损害，并且对申请人造成的损害大于扣押令所针对的一方的合法利益。扣押令必须尽量减少对第三方业务运营的任何干扰，保护被扣押的财产不被披露，并尽早确定听证日期，且不得晚于扣押令签发后7天。

美国的发展始终源于其人民即发明家、创造者、工程师、设计师、开发者和实干家的创新和智慧。创新产品、设计和工艺造就了美国经济的繁荣，如果参与全球竞争的美国企业不能迅速追捕窃贼，并阻止窃贼利用这些创新产品、设计和工艺，就会失去竞争优势。该议案将为公司提供保护其专有信息所需的额外途径，以保持和增加美国的就业岗位和促进就业，并继续在创造新的产品、技术和服务方面保持世界领先地位。

S. 1890号《美国2016年保护商业秘密法》（议案）对联邦法律进行了必要的更新，从而为商业秘密窃取提供了联邦民事救济。这项立法在设计上进行了仔细权衡，既要确保为知识产权被盗用的商业秘密所有者提供有效且高效的救济，又要避免对合法业务造成干扰，同时又不优先于州法律。这项范围狭窄的立法将为商业秘密窃取提供一个统一的国家标准，为所有相关人员提供明确的规则和可预见性。受害者能够迅速向联邦法院寻求救济，届时可依据明确的规则、标准和惯例来阻止商业秘密被传播并失去其价值。随着商业秘密所有者日益面临来自国内外的威胁，该议案为他们提供了有效保护知识产权所需的工具，确保了美国经济的持续增长和创新。

听　　证

司法委员会未就 S. 1890 号议案举行立法听证会。委员会于 2014 年 6 月 24 日就“商业秘密：促进和保护美国创新、在海外市场的竞争力和市场准入”举行监督听证会，委员会听取了以下人士的证词：撒迪厄斯·伯恩斯先生，通用电气公司知识产权与贸易高级顾问；理查德·赫特林先生，科文顿·柏灵律师事务所特邀律师，代表保护商业秘密联盟；克里斯·摩尔先生，全美制造商协会国际商业政策高级总监；大卫·西蒙先生，Salesforce. co 知识产权高级副总裁。

委员会审议情况

2016 年 4 月 20 日，委员会举行公开会议，出席人数达到法定人数，经口头表决下令对 S. 1890 号议案发布赞成报告，没有提出修改意见。

委员会票数

根据《众议院议事规则》第 XIII 条第 3（b）款的规定，委员会通知如下：在委员会审议 S. 1890 号议案期间，没有记录表决情况。

委员会监督结论

根据《众议院议事规则》第 XIII 条第 3（c）（1）款的规定，委员会通知如下：委员会根据《众议院议事规则》第 X 条第 2（b）（1）款开展的监督活动得出的结论和提出的建议已纳入本报告的说明部分。

新预算授权和税收支出

《众议院议事规则》第 XIII 条第 3（c）（2）款不适用，因为此项立法没有提供新的预算授权或增加税收支出。

国会预算办公室费用估算

根据《众议院议事规则》第 XIII 条第 3（c）（3）款，委员会提交了国会预算办公室主任根据《1974 年国会预算法案》第 402 节编制的以下估算和比较：

S. 1890 将为因商业秘密被侵犯而寻求救济的个人建立一种联邦救济。根据该议案，商业秘密的所有者可以向地区法院提起民事诉讼，法院可以下令扣押任何必要的财产，以保全民事诉讼证据。这项立法要求在与商业秘密有关的法律程序中收集或存储的信息必须得到保护，以保护其保密性。该议案还将增加在商业秘密窃取事件中可能收取的罚款。最后，这项立法要求司法部和联邦司法中心提交有关美国商业秘密窃取情况的定期报告。

根据司法部和美国法院行政办公室提供的信息，国会预算办公室估计实施S. 1890不会对联邦预算产生重大影响。由于S. 1890的颁布将影响直接支出和收入，因此适用现收现付程序。具体而言，该议案将影响法院民事案件立案费，并可能增加某些罚款，这些罚款将作为收入记录在预算中。这些收入的一部分无须进一步拨款即可使用。国会预算办公室估计，在2016—2026年期间，这些条款对每年预算的影响可忽略不计。

国会预算办公室估计，若颁布S. 1890，在2027年开始的连续4个10年期间，都不会增加直接支出净额或预算赤字。

当商业秘密在调查或法律程序中被披露给政府官员时，S. 1890年将优先于管辖个人责任的州法律。这种优先适用将是《无经费职责改革法案》中定义的强制职责(mandate)，因为其将限制各州应用自己法律的权力。然而，国会预算办公室估计，优先适用不会影响州、地方或部落政府的预算，因为不会对各州施加任何义务从而导致额外支出或收入损失。

此外，S. 1890规定，向在调查过程中或作为某些法律程序的一部分而向政府当局披露商业秘密的个人提供相关保护措施，使其免于承担民事和刑事责任，从而实施《无经费职责改革法案》中定义的私营部门强制职责。该议案通过提供相关保护措施使相关人免于承担责任，将阻止实体根据商业秘密法向这些个人寻求损害赔偿。相关实体根据商业秘密索赔原本将获得但是因该法案实施而丧失的对于前述披露的判赔额和损害赔偿，将算作因强制责任产生的费用。现有文献表明，在当前法律下，很少针对个人提起此类诉讼。因此，国会预算办公室估计，因强制职责产生的费用可能会低于《无经费职责改革法案》为私营部门强制职责设定的年度门槛（2016年为1.54亿美元，每年根据通货膨胀进行调整)。

2016年2月25日，国会预算办公室递交了参议院司法委员会于2016年1月28日下令报告的S. 1890的成本估算。该立法的两个版本相同，国会预算办公室的成本估算也相同。

联邦计划的重复

S. 1890的任何条款都不会设立或重新授权已知与下列联邦计划重复的计划：被列入政府问责局根据第111－139号公法第21节向国会提交的任何报告中的计划，或与最新的《联邦国内援助目录》中所确定计划相关的计划。

关于是否指示进行规则制定的披露

委员会估计，S. 1890没有明确指示完成《美国法典》第5编第551节所指的任何具体的规则制定。

立法目标和目的

委员会指出，根据《众议院议事规则》第 XIII 条第 3（c）（4）款，S. 1890 将规定联邦法院对侵犯商业秘密行为的民事管辖权，从而为公司提供一个重要工具，以防止其宝贵的商业秘密被泄露，并在商业秘密被窃取时获得衡平救济和损害赔偿。

关于专项拨款的建议

根据《众议院议事规则》第 XXI 条第 9 款，S. 1890 不包含第 XXI 条第 9（e）、9（f）或 9（g）款所定义的任何国会专项拨款、有限税收优惠或有限关税优惠。

各节分析

第 1 节　简　　称

第 1 节规定，S. 1890 简称为《美国 2016 年保护商业秘密法》。

第 2 节　对于窃取商业秘密行为的联邦管辖权

第 2 节第（a）条修订了第 18 编第 1836 节，具体改动：删除了第 b）条。被删除的该条规定，联邦地区法院对司法部长就侵犯商业秘密提起的民事诉讼拥有专属管辖权。取而代之的是，新条款针对商业秘密侵犯行为向私人当事方设立了联邦民事救济。

概　　述

新的第 1836 节第（b）条之第（1）项中授权，如果商业秘密涉及跨州或跨境贸易中使用或计划使用的产品或服务，则该商业秘密被侵犯时，其所有者可向联邦法院提起民事诉讼。该项中将管辖权界定在跨州或跨境贸易范围内，与第 1832 节第（a）条关于窃取商业秘密刑事犯罪行为的联邦管辖的表述相同。

民事扣押

新的第 1836 节第（b）条授权联邦法院在特殊情况下，根据单方申请（须提供宣誓书或诉状经核实属实）发布命令，要求扣押必要的财产，以保全证据或防止商业秘密的传播或扩散。只有在具备签发扣押令的先决条件时，才会签发单方面扣押令。扣押令只能在“特殊情况”下签发。该条（A）（ii）分项列出了签发扣押令的要求。例如，如果根据现有的民事诉讼规则发布禁令对于当时的情形是充分的，那么不得签发扣押令。单方面扣押预计将用于以下情况：被告试图逃往国外，或计划立即向第三方披露商业秘密，或以其他方式不执行法院的命令。

该条（A）（ii）分项包含下文所述的诸多限制，无意影响联邦法院根据《联邦民事诉讼程序规则》第 65 条、《所有令状法案》（《美国法典》第 28 编第 1651 节）或任何其他权限（包括法院的固有权限）提供衡平法救济和签发适当命令的权力。

第 1836 节第（b）条之（A）（ii）分项明确规定，除非法院认为相关具体事实可以清楚表明如下各项，否则不得批准扣押令：（1）根据《联邦民事诉讼程序规则》第 65（b）条签发临时限制令这种手段对于当时的情形而言不充分，因为该命令所针对的当事人会逃避、躲避或以其他方式不遵守该命令；（2）如果不下令扣押，将立即造成无法弥补的伤害；（3）驳回申请对申请人的损害超过了对扣押令所针对的人合法利益的损害，也大大超过了对任何第三方的损害；（4）申请人可能成功证明，扣押令所针对的人以不正当手段侵犯了商业秘密，或共谋以不正当手段侵犯商业秘密，且实际占有商业秘密和任何待扣押的财产；（5）申请人合理详细地说明要扣押的物品，并在合理范围内指明要扣押物品的地点；（6）如果申请人向扣押令所针对的人发出通知，扣押令所针对的人或其一致行动人将销毁、转移、藏匿或以其他方式使他人无法找到该物品；（7）申请人没有公布所申请的扣押事宜。

委员会希望，在批准单方扣押令之前，法院须要求申请人充分详细地描述将成为扣押令对象的商业秘密，以便法院对其扣押请求进行评估。（V）款中关于实际占有的要求是为了保护第三方免遭扣押。例如，不会对另一方当事人存储被侵犯商业秘密的服务器的运营商，或互联网服务提供商等在线中介机构采取扣押措施，因为他们的服务器和存储在服务器上的数据并不在扣押令所针对被告的实际占有之下。虽然根据这一条款，法院不能下令对第三方进行扣押，但法院可以决定利用其现有的提供衡平法救济的权限，发布第三方禁令阻止商业秘密的披露。与不正当手段相关的要求旨在防止扣押规定被用于针对明知自己占有被侵犯的商业秘密、但并未使用或合谋使用不正当手段获取该商业秘密的当事人。[①] 根据这一条款，允许扣押被一方窃取并交给共犯的商业秘密。

新的第 1836 节第（b）条之（2）（B）分项规定，在签发扣押令时应满足下列条件：（i）扣押令应列出签发命令所需的事实认定和法律结论；（ii）扣押令应最大限度地缩限扣押范围，只要能保护商业秘密即可，以尽量减少对第三方商业运营的任何干扰，并在可能的情况下不中断被指控侵犯商业秘密之人的合法商业运营；（iii）签发扣押令的同时发布一项命令，禁止申请人或命令所针对的人接触被扣押的财产，并禁止复制被扣押的财产，以保护被扣押的财产不被披露，直到当事人有机会在法庭上陈述意见为止；（iv）扣押令应为执行扣押的执法人员提供指导，明确界定其权限范围，包括执行扣押的时间，以及是否强制进入封锁区域；（v）尽早确定听证日期，最迟不得晚于命令下达后 7 天，除非有关各方同意另定日期；（vi）要求

---

① 该议案保护商业秘密不受侵犯——并针对侵犯行为提供救济——并不是为了取代或限制《美国宪法第一修正案》承认的对新闻界成员的保护。该议案在适用时，应遵循《美国宪法第一修正案》和最高法院在 Bartnicki 诉 Vopper 案［《美国判例汇编》第 532 卷第 514 页（2001 年）］所作裁定中确定的原则。该案认为，《美国宪法第一修正案》保护新闻界成员免于因披露信息而承担责任（包括民事诉讼），即使该信息是由另一方以不正当或非法的方式首先获得，而且如果该信息涉及公众关切时更是如此。Bartnicki 案中承认最高法院“曾多次表明其观点，‘如果一家报纸合法地获得了有关重大公众关切的真实信息，如果不是……最高秩序而有必要，州政府官员不得依据宪法因信息被公布而进行惩罚’”。参见 Bartnicki 案，《美国判例汇编》第 532 卷 528 页［引述 Smith 诉 Daily Mail Publ'g Co. 案，《美国判例汇编》第 443 卷第 97、102 页（1979 年）］。

取得命令的人提供法院认为充分的担保，以支付扣押令所针对的人因不当或过度扣押或试图扣押而有权获得的损害赔偿。

新的第1836节第（b）条之（2）（C）分项要求，法院在签发扣押令时，应采取适当行动保护扣押令的目标，确保在取得扣押令的人或在其授意下公布关于扣押令和根据扣押令进行的任何扣押行动时，不公开关于扣押令目标的信息。

（D）分项规定，根据命令扣押的任何材料均应交由法院保管，法院应确保无法通过物理或电子方式接触材料。在执行（D）分项时，除非征得当事人同意，否则法院应注意保持任何电子数据或存储介质的安全，并断开与任何网络或互联网的连接，从而提高材料的安全程度。法院应采取适当措施，保护被扣押的与商业秘密无关的材料的保密性，除非命令所针对的人同意披露这些材料。法院可任命一名特别主事官（受法院批准的保密协议约束），负责查找和隔离所有被侵犯的商业秘密信息，并协助将不相关的财产和数据归还给财产被扣押人。

（E）分项要求将法院命令和申请人提交的材料送达命令所针对的当事人。命令必须由联邦执法官员执行。法院可允许州和地方执法人员参与，但不得允许申请人或其代理人参与。应执法部门的要求，如果法院确定专家参与将最大限度地减轻扣押人员的工作负担，法院可以任命一名中立技术专家（受保密协议约束）协助扣押。

（F）分项规定，法院应举行听证会，取得命令的一方有责任在听证会上证明相关事实，以支持事实认定和法律结论，进而证明签发扣押令的必要性。如果当事人未能就提议扣押提供充分的证据，扣押令应被解除或适当修改。扣押令所针对的一方或利益受到扣押令伤害的任何人可随时向法院提出动议，要求解除或修改扣押令。

（G）分项规定，因不当或过度扣押而遭受损害的人有理由对扣押令的申请人提起诉讼，以追讨损害赔偿，包括惩罚性损害赔偿和合理的律师费。

（H）分项规定，声称与被扣押标的物存在利害关系的一方或其他人可以申请对任何被扣押材料进行加密。

救　济

新的第1836节第（b）条之第（3）项规定了对侵犯商业秘密的救济措施。

（A）分项规定了可获得的衡平法救济，其内容直接参照《美国统一商业秘密法》（构成了几乎每个州商业秘密法的基础）第2节。只要不妨碍建立雇佣关系或与禁止贸易限制的适用州法相抵触，法院即可发布禁令，以防止任何实际的或似将发生的侵犯行为。法院对人员就业施加的任何条件都必须依据似将发生的侵犯行为的证据，而不能仅依据某人知晓的情况[①]。加入这些对于禁令救济的限制条件，是为了保护员工的流动性，因为包括范斯坦（Feinstein）参议员在内的一些成员曾表示担

① 委员会注意到，解释州商业秘密法的法院对不可避免披露原则的适用性得出了不同的结论。有关于此，可比较以下两个案例：百事公司诉Redmon案，《联邦判例汇编》第3辑第54卷第1262、1269页（第七巡回法院，1995年）（“原告可以证明被告的新工作将不可避免地导致他依赖原告的商业秘密，从而证明商业秘密被侵犯”）和Whyte诉Schlage Lock Co.案，《加利福尼亚州判例汇编》第2辑第125卷第277、281页（上诉法院，2002年）（明确否认加利福尼亚州法律规定的不可避免披露原则）。

心，根据该议案授权的禁令救济可能会推翻保护员工流动性的州法律限制，因而可能会严重偏离这些州的现行法律。如果认为合适，法院可以要求采取肯定性措施来保护商业秘密，并且，在任何特殊情况下如采用禁令有失公平，法院可以规定支付合理的特许权使用费方可使用商业秘密，但支付时间不得超过本应禁止使用的时间。

该条第（3）（A）（i）（1）（I）分项强调了就业流动性的重要性，并对可下达的禁令救济作出了一些限制。但是，如果州商业秘密法授权了额外的救济措施，则这些州法规定的救济措施仍将可用。一些法院认为，仅根据雇员掌握的信息，就可以签发禁令以禁止前雇员从事必将导致商业秘密被不当使用的工作。该条第（3）（A）（i）（1）（I）分项规定的救济旨在与适用州法（关于在商业秘密侵犯事件中何时应发布禁令）并存，而不是优先于、影响或修改这些适用州法，遵循了本保护商业秘密法的总体意图，特别是第（2）（f）分项，其中规定该议案“不优先于任何其他法律规定”。

（B）分项内容直接参照《美国统一商业秘密法》第 3 节，具体规定了法院可以授予的损害赔偿。具体而言，该分项授权对因侵犯商业秘密而造成的实际损失和任何不当得利给予损害赔偿，或者，作为对通过任何其他方法衡量的损害赔偿的替代，授予合理的特许权使用费。委员会并不鼓励使用合理的特许权使用费来解决商业秘密侵犯问题。相反，委员会更倾向于按以下方式提供其他救济：首先，阻止侵权人使用和传播被侵权人的商业秘密；其次，提供适当的损害赔偿。①

（C）分项授权，如果商业秘密被故意和恶意侵犯，则可判予惩罚性损害赔偿，但不得超过所判予的补偿性损害赔偿的两倍。该分项类似于《美国统一商业秘密法案》的第 3 节第（b）条。

（D）分项规定，如果侵犯索赔系恶意提出，存在故意和恶意的侵犯行为，或者恶意提出或反对终止禁令的动议，可判予承担胜诉方律师费。该分项是参照《美国统一商业秘密法案》第 4 节制定。

管辖权

新的第 1836 节第（c）条规定，联邦地区法院对根据该节提起的民事诉讼拥有原始管辖权。这一点与现行的第（b）条相同。

时效期限

新的第 1836 节第（d）条规定诉讼时效为 3 年，即在 3 年内可根据该节提起诉讼。3 年的诉讼时效与《美国统一商业秘密法》的诉讼时效相同（尽管一些州在颁布《美国统一商业秘密法》时修改了这一时效期限）。

定义；解释规则；为了保持一致性而进行的修改

该议案第 2 节第（b）条修订了第 18 编第 1839 节，具体改动：新增 3 个定义。

---

① 委员会注意到，解释《美国统一商业秘密法》类似条款的法院认为，授予合理的特许权使用费是最后的救济途径。例如，参见 Progressive Prod.，Inc. 诉 Swartz 案，《太平洋地区判例汇编》第 2 辑第 258 卷第 969、979—980 页（堪萨斯州，2011 年）（引述《美国统一商业秘密法》第 2 节的注释，并解释说授予特许权使用费是为“特殊情况”而保留的，特殊情况包括“例外情形”——因为存在压倒一切的公共利益而使得禁令丧失存在的合理性基础）。

第2节第（b）条之（1）（A）分项删除“公众”并插入“因信息的披露或使用而获取经济价值的其他人”，旨在使联邦层面上对于商业秘密的定义与《美国统一商业秘密法》中使用的定义一致。第七巡回上诉法院在美国诉Lange案［《联邦判例汇编》第3辑第312卷第263、267页（第七巡回上诉法院，2002年）］和第三巡回上诉法院在美国诉Hsu案［《联邦判例汇编》第3辑第155卷第189、196页（第三巡回法院，1998年）］中分别指出，《美国统一商业秘密法案》与联邦层面上的商业秘密定义之间的这种差异可能牵涉甚广。虽然《美国统一商业秘密法案》和联邦层面上的商业秘密定义之间仍存在其他细微差异，但委员会不希望该议案中对于商业秘密的定义与采用《美国统一商业秘密法》的州法院所理解的商业秘密存在实质性的差别。

首先，在所有相关方面，“侵犯”的定义与《美国统一商业秘密法》第1节第（2）条中“侵犯”的定义相同。委员会希望使用这一既定定义来表明，本议案无意改变现行商业秘密法的平衡能力或改变具体的法院判决。

其次，该条定义了“不正当手段”。（A）分项中包含的定义与《美国统一商业秘密法》第1节第（1）条中的定义相同，包括盗窃、贿赂、虚假陈述、违反或诱导违反保密义务，或通过电子或其他手段进行间谍活动。（B）分项旨在澄清对商业秘密进行反向工程或独立研发不构成不正当手段。

最后，该对《1946年商标法》（通常称为《兰哈姆法》）进行了定义，后者为因不当或过度扣押而受到损害的一方提供了追讨损失的依据。

该议案第2节第（c）条确保立法中的任何内容都不会被理解为对政府实体的行为或（在该议案第7节对《美国法典》第18编第1833节进行修订之后）根据新的《美国法典》第18编第1833节第（b）条向政府或在向法院提交的各种文件中披露商业秘密信息的行为创设私人诉权。

该议案第2节第（d）条是为了保持一致性而进行的修改，根据该议案所作的修改，更新了章节标题和章节目录中第1836节的标题。

第2节第（e）条规定，该议案第2节所作的修订应适用于在本案颁布之日或之后发生的任何侵犯行为。

该议案第2节第（f）条澄清，该议案的任何规定均不修改第18编第1838节中的解释规则，因此，该议案不会优先于或影响州商业秘密法。此外，该议案的任何规定均不影响《信息自由法》规定的合法披露。

该议案第2节第（g）条还明确指出，就国会任何其他法案而言，该议案规定的新民事救济不得解读为与知识产权有关的法律。

第3节　关于商业秘密窃取的执法工作。

该议案第3节第（a）条对第18编第1832节第（b）条进行了修订，具体改动：将对违反第1832节第（a）条处以的最高罚款修改为500万美元或违法组织因被盗商业秘密而获取的价值（包括因此而免于发生的研究和设计费用及其他费用）的3

倍（取二者中较高者）。

第3节第（a）条还修订了《美国法典》第18编第1835节，具体改动：新增第（b）条，规定法院不得指示披露所有者声称属于商业秘密的任何材料，除非法院允许所有者密封提交文件（其中说明对信息加以保密对于所有者具有的意义）。除非所有者明确同意放弃商业秘密保护，否则因诉讼而向美国或法院提供或披露与商业秘密有关的信息不构成放弃商业秘密保护。该条款还旨在确保在诉讼与被控窃取商业秘密有关的共谋时，实际商业秘密本身不会被披露给被告方，因为作为共谋对象的信息的实际秘密性与诉讼共谋指控无关。

该议案第3节第（b）条对第18编第1961节第（1）条进行了修订，具体改动：将第1831和1832节有关经济间谍活动和窃取商业秘密作为《反诈骗与腐败组织法》的上游犯罪。

第4节　关于国外窃取商业秘密情况的报告

该议案第4节要求，不迟于本法颁布之日后一年以及此后每半年，司法部长经与知识产权执法协调员、美国专利商标局局长以及其他有关机构的负责人协商，向参议院和众议院的司法委员会提交一份报告，其中包括下列事项：

（1）在美国境外发生的美国公司商业秘密失窃事件的范围和程度；

（2）在美国境外发生的商业秘密失窃事件在多大程度上得到了外国政府、代理人或机构的赞助；

（3）在美国境外发生的商业秘密失窃事件所构成的威胁；

（4）商业秘密所有者防止商业秘密在美国境外被侵犯、执行对外国实体关于窃取商业秘密的判决以及阻止进口基于海外商业秘密窃取行为的物项的能力和局限性；

（5）作为美国贸易伙伴的每个国家对美国公司提供的商业秘密保护措施，以及每个此类国家现有和已开展的执法工作的具体信息，其中应列出商业秘密窃取行为对美国公司构成严重问题的具体国家；

（6）联邦政府与外国合作调查、逮捕和诉讼在美国境外参与窃取商业秘密的实体和个人的事例；

（7）根据贸易协定和条约（包括外国颁布的任何新救济），在保护美国公司的商业秘密在美国境外免遭被盗方面取得的具体进展；

（8）就立法和行政部门可采取的行动提出建议，以便（A）减少在美国境外发生的美国公司商业秘密被窃事件造成的威胁和经济影响；（B）对美国公司开展宣教活动，使其了解其商业机密被带到美国境外时所面临的威胁；（C）向美国公司提供援助，以减少其商业秘密在被带到美国境外时的丢失风险；以及（D）为美国公司提供秘密或匿名举报美国境外发生的商业秘密失窃事件的机制。

第5节　国会的意见

在该议案第5节中，国会认为商业秘密窃取行为在国内和世界各地都有发生，对于拥有和依赖商业秘密的美国公司而言商业秘密被窃将有损其利益。1996 年《美国经济间谍法》通过刑法保护商业秘密免遭窃取。在制定民事救济措施时，务必确保在扣押信息的过程中，既要防止或补救侵犯行为，又要避免干扰被扣押方的合法利益和第三方的业务。

第 6 节　最佳实践

第 6 节指示联邦司法中心在该议案颁布后 2 年内，编制关于根据该议案进行信息扣押、存储和确保秘密性的最佳实践建议。建议文本和任何更新内容应提供给参议院和众议院的司法委员会。

第 7 节　向政府或在向法庭提交的文件中秘密披露商业机密的责任豁免

该议案第 7 节修订了《美国法典》第 18 编第 1833 节，具体改动：新增第（b）条。新的第 1833 节第（b）条之第（1）项规定，在两种情况下披露商业秘密的人享有刑事和民事豁免权。（A）分项是关于为报告或调查涉嫌违法行为而向联邦、州或地方政府官员或律师进行的保密披露。（B）分项适用于在司法程序中密封提交的诉状或其他文件中进行的披露。委员会强调，该条款豁免了条款本身规定的有限情况下的披露行为；并不豁免法律禁止的其他行为，如通过未经授权的手段非法获取材料。

该议案设立的第 1833 节第（b）条之第（2）项规定，因举报涉嫌违法行为而遭到报复的个人对雇主提起诉讼时，可向律师披露商业秘密，供其在诉讼中使用，但个人须密封提交任何内含商业秘密的文件，除非根据法院命令进行披露。

第 1833 节第（b）条之第（3）项要求在任何有关商业秘密使用的雇佣合同中列明本条款的豁免通知，尽管雇主可以选择通过提及相关政策文件（其中阐明雇主关于涉嫌违法行为的举报政策，而该政策中提供豁免通知）来作出此类通知。根据该议案，不得判定由未收到此类通知的雇员向雇主支付惩戒性赔偿或律师费。关于豁免通知的要求，应纳入在本小节颁布日之后签订或更新的合同。

第 1833 节第（b）条之第（4）项对“雇员”一词作出了定义，是指以承包商或顾问身份从事工作的任何个人。

第 1833 节第（b）条之第（5）项是为了保持一致性而进行的修改，根据该议案所作的修改，更新了章节标题和章节目录中第 1838 节的标题。

机构意见

美国总统行政办公室

管理和预算处

2016年4月4日

（参议院）

行政政策声明

S. 1890——美国2016年保护商业秘密法（议案）

哈奇（Hatch）参议员（犹他州共和党人）和64位提案人

政府大力支持参议院通过S. 1890《2016年商业秘密保护法》（议案），并赞赏两党为制定该议案所做的努力。创新是推动国家经济前行的引擎，而对商业秘密加以保护能够促进创新，并最大限度减少对美国企业、美国经济和国家安全利益的威胁。S. 1890将为商业秘密窃取行为确立联邦民事私人诉权，从而为企业提供更加统一、可靠和可预测的方式在美国任何地方保护其宝贵的商业秘密。

政府高度重视减少和打击窃取商业秘密的行为，为此采取了多项举措，例如政府制定了《知识产权执法联合战略计划》和《关于减少窃取美国商业秘密行为的战略》，并发布了授权对通过网络窃取商业秘密者进行制裁的第13694号行政令。S. 1890将为全国的企业和行业提供重要的保护，包括依托现行联邦法律和各州法律（基本上采用《美国统一商业秘密法》），设立针对商业秘密窃取行为的联邦民事诉权。因此，政府大力支持《美国2016年商业秘密保护法》（议案），并期待在立法过程中与国会就这一重要立法展开合作。

议案对现行法律的修改（如报告所示）

根据《众议院议事规则》第XIII条第3（e）款的规定，以上报告的议案对现行法律所作的修改如下（建议省略的现行法律用黑色方括号【】括起来，新内容用*斜体*，未建议修改的现行法律用正常字体）：

《美国法典》第18编

第一部分 罪 行

第90章 保护商业秘密

第1831节 经济间谍

【第1836节 禁止违法行为的民事诉讼】

第1836节 民事诉讼

第1832节 窃取商业秘密罪

（a）任何人，若意图将与跨州或跨境贸易使用或计划使用的产品或服务有关的商业秘密转化为其所有者以外的任何人的经济利益，并且在有意促成或明知该违法行为将伤害该商业秘密的任何所有者的情况下，而故意：

（1）盗取或未经授权侵占、取得、带出或隐藏或通过欺诈、诡计或欺骗手段获取该等信息；

（2）在未经授权的情况下拷贝、复制、拍摄、下载、上传、更改、销毁、影印、仿制、传输、交付、发送、邮寄、交流或传递该等信息，或制作该等信息的草图或描绘该等信息；

（3）明知被盗用或未经授权而侵占、获取或传递的情况下接收、购买或占有该等信息；

（4）企图实施第（1）至（3）款所述的任何罪行；或

（5）与一人或多人共谋实施第（1）至（3）款所述的任何罪行，且其中一人或多人为实现共谋目标而实施任何行为。

除第（b）条规定的情况外，应根据本编处以罚款或10年以下监禁，或二者并罚。

（b）任何组织如犯第（a）条所述的任何罪行，将被处以不超过【500万美元罚款】*500万美元罚款或违法组织因被盗商业秘密而获取的价值（包括因此而免于发生的研究和设计费用及其他费用）的3倍（取二者中较高者）*。

第1833节 禁止规定的例外情形

【本章】*（a）概述。本章未禁止下列事项或未就下列事项创设私人诉权：*

（1）美国联邦、州或州下一级行政区划的政府实体开展的任何其他合法活动；或

（2）【向美国联邦、州或州下一级行政区划的任何政府实体举报涉嫌违法行为，如果该实体对该违法行为拥有管辖权】*根据第（b）条披露商业秘密。*

（b）向政府或在向法庭提交的文件中秘密披露商业机密的责任豁免。

（1）豁免。根据任何联邦或州商业秘密法，若满足下列条件，个人不因披露以下商业秘密而承担刑事或民事责任：

（A）披露行为系：

（i）秘密直接或间接向联邦、州或地方政府官员作出，或向律师作出；

（ii）仅为了举报或调查涉嫌违法行为；或

（B）在诉讼或其他程序中提交的诉状或其他文件中披露，而且提交的文件系密封提交。

（2）在反报复诉讼中使用商业秘密信息。因举报涉嫌违法行为而遭到报复的个人对雇主提起诉讼时，可向律师披露商业秘密，供其在诉讼中使用，但是个人：

（A）须密封提交包含商业秘密的任何文件；且

（B）除根据法院命令外，不得披露商业秘密。

（3）通知。

（A）概述。雇主应在与雇员签订的有关使用商业秘密或其他机密信息的合同或协议中，通知雇员本条规定的豁免权。

（B）政策文件。如果雇主向雇员提供了一份政策文件（其中阐明雇主对涉嫌违法行为的举报政策），其中交叉引用了豁免权，则该雇主应遵守了（A）分项中的通知要求。

（C）未遵守规定。如果雇主未遵守（A）分项中的通知要求，则在诉讼中不得判定由未收到此类通知的雇员向雇主支付第1836 节第（b）条之（3）（C）分项或（D）分项的惩戒性损害赔偿或律师费。

（D）适用性。本项适用于在本条颁布日期之后订立或更新的合同和协议。

（4）雇员定义。就本条而言，“雇员”包括以承包商或顾问身份为雇主工作的任何个人。

（5）解释规则。除本条有明确规定外，本条的任何内容均不得解释为授权法律禁止（如未经授权的手段非法获取资料）的行为，或限制对法律禁止的行为的责任。

第1835节　保密令

【在任何诉讼中】*（a）概述。在根据本章进行的任何诉讼或其他诉讼中，*法院应根据《联邦刑事诉讼程序规则》《联邦民事诉讼程序规则》《联邦证据规则》以及所有其他适用法律的要求，发布必要且适当的命令，并采取必要且适当的其他行动，以维护商业秘密的保密性。对于地区法院授权或指示披露任何商业秘密的裁决或命令，美国政府可提出中间上诉。

（b）商业秘密所有者的权利。法院不得授权或指示披露所有者声称属于商业秘

密的任何材料，除非法院允许所有者密封提交（其中说明对信息加以保密对于所有者具有的意义）。除为了本款规定的目的或法律另有要求外，根据本节密封提交的材料不得用于根据本章进行的诉讼。因根据本章进行的诉讼而向美国政府或法院提供或披露与商业秘密有关的信息不构成放弃商业秘密保护，而且因根据本章进行的诉讼披露与商业秘密有关的信息不构成放弃商业秘密保护，除非商业秘密所有者明确同意该等放弃。

【第 1836 节　禁止违法行为的民事诉讼】

第 1836 节　民事诉讼

（a）司法部长可在民事诉讼中针对任何违反本节的行为获得适当的禁令救济。

【（b）美国地方法院对根据本节提起的民事诉讼拥有专属初审管辖权。】

（b）私人民事诉讼。

（1）概述。被侵犯商业秘密的所有者可根据本款提起民事诉讼，但条件是该商业秘密与在跨州或跨国贸易中使用或计划在跨州或跨国贸易使用的产品或服务有关。

（2）民事扣押。

（A）概述。

（i）适用。根据宣誓书或经核实属实的诉状（须满足本项的要求），经单方申请，法院签发命令要求扣押必要的财产，以保全证据或防止相关商业秘密的传播或扩散，但仅限特殊情况下。

（ii）签发命令的要求。除非法院认为相关具体事实可以清楚表明如下各项，否则不得批准（i）款中的申请：

（I）根据《联邦民事诉讼程序规则》第65（b）条下达命令或其他形式的衡平法救济不足以应对当时情形，因为该命令所针对的当事人会逃避、躲避或以其他方式不遵守该命令；

（II）如果不下令扣押，将立即造成无法弥补的伤害；

（III）驳回申请对申请人的损害超过了对扣押令所针对的人合法利益的损害，也大大超过了该扣押可能对任何第三方的损害；

（IV）申请人可能成功证明：

（aa）信息属于商业秘密；且

（bb）扣押令所针对的人：

（AA）以不正当手段侵犯了商业秘密；或

（BB）共谋以不正当手段侵犯商业秘密；

（V）扣押令所针对的人实际占有：

（aa）商业秘密；及

（bb）任何待扣押的财产；

（VI）申请人合理详细地说明要扣押的物品，并在合理范围内指明要

扣押物品的地点；

（Ⅶ）如果申请人向扣押令所针对的人发出通知，扣押令所针对的人或其一致行动人将销毁、转移、藏匿或以其他方式使他人无法找到该物品；且

（Ⅷ）申请人没有公布所申请的扣押事宜。

（B）命令的内容要件。如果根据（A）分项签发命令，则：

（i）扣押令应列出签发命令所需的事实认定和法律结论；

（ii）扣押令应最大限度地缩限扣押范围，达到本项目的即可，并指示扣押行动应尽量减少对第三方商业运营的任何干扰，并在可能的情况下不中断被指控侵犯商业秘密之人的合法商业运营；

（iii）（Ⅰ）签发扣押令的同时发布一项命令，禁止申请人或命令所针对的人接触被扣押的财产，并禁止全部或部分复制被扣押的财产，以保护被扣押的财产不被披露，而且防止对扣押令所针对的人或其他人造成不当损害，直到当事人有机会在法庭上陈述意见为止；

（Ⅱ）规定如果法院允许申请人或命令所针对的人接触，则接触应符合（D）分项的规定；

（iv）扣押令应为执行扣押的执法人员提供指导，明确界定其权限范围，包括：

（Ⅰ）执行扣押的时间；及

（Ⅱ）是否可以强制进入封锁区域；

（v）尽早确定（F）分项中所述的听证日期，最迟不得晚于命令下达后7天，除非命令所针对的当事人和受命令伤害的其他人同意另选日期进行听证，但命令所针对的当事人或受命令伤害的任何人在通知获得命令的申请人后，可随时向法院提出动议，要求解除或修改命令；

（vi）要求取得命令的人提供法院认为充分的担保，以支付扣押令所针对的人因不当或过度扣押或试图扣押而有权获得的损害赔偿。

（C）免于公开。法院应采取适当行动保护根据本项签发命令所针对的人，确保在取得扣押令的人或由其授意下公布关于扣押令和根据扣押令进行的任何扣押行动时，不公开关于命令所针对的人的信息。

（D）法院对材料的保管。

（i）概述。根据命令扣押的任何材料均应交由法院保管，法院应确保在扣押以及法院保管期间他人无法通过物理或电子方式接触材料。

（ii）存储介质。如果被扣押的材料包括存储介质，或者如果被扣押的材料存储在存储介质上，法院应禁止未经双方同意将该介质连接到网络或互联网上，直至举行（B）（v）分项所要求的和（F）项所述的听证会。

（iii）保护机密性。法院应采取适当措施，保护被扣押的与商业秘密无关的材料的保密性，除非命令所针对的人同意披露这些材料。

(iv) 任命特殊专家。法院可任命一名特殊专家，负责查找和隔离所有被侵犯的商业秘密信息，并协助将不相关的财产和数据归还给财产被扣押人。法院任命的特殊专家应受法院批准的保密协议约束。

(E) 送达命令。法院应命令由联邦执法人员送达本项规定的命令以及申请人为获得命令而提交的材料，联邦执法人员在送达后应根据命令执行扣押行动。法院可允许州和地方执法人员参与，但不得允许申请人或其代理人参与。应执法部门的要求，如果法院确定专家参与将最大限度地减轻执行扣押人员的工作负担，法院可以任命一名中立技术专家（受保密协议约束）协助扣押。

(F) 扣押听证。

(i) 日期。签发扣押令的法院应在法院根据（B）（v）分项确定的日期举行听证会。

(ii) 举证责任。在根据本分项举行的听证会上，取得命令的一方有责任在听证会上证明相关事实，以支持事实认定和法律结论，进而证明签发扣押令的必要性，如果当事人未能提供充分的证据，扣押令应被解除或适当修改。

(iii) 解除或修改命令。扣押令所针对的一方或受到扣押令损害的任何人可随时向法院提出动议，要求解除或修改扣押令。

(iv) 调查取证时限。法院可根据需要发布命令，修改《联邦民事诉讼程序规则》规定的调查取证时限，以防止本分项规定的听证目的无法实现。

(G) 错误扣押造成的损害赔偿诉讼。因本项规定的不当扣押或过度扣押而遭受损害的人，有理由对扣押令申请人提起诉讼，并有权获得与《1946 年商标法》第34 节第（d）条第（11）款［《美国法典》第15 编第1116 节第（d）条第（11）款］规定相同的救济。根据（B）（vi）分项向法院提供的担保不应限制第三方追讨损害赔偿的数额。

(H) 加密动议。声称与被扣押标的物存在利害关系的一方或其他人可在任何时间提出动议（对此可在一方参加的情况下审理），申请对根据本款项已扣押或待扣押的存储在存储介质上的材料进行加密。

(3) 救济。在根据本节提起的有关侵犯商业秘密的民事诉讼中，法院可：

(A) 颁发禁令

(i) 以防止第（1）款所述的任何实际的或似将发生的侵犯行为，但须按照法院认为合理的条款，但是禁令不得：

(I) 阻止相关人员建立雇佣关系，并且对前述雇佣施加的条件应基于似将发生侵犯行为的证据，而不仅仅是该人知道的信息；或

(II) 在其他方面与禁止限制合法职业、行业或企业执业的适用州法相抵触；

(ii) 如果认为合适，法院可以要求采取肯定性措施来保护商业秘密；

（iii）在任何特殊情况下如采用禁令有失公平，法院可以规定支付合理的特许权使用费方可使用商业秘密，但支付时间不得超过本应禁止使用的时间。

（B）裁定：

（i）（I）针对侵犯商业秘密而造成的实际损失和任何不当得利，给予损害赔偿；

（II）针对侵犯商业秘密而造成任何不当得利（在计算实际损失时未涉及），给予损害赔偿；或

（ii）作为对通过任何其他方法衡量的损害赔偿的替代，通过对侵犯者未经授权披露或使用商业秘密施加支付合理特许权使用费的责任来衡量侵犯造成的损失；

（C）如果商业秘密被故意和恶意侵犯，则可判予惩戒性损害赔偿，但不得超过根据（B）分项所判予的补偿性损害赔偿的两倍；

（D）如果侵犯索赔系恶意提出（可通过间接证据确定），或者恶意提出或恶意反对终止禁令的动议，或者存在故意和恶意的侵犯行为，可判予向胜诉方赔偿合理的律师费。

（c）管辖权。美国地方法院对根据该节提起的民事诉讼拥有初审管辖权。

（d）诉讼时效期限。根据第（b）条提起民事诉讼不得晚于发现与诉讼有关的侵犯行为之日后3年，或通过合理谨慎本应发现侵犯行为之日后3年。就本条而言，持续性侵犯构成一项侵犯索赔理由。

第1838节　与其他法律相关的解释

【本章】*除第1833节第（b）条规定外，本章*不得解释为优先于或取代美国联邦、州、自由联邦、属地或领地法律针对侵犯商业秘密行为规定的任何其他民事或刑事救济，也不得解释为影响任何政府雇员根据《美国法典》第5编第552节（通常称为《信息自由法》）在其他情况下合法披露信息。

第1839节　定　　义

在本章中：

（1）“外国机构”指实质上由外国政府所有、控制、赞助、指挥、管理或支配的任何单位、局、部、部门、机构、协会或任何法律、商务或商业组织、商行、公司或实体。

（2）“外国代理人”指外国政府的任何官员、雇员、代理人、职员、受委托人或代表。

（3）“商业秘密”指所有形式和类型的金融、商业、科学、技术、经济或工程信息，包括模式、计划、汇编作品、程序设备、公式、设计、原型、方法、技术、过程、程序或代码，无论是有形的还是无形的，无论是以物理、电子、图形、摄影还是书面方式存储、编译或记忆，前提是：

（A）信息的所有者已采取合理措施对该信息保密；

（B）该信息因不被普遍所知而产生独立的经济价值（实际的或潜在的），而且【公众】*因信息的披露或使用而获取经济价值的其他人不能通过适当的方式轻易确定该信息*；

（4）商业秘密“所有者”，就商业秘密而言，指拥有商业秘密的正当普通法或衡平法所有权或许可的人或实体【。】；

（5）*“侵犯”指：*

（A）某人获取他人的商业秘密，同时明知或有理由知道该商业秘密获取行为采取了不正当手段；或

（B）经下列人的明示或暗示同意使用或披露他人的商业秘密：

（i）该人使用不当手段了解到商业秘密；

（ii）在披露或使用之时，该人知道或有理由知道商业秘密：

（I）是源于使用不当事手段取得商业秘密的人，或通过该人取得；

（II）在触发商业秘密保密或限制商业秘密使用的义务的情况下获取的商业秘密；或

（III）是源于某人或通过某人取得的，而该人对寻求救济者负有保守商业秘密或限制使用商业秘密的义务；或

（iii）该人职务发生重大变更之前，知道或有理由知道：

（I）该商业秘密属于商业秘密；

（II）意外或无意间了解到商业秘密；

（6）“不当手段”指：

（A）包括盗窃、贿赂、虚假陈述、违反或诱使违反保密义务，或通过电子或其他手段进行间谍活动；

（B）不包括反向工程、独立研发或任何其他合法获取手段；

（7）“《1946 年商标法》”指标题为“1946 年7 月5 日批准的规定注册和保护商业中使用的商标、执行某些国际公约的规定以及其他目的的法案（《美国法典》第15 编第1051 节及其后条文）（通常称为《1946 年商标法》或《兰哈姆法》）”。

第 96 章　反诈骗与腐败组织法

第 1961 节　定　　义

在本章中：

（1）“敲诈勒索活动”指（A）任何涉及谋杀、绑架、赌博、纵火、抢劫、贿赂、敲诈、贩卖淫秽物品或贩卖受管制物质或清单所列化学品（定义见《受管制物质法案》第 102 节）的行为或威胁，根据州法律应予以诉讼，并处以 1 年以上监禁；（B）根据《美国法典》第 18 编以下任何条款可被诉讼的任何行为：第 201 节（关于贿赂），第 224 节（关于体育贿赂），第 471、472 和 473 节（关于伪造假冒），第 659 节（关于从跨州货运中盗窃）（如果根据第 659 节可诉讼的行为属于重罪），第 664 节（关于挪用养老金和福利基金），第 891—894 节（关于敲诈性信贷交易），第 1028 节（关于与身份证件有关的欺诈及相关活动），第 1029 节（关于与接入设备有关的欺诈及相关活动），第 1084 节（关于赌博信息的传输），第 1341 节（关于邮件欺诈），第 1343 节（关于电信诈骗），第 1344 节（关于金融机构欺诈），第 1351 节（关于对外劳务承包中的欺诈），第 1425 节（关于非法获得公民身份或国籍），第 1426 节（关于复制入籍或公民身份文件），第 1427 节（关于出售入籍或公民身份文件），第 1461—1465 节（关于淫秽物品），第 1503 节（关于妨碍司法），第 1510 节（关于妨碍刑事调查），第 1511 节（关于妨碍州或地方执法），第 1512 节（关于干扰证人、受害人或举报人），第 1513 节（关于报复证人、受害人或举报人），第 1542 节（关于申请和使用护照时的虚假陈述），第 1544 节（关于伪造或虚假使用护照），第 1544 节（关于滥用护照），第 1546 节（关于签证、许可证和其他文件的欺诈和滥用），第 1581—1592 节（关于当奴工偿债、奴役和贩卖人口），第 1831 和 1832 节（关于经济间谍和商业机密窃取），第 1951 节（关于干扰商业、抢劫或敲诈），第 1952 节（关于敲诈勒索），第 1953 节（关于跨州运输赌博用具），第 1954 节（关于非法福利基金支付），第 1955 节（关于禁止非法赌博业务），第 1956 节（关于货币工具洗钱），第 1957 节（关于从事特定非法活动所得财产的货币交易），第 1958 节（关于利用跨州商业设施实施雇佣谋杀），第 1960 节（关于非法汇款公司），第 2251、2251A、2252 和 2260 节（关于对儿童的性剥削），第 2312 和 2313 节（关于跨州运输被盗机动车辆），第 2314 和 2315 节（关于跨州运输被盗财产），第 2318 节（关于贩卖伪造的录音磁带标签、计算机程序或计算机程序文件或包装以及电影或其他视听作品的副本），第 2319 节（关于刑事侵犯版权），第 2319A 节（关于未经授权固定和贩运现场音乐表演的录音和音乐视频），第 2320 节（关于贩运带有假冒商标的货物或服务），第 2321 节（关于贩运某些机动车辆或机动车辆部件），第 2341—2346 节（关于贩运违禁香烟），第 2421—2424 节（关于贩卖白奴），第 175—178 节（关于生物武器），第 229 - F 节（关于化学武器），第 831 节（关于核材料）；（C）根据《美国法典》第 29 编第 186 节（关于对劳工组织付款和贷款的限制）或第 501（c）节（关于挪用工会资金）可被诉讼的任何行为；（D）涉及第 11 编所述案件（本编第 157 节所述案件除外）所指欺诈的任何罪行，涉及证券销售欺诈的罪行，或制造、进口、接收、隐瞒、购买、出售或以其他方式交易受控物质或清单所列化学品（定义见《受管制物质法案》第 102 节）的罪行，根据美国任何法律应予以处罚；（E）根据《货币和外国交易报告法》应予起诉的任何行为；（F）根据《移民和国籍法》第 274 节（关于带入和窝藏某些外国人）、第 277 节（关于协助或帮助某些外国人进入美国）或第 278 节（关于为不道德目的进口外国人）应予起诉的任何行为，前提是根据该法上述各节应予起诉的行为是为了谋取经济利益；或（G）根据第 2332 节之 b（g）（5）（B）分项所列任何规定可被诉讼的任何行为。

（2）“州”指美国的任何州、哥伦比亚特区、波多黎各自由邦、美国的任何领地或属地、任何政治分支机构或其任何部门、机构或单位。

（3）“人”包括能够持有财产的法定权益或实益权益的任何个人或实体。

（4）“企业”包括任何个人、合伙企业、公司、协会或其他法律实体，以及虽非法律实体但事实上有关联的任何联盟或团体。

（5）“敲诈勒索活动模式”要求至少有两次敲诈勒索行为，其中一次发生在本章生效日期之后，最后一次发生于先前敲诈勒索事件发生后的10年内（不包括任何监禁期）。

（6）“非法债务”指以下债务。（A）在赌博活动中产生或签订的违反美国联邦、州或其政治分支机构法律的债务，或根据州或联邦法律因与高利贷有关的法律而在本金或利息方面全部或部分不可执行的债务；（B）因违反美国联邦、州或其政治分支机构的法律的赌博业务而产生，或与根据州或联邦法律以高利贷利率放贷或提供有价物的业务有关，而高利贷利率至少是可执行利率的两倍。

（7）“敲诈勒索调查员”指司法部长指定的负责执行或实施本章职责的任何律师或调查人员。

（8）“敲诈勒索调查”指任何敲诈勒索调查员进行的任何调查，其目的是确定任何人是否参与了违反本章或违反美国法院在根据本章引起的任何案件或诉讼中正式下达的任何最终命令、判决或法令的行为。

（9）“文件材料”包括任何书籍、文书、文件、记录、录音或其他材料。

（10）“司法部长”包括美国司法部部长、美国司法部常务副部长、美国司法部副部长、美国司法部任何助理部长，或根据司法部长指定而执行本章向司法部长所赋予权力的司法部任何雇员或由此而执行该等权力的美国任何部门或机构的任何雇员。任何被指定的部门或机构可在本章授权的调查中使用本章的调查条款或法律赋予该部门或机构的调查权力。

美国2020年保护知识产权法①

为制裁对美国人商业秘密实施重大盗窃或出于其他目的行为的外国人，特制定本法。

本法由美利坚合众国参众两院在国会全体会议上通过。

第一节　法律简称

本法可引称为《美国2020年保护知识产权法》。

① 2020年12月20日，第一百一十六届国会第二次会议通过，原文参见：https：//www.congress.gov/116/bills/s3952/BILLS-116s3952es.pdf，最后访问时间：2021年2月20日。——译者

第二节 对盗窃美国人商业秘密的行为实施制裁

(a) 报告要求。

(1) 一般规定。总统应在本法颁布之日起 180 天内向有关国会委员会提交一份报告，并且应在此后不少于每隔 180 天向该委员会提交报告，报告应包含如下内容：

(A) 就报告提交之前的 180 天期间，指明下列事项：

(i) 任何有下列情形的外国人，即对美国人商业秘密故意实施重大盗窃行为，或者从该盗窃行为中受益，且该盗窃行为很可能导致或已在实质上造成对美国国家安全、外交政策、经济健康或金融稳定的重大威胁；

(ii) 任何有下列情形的外国人，即为上述盗窃行为提供大量资金、物质或技术支持，或者为协助上述盗窃行为或从中显著受益而提供商品或服务；

(iii) 根据第 (i) 目或第 (ii) 目规定指明的任何外国人拥有或控制，或直接或间接代表该外国人行事或声称代表该外国人行事的任何实体；及

(iv) 根据第 (i) 目或第 (ii) 目规定指明的任何外国实体中担任首席执行官或董事会成员的任何外国人；

(B) 说明第 (A) 项第 (i) 目中所述的每一个外国人实施或从中受益的商业秘密盗窃行为的性质、目的和结果；及

(C) 评估第 (A) 项第 (iv) 目所述的首席执行官或董事会成员是否实施或受益于第 (i) 目或第 (ii) 目所述行为。

(2) 报告形式。第 (1) 款要求提交的报告应以非保密的形式提交，但可包括保密的附件。

(b) 实施制裁的权力。

(1) 适用于实体的制裁。对于由第 (a) 条第 (1) 款确定的外国实体，根据该款提交的最新报告，总统应实施下列一种措施：

(A) 冻结财产。总统可根据《国际紧急经济权力法》(《美国法典》第 50 编第 1701 节及后续条款)，冻结并禁止交易该实体的下列所有财产及财产权益，即在美国境内、进入美国境内或者已处于或将处于美国人拥有或控制之下的所有财产及财产权益。

(B) 列入实体清单。对于违反美国国家安全或外交政策利益的行为，总统可将实施该行为的实体列入《出口管制条例》第 744 节附件 4 规定的、由商务部工业和安全局维护的实体清单中。

(2) 适用于个人的制裁。对于由第 (a) 条第 (1) 款第 (A) 项确定的个人，根据该款提交的最新报告，应适用下列规定：

(A) 冻结财产。总统应根据《国际紧急经济权力法》(《美国法典》第 50 编第 1701 节及后续条款)，冻结并禁止交易该人的下列所有财产及财产权益，即在美国境内、进入美国境内或者已处于或将处于美国人拥有或控制之下的

所有财产及财产权益。

（B）签证禁令；驱逐令。国务卿应拒绝向该人发放签证，并根据《移民与国籍法》第 221 节第（i）条（《美国法典》第 8 编第 1201 节第（i）条）规定，撤销该人的任何签证或其他文件，国土安全部部长也应拒绝此人入境。

（c）执行；处罚。

（1）执行。总统可行使《国际紧急经济权力法》第 203 节和第 205 节（《美国法典》第 50 编第 1702 节和第 1704 节）赋予的一切权力执行本节内容。

（2）处罚。如有人违反、企图违反、共谋违反或导致违反第（b）条第（1）款第（A）项或第（2）款第（A）项规定，或者违反、企图违反、共谋违反或导致违反为执行第（b）条第（1）款或第（2）款而发布的任何法规、许可或命令，则行为人应受《国际紧急经济权力法》第 206 节（《美国法典》第 50 编第 1705 节）第（b）条和第（c）条规定的处罚，处罚程度与实施该节第（a）条所述违法行为的人相同。

（d）国家利益豁免。

对于根据第（b）条规定对个人实施的制裁，总统可予以豁免，但必须符合下列条件：

（1）总统确定此项豁免符合美国的国家利益；且

（2）总统应在发出豁免后 15 天内，就该项豁免向相应国会委员会提交豁免通知及理由。

（e）制裁终止。

对于根据第（a）条规定提交的报告中所指明的外国人，如果总统向相应国会委员会证明该人不再实施该报告中所指明的行为，则根据第（b）条对该外国人实施的制裁应当终止。

（f）例外情形。

（1）情报活动。对于适用 1947 年《国家安全法》（《美国法典》第 50 编第 3091 节及后续条款）标题 V 下所述报告要求的行为或美国有权实施的任何情报活动，本节规定不适用。

（2）执法活动。对于美国有权实施的任何执法活动，本节规定的制裁不适用。

（3）遵守国际协定的例外情形。如有下列情形，则第（b）条第（2）款第（B）项不适用，即为履行美国在 1947 年 6 月 26 日签署于成功湖并于 1947 年 11 月 21 日生效的联合国与美国《联合国总部协定》、1963 年 4 月 24 日签署于维也纳并于 1967 年 3 月 19 日生效的《领事关系公约》或其他国际协定中承担的义务，而准许个人进入美国境内。

（g）货物进口的例外情况。

（1）一般规定。本节所述实施制裁的权力或要求，不包括对商品进口实施制裁的权力或要求。

（2）“商品”的定义。在本款中，“商品”一词指包括天然的或人造的物质、材料、供应品或制成品在内的任何物品，包括检验和试验设备，但不包括技术数据。

（h）定义。

在本节中：

（1）相应国会委员会。“相应国会委员会”一词指：

（A）参议院的银行、住房和城市事务委员会以及外交关系委员会；及

（B）众议院的金融服务委员会和外交事务委员会。

（2）出口管制条例。“出口管制条例”一词指《联邦法规汇编》第15编第七章C分章。

（3）外国实体。“外国实体”一词指非美国人的实体。

（4）外国人。“外国人”一词指非美国人。

（5）商业秘密。“商业秘密”一词含义见《美国法典》第18编第1839节。

（6）人。“人”一词指个人或实体。

（7）美国人。“美国人”一词指：

（A）美国公民或合法获准在美国永久居住的外国人；

（B）根据美国法律成立或位于美国境内任何司法管辖区的实体，包括此类实体的外国分支机构；或

（C）任何在美国的人。

2020年12月20日于参议院通过。

欧盟商业秘密指令[①,②]

欧洲议会和欧盟理事会
关于保护未披露的技术诀窍和商业信息（商业秘密）
防止非法获取、使用和披露的第2016/943号（欧盟）指令
即商业秘密指令

欧洲议会和欧盟理事会，

考虑到《欧盟运行条约》，特别是第114条，

---

① 译者：李陶，中央财经大学法学院副教授，德国法学博士。针对翻译，译者做以下说明：该中文翻译系依据德文文本；该翻译仅针对指令条文本身，并不涉及指令“鉴于”部分，若对指令内容有疑问，需结合指令该部分相应段落进行理解。德文原文参见：https：//eur－lex. europa. eu/legal－content/DE/TXT/PDF/？uri＝CELEX：32016L0943，最后访问时间：2024年1月23日。

② 译者：李杜，海南大学法学院副教授、博士，该翻译仅针对“鉴于”部分，根据英文原文翻译。英文原文参见：https：//eur－lex. europa. eu/legal－content/EN/TXT/PDF/？uri＝CELEX：32016L0943，最后访问时间：2024年1月23日。

考虑到欧盟委员会的提案，

在将立法草案传达至各国议会之后，

考虑到欧洲经济和社会委员会的意见①，

按照普通立法程序②行事，

鉴于：

（1）商业和非商业研究机构投资于获取、开发和应用作为知识经济货币并提供竞争优势的技术和信息。这种在产生和应用智力资本方面的投资是衡量其在市场中的竞争力和创新相关绩效以及投资回报的一个决定性因素，这是商业研发的潜在动力。当开放性不允许充分利用他们在研究和创新方面的投资时，企业求助于不同的方法使其创新相关活动的结果合理。知识产权的使用，例如专利权、外观设计权或版权，就是这样一种手段。盗用创新成果的另一种方法是保护获取和使用对实体有价值且不广为人知的知识。这些有价值的专有技术和商业信息是未公开且意图保密的，被称为商业秘密。

（2）企业，无论其规模大小，都同样重视商业秘密以及专利和其他形式的知识产权。他们将秘密性作为商业竞争力和研究创新管理的工具，并涉及从技术知识到商业数据的各种信息，如客户和供应商信息、经营方案、市场研究和战略。中小企业（SMEs）更重视并依赖商业秘密。通过保护如此广泛的专有技术和商业信息，这使商业秘密无论是作为知识产权的补充还是替代，都能使创造者从其创造成果中获利，因此，商业秘密保护对于维持商业竞争力、促进研发创新相关成果尤为重要。

（3）开放式创新是产生满足消费者需求和应对社会挑战的新想法的催化剂，并允许这些想法找到进入市场的方式。这种创新是创造新知识的重要杠杆，并支持基于共同创造知识的新型创新商业模式的出现。包括跨境合作在内的协作研究对于提高内部市场的业务研究和开发水平尤为重要。知识和信息的传播对于确保商业发展机会是充满动态的、积极的和公平的至关重要，特别是对中小企业而言。在内部市场，跨境合作的障碍被最小化，合作不会被扭曲，并且知识创造应鼓励对创新过程、服务和产品的投资。这种有利于智力创造以及不妨碍就业流动的环境对于就业增长和提高联盟经济的竞争力也很重要。在研发以及创新背景下，商业秘密在保护企业（包括特别是中小企业）和内部市场内外的研究机构之间的知识交流方面发挥着重要作用。商业秘密是企业最常用的保护智力创造和创新的形式之一，但与此同时，针对他人的非法获取、使用或披露行为，商业秘密获得联盟现有法律框架下的最小保护。

（4）无论是来自联盟内还是来自联盟外，创新型企业越来越多地受到旨在侵害商业秘密的不诚实行为的损害，例如盗窃、未经授权的复制、经济间谍活动或违反保密要求。当前形势的发展，例如全球化加深、外包增加、供应链延长以及信息和

---

① OJC226，16. 7. 2014，p. 48.

② 2016 年 4 月 14 日欧洲议会的立场（尚未在官方公报上公布）和欧盟理事会 2016 年 5 月 27 日的决定。

通信技术的使用增加，都加大了这些行为的风险。非法获取、使用或披露商业秘密会损害商业秘密合法持有人从其创新成果中获得先发回报的能力。如果没有有效和可比较的法律手段来保护整个联盟的商业秘密，那么在内部市场中参与创新相关的跨境活动的激励措施就会受到破坏，商业秘密就无法发挥其促进经济增长和驱动就业发展的潜力。因此，创新和创造力因此受阻，投资减少，从而影响内部市场的顺利运作，破坏其增长潜力。

(5) 在世界贸易组织框架内为解决这一问题而作出的国际性努力，使《与贸易有关的知识产权协议》(TRIPS 协议) 成功缔结。TRIPS 协议除其他外，包含保护商业秘密不被第三方非法获取、使用或披露的相关规定，这些规定是共同的国际标准。所有成员国以及联盟本身均受本协议的约束，该协议经欧盟理事会第 94/800/EC 号[①]决定批准。

(6) 虽然有 TRIPS 协议，但各成员国的立法在保护商业秘密不被他人非法获取、使用或披露方面存在重大差异。例如，并非所有成员国都对商业秘密或非法获取、使用或披露商业秘密采用了国家定义，因此，保护范围并不容易确定，而且各成员国的保护范围也不同。此外，在非法获取、使用或披露商业秘密的情况下，可提供的民事法律救济措施也不一致，因为并非所有成员国都能针对商业秘密合法持有人的竞争对手以外的第三人提供。对于第三方善意获得商业秘密但随后在使用时获悉该秘密是由另一方非法获得的行为的处理方式，各成员国也存在分歧。

(7) 关于是否允许合法商业秘密持有人请求销毁非法使用商业秘密的第三方生产的商品，或者请求归还或销毁任何包含或体现非法获得或使用的商业秘密的文件、档案或材料，各国的规定也有所不同。此外，关于损害赔偿计算的可适用国家规则并不总是考虑商业秘密的无形性，这使得在无法确定相关信息的市场价值的情况下，难以证明侵权给商业秘密持有人造成的实际利润损失或者不当得利。只有少数成员国允许适用抽象的损害赔偿规则，其依据是如果存在使用商业秘密的许可，本应支付的合理使用费。此外，当商业秘密持有人就第三方涉嫌非法获取、使用或披露商业秘密提出索赔时，许多国家的规则并没有规定对商业秘密的保密性进行适当的保护，从而降低了现有救济措施的吸引力，削弱了所提供措施的保护力度。

(8) 成员国规定的商业秘密法律保护的差异意味着商业秘密在整个联盟内没有得到同等程度的保护，从而导致该领域内部市场分散、削弱了相关规则的整体威慑效果。到目前为止，内部市场之所以受到影响，是因为这种差异降低了企业开展与创新相关的跨境经济活动的积极性，包括与合作伙伴开展研究合作或生产合作、外包或对其他成员国进行投资，而这些活动取决于对享有商业秘密保护的信息的使用。跨国网络研发以及与创新相关的活动，包括相关生产和随后的跨境贸易，在联盟内部的吸引力降低，难度增加，从而也导致了联盟范围内与创新相关的效率低下。

① 1994 年 12 月 22 日欧盟理事会第 94/800/EC 号决定，该决定涉及代表欧洲共同体就其权限范围内的事项缔结乌拉圭回合多边谈判（1986—1994 年）所达成的各项协议（OJ L 336，23. 12. 1994，p. 1）。

(9) 此外，由于商业秘密更容易被窃取或以其他方式非法获取，保护水平相对较低的成员国的企业面临的风险更高。这导致内部市场用于促进增长创新的资本配置效率低下，因为一些成员国为弥补法律保护不足，在保护措施方面的投入较高。它还会偏袒不公平竞争者的活动，后者在非法获取商业秘密后，可能将使用此类获取的商业秘密生产的商品销售到整个内部市场。当这些商品的设计、生产或销售依赖于被盗或非法获取的商业秘密时，立法制度的差异也为通过保护较弱的入境点将货物从第三国进口到欧盟提供了便利。总的来说，这种差异阻碍了内部市场的正常运作。

(10) 为了确保在非法获取、使用或披露商业秘密的情况下，内部市场有充分的、一致的民事救济措施，在欧盟层面提供与成员国法律相近的规则是适当的。这些规则不应妨碍成员国为防止非法获取、使用或披露商业秘密提供更广泛保护的可能性，只要本指令中明确规定的保护其他各方利益的保障措施受到尊重即可。

(11) 本指令不应影响要求向公众或公共机构披露信息（包括商业秘密）的联盟或国家规则的适用。它也不应影响允许公共机构收集信息以履行其职责的规则，或允许或要求公共机构随后向公众披露相关信息的规则的适用。这些规则尤其包括关于欧盟机构和组织或国家公共机构根据欧洲议会和欧盟理事会第（EC）1049/2001 号条例[①]、欧洲议会和欧盟理事会第（EC）1367/2006 号条例[②]和欧洲议会和欧盟理事会第 2003/4/EC 号指令[③]，或根据公开获取文件或国家公共机构的透明度义务的其他规则。

(12) 本指令不应影响社会公众根据劳动法的规定，就不披露商业秘密或限制商业秘密使用的任何义务，以及受该义务约束的一方违反该义务的后果签订集体协议的权利。但条件是，在因商业秘密的获取、使用或披露而申请本指令规定的措施、程序或补救措施被驳回时，任何此类集体协议不得限制本指令规定的例外情况。

(13) 不应将本指令理解为是对联盟法律规定的开业自由、员工自由行动或员工流动自由的限制。它也不打算影响雇主和雇员之间根据适用法律签订竞业禁止协议的可能性。

(14) 不限制制止侵害的主题且明确商业秘密的统一定义是很重要的。因此，该定义应涵盖技术秘密、经营信息和技术信息，其中既有保密的合法利益，也有保密的合法期望。此外，这些专有技术或信息应具有商业价值，无论该价值是实际的还是潜在的。例如，如果非法获取、使用或披露这些专有技术或信息有可能会损害合法控制者的利益，即损害了此人的科学和技术潜力、商业或经济利益、战略地位，

① 2001 年 5 月 30 日欧洲议会和欧盟理事会关于公众获取欧洲议会、欧盟理事会和欧盟委员会文件的第（EC）1049/2001 号条例（OJ L 145，31. 5. 2001，p. 43）。

② 2006 年 9 月 6 日欧洲议会和欧盟理事会关于将《在环境问题上获取信息、公众参与决策和诉诸法律的奥胡斯公约》的规定适用于共同体机构和团体的第（EC）1367/2006 号条例（OJ L 264，25. 9. 2006，p. 13）。

③ 2003 年 1 月 28 日欧洲议会和欧盟理事会关于公众获取环境信息的第 2003/4/EC 号指令，以及废除理事会第 90/313/EEC 号指令（OJ L 41，14. 2. 2003，p. 26）。

那么这些专有技术或信息就应被视为具有商业价值。商业秘密的定义不包括琐碎的信息以及员工在正常工作过程中获得的经验和技能，也不包括通常已知的信息或通常处理有关信息的人群易于获取的信息。

（15）确定商业秘密法律保护正当性的条件也很重要。因此，有必要确定被视为非法获取、使用或披露商业秘密的行为和做法。

（16）为了激励创新和促进竞争，本指令的规定不应为商业秘密保护的专有技术或信息创设任何排他权。因此，独立发现相同的专有技术或信息应该是可能的。除合同约定外，对合法获得的产品进行反向工程应被视为获取信息的合法手段。然而，订立此类合同的自由受法律限制。

（17）在一些工业部门，创造者和创新者无法从排他权中获益，其创新传统上依赖于商业秘密，产品一旦进入市场，就很容易被反向工程。在这种情况下，这些创造者和创新者可能成为诸如寄生式复制或奴从模仿等行为的受害者，后者对前者的声誉和创新成果“搭便车”。一些涉及不正当竞争的国家法律对这些行为作了规定。虽然本指令并非旨在改革或统一有关不正当竞争的一般法律，但欧盟委员会应认真研究联盟在该些领域采取行动的必要性。

（18）此外，依法强制实施或允许的获取、使用或披露商业秘密应视为符合本指令宗旨的合法行为。这尤其涉及工人代表根据联盟法律和国家法律和惯例行使知情权、协商权和参与权，集体维护工人和雇主利益（包括共同决策）时获取和披露商业秘密，以及在根据联盟或国家法律进行法定审计时获取或披露商业秘密。然而，将商业秘密的获得视为合法的行为不应侵害商业秘密的任何保密义务，或者影响联盟或国家法律对信息接收者或获取者使用商业秘密的任何限制。特别是，本指令不应免除公共机构对商业秘密持有人所传递信息的保密义务，无论这些义务是由联盟法律还是国家法律规定的。此类保密义务主要包括在采购程序中向订约机构提供信息的义务，例如，欧洲议会和欧盟理事会第 2014/23/EU 号指令①、欧洲议会和欧盟理事会第 2014/24/EU 号指令②和欧洲议会和欧盟理事会第 2014/25/EU 号指令③所规定的义务。

（19）虽然本指令规定了一些临时措施和补救措施，其中包括为保护商业秘密的秘密性而防止披露信息，但至关重要的是，《欧洲联盟基本权利宪章》（以下简称《宪章》）第 11 条所反映的包含媒体自由和多元化的言论和信息自由权的行使不应受限制，特别是在调查性新闻和保护新闻来源方面。

（20）本指令规定的措施不应限制举报活动。因此，商业秘密的保护不应扩展到

---

① 2014 年 2 月 26 日欧洲议会和欧盟理事会关于授予特许权合同的第 2014/23/EU 号指令（OJ L 94，28. 3. 2014，p. 1）。

② 2014 年 2 月 26 日欧洲议会和欧盟理事会关于公共采购第 2014/24/EU 号指令，并废除第 2004/18/EC 号指令（OJ L 94，28. 3. 2014，p. 65）。

③ 2014 年 2 月 26 日欧洲议会和欧盟理事会关于水、能源、运输和邮政服务部门实体采购的第 2014/25/EU 号指令，并废除第 2004/17/EC 号指令（OJ L 94，28. 3. 2014，p. 243）。

商业秘密的披露符合公共利益的情况，只要披露的是直接相关的不当行为、不法行为或非法活动。这不应被视为妨碍主管司法机关在被调查对象有充分理由善意地相信其行为符合本指令规定的适当标准的情况下，允许对措施、程序和救济措施的适用例外。

（21）根据相称性原则，意图保护商业秘密的措施、程序和救济措施应当有针对性，特别是通过阻止非法获取、使用和披露商业秘密的措施，以实现内部研究和创新市场平稳运行的目标。这种特定的措施、程序和救济措施的调整不应损害或破坏基本权利和自由或公共利益，例如公共安全、消费者保护、公共卫生和环境保护，并且不应影响劳动者的流动。在这方面，本指令规定的措施、程序和救济措施旨在确保主管司法机关考虑商业秘密的价值、导致非法获取、使用或披露商业秘密行为的严重性，以及这种行为的影响等因素。还应确保主管司法机关有权权衡法律诉讼各方的利益，以及酌情考虑包括消费者在内的第三方的利益。

（22）如果所提供的措施、程序和救济措施被用于追求与本指令目标相悖的非法意图，内部市场的平稳运作就会受到损害。因此，必须授权司法机关采取适当措施，以处理滥用或恶意提交明显没有根据的申请，如其目的是不公平地拖延或限制被申请人进入市场，或以其他方式恐吓或骚扰被申请人。

（23）为了符合法律确定性，并考虑到商业秘密合法持有人在保护其有价值的商业秘密的秘密性和监督其使用方面应该履行注意义务，将其实质性诉求或提起商业秘密保护诉讼的可能性限制在有限的时间内是恰当的。国家法律还应以清晰明确的方式规定该期限从何时开始以及在何种情况下中断或中止。

（24）商业秘密在法律诉讼过程中泄密的潜在可能往往会阻碍商业秘密合法持有人提起诉讼以保护其商业秘密，从而损害所规定的措施、程序和救济措施的有效性。因此，有必要在确保获得有效救济和公正审判的权利的前提下，制定具体要求，在为保护商业秘密而提起的法律诉讼过程中保护涉案商业秘密的秘密性。在法律诉讼结束后，只要构成商业秘密的信息不为公众所知，这种保护应一直有效。

（25）这些要求至少应包括限制有权获得证据或听证的人员范围的可能性，同时需记住所有此类人员都应遵守本指令规定的保密要求，并且仅公布司法判决中的非保密内容。在这种情况下，考虑到评估作为争议主题的信息的性质是法律诉讼的主要目的之一，确保有效保护商业秘密的秘密性和尊重诉讼当事人获得有效救济和公正审判的权利尤为重要。因此，受限制的人员范围应由各方至少一名自然人以及各方各自的律师组成，并在法律适用的情况下，还应由根据国家法律具有相应资格的其他代表组成，以便在本指令所涉及的法律诉讼中为一方当事人辩护、代表其利益或为其利益服务。需注意，该类受限制人员应完全可以获得此类证据或听证。如果其中一方是法人，则该当事方应能推荐一名或多名自然人构成该受限制人员范围的一部分，以确保其能适当代表该法人，并在适当的情况下接受司法管控，以防止限制获取证据和听证的目的被破坏。这种保障措施不应被理解为要求当事人在法律诉讼过程中由律师或其他诉讼代表人代表，而国家法律并不要求这种代表。它们也不应被理解为限制法院根据有关成员国的适用规则和惯例决定相关法院官员是否以及在何种程度上也应充分获得证据和听证会的权限，以便其履行职责。

（26）第三方非法获取、使用或披露商业秘密可能对商业秘密合法持有人造成破坏性影响，因为一旦公开披露，该持有人就不可能恢复到泄密之前的状态。因此，必须提供快速、有效和可获得的临时措施，以立即终止非法获取、使用或披露商业秘密的行为，包括将其用于提供服务的情况。至关重要的是，在适当尊重辩护权和相称性原则并考虑到案件特点的情况下，提供这种救济不必等待案件的实质性裁决。在某些情况下，应当允许被控侵权人在提供一项或多项担保的情况下继续使用商业秘密，特别是在商业秘密进入公共领域的风险很小的情况下。还应该可以要求提供足以支付不合理的申请对被诉人造成损害的担保，特别是在任何延误会对商业秘密合法持有人造成不可挽回的损害的情况下。

（27）同理，提供担保措施以防止非法使用或披露商业秘密也很重要，包括在商业秘密被用于提供服务的情况下。为使此类措施有效且适当，当情况需要时间限制时，其持续时间应足以消除第三方因非法获取、使用或披露商业秘密而产生的任何商业利益。无论如何，如果商业秘密最初涉及的信息由于无法归因于被申请人的原因而进入公共领域，则不应强制执行此类措施。

（28）商业秘密可能被非法用于设计、生产或营销商品或组件，其可能分散在内部市场，从而影响商业秘密持有人的商业利益和内部市场的运作。在这种情况下，当有关的商业秘密对非法使用所产生的商品的质量、价值或价格，或对降低其生产或营销过程的成本、促进或加快其生产或营销过程有重大影响时，必须授权司法机关下令采取有效和适当的措施，以确保这些商品不会被投放市场或从市场退出。考虑到贸易的全球性，这些措施还必须包括禁止将这些商品进口到欧盟，或禁止为在市场上销售或投放而储存这些商品。考虑到相称性原则，如果存在其他可行的选择，例如剥离商品的侵权部分或在市场之外处置商品、向慈善组织捐赠，则纠正措施不一定需要销毁商品。

（29）一个人最初可能是善意地获取商业秘密，但只是在后来的阶段，包括在原商业秘密持有人发出通知后，才能意识到其获悉的商业秘密是来自于他人非法使用或披露的。在这种情况下，为了避免采取的救济措施或禁令对该人造成不相称的损害，各成员国应规定，在适当情况下，可以向受害方提供金钱赔偿以作为一种替代措施。但是，这种赔偿不应超过该人获得授权使用有关商业秘密，在原商业秘密持有人可以阻止其使用该商业秘密的期限内本应支付的许可使用费。尽管如此，如果非法使用商业秘密构成本指令规定以外的违法行为，或可能损害消费者权益的，则不应允许此类非法使用。

（30）为了避免知道或有合理理由知道而非法获取、使用或披露商业秘密的人能够从此类行为中受益，并确保受损害的商业秘密持有人尽可能地处于该行为没有发生时的地位，有必要对因该非法行为所遭受的损害提供适当的赔偿。给予受损的商业秘密持有人的损害赔偿金额应考虑到所有适当因素，例如商业秘密持有人的收入损失或侵权人的不当得利，以及在适当情况下对商业秘密持有人造成的任何精神损害。例如，考虑到商业秘密的无形性，很难确定所遭受的实际损害的数额，作为替代方案，损害赔偿的数额可以根据侵权人要求授权使用有关商业秘密而应支付的许可权使用费等因素确定。这种替代方法的目的并不是引入一项规定惩罚性赔偿的义务，而是确保根据客观标准进行赔偿，同时考虑商业秘密持有人产生的如鉴定和研究费用。本指令不应妨碍成员国在其国内法中规定，在雇员非故意行为的情况下，限制雇员的损害赔偿责任。

（31）在涉及非法获取、使用或披露商业秘密的案件中，作为对未来侵权者的一种补充威慑并有助于提高广大公众的认识，公布判决是有益的，包括在适当情况下通过显著广告公布判决，条件是这种公布不会导致泄密或不相称地影响自然人的隐私和声誉。

（32）如果不遵守主管司法机关通过的有关决定，商业秘密持有人可利用的措施、程序和救济措施的有效性就会受到损害。因此，有必要确保这些机关享有适当的制裁权。

（33）为了促进本指令规定的措施、程序和救济措施的统一适用，应当规定成员国之间以及成员国与欧盟委员会之间的合作和信息交流制度，特别是建立一个由成员国指定的通讯员网络。此外，为了审查这些措施是否符合其预期目标，委员会应酌情在欧盟知识产权局的协助下，审查本指令的适用情况以及各成员国所采取的措施有效性。

（34）本指令尊重基本权利，并遵守《宪章》特别承认的原则，特别是尊重个人和家庭生活的权利、保护个人数据的权利、言论和信息自由、择业的自由，以及在享有保守业务秘密权利、获得有效救济和公正审判的权利、辩护权的同时，享有劳动权、经营自由、财产权、有效管理权，特别是获取文档的权利。

（35）重要的是，商业秘密持有人在采取措施保护商业秘密时可能会处理其个人数据的任何人，或根据本指令在涉及非法获取、使用或披露商业秘密的法律诉讼中涉及其个人数据被处理的任何人，其私人和家庭生活受尊重的权利以及个人数据受保护的权利必须得到尊重。欧洲议会和欧盟理事会第 95/46/EC 号指令①对成员国在本指令范围内并在成员国主管机关的监督下处理个人数据的行为进行了规范。因此，本指令不应影响第 95/46/EC 号指令中规定的权利和义务，特别是数据主体有权查阅其正在处理的个人数据，并在数据不完整或不准确的情况下有权更正、删除或关闭（锁定）数据，并在适当情况下，根据第 95/46/EC 号指令的第 8（5）条处理敏感数据的义务。

（36）由于成员国无法充分实现本指令的目的，即在非法获取、使用或披露商业秘密的情况下，通过在内部市场建立足够的、可比较的救济措施来实现内部市场的

① 1995 年 10 月 24 日欧洲议会和欧盟理事会关于在处理个人数据时保护个人以及个人数据自由流动的第 95/46/EC 号指令（OJ L 281，23. 11. 1995，p. 31）。

平稳运行，但基于其规模和影响，可以在欧盟层面更好地实现这一目标，因此，欧盟可以根据《欧洲联盟条约》第 5 条规定的辅助性原则采取措施。根据该条规定的相称性原则，本指令不超出实现该目标所必需的范围。

（37）本指令的目的不是制定有关司法合作、管辖权、承认和执行民事和商事判决的统一规则，也不涉及可适用的法律。原则上，其他以一般性规范管理此类事项的欧盟文书原则上应同样适用于本指令所涵盖的领域。

（38）本指令不应影响竞争法规则的适用，特别是《欧盟运行条约》（TFEU）第 101 条和第 102 条。本指令中规定的措施、程序和救济措施不得以违反 TFEU 的方式用于不正当地限制竞争。

（39）本指令不应影响任何其他领域相关法律的适用，包括知识产权和合同法。但是，如果欧洲议会和欧盟理事会第 2004/48/EC 号指令[①]的适用范围与本指令的范围重叠，则本指令作为特别法优先适用。

（40）根据欧洲议会和欧盟理事会第（EC）45/2001 号条例第 28（2）条[②]，咨询了欧洲数据保护监督员，并于 2014 年 3 月 12 日发表了意见。

目　录

① 2004 年 4 月 29 日欧洲议会和欧盟理事会关于知识产权执法的第 2004/48/EC 号指令（OJ L 157，30. 4. 2004，p. 45）。

② 2000 年 12 月 18 日欧洲议会和欧盟理事会关于在共同体机构和团体处理个人数据方面保护个人以及此类数据的自由流动的第（EC）45/2001 号条例（OJ L 8，12. 12. 2001，p. 45）。

第一章　客体和适用范围

第 1 条　客体和适用范围

1. 为防止非法获取、使用和披露商业秘密，本指令特明确以下规则：

成员国可以在《欧洲联盟条约》的框架下，在保证本指令第 3 条，第 5 条，第 6 条，第 7 条第 1 款，第 8 条，第 9 条第 1 款第二段，第 9 条第 3 款及第 4 款，第 10 条第 2 款，第 11 条，第 13 条以及第 15 条第 3 款规定内容会被保障的情况下，制定高于本指令所规定的，用以防止非法获取、使用和披露商业秘密保护的规则。

2. 本指令不影响：

（a）对《欧洲联盟基本权利宪章》中表达自由和信息自由权利的行使，包括对媒体自由和媒体多元的尊重；

（b）根据欧盟或成员国的特别规定，基于公众知情权，商业秘密持有人有义务将相关商业秘密向公众、行政机关或者司法机关进行披露，以便这些主体能够履行其相应的职责；

（c）根据欧盟或成员国的特别规定，欧盟机关及机构，或成员国的行政机构，为了履行这些特别规定所要求其履行的义务，或者行使这些特别规定赋予其的权利，能够要求企业披露商业秘密；

（d）根据欧盟法、成员国的习惯及规定，缔结集体劳动合同以及在集体劳动合同缔约过程中，相关主体意思自治。

3. 对本指令内容的解释，不得限制员工的流动。为实现员工的流动，本指令特别禁止：

（a）限制员工对于本指令第 2 条第 1 款规定范围以外的非商业秘密信息之使用；

（b）限制员工对其在日常工作中，以诚实方式掌握的工作经验和能力之使用；

（c）在工作合同中强制规定，属于欧盟法或成员国法非强制规定范围内其他限制员工的条款。

第 2 条　定义

为实现本指令之立法目标，下列定义特指：

1. “商业秘密”是指同时满足以下所有要求的信息：

（a）其具有下述秘密性，即无论是整体，还是对具体部分的编排组合，对于在该领域从事与相关信息有关的工作人员，均属于不能够正常接触或不知道的信息；

（b）其因秘密性而具有商业价值；

（c）为保持其秘密性，合法控制人根据情况采取了适当的保密措施。

2. “商业秘密持有人”是指任何合法控制商业秘密的自然人或法人。

3. “侵权人”是指任何实施了非法获取、使用或披露商业秘密行为的自然人或法人。

4. “侵权产品”是指其设计、特点、功能、制造工艺或营销，极大地受益于被非法获取、使用或披露商业秘密的产品。

第二章　获取、使用以及披露商业秘密

第3条　合法获取、使用以及披露商业秘密

1. 当满足下列情形之一时，属于合法获取商业秘密的情形：

（a）独立的发现或者发明；

（b）针对产品或特定对象，进行观察、研究、反向工程或者实验，且上述行为的实施对象是处于公共领域内的客体及通过合法占有取得的信息，且依法不存在限制获取的情况；

（c）员工或者员工代表基于欧盟法或者成员国的规定及习惯，因行使信息披露请求权或旁听权而知晓的信息；

（d）符合诚信商业惯例的其他行为。

2. 欧盟法或成员国法规定和允许的其他合法获取、使用及披露商业秘密的情形。

第4条　非法获取、使用以及披露商业秘密

1. 成员国须确保，商业秘密持有人针对非法获取、使用及披露商业秘密的行为，能够运用本指令所规定的措施、程序和救济，防止上述行为的发生或针对上述行为获得赔偿。

2. 当行为人实施下列行为时，视为未征得商业秘密持有人的同意非法获取商业秘密：

（a）针对处于商业秘密持有人合法控制下的，包含商业秘密或者通过其能演绎出商业秘密的文档、物体、原料、材料或者电子信息，通过未经授权的渠道接触、未经授权的占有或未经授权的复制；

（b）其他根据具体情况不属于诚信商业惯例的行为。

3. 当行为人未经商业秘密持有人之允许，而通过第三人获取了相关商业秘密，且第三人自己表示其实施了下列行为之一，这种使用或者披露商业秘密将视为违法：

（a）非法获取商业秘密；

（b）违反不披露商业秘密的保密协议或其他保密义务；

（c）违反限制性使用商业秘密的合同义务或其他义务。

4. 被认为是非法获取、使用以及披露商业秘密的行为还包括，当行为人在获取、使用以及披露商业秘密时，知道或者根据具体情况应当知道，该直接或者间接从持有商业秘密的第三人处取得的商业秘密，视为本条第 3 款所述及的违法使用或者披露的情形。

5. 直接生产、提供侵权产品或将侵权产品投放市场，或为了实现此种目的而进口、出口或储存侵权产品，上述 3 种行为也将被认为是侵犯了商业秘密，当行为人在实施上述 3 种行为时，知道或者根据具体情况应当知道，视为本条第 3 款所述及的违法使用商业秘密的情形。

第 5 条　例外

当对商业秘密的获取、使用及披露存在下列情形之一的，成员国应当确保驳回要求适用本指令所规定的措施、程序以及救济的申请：

（a）为了行使《欧洲联盟基本权利宪章》中表达自由和信息自由的基本权利，包括行使能够尊重媒体自由和媒体多元的行为；

（b）为了维护公共利益的目的揭露不当行为、不法行为或非法活动；

（c）为了履行根据欧盟法或者成员国法规定的员工代表的职能，员工向员工代表披露相关信息，但该披露行为以行使职权的必要为限；

（d）为了保护欧盟法或者成员国法所承认的合法利益。

第三章　措施、程序和救济

第一节　一般性规定

第 6 条　一般义务

1. 成员国应规定必要的措施、程序以及救济，以对遭受非法获取、使用及披露商业秘密的主体提供民事救济。

2. 成员国对本条第 1 款所提及的措施、程序以及救济的设置应：

（a）公正且合理；

（b）不必错综复杂或成本昂贵，或造成不合理的时间限制或无理由的延误；及

（c）有效并具有威慑性。

第 7 条　行为的适当性和滥用诉权

1. 本指令所规定的措施、程序和救济应当遵循以下原则实施：

（a）适当性；

（b）避免设置内部市场合法贸易的壁垒；

（c）针对滥用行为提供保障措施。

2. 成员国应确保主管司法机关可以根据被申请人的请求，在涉及非法获取、使用或披露商业秘密的申请明显没有根据且申请人被发现滥用或恶意提起法律诉讼。此类措施可酌情包括判给被申请人损害赔偿、对申请人实施制裁或下令传播有关第 15 条所述决定的内容。

成员国可以规定，本款第一段所述及的措施可作为独立的诉讼对象另案处理。

第8条　时效期间

1. 成员国应根据本条制定适用于本指令规定的措施、程序以及救济实质性诉求和诉讼的时效规则。

本款第一段应当确定时效期限的开始时间、时效期间的持续时间以及时效期间中断或终止的情形。

2. 时效期限最长不超过6年。

第9条　司法程序中对商业秘密秘密性的维持

1. 成员国应当确保当事人、律师或其他代表、法院人员、证人、鉴定人以及参与非法获取、使用或披露商业秘密或有权查阅文件的诉讼的任何其他人员不得使用或披露司法机关根据利害关系方合理申请而确定为秘密且已成为秘密的任何涉案商业秘密。此外，成员国还可以赋予相关法院以相应权力，通过行政途径确保诉讼过程中保护商业秘密的秘密性。

本款第一段所述及的相应义务即便在司法程序结束后依然存在。但当满足下列情形之一时，相应保密义务消失：

（a）依据一项生效的司法判决，确定涉案的商业秘密不满足本指令第2条第1款所要求的标准；或者

（b）随着时间的推移，涉案商业秘密信息就相关领域内的人员而言，已经成为公知信息或通过非保密渠道即能够接触。

2. 成员国还应当进一步确保在有关涉及非法获取、使用以及披露商业秘密案件的司法程序进行过程中，相关法院可以根据一方当事人合理的申请，判定采用相应的措施，维持在诉讼程序进行过程中所争议的商业秘密以及某项与本案有关的商业秘密的秘密性。此外，成员国还可以赋予相关法院以相应权力，通过行政措施保护诉讼过程中商业秘密的秘密性。

本款第一段所称的措施至少包括：

（a）针对一方当事人或者第三人提交的，包含了争议的商业秘密或者其他商业秘密的全部或部分文件，仅允许特定数量的人员进行接触；

（b）针对有关披露争议的商业秘密或者披露其他商业秘密的庭审，限制参加人员的数量，以及限制接触载有庭审内容的同步书面记录和视听资料人员的数量；

（c）在对上述第（a）项和第（b）项以外的人员提供不具有秘密性的司法判决材料时，在准备材料的过程中，若案件本身涉及秘密信息，则应当将判决材料中有关记载商业秘密内容的部分删除或者涂黑。

上述第（a）项和第（b）项所称的人员数量虽不能超过，但应当以保障参与案件的当事人能够有效获得救济为限，且同时也需兼顾实现程序公正的目标，对此，必须保障每一方能够有一名自然人以及他们的律师或者其他诉讼代理人允许出席。

3. 在作出是否应当给予本条第2款所称的保护商业秘密秘密性的措施以及针对当事人行为是否适当的判断过程中，受诉法院应当考虑当事人是否能因此获得有效

的救济，法院的决定是不是有利于保障程序公正、当事人以及第三人因法院同意提供该措施而获得的正当利益，以及因法院拒绝采取该措施可能造成的对当事人以及第三人的损失。

4. 任何本条第 1、2、3 款涉及的有关针对个人信息处理的情形，应当依据第 95/46/EC 号指令的相关规定执行。

第二节　临时性和预防性措施

第 10 条　临时性和预防性措施

1. 成员国应当确保受诉司法机关可以依据商业秘密持有人的申请，针对侵害行为的实施人采取下列临时性和预防性措施：

（a）临时中止或必要时临时禁止对商业秘密的使用和披露；

（b）禁止生产、提供侵权产品或将侵权产品投放市场，或禁止以实现上述 3 种目的而进行的进口、出口或储存侵权产品；

（c）查封扣押或要求交付涉嫌侵权的产品以及被进口的产品，用以阻止涉案侵权产品进入市场或在市场中流通。

2. 成员国应当确保作为司法机关采取本条第 1 款临时性或预防措施的替代方案，在保证商业秘密持有人得到赔偿的前提下，司法机关可以允许被执行人以提供一项或者多项担保的形式换取继续使用该涉案产品。但司法机关不能允许以提供担保而换取披露商业秘密。

第 11 条　适用条件和保护措施

1. 成员国应当确保，主管司法机关在采取第 10 条所规定的措施时，有权要求申请人提供合理范围内可以获得的所有证据，以便充分地证明：

（a）商业秘密的存在；

（b）申请人是商业秘密持有人；及

（c）商业秘密已被他人非法获取，正在被非法使用或披露，或商业秘密存在被他人非法获取、使用或披露的危险。

2. 成员国应当确保，主管司法机关在决定批准或者驳回申请，以及在结合具体情形判断申请人的诉求是否适当的过程中，需要同时考量：

（a）商业秘密的价值以及其他特点；

（b）为保护商业秘密而采取的措施；

（c）被申请人在获取、使用以及披露商业秘密过程中的行为；

（d）非法使用或披露商业秘密带来的后果；

（e）当事人的合法利益，以及司法机构批准或者驳回这些保护措施可能对当事人利益造成的影响；

（f）第三方的合法利益；

（g）公共利益；及

（h）对宪法基本权利的保护。

3. 成员国应当确保，第 10 条所提及的措施可以基于被申请人的申请而被撤销以及被宣告无效，当：

（a）申请人没有在司法机关所确定的合理时效期间内，或当司法机关没有确定合理的时效期间时，申请人没有在依照 20 个工作日或者 31 个自然日内（按照二者中最长的计算方法所确定的范围计算），向具有管辖权的司法机关提起以获得实质性判决为目的的诉讼，或

（b）具体措施所指向的相关信息，非出于被申请人的原因，而不再满足本指令第 2 条第 1 款所要求的标准。

4. 成员国应当确保，司法机关在采取第 10 条提到的措施时，应当要求申请人提供适当的保证金或者其他相应的担保，以确保被申请人以及第三人，在因该措施的实施而遭受可能发生的损害时，可获得赔偿。

5. 当第 10 条所述及的措施由于本条第 3 款第（a）项情况的出现而被撤销，或者由于申请人的作为或不作为而失效，抑或者被主管司法机关判定不存在非法获取、使用以及披露商业秘密的事实以及不存在商业秘密会被非法获取、使用以及披露的危险时，主管司法机关有权根据被申请人或受到影响的第三人的申请，要求申请人针对因执行这些措施而对被申请人和第三人造成的损失，进行合理的赔偿。

成员国可以规定，本款第一段所述及的损害赔偿之诉可作为独立的诉讼对象另案处理。

第三节　基于实质性判决的措施

第 12 条　禁令和救济措施

1. 成员国应当确保，基于一项针对非法获取、使用或者披露商业秘密的实质性的判决，主管司法机关可以根据申请人的申请，下令对侵权行为人采取下列一项或者多项措施：

（a）终止或视情况禁止使用或披露商业秘密；

（b）禁止生产、提供侵权产品或将侵权产品投放市场，或禁止为实现上述目的而进口、出口或储存侵权产品；

（c）针对侵权产品采取适当的救济措施；

（d）根据申请人的请求，销毁全部或部分商业秘密的载体或包含商业秘密的任何文档、物品、材料、物质或者电子信息，或是酌情将这些包含商业秘密的文档、物品、材料、物质或者电子信息全部或部分交付给申请人。

2. 本条第 1 款第（c）项所说的救济措施包括：

（a）从市场上召回侵权产品；

（b）消除侵权产品的侵权部分；

（c）销毁侵权产品，或在适当情况下将侵权产品做下架处理，但该下架处理的行为不得对涉案商业秘密造成不利影响。

3. 成员国可以规定，在清理排除市场上侵权产品的过程中，相应的主管司法机

关可以根据申请人的申请，将涉案侵权产品交付给商业秘密持有人或慈善机构。

4. 主管司法机关可以要求侵害商业秘密的主体，承担因执行本条第 1 款第（c）项以及第（d）项而产生的费用，除非有特殊理由无须支付相关费用。但这些措施的适用，不能影响商业秘密持有人正常地获得因商业秘密遭受非法获取、使用以及披露而造成的损害赔偿。

第 13 条　适用条件、保障和替代措施

1. 成员国应当确保，主管司法机关在审查申请人就实施本指令第 12 条所述及的司法措施和救济措施之时，以及针对具体的案情考虑涉案行为的适当性时，需同时要考虑下列因素：

（a）商业秘密的价值或者商业秘密的其他特点；

（b）为了保护商业秘密所采取的措施；

（c）被申请人在获取、使用以及披露商业秘密过程中的行为；

（d）非法使用和披露商业秘密造成的后果；

（e）各方具有的正当性利益，以及司法机构在作出支持或者拒绝提供保护措施而可能造成的，对双方利益的影响；

（f）第三方具有的正当性利益；

（g）公共利益；及

（h）对宪法基本权利的保护。

如果主管司法机关从时间上限定了执行本指令第 12 条第 1 款第（a）项以及第（b）项所述及的措施所持续的长度，则该持续的时间长度必须能够足够保障消除行为人因实施非法获取、使用以及披露商业信息所获得的商业以及经济上的优势。

2. 成员国应当确保，当涉案的信息不是直接或者间接地出于被申请人的原因，而不能满足本指令第 2 条第 1 款所要求的前提时，本指令第 12 条第 1 款第（a）项以及第（b）项所述及的措施，可以基于被申请人的申请而被收回或者以其他方式不发生效力。

3. 成员国应当规定，当同时满足下列所有条件时，主管司法机关可以根据本指令第 12 条被执行对象的申请，以直接交付损害赔偿的方式替代执行第 12 条所述及的措施，即：

（a）在使用或者披露商业秘密时，该被执行人不知道或者根据案件情况不应当知道，其通过一个占有商业秘密的第三人而取得或者披露的商业秘密，是基于该第三人非法使用或者披露的；

（b）若真的执行相应的措施，则被执行人将会因此遭受明显不合理的重大损失；及

（c）向损害方所交付的损害赔偿，在数额上是适当合理的。

若本指令第 12 条第 1 款第（a）项以及第（b）项所述及的措施被允许以金钱赔偿的方式所替代，则金钱赔偿的数量不能够高于被执行人在本应当禁止使用涉案商业秘密的期间内，应当支付却没有支付的，因使用该商业秘密所形成的许可费。

第 14 条　损害赔偿

1. 成员国应当确保，主管司法机关可以根据受害方的请求，责令已知或者应知其正在实施非法获取、使用或者披露商业秘密的侵权人，针对其非法获取、使用或者披露商业秘密的行为，向商业秘密持有人支付由此造成的实际损失，并承担相应的损害赔偿责任。

若主观上缺乏故意要件，成员国可以对员工所承担的损害赔偿责任进行限制，赔偿责任以雇主因该员工非法获取、使用或者披露商业秘密所造成的实际损失为限。

（2）在根据本条第 1 款确定损害赔偿数额的过程中，主管司法机关应当考虑所有相关因素，比如，负面的经济效果（包括受害方预期的收益、加害方预期的不当获益），以及具体情况下因侵害人实施非法获取、使用或披露商业秘密而产生的经济损失以外的精神损失。

或者，在适当情形下，主管司法机构也可以根据一些要素，例如侵权人要求授权使用相关商业秘密时本应支付的许可费等，一次性确定损害赔偿数额。

第 15 条　司法裁判的公布

1. 成员国应当确保，在涉及非法获取、使用或者披露商业秘密的法律程序中，依据申请人的申请以及在侵害人支付相应费用的情况下，主管司法机关可以采取合适的措施，公开与司法裁判有关的信息，包括公布司法裁判的全部或者部分。

2. 本条第 1 款所述及的任何措施，必须保证相关材料能够满足本指令第 9 条所规定的标准，从而维持商业秘密的秘密性。

3. 在决定本条第 1 款所述及的措施以及在判断该行为的适当性时，主管司法机关应当酌情考虑涉案商业秘密的价值，侵害人获取、使用和披露商业秘密时的行为方式，非法使用或披露商业秘密的后果，以及侵害人再次实施非法使用或披露商业秘密的可能性。

主管司法机关也应当考虑，公布侵害方的信息是否会导致自然人身份被识别，如果是，则主管司法机关应当进一步考虑，公布这些自然人的个人信息是否合理，尤其是考虑到公布这些信息可能对侵害人的隐私和名誉造成的损害。

第四章　罚则、报告和最后条款

第 16 条　对不遵守本指令的处罚

成员国应当确保，主管司法机关可以针对所有拒绝履行或者迟延履行依据本指令第 9 条、第 10 条以及第 12 条所采取的任何措施的任何人进行处罚。

所规定的处罚应当包括，在不遵守依据第 10 条和第 12 条所采取的措施的情况下，施加重复罚款的可能性。

处罚应当有效、适当并且具有威慑力。

第 17 条　信息交流以及通讯员

为促进成员国内部以及成员国和欧盟委员会之间的信息交流等合作事项，各成员国应指定一名或多名通讯员，负责与实施本指令规定的措施相关的任何问题。各成员国应将其通讯员的详细情况告知其他成员国以及欧盟委员会。

第 18 条　报告

1. 2021 年 6 月 9 日之前，欧盟知识产权局应在欧洲知识产权侵权观察站的活动范围内，就根据本指令的适用情况，以及非法获取、使用以及披露商业秘密的诉讼趋势作初步报告。

2. 2022 年 6 月 9 日之前，欧盟委员会应当就本指令的运行情况作中期报告，呈交欧洲议会和欧盟理事会。该报告应当适当考虑本条第 1 款所述及的报告。

该中期报告应当重点审查本指令的实施可能对科研发展、员工的自由流动以及言论和信息自由权的行使的影响。

3. 2026 年 6 月 9 日之前，欧盟委员会应当就本指令的影响进行评估，并向欧洲议会和欧盟理事会呈交报告。

第 19 条　对指令的国内法转化

1. 成员国应当在 2018 年 6 月 9 日之前，通过对国内法以及行政规章作出必要的修改，以转化本指令规定的内容。在完成转化后，各成员国应当即刻将修改后的文本呈交欧盟委员会。

被修改的条款本身可以直接指示对本指令内容的转化，或者通过官方发布的文件指明被修改的条款与本指令的关联。相关具体细则和方式各成员国可另行规定。

2. 各成员国应当向欧盟委员会呈交其在本指令所涉领域内通过的国内法主要条款文本。

第 20 条　生效

本指令自在《欧盟官方公报》上公布后的第 20 天起生效。

第 21 条　收件人

本指令传达到各成员国。

欧盟商业秘密指令（提案）

欧洲议会和欧盟理事会

关于保护未披露的技术诀窍和商业信息（商业秘密）防止非法获取、使用和披露的指令

提　　案

解释性备忘录

1. 提案的背景

欧洲在科学和创新方面实力雄厚，具备成为全球领导者的潜力。推动科学发展

不只是研究人员的志向所在，科学的进步还能为公共和私人带来巨大的回报。然而，与一些主要贸易伙伴（尤其是美国和日本）相比，欧盟企业存在整体研究和开发（R&D）动力不足的问题。研发方面的投入不尽如人意，不利于企业推出新产品、新工艺、新服务和技术诀窍。

改善创新商业活动的条件，将是应对这种局面的一计良策。作为“欧盟2020战略”的一部分，欧盟委员会已承诺建立一个创新联盟，保护对知识库的投资，减少导致欧盟内部损失严重的规则碎片化现象，从而在欧洲营造良好的创新氛围。为了构建有利于创新的环境，尤其应鼓励私营部门通过下列方式加大对研发的投资力度：开展更广泛的研发合作（包括跨境合作）和校企合作技术开发、开放式创新，以及允许提高知识产权（IP）估值，从而增加研究型和创新型经济主体获得风险资本和融资的机会。仅在国家层面实现这些目标是不够的，那样会导致欧盟内工作的无效重复。

数字经济中交易成本的大幅降低催生了依托开放式科学和开放式创新的新合作形式，在此趋势下往往诞生出使用共同创造的知识的新商业模式。尽管如此，知识产权（IPR）依然是创新政策的重要组成部分。知识产权为创新者和创造者提供了占有其无形努力成果的手段，从而为投资于新的解决方案、发明和技术诀窍提供了必要的激励手段。知识产权倾向于保护创造性或发明性工作的成果，但其适用范围有限。

在研究和创造的过程中，大量的信息被收集和开发，逐步形成了具有巨大经济价值的知识，而这些知识往往不符合知识产权保护的条件，但对创新和企业的整体竞争力同样重要。为了确保这些资产的安全，同时在吸引融资和投资过程中不能泄露知识产权的情况下，企业、实验室、大学以及发明者和创造者个人都会使用最可靠、最长久的占有形式来保护具有重要价值的信息，即保密制度。

由于研究工作都是在前人研究成果的基础上开展的，因此共享知识和新发现成为进一步创新的重要手段。在某些情况下（取决于创新者的商业模式），为了促进知识产权从而将其用于创新和提高竞争力，必须对其加以保密。每一项知识产权背后都有一个秘密。作家不会披露他们正在构思的故事情节（未来的版权），汽车制造商不会散布新款车型的第一张草图（未来的设计），企业不会透露其技术实验的初步结果（未来的专利），企业对有关新品牌产品上市的信息（未来的商标）守口如瓶，等等。

在法律术语中，为维护竞争利益而保密的信息被称为“商业秘密”“未披露信息”“商业机密信息”或“秘密技术诀窍”。商业界和学术界有时也用其他名称，如“专有技术诀窍”或“专有技术”。

商业秘密在保护非技术性创新方面也同样重要。占欧盟国内生产总值约70%的服务业非常活跃，而这种活跃离不开创新知识的产生。不过，服务业不像制造业那样依赖技术工艺和产品创新（受专利保护）。在欧盟经济体的这一关键领域，保密制度被用来建立和利用所谓的“软”创新以提高竞争力，这种“软”创新包括使用和应用各种各样的战略性商业信息，这些信息超出了技术知识的范围，如有关客户和供应商、业务流程、业务计划、市场调研等方面的信息。

经济学家一致认为，企业无论规模大小，对商业秘密的重视程度至少不亚于对所有其他形式的知识产权的重视程度。商业秘密对中小型企业（SME）和初创企业尤为重要，因为这些企业往往缺乏专门的人手和财力来致力于获取、管理、执行和保护知识产权。

尽管商业秘密并不作为传统的知识产权受到保护，但却是对知识资产（21 世纪知识经济的驱动力）进行必要占有的重要补充手段。商业秘密持有者对商业秘密所涵盖的信息并不享有专有权。但是，为了在追求经济效益的同时鼓励竞争，当第三方通过不诚实的手段违背商业秘密持有者的意愿从其处获得相关技术或信息时，对商业秘密的使用进行限制是合理的。至于这种限制是否必要以及在多大程度上是必要的，则需要根据具体情况进行司法管控。

这意味着竞争者可以自由地开发和使用相同、相似或替代的解决方案，从而在创新方面展开竞争，这种行为是应予鼓励的，但不允许为获取他人开发的机密信息而进行欺骗、偷窃或欺瞒。

知识和信息的开发与管理对欧盟经济表现得越来越重要的同时，未披露的宝贵技术诀窍和信息（商业秘密）面临的窃取、间谍活动或其他侵犯技术的风险逐步继续增加（全球化、外包、供应链延长、信息和通信技术的使用增加等）。此外，另一种风险也在增加，即被盗商业秘密在第三国被用于生产侵权商品，随后在欧盟境内与侵犯行为受害者的产品展开竞争。可是，目前关于保护商业秘密免遭非法获取、使用或披露的法律框架呈现多样化和碎片化特点，技术诀窍遭受恶意攻击时欧洲公司予以回击的能力受限，从而损害了跨境研发和创新知识的流通。

优化知识产权基础建设是创新联盟一项重要的核心工作，在此背景下，欧盟委员会于 2011 年 5 月通过了一项全面的知识产权战略，承诺审查商业秘密保护问题。[①]这项提案表明，向实现创建知识产权统一市场的承诺又前进了一步。

2. 与有关各方磋商的结果，以及影响评估

2.1　公众咨询

这项倡议的提出是基于对以下事项的评估结果：商业秘密对创新和公司竞争力的重要性；在知识和无形资产的生成和经济开发中商业秘密的使用程度、作用及与知识产权的关系；相关法律框架。为了进行这些评估，开展了两项外部研究，同时广泛征求了利益相关方的意见。

第一项研究（2012 年 1 月发布）对不同欧盟成员国针对侵犯商业秘密行为进行的保护做了比较法评估。第二项研究于 2013 年 5 月发布，评估了商业秘密的经济基础和免遭侵犯的保护措施，并进一步分析了欧盟各国对商业秘密的法律保护。研究证实，欧盟各国针对侵犯商业秘密的现有保护措施呈现碎片化和多样化特点，而且

---

① COM（2011）287.

认为这些保护措施总体上不透明，带来了不必要的成本和风险。研究认为，建立有效的研发成果保障体系是企业创新的先决条件，如果企业能够有效依赖商业秘密这种保护形式，则将获得相应的灵活性，而这种灵活性正是在当今的商业环境中谋求创新所需要的。研究得出结论认为，欧盟商业秘密法的统一将改善企业开发、交流和使用创新知识的条件。

为了收集利益相关方的意见，共设了 3 个环节。第一，民间团体、行业、学术界和政府公共部门在欧盟委员会于 2012 年 6 月组织的一次会议上讨论了这一问题。

第二，随后为了配合开展第二项研究，于 2012 年 11 月启动了一项关于商业秘密使用、相关风险和法律保护的调查。调查对象是欧盟范围内具有代表性的企业样本，包括占样本 60% 的中小企业。调查共收到 537 份回复。总体而言，75% 的受访者认为商业秘密对其企业的发展、竞争力和创新绩效具有重要的战略意义。调查显示，在过去十年中，欧盟范围内约五分之一的受访者至少遭遇过一次侵犯未遂的情况，而近五分之二的受访者表示同期商业秘密被侵犯的风险有所上升。三分之二的受访者表示支持欧盟立法提案。

第三，从 2012 年 12 月 11 日至 2013 年 3 月 8 日，欧盟委员会的服务机构开展了一次公开的公众咨询，围绕可能的政策选择及其影响。共收到 386 份答复，大部分来自公民个人（主要来自一个成员国）和企业。202 位受访者认为，欧盟应解决防止侵犯商业秘密的法律保护问题。然而，两个主要受访群体（公民和企业）所表达的观点出现了两极分化。每 4 位公民中有 3 位（75%）认为商业秘密对研发的重要性不高，并认为现有的商业秘密法律保护过度，认为欧盟没有必要采取行动。而受访企业则认为商业秘密对研发和企业竞争力非常重要。绝大多数公司认为现有的保护措施薄弱，尤其涉及跨境时，并认为各国法律框架之间的差异会产生负面影响，例如保护薄弱的成员国的商业风险更高，进行跨境研发的动力更弱，以及为保护信息而采取的预防措施的开支加大。

2.2 影响评估

影响评估显示，各国在商业秘密保护方面存在差异：很少有成员国的法律对商业秘密进行定义或明确规定何时应当对其进行保护；并非在所有案件中都可以对侵权者下达停止和终止令；传统的损害赔偿计算规则往往不足以处理商业秘密侵犯案件，而且并非所有成员国都有替代方法（如根据许可协议本应支付的特许权使用费金额）；并非所有成员国的刑事规则都涉及商业秘密窃取问题。此外，许多成员国没有在诉讼期间保护商业秘密的规则，从而阻碍了商业秘密被侵犯的受害者向法庭寻求救济。

由此导致两大问题产生：

- 开展跨境创新活动的积极性不高。当商业秘密面临被侵犯风险而法律保护不力时，开展创新活动（包括跨境创新活动）的积极性就会受到影响，因为（i）依赖商业秘密而开展的创新的预期价值较低，而保护商业秘密的成本较高；（ii）分享商业秘密的商业风险较高。例如，40% 的欧盟公司会避免与其他方共享商业秘密，因为担心信息会被滥用或未经授权而泄露，从而失去保密性。前述因素阻碍了创新，特别是合作研究和开放式创新，因为这些活动中需要多个商业和研究伙伴共享有价值的信息。

- 商业秘密带来的竞争优势面临风险（竞争力下降）：欧盟内部碎片化的法律保护不能保证在内部市场中具有同等的保护范围和救济水平，导致商业秘密带来的竞争优势（无论是否与创新有关）处于危险之中，并削弱商业秘密所有者的竞争力。例如，欧洲的化学工业非常依赖商业秘密所保障的工艺创新。据估计，商业秘密被侵犯通常会导致营业额减少高达30%。

这项倡议的目标是确保欧洲企业和研究机构基于未披露技术诀窍和商业信息（商业秘密）的竞争力得到充分保护，并改善内部市场中创新的开发和利用以及知识转让的条件/框架。具体而言，其目的是在整个内部市场提高商业秘密法律保护的有效性，防止商业秘密被侵犯。

为解决这一问题，考虑了以下可能的方案：

（1）维持现状。

（2）提供关于各国针对侵犯商业秘密的措施、程序和救济的信息，并提高对这些措施、程序和救济的认识。

（3）在侵犯商业秘密行为的违法性方面，各国民法趋同（但关于救济和在法律程序中维护商业秘密保密性的规则由各国决定）。

（4）各国针对侵犯商业秘密的民法救济以及在法律程序期间和之后维护商业秘密保密性的规则趋同［在方案（3）的基础上］。

（5）在民法趋同［方案（4）］的同时，各国刑法趋同，包括最低刑事处罚规则。

影响评估结论认为，方案（4）是适当的，最有利于实现所追求的目标。

就影响而言，民事法律救济的趋同，将使创新企业能够在欧盟范围内更有效地捍卫其合法的商业秘密。此外，如果商业秘密所有者在诉讼过程中可以维护其商业秘密的保密性，就会更倾向于寻求法律保护，避免因商业秘密被侵犯而遭受潜在的损失。法律确定性的增强和法律的趋同，将有助于提高公司努力作为商业秘密予以保护的创新的价值，因为遭受侵犯的风险将会降低。民事法律救济的趋同，将对内部市场的运行产生积极影响，因为公司（特别是中小型企业）和研究人员将能够通过与整个欧盟的最佳合作伙伴合作，更好地利用他们的创新理念，从而有助于增加内部市场中私营部门对研发的投资。与此同时，竞争不会受到限制，因为没有针对商业秘密授予专有权，任何竞争者都可以自由地独立获取受商业秘密保护的知识（包括通过反向工程）。同样，高技能劳动力（掌握商业秘密的人）在内部市场的就业和流动也不会受到负面影响。这将对欧盟经济的竞争力和增长产生积极影响。这项倡议不会对基本权利产生负面影响。特别是，这项提案将促进财产权和经营权。在司法程序中获取文件方面，相关保障措施已经到位，可保障抗辩权。这项倡议还包含一些保障措施，以确保言论和信息自由权得到保证。

这项倡议符合国际义务（即《与贸易有关的知识产权协议》）。主要贸易伙伴在这个问题上也有类似的立法。

3. 提案的法律要素

《欧盟运行条约》（TFEU）第114条规定，只要对于内部市场的平稳运行有必要，即应通过相应欧盟规则对各国立法进行协调。这项提案的目的是，针对内部市场中商业秘密被侵犯的情况，建立充分的、同等的救济措施（同时提供充分的保障措施，防止滥用行为）。在整个欧盟范围内，各个国家现行的规则保护商业秘密免受侵犯的水平参差不齐，不利于内部市场信息和技术诀窍领域的平稳运行。事实上，为了发挥其作为经济资产的全部潜力，有价值的信息（如制造工艺、新物质和新材料、非专利技术、商业解决方案）必须可以在保密的情况下转让，因为这些信息可能对不同地区的不同参与者有不同的用途，从而为创造者带来收入，并使资源得到有效的分配。此外，由于法律框架较为分散、不成体系，这降低了开展任何与创新有关的跨境活动（如在不同的成员国建立机构，以生产或销售基于商业秘密的商品/服务，向其他成员国的公司提供商品/服务，或将生产外包给成员国的另一家公司）的积极性，因为这些活动必须要用到作为商业秘密加以保护的信息。在这种情况下，如果商业秘密在另一个保护水平较低的国家被侵犯，侵权商品可能会在整个市场扩散开来。因此，现有各国的规则降低了跨境网络研发和创新的吸引力，增加了跨境网络研发和创新的难度。而且，在保护水平较低的成员国，现有国家规则导致了较高的商业风险，对整个欧盟经济产生不利影响，这是因为：一方面，跨境贸易的积极性降低；另一方面，原产于这些成员国（或通过这些成员国进口）的“侵权商品”可能在整个内部市场扩散。这项提案应促进跨境研发合作：通过减少多重立法管控导致的预期风险和交易成本，为商业秘密免遭侵犯进行明确、健全和同等的保护，从而促进跨境共享和转让机密商业信息和技术诀窍。由于减少了跨境市场中“搭便车者”的不公平竞争，还能提高跨境贸易的积极性。

就辅助作用而言，影响评估中发现的问题是由现有监管框架的多样化和不一致性造成的，这些问题的存在无法确保欧盟公司享有相同的竞争环境，从而对其竞争力和整个欧盟的竞争力造成不利影响。要解决这些问题，关键是要提高各成员国救济措施的一致性。然而，仅在成员国层面采取行动是无法实现这种一致性的：这一领域以往的经验表明，即使在一定程度上（如通过《与贸易有关的知识产权协议》）对成员国进行了协调，也无法实现各国规则充分的实质性统一。因此，有必要在欧盟层面上开展拟议的行动，并在欧盟层面上取得相应的效果。

4. 预算影响

这项提案对欧盟预算没有影响。欧盟委员会在这项提案中建议采取的所有行动均与新的《2014—2020年多年度财政框架》相符。

5. 关于提案的说明

5.1 总　则

第一章阐明了主题事项（第1条）：《指令》适用于商业秘密的非法获取、披露和使用，以及为民法救济目的而应提供的措施、程序和救济。

在第一章中，第 2 条定义了关键概念。“商业秘密”的定义包含 3 个要素：(i) 信息必须是保密的；(ii) 由于其保密性，信息应具有商业价值；(iii) 商业秘密持有者应作出合理努力对其保密。这一定义沿用了《与贸易有关的知识产权协议》中“未披露信息”的定义。

“商业秘密持有者”的定义将商业秘密控制权合法的概念作为一个关键要素，这一点也与《与贸易有关的知识产权协议》一致。因此，不仅确保了商业秘密的原始所有人，也确保了被许可人可以保护商业秘密。

“侵权产品”的定义包含了相称性评估。实施非法行为设计、制造或销售的商品必须在相当大的程度上受益于相关商业秘密，才能视为侵权商品。在考虑对侵权者制造或投放市场的商品产生直接影响的任何措施时，都应使用这一检验标准。

第二章规定了获取、使用和披露商业秘密属于非法（第 3 条）从而使商业秘密持有者有权寻求适用本指令所规定措施和救济的情形。这些行为构成非法的关键因素是没有得到商业秘密持有者的同意。第 3 条还确定，未直接参与最初非法获取、使用或披露的第三方使用商业秘密的，只要该第三方知道、本应知道或被告知最初的非法行为，则其使用也是违法的。第 4 条明确规定，独立发现和反向工程是获取信息的合法手段。

5.2 措施、程序和救济

第三章规定了在商业秘密被第三方非法获取、使用或披露时，应向商业秘密持有者提供的措施、程序和救济。

第一节规定了为防止和制止商业秘密侵犯行为而采取民事执行措施时应遵循的一般原则，特别是有效性、公平性和相称性（第 5 条），以及防止滥用诉讼的保障措施（第 6 条）。第 7 条规定了诉讼时效期限。第 8 条要求成员国为司法部门制定相应机制，以维护为诉讼目的在法庭上披露的商业秘密的保密性。可采取的措施必须包括：全部或部分限制获取当事人或第三方提交的文件；限制参加听证和获取听证会记录；命令当事人或第三方准备含商业秘密的文件的非保密版本，以及准备司法裁定的非保密版本。这些措施应适度适用，以免损害当事人获得公平审理的权利。保密措施必须适用于整个诉讼期间，但是只要有关信息仍然是商业秘密，则诉讼后公众要求查阅文件时保密措施亦应适用。

第二节规定了中间禁令或预防性扣押侵权商品等形式的临时和预防措施（第 9 条）。此外，还规定了保障措施，以确保这些临时和预防措施的公平性和相称性（第 10 条）。

第三节规定了在对案件实质案情作出裁定时可以命令采取的措施。第 11 条规定了禁止使用或披露商业秘密，禁止制造、在市场上销售或投放侵权产品，或使用侵权商品（或为上述目的的进口或储存侵权商品）以及纠正措施。纠正措施要求（除其他事项外）侵权者销毁或向原商业秘密持有者提供其掌握的与非法获取、使用或披露的商业秘密有关的所有信息。第 12 条规定了保障措施，以确保第 11 条规定的措施的公平性和相称性。

第 13 条规定了对商业秘密持有者因非法获取、使用或披露其商业秘密而遭受的损害如何裁定损害赔偿。该条要求考虑所有相关因素，包括被告获得的不正当利益。此外，还提供了根据假定特许权使用费计算损害赔偿的方案，这与知识产权侵权案件中的相关处理方式一致。

第 14 条授权主管司法部门应原告的请求采取公布措施，包括公布关于案件实质案情的裁定，但须不披露商业秘密，而且应考虑该措施的相称性。

本指令没有规定关于跨境执行司法裁定的规则，因为在此问题上适用欧盟一般规则，允许在所有成员国执行禁止向欧盟进口侵权商品的法院判决。

5.3　制裁、报告和最后条款

为了确保本指令的有效实施和所追求目标的实现，第四章规定了对不遵守第三章所规定措施的制裁，并包含了有关监督和报告的条款。

欧盟委员会认为，根据有关解释性文件的联合声明，没有足够的理由正式要求成员国提供解释性文件，以解释本指令内容与各国转换文书相应部分之间的关系。[①] 从技术角度看，本指令并不特别复杂，只包含了少数需要转化为国家层面法律的法律义务，而且所涉及的问题范围明确，相关知识产权邻近领域在国家层面上已有规则可循。因此，在国家层面上的转换工作预计不会很复杂，从而更方便了对这种转换工作的监督。

欧洲议会和欧盟理事会

关于保护未披露技术诀窍和商业信息（商业秘密）免遭非法获取、使用和披露的指令

提　案

（与欧洲经济区相关的文本）

欧洲议会和欧盟理事会，

考虑到《欧盟运行条约》，特别是其第 114 条，

考虑到欧盟委员会的提案，

在向各国议会发送立法草案之后，

考虑到欧洲经济和社会委员会的意见[②]，

经咨询欧洲数据保护监督员[③]，

根据普通立法程序，

鉴于：

（1）企业和非商业研究机构进行相关投资以获取、开发和应用技术诀窍和信息，

① OJ C 369 of 17. 12. 2011, p. 14 – 15.

② OJ C,, p. .

③ OJ C,, p. .

而这些技术诀窍和信息是知识经济的货币。在创造和应用知识资本方面的投资决定了企业在市场上的竞争力，从而决定了它们的投资回报，这也是企业研究与开发的根本动力。如果研发结果被公开，企业将无法从其研究和创新投资中充分获益，因而企业会采取不同的手段来占有其创新活动的成果。使用正式的知识产权是其中的一种手段，如专利、设计权或版权。另一个手段是保护对实体有价值且不广为人知的知识防止被他人所知和利用。此类未披露并打算保密的技术诀窍和商业信息被称为商业秘密。企业无论规模大小，对商业秘密的重视程度不亚于专利和其他形式的知识产权，并将保密制度作为一种商业和研究创新管理工具，涵盖了各种信息，从技术知识扩展到商业数据，如客户和供应商信息、商业计划或市场研究和战略等。通过保护如此广泛的技术诀窍和商业信息，无论是作为知识产权的补充还是替代，商业秘密使创造者能够从其创造和创新中获利，因此对研究开发和创新尤为重要。所以，商业秘密对研究与开发以及创新绩效格外重要。

（2）开放式创新是创造新知识的重要手段，是基于共同创造的知识的新型创新商业模式出现的基础。对研发和创新背景下，商业秘密在保护内部市场之内和之外企业之间的知识交流方面发挥着重要作用。合作研究（包括跨境合作），对于提高内部市场的商业研发水平尤为重要。开放式创新是新创意转化为市场商机满足消费者需求并解决社会问题的催化剂。在内部市场中，要想实现这种跨境合作的障碍最小化，而且合作到位不扭曲，智力创作和创新应推动对创新流程、服务和产品的投资。这种有利于智力创作和创新的环境对于增加就业和提高联盟经济的竞争力也很重要。商业秘密是企业对智力创作和创新型技术诀窍使用最多的保护形式之一，但同时也是欧盟现有法律框架对第三方非法获取、使用或披露商业秘密保护最少的一种形式。

（3）创新型企业越来越多地面临意在侵犯商业秘密的恶意行为，如窃取、擅自复制、经济间谍活动、违反保密要求，无论是来自欧盟内部还是外部。近年来的一些发展趋势，如全球化、外包增加、供应链延长、信息和通信技术的使用增多，都增加了这些恶意行为的风险。非法获取、使用或披露商业秘密损害了合法商业秘密持有者利用其创新成果获得先行者回报的能力。如果缺乏有效、同等的法律手段在欧盟范围内保护商业秘密，那么在内部市场从事创新性跨境活动的积极性就会受到损害，商业秘密也就无法发挥其作为经济增长和就业驱动力的潜力。如此一来，创新和创造力受挫，投资减少，影响内部市场的顺利运行，削弱其促进增长的潜力。

（4）在世界贸易组织框架内为解决这一问题所作的国际努力促成了《与贸易有关的知识产权协议》（TRIPS 协议）的缔结。该协议（除其他事项外）载有关于保护商业秘密，防止第三方非法获取、使用或披露商业秘密的规定，这些规定是通用的国际标准。该协议已由欧盟理事会第 94/800/EC 号[①]决定批准，所有成员国以及欧盟本身都受该协定的约束。

---

① 1994 年 12 月 22 日欧盟理事会第 94/800/EC 号决定，该决定涉及代表欧洲共同体就其权限范围内的事项缔结乌拉圭回合多边谈判（1986—1994 年）所达成的各项协议（OJ L 336，23. 12. 1994，p. 1）。

（5）尽管有《与贸易有关的知识产权协议》，各成员国在保护商业秘密免遭他人非法获取、使用或披露方面的立法仍存在重大差异。例如，并非所有成员国都通过了商业秘密和/或非法获取、使用或披露商业秘密的国家定义，因此保护范围并不容易确定，而且各成员国的保护范围也不尽相同。此外，在非法获取、使用或披露商业秘密的情况下，民法救济并不一致，因为并非所有成员国都能对非合法商业秘密持有者竞争对手的第三方发出停止和终止令。有人善意获取商业秘密，但后来在使用时得知其能获取商业秘密是因为另一方之前的非法获取，对于这种情况各成员国的处理方式也存在差异。

（6）至于合法的商业秘密持有者是否可以要求销毁非法使用商业秘密的第三方制造的商品，或者要求归还或销毁任何包含或体现非法获取或使用的商业秘密的文件、文档或材料，各国的规定也不尽相同。此外，各国适用的损害赔偿计算规则并不总考虑到商业秘密的无形性，这使得在无法确定有关信息的市场价值的情况下，很难证明实际利润损失或侵权者的不当得利。只有少数成员国允许适用抽象的损害赔偿计算规则，其依据是如果存在使用商业秘密的许可，本应支付的合理特许权使用费或报酬。此外，如果商业秘密持有者提起诉讼指控第三方非法获取、使用或披露商业秘密，许多成员国的规则并不保证商业秘密的保密性，从而降低了现有措施和救济的吸引力，降低所提供保护措施的力度。

（7）成员国在商业秘密法律保护方面的差异，意味着商业秘密在整个欧盟范围内并不享有同等程度的保护，从而导致内部市场在这方面的割裂，削弱了规则的整体威慑力。内部市场因而受到影响，因为这种差异会降低企业开展与创新有关的跨境经济活动的积极性，包括与合作伙伴开展研究或生产合作、外包或在其他成员国投资，而这些活动将取决于作为商业秘密保护的信息的使用情况。跨境网络研发以及与创新相关的活动，包括相关的制造业和后续的跨境贸易，在欧盟内部的吸引力降低，难度增加，因此也导致了欧盟范围内创新领域的低效率。此外，在保护水平相对较低的成员国，商业秘密可能更容易被窃取或以其他方式非法获取，因而商业风险也更高。在这种情况下，因为需要弥补某些成员国法律保护不充分问题而支出更多的保护费用，导致在内部市场中向促进增长的创新而分配的资本效率低下。这些差异也给不正当竞争者创造了机会，他们在非法获取商业秘密后，可以在整个内部市场扩散由此产生的商品。那些在设计、制造或营销依赖于被盗或以其他方式非法获得的商业秘密的商品，也因为立法制度上的差异，从而可以通过保护较弱的入境点从第三国进口至欧盟境内。总体而言，这种差异会损害内部市场的正常运行。

（8）为了确保对于非法获取、使用或披露商业秘密的情况，整个内部市场有足够和一致的救济，在欧盟层面规定与各国立法体系相近的规则是合适的。为此，务必确定商业秘密的统一定义，同时不限制要保护的防止侵犯的对象。因此，这一定义应解释为涵盖符合下列条件的商业信息、技术信息和技术诀窍：对这些信息加以保密符合相关人的合法权益，而且维护这种保密性能满足相关人的合法期望。从本质上讲，这一定义应排除微不足道的信息，不应扩展到雇员在正常工作过程中获得的、为通常在工作中需要用到有关类型信息的业内人士所普遍知晓或获得的知识和技能。

（9）同样重要的是，要确定在哪些情况下法律保护是合理的。为此，有必要确定哪些行为和做法应视为非法获取、使用或披露商业秘密。欧盟机构和组织或国家公共部门根据欧洲议会和欧盟理事会第（EC）1049/2001 号条例①或其他关于获取文件的规则所规定的义务，披露其所掌握的与商业有关的信息，不应视为非法披露商业秘密。

（10）为了推动创新和促进竞争，本指令的规定不应对作为商业秘密受到保护的技术诀窍或信息创设任何排他性权利。因此，独立发现相同的技术诀窍和信息仍然是可能的，商业秘密持有者的竞争者也可以自由地对合法获得的产品进行反向工程。

（11）根据相称性原则，在制定保护商业秘密的措施和救济时，应确保实现内部市场研究和创新领域平稳运行的目标，又能不损害其他目标和公共利益原则。就此而言，措施和救济要确保主管司法部门考虑到商业秘密的价值，导致非法获取、使用或披露商业秘密的行为的严重性，以及这种行为的影响。还应确保为主管司法部门提供自由裁量权，以权衡诉讼各方的权益以及第三方的权益，包括在适用情况下权衡消费者的权益。

（12）如果规定的措施和救济被用来追求不符合本指令目标的非法意图，内部市场的平稳运行将受到损害。因此，必须确保司法部门有权制裁那些恶意行事并提交明显缺乏依据的申请的申诉人的滥用行为。同样重要的是，规定的措施和救济不应限制言论和信息自由（包括《欧洲联盟基本权利宪章》第 11 条所体现的媒体自由和多元化）或举报活动。因此，在披露商业秘密符合公众利益的情况下（只要披露了有关的不当行为或不法行为），关于商业秘密的保护措施不应适用。

（13）为了确保法律的确定性，同时考虑到合法的商业秘密持有者在保护其有价值的商业秘密的保密性和监督其使用方面应履行的谨慎义务，对可提起诉讼保护商业秘密的时间加以限制（要求在商业秘密持有者意识到或有理由意识到第三方非法获取、使用或披露其商业秘密之日起的有限期限内）是合适的。

（14）考虑到在诉讼程序中可能会失去商业秘密的保密性，往往会阻止合法的商业秘密持有者提起诉讼来保护其商业秘密，从而导致相关措施和救济无法落实。因此，有必要（采取适当保障措施以确保公平审判权的前提下）制定具体要求，以便在为保护商业秘密而提起的法律程序过程中保护涉案商业秘密的保密性。其中应包括限制获取证据或参加听证，或仅公布司法判决中的非保密内容。在法律程序结束后，只要商业秘密所涉及的信息未进入公共领域，这种保护就应继续有效。

（15）第三方非法获取商业秘密会对其合法持有者造成毁灭性影响，因为一旦公开披露，持有者就不可能恢复到商业秘密丢失之前的状态。因此，必须规定快速、便捷的临时措施，以立即终止非法获取、使用或披露商业秘密的行为。这种救济必

① 2001 年 5 月 30 日欧洲议会和欧盟理事会关于公众获取欧洲议会、欧盟理事会和欧盟委员会文件的第（EC）1049/2001 号条例（OJ L 145，31. 5. 2001. p. 43）。

须在考虑到有关案件特点后适当尊重抗辩权和相称性原则的情况下提供，而不必等待对案件实质案情的裁定。还可以要求提供足以弥补无理要求给被申请人造成的费用和损害的担保，特别是在任何延迟都会对商业秘密的合法持有者造成不可挽回损害的情况下。

（16）出于同样的原因，规定防止进一步非法使用或披露商业秘密的措施也很重要。为使禁止性措施有效，当情况需要限定时间时，其持续时间应足以消除第三方可能从非法获取、使用或披露商业秘密中获得的任何商业利益。无论如何，如果由于不能归咎于被申请人的原因，商业秘密最初涉及的信息已进入公共领域，则此类措施不应强制执行。

（17）商业秘密可能被非法用于设计、制造或销售商品或其部件，这些商品或部件可能在内部市场传播，从而影响商业秘密持有者的商业利益和内部市场的运行。在这些情况下，当有关商业秘密对所生产商品的质量、价值或价格，或对降低成本、促进或加快其生产或销售过程有重大影响时，必须授权司法部门下令采取适当措施，以确保这些商品不被投放市场或从市场下架。考虑到贸易的全球性，这些措施还必须包括禁止向欧盟进口这些商品，或为在市场上销售或投放这些商品而储存这些商品。考虑到相称性原则，在有其他可行方案的情况下（例如去除商品的侵权要素或在市场外处置商品、向慈善组织捐赠），纠正措施不一定需要销毁商品。

（18）有的人可能最初是善意获得商业秘密，但后来才意识到，包括在收到原商业秘密持有者的通知后才意识到，其之所以能得到有关商业秘密，是因为他人先以非法方式使用或披露有关商业秘密。在这些情况下，为了避免所规定的纠正措施或禁令可能对当事人造成不相称的损害，成员国应规定，在适用情况下作为替代措施，可以向受害方提供金钱赔偿，但这种赔偿不得超过原商业秘密持有者本可以阻止使用商业秘密的期间内如果获得使用有关商业秘密的授权时应支付的特许权使用费或报酬。尽管如此，如果非法使用商业秘密会构成本指令没有预见的违法行为，或有可能损害消费者的利益，则不应允许非法使用商业秘密。

（19）为了避免在知情情况下或有合理理由知情而非法获取、使用或披露商业秘密的人从此类行为中获益，并确保尽可能使受损害的商业秘密持有者处于如果该行为没有发生时的状况，有必要规定对因非法行为而遭受的损害给予适当损害赔偿。在裁定对受损害的商业秘密持有者的损害赔偿金额时，应考虑到所有适当的因素，如商业秘密持有者的收入损失或侵权者的不正当利润，以及（在适用情况下）对商业秘密持有者造成的任何精神损害。例如，作为一项替代措施，鉴于商业秘密的无形性，很难确定所遭受的实际损害的数额，此时损害赔偿的数额可以根据一些因素（如果侵权者要求授权使用商业秘密时其本应支付的特许权使用费或报酬）得出。这样做的目的不是要规定惩罚性损害赔偿的义务，而是确保根据客观标准进行赔偿，同时考虑到商业秘密持有者的费用，如鉴定和研究费用。

（20）作为对未来侵权者的补充威慑手段，同时为了提高广大公众的意识，在涉及非法获取、使用或披露商业秘密的案件中，公布判决是一种有益的途径。公布方式包括（在适当的情况下）通过醒目的宣传方式，只要这种公布不会导致商业秘密的披露，也不会对自然人的隐私和声誉造成不相称的影响。

(21) 如果主管司法部门通过的相关决定未能得到遵守，商业秘密持有者可采取的措施和救济的有效性就会受到损害。因此，有必要确保这些部门享有适当的制裁权力。

(22) 为了促进商业秘密保护措施的统一适用，应当规定成员国之间以及成员国与委员会之间的合作和信息交流制度，特别是建立一个由成员国指定的联络人网络。此外，为了审查这些措施是否达到了预期目标，委员会应酌情在欧洲知识产权侵权观察组织的协助下，审查本指令的执行情况和各国所采取措施的有效性。

(23) 本指令尊重基本权利，并遵守《欧洲联盟基本权利宪章》特别认可的原则，尤其是尊重私人和家庭生活的权利、保护个人数据的权利、言论和信息自由、选择职业的自由和从事工作的权利、开展经营的自由、财产权、获得良好管理的权利、查阅档案和保守业务秘密的权利、获得有效救济的权利、获得公平审判的权利以及抗辩权。

(24) 在涉及非法获取、使用或披露商业秘密的诉讼中，务必要尊重任何个人的隐私权和个人数据保护权。欧洲议会和欧盟理事会第 95/46/EC 号指令①规管成员国根据本指令并在成员国主管部门特别是成员国指定的独立公共部门的监督下进行的个人数据处理。

(25) 由于本指令的目标是通过在整个内部市场对非法获取、使用或披露商业秘密的情况建立充分和相当的救济措施来实现内部市场的平稳运行，而这一目标无法由成员国充分实现，因此，鉴于其规模和影响，这一目标可以在欧盟层面更好地实现，而欧盟可以根据《欧洲联盟条约》第 5 条规定的辅助性原则采取措施。根据该条规定的相称性原则，本指令不超出实现前述目标所必需的范围。

(26) 本指令的目的不应是为司法合作、管辖权、民事和商事判决的承认和执行制定统一规则，或处理适用法律问题。原则上，其他一般性规范此类事项的欧盟文书应同样适用于本指令所涵盖的领域。

(27) 本指令不应影响竞争法规则的适用，特别是《欧盟运行条约》第 101 和 102 条。本指令规定的措施不得以违反该条约的方式、以不当形式被用于限制竞争。

(28) 为保护商业秘密不被非法获取、披露和使用而采取的措施不应影响其他领域任何其他相关法律的适用，包括知识产权、隐私、文件获取和合同法。但是，当欧洲议会和欧盟理事会第 2004/48/EC 号指令②的适用范围与本指令的适用范围重叠时，本指令作为特别法优先适用。

特此，本指令已获通过：

---

① 1995 年 10 月 24 日欧洲议会和欧盟理事会关于在处理个人数据时保护个人和关于个人数据自由流动的第 95/46/EC 号指令（OJ L 281，23. 11. 1995，p. 31）。

② 2004 年 4 月 29 日欧洲议会和欧盟理事会关于知识产权执法的第 2004/48/EC 号指令（OJ L157，30. 4. 2004，p. 45）。

第一章　主题和范围

第1条　主　题

本指令规定了防止非法获取、披露和使用商业秘密的保护规则。

第2条　定义

在本指令中，下列定义应适用：

(1)“商业秘密”指符合以下所有要求的信息：

(a) 具有秘密性，具体而言指作为一个整体或其各组成部分的精确配置和组合，不为通常在工作中需要用到有关类型信息的业内人士所普遍知晓或容易获得；

(b) 因其秘密性而具有商业价值；

(c) 合法控制信息的人在相关情况下已采取合理措施对信息予以保密。

(2)“商业秘密持有者”指合法控制商业秘密的任何自然人或法人。

(3)“侵权者”指非法获取、使用或披露商业秘密的任何自然人或法人。

(4)“侵权商品”指其设计、质量、制造工艺或营销在很大程度上得益于非法获取、使用或披露的商业秘密的商品。

第二章　非法获取、使用和披露商业秘密

第3条　非法获取、使用和披露商业秘密

1. 成员国应确保商业秘密持有者有权申请本指令规定的措施、程序和救济，以防止非法获取、使用或披露商业秘密，或因非法获取、使用或披露商业秘密的行为获得补偿。

2. 凡未经商业秘密持有者同意而获取商业秘密，无论故意而为还是因重大过失实施下列行为，均视为非法：

(a) 未经授权访问或复制商业秘密持有者合法控制的、包含商业秘密或可从中获取商业秘密的任何文件、物品、材料或电子文档；

(b) 窃取；

(c) 贿赂；

(d) 欺骗；

(e) 违反或诱使违反保密协议或任何其他保密义务；

(f) 在当时情况下被认为有悖于诚实商业惯例的任何其他行为。

3. 凡未经商业秘密持有者同意，故意或因重大过失使用或披露商业秘密，且被认定符合以下任何条件者，均应视为非法使用或披露商业秘密：

(a) 非法获取商业秘密；

(b) 违反或保密协议或任何其他保密义务；

(c) 违反限制使用商业秘密的合同义务或任何其他义务。

4. 如果某人在使用或披露商业秘密时知道或在当时情况下应该知道该商业秘密

是从另一人处获得的，而该另一人根据第 3 款系非法使用或披露商业秘密，则前一人使用或披露商业秘密也应视为非法。

5. 有意和故意生产、在市场上销售或投放侵权产品，或为上述目的进口、出口或储存侵权产品，应视为非法使用商业秘密。

第 4 条　合法获取、使用和披露商业秘密

1. 通过以下任何一种方式获得的商业秘密应视为合法：

（a）独立发现或创造；

（b）观察、研究、拆卸或测试已向公众提供的或信息获取者合法拥有的产品或物品；

（c）根据欧盟和国家法律和/或惯例行使工人代表的知情权和咨询权；

（d）在当时情况下符合诚实商业惯例的任何其他做法。

2. 成员国应确保，如果指称的商业秘密获取、使用或披露是在以下任何一种情况下进行的，则有关一方无权申请本指令规定的措施、程序和救济：

（a）合法使用言论自由权和信息自由权；

（b）为了揭露申请人的不当行为、不法行为或非法活动，但是被指称的商业秘密获取、使用或披露对于这种揭露应是必要的，并且被申请人的行为符合公众利益；

（c）商业秘密是在工人代表行使其代表职能时工人向其披露的；

（d）为了履行非合同义务；

（e）为了保护合法权益。

第三章　措施、程序和救济

第一节　总　　则

第 5 条　一般义务

1. 成员国应规定必要的措施、程序和救济，以确保对非法获取、使用和披露商业秘密行为的受害方提供民事救济。

2. 这些措施、程序和救济应：

（a）公平公正；

（b）不会过于复杂或代价高昂，或造成不合理的时间限制或不必要的延误；

（c）有效而且具有劝阻作用。

第 6 条　相称性和滥用诉讼

1. 成员国应确保主管司法部门在适用本指令所规定的措施、程序和救济时做到以下几点：

（a）相称；

（b）避免为内部市场的合法贸易设置障碍；

（c）规定防止滥用的保障措施。

2. 成员国应确保，如果主管司法部门认定有关非法获取、披露或使用商业秘密的申诉明显缺乏依据，且发现申请人恶意提起法律诉讼，目的是不公平地拖延或限制被申请人进入市场，或以其他方式恐吓或骚扰被申请人，则主管司法部门应有权采取以下措施：

（a）对申请人进行制裁；

（b）命令传播与根据第 14 条作出的决定有关的信息。

如果欧盟或国内法律允许，本款第 1 段中提到的措施不应影响被申请人要求损害赔偿的可能途径。

第 7 条　限制期限

成员国应确保在申请人意识到或有理由意识到触发诉讼的最后事实之日起至少 1 年但不超过 2 年内，可提起诉讼申请本指令规定的措施、程序和救济。

第 8 条　在法律程序中维护商业秘密的保密性

1. 成员国应确保当事人、当事人法律代表、法院官员、证人、专家和任何其他参与关于非法获取、使用或披露商业秘密的法律程序的人，或有权接触构成这些法律程序一部分的文件的人，不得使用或披露其因为前述参加或接触而了解到的任何商业秘密或宣称的商业秘密。

在下列任何一种情况下，不存在本款第 1 段提到的义务：

（a）在法律程序中，发现宣称的商业秘密不符合第 2 条第（1）项规定的要求；

（b）随着时间的推移，有关信息已为通常在工作中需要用到有关类型信息的业内人士所普遍知晓或易于获取。

2. 成员国还应确保主管司法部门在一方当事人提出申请（适当说明申请理由）时，可采取必要的具体措施，以维护在与非法获取、使用或披露有关的法律程序过程中使用或提及的任何商业秘密或宣称的商业秘密的保密性。

本款第 1 段中所述措施至少应包括以下选项：

（a）全部或部分限制获取当事人或第三方提交的包含商业秘密的任何文件；

（b）限制参加可能披露商业秘密的听证会，并限制查阅相应的记录或笔录。在特殊情况下，如果有适当的理由，主管司法部门可以限制当事人参加听证会，并命令听证会只能在当事人的法律代表和经授权的专家（须遵守本款第 1 段所述的保密义务）在场的情况下进行；

（c）提供任何司法判决的非保密版本，其中删除包含商业秘密的段落。

如果出于保护商业秘密或宣称的商业秘密的需要，根据本款第 2 段（a）项的规定，主管司法部门决定不得向另一方当事人披露一方当事人合法控制的证据，且该证据对诉讼结果具有重要意义，则司法部门仍可授权向另一方当事人的法律代表以及（在适用情况下）经授权的专家（须遵守本款第 1 段所述的保密义务）披露该信息。

3. 在决定批准或驳回第 2 款所述申请并评估其相称性时，主管司法部门应考虑当事人以及（在适用情况下）第三方的合法权益，以及批准或驳回该申请可能对当事人中的任何一方以及（在适用情况下）对第三方造成的任何损害。

4. 根据第 1、2 和 3 款对个人数据进行的任何处理均应符合第 95/46/EC 号指令的规定。

第二节 临时和预防措施

第 9 条 临时和预防措施

1. 成员国应确保主管司法部门可应商业秘密持有者的请求，下令对被控侵权者采取以下任何临时和预防措施：

（a）暂时停止或（视具体情况而定）禁止使用或披露商业秘密；

（b）禁止生产、在市场上销售或投放侵权商品，或使用侵权商品，或为上述目的进口、出口或储存侵权商品；

（c）扣押或交付涉嫌侵权商品（包括进口商品），以防止其流入市场或在市场上流通。

2. 成员国应确保司法部门可以规定，对于持续被指称的非法获取、使用或披露商业秘密的行为，须提供旨在确保商业秘密持有者获得赔偿的担保。

第 10 条 申请条件和保障措施

1. 成员国应确保主管司法部门在采取第 9 条所述措施时，有权要求申请人提供可合理认为可获得的证据，以确信存在商业秘密，申请人是合法的商业秘密持有者，且商业秘密已被非法获取，商业秘密正在被非法使用或披露，或商业秘密即将被非法获取、使用或披露。

2. 成员国应确保主管司法部门在决定批准或驳回申请以及评估其相称性时，必须考虑商业秘密的价值，为保护商业秘密所采取的措施，被申请人获取、披露或使用商业秘密的行为，非法披露或使用商业秘密的影响，当事人的合法利益，以及批准或驳回相应措施可能对当事人、第三方的合法权益、公共利益和基本权利（包括言论和信息自由）的保障措施产生的影响。

3. 在下列情况下，成员国应确保根据被申请人的要求，撤销第 9 条所述临时措施或以其他方式停止实施这些措施：

（a）申请人未在下令采取措施的司法部门确定的合理期限（若成员国法律允许）内，或（在未确定合理期限的情况下）未在不超过 20 个工作日或 31 个自然日（以时间较长者为准）的期限内，向主管司法部门提起诉讼（而且通过诉讼就案件实质案情作出裁定）。

（b）由于不能归咎于被申请人的原因，有关信息不再符合第 2 条第（1）项的要求。

4. 成员国应确保主管司法部门可在申请人提供充分担保或同等保证的情况下，采取第 9 条所述的临时措施，以确保对被申请人所遭受的任何损害以及（在适用情况下）受这些措施影响的任何其他人所遭受的任何损害进行赔偿。

5. 在临时措施根据第 3 款第（a）项被撤销的情况下，若临时措施因申请人的任何作为或不作为而失效的，或者在随后发现不存在非法获取、披露或使用商业秘密或前述威胁的，主管司法部门应有权根据被申请人或受损害第三方的请求，命令申请人向被申请人或受损害第三方提供适当赔偿，以补偿这些措施造成的任何损害。

第三节　根据对案件实质案情的裁定而采取的措施

第 11 条　禁令和纠正措施

1. 成员国应确保，当司法裁定认定非法获取、使用或披露商业秘密时，主管司法部门可应申请人的请求，命令侵权者：

（a）停止或（视具体情况而定）禁止使用或披露商业秘密；

（b）禁止生产、在市场上销售、投放侵权产品，或使用侵权产品，或为上述目的进口、出口或储存侵权产品；

（c）对侵权产品采取适当的纠正措施。

2. 第 1 款第（c）项所述纠正措施应包括：

（a）侵权声明；

（b）从市场上召回侵权产品；

（c）去除侵权产品中的侵权要素；

（d）销毁侵权产品或（在适用情况下）将其撤出市场，但是这种行动不得损害对有关商业秘密的保护；

（e）全部或部分销毁包含或实施商业秘密的任何文件、物品、材料、物质或电子文件的，或（在适用情况下）向商业秘密持有者全部或部分交付这些文件、物品、材料、物质和电子文件。

3. 成员国应确保，在命令侵权产品撤出市场时，司法部门可应商业秘密持有者的请求，命令根据司法部门确定的条件将产品交付持有者或慈善组织，以确保相关产品不再流入市场。

司法部门应下令由侵权者承担费用执行这些措施，除非有特殊理由不这样做。这些措施不应影响商业秘密持有者因非法获取、使用或披露商业秘密而可能应得的任何损害赔偿。

第 12 条　申请条件、保障措施和替代措施

1. 成员国应确保，主管司法部门在考虑关于采用第 11 条规定的禁令和纠正措施的请求并评估其相称性时，应考虑商业秘密的价值，为保护商业秘密所采取的措施，被申请人获取、披露或使用商业秘密的行为，非法披露或使用商业秘密的影响，当事人的合法权益，以及批准或驳回请求可能对当事人、第三方的合法权益、公共利益和基本权利（包括言论和信息自由）的保障措施产生的影响。

当主管部门限定第 11 条第 1 款第（a）项所述措施的期限时，该期限应足以消除侵权者可能从非法获取、披露或使用商业秘密中获得的任何商业或经济利益。

2. 如果在此期间，由于不能归咎于被申请人的原因，有关信息不再符合第 2 条

第（1）项的条件，则成员国应确保应被申请人的要求，撤销第 11 条第 1 款第（a）项所述的措施，或以其他方式停止实施这些措施。

3. 成员国应规定，在符合下列所有条件的情况下，应被第 11 条规定措施制裁的人之请求，主管司法部门可下令向受害方支付金钱赔偿，而不是采取这些措施：

（a）相关人最初是出于善意取得商业秘密知识而且符合第 3 条第 4 款的条件；

（b）执行有关措施会对该人造成不相称的伤害；

（c）对受害方的金钱赔偿似乎合理且令人满意。

不下达第 11 条第 1 款第（a）项中提及的命令而要求进行金钱赔偿时，前述金钱赔偿不得超过本可禁止使用商业秘密的期限内该人要求授权使用有关商业秘密的情况下本应支付的特许权使用费或报酬的金额。

第 13 条　损害赔偿

1. 成员国应确保，主管司法部门根据受害方的申请，责令知道或应当知道自己在非法获取、披露或使用商业秘密的侵权者向商业秘密持有者支付与实际损害相称的损害赔偿。

2. 在确定损害赔偿额时，主管司法部门应考虑所有适当的因素，如受害方遭受的负面经济后果（包括利润损失），侵权者获得的任何不正当利润，以及（在适用情况下）经济因素以外的要素，如非法获取、使用或披露商业秘密给商业秘密持有者造成的精神损害。

但是，在适用情况下，主管司法部门也可以根据一些要素，例如，如果侵权者要求授权使用有关商业秘密时至少应支付的特许权使用费或报酬，将损害赔偿额确定为一次性总付的金额。

第 14 条　公布司法裁判

1. 成员国应确保，在因非法获取、使用或披露商业秘密而提起的法律程序中，主管司法部门可应申请人的请求，下令采取适当措施，传播与司法裁判有关的信息，包括公布裁判的全部或部分内容，费用由侵权者承担。

2. 本条第 1 款提及的任何措施均应维护第 8 条规定的商业秘密的保密性。

3. 在决定是否下令采取公布措施并评估其相称性时，主管司法部门应考虑到该措施可能对侵权者（如果侵权者是自然人）的隐私和名誉造成的损害，以及商业秘密的价值，侵权者获取、披露或使用商业秘密的行为，非法披露或使用商业秘密的影响，以及侵权者进一步非法使用或披露商业秘密的可能性。

第四章　罚则、报告和最后条款

第 15 条　对不遵守本指令规定的义务的处罚

成员国应确保主管司法部门可对未能或拒绝遵守根据第 8、9 和 11 条所采取任何措施的当事人、当事人法律代表和任何其他人实施处罚。

规定的处罚措施应包括在不遵守根据第 9 和 11 条所采取措施的情况下可重复处以罚款这种选项。

规定的处罚应有效、适度并具有劝阻作用。

第16条　信息交流和联络员

为促进各成员国之间以及成员国与欧盟委员会之间的合作，包括信息交流，各成员国应指定一名或多名国家联络员，负责与实施本指令所规定措施有关的任何问题。成员国应将国家联络员的详细情况通知其他成员国和欧盟委员会。

第17条　报告

1. 到20××年××月××日【转换期结束后3年】，欧盟商标和工业品外观设计局应在欧洲知识产权侵权观察站的职权范围内，编写一份关于非法获取、使用或披露商业秘密的诉讼趋势的初步报告。

2. 到20××年××月××日【转换期结束后4年】，欧盟委员会应起草一份关于本指令实施情况的中期报告，并提交给欧洲议会和欧盟理事会。该报告应适当考虑欧洲知识产权侵权观察站编制的报告。

3. 到20××年××月××日【转换期结束后8年】，欧盟委员会应对本指令的效果进行评估，并向欧洲议会和欧盟理事会提交一份报告。

第18条　转换

1. 成员国应最迟到20××年××月××日【本指令通过之日起24个月】实施遵守本指令所必需的法律、法规和行政规定。成员国应立即将这些规定的文本通报欧盟委员会。

当成员国通过这些规定时，其中应包含对本指令的引用，或在正式公布时附有此类引用。成员国应自行决定该种引用所采取的方式。

2. 成员国应向欧盟委员会转发其在本指令所涉领域内所通过的国内法律主要条款的文本。

第19条　生效

本指令应自在《欧盟官方公报》上公布后的第20天生效。

第20条　接收对象

本指令的接收对象是各成员国。

瑞典商业秘密保护法[①]

内容生效日期：2018年7月1日

第1条　本法包含针对盗用商业秘密的赔偿、禁令和处罚条款。

---

① 本译文根据瑞典文文本翻译，原文来源于瑞典政府办公室法律数据库，http：//www.notisum.se/Pub/Doc.aspx？url=/rnp/sls/lag/20180558.htm，最后访问时间：2018年12月8日。——译者

本法部分实施了2016年6月8日《欧洲议会和欧盟理事会关于保护未披露的技术诀窍和商业信息（商业秘密）防止非法获取、使用和披露的第2016/943号（欧盟）指令》。

商业秘密的定义

第2条 本法中，凡任何信息属于下列情形之一的，即属商业秘密：

1. 该信息与贸易商开展业务或研究机构开展活动时所处业务或经营环境有关；

2. 通常能够接触此类信息的人士一般无法知晓或无法轻易接触该信息，无论是作为一个整体，还是在其部件的精密配置和组装过程中；

3. 持有人已经采取合理措施对该信息进行保密；

4. 从竞争角度看，如果披露该信息，则可能会对持有人造成损害。

雇员在其正常受雇期间所获取的经验与技能并不会构成商业秘密。与构成犯罪或其他严重不当行为的事宜有关的信息同样不会构成商业秘密。

本法所采用的其他术语

第3条 盗用商业秘密系指任何人未经持有人同意：

1. 获得未经授权而访问该商业秘密的权限，盗用或以其他方式取得该商业秘密；

2. 使用该商业秘密；或

3. 披露该商业秘密。

此外，使用商业秘密系指货物生产者通过盗用商业秘密而在货物设计、特征、运行、生产或营销方面获得巨大利益。此定义同样适用于为了上述目的而向市场供应或投放上述货物者，或者为了上述目的而进口、出口或储存上述货物者。

本法针对的是盗用商业秘密

第4条 本法仅针对盗用商业秘密而设。

任何人为了向公众公开或者向公共机构或其他主管机关披露属于下列情形之一的事宜而获取商业秘密的，概不属于盗用情形：

1. 可能合理怀疑该事宜属于可被判处监禁的犯罪；或

2. 可能将该事宜视为其他不当行为，并且公开或披露该事宜的目的是保护公众利益。

责　　任

第5条 犯有本法第26条或第27条所述罪行者，应就该罪行造成的损害或者使用或披露商业秘密造成的损害予以赔偿。

第6条 如果就任何人与贸易商或研究机构之间的商业关系而在保密原则之下向此人告知贸易商或研究机构的商业秘密，但此人出现故意盗用或因过失而盗用该等商业秘密情形，则此人应对自身行为所造成的损害予以赔偿。

第7条 对于员工在其受雇期间而获被告知的用人单位商业秘密，如果员工在其知悉或应该已经知悉的不应披露该等商业秘密的情况下，故意盗用或因过失而盗用该等商业秘密，则该员工应对其行为所造成的损害予以赔偿。

使用或披露商业秘密行为发生于劳动关系终止之后的，本条第1款所述责任仅在存在确凿理由之时方可适用。

第8条 任何人士因法院命令原因而以当事方或当事方代表身份获被告知的商业秘密的，若其故意或因过失而使用或披露该等商业秘密的，则其应对自身行为所造成的损害予以赔偿。

程序进行期间，如果当事方或当事方代表允许他人知悉该等商业秘密，并且该等他人故意或因过失而使用或披露该等商业秘密的，则该等他人对其行为所造成的损害予以赔偿。

任何人士在非公开庭审期间知悉商业秘密的，若其故意或因过失而使用或披露该等商业秘密，则其应对自身行为所造成的损害予以赔偿。

第9条 任何人故意或因过失而盗用商业秘密的，并且据其已有或应该已有的了解，该等商业秘密在之前业已被他人所盗用，此人应对自身行为所造成的损害予以赔偿。

第10条 任何人以其他方式故意或因过失而获得商业秘密的，若其后续存在故意或因过失而使用或披露该等商业秘密的行为或事实，则此人应对由此造成的损害予以赔偿。

凡属下列情形的，本条第1款概不适用：商业秘密持有人属于法律实体，盗用商业秘密之人属于该法律实体的董事会成员或审计师，并且盗用行为发生于此人履行公务期间。

赔偿的计算

第11条 计算本法第5条至第10条项下赔偿金额时，应考虑到商业秘密未被盗用之时，商业秘密持有人对商业秘密所享有的利益，并应考虑到经济因素之外的其他情况。

（若适用）可减少甚至完全取消赔偿。

禁　令

第12条 对于盗用商业秘密者，法院在处以罚款的同时，禁止其继续盗用该等商业秘密。

此外，对于其行为业已导致商业秘密即将被盗用者，法院还可能会决定是否对其签发禁令。

禁令目的不再具有相关性后，被禁者可申请取消该禁令。

第13条 对于盗用商业秘密者，意即该信息不再属于本法第2条所界定的商业秘密，法院可在处以罚款的同时，禁止此人在一定时间内使用该信息。

临时禁令

第 14 条 申请人证明确有确凿原因认为商业秘密业已被盗用，并且有理由怀疑若对方继续盗用，则将会损害该等商业秘密价值的，法院可决定根据本法第 12 条规定出具禁令，直至案件作出最终判决或者案件另有裁决。同等条件下，即便盗用商业秘密的行为即将发生，法院亦可决定出具禁令。

盗用涉及使用商业秘密的，若业已根据本条第 1 款规定进行通知，则对于禁止使用该等商业秘密的申请，法院可予拒绝，或者法院可撤销上述禁令决定，但前提条件是：

1. 对方提供担保，对其可能需要向商业秘密持有人支付的赔偿进行担保；并且
2. 该等使用并未导致商业秘密被披露。

第 15 条 如果申请人证明确有确凿原因认为对方业已盗用商业秘密，意即该等信息不再是本法第 2 条所界定的商业秘密，则法院可决定根据本法第 13 条规定出具禁令，直至案件作出最终判决或者案件另有裁决。

第 16 条 对于本法第 14 条与第 15 条而言，法院应采用《瑞典司法程序法典》第 15 章第 5 条至第 8 条，除非本法另有规定。

对根据本法第 14 条与第 15 条作出的判决提出上诉的，以及对于向上级法院提请的程序，《瑞典司法程序法典》中关于根据该法典第 15 章作出的判决进行上诉的规定予以适用。

法院对盗用商业秘密可能采取的其他措施

第 17 条 凡盗用商业秘密者，法院可裁定（若适用）盗用者向该等商业秘密持有人归还其占有的包含该等商业秘密的任何文件或物件。如确有正当理由，法院可能会裁定归还之时不予赔偿。

归还该等文件或物件时，如无法做到无损归还，则法院可能会裁定（若适用）对该等文件或物件进行退市、销毁、修改或采取其他旨在阻止滥用的措施。即便该等文件或物件并非归盗用者所占有，法院仍可能会作出该等裁定。

对于因其行为而导致商业秘密即将被盗用的任何人，法院可能会决定根据第 1 款与第 2 款规定，针对此人采取措施。

第 18 条 货物设计、特征、运行、生产与营销从被盗用商业秘密中获得巨大利益的，法院可决定根据本法第 17 条采取措施，即便该等货物并未包含该等商业秘密。

第 19 条 根据本法第 17 条而采取的措施的费用应由盗用者承担，除非存在特定原因而无须由其承担。

第 20 条 如果根据《瑞典刑法》第 36 章而采取没收或其他旨在阻止滥用的措施，则不得根据本法第 17 条规定作出裁定。

使用商业秘密获取经济补偿

第 21 条 经商业秘密盗用者请求，法院可授权该等盗用者利用该等商业秘密，为商业秘密持有者获取公平补偿，而并非决定根据本法第 12 条通过禁止使用商业秘密的禁令或根据本法第 17 条采取措施。

只有在下列情形之下，方可作出授权裁定：

1. 之前业已有其他人盗用该商业秘密；

2. 申请授权之人并不知悉或者应该并不知悉其在盗用商业秘密之前，该等商业秘密业已被盗用；

3. 如根据本法第 12 条规定出具禁令或者根据本法第 17 条规定采取措施，则会对申请授权之人造成不相称伤害；

4. 对商业秘密的使用并未导致商业秘密被披露。

赔偿不得超出申请授权之人取得商业秘密持有人同意使用商业秘密之时应予支付的费用、使用费或类似报酬。

法院程序相关条款

第 22 条 商业秘密持有人可发起本法第 12 条至第 15 条、第 17 条以及第 18 条项下的诉讼。

此外，亦可在起诉本法第 26 条与第 27 条项下罪行之时，就此而提起本法第 12 条至第 15 条、第 17 条以及第 18 条项下的诉讼。

第 23 条 如为施以罚款而提请诉讼，则应向初审决定发出禁令的法院提请该等诉讼。该等诉讼应由申请禁令之人提请。可以针对该等诉讼而提请进一步的诉讼，以获法院出具禁令。

限制与例外

第 24 条 根据本法发起诉讼要求赔偿的，该等诉讼仅针对提请该等诉讼之前 5 年内所发生的损害。对于该等期间之前发生的损害，即丧失赔偿权（限制）。

根据本法发起诉讼申请禁令或其他措施的，应自持有人知悉或应该知悉作为该等诉讼依据的盗用或即将盗用商业秘密之日起，5 年内提请诉讼。未能在该等期限内发起诉讼的，即丧失诉讼权（排除）。

裁定信息的传播

第 25 条 经商业秘密持有人申请，对于盗用商业秘密的，法院可裁定盗用者承担为了扩散案件裁定信息而采取的任何措施的费用（若适用）。法院在评估公平费用时，法院应考虑该等信息的扩散可能会对个人诚信与声誉造成的后果。

在同等条件下，即便商业秘密即将被盗用，法院亦可决定扩散上述信息。

处　罚

第 26 条　故意以及非法接触商业秘密访问者，将被判定从事工业间谍活动，并被处以罚款或者最高监禁 2 年，或者情节严重的，最低监禁 6 个月，最高监禁 6 年。评估情节是否严重时，应特别考虑罪行性质是否特别危险，是否涉及巨大价值或者是否造成特别巨大的损害。

试图或准备从事工业间谍活动的，根据《瑞典刑法》第 23 章予以处罚。

若《瑞典刑法》对罪行的处罚比本条款项下的处罚更加严厉，则应以《瑞典刑法》的处罚为准。

第 27 条　故意获得商业秘密者，若其明知提供商业秘密之人或者在其之前的任何人通过本法第 26 条所述罪行而获得该等商业秘密的访问权限，则应被判非法交易商业秘密罪，并处以罚款或最高监禁 2 年，或者情节严重的，最高监禁 4 年。

若《瑞典刑法》对罪行的处罚比本条款项下的处罚更加严厉，则应以《瑞典刑法》的处罚为准。

第 28 条　违反本法所规定的保密义务者，对《瑞典刑法》第 20 章第 3 条项下的该等侵权行为概不担责。

违反本法项下禁令者，不可因禁令所涵盖的罪行而被判刑。

过渡性安排

1. 本法自 2018 年 7 月 1 日起开始生效。

2. 本法取代《瑞典商业秘密保护法》（1990：409）。

3. 本法适用于本法生效之前所发生的商业秘密盗用行为。关于刑事责任，本法引入《瑞典刑法》（1964：163），并设有特别条款。

法国商业秘密保护法[①]

第 2018 - 670 号，NOR：JUSX1805103L

生效日期：2018 年 7 月 30 日

国民议会和参议院通过，

根据 2018 年 7 月 26 日宪法委员会第 2018 - 768 号决定，

法兰西共和国总统颁布如下法律：

第 1 条

《法国商法典》卷 1 增补第五篇，表述如下：

① 本译文根据法文文本翻译，原文参见 2018 年 7 月 31 日《法兰西官方公报》，https：//www. wipo. int/edocs/lexdocs/laws/fr/fr/fr515fr. pdf，最后访问时间：2021 年 2 月 18 日。——译者

第五篇　商业秘密保护

第一章　目的和保护条件

第一节　受保护的信息

第 L. 151 –1 条　所有符合如下条件的信息均作为商业秘密受到保护:

1）即无论是整体，还是对具体部分的编排组合，对于该领域从事与相关信息有关的工作人员，均属于不被普遍知悉或易于获取的信息;

2）因其秘密性而实际上或潜在地具有商业价值;

3）为保持其秘密性，信息的合法权利人根据具体情形采取了适当的保密措施。

第二节　合法持有和合法获取商业秘密

第 L. 151 –2 条　以合法方式控制商业秘密的人员为商业秘密权利人。

第 L. 151 –3 条　以下方式属于合法获取商业秘密:

1）独立发现或创造;

2）针对产品或特定对象进行观察、研究、反向工程或者实验，且上述行为的实施对象是处于公共领域内的客体或属于人员通过合法占有取得的信息，且依法不存在约定禁止或限制获取的情况。

第三节　非法获取、使用和披露

第 L. 151 –4 条　未经商业秘密权利人同意通过如下方式获取商业秘密的，属于非法获取:

1）未经商业秘密权利人同意而获得、擅自使用或者复制其合法控制的（包含商业秘密内容以及可以推演出商业秘密内容的）文件、物体、材料、物质或电子文档;

2）在特定情况下被认为违反诚信商业惯例的任何其他行为。

第 L. 151 –5 条　未经商业秘密权利人同意，在上述第 L. 151 –4 条所述条件下，非法获取商业秘密的人员、违反不得披露或限制使用商业秘密义务的人员对商业秘密的使用或披露属于非法使用或披露。

制造、提供或销售明显侵犯商业秘密的任何产品，或为制造、提供或销售而进口、出口或储存这些产品的，只要进行这些活动的行为人知道或根据具体情况应当知道该商业秘密是在本条第 1 段含义范围内非法使用的，则也应视为非法使用。

第 L. 151 –6 条　同样被认为是非法获取、使用以及披露商业秘密的行为还包括，当行为人在获取、使用或披露商业秘密时，知道或根据具体情况应当知道，该商业秘密是直接或间接从第 L. 151 –5 条第 1 段含义范围内非法使用或披露商业秘密的他人处获取的。

第四节 商业秘密保护的例外

第 L. 151 –7 条 如果是依据欧盟法律、现行国际条约或协议或国家法律的要求或许可获取、使用或披露商业秘密的，尤其是司法机关或行政机关在行使调查、检查、许可或处罚职权时获取、使用或披露商业秘密的，不属于商业秘密侵权行为。

第 L. 157 –8 条 如果关于获取、使用或披露商业秘密诉讼是在如下任一种情况下提起的，针对商业秘密侵权提起的诉讼请求将被驳回：

1）为行使言论自由和知情自由权的，包括尊重《欧洲联盟基本权利宪章》规定的媒体自由和信息自由；

2）为保护公共利益且出于善意目的，揭发非法活动、他人过失或不当行为的，包括行使 2016 年 12 月 9 日第 2016 –1691 号《关于提高透明度、反腐败及促进经济生活现代化的法律》（又称“萨班Ⅱ法案”）第 6 条定义的警告权的；

3）为保护欧盟法律或国家法律承认的合法权利的。

第 L. 151 –9 条 针对商业秘密侵权行为提起诉讼时，存在以下情形的，不属于商业秘密侵权行为：

1）在行使劳动者或劳动者代表知情权和质询权时获取商业秘密；

2）劳动者在其代表人根据欧盟法律或国家法律合法行使职权时向劳动者代表人披露商业秘密，且披露商业秘密是行使该职权所必要的。

以本条 1）、2）两种方式获得或披露的信息仍作为商业秘密，但须对已经知晓该商业秘密的劳动者或其代表人之外的人员保密。

第二章 关于商业秘密的预防、制止或赔偿的诉讼

第 L. 152 –1 条 对于任何符合第 L. 151 –4 条至第 L. 151 –6 条规定的商业秘密侵权行为，应追究其侵权人的民事责任。

第 L. 152 –2 条 关于商业秘密侵权的诉讼，规定时效为自侵权行为发生之日起计算的 5 年。

第一节 预防和制止商业秘密侵权的措施

第 L. 152 –3 条 Ⅰ. 在针对预防和制止商业秘密侵权的诉讼框架下，法院有权在不影响给予损害赔偿的条件下，责令采取任何能够阻止或制止所述侵权的适当措施，包括逾期罚款。法院有权：

1）禁止进行或继续进行使用或披露商业秘密的行为；

2）禁止制造、提供或销售明显侵犯商业秘密的产品，或为制造、提供或销售而进口、出口或储存这些产品；

3）下令销毁包含相关商业秘密或可以推演出商业秘密内容的全部或部分文件、物体、材料、原料或电子文档，或根据具体情况，将全部或部分文件、物体、材料、原料或电子文档交还原告。

Ⅱ. 法院还有权为制止商业秘密侵权而下令召回商业流通中的显著侵犯商业秘密的产品，令产品彻底退出流通渠道，改变、销毁侵权产品，或根据具体情况没收产品交给受损害一方。

Ⅲ. 法院对本条第Ⅰ款第1）项和第2）项所述措施规定了实施期限，该期限应足以制止商业秘密侵权人通过非法获取、使用或披露商业秘密可能取得的所有商业或经济利益的行为。

Ⅳ. 采取本条第Ⅰ款至第Ⅲ款规定的措施的费用由侵权人负担，存在特殊原因不由侵权人负担的情况除外。这些措施不影响可能要求的损害赔偿。

当涉案的信息不是直接或者间接地出于侵权人的原因，而不再属于第 L. 151 – 1 条意义上的商业秘密时，应在侵权人的申请下停止所采取的措施。

第 L. 152 – 4 条 为制止正在发生或防止即将发生的商业秘密侵权行为，法院有权根据申请或在紧急裁定的情况下，责令采取临时保全措施。采取这些措施的方式由国务委员会政令确定。

第 L. 152 – 5 条 在不影响第 L. 152 – 6 条的条件下，当满足如下条件时，经侵权人申请，法院有权下令向受损害一方支付赔偿金，而不采取第 L. 152 – 3 条所述的措施：

1）侵权人在使用或披露商业秘密时不知道或根据具体情况不应知道该商业秘密是以非法方式使用或披露而获得的；

2）执行第 L. 152 – 3 条第Ⅰ款至第Ⅲ款措施导致被执行人遭受不合理损害的；

3）向受损害一方支付的经济赔偿应是合理的、令人满意的。

在裁定采取第 L. 152 – 3 条第Ⅰ款第1）项和第2）项规定的措施支付该笔赔偿金时，该经济赔偿金额不得超过侵权人在商业秘密保护期限内申请使用该商业秘密应支付的许可费用的金额。

第二节　商业秘密侵权行为的赔偿

第 L. 152 – 6 条 为确定因实际遭受损害而应支付的损害赔偿金额，法院应考虑如下内容：

1）因商业秘密侵权而导致的负面经济后果，即受损害一方遭受的利润损失及遭受的包括机会损失在内的其他损失；

2）对受损害一方造成的非财产损害；

3）侵权人获得的利润，包括侵权人因侵权而节省的智力成本、物质成本、宣传成本。

法院有权在受损害一方提出申请的情形下，改为支付一次性损害赔偿，特别要考虑到侵权人申请许可使用相关商业秘密所应支付的费用金额。这笔费用不排除向受损害一方进行精神损害赔偿。

第三节　公告措施

第 L. 152 – 7 条 法院有权裁定采取各类公告措施，对关于非法获取、使用或披露商业秘密的裁定进行公告，包括张贴全部或部分裁定，或在报纸或其指定的面向公众的通报机构网站上公布全部或部分裁定，并应采用法院明确的方式进行公告。

法院裁定采取这类措施时，应注意在第 L. 153－1 条规定条件下保护商业秘密。

裁定采取措施产生的费用应由侵权人负担。

第四节　拖延或滥用诉讼的处罚

第 L. 152－8 条　对依据本章规定拖延或滥用诉讼的任何自然人或法人应处以民事罚款，其金额不得高于要求的损害赔偿金额的 20%。没有提出损害赔偿要求的，民事罚款金额不得超过 60000 欧元。

可在不影响对因拖延或滥用诉讼而受到损害的一方进行损害赔偿的条件下，裁定处以民事罚款。

第三章　向民事法庭或商事法庭要求保护商业秘密的一般措施

第 L. 153－1 条　在民事诉讼或商事诉讼中，在任何实质诉讼程序之前要求采取预审措施时或在实质审理时，法官考虑或被请求披露或出示一方当事人或第三方所称文件，或法官认为文件会损害商业秘密的情况下，如无法用其他方式保护该商业秘密且在不影响行使辩护权的条件下，法官有权依照职权或经一方当事人或第三方申请：

1）单独披露该文件，且在其认为必要的条件下，命令专家提供意见，并获得有权向各方当事人提供协助或作为其代表的人员的意见，以便决定是否实施本条规定的保护措施；

2）决定限制披露或出示该文件的部分要素，并裁定以概述形式或限制各方当事人获取文件数量的方式披露或出示该文件，人数最多为一名自然人和一名有权向其提供协助的或作为其代表的人员；

3）决定是否进行辩论，是否在内庭宣告裁定；

4）调整其裁定理由以及裁定的公告方式，以保护商业秘密。

第 L. 153－2 条　任何获取商业秘密文件或获知该文件内容的人员，法官认为其知道或可能知道该商业秘密的，应要求该人员遵守保密义务，并且禁止该人员使用或披露文件包含的信息。

在相关人员为法人的情况下，本条第 1 段规定的义务适用于该法人的法定代表人或章程规定的代表人以及在法院代表该法人的人员。

有权获取文件或文件内容的人员在彼此之间，或针对参与诉讼的法定代表人或公司章程规定的代表人时，不受到该义务约束。

这项针对当事人的保密义务不涉及有权协助或代表当事人的人员，发生第 L. 153－1 条第 1）项规定的情况除外。

保密义务直至诉讼程序结束前持续有效。然而，当法院通过不可上诉的裁定，认定不存在商业秘密，或相关信息在诉讼期间不再属于商业秘密或已变为轻易可以获知的信息时，保密义务终止。

第四章　适用条件

第 L. 154 –1 条　本章适用条件根据国务委员会政令确定。

第 2 条

废除《法国商法典》卷四第八篇第三章第二部分。

第 3 条

《法国行政诉讼法典》作如下修订：

1）在卷六中，增补独立篇，内容如下：

独立篇　普通程序

独立章　告知申请书和诉状

第一部分　总则

第二部分　电子告知条款

第三部分　适用于向行政法院起诉的条款

第四部分　适用于向行政上诉法院上诉的条款

第五部分　适用于向国务委员会申请的条款

第六部分　涉及商业秘密的文件的保护

第 L. 611 –1 条　第 L. 5 条关于抗辩的规定应满足《法国商法典》卷一第五篇第一章规定的保护商业秘密的要求；

2）卷七第四篇第一章第六部分增补第 L. 741 –4 条，内容如下：

第 L. 741 –4 条　裁定原因以及裁定公告方式应符合商业秘密保护的需要。

3）卷七第七篇修订为：

a）在第 L. 775 –1 条结尾“保留”字样之后，内容为：“《法国商法典》第 L. 53 –1 条和第 L. 53 –2 条以及该法卷四第八篇。”

b）第 L. 775 –2 条内容如下：

第 L. 775 –2 条第 L. 77 –13 –2 条适用于本章。

c）增添第八章，内容如下：

第八章　商业秘密侵权的预防、制止及相关赔偿的争议

第 L. 77 –13 –1 条　诉讼属于行政法院管辖的，旨在预防、制止商业秘密侵权或相关赔偿的诉讼应根据本法条款规定，在《法国商法典》卷一第五篇规定的条件下，提起诉讼、提请预审和审理。

第 L. 77 –13 –2 条　作为第 L. 4 条规定的例外情况，命令披露或出示声称包含商业秘密的文件或一类文件的裁定应中止执行，直至上诉期满，或必要时直至就上诉进行裁定后。

第 4 条

Ⅰ.《法国商法典》卷四第四篇修订如下：

1）第 L. 440－1 条Ⅴ第 1 款，文字“工业和商业”替换为文字“商业”；

2）第 L. 441－8 条第 3 款第 1 段，删除文字“工业和商业秘密以及”。

Ⅱ.《法国电影动画法典》第 L. 111－2 条第 1 款 a 项结尾处，文字“商业和工业方面”替换为文字“工业”。

Ⅲ.《法国海关法典》第 349 条之六Ⅱ第 1 款，文字“商业、工业或”替换为文字“商业或秘密”。

Ⅳ.《法国能源法典》第 L. 233－1 条倒数第 2 款第 1 段结尾处，文字“商业和工业方面”替换为文字“商业”。

Ⅴ.《法国环境法典》修订如下：

1）第 L. 120－1 条Ⅳ第 2 款第 1 段，删除文字“，工业和商业秘密”；

2）第 L. 412－7 条Ⅱ、第 L. 412－8 条Ⅲ和第 L. 521－7 条Ⅰ第 1 款、Ⅰ第 2 款以及Ⅱ第 1 款第 1 段以及第 L. 523－1 条最后一款，文字“工业和商业”替换为文字“商业”；

3）第 L. 412－17 条Ⅰ第 1 段结尾处，文字“工业和商业”替换为文字“商业”；

4）第 L. 592－46－1 条第 1 段结尾处，文字“工业和商业方面”替换为文字“商业”。

Ⅵ.《税务程序卷》第 L. 283D 条Ⅱ第 1 款，文字“商业、工业或”替换为文字“商业或秘密”。

Ⅶ.《法国遗产法》第 L. 213－2 条Ⅰ第 1 款第 a 项，文字“工业和商业方面”替换为文字“商业”。

Ⅷ.《法国知识产权法典》第 L. 615－5－1 条最后一款结尾处，文字“制造和商业”替换为文字“商业”。

Ⅸ.《法国行政和公众关系法》卷三第一篇第一章第一部分修订如下：

1）第 L. 311－6 条第 1 款，文字“商业和工业方面”替换为文字“商业”；

2）第 L. 311－8 条第 1 款结尾处，文字“工业和商业”替换为文字“商业”。

Ⅹ.《法国农村和海洋渔业法典》修订如下：

1）第 L. 201－3 条第 2 段，文字“商业和工业方面”替换为文字“商业”；

2）第 L. 253－2 条第 1 款和第 2 款第 1 段，文字“工业和商业”替换为文字“商业”；

3）第 L. 612－5 条Ⅱ第 1 款，文字“商业、工业或”替换为文字“商业或秘密”。

Ⅺ.《法国公共卫生法》修订如下：

1）第 L. 1313－2 条第 1 段结尾处、第 L. 1333－29 条倒数第 2 款、第 L. 5311－2 条第 7 款，文字“工业和商业方面”替换为文字“商业”；

2）第 L. 1313－3 条最后一款，文字“工业或商业”替换为文字“商业”；

3）第 L. 1413－9 条Ⅱ第 1 段，文字“工业或商业”替换为文字“商业”；

4）第 L. 1413－12－3 条第 1 款第 1 段结尾处，文字“商业和工业方面”替换为文字“商业”；

5）第L.5324－1条第1款，文字“具有工业或商业秘密性质或属于”替换为文字“属于商业秘密或”。

Ⅻ.《法国社会安全法典》修订如下：

1）第L.162－18条第4款第2段结尾处，文字“商业和工业方面”替换为文字“商业”；

2）第L.455－3条，文字“工业和商业方面”替换为文字“商业”。

ⅩⅢ.《法国道路交通法典》第L.1511－4条第1款第1段，文字“商业和工业方面”替换为文字“商业”。

ⅩⅣ.2015年7月23日《关于公共合同的第2015－899号法令》第44条I第1款，文字“工业和商业方面”替换为文字“商业”。

第5条

Ⅰ.《法国商法典》第L.950－1条I修订如下：

1）第1）款增补以下条款，内容如下：

第L.151－1条至第L.154－1条条款在根据2018年7月30日关于保护商业秘密的第2018－670号法律修订之后适用。

2）构成第4）款第2项的表格修订如下：

a）第12行内容如下：

第L.440－1条	2018年7月30日关于保护商业秘密的第2018－670号法律

b）第17行替换为两行，内容如下：

第L.441－8条	2018年7月30日关于保护商业秘密的第2018－670号法律
第L.441－9条	2014年3月15日第2014－487号法令

c）第46行替换为两行，内容如下：

第L.481－1条至第L.483－1条	2017年3月9日第2017－303号法令
第L.483－4条至第L.483－11条	2017年3月9日第2017－303号法令

Ⅱ.本法第4条对《法国遗产法》《法国行政和公众关系法》《法国道路交通法典》《法国知识产权法典》《法国环境法典》第L.412－7条、第L.412－8条、第L.412－17条、《法国公共卫生法》第L.1333－29条、第L.1413－9条和第L.1413－12－3条以及2015年7月23日《关于公共合同的第2015－899号法令》进行修订。本法第4条的规定适用于瓦利斯和富图纳群岛。

本法作为国家法律执行。

巴黎，2018年7月30日。

荷兰商业秘密保护法[①]

依据2016年6月8日生效的《欧洲议会和欧盟理事会关于保护未披露的技术诀窍和商业信息（商业秘密）防止非法获取、使用和披露的第2016/943号（欧盟）指令》（关于保护商业秘密的指令），特制定本法（2018年10月17日生效）。

我们是荷兰国王威廉－亚历山大、奥兰治－拿骚王子等，承蒙上帝恩典，谨向一切看到或听见上述法规者致敬，愿众人皆知：

我们认为，本法是依据2016年6月8日生效的《欧洲议会和欧盟理事会关于保护未披露的技术诀窍和商业信息（商业秘密）防止非法获取、使用和披露的第2016/943号（欧盟）指令》（关于保护商业秘密的指令）而制定的本国相应法律。

因此，我们听取了国务委员会的建议，并与议会协商，通过批准并颁布如下政令：

第一章　定　义

第1条

本法规定如下：

商业秘密为符合以下条件的信息：

a. 其具有下述秘密性，即无论是整体，还是对具体部分的编排组合，对于在该领域从事与相关信息有关的工作人员，均属于不能够正常接触或不知道的信息；

b. 其因秘密性而具有商业价值；

c. 依法持有该信息的人应根据具体情况采取合理措施保持其秘密性。

商业秘密权利人：是指任何合法控制商业秘密的自然人或法人。

侵权产品：若某产品的设计、特征、功能、制造方法或销售从以非法方式获取、使用或披露的商业秘密中获得显著经济利益，该产品即被认定为侵权产品。

侵权人：是指任何未经授权获取、使用或披露商业秘密的自然人或法人。

第二章　非法获取、使用或披露商业秘密的行为

第2条

1. 当行为人未经商业秘密权利人同意实施以下行为时，视为非法获取、使用或披露商业秘密：

a. 未经商业秘密权利人同意而获得或复制其合法控制的，包含商业秘密内容或者通过其能演绎出商业秘密的文档、物体、材料或电子信息；

① 本译文根据荷兰文文本翻译，原文参见2018年度第369号《荷兰王国国家报》，https://www.wipo.int/edocs/lexdocs/laws/nl/nl/nl019nl.pdf，最后访问时间：2021年2月19日。——译者

b. 其他根据具体情况不属于诚信商业实践的行为。

2. 下列自然人或法人未经商业秘密权利人同意使用或披露商业秘密，属于违法行为：

a. 非法获取商业秘密；

b. 违反了不披露商业秘密的保密协议或其他保密义务；或

c. 违反了关于限制性使用商业秘密的合同义务或者其他义务。

3. 同样被认为是非法获取、使用以及披露商业秘密的行为还包括，当行为人在获取、使用以及披露商业秘密时，知道或者根据具体情况应当知道，该直接或间接从持有商业秘密的第三人处获取的商业秘密，存在本条第 2 款所述及的违法使用商业秘密的情形。

4. 当自然人或法人明知，或根据情况本应知道其行为是在非法使用商业秘密，仍然生产、提供或买卖侵权产品，或为此目的进口、出口或储存侵权产品，也被视为非法使用商业秘密。

第 3 条

1. 如果通过以下方式获取商业秘密，则不应视为非法：

a. 独立发现或独立设计；

b. 针对商品或特定对象进行观察、研究、反向工程或者试验，且上述行为的实施对象是通过合法占有取得的信息，且依法不存在限制获取的情况；

c. 依据欧盟法、成员国法或惯例，行使雇员或其代表在信息和咨询方面的权利；或

d. 其他任何符合诚信商业惯例的做法。

2. 如果未经授权而获取、使用或披露商业秘密，则不被视为依据欧盟法律或规定所要求被允许的行为。

第 4 条

在下列情况下，发生了对商业秘密的获取、使用或披露的情形，法院应拒绝适用与本法规定的措施和程序相关的主张或请求：

a. 行使《欧洲联盟基本权利宪章》第 11 条所述表达自由和信息自由权利，包括尊重媒体自由和多元化；

b. 披露不当行为、错误或非法活动，前提是披露者的行为是为了保护公共利益，如《荷兰检举机关法》第 1 条第（d）款第（2）项所述；

c. 为了履行依据欧盟法或者成员国法所规定的员工代表的职能，员工向员工代表披露相关信息，但该披露行为以履行员工代表的职能的必要为限；

d. 为了保护欧盟法或者成员国法所承认的合法利益。

第三章　商业秘密的保护

第 5 条

1. 法院可依据商业秘密权利人的申请，命令被控侵权人采取以下临时措施：

a. 停止或禁止对商业秘密的使用或披露；

b. 禁止生产、提供、销售、使用侵权产品，或为此目的进口、出口或储存侵权产品。

2. 商业秘密权利人可以申请扣押被指控的侵权货物，或者要求交付涉嫌侵权的产品以及被进口的产品，以防止这些货物被投放予市场。该程序适用于《荷兰民事诉讼法》关于动产扣押和强制执行的规定。

3. 司法机关可应商业秘密权利人的要求，允许被执行人提供赔偿担保以换取侵权行为继续进行，但司法机关不能允许以提供担保为条件而披露商业秘密。

第 6 条

1. 依据商业秘密的保密协议，法官可以下令采取以下针对侵权人的措施：

a. 停止或禁止非法使用或不正当披露商业秘密；

b. 禁止生产、提供、销售或使用侵权产品，或为此目的进口、出口或储存侵权产品；

c. 从市场上召回侵权产品；

d. 消除侵权产品的侵权部分；

e. 销毁侵权产品，或者将其撤出市场，但该处理行为将不损害对商业秘密的保护；

f. 销毁全部或部分含有非法取得商业秘密的文档、物体、原料、材料或电子信息，或向商业秘密权利人交付全部或部分含有商业秘密内容的载体。

2. 实施本条第 1 款第（c）至（f）项所规定的措施，应由侵权人承担费用，但因特殊原因无法实施的除外。

第 7 条

1. 法院在考虑作出第 5 条第 1 款和第 6 条第 1 款的决定时，以及在评估其相称性时，应根据案件的具体情况，包括：

a. 商业秘密的价值和其他具体特征；

b. 为保护商业秘密而采取的措施；

c. 侵权人获取、使用或披露商业秘密的方式；

d. 非法使用或披露商业秘密造成的后果；

e. 各方当事人的合法利益，以及司法机构在作出准许或拒绝这些措施可能对当事人造成的影响；

f. 第三方的合法利益；

g. 公共利益；

h. 基本权利的保护。

2. 如果司法机关从时间上限制执行第 6 条第 1 款第（a）项和第（b）项所述及的停止或禁止措施的期限，该期限必须能够足以确保消除侵权人因从实施非法获取、使用或披露商业秘密中获得的商业以及经济上的优势。

3. 依据第 6 条第 1 款第（a）和第（b）项，应被执行人的请求，如被证明因不能归责于侵权人的理由而不再属于商业秘密，则须撤回或以其他方式暂时中止采取措施。

4. 如果符合以下条件，法院可命令侵权人向商业秘密权利人支付损害赔偿以替代执行第 6 条第 1 款所述及的措施：

a. 在使用或披露商业秘密时，该被执行人不知道或根据案件情况不应当知道，该商业秘密是从非法使用或披露商业秘密的其他自然人或法人处取得的；

b. 措施的实施会给侵权人带来难以弥补的损害的，且

c. 对受损害方的赔偿是合理和公平的。

5. 第 4 款所指的损害赔偿不能超过被执行人在本应当禁止使用涉案商业秘密的期间内，应当支付却没有支付的因使用该商业秘密所形成的许可费。

第 8 条

1. 商业秘密权利人可以向知道或应当知道非法获取、使用或披露商业秘密的侵权人要求损害赔偿。

2. 在适当的情况下，司法机关可将损害赔偿定为一笔概括性的总数。

第 9 条

1. 司法机关依据商业秘密权利人的要求采取的合适措施、传播与司法裁判有关的信息，费用由侵权人承担。

2. 法官在决定本条第 1 款所述措施并评估其相称性时应考虑以下因素：

a. 商业秘密的价值；

b. 侵权人获取、使用或披露商业秘密的行为方式；

c. 非法使用或披露商业秘密造成的影响；

d. 侵权人继续非法使用或披露商业秘密的可能性；以及

e. 如果因公布侵权人的信息可能导致自然人的信息被披露，公布信息的措施对其隐私和名誉造成损害，则需要考虑该措施是否合理。

第四章　对其他法令的修订条款

第 10 条

《荷兰民事诉讼法》修改如下：

aA. 第 22a 条增加下列一款，内容如下：

3. 如果一方当事人对文件进行检查会严重损害《荷兰商业秘密保护法》第 1 条所指的商业秘密，法院可以规定该检查应由律师或经法院特别许可的代理人进行。第 1019ib 条第 2 款比照适用。

A. 第 1019i 条第 1 款第一句表述如下：作出初步禁令时，法官将确定在主诉中提出索赔的合理期限。

B. 在《荷兰民事诉讼法》第三部的标题 15 之后插入一个标题：

15A　商业秘密的法律保护

第 1019ia 条

本标题适用于根据《荷兰商业秘密保护法》保护商业秘密的法律程序。

第 1019ib 条

1. 参与有关非法获取、使用或披露商业秘密的法律程序的当事人，其律师或者其他代理人、证人、专家和其他诉讼参与人员，或能接触到该等诉讼程序文件的人员，不得使用或披露法院应一方当事人的请求而宣布的商业秘密或声称的商业秘密，以及由于参与或接触而向其披露的商业秘密或声称的商业秘密。

2. 在司法程序结束后，本条第 1 款所述的禁令仍然有效，在以下情况中，该义务不存在：

a. 根据最终判决，可以确定所述的商业秘密不符合《荷兰商业秘密保护法》第 1 条的规定；或者

b. 随着时间的推移，有关信息会对从事相关工作的人员容易获得，或变成为公众所普遍知悉。

法官可应任何当事方的请求，部分或全部解除禁令。

3. 根据要求，法院有必要维护诉讼程序中使用或提到的商业秘密或声称的商业秘密的秘密性，法院至少应采取以下措施：

a. 将当事人或第三方提供的全部或部分包含商业秘密的文件的访问权限限制在一定数量的人数范围内；

b. 将可能披露商业秘密或声称的商业秘密的会议，以及查阅会议记录或第 30n 条第 7 款所述的录像、录音和书面陈述的机会，应全部或部分将访问权限限制于有限的人数范围内；

c. 如将非秘密版本判决书提供给本款第 a 项和第 b 项下所指的人员，应确保其中包含商业秘密的部分已被删除或处理。

4. 法官在对本条第 3 款所述措施作出裁决并评估其相称性时，应尊重各方和第三方的合法利益，以及因批准或拒绝采取这些措施而可能对一方和第三人造成的损害。

5. 本条第 3 款第 a 项和第 b 项所指的人数，不得超过当事人有权得到有效诉讼和公平审判所需的人数，包括在诉讼过程中每一当事人至少有一名自然人以及诉讼各方的律师或其他代理人。

第 1019ic 条

1. 针对商业秘密权利人提出的初步救济的动议或请求，以采取《荷兰商业秘密保护法》第 5 条第 1 款和第 2 款规定的临时措施，但前提要为被告和第三方可能遭受的损失提供担保。

2. 当不能归因于被告，相关信息不再被视为商业秘密时，临时措施将失效。

3. 第 1019i 条比照适用于临时措施。

第 1019id 条

根据《荷兰商业秘密保护法》第 5 条第 1 款或第 2 款所采取的措施，法官可要求请求人赔偿因此措施所导致的损失进行合理的赔偿：

a. 当此措施依据第 1019ic 条第 3 款的规定失去效力时；

b. 措施因原告的任何作为或不作为而失效时；或者

c. 经发现不存在非法获取、使用或披露商业秘密或对其威胁的情况。

第 1019ie 条

依据《荷兰民法典》第一部第十二章第 2 节及第 843a 条的规定，法官可判决败诉一方支付合理法律费用，以及除非有其他规定，支付胜诉一方应承担的其他费用。

第 11 条

在《荷兰民法典》第 11 卷第三章第 310c 条之后插入一条：

第 310 条

《荷兰商业秘密保护法》第 5 条、第 6 条和第 9 条所指的保护商业秘密的法律请求，在商业秘密权利人获悉行为的次日开始起 5 年内有效；

针对商业秘密的侵权行为，在任何情况下，从侵权行为发生之日起 20 年内有效。

第五章　最终条款

第 12 条

本法将于王室作出决定之日起生效。

第 13 条

本法可命名为《荷兰商业秘密保护法》。

兹命令本法以国家公报的方式公布，有关各部委、机关、机构和官员应认真贯彻执行。

荷兰议会 2018 年度，第 34821 号。

2018 年 10 月 17 日于瓦森纳。

比利时商业秘密保护法[①]

（2018 年 7 月 13 日[②]，经济、科学政策、教育、
国家科学文化机构，中产阶级和农业委员会通过文本）

第 1 章　序　言

第 1 条

本法规范了《比利时宪法》第 74 条所指事项。

其目的是将 2016 年 6 月 8 日生效的《欧洲议会和欧盟理事会关于保护未披露的技术诀窍和商业信息（商业秘密）防止非法获取、使用和披露的第 2016/943 号（欧

① 本译文根据法文文本翻译，原文参见：https：//www. ejustice. just. fgov. be/cgi_loi/change_lg. pl? language = fr&la = F&table_name = loi&cn = 2018073018，最后访问时间：2021 年 2 月 16 日。——译者

② 本法正式生效日期是 2018 年 7 月 30 日，此处 2018 年 7 月 13 日应为草案通过日期。——译者

盟）指令》转化为国内法律。

第 2 章 《比利时经济法典》修正内容

第 1 部分 《比利时经济法典》卷 I 修正内容

第 2 条

在经由 2014 年 4 月 19 日法律增添的《比利时经济法典》卷 I 第 2 篇第 9 章中，增添第 I. 17/1 条，表述如下：

第 I. 17/1 条　如下定义适用于卷 XI 第 8/1 篇、第 9/1 篇和第 10 篇的第 4/1 章：

（1）商业秘密是指符合所有如下条件的信息：

1. 具有下述秘密性，即无论是整体，还是具体部分的编排组合，对于在该领域从事与相关信息有关的工作人员，均属于不能够正常接触或不知道的信息；

2. 其因秘密性而具有商业价值；

3. 为保持其秘密性，商业秘密权利人根据情况采取了适当的保密措施。

（2）商业秘密权利人：以合法方式管理商业秘密的任何自然人或法人。

（3）侵权人：以非法方式获取、使用或披露商业秘密的任何自然人或法人。

（4）侵权产品：图案或模型、特征、功能、制造方法或销售显著受益于以非法方式获取、使用或披露的商业秘密的产品。

第 2 部分 《比利时经济法典》卷Ⅺ修正内容

第 3 条

经由 2014 年 4 月 19 日法律增添的《比利时经济法典》卷Ⅺ的标题增加“和商业秘密”字样。

第 4 条

同样在卷 XI 中，增添第 8/1 篇，标题为“第 8/1 篇—商业秘密”。

第 5 条

在通过第 4 条增添的第 8/1 篇中，增添第 XI. 332/1 条，表述如下：

第 XI. 332/1 条　本篇目的在于将 2016 年 6 月 8 日生效的《欧洲议会和理事会关于保护未公开技术诀窍和商业信息（商业秘密）不受非法取得、使用或披露的指令（第（EU）2016/943 号）》部分转化为国内法律。

第 6 条

在该第 8/1 篇中，增添第 XI. 332/2 条，表述如下：

第 XI. 332/2 条　（1）商业秘密相关条款不妨碍：

1. 行使国际法和超国家法律规定以及《比利时宪法》规定的基本权利，尤其是言论和信息自由权，包括尊重媒体的自由和多元化；

2. 实施欧盟法律和本国法律关于在公众或行政或司法部门行使职能时要求商业秘密权利人出于公共利益的原因向这些部门披露包括商业秘密在内的信息的规定；

3. 实施欧盟法律和本国法律关于要求或许可欧盟机构和单位或国家公立机关披露企业通报的信息（该类机构、单位或机关根据欧盟法律或国家法律规定的义务和特权所持有的信息）的规定；

4. 社会参与者的自主权以及他们根据欧盟法律、国家法律以及国内惯例缔结集体协议的权利。

（2）关于商业秘密的条款不得解释为允许限制劳动者流动。特别是关于以下几种流动，本法条款不得用于：

1. 限制劳动者使用不属于第 I. 17/1 条第 1 款规定的商业秘密的信息；

2. 限制劳动者运用其在正常履职过程中以正当的方式获得的经验和能力；

3. 在劳动者的劳动合同中强行设置根据欧盟法律或国家法律强制规定的限制条件之外的附加限制条件。

第 7 条

在该第 8/1 篇中，增添第 XI. 332/3 条，表述如下：

第 XI. 332/3 条 （1）以以下任一种方式获取的商业秘密视为合法获取的商业秘密：

1. 独立发现或创造；

2. 针对商品或特定对象进行观察、研究、反向工程或者试验，且上述行为的实施对象是处于公共领域内的客体以及通过合法占有取得的信息，且依法不存在限制获取的情况；

3. 劳动者或劳动者代表根据欧盟法律、国家法律和国内惯例行使知情权和咨询权；

4. 根据具体情况，任何其他符合商业方面正当使用的惯例。

（2）欧盟法律或国家法律要求或许可的商业秘密获取、使用和披露视为合法获取、使用和披露商业秘密。

第 8 条

在该第 8/1 篇中，增添第 XI. 332/4 条，表述如下：

第 XI. 332/4 条 （1）未获得商业秘密权利人同意通过以下方式获取商业秘密的视为非法：

1. 未经许可获取商业秘密权利人以合法方式管理的、包含所述商业秘密或可以从中推知所述商业秘密的任何文件、物品、材料、物质或电子文档或未经许可将这些要素据为己有或进行复制；

2. 根据具体情形，任何违反商业方面正当使用的行为。

（2）未经商业秘密权利人同意，任何人在以下任一情形使用或披露商业秘密均视为非法：

1. 以非法方式获取商业秘密的；

2. 违反保密协议或任何其他禁止披露商业秘密义务的；

3. 违反合同义务或任何限制使用商业秘密义务的。

(3) 在获取、使用或披露商业秘密时，该人员知晓或根据具体情况应当知晓所述商业秘密是由本条第（2）款意义上以非法方式使用或披露的人员直接或间接获取的，则获取、使用或披露商业秘密的行为视为非法。

(4) 制造、提供或在市场上销售，或为上述目的进口、出口、储存侵权产品的，当进行这些活动的人员知晓或根据具体情况应该知晓使用商业秘密是本条第（2）款意义上以非法方式使用的，制造、提供或在市场上销售，或为上述目的进口、出口、储存侵权产品也视为非法。

第 9 条

在该第 8/1 篇中，增添第 XI. 332/5 条，表述如下：

第 XI. 332/5 条　在以下任一种情况下提出获取、使用或披露商业秘密的，将驳回旨在实施本法条款规定的措施、诉讼程序或补偿的申请：

1. 为行使国际法和超国家法律规定以及《比利时宪法》中确立的言论自由和知情权的，包括尊重媒体的自由和多元化；

2. 被告人为保护基本公共利益而揭发过失、应受指责的或侵权活动的；

3. 在劳动者代表人根据欧盟法律或国家法律合法行使职权的范围内，由劳动者向其代表披露信息，且披露信息是行使职权所必要的行为的；

4. 为保护欧盟法律或国家法律承认的合法权益的。

第 10 条

在《比利时经济法典》卷 XI 中增添第 9/1 篇，标题为“第 9/1 篇—商业秘密保护民事条款”。

第 11 条

在通过第 10 条增添的第 9/1 篇中，增添第 1 章，标题为“第 1 章—总则”。

第 12 条

在通过第 11 条增添的第 1 章中，增添第 XI. 336/1 条，表述如下：

第 XI. 336/1 条　本篇目的在于将 2016 年 6 月 8 日生效的《欧洲议会和欧盟理事会关于保护未披露的技术诀窍和商业信息（商业秘密）防止非法获取、使用或披露的第 2016/943 号（欧盟）指令》部分转化为国内法律。

第 13 条

在通过第 10 条增添的第 9/1 篇中，增添第 2 章，标题为“第 2 章—停止侵权行为及其他措施”。

第 14 条

在通过第 13 条增添的第 2 章中，增添第 XI. 336/2 条，表述如下：

第 XI. 336/2 条　商业秘密权利人有权要求采取法律规定的阻止非法获取、使用或披露商业秘密或为其商业秘密遭到非法获取、使用或披露要求赔偿的措施，提起诉讼和要求赔偿。

第 15 条

在该第 2 章中，增添第 XI. 336/3 条，表述如下：

第 XI. 336/3 条 （1）当法官确认存在非法获取、使用或披露商业秘密时，在商业秘密权利人的申请下，其有权裁定侵权人采取以下一项或多项措施：

1. 停止或根据情况禁止获取、使用或披露商业秘密；

2. 禁止制造、提供、销售或使用侵权产品，或为上述目的进口、出口或储存侵权产品；

3. 召回市场上的侵权产品；

4. 消除侵权产品的侵权性质；

5. 销毁侵权产品，或根据具体情况，使侵权产品退市，条件是退市不会对保护的相关商业秘密造成损害；

6. 销毁包括商业秘密或物质化商业秘密的全部或部分文件、物品、材料、物质或电子文档，或根据具体情况，将全部或部分文件、物品、材料、物质或电子文档交还原告。

（2）法院裁定侵权产品退市的，法院有权在商业秘密权利人的申请下，裁定将这些产品交给持有人或慈善组织。

（3）采取本条第（1）款第 3 项至第 6 项规定的措施的费用由侵权人负担，存在与此相反的特殊原因的情况除外。

（4）本条规定的措施不影响商业秘密权利人可能因非法获取、使用或披露商业秘密而应获得的损害赔偿。

第 16 条

在该第 2 章中，增添第 XI. 336/4 条，表述如下：

第 XI. 336/4 条 （1）当法官在对旨在采取第 XI. 336/3 条规定的禁令和纠正措施的诉讼进行裁定时，以及评估其相称性时，应考虑案件的具体情形，包括（如有）：

1. 商业秘密的价值和其他具体特征；

2. 为保护商业秘密采取的措施；

3. 侵权人在获取、使用或披露商业秘密时的行为；

4. 非法使用或披露商业秘密的影响；

5. 各方合法权益以及授予或驳回这些措施可能对各方造成的影响；

6. 第三方的合法权益；

7. 公共利益；以及

8. 保护基本权利。

法院对上述第 XI. 336/3 条第（1）款的第 1 项和第 2 项规定的措施期限进行限制的，该期限应足以消除所有侵权人可能通过非法获取、使用或披露商业秘密而获得的一切商业或经济利益。

（2）当涉案信息不是直接或者间接出于被告的原因，而不能满足本法第 2 条第 1 项所要求的前提时，本法第 XI. 336/3 条第 1 项以及第 2 项所述及的措施，可以基于被告的申请而撤销。

（3）如下条件全部满足的情况下，若根据第 XI. 336/3 条规定措施而受罚的人提出申请，法官有权裁定向受损害一方在所述措施的执行地支付经济赔偿：

1. 相关人员在使用或披露商业秘密时不知晓且根据具体情况应不知晓商业秘密是由其他人员以非法方式使用或披露而获得的；

2. 执行相关措施导致该名人员受到不相称的损害的；以及

3. 向受损害一方支付的经济赔偿是合理且令其满意的。

在裁定按照第 XI. 336/3 条第（1）款的第 1 项和第 2 项规定措施的执行地进行经济赔偿时，该经济赔偿金额不得超过相关人员为禁止使用商业秘密期间，获得许可使用所述商业秘密所应支付的许可费用的金额。

第 17 条

在通过第 10 条增添的第 9/1 篇中，增添第 3 章，标题为“第 3 章—非法获取、使用或披露商业秘密的损害赔偿”。

第 18 条

在通过第 17 条增添的第三章中，增添第 XI. 336/5 条，表述如下：

第 XI. 336/5 条 （1）商业秘密权利人有权要求对于其因商业秘密遭到非法获取、使用或披露的事实而受到的任何损害进行赔偿。

（2）无法用任何其他方式确定损害范围的，法官有权以合理且公平的方式确定一次性支付的损害赔偿金金额。

（3）在商业秘密权利人的申请下，法官有权在损害赔偿金方面裁定向商业秘密权利人交付仍然掌握在被告人手中的侵权产品，以及在适当的情况下交付主要用于创造或制造这些产品的材料和工具。这些产品、材料和工具的价值超出实际受损范围的，法官决定应由商业秘密权利人支付的补足金。

第 19 条

经由 2014 年 4 月 19 日法律增添的《比利时经济法典》第 10 篇的标题中增加“和商业秘密”字样。

第 20 条

在第 10 条中增添第 4/1 章，标题为“第 4/1 章—商业秘密的管辖权和诉讼条款”。

第 21 条

在第 20 条增添的第 4/1 章中，增添第 XI. 342/1 条，表述如下：

第 XI. 342/1 条 （1）在不损害劳动法院的管辖权的条件下，当事人非企业时，无论诉讼金额大小，商业法院应受理所有与非法获取、使用或披露商业秘密有关的起诉。

（2）受理本条第（1）款所述起诉的法院具有唯一管辖权，它们是：

1. 非法获取、使用或披露商业秘密发生地管辖范围内的上诉法院设立的法院，或根据原告的选择，为被告或被告之一住所地或住址管辖范围内的上诉法院设立的法院；

2. 被告或被告之一在卢森堡国内没有住所地或住址时，为原告住所地或住址管辖范围内的上诉法院设立的法院。

(3) 所有违反本条第 (1) 款和第 (2) 款规定的条款均无效。

本条条款不影响非法获取、使用或披露商业秘密相关争议提交仲裁法院仲裁。

第 22 条

在第 20 条增添的第 4/1 章中，增添第 XI. 342/2 条，表述如下：

第 XI. 342/2 条 (1) 在不影响 1978 年 7 月 3 日关于劳动合同的法律第 15 条的规定下，关于商业秘密的起诉时效为 5 年。

该时效期限自原告知晓下述情形之日起计算：

1. 构成非法获取、使用或披露商业秘密的行为和事实；以及

2. 侵权人的身份信息。

在任何情况下，本条第 (1) 款所述起诉的时效为自非法获取、使用和披露商业秘密发生之日起 20 年。

第 23 条

在该第 4/1 章中，增添第 XI. 342/3 条，表述如下：

第 XI. 342/3 条 (1) 针对非法获取、使用和披露商业秘密行为提起诉讼的，法官有权在原告的申请下，要求在侵权人机构内部和外部张贴裁定或裁定摘要，张贴期限为法官确定的期限，并决定通过报刊或任何其他方式对其裁定或裁定摘要进行公告，由侵权人负担所有费用。

本条第 (1) 款规定的措施遵守《比利时司法法》第 871 条乙规定的关于商业秘密秘密性的条款规定。

(2) 法官在决定是否采取本条第 (1) 款所述措施以及评估其相称性时，应考虑商业秘密的价值，侵权人在获取、使用或披露商业秘密时的行为，非法使用或披露商业秘密的影响（如有），侵权人继续非法使用或披露商业秘密的可能性。

法官还应考虑关于涉及侵权人的信息是否会导致自然人身份信息被识别，如果是，则需要考虑，鉴于该措施可能对侵权人私人生活和名誉造成的损害，披露这些信息是否合理。

第 3 部分 《比利时经济法典》卷 XVII 修正内容

第 24 条

在通过 2013 年 12 月 26 日法律和 2014 年 4 月 19 日法律增添的《比利时经济法典》卷 XVII 第 1 篇第 4 章中，增添第 3 部分，标题为“第 3 部分—非法获取、使用或披露商业秘密情况下终止非法获取、使用或披露商业秘密的诉讼”。

第 25 条

在通过第 24 条增添的第 3 部分中，增添第 XVII. 21/1 条，表述如下：

第 XVII. 21/1 条 (1) 在不损害劳动法院管辖权的条件下，商法法院院长确认存在并裁定终止第 XI. 332/4 条规定的任何非法获取、使用或披露商业秘密，或必要时，禁止该条规定的非法使用或披露行业秘密。

(2) 以下人员是唯一具有受理本条第 (1) 款规定请求的管辖权的人员：

1. 非法获取、使用或披露商业秘密发生地管辖范围内的上诉法院所在地设立的下级法院院长，或根据原告的选择，可为被告或被告之一住所地或住址管辖范围内的上诉法院所在地设立的下级法院院长；

2. 被告或被告之一在卢森堡没有住所地或住址时，为原告住所地或住址管辖范围内的上诉法院所在地设立的下级法院院长。

（3）本条第（1）款所述的终止非法获取、使用或披露商业秘密同时也是旨在终止第 XVII. 21/1 条规定行为的诉讼，仅可提交本条第（1）款和第（2）款所述具有管辖权的法院院长审理。

第 26 条

在该第 3 部分中，增添第 XVII. 21/2 条，表述如下：

第 XVII. 21/2 条　院长裁定终止时，院长有权裁定采取第 XI. 336/3 条第（1）款的第 2 项至第 6 项、第（2）款和第（3）款规定的措施，只要这些措施有助于终止非法使用或披露商业秘密或终止其影响，但因这种侵害而采取的损害赔偿措施不在此列。

第 XI. 336/4 条第（1）款和第（2）款同样适用。

第 27 条

在该第 3 部分中，增添第 XVII. 21/3 条，表述如下：

第 XVII. 21/3 条　按照紧急审理裁定形式，形成并预审诉讼。

尽管存在因相同事实而在刑事法院进行起诉的情况，也应对诉讼进行裁决。

尽管存在上诉无保证金的情况，凭借预先判给债权人的款项，判决仍具有执行力，院长裁定必须提供保证金的情况除外。

第 28 条

在该第 3 部分中，增添第 XVII. 21/4 条，表述如下：

第 XVII. 21/4 条　依据第 XVII. 21/1 条第（1）款提起的诉讼，在有权根据第 XI. 336/2 条针对非法获取、使用或披露商业秘密采取行动的人员的申请下才可起诉。

第 29 条

在该第 3 部分中，增添第 XVII. 21/5 条，表述如下：

第 XVII. 21/5 条　在不影响第 XI. 342/3 条适用的条件下，仅可在公告有助于终止被控告行为或消除影响的条件下批准采取公告措施。

根据上述规定同意采取公告措施，且尽管在规定时间内对判决提出上诉后该公告遭到撤销，但措施已经执行完的，院长应确定申请执行措施的一方应该支付给受损一方的金额。

第 3 章　《比利时司法法》更正内容

第 30 条

经由 2018 年 4 月 15 日法律最新修订的《比利时司法法》第 574 条，补充第 22 款，表述如下：

22. 涉及非法获取、使用或披露商业秘密的诉讼，不影响劳动法院的司法管辖权。

第31条

将《比利时司法法》第578条第1款中的“制造秘密”改为“商业秘密”。

第32条

经由2015年5月21日法律最新修订的《比利时司法法》第584条第5款，补充第6款，表述如下：

6. 在发生《比利时经济法典》第XI. 332/4条规定的非法获取、使用或披露商业秘密的情况下，在商业秘密权利人申请下，裁定保全查封侵权产品，包括进口产品，或退还这些产品，以便阻止这些产品进入市场或在市场上流通。

第33条

经由2015年10月26日法律最新修订的《比利时司法法》第589条，补充第20款，表述如下：

20.《比利时经济法典》第XVII. 21/1条，不影响劳动法院的司法管辖权限。

第34条

经由2018年3月30日法律最新修订的《比利时司法法》第三部分第Ⅲ篇，增补第633条之5/1，表述如下：

第633条之5/1 （1）上诉法院所在地设立的商事法院是唯一具有受理关于第574条第22款所述的非法获取、使用或披露商业秘密诉讼司法管辖权的机构。

（2）上诉法院所在地设立的商事法院院长是唯一具有受理根据第584条规定提起的关于第574条第22款所述的非法获取、使用或披露商业秘密诉讼司法管辖权的人员。

（3）上诉法院所在地设立的商事法院院长是唯一具有受理第589条第20款所述的旨在终止或禁止非法获取、使用或披露商业秘密诉讼司法管辖权的人员。

第35条

在《比利时司法法》第四部分卷Ⅱ第Ⅲ篇第Ⅷ章第一部分，增添第871条乙，表述如下：

第871条乙 （1）当事人、老师或其他代表、法官和司法工作人员、证人、专家以及所有任何其他人，因参与司法诉讼或接触到属于某个司法诉讼的文件时，获知法官根据当事人按规定说明理由的申请或依据职权认定为机密的商业秘密或《比利时经济法典》第I. 17/1条第（1）款所称商业秘密的，不得使用或披露该商业秘密或声称的商业秘密。

本条第（1）款所述保密义务直至司法诉讼结束。然而，该义务在以下任一情形下终止：

1. 在最终决定中认定所称商业秘密不符合《比利时经济法典》第I. 17/1条第（1）款规定的条件时；或者

2. 当有关信息随着时间的流逝而成为通常处理此类信息领域的人员所普遍了解

的或已变得易于获取的信息时。

(2) 法官还有权根据当事人按规定说明理由的请求或依职权采取以下具体措施，以保护所有商业秘密或在司法诉讼程序中声称使用或提及的商业秘密的秘密性：

1. 限制法官明确指定有权接触全部或部分商业秘密的人员或人员类别，或有权解除全部或部分当事人或第三方所称的商业秘密的人员或人员类别；

2. 当商业秘密或声称的商业秘密可能遭到披露时，限制其明确指定接触庭审、庭审记录或说明的人员或人员类别；

3. 向除本款第 1 项和第 2 项所述人员或人员类别以外的任何人提供任何商业秘密的段落被删除或划掉的司法裁决的非机密版本。

明确被指定的人员或属于本条第 (1) 款第 1 项和第 2 项明确指定类别的人员，其数量不得高于为确保司法程序当事人切实行使其上诉权以及获得法院公正审理而必需的人数，前述这些人员中至少包括各方一名自然人以及各方律师或在司法程序中代表这些当事人的其他人。

(3) 对本条第 (2) 款规定措施作出决定，法官应评估其相称性。为此，法官应考虑：确保当事人实际行使上诉权和获得法院公正审理的必要性，当事人的合法利益，以及必要时第三方的合法利益，同意或拒绝采取这些措施可能对任一方当事人造成的各类损害，必要时包括对第三方的损害。

(4) 不履行本条第 (1) 款规定义务的人员或没有采取本条第 (2) 款规定措施的人员，可被处以 500—25000 欧元的罚款而不影响可能要求的损害赔偿。

在这种情况下，可通过相同的裁定同意因不履行本条第 (1) 款规定义务或没有采取本条第 (2) 款规定措施而提出的损害赔偿请求。不属于这种情况的，当事人应根据本法第 775 条进行说明。

由国王指定行政机构，由该行政机构负责通过各种法律途径起诉追还罚款。国王有权每 5 年根据物价水平调整罚款的最低和最高金额。

(5) 根据本条规定对私人数据进行的处理，应符合关于在私人数据处理方面保护自然人的规定。

第 36 条

在经由 2017 年 12 月 25 日法律最新修订的比利时司法法的第 4 部分卷 IV，经由 2007 年 5 月 10 日增添的第 XIX 章乙标题中补充“商业秘密”字样。

第 37 条

在经由 2007 年 5 月 10 日法律增添的并经由 2017 年 6 月 8 日法律修订的比利时司法法第 4 部分卷 IV 第 XIX 章乙中，增添第三部分，标题为“第三部分　适用于商业秘密的临时措施”。

第 38 条

在经由第 37 条增添的第 3 部分中，增添第 1369 条之 4，表述如下：

第 1369 条之 4　在发生《比利时经济法典》第 XI. 332/4 条规定的非法获取、使用或披露商业秘密的情况下，作出临时裁定的商业法院院长应在决定同意或驳回请求以及评估其相称性之后，考虑案件的具体情形，包括（如有）：

1. 商业秘密的价值和其他具体特征；
2. 为保护商业秘密而采取的措施；
3. 被告人在获取、使用或披露商业秘密的行为；
4. 非法使用或披露商业秘密的影响；
5. 当事人合法权益以及授予或拒绝这些措施可能对当事人的影响；
6. 第三方的合法权益；
7. 公共利益；
8. 保护基本权利。

第39条

在第3部分中，增添第1369条之5，表述如下：

第1369条之5　有权依法采取行动，在终止《比利时经济法典》第XI. 332/4条所述非法获取、使用或披露商业秘密而导致适用《比利时司法法》第584条的情况下，依被告人申请，可采取临时措施或使其终止影响，如：

1. 原告没有在合理期限内向具有管辖权的法院提起实施裁定诉讼的；裁定采取这些措施的司法机构应决定这一期限，或没有进行这种决定的，应在20个工作日或31个自然日内提起诉讼，以自裁定送达之日起计算的最长期限为准；

2. 相关信息因与被告无关的原因而不再符合《比利时经济法典》第I. 17/1条第（1）款要求时不再属于商业秘密。

第40条

在第3部分中，增添第1369条之6，表述如下：

第1369条之6　（1）法院有权在临时措施所在地将针对所称商业秘密非法使用的诉讼替换为提供旨在确保商业秘密权利人获得赔偿的担保。法院不得裁定通过披露商业秘密换取担保。

（2）法院有权根据第1369条之7通过原告提供适当的保证金或金额充分的赔偿金等价保函来代替临时措施；保证金或赔偿金等价保函可确保因采取临时措施而导致被告以及必要时任何其他人员可能遭受的全部损害能得到赔偿。

第41条

在该第3部分中，增添第1369条之7，表述如下：

第1369条之7　在根据第1369条之5采取临时措施的情况下，或在由于原告的任何行动或疏忽导致临时措施不再适用的情况下，或在后来确认没有发生非法获取、使用或披露商业秘密或可能受到这种行为威胁的情况下，法院有权根据被告或受损害的第三方的申请，裁定原告向被告或受损害的第三方支付因这些措施造成的所有损害的赔偿金。

第42条

在经由1980年1月31日法律《比利时司法法》第1385条乙中，“或如果未遵守第871条乙意义上的商业秘密的秘密性相关条款”字样中增添“如不满足主判决的情况下”以及“应支付一笔款项”字样。

第4章 1978年7月3日法律更正内容

第43条

将1978年7月3日关于劳动合同法律第18条第3款替换为：

3. 在合同期间及结束后，避免：

获取其在从事执业活动时可能知晓的《比利时经济法典》第XI. 332/4条意义上非法获取、使用或披露该法第I. 17/1条第（1）款意义上的商业秘密，以及披露其在从事职业活动时可能已经知晓的具有私人性质或秘密性的任何商业秘密；

a）开展或配合任何不正当竞争行为。

第5章 过渡性条款

第44条

本法规定自生效起立即适用，但生效时已经获得的权利继续有效。

本法生效前已经开始的司法诉讼应根据诉讼开始时适用的条款继续进行。

芬兰商业秘密法[①]

2018年8月10日于芬兰纳坦利

根据议会的决定，作出以下规定：

第1条 适用范围

本法规定了对商业秘密和技术秘密的保护。

第2条 定义

就本法而言：

1）商业秘密是指：

a）无论是整体，还是对具体部分的编排组合，对于在该领域从事与相关信息有关的工作人员，均属于不能够正常接触或不知道的信息；

b）基于第a）项所述的特点，其在贸易活动中具有经济价值；和

c）其合法持有人已采取合理措施对其进行保护。

2）商业秘密权利人：对商业秘密拥有合法控制权的自然人或法人。

3）侵权产品：是指产品或服务的设计、特征、功能、制造方法或销售从以非法方式获取、使用或披露的商业秘密中获得显著经济利益，即被认定为侵权产品。

---

① 本译文根据芬兰文文本翻译，原文参见：https：//www. finlex. fi/fi/laki/alkup/2018/20180595，最后访问时间：2020年12月9日。——译者

第 3 条　非法获取商业秘密

未经授权，不得非法获取或试图获取商业秘密。

如果出现以下情况，则获取商业秘密属于非法行为：

1）盗窃；

2）未经授权复印、复制、查看或以其他方式处理包含商业秘密或可能从中获取商业秘密的文件、物品、材料、物质或电子文件；或者

3）除本条第 1）款或第 2）款所述行为之外的不正当竞争行为。

如果在获取商业秘密时，行为人已经知道或应当知道商业秘密是直接或间接从非法使用商业秘密或在本法第 4 条含义范围内披露商业秘密的人处获取的，则该商业秘密的获取也属于非法行为。

如果出现以下情况，则获取商业秘密不属于非法行为：

1）独立发明或创造；

2）针对商品或物品进行观察、研究、反向工程或试验，且该商品或物品是通过合法方式持有的，且依法不存在限制获取商业秘密的情况；

3）员工及其代表行使知情权和咨询权；或者

4）除本条第 1）款至第 3）款所指以外的良好商业惯例行为。

第 4 条　非法使用和披露商业秘密

在未经授权情况下，任何人以本法第 3 条第 2）款或第 3）款中规定的方式获取其无权获取的商业秘密的，不得使用或披露该商业秘密。

以下知悉商业秘密的人或事项中不得非法使用或披露商业秘密：

1）担任协会或基金会的管理委员会或董事会成员、常务董事、审计师或清算人，或类似身份的人员；

2）在公司的重组程序中；

3）在保密商业关系中履行职责或代表他人执行任务；

4）除第 1）款至第 3）款所述情况外，受到限制使用或披露商业秘密的协议或义务的约束。

在为他人工作期间知悉商业秘密的任何人，不得非法使用或披露商业秘密。

知道或应当知道商业秘密是从非法使用或披露商业秘密的人处直接或间接获取的，不得非法使用或披露商业秘密。

如果行为人知道或应当知道产品是侵犯商业秘密的产品，则生产、提供和销售侵权产品，以及出于此类目的进口、出口和储存侵权产品，应被视为非法使用商业秘密。

第 5 条　揭露侵权和行使言论自由权

尽管有本法第 3 条和第 4 条的规定，但如果出于保护公共利益之目的而获取、使用或披露商业秘密，以揭露任何不正当或非法活动，则获取、使用或披露商业秘密并不违法。此外，如果获取、使用或披露商业秘密未超出可接受的行使言论自由权的范围，则获取、使用或披露商业秘密并不属于违法行为。

第 6 条　员工向代表披露商业秘密

在不影响第 4 条效力的情况下，员工根据法律或集体协议规定向受托人或其他法定代表人披露商业秘密，并且披露商业秘密是履行其职责所必需的，则其披露商业秘密的行为并非违法。

第 7 条　非法使用和披露技术秘密

通常无法获得的技术说明或操作模型，无论委托谁执行任务或者存在其他业务目的，都不能擅自使用或披露给其他人。

任何人知道或应当知道技术秘密是直接或间接从无权披露该技术秘密的其他人处获得的，不得使用或披露该技术秘密。

如果该人知道或应当知道产品是侵犯技术秘密的产品，则生产、提供和销售侵犯技术秘密的产品，以及出于此类目的进口、出口和储存侵犯技术秘密的产品，应被视为非法使用技术秘密。

第 5 条和第 6 条关于商业秘密的使用和披露的规定，也适用于技术秘密。

第 8 条至第 11 条关于商业秘密的禁止使用和披露、临时禁令、救济措施、使用赔偿金以及损害赔偿的规定，也适用于关于技术秘密的禁止使用和披露、临时禁令、救济措施、使用赔偿金以及损害赔偿的规定。

第 8 条　禁令和救济措施

应商业秘密权利人的要求，对违反第 3 条或第 4 条的规定而获取、披露或使用商业秘密的任何人，可以：

1）禁止实施、继续实施或反复实施侵犯商业秘密的行为；

2）命令召回侵权产品，或责令对其进行改造或销毁；

3）责令全部或部分销毁包含商业秘密的文件、物品、材料、物质或电子文件，或将其全部或部分提供给商业秘密权利人。

如果实施非法披露或使用商业秘密行为的人已被告知该信息是商业秘密，则禁止披露或使用商业秘密的禁令也可适用于第 4 条第 2）款至第 4）款所述情形。

无论是在与保障利益有关的情况下，还是在与禁令有关的其他情况下，禁令或救济措施均不得对被告、他人的权利或公共利益造成不应有的损害。除非由于特殊原因没有必要，否则应定期缴纳罚款，以加强禁令或命令的执行。即使定期缴纳罚款是由普通法院实施的，《芬兰定期缴纳罚款法》（1113/1990）同样适用于定期缴纳罚款的实施和判决。

第 9 条　临时禁令

在纠纷解决前，依据第 8 条第 1）款所实施的禁令可作为临时措施。如果该禁令涉及生产、供应或销售被指控侵权产品，或出于此类目的进口、出口或储存被指控侵权产品，则可在实施禁令时没收或责令提供这些产品。

如果申请人认为有可能发生以下情况，则可以申请实施临时禁令：

1）存在商业秘密；

2）申请人是商业秘密权利人；和

3）他人正在实施或将实施侵犯其商业秘密的行为。

无论是在与保障利益有关的情况下，还是在与禁令有关的其他情况下，临时禁令均不得对被告、他人的权利或公共利益造成不应有的损害。否则，《芬兰程序法》第 7 章和《芬兰执行法》（705/2007）第 8 章关于申请、采取和实施保护措施的规定应适用于临时禁令的申请、采取和实施。但是，对于涉及披露商业秘密的临时禁令而言，《芬兰执行法》第 8 章第 3 条不适用。

第 10 条　使用赔偿金

在下列情况下，应被告的请求，法院可以要求其向商业秘密权利人支付使用赔偿金，而不是实施第 8 条所述的禁令或纠正措施：

1）被告在开始使用商业秘密时并不知道，也不应当知道商业秘密是从非法使用或披露商业秘密的一方处获取的；

2）实施禁令或救济措施会对被告造成不合理的损害；和

3）向商业秘密权利人支付使用赔偿金是合理的。

如果被告被授权在禁止使用商业秘密期间使用商业秘密，则使用赔偿金不得超过应当支付的许可费或其他费用的金额。

第 11 条　损害赔偿

违反第 4 条的规定故意或过失使用商业秘密的任何人，应负责向商业秘密权利人支付合理的使用商业秘密的费用，并赔偿因侵权造成的任何损害。

违反第 3 条或第 4 条的规定故意或过失获取或披露商业秘密的任何人，应负责赔偿商业秘密权利人因侵权而造成的任何损害。

如果第 1 段或第 2 段所述的过失是轻微的，则可以通过赔偿来解决。

《芬兰雇佣合同法》（55/2001）第 12 章第 1 节规定，雇员应对给雇主造成的损害进行赔偿。此外，《芬兰赔偿法》（412/1974）第 4 章和第 3 章关于雇主对第三方造成的损害赔偿责任的规定适用于雇员和官员。

第 12 条　公开判决

在与针对本法的诉讼有关的纠纷中，应原告的请求，法院可责令被告支付原告因披露有关最终判决裁定被告违反本法行为的信息所产生的费用。如果该信息依法不得公开，则禁止公开判决。在考虑公开判决内容时，法院应考虑公开判决的一般重要性、侵权的性质和程度、公开判决的费用等其他相关因素。如果与自然人有关的信息会让自然人身份信息被泄露，则只有在有正当理由的情况下，才可以公开该信息，尤其要考虑到可能对其隐私和名誉造成损害。

法院应确定被告应支付的合理公开判决费用的最高金额和期限。如果申请人未在法院确定的期限内公开判决信息，则无权获得赔偿。

第 13 条　申请期限

提出实施禁令或救济措施申请的期限应在自商业秘密权利人知道侵权行为和侵权人之日起 5 年内，但不得迟于侵权行为发生后 10 年。

第 14 条　限制作为法人的一方公开使用

如果诉讼涉及非法获取、使用或披露商业秘密，且一方具有法人资格，则法院可应另一方的请求，责令在适用《芬兰公众向普通法院提起法律诉讼法》（370/2007）时，法人应有权被告知载有商业秘密的程序文件，或出席仅由有限数量的自然人参加的陈述商业秘密的口头听证会。发布命令的前提是法院已责令对程序文件或其部分保密，以保护商业秘密，并决定全面或者酌情在公众不参与的情况下进行口头审理，且法人向一个以上自然人提供保密信息将会对被责令保密的利益造成重大损害。

如果由于法院判决包含商业秘密信息而责令保密，并且依据本条第1段，有资格作为法人当事人得到通知或参与口头审理的自然人数量有限，则在相同条件下，应另一方的请求，获得载有责令当事人保密信息的判决的权利也仅限于有限数量的自然人。

但是，如果本条第1段和第2段所述的请求可能损害双方获得公平审判的权利，则不应予以接受。

在听取双方的陈述后，法院应指定有权享有第1段和第2段所述权利的自然人。

《芬兰公众在普通法院享有司法公正法》第6章应在经过必要的修改后适用于根据本条作出的决定。

第15条　滥用技术秘密

任何人违反第7条第1段的规定，以为自己、他人牟取经济利益或者对他人造成损害之目的，而故意披露或使用技术秘密的，除非其他法律规定了更严重的处罚，否则其对技术秘密的滥用应被处以罚款。

出于本条第1段所述之目的，故意违反第7条第2段或第3段，披露或使用技术秘密的人，知道技术秘密是从无意披露的人处获得的，或产品是侵犯技术秘密的产品，该人也应因滥用技术秘密而被处以罚款。

第16条　诉讼权

只有在受害方宣布侵权行为将被起诉的情况下，起诉人才能对滥用技术秘密提起诉讼。

第17条　《芬兰刑法》中的相关条款

《芬兰刑法》（39/1889）第30章第4节、第5节（违反公司保密规定）、第6条（滥用公司保密规定）以及《芬兰保密法》第38章第1节和第2节中规定了对公司违法的处罚。

第18条　管辖法院

本法中所述的民事诉讼由地区法院审理。但是，根据《芬兰市场法院法》（100/2013）之相关规定，针对从事商业活动的法人或自然人的民事诉讼也可以由市场法院审理。

第19条　专家

在涉及非法获取、使用或披露商业秘密的案件中，地区法院最多可得到2名专家的协助。专家可以是《芬兰法院法》（673/2016）第17章第10（2）节含义范围内的人。

专家应对地区法院提出的问题提供书面意见。专家有权向当事人双方和证人提问。在判决前，就专家意见，地区法院应给予双方当事人发表意见的机会。

《芬兰司法法》第 17 章第 22 条适用于专家报酬的确定。

第 20 条　生效和过渡条款

本法将于 2018 年 8 月 15 日生效。

本法生效前的行为应受本法生效前有效规定的约束。

本法生效前提起的诉讼应受本法生效前有效规定的管辖。

克罗地亚保护有市场价值的未披露信息法[①]

政府公报第 30/2018 号（自 2018 年 4 月 7 日起生效）

第一章　总　则

第 1 条　立法宗旨和适用范围

本法针对与有市场（商业）价值的未披露信息相关的商业秘密，确定并规范了保护此类商业秘密的先决条件，以及防止非法获取、使用和披露此类商业秘密的保护规则。

第 2 条　欧盟现行法

本法应将下列指令纳入克罗地亚立法体系：

2016 年 6 月 8 日生效的《欧洲议会和欧盟理事会关于保护未披露的技术诀窍和商业信息（商业秘密）防止非法获取、使用和披露的第 2016/943 号（欧盟）指令》（SL L 157，2016 年 6 月 15 日）。

欧洲议会和欧盟理事会 2004 年 4 月 29 日《关于知识产权实施的第 2004/48/EC 号指令》（SL L 157，2004 年 4 月 30 日）。

第 3 条　定义

（1）本法中的特定术语定义如下：

1. "商业秘密权利人"指以合法方式控制商业秘密的任何自然人或法人；

2. "侵权人"指非法获取、使用或披露商业秘密的任何自然人或法人；

3. "侵权产品"：若某产品的设计、特征、功能、生产流程或销售是从以非法方式获取、使用或披露的商业秘密中获得显著经济利益的，该产品即被认定为侵权产品；

4. "法院"指根据法院组织、工作范围和管辖权规定，具有属地管辖权，有权

① 本译文根据英文文本翻译，原文参见：https：//dziv. hr/files/file/eng/zakon_poslovne_tajne_ENG. pdf，最后访问时间：2021 年 2 月 18 日。——译者

保护工业产权、版权和相关权利及其他知识产权的商事法院，以及克罗地亚高等商事法院；

5. “商业秘密”指符合以下要求的信息：

a）具有下述秘密性，即无论是整体，还是其组成部分的具体结构与组合方式，不被在该领域从事与相关信息有关的工作人员所普遍知悉或易于获取；

b）具有市场（商业）价值，并属于秘密信息；

c）依法持有该信息的人应根据具体情况采取合理措施保持其秘密性。

（2）本条第1款第5项所指信息，包括技术诀窍和经验、商业信息和技术信息等。

（3）关于本条第1款第5项所指信息，举例而言，如非法获取、使用或披露该信息会损害该信息合法控制人的科学和技术潜力、商业或金融利益、战略地位或竞争能力，因此可能损害该合法控制人的利益，则该信息具有市场（商业）价值。

（4）为对本条第1款第5项所述信息保密，可以采取以下合理措施：制定一项内部规章，规定商业秘密处理方式、有权接触商业秘密的人员范围以及这些人员的权利和义务，或者在商业秘密的获取和处理过程中采取物理的或实质上的保护措施。

第4条　其他法规的适用

（1）除非本法另有规定，否则一般民事诉讼程序法规的规定应酌情适用于商业秘密的民事保护程序。

（2）除非本法另有规定，否则对非法获取、使用或披露商业秘密所造成的损害应酌情适用一般民事责任法规的规定。

（3）除非本法另有规定，否则对临时措施的程序应酌情适用一般安全法规的规定。

第5条　性别中立表达

本法以及根据本法将要通过的法规中使用的表述所包含的性别含义均平等地指男性和女性。

第二章　商业秘密的获取、使用和披露

第6条　商业秘密的合法获取、使用和披露

（1）如果商业秘密是通过以下任何一种方式获得的，则该商业秘密的获取应被视为合法：

1. 独立发现或创造；

2. 针对商品或特定对象进行观察、研究、反向工程或者试验，且上述行为的实施对象是处于公共领域内的客体或者通过合法占有取得的信息，且信息获取者不承担限制获取商业秘密的有效的法律义务；

3. 工人或工人代表根据特定法规或欧盟法律行使其获得信息、咨询和参与的权利；或

4. 视情况而定，符合诚信商业惯例的任何其他行为。

（2）在特定法规或欧盟法律要求或允许的情况下，获取、使用或披露商业秘密应视为合法。

第7条　商业秘密的非法获取、使用和披露

（1）商业秘密权利人有权申请本法规定的措施、程序和救济，以防止其商业秘密被非法获取、使用或披露或就该非法获取、使用或披露获得赔偿。

（2）在未经商业秘密权利人同意的情况下，以下列方式获取商业秘密，即视为非法：

1. 未经商业秘密权利人同意而获得、擅自使用或者复制其合法控制的（包含商业秘密内容以及可以推演出商业秘密内容的）文件、物体、材料、物质或电子文档；或

2. 在特定情况下被认为违反诚信商业惯例的任何其他行为。

（3）在未经商业秘密权利人同意的情况下，符合下列任何条件的人使用或披露商业秘密，均应视为非法：

1. 非法获取商业秘密；

2. 违反保密协议或任何其他不披露商业秘密的义务；或

3. 违反限制使用商业秘密的合同义务或任何其他义务。

（4）同样被认为是非法获取、使用以及披露商业秘密的行为还包括：当行为人在获取、使用以及披露商业秘密时，知道或在当时情形下应当知道该商业秘密是直接或间接从本条第（3）款含义范围内非法使用或披露商业秘密的他人处获取的。

（5）生产、提供或在市场上投放侵权产品，或为上述目的进口、出口或储存侵权产品，以及使用商业秘密提供服务的，如果从事此类活动的人知道或在当时情形下应当知道该商业秘密是在本条第（3）款含义范围内非法使用的，则也应视为非法使用商业秘密。

第8条　例外情况

所声称的获取、使用或披露商业秘密的行为存在下列情形之一的，法院应驳回关于本法第7条第（1）款所述措施、程序和救济的申请：

1. 本着对媒体自由和多元主义的尊重，行使《克罗地亚宪法》、《欧洲联盟基本权利宪章》、规制信息获取的相关法律以及规制媒体报道的相关法律所规定的言论自由权、信息获取自由权和报告自由权；

2. 以保护公众利益为目的，披露不当行为、违规行为或非法活动；

3. 工人向其代表披露商业秘密，作为这些代表根据特定条例或欧盟法律合法行使其职能的一部分，但条件是这种披露对这种行使是必要的；或

4. 为了保护法规或欧盟法律所承认的特定合法利益。

第3章　民事救济

第9条　有权要求保护权利的人

除商业秘密权利人外，被许可人可根据合法协议或法律规定，在其被授权范围

内要求保护本法所述权利。

第10条　在法律诉讼过程中商业秘密的保密

(1) 在涉及非法获取、使用或披露商业秘密的法律程序中，如果法院根据有关当事人以正当理由提出的申请，将任何商业秘密或声称的商业秘密认定为保密信息，则当事人及其律师或其他代表、司法工作人员、证人、专家和任何其他参与该法律程序或有权查阅构成该法律程序内容的文件的人，对于因参与该法律程序或查阅相关文件而获知的该保密信息，不得予以使用或披露。

(2) 本条第 (1) 款所述义务在该法律程序结束后继续有效。但是，有下列任何情形的，此项义务将不再存续：

1. 最终判决认定，声称的商业秘密不符合本法第3条第 (1) 款第5项规定的要求；或

2. 经过一段时间后，相关信息为通常处理此类信息的领域内人员普遍知悉或易于获取。

(3) 在非法获取、使用或披露商业秘密的法律程序中，法院可以根据一方当事人以正当理由提出的申请，采取必要的具体措施，对该法律程序中使用或提及的任何商业秘密或声称的商业秘密予以保密。

(4) 本条第 (3) 款所述法院可采取的措施包括：

1. 在全部或部分法律程序中将公众排除在外；

2. 对当事人或第三方提交的任何文件，如其中载有商业秘密或声称的商业秘密，则对该文件全部或部分限制查阅，仅对有限数量的人开放。在准许查阅此类文件之前，法院应将本条第 (1) 款所述义务告知获得查阅权限的人。查阅此类文件的人应签署一份声明，确认他们已知悉上述义务；

3. 对载有商业秘密或声称的商业秘密的文件禁止复制，并将其封入一个单独的信封内，且该信封只能在法庭上打开，该信封应再次封入一个单独的信封内，并在信封上注明已对该文件进行了检查，以及检查日期和检查人；

4. 在可能披露商业秘密或声称的商业秘密时，限制庭审参与权限以及查阅相应庭审记录或笔录的权限，仅对有限数量的人开放；和/或

5. 在本款第2项和第4项所述有限数量的人之外，向任何人提供任何司法判决的非保密版本，其中载有商业秘密的段落应已删除或修改。

(5) 本条第 (4) 款第2项和第4项所述人数不得超过为确保法律程序当事人获得有效救济和公平审判的权利所必需的人数，并应保障该法律程序的每一方能够有一名自然人以及他们的律师或其他诉讼代理人出席。

(6) 法院应根据本条第 (3) 款所述措施是否与本条第 (1) 款所述侵权行为相称来批准或拒绝采取该措施。

(7) 在决定本条第 (3) 款所述措施并评估该措施是否与实际需要相适应时，法院应考虑下列事项：保障公民的有效救济权和公平审判权、当事人的合法利益以及在适当情况下第三方的合法利益，以及该措施对任何一方的潜在损害。

（8）不得针对法院为确定本条第（3）款所述措施而作出的判决提起上诉。

（9）根据本条所述措施处理个人数据时，应根据个人数据保护的特定法规进行。

（10）在涉及非法获取、使用或披露商业秘密的法律程序中，律师辩论意见书和判决书不得通过法院电子公告板送达，而应通过邮寄方式送达。

（11）如未能送达，则法院应通过电子公告板发布公告，告知当事人在公告发布后 8 天内直接到法院接收律师辩论意见书或判决书。

（12）如果当事人未能在本条第（11）款规定的期限内接收律师辩论意见书或判决书，则应视为在法院电子公告板发出接收律师辩论意见书或判决书的公告之日后第 8 日届满时送达。

第 11 条　在商业秘密侵权情况下的权利主张

（1）商业秘密权利人可以对侵权人提起诉讼，并要求认定侵权行为、停止侵权行为或禁止使用或披露商业秘密。

（2）对于行为人未经授权实施极有可能导致非法获取、使用或披露商业秘密的行为，商业秘密权利人可以对行为人提起诉讼，并要求停止该行为并禁止非法获取、使用或披露商业秘密。

（3）如果中间人向第三方提供服务，且该第三方将该服务用于非法获取、使用或披露商业秘密的行为或者可能导致非法获取、使用或披露商业秘密的行为中，则也可以针对该中间人提出本条第（1）款和第（2）款所述的权利主张。

第 12 条　申请扣押或销毁侵权物品

（1）商业秘密权利人可以对非法获取、使用或披露商业秘密的人提起诉讼，并向法院申请：

1. 禁止生产、提供、在市场上投放或使用侵权产品，或禁止为上述目的进口、出口或储存侵权产品，或禁止使用商业秘密提供服务；

2. 对侵权产品采取适当的纠正措施，包括将侵权产品从市场上召回、使侵权产品不再具有侵权性质以及销毁侵权产品，但该召回不得损害对有关商业秘密的保护；和/或

3. 命令销毁所有或部分含有或体现商业秘密的文件、物品、材料、物质或电子文件，或酌情将这些文件、物品、材料、物质或电子文件全部或部分送交申请人。

（2）在命令将侵权产品从市场上召回时，法院可以应商业秘密权利人的申请，命令将这些产品交付给该权利人或慈善组织。

（3）法院应命令侵权人承担实施本条第（1）款所述措施的费用，但有特殊理由的除外。

（4）本条第（1）款所述措施不得影响因非法获取、使用或披露商业秘密而可能应向商业秘密权利人支付的任何损害赔偿。

第 13 条　对申请的判决

（1）法院在考虑本法第 11 条和第 12 条所述申请时，应注意这些措施是否与侵权行为的性质和严重程度相适应，还应考虑案件的具体情形，包括：

1. 商业秘密的价值或其他具体特征；
2. 为保护商业秘密而采取的措施；
3. 侵权人获取、使用或披露商业秘密的行为；
4. 非法使用或披露商业秘密的影响；
5. 当事人的合法利益以及准许或拒绝这些措施可能对当事人产生的影响；
6. 第三方的合法利益；
7. 公共利益；和/或
8. 基本权利的保障。

（2）如果法院对本法第 11 条和第 12 条第（1）款第 1 项所述措施限定期限，则该期限应足以消除侵权人可能从非法获取、使用或披露商业秘密中获得的任何商业利益或经济利益。

（3）如果所涉信息不再符合本法第 3 条第（1）款第 5 项的要求，且不能直接或间接归因于受本法第 11 条和第 12 条规定措施约束的被申请人，则只要该被申请人提出请求，本法第 11 条和第 12 条第（1）款第 1 项所述措施应予撤销。

（4）如满足下列所有条件，则经有义务受本法第 11 条和第 12 条规定措施约束的被申请人提出请求，法院可以命令被申请人向受害方支付金钱赔偿，而不适用上述措施：

1. 受本法第 11 条和第 12 条所述措施约束的被申请人，在使用或披露商业秘密时不知道或在当时情形下不应当知道该商业秘密是从非法使用或披露商业秘密的他人处获得的；

2. 执行有关措施会对受本法第 11 条和第 12 条所述措施约束的被申请人造成与被申请人侵权行为不相称的伤害；

3. 对受害方的金钱赔偿被认为是正当合理的。

（5）如果命令给予金钱赔偿而不是实施本法第 11 条和第 12 条第（1）款第 1 项所述措施，则赔偿金额不得超过受本法第 11 条和第 12 条所述措施约束的被申请人为申请获得授权在本应禁止使用所涉商业秘密的期限内使用该商业秘密而应当支付的许可费或费用金额。

第 14 条　关于损害赔偿、符合一般规则的赔偿和返还不当得利的请求

（1）对于知道或应当知道其参与非法获取、使用或披露商业秘密的侵权人，商业秘密权利人可以提起诉讼，并根据关于损害赔偿的一般规则和本法关于损害赔偿的规则申请赔偿。

（2）对于知道或应当知道其参与非法获取、使用或披露商业秘密并从获取、使用或披露该商业秘密中获得利益的侵权人，商业秘密权利人可以提起诉讼，并申请按照关于不当得利的一般规则返还或退还该利益。

（3）本条第（1）款和第（2）款所述申请不相互排斥。

（4）法院在确定损害赔偿时，应考虑到所有适当的因素，如不利的经济后果，包括受害方遭受的利润损失、侵权人获得的任何不公平利润，以及在适当情况下经济因素以外的其他因素，如非法获取、使用或披露商业秘密对商业秘密权利人造成的非财产性损害等。

（5）在适当情况下，对于知道或应当知道参与非法获取、使用或披露商业秘密的侵权人，法院可以不根据本条第（4）款确定损害赔偿，而是将损害赔偿确定为如果该侵权人申请获得授权使用所涉商业秘密而应支付的许可费或费用金额。

第15条　申请公布判决

（1）对于在非法获取、使用或披露商业秘密案件中作出的全部或部分满足商业秘密保护请求的最终判决，商业秘密权利人可以申请将最终判决通过公共媒体予以公布，且费用由被申请人承担。

（2）法院应在该保护请求的范围内，决定拟公布判决所用的公共媒体，并决定是全部公布还是部分公布。

（3）法院如果决定只公布判决的一部分，则应在该保护请求的范围内决定公布明确解释侵权性质的生效部分。

（4）本条第（1）款所述任何措施均应按照本法第十条的规定对商业秘密予以保密。

（5）法院在裁定是否下令采取本条第（1）款所述措施时，以及在评估该措施的相称性时，应考虑到商业秘密的价值，侵权人获取、使用或披露商业秘密的行为，非法使用或披露商业秘密的影响，以及侵权人进一步非法使用或披露商业秘密的可能性。法院还应考虑到，公布信息是否造成侵权人作为自然人的身份被公开，如果是，则还应进一步考虑，鉴于该措施可能会对侵权人的隐私和名誉造成损害，公布该信息是否正当合理。

第16条　申请提供数据

（1）针对商业秘密的非法获取、使用或披露，为保护商业秘密而提起法律程序的商业秘密权利人，可以申请提供关于侵权产品或服务的来源和分销渠道的数据。

（2）本条第（1）款所述申请可以作为一项单独的主张，或作为在完整诉讼中提出的举证请求，针对本条第（1）款所述法律程序中的被申请人提出。

（3）本条第（1）款所述申请也可以针对下列人员提出：

1. 在从事经济活动时拥有涉嫌侵权产品的人；

2. 在从事经济活动时使用涉嫌侵权服务的人；

3. 在从事经济活动时，提供涉嫌侵权行为所用服务的人；或

4. 受本条第（2）款所述被申请人或本款第1项至第3项所述人员指派，参与生产或分销涉嫌侵权产品或提供涉嫌侵权服务的人。

（4）本条第（1）款所述申请应作为一项单独的主张，或在针对作为共同诉讼人的相关人的完整诉讼中提出的举证请求，针对本条第（1）款所述法律程序中的被申请人提出。

（5）本条第（1）款所述提供产品来源和分销渠道数据的申请，可以包括：

1. 产品生产者和分销商、供应商以及其他先前曾占有产品的人，以及意图接收

产品的批发和零售交易商的姓名和地址数据；和/或

2. 生产、制造、交付或订购的产品数量以及相关产品价格数据。

(6) 本条第 (2) 款或第 (3) 款所述数据提供申请的接收人可以拒绝提供此类数据，理由与关于民事诉讼程序的一般法规中规定的可以拒绝作证的理由相同。

(7) 本条第 (2) 款或第 (3) 款所述数据提供申请的接收人如果拒绝提供此类数据，且无正当理由，则应根据关于民事责任的一般法规规定，对其所造成的损害负责。

(8) 本条的规定不影响有关民事和刑事诉讼中保密数据使用方式的法规、有关滥用数据接收权责任的法规以及有关个人数据处理和保护的法规的适用。

第 17 条　在法律程序期间提供证据

(1) 当法律程序中的被申请人提及一份文件或其他已明确或可明确的证据，并声称另一方或第三方掌握或可以接触文件或证据时，法院应当要求该另一方或第三方在规定的期限内提交此类文件或证据。

(2) 在要求提交证据的申请中，当事人应合理证明另一方或第三方掌握或可以接触此类证据，如果申请人是原告，则申请人也应使其诉讼主张合理成立。

(3) 商业秘密权利人作为诉讼中的原告，主张有人在进行经济活动时非法获取、使用或披露其商业秘密以获得经济利益，并在诉讼期间使该主张合理成立的，如果在诉讼程序中该权利人声称另一方掌握或可以接触其提及的银行文件、金融文件或类似经济文件、契约和类似证据，则法院应当要求该另一方在一定期限内提交这些证据。

(4) 在作出命令另一方或第三方提交证据的裁定之前，法院应当要求该另一方或第三方就此事发表声明。

(5) 如果该另一方或第三方声称不掌握证据或无法接触证据，则法院可以要求该方提供证据以证明这一事实。

(6) 对于当事人的拒绝作证权，应酌情适用民事法律程序一般法规中关于拒绝作证权的规定。

(7) 法院就提交证据的申请作出裁定时，应结合被要求提交证据的另一方和第三方的利益，考虑并权衡要求提交证据的一方的利益，同时还应考虑到上述各方的下列利益（包括但不限于）：

1. 如果可以根据其他现有证据确定相关事实，则无须提交证据；

2. 根据个别案件的情形尽可能界定证据，以及使证据对该法律程序具有重要意义；

3. 避免提交证据的范围明显过于宽泛、费用明显过高，以至于与想要确定的事实的意义明显不相称；或

4. 保护自己或他人的商业秘密。

(8) 被申请人避免损害赔偿诉讼或阻止原告胜诉的利益，不得作为拒绝提交损

害其利益的证据的正当理由。

（9）如果提供本条第（3）款所述证据或根据本条提交证据与第三方的某些费用有关，则法院应当要求申请人交存定金。

（10）如果当事人未能按照法院命令其提交证据的裁定行事，则法院应考虑到所有情况，自行判断以下事实对案件的意义：拥有证据的一方不按照法院命令其提交证据的裁定行事，或不按法院所确信的情况承认拥有证据。

（11）对于法院就提交证据的请求所作裁定，诉讼当事人不得提起上诉。

（12）根据命令第三方提交证据的裁定，即使在此裁定成为最终裁定之前，法院也应根据保证程序规定继续执行该请求。

（13）第三方应有权获得与提交证据有关的合理费用补偿。

（14）第三方需要在法院作出最终裁定后15天内提出对本条第（13）款所述费用的补偿申请。

第18条　由于非法获取、使用或披露商业秘密而采取的临时措施

（1）应商业秘密权利人的申请，法院可以命令采取旨在停止或防止非法获取、使用或披露商业秘密的任何临时措施，其中包括：

1. 命令被申请人停止非法获取、使用或披露商业秘密，或禁止其使用或披露商业秘密；中间人向第三方提供服务，而第三方将该服务用于非法获取、使用或披露商业秘密的，法院可以向该中间人下达这项命令；

2. 禁止生产、提供、在市场上投放或使用侵权产品，或禁止为上述目的进口、出口或储存侵权产品；

3. 命令扣押或交付涉嫌侵权产品，包括进口产品，以防止其进入市场或在市场上流通；和/或

4. 禁止使用商业秘密提供服务。

（2）如果商业秘密权利人认为商业秘密可能是非法获得的，被非法使用或披露以从事旨在获得经济利益的活动，而且这种侵权行为可能造成不可弥补的损害，则经由该商业秘密权利人提出申请，法院可以采取除本条第（1）款所述的临时措施外，还可以命令扣押被申请人拥有的与侵权无直接关系的动产和不动产，以及禁止处理金融机构账户资金和其他资产。

（3）为了下令采取并执行本条第（2）款所述的临时措施，法院可以要求被申请人或处理前述资产过程中的其他当事人提供银行、金融和其他经济数据或获取其他必要数据和文件。法院应确保对此类数据保密并禁止滥用。

（4）针对本条第（1）款所述的临时措施，即使在未通知被申请人的情况下，如果申请人可以证明，如不及时采取该临时措施可能导致该临时措施无效或造成不可弥补的损害，则法院也可以下令采取该临时措施。

（5）针对本条第（2）款所述的临时措施，即使在未通知被申请人的情况下，如果申请人可以证明，如不及时采取该临时措施可能导致该临时措施无效，或者可以证明，考虑到特别困难的情形，有必要及时采取该临时措施，则法院也可以下令

采取该临时措施。

（6）如果采取临时措施的命令是在未通知被申请人的情况下下达的，则法院应在临时措施执行后立即将该临时措施的裁定书送达被申请人。

（7）在命令采取临时措施的裁定中，法院还应具体说明该措施的期限，如果在命令采取该措施时申请人尚未提出作为该措施合理理由的诉求，则应说明申请人提出该诉求的期限。

（8）法院应规定，本条第（7）款所述的期限，自向申请人交付裁定书时起不得超过31个自然日。

（9）本条的规定不妨碍根据本法其他规定和关于预防措施程序的一般法规命令采取临时措施的可能性。

第19条　有关临时措施的裁定

（1）法院在审议本法第18条规定的临时措施相关申请时，应注意这些措施是否与侵权行为的性质和严重程度相适应。因此，法院应考虑案件的具体情形，包括：

1. 商业秘密的价值或其他具体特征；
2. 为保护商业秘密而采取的措施；
3. 侵权人获取、使用或披露商业秘密的行为；
4. 非法使用或披露商业秘密的影响；
5. 当事人的合法利益以及准许或拒绝这些措施可能对当事人产生的影响；
6. 第三方的合法利益；
7. 公共利益；和/或
8. 基本权利的保障。

（2）为了证明商业秘密可能已被非法获取、使用或披露，或商业秘密可能将被非法获取，法院应要求申请人提供相应证据，以证明存在商业秘密、申请人是商业秘密权利人，以及商业秘密正在被非法获取、使用或披露或商业秘密可能被非法获取、使用或披露。

（3）如果相关信息不再符合本法第3条第（1）款第5项的要求，且其不能直接或间接归因于被申请人，则应根据被申请人的请求撤销本法第18条所述的临时措施。

（4）针对根据本法第18条所述被申请人的申请，法院可以不执行该条所述的临时措施，而命令被申请人提交保证金，以确保对商业秘密权利人所遭受的损害给予赔偿。

（5）被申请人不得以提供保证金为条件，迫使申请人披露商业秘密。

第20条　保全证据的临时措施

（1）如果商业秘密权利人主张商业秘密被非法获得、使用或披露，或者存在商业秘密被非法披露的风险，并使该主张合理成立，则法院可应其申请下令采取临时措施以保全证据。

（2）根据本条第（1）款所述的临时措施，法院可命令（包括但不限于）：

1. 就侵权产品编写详细描述，不论是否抽取样本；

2. 扣押有可能侵犯商业秘密的产品；和/或

3. 扣押可能对商业秘密构成侵权的产品在生产和分销中使用的材料和工具以及相关文件。

（3）如果申请人证明可能存在证据被毁或发生不可弥补的损害的风险，则可以在不通知对方的情况下命令实施本条所述的临时措施。

（4）如果采取临时措施的命令是在未通知被申请人的情况下下达的，则法院应在作出临时措施裁定后立即将该临时措施裁定书送达被申请人。

（5）在命令采取临时措施的裁定中，法院还应具体说明该措施的期限，如果在命令采取该措施时申请人尚未提出申请临时措施的诉求，则应说明申请人提出该诉求的期限，以使该措施正当化。

（6）法院应规定，本条第（5）款所述的期限，自向申请人送达裁定书时起不得超过31个自然日。

（7）本条的规定不妨碍根据关于预防措施程序的一般法规规定命令采取证据保全措施的可能性。

第21条　罚金

（1）法院可以对未遵守根据本法第10条、第12条、第18条和第20条采取的任何措施的法人或自然人判处或命令缴纳罚金。

（2）可以对本条第（1）款所述法人判处或命令其缴纳10000—100000克罗地亚库纳的罚金。

（3）法院如果对法人判处或命令其缴纳罚金，且认定该法人的负责人以作为或不作为使法人构成违法，则也应对该负责人判处或命令缴纳本条第（1）款所述5000—30000克罗地亚库纳的罚金。

（4）可以对本条第（1）款所述自然人判处或命令其缴纳1000—30000克罗地亚库纳的罚金。

（5）如果根据本法被法院判处罚金的人未按命令缴纳罚金，则法院应在必要时对其判处新的罚金，直至该人按照法院命令缴纳罚金为止。

（6）如果被命令缴纳罚金的自然人未能在法院判决规定的期限内支付罚金，则根据刑法关于以监禁替代罚金的规则，此种罚金应改为监禁。在同一程序中，以监禁替代命令某人缴纳的罚金时，监禁总时长不得超过6个月。

（7）根据本法规定命令实施的监禁，应按照刑事诉讼程序中规定的监禁执行方式予以执行。

（8）所判罚金和监禁由法院依职权执行，执行费用由国家预算承担。

（9）本条规定的罚金不影响在本法程序中被处罚金的人的刑事责任，但根据本法规定判处的刑罚应包括在刑事诉讼程序所判的刑罚中。

（10）法院应在判决书中命令支付罚金。可以在判决书送达之日起3日内对判决提出上诉。二审法院应在收到上诉后 8 日内就对罚金判决的上诉作出判决。

（11）本条第 10 款所述的上诉应推迟判决的可执行性。

第 22 条　紧迫性

（1）关于本法所述非法获取、使用或披露商业秘密的法律程序具有紧迫性。

（2）在因非法获取、使用或披露商业秘密而引起的法律程序中，允许答辩陈述的期限是向被申请人送达诉求书后的 8 日。

（3）对于因非法获取、使用或披露商业秘密而引起的争议，主听证会应在收到辩护陈述后 30 天内举行。

（4）因非法获取、使用或披露商业秘密而向一审法院提起的法律程序，应在提起后 1 年内结案。

（5）在因非法获取、使用或披露商业秘密而引起的法律程序中提起的诉讼，二审法院应在收到针对一审法院判决提起的上诉后 6 个月内作出判决。

（6）关于临时措施的裁定应在关于确定临时措施的申请提交之日起 30 日内作出裁定。

第四章　最终条款

第 23 条　本法生效

本法应于在政府公报上公布之日后的第 8 日生效。

德国商业秘密保护法[①]

出自 2019 年 4 月 18 日的《德国商业秘密保护法》（联邦法律公报第 466 条）

该法贯彻了欧洲议会和欧盟理事会 2016 年 6 月 8 日制定的《欧洲议会和欧盟理事会关于保护未披露的技术诀窍和商业信息（商业秘密）防止非法获取、使用和披露的第 2016/943 号（欧盟）指令[②]》（2016 年 6 月 15 日，欧盟公报 L157，第 1 页）。

G 部分作为 2019 年 4 月 18 日《德国商业秘密保护法》第一部分/第 466 条由联邦议院所通过，根据其第 6 节的内容，自 2019 年 4 月 26 日起生效。

目　录

---

① 本译文根据德文文本翻译，原文参见：http：//www. gesetze - im - internet. de/geschgehg/GeschGehG. pdf，最后访问时间：2021 年 2 月 16 日。——译者

② 欧盟法标准制定的官方提示：欧盟第 2016/943 号法案的实施（序列号：32016L0943）。

第一章　通　则

第 1 条　适用范围

（1）本法适用于未经许可获取、使用和披露的商业秘密保护。

（2）优先考虑有关秘密保守、获取、使用或披露的其他先行法律规定。

（3）以下条款绝不可侵犯：

1. 商业秘密的专业保护和刑法保护，未经授权的披露受《德国刑法》第 203 条保护；

2. 根据《欧洲联盟基本权利宪章》行使言论和知情自由权（2016 年 6 月 7 日的欧盟公报 C 202 第 389 页），包括尊重自由和言论多元化；

3. 社会伙伴的自主权及其根据现行欧盟和国家法规订立集体协议的权利；

4. 雇佣关系中产生的权利和义务以及员工代表的权利。

第 2 条　定义

本法律中：

1. 商业秘密是指符合如下条件的信息：

a）具有下述秘密性，即无论是整体，还是对具体部分的编排组合，对于该领域的相关工作人员均属于无法知晓且不能因此获得经济利益的信息；

b）其合法拥有者在使用恰当的保护措施保护它；

c）因其利益属性而应受保护；

2. 商业秘密权利人：

以合法方式对商业秘密享有所有权或者使用权的自然人或法人；

3. 侵权人：

任何违反第 4 条的规定，非法获取、使用、披露商业秘密的自然人或法人，侵权人无权援引第 5 条规定的例外情况；

4. 侵权产品：

若某产品的设计、特征、功能、制造方法或销售从以非法方式获取、使用或披露的商业秘密中获得显著经济利益，该产品即被认定为侵权产品。

第 3 条　合法行为

（1）商业秘密可以通过以下渠道获取：

1. 自主发现或创造；

2. 通过对产品进行观察、检查、反向工程或试验，且：

a）该产品已经是公开可以使用的，或

b）该产品由观察者、检查者、反向工程研究者或试验者合法拥有，且不受商业秘密的获取限制；

3. 员工在行使其知情权或听证权时或员工在参与协同工作时。

（2）在法律许可或法庭允许时，可以获取、使用或披露商业秘密。

第 4 条　非法行为

（1）商业秘密不可以通过以下方式获取：

1. 未经商业秘密权利人同意而获得或者复制其合法控制的（包含商业秘密内容以及可以推演出商业秘密内容的）文件、物体、材料、物质或电子文档；或

2. 任何违反公正的市场秩序，或不符合诚信商业惯例的其他行为。

（2）以下商业秘密不可使用或披露：

1. 通过本条第（1）款描述的自主行为而获取的商业秘密：

a）第 1 项，或

b）第 2 项；

2. 违背商业秘密使用限制要求；或

3. 违背商业秘密披露要求。

（3）当商业秘密是从他人处获得，且在获取、使用或披露的时间点知道或者根据具体情况应当知道该商业秘密的使用或披露违反了本条第（2）款中所述准则，则不可获取、使用或披露该商业秘密。本款适用于生产、供应、流通、进口、出口、储存产品时商业秘密的使用。

第5条　例外情况

当出于维护某种正当权利的原因，而通过非第4条中所述的禁止行为获取、使用或披露商业秘密，尤其是当：

1. 在行使言论自由和知情自由权时，也包括尊重自由和言论多元化；

2. 出于保护公共利益，揭露非法行为或不正当职业行为等时，对商业秘密的获取、使用和披露；

3. 为使员工完成必要的相应职责，而发生的商业秘密披露。

第二章　停止侵害请求权

第6条　消除与停止

商业秘密权利人可以要求侵权人停止当前的侵权行为，也包括消除未来可能发生的侵权风险。

第7条　销毁；交还；召回；下架及从市场上撤回

商业秘密权利人也可以对侵权人提出以下要求：

1. 销毁或交还侵权人所持有的包含或体现其商业秘密的文件、物体、材料、物质或电子文档；

2. 对侵权产品进行召回；

3. 不得销售侵权产品；

4. 销毁侵权产品；或

5. 即使商业秘密没有受到持续性损害，也要从市场上撤回侵权产品。

第8条　关于侵权产品的答复；未履行答复义务的损害赔偿

（1）商业秘密权利人可以要求侵权人针对以下问题进行答复：

1. 侵权产品的生产商、供应商、其他中间商、行业买家和销售点确切的名称和地址；

2. 已生产、预订、交付或收到侵权产品的数量以及销售价格；

3. 侵权人所持有的包含或体现商业秘密的文件、物体、材料、物质或电子文档；以及

4. 通过何人获取了该商业秘密和已将该商业秘密披露给何人。

（2）如果侵权人故意或由于重大过失而未提供上述信息，或者上述信息被延迟提交、不正确或不完整，由此造成的损害，应对商业秘密权利人进行赔偿。

第9条　权利无效的情况

如果在个别案例中实施权利并不恰当，则本法第6条至第8条第（1）款中所述的权利要求将不起作用，特别是在考虑到以下因素时：

1. 商业秘密的价值或商业秘密其他的特点；

2. 所采取的保护商业秘密的措施；

3. 侵权人在获取、使用或披露商业秘密时的行为方式；

4. 非法使用或披露商业秘密带来的后果；
5. 商业秘密权利人和侵权人的正当性利益以及实施权利对双方可能产生的影响；
6. 第三方具有的正当性利益；
7. 公共利益。

第 10 条　侵权人责任

（1）故意或因过失导致侵权的侵权人有义务对商业秘密权利人由此受到的损害进行赔偿。《德国民法典》第 619a 条神圣不可侵犯。

（2）在确定损害赔偿的时候也应考虑侵权人因侵权所获得的利润。侵权赔偿金额也可以根据当侵权人获得获取、使用或者披露商业秘密的许可时所应当支付的费用来确定。

（3）只要符合公平原则，商业秘密权利人可以基于其非财产类损害向侵权人要求金钱赔偿。

第 11 条　赔偿金

（1）当侵权人既非故意也不是因为过失造成侵权，且赔偿要求对侵权人来说非常不利，则其可以出于阻止商业秘密权利人主张根据本法第 6 条或第 7 条规定的权利的目的而主动向商业秘密权利人提供适当的赔偿金。

（2）赔偿金的数额参考授权使用许可费。赔偿金不得超过与商业秘密权利人有权获得禁止性救济期间相应的，本款第 1 句所指的授权使用许可费的数额。

第 12 条　企业法人的责任

当侵权人是一家企业的雇员或委托人时，商业秘密权利人可针对其企业法人主张本法第 6 条至第 8 条的权利。本法第 8 条第（2）款中的权利要求只适用于当企业法人故意或严重疏忽而没有、延迟、错误、不完整地提供答复的情况。

第 13 条　损害赔偿请求权失效后的权益

如果侵权人是故意或因过失而获取、披露或使用了商业秘密，并且在商业秘密权利人承担费用的情况下得到了一定利润，则他有责任在损害赔偿请求权失效后根据本法第 10 条以及《德国民法典》的相关规定对不当得利进行归还。该权利自产生之日起 6 年后失效。

第 14 条　滥用禁止

不得依据实际情况滥用本法中所提供的权利。遇到此种情况时，利益受损者可以拿起法律武器捍卫自己的权利。总的来说，其他赔偿条款保持不变。

第三章　商业秘密争议程序

第 15 条　地区性的管辖权限；授权规定

（1）针对向正规法院提起的诉讼，地区法院拥有诉讼的专属管辖权，不论争议的金额是多少。

（2）对于本条第（1）款中所说的诉讼，被告居住地所在区的法院具有唯一管辖权。如果被告在国内没有居住地，则其侵权行为地的法院具有唯一管辖权。

（3）州政府有权依据本条第（1）款规定将诉讼分配给地区法院。州政府可以通过法律规定将此权限转移给地方司法管理局。此外，各州可通过协议将某一州的法院应承担的本条第（1）款中所述的全部或部分诉讼移交给另一州的主管法院。

第16条　秘密的保护

（1）在根据本法主张赔偿的法律诉讼中（商业秘密纠纷），如果一方当事人提出请求，则主审法院可以将有争议的信息全部或部分归类为可能会是商业秘密的保密信息。

（2）当事人、当事人的法律代表、证人、专家、其他代表以及所有其他涉及商业秘密纠纷或可获取此类诉讼文件的人员，必须将归类为商业秘密的信息进行妥善处理，并且不得在法律诉讼之外使用或披露这些信息，除非是在诉讼之外获取此类信息。

（3）如果法院根据本条第（1）款作出判决，则有文件审查权限的第三方单位，只允许看到除商业秘密信息以外的其他描述部分。

第17条　处罚手段

应一方当事人的请求，如果有人违反第16条第（2）款的规定，主审法院可处以最高100000欧元的罚款或最多6个月的监禁，并立即执行。在确定罚款时，如果无法对被告执行罚款，则必须确定使用监禁惩罚的程度。针对根据本条第1句作出的处罚而提出的上诉具有暂停惩罚执行的效力。

第18条　程序终止后的秘密保护

第16条第（2）款规定中所述的义务即便在司法程序结束后依然存在，但当主审法院通过最终判决驳回有关争议秘密的请求，或涉案商业秘密信息就相关领域内的人员而言，已经成为公知信息或通过非保密渠道即能够接触时，相应保密义务消失。

第19条　其他法律限制

（1）除第16条第（1）款的规定外，主审法院应一方当事人的请求，为维护商业秘密，还可以全部或部分地限制一定数量的人员接触：

1. 由当事人或第三方提交或呈递的包含商业秘密的文件；
2. 可能披露商业秘密的口头听证会或听证会的录音和材料。

这仅适用于商业秘密的利益相对于相关人员的合法听证权更重要时，当然同时也要确保相关人员受到有效法律保护且程序符合规范。须确保每一方或其代表中至少有一位自然人享有该听证权。此外，法院可自行决定要实现该目的所需下达的命令。

（2）当法院根据本条第（1）款第1项提出限制后：

1. 可以应申请不公开举行口头听证；
2. 本法第16条第（3）款适用于未经允许的人员。

（3）本法第16条至第19条第（1）款和第（2）款适用强制执行程序，当主审法院根据本条第（1）款第 1 项的规定将信息列为需要保密的范畴或依据第（1）款第 1 项需施加额外限制时，对于第 16 条至第 19 条第（1）款和第（2）款的规定可采取强制执行手段。

第 20 条　第 16 条至第 19 条规定措施的程序

（1）对于未决的法律纠纷，法院可根据本法第 16 条第（1）款和第 19 条第（1）款的规定下达限制令。

（2）法院应最晚在措施命令下达后，对另一方举行听证。听证后，法院仍可以废除或修改相应措施。

（3）根据本法第 16 条第（1）款或第 19 条第（1）款提交申请的当事方必须提供可信的证据，证明所涉及的信息是商业秘密。

（4）如果纸质文件和其他文件随申请或按照本法第 16 条第（1）款规定或第 19 条第（1）款第 1 项规定而提交，则提交申请的一方必须标记其中含有商业秘密的部分。对于第 19 条第（1）款第 1 项，当事方还必须提供可以在不泄露任何商业秘密的情况下进行查看的版本。如果没有提供此类版本，则法院认定其可以直接查看该版本，除非法院知道在某些特殊情况下，直接查看是不合理的。

（5）法院将对申请作出判决。如果申请被接受，则必须根据本法第 16 条第（2）款和第 18 条规定将有关命令的效力以及第 17 条所述的侵权后果通知有关各方。如果法院打算拒绝该申请，则其必须将此结果及其原因通知提出申请的当事方，并给当事方一定的时间提出异议。若对依据本法第 16 条第（1）款将信息列为商业秘密的判决和依据本法第 19 条第（1）款的限制令有异议，则须与主上诉一并提出。上诉可以立即进行。

（6）本条所述的法院是指：

1. 一审法院；或
2. 当案件处于悬而未决的状态时提起上诉的法院。

第 21 条　判决公布

（1）商业秘密诉讼的胜诉方有权应判决书的要求且出于正当利益，公布判决或有关判决的信息，费用由败诉方承担。公布的形式和范围在判决时已经确定，同时要考虑判决中指定人员的合法权益。

（2）根据本条第（1）款在对判决进行公布时，有以下几点要特别考虑：

1. 商业秘密的价值；
2. 侵权人在获取、使用或披露商业秘密时的行为方式；
3. 非法使用或披露商业秘密所造成的后果；和
4. 侵权人进一步非法使用或披露商业秘密的可能性。

（3）判决应在最终决议之后公布，除非法院另有规定。

第 22 条　争议金额的减免

（1）在发生商业秘密纠纷时，如果一方证实由于争议金额产生的诉讼费用压力过大，严重影响了其经济状况，则法院可以依据申请，酌情减免一定的诉讼费用。

（2）本条第（1）款中的规定也作用于以下：

1. 胜诉方在律师费上也可受到同样的部分减免；

2. 需要被迫承担法律费用的胜诉方，可从其对手缴纳的诉讼费用和律师费用中得到一定补偿；并且

3. 胜诉方的律师也可以从败诉方律师处获得一定费用，只要该法庭之外的费用应该是由败诉方律师承担的。

（3）本条第（1）款中所述申请必须在主体案件听证之前提交。此后就只能在争议金额由法院提高时提出。申请可以在法院办公地点提出，并做文字记录。在对申请进行批复时，另一方当事人也应听审。

第四章　刑罚规定

第 23 条　损害商业秘密

（1）凡以有利第三方或意图损害企业所有人，以促进自己或他人竞争而从事下列行为者，将处以 3 年以下有期徒刑或罚金：

1. 违反第 4 条第（1）款第 1 项规定获取商业秘密；

2. 违反第 4 条第（2）款第 1 项规定使用或披露商业秘密；

3. 违反第 4 条第（2）款第 3 项规定，企业雇员披露在雇佣关系存续期间在工作中获取或可接触到商业秘密。

（2）凡出于自身利益，以有利第三方或意图损害企业所有人，以促进自己或他人竞争，使用或披露通过本条第（1）款第 2 项或第 3 项规定的他人行为获取的商业秘密者，亦受前项同样惩罚。

（3）凡出于自身利益，以有利第三方或意图损害企业所有人，以促进自己或他人竞争，违反第 4 条第（2）款第 2 项或第 3 项规定，使用或披露商业交往中秘密文件或电子形式秘密文件中的商业秘密者，处 2 年以下有期徒刑或罚金。

（4）有下列行为将处 5 年有期徒刑或罚金：

1. 从事本条第（1）款或第（2）款规定的商业行为；

2. 从事本条第（1）款第 2 项或第 3 项及本条第 2 款规定的商业行为，披露商业秘密时应知该商业秘密将在国外使用；

3. 从事本条第（1）款第 2 项或第（2）款规定的商业行为，该商业秘密已在国外使用。

（5）未遂行为亦处罚。

（6）依据《德国刑事诉讼法》第 53 条第 1 款第 1 句第 5 项规定的人员的协助行为，如果其仅限于接受、评估或公布商业秘密，则不构成违法。

（7）根据《德国刑法》第 5 条第 7 项的规定，若行为人为了促进或自己或他人竞争或者出于自身利益实施行为，则《德国刑法》第 30 条和第 31 条亦适用。

（8）该行为属于告诉乃论之罪，除非司法机关认为出于特别公共利益的考量，有必要主动介入。

西班牙商业秘密法[①]

I. 一般规定

国家元首

2364　2019 年 2 月 20 日关于商业秘密的第 1/2019 号法令

费利佩六世

西班牙国王

致读者，敬请知悉：

普通法院已经批准且我在此认可以下法令：

序　言

I

创新是知识发展的重要动力，有助于形成基于集体知识使用的商业模式。创新机构普遍重视其商业秘密、工业产权和知识产权，并将秘密性作为提高企业竞争力的管理工具，以及公私部门之间的知识转换和研究创新的工具。其目的不仅是保护包括技术或科学知识的相关信息，还包括保护涉及客户及供应商、商业计划、市场研究或市场策略的公司数据。

然而，创新机构越来越容易遭受商业秘密非法获取等不正当行为的侵害，比如盗取、未经许可复制、商业间谍行为或未履行秘密性要求。全球化导致外包行为增加，供应链变长，对信息和通信技术的使用增多，所有这些都增加了前述不正当行为发生的风险。

商业秘密的非法取得、使用或披露会损害其合法权利人利用其作为创新引领者的优势和能力。如果缺乏有效的、有可比性的商业秘密保护法律工具，就会对开展与创新有关活动的积极性有不良影响，而且使商业秘密不能释放其刺激经济增长和就业的能力。其结果是，创新和创造积极性下降，投资减少，市场的良好运作会受到影响，因此创新作为增长因素的效力会降低。

依托于未公开技术信息和经营信息的竞争力必须获得相应的保护，以优化创新的发展、框架和运用条件，以及市场中的知识转移。

由于能使非法使用的风险降低，加强法律保障有助于提高机构商业秘密的创新

① 本译文根据西班牙文文本翻译，原文参见：https：//www. boe. es/boe/dias/2019/02/21/pdfs/BOE – A – 2019 – 2364. pdf，最后访问时间：2021 年 2 月 20 日。——译者

价值。这将对市场运作产生积极影响，因为企业，特别是中小型企业、公共研究中心及研究人员可以更好地在合作中利用创新构思，从而推动对私营机构研究及创新的投资。

II

在国际上，世界贸易组织为解决这一问题作出的努力集中体现在《与贸易有关的知识产权协议》（作为世界贸易组织前身的《关税与贸易总协定》附件1C，于1994年乌拉圭回合中通过，通常称为“TRIPS协议”）。该协议包含有关保护商业秘密以防止第三方非法取得、使用或披露的规定等，而且这些规定构成国际通用标准。欧盟的所有成员国以及欧盟本身均受上述协议的约束。1994年12月22日理事会第94/800/EC号决定批准了一项决议，该决议涉及代表欧洲共同体就其职权范围内的事项缔结乌拉圭回合多边谈判（1986—1994）达成的各项协议。

在这种情况下，由于欧盟内部不同国家在保护商业秘密方面存在差异，欧洲议会和理事会于2016年6月8日批准了《欧洲议会和理事会关于保护未披露技术诀窍和商业信息（商业秘密）防止非法获取、使用或披露的第2016/943号（欧盟）指令》，以此协调成员国的立法，其目的是针对商业秘密的非法使用，在整个内部市场建立完善的且有可比性的赔偿制度。

该指令的目标是，一方面，确保依托于未公开技术信息和经营信息（商业秘密）的欧洲公司和研究组织的竞争力获得应有的保护；另一方面，优化创新的发展、框架和运用条件以及市场中的知识转移。

该指令包含防止非法取得、使用和披露商业秘密的规则。这些规则不应被用来限制机构设立自由、员工的自由通行或他们的流动性，但不影响雇主和员工之间签订条约以限制其职权的可能性。

本法令的保护对象为秘密信息，无论是整体，还是对具体部分的编排组合，对于在该领域使用此类信息或知识的群体来说，均属于不能够正常接触或不知道的信息；此秘密信息因其秘密性而具有商业价值，且在具体情况下，其合法权利人已采取合理措施为其保密。因此，商业秘密的定义不包括重要性不高的信息，也不包括员工在其正常职业生涯中获得的经验和技能，亦不包括一般为惯常使用此信息或知识的群体所悉知并可轻易获得的信息。

此外，该指令规定了商业秘密合法保护的正当理由，以及构成其非法取得、使用或披露的举止和行为。

针对非法取得、使用或披露商业秘密的民事诉讼不得伤害或损害基本权利、基本自由或公共利益，并且必须合理，且应避免阻碍合法贸易，同时应为内部市场提供保障，防止法规被滥用。

在这个新的法律框架中，依照政府1997年11月27日第50/1997号法令第25条，该指令已被纳入2018年《年度政策计划》。该计划的任务之一是将该指令纳入西班牙法治体系，通过完善1月10日关于不正当竞争的第3/1991号法律，特别是第

13 条规定，从实质性尤其是程序性的角度提高整个内部市场对商业秘密的保护，使其不被滥用。

该指令的转换遵循一定的标准，以良好监管原则为基础，包括必要性和有效性原则，以忠实于该指令文本的方式来执行转换任务，并对现行法规进行最低限度的修改。因此，为使法律框架保持稳定、可预见、完整且清晰，必须避免为了简化而破坏其完整性，同时通过必要的法规来满足法律保障方面的相称性原则需求。

Ⅲ

本法由 25 条构成，分为 5 章、1 项过渡条款和 6 项最终规定。

第一章首先对本法的对象，即商业秘密的保护进行了描述，并根据《欧洲议会和理事会关于保护未披露技术诀窍和商业信息（商业秘密）防止非法获取、使用或披露的第 2016/943 号（欧盟）指令》第 8 条的规定确立了定义。此定义构成了本法最显著的革新之一，将商业秘密概念定义为包含任何具有商业价值、并已由其权利人采取合理措施加以保密的信息。

在任何情况下，如果新术语指的是立法、法理和教学中已研究和使用的公认概念，则应当保留我们在法律体系中传统使用的术语。比如，人们倾向于保留“商业秘密”一词来指保护的对象，而用“权利人”一词来指合法拥有商业秘密并从其法律保护中受益的人。本法的规定赋予商业秘密权利人一项主观财产所有权，尤其是使商业秘密能够作为转让的对象，被出让或转让给明确的所有人，或根据具体事件在客观、物质、领土范围内对其使用进行许可或授权。

第二章一方面界定了在何种情况下，为了保护更高的利益，商业秘密的取得、使用和披露被视为合法，因此不应适用本法中的相关保护措施；另一方面还界定了构成侵犯商业秘密的行为。从这个意义上讲，商业秘密的保护也以一种新的方式延伸到所谓的“侵权产品”，包括对构成侵犯商业秘密的产品的利用行为。

第三章不是直接引用前述指令的条款，而是通过执行规则解决商业秘密的转让问题，补充和完善该指令的内容。这些条款在双方未达成具体协议的情况下，简要规定了商业秘密的潜在共同所有权及其可转让性，尤其是通过授予许可达成的共同所有形式。

第四章列出一份公开的保护措施清单，其中载有商业秘密权利人面对侵权行为可获得的最重要补救措施，以及对商业秘密损害赔偿的规定，既包括经济方面，也包括对专利和其他工业产权侵权的相关规定，以便进行计算和赔偿。最后，对保护措施的实质性规定有它自己的诉讼时效。

第五章规定了程序方面的内容，使商业秘密权利人可以拥有有效手段对其法律地位进行司法保护，通过健全的行动体系和充分有效、简单的程序，尊重公正，保障公平，避免不必要手续，旨在于合理的时间内进行处理，并以充足的预防措施来保证其效力。保护商业秘密的行动必须相称，既要避免阻碍自由贸易，又要避免滥用或恶意行为。在这方面，法官和法院通常可以采取更复杂的针对违反程序中的诚实信用规则的措施，防止以保护商业秘密为名采取的不恰当行为，如针对某些可能属于指令中未考虑到的因素造成的信息披露，以对获得此类型信息的人施加不适当的压力。

此外，最重要的程序革新体现在三个方面。首先，制定一系列规范，以保护案件过程中提供或产生的可能构成商业秘密的信息的秘密性。其次，为制定事实调查程序，获取另一方或第三方持有的证据以及在适当情况下的证据保障提供了监管框架。最后，加入独特规范，比如临时保护、替代担保，在诉讼未决期间商业秘密的秘密性突然消失应采取的措施，对可能或已经因临时措施生效而受到恶性影响的第三方合法地位的保护。

最后一部分着重强调了 1997 年 1 月 10 日关于不正当竞争的第 3/1991 号法律第 13 条的修改，旨在保留不正当竞争性质的同时，用当前法规对侵犯商业秘密的行为进行具体约束。本法的规定将作为违反该条款的特别法律，同时可作为一般法律使用，并在不与该特别法冲突的范围内用于弥补相关法律法规空白。通过此方式使本法令更好地融入保护商业秘密不受侵犯的现有法律框架，但不影响在更严重的情况下《西班牙刑法》第 278 条和第 279 条对相关犯罪类型的适用。

第一章　基本条款

第 1 条　目的

1. 本法的目的是保护商业秘密。

就本法而言，符合以下条件的任何信息或知识，包括技术、科学、工业、商业、管理或财务信息，均被视为商业秘密：

a）具有下述秘密性，即无论是整体，还是对具体部分的编排组合，对于在该领域从事与相关信息有关的工作人员，均属于不能够正常接触或不知道的信息；

b）有实际或潜在市场（商业）价值，属于秘密信息；且

c）权利人已采取合理措施对其保密。

2. 保护商业秘密权利人，即以合法方式控制商业秘密的自然人或法人，防止他人以任何方式窃取、使用或披露依据本法被视为非法或非法来源的商业信息。

3. 对商业秘密的保护不应影响社会参与者的自主权或集体谈判权。亦不能限制员工的流动。尤其是，它不能用于限制员工使用其在正常职业生涯中诚实获得的经验及技能，或不符合商业秘密所有要求的信息，亦不可用于强制员工遵守没有法律依据的工作合同或限制。

同样，对本法的解释不应损害 2015 年 7 月 24 日第 24/2015 号法律专利法第四章的相关规定。

第二章　商业秘密的获取、使用及披露

第 2 条　商业秘密的合法获取、使用及披露

1. 通过以下方式获得商业秘密被视为合法：

a）自主发现或创造；

b）针对产品或特定对象，进行观察、研究、反向工程或者试验，且上述行为的实施对象是处于公共领域内的客体及通过合法占有取得的信息，且依法不存在限制获取的情况；

c）根据欧洲或西班牙法律和惯例，员工或员工代表对知情权的行使；

d）根据第三章，其他任何按具体情况可以被认为符合公平竞争商业惯例行为，包括对商业秘密的转让或许可。

2. 欧洲或西班牙法律条款允许或要求的对商业秘密的获取、使用及披露被视为合法。

3. 在任何情况下，针对以下获取、使用或披露商业秘密的行为，不应施行本法规定的行动及措施：

a）遵照《欧洲联盟基本权利宪章》行使的表达和信息自由的权利，包括对自由和对媒体多元化的尊重；

b）为了维护普遍利益，对和此商业秘密直接相关的任何过失、违规行为或非法活动的揭露；

c）在欧洲或西班牙法律依法赋予员工代表的权利和职能允许的范围内，在必要的前提下，员工将公司机密告知员工代表；

d）以保护欧洲或西班牙法律认可的合法利益为目的。特别是，法律要求将信息披露或传达给行政或司法机关以行使其职能时，商业秘密权利人不得援引该法律提供的保护以阻止该规定的实施，或在根据欧洲或西班牙法律赋予的有效义务或特权情况下，避免司法机关施行的制度致使其掌握的由公司提供的商业秘密被披露。

第 3 条　商业秘密的侵犯

1. 未经商业秘密权利人许可，通过以下方式获得商业秘密的行为被视为非法：

a）未经商业秘密权利人同意而获得、占有或者复制其合法控制的（包含商业秘密内容以及可以推演出商业秘密内容的）文件、物体、材料、物质或电子文档或其他形式物品；及

b）在特定情况下被认为违反诚信商业惯例的任何其他行为。

2. 若任何人在未经商业秘密权利人许可的情况下，通过非法途径获得商业秘密、违反保密协议、违背其他不披露商业秘密义务、违反合同义务或违反其他商业秘密使用限制，则其对商业秘密的使用或披露被视为非法。

3. 同样被认为是非法获取、使用以及披露商业秘密的行为还包括：当行为人在获取、使用以及披露商业秘密时，知道或者根据具体情况应当知道，该商业秘密的取得存在本条第 2 款所述及的违法使用或者披露的情形。

4. 产品的生产、供应、贸易或以此为目的的进出口、存储等行为构成对商业秘密的使用时，在行为人知道或在具体情况下应知道此商业秘密的使用根据本条第 2 款规定为非法时，也被视为非法。

就本法而言，若某产品或服务的设计、特征、功能、制造方法或销售从非法获

取、使用或披露商业秘密中获得显著经济利益，该产品或服务即被认定为侵权产品。

第三章　商业秘密作为财产权对象

第 4 条　商业秘密的可转让性

商业秘密可以转让。

在适用商业秘密性质的情况下，商业秘密转让必须遵守《欧盟运作条约》第 101 条第 3 款适用于某些类别的技术转让协议的规定。

第 5 条　共同所有权

1. 商业秘密可以由多人共同所有。商业秘密共有事实受当事方达成的协议约束，若无此协议，则受以下各节规定及财产共同体的普通法约束。

2. 每个所有人必须：

a）使用商业秘密前告知其他共同所有人；

b）执行必要的保护商业秘密措施；

c）发起保护商业秘密的民事和刑事诉讼时，必须通知其他共同所有人，以便他们能够加入其中，并支付其中可能产生的费用。任何情况下，有益于商业秘密的共同所有的行为，其所产生的费用应由共同所有人一同承担。

3. 转让及许可第三方使用商业秘密需征得全部共同所有人同意，除非法院出于公正原因，根据具体情况，要求一方所有人决定上述转让或许可。

第 6 条　商业秘密许可

1. 商业秘密可以作为许可协议的标的物，根据许可具体规定限制其客观范畴、材料、地理及时效范围。除非许可合同有相反约定，被许可人有任意使用商业秘密的权利。

2. 许可可以是独占或非独占的。若许可是非独占的，许可人可以授予他人许可或自己使用商业秘密。独占许可禁止另行授予许可，许可人仅能在合同明确允许的情况下使用此商业秘密。

3. 被许可人不得将许可转让给第三方，或授予分许可，除非合同中另有约定。

4. 被许可人或再许可人有义务采取必要措施以防止侵害商业秘密。

第 7 条　无所有权或权限的转让或许可

将所有权以有偿合同转让或授予他人许可，除非合同另行约定，事后证实缺乏所有权或执行该交易的必要权限时，应对给受让人造成的损失负责。若有任何恶意行为，也均应为此负责。

第四章　商业秘密的保护措施

第 8 条　商业秘密的保护

针对任何侵害商业秘密的行为，都可以采取相应的行动，并要求采取必要的保护措施。

就本法而言，任何违反第 3 条所列行为的自然人或法人应被视为侵权人。

因此，本法第 9 条第 7 款的规定可针对善意的第三方购买者，即按照本法的理解，在使用或披露商业秘密时，不知道或根据具体情况应当不知道其直接或间接从侵权人处获取商业秘密的行为。

第 9 条　民事诉讼

1. 对于侵犯商业秘密的行为，可以要求：

a）声明关于商业秘密的侵犯。

b）根据实际情况叫停或禁止侵犯商业秘密的行为。

c）禁止对侵犯商业秘密的产品的生产、供应、贸易及使用或以此为目的的进口、出口及存储。

d）收缴侵权产品，包括对上市产品的召回，及仅针对此产品的生产资料的召回，前提是此召回不损害对商业秘密的保护。侵权产品的召回意在对其进行修改以消除其侵权特征，或确保生产资料仅限于该产品的使用，对其进行销毁或将其递交福利机构。

e）将全部或部分包含商业秘密的文件、物品、资料、物质、电子文件和任何其他介质移交原告，或在适当情况下将其全部或部分销毁。

f）侵权产品的所有权归原告所有，在此情况下，交付的产品的价值可以算作应得的损害赔偿金额，同时不减少侵权者对超出参考价值部分赔偿的责任。若该产品价值大于应赔偿价值，则原告应对此部分进行相应补偿。

g）若侵权者的预谋或过失被干预，损害赔偿应取决于侵犯商业秘密造成的实际损害。

h）判决的全部或部分发布或传播在任何情况下均应遵守本法第 15 条关于保护商业秘密的规定。

2. 除非有其他理由，本条第 1 款第 d）项、第 e）项和第 h）项规定措施的实施应由侵权者承担，并不得限制原告拥有的对其损害索赔的权利。

3. 在确定采用本条第 1 款中的措施时，应考虑到这些措施的相称性及具体案件情况，包括商业秘密的实际价值及其他特征、对其保护采取的措施、侵权者行为、商业秘密侵犯的后果、侵权者持续违法的可能性、各方当事人的合法利益、措施的采取与否对当事方可能造成的后果，以及第三方的合法利益、公共利益及基本权利的维护。

公布或传达判决书时，法官和法院还应考虑与侵权者有关的信息是否造成自然人身份公开，如果是，则应在考虑该行为是否会对侵权者的隐私和声誉造成损害后决定是否公开该信息。

4. 当判决有停止或禁用期限时，该期限长度必须足以消除侵权者因侵犯商业秘密而可能获得的任何竞争优势或经济利益。

5. 当有关信息不再直接或间接构成商业秘密，因此无法直接或间接作为认定侵权的依据时，应当事方的要求，停止和禁止措施将失效。

6. 在符合本条第 1 款的第 a）至 f）项规定的情况下，若原告要求，判决应根据情况确定，在判决得到执行之前每天向原告支付强制性赔偿金。一般而言，该金额将累计计算，直到原告应接受的合理金额。请求执行时可要求按照2000 年 1 月 7 日第 1/2000 号法律《西班牙民事诉讼法》第 578 条中关于持续未完成执行规定的扩张解释。

7. 当被告为非恶意的第三方购买者时，当本条第 1 款中相关行为会给被告造成不相称的损失时，应其要求，可以向原告支付合理及满意的经济补偿作为替代。替代停止或禁止行为的经济补偿金额，应低于用于购买在违法使用期间合法使用此商业秘密的许可本应支付给其权利人的价格金额。

第 10 条　损害及损害赔偿计算

1. 设置损害赔偿时，应考虑所有相关因素，例如商业秘密权利人遭受的经济损失（包括利润损失）、侵权者的不当得利，以及在适当情况下经济以外的其他损失，例如由于商业秘密的非法获取、使用或披露而对商业秘密权利人造成的精神损害。在适当情况下，也可能包括采取司法程序获得侵权行为合理证据所产生的调查费用。

作为选择之一，可以视具体情况设置一次性支付赔偿金额作为损害赔偿，其金额可参考在此违法使用期间合法使用此商业秘密的许可本应支付给其权利人的价格金额。

2. 关于赔偿的计算和结算，应适用《西班牙专利法》第 73 条的规定。同时将以《西班牙民事诉讼法》第三本第五卷第四章规定的相关判例为基础进行审理。

第 11 条诉讼时效

针对侵犯商业秘密行为提起诉讼的时效为 3 年，自权利人获悉他人侵犯商业秘密之日起计算。诉讼时效可能因《西班牙民法典》的一般规定中的原因而中断。

第五章　管辖权和程序规则

第一节　一般规定

第 12 条　管辖权及程序

受本法保护的民事诉讼将由管辖民事的法官和法院进行审理，并将根据《西班牙民事诉讼法》作出相应的审判。

第 13 条　措施执行的合法性

1. 商业秘密权利人以及证明已获得明确授权的独占许可或非独占许可商业秘密被许可人，有权根据本法规定进行起诉。

2. 根据本条第 1 款的规定，当独占或非独占商业秘密被许可人无合法权利发起诉讼时，可明确要求商业秘密权利人发起相应的法律诉讼。若其权利人拒绝，或在 3 个月内未采取应有行动，则被许可人可以以其个人名义提出诉讼，并提交其已对权利人提出的要求。在未满足规定时间前，被许可人在证明其必要性时可以要求法官采取紧急措施以避免造成重大损失，并提出上述要求。

3. 有权提起诉讼的被许可人根据前述任何部分的规定提起诉讼的，必须明确告知商业秘密权利人，该商业秘密权利人可以作为当事人或辅助人出庭并参与调解。

第 14 条　管辖权

根据本法相关规定产生的诉讼由被告住所地商事法院管辖，或根据原告要求，由侵权行为发生地或侵权后果发生地的商事法院管辖。

第 15 条　可能构成商业秘密信息的处理

1. 禁止当事方及其律师或代理人、司法行政管理人员、证人、专家和任何其他介入与侵犯商业秘密有关的程序的人，或因其职务或职能可接触相关文件资料者，使用或披露可能构成商业秘密的、法官或法院依职权或在任一当事人的正式要求下已宣布为机密的、通过以上述方式介入或接触商业秘密而得到的信息。

即使在程序结束后，该禁止措施仍将生效，除非审理结果判决所涉信息不构成商业秘密，或者随时间流逝，该信息变得为公众悉知或通过常用公开渠道易于获取。

2. 法官和法院也可以依职权或在当事方之一的合理要求下采取必要的特定措施，以保护可能构成商业秘密的信息，以及关于侵犯商业秘密程序和为彻底解决案情必须考虑到的其他类型程序所提供的信息的秘密性。

上述措施除其他恰当合适措施外，还可包括以下措施：

a）对接触任何可能包含构成部分或全部商业秘密信息的文件、物品、材料、物质、电子文档或其他类型载体的人数进行限制；

b）若访问中可能披露构成商业秘密的信息，则限制参与访问、获取其录像或相关记录的人数；

c）对不属于本款第 a）项和第 b）项所限制人数范围内的其他人员公示的执行令应为非机密版本，其中须已删除包含可能构成商业秘密信息的段落。

本款第 a）项和第 b）项中人数的限定，应保障当事各方获得有效司法保护，确保法官中立，并至少应包括当事各方一名自然人及其各自律师和辩护人。

在任何情况下，为保护本款中提供信息的秘密性而采取的措施，以及该措施的内容和实施情况都应考虑当事方和第三方的合法利益以及可能对他们造成的损害，并且必须保障当事人享有有效司法保护，同时确保法官中立。

3. 所有个人信息的处理必须依据欧盟及西班牙关于个人信息处理的相关法规进行。

第 16 条　违反程序中的诚实信用原则

商业秘密诉讼程序相关人员必须遵守《西班牙民事诉讼法》第 247 条所规定程序中的诚实信用原则。按该条第 3 款规定的特殊情况，如果原告有滥用或恶意行为，根据其行为造成的影响、所造成损害的严重性、滥用或恶意行为的性质和重要性、意图及受影响的人数，可能面临高达诉讼金额三分之一的罚款。另外，法官和法院可下令发布有关起诉存在对权利的滥用和明显毫无根据的决议。

第二节 保护商业秘密行动的准备程序

第 17 条 证据调查程序

打算为保护商业秘密而采取民事诉讼的人，可以要求商事法庭核实准备相应起诉所需的证据。这些核实程序将受《西班牙专利法》第二章第七节相关规定约束。

第 18 条 证据来源与获取

以保护商业秘密为目的而执行的或将要执行的民事诉讼，可以要求商事法庭依照《西班牙民事诉讼法》第 283 条附 a）至 283 条附 h）、283 条附 k）规定的相关方式获取证据。

第 19 条 证据保全措施

以保护商业秘密为目的而执行的或将要执行的民事诉讼，可以要求商事法庭依照《西班牙民事诉讼法》第 297 条中的相关规定采取措施以保障合理证据，特别是该条款第二节第二段中的相关规定。

第三部分 临时措施

第 20 条 临时措施的诉讼效力

以保护商业秘密为目的而执行的或将要执行的民事诉讼，可以要求司法机关采取旨在确保该诉讼效力的临时措施，这些措施应符合本法及《西班牙专利法》第十二卷第三章和《西班牙民事诉讼法》第三本第六卷中的相关规定。

第 21 条 可能的临时措施

若能合理确保最终裁决的充分效力，应采取的针对被起诉侵权行为的临时措施包括但不限于以下：

a）停止或在适当情况下禁止使用或披露商业秘密；

b）停止或在适当情况下禁止生产、供应、贸易或使用侵权产品，或为此目的进口、出口及存储侵权产品；

c）扣押和保管侵权产品；

d）预先扣押资产，以确保最终损失及损害的赔偿。

第 22 条 预算

在核实相关临时措施预算时，法庭应特别考虑案件的具体案情及其相称性，同时应考虑商业秘密的实际价值及其他特征，对其保护采取的措施，当事方在获取、使用或披露中的行为，商业秘密非法使用或披露的后果，当事方的合法利益，措施的采取与否会对他们的产生后果，以及第三方的合法利益、公共利益及基本权利的维护。

第 23 条 被告要求提供替代担保

被告可以提出以足够的有效担保来替代以上商定的临时措施，同时应符合《西班牙专利法》第 129 条及《西班牙民事诉讼法》第 746 条和第 747 条相关规定。

作为例外，在任何情况下都不允许被告以担保方式替代旨在避免披露商业秘密的临时措施。

第 24 条　商业秘密性突然消失时撤销临时措施

若涉案信息不再构成商业秘密，则因此原因即刻撤销第 21 条第 a）项、第 b）项和第 c）项中的相关临时措施。

第 25 条　原告要求的保障

1. 根据《西班牙民事诉讼法》第 728.3 条的规定，申请采取临时措施者必须提供足够的担保，以迅速有效地应对采取临时措施可能对被告财产造成的损害。

2. 为确定担保金额，法院应评估临时措施可能会对受到不利影响的第三方造成的潜在损害。由于本条第 3 款的规定，此担保在自解除临时措施之日起满 1 年后才能取消。

3. 因本部分相关临时措施生效，或作为第三方因原告的行为和疏忽而受到不良影响，或后期证实此商业秘密的获取、使用及披露途径合法或无不合法可能时，该第三方有权就其所受损害依据《西班牙民事诉讼法》第三本第五卷第四章相关规定索取赔偿，即使其本身不作为诉讼主体。在此情况下，在诉讼判决下达前可以申请保留部分或全部本条第 2 款所规定担保，前提是该申请必须在本条第 2 款规定的有效期限内提出。

统一过渡法令　过渡方案

1. 本法适用于所有商业秘密保护，不受其合法所有权获得时间的影响。

2. 在本法生效之前提起的商业秘密相关诉讼应遵循提起诉讼时适用的程序。

最终条款第一项　1985 年 7 月 1 日第 17/1985 号法律修改，该法律涉及贵金属制品

1985 年 7 月 1 日第 17/1985 号法律第 13 条，关于贵金属制品有以下规定：

“第 13 条

1. 在西班牙领土内进行从非欧盟成员国进口的贵金属制品的贸易，必须满足以下条件：

a）满足本法第二章关于在国内市场进行贸易的要求；

b）即使此产品在原产地已有相关检测标记，或取得欧盟成员国同等合法质保检测标记，仍需获得由西班牙认证的检测化验机构提供的质保检测标记。

在任何情况下不承认离岸实验室提供的检测标记，即使这些实验室已获得欧盟成员国的授权，依法等同于西班牙机构。

2. 当贵金属制品来自其他欧盟成员国，其立法与西班牙一致，则无需符合本条第 1 款规定也可以在西班牙境内进行贸易，前提是这些产品具有来源国的原产地识别标记和质保检测标记，并且这些检测标记应符合以下要求：

a）原产地证明必须已在原产国相应机构注册；

b）该质保检测标记应提供与本法律要求等同的同类检测信息。

同样，该质保检测标记必须由独立机构，或在适当的情况下由公共行政管理机构或成员国独立机构的实验室提供。

3. 当贵金属制品来自其他欧盟成员国，但其法律与西班牙不一致，则需要按照本条第 1 款执行，除非发生本条第 4 款所述情况。

在成员国拥有自愿预检测标记系统的情况下，如果物品已通过由该国家认可的实验室或独立机构检测并可提供相应质保检测标记，则不必由西班牙官方或授权实验室再次检测。

在任何情况下不承认贵金属制品在成员国授权的与欧盟其他与西班牙法律对等的成员国法律不对等的实验室（离岸实验室）提供的检验标记。

4. 若该国家已与一个或多个成员国关于相互承认贵金属制品检测标记签订协定，则本条第 1 款、第 2 款及第 3 款不适用。”

最终条款第二项　1991 年 1 月 10 日关于不正当竞争的第 3/1991 号法律的修改

1991 年 1 月 10 日关于不正当竞争的第 3/1991 号法律第 13 条的内容如下：

“第 13 条　商业秘密的侵犯

商业秘密的侵犯属于不正当竞争行为，应遵守商业秘密相关规定。”

最终条款第三项　授权批准 2003 年 7 月 9 日第 22/2003 号法律《西班牙破产法》的修订文本

为了将自 2003 年 7 月 9 日第 22/2003 号法律《西班牙破产法》生效以来的修改内容合并为单一文本，根据司法部和工商经济部提案，政府被授权在本法生效起 8 个月内一同拟定并审核。该授权包括规范、阐明和协调应被合并的法律文本的职能。

最终条款第四项　管辖职能所属

本法的国家管辖职能根据《西班牙宪法》第 149. 1. 9. a 条关于工业产权法（第 149. 1. 7 条规定的第 1. 3 条和第 2. 3. c 条除外）的相关规定获得；《西班牙宪法》第 149. 1. 7. a 条承认国家关于劳动法的管辖职能；《西班牙宪法》第五章第 149. 1. 6. a 条承认国家关于对法律程序的管辖职能。

最终条款第五项　纳入欧盟法律

本法律结合 2016 年 6 月 8 日《欧洲议会和理事会关于保护未披露技术诀窍和商业信息（商业秘密）防止非法获取、使用或披露的第 2016/943 号（欧盟）指令》。

最终条款第六项　生效

本法案自在《西班牙国家官方公报》发布①之日起 20 日后生效。

因此，

我命令全体西班牙人，个人或当局，维护并遵守本法。

马德里，2019 年 2 月 20 日。

① 在《西班牙国家官方公报》发布的日期是 2019 年 2 月 21 日。——译者

卢森堡商业秘密保护法[①]

2019 年 6 月 26 日关于保护未披露的技术诀窍和商业信息（商业秘密）免遭非法获取、使用和披露的法律

我们卢森堡大公、拿骚公爵亨利，

听取了国务委员会的意见，

获得国民议会的同意，

根据 2019 年 6 月 19 日国民议会决定以及 2019 年 6 月 25 日国务委员会不进行二次投票的决定；

决定并下令：

第一章　目的和适用范围

第 1 条　目的和适用范围

（1）在本法规定的条件和范围内，保护商业秘密免遭非法获取、使用和披露。

（2）本法条款不妨碍：

a）行使《欧洲联盟基本权利宪章》以及《卢森堡宪法》设立的言论自由权和知情权，包括尊重媒体的自由和多元化；

b）执行欧盟以及国家法律中关于掌握商业秘密的人员出于公共利益的目的向公众或向履行行政或司法职权的机构提供信息的规定，包括有关商业秘密的规定；

c）执行欧盟法律以及国家法律要求，或许可欧盟机构和单位或国家公立机关披露企业通报的信息（该类机构、单位或机关根据欧盟法律或国家法律规定的义务和特权所持有的信息）的规定；

d）社会参与方的自主权以及他们根据欧盟法律、国家法律以及国内惯例缔结集体协议的权利。

（3）本法条款不可解释为允许限制劳动者流动。为实现人力资源的流动，本法条款特别禁止：

a）限制劳动者使用不构成本法第 2 条第 1 项规定的商业秘密的信息；

b）限制劳动者运用其在正常行使职权过程中以正当的方式获得的经验和能力；

c）在劳动合同中强行规定属于欧盟法律或国家法律范围之外的其他限制

① 本译文根据法文文本翻译，原文参见：http：//legilux. public. lu/eli/etat/leg/loi/2019/06/26/a444/jo，最后访问时间：2021 年 2 月 16 日。——译者

条款。

第2条 定义

本法中：

1. “商业秘密”是指符合所有如下条件的信息：

a）具有下述秘密性，即无论是整体，还是对具体部分的组合，对于在该领域从事与相关信息有关的工作人员，均属于不能够正常接触或不知道的信息；

b）有商业价值，属于秘密信息；

c）依法持有该信息的人应根据具体情况采取合理措施保持其秘密性；

2. “商业秘密权利人”：以合法方式控制商业秘密的任何自然人或法人；

3. “侵权人”：以非法方式获取、使用或披露商业秘密的任何自然人或法人；

4. “侵权产品”：若某产品的设计、特征、功能、制造方法或销售从以非法方式获取、使用或披露的商业秘密中获得显著经济利益，该产品即被认定为侵权产品。

第二章 获取、使用和披露商业秘密

第3条 合法获取、使用和披露商业秘密

（1）商业秘密是通过如下任一种方式获得的，视为合法获得商业秘密：

a）独立发现或创造；

b）针对商品或特定对象进行观察、研究、反向工程或者试验，且上述行为的实施对象是处于公共领域内的客体及通过合法占有取得的信息，且依法不存在限制获取的情况；

c）根据欧盟法律以及国家法律和国内惯例，劳动者或劳动者代表行使知情权和咨询权；

d）根据具体情况，符合诚信商业惯例的其他行为。

（2）欧盟法律或国家法律要求或许可的获取、使用和披露视为合法获取、使用和披露商业秘密。

第4条 非法获取、使用和披露商业秘密

（1）未经商业秘密权利人同意通过如下方式获取商业秘密的，视为非法：

a）未经商业秘密权利人同意而获得、使用或者复制其合法控制的（包含商业秘密内容以及可以推演出商业秘密内容的）文件、物体、材料、物质或电子文档；

b）在特定情况下被认为违反诚信商业惯例的任何其他行为。

（2）未经商业秘密权利人同意，对商业秘密的使用或披露被认定符合如下任一条件的，视为非法：

a）以非法方式获取商业秘密的；

b）违反保密协议或任何其他禁止披露商业秘密义务的；

c）违反合同义务或任何限制使用商业秘密义务的。

（3）同样被认为是非法获取、使用以及披露商业秘密的行为还包括：当行为人在获取、使用以及披露商业秘密时，知道或者根据具体情况应当知道，该商业秘密是直接或间接从本条第（2）款含义范围内非法使用或披露商业秘密的他人处获取的。

（4）制造、提供或销售侵权产品，或为制造、提供或销售而进口、出口或储存侵权产品的，只要进行这些活动的人员知晓或根据具体情况应该知晓是本条第（2）款意义上以非法方式使用商业秘密。

第5条　例外

如果关于获取、使用或披露商业秘密诉讼是在如下任一种情况下提起的，旨在实施本法条款规定的措施、诉讼程序或赔偿的诉讼请求将被驳回：

a）为行使《欧洲联盟基本权利宪章》和《卢森堡宪法》中确立的言论自由权和知情权的，包括尊重媒体的自由和多元化；

b）被告人为保护基本公共利益而揭发他人过失、不法行为或违法活动的；

c）在由其代表人根据欧盟法律或国家法律合法行使职权的框架下向其代表披露信息，且披露信息是行使职权所必要的行为的；

d）为保护欧盟法律或国家法律承认的合法权益的。

第三章　措施、诉讼程序和补偿

第一部分　管辖权

第6条　管辖权

（1）对于根据本法提起的关于非法获取、使用或披露商业秘密诉讼，如果须对诉讼作出实质裁判，无论诉讼金额大小，应提交给处理商事案件的区法院进行审理，以下称“法院”。

（2）对于根据本法提起的关于非法获取、使用或披露商业秘密诉讼，如果诉讼涉及采取临时措施和保全措施，无论诉讼金额大小，应向法院院长提起诉讼。

第二部分　临时措施和保全措施

第7条　措施和授予条件

（1）为获得针对假定侵权人作出的紧急裁定，商业秘密权利人有权提交法院院长审理，以便：

a）停止或根据具体情形临时禁止使用或披露商业秘密；

b）禁止制造、提供、销售或使用，或者为制造、提供、销售或使用而进口、出口或储存侵权产品；

c）查封或移交疑似侵权产品，包括进口商品，以便防止这些产品流向市场或在市场上流通。

（2）法院院长或代院长行事的法官在裁定是支持还是驳回诉讼请求，以及评估其相称性时，应考虑案件的具体情形如下：

a）商业秘密的价值或其他特征；

b）为保护商业秘密采取的措施；

c）被告在获取、使用或披露商业秘密时的行为；

d）非法使用或披露商业秘密的影响；

e）各方合法权益以及批准或驳回这些措施请求可能对各方造成的影响；

f）第三方的合法权益；

g）公共利益；以及

h）捍卫基本权利。

（3）根据《卢森堡新民事诉讼法》第934条和其后各条规定的规则对诉讼进行提起、预审和判决。

（4）裁定不影响公诉。

第8条　替代和担保措施

（1）法院院长或代院长行事的法官有权在第7条所述的措施实施所在地，通过设立保函代替非法使用商业秘密的法律责任，以便确保商业秘密权利人获得赔偿。不允许通过设立保函代替披露商业秘密的法律责任。

（2）法院院长或代院长行事的法官有权根据第7条采取措施，但须由原告提供足够的担保或同等保证金，以确保赔偿被告可能受到的任何损害，以及必要时任何其他可能受到措施影响的人员的损害。

第9条　实质行动义务以及撤销临时措施和保全措施

（1）根据被告申请，可撤销临时措施和保全措施，条件是：

a）在由作出采取措施裁定的法院院长或代院长行事的法官确定的合理期限内，或如果没有对期限作出限制的，则在自紧急裁定送达日起1个月期限内，原告没有向法院提起最终需要作出裁判的法律诉讼的；或者

b）相关信息因被告之外的原因不再符合第2条第1项规定条件的。

（2）因任何原告行为或疏忽撤销或停止实施第7条规定的措施时，或当后期确认不存在非法获取、使用或披露商业秘密情形或不存在这种行为的威胁时，被告或受损害的第三方有权请求法院判处原告支付适当金额的赔偿金，以对这些措施造成的任何损害进行赔偿。

第三部分　涉及实质的司法裁定导致的民事诉讼和措施

第10条　禁令和纠正措施

（1）法院确认存在非法获取、使用或披露商业秘密时，有权在原告的申请下裁定侵权人采取如下一项或多项措施：

a）停止或根据具体情形禁止使用或披露商业秘密；

b）禁止制造、提供、销售或使用侵权产品，或者为制造、提供、销售或使用而进口、出口或储存侵权产品；

c）对侵权产品采取适当的纠正措施，查封或移交疑似侵权产品，包括进口

商品，以便防止这些产品流向市场或在市场上流通；

d）销毁包括商业秘密或物质化商业秘密的全部或部分文件、物品、材料、物质或电子文档，或根据具体情况，将全部或部分文件、物品、材料、物质或电子文档交还原告。

（2）本条第（1）款第c）项规定的纠正措施包括：

a）召回市场上的侵权产品；

b）消除侵权产品的违法性质；

c）销毁侵权产品，或根据具体情况，使侵权产品退出市场，条件是退出市场不会对相关商业秘密造成损害。

（3）法院裁定侵权产品退出市场的，法院有权在商业秘密权利人的申请下，裁定将这些产品交给权利人或慈善组织。

（4）采取本条第（1）款第c）项和第d）项规定的措施的费用由侵权人负担，存在特殊原因不由侵权人负担的情况除外。这些措施不影响商业秘密权利人可能因非法获取、使用或披露商业秘密而应获得的损害赔偿。

（5）《卢森堡民法》第2059条至第2066条规定适用。

第11条　适用条件、保护措施和替代措施

（1）法院院长或代院长行事的法官在对旨在采取第10条规定的禁令和纠正措施的诉讼作出裁定，且在评估其相称性时，应考虑案件的具体情形，包括（如有）：

a）商业秘密的价值或其他特征；

b）为保护商业秘密采取的措施；

c）侵权人在获取、使用或披露商业秘密时的行为；

d）非法使用或披露商业秘密的影响；

e）各方合法权益以及授予或驳回这些措施请求可能对各方造成的影响；

f）第三方的合法权益；

g）公共权益；以及

h）保护基本权利。

法院对第10条第（1）款第a）项和第b）项规定的措施期限进行限制的，该期限应足以消除所有侵权人可能通过非法获取、使用或披露商业秘密而获得的一切商业或经济利益。

（2）当涉案的信息不是直接或者间接地出于被告的原因，而不能满足本法第2条第1项所要求的前提时，本法第10条第（1）款第a）项以及第b）项所述及的措施，可以基于被告的申请而撤销。

（3）如下条件全部满足的情况下，经第10条规定措施的受罚人员的申请，法院有权裁定向受损害一方支付经济赔偿以替代实施措施：

a）相关人员在使用或披露商业秘密时不知晓且根据具体情况不应知晓商业秘密是由其他人员以非法方式使用或披露而获得的；

b）执行相关措施导致被执行人因此遭受不合理的损害的；以及

c）向受损害一方支付的经济赔偿应是合理的、令人满意的。

在裁定对第10条第（1）款第a）项和第b）项规定的措施实施替代性经济赔偿时，该经济赔偿金额不得超过相关人员为禁止使用商业秘密期间申请使用所述商业秘密许可所应支付的许可费或费用的金额。

第12条　损害赔偿

（1）商业秘密权利人有权要求侵权人因知晓或应知晓其获取、使用或披露商业秘密是非法的仍进行非法获取、使用或披露商业秘密的事实而受到的任何损害进行赔偿。

（2）法院在确定本条第（1）款规定的损害赔偿金额时，应考虑所有适当因素，如负面经济后果，包括利润损失、受损害方遭受的损失、侵权人不当得利，以及适当情况下考虑非经济损害，如由于非法获取、使用或披露商业秘密的事实而对商业秘密权利人造成的精神损害。

或者，法院有权在受损害一方提出申请的情形下，综合各因素确定一次性损害赔偿的金额，至少相当于侵权人申请许可使用相关商业秘密所应支付的许可费或费用的金额。

第四部分　所有关于非法获取、使用或披露商业秘密诉讼的适用条款

第13条　法院裁判公告

（1）在涉及非法获取、使用或者披露商业秘密的法律程序中，依据申请人的申请以及在侵害人支付相应费用的情况下，主管司法机关可以采取合适的措施，传播与司法裁判有关的信息，包括公布全部或者部分司法裁判信息。

（2）本条第（1）款规定的所有措施应按照第14条规定保护商业秘密的秘密性。

（3）法院在对本条第（1）款规定的请求作出决定且在评估其相称性时，应根据具体情况考虑商业秘密价值，侵权人在获取、使用或披露商业秘密时的行为，非法使用或披露商业秘密的影响，以及侵权人继续非法使用或披露商业秘密的可能性。

法院还应当考虑，公布侵权人的信息是否造成侵权人作为自然人的身份信息被公开。如果是，则主管司法机关应当进一步考虑，鉴于公布信息可能会对侵权人的隐私和名誉造成损害，公布这些信息是否正当合理。

第14条　法律诉讼过程中保护商业秘密的秘密性

（1）各方当事人及其律师或其他代表、司法从业人员、证人、专家或其他任何参加涉及非法获取、使用或披露商业秘密法律诉讼的人员，或有权接触到这些诉讼相关文件的人员，不得使用或披露法庭应当事人或依职权提出的有正当理由的申请而认定具有秘密性的商业秘密，或其因参加诉讼而获知或接触到的商业秘密或声称的商业秘密。

（2）本条第（1）款所述的保密义务在法律诉讼结束后仍然有效。然而，在以下任一项情形下，保密义务终止：

a）在最终裁判中，确认声称的商业秘密不符合第2条第1项规定的条件；或

b）随着时间的推移，有关信息已成为相关信息类型的行业从业者所熟知的或易于为其获取的信息。

（3）此外，经一方当事人按规定提出申请，或法院依照职权有权采取必要的特殊措施，以保护在涉及非法获取、使用或披露商业秘密的法律诉讼过程中使用或提及的任何商业秘密或声称的商业秘密。

本条第（1）款规定的措施至少可以包括：

a）限制接触全部或部分包含当事人或第三方提出的商业秘密或声称的商业秘密的人员数量；

b）当商业秘密或声称的商业秘密可能在审理时遭到泄露，则限制旁听人员数量，并限制接触笔录或庭审记录人员的数量；

c）向除本款第 a）项和第 b）项规定的有限数量的人员以外的任何人提供一份删除或划掉涉及商业秘密部分内容的非秘密性版本的法律判决。

本条第 2 款第 a）项和第 b）项规定的人员数量不得超过确保法律诉讼各当事方根据其各自实际上诉权利以及由要求中立法院进行审理的权利所必要的人数，其中至少包括参与法律诉讼的各当事人可有一名自然人和各当事人的律师或其他当事人代表。

（4）法院宣布采取本条第（3）款规定的措施并评估措施的相称性时，法院应考虑保证各当事人以及必要时第三方的实际上诉权利以及要求法院公正地进行审理的权利的必要性，以及同意或驳回这些措施可能对任一方当事人以及必要时第三方造成的任何损害。

（5）不遵守或拒绝遵守本条规定采取的措施的任何人员应被处以 251—45000 欧元的民事罚款。

第 15 条　比例性及滥用诉讼

法院在对依据本法提起的诉讼进行裁判时，实施的措施、程序以及赔偿应：

a）是成比例的；

b）避免对国内市场造成合法贸易的阻碍；

c）设置保护措施以免措施遭到滥用。

第 16 条　时效

（1）依据第 6 条至第 14 条提起的诉讼时效为自商业秘密权利人知晓非法获取、使用或披露商业秘密且知晓侵权人身份时起 2 年。

（2）因所有执达员送出通知以及依据第 6 条至第 14 条提起法律的紧急裁定或实质诉讼发出停止限令的，时效中止计算。

通知并命令本法刊登于卢森堡大公国官方公报，由各相关方执行遵守。

保加利亚商业秘密保护法[①]

第一章　总　则

主　题

第1条　本法规定了防止非法获取、使用和泄露商业秘密的条款和条件，以及这些条款和条件在民事诉讼法院的执行。

限制条件

第2条　（1）本法不适用于：

1.《欧洲联盟基本权利宪章》（2012年10月26日OB，C 326/391）规定的言论自由权和知情权，包括尊重媒体自由和多元化；

2. 商业秘密权利人应根据欧盟法律或保加利亚法律披露商业秘密，且该商业秘密的披露是出于维护公众利益，是国家机构行使权力所必需；

3. 如果根据欧盟法律或国家法律，欧盟的组织和机构或其成员国当局被强制要求或批准披露商业秘密，则应认为该欧盟的组织和机构或其成员国当局被欧盟法律或国家法律授予了披露商业秘密的权利；

4. 工会和雇主组织的独立性及其根据欧盟法律或保加利亚法律缔结集体劳动合同的权利。

（2）本法不得作为限制工人行动的理由，因此本法不得：

1. 限制工人或雇员使用不属于本法所述商业秘密的信息；

2. 限制工人或雇员使用在诚信工作过程中获得的经验和技能；

3. 通过雇佣合同对工人或雇员施加欧盟法律或保加利亚法律之外的限制。

（3）在进行与诚信商业行为相抵触的经济活动时，与商业秘密的获取、使用和披露相关侵权行为的认定、制裁和强制行政措施应依照《保加利亚竞争保护法》的条件和规定执行。竞争保护委员会的决定不得妨碍本法为防止非法获取、使用和披露商业秘密而提供的保护。

---

① 本译文根据保加利亚文文本翻译，原文参见：https：//www. lex. bg/bg/laws/ldoc/2137192307，最后访问时间：2020年12月19日。——译者

第二章 商业秘密的获取、使用和披露

第一节 定 义

商业秘密

第3条 商业秘密系指同时满足以下要求的所有商业信息、专有技术和技术信息：

1. 无论是整体，还是对具体部分的编排组合，对于在该领域从事与相关信息有关的工作人员，均属于不能够正常接触或不知道的信息；
2. 由于其秘密性而具有商业价值；
3. 控制信息的人已经采取措施使其处于保密状态。

商业秘密权利人

第4条 商业秘密权利人是依法控制商业秘密的个人或法人。

侵权人

第5条 侵权人是指非法获取、使用或者泄露商业秘密的个人或法人。

侵权产品

第6条 （1）侵权产品系指设计、功能、特性、运行、生产过程或销售明显受非法获取、使用或泄露的商业秘密影响的商品。

（2）如果所提供或给予服务的特点和在市场上提供或给予服务的方式明显受非法获取、使用或披露的商业秘密影响时，也构成侵权。

第二节 商业秘密的获取、使用和披露

商业秘密的合法获取、使用和披露

第7条 （1）在下列情况下商业秘密的获取属合法行为：

1. 独立发现或创造；
2. 通过观察、研究、拆卸或测试已向公众提供的产品或物品，或已获得信息的人合法拥有的产品或物品，且该名人员在法律上并未有义务限制商业秘密的获取；
3. 工人或雇员或其代表根据欧盟法律和保加利亚法律行使知情权和咨询权；
4. 根据合同或以其他方式，不违背《保加利亚竞争保护法》规定的善意商业惯例。

（2）只要符合欧盟法律或保加利亚法律的要求或为其所允许，获取、使用或披露商业秘密的行为即应被视为合法。

商业秘密的非法获取、使用和披露

第8条 （1）如通过下述方式未经商业秘密权利人同意而获取的商业秘密，应视为非法：

1. 未经授权获取、盗用、复制包含商业秘密或可从信息中提取商业秘密的文件、物品、资料、物质或电子文件，且商业秘密权利人依法对这些文件、物品、资料、物质或电子文件实施了保密措施；

2. 与《保加利亚竞争保护法》规定的善意商业惯例相抵触的其他行为。

（2）如果下列人员未经商业秘密权利人同意而使用或披露商业秘密，应视为非法：

1. 非法获得商业秘密的人员；

2. 违反保密协议或承担其他不披露商业秘密义务的人员；

3. 违反了商业秘密限制使用义务的人员。

（3）如果在获取、使用或披露商业秘密时，该人员在特定情况下知道或应该知道该商业秘密是由另一人员通过非法使用或披露的方式直接或间接获取的，则应视之为非法行为。

（4）如果侵权人已经知道或根据当时的情况应该知道使用该商业秘密属于本条第（2）款所述的非法行为，在市场上生产、提供或销售侵权产品，或出于上述目的进口、出口或储存此类商品，应被视为非法使用商业秘密。

免责条款

第9条 在下列情况下，获取、使用或者披露商业秘密不应被视为侵权行为：

1. 在行使《欧洲联盟基本权利宪章》规定的言论自由权和获取信息的权利时，包括尊重媒体自由和多元化；

2. 为保护公众利益对犯罪、违法行为或其他非法行为进行的侦查；

3. 当工人或雇员向其代表披露商业秘密，披露范围在欧盟法律或保加利亚法律规定的代表合法行使职能的框架内，只要该披露为行使这些职能所必需；

4. 为保护得到欧盟法律或保加利亚法律认可的利益。

第三章　商业秘密保护法的诉讼程序

第一节　一般规定

停止侵害请求权

第10条 （1）商业秘密权利人有权向法院起诉任何侵犯商业秘密的侵权人，控告其非法获取、使用或披露商业秘密，要求其：

1. 对遭受的损害和损失的利益给予赔偿；

2. 暂停或禁止使用或披露商业秘密；

3. 禁止侵权产品的生产、提供、销售或使用，禁止进口、出口或储存被视为侵权产品的商品；

4. 销毁含有或载有商业秘密的全部或部分文件、物品、资料、物质或电子文件，或在适当时将它们转移给原告；

5. 禁止提供或给予受非法获取、使用或披露的商业秘密严重影响的服务。

（2）在根据本条第（1）款提出索赔的同时，原告可请求法院同时对侵权产品或服务采取第 20 条第（3）款规定的一项或多项措施。

（3）应原告的请求，法院可命令被告或第三方提供与解决案件相关的信息，例如：

1. 侵权产品所有人（商品生产商、分销商、供应商和其他人员，以及商品服务的批发商和零售商）的姓名、地址、各自名称、所在地和管理地址；

2. 侵权产品的生产、交货、收货、订单数量或收入信息，以及因该商品带来或提供服务或收入的信息；

3. 全部或部分含有或载有商业秘密的文件、物品、资料、物质或者电子文件；

4. 向其披露商业秘密的人员；

5. 披露商业秘密的人员。

（4）该命令应规定其中一方必须履行提供完整、准确、可靠、非误导性的信息的义务的期限。

诉讼时效

第 11 条 （1）商业秘密权利人求偿权的诉讼时效为自侵权行为发生之日起 5 年。

（2）根据第 15 条第（4）款和第 20 条第（4）款的规定，被告及每名受影响的第三方人员求偿权的有效期限为造成法律利益的司法行为生效之日起的 1 年。

（3）诉讼时效的中止和中断应适用《保加利亚义务和合同法》第 115 条和第 116 条。

法院诉讼中的保密措施

第 12 条 （1）在任何案件中，如果案件中的某些信息包含商业秘密或声称的商业秘密，则当事方及其他利害关系人，包括证人，可请求法院将案件中的某些信息确定为有秘密性。

（2）根据本条第（1）款提出的请求必须得到适当证实。

（3）在法院根据本条第（1）款将特定信息确定为秘密信息的情况下，法院可就此采取下列特别措施来保持其秘密性，特别措施包括：

1. 通过只准许特定人员查阅文件，从而限制对案件中包含商业秘密或声称的商业秘密的全部或部分文件的查阅；

2. 通过对案件进行秘密审理或只采取某些行动，从而限制对案件进行庭审和相关庭审录音或记录；

3. 在删除商业秘密后，为不能接触商业秘密的人员另行准备庭审。

（4）获准接触与商业秘密有关秘密信息的人员数量不应超过在此过程中确保当事人辩护权所必需的人数。可获取信息的人员不限于案件的当事方及其法律代表。

（5）在确定相应的措施时，法院应考虑到保证审判公正性和措施有效性的需要，尊重当事人和第三方（在适当情况下）的法律利益，以及他们因采取措施而可能遭受的损害。

（6）可根据《保加利亚民事诉讼法》第 274—278 条对根据本条第（3）款作出的裁决提出上诉。

（7）当事方及其律师或其他诉讼代表、法院雇员、证人、专家和所有根据本法案参与法院诉讼程序或获准查阅诉讼程序中涉及的涉密文件的其他人员，有义务对根据本条第（1）款和第（3）款确定为秘密的信息进行保密。

（8）即使在法院诉讼结束后，也应禁止使用或披露构成商业秘密或声称的商业秘密的信息，但下列情况除外：

1. 法院根据已生效的法案确定，声称包含商业秘密的信息不符合本法对商业秘密的规定要求；

2. 一般情况下，作为商业秘密受到保护的信息应被正常使用该信息的该领域的相关人员所周知和易于获取。

（9）本条第（7）款所述人员应根据本法承担使用或披露信息的责任，该信息根据本条第（1）款和第（3）款被确定为秘密信息，其中包含商业秘密或声称的商业秘密。

可诉性

第 13 条　本法规定之索赔请求，依《保加利亚民事诉讼法》之命令办理。

第二节　临时预防性措施

预防性措施

第 14 条　（1）在提出索赔之前，应商业秘密权利人的请求，法院可采取以下临时预防性措施，直至上诉申请前的法律程序完成：

1. 作为临时措施，暂停或禁止使用或披露商业秘密；

2. 禁止侵权产品的生产、提供、销售或使用，禁止进口、出口或储存被视为侵权产品的商品；

3. 通过没收和转移被指称为侵权产品的商品，包括由第三方进口的商品，从而扣押商品，以防止其在市场上销售或防止其在市场上流通，应扣押商品和该商品的所有人；

4. 禁止提供或给予受非法获取、使用或披露的商业秘密严重影响的服务。

（2）法院可决定被告是否提交保函，且不适用本条第（1）款规定的措施。应根据如被告继续使用商业秘密而致使原告遭受的直接即时损失的金额来确定担保金额。不允许因提交担保而披露商业秘密。

（3）担保金额不得超过侵权人请求允许使用商业秘密时应付的报酬金额。

抵押的确认和强制执行

第 15 条　（1）当原告就下述情况提出令人信服的证据时，应对抵押进行确认：

1. 存在商业秘密；

2. 本人为商业秘密权利人；

3. 已被非法获取、使用或披露商业秘密，或者存在非法获取、使用或披露商业秘密的直接危险。

（2）在采取抵押时，法院应考虑下列情况：

1. 商业秘密的价值和其他具体特征；

2. 为保护商业秘密而采取的措施；

3. 被告获取、使用或披露商业秘密的行为；

4. 非法使用或泄露商业秘密所造成的后果；

5. 当事方的法律利益，以及与法律利益相关的担保的效力；

6. 第三方的法律利益；

7. 公众利益；

8. 基本权利的保护。

（3）在采取抵押时，法院可要求原告出示货币或财产担保，从而为被告因无理由的抵押行为而遭受的直接即时损失提供保障，且在必要情况下，该保障还涵盖受抵押影响的第三方所遭受的损害。

（4）如因原告的作为或不作为而撤销或停止实施预防性措施时，以及确定不存在非法获取、使用或披露商业秘密的行为或风险时，法院可应被告或相关第三方的请求，命令原告对被告或相关第三方所遭受的损害支付适当的赔偿。

（5）本条第（4）款规定的赔偿金额不得少于因无理由的抵押强制执行给被告造成的开支和损害的金额。

抵押的取消

第 16 条　如发生下列情形之一的，可以撤销抵押：

1. 如果在采取预防性措施后 1 个月内没有根据本法第 10 条提出索赔证据，则由被告或法院依据职权提出撤销抵押；

2. 在对信息采取预防性措施的情况下，由于并非被告的原因，信息不再符合本法规定的商业秘密要求。

《保加利亚民事诉讼法》的适用

第17条 除非本法另有规定，否则应根据《保加利亚民事诉讼法》第389—403条的规定确认、采取和撤销预防性措施，但该法第398条第2款第一句所述情况除外。

第三节 损害赔偿

损害赔偿

第18条 （1）侵权人有义务就其非法获取、使用或披露商业秘密而对商业秘密权利人造成的所有损害和利润损失进行赔偿。当侵权人已知或应该知道自己参与了非法获取、使用或披露商业秘密时，其应就此给予赔偿。

（2）雇员和工人应对因其非法获取、使用或披露其雇主的商业秘密而造成的损害负责，如其并非故意为之，则赔偿金额不超过他们约定报酬的三倍。

赔偿的确定

第19条 （1）在确定赔偿金额时，法院应考虑与非法获取、使用或披露商业秘密有关的所有情况，例如：

1. 商业秘密权利人遭受的损害，包括利益损失；

2. 侵权人因非法获取、使用或披露商业秘密而获得的收入；

3. 商业秘密权利人遭受的非金钱损害（如存在）。

（2）如果没有足够的证据来确定合理的赔偿金额，法院判定的赔偿金额应不少于侵权人请求获准使用商业秘密而应支付的报酬的金额，以及商业秘密权利人据此所承担的费用（包括鉴定和研究费用）。

第四节 判 决

案件判决

第20条 （1）法院作出判决后，应认定非法获取、使用或披露的商业秘密，并根据原告的请求和具体情况，可对侵权人采取以下措施：

1. 暂停或禁止使用或披露商业秘密；

2. 禁止侵权产品的生产、提供、销售或使用，禁止进口、出口或储存被视为侵权产品的商品；

3. 销毁含有或载有商业秘密的全部或部分文件、物品、资料、物质或电子文件，或在适当时将它们转移给原告；

4. 禁止提供或给予受非法获取、使用或披露的商业秘密严重影响的服务。

（2）法院可根据本条第（1）款第1、2、4项在一定时期内采取措施，从而消除侵权人从非法获取、使用或披露商业秘密中获得的所有商业或经济利益。

（3）应原告的请求，法院可对侵权产品或服务实施以下一项或多项措施：

1. 从市场上撤回商品或应商业秘密权利人的要求，将商品转让给非营利法人实体，供其从事公益性活动；

2. 消除已确定存在侵权的商品或服务的相关特征；

3. 销毁商品，或在适当情况下，当撤回商品不影响对商业秘密的保护时，从市场上撤回商品。

（4）如果法院判决生效时，认定根据本法提出的索赔不合理，或原告以恶意或滥用的目的请求提起诉讼，则法院可应被告的请求，同步或分别作出判决：

1. 对被告所受损害的赔偿；

2. 公开根据第 24 条所述条件作出的判决相关的信息。

（5）应在同一或单独的诉讼中考虑根据本条第（4）款提出的请求。

措施的确定

第 21 条 （1）在确定对侵权人和侵权产品或服务的措施类型及其相称性时，法院应结合具体情形，并考虑以下情况：

1. 商业秘密的价值或其他具体特征；

2. 为保护商业秘密而采取的措施；

3. 侵权人获取、使用或披露商业秘密的行为；

4. 非法使用或泄露商业秘密所造成的后果；

5. 当事方的法律利益，以及措施对当事方造成的后果；

6. 第三方的法律利益；

7. 公众利益；

8. 基本权利的保护。

（2）除非法院认为没有具体依据，否则执行本法第 20 条第（1）款第 3 项和第（3）款规定的措施的费用应由侵权人承担，并且该费用与损害赔偿无关。

（3）根据上述第（2）款规定，当侵权人承担的费用超过实现目标所必需的费用时，采取措施超出的费用应由索赔人承担。

措施的撤销

第 22 条 当信息因并非直接或间接归结于被告的原因而不再符合本法规定的商业秘密要求时，法院可应被告的请求，撤销本法第 20 条第（1）款第 1、2 和 4 项规定措施。

赔偿的支付（不采取措施）

第 23 条 （1）如果下列情况同时存在，则在确定非法使用或披露商业秘密后，法院可应被告的请求，判处被告支付货币赔偿，而不采取本法第 20 条第（1）款规定的措施：

1. 在使用或披露商业秘密时，被告不知道也不应该知道该商业秘密是由另一人员通过非法使用或披露该商业秘密获得，且被告得知该情况后继续使用该商业秘密；

2. 采取措施将导致被告遭受更大的损害；

3. 货币赔偿与商业秘密权利人所遭受的损害相当。

（2）在不采取本法第20条第（1）款第1、2和4项规定措施的情况下，本条第（1）款规定的赔偿金额不得超过侵权人请求获准在商业秘密禁用期限内使用商业秘密而应付的报酬金额。

法院判决的公布

第24条 （1）法院可应原告的请求，命令被告自费并以适当的方式披露有关案件判决的信息，同时公布部分或全部已删除的商业信息。法院应根据请求作出判决，同时考虑到：

1. 商业秘密的价值；

2. 侵权人获取、使用或披露商业秘密的行为；

3. 非法使用或泄露商业秘密所造成的法律后果；

4. 侵权人继续非法使用或泄露商业秘密的可能性；

5. 侵权人（自然人）身份泄露的可能性，以及对其个人生活和名誉可能造成的损害。

（2）在根据本条第（1）款作出判决时，法院还应考虑侵权人的信息是否会被识别为自然人，如果是，鉴于这一措施可能对侵权人的隐私和名誉造成的损害，披露这些信息是否合理。

（3）法院根据本条第（1）款作出的判决应根据本法第26条执行，并遵守根据本法第12条确定的商业秘密的保密性质的义务。

第五节　强制措施的执行

执行、罚款和经济制裁

第25条 （1）应根据《保加利亚民事诉讼法》的规定执行法院判决要求强制执行的措施。

（2）对于不履行本法第10条第（3）款规定和第12条第（7）款规定义务的过失行为，法院将对责任人处以每周最高达500保加利亚列弗的罚款或没收相应金额的财产，直至责任人履行义务。

（3）如果不履行法院根据第14条第（1）款和第20条第（1）款和第（3）款所作裁决中规定的措施，则不适用《保加利亚民事诉讼法》第526条，执行法警应债权人的请求，强制债务人履行付款行为，并对其处以最高达500保加利亚列弗的罚款或没收相应金额的财产。如果被告仍未履行上述义务，则执行法警将因被告的不履行行为对其处以新的罚款，新罚款的金额最高可与之前的罚款相同，按周计算，并可以累积。

（4）在根据本条第（2）款和第（3）款实施罚款或没收财产时，法院和执行法警应分别考虑以下情况：

1. 商业秘密的价值；

2. 侵权人的行为；

3. 不履行义务的法律后果。

（5）在庭审中，商业秘密的价值应在听取各方意见后确定，如有必要，可在询问证人和专家后确定。

（6）根据本条第（2）款和第（3）款对一名人员分别处以的罚款（或没收的财产）总额不得超过诉讼提出的索赔额，也不得超过因非法获取、使用或披露商业秘密而裁定的赔偿额。

个人资料保护

第 26 条 个人资料的处理应符合个人资料保护的要求。

《保加利亚民事诉讼法》的补充适用

第 27 条 《保加利亚民事诉讼法》适用于本章无法解决的问题。

附加条款

1. 该法引入了 2016 年 6 月 8 日《欧洲议会和欧盟理事会关于保护未披露的技术诀窍和商业信息（商业秘密）防止非法获取、使用或披露的第 2016/943 号（欧盟）指令》（2016 年 6 月 15 日 OB，L 157/1）。

最终条款

2. 《保加利亚竞争保护法》（已颁布的国家公报，2008 年第 102 期；修订版，2009 年第 42 期，2010 年第 54、97 期，2011 年第 73 期，2012 年第 38 期，2013 年第 15 期，2015 年第 56 期，2018 年第 2、7、77 期以及 2019 年第 17 期）第 98 条第 4 款修改如下：

"4. 根据第 1 款作出的决定，可据此确认已违反第 37 条的规定，不应阻碍根据《保加利亚商业秘密保护法》规定向法院提起诉讼。"

3. 对《保加利亚商法》（已颁布的国家公报，1991 年第 48 期；修订版，1992 年第 25 期，1993 年第 61、103 期，1994 年第 63 期，1995 年第 63 期，1996 年第 42、59、83、86、104 期，1997 年第 58、100、124 期，1998 年第 21、39、52、70 期，1999 年第 33、42、64、81、90、103、114 期，2000 年第 84 期，2002 年第 28、61、96 期，2003 年第 19、31 和 58 期，2005 年第 31、39、42、43、66、103、105 期，2006 年第 38、59、80、105 期，2007 年第 59、92、104 期，2008 年第 50、67、70、

100、108期，2009年第12、23、32、47、82期，2010年第41、101期，2011年第14、18、34期，2012年第53、60期，2013年第15、20期，2014年第27期，2015年第22、95期，2016年第13、105期，2017年第62、102期以及2018年第15、27、88期）第52条所述进行了如下修改和补充：

1. 现有文本为第1款。

2. 新增第2款为：

“2. 对于不履行第1款规定义务的情况，侵权人应根据《保加利亚商业秘密保护法》的规定承担责任。”

该法于2019年3月21日由第44届国民议会通过，并加盖国民议会的公章。

英国商业秘密条例[①]

目　录

① 2018年第597号知识产权法。本译文根据英文文本翻译，原文参见：http：//www.legislation.gov.uk/id/uksi/2018/597，最后访问时间：2021年2月16日。——译者

第19条　本条例适用的法律程序

根据1972年《欧洲共同体法》第2条第（2）款[①]的规定，国务大臣是指定的知识产权（包括登记和未登记的权利）主管部长[②]。

国务大臣在行使该法第2条第（2）款所赋予的权力时，制定了下列条例。

第1条　引用、生效和范围

（1）本条例可引称为2018年《英国商业秘密（实施等）条例》，于2018年6月9日起生效。

（2）本条例适用范围为英格兰和威尔士、苏格兰以及北爱尔兰。

第2条　解释

就本条例而言：

“法院”：

（a）在英格兰和威尔士，指设有衡平法院地区登记处的郡法院审理中心或高等法院（根据1998年《英国民事诉讼规则》第63.13条的规定[③]），

（b）在苏格兰，指郡长或最高民事法院；和

（c）在北爱尔兰，指郡法院或高等法院。

“侵权人”指非法获取、使用或披露商业秘密的人。

“侵权商品”指其设计、功能、生产工艺、营销或特征明显得益于非法获取、使用或披露的商业秘密的商品。

“商业秘密”指符合下列条件的信息：

（a）具有下述秘密性，即无论是整体，还是对具体部分的编排组合，对于在该领域从事与相关信息有关的工作人员，均属于不能够正常接触或不知道的信息；

（b）因其秘密性而具有商业价值；且

（c）在这种情况下，该信息的合法控制人必须采取合理措施对该信息保密。

“商业秘密持有人”指合法控制商业秘密的任何人。

第3条　更广泛的保护

（1）违反保密义务，获取、使用或披露商业秘密，属于非法获取、使用或披露。

（2）在下述情形中，商业秘密持有人可以针对违反保密义务的行为向法院提起诉讼，申请采取合理措施、程序和救济，法院也可依法采取相应措施、程序和救济：

（a）对非法获取、使用或披露商业秘密的行为，为商业秘密持有人提供比本条例规定更广泛的保护；且

（b）符合2016年6月8日《欧洲议会和欧盟理事会关于保护未披露的技术诀窍

---

① 1972 c.68；第2条第（2）款经2006年《英国立法和监管改革法》（c.51）第27条第（1）款第（a）项以及2008年《欧洲联盟（修订）法》（c.7）第3条第（3）款和附表第一部分修正。

② S.I.2006/608.

③ S.I.1998/3132；相关修正文件为S.I.2009/2092附表1、S.I.2009/3390第38条第（a）款、S.I.2013/1974第26条第（g）款和S.I.2014/407第27条第（a）款。

和商业信息（商业秘密）防止非法获取、使用和披露的第 2016/943 号（欧盟）指令》第 1 条[①]规定的保障措施。

（3）对于非法获取、使用或披露商业秘密的行为，可以依商业秘密持有人的申请，也可以由法院批准本条第（2）款所述的措施、程序和救济，作为本条例相关规定的补充或替代。

第 4 条　提起法律程序的时限

（1）在下列时间，不得就非法获取、使用或披露商业秘密的权利请求及本条例所规定的措施、程序和救济申请向法院提起诉讼：

（a）在英格兰、威尔士和北爱尔兰，权利请求时效期限结束后；和

（b）在苏格兰，权利请求时效期限结束后，除非权利请求所涉义务的存续在该期限结束前得到了相应承认。

（2）第（1）款第（a）项所述时效期限应根据本条、第 5 至 7 条和第 9 条确定。

（3）1980 年《时效法》[②]（衡平管辖权和救济）第 36 条不适用于有关非法获取、使用或披露商业秘密的法律程序。

（4）第（1）款第（b）项所述时效期限应根据本条、第 5 条、第 6 条和第 8 条确定。

（5）1973 年《时效法（苏格兰）》[③] 第 6 条（5 年时效期限所致的义务终止）不适用于因与非法获取、使用或披露商业秘密相关的权利请求而产生的义务。

（6）1973 年《时效法（苏格兰）》的以下条款适用于第（1）款第（b）项，与适用于该法第 6 条具有同等效力：

（a）第 10 条（义务存续的相应承认）；

（b）第 13 条（禁止外包）；

（c）第 14 条第（1）款第（c）项和第（d）项（时效期限的计算）。

第 5 条　时效期限

（1）英格兰、威尔士和北爱尔兰的时效期限为 6 年。

（2）苏格兰的时效期限为 5 年。

（3）时效期限自本法第 6 条规定的日期开始。

第 6 条　时效期限的开始

（1）针对侵权人非法获取、使用或披露商业秘密的行为提出权利请求，时效期限从以下时间开始：

（a）权利主张涉及的非法获取、使用或披露行为停止之日；和

（b）商业秘密持有人的知情之日。

（2）第（1）款第（b）项中，“商业秘密持有人的知情之日”是商业秘密持有

① OJ L157，15. 6. 2016，p1.

② 1980 c. 58.

③ 1973 c. 52.

人首次知道或可以合理预期知道下列事项的日期：

（a）侵权人的行为；

（b）该行为构成非法获取、使用或披露商业秘密；和

（c）侵权人的身份。

（3）第（2）款所述知道某一事项的商业秘密持有人，是指对该事项有充分了解，可以针对非法获取、使用或披露商业秘密提出权利请求。

（4）如果某人已从另一人处承担侵权人的责任（无论是通过法律的实施还是其他方式），则：

（a）第（1）款所述侵权人应理解为该责任承担人；但

（b）第（2）款所述侵权人应理解为原侵权人。

（5）本条的效力须符合：

（a）第7条关于英格兰、威尔士和北爱尔兰时效期限的规定；和

（b）第8条关于苏格兰时效期限的规定。

第7条　无行为能力对时效期限的影响

（1）如果是在英格兰、威尔士和北爱尔兰就非法获取、使用或披露商业秘密提出权利主张，而商业秘密持有人在全部或任何部分时效期限内处于无行为能力状态，则该权利主张的时效期限从下列较早的时间开始：

（a）商业秘密持有人不再处于无行为能力状态之日；和

（b）商业秘密持有人死亡之日。

（2）在英格兰和威尔士，第（1）款所述"无行为能力人"含义与1980年《时效法（解释）》第38条第（2）款中的含义相同。

（3）在北爱尔兰，第（1）款所述"无行为能力人"含义与1989年《时效法令（北爱尔兰）》[①] 第47条（无行为能力人）的含义相同。

第8条　在无行为能力期间时效的中止

（1）如果是在苏格兰就非法获取、使用或披露商业秘密提出权利主张，而商业秘密持有人在任何时候处于法律上的无行为能力状态，则在商业秘密持有人处于法律上无行为能力状态的时期：

（a）在计算该权利主张的时效期限时不计算在内；且

（b）该时期之前和之后的时间段应连续计算。

（2）在第（1）款中，"法律上的无行为能力状态"含义与1973年《时效法（苏格兰）（解释）》第15条第（1）款的含义相同。

第9条　待决诉讼中的新权利主张：英格兰和威尔士及北爱尔兰

就第4条至第7条而言：

（a）1980年《时效法》第35条（待决诉讼中的新权利主张）适用于针对非法获取、使用或披露商业秘密行为新提出的权利主张以及非法获取、使用或披露相关

---

① S. I. 1989/1339（N. I. 11）.

法律程序，与适用于该法所述新提出的权利主张和法律程序具有同等效力；

（b）1989 年《时效法令（北爱尔兰）》（待决诉讼中的新权利主张）第 73 条适用于针对非法获取、使用或披露商业秘密行为新提出的权利主张以及非法获取、使用或披露相关法律程序，与适用于该法所述新提出的权利主张和法律程序具有同等效力。

第 10 条　在法律程序中对商业秘密予以保密

（1）法律程序参与人，或有权查阅属于法律程序部分内容的文件的参与人，不得使用或披露任何下列商业秘密或声称的商业秘密：

（a）根据有关当事人的正当理由申请或法院自行决定，由法院认定为秘密；且

（b）参与人因参与该法律程序或查阅该文件而获知。

（2）在不违反第（3）款的情况下，第（1）款所述义务在法律程序结束后仍然有效。

（3）在下列情形中，第（1）款所述义务停止存续：

（a）法院通过最终判决认定，声称的商业秘密不符合商业秘密的要求；或

（b）经过一段时间后，相关信息为通常处理此类信息的领域内人员普遍知悉或容易获取。

（4）根据当事人提出正当理由申请或法院自行决定，法院可以裁定采取第（5）款规定的任何必要措施，以对法律程序中使用或述及的任何商业秘密或声称的商业秘密予以保密。

（5）法院可以：

（a）对当事人或第三方提交的任何文件，如其中载有商业秘密或声称的商业秘密，则对该文件全部或部分限制查阅，仅对有限数量的人开放；

（b）在可能披露商业秘密或声称的商业秘密时，限制庭审参与权限以及查阅庭审记录或笔录的权限，仅对有限数量的人开放；和

（c）在第（a）项和第（b）项所述有限数量的人之外，向任何人提供的任何司法判决应为非保密版本，其中载有商业秘密的段落已被删除或修改。

（6）本条第 5 款第（a）项或第（b）项所述人数不得超过为确保法律程序当事人获得有效救济和公平审判的权利所必需的人数，并应保障该法律程序的每一方能够有一名自然人以及他们的律师或其他诉讼代理人出席。

（7）在决定是否根据第（4）款和第（6）款准予采取第（5）款规定的措施、采取哪项措施以及在评估措施的相称性时，法院必须考虑到：

（a）确保获得有效救济和获得公平审判的需要；

（b）各方当事人的合法利益；和

（c）对各方当事人的任何潜在伤害。

（8）本条中：

“参与人”指当事人、当事人的律师或其他代表、法院官员、证人、专家或参与法律程序的任何其他人；

第（7）款中“当事人”酌情包括第三方；

“法律程序”指与非法获取、使用或披露商业秘密有关的法律程序。

第11条　临时措施

（1）根据商业秘密持有人的申请，法院可以裁定对被指控侵权的人采取下列任何措施：

（a）暂时停止或（视情况而定）禁止使用或披露商业秘密；

（b）禁止生产、提供、在市场上销售或使用侵权商品，或禁止为上述目的进口、出口或储存侵权商品；

（c）扣押或上交涉嫌侵权商品，包括进口商品，以防止其进入市场或在市场上流通。

（2）根据第（1）款第（c）项上交涉嫌侵权商品的人，在法院根据第14条第（2）款决定是否作出裁定前，必须保留侵权商品。

（3）根据第（1）款作出裁定的法院可以设定一个合理的期限，在此期限内，商业秘密持有人必须向法院提起诉讼，以就案件的实质问题作出判决。

（4）如果没有根据第（3）款规定期限，则商业秘密持有人必须在法院根据第（1）款作出裁定之日后的20个工作日或31个自然日内（以时间较长者为准）向法院提起诉讼。

（5）就第（4）款而言：

（a）如果20个工作日的期限在工作日以外的一天结束，则在下一个工作日提起诉讼不属于超时；且

（b）“工作日”指除星期六或星期日、圣诞节、耶稣受难日或根据1971年《银行和金融交易法》① 第1条（银行假日）在英国任何地方的银行假日以外的任何一天。

（6）作为第（1）款所述措施的替代办法，法院可以作出裁定，规定被指控侵权的人只有提供旨在确保商业秘密持有人得到赔偿的担保，才能继续使用涉嫌非法使用的商品。

（7）根据第（6）款作出的裁定不得允许以担保为条件，迫使商业秘密持有人披露商业秘密。

（8）法院可以根据第（1）款或第（6）款作出裁定，但条件是商业秘密持有人必须提供足够的担保或同等的保证，以确保对被指控侵权的人以及在适当的情况下受该裁定影响的任何其他人所遭受的任何损害给予赔偿。

第12条　根据第11条第（1）款规定作出裁定前须考虑的事项

（1）法院在根据第11条第（1）款作出裁定前，可以要求商业秘密持有人提供合理可获得的证据，以令法院足够确信：

（a）存在商业秘密；

① 1971 c. 80.

（b）商业秘密持有人正在提出申请；且

（c）被指控侵权的人：

（i）非法获取了商业秘密；

（ii）正在非法使用或披露商业秘密；或

（iii）即将非法使用或披露商业秘密。

（2）法院在考虑是否根据第 11 条第（1）款作出裁定及评估该裁定是否与实际需要相适应时，必须考虑案件的具体情形，在适当情况下包括：

（a）商业秘密的价值和其他具体特征；

（b）为保护商业秘密而采取的措施；

（c）被指控侵权的人获取、使用或披露商业秘密的行为；

（d）非法使用或披露商业秘密的影响；

（e）当事人的合法利益以及批准或驳回这些措施可能对当事人产生的影响；

（f）第三方的合法利益；

（g）公众利益；和

（h）基本权利的保障。

第 13 条　第 11 条第（1）款裁定的撤销

（1）法院如果根据第 11 条第（1）款作出裁定，则在以下情形中，可以根据被指控侵权的人提出的申请，撤销该裁定：

（a）商业秘密持有人没有在第 11 条第（3）款或第（4）款规定的期限内向法院提起诉讼，以就案件的实质问题作出判决；或

（b）所涉信息不再是商业秘密，且其原因不能归咎于被指控侵权的人。

（2）在下列情形中，法院可以根据被指控侵权的人或受损害的第三方的申请，裁定商业秘密持有人向其提供赔偿，以弥补根据第 11 条第（1）款裁定采取的措施所造成的任何损害：

（a）法院根据第（1）款第（a）项撤销裁定；

（b）措施因商业秘密持有人的任何作为或不作为而失效；或

（c）随后发现不存在非法获取、使用或披露商业秘密行为或可能出现此类行为的威胁。

第 14 条　禁令和补救措施

（1）如果法院根据案件实质问题认定存在非法获取、使用或披露商业秘密，则可以根据商业秘密持有人的申请，裁定对侵权人采取下列一项或多项措施：

（a）停止或（视情况而定）禁止使用或披露商业秘密；

（b）禁止生产、提供、在市场上销售或使用侵权商品，或禁止为上述目的进口、出口或储存侵权商品；

（c）对侵权商品采取补救措施，在适当情况下包括：

（i）从市场上召回侵权商品；

（ii）使侵权商品不再具有侵权性质；

（iii）销毁侵权商品或将其撤出市场，但该撤出不得损害对所涉商业秘密的保护；

（d）销毁所有或部分含有或体现商业秘密的文件、物品、材料、物质或电子文件，或酌情将该文件、物品、材料、物质或电子文件全部或部分送交申请人。

（2）法院如果裁定将侵权商品从市场上撤出，则可以根据商业秘密持有人的申请，裁定将侵权商品连同包含或体现商业秘密的所有或部分文件、物品、材料、物质或电子文件上交并没收，交给商业秘密持有人。

（3）如果法院根据第（1）款第（c）项或第（d）项或第（2）款作出了采取措施的裁定，则必须：

（a）裁定侵权人承担实施该措施的费用，但有特殊理由的除外；且

（b）确保该措施不得影响因非法获取、使用或披露商业秘密而可能应向商业秘密持有人支付的任何损害赔偿。

第 15 条　根据第 14 条规定作出裁定前须考虑的事项

（1）法院在考虑请求根据第 14 条作出裁定的申请及评估该裁定的相称性时，必须考虑案件的具体情形，在适当情况下包括：

（a）商业秘密的价值或其他具体特征；

（b）为保护商业秘密而采取的措施；

（c）侵权人获取、使用或披露商业秘密的行为；

（d）非法使用或披露商业秘密的影响；

（e）当事人的合法利益以及批准或驳回这些措施可能对当事人产生的影响；

（f）第三方的合法利益；

（g）公众利益；和

（h）基本权利的保障。

（2）法院如果在作出的裁定中，对根据第 14 条第（1）款第（a）项或第（b）项裁定采取措施的期限进行限制，则该期限应足以消除侵权人可能从非法获取、使用或披露商业秘密中获得的任何商业利益或经济利益。

（3）根据被告人的申请，如果所涉信息由于不能直接或间接归属于被告的原因而不再构成商业秘密，法院必须撤销根据第 14 条第（1）款第（a）项或第（b）项下令采取的措施。

（4）在对苏格兰适用第（3）款规定时，“被告人”指辩护人。

第 16 条　以损害赔偿代替第 14 条规定的裁定

（1）如有下列情形，经受第 14 条规定措施约束的人的申请，法院可以裁定向受损害的一方支付损害赔偿，以代替根据第 14 条作出的裁定：

（a）相关人员在使用或披露商业秘密时（视情况而定）不知晓且根据具体情况不应知晓商业秘密是由其他人员以非法方式使用或披露而获得的；

（b）执行相关措施导致被执行人因此遭受不合理的损害的；

（c）向受损害一方支付的损害赔偿应是合理的、令人满意的。

（2）如果法院作出支付赔偿的裁定，以代替第 14 条第（1）款第（a）项或第（b）项规定的裁定，则该赔偿数额不得超过该人如取得使用有关商业秘密的许可则本应在可能禁止使用该商业秘密的期间支付的许可使用费或相关费用的金额。

第 17 条　损害评估

（1）对知道或应当知道非法获取、使用或披露商业秘密行为正在进行的侵权人，根据受损害人的申请，法院必须裁定该侵权人向商业秘密持有人支付与非法获取、使用或披露商业秘密所造成的实际损害相适应的损害赔偿。

（2）法院可以根据第（3）款或第（4）款，判决支付第（1）款规定的损害赔偿。

（3）法院在根据本款判决支付第（1）款规定的损害赔偿时，必须考虑到所有适当因素，尤其是：

（i）不利的经济后果，包括商业秘密持有人所遭受的任何收益损失，以及侵权人所取得的任何不公平收益；以及

（ii）除经济因素以外的其他因素，包括非法获取、使用或披露商业秘密给商业秘密持有人造成的非财产性损害。

（4）法院在根据本款判决支付第（1）款规定的损害赔偿时，可以根据侵权人使用有关商业秘密时如已获得许可则本应支付的许可使用费或相关费用，酌情判决支付损害赔偿。

第 18 条　司法判决的公开

（1）在非法获取、使用或披露商业秘密的相关法律程序中，法院可以根据商业秘密持有人的申请，裁定采取适当措施发布有关判决的信息，包括全部或部分公开该判决，费用由侵权人承担。

（2）法院可能根据第（1）款规定裁定采取的任何措施，必须按照第 10 条的规定对商业秘密予以保密。

（3）法院在决定是否根据第（1）款裁定采取措施时，以及在评估该措施的相称性时，必须酌情考虑到：

（a）商业秘密的价值；

（b）侵权人获取、使用或披露商业秘密的行为；

（c）非法使用或披露商业秘密的影响；

（d）侵权人进一步非法使用或披露商业秘密的可能性；和

（e）通过侵权人相关信息是否能够查明个人身份，如果能够查明，则公布该信息是否有正当理由，特别是应考虑到该措施可能会对侵权人的隐私和名誉造成的损害。

第 19 条　本条例适用的法律程序

本条例仅适用于符合下列条件的法律程序：

（a）在本条例生效后向法院提起；

（b）与针对非法获取、使用或披露商业秘密的权利主张有关；且

（c）用于申请本条例规定的措施、程序和救济。

解释性说明

（本说明不属于本条例的一部分）

本条例贯彻了2016年6月8日《欧洲议会和欧盟理事会关于保护未披露的技术诀窍和商业信息（商业秘密）防止非法获取、使用和披露的第2016/943号（欧盟）指令》（OJ L 157，15.6.2017，p.1）（以下称《欧盟商业秘密指令》）的规定。英国已通过与对秘密信息违反保密义务有关的普通法和衡平原则以及成文法和法院判决，贯彻了《欧盟商业秘密指令》的许多规定，特别是本条例第二章以及第6条、第7条和第16条的规定。本条例涉及在英国司法管辖范围内出现空白或可能使《欧盟商业秘密指令》规定的贯彻更加透明和一致的领域。

第2条根据《欧盟商业秘密指令》的第2条界定了“侵权人”“侵权商品”“商业秘密”和“商业秘密持有人”等词语，并增加了“法院”的定义。

第3条第（1）款明确规定，获取、使用或披露商业秘密是否非法是根据保密原则确定的。如果针对违反保密义务行为的诉讼中可用的措施、程序和救济为商业秘密持有人提供的保护比本条例规定的更广泛，则商业秘密持有人可以申请，法院也可以批准上述措施、程序和救济，但必须符合《欧盟商业秘密指令》第1条所述的保障措施［第3条第（2）款］。第3条第（2）款所述的措施、程序和救济，可以补充或替代本条例对非法获取、使用或披露商业秘密所规定的措施、程序和救济［第3条第（3）款］。

第4条至第9条对与针对非法获取、使用或披露商业秘密的权利主张有关的法律程序及本条例所规定的措施、程序和救济申请规定了适用的时效期限。第4条至第9条贯彻了《欧盟商业秘密指令》第8条的规定。英格兰、威尔士和北爱尔兰的时效期限设定为6年，苏格兰的时效期限设定为5年。规定了确定时效期限开始时间，以及因无行为能力而暂停时效期限。

第10条贯彻了《欧盟商业秘密指令》第9条第（1）款至第（3）款的规定，规定在法律程序过程中对商业秘密予以保密。

第11条规定了在执行《欧盟商业秘密指令》第10条时针对被指控的侵权人采取的临时措施。在作出临时上交裁定的情况下，商业秘密持有人必须保留侵权商品，直至根据第14条第（2）款裁定将这些商品没收交给商业秘密持有人或销毁为止。规定了在作出临时裁定后必须提出权利主张的时限。作为临时措施的替代办法，法院可以要求被指控侵权的人提供担保，以确保对商业秘密持有人进行赔偿。法院还可以要求商业秘密持有人提供充分的担保，以确保赔偿被指控侵权的人所遭受的任何损害。

第12条规定了法院在根据第11条第（1）款作出临时裁定之前需要考虑的事项。第12条贯彻了《欧盟商业秘密指令》第11条第（1）款和第（2）款的规定。

第13条规定，如果商业秘密持有人没有在规定的期限内或在某些其他情况下向法院提起法律程序，则可以撤销根据第 11 条第（1）款作出的裁定。如果裁定采取的措施被撤销，则法院可以裁定向被指控侵权的人或受损害的第三方支付适当的赔偿。第 13 条贯彻了《欧盟商业秘密指令》第 11 条第（3）款和第（5）款的规定。

第 14 条规定了以针对侵权人施加的禁令以及补救措施。这些措施包括要求侵权人自费将侵权商品从市场召回，消除侵权商品的侵权性质、销毁侵权商品或将侵权商品从市场上撤出。法院在裁定将商品从市场上撤出时，可以要求将商品上交并没收交给商业秘密持有人。第 14 条贯彻了《欧盟商业秘密指令》第 12 条的规定。

第 15 条规定了在根据第 14 条作出裁定时应考虑的事项，贯彻了《欧盟商业秘密指令》第 13 条第（1）款和第（2）款规定。

第 16 条允许法院在特定条件下裁定支付赔偿，以替代第 14 条规定的裁定。本条规定贯彻了《欧盟商业秘密指令》第 13 条第（3）款的规定。

第 17 条规定了在针对非法获取、使用或披露商业秘密作出损害赔偿判决时需要考虑的因素。本条规定贯彻了《欧盟商业秘密指令》第 14 条的规定。

第 18 条规定了在非法获取、使用或披露商业秘密的法律程序中公布与司法判决有关的信息。本条规定贯彻了《欧盟商业秘密指令》第 15 条的规定。

第 19 条明确规定，本条例仅适用于本条例生效后就针对非法获取、使用或披露商业秘密的权利主张及依据本条例所规定的措施、程序和救济申请向法院提起的法律程序。

预计不会对私营部门、志愿服务部门或公共部门产生影响或重大影响，因此尚未对本文件进行全面影响评估。可以在新港加第夫路概念大厦（Concept House，Cardiff Road，Newport）知识产权办公室获得转换说明，并可在英国立法网（www. legislation. gov. uk）上获得本文件及解释性说明。议会两院的图书馆也有本文件副本。

俄罗斯联邦商业秘密法①

2004 年 7 月 29 日联邦法第 98 号

此法经过 2006 年 2 月 2 日、2006 年 12 月 18 日、2007 年 7 月 24 日、2011 年 7 月 11 日、2014 年 3 月 12 日、2018 年 4 月 18 日六次修改

第 1 条　本联邦法的宗旨和调整范围

1. 本联邦法调整有关商业秘密制度确认、变更、消灭的关系，商业秘密是指由

① 译者：邓社民、林辉、舒雅洁，武汉大学法学院。本译文根据俄文文本翻译，原文参见：http：//www. consultant. ru/cons/cgi/online. cgi？from = 116684 - 20&rnd = 6DB63392549DEB717B3D63BC63763677&req = doc&base = LAW&n = 296152&REFDOC = 116684&REFBASE = LAW#1jvrk1i7152，最后访问时间：2021 年 2 月 25 日。

于不为第三人所知悉而具有现实或潜在的商业价值的信息。

(2014 年 3 月 12 日联邦法第 35 号修订。)

2. 本联邦法律适用于组成商业秘密的信息，不管商业秘密被固定的载体形式如何。

3. 本联邦法律不适用于依法定程序被确认为国家秘密的信息，该信息适用于《俄罗斯联邦国家秘密法》。[①]

第 2 条　本条自 2014 年 10 月 1 日起失效——2014 年 3 月 12 日联邦法第 35 号

第 3 条　本联邦法使用的基本概念

本联邦法使用以下基本概念：

1. 商业秘密是指在现实或者可能的情况下能够为其所有人增加收入，避免不必要的损失，保持该信息所有人在商品市场、劳务市场、服务市场上的地位或者获得其他商业利益的信息保密制度。

(2006 年 12 月 18 日联邦法第 231 号修订。)

2. 构成商业秘密的信息是指由于不为第三人所知悉、第三人无权合法使用该信息以及该信息所有人采取保密措施而具有现实或潜在价值的生产、技术、经济、组织或其他领域的信息，其中包括科技领域的智力活动成果，还包括职业活动实施方法。

(2014 年 3 月 12 日联邦法第 35 号修订。)

3. 本条自 2008 年 1 月 1 日起失效——2006 年 12 月 18 日联邦法第 231 条。

4. 商业秘密的信息所有人是指依法拥有构成商业秘密的信息，限制该信息的许可使用并对该信息采取了保密措施的人。

5. 商业秘密的许可使用是指在保证该信息秘密性的条件下，经该信息的所有人同意或者依据其他法律使特定的人知悉商业秘密。

6. 商业秘密的转让是指商业秘密所有人按照合同约定的条件和范围将固定在物质载体上的商业秘密转让给合同的对方当事人，该条件包括对方当事人采取合同约定的保护商业秘密的秘密性的措施。

7. 合同对方当事人是指受让构成商业秘密的信息的民事法律合同一方。

8. 商业秘密的信息提供是指为了实现国家机关职能，商业秘密所有人将固定在物质载体上的商业秘密转交给国家权力机关、其他国家机关和地方自治机关。

9. 商业秘密的信息泄露是指未经商业秘密所有人同意，或者违背劳动合同或者民事法律合同，以任何可能的形式（口头的、书面的或其他的形式，包括利用技术手段）使商业秘密为第三人所知悉的作为或不作为。

第 4 条　商业秘密的确认权和获得方法

1. 根据本联邦法的规定，商业秘密的信息所有人享有确认该信息以及确定该信息清单和构成的权利。

---

① 《俄罗斯联邦国家秘密法》颁布于 1993 年 7 月 21 日。——译者

2. 本条自 2008 年 1 月 1 日起失效——2006 年 12 月 18 日联邦法第 231 号。

3. 依合同或者其他法律从商业秘密的信息所有人处获得的该信息是合法的获得方法。

4. 如果故意避开商业秘密的信息所有人采取的保密措施，或者如果获取该信息的人知道或应当知道该信息所有人是他人。或者知道或应当知道该信息转让人没有转让该信息的合法依据，仍然受让该构成商业秘密的信息，属于非法获得。

第 5 条　不能构成商业秘密的信息

从事经营活动的人不能对下列信息采取保密措施：

1. 记载在相关国家登记簿中的法人设立文件和证明法人或者私营企业主的事实信息。

2. 记载在授权从事经营活动文件中的信息。

3. 有关国家财产和自治地方所有单一制企业、国家机关财产的组成信息以及其使用预算资金的信息。

4. 有关环境污染、消防安全状况、流行病和辐射情况、食品安全的信息以及其他对保障生产设施安全、每个公民的安全和居民的整体安全产生负面影响的因素的信息。

5. 有关职工人数、组成、劳动工资制度、劳动条件，包括劳动保护、工伤和职业病指标以及空闲工作岗位的信息。

6. 有关企业主因支付工资和社会性开支的债务信息。

（2018 年 4 月 18 日联邦法第 86 号修订。）

7. 有关破坏俄罗斯联邦法律的信息以及由于实施该破坏行为而被追究责任的事实的信息。

8. 有关国有和自治地方财产私有化的竞争和拍卖条件的信息。

9. 有关非商业组织的收入数额和结构、财产的数目和组成、支出、职工人数和工人的工资，以及经营活动中利用公民无偿劳动的情况的信息。

10. 有关未经法人委托有权从事经营活动的人员名单信息。

11. 其他法律规定必须公开的信息或者不得限制许可使用的信息。

第 6 条　商业秘密的信息提供

1. 商业秘密的信息所有人应按照国家权力机关、其他国家机关和地方自治机关的合理要求无偿地提供商业秘密。合理要求应该由有全权代表职责的人签署，该合理要求应该含有需要构成商业秘密的信息的目的和法律根据以及提供期限，其他联邦法另有规定的除外。

2. 如果商业秘密的信息所有人拒绝向国家权力机关、其他国家机关、地方自治机关提供商业秘密的，这些机关有权依诉讼程序调取。

3. 商业秘密的信息所有人以及依照本条第 1 款获得该信息的国家权力机关、其他国家机关和地方自治机关，应当按照俄罗斯联邦法律规定的程序和条件依据法院、预审机关、调查机关的工作要求提供该信息。

（2007 年 7 月 24 日联邦法第 214 号修订。）

4. 向本条第 1 款和第 3 款规定的机关提供的文件和含有构成商业秘密的信息的文件应该标明“商业秘密”字样，并指明商业秘密的所有人（法人应该标明其全称和住所，私营企业应该标明私营企业主的姓、名、父称以及住所）。

第 6.1 条　商业秘密的信息所有人的权利

（2014 年 3 月 12 日联邦法第 35 号规定。）

1. 商业秘密的信息所有人的权利自其根据本联邦法第 10 条对该信息采取保密措施时起产生。

2. 商业秘密的信息所有人有权：

1）根据本联邦法和民事法律合同以书面形式确认、变更、取消商业秘密；

2）因个人需要根据不违反俄罗斯联邦法律规定的程序使用构成商业秘密的信息；

3）许可或禁止他人使用构成商业秘密的信息，以及确定使用该信息的程序和条件；

4）要求使用构成商业秘密的信息的法人、自然人、获得该信息的国家权力机关、其他国家机关、地方自治机关履行保密义务；

5）要求由于偶然或失误而使用构成商业秘密的信息的人保守商业秘密；

6）在第三人泄露、非法取得或非法使用构成商业秘密的信息的情况下依法定程序维护自己的权利，其中包括请求赔偿因损害其权利的行为而造成的损失。

第 7 条—第 9 条　自 2008 年 1 月 1 日起失效（2006 年 12 月 18 日联邦法第 231 号。）

第 10 条　秘密信息的保护

1. 秘密信息的所有人采取的保密措施应该包括：

1）确定构成商业秘密的信息名单；

2）通过规定商业秘密的使用程序和监督这一程序的遵守来限制商业秘密的使用；

3）登记获得构成商业秘密的信息的人和/或该信息的被授予人或者受让人；

4）根据劳动合同调整劳动者以及民事法律合同调整当事人有关使用构成商业秘密的信息的关系；

5）含有构成商业秘密的信息的物质载体或包含该信息的文件应标明“商业秘密”的字样并指明该信息所有人（法人应该标明其全称和住所，私营企业应该标明企业主的姓、名、父称及住所）。

（2011 年 7 月 11 日联邦法第 200 号修订。）

2. 商业秘密的信息所有人采取了本条第 1 款规定的措施后，商业秘密确立。

3. 没有与劳动者订立劳动合同的私营企业主作为商业秘密的信息所有人有权依据本条第 1 款规定的措施保护秘密信息，但该款第 1）项、第 2）项以及涉及调整劳动关系的第 4）项规定除外。

4. 商业秘密的信息所有人除了采取了本条第 1 款规定的措施外，必要时有权采取技术手段和方法，以及其他不与俄罗斯联邦法律相抵触的措施保护该秘密信息。

5. 在下列情形下，保护秘密信息的措施是完全合理的：

1）未经商业秘密所有人许可，任何人不得擅自使用构成商业秘密的信息；

2）劳动者保障使用商业秘密和不违反商业秘密制度将商业秘密转让给其合同当事人的可能性。

6. 商业秘密的使用不得与宪法和道德原则的要求相抵触，不得损害他人的健康、权利和合法利益，不得妨碍国防和国家安全。

第 11 条　在劳动关系范围内商业秘密的信息保护

（2014 年 12 月 3 日联邦法第 35 号修订。）

1. 为了保护秘密信息，企业主有义务：

1）根据商业秘密许可使用协议，使履行自己必要劳动义务的劳动者知悉商业秘密所有人及其合同当事人的商业秘密名单；

2）根据协议使劳动者知悉企业主建立的商业秘密制度和违反商业秘密制度的责任；

3）给劳动者创造必要条件以便使其遵守企业主建立的商业秘密制度。

2. 如果工作职责没有规定，许可劳动者使用商业秘密必须征得企业主同意。

3. 为了保护秘密信息，劳动者有义务：

1）执行企业主建立的商业秘密制度；

2）在整个商业秘密保密期间，包括劳动合同终止后，不得泄露企业主及其合同当事人所拥有的该信息，未经他们的许可不得为了个人目的使用该信息；

3）如果劳动者过错泄露因履行劳动义务所知悉的商业秘密，应当赔偿企业主因此遭受的损失；

4）在劳动合同终止或者解除时，劳动者应将其使用的含有构成商业秘密的信息的物质载体转交给企业主。

4. 如果构成商业秘密的信息在保密期间内被泄露，在劳动关系终止后，企业主仍有权要求履行劳动义务时过错泄露被许可使用该信息的人赔偿损失。

5. 如果商业秘密的泄露是由于企业主没有遵守商业秘密的保护义务、第三人的行为或不可抗力引起的，企业主遭受的损害或者损失不能由劳动者或者终止劳动关系的人赔偿。

6. 与组织负责人签订的劳动合同应当规定负责人保护由组织或其合同对方所有构成商业秘密的信息的义务以及该信息的保密责任。

7. 组织负责人应当向组织对因过错违反俄罗斯联邦商业秘密法的行为负赔偿责任，此损失按照民事法律确定。

8. 劳动者因履行劳动义务获得许可使用的非法的商业秘密信息，劳动者有权依诉讼程序申诉。

第 12 条　本条自 2008 年 1 月 1 日起失效——2006 年 12 月 18 日联邦法第 231 号。

第 13 条　对提供的秘密信息的保护

1. 国家权力机关、其他国家机关和地方自治机关依照本联邦法和其他联邦法有义务创造条件保护法人或者私营企业提供的秘密信息。

2. 国家权力机关、其他国家机关和地方自治机关的公务员以及上述机关的国家和自治市政府的职员，未经商业秘密的信息所有人同意，无权泄露或转让因其执行职务所知悉的商业秘密给他人、国家权力机关、其他国家机关和地方自治机关。除本联邦法律另有规定外，也无权为了个人目的或私利而使用该信息。

3. 国家权力机关、其他国家机关和地方自治机关的公务员以及上述机关的国家和自治市政府的职员侵犯了秘密信息，应依照俄罗斯联邦法律承担责任。

第 14 条　违反本联邦法的责任

1. 依照俄罗斯联邦法律，违反本联邦法律应承担纪律处分、民事责任、行政责任以及刑事责任。

2. 依照俄罗斯联邦法律，劳动者因履行劳动义务而获得企业主及其合同当事人的商业秘密，如果故意或过失泄露该信息，尚不构成犯罪的，应承担纪律处分的责任。

3. 被许可使用构成商业秘密的信息的国家权力机关、其他国家机关和地方自治机关，对其公务员以及上述机关的国家和自治市政府的职员，泄露或非法使用因执行职务知悉商业秘密的行为，向商业秘密所有人承担民事责任。

4. 没有足够理由认为使用构成商业秘密的信息的人是非法使用，其中包括因偶然或失误获得许可使用的人，不能依照本联邦法追究其责任。

5. 根据商业秘密所有人的请求，本条第 4 款规定的人员，有义务采取措施保护秘密信息。在这些人员拒绝采取所规定措施时，商业秘密所有人有权依诉讼程序保护自己的权利。

第 15 条　未向国家权力机关、其他国家机关和地方自治机关提供商业秘密的责任

商业秘密所有人没有履行向国家权力机关、其他国家机关和地方自治机关提供商业秘密的合法要求，以及妨碍上述机关的公务员获得商业秘密的，应依照俄罗斯联邦法承担责任。

第 16 条　过渡条款

在本联邦法生效之前已标记在物质载体上的秘密字样，指明其中含有商业秘密的，如果在依照本联邦法的要求采取了上述保密措施的条件下，仍保持自己的效力。

挪威商业秘密法[①]

在 2020 年 2 月 25 日的议会会议上，就保护商业秘密的法律（商业秘密法）作

① 本译文根据挪威文文本翻译，原文参见：https：//lovdata. no/dokument/LTI/lov/2020 - 03 - 27 - 15，最后访问时间：2021 年 2 月 19 日。——译者

出以下决议。

第 1 条　目的和适用范围

本法旨在保护商业秘密权利人，防止商业秘密被非法获取、使用和披露。

本法也适用于斯瓦尔巴群岛和扬马延岛。

第 2 条　定义

商业秘密是指以下信息：

a）无论是整体，还是各个具体部分的组合，均属于不为公众所知悉或不易接触到的信息，即具有秘密性；

b）因其属于秘密信息而具有商业价值；

c）权利人已采取合理措施予以保密。

雇员在雇佣关系中获得的一般经验与技能并不属于商业秘密。

商业秘密权利人是指合法拥有商业秘密的自然人或法人。

第 3 条　商业秘密侵权

任何人不得通过以下方式获取或占有商业秘密：

a）非法获取、携带、复制文件或物品；

b）其他有悖于诚信商业惯例的行为。

任何人通过非法使用或披露其已经知道或获取的商业秘密的行为均构成商业秘密侵权：

a）违反本条第 1 款的规定；

b）与服务、信任地位或商业关系相关的人员；

c）根据法律或法规的规定。

任何人不得从违反本条第 2 款规定的相关人员处获得商业秘密，且不得在知悉或应知悉为商业秘密时以非法获取、占有、使用、披露商业秘密的方式侵犯商业秘密。

第 4 条　构成侵权的产品

任何人不得制造、销售该人员已经知道或应当知道是侵犯商业秘密的产品。此条款同样适用于为使商品流通而进口、出口或存储此类构成商业秘密侵权的产品。

其设计、特征或功能构成商业秘密侵权的产品，或以明显获益的方式非法获取、使用或披露商业秘密，制造或销售侵犯商业秘密的产品。

第 5 条　侵权行为禁令

可通过判决方式，禁止任何侵犯商业秘密的人员（参见第 3 条或第 4 条）或参与其中的人员再次侵犯商业秘密。

如果发现任何人准备采取某种重大行动，并且有恰当理由或相应证据怀疑其在该行动中有侵犯商业秘密的行为，则可对其行动进行干预，并通过判决方式禁止该人实施该行动。

本条第 1 款和第 2 款的禁令，可能会受到时间限制。

如果商业秘密权利人在收到或已获得关于侵权人的侵权行为和侵权人的必要信

息后3年内对侵权人采取了法律行动，则可以实施禁令。《挪威时效法》第15条、第15a条、第18条和第19条中关于时效中断的规定以及第21条至第23条中关于违反时间限制的规则也相应地适用。

第6条　纠正和预防措施

为了减轻商业秘密侵权的影响或防止对商业秘密构成新的侵权行为，法院可在合理范围内，命令采取纠正和预防措施。该命令可能意味着销毁含有商业秘密的文件或物品，或者将其移交给商业秘密权利人。

对于构成商业秘密侵权的产品，该命令意味着必须将其：

a）从交易市场中召回；

b）进行更改，以消除其侵权特征；

c）从交易市场下架；

d）销毁；

e）移交给商业秘密权利人。

是否采取措施的决定以及采取可能措施的选择必须适当。除此之外，还必须考虑商业秘密侵权的严重性、所采取措施的影响以及第三方的利益。

对采取措施的命令，不应以商业秘密权利人向被采取措施人员要求赔偿为条件，并且不得侵犯商业秘密权利人依照第8条获得报酬或赔偿的权利。除非有相反的特殊原因，否则采取措施所产生的费用应由侵权人承担。

如果商业秘密权利人在收到或已获得关于侵权人的侵权行为和侵权人的必要信息后3年内对侵权人采取了法律行动，则可以实施禁令。《挪威时效法》第15条、第15a条、第18条和第19条中关于时效中断的规定以及第21条至第23条中关于违反时间限制的规则应相应地适用。

第7条　继续使用的合理赔偿

与根据第5条的禁令和第6条的命令不同，法院可以允许侵权人支付通过合理的费用并按其他适当条款继续使用商业秘密。只有在以下情况下才能授予许可：

a）侵权人为善意侵权；

b）根据第5条的禁令或第6条的命令将导致干预措施造成不相称的损害；

c）对商业秘密权利人支付费用似乎是一个合理的解决方案。

本条第1款规定的费用不得超过权利人在禁令期间可以合理要求的许可费。在判决前以同样的方式确定第8条中规定的赔偿。

第8条　报酬和损害赔偿

对于故意或疏忽造成的侵权，参照第3条或第4条，侵权人应向商业秘密权利人支付报酬或赔偿，报酬或赔偿根据以下对权利人最有利的方式确定：

a）报酬相当于使用商业秘密的合理许可费，以及因商业秘密侵权（未经许可）所造成的损害赔偿；

b）因侵犯商业秘密而产生的损害赔偿；

c）与通过商业秘密侵权获得的收益相一致的赔偿。

本条第1款适用于商业秘密侵权所涉及的共犯。

第9条　处罚

任何商业秘密侵权人（参见第3条和第4条）将被处以罚款或长达1年的监禁。如果侵权人是善意取得商业秘密（参见第7条第1款），处罚仅适用于严重商业秘密侵权行为（参见第10条）。

若通过服务关系或信任关系或通过非法行为在此类关系中获得商业秘密的信息，并在此类关系结束2年后使用该商业秘密，则第3条第2款所述的商业秘密侵权不予适用，因此该刑罚不予适用。

第10条　严重侵权的处罚

任何严重侵犯商业秘密的人员（参见第3条或第4条），将被处以罚款或最高3年的监禁。

在评估是否存在严重侵权时，应特别强调对商业秘密权利人和其他人造成的损害，包括对权利人商业信誉造成的损害、侵权人所获收益以及侵权行为的性质和程度等方面。

第11条　判决信息的公布

法院可以在商业秘密侵权案件的判决中决定，以适当的方式公开相关判决信息（费用由侵权人承担），以减轻侵权后果并防止构成新的侵权行为。这也相应地适用于参与侵权行动的共犯和第5条第2款所述的情况。

第12条　生效与过渡规则

本法自国王决定之日起生效。

第5条至第11条适用于本法生效后发生的侵权行为。

国王可以颁布进一步的过渡条款。

第13条　对其他法案的修正

自本法施行之日起，对其他法令作下列修正：

1. 1967年12月15日，废除关于专利的第9号法案（《挪威专利法》）第65条。

2. 1981年5月22日关于刑事案件的第25号法案（《挪威刑事诉讼法》）第124条应为：

当证人在不透露商业秘密的情况下无法回答时，可以拒绝回答问题。

但是，法院在权衡各种利益冲突后认为有必要时，可要求证人作出解释。在此情况下，法院应要求在场人员履行保密义务，不得使用从解释中可推断出的商业秘密。法院可决定仅在非公开会议上向法院及当事方传达解释。在最终判决或裁定中确定该信息不构成商业秘密，或因该信息为公众所知或易于获取而导致保护失效之前，应适用上述第5条第2款中的禁令和命令。

3. 废除2005年5月20日关于刑罚的第28号法案（《挪威刑法》）第207条和第208条。

4. 2005年6月17日关于民事纠纷调解与诉讼的第90号法案（《挪威纠纷法》）作出如下修正：

第14－4条第（3）款第a）项的内容：

a）商业秘密，

第22－10条应为：

第22－10条　商业秘密证据的豁免

在不泄露商业秘密就无法提供证据的情况下，当事方或证人可拒绝提供获取的证据。但是，法院在分析后认为必要时，可以下令提供证据。

第22－12条应增加第（3）款和第（4）款的新内容：

（3）当按照法院命令提供第22－10条中提到的证据时，法院应对可以从证据中推论的商业秘密的使用负有保密和禁止的现行义务。法院可决定在不公开的情况下进行口头听证。在特殊情况下，法院可根据第3—7条将当事人使用律师的权利限制在法院认为必要的范围内。

（4）在最终判决或裁定中确定该信息不构成商业秘密，或因该信息为公众所知或易于获取而导致保护失效之前，应适用上述第（3）款第一句中的禁令和命令。

第34－8条的新内容：

第34－8条　关于保护商业秘密临时禁令的特别规定

（1）当法院裁定临时禁令以保护商业秘密时，应设定原告对索赔提起诉讼的时限，参见第34－3条第（3）款。截止日期不得超过20个工作日或31个自然日（以较长时间为准）。

（2）第34－3条第（2）款第六句不适用于禁止披露商业秘密的临时禁令。

5. 在2009年1月9日第2号法案（《营销法》）中关于规制营销和合同条款的规定修改如下：

第28和29条被废除。

第48条第1款应为：

凡严重违反第6条第4款（参见第1款），根据第6条第5款、第11条、第12条、第13条、第15条、第16条第a款而发布条例（参见第12条和第13条、第20条第2款、第26条、第27条或第30条）的任何人，均可被处以罚款、6个月以下监禁或两者并罚，除非可适用更严厉的处罚规定。

第48条第6款被废除。

第48b条第1款第一句引言内容应为：

因故意或疏忽而违反第30条的犯罪人员，应赔偿受害方的损失。

塞尔维亚商业秘密保护法[①]

一、介绍性条款

第1条 法案

本法对防止非法获取、使用和泄露商业秘密的法律保护作了规定。

第2条 定义

本法中使用的特定术语具有下列含义：

1）商业秘密视为符合下列条件的信息：

（1）具有秘密性，即信息的形成与集成对于任何可能接触到此类信息的人而言，既非普遍为人所知也不易被获取；

（2）因其秘密性而具有商业价值；

（3）合法控制者在特定情况下已采取合理措施保守其秘密。

2）商业秘密持有人是依法控制该商业秘密的自然人或法人。

3）侵犯商业秘密的人是指非法获取、使用或披露商业秘密的自然人或法人。

4）涉嫌侵犯商业秘密的人是指涉嫌非法获取、使用或披露商业秘密的自然人或法人。

5）违法行为所涉及的货物是指其设计、特性、运作方式、生产过程或流通方式在很大程度上是由于非法获取、使用或披露的商业秘密而实现的货物。

本条第1款第1）项所述的信息还包括知识和经验、经营信息和技术信息。

本条第1款第1）项第（3）子项中为保护信息的保密性而采取的合理措施，还包括起草关于处理商业秘密的内部条例，以及处理商业秘密时的人员范围及其权利义务，处理实物或电子访问保护措施和商业秘密、在文件上贴上“商业秘密”标签或类似标签、限制进入含有视为商业秘密信息的房间和访问该类文件，或与可能拥有商业秘密的人（包括员工、商业伙伴、外部联系人和顾问）订立保密协议（不披露保密信息），即由上述人员签署保密声明或不披露保密信息的声明。

二、商业秘密的获取、使用和披露

第3条 商业秘密的合法获取、使用和披露

如果以下列方式之一获取商业秘密，则认为商业秘密的获取是合法的：

---

① 本译文根据塞尔维亚文本翻译，原文参见：https：//otvoreniparlament. rs/uploads/akta/Zakon% 20o% 20za% C5% A1titi% 20poslovne% 20tajne. pdf，最后访问时间：2022年10月15日最后访问。塞尔维亚共和国国民议会于2021年5月27日通过了新的《塞尔维亚商业秘密保护法》，该法于2021年6月5日生效，并进行了一系列修改。——译者

1）通过独立发现或创造；

2）通过观察、研究、拆解或测试一种产品或物品，这种产品或物品已向公众提供，或在信息接受者所在国合法存在（反向工程），且不受限制获取商业秘密的法律有效义务的约束，或不受禁止反向工程的法律有效义务的约束；

3）通过按照特别规定行使员工或员工代表的知情权和咨询权；

4）在具体情况下符合诚实商业惯例的其他行动。

获取、使用或披露商业秘密，只要是特别规定所要求或允许的，即被视为合法。

第 4 条　商业秘密的非法获取、使用和披露

未经商业秘密持有人同意，以下列方式获取商业秘密的，视为非法：

1）擅自查阅、挪用或复制商业秘密持有人依法控制的、含有商业秘密或可从中获得商业秘密的文件、物品、材料、物质或者电子文件；或

2）在特定情况下被认为违反良好商业惯例的其他行为。

未经商业秘密持有人同意，由以下人员使用或披露商业秘密的，视为非法：

1）非法获取商业秘密；

2）违反保密协议或与禁止披露商业秘密有关的其他义务；

3）违反限制商业秘密使用的合同义务或其他义务。

如果获取、使用或者披露商业秘密的人在获取、使用或披露商业秘密时知道或在特定情况下必须知道该商业秘密是直接或者间接从本条第 2 款意义上非法使用或披露商业秘密的另一人那里获得的，则获取、使用或披露商业秘密也视为非法。

生产、提供或向市场投放侵权商品，即为生产、提供或为向市场投放商品的目的而进口、出口或者储存侵权商品，如果从事上述活动的人知道或在特定情况下必须知道商业秘密是本条第 2 款意义上的非法使用，也被视为非法使用商业秘密。

三、民事保护

第 5 条　侵犯商业秘密诉讼

侵犯商业秘密的，商业秘密持有人可以在诉讼中主张：

1）对侵犯行为的认定；

2）停止侵犯或视情况禁止使用或披露商业秘密；

3）禁止生产、提供、流通或使用侵权商品，即禁止为生产、提供、流通或为使用侵权商品的目的而进口、出口或储存侵权商品；

4）确定与侵权商品有关的适当措施，包括将该商品从市场上撤出，从商品上消除使其成为侵犯商业秘密商品的属性，或者销毁包含侵权行为的商品，如有正当理由，则退出市场，但该商品的撤出不得损害对诉讼所涉商业秘密的保护；

5）全部或部分销毁包含商业秘密或本身代表商业秘密的文件、物品、材料、物质或电子文件，或酌情将这些文件、物品、材料、物质或电子文件全部或部分移交检察官。

对未经授权采取某一行为，立即威胁进行非法获取、使用或者披露商业秘密的

人，商业秘密持有人可以要求终止该行为，禁止非法获取、使用或者披露该商业秘密。

根据本条第 1 款和第 2 款，还可以对在非法获取、使用或披露商业秘密的行为中提供第三方使用服务的中间人提起诉讼，即其行为对非法获取、使用或披露商业秘密构成直接威胁。

检察官要求将侵权商品退出市场时，可以要求将商品移交给商业秘密持有人或者慈善组织。

本条第 1 款第 4）项和第 5）项所述措施的实施费用由侵犯商业秘密的人承担，但法院另有命令的除外。

除商业秘密持有人外，被许可人也可以提出针对本条第 1 款和第 2 款的索赔，前提是被许可人根据合同或法律得到授权。

第 6 条　提起诉讼的最后期限

对侵犯商业秘密的诉讼，可以自检察官知悉侵犯商业秘密和涉嫌侵犯商业秘密的人之日起 1 年内提起，不得迟于侵犯之日起 5 年，连续发生侵犯商业秘密的，不得迟于最后一次侵犯商业秘密之日起 5 年。

本条第 1 款规定的诉讼程序具有紧迫性。

第 7 条　裁定索赔

法院在对根据本法第 5 条提出的索赔作出裁决时，考虑到有关措施与违法行为性质和程度，同时考虑到案件的特殊情况，其中可能包括：

1）商业秘密的价值和其他特征；

2）为保护商业秘密而采取的措施；

3）侵犯商业秘密的人获取、使用或披露商业秘密的行为；

4）非法使用或者泄露商业秘密的后果；

5）当事人的正当利益以及采纳或驳回索赔可能对其产生的后果；

6）第三方的合法权益；

7）公共利益；

8）基本权利保障。

如果法院根据本法第 5 条第 1 款第 2）项和第 3）项的要求限制命令采取的措施的期限，该期限必须足以消除侵犯商业秘密的人通过非法获取、使用或披露商业秘密而可能获得的商业或经济利益。

根据本法第 5 条第 1 款第 2）项和第 3）项的要求责令采取的措施，如果要求所涉及的信息不再符合本法第 2 条第 1 款第 1）项规定的条件，侵犯商业秘密的人对此无直接或者间接责任的，可以应侵犯商业秘密的人请求予以撤销。

根据侵犯商业秘密的人的请求，在符合下列条件的情况下，法院可以根据案件的情况，不采取根据本法第 5 条规定的要求裁定的措施，而裁定向受损害方支付金钱赔偿：

1）侵犯商业秘密的人在使用或者披露商业秘密时，不知道或者在特定情况下也不需要知道，该商业秘密是从非法使用或者披露商业秘密的他人那里获得的；

2）实施本法第 5 条规定的措施会对侵犯商业秘密的人造成不相称的损害。

如果法院不按照本法第 5 条第 1 款第 2）项和第 3）项的要求裁定采取措施，而裁定支付金钱赔偿，则不得超过侵犯商业秘密的人在不允许使用商业秘密期间内合法使用该商业秘密本应支付的赔偿金额。

第 8 条　损害赔偿

商业秘密持有人（许可证的取得人）对知道或应当知道自己参与非法获取、使用或披露商业秘密而侵犯商业秘密的人，可以依照损害赔偿的一般规定和本法的规定，起诉要求损害赔偿。

在确定损害赔偿金额时，法院应考虑案件的所有情况，如商业秘密持有人，即被许可人遭受的负面经济后果，包括普通损害、损失的利润和侵犯商业秘密的人获得的利润。

商业秘密持有人，即许可证的取得人，对于因非法获取、使用或披露商业秘密而造成的非物质损害，有权获得赔偿。

如果法院不能根据本条第 2 款和第 3 款确定损害赔偿金额，则应考虑侵犯商业秘密的人因合法使用该商业秘密而应支付的赔偿金额。

第 9 条　判决的公布

商业秘密持有人可以通过诉讼请求，将完全或部分接受本法第 5 条、第 8 条规定诉讼要求的最终判决全部或部分在媒体上公布，费用由被告承担。

如果法院决定在索赔范围内只公布部分判决，将在要求的范围内下令公布裁决和判决的一部分，从中可以看出有何种违法行为。

法院在决定是否确定公布判决的措施及其与违法行为的比例时，应综合考虑商业秘密的价值，侵犯商业秘密的人在获取、使用或者披露商业秘密时的行为，非法使用或者披露商业秘密的后果，以及侵犯商业秘密的人再次非法使用或者披露商业秘密的可能性。法院还应考虑到关于侵犯商业秘密的人的信息是否包含关于该自然人人格的信息，以及是否有正当理由公布这种信息，特别是考虑到公布可能对该自然人的隐私和名誉造成损害。

依照本条规定公布判决，必须依照本法第 19 条的规定为商业秘密保密。

第 10 条　临时措施

根据商业秘密持有人的提议，如果该商业秘密可能存在，他/她是商业秘密持有人，并且非法获取、使用或披露商业秘密已经发生或将要发生，法院可以确定一项临时措施：

1）停止或者禁止使用或者披露商业秘密；

2）禁止生产、提供、流通或使用侵权商品，即禁止为生产、提供、流通或为使用侵权商品的目的而进口、出口或储存侵权商品；

3）没收涉嫌侵权的货物，包括进口货物，以防止其投放到市场和进行流通。

法院可以允许涉嫌侵犯商业秘密的人继续使用该商业秘密，而不是实施本条第 1 款所述的措施，但要求他/她必须缴纳保证金，以确保商业秘密持有人得到赔偿。缴纳保证金并不代表该人有权披露商业秘密。

在就确定临时措施的提议作出决定时，法院应根据本法第 7 条第 1 款考虑案件的特殊情况。

对于第三方利用其服务非法获取、使用或披露商业秘密的中间人，法院可下令采取临时措施，停止或禁止使用或披露商业秘密。

根据商业秘密持有人的提议，如果该商业秘密有可能是为获取经济利益而在活动中非法获取、使用或披露的，并且他/她可能因这种违反而受到不可弥补的损害威胁，除本条第 1 款中的临时措施外，法院还可以作出以下决定：

1）没收拟被采取临时措施的人员的动产和不动产；

2）禁止从拟被采取临时措施的人员的账户中支付资金。

为了确定本条第 5 款所述的临时措施，法院可以命令提交银行、金融、商业或其他文件和资料，或命令提供查阅这些文件和数据的权限。法院有义务确保该资料的保密性。

根据本条第 1 款第 1）项、第 2）项和第 5 款第 2）项对其采取临时禁止措施的人员，即根据本条第 6 款向其发出命令，但不按照禁令或命令行事的人员，将根据有关执行和安全程序的法律规定受到处罚。

法院可以在收到关于确定临时措施的提议后立即确定临时措施，而无须对方当事人事先声明，特别是如果提议者有可能因拖延而遭受不可弥补的损害。

在本条第 8 款所述情况下，确定临时措施的决定应毫不迟延地送达程序中的各方当事人，最迟应在措施执行之后送达。

第 11 条　取消临时措施和损害赔偿

在提起民事诉讼前确定临时措施的，因侵犯商业秘密的诉讼必须自临时措施确定决定书送达之日起 30 日内提起。

因侵犯商业秘密而未在本条第 1 款规定的期限内提起诉讼的，法院将根据被采取临时措施人员的提议，中止诉讼程序并终止已采取的措施。

在本法第 10 条第 8 款所述情况下，如果在没有对方当事人声明的情况下确定了临时措施，法院将允许对方当事人在合理期限内就临时措施发表声明，在此之后，可以中止程序，取消已实施的措施或更改某项措施。

如果根据本条第 2 款和第 3 款中止诉讼程序并取消已实施的措施，或者如果法院确定该权利没有受到侵犯，或者该权利没有受到侵犯的严重威胁，被确定采取临时措施的人有权就该临时措施对其造成的损害获得赔偿。

对于临时措施的确定，法院可以要求提供适当的担保，作为对临时措施的确定和执行可能对临时措施所针对的人员造成损害的担保手段，以此作为确定临时措施的条件。

第 12 条　获取证据

如果民事诉讼中的一方当事人提及已确定或可确定的文件或其他证据，并声称这些文件或证据位于另一方当事人或第三方的国家，或可供他们使用，法院将要求这些人员在一定期限内提交这些文件，即证据，前提是保密信息受到保护。

在获取证据的提议中，当事人必须使另一方当事人或第三方有可能掌握证据，即他们可以获得证据。

根据本条第1款规定的条件，如果权利在经济活动中受到侵犯，法院将要求另一方当事人或第三方提交位于其本国或可供其使用的银行、金融和商业文件，并应提及位于另一方当事人或第三方本国或可供其使用证据的一方当事人提议，前提是保密信息受到保护。

第13条　证据保全

根据商业秘密持有人的提议，如果该商业秘密可能存在，他/她是商业秘密持有人，并且非法获取、使用或披露商业秘密已经发生或将要发生，法院可以命令在提起民事诉讼期间和提起民事诉讼之前取得证据，前提是保密信息受到保护。

本条第1款意义上的证据保全视为：

1）对侵犯商业秘密的物品进行详细说明，进行或不进行取样；

2）没收侵犯商业秘密的物品或者部分物品，如有正当理由，没收主要用于制作侵犯商业秘密的物品或者向市场投放侵犯商业秘密的物品文件、材料和物品（配件、工具）；

3）检查营业场所、车辆、书籍、文件和数据库；

4）询问证人和法庭鉴定人。

在提起民事诉讼前确定证据保全的，如是侵犯商业秘密的诉讼，必须在同意证据保全提议的决定书送达之日起30日内提起诉讼。

按照本法第16条的规定，批准保全证据的拟议法院判决，交付给在证据收集时从其处收集证据的人员，并交付给缺席的人。

第14条　证据保全程序

法院可以在收到证据保全提议后立即下令证据保全，而不需要对方当事人的声明，特别是如果由于拖延，提议者可能会遭受不可弥补的损害，或者某些证据将无法提供，或者以后难以提供。

在本条第1款所述的情况下，批准保全证据提议的判决应毫不迟延地送达程序中的各方当事人。

自批准保全证据提议的判决送达之日起30日内未提起侵犯商业秘密诉讼的，经提供证据的人员提议，法院中止诉讼程序，终止已采取的措施。

如果在没有对方当事人声明的情况下确定了证据保全，法院将允许该方在合理时间内对批准保全证据提议的判决发表意见，在此之后，法院可以中止诉讼程序，取消已采取的措施或改变具体的证据保全。

如果诉讼程序中止，已经实施的措施终止，或者法院认定该权利没有受到侵犯，或者该权利没有受到侵犯的严重威胁，被命令保全证据的当事人有权就因保全证据而对其造成的损害获得赔偿。

法院可以通过提供适当的保证书，作为因保全证据可能给对方当事人造成损害的一种担保手段和采纳保全证据提议的条件。

第 15 条　提供信息的义务

法院可以根据权利受到侵犯的人员的合理和相应请求，责令侵犯商业秘密的人员提供关于参与侵犯商业秘密的第三方及其分销渠道的信息，或者提交与侵犯商业秘密有关的文件。

除侵犯商业秘密的人员外，法院还可命令以下人员提供本条第 1 款规定的资料和文件：

1）在经济活动中发现侵犯商业秘密的商品的人员；

2）在经济活动中使用侵犯商业秘密的服务的人员；

3）在经济活动中提供用于侵犯商业秘密活动的服务的人员；

4）被本款第 1）、2）或 3）项中的人列为参与生产、分销侵犯商业秘密的商品或提供侵犯商业秘密的服务的人员。

本条第 1 款所述信息视为：

1）关于制造商、分销商、供应商和其他参与生产或分销货物或提供服务的人员的资料，以及关于货物所面向的卖方的资料；

2）关于生产、交付或订购货物或服务的数量以及这些货物或服务收费价格的资料。

如果本条第 1 款和第 2 款所述人员出于正当理由不按法院命令行事，不提供所要求的信息或不交出文件，则不对以这种方式造成的损害负责。

在民事和刑事程序中使用保密资料的条例、滥用获取信息权的责任的条例以及保护个人资料的条例均适用于根据本条规定提供信息的义务。

第 16 条　送达

法院程序中与非法获取、使用或披露商业秘密有关的意见书和判决不通过公告栏提交。

送达不成功的，法院将通过公告邀请当事人自邀请函刊登之日起 8 日内直接到法院领取意见书或判决。

如果当事人未在本条第 2 款所述期限内领取意见书或判决，则自在法院公告栏上公布领取意见书或判决的邀请函之日起第 8 天结束时视为已经送达。

第 17 条　例外情况

本法关于措施、法律手段和程序的规定不适用于下列情况：

1）根据《塞尔维亚共和国宪法》《欧洲保障人权和基本自由公约》和欧洲人权法院的判决、《欧洲联盟基本权利宪章》、关于获取具有公共重要性信息权的法律，以及关于公共信息和媒体的法律，并根据媒体自由和多样性，行使言论和信息自由权；

2）以披露犯罪行为和其他违法行为为目的，而获取、使用或者披露商业秘密的人员的行为是为了保护社会公共利益；

3）为了员工在合法行使代表职能的框架内按照特别规定向其代表披露商业秘密，而披露商业秘密是合法行使代表职能所必需的；

4）为了保护某一特别法律所承认的权利；或

5）关于律师根据规范律师地位的条例提供法律援助。

第 18 条　其他法律的相应适用

关于侵犯商业秘密的诉讼程序、确定临时措施的提议、确定证据保全的提议等问题，适用本法未作特别规定的民事诉讼法、强制执行和保全程序法条款。

本法未作特别规定的损害赔偿问题，适用规范义务关系的法律条款。

第 19 条　与法庭程序有关的保密性

当事人及其律师或其他代表、法院工作人员、证人、法庭鉴定人和因非法获取、使用或披露商业秘密而参与法庭程序的其他人员，或有权查阅作为法庭程序组成部分的文件的人员，不得使用或披露商业秘密或法院根据利益相关方的合理请求确定为保密、这些人员因参与法庭程序而获知可能代表商业秘密的信息。

本条第 1 款所述人员即使在法庭程序结束后也有义务保守商业秘密。

本条第 2 款规定的义务终止条件：

1）终审法院裁定可能构成商业秘密的信息不符合本法第 2 条第 1 款第 1）项规定的条件；或者

2）如果构成商业秘密的信息随着时间的推移而普遍为人所知，或者对于通常处理此类信息的人员容易获得。

法院可应一方当事人的合理请求，决定采取特别措施，对同非法获取、使用或披露商业秘密有关法庭程序中使用或提及的商业秘密或可能代表商业秘密的信息进行保密。

本条第 4 款规定的特别措施为：

1）将公众排除在全部或部分法庭程序之外；

2）限制能够查阅诉讼各方或第三方提交的全部或部分文件的人数，这些文件包含商业秘密或可能构成商业秘密的信息，法院将根据本条第 1 款警告准许查阅文件的人员进行保密；

3）限制披露商业秘密或者可能构成商业秘密信息听证会的出席人数，以及限制查阅这些听证会的记录；

4）禁止向本款第 2）项和第 3）项所述人员以外的其他人员提供没有被删除或变得难以辨认的商业秘密部分的法院判决。

本条第 5 款第 2）项和第 3）项所指的人数不得超过确保当事人获得专业援助和公平审判的权利所需的人数。

在就本条第 5 款所述措施作出决定并评估其正当理由时，法院考虑到有必要确保当事人获得专业援助和公平审判的权利、当事人和第三方的正当权益，同时考虑案件的情况，以及因确定或不确定这些措施而可能对当事人之一或第三方造成损害的可能性。

以本条所述保密措施为依据，按照有关个人资料保护的条例对个人资料进行处理。

第 20 条　外国当事人对保护商业秘密的权利

在保护商业秘密方面，外国自然人和法人享有与国内自然人和法人相同的权利，前提是适用于塞尔维亚共和国的国际协定或互惠原则。

互惠的存在由援引互惠的人证明。

四、处　罚

第 21 条

根据本法第 4 条非法获取、使用或披露商业秘密的法人实体，将因经济犯罪被处以 10 万至 300 万第纳尔的罚款。

对于本条第 1 款所述的行为，法人实体中的负责人将被处以 5 万—20 万第纳尔的罚款。

对于本条第 1 款所述的行为，企业家将被处以 5 万—50 万第纳尔的罚款。

对于本条第 1 款所述的行为，实体将被处以 2 万—15 万第纳尔的罚款。

实施本条第 1 款至第 4 款所述经济犯罪或轻罪的物品将被没收和销毁，用于实施本条第 1 款至第 4 款所述经济犯罪或犯罪的物品将被没收。

五、最后条款

第 22 条

《塞尔维亚商业秘密保护法》（塞尔维亚共和国政府公报第 72/11 号）自本法生效之日起不再有效。

第 23 条

本法自“塞尔维亚共和国政府公报”公布之日起第 8 天生效，但第 17 条第 1）项中关于适用自塞尔维亚共和国加入欧盟之日起适用的欧盟法规的规定除外。

加拿大统一商业秘密法[①]

1989 年 4 月

第 1 条　解释

（1）本法中

“法院”指（插入适当法院名称）；

“不当手段”包括以电子手段或其他手段进行的商业间谍活动；

“商业秘密”指符合下列条件的任何信息：

（a）用于或可能用于商业；

（b）在该商业领域中并不被普遍知悉；

① 本译文根据英文文本翻译，原文参见：https：//www. ulcc. ca/en/uniform - acts - new - order/537 - josetta - 1 - en - gb/uniform - actsa/trade - secrets - act/730 - uniform - trade - secrets - act - 1989，最后访问时间：2020 年 12 月 9 日。——译者

（c）因不被普遍知悉而具有经济价值；且

（d）为防止该信息被普遍知悉而作出了合理努力。

（2）就“商业秘密”的定义而言，“信息”包括但不限于公式、模式、计划、汇编、计算机程序、方法、技术、工艺、产品、装置或机制中列出、包含或体现的信息。

第 2 条　王国政府受约束

本法对王国政府具有约束力。

第 3 条　维护衡平法和普通法

任何与获取、披露或使用保密信息有关且产生保密义务的衡平规则或普通法，不受本法影响。

第 4 条　不适用《加拿大统一混合过错法》

《加拿大统一混合过错法》不适用于根据本法提起的法律程序。

第 5 条　在工作过程中获取的知识

如果对某信息的获取仅限于增进个人认知、提升技能或专业知识，则本法规定的任何责任对任何人在其工作过程中获取、披露或使用该信息的行为均不适用。

第 6 条　不当获取

（1）商业秘密权利人[①]有权对以不正当手段获取商业秘密的行为人提起诉讼。

（2）商业秘密如果是通过独立开发或反向工程获取的，则不属于以不正当手段获取。

第 7 条　非法披露或使用

如果披露或使用商业秘密的行为人知道或应当知道其披露或使用商业秘密的方式未获得合法授权，则商业秘密权利人有权对披露人或使用人提起诉讼。

第 8 条　法院命令

（1）法院如果在根据第 6 条或第 7 条提出的诉讼中认定行为人以不当手段取得商业秘密，或在无合法授权的情况下披露或使用商业秘密，则可以采取下列任何一项或多项措施：

（a）签发临时或永久禁令；

（b）判决支付补偿性损害赔偿；

（c）责令被告向原告返还因不当获取或非法披露、使用商业秘密而产生或随后可能产生的任何收益；

（d）判决支付惩罚性损害赔偿；

（e）在遵守本条第（3）款规定的情况下，法院可以作出一项调整命令，规制被告或原被告双方未来使用商业秘密的行为；

（f）作出法院认为适当的任何其他命令。

（2）法院不得行使其自由裁量权，同时判决支付惩罚性损害赔偿和返还收益，

---

① 此处原文为“A person entitled to the benefit of a trade secret”，直译应为“商业秘密收益权人”，此处结合本法有关“商业秘密收益权人”的相关内容以及我国对权利人的一般认知，将此处意译为“商业秘密权利人”，下同。——译者

从而使得原告就同一损失两次获得补偿。

（3）第（1）款第（e）项所述的命令可以包括下列任何一项或多项：

（a）就被告将来使用商业秘密的费用，依据法院认定的适当金额和条件，要求被告向原告一次性支付或分期支付；

（b）被告向原告支付原告因获取或开发商业秘密而产生的费用；

（c）针对原告和被告未来在多大程度上可以使用商业秘密，以及双方在使用商业秘密方面的权利和责任，确定任何相关附带问题。

（4）如果商业秘密不复存在，则法院应根据申请终止禁令，但该禁令可以延长一段时间，并以法院认为合理的条件继续执行，以消除被告本来可以从不当获取或非法披露或使用中获得的任何商业利益。

第9条　善意获取、使用或披露

（1）如一人善意获取、披露或使用商业秘密，并随后获悉相关商业秘密权利人被非法剥夺了商业秘密收益，则该善意获取、披露或使用商业秘密的人，或者被剥夺收益的商业秘密权利人，均可以向法院申请确认当事人的权利。

（2）在根据第（1）款进行的法律程序中，法院可以采取下列两项措施或其中之一：

（a）作出临时命令，以其认为适当的方式保护当事人的利益和权利；

（b）根据第8条作出命令这一该法律程序与第6条或第7条中所述诉讼一样。

（3）在根据第（1）款提出的法律程序中，法院在认定各方当事人权利时应考虑以下各项：

（a）该人为商业秘密所付出对价的价值；

（b）在发现商业秘密权利人已被非法剥夺收益之前，依赖该商业秘密的人或为了使用该商业秘密的人的地位发生的任何变化；

（c）本法给予商业秘密权利人的保护；和

（d）法院认为相关的任何其他事项。

第10条　抗辩理由

（1）在任何根据本法就非法披露或使用商业秘密提起的法律程序中，如被告使法院采信下列事项，则被告不对原告承担法律责任：

（a）该信息是应法院或裁判庭的要求向其披露的，即法院或裁判庭依职权责使当事人向其披露该信息；或

（b）鉴于商业秘密的性质，在披露或使用时，该披露或使用涉及或将涉及公众利益，且该公众利益的重要程度超过维护商业秘密的公众利益。

（2）就第（1）款第（b）项而言，披露或使用商业秘密的公众利益指让公众获知存在下列事项的公众普遍利益：

（a）实施了（在颁布法律的管辖区）生效的法律规定的犯罪或其他非法行为；或

（b）影响公众健康或安全的事项，且上述事项与商业秘密的开发、构成或使用

相关。

（3）就第（1）款第（b）项而言，法院应考虑到案件的所有情形，包括：

（a）商业秘密的性质；

（b）被告在何种情况下披露或使用或者将披露或使用商业秘密；和

（c）披露或使用的范围和性质是否合理。

第11条　保护商业秘密

（1）在根据本法进行的任何法律程序中，法院可以在任何时候根据申请发出命令，指示在该法律程序中以何种手段保护所涉的商业秘密。

（2）在不损害第（1）款普遍性的情况下，法院可以：

（a）秘密审理；

（b）责令密封该法律程序的所有或任何记录；或

（c）责令该法律程序的任何参与人未经法院事先批准不得披露所称的商业秘密。

第12条　商业秘密的转让

商业秘密权利人可以全部或部分、普遍或受区域限制地转让商业秘密权，并可以通过许可或其他方式授予商业秘密权中的收益。

第13条　时效期限

（1）不当获取或非法披露、使用商业秘密的相关法律程序必须在发现或通过合理的谨慎本应发现该披露或使用（视情况而定）后2年内启动。

（2）就本条而言，对持续披露或使用仅可提起一项单独的权利主张。

（如果在特定司法管辖区内不需要适用发现规则，请添加该司法管辖区的常规侵权行为期限，该期限从诉因产生点计算得出。）

（各司法管辖区适宜将关于诉讼时效的第13条列入其立法。）

日本不正当竞争防止法[①]

法律编号：平成五年（一九九三年）法律第四十七号

公布年月日：平成五年（一九九三年）五月十九日

最后修订日：令和四年（二〇二二年）六月十七日

第一章　总　则

第一条　立法目的

本法目的在于确保经营者之间公正竞争及正确实施相关国际规则，防止不正当

① 译者：李豆豆，辩护士法人中田・岛尾律师事务所，中国律师（日本未登录）。本译文根据日文文本翻译，原文参见：https：//elaws. e－gov. go. jp/document？ lawid＝405AC0000000047，最后访问时间：2023年5月26日。

竞争及对不正当竞争的损害赔偿采取有关措施等，以促进国民经济的健康发展。

第二条　定义

1. 本法所称“不正当竞争”，系指下列行为：

四、以窃取、欺诈、胁迫或其他不正当手段获取商业秘密的行为（以下简称不正当获取行为），或使用、披露通过不正当获取行为获取的商业秘密的行为（包括向持有商业秘密的特定人披露的情形。本条第五项至第九项，第十九条第1款第六项、第二十一条和附则第四条第一号的规定与此相同）；

五、明知或者因重大过失未能知道有关商业秘密已经存在不正当获取行为，但是仍然获取该商业秘密的行为，以及使用或者披露该商业秘密的行为；

六、在获取有关商业秘密后，知道或者因重大过失未能知道该商业秘密已经存在不正当获取行为，而使用、披露该商业秘密的行为；

七、对于经持有商业秘密的经营者（以下称为商业秘密持有人）所披露的商业秘密，以获得不正当利益或对该商业秘密持有人造成损害为目的，而使用、披露该商业秘密的行为；

八、明知或者因重大过失未能知道该商业秘密是经商业秘密的不正当披露行为（系指前述规定的披露商业秘密的行为，或违反法律规定的守密义务而披露商业秘密的行为，下同）获取的，仍获取该商业秘密，或使用、披露所获取的商业秘密的行为；

九、在获取商业秘密后，知道或者因重大过失未能知道该商业秘密是经不正当披露的或该商业秘密上存在不正当披露行为，而使用、披露所获取的商业秘密的行为；

十、对于根据第四项至第九项所列行为（仅限于技术上的秘密，即属于商业秘密中的技术信息，以下同称为不正当使用行为）而产生的物品，（除对于在获取时，对该物品系通过不正当使用行为而产生的事实不知情且无重大过失的人外）进行转让、交付，以转让及交付为目的进行展示、出口、进口或通过电信通信线路提供的行为；

6. 本法所称“商业秘密”是指被作为秘密进行管理、尚未被公众所知的生产方法、销售方法以及其他对经营活动有用的技术信息或者商业信息。

第二章　停止侵害请求、损害赔偿等

第三条　停止侵害请求权

1. 经营利益因不正当竞争遭受损害或者有受到损害之虞的经营者，对给其经营利益造成损害或者有损害之虞的人，有权请求其停止和预防该侵害。

2. 经营利益因不正当竞争遭受损害或者有受到损害之虞的经营者，依前款规定行使请求权时，有权请求销毁构成侵害行为的物品（包括侵害行为的生成物，第五条第一款规定同此），移除侵害行为所关联的设备，或请求实施其他停止或者预防侵害行为所必要的行为。

第四条　损害赔偿

因故意或过失以不正当竞争手段侵害他人经营利益的人，对由此造成的损害承担赔偿责任。但是根据第十五条的规定，在该条规定的权利消灭之后，因使用该商业秘密或限定提供数据而造成的损害，不在此限。

第五条　损害金额的推定等

1. 因第二条第1款第一项至第十六项或第二十二项所列的不正当竞争行为［如实施同款第四项至第九项所列行为，以有关技术秘密（指作为机密管理的生产方法或其他对经营活动有用的、尚未被公众所知的技术信息）为限］遭受营业利益损害的被侵害者（以下简称被害人）在请求故意或过失侵害其营业利益的侵害人赔偿其所受的损害时，如侵害人转让侵权产品获得收益，可将侵害人转让的侵权产品数量（以下简称转让数量）乘以相当于如无此侵害行为时，被害人可销售的产品的单位利润额所得之金额，在该金额不超过被害人有能力销售该产品的金额或以其他行为可得的金额时，作为被害人所受损害的金额请求赔偿。但如被害人有无法销售转让数量的全部或部分的事由时，在计算赔偿金额时应扣除该事由对应数量的金额。

2. 被害人的经营利益因不正当竞争受到损害，在向因故意或过失侵害其经营利益的人请求损害赔偿时，如侵害人因其侵害行为获得利益的，可推定该利益额为被害人在经营上所受的损害金额。

3. 因第二条第1款第一项至第九项、第十一项至第十六项，第十九项或第二十二项所列的不正当竞争，经营利益遭受损害的被害人，可向故意或过失侵害其经营利益的人，对应下列各项不正当竞争行为的具体规定，以下列各项中规定的通常应取得的金额作为其受到的损害额，提出赔偿请求：

（三）第二条第1款第四项至第九项所列的不正当竞争行为，即侵害相关商业秘密的使用行为。

4. 前款规定不妨碍金额超过同款规定金额的损害赔偿请求。在此情形下，如侵害经营利益的人无故意或重大过失，法院在认定损害赔偿额时可酌情考虑。

第五条之二　技术秘密获取者使用该技术秘密行为等的推定

对技术秘密（限于生产方法及其他政令规定的信息，以下本条亦同）实施第二条第1款第四项、第五项或第八项规定的行为（限于获取商业秘密的行为）时，如果实施者已经生产了使用该技术秘密所产生的物品，或从事了政令规定的明显使用技术秘密的其他行为（以下本条中称为“生产等”），应推定该实施者从事了各项规定中（限于使用商业秘密的行为）的生产等行为。

第六条　具体方式的明示义务

在不正当竞争侵害营业利益的相关诉讼中，主张因不正当竞争营业利益被侵害或有被侵害之虞的被害人，如否认主张构成侵害行为的物或方法的具体方式时，相对人须明示自己行为的具体方式。但如相对人有无法明示的合理理由的，不在此限。

第七条　文件的提出等

1. 在不正当竞争侵害营业利益的相关诉讼中，法院依当事人的请求，可责令当事人提交为证明该侵害行为或为计算该侵害行为所造成的损害所必需的文件。但如该文件的持有人有正当理由拒绝提交的，不在此限。

2. 法院为判断是否有前款但书规定的正当理由，如认为有必要的，可责令文件的持有人出示该文件。此时，任何人均不得请求披露所提供的文件。

3. 在前款情况下，关于第 1 款正文的请求所涉文件是否属于同款所规定的文件或有无同款但书规定的正当理由时，法院如认为有必要披露前款后段所指的文件内容并征询该文件持有人的意见后，可向当事人等（如为法人，则为其法定代表人）或当事人的代理人（诉讼代理人及辅佐人除外）、使用人或其他从业人员（下同）、诉讼代理人或辅佐人披露该文件。

4. 在第 2 款情况下，法院如认为需要听取基于专业知识的解释，经当事人同意，可向根据《日本民事诉讼法》（平成八年法律第一百零九号）第一编第五章第二节第 1 款规定的专门委员会披露该文件。

5. 前述各项规定，准用于在因不正当竞争导致的营业利益受到侵害的诉讼中，为了提供证明该侵害行为所需的验证目的。

第八条　损害鉴定

在不正当竞争侵害营业利益的相关诉讼中，依当事人的请求，法院为计算该侵害行为所造成的损害，可责令就必要事项进行鉴定，当事人须向鉴定人说明鉴定所必需的事项。

第九条　合理损害额的认定

在不正当竞争侵害营业利益的相关诉讼中，经认定有损害发生，但为证明损害额而需证明必要事实时，如证明该事实存在本质上的困难，法院则可依据法庭辩论的所有内容及证据调查的结果，来认定合理损害额。

第十条　保密令

1. 在不正当竞争侵害营业利益的相关诉讼中，如当事人所持有的商业秘密符合下列已释明的事由之一时，依当事人的申请，法院可以裁定命令当事人等、诉讼代理人或辅佐人，不得以诉讼以外的目的使用该商业秘密，或向本款规定的被命令人以外的人披露该商业秘密。但在当事人申请之前，当事人等、诉讼代理人或辅佐人依据本款第一项规定的准备文书阅览、证据调查、披露以外的方法已经取得或持有该商业秘密的，不在此限。

一、已提出或应提出的准备文书上记载有当事人持有的商业秘密，或者已调查或应调查的证据（包括依第七条第 3 款的规定披露的文件或依第十三条第 4 款的规定披露的文件）内容中包含有当事人持有的商业秘密的。

二、前项规定的商业秘密被用于诉讼以外，或该商业秘密的披露有妨碍商业秘密当事人经营活动之虞，为防止此情形发生，有必要限制该商业秘密的使用或披露的。

2. 前款规定命令（保密令）的申请，须以书面方式提出，并明确记载下列事项：

一、保密令的被申请人；

二、足以裁定保密令保护商业秘密的特定事实；

三、符合前款各项所列事由的事实。

3. 发出保密令时，须将裁定书送达被申请人。

4. 保密令自裁定书送达被申请人时生效。

5. 对驳回保密令申请的裁判，可立即提起上诉。

第十一条　保密令的撤销

1. 保密令申请人或被申请人，可向保存诉讼记录的法院（如无保存诉讼记录的法院时，则为发出保密令的法院），以欠缺或有可能欠缺前条第一款规定的要件为由，申请撤销保密令。

2. 如对保密令的撤销申请进行审理，则须将裁定书送达申请人及其相对人。

3. 对申请撤销保密令的审理裁定，可立即提起上诉。

4. 撤销保密令的审理结果，如未确定，不产生法律效力。

5. 法院在作出保密令的撤销裁定时，除保密令的撤销申请人或其相对人外，在发出保密令的诉讼中，尚有该商业秘密的保密令被申请人时，须立即通知其撤销保密令的审理意旨。

第十二条　诉讼记录阅览等请求的通知

1. 关于已发出保密令的诉讼（撤销所有保密令的诉讼除外）的诉讼记录，在有《日本民事诉讼法》第九十二条第 1 款的裁定的情况下，当事人请求阅览同款规定的保密记载部分，且该请求阅览诉讼记录的申请人在该诉讼中并未接受保密令时，法院书记官应在接收其请求后，立即通知该保密令的申请人（该请求人除外，第三款亦同）。

2. 在前款情形中，法院书记官在申请提出日起至届满二周为止的期间（如在申请提出日前，该申请人已成为保密令的被申请人，则至该保密令申请的裁判确定为止的期间）内，不得让请求阅览的当事人进行同款规定的保密记载部分的阅览等。

3. 如第 1 款规定的请求者对同款机密记载部分的阅览等已取得了所有依据《日本民事诉讼法》第九十二条第 1 款申请的当事人的同意，则不适用前二款的规定。

第十三条　停止公开当事人询问等

1. 在不正当竞争侵害营业利益的相关诉讼中，对侵害行为有无的基础判断事项，以及当事人是否持有商业秘密的事项，该诉讼中的当事人等作为当事人本人、法定代理人或证人在接受询问时，若法院合议庭一致同意，并认为当事人等如在法庭上公开陈述该事项，明显会对商业秘密相关当事人的经营活动造成损害，因此无法充分陈述该事项，但如欠缺该陈述，仅依其他证据又无法以该事项为判断基础，对因不正当竞争侵害营业利益的有无作出适当裁判的，可裁定在不公开情形下询问该事项。

2. 法院在作出前款裁定时，必须事先听取当事人等的意见。

3. 法院在前款情形下，如认为有必要，可以让当事人等出示记载了该陈述事项要领的文件。在此情形下，任何人都不能请求披露所提供的文件。

4. 法院认为需要对披露前款后段的文本听取其意见时，可以向当事人等、诉讼代理人或辅佐人披露该文件。

5. 法院根据第一款的规定，在对该事项进行不公开询问时，在让公众退庭前，必须宣告其意旨及理由。该事项询问结束后，应当再次让公众入庭。

第十四条　恢复信用的措施

对因故意或过失进行不正当竞争而损害他人营业信用的人，法院可根据该营业信用被侵害人的请求，责令其采取恢复被侵害人商业信用的必要措施以代替损害赔偿；或责令其赔偿损失的同时采取恢复被侵害人商业信用的必要措施。

第十五条　消灭时效

1. 第二条第1款第四项至第九项所列的不正当竞争中，对使用商业秘密的行为，根据第三条第1款的规定请求停止或预防侵害的权利，在下列情况下因时效而消灭：

一、如行为人继续实施该行为，因该行为营业利益被侵害，或有被侵害之虞的商业秘密持有人自知悉该事实及侵权行为人之日起三年间不行使前述请求权的；

二、自侵权行为开始之日起已届满二十年的。

第四章　杂　则

第十九条　适用除外等

1. 第三条至第十五条、第二十一条（第2款第七项所涉及的部分除外）及第二十二条的规定，对于下列各款规定的不正当竞争类别中所列的行为不适用：

六、第二条第1款第四项至第九项所列的不正当竞争。因交易取得商业秘密者（仅限于在取得时不知道且无重大过失不知道该商业秘密是不正当披露的或该商业秘密是不正当取得、披露的情形）在交易取得的原始范围内，使用或披露该商业秘密的行为。

七、第二条第1款第十项所列的不正当竞争。在根据第十五条第1款的规定，该权利已经消灭后，通过使用该商业秘密而产生的物品进行转让、交付，以转让及交付为目的进行展示、出口、进口或通过电信通信线路提供的行为。

第二十条　过渡措施

在根据本法制定、修改、废除政令或经济产业省令时，依据政令或经济产业省令，在对其的制定、修改、废除的合理必要范围内，可以规定所需的过渡措施（包括有关罚则的过渡措施）。

第五章　罚　则

第二十一条　罚则

1. 构成下列各款行为之一的，处十年以下有期徒刑，单处或并处两千万日元以下罚金：

一、以不正当竞争或对商业秘密持有人造成损害为目的，利用欺诈等行为（指欺骗人、对人施加暴力，或胁迫人的行为，下同）或管理侵害行为【指窃取财物、侵入建筑物、不当进入行为［指禁止不当进入的相关法律（平成十一年法律第一百二十八号）第二条第四项规定的不当进入行为］】，或其他妨害商业秘密持有人管理的行为（下同）获取商业秘密，并使用或披露商业秘密的。

二、以获得不正当利益或对该商业秘密持有人造成损害为目的，使用或披露以欺诈等行为或侵害管理行为获取的商业秘密的。

三、接受商业秘密持有人披露的商业秘密后，以获得不正当利益或对该商业秘密持有人造成损害为目的，违背与该商业秘密相关的管理职责，通过下列方法取得商业秘密的：

A 通过侵占商业秘密记录载体等（指包含或记录有企业秘密的文件、图纸或记录媒体。以下本项亦同）或者商业秘密有形化物品的。

B 复制商业秘密记录载体或商业秘密有形化物品上的内容或记录的。

C 对于商业秘密记录载体上的内容或记录，应该删除而未删除，或假装已删除相关内容或记录的。

四、接受商业秘密持有人披露商业秘密、以负有商业秘密管理任务而以前项 A 至 C 所列方法获取商业秘密后，以获得不正当利益为目的，违背商业秘密管理任务，使用或披露该商业秘密的。

五、接受商业秘密持有人披露商业秘密的董事会成员（指理事、董事、执行董事、执行业务的职员、监事或监察人，或者等同上述职务的人，以下本项亦同）或从业人员，以获得不正当利益为目的，违背商业秘密管理任务，使用或披露该商业秘密的（前项所列的情形除外）。

六、接受商业秘密持有人披露商业秘密的董事会成员或从业人员，以获得不正当利益或对该商业秘密持有人造成损害为目的，在任职期间，违背商业秘密管理任务，申请披露商业秘密，或接受商业秘密使用或披露的请托，而在离职后使用或披露该商业秘密的（第四项所列情形除外）。

七、以获得不正当利益或对该商业秘密持有人造成损害为目的，对通过第二项或前三项或第 3 款第二项规定（仅限于第二项及前三项所规定之罪行中关于披露的规定）的罪行而获取的商业秘密，进行使用或披露的。

八、以获得不正当利益或对该商业秘密持有人造成损害为目的，明知该商业秘密的披露过程存在第二项或第四项至前项或第 3 款第二项规定（仅限于第二项及前三项所规定之罪行中关于披露的规定）的行为的，而获取该商业秘密，并使用或者披露的。

九、以获得不正当利益或对该商业秘密持有人造成损害为目的，将自己或他人通过第二项或第四项至前项或第三项 C 的行为（仅限于使用技术上的秘密的行为）产生的物品进行转让、交付或以转让或交付为目的进行展示、出口、进口或通过电信通信线路提供给他人的（收受物品的人在不知道该物品系通过违法使用行为获得的情况下，转让、交付或以转让或交付为目的进行展示、出口、进口或通过电信通信线路提供该物品的，不在此限）。

2. 构成下列各款行为之一的，处五年以下徒刑，单处或并处五百万日元以下罚金：

六、违反保密令的。

3. 构成下列各款行为之一的，处十年以下的徒刑，单处或并处三千万日元以下罚金：

一、在日本国外以使用为目的，犯有第一款第一项或第三项罪行的。

二、明知对方有意在日本国外使用涉及第一款第二项或第四项至第八项罪行，并进行了披露的。

三、针对在日本国内从事业务的商业秘密持有人的商业秘密，在日本国外实施涉及第 1 款第二项或第四项至第八项罪行的。

4. 第 1 款（不包括第三项）以及前款第一项（不包括第 1 款第三项相关部分）、第二项和第三项的未遂罪应予以惩罚。

5. 第 2 款第六项规定的行为，未经告诉，不得提起公诉。

6. 对于在日本境内营业的商业秘密持有人所持有的商业秘密，如行为人在日本境外实施了第 1 款各项（不包括第九项）、第 3 款第一项或第二项或第 4 款（不包括第 1 款第九项相关部分）规定的行为，则上述条款亦对其适用。

7. 第 2 款第六项规定的罪行，对在日本境外实施同款罪行的人亦适用。

8. 第 2 款第七项（以第十八条第 1 款的部分为限）规定的罪行，依刑法（明治四十年法律第四十五号）第三条的规定处理。

9. 第 1 款至第 4 款的规定，不妨碍刑法或其他罚则的适用。

10. 下列财产可被处以没收：

一、由第 1 款、第 3 款和第 4 款的犯罪行为产生的财产，或者通过该犯罪行为获得的财产，或者作为该犯罪行为的报酬而获得的财产。

二、作为前项所列财产的收益所获得的财产，作为同项所列财产的对价所获得的财产，以及根据这些财产的对价所获得的财产，以及基于同项所列财产的持有或处分而获得的财产。

11. 有关组织性犯罪的惩罚和犯罪收益的管制等法律（平成十一年法律第一百三十六号，以下称为《日本组织性犯罪惩罚法》）第十四条和第十五条的规定适用于前项所规定的没收。在这种情况下，《日本组织性犯罪惩罚法》第十四条中的“前条第 1 款各项或第 4 款各项”应视为“不正当竞争防止法第二十一条第 10 款各项”，予以替换。

12. 如果不能没收列于第 10 款各项的财产，或者根据该财产的性质、使用情况、除犯罪人以外的他人权利的有无以及其他情况认为不适当没收的，可从犯罪人处追缴等同于该财产价值的金额。

第二十二条

1. 法人或法人的代表人、自然人的代理人、受雇人或其他从业人员，在有关法人或自然人的业务中，违反以下各项规定的行为的，除处罚行为人外，对该法人处以本法各项规定的罚金刑，对自然人则处以本条各项规定的罚金刑。

一、前条第 3 款第一项（限于适用于前条第 1 款第一项所涉部分）、第二项（限于适用于前条第 1 款第二项、第七项和第八项所涉部分）或第三项（限于适用于前条第一款第二项、第七项和第八项所涉部分），或第 4 款（限于适用于前条第 3 款第一项所涉部分）、第二项（限于适用于前条第 1 款第二项、第七项和第八项所涉部分）和第三项（限于适用于前条第 1 款第二项、第七项和第八项所涉部分）——罚金最高为十亿日元。

二、前条第 1 款第一项、第二项、第七项、第八项或第九项［除涉及同款第四项至第六项或同条第 3 款第三项（仅限于适用于同条第 1 款第四项至第六项部分）以外］规定的违法使用行为（以下在本项及第 3 款中称为“特定违法使用行为”）以外，或第四款［限于适用于同条第 1 款第一项、第二项、第七项、第八项和第九项（除涉及特定违法使用行为的情况以外）］——罚金最高为五亿日元。

三、前条第 2 款——罚金最高为三亿日元。

2. 在前款情形中，向行为人提起与前条第 2 款第六项之罪相关的第五项所规定的告诉时，该告诉对该法人或自然人亦产生效力；对法人或自然人提起告诉时，对行为人亦产生效力。

3. 依第 1 款规定，行为人违反前条第 1 款第一项、第二项、第七项、第八项或第九项（除涉及特定违法使用行为的情况以外）、第 2 款、第 3 款第一项（限于适用于同条第 1 款第一项所涉部分）、第二项（限于适用于同条第 1 款第二项、第七项和第八项所涉部分）或第三项（限于适用于同条第 1 款第二项、第七项和第八项所涉部分），或第 4 款［限于适用于同条第 1 款第一项、第二项、第七项、第八项和第九项（除涉及特定违法使用行为的情况以外）］，以及同条第 3 款第一项（限于适用于同条第 1 款第一项所涉部分）、第 2 款（限于适用于同条第 1 款第二项、第七项和第八项所涉部分）和第 3 款（限于适用于同条第 1 款第二项、第七项和第八项所涉部分）规定的行为，对法人或自然人处以罚金刑的时效期间，应根据上述规定所涉罪行的时效期间确定。

第六章　刑事诉讼程序的特例

第二十三条　商业秘密的保密决定等

1. 法院在处理涉及第二十一条第 1 款、第 3 款或第 4 款的罪行或前条第 1 款（不包括第三项）的罪行的案件时，如果涉案当事人、被害人或其法定代理人，或被委托的律师提出不希望在公开法庭上明确揭示构成该案件中商业秘密的全部或部分信息的申请时，法院可以听取被告人或辩护人的意见，并在认为适当的情况下，确定不予公开揭示的相关事项范围，并作出不在公开法庭上明确披露该相关事项的决定。

2. 前款规定申请必须事先向检察官提出。在这种情况下，检察官应提出意见，并通知法院。

3. 法院在处理第 1 款规定的案件时，如果检察官、被告人或辩护人提出了不希望在公开的法庭上明确揭示构成被告人或其他人所持有的商业秘密的全部或部分信息的申请时，法院应当听取相对方的意见。在认定该事项对于犯罪的认定或被告人的辩护不可或缺，并且公开该事项可能严重影响基于该商业秘密进行的被告人或其他人的业务活动的情况下，法院可以确定不予公开揭示的相关事项范围，并作出不在公开法庭上明确披露该相关事项的决定。

4. 法院在作出第 1 款或前款所述的决定（以下称为“保密决定”）的情况下，法院可以在认为有必要的情况下，可以听取检察官、被告人或辩护人的意见，决定与构成商业秘密的特定信息（是指根据保密决定不得在公开法庭上明确披露的构成商业秘密的全部或部分信息，下同）相关的名称或其他表述的替代称呼或其他表述。

5. 法院对于作出保密决定的案件，后认定不在法庭上公开该商业秘密特定信息欠缺妥当性，或根据《日本刑事诉讼法》（昭和年法律第一百三十一号）第三百一十二条的规定、因处罚被撤销或变更而不再属于第 1 款规定的案件时，法院应撤销全部或部分保密决定及前款所作的称呼等的决定（以下称为“名称等的决定”）。

第二十四条　起诉状的宣读方法的特例

对于作出保密决定的案件，根据《日本刑事诉讼法》第二百九十一条第 1 款的规定，起诉状的宣读应以不揭示商业秘密特定信息的方式进行。在这种情况下，检察官应向被告出示起诉状。

第二十五条　审问等限制

1. 对于作出保密决定的案件，审判长在审理案件时，如认为对诉讼相关人的询问或陈述涉及商业秘密特定信息，除将对犯罪的认定造成重大障碍或对被告人的辩护造成实质性不利的情况外，可通过限制该询问或陈述来保护该商业秘密。对于要求诉讼相关人就被告人作出陈述的行为，也适用同样的规定。

2. 接受上述命令的检察官或作为辩护人的律师未能遵守规定时，适用《日本刑事诉讼法》第二百九十五条第 5 款和第 6 款的规定。

第二十六条　公审日期外的证人询问等

1. 对于作出保密决定的案件，法院在需要对证人、鉴定人、翻译人进行询问，或者被告人任意陈述时，应听取检察官、被告人或辩护人的意见。如果对证人、鉴定人、翻译人的询问、陈述，或者对被告人的询问行为或被告人的供述涉及商业秘密特定信息，并且上述程序在公开庭审中进行将对基于该商业秘密进行经营的受害人、被告人或其他人的业务活动造成严重影响时，为了防止这种情况的发生，法院可以在公审之外进行相应的询问或根据《日本刑事诉讼法》第三百一十一条第 2 款和第 3 款的规定要求被告人进行陈述。

2. 《日本刑事诉讼法》第一百五十七条第 1 款和第 2 款、第一百五十八条第 2 款和第 3 款、第一百五十九条第 1 款、第二百七十三条第 2 款、第二百七十四条以及第三百零三条的规定准用于上述要求被告人陈述的情况。在这种情况下，《日本刑事诉讼法》第一百五十七条第 1 款、第一百五十八条第 3 款和第一百五十九条第 1 款中的“被告人或辩护人”应理解为“辩护人、共同被告人或其辩护人”，第一百五十八条第 2 款中的“被告人和辩护人”应理解为“辩护人、共同被告人和其辩护人”，第二百七十三条第 2 款中的“公审日期”应理解为“根据《日本不正当竞争防止法》第二十六条第 1 款的规定要求被告人陈述的程序日期”，第二百七十四条中的“公审日期”应理解为“根据不正当竞争防止法第二十六条第 1 款要求被告人陈述的程序的日期、时间和地点”，第三百零三条中的“记载证人或其他人的询问、验证、扣押和搜查结果的书面记录以及扣押的物品”应理解为“根据《日本不正当竞争防止法》第二十六条第 1 款的规定要求被告人陈述的程序结果的书面记录”，并将“证据文件或证物”理解为“证据文件”。

第二十七条　关于提供记载了询问等事项概要的书面命令

法院可以在作出名称等的决定或根据前条第 1 款的规定在公审日期外进行询问或要求被告人陈述的程序时，如果认为有必要，可以命令检察官、被告人或辩护人提供记载了诉讼相关人应进行的询问或陈述或要求被告人陈述的行为等事项概要的书面文件。

第二十八条　证据文件的宣读方法的特例

对于作出保密决定的案件，根据刑事诉讼法第三百五条第 1 款或第 2 款的规定，对证据文件的宣读应以不揭示商业秘密构成信息为前提进行。

第二十九条　公审前整理手续等的决定

下列事项可在公审前整理程序和期日间整理程序中进行。

一、作出或撤销保密决定、名称等的决定。

二、根据第二十六条第 1 款的规定，在公审日期外进行询问或要求被告人陈述的程序。

第三十条　证据公开时对商业秘密的保护

1. 检察官或辩护人对涉及第二十三条第 1 款所规定的案件，根据《日本刑事诉讼法》第二百九十九条第 1 款的规定，在给予查阅证据文件或证据物的机会时，若确定某些事项的明示将揭示第二十三条第 1 款或第 3 款规定的组成商业秘密的全部或部分信息，可能对基于该商业秘密的受害人、被告人或其他人的业务活动造成重大影响时，可以要求向对方不将相关事项通知有关人员（包括被告人），除非该事项对于犯罪证明、犯罪调查或被告人的辩护有必要。但是，要求不通知被告人的事项仅限于该起诉状中记载的事项以外的事项。

2. 前款规定准用于检察官或辩护人根据《日本刑事诉讼法》第二编第三章第二节第 1 款第二项（包括该法第三百一十六条第二十八款第二项中准用的情形）的规定进行证据公开的情形。

第三十一条　准用最高法院规则

除本法规定的事项外，关于执行第二十三条至前条规定的必要事项，由最高法院规则确定。

韩国反不正当竞争与商业秘密保护法[①]

（简称“反不正当竞争法”）

（实施 2023. 9. 29）（法律第 19289 号，部分修改 2023. 3. 28）

第一章　总则（修改 2007. 12. 21）

第一条　立法目的

本法旨在制止不当使用国内知名的他人商标、公司名称等不正当竞争行为，以及侵犯他人商业秘密行为，从而维护商业秩序。

（全文修改 2007. 12. 21）

第二条　定义

本法中使用的用语定义如下（修改 2011. 12. 2、2013. 7. 30、2015. 1. 28、2018. 4. 17、2019. 1. 8、2023. 3. 28）：

（一）“不正当竞争行为”指下列任何一种行为：

1. 无下述正当理由，擅自将相同于或类似于在国内有一定知名度的他人姓名、公司名称、商标、商品的容器、包装，或其他表示属于他人的标志（以下简称他人的产品商标）用于商品，与他人商品造成混淆的行为；或在没有以下任何正当理由的情况下销售、分销，或进口、出口带有上述标志的货物：

（1）在他人的产品商标持有国民知名度之前，一人在没有任何不当目的的情况下一直使用与他人的产品商标相同或相似的商标；

（2）第（1）项所列人员的继承人在没有任何不当目的的情况下继续使用相关标志的。

2. 无下述正当理由，擅自使用相同于或类似于在国内有一定知名度的他人姓名、公司名称、图形标志，或其他表示属于他人经营的标志（包括商品销售、服务方法或牌匾、外观、室内装潢等营业场所的总体外观；以下简称他人的产品商标），从而造成经营设备或活动上的混淆的行为：

（1）在他人的产品商标持有国内知名度之前，一人在没有任何不当目的的情况下一直使用与他人的产品商标相同或相似的商标；

① 本译文根据韩文文本翻译，原文参见：韩国法律信息中心网站，https：//www. law. go. kr/lsSc. do? section = &menuId = 1&subMenuId = 15&tabMenuId = 81&eventGubun = 060101&query = % EB% B6% 80% EC% A0% 95% EA% B2% BD% EC% 9F% 81% EB% B0% A9% EC% A7% 80 + % EB% B0% 8F + % EC% 98% 81% EC% 97% 85% EB% B9% 84% EB% B0% 80% EB% B3% B4% ED% 98% B8% EC% 97% 90 + % EA% B4% 80% ED% 95% 9C + % EB% B2% 95% EB% A5% A0#undefined，最后访问时间：2024 年 2 月 27 日。本法于 2023 年 9 月 29 日正式实施，文中包含 2020 年 10 月 20 日修订、2021 年 4 月 21 日正式实施内容。——译者

（2）第（1）项所列人员的继承人在没有任何不当目的的情况下继续使用相关标志的。

3. 除以上第 1 目或第 2 目行为外，无下述正当理由，擅自使用相同于或类似于在国内有一定知名度的他人姓名、公司名称、商标，或商品的容器、包装，或其他表示属于他人商品或经营的标志（表示属于他人经营的标志包括商品销售、服务方式或牌匾、外观、室内装潢等经营地点总体外观），或销售、配销或进出口带有所述标志的商品，损害他人标志的辨识力或名声的行为：

（1）在他人姓名，公司名称，商标，商品的容器、包装，或其他表示属于他人商品或经营的标志在持有国内知名度之前，一人在没有任何不当目的的情况下一直使用与他人的产品商标相同或相似的商标；

（2）第（1）项所列人员的继承人在没有任何不当目的的情况下继续使用相关标志的；

（3）总统令规定的正当理由，例如非商业用途。

4. 通过商品或其广告或可令公众了解的方法，在交易文件或通信标出虚假的原产地标志，或销售、配销或进出口带有这样标志的商品，从而造成原产地来源混淆的行为。

5. 通过商品或其广告或可令公众知晓的方法，在交易文件或通信错误标志出该商品的生产、制造或加工地，导致错误认知，或者销售、配销或进出口带有所述标志的商品的行为。

6. 冒充他人商品，或在商品或其广告中进行宣传或标志，让他人对商品的品质、内容、制造方法、用途或数量产生错误认知，或通过所述方法或标志进行商品的销售、配销、进出口的行为。

7. 在以下任一国家注册过商标或类似商标的商标权人的代理人或法人代表，或在行为实施日前一年内曾为其代理人或法人代表，在无正当理由的情况下将该商标用于与该商标的指定商品相同或类似的商品，销售、配销，或进出口带有该商标的商品的行为；

（1）《保护工业产权巴黎公约》（以下简称《巴黎公约》）的当事国；

（2）世界贸易组织成员方；

（3）《商标法条约》的缔约国。

8. 无合法权利的情况下出于以下目的注册、持有、转移或使用同国内广为人知的他人姓名、公司名称、商标、其他标志相同或类似的域名的行为。

（1）将商标等标志销售或租赁给合法权利人或第三方；

（2）妨碍合法权利人注册及使用域名；

（3）谋取其他的商业利益；

9. 模仿他人制作的商品形态（形象、模样、色泽、光泽或以上元素的组合，包括试制品或商品说明书上的形态，以下相同），进行转让、租赁、展示或进出口的行为。但以下任一情况下除外：

（1）对包括商品的试制品制作等具备商品形态之日起已经超过三年的商品进行模仿，然后进行转让、租赁，或为转让、租赁而进行展示、组织进出口的行为；

（2）对他人制作的商品和同种商品（若无同种商品，则为功能或效果相同或类似的商品）的通常形态进行模仿后，进行转让、租赁，或为转让、租赁而进行展示或组织进出口的行为。

10. 项目建议、招标、公募等交易协商或交易过程中，对于具有经济价值的他人技术或包含销售创意的信息，出于自身或第三方的利益而违背义务，非法适用或提供给他人的行为。但如果获得创意者在其获得创意时已经知晓该创意或该创意为在同行业广为人知的情况除外。

11. 属于以下任何一种情况，不当使用数据（指在《韩国促进数据产业和数据利用框架法》第2条第1款规定的数据中，向特定人员或大量特定人员提供的技术或商业信息，其中大量已通过电子手段积累和管理，且未作为秘密管理；以下规定同样适用）：

（1）通过盗窃、欺骗、非法访问或其他不正当手段获取数据的行为，或未经授权访问数据的人使用或披露获取的数据的行为；

（2）根据与数据所有人的合同关系等，被授权访问数据的人使用、披露或向第三方提供数据，以获得不当利益或对数据所有人造成损害的行为；

（3）在明知第（1）项或第（2）项规定的行为已经发生的情况下获取数据，或使用或披露所获取的数据的行为；

（4）在没有合法授权的情况下，提供、进口、出口、制造、转让、出借、传输或展示技术、服务、设备或此类设备的部件，其主要目的是规避、移除或更改（以下简称规避）为保护数据而采取的技术保护措施的行为；但是，若规避技术保护措施是为了研究和开发此类措施，则不适用上述规定。

12. 未经许可，以违背公正的商业交易惯例或竞争秩序的方式，擅自使用他人在国内具有一定知名度并具有经济价值的、能够区分个人身份的商标（如姓名、肖像、声音或签名）从事自己的业务，从而侵犯他人经济利益的行为。

13. 对于他人进行相当大的投资或努力而实现的成果等，违背公正的商业交易惯例或竞争秩序，擅自适用于自身经营活动从而侵犯他人经济利益的行为。

（二）“商业秘密”指，不为公众所知悉，有独立的经济价值，包括作为秘密管理的生产方法、销售方法、其他有益于商业活动的技术领域或经营领域的信息。

（三）“侵犯商业秘密行为”指下列任何一种行为：

1. 通过窃取、欺瞒、胁迫或其他不正当手段获得商业秘密的行为（以下简称不正当获取行为），或使用、披露通过以上方法获取的商业秘密（包括保持秘密但告知特定人的行为，以下规定同样适用）的行为。

2. 知晓通过不正当行为获取商业秘密的事实、未认识到属于严重过失的情况下获取商业秘密的行为或使用、披露通过以上方法获取的商业秘密的行为。

3. 获得商业秘密后知悉该商业秘密是通过不正当行为获取或未认识到属于严重

过失的情况下使用、披露该商业秘密的行为。

4. 依照合同关系等本应履行保密义务而出于获取不正当利益或对商业秘密权利人造成伤害的目的而使用、披露商业秘密的行为。

5. 知悉因第 4 目原因而披露或介入了此类公开行为的事实、未认识到属于严重过失的情况下获得商业秘密的行为，或使用、公开该商业秘密的行为。

6. 获取商业秘密后，知晓该商业秘密为因第 4 目原因而公开的事实或曾介入此类公开行为的事实，或不知晓属于严重过失的情况而使用、公开该商业秘密的行为。

(四)“域名”指与互联网数字地址相对应的数字、字母、符号或上述元素的任何组合。

(全文修改 2007. 12. 21)

第二条之 2　制定基本计划

一、为了反不正当竞争及保护商业秘密（以下简称反不正当竞争等），专利厅厅长应每五年同中央行政机关的负责人进行协商，制定出反不正当竞争等基本计划(以下简称基本计划)。

二、基本计划中应包括以下各项：

(一) 反不正当竞争等所需的基本目标及推进方向；

(二) 分析评价过去的反不正当竞争等相关基本计划；

(三) 反不正当竞争等相关的国内外条件变化及愿景；

(四) 同反不正当竞争等有关的纠纷现状及应对；

(五) 同反不正当竞争等相关的制度及法令的改善；

(六) 同反不正当竞争等相关的国家、地方政府及民间的合作情况；

(七) 同反不正当竞争等相关的国际合作；

(八) 反不正当竞争等所需的其他事项。

三、为了制定基本计划，如专利厅厅长认为有必要，可要求相关的中央行政机关负责人提供必要材料。如果没有特殊情况，中央行政机关的负责人应配合该请求。

四、专利厅厅长应将基本计划告知相关中央行政机关负责人和特别市市长、广域市市长、特别自治市市长、道知事、特别自治道道知事（以下简称市长、道知事）。

(本条新增 2020. 10. 20)

[之前第二条之 2 移到第二条之 5（2020. 10. 20）]

第二条之 3　制定实施计划等

一、为了践行基本计划，专利厅厅长每年应制定并实施具体计划（以下简称“实施计划”）。

二、关于“实施计划”的制定与实施，如若专利厅厅长认为有必要，可要求国家机关、地方政府、公共机构管理相关法律所规定的公共机关，以及根据相关法律成立的其他特殊法人等相关机关的负责人提供协助。

(本条新增 2020. 10. 20)

第二条之 4　实际情况调查

一、为了获得制定、实施基本计划及“实施计划”所需的基础资料，专利厅厅长每年应开展实际情况调查。如果专利厅厅长认为有必要，可以随时开展实际情况调查。

二、专利厅厅长可要求相关中央行政机关的负责人和技术转让及商业化促进相关法律规定的公共研究机关负责人提供开展第一款之实际情况调查所需的资料。除经营、商业秘密等总统令规定的特殊事由的情况外，收到邀请的机关负责人应予以配合。

三、如开展第一款规定的实际情况调查，该调查所需的具体材料编制范围应遵照总统令规定。

(本条新增 2020. 10. 20)

第二条之5　反不正当竞争及商业秘密保护工作

为了防止不正当竞争行为及保护商业秘密，专利厅厅长可开展构建研究、教育、宣传等基础工作，构建并运营反不正当竞争所需的信息管理系统，以及其他总统令规定的工作。(修改 2020. 10. 20)

(本条新增 2009. 3. 25)

[从第二条之2 移动 (2020. 10. 20)]

第二章　禁止不正当竞争行为等 (修改 2007. 12. 21)

第三条　禁止使用国旗、国徽

一、《巴黎公约》当事国、世界贸易组织成员方或《商标法条约》缔约国的国旗、国徽、其他徽章或与国际组织的标志相同或类似的不能用于商标。但是，获得相关国家或国际组织许可的情况除外。

二、与《巴黎公约》当事国、世界贸易组织成员方或《商标法条约》缔约国政府用于监督或证明的标志相同或相似的标志不能用于商标。但是，获得相关国家政府的许可的情况除外。

(全文修改 2007. 12. 21)

第三条之2　禁止使用自由贸易协定保护下的地理标记等

一、除非有合法权利，对于韩国与其他国家签署的双方或多方自由贸易协定下保护的地理标记（以下在本条简称为地理标记），除了第二条第（一）项第4目及第5目规定的不正当竞争行为外，不以地理标记上显示的地点为原产地的商品（限定为与使用地理标记的商品相同的商品和被认为相同的商品），任何人不得实施以下行为：

（一）除了真正的原产地标记外另行使用地理标记的行为；

（二）采用翻译或音译地理标记的行为；

（三）同时使用“种类”“类型”“样式”或“仿造品”等描述来使用地理标记的行为。

二、除非有合法权利，任何人不得实施以下行为：

（一）对按第一款各项的方式使用地理标记的商品进行转让、交付，或为此进行展示或组织进出口的行为；

（二）交付按第二条第（一）项第4目或第5目的方式使用地理标记的商品，或为此而组织展示的行为。

三、按第一款各项的方式使用商标者，如果符合以下全部条件，可以不受第一款的约束继续在商标的指定商品上使用：

（一）韩国国内开始保护地理标记前已经在使用该商标；

（二）按第（一）项使用商标后，在该地理标记保护开始当日在国内需求者之间已将该商标视为属于特定人。

（本条新增2011.6.30）

第三条之3　防止误解和混淆的申请

第二条第（一）项第1目或第2目所述的第三人可要求下列任何人作出必要的说明，以防止该人的货物或业务来源与其货物或业务的来源之间产生任何误解或混淆：

1. 属于第二条第（一）项第1目中（1）项或（2）项的人；

2. 属于第二条第（二）款第2目中（1）项或（2）项的人。

（本条新增2023.3.28）

第四条　关于不正当竞争行为等的停止侵犯请求权

一、如果不正当竞争行为或第三条之2第一款或第二款的行为存在侵犯自身商业利益或被侵犯的可能时，对实施或欲实施不正当竞争行为或第三条之2第一款或第二款的行为者，可诉请法院采取禁止或预防措施。（修改2011.6.30）

二、诉请第一款之要求时，可同时诉请以下各项措施：（修改2011.6.30）

（一）销毁不正当竞争行为或违反第三条之2第一款或第二款的行为所造成的物品；

（二）拆除为不正当竞争行为或违反第三条之2第一款或第二款的行为的实施提供的设备；

（三）注销涉及不正当竞争行为或违反第三条之2第一款或第二款的行为的域名；

（四）为禁止或预防涉及不正当竞争行为或违反第三条之2第一款或第二款的行为而应采取的其他措施。

三、根据第一款提出禁止或防止不正当竞争行为请求的权利应在时效到期时终止，如果一个人的商业利益因不正当竞争的行为持续而受到损害或威胁，自他或她意识到不正当竞争行为损害或威胁到他或她的商业利益以及实施这种不正当竞争的人之日起三年内，未能行使请求禁止或防止第二条第（一）项第10目所述不公平竞争行为的权利。自不正当竞争行为开始之日起10年后，同样适用。（新增2023.3.28）

（全文修改2007.12.21）

（题目修改2011.6.30）

第五条　对于不正当竞争行为等应承担的损失赔偿责任

因故意或过失造成的不正当竞争行为或违反第三条之2第一款或第二款（如属于第二条第（一）项第3目，仅限因故意导致的不正当竞争行为）侵犯他人商业利益造成损失时，应承担赔偿责任。（修改2011.6.30）

（全文修改2007.12.21）

（题目修改2011.6.30）

第六条　恢复因不正当竞争行为等失去的信用

对于因故意、过失导致的不正当竞争行为或违反第三条之2第一款或第二款行为（如属于第二条第（一）项第3目，仅限因故意导致的不正当竞争行为）导致他人失去商业信用者，法院可根据因不正当竞争行为或因违反第三条之2第一款或第二款的行为而被侵犯商业利益者的请求，可代替第五条的损失赔偿，或下令赔偿损失的同时采取恢复商业信用的措施。

（全文修改2007.12.21）

（题目修改2011.6.30）

第七条　调查不正当竞争行为等

一、专利厅厅长、市长、道知事或市长、郡守、区长（指区政府区长，以下相同）为调查第二条第（一）项（不包括第8目和第13目）的不正当竞争行为或违反第三条、第三条之2第一款或第二款的行为，如果通过其他方法无法确认其行为与否，可令相关公务员出入商业单位或生产单位，调查相关的文件或账簿、产品，或提取开展调查所需的最少数量产品以进行检查。（修改2011.6.30、2016.1.27、2017.1.17、2018.4.17、2020.10.20、2021.12.7、2023.3.28）

二、专利厅厅长、市长、道知事或市长、郡守、区长开展第一款规定的调查时，应遵照《韩国行政调查基本法》第十五条规定避免重复调查。（新增2011.6.30）

三、专利厅厅长、市长、道知事或市长、郡守、区长在依照第一款开展调查的过程中，如果发现针对调查对象的同一个案件正在开展《韩国发明促进法》第四十三条规定的调解纠纷（以下简称调解纠纷），可考虑双方的意见下令停止调查。（新增2020.10.20）

四、一旦调解纠纷成立，专利厅厅长、市长、道知事或市长、郡守、区长可下令终结该调查。（新增2020.10.20）

五、开展第一款规定的调查时，相关公务员应携带证明其权限的证件，并出示给相关人员。（修改2011.6.30、2020.10.20）

六、此外，与不正当竞争行为等有关的调查流程，如果有必要可通过总统令进行规定。（新增2020.10.20）

（全文修改2007.12.21）

（题目修改2011.6.30）

第八条　劝告纠正违法行为等

一、如专利厅厅长、市长、道知事或市长、郡守、区长发现违反第二条第（一）

项（不包括第8目和第13目）的不正当竞争行为，或违反第三条、第三条之2第一款或第二款的行为，可劝告相关的行为人在三十天以下的时间内停止违法行为，摘除或修改标志等，防止今后再犯，并采取其他纠正所需的措施。（修改2011.6.30、2017.1.17、2018.4.17、2020.10.20、2021.12.7）

二、如违法人员不按第一款要求劝告纠正，专利厅厅长，市长、道知事或市长、郡守、区长可以公开相关违法行为及纠正劝告事实。（新增2020.10.20）

三、第二款的公开流程及方法等在必要时以总统令方式进行规定。（新增2020.10.20）

（全文修改2007.12.21）

（题目修改2020.10.20）

第九条　听取意见

专利厅厅长、市长、道知事或市长、郡守、区长实施第八条规定的纠正劝告及公开，必要时可按总统令规定听取当事人、利害关系人或知情人的意见。（修改2011.6.30、2020.10.20）

（全文修改2007.12.21）

第三章　保护商业秘密（修改2007.12.21）

第九条之2　商业秘密原件证明

一、为证明包含商业秘密的电子文件为正本，商业秘密权利人可在第九条之3规定的商业秘密正本证明机构注册从该电子文件提取的唯一身份数值（以下简称电子指纹）。

二、若按照第一款注册的电子指纹和从商业秘密权利人保管的电子文件提取的电子指纹一致，第九条之3规定的商业秘密正本证明机构可签发该电子文件，作为已使用电子指纹注册的正本文件的证明（以下简称正本证明）。

三、按照第二款获得正本证明后，可被视为持有第一款规定的电子指纹注册当时相应文件中所记载的信息。（新增2015.1.28）

（本条新增2013.7.30）

第九条之3　正本证明机构的指定等

一、为开展通过电子指纹方式证明包含商业秘密的电子文件是否为正本的业务（以下简称正本证明业务），经专利厅厅长和中小风险企业部部长协商后，可指定具有专业能力的人员到商业秘密正本证明机构进行该业务（以下简称正本证明机构）。（修改2017.7.26）

二、若欲被指定为正本证明机构，待具备总统令规定的专业人员和设备等条件后，可向专利厅厅长提交指定申请。

三、专利厅厅长可为正本证明机构补助其实施正本证明业务所需的部分或全部费用。

四、正本证明机构为保证正本证明业务安全性和可信性应遵守以下的总统令要求：

（一）电子指纹的提取、注册及保管；

（二）商业秘密正本的证明及正本证明的签发；

（三）正本证明业务所需的专业人力管理及设备的保护；

（四）其他正本证明业务的运营、管理等。

五、正本证明机构的指定标准及相关流程应遵照总统令规定。

（本条新增 2013. 7. 30）

第九条之 4　针对正本证明机构的责令纠正命令等

一、以下任一情况下，专利厅厅长可责令正本证明机构限期 6 个月内予以纠正：

（一）被指定为正本证明机构后发现不具备第九条之 3 第二款条件；

（二）未按照第九条之 3 第四款遵守总统令规定。

二、专利厅厅长发现正本证明机构将第九条之 3 第三款规定的补助金用于其他用途时，其可命令限期退还。（修改 2023. 3. 28）

三、以下任一情况下，专利厅厅长可取消对正本证明机构的指定，或限期六个月内停止全部或部分正本证明业务。但是，第（一）项或第（二）项情况下必须取消指定：

（一）通过虚假或不正当的方式取得指定；

（二）在已被命令停止全部或部分正本证明业务时继续开展该业务；

（三）无正当理由的情况下，被指定为正本证明机构后超过六个月仍未开展正本证明业务或连续六个月未开展该业务；

（四）无正当理由的情况下，未履行第一款之纠正命令；

（五）未履行第二款规定的补助金退还命令。

四、因第三款的原因而被取消指定的正本证明机构应自被取消指定之日起三个月内将已注册电子指纹或其他关于电子指纹注册的记录等与正本证明业务有关的记录移交给专利厅厅长所指定的其他正本证明机构。但是，若发生其他正本证明机构拒绝接管不得已的情况，而无法交接正本证明业务相关记录时，应立即将相关事实通知给专利厅厅长。

五、对于因第三款的原因而被取消指定的正本证明机构，如果不按照第四款要求交接关于正本证明业务的记录或未通知无法交接相关记录的事实时，专利厅厅长可以勒令限期六个月内予以纠正。

六、第三款的具体处分标准及相关流程，第四款之交接、接管等相关信息均应遵照总统令。

（本条新增 2013. 7. 30）

第九条之 5　罚金

一、专利厅厅长根据第九条之 4 第三款下令停止业务时，如果停止业务措施对正本证明机构的用户造成严重不便或可能影响公益时，可以处以一亿韩元以下罚款的方式代替业务停止命令。

二、按照第一款被处以罚金的对象如果未缴纳罚金，专利厅厅长可以参照国税拖欠处分规定进行征收。

三、按照第一款征收罚款时，按照违反行为的种类、程度计算，具体金额及计算方法以及其他事宜均应遵照总统令。（本条新增 2013. 7. 30）

第九条之 6　听取意见

专利厅厅长按照第九条之 4 第三款取消指定或停止开展业务前，应听取意见。

（本条新增 2013. 7. 30）

第九条之 7　保密等

一、任何人均不得破坏、变更、伪造或泄露在正本证明机构注册的电子指纹或其他相关信息。

二、正本证明机构的高层干部和员工或曾经在正本证明机构就职的人员不得泄露因工作原因而获悉的保密信息。（本条新增 2013. 7. 30）

第十条　侵犯商业秘密有关的停止侵犯请求权等

一、对于侵犯或欲侵犯商业秘密者，如果其行为可能侵犯商业利益或存在商业利益被侵犯的可能时，商业秘密权利人可以向法院申请禁令或预防令。

二、商业秘密权利人提出第一款之请求时，可同时提出必要措施，比如销毁造成侵犯的物品，拆除用于侵犯行为的实施的设备，以及可禁止或预防侵犯行为的其他必要措施。

（全文修改 2007. 12. 21）

第十一条　商业秘密侵犯行为的损失赔偿责任

任何人因故意或过失而侵犯他人商业秘密导致给商业秘密权利人带来商业利益损失的，应承担赔偿责任。

（全文修改 2007. 12. 21）

第十二条　商业秘密权利人的商业信用恢复

对于故意或过失侵犯他人商业秘密给商业秘密权利人造成商业信用损害者，法院可按照商业秘密权利人的请求勒令其采用必要措施替代第十一条规定的损害赔偿，或令其在损害赔偿的同时恢复权利人的商业信用。

（全文修改 2007. 12. 21）

第十三条　关于主观善意者侵犯商业秘密的特例

一、通过交易合法获取商业秘密者，如果在交易的允许范围内使用或公开该商业秘密，则不适用第十条到十二条的规定。

二、第一款中，“合法获取商业秘密者”指，在获取第二条第（三）项第 3 目或第 6 目之商业秘密时，并不知晓该商业秘密系非法公开的事实，或该商业秘密涉及不正当获取行为或不正当公开行为的事实，且不存在重大过失者。

（全文修改 2007. 12. 21）

（标题修改 2023. 3. 28）

第十四条　侵犯商业秘密有关的停止侵犯请求权时效

关于按照第十条第一款诉请禁止、预防侵犯商业秘密行为的权利，如若商业秘密的侵犯行为一直在持续，商业秘密权利人应在已知晓该侵犯行为已经或可能侵犯其商业利益的事实及侵犯实施者之日起三年之内行使该权利，否则将失去时效性。按照该侵犯行为开始实施之日起计算，则时效为十年。

（全文修改 2007. 12. 21）

（标题修改 2023. 3. 28）

第四章　附则（修改 2007. 12. 21）

第十四条之 2　损失额的推定等

一、当因不正当竞争行为，违反第三条之 2 第一款或第二款或商业秘密侵犯行为而遭遇商业利益损失者提出第五条或第十一条规定的损失赔偿，而商业利益的侵犯者已经转让出导致不正当竞争行为，违反第三条之 2 第一款或第二款的行为或侵犯商业秘密的行为的标的时（以下简称不正当竞争或其他侵权行为），下列各项之和可作为损害赔偿：（修改 2011. 6. 30、2020. 12. 22）

（一）若不存在不正当竞争或其他侵权行为，该商业利益受到侵犯的人本应能够销售的每单位商品数量的利润乘以不超过商业利益受到侵犯的人本可以生产的数量，减去实际销售的货物数量，减去转让的货物数量（如果该商业利益受侵犯的人因不正当竞争或其他侵权行为以外的原因无法销售商品，则应减去因不正当竞争或其他侵权行为以外的其他原因而未销售的数量计算的数量）；

（二）若不存在转让的货物，该商业利益受到侵犯的人本可以生产的数量减去实际销售的货物数量仍有盈余，或存在该商业利益受到侵犯的人因不正当竞争或其他侵权行为以外的原因而无法销售的任何数量，该商业利益受到侵犯的人将合理获得的金额。

二、当因不正当竞争行为，违反第三条之 2 第一款或第二款行为或侵犯商业秘密的行为而遭遇商业利益损失者提出按第五条或第十一条给予赔偿时，如果侵犯商业利益者通过侵犯行为而获取了利益，则以该利益为遭遇商业利益侵犯者的损失金额。（修改 2011. 6. 30）

三、当因不正当竞争行为，违反第三条之 2 第一款或第二款的行为或侵犯商业秘密的行为而遭遇商业利益损失者提出按照第五条或第十一条的给付赔偿时，基于不正当竞争行为的实施或违反第三条之 2 第一款或第二款行为的实施、用于商品等的商标等标志的使用或因侵犯商业秘密行为而被使用商业秘密时，以相当于通常可收取金额为自身损失而提出赔偿要求。（修改 2011. 6. 30）

四、当因不正当竞争行为，违反第三条之 2 第一款或第二款的行为或侵犯商业秘密的行为而遭受的损失超过第三款的金额，超过部分也可以要求赔偿。该商业利益的侵犯者如果不存在故意或重大过失，法院可以酌情考虑赔偿金额。（修改 2011. 6. 30）

五、涉及不正当竞争行为，违反第三条之 2 第一款或第二款的行为或侵犯商业秘密的诉讼中，虽然可以认定造成损失之事实，但为了核定损失金额而查证必要事实而从其属性考虑存在较高难度时，法院可以不遵守第一款到第四款的规定，而基于辩论的总体宗旨和证据调查结果而认定相应的损失金额。（修改 2011. 6. 30）

六、第二条第（一）项第 10 目的行为及侵犯商业秘密之行为被认定为属于故意时，法院可以不遵循第五条或第十一条，而核定为低于按第一款至第五款规定核定金额之三倍的金额。（新增 2019. 1. 8、2020. 10. 20）

七、核定第六款的赔偿金额时，应考虑以下各项：（新增 2019. 1. 8）

（一）实施侵犯行为者是否处于优势地位；

（二）对故意或发生损失情况的顾虑程度；

（三）商业秘密权利人因侵犯行为遭受损失的程度；

（四）侵犯者通过侵犯行为获取的经济利益；

（五）侵犯行为的持续时间、次数等；

（六）针对侵犯行为的罚金；

（七）侵犯行为实施者的财产状况；

（八）侵犯行为的实施者为救济损失而作出的努力。

（全文修改 2007. 12. 21）

第十四条之 3　提交材料

在涉及因不正当竞争行为，违反第三条之 2 第一款或第二款行为或侵犯商业秘密行为遭受商业利益的损失而提出的诉讼中，如果当事人提出申请，法院可以命令对方当事人提交核定因侵犯行为导致的损失所需的资料。相关材料的权利人有拒绝提交的合理理由的情况除外。（修改 2011. 6. 30）

（全文修改 2007. 12. 21）

第十四条之 4　保密命令

一、因遭遇不正当竞争行为，违反第三条之 2 第一款或第二款的行为或侵犯商业秘密行为而提出的涉及侵犯商业利益的诉讼中，如果当事人辨明以下各项，经当事人申请后，法院可命令其他当事人（如果是法人则应为法人代表）、当事人的诉讼代理人、其他因诉讼而获知商业秘密之人不得将该商业秘密用于非诉讼的继续开展外其他用途或与该商业秘密相关的本款规定之授命人之外的人。但是，提出该申请时其他当事人（如果是法人则应为法人代表）、当事人的诉讼代理人、其他因诉讼而获知商业秘密者已经通过本款第（一）项规定之准备书证、阅览或取证等方法获取该商业秘密时除外：

（一）已经提交或应提交的书证或已经调查或将调查的证据中包含商业秘密；

（二）第（一）项商业秘密因相关诉讼外目的被使用或公开，存在影响当事人商业活动的顾虑时，出于防止披露的目的可以限制商业秘密的使用或公开。

二、第一款之保密命令（以下简称保密命令）的申请中，应书面记载以下各项：

（一）保密命令的对象；

（二）足以限定作为保密命令对象的商业秘密；

（三）第一款各项所列事实。

三、决定作出保密命令后，法院应将书面决定送达保密命令对象。

四、自第三款规定之书面决定送达保密命令对象起，保密命令正式生效。

五、经判决，保密命令申请被驳回或不予以受理时，可以立即上诉。

(本条新增 2011. 12. 2)

第十四条之5　取消保密命令

一、保密命令的申请者或保密命令对象如果不具备或将无法具备第十四条之4第一款的条件时，可向保管诉讼记录的法院（如果没有保管诉讼记录的法院，则向下达保密命令的法院）申请取消保密命令。

二、对于保密命令取消申请的审理结果，法院应向申请人及对方送达书面决定。

三、如果不服保密命令取消申请的审理结果，可以立即上诉。

四、取消保密命令的判决结果需要确定后才能生效。

五、法院作出保密命令取消决定后，除申请人和被申请人外，如果还有收到过商业秘密的保密命令者，则应立即告知其保密命令被取消的结果。

(本条新增 2011. 12. 2)

第十四条之6　阅览诉讼记录等请求通知等

一、对于涉及保密命令的诉讼（不包括取消全部保密命令的诉讼），如果对诉讼记录曾作出过《韩国民事诉讼法》第一百六十三条第一款之决定，当事人曾经请求阅览同一款中所规定秘密记载，而该申请由该诉讼中未曾接到过保密命令的当事人提出时，法院的书记员、事务官、主事官或候补主事官（本条中简称为法院事务官等）应立即告知《韩国民事诉讼法》第一百六十三条第一款的申请人（不包括调阅申请人，第三款相同）相关的请求情况。

二、第一款情况下，自第一款请求之日起两周内（如果相应期间内已经对该申请人实施保密命令申请，则等到关于申请的审理被确定为止）法院事务官等不得允许申请人阅览第一款之秘密记录。

三、允许第一款之阅览等申请时，如果《韩国民事诉讼法》第一百六十三条第一款的全部申请当事人同意，可准予不适用第二款。

(本条新增 2011. 12. 2)

第十四条之7　记录寄送等

如果提起第五条规定的损失赔偿诉讼，必要时法院可要求专利厅提交第七条规定的不正当竞争行为等调查记录（涉案人员、知情人或鉴定人的审讯记录及速记记录等其他法院审理中可作为证据使用的资料）。

(本条新增 2018. 4. 17)

第十五条　同其他法律的关系

一、如果与《韩国专利法》《韩国实用新型法》《韩国设计保护法》《韩国商标法》《韩国农水产品质量管理法》《韩国著作权法》或《韩国个人信息保护法》第二条到第六条及第十八条第三款有冲突，则遵照上述法律。（修改 2011. 6. 30、2013. 7. 30、2021. 12. 7）

二、如果与《韩国反垄断及反不正当竞争法》《韩国标示广告公证法》《韩国分包交易公平法》或《韩国刑法》中关于国旗、国徽的规定第二条第（一）项第 4 目到第 6 目、第 10 目及第 13 目，第三条到第六条及第十八条第三款有冲突，则遵照相关法律。（修改 2013. 7. 30、2018. 4. 17、2021. 12. 7）

（全文修改 2007. 12. 21）

（实施日 2022. 6. 8）第十五条第（二）项修正条款中关于第二条第（一）项第 12 目的部分

第十六条　支付举报奖金

一、举报第二条第（一）项第 1 目的不正当竞争行为（仅限于涉及《韩国商标法》第二条第一款第（十）项规定的注册商标）实施者的人员，专利厅厅长可在预算范围内给予举报奖金。（修改 2016. 2. 29）

二、第一款之举报奖金的支付标准、方法及流程应遵照总统令。

（本条新增 2013. 7. 30）

第十七条　委托工作

一、删除（2011. 6. 30）

二、专利厅厅长可将第二条之 2 规定的研究、教育、宣传及信息管理系统的构建、运营相关业务委托给总统令规定的产业产权保护或反不正当竞争业务相关的法人或团体（以下简称专业机构）。（新增 2009. 3. 25）

三、专利厅厅长、市长、道知事或市长、郡守、区长开展第七条或第八条规定的工作时，必要时可以获得专业机构的支持。（新增 2009. 3. 25、2011. 6. 30）

四、对于提供第三款的支持工作的人员适用第七条第三款的规定。（新增 2009. 3. 25、2011. 6. 30）

五、专利厅厅长可在预算范围内全部或部分支持第二款所规定的委托工作及第三款规定的支持工作。（新增 2009. 3. 25）

（全文修改 2007. 12. 21）

（题目修改 2011. 6. 30）

第十七条之 2　删除（2023. 3. 28）

第十七条之 3　罚则适用中涉及公务员的部分

关于第十七条　第三款规定的支援工作者，在《韩国刑法》第一百二十七条及第一百二十九条规定的罚则适用中将其视为公务员。

（本条新增 2009. 3. 25）

[从第十七条之 2 移动而来（2016. 1. 27）]

第十八条　罚则

一、对明知在国外或将在国外使用商业秘密，仍实施以下任一行为者，处以十五年以下徒刑或十五亿韩元以下罚金。处以罚金处罚时，如果因实施违反行为而获取的财产利益的十倍金额超过十五亿韩元，则适用财产利益的两倍以上十倍以下罚金。（修改 2019. 1. 8）

（一）以谋取不当利益或给商业秘密权利人造成损失为目的的以下任一行为：

1. 获取、使用商业秘密或泄露给第三方的行为；

2. 擅自将商业秘密泄露到指定场所外；

3. 商业秘密权利人要求删除或退还商业秘密后仍继续持有商业秘密的行为。

（二）通过窃取、欺瞒、胁迫等不正当的行为获取商业秘密的行为。

（三）明知存在第（一）项或第（二）项的行为仍介入以获取或使用该商业秘密（在第十三条第一款允许的范围使用的情况除外）的行为。

二、对实施第一款各项中的任一行为者，应处以十年以下徒刑或五亿韩元以下罚金。但是，处以罚金刑时，如果因违反行为获取的财产利益的十倍金额超过五亿韩元，则处以财产利益两倍以上十倍以下罚金。（修改 2019. 1. 8）

三、以下任一情况下，处以三年以下徒刑或三千万韩元以下罚金：（修改 2013. 7. 30、2017. 1. 17、2018. 4. 17、2021. 12. 7）

（一）实施第二条第（一）项（不包括第 8 目、第 10 目、第 11 目第（1）至（3）项、第 12 目及第 13 目）之不正当竞争行为者。

（二）违反第三条而使用与以下任意一目的徽章或标志相同或类似商标的人：

1.《巴黎公约》当事国、世界贸易组织成员方或《商标法条约》缔约国的国旗、国徽或其他徽章；

2. 国际组织的标志；

3.《巴黎公约》当事国、世界贸易组织成员方或《商标法条约》缔约国政府的监督、证明标志。

四、以下任一情况下处以一年以下徒刑或一千万韩元以下罚金。（新增 2013. 7. 30）

（一）违反第九条之 7 第一款，删除或破坏、变更、伪造、泄露注册于正本证明机构的电子指纹或其他相关信息；

（二）违反第九条之 7 第二款而泄露因工作而获知的秘密。

五、第一款和第二款的徒刑和罚金可以同时并罚。（修改 2013. 7. 30）

（全文修改 2007. 12. 21）

（实施 2022. 6. 8）第十八条第（三）项修正条款中关于第二条第（一）项第 12 目的部分

第十八条之 12　未遂

对十八条第一款及第二款的未遂犯进行处罚。

（全文修改 2007. 12. 21）

第十八条之 3　策划、阴谋

一、故意或共谋第十八条第一款犯罪者处以三年以下徒刑或三千万韩元以下罚金。（修改 2019. 1. 8）

二、故意或共谋第十八条第二款犯罪者处以二年以下徒刑或二千万韩元以下罚金。（修改 2019. 1. 8）

（全文修改 2007. 12. 21）

第十八条之 4　违反保密命令罪

一、对于在无正当理由的情况下，在境内外违反第十四条之 4 第一款之保密命令者，处以五年以下徒刑或五千万韩元以下罚金。

二、关于第一款的罪行，如果没有保密命令申请者的起诉，无法走诉讼程序。

（本条新增 2011. 12. 2）

第十九条　两罚规定

法人代表，法人或个人的代理人、使用人以及其他员工在该法人或个人的业务中作出第十八条第一款至第四款的任一违反行为，除了处罚相关实施者，还要按照相关条文对法人或相关的个人处以罚金。但是，法人或个人为防止相关的违反行为在相关工作中给予相当的关注或并无监督不力行为时除外。（修改 2013. 7. 30）

（全文修改 2008. 12. 26）

第二十条　行政罚款

一、在以下任一情况下，处以两千万韩元以下行政罚款：（修改 2013. 7. 30）

（一）拒绝、妨碍或回避第七条第一款规定公务员调查或提取；

（二）违反第九条之 4 第五款而不履行纠正命令者。

二、按照总统令规定，由专利厅厅长、市长、道知事或市长、郡守、区长征收第一款规定的行政罚款。（修改 2011. 6. 30）

三、删除（2009. 12. 30）

四、删除（2009. 12. 30）

五、删除（2009. 12. 30）

（全文修改 2007. 12. 21）

附录（1986 年 12 月 31 日第 3897 号法令）

本法自 1987 年 1 月 1 日起生效。

附录（1991 年 12 月 31 日第 4478 号法令）

（1）（实施日期）本法令应在颁布之日起一年内，于总统令确定的日期生效。

（本法令应根据 1992 年 12 月 14 日第 13781 号总统令于 1992 年 12 月 15 日生效）

（2）（本法实施前侵犯商业秘密行为的过渡措施）第十条至第十二条和第十八条第一款第 3 项的修订规定不适用于本法生效前发生的任何侵犯商业秘密的行为。如果在本法令生效前已获得或使用商业秘密的任何人在本法令生效后使用该商业秘密，也应适用上述规定。

附录（1997 年 12 月 13 日第 5454 号法令）

本法自 1998 年 1 月 1 日起施行。（条款省略）

附录（1998 年 12 月 31 日第 5621 号法令）

（1）（实施日期）本法自 1999 年 1 月 1 日起生效。

（2）（罚则暂行办法）本法施行前发生的侵犯商业秘密行为，适用罚则的，适用以前的规定。

(3)（关于消灭时效的过渡措施）尽管有第十四条的修订规定，关于本法生效前请求禁止或防止任何侵犯商业秘密行为的权利的消灭时效，应适用先前的规定。

附录（1999 年 2 月 5 日第 5814 号法令）

第 1 条（实施日期）

本法自 1999 年 7 月 1 日起施行。

第 2 条至第 5 条 省略。

附录（2001 年 2 月 3 日第 6421 号法令）

(1)（实施日期）本法自 2001 年 7 月 1 日起生效。

(2)（适用处罚规定的特殊情况）尽管有第十八条第三款的规定，同一条同一款的处罚规定不适用于在 2001 年 12 月 31 日之前实施第二条第三款第 3 项和第 7 项修订规定中提及的任何不正当竞争行为的人。

附录（2004 年 1 月 20 日第 7095 号法令）

(1)（实施日期）本法自公布之日起六个月后生效。

(2)（过渡措施）任何人在本法生效前违反了第十八条第二款和第二款的先前规定，应适用先前的规定。

附录（2004 年 12 月 31 日第 7289 号法令）

第 1 条（实施日期）

本法自公布之日起六个月后生效。

第 2 条至第 5 条 省略。

附录（2007 年 12 月 21 日第 8767 号法令）

本法自公布之日起施行。

附录（2008 年 12 月 26 日第 9225 号法令）

本法自公布之日起施行。

附录（2009 年 3 月 25 日第 9537 号法令）

本法自公布之日起施行。

附录（2009 年 12 月 30 日第 9895 号法令）

本法自公布之日起三个月后生效。

附录（2011 年 6 月 30 日第 10810 号法令）

本法自公布之日起三个月后生效：但经修正的第三条之 2、第四条至第六条、第七条第一款所指的“第三条之 2 第一款或第二款”、第八条所指的“第三条之 2 第一款或第二款”、第十四条之 2、第十四条之 3 和第十五条的规定应自《大韩民国与欧洲联盟及其成员国自由贸易协定》生效之日起生效。

附录（2011 年 12 月 2 日第 1112 号法令）

本法应自《大韩民国与美利坚合众国自由贸易协定》（以下简称《协定》）和与《协定》有关的换文生效之日起生效。

附录（2013 年 7 月 30 日第 11963 号法令）

本法自公布之日起六个月后生效。

附录（2015 年 1 月 28 日第 13081 号法令）

第 1 条（实施日期）

本法自公布之日起施行，但经修正的第九条之 2 第三款规定应自公布之后六个月起施行。

第 2 条（在签发原始凭证时推定拥有信息的适用性）

第九条之 2 第三款的修订条款应自修订条款生效后首次颁发原始文件证书之日开始适用。

附录（2016 年 1 月 27 日第 13844 号法令）

本法自公布之日起施行。

附录（2016 年 2 月 29 日第 14033 号法令）

第 1 条（实施日期）

本法自公布之日起六个月后生效。

第 2 条至第 19 条 省略。

附录（2017 年 1 月 17 日第 14530 号法令）

本法自公布之日起六个月后生效。

附录（2017 年 7 月 26 日第 14839 号法令）

第 1 条（实施日期）

（1）本法自颁布之日起生效，但是，在本法实施之前颁布但尚未生效的法规中，经附录第六条修订的法规的修订部分应分别于相关法规实施之日生效。

第 2 条至第 6 条 省略。

附录（2018 年 4 月 17 日第 15580 号法令）

本法自公布之日起三个月后生效。

附录（2019 年 1 月 8 日第 16204 号法令）

第 1 条（实施日期）

本法自公布之日起六个月后生效。

第 2 条（损害赔偿的适用性）

第十四条之 2 第六款和第七款的修订规定应从本法生效后实施的侵犯商业秘密行为开始适用。

附录（2020 年 10 月 20 日第 17529 号法令）

第 1 条（实施日期）

本法自公布之日起六个月后生效。

第 2 条（损害赔偿的适用性）

第十四条之 2 的修订条款应开始适用于本法令生效之日或之后发生的第二条第（一）项第 10 目所定义的行为。

附录（2020 年 12 月 22 日第 17727 号法令）

第 1 条（实施日期）

本法自公布之日起六个月后生效。

第 2 条（估算损害赔偿的适用性）

第十四条之 2 第一款的修正条款应开始适用于本法令生效之日或之后索赔的损害赔偿。

附录（2021 年 12 月 7 日第 18548 号法令）

第 1 条（实施日期）

本法自 2022 年 4 月 20 日起生效，但经修正的第二条第（一）项第 9 目、第十五条第二款和第十八条第三款第（一）项中有关第二条第（一）项的部分应自公布之日起六个月后生效。

第 2 条 省略。

附录（2023 年 3 月 28 日第 19289 号法令）

第 1 条（实施日期）

本法自公布之日起六个月后生效。

第 2 条（关于本法施行前不正当竞争行为的过渡性措施）

尽管有第二条第（一）项第 1 目、第 2 目的修订规定，先前的规定应适用于本法生效前实施的不正当竞争行为。

第 3 条（关于规定请求禁止和防止不正当竞争行为的权利的过渡措施）

尽管有第四条第三款的修订规定，在本法生效前提出禁止或防止第二条第（一）项第 10 目规定的不正当竞争行为请求的权利的规定应适用先前的规定。

泰国商业秘密法①

佛历 2545 年（公历 2002 年）

经佛历 2558 年（公历 2015 年）《泰国商业秘密法》（第 2 号）修正

普密蓬·阿杜德（Bhumibol Adulyadej）国王陛下于在位第 57 年，佛历 2545 年（公历 2002 年）4 月 12 日，颁布本法。

普密蓬·阿杜德国王陛下欣然宣布：

鉴于颁布关于商业秘密的法律是适宜的；

意识到本法载有限制个人权利和自由的某些规定，根据《泰国宪法》第 29 条、第 31 条、第 35 条、第 48 条和第 50 条，这些规定是法律允许的；

因此，国王陛下在议会的建议和同意下颁布本法如下：

---

① 本译文根据英文文本翻译，原文参见：https：//www. ipthailand. go. th/images/781/_2_1. pdf，最后访问时间：2021 年 2 月 19 日。该原文于佛历 2558 年（公历 2015 年）2 月 5 日政府公报第 132 卷第 6a 版公布，由普缇帕拓·吉鲁斯查姆纳（PuttipatJiruschamna）编译。本文为非正式译文，基于泰国商务部知识产权司提供的信息和便于理解而编写。在任何情况下均不具有法律效力。如使用法律，请参阅经正式批准并在政府公报中公布的泰文版官方法律。——译者

第 1 条 本法称为"佛历 2545 年《泰国商业秘密法》"。

第 2 条 本法自其在政府公报上公布之日起 90 天后生效。

第 3 条 本法中：

"商业秘密"指尚未公开或通常与该信息有关的人尚未获得的商业信息。其商业价值源自其秘密性，且该商业秘密的控制人已采取适当措施进行保密。

"商业信息"指以任何方法和形式表达声明含义、事实含义或其他信息含义的媒介，还应包括公式、模式、汇编或组装作品、程序、方法、技术或工艺。

"制造"指制作、混合、化合或改造，还应包括变更形式或为包装而分割。

"销售"指为商业目的进行出售、分发、给予或交换。还应包括意图出售的财产。

"药品"指药品管理法律所规定的任何药品。

"农业化学产品"指用于农业目的的任何化学产品，包括用于杀菌或驱除可能对农业有害的昆虫、动物或植物的化学产品。

"商业秘密所有权人"指发现、发明、汇编或创造属于商业秘密的商业信息的人，但该人应未侵犯他人的商业秘密，也未侵犯属于商业秘密的测试结果或商业信息的合法持有人权利，还应包括本法规定的受让人。

"商业秘密控制人"不仅包括商业秘密所有权人，还应包括商业秘密的占有人、控制人或保管人。

"法院"指根据关于设立知识产权和国际贸易法院及其程序的法律设立的知识产权和国际贸易法院。

"委员会"指商业秘密委员会。

"成员"指商业秘密委员会的成员。

"主管官员"指经部长任命、履行本法所规定职责的任何人。

"司长"指知识产权司司长，还应包括由知识产权司司长指派的任何人。

"部长"指负责本法的部长。

第 4 条 农业与合作部部长、商务部部长和公共卫生部部长对本法负责，并有权任命官员和为执行本法发布与其职责相关的部门规章和规定。

上述部门规章和规定应在政府公报公布后生效。

第一章 保护商业秘密

第 5 条 商业秘密可以转让。

商业秘密所有权人有权披露、获取或使用商业秘密，或者授权他人披露、获取或使用商业秘密。该所有权人还可以规定任何保密条款和条件。

第 1 款所述的商业秘密转让，除以继承方式外，转让人和受让人应以签署书面转让合同的形式进行。如果合同没有规定具体期限，则应视为合同有效期 10 年。

第 6 条 本法规定的侵犯商业秘密是未经所有权人同意，以违背诚实商业惯例的方式披露、获取或使用商业秘密的行为，且侵权人在实施该行为时必须意识到或理应意识到该行为违背了诚实商业惯例。

第1款中违背诚实商业惯例的行为包括违反合同、违反或引诱违反保密义务、贿赂、胁迫、欺诈、盗窃、收受被盗财产或通过电子手段或其他手段进行间谍活动。

第7条 以下任何针对商业秘密的行为均不得视为侵权行为：

（1）通过交易获得商业秘密的人披露或使用该商业秘密，且该人不知道或有合理理由不知道交易的另一方系通过侵权取得该商业秘密。

（2）在下列情形下，负责保护商业秘密的国家机关披露或使用商业秘密：

（a）为保护公众健康或公共安全而有必要；

（b）为非商业目的的其他公众利益而有必要，但负责保护商业秘密的国家机关或其他可获得商业秘密的相关国家机关或人员应已采取合理措施，以保护商业秘密，防止商业秘密被用于不公平的商业活动。

（3）独立发现，即研究人员依靠自身的专业知识，通过自己的方法进行发明或开发，发现属于他人的商业秘密。

（4）反向工程，即通过对善意取得的一种广为人知的产品进行评估和分析，并以发现该产品的发明、制造或开发方法为目的，发现属于他人的商业秘密。

如果从事反向工程的人与商业秘密所有权人或产品卖方明确达成了其他协议，则不能将第1款第（4）项所述行为作为证明不侵权的理由提出。

第8条 如果有明确证据表明已实施或即将实施侵犯商业秘密行为，则受影响或即将受影响的商业秘密控制人有以下救济途径：

（1）向法院申请临时禁令，以暂时制止侵犯商业秘密行为；和，

（2）向法院提起诉讼，申请发出永久禁令，永久制止侵犯商业秘密行为，并要求不法行为人赔偿损失。

第（1）项所述申请可以在提起第（2）项所述的诉讼前提出。

第9条 在根据第8条采取任何行动之前，受侵犯商业秘密行为影响或即将受影响的商业秘密控制人以及对方当事人可以协商将有关商业秘密的争议提交委员会进行调停或调解。但是，如果调停或调解未能解决纠纷，则提交委员会调停或调解的行为不损害任何一方通过仲裁或在主管法院提起诉讼解决纠纷的权利。

第1款规定的委员会调停或调解的提起以及相关程序应遵循部门规章中规定的规则和方法。

第10条 侵犯商业秘密案件应自商业秘密控制人知晓侵权行为和侵权人之日起3年内提起诉讼，且提起诉讼的时间不得超过自侵权行为发生之日起10年。

第二章　侵犯商业秘密案件相关法律程序

第11条 如果商业秘密控制人根据第8条第（2）项提起禁令诉讼，且法院认定存在侵犯商业秘密行为，但存在特殊情形，不应签发禁令，则法院可以命令侵权人向商业秘密控制人支付适当的赔偿，并规定侵权人可以使用该商业秘密的适当期限。

如果法院根据第 8 条第（2）项签发了禁止进一步侵犯商业秘密的禁令，并且在禁令签发后，该商业秘密已经向公众披露或不再是商业秘密，则该禁令的被申请人可以申请撤销该禁令。

在根据第 8 条第（2）项提起的禁令诉讼中，商业秘密控制人可以请求法院下令销毁或没收用于侵犯商业秘密的材料、装置、工具或其他设备。

通过侵犯商业秘密制造的产品，如果仍由侵权人享有所有权，则应按法院的命令，将该产品所有权授予国家或商业秘密控制人。如果拥有此产品是非法的，则法院可以下令销毁。

第 12 条　在商业秘密控制人因侵犯属于商业秘密的制造工艺而提起的民事诉讼中，除非被告有相反证据证明，否则如果商业秘密控制人能够证明被告生产的产品与使用其商业秘密生产的产品相同，则应推定被告在制造产品时侵犯了所称的商业秘密。

第 13 条　在根据第 8 条第（2）项提起的诉讼中，法院在确定损害赔偿时有权适用以下规则：

（1）除对实际遭受的损害进行赔偿以外，法院还可以在原告的损害赔偿中列入侵权人因侵权行为而产生的或与侵权行为有关的收益。

（2）法院如果不能根据第（1）项确定损害赔偿，则可以命令被告向商业秘密控制人提供法院认为适当的损害赔偿。

（3）如果有明确证据表明侵犯商业秘密行为是故意或恶意实施的，从而导致商业秘密不再具有秘密性，则法院有权命令侵权人除支付根据第（1）项和第（2）项所判处的损害赔偿外，另行支付惩罚性损害赔偿。但是，惩罚性损害赔偿不应超过第（1）项或第（2）项规定的损害赔偿金额的 2 倍。

第 14 条　除本法规定外，关于通过法院行使商业秘密保护权，以及商业秘密相关诉讼程序，还应适用设立知识产权和国际贸易法院并规定该法院相关程序的法律。

第三章　国家机关保护商业秘密

第 15 条　如果法律要求含有新化学物质的药品或农业化学产品生产、进口、出口或销售许可证的申请人必须提交证明信息，且如果此信息全部或部分是以测试结果形式出现的商业秘密，或此信息的准备、发现或创造涉及大量工作，而申请人已请求国家机关保护商业秘密，则有关国家机关有责任按照部长制定的规章，保护商业秘密，防止商业信息被披露、使用或用于不公平的商业活动。

第 1 项所述规章应至少包括下列规定：

（1）向国家机关提出保护商业秘密请求的条件；

（2）测试结果的详细信息以及被认定为商业秘密的信息；

（3）商业秘密保护期限；

（4）商业秘密的保护方法，同时考虑到技术类型和测试结果或保密信息；

（5）国家官员在保护商业秘密方面的义务和责任。

第四章　商业秘密委员会

第16条[①]　应设立一个名为“商业秘密委员会”的委员会，由：

（1）商务部常务秘书担任主席；

（2）知识产权司司长担任副主席；

（3）农业司司长和食品药品管理局秘书长作为成员；

（4）由内阁从农业、信息技术和通信、法律、商业、医学、药理学、科学、工程、经济、工业或其他领域具有知识、能力、专门技术和经验的人员中任命合格成员，其中应至少有6人来自私营部门。

委员会应指定知识产权司官员作为秘书和助理秘书。

第17条[②]　（已废除）

第18条[③]　合格的委员会成员任期为4年。

如果合格成员在任期届满前离职，或内阁在前任成员任期内任命另一成员，则该接替成员或新增成员的任期应为前任成员的剩余任期。

在第1款规定的任期届满时，如果没有任命新的合格成员，则任期已届满的合格成员应留任以继续履行职责，直至新任命的合格成员履行职责为止。

任期届满离职的合格成员可以连任，但连任不得超过2届。

第19条[④]　除任期届满时离职外，合格成员应于下列情形出现时离职：

（1）死亡；

（2）辞职；

（3）内阁予以解雇；

（4）渎职、不诚实或无法胜任；

（5）破产；

（6）成为无民事行为能力人或限制性行为能力人；

（7）被终审判决有期徒刑入狱服刑，但过失犯罪或轻微犯罪除外。

第20条　在委员会会议上，必须有不少于半数的成员出席才能构成法定人数。

会议应由主席主持；如主席未出席会议或未能履行职责，则应由副主席主持会议；如果主席和副主席均未出席会议或未能履行职责，则应由出席会议的成员推选其中一人主持会议。[⑤]

委员会会议的决议应以过半数投票通过，每一成员应有一票表决权。如果表决票数相同，则主持会议的主席应另有一票决定性表决权。

---

① 第16条经佛历2558年《泰国商业秘密法》（第2号）修正。

② 第17条经佛历2558年《泰国商业秘密法》（第2号）废除。

③ 第18条经佛历2558年《泰国商业秘密法》（第2号）修正。

④ 第19条经佛历2558年《泰国商业秘密法》（第2号）修正。

⑤ 第20条第2款经佛历2558年《泰国商业秘密法》（第2号）修正。

与所审议事项有利害关系的任何成员不得参加该事项相关会议。①

第 21 条 委员会具有以下权力和职责：

（1）就商业秘密保护政策措施以及技术转让中商业秘密方面的政策向商务部长提供意见，以便提交内阁；

（2）就发布部门规章和本法规定的其他法规向部长提供咨询和建议；

（3）应当事方的请求进行商业秘密相关争议的调停或调解；

（4）在法律规定的职责范围内履行其他职能。

第 22 条 委员会可以委任小组委员会负责审议、决议或履行其指定的任何职责。

第 20 条的规定应作必要修正后适用于小组委员会的会议。

第 23 条 除第 21 条第（3）项规定的情形外，委员会在履行本法规定的职责时，有权传唤任何人进行讯问、命令提交文件或审议所需的任何材料。

第 1 款所述命令应明确说明与委员会要求提供的信息、文件或材料相关的审议事项。

第 24 条 根据本法发出的任何书面传票、通知或信函均应通过挂号邮件送达，并取得收件人的住所、居住地或营业地点为地址的收据，或以委员会确定的任何其他方式送达。

如果不能按照第 1 款规定送达，或者接收人已经离开泰国，则应通过邮寄送达住所、居住地或营业地的一个明显可见的地点，或者通过邮寄送达根据民事登记法在住宅登记中最后出现接收人姓名的住宅，或者通过在该地区的报纸上发表的方式送达。

通过上述手段送达时，应视为接收人已收到该书面传票、通知或信函。

关于传票、通知或信函的送达方式以及任何相关人的拒收权，应适用经委员会确定并在政府公报上公布的法规。

第 25 条 根据本法，知识产权司应行使和履行与商业秘密相关的一般权力和义务，特别是负责委员会的行政、会议、研究和其他活动。知识产权司还具有执行委员会决议、就履行本法规定的职责与其他有关主体进行协调以及履行委员会指定的其他职能的权力和义务。

第 26 条② 在履行本法规定的职责时，委员会成员为《泰国刑法典》规定的主管官员。

第五章 主管官员

第 27 条 主管官员根据本法规定履行刑事案件相关职责时，应具有以下权力：

（1）如果有理由怀疑某些物品是通过实施本法规定的犯罪行为而取得或生产的，

---

① 第 20 条第 4 款经佛历 2558 年《泰国商业秘密法》（第 2 号）修正。

② 第 26 条经佛历 2558 年《泰国商业秘密法》（第 2 号）修正。

或被用于实施本法规定的犯罪行为的，而且有合理理由认为，与该犯罪行为有关的文件或物品会因延迟取得搜查令而被转移或销毁，则有权在白天或营业时间进入建筑物、营业地、制造地、储存地或任何车辆进行搜查或检查；

（2）没收或扣押与犯罪行为有关的任何文件或物品，但没收或扣押期限不得超过3个月，以便在有理由怀疑实施本法所述犯罪行为的情况下采取法律行动。

第28条 主管官员在履行职责时，相关人员应予以合理协助配合。

第29条 主管官员在履行第27条规定的职责时，应向相关人出示身份证明文件。

第1款规定的身份证明文件应采用部长规定并在政府公报上公布的形式。

第30条 在履行本法规定的职责时，主管官员应视为《泰国刑法典》规定的官员。

第六章 处 罚

第31条 任何人如妨碍主管官员采取第27条规定的行动，则应处以不超过1年的监禁，或不超过2万泰铢的罚金，或两者并处。

第32条 任何人如在主管官员执行第28条规定的职责时不予以合理协助配合，则应处以不超过1个月的监禁，或不超过2千泰铢的罚金，或两者并处。

第33条 任何人如以损害商业秘密控制人的业务为目的，通过导致商业秘密不再具有秘密性的方式，恶意向公众披露他人的商业秘密，无论通过文件、音频、视频广播或任何其他方式披露，则应处以不超过1年的监禁，或不超过20万泰铢的罚金，或两者并处。

第34条① 任何人如根据第15条第1款的规定担任保护商业秘密的职务，而利用该职务之便非法披露或利用此类商业秘密为自己或他人牟利，则应处以不超过2年的监禁，或不超过20万泰铢的罚金，或两者并处。

第35条 任何人如在履行本法规定的职责过程中获取或知晓与商业秘密控制人业务有关且通常应保密的特定事实，而披露该应保密事实的，则应处以不超过1年的监禁，或不超过10万泰铢的罚金，或两者并处，但在执行公务期间或为调查或法律程序目的而披露的除外。②

任何人如在第1款所述披露人执行公务、调查或法律程序过程中从该人处获取或知晓特定事实，而披露该事实，则也应承担同等责任。

任何人如披露因执行公务、调查或法律程序而获取或知晓的事实，则应承担同样的责任。

第36条 如果犯罪人是法律实体③，且犯罪行为是通过董事、经理或任何负责管理该法律实体的人员实施的，则该管理人员应为该犯罪行为承担规定的责任。

---

① 第34条经佛历2558年《泰国商业秘密法》（第2号）修正。

② 第35条第1款经佛历2558年《泰国商业秘密法》（第2号）修正。

③ 原文“legal entity”，《元照英美法词典》中释义为“法律实体”，具体为“指非自然人的法律主体，可依法运作、起诉和被起诉，并通过其机关作出决策，典型的法律实体是公司法人”。——译者

第 37 条 对于第 33 条和第 36 条所述犯罪行为，犯罪人可以通过支付罚金免于承担其他责任。

第 38 条 委员会有权以对犯罪人处以罚金的形式处理第 33 条和第 36 条规定的犯罪行为。在这方面，委员会有权指派一个小组委员会、司长、调查官员或主管官员，通过规定受指派人认为适当的处理规则或条件处理犯罪行为。

在遵守第 1 款规定的情况下，如果调查官员认定某人实施了本法所规定的犯罪行为，而该人同意由委员会对该犯罪行为进行处理，则调查官员应在该人表示同意处理之日起 7 天内将此事项转交委员会或委员会指定的人处理。

一旦犯罪人在规定期限内按处理该犯罪行为时规定的金额支付了罚金，则应根据《泰国刑事诉讼法典》的相关规定将案件视为结案。

如果犯罪人不同意由委员会处理犯罪行为，或在同意后未能在规定的期限内支付罚金，则案件应继续进行。

过渡性规定

第 39 条 本法不适用于在本法生效前发生的披露、获取或使用商业秘密。

在本法生效前制造、进口或出口的商品，违反本法规定的，该商品所有权人应在本法生效之日起 1 年内出售或出口上述商品。

备注：颁布本法的原因是促进自由贸易和防止不公平商业行为，同时泰国法律规定的侵权责任尚未包括侵犯商业秘密的责任，因此议会有必要颁布本法。

公布于佛历 2545 年（公历 2002 年）4 月 23 日的政府公报（第 119 卷第 36a 版）。

佛历 2558 年（公历 2015 年）《泰国商业秘密法》（第 2 号）①

备注：颁布本法的原因如下：佛历 2545 年《泰国商业保密法》的某些规定阻碍了商业秘密委员会成员的任命和职责履行，对商业秘密控制人和根据该法开展工作而获取或知悉事实的披露者的处罚也不符合当前状况，因而需要加以修改，以便上述规定能够更为适当地适用。因此，有必要颁布本法。

第 1 条 本法称为“佛历 2558 年《泰国商业秘密法》（第 2 号）”。

第 2 条 本法自其在政府公报上公布之日起生效。

印度尼西亚商业秘密法②

2000 年第 30 号法

托福于全能真主的恩赐，印度尼西亚总统，

---

① 邦玛·特贾瓦尼娅（Boonma Tejavanija）翻译。

② 本译文根据英文文本翻译。原文来源于世界知识产权组织法律数据库，https：//wipolex. wipo. int/en/text/182062，最后访问时间：2021 年 2 月 19 日。——译者

鉴于：

a. 为了推动在国内和国际商业中具有竞争力行业的发展，必须从法律层面保护商业秘密，将其纳入知识产权制度，从而营造有利环境，便于人民创造创新；

b. 印度尼西亚批准了《建立世界贸易组织协定》，其中包括《与贸易有关的知识产权协议》（TRIPS 协议），并颁布了 1994 年第 7 号法，有必要调整商业秘密相关规定；

c. 根据 a 项和 b 项所述，有必要制定一项有关商业秘密的法律。

制定依据：

1. 1945 年《印度尼西亚宪法》第 5 条第（1）款、第 20 条和第 33 条；

2. 1994 年关于批准《建立世界贸易组织协定》的第 7 号法（1994 年《国家公报》第 57 号、《补充国家公报》第 3564 号）；

3. 1999 年关于禁止垄断和不公平竞争的第 5 号法（1999 年《国家公报》第 33 号、《补充国家公报》第 3817 号）。

经国会批准，决定颁布《印度尼西亚商业秘密法》：

第一章　总　则

第 1 条

在本法中：

1. “商业秘密”指技术和/或商业领域不为公众所知的信息，该信息由于有益于商业活动而具有经济价值，且其保密性由其所有权人维护。

2. “商业秘密权”指根据本法产生的商业秘密权。

3. “部长”指知识产权主管部门上级政府部门的部长①。

4. “总局”是指由部长领导的部门下设的知识产权总局。

5. “许可”指商业秘密权利人通过权利授予（而非权利转让）协议向另一方授予的许可，使另一方在满足特定要求的情况下在一段时间内享有受保护商业秘密的经济利益。

第二章　商业秘密的范围

第 2 条

商业秘密保护的范围应包括具有经济价值且不为一般公众所知的生产方法、加工（制备）方法、销售方法，以及技术和/或商业领域的其他信息。

第 3 条

（1）如果信息是秘密的，具有经济价值，并且已通过必要的努力对该信息予以保密，则应对该信息给予商业秘密保护。

（2）如果信息仅为特定人所知或不为一般公众所知，则该信息为秘密信息。

---

① 印度尼西亚知识产权主管部门，现为该国法律和人权部下属知识产权总局。——译者

（3）如果信息的秘密性可以用于商业或业务活动，或可以提高经济效益，则该信息应视为具有经济价值。

（4）如果信息所有权人或控制信息的各方已作出必要和适当的努力，则应视为已对该信息予以保密。

第三章　商业秘密所有权人的权利

第 4 条

商业秘密所有权人应享有以下权利：

a. 个人使用其商业秘密；

b. 许可或禁止其他方使用其商业秘密或为商业目的将商业秘密披露给任何第三方。

第四章　权利转让和许可

第一节　权利转让

第 5 条

（1）商业秘密权可以通过以下方式转让：

a. 继承；

b. 赠与；

c. 遗嘱；

d. 书面协议；或

e. 法律承认的其他方式。

（2）第（1）款所述的商业秘密权转让应与转让相关文件一起提供。

（3）第（1）款所述的一切商业秘密权转让形式应在总局登记，并根据本法规定支付费用。

（4）未在总局登记的商业秘密权转让不对任何第三方产生任何法律后果。

（5）第（3）款所述的商业秘密权转让应在商业秘密官方公报上公布。

第二节　许　可

第 6 条

除非另有协议，否则商业秘密权利人有权根据许可协议授权许可第三方实施第 4 条所述行为。

第 7 条

在不影响第 6 条所述规定的情况下，除非另有约定，否则商业秘密权利人仍可自行利用商业秘密或授权许可第三方实施第 4 条所述行为。

第 8 条

（1）许可协议应在总局登记，并根据本法规定支付费用。

（2）未在总局登记的许可协议不对任何第三方产生任何法律后果。

（3）第（1）款所述的许可协议应在商业秘密官方公报上公布。

第 9 条

（1）许可协议不得包含任何可能直接或间接损害印度尼西亚经济的条款，也不得包含任何可能造成现行法律法规所述的不公平竞争的条款。

（2）对任何包含第（1）款所述条款的许可协议，总局应拒绝其登记请求。

（3）对许可协议的要求和程序应由总统签发总统令进一步加以规定。

第五章　费　用

第 10 条

（1）对于商业秘密权转让登记和许可协议登记请求，应支付一笔费用，其数额应由政府法规规定。

（2）对第（1）款所述的费用支付要求、时限和程序应由总统签发总统令加以规定。

（3）经财政部长批准，总局可以根据现行法律法规自行管理第（1）款和第（2）款所述的所有费用。

第六章　争议解决

第 11 条

（1）商业秘密权利人或被许可人可以对故意和未经授权实施第 4 条所述行为的任何人提起诉讼，其形式为：

a. 要求损害赔偿；和

b. 要求停止实施第 4 条所述的所有行为。

（2）第（1）款所述的诉讼应向地区法院提出。

第 12 条

除第 11 条所述的争议解决办法外，当事各方还可以通过仲裁或替代性争议办法解决争议。

第七章　侵犯商业秘密

第 13 条

某人故意披露商业秘密或违反书面或非书面形式的相关商业秘密保密协议或保密义务，即为发生侵犯商业秘密行为。

第 14 条

如果某人以违反现行法律法规的方式获取或占有商业秘密，则应视为侵犯了另一方的商业秘密。

第 15 条

如有下列情形，则第 13 条所述行为不视为侵犯商业秘密：

a. 根据国家安全防卫、公众健康利益或公共安全利益需要披露或使用商业秘密;

b. 对使用他人商业秘密生产的产品进行反向工程,且完全以进一步开发相关产品为目的。

第八章 调 查

第16条

(1) 除印度尼西亚国家警察总局的调查官员外,在知识产权主管部门上级政府部门内担任公职的调查员应获得特别授权,作为《印度尼西亚刑事诉讼法》(1981年第8号法)所述的调查员,对商业秘密领域的刑事犯罪进行调查。

(2) 第(1)款所述担任公职的调查员应有权:

a. 审查与商业秘密领域刑事犯罪有关的报告或资料是否真实;

b. 对涉嫌在商业秘密领域实施刑事犯罪的任何一方进行调查;

c. 收集任何一方与商业秘密领域刑事犯罪事件有关的信息和证据;

d. 对与商业秘密领域刑事犯罪有关的账簿、记录和其他文件进行审查;

e. 对可能找到证据、账簿、记录和其他文件的地点进行检查;

f. 没收因侵权行为而产生且在商业秘密领域刑事审判中可用作证据的材料和商品;

g. 在履行调查商业秘密领域刑事犯罪的职责范围内请求专家协助。

(3) 第(1)款所述担任公职的调查员应将调查的发起和调查结果通知印度尼西亚国家警察总局的调查官员。

(4) 第(1)款所述担任公职的调查员在完成调查后,应根据《印度尼西亚刑事诉讼法》(1981年第8号法)第107条的规定,通过印度尼西亚国家警察总局的调查官员将调查结果转交检察官。

第九章 刑事规定

第17条

(1) 任何人故意且未经授权使用另一方的商业秘密,或实施第13条或第14条所述的任何行为,应处以最高2年监禁和/或最高3亿卢比的罚金。

(2) 第(1)款所述犯罪行为构成应予起诉的犯罪。[①]

第十章 其他规定

第18条

在刑事案件或民事案件当事方提出请求后,法官可下令不公开审理。

---

① “应予起诉的犯罪”(offense that warrants complaint),印度尼西亚语为 *delikaduan*。——译者

第十一章　最后条款

第19条

本法自颁布之日起生效。

为使人人知晓本法，颁布本法的命令在《印度尼西亚国家公报》上公布。

2000年12月20日于雅加达批准。

乌干达商业秘密保护法[①]

目　录

① 本法为乌干达国家第2号法令增刊，乌干达政府公报2009年6月12日Cll卷第27号，由恩德培市乌干达印刷出版公司按政府命令印刷。本译文根据英文文本翻译，原文参见：https：//www. parliament. go. ug/documents/1258/acts－2009，最后访问时间：2021年2月19日。——译者

本法规定保护商业交易中未披露的信息，并规定其他相关事项。

批准日期：2009 年 4 月 25 日。

生效日期：2009 年 6 月 12 日。

本法由议会颁布如下：

第一章　初步规定

第 1 条　适用

（1）本法适用于政府机关和自然人，以及不论性质或其存续目的为何的法人实体。

（2）对任何人在其工作过程中获取、披露或使用的信息，如该信息的获取仅限于增进个人知识、技能或专业知识，则本法任何规定均不对该人设定责任。

（3）本法不影响任何由披露、获取或使用保密信息而产生保密义务的衡平法或普通法规则。

第 2 条　解释

在本法中，除非文意另有所指，否则——

“获取”指获得或取得任何财产的行为；

“法院”指高等法院；

“披露”指披露或透露秘密信息或未普遍知悉的信息的行为；

“人”指自然人、法人或司法机关；

“商业秘密”指包括但不限于公式、模式、汇编、程序、方法、技术或工艺的信息，或在产品、装置或机制中包含或体现，且符合下列情形的信息：

（a）用于或可能用于商业；

（b）在该商业领域并不被普遍知悉；

（c）具有不被普遍知悉的经济价值；且

（d）权利人为使该信息保密而作出了合理努力。

第二章　保护商业秘密

第 3 条　防止披露、获取或使用商业秘密的权利

任何人有权防止其合法控制的信息未经其同意而被以违背诚实商业惯例的方式向他人披露、被他人获取或使用。

第 4 条　保护条件

（1）受本法保护的信息必须：

（a）具有下述秘密性，即无论是整体，还是其组成部分的特定安排和组合方式，均不为通常处理此类有关信息的领域内人员普遍知悉或容易获取；

（b）因其秘密性而具有商业价值；且

（c）在这种情况下，该信息的合法控制人必须采取合理措施，对该信息保密。

（2）为免生疑问，相关信息只要符合第（1）款所列条件，即应被视为商业秘密予以保护。

第 5 条　诉讼权

（1）以不正当手段披露、获取或使用商业秘密的，构成侵权行为，该商业秘密收益权人可以根据本法规定，就侵权行为提起诉讼。

（2）就本条而言，如果仅通过独立开发或反向工程获知该商业秘密，则不属于以不当手段披露、获取或使用商业秘密。

（3）只有在以违背诚实商业惯例的方式对未披露信息进行披露、获取和使用时，才违反本法。

（4）就本条而言：

“不正当手段”包括以电子手段或其他手段进行商业间谍活动；

“反向工程”指通过对合法获得的装置、物品或系统分析其结构、功能和操作来发现其技术原理的过程。

第 6 条　违背诚实商业惯例的披露

违背诚实商业惯例的行为包括但不限于以下行为：

（a）通过直接实施暴力或擅自进入未披露信息持有人的营业地或营业地特定场所，或者通过第三方实施上述行为，而发现他人的未披露信息；

（b）通过直接进行欺诈性的虚假陈述或实施欺骗行为，或通过第三方实施上述行为，而发现他人的未披露信息；

（c）通过窃听、电子收听、擅自阅览他人的私人通信或文件或者任何其他不当手段，发现他人的未披露信息；

（d）违反合同或违反保密义务，披露或使用他人的未披露信息；

（e）披露或使用他人的信息，且获取该信息的地点或方式等情形合理表明该信息被认为是非公开信息；

（f）披露或使用他人非法获得的未披露信息；

（g）在接收未披露信息时未被告知须对该信息承担保密义务的人，在被告知事实上须对该信息承担保密义务后，仍披露或使用该未披露信息；或

（h）合法地从非法获取信息的第三人处获取他人未披露信息的人，在知道或应当知道该信息为非法获取的情形下，仍披露或使用该未披露信息。

第 7 条　不违背诚实商业惯例的行为

不违背诚实商业惯例的行为包括：

（a）从公开来源，如图书馆、公众可查阅的政府记录、出版物或市场上可获得的产品，或从合法拥有该信息且不承担保密义务的另一人那里获取信息；

（b）通过检查或分析包含未披露信息的商业产品获取信息；

（c）独立发明或发现未披露信息；

（d）通过赠予、购买或继承方式从信息所有权人处获取信息；

（e）披露或使用的信息是通常处理此类信息的领域内人员普遍知悉或容易获取的信息；

（f）信息接受者在接受信息时未被告知对该信息须承担保密义务而披露该信息。

第8条　非排他性权利

商业秘密中的权利不得损害其他形式的知识产权。

第9条　转让或许可的权利

（1）商业秘密收益权人享有全部或部分地、普遍或受区域限制地转让或许可该商业秘密的权利。

（2）在有许可协议的情况下，被许可人有义务保护商业秘密，使其免受合同授权以外的披露，并针对未经授权的披露与所有者享有同等权利。

第10条　合同中规定的权利和义务

在转让或许可的情况下，双方的权利和义务应在书面合同中加以说明，并由权利人或为此目的授权的人和权利受让人或被许可人签署该合同。

第11条　提供给政府部门的信息

（1）如果需要向政府部门提供原本属于商业秘密的信息，则该政府部门应保护向其提交的信息，确保该信息不被披露。

（2）如果法律规定，使用新的商业实体进行药品或农产品销售的条件是必须获得政府机构的批准，提交未披露的文本或其他数据，而这些数据的产生需要付出相当大的努力，则该政府机关应保护上述数据，防止其被进行不合理的商业使用。

（3）特别是，除非为保护公众而有必要，或者除非已采取措施确保数据不被进行不合理的商业使用，否则政府机关应保护上述数据不被披露。

第三章　救济和辩护

第12条　救济

（1）在不当披露、获取或使用商业秘密的相关法律程序中，在遵守第（2）款、第（3）款和第10条规定的情况下，法院可以采取下列任何一项或多项措施：

（a）根据第13条签发强制令；

（b）根据第14条和第16条判决支付损害赔偿；

（c）根据第15条命令返还收益；

（d）根据第17条作出调整令；或

（e）命令被告上交或销毁包含或体现不当披露、获取或使用相关商业秘密的任何物品。

（2）法院不得行使裁量权以同时判决支付惩罚性损害赔偿和返还收益，以允许原告就同一损失两次获得赔偿。

（3）本条的任何规定均不得损害法院给予辅助或附带救济的任何管辖权。

第13条　禁令

（1）在遵守第12条规定的情况下，法院可以针对不当披露、获取或使用商业秘密签发临时或永久禁令。

（2）一旦向法院提出申请，当商业秘密不复存在时，禁令即告终止，但该禁令可以在法院认为适当的延长期内继续执行，以消除被告因不当披露、获取或使用而可能获得的任何商业利益。

第14条　损害赔偿

在遵守第12条规定的情况下，所有权人可以针对因不当披露、获取或使用商业秘密而引起的损失获得损害赔偿。

第15条　返还收益

在遵守第12条规定的情况下，法院可以命令被告向原告或所有权人返还因不当披露、获取或使用商业秘密而产生或随后可能产生的任何收益。

第16条　惩罚性损害赔偿

在遵守第10条规定的情况下，法院可以针对不当披露、获取或使用商业秘密判处惩罚性损害赔偿。

第17条　调整令

（1）在遵守第9条规定的情况下，法院可以作出一项调整命令，以规范被告或原告和被告未来利用商业秘密的行为。

（2）根据第（1）款作出的调整命令可以包括以下任何或所有措施：

（a）针对被告未来对商业秘密的使用，按法院认为适当的数额和期限，命令被告向原告支付许可使用费；

（b）命令被告承担原告的下述费用，即原告因获取或开发商业秘密而产生的费用，以及因允许被告未来使用商业秘密而可能损失的费用；或者

（c）确定原告和被告未来在多大程度上可以自由利用商业秘密以及双方的权利和责任有关的任何附带问题。

第18条　善意披露、获取或使用

（1）如一人善意披露、获取或使用商业秘密，并随后得知符合本法规定的商业秘密收益权人因不当手段或错误而被剥夺了该收益权，则该收益权人或善意披露、获取或使用该商业秘密的人均可以提起诉讼，要求法院确认当事人的权利。

（2）在根据第（1）款提起的诉讼中，法院应根据以下原则决定各方当事人的权利：

（a）商业秘密的收益权人应受本法保护；

（b）尽管有第（a）项的规定，但善意披露、获取或使用商业秘密的人有权披露、获取和使用商业秘密，前提是该披露、使用和转让在考虑到下列各项后应是公正合理的：

(i) 该人对商业秘密给予的经济和社会价值；

(ii) 在该人发现商业秘密的收益权人因不当手段或错误而被剥夺了该收益权之前，该人依赖商业秘密或为了利用商业秘密而产生的任何地位改变；和

iii) 本法给予商业秘密收益权人的保护。

(3) 在根据第（1）款提起的诉讼中，法院可以：

(a) 作出临时命令，以公正地保护当事人权益；

(b) 比照第 5 条所述诉讼，根据特定案件的具体情形，判决给予适当的救济。

第 19 条　答辩理由

(1) 在有关不当披露或使用商业秘密的法律程序中，如能证明根据法院的命令必须向法院披露，则构成答辩理由。

(2) 在任何有关不当披露或使用商业秘密的法律程序中，如被告人令法院信纳下列事项，则被告人在任何方面均不会对原告承担法律责任：

(a) 鉴于商业秘密的性质，在披露或使用商业秘密时，或在可能披露或使用商业秘密的情况下，所披露或使用的商业秘密涉及公众利益；且

(b) 披露或使用该商业秘密的公众利益大于保守秘密所涉及的公众利益。

(3) 就第（2）款而言，披露或使用商业秘密的公众利益指下述公众普遍利益，即让公众获知存在与商业秘密的创设、组成或使用有关、影响公众健康或安全的犯罪、欺诈和其他违法行为或事项。

(4) 在平衡第（2）款所涉及的公众利益时，法院应考虑到案件的所有情形，包括：

(a) 商业秘密的性质；

(b) 被告在何种情形下披露或使用商业秘密；和

(c) 与被告所依赖的公众利益证明合理的披露或使用程度和性质相比，披露或使用所涉商业秘密行为的程度和性质如何。

(5) 侵权相关法律程序中通常可用的答辩理由可以用于不当披露、获取或使用商业秘密相关的法律程序。

第四章　其他规定

第 20 条　保密

(1) 在根据本法提起的法律程序中，法院可以在任何时候根据申请发出命令，指示以何种方式对该法律程序所涉商业秘密进行保密。

(2) 在不损害第（1）款的一般效力的情况下，法院可以：

(a) 秘密审理；

(b) 命令密封该法律程序的所有或任何记录；或

(c) 命令该法律程序的任何参与人未经法院事先批准不得披露该法律程序中所称的商业秘密。

第 21 条　时效

（1）不当披露、获取或使用商业秘密的法律程序必须在发现披露、获取或使用（视情况而定）后 2 年内启动。

（2）就本条而言，对持续的披露或使用仅可提起一项单独的权利主张。

（三）中国相关立法

1. 法　律

中华人民共和国民法典

第一编　总　则

第五章　民事权利

第一百二十三条　民事主体依法享有知识产权。

知识产权是权利人依法就下列客体享有的专有的权利：

（一）作品；

（二）发明、实用新型、外观设计；

（三）商标；

（四）地理标志；

（五）商业秘密；

（六）集成电路布图设计；

（七）植物新品种；

（八）法律规定的其他客体。

第二编　物　权
第四分编　担保物权

第十八章　质　权

第二节　权利质权

第四百四十条　债务人或者第三人有权处分的下列权利可以出质：

（一）汇票、本票、支票；

（二）债券、存款单；

（三）仓单、提单；

（四）可以转让的基金份额、股权；

（五）可以转让的注册商标专用权、专利权、著作权等知识产权中的财产权；

（六）现有的以及将有的应收账款；

（七）法律、行政法规规定可以出质的其他财产权利。

第四百四十四条 以注册商标专用权、专利权、著作权等知识产权中的财产权出质的，质权自办理出质登记时设立。

知识产权中的财产权出质后，出质人不得转让或者许可他人使用，但是出质人与质权人协商同意的除外。出质人转让或者许可他人使用出质的知识产权中的财产权所得的价款，应当向质权人提前清偿债务或者提存。

第三编　合　同

第一分编　通　则

第二章　合同的订立

第五百零一条 当事人在订立合同过程中知悉的商业秘密或者其他应当保密的信息，无论合同是否成立，不得泄露或者不正当地使用。泄露、不正当地使用该商业秘密或者信息，造成对方损失的，应当承担赔偿责任。

第八章　违约责任

第五百九十四条 因国际货物买卖合同和技术进出口合同争议提起诉讼或者申请仲裁的时效期间为四年。

第二分编　典型合同

第九章　买卖合同

第六百条 出卖具有知识产权的标的物的，除法律另有规定或者当事人另有约定外，该标的物的知识产权不属于买受人。

第十七章　承揽合同

第七百八十五条 承揽人应当按照定作人的要求保守秘密，未经定作人许可，不得留存复制品或者技术资料。

第二十章　技术合同

第一节　一般规定

第八百四十三条 技术合同是当事人就技术开发、转让、许可、咨询或者服务订立的确立相互之间权利和义务的合同。

第八百四十四条 订立技术合同，应当有利于知识产权的保护和科学技术的进步，促进科学技术成果的研发、转化、应用和推广。

第八百四十五条 技术合同的内容一般包括项目的名称，标的的内容、范围和要求，履行的计划、地点和方式，技术信息和资料的保密，技术成果的归属和收益的分配办法，验收标准和方法，名词和术语的解释等条款。

与履行合同有关的技术背景资料、可行性论证和技术评价报告、项目任务书和计划书、技术标准、技术规范、原始设计和工艺文件，以及其他技术文档，按照当事人的约定可以作为合同的组成部分。

技术合同涉及专利的，应当注明发明创造的名称、专利申请人和专利权人、申请日期、申请号、专利号以及专利权的有效期限。

第八百四十六条 技术合同价款、报酬或者使用费的支付方式由当事人约定，可以采取一次总算、一次总付或者一次总算、分期支付，也可以采取提成支付或者提成支付附加预付入门费的方式。

约定提成支付的，可以按照产品价格、实施专利和使用技术秘密后新增的产值、利润或者产品销售额的一定比例提成，也可以按照约定的其他方式计算。提成支付的比例可以采取固定比例、逐年递增比例或者逐年递减比例。

约定提成支付的，当事人可以约定查阅有关会计账目的办法。

第八百四十七条 职务技术成果的使用权、转让权属于法人或者非法人组织的，法人或者非法人组织可以就该项职务技术成果订立技术合同。法人或者非法人组织订立技术合同转让职务技术成果时，职务技术成果的完成人享有以同等条件优先受让的权利。

职务技术成果是执行法人或者非法人组织的工作任务，或者主要是利用法人或者非法人组织的物质技术条件所完成的技术成果。

第八百四十八条 非职务技术成果的使用权、转让权属于完成技术成果的个人，完成技术成果的个人可以就该项非职务技术成果订立技术合同。

第八百四十九条 完成技术成果的个人享有在有关技术成果文件上写明自己是技术成果完成者的权利和取得荣誉证书、奖励的权利。

第八百五十条 非法垄断技术或者侵害他人技术成果的技术合同无效。

第二节　技术开发合同

第八百五十一条 技术开发合同是当事人之间就新技术、新产品、新工艺、新品种或者新材料及其系统的研究开发所订立的合同。

技术开发合同包括委托开发合同和合作开发合同。

技术开发合同应当采用书面形式。

当事人之间就具有实用价值的科技成果实施转化订立的合同，参照适用技术开发合同的有关规定。

第八百五十二条 委托开发合同的委托人应当按照约定支付研究开发经费和报

酬，提供技术资料，提出研究开发要求，完成协作事项，接受研究开发成果。

第八百五十三条 委托开发合同的研究开发人应当按照约定制定和实施研究开发计划，合理使用研究开发经费，按期完成研究开发工作，交付研究开发成果，提供有关的技术资料和必要的技术指导，帮助委托人掌握研究开发成果。

第八百五十四条 委托开发合同的当事人违反约定造成研究开发工作停滞、延误或者失败的，应当承担违约责任。

第八百五十五条 合作开发合同的当事人应当按照约定进行投资，包括以技术进行投资，分工参与研究开发工作，协作配合研究开发工作。

第八百五十六条 合作开发合同的当事人违反约定造成研究开发工作停滞、延误或者失败的，应当承担违约责任。

第八百五十七条 作为技术开发合同标的的技术已经由他人公开，致使技术开发合同的履行没有意义的，当事人可以解除合同。

第八百五十八条 技术开发合同履行过程中，因出现无法克服的技术困难，致使研究开发失败或者部分失败的，该风险由当事人约定；没有约定或者约定不明确，依据本法第五百一十条的规定仍不能确定的，风险由当事人合理分担。

当事人一方发现前款规定的可能致使研究开发失败或者部分失败的情形时，应当及时通知另一方并采取适当措施减少损失；没有及时通知并采取适当措施，致使损失扩大的，应当就扩大的损失承担责任。

第八百六十一条 委托开发或者合作开发完成的技术秘密成果的使用权、转让权以及利益的分配办法，由当事人约定；没有约定或者约定不明确，依据本法第五百一十条的规定仍不能确定的，在没有相同技术方案被授予专利前，当事人均有使用和转让的权利。但是，委托开发的研究开发人不得在向委托人交付研究开发成果之前，将研究开发成果转让给第三人。

第三节　技术转让合同和技术许可合同

第八百六十二条 技术转让合同是合法拥有技术的权利人，将现有特定的专利、专利申请、技术秘密的相关权利让与他人所订立的合同。

技术许可合同是合法拥有技术的权利人，将现有特定的专利、技术秘密的相关权利许可他人实施、使用所订立的合同。

技术转让合同和技术许可合同中关于提供实施技术的专用设备、原材料或者提供有关的技术咨询、技术服务的约定，属于合同的组成部分。

第八百六十三条 技术转让合同包括专利权转让、专利申请权转让、技术秘密转让等合同。

技术许可合同包括专利实施许可、技术秘密使用许可等合同。

技术转让合同和技术许可合同应当采用书面形式。

第八百六十四条 技术转让合同和技术许可合同可以约定实施专利或者使用技术秘密的范围，但是不得限制技术竞争和技术发展。

第八百六十八条 技术秘密转让合同的让与人和技术秘密使用许可合同的许可人应当按照约定提供技术资料，进行技术指导，保证技术的实用性、可靠性，承担保密义务。

前款规定的保密义务，不限制许可人申请专利，但是当事人另有约定的除外。

第八百六十九条 技术秘密转让合同的受让人和技术秘密使用许可合同的被许可人应当按照约定使用技术，支付转让费、使用费，承担保密义务。

第八百七十条 技术转让合同的让与人和技术许可合同的许可人应当保证自己是所提供的技术的合法拥有者，并保证所提供的技术完整、无误、有效，能够达到约定的目标。

第八百七十一条 技术转让合同的受让人和技术许可合同的被许可人应当按照约定的范围和期限，对让与人、许可人提供的技术中尚未公开的秘密部分，承担保密义务。

第八百七十二条 许可人未按照约定许可技术的，应当返还部分或者全部使用费，并应当承担违约责任；实施专利或者使用技术秘密超越约定的范围的，违反约定擅自许可第三人实施该项专利或者使用该项技术秘密的，应当停止违约行为，承担违约责任；违反约定的保密义务的，应当承担违约责任。

让与人承担违约责任，参照适用前款规定。

第八百七十三条 被许可人未按照约定支付使用费的，应当补交使用费并按照约定支付违约金；不补交使用费或者支付违约金的，应当停止实施专利或者使用技术秘密，交还技术资料，承担违约责任；实施专利或者使用技术秘密超越约定的范围的，未经许可人同意擅自许可第三人实施该专利或者使用该技术秘密的，应当停止违约行为，承担违约责任；违反约定的保密义务的，应当承担违约责任。

受让人承担违约责任，参照适用前款规定。

第八百七十四条 受让人或者被许可人按照约定实施专利、使用技术秘密侵害他人合法权益的，由让与人或者许可人承担责任，但是当事人另有约定的除外。

第八百七十五条 当事人可以按照互利的原则，在合同中约定实施专利、使用技术秘密后续改进的技术成果的分享办法；没有约定或者约定不明确，依据本法第五百一十条的规定仍不能确定的，一方后续改进的技术成果，其他各方无权分享。

第八百七十六条 集成电路布图设计专有权、植物新品种权、计算机软件著作权等其他知识产权的转让和许可，参照适用本节的有关规定。

第八百七十七条 法律、行政法规对技术进出口合同或者专利、专利申请合同另有规定的，依照其规定。

第四节　技术咨询合同和技术服务合同

第八百七十八条 技术咨询合同是当事人一方以技术知识为对方就特定技术项目提供可行性论证、技术预测、专题技术调查、分析评价报告等所订立的合同。

技术服务合同是当事人一方以技术知识为对方解决特定技术问题所订立的合同，

不包括承揽合同和建设工程合同。

第八百七十九条 技术咨询合同的委托人应当按照约定阐明咨询的问题，提供技术背景材料及有关技术资料，接受受托人的工作成果，支付报酬。

第八百八十条 技术咨询合同的受托人应当按照约定的期限完成咨询报告或者解答问题，提出的咨询报告应当达到约定的要求。

第八百八十一条 技术咨询合同的委托人未按照约定提供必要的资料，影响工作进度和质量，不接受或者逾期接受工作成果的，支付的报酬不得追回，未支付的报酬应当支付。

技术咨询合同的受托人未按期提出咨询报告或者提出的咨询报告不符合约定的，应当承担减收或者免收报酬等违约责任。

技术咨询合同的委托人按照受托人符合约定要求的咨询报告和意见作出决策所造成的损失，由委托人承担，但是当事人另有约定的除外。

第八百八十二条 技术服务合同的委托人应当按照约定提供工作条件，完成配合事项，接受工作成果并支付报酬。

第八百八十三条 技术服务合同的受托人应当按照约定完成服务项目，解决技术问题，保证工作质量，并传授解决技术问题的知识。

第八百八十四条 技术服务合同的委托人不履行合同义务或者履行合同义务不符合约定，影响工作进度和质量，不接受或者逾期接受工作成果的，支付的报酬不得追回，未支付的报酬应当支付。

技术服务合同的受托人未按照约定完成服务工作的，应当承担免收报酬等违约责任。

第八百八十五条 技术咨询合同、技术服务合同履行过程中，受托人利用委托人提供的技术资料和工作条件完成的新的技术成果，属于受托人。委托人利用受托人的工作成果完成的新的技术成果，属于委托人。当事人另有约定的，按照其约定。

第八百八十六条 技术咨询合同和技术服务合同对受托人正常开展工作所需费用的负担没有约定或者约定不明确的，由受托人负担。

第八百八十七条 法律、行政法规对技术中介合同、技术培训合同另有规定的，依照其规定。

第五编 婚姻家庭

第三章 家庭关系

第一节 夫妻关系

第一千零六十二条 夫妻在婚姻关系存续期间所得的下列财产，为夫妻的共同财产，归夫妻共同所有：

（一）工资、奖金、劳务报酬；
（二）生产、经营、投资的收益；
（三）知识产权的收益；
（四）继承或者受赠的财产，但是本法第一千零六十三条第三项规定的除外；
（五）其他应当归共同所有的财产。
夫妻对共同财产，有平等的处理权。

第七编　侵权责任

第二章　损害赔偿

第一千一百八十五条　故意侵害他人知识产权，情节严重的，被侵权人有权请求相应的惩罚性赔偿。

第四章　产品责任

第一千二百零六条　产品投入流通后发现存在缺陷的，生产者、销售者应当及时采取停止销售、警示、召回等补救措施；未及时采取补救措施或者补救措施不力造成损害扩大的，对扩大的损害也应当承担侵权责任。

依据前款规定采取召回措施的，生产者、销售者应当负担被侵权人因此支出的必要费用。

中华人民共和国刑法

第二编　分　则

第三章　破坏社会主义市场经济秩序罪

第七节　侵犯知识产权罪

第二百一十九条　有下列侵犯商业秘密行为之一，情节严重的，处三年以下有期徒刑，并处或者单处罚金；情节特别严重的，处三年以上十年以下有期徒刑，并处罚金：

（一）以盗窃、贿赂、欺诈、胁迫、电子侵入或者其他不正当手段获取权利人的商业秘密的；

（二）披露、使用或者允许他人使用以前项手段获取的权利人的商业秘密的；

（三）违反保密义务或者违反权利人有关保守商业秘密的要求，披露、使用或者允许他人使用其所掌握的商业秘密的。

明知前款所列行为，获取、披露、使用或者允许他人使用该商业秘密的，以侵犯商业秘密论。

本条所称权利人，是指商业秘密的所有人和经商业秘密所有人许可的商业秘密使用人。

第二百一十九条之一 为境外的机构、组织、人员窃取、刺探、收买、非法提供商业秘密的，处五年以下有期徒刑，并处或者单处罚金；情节严重的，处五年以上有期徒刑，并处罚金。

中华人民共和国反不正当竞争法

第二章 不正当竞争行为

第九条 经营者不得实施下列侵犯商业秘密的行为：

（一）以盗窃、贿赂、欺诈、胁迫、电子侵入或者其他不正当手段获取权利人的商业秘密；

（二）披露、使用或者允许他人使用以前项手段获取的权利人的商业秘密；

（三）违反保密义务或者违反权利人有关保守商业秘密的要求，披露、使用或者允许他人使用其所掌握的商业秘密；

（四）教唆、引诱、帮助他人违反保密义务或者违反权利人有关保守商业秘密的要求，获取、披露、使用或者允许他人使用权利人的商业秘密。

经营者以外的其他自然人、法人和非法人组织实施前款所列违法行为的，视为侵犯商业秘密。

第三人明知或者应知商业秘密权利人的员工、前员工或者其他单位、个人实施本条第一款所列违法行为，仍获取、披露、使用或者允许他人使用该商业秘密的，视为侵犯商业秘密。

本法所称的商业秘密，是指不为公众所知悉、具有商业价值并经权利人采取相应保密措施的技术信息、经营信息等商业信息。

第四章 法律责任

第十七条 经营者违反本法规定，给他人造成损害的，应当依法承担民事责任。

经营者的合法权益受到不正当竞争行为损害的，可以向人民法院提起诉讼。

因不正当竞争行为受到损害的经营者的赔偿数额，按照其因被侵权所受到的实际损失确定；实际损失难以计算的，按照侵权人因侵权所获得的利益确定。经营者恶意实施侵犯商业秘密行为，情节严重的，可以在按照上述方法确定数额的一倍以上五倍以下确定赔偿数额。赔偿数额还应当包括经营者为制止侵权行为所支付的合理开支。

经营者违反本法第六条、第九条规定，权利人因被侵权所受到的实际损失、侵权人因侵权所获得的利益难以确定的，由人民法院根据侵权行为的情节判决给予权利人五百万元以下的赔偿。

第二十一条 经营者以及其他自然人、法人和非法人组织违反本法第九条规定侵犯商业秘密的，由监督检查部门责令停止违法行为，没收违法所得，处十万元以上一百万元以下的罚款；情节严重的，处五十万元以上五百万元以下的罚款。

第三十条 监督检查部门的工作人员滥用职权、玩忽职守、徇私舞弊或者泄露调查过程中知悉的商业秘密的，依法给予处分。

第三十一条 违反本法规定，构成犯罪的，依法追究刑事责任。

中华人民共和国劳动法

第三章 劳动合同和集体合同

第二十二条 劳动合同当事人可以在劳动合同中约定保守用人单位商业秘密的有关事项。

第十二章 法律责任

第一百零二条 劳动者违反本法规定的条件解除劳动合同或者违反劳动合同中约定的保密事项，对用人单位造成经济损失的，应当依法承担赔偿责任。

中华人民共和国劳动合同法

第十七条 劳动合同应当具备以下条款：

（一）用人单位的名称、住所和法定代表人或者主要负责人；

（二）劳动者的姓名、住址和居民身份证或者其他有效身份证件号码；

（三）劳动合同期限；

（四）工作内容和工作地点；

（五）工作时间和休息休假；

（六）劳动报酬；

（七）社会保险；

（八）劳动保护、劳动条件和职业危害防护；

（九）法律、法规规定应当纳入劳动合同的其他事项。

劳动合同除前款规定的必备条款外，用人单位与劳动者可以约定试用期、培训、保守秘密、补充保险和福利待遇等其他事项。

第二十三条 用人单位与劳动者可以在劳动合同中约定保守用人单位的商业秘密和与知识产权相关的保密事项。

对负有保密义务的劳动者，用人单位可以在劳动合同或者保密协议中与劳动者约定竞业限制条款，并约定在解除或者终止劳动合同后，在竞业限制期限内按月给予劳动者经济补偿。劳动者违反竞业限制约定的，应当按照约定向用人单位支付违约金。

第二十四条 竞业限制的人员限于用人单位的高级管理人员、高级技术人员和其他负有保密义务的人员。竞业限制的范围、地域、期限由用人单位与劳动者约定，竞业限制的约定不得违反法律、法规的规定。

在解除或者终止劳动合同后，前款规定的人员到与本单位生产或者经营同类产品、从事同类业务的有竞争关系的其他用人单位，或者自己开业生产或者经营同类产品、从事同类业务的竞业限制期限，不得超过二年。

第二十五条 除本法第二十二条和第二十三条规定的情形外，用人单位不得与劳动者约定由劳动者承担违约金。

第九十条 劳动者违反本法规定解除劳动合同，或者违反劳动合同中约定的保密义务或者竞业限制，给用人单位造成损失的，应当承担赔偿责任。

中华人民共和国公司法

第七章 国家出资公司组织机构的特别规定

第一百七十五条 国有独资公司的董事、高级管理人员，未经履行出资人职责的机构同意，不得在其他有限责任公司、股份有限公司或者其他经济组织兼职。

第八章 公司董事、监事、高级管理人员的资格和义务

第一百八十一条 董事、监事、高级管理人员不得有下列行为：

（一）侵占公司财产、挪用公司资金；

（二）将公司资金以其个人名义或者以其他个人名义开立账户存储；

（三）利用职权贿赂或者收受其他非法收入；

（四）接受他人与公司交易的佣金归为己有；

（五）擅自披露公司秘密；

（六）违反对公司忠实义务的其他行为。

第十五章 附 则

第二百六十六条 本法自2024年7月1日起施行。

中华人民共和国促进科技成果转化法

第一章　总　则

第一条　为了促进科技成果转化为现实生产力，规范科技成果转化活动，加速科学技术进步，推动经济建设和社会发展，制定本法。

第二条　本法所称科技成果，是指通过科学研究与技术开发所产生的具有实用价值的成果。职务科技成果，是指执行研究开发机构、高等院校和企业等单位的工作任务，或者主要是利用上述单位的物质技术条件所完成的科技成果。

本法所称科技成果转化，是指为提高生产力水平而对科技成果所进行的后续试验、开发、应用、推广直至形成新技术、新工艺、新材料、新产品，发展新产业等活动。

第三条　科技成果转化活动应当有利于加快实施创新驱动发展战略，促进科技与经济的结合，有利于提高经济效益、社会效益和保护环境、合理利用资源，有利于促进经济建设、社会发展和维护国家安全。

科技成果转化活动应当尊重市场规律，发挥企业的主体作用，遵循自愿、互利、公平、诚实信用的原则，依照法律法规规定和合同约定，享有权益，承担风险。科技成果转化活动中的知识产权受法律保护。

科技成果转化活动应当遵守法律法规，维护国家利益，不得损害社会公共利益和他人合法权益。

第六条　国家鼓励科技成果首先在中国境内实施。中国单位或者个人向境外的组织、个人转让或者许可其实施科技成果的，应当遵守相关法律、行政法规以及国家有关规定。

第七条　国家为了国家安全、国家利益和重大社会公共利益的需要，可以依法组织实施或者许可他人实施相关科技成果。

第二章　组织实施

第十九条　国家设立的研究开发机构、高等院校所取得的职务科技成果，完成人和参加人在不变更职务科技成果权属的前提下，可以根据与本单位的协议进行该项科技成果的转化，并享有协议规定的权益。该单位对上述科技成果转化活动应当予以支持。

科技成果完成人或者课题负责人，不得阻碍职务科技成果的转化，不得将职务科技成果及其技术资料和数据占为己有，侵犯单位的合法权益。

第四章　技术权益

第四十条　科技成果完成单位与其他单位合作进行科技成果转化的，应当依法由合同约定该科技成果有关权益的归属。合同未作约定的，按照下列原则办理：

（一）在合作转化中无新的发明创造的，该科技成果的权益，归该科技成果完成单位；

（二）在合作转化中产生新的发明创造的，该新发明创造的权益归合作各方共有；

（三）对合作转化中产生的科技成果，各方都有实施该项科技成果的权利，转让该科技成果应经合作各方同意。

第四十一条 科技成果完成单位与其他单位合作进行科技成果转化的，合作各方应当就保守技术秘密达成协议；当事人不得违反协议或者违反权利人有关保守技术秘密的要求，披露、允许他人使用该技术。

第四十二条 企业、事业单位应当建立健全技术秘密保护制度，保护本单位的技术秘密。职工应当遵守本单位的技术秘密保护制度。

企业、事业单位可以与参加科技成果转化的有关人员签订在职期间或者离职、离休、退休后一定期限内保守本单位技术秘密的协议；有关人员不得违反协议约定，泄露本单位的技术秘密和从事与原单位相同的科技成果转化活动。

职工不得将职务科技成果擅自转让或者变相转让。

第四十三条 国家设立的研究开发机构、高等院校转化科技成果所获得的收入全部留归本单位，在对完成、转化职务科技成果做出重要贡献的人员给予奖励和报酬后，主要用于科学技术研究开发与成果转化等相关工作。

第四十四条 职务科技成果转化后，由科技成果完成单位对完成、转化该项科技成果做出重要贡献的人员给予奖励和报酬。

科技成果完成单位可以规定或者与科技人员约定奖励和报酬的方式、数额和时限。单位制定相关规定，应当充分听取本单位科技人员的意见，并在本单位公开相关规定。

第四十五条 科技成果完成单位未规定、也未与科技人员约定奖励和报酬的方式和数额的，按照下列标准对完成、转化职务科技成果做出重要贡献的人员给予奖励和报酬：

（一）将该项职务科技成果转让、许可给他人实施的，从该项科技成果转让净收入或者许可净收入中提取不低于百分之五十的比例；

（二）利用该项职务科技成果作价投资的，从该项科技成果形成的股份或者出资比例中提取不低于百分之五十的比例；

（三）将该项职务科技成果自行实施或者与他人合作实施的，应当在实施转化成功投产后连续三至五年，每年从实施该项科技成果的营业利润中提取不低于百分之五的比例。

国家设立的研究开发机构、高等院校规定或者与科技人员约定奖励和报酬的方式和数额应当符合前款第一项至第三项规定的标准。

国有企业、事业单位依照本法规定对完成、转化职务科技成果做出重要贡献的人员给予奖励和报酬的支出计入当年本单位工资总额，但不受当年本单位工资总额限制、不纳入本单位工资总额基数。

第五章　法律责任

第四十八条　科技服务机构及其从业人员违反本法规定，故意提供虚假的信息、实验结果或者评估意见等欺骗当事人，或者与当事人一方串通欺骗另一方当事人的，由政府有关部门依照管理职责责令改正，没收违法所得，并处以罚款；情节严重的，由工商行政管理部门依法吊销营业执照。给他人造成经济损失的，依法承担民事赔偿责任；构成犯罪的，依法追究刑事责任。

科技中介服务机构及其从业人员违反本法规定泄露国家秘密或者当事人的商业秘密的，依照有关法律、行政法规的规定承担相应的法律责任。

中华人民共和国保守国家秘密法

第二章　国家秘密的范围和密级

第十三条　下列涉及国家安全和利益的事项，泄露后可能损害国家在政治、经济、国防、外交等领域的安全和利益的，应当确定为国家秘密：

（一）国家事务重大决策中的秘密事项；

（二）国防建设和武装力量活动中的秘密事项；

（三）外交和外事活动中的秘密事项以及对外承担保密义务的秘密事项；

（四）国民经济和社会发展中的秘密事项；

（五）科学技术中的秘密事项；

（六）维护国家安全活动和追查刑事犯罪中的秘密事项；

（七）经国家保密行政管理部门确定的其他秘密事项。

政党的秘密事项中符合前款规定的，属于国家秘密。

第六章　附　则

第六十五条　本法自 2024 年 5 月 1 日起施行。

中华人民共和国科学技术进步法

第一章　总　则

第一条　为了全面促进科学技术进步，发挥科学技术第一生产力、创新第一动力、人才第一资源的作用，促进科技成果向现实生产力转化，推动科技创新支撑和引领经济社会发展，全面建设社会主义现代化国家，根据宪法，制定本法。

第三章　应用研究与成果转化

第三十二条　利用财政性资金设立的科学技术计划项目所形成的科技成果，在不损害国家安全、国家利益和重大社会公共利益的前提下，授权项目承担者依法取得相关知识产权，项目承担者可以依法自行投资实施转化、向他人转让、联合他人共同实施转化、许可他人使用或者作价投资等。

项目承担者应当依法实施前款规定的知识产权，同时采取保护措施，并就实施和保护情况向项目管理机构提交年度报告；在合理期限内没有实施且无正当理由的，国家可以无偿实施，也可以许可他人有偿实施或者无偿实施。

项目承担者依法取得的本条第一款规定的知识产权，为了国家安全、国家利益和重大社会公共利益的需要，国家可以无偿实施，也可以许可他人有偿实施或者无偿实施。

项目承担者因实施本条第一款规定的知识产权所产生的利益分配，依照有关法律法规规定执行；法律法规没有规定的，按照约定执行。

第三十八条　国家培育和发展统一开放、互联互通、竞争有序的技术市场，鼓励创办从事技术评估、技术经纪和创新创业服务等活动的中介服务机构，引导建立社会化、专业化、网络化、信息化和智能化的技术交易服务体系和创新创业服务体系，推动科技成果的应用和推广。

技术交易活动应当遵循自愿平等、互利有偿和诚实信用的原则。

第九章　保障措施

第九十条　从事下列活动的，按照国家有关规定享受税收优惠：

（一）技术开发、技术转让、技术许可、技术咨询、技术服务；

（二）进口国内不能生产或者性能不能满足需要的科学研究、技术开发或者科学技术普及的用品；

（三）为实施国家重大科学技术专项、国家科学技术计划重大项目，进口国内不能生产的关键设备、原材料或者零部件；

（四）科学技术普及场馆、基地等开展面向公众开放的科学技术普及活动；

（五）捐赠资助开展科学技术活动；

（六）法律、国家有关规定规定的其他科学研究、技术开发与科学技术应用活动。

第十章　监督管理

第一百零六条　国家实行科学技术保密制度，加强科学技术保密能力建设，保护涉及国家安全和利益的科学技术秘密。

国家依法实行重要的生物种质资源、遗传资源、数据资源等科学技术资源和关键核心技术出境管理制度。

第十二章　附　则

第一百一十七条　本法自2022年1月1日起施行。

中华人民共和国刑事诉讼法

第一编　总　则

第五章　证　据

第五十四条　人民法院、人民检察院和公安机关有权向有关单位和个人收集、调取证据。有关单位和个人应当如实提供证据。

行政机关在行政执法和查办案件过程中收集的物证、书证、视听资料、电子数据等证据材料，在刑事诉讼中可以作为证据使用。

对涉及国家秘密、商业秘密、个人隐私的证据，应当保密。

凡是伪造证据、隐匿证据或者毁灭证据的，无论属于何方，必须受法律追究。

第二编　立案、侦查和提起公诉

第二章　侦　查

第八节　技术侦查措施

第一百五十二条　采取技术侦查措施，必须严格按照批准的措施种类、适用对象和期限执行。

侦查人员对采取技术侦查措施过程中知悉的国家秘密、商业秘密和个人隐私，应当保密；对采取技术侦查措施获取的与案件无关的材料，必须及时销毁。

采取技术侦查措施获取的材料，只能用于对犯罪的侦查、起诉和审判，不得用于其他用途。

公安机关依法采取技术侦查措施，有关单位和个人应当配合，并对有关情况予以保密。

第三编　审　判

第二章　第一审程序

第一节　公诉案件

第一百八十八条　人民法院审判第一审案件应当公开进行。但是有关国家秘密或者个人隐私的案件，不公开审理；涉及商业秘密的案件，当事人申请不公开审理的，可以不公开审理。

不公开审理的案件，应当当庭宣布不公开审理的理由。

中华人民共和国行政诉讼法

第四章　诉讼参与人

第三十二条　代理诉讼的律师，有权按照规定查阅、复制本案有关材料，有权向有关组织和公民调查，收集与本案有关的证据。对涉及国家秘密、商业秘密和个人隐私的材料，应当依照法律规定保密。

当事人和其他诉讼代理人有权按照规定查阅、复制本案庭审材料，但涉及国家秘密、商业秘密和个人隐私的内容除外。

第五章　证　据

第四十一条　与本案有关的下列证据，原告或者第三人不能自行收集的，可以申请人民法院调取：

（一）由国家机关保存而须由人民法院调取的证据；

（二）涉及国家秘密、商业秘密和个人隐私的证据；

（三）确因客观原因不能自行收集的其他证据。

第四十三条　证据应当在法庭上出示，并由当事人互相质证。对涉及国家秘密、商业秘密和个人隐私的证据，不得在公开开庭时出示。

人民法院应当按照法定程序，全面、客观地审查核实证据。对未采纳的证据应当在裁判文书中说明理由。

以非法手段取得的证据，不得作为认定案件事实的根据。

第七章　审理和判决

第一节　一般规定

第五十四条　人民法院公开审理行政案件，但涉及国家秘密、个人隐私和法律另有规定的除外。

涉及商业秘密的案件，当事人申请不公开审理的，可以不公开审理。

中华人民共和国民事诉讼法

第一编 总 则

第六章 证 据

第七十一条 证据应当在法庭上出示，并由当事人互相质证。对涉及国家秘密、商业秘密和个人隐私的证据应当保密，需要在法庭出示的，不得在公开开庭时出示。

第二编 审判程序

第十二章 第一审普通程序

第三节 开庭审理

第一百三十七条 人民法院审理民事案件，除涉及国家秘密、个人隐私或者法律另有规定的以外，应当公开进行。

离婚案件，涉及商业秘密的案件，当事人申请不公开审理的，可以不公开审理。

第五节 判决和裁定

第一百五十九条 公众可以查阅发生法律效力的判决书、裁定书，但涉及国家秘密、商业秘密和个人隐私的内容除外。

2. 司法解释与司法规范性文件

最高人民法院关于审理不正当竞争民事案件应用法律若干问题的解释[①]

（法释〔2020〕19号）

第九条 有关信息不为其所属领域的相关人员普遍知悉和容易获得，应当认定

① 已失效。

为反不正当竞争法第十条第三款[①]规定的“不为公众所知悉”。

具有下列情形之一的，可以认定有关信息不构成不为公众所知悉：

（一）该信息为其所属技术或者经济领域的人的一般常识或者行业惯例；

（二）该信息仅涉及产品的尺寸、结构、材料、部件的简单组合等内容，进入市场后相关公众通过观察产品即可直接获得；

（三）该信息已经在公开出版物或者其他媒体上公开披露；

（四）该信息已通过公开的报告会、展览等方式公开；

（五）该信息从其他公开渠道可以获得；

（六）该信息无需付出一定的代价而容易获得。

第十条 有关信息具有现实的或者潜在的商业价值，能为权利人带来竞争优势的，应当认定为反不正当竞争法第十条第三款规定的“能为权利人带来经济利益、具有实用性”。

第十一条 权利人为防止信息泄漏所采取的与其商业价值等具体情况相适应的合理保护措施，应当认定为反不正当竞争法第十条第三款规定的“保密措施”。

人民法院应当根据所涉信息载体的特性、权利人保密的意愿、保密措施的可识别程度、他人通过正当方式获得的难易程度等因素，认定权利人是否采取了保密措施。

具有下列情形之一，在正常情况下足以防止涉密信息泄漏的，应当认定权利人采取了保密措施：

（一）限定涉密信息的知悉范围，只对必须知悉的相关人员告知其内容；

（二）对于涉密信息载体采取加锁等防范措施；

（三）在涉密信息的载体上标有保密标志；

（四）对于涉密信息采用密码或者代码等；

（五）签订保密协议；

（六）对于涉密的机器、厂房、车间等场所限制来访者或者提出保密要求；

（七）确保信息秘密的其他合理措施。

第十二条 通过自行开发研制或者反向工程等方式获得的商业秘密，不认定为反不正当竞争法第十条[②]第（一）、（二）项规定的侵犯商业秘密行为。

前款所称“反向工程”，是指通过技术手段对从公开渠道取得的产品进行拆卸、测绘、分析等而获得该产品的有关技术信息。当事人以不正当手段知悉了他人的商业秘密之后，又以反向工程为由主张获取行为合法的，不予支持。

第十三条 商业秘密中的客户名单，一般是指客户的名称、地址、联系方式以及交易的习惯、意向、内容等构成的区别于相关公知信息的特殊客户信息，包括汇集众多客户的客户名册，以及保持长期稳定交易关系的特定客户。

---

① 原文如此，此处及下文中的“反不正当竞争法第十条第三款”均应当是指《中华人民共和国反不正当竞争法》第九条第三款。

② 原文如此，此处应当是指《中华人民共和国反不正当竞争法》第九条，下同。

客户基于对职工个人的信赖而与职工所在单位进行市场交易，该职工离职后，能够证明客户自愿选择与自己或者其新单位进行市场交易的，应当认定没有采用不正当手段，但职工与原单位另有约定的除外。

第十四条 当事人指称他人侵犯其商业秘密的，应当对其拥有的商业秘密符合法定条件、对方当事人的信息与其商业秘密相同或者实质相同以及对方当事人采取不正当手段的事实负举证责任。其中，商业秘密符合法定条件的证据，包括商业秘密的载体、具体内容、商业价值和对该项商业秘密所采取的具体保密措施等。

第十五条 对于侵犯商业秘密行为，商业秘密独占使用许可合同的被许可人提起诉讼的，人民法院应当依法受理。

排他使用许可合同的被许可人和权利人共同提起诉讼，或者在权利人不起诉的情况下，自行提起诉讼，人民法院应当依法受理。

普通使用许可合同的被许可人和权利人共同提起诉讼，或者经权利人书面授权，单独提起诉讼的，人民法院应当依法受理。

第十六条 人民法院对于侵犯商业秘密行为判决停止侵害的民事责任时，停止侵害的时间一般持续到该项商业秘密已为公众知悉时为止。

依据前款规定判决停止侵害的时间如果明显不合理的，可以在依法保护权利人该项商业秘密竞争优势的情况下，判决侵权人在一定期限或者范围内停止使用该项商业秘密。

第十七条 确定反不正当竞争法第十条规定的侵犯商业秘密行为的损害赔偿额，可以参照确定侵犯专利权的损害赔偿额的方法进行；确定反不正当竞争法第五条、第九条、第十四条规定的不正当竞争行为的损害赔偿额，可以参照确定侵犯注册商标专用权的损害赔偿额的方法进行。

因侵权行为导致商业秘密已为公众所知悉的，应当根据该项商业秘密的商业价值确定损害赔偿额。商业秘密的商业价值，根据其研究开发成本、实施该项商业秘密的收益、可得利益、可保持竞争优势的时间等因素确定。

最高人民法院关于审理侵犯商业秘密民事案件适用法律若干问题的规定

（法释〔2020〕7号）

第一条 与技术有关的结构、原料、组分、配方、材料、样品、样式、植物新品种繁殖材料、工艺、方法或其步骤、算法、数据、计算机程序及其有关文档等信息，人民法院可以认定构成反不正当竞争法第九条第四款所称的技术信息。

与经营活动有关的创意、管理、销售、财务、计划、样本、招投标材料、客户信息、数据等信息，人民法院可以认定构成反不正当竞争法第九条第四款所称的经营信息。

前款所称的客户信息，包括客户的名称、地址、联系方式以及交易习惯、意向、内容等信息。

第二条 当事人仅以与特定客户保持长期稳定交易关系为由，主张该特定客户属于商业秘密的，人民法院不予支持。

客户基于对员工个人的信赖而与该员工所在单位进行交易，该员工离职后，能够证明客户自愿选择与该员工或者该员工所在的新单位进行交易的，人民法院应当认定该员工没有采用不正当手段获取权利人的商业秘密。

第三条 权利人请求保护的信息在被诉侵权行为发生时不为所属领域的相关人员普遍知悉和容易获得的，人民法院应当认定为反不正当竞争法第九条第四款所称的不为公众所知悉。

第四条 具有下列情形之一的，人民法院可以认定有关信息为公众所知悉：

（一）该信息在所属领域属于一般常识或者行业惯例的；

（二）该信息仅涉及产品的尺寸、结构、材料、部件的简单组合等内容，所属领域的相关人员通过观察上市产品即可直接获得的；

（三）该信息已经在公开出版物或者其他媒体上公开披露的；

（四）该信息已通过公开的报告会、展览等方式公开的；

（五）所属领域的相关人员从其他公开渠道可以获得该信息的。

将为公众所知悉的信息进行整理、改进、加工后形成的新信息，符合本规定第三条规定的，应当认定该新信息不为公众所知悉。

第五条 权利人为防止商业秘密泄露，在被诉侵权行为发生以前所采取的合理保密措施，人民法院应当认定为反不正当竞争法第九条第四款所称的相应保密措施。

人民法院应当根据商业秘密及其载体的性质、商业秘密的商业价值、保密措施的可识别程度、保密措施与商业秘密的对应程度以及权利人的保密意愿等因素，认定权利人是否采取了相应保密措施。

第六条 具有下列情形之一，在正常情况下足以防止商业秘密泄露的，人民法院应当认定权利人采取了相应保密措施：

（一）签订保密协议或者在合同中约定保密义务的；

（二）通过章程、培训、规章制度、书面告知等方式，对能够接触、获取商业秘密的员工、前员工、供应商、客户、来访者等提出保密要求的；

（三）对涉密的厂房、车间等生产经营场所限制来访者或者进行区分管理的；

（四）以标记、分类、隔离、加密、封存、限制能够接触或者获取的人员范围等方式，对商业秘密及其载体进行区分和管理的；

（五）对能够接触、获取商业秘密的计算机设备、电子设备、网络设备、存储设备、软件等，采取禁止或者限制使用、访问、存储、复制等措施的；

（六）要求离职员工登记、返还、清除、销毁其接触或者获取的商业秘密及其载体，继续承担保密义务的；

（七）采取其他合理保密措施的。

第七条 权利人请求保护的信息因不为公众所知悉而具有现实的或者潜在的商业价值的，人民法院经审查可以认定为反不正当竞争法第九条第四款所称的具有商业价值。

生产经营活动中形成的阶段性成果符合前款规定的，人民法院经审查可以认定该成果具有商业价值。

第八条 被诉侵权人以违反法律规定或者公认的商业道德的方式获取权利人的商业秘密的，人民法院应当认定属于反不正当竞争法第九条第一款所称的以其他不正当手段获取权利人的商业秘密。

第九条 被诉侵权人在生产经营活动中直接使用商业秘密，或者对商业秘密进行修改、改进后使用，或者根据商业秘密调整、优化、改进有关生产经营活动的，人民法院应当认定属于反不正当竞争法第九条所称的使用商业秘密。

第十条 当事人根据法律规定或者合同约定所承担的保密义务，人民法院应当认定属于反不正当竞争法第九条第一款所称的保密义务。

当事人未在合同中约定保密义务，但根据诚信原则以及合同的性质、目的、缔约过程、交易习惯等，被诉侵权人知道或者应当知道其获取的信息属于权利人的商业秘密的，人民法院应当认定被诉侵权人对其获取的商业秘密承担保密义务。

第十一条 法人、非法人组织的经营、管理人员以及具有劳动关系的其他人员，人民法院可以认定为反不正当竞争法第九条第三款所称的员工、前员工。

第十二条 人民法院认定员工、前员工是否有渠道或者机会获取权利人的商业秘密，可以考虑与其有关的下列因素：

（一）职务、职责、权限；

（二）承担的本职工作或者单位分配的任务；

（三）参与和商业秘密有关的生产经营活动的具体情形；

（四）是否保管、使用、存储、复制、控制或者以其他方式接触、获取商业秘密及其载体；

（五）需要考虑的其他因素。

第十三条 被诉侵权信息与商业秘密不存在实质性区别的，人民法院可以认定被诉侵权信息与商业秘密构成反不正当竞争法第三十二条第二款所称的实质上相同。

人民法院认定是否构成前款所称的实质上相同，可以考虑下列因素：

（一）被诉侵权信息与商业秘密的异同程度；

（二）所属领域的相关人员在被诉侵权行为发生时是否容易想到被诉侵权信息与商业秘密的区别；

（三）被诉侵权信息与商业秘密的用途、使用方式、目的、效果等是否具有实质性差异；

（四）公有领域中与商业秘密相关信息的情况；

（五）需要考虑的其他因素。

第十四条 通过自行开发研制或者反向工程获得被诉侵权信息的，人民法院应当认定不属于反不正当竞争法第九条规定的侵犯商业秘密行为。

前款所称的反向工程，是指通过技术手段对从公开渠道取得的产品进行拆卸、测绘、分析等而获得该产品的有关技术信息。

被诉侵权人以不正当手段获取权利人的商业秘密后，又以反向工程为由主张未侵犯商业秘密的，人民法院不予支持。

第十五条 被申请人试图或者已经以不正当手段获取、披露、使用或者允许他人使用权利人所主张的商业秘密，不采取行为保全措施会使判决难以执行或者造成当事人其他损害，或者将会使权利人的合法权益受到难以弥补的损害的，人民法院可以依法裁定采取行为保全措施。

前款规定的情形属于民事诉讼法第一百条、第一百零一条所称情况紧急的，人民法院应当在四十八小时内作出裁定。

第十六条 经营者以外的其他自然人、法人和非法人组织侵犯商业秘密，权利人依据反不正当竞争法第十七条的规定主张侵权人应当承担的民事责任的，人民法院应予支持。

第十七条 人民法院对于侵犯商业秘密行为判决停止侵害的民事责任时，停止侵害的时间一般应当持续到该商业秘密已为公众所知悉时为止。

依照前款规定判决停止侵害的时间明显不合理的，人民法院可以在依法保护权利人的商业秘密竞争优势的情况下，判决侵权人在一定期限或者范围内停止使用该商业秘密。

第十八条 权利人请求判决侵权人返还或者销毁商业秘密载体，清除其控制的商业秘密信息的，人民法院一般应予支持。

第十九条 因侵权行为导致商业秘密为公众所知悉的，人民法院依法确定赔偿数额时，可以考虑商业秘密的商业价值。

人民法院认定前款所称的商业价值，应当考虑研究开发成本、实施该项商业秘密的收益、可得利益、可保持竞争优势的时间等因素。

第二十条 权利人请求参照商业秘密许可使用费确定因被侵权所受到的实际损失的，人民法院可以根据许可的性质、内容、实际履行情况以及侵权行为的性质、情节、后果等因素确定。

人民法院依照反不正当竞争法第十七条第四款确定赔偿数额的，可以考虑商业秘密的性质、商业价值、研究开发成本、创新程度、能带来的竞争优势以及侵权人的主观过错、侵权行为的性质、情节、后果等因素。

第二十一条 对于涉及当事人或者案外人的商业秘密的证据、材料，当事人或者案外人书面申请人民法院采取保密措施的，人民法院应当在保全、证据交换、质证、委托鉴定、询问、庭审等诉讼活动中采取必要的保密措施。

违反前款所称的保密措施的要求，擅自披露商业秘密或者在诉讼活动之外使用或者允许他人使用在诉讼中接触、获取的商业秘密的，应当依法承担民事责任。构成民事诉讼法第一百一十一条规定情形的，人民法院可以依法采取强制措施。构成犯罪的，依法追究刑事责任。

第二十二条 人民法院审理侵犯商业秘密民事案件时，对在侵犯商业秘密犯罪刑事诉讼程序中形成的证据，应当按照法定程序，全面、客观地审查。

由公安机关、检察机关或者人民法院保存的与被诉侵权行为具有关联性的证据，侵犯商业秘密民事案件的当事人及其诉讼代理人因客观原因不能自行收集，申请调查收集的，人民法院应当准许，但可能影响正在进行的刑事诉讼程序的除外。

第二十三条 当事人主张依据生效刑事裁判认定的实际损失或者违法所得确定涉及同一侵犯商业秘密行为的民事案件赔偿数额的，人民法院应予支持。

第二十四条 权利人已经提供侵权人因侵权所获得的利益的初步证据，但与侵犯商业秘密行为相关的账簿、资料由侵权人掌握的，人民法院可以根据权利人的申请，责令侵权人提供该账簿、资料。侵权人无正当理由拒不提供或者不如实提供的，人民法院可以根据权利人的主张和提供的证据认定侵权人因侵权所获得的利益。

第二十五条 当事人以涉及同一被诉侵犯商业秘密行为的刑事案件尚未审结为由，请求中止审理侵犯商业秘密民事案件，人民法院在听取当事人意见后认为必须以该刑事案件的审理结果为依据的，应予支持。

第二十六条 对于侵犯商业秘密行为，商业秘密独占使用许可合同的被许可人提起诉讼的，人民法院应当依法受理。

排他使用许可合同的被许可人和权利人共同提起诉讼，或者在权利人不起诉的情况下自行提起诉讼的，人民法院应当依法受理。

普通使用许可合同的被许可人和权利人共同提起诉讼，或者经权利人书面授权单独提起诉讼的，人民法院应当依法受理。

第二十七条 权利人应当在一审法庭辩论结束前明确所主张的商业秘密具体内容。仅能明确部分的，人民法院对该明确的部分进行审理。

权利人在第二审程序中另行主张其在一审中未明确的商业秘密具体内容的，第二审人民法院可以根据当事人自愿的原则就与该商业秘密具体内容有关的诉讼请求进行调解；调解不成的，告知当事人另行起诉。双方当事人均同意由第二审人民法院一并审理的，第二审人民法院可以一并裁判。

第二十八条 人民法院审理侵犯商业秘密民事案件，适用被诉侵权行为发生时的法律。被诉侵权行为在法律修改之前已经发生且持续到法律修改之后的，适用修改后的法律。

第二十九条 本规定自2020年9月12日起施行。最高人民法院以前发布的相关司法解释与本规定不一致的，以本规定为准。

本规定施行后，人民法院正在审理的一审、二审案件适用本规定；施行前已经作出生效裁判的案件，不适用本规定再审。

最高人民法院关于适用《中华人民共和国公司法》若干问题的规定（四）

（法释〔2020〕18 号）

第十一条 股东行使知情权后泄露公司商业秘密导致公司合法利益受到损害，公司请求该股东赔偿相关损失的，人民法院应当予以支持。

根据本规定第十条辅助股东查阅公司文件材料的会计师、律师等泄露公司商业秘密导致公司合法利益受到损害，公司请求其赔偿相关损失的，人民法院应当予以支持。

最高人民法院关于审理技术合同纠纷案件适用法律若干问题的解释

（法释〔2020〕19 号）

一、一般规定

第一条 技术成果，是指利用科学技术知识、信息和经验作出的涉及产品、工艺、材料及其改进等的技术方案，包括专利、专利申请、技术秘密、计算机软件、集成电路布图设计、植物新品种等。

技术秘密，是指不为公众所知悉、具有商业价值并经权利人采取相应保密措施的技术信息。

第二条 民法典第八百四十七条第二款所称“执行法人或者非法人组织的工作任务”，包括：

（一）履行法人或者非法人组织的岗位职责或者承担其交付的其他技术开发任务；

（二）离职后一年内继续从事与其原所在法人或者非法人组织的岗位职责或者交付的任务有关的技术开发工作，但法律、行政法规另有规定的除外。

法人或者非法人组织与其职工就职工在职期间或者离职以后所完成的技术成果的权益有约定的，人民法院应当依约定确认。

第三条 民法典第八百四十七条第二款所称“物质技术条件”，包括资金、设备、器材、原材料、未公开的技术信息和资料等。

第四条 民法典第八百四十七条第二款所称“主要是利用法人或者非法人组织的物质技术条件”，包括职工在技术成果的研究开发过程中，全部或者大部分利用了法人或者非法人组织的资金、设备、器材或者原材料等物质条件，并且这些物质条件对形成该技术成果具有实质性的影响；还包括该技术成果实质性内容是在法人或者非法人组织尚未公开的技术成果、阶段性技术成果基础上完成的情形。但下列情况除外：

（一）对利用法人或者非法人组织提供的物质技术条件，约定返还资金或者交纳使用费的；

（二）在技术成果完成后利用法人或者非法人组织的物质技术条件对技术方案进行验证、测试的。

第五条 个人完成的技术成果，属于执行原所在法人或者非法人组织的工作任务，又主要利用了现所在法人或者非法人组织的物质技术条件的，应当按照该自然人原所在和现所在法人或者非法人组织达成的协议确认权益。不能达成协议的，根据对完成该项技术成果的贡献大小由双方合理分享。

第六条 民法典第八百四十七条所称“职务技术成果的完成人”、第八百四十八条所称“完成技术成果的个人”，包括对技术成果单独或者共同作出创造性贡献的人，也即技术成果的发明人或者设计人。人民法院在对创造性贡献进行认定时，应当分解所涉及技术成果的实质性技术构成。提出实质性技术构成并由此实现技术方案的人，是作出创造性贡献的人。

提供资金、设备、材料、试验条件，进行组织管理，协助绘制图纸、整理资料、翻译文献等人员，不属于职务技术成果的完成人、完成技术成果的个人。

第七条 不具有民事主体资格的科研组织订立的技术合同，经法人或者非法人组织授权或者认可的，视为法人或者非法人组织订立的合同，由法人或者非法人组织承担责任；未经法人或者非法人组织授权或者认可的，由该科研组织成员共同承担责任，但法人或者非法人组织因该合同受益的，应当在其受益范围内承担相应责任。

前款所称不具有民事主体资格的科研组织，包括法人或者非法人组织设立的从事技术研究开发、转让等活动的课题组、工作室等。

第八条 生产产品或者提供服务依法须经有关部门审批或者取得行政许可，而未经审批或者许可的，不影响当事人订立的相关技术合同的效力。

当事人对办理前款所称审批或者许可的义务没有约定或者约定不明确的，人民法院应当判令由实施技术的一方负责办理，但法律、行政法规另有规定的除外。

第九条 当事人一方采取欺诈手段，就其现有技术成果作为研究开发标的与他人订立委托开发合同收取研究开发费用，或者就同一研究开发课题先后与两个或者两个以上的委托人分别订立委托开发合同重复收取研究开发费用，使对方在违背真实意思的情况下订立的合同，受损害方依照民法典第一百四十八条规定请求撤销合同的，人民法院应当予以支持。

第十条 下列情形，属于民法典第八百五十条所称的“非法垄断技术”：

（一）限制当事人一方在合同标的技术基础上进行新的研究开发或者限制其使用所改进的技术，或者双方交换改进技术的条件不对等，包括要求一方将其自行改进的技术无偿提供给对方、非互惠性转让给对方、无偿独占或者共享该改进技术的知识产权；

（二）限制当事人一方从其他来源获得与技术提供方类似技术或者与其竞争的技术；

（三）阻碍当事人一方根据市场需求，按照合理方式充分实施合同标的技术，包括明显不合理地限制技术接受方实施合同标的技术生产产品或者提供服务的数量、品种、价格、销售渠道和出口市场；

（四）要求技术接受方接受并非实施技术必不可少的附带条件，包括购买非必需的技术、原材料、产品、设备、服务以及接收非必需的人员等；

（五）不合理地限制技术接受方购买原材料、零部件、产品或者设备等的渠道或者来源；

（六）禁止技术接受方对合同标的技术知识产权的有效性提出异议或者对提出异议附加条件。

第十一条 技术合同无效或者被撤销后，技术开发合同研究开发人、技术转让合同让与人、技术许可合同许可人、技术咨询合同和技术服务合同的受托人已经履行或者部分履行了约定的义务，并且造成合同无效或者被撤销的过错在对方的，对其已履行部分应当收取的研究开发经费、技术使用费、提供咨询服务的报酬，人民法院可以认定为因对方原因导致合同无效或者被撤销给其造成的损失。

技术合同无效或者被撤销后，因履行合同所完成新的技术成果或者在他人技术成果基础上完成后续改进技术成果的权利归属和利益分享，当事人不能重新协议确定的，人民法院可以判决由完成技术成果的一方享有。

第十二条 根据民法典第八百五十条的规定，侵害他人技术秘密的技术合同被确认无效后，除法律、行政法规另有规定的以外，善意取得该技术秘密的一方当事人可以在其取得时的范围内继续使用该技术秘密，但应当向权利人支付合理的使用费并承担保密义务。

当事人双方恶意串通或者一方知道或者应当知道另一方侵权仍与其订立或者履行合同的，属于共同侵权，人民法院应当判令侵权人承担连带赔偿责任和保密义务，因此取得技术秘密的当事人不得继续使用该技术秘密。

第十三条 依照前条第一款规定可以继续使用技术秘密的人与权利人就使用费支付发生纠纷的，当事人任何一方都可以请求人民法院予以处理。继续使用技术秘密但又拒不支付使用费的，人民法院可以根据权利人的请求判令使用人停止使用。

人民法院在确定使用费时，可以根据权利人通常对外许可该技术秘密的使用费或者使用人取得该技术秘密所支付的使用费，并考虑该技术秘密的研究开发成本、成果转化和应用程度以及使用人的使用规模、经济效益等因素合理确定。

不论使用人是否继续使用技术秘密，人民法院均应当判令其向权利人支付已使用期间的使用费。使用人已向无效合同的让与人或者许可人支付的使用费应当由让与人或者许可人负责返还。

第十四条 对技术合同的价款、报酬和使用费，当事人没有约定或者约定不明确的，人民法院可以按照以下原则处理：

（一）对于技术开发合同和技术转让合同、技术许可合同，根据有关技术成果的研究开发成本、先进性、实施转化和应用的程度，当事人享有的权益和承担的责任，以及技术成果的经济效益等合理确定；

（二）对于技术咨询合同和技术服务合同，根据有关咨询服务工作的技术含量、质量和数量，以及已经产生和预期产生的经济效益等合理确定。

技术合同价款、报酬、使用费中包含非技术性款项的，应当分项计算。

第十五条 技术合同当事人一方迟延履行主要债务，经催告后在30日内仍未履行，另一方依据民法典第五百六十三条第一款第（三）项的规定主张解除合同的，人民法院应当予以支持。

当事人在催告通知中附有履行期限且该期限超过30日的，人民法院应当认定该履行期限为民法典第五百六十三条第一款第（三）项规定的合理期限。

第十六条 当事人以技术成果向企业出资但未明确约定权属，接受出资的企业主张该技术成果归其享有的，人民法院一般应当予以支持，但是该技术成果价值与该技术成果所占出资额比例明显不合理损害出资人利益的除外。

当事人对技术成果的权属约定有比例的，视为共同所有，其权利使用和利益分配，按共有技术成果的有关规定处理，但当事人另有约定的，从其约定。

当事人对技术成果的使用权约定有比例的，人民法院可以视为当事人对实施该项技术成果所获收益的分配比例，但当事人另有约定的，从其约定。

二、技术开发合同

第十七条 民法典第八百五十一条第一款所称“新技术、新产品、新工艺、新品种或者新材料及其系统”，包括当事人在订立技术合同时尚未掌握的产品、工艺、材料及其系统等技术方案，但对技术上没有创新的现有产品的改型、工艺变更、材料配方调整以及对技术成果的验证、测试和使用除外。

第十八条 民法典第八百五十一条第四款规定的“当事人之间就具有实用价值的科技成果实施转化订立的”技术转化合同，是指当事人之间就具有实用价值但尚未实现工业化应用的科技成果包括阶段性技术成果，以实现该科技成果工业化应用为目标，约定后续试验、开发和应用等内容的合同。

第十九条 民法典第八百五十五条所称“分工参与研究开发工作”，包括当事人按照约定的计划和分工，共同或者分别承担设计、工艺、试验、试制等工作。

技术开发合同当事人一方仅提供资金、设备、材料等物质条件或者承担辅助协作事项，另一方进行研究开发工作的，属于委托开发合同。

第二十条 民法典第八百六十一条所称“当事人均有使用和转让的权利”，包括当事人均有不经对方同意而自己使用或者以普通使用许可的方式许可他人使用技术秘密，并独占由此所获利益的权利。当事人一方将技术秘密成果的转让权让与他人，或者以独占或者排他使用许可的方式许可他人使用技术秘密，未经对方当事人同意或者追认的，应当认定该让与或者许可行为无效。

第二十一条 技术开发合同当事人依照民法典的规定或者约定自行实施专利或使用技术秘密，但因其不具备独立实施专利或者使用技术秘密的条件，以一个普通许可方式许可他人实施或者使用的，可以准许。

三、技术转让合同和技术许可合同

第二十二条 就尚待研究开发的技术成果或者不涉及专利、专利申请或者技术秘密的知识、技术、经验和信息所订立的合同，不属于民法典第八百六十二条规定的技术转让合同或者技术许可合同。

技术转让合同中关于让与人向受让人提供实施技术的专用设备、原材料或者提供有关的技术咨询、技术服务的约定，属于技术转让合同的组成部分。因此发生的纠纷，按照技术转让合同处理。

当事人以技术入股方式订立联营合同，但技术入股人不参与联营体的经营管理，并且以保底条款形式约定联营体或者联营对方支付其技术价款或者使用费的，视为技术转让合同或者技术许可合同。

第二十五条 专利实施许可包括以下方式：

（一）独占实施许可，是指许可人在约定许可实施专利的范围内，将该专利仅许可一个被许可人实施，许可人依约定不得实施该专利；

（二）排他实施许可，是指许可人在约定许可实施专利的范围内，将该专利仅许可一个被许可人实施，但许可人依约定可以自行实施该专利；

（三）普通实施许可，是指许可人在约定许可实施专利的范围内许可他人实施该专利，并且可以自行实施该专利。

当事人对专利实施许可方式没有约定或者约定不明确的，认定为普通实施许可。专利实施许可合同约定被许可人可以再许可他人实施专利的，认定该再许可为普通实施许可，但当事人另有约定的除外。

技术秘密的许可使用方式，参照本条第一、二款的规定确定。

第二十六条 专利实施许可合同许可人负有在合同有效期内维持专利权有效的义务，包括依法缴纳专利年费和积极应对他人提出宣告专利权无效的请求，但当事人另有约定的除外。

第二十七条 排他实施许可合同许可人不具备独立实施其专利的条件，以一个普通许可的方式许可他人实施专利的，人民法院可以认定为许可人自己实施专利，但当事人另有约定的除外。

第二十八条 民法典第八百六十四条所称"实施专利或者使用技术秘密的范围"，包括实施专利或者使用技术秘密的期限、地域、方式以及接触技术秘密的人员等。

当事人对实施专利或者使用技术秘密的期限没有约定或者约定不明确的，受让人、被许可人实施专利或者使用技术秘密不受期限限制。

第二十九条 当事人之间就申请专利的技术成果所订立的许可使用合同，专利申请公开以前，适用技术秘密许可合同的有关规定；发明专利申请公开以后、授权以前，参照适用专利实施许可合同的有关规定；授权以后，原合同即为专利实施许可合同，适用专利实施许可合同的有关规定。

人民法院不以当事人就已经申请专利但尚未授权的技术订立专利实施许可合同为由，认定合同无效。

四、技术咨询合同和技术服务合同

第三十条 民法典第八百七十八条第一款所称“特定技术项目”，包括有关科学技术与经济社会协调发展的软科学研究项目，促进科技进步和管理现代化、提高经济效益和社会效益等运用科学知识和技术手段进行调查、分析、论证、评价、预测的专业性技术项目。

第三十一条 当事人对技术咨询合同委托人提供的技术资料和数据或者受托人提出的咨询报告和意见未约定保密义务，当事人一方引用、发表或者向第三人提供的，不认定为违约行为，但侵害对方当事人对此享有的合法权益的，应当依法承担民事责任。

第三十二条 技术咨询合同受托人发现委托人提供的资料、数据等有明显错误或者缺陷，未在合理期限内通知委托人的，视为其对委托人提供的技术资料、数据等予以认可。委托人在接到受托人的补正通知后未在合理期限内答复并予补正的，发生的损失由委托人承担。

第三十三条 民法典第八百七十八条第二款所称“特定技术问题”，包括需要运用专业技术知识、经验和信息解决的有关改进产品结构、改良工艺流程、提高产品质量、降低产品成本、节约资源能耗、保护资源环境、实现安全操作、提高经济效益和社会效益等专业技术问题。

第三十四条 当事人一方以技术转让或者技术许可的名义提供已进入公有领域的技术，或者在技术转让合同、技术许可合同履行过程中合同标的技术进入公有领域，但是技术提供方进行技术指导、传授技术知识，为对方解决特定技术问题符合约定条件的，按照技术服务合同处理，约定的技术转让费、使用费可以视为提供技术服务的报酬和费用，但是法律、行政法规另有规定的除外。

依照前款规定，技术转让费或者使用费视为提供技术服务的报酬和费用明显不合理的，人民法院可以根据当事人的请求合理确定。

第三十五条 技术服务合同受托人发现委托人提供的资料、数据、样品、材料、场地等工作条件不符合约定，未在合理期限内通知委托人的，视为其对委托人提供的工作条件予以认可。委托人在接到受托人的补正通知后未在合理期限内答复并予补正的，发生的损失由委托人承担。

第三十六条 民法典第八百八十七条规定的“技术培训合同”，是指当事人一方委托另一方对指定的学员进行特定项目的专业技术训练和技术指导所订立的合同，不包括职业培训、文化学习和按照行业、法人或者非法人组织的计划进行的职工业余教育。

第三十七条 当事人对技术培训必需的场地、设施和试验条件等工作条件的提供和管理责任没有约定或者约定不明确的，由委托人负责提供和管理。

技术培训合同委托人派出的学员不符合约定条件，影响培训质量的，由委托人按照约定支付报酬。

受托人配备的教员不符合约定条件，影响培训质量，或者受托人未按照计划和项目进行培训，导致不能实现约定培训目标的，应当减收或者免收报酬。

受托人发现学员不符合约定条件或者委托人发现教员不符合约定条件，未在合理期限内通知对方，或者接到通知的一方未在合理期限内按约定改派的，应当由负有履行义务的当事人承担相应的民事责任。

第三十八条 民法典第八百八十七条规定的“技术中介合同”，是指当事人一方以知识、技术、经验和信息为另一方与第三人订立技术合同进行联系、介绍以及对履行合同提供专门服务所订立的合同。

五、与审理技术合同纠纷有关的程序问题

第四十二条 当事人将技术合同和其他合同内容或者将不同类型的技术合同内容订立在一个合同中的，应当根据当事人争议的权利义务内容，确定案件的性质和案由。

技术合同名称与约定的权利义务关系不一致的，应当按照约定的权利义务内容，确定合同的类型和案由。

技术转让合同或者技术许可合同中约定让与人或者许可人负责包销或者回购受让人、被许可人实施合同标的技术制造的产品，仅因让与人或者许可人不履行或者不能全部履行包销或者回购义务引起纠纷，不涉及技术问题的，应当按照包销或者回购条款约定的权利义务内容确定案由。

第四十三条 技术合同纠纷案件一般由中级以上人民法院管辖。

各高级人民法院根据本辖区的实际情况并报经最高人民法院批准，可以指定若干基层人民法院管辖第一审技术合同纠纷案件。

其他司法解释对技术合同纠纷案件管辖另有规定的，从其规定。

合同中既有技术合同内容，又有其他合同内容，当事人就技术合同内容和其他合同内容均发生争议的，由具有技术合同纠纷案件管辖权的人民法院受理。

第四十四条 一方当事人以诉讼争议的技术合同侵害他人技术成果为由请求确认合同无效，或者人民法院在审理技术合同纠纷中发现可能存在该无效事由的，人民法院应当依法通知有关利害关系人，其可以作为有独立请求权的第三人参加诉讼或者依法向有管辖权的人民法院另行起诉。

利害关系人在接到通知后 15 日内不提起诉讼的，不影响人民法院对案件的审理。

第四十五条 第三人向受理技术合同纠纷案件的人民法院就合同标的技术提出权属或者侵权请求时，受诉人民法院对此也有管辖权的，可以将权属或者侵权纠纷与合同纠纷合并审理；受诉人民法院对此没有管辖权的，应当告知其向有管辖权的人民法院另行起诉或者将已经受理的权属或者侵权纠纷案件移送有管辖权的人民法院。权属或者侵权纠纷另案受理后，合同纠纷应当中止诉讼。

专利实施许可合同诉讼中，被许可人或者第三人向国家知识产权局请求宣告专利权无效的，人民法院可以不中止诉讼。在案件审理过程中专利权被宣告无效的，按照专利法第四十七条第二款和第三款的规定处理。

最高人民法院关于审理劳动争议案件适用法律问题的解释（一）

（法释〔2020〕26号）

第三十六条 当事人在劳动合同或者保密协议中约定了竞业限制，但未约定解除或者终止劳动合同后给予劳动者经济补偿，劳动者履行了竞业限制义务，要求用人单位按照劳动者在劳动合同解除或者终止前十二个月平均工资的30%按月支付经济补偿的，人民法院应予支持。

前款规定的月平均工资的30%低于劳动合同履行地最低工资标准的，按照劳动合同履行地最低工资标准支付。

第三十七条 当事人在劳动合同或者保密协议中约定了竞业限制和经济补偿，当事人解除劳动合同时，除另有约定外，用人单位要求劳动者履行竞业限制义务，或者劳动者履行了竞业限制义务后要求用人单位支付经济补偿的，人民法院应予支持。

第三十八条 当事人在劳动合同或者保密协议中约定了竞业限制和经济补偿，劳动合同解除或者终止后，因用人单位的原因导致三个月未支付经济补偿，劳动者请求解除竞业限制约定的，人民法院应予支持。

第三十九条 在竞业限制期限内，用人单位请求解除竞业限制协议的，人民法院应予支持。

在解除竞业限制协议时，劳动者请求用人单位额外支付劳动者三个月的竞业限制经济补偿的，人民法院应予支持。

第四十条 劳动者违反竞业限制约定，向用人单位支付违约金后，用人单位要求劳动者按照约定继续履行竞业限制义务的，人民法院应予支持。

最高人民法院、最高人民检察院关于办理侵犯知识产权刑事案件具体应用法律若干问题的解释（三）

（法释〔2020〕10号）

第三条 采取非法复制、未经授权或者超越授权使用计算机信息系统等方式窃取商业秘密的，应当认定为刑法第二百一十九条第一款第一项规定的“盗窃”。

以贿赂、欺诈、电子侵入等方式获取权利人的商业秘密的，应当认定为刑法第二百一十九条第一款第一项规定的“其他不正当手段”。

第四条 实施刑法第二百一十九条规定的行为，具有下列情形之一的，应当认定为“给商业秘密的权利人造成重大损失”：

（一）给商业秘密的权利人造成损失数额或者因侵犯商业秘密违法所得数额在三十万元以上的；

（二）直接导致商业秘密的权利人因重大经营困难而破产、倒闭的；

（三）造成商业秘密的权利人其他重大损失的。

给商业秘密的权利人造成损失数额或者因侵犯商业秘密违法所得数额在二百五十万元以上的，应当认定为刑法第二百一十九条规定的“造成特别严重后果”。

第五条 实施刑法第二百一十九条规定的行为造成的损失数额或者违法所得数额，可以按照下列方式认定：

（一）以不正当手段获取权利人的商业秘密，尚未披露、使用或者允许他人使用的，损失数额可以根据该项商业秘密的合理许可使用费确定；

（二）以不正当手段获取权利人的商业秘密后，披露、使用或者允许他人使用的，损失数额可以根据权利人因被侵权造成销售利润的损失确定，但该损失数额低于商业秘密合理许可使用费的，根据合理许可使用费确定；

（三）违反约定、权利人有关保守商业秘密的要求，披露、使用或者允许他人使用其所掌握的商业秘密的，损失数额可以根据权利人因被侵权造成销售利润的损失确定；

（四）明知商业秘密是不正当手段获取或者是违反约定、权利人有关保守商业秘密的要求披露、使用、允许使用，仍获取、使用或者披露的，损失数额可以根据权利人因被侵权造成销售利润的损失确定；

（五）因侵犯商业秘密行为导致商业秘密已为公众所知悉或者灭失的，损失数额可以根据该项商业秘密的商业价值确定。商业秘密的商业价值，可以根据该项商业秘密的研究开发成本、实施该项商业秘密的收益综合确定；

（六）因披露或者允许他人使用商业秘密而获得的财物或者其他财产性利益，应当认定为违法所得。

前款第二项、第三项、第四项规定的权利人因被侵权造成销售利润的损失，可以根据权利人因被侵权造成销售量减少的总数乘以权利人每件产品的合理利润确定；销售量减少的总数无法确定的，可以根据侵权产品销售量乘以权利人每件产品的合理利润确定；权利人因被侵权造成销售量减少的总数和每件产品的合理利润均无法确定的，可以根据侵权产品销售量乘以每件侵权产品的合理利润确定。商业秘密系用于服务等其他经营活动的，损失数额可以根据权利人因被侵权而减少的合理利润确定。

商业秘密的权利人为减轻对商业运营、商业计划的损失或者重新恢复计算机信息系统安全、其他系统安全而支出的补救费用，应当计入给商业秘密的权利人造成的损失。

第六条 在刑事诉讼程序中，当事人、辩护人、诉讼代理人或者案外人书面申请对有关商业秘密或者其他需要保密的商业信息的证据、材料采取保密措施的，应当根据案件情况采取组织诉讼参与人签署保密承诺书等必要的保密措施。

违反前款有关保密措施的要求或者法律法规规定的保密义务的，依法承担相应责任。擅自披露、使用或者允许他人使用在刑事诉讼程序中接触、获取的商业秘密，符合刑法第二百一十九条规定的，依法追究刑事责任。

第八条 具有下列情形之一的，可以酌情从重处罚，一般不适用缓刑：

（一）主要以侵犯知识产权为业的；

（二）因侵犯知识产权被行政处罚后再次侵犯知识产权构成犯罪的；

（三）在重大自然灾害、事故灾难、公共卫生事件期间，假冒抢险救灾、防疫物资等商品的注册商标的；

（四）拒不交出违法所得的。

第九条 具有下列情形之一的，可以酌情从轻处罚：

（一）认罪认罚的；

（二）取得权利人谅解的；

（三）具有悔罪表现的；

（四）以不正当手段获取权利人的商业秘密后尚未披露、使用或者允许他人使用的。

第十条 对于侵犯知识产权犯罪的，应当综合考虑犯罪违法所得数额、非法经营数额、给权利人造成的损失数额、侵权假冒物品数量及社会危害性等情节，依法判处罚金。

罚金数额一般在违法所得数额的一倍以上五倍以下确定。违法所得数额无法查清的，罚金数额一般按照非法经营数额的百分之五十以上一倍以下确定。违法所得数额和非法经营数额均无法查清，判处三年以下有期徒刑、拘役、管制或者单处罚金的，一般在三万元以上一百万元以下确定罚金数额；判处三年以上有期徒刑的，一般在十五万元以上五百万元以下确定罚金数额。

最高人民检察院、公安部关于修改侵犯商业秘密刑事案件立案追诉标准的决定

（高检发〔2020〕15号）

为依法惩治侵犯商业秘密犯罪，加大对知识产权的刑事司法保护力度，维护社会主义市场经济秩序，将《最高人民检察院、公安部关于公安机关管辖的刑事案件立案追诉标准的规定（二）》第七十三条侵犯商业秘密刑事案件立案追诉标准修改为：［侵犯商业秘密案（刑法第二百一十九条）］侵犯商业秘密，涉嫌下列情形之一

的，应予立案追诉：

（一）给商业秘密权利人造成损失数额在三十万元以上的；

（二）因侵犯商业秘密违法所得数额在三十万元以上的；

（三）直接导致商业秘密的权利人因重大经营困难而破产、倒闭的；

（四）其他给商业秘密权利人造成重大损失的情形。

前款规定的造成损失数额或者违法所得数额，可以按照下列方式认定：

（一）以不正当手段获取权利人的商业秘密，尚未披露、使用或者允许他人使用的，损失数额可以根据该项商业秘密的合理许可使用费确定；

（二）以不正当手段获取权利人的商业秘密后，披露、使用或者允许他人使用的，损失数额可以根据权利人因被侵权造成销售利润的损失确定，但该损失数额低于商业秘密合理许可使用费的，根据合理许可使用费确定；

（三）违反约定、权利人有关保守商业秘密的要求，披露、使用或者允许他人使用其所掌握的商业秘密的，损失数额可以根据权利人因被侵权造成销售利润的损失确定；

（四）明知商业秘密是不正当手段获取或者是违反约定、权利人有关保守商业秘密的要求披露、使用、允许使用，仍获取、使用或者披露的，损失数额可以根据权利人因被侵权造成销售利润的损失确定；

（五）因侵犯商业秘密行为导致商业秘密已为公众所知悉或者灭失的，损失数额可以根据该项商业秘密的商业价值确定。商业秘密的商业价值，可以根据该项商业秘密的研究开发成本、实施该项商业秘密的收益综合确定；

（六）因披露或者允许他人使用商业秘密而获得的财物或者其他财产性利益，应当认定为违法所得。

前款第二项、第三项、第四项规定的权利人因被侵权造成销售利润的损失，可以根据权利人因被侵权造成销售量减少的总数乘以权利人每件产品的合理利润确定；销售量减少的总数无法确定的，可以根据侵权产品销售量乘以权利人每件产品的合理利润确定；权利人因被侵权造成销售量减少的总数和每件产品的合理利润均无法确定的，可以根据侵权产品销售量乘以每件侵权产品的合理利润确定。商业秘密系用于服务等其他经营活动的，损失数额可以根据权利人因被侵权而减少的合理利润确定。

商业秘密的权利人为减轻对商业运营、商业计划的损失或者重新恢复计算机信息系统安全、其他系统安全而支出的补救费用，应当计入给商业秘密的权利人造成的损失。

最高人民法院关于适用《中华人民共和国民事诉讼法》的解释

（法释〔2022〕11号）

第九十四条 民事诉讼法第六十七条第二款规定的当事人及其诉讼代理人因客

观原因不能自行收集的证据包括：

（一）证据由国家有关部门保存，当事人及其诉讼代理人无权查阅调取的；

（二）涉及国家秘密、商业秘密或者个人隐私的；

（三）当事人及其诉讼代理人因客观原因不能自行收集的其他证据。

当事人及其诉讼代理人因客观原因不能自行收集的证据，可以在举证期限届满前书面申请人民法院调查收集。

第一百零三条 证据应当在法庭上出示，由当事人互相质证。未经当事人质证的证据，不得作为认定案件事实的根据。

当事人在审理前的准备阶段认可的证据，经审判人员在庭审中说明后，视为质证过的证据。

涉及国家秘密、商业秘密、个人隐私或者法律规定应当保密的证据，不得公开质证。

第一百四十六条 人民法院审理民事案件，调解过程不公开，但当事人同意公开的除外。

调解协议内容不公开，但为保护国家利益、社会公共利益、他人合法权益，人民法院认为确有必要公开的除外。

主持调解以及参与调解的人员，对调解过程以及调解过程中获悉的国家秘密、商业秘密、个人隐私和其他不宜公开的信息，应当保守秘密，但为保护国家利益、社会公共利益、他人合法权益的除外。

第二百二十条 民事诉讼法第七十一条、第一百三十七条、第一百五十九条规定的商业秘密，是指生产工艺、配方、贸易联系、购销渠道等当事人不愿公开的技术秘密、商业情报及信息。

第二百五十五条 对于查阅判决书、裁定书的申请，人民法院根据下列情形分别处理：

（一）判决书、裁定书已经通过信息网络向社会公开的，应当引导申请人自行查阅；

（二）判决书、裁定书未通过信息网络向社会公开，且申请符合要求的，应当及时提供便捷的查阅服务；

（三）判决书、裁定书尚未发生法律效力，或者已失去法律效力的，不提供查阅并告知申请人；

（四）发生法律效力的判决书、裁定书不是本院作出的，应当告知申请人向作出生效裁判的人民法院申请查阅；

（五）申请查阅的内容涉及国家秘密、商业秘密、个人隐私的，不予准许并告知申请人。

第二百七十条 适用简易程序审理的案件，有下列情形之一的，人民法院在制作判决书、裁定书、调解书时，对认定事实或者裁判理由部分可以适当简化：

（一）当事人达成调解协议并需要制作民事调解书的；

（二）一方当事人明确表示承认对方全部或者部分诉讼请求的；

（三）涉及商业秘密、个人隐私的案件，当事人一方要求简化裁判文书中的相关内容，人民法院认为理由正当的；

（四）当事人双方同意简化的。

最高人民法院关于民事诉讼证据的若干规定

（法释〔2019〕19号）

第四十七条 下列情形，控制书证的当事人应当提交书证：

（一）控制书证的当事人在诉讼中曾经引用过的书证；

（二）为对方当事人的利益制作的书证；

（三）对方当事人依照法律规定有权查阅、获取的书证；

（四）账簿、记账原始凭证；

（五）人民法院认为应当提交书证的其他情形。

前款所列书证，涉及国家秘密、商业秘密、当事人或第三人的隐私，或者存在法律规定应当保密的情形的，提交后不得公开质证。

北京市高级人民法院关于审理反不正当竞争案件几个问题的解答（试行）

9. 审理侵犯商业秘密的案件，应要求原告举证证明哪些问题？

答：审理侵犯商业秘密案件，应要求原告举证说明其拥有的商业秘密的内容、范围，采取的保密措施以及被告实施了哪些不正当竞争行为。

10. 商业秘密包括哪些内容？

答：商业秘密包括：

（1）技术信息，包括完整的技术方案、开发过程中的阶段性技术成果以及取得的有价值的技术数据，也包括针对技术问题的技术诀窍。

（2）经营信息，指经营策略、管理诀窍、客户名单、货源情报、投标标底等信息。

11. 职工违反单位有关保守商业秘密的要求，披露、使用或允许他人使用其所掌握的商业秘密的，可否成为不正当竞争诉讼的被告？

答：职工违反单位有关保守商业秘密的要求，披露、使用或允许他人使用其所掌握的商业秘密的，属于反不正当竞争法第十条第一款第（三）项规定的情况，可以成为侵犯商业秘密的主体。

12. 如何认定保密措施？

答：采取保密措施是信息构成商业秘密的要件之一。这个要件要求，权利人必须对其主张权力的信息对内、对外均采取了保密措施；所采取的保密措施明确、具体地规定了信息的范围；措施是适当的、合理的，不要求必须万无一失。

13. 能否委托鉴定部门鉴定信息是否构成商业秘密？

答：某一信息是否构成商业秘密是在适用法律对事实进行认定后产生的结果，应由法院根据事实和法律作出判断，不宜委托鉴定部门鉴定。

北京市高级人民法院知识产权民事诉讼证据规则指引

5.6 原告主张其享有商业秘密的，应说明其商业秘密的具体内容，同时可以提供载有商业秘密的合同、文档、计算机软件、产品、招投标文件、数据库文件，原告与披露、使用或允许他人使用商业秘密的人存在约定保密义务的合同、员工证明、社保证明、离职手续、企业规章制度，密钥、限制访问系统或物理保密装置等证据。

5.7 原告主张被告实施侵害商业秘密行为的，可以提供以下证据：

（一）被告生产的含有原告商业秘密的产品、产品手册、宣传材料、计算机软件、文档；

（二）被告与第三方订立的含有原告商业秘密的合同；

（三）被告所用信息与原告商业秘密相同或存在相似程度的鉴定报告、评估意见、勘验结论；

（四）被告与披露、使用或允许他人使用商业秘密的主体存在合同关系或其他关系的合同；

（五）针对原告商业秘密的密钥、限制访问系统或物理保密装置等被破解、规避的记录；

（六）能反映原告商业秘密被窃取、披露、使用的证人证言；

（七）体现原告商业秘密存在的产品说明书、宣传介绍资料；

（八）被告明知或应知他人侵犯商业秘密仍提供帮助的宣传网页、销售或展览展示场所；

（九）被告教唆、引诱、帮助他人侵犯商业秘密的录音录像、聊天记录、邮件；

（十）其他证据。

5.8 原告主张被诉信息与原告主张的商业秘密构成实质性相同，可以提供以下证据：

（一）有资质的鉴定机关、评估机构出具的鉴定意见、评估意见，相关专家辅助人意见；

（二）能体现与原告主张的商业秘密实质性相同的信息的产品、合同、意向书；

（三）前述证据来自于与被告有关的第三方；

（四）其他证据。

必要时，原告可以申请对含有原告商业秘密与被诉信息的产品、文档等载体进行现场勘验或鉴定。

5.9 被告否认侵犯商业秘密的，可以提供以下证据：

（一）已公开原告商业秘密的文献资料、宣传材料、网页、相关产品；

（二）原告保密措施无效的鉴定意见、评估报告；

（三）被告所用信息与原告商业秘密不同的鉴定意见、评估报告、勘验结论；

（四）被告获取、披露、使用或者允许他人使用的商业秘密经过合法授权的授权书、合同；

（五）被告自行开发研制或者反向工程等的开发文件、研发记录、音视频文件；

（六）客户基于对离职员工个人的信赖而自愿与该个人或者其新单位进行市场交易的说明、证人证言；

（七）其他证据。

5.10 被告抗辩被诉信息与原告商业秘密存在实质性区别的，可列明二者之间存在的区别点，并对相关区别点导致二者构成实质性区别予以说明，必要时可以提供专家辅助人意见、鉴定意见等；或者提供被诉信息与原告商业秘密中构成实质性相同部分的信息属于他人信息或公有领域信息的文档、专家辅助人意见、鉴定意见、评估意见等证据。

必要时，被告可以申请对原告商业秘密与被诉信息的产品、文档等载体进行现场勘验或鉴定。

5.11 被告抗辩被诉信息系通过反向工程获取的，可以提供以下证据：

（一）通过公开渠道取得产品的购买合同、接受赠予的凭证、票据；

（二）通过拆卸、测绘、分析等相关技术手段从公开渠道取得的产品中获得有关技术信息的工作记录、视频、文档数据；

（三）委托他人通过拆卸、测绘、分析等技术手段从公开渠道取得的产品中获得有关技术信息的合同、往来邮件；

（四）其他证据。

5.12 被告提出个人信赖抗辩的，可以提供以下证据：

（一）所涉行业领域强调个人技能的行业特点说明；

（二）客户明确其系基于对员工个人的信赖自愿选择交易的声明、说明或者聊天记录、往来邮件；

（三）与相关客户的交易未利用原告所提供的物质条件、交易平台的文件、沟通记录；

（四）其他证据。

江苏省高级人民法院侵犯商业秘密民事纠纷案件审理指南

《侵犯商业秘密民事纠纷案件审理指南》自 2011 年发布以来，对统一全省法院侵犯商业秘密民事纠纷案件的审理思路，提高审判水平，发挥了重要作用。随着经济社会和科学技术的发展，新型智力成果不断涌现，商业模式不断更新，侵犯商业秘密的方式愈加隐蔽、复杂，侵权更加难以判断。《中华人民共和国反不正当竞争法》先后于2017年修订、2019年修正，《最高人民法院关于审理侵犯商业秘密民事案件适用法律若干问题的规定》也于2020年发布施行。为正确审理侵犯商业秘密民事纠纷案件，进一步加强对商业秘密的保护，根据新的法律法规、司法解释，结合全省法院知识产权审判工作实际，修订本指南。

第一部分　侵犯商业秘密民事纠纷案件审理概述

1.1　基本情况

侵犯商业秘密民事纠纷主要分为侵犯经营信息纠纷、侵犯技术信息纠纷及侵犯其他商业信息纠纷。引发诉讼的原因一般是行为人不正当地获取、披露、使用或允许他人使用商业秘密。例如，企业员工跳槽至其他企业，员工自己或近亲属另行设立企业并泄露、使用原企业商业秘密；因合同关系知悉相对人商业秘密后，违反保密条款约定侵犯商业秘密等。诉讼中，原告的诉讼主张一般包括请求确认其主张的信息构成商业秘密、请求被告停止侵权并赔偿损失等。被告抗辩的理由一般包括原告主张的信息不构成商业秘密、原告无权就该商业秘密主张权利、被告未实施侵权行为、原告主张的赔偿数额缺乏依据等。

1.2　审理思路概述

侵犯商业秘密民事纠纷案件一般遵循逐段审理的思路：

第一步：在原告明确其主张的商业秘密内容的前提下，审查和认定原告是否有权就该内容主张权利、该内容是否符合商业秘密构成要件，以及被告的抗辩理由；

第二步：在商业秘密成立且原告有权主张权利的前提下，审查和认定侵权是否成立，以及被告不侵权的抗辩理由；

第三步：在被告侵权成立的情况下，审查和认定被告应当承担的民事责任。

需要指出的是，根据《中华人民共和国反不正当竞争法》第三十二条规定，在原告提供初步证据，证明其已经对所主张的商业秘密采取保密措施，被告侵权可能性较大的，应当由被告举证证明原告主张的信息不构成商业秘密、被告不存在侵犯商业秘密的行为。在审理过程中，应当综合案件事实，合理确定原告提供初步证据的证明标准，降低原告的举证难度，及时运用举证责任转移，解决原告维权难、审理难、周期长等问题。同时，如果根据原告提供的现有证据，侵权明显不成立的，也可以直接驳回原告的诉讼请求，无需按照上述一般思路审理。

1.3　援引的主要法律规定

《中华人民共和国民法典》、《中华人民共和国反不正当竞争法》（以下简称《反不正当竞争法》）、《中华人民共和国公司法》、《中华人民共和国民事诉讼法》（2017年修正）（以下简称《民事诉讼法》）、《最高人民法院关于审理不正当竞争民事案件应用法律若干问题的解释》（以下简称《反不正当竞争法司法解释》）、《最高人民法院关于审理侵犯商业秘密民事案件适用法律若干问题的规定》（以下简称《侵犯商业秘密民事案件司法解释》）、《最高人民法院关于民事诉讼证据的若干规定》（以下简称《民事证据规定》）、《最高人民法院关于知识产权民事诉讼证据的若干规定》（以下简称《知识产权证据规定》）、《最高人民法院关于审查知识产权纠纷行为保全案件适用法律若干问题的规定》等。

1.4　原告的主体资格

原告是商业秘密的权利人或利害关系人，以下统称为原告。

权利人是技术秘密和经营秘密的开发者，或者受让人、继承人、权利义务的承继者等。

利害关系人一般为商业秘密的被许可人，具有下列情形之一的，被许可人具备原告诉讼主体资格：

（1）商业秘密独占使用许可合同的被许可人可以单独作为原告提起诉讼；

（2）排他使用许可合同的被许可人可以和权利人共同提起诉讼，或者在权利人不起诉的情况下自行提起诉讼；

（3）普通使用许可合同的被许可人可以和权利人共同提起诉讼，或者经权利人书面授权单独提起诉讼。

如果使用许可合同对许可方式没有约定或者约定不明确，应当视为普通使用许可。

前述“权利人不起诉”包括权利人明示放弃起诉；被许可人有证据证明其已告知权利人或者权利人已知道有侵权行为发生而仍不起诉的情形。前述“权利人明确授权”，包括在许可合同中明确授权和在合同之外另行出具授权书两种情况，不能仅以使用许可合同中没有明确授权即驳回被许可人的起诉。

第二部分　商业秘密的审查和认定

2.1　审查和认定商业秘密的基本步骤

第一步：原告在法院指定期限内（一审法庭辩论结束前）明确其主张商业秘密保护的信息的具体内容，提交足以反映其主张商业秘密的图纸、光盘、文件等证据。

第二步：原、被告围绕原告主张的商业秘密是否符合“不为公众所知悉、具有商业价值，并经权利人采取相应保密措施”法定构成要件进行举证、质证。

第三步：审查和认定原告请求保护的信息是否构成商业秘密。

2.2　商业秘密的类型

商业秘密包括技术信息、经营信息以及其他商业信息。

技术信息主要包括与技术有关的结构、原料、组分、配方、材料、样品、样式、植物新品种繁殖材料、工艺、方法或其步骤、算法、数据、计算机程序及其有关文档等信息。

经营信息主要包括与经营活动有关的创意、管理、销售、财务、计划、样本、招投标材料、客户信息、数据等信息。

其他商业信息是指符合商业秘密构成要件，除技术信息、经营信息以外的商业信息。

2.3　商业秘密范围的确定

商业秘密案件审理中，原告必须先行明确其主张商业秘密保护的范围，并提交相应证据。很多情况下，原告出于尽量扩大保护范围的需要，或者对法律规定、涉案技术背景不熟悉等原因，往往在起诉时会主张一个较为抽象、宽泛的商业秘密范围，可能会包括一些为公众所知悉的信息。因此，在案件审理中要加强对原告的释明，尽量引导原告合理确定商业秘密范围。通常情况下，保护范围的确定过程相对复杂且当事人争议较大，一般需要经过多次释明和举证、质证才能最终确定。原告拒绝或无法明确其主张商业秘密保护的信息具体内容的，可以驳回起诉。

2.3.1　原告对技术信息保护范围的确定

原告主张有关技术信息构成商业秘密的，应当明确构成技术秘密的具体内容，并将其与公众所知悉的信息予以区分和说明。如原告主张设计图纸或生产工艺构成技术秘密的，应当具体指出设计图纸或生产工艺中的哪些内容、环节、步骤构成技术秘密。原告坚持其主张的技术信息全部构成商业秘密的，应当要求其明确该技术秘密的具体构成、具体理由等。

2.3.2　原告对经营信息保护范围的确定

原告主张经营信息构成商业秘密的，应当明确指出构成商业秘密信息的具体内容，并说明该内容与公众所知悉信息的区别。

审判实践中，涉及“客户信息”商业秘密案件的审理难度较大。随着信息网络技术的发展，检索、搜集特定客户信息的难度已显著降低。《侵犯商业秘密民事案件司法解释》中已不再使用“客户名单”的表述，而是使用“客户信息”，该信息包括客户的名称、地址、联系方式以及交易习惯、意向、内容等信息。如原告主张其经营信息构成客户信息，应当明确其通过商业谈判、长期交易等获得的独特内容（譬如交易习惯、客户的独特需求、特定需求或供货时间、价格底线等），而不能笼统地称“××客户”构成客户信息，避免将公众所知悉的信息纳入商业秘密保护范围。

2.3.3　原告明确商业秘密内容的期限要求

一审法院应当要求原告在一审法庭辩论结束前明确所主张的商业秘密具体内容。仅能明确部分的，对该明确的部分内容进行审理与认定。

二审中，原审原告另行主张其在一审中未明确的商业秘密具体内容的，二审法院可以根据当事人自愿的原则就与该商业秘密具体内容有关的诉讼请求进行调解；调解不成的，告知原审原告另行起诉，双方当事人均同意由二审法院一并审理的，二审法院可以一并裁判。

2.4　商业秘密的构成要件

确定一项商业信息是否符合商业秘密的构成要件，主要依据《反不正当竞争法》

第九条第四款、《侵犯商业秘密民事案件司法解释》第三、四、五、六、七条等规定内容，审查该信息是否在被诉侵权行为发生时“不为公众所知悉”，是否具有“商业价值”，被诉侵权行为发生以前是否采取了必要的“保密措施”，具备以上全部要件的，应当认定原告主张的信息构成商业秘密。

需要注意的是，商业秘密只是某种信息，而不是载体，因此应当将某种信息认定为商业秘密，而不能将承载该信息的载体认定为商业秘密。如化合物为公众所知悉，其本身可能是商业秘密的载体，而不可能成为商业秘密的保护对象，可以作为商业秘密保护的只能是该物质的配方、制造、加工或者储藏的工艺等。

2.5　认定不为公众所知悉的原则及方法

2.5.1　总体原则

不为公众所知悉，是指商业秘密中的秘密性要件，总体上应当以“权利人请求保护的信息在被诉侵权行为发生时不为所属领域的相关人员普遍知悉和容易获得”为审查标准。对该要件的审查有时需要结合原告采取的保密措施进行认定。

2.5.2　技术信息秘密性的认定方法

如果技术信息涉及的专业知识相对复杂，可以通过技术专家、技术调查官或者其他有专门知识的人提供专业意见，必要时可以通过技术鉴定等手段辅助解决技术事实认定问题。

2.5.3　客户信息秘密性的认定方法

认定客户信息秘密性的基本标准可以归纳为客户信息的特有性以及获取客户信息的难易程度。一般应当注意审查以下几个方面：

（1）原告应当提供其与客户发生交易的相关证据。比如合同、款项往来凭证等。一般而言，原告所主张的客户应当与其具备相对稳定的交易关系，而不是一次性、偶然性交易的客户。但是，当事人仅以与特定客户保持长期稳定交易关系为由，而未明确其通过交易获知特定客户信息内容，其主张该特定客户信息属于商业秘密的，不予支持。例外的情形是：原告通过付出一定代价建立起的潜在客户信息，可能给原告带来一定的竞争优势，因此不宜以未存在交易而否定其商业秘密属性，而应当根据客户信息认定规则综合认定；

（2）原告应当证明其为开发客户信息付出一定的劳动、金钱和努力；

（3）原告应当证明客户信息的特有性。即与为公众所知悉的信息的区别。对于尽管不熟悉情况的人可能不会快捷地获得，但仍然可以通过正常渠道获得的信息，一般不能认定为商业秘密。与此对应，产品出厂价格、年订购的数量底线以及双方特定的交易需求、利润空间则很有可能被认定为商业秘密。在中国青年旅行社诉中国旅行总社侵犯商业秘密民事纠纷一案中，最高人民法院认为，“原告拥有的客户档案并不仅仅是国外旅行社的地址、电话等一般资料的记载，同时还包括双方对旅游团的来华时间、旅游景点、住宿标准、价格等具体事项的协商和确认，为其独占和正在进行的旅游业务，符合不为公众所知悉要件”；

（4）侵权手段愈特殊，客户信息具备秘密性的可能性则愈大。如采用窃听电话、入室盗窃等手段获得客户信息的，该信息被认定为商业秘密的概率会大大增加。

2.6 保密措施的认定原则

原告为防止商业秘密泄露，在被诉侵权行为发生以前所采取的合理保密措施，应当认定为《反不正当竞争法》第九条第四款所称的相应保密措施。

法院应当根据商业秘密及其载体的性质、存在形态、商业秘密的商业价值、保密措施的可识别程度、保密措施与商业秘密的对应程度以及原告的保密意愿等因素，认定原告是否采取了相应保密措施。

保密措施的合理性审查可以参考以下因素：

（1）有效性：原告所采取的保密措施要与被保密的客体相适应，以他人不采取不正当手段或不违反约定就难以获得为标准。

（2）可识别性：原告采取的保密措施，在通常情况下足以使相对人意识到该信息是需要保密的信息。

（3）适当性：保密措施应当与该信息自身需要采取何种程度的保密措施即可达到保密要求相适应。这需要根据案件具体情况具体判别。通常情况下，适当性原则并非要求保密措施万无一失。

对于原告在信息形成一段时间以后才采取保密措施的，应当结合具体案情从严掌握审查标准，如无相反证据证明该信息已经泄露，可以认定保密措施成立。

具有下列情形之一，在正常情况下足以防止商业秘密泄露的，应当认定原告采取了相应保密措施：

（1）签订保密协议或者在合同中约定保密义务的；

（2）通过章程、培训、规章制度、书面告知等方式，对能够接触、获取商业秘密的员工、前员工、供应商、客户、来访者等提出保密要求的；

（3）对涉密的厂房、车间等生产经营场所限制来访者或者进行区分管理的；

（4）以标记、分类、隔离、加密、封存、限制能够接触或者获取的人员范围等方式，对商业秘密及其载体进行区分和管理的；

（5）对能够接触、获取商业秘密的计算机设备、电子设备、网络设备、存储设备、软件等，采取禁止或者限制使用、访问、存储、复制等措施的；

（6）要求离职员工登记、返还、清除、销毁其接触或者获取的商业秘密及其载体，继续承担保密义务的；

（7）采取其他合理保密措施的。

2.7 价值性的认定原则

原告请求保护的信息因不为公众所知悉而具有现实或者潜在的商业价值，能为其带来竞争优势，经审查可以认定为《反不正当竞争法》第九条第四款所称的具有商业价值。

生产经营活动中形成的阶段性成果符合前款规定的，法院经审查可以认定具有商业价值。

2.8 商业秘密构成的证明

2.8.1 原告的举证责任

原告对其拥有的信息构成商业秘密负有举证责任。根据《反不正当竞争法司法解释》第十四条规定，原告主张其拥有商业秘密的，一般应当举证证明以下两点：一是原告对其主张的信息享有权利；二是该信息符合商业秘密的法定要件，具体证据包括商业秘密的载体、具体内容、商业价值和对该项商业秘密采取的具体保密措施等。鉴于“不为公众所知悉”这一要件属于消极事实，原告对此举证难度较大，一般而言，原告可以说明其主张的信息与为公众所知悉的信息的区别，或者提供鉴定书、检索报告证明其请求保护的信息不为公众所知悉。

根据《反不正当竞争法》第三十二条规定，如原告提供初步证据，证明其已经对所主张的商业秘密采取保密措施，且被告侵犯商业秘密的可能性较大的，由被告证明原告主张的信息不是商业秘密。“被告侵犯商业秘密的可能性较大”可以通过以下方式证明：

（1）有证据表明被告有渠道或者机会获取原告请求保护的商业秘密，且其使用的信息与原告请求保护的商业秘密实质上相同；

（2）有证据表明被告对原告请求保护的商业秘密实施了《反不正当竞争法》第九条所规定的不正当手段；

（3）其他证据表明被告侵犯原告请求保护的商业秘密可能性较大的。

2.8.2 被告的反驳与证明

原告完成上述举证责任后，被告可以提供证据反驳原告对其主张的信息不享有权利，或相关信息不是商业秘密。如该信息已为公众所知悉，原告未采取保密措施，相关信息不具有商业价值等。

被告提供证据证明存在下列情形之一的，可以认定有关信息为公众所知悉：

（1）该信息在所属领域属于一般常识或者行业惯例的；

（2）该信息仅涉及产品的尺寸、结构、材料、部件的简单组合等内容，所属领域的相关人员通过观察上市产品即可直接获得的；

（3）该信息已经在公开出版物或者其他媒体上公开披露的；

（4）该信息已通过公开的报告会、展览等方式公开的；

（5）所属领域的相关人员从其他公开渠道可以获得该信息的。

需要注意：（1）将为公众所知悉的信息进行整理、改进、加工后形成的新信息，符合不为公众所知悉标准与条件的，应当认定该新信息不为公众所知悉。（2）专利审查员、药品审查机构人员等政府职能部门工作人员在履行专利、药品等审批而知悉商业秘密的，不视为丧失秘密性。

第三部分　侵犯商业秘密行为的审查和认定

3.1 侵犯商业秘密行为构成的一般原则

被告不正当地获取、披露、使用或允许他人使用了原告的商业秘密；被告获取、披露、使用或允许他人使用的信息与原告商业秘密相同或实质性相同。

3.2 侵权行为的基本类型及主体范围

根据《反不正当竞争法》第九条及相关法律、司法解释规定，侵犯商业秘密行为主要表现为以下形式：

（1）以盗窃、贿赂、欺诈、胁迫、电子侵入或者其他不正当手段获取原告的商业秘密。

一般而言，被告以违反法律规定或者公认的商业道德的方式获取原告的商业秘密的，法院应当认定属于以其他不正当手段获取原告的商业秘密。

（2）披露、使用或者允许他人使用以不正当手段获取的原告的商业秘密。

被告在生产经营活动中直接使用商业秘密，或者对商业秘密进行修改、改进后使用，或者根据商业秘密调整、优化、改进有关生产经营活动的，法院应当认定属于使用商业秘密。

（3）违反保密义务或者违反原告有关保守商业秘密的要求，披露、使用或者允许他人使用其所掌握的商业秘密。

（4）教唆、引诱、帮助他人违反保密义务或者违反原告有关保守商业秘密的要求，获取、披露、使用或者允许他人使用原告的商业秘密。

（5）第三人明知或者应知原告的员工、前员工或者其他单位、个人以盗窃、贿赂等不正当手段获取原告的商业秘密，仍获取、披露、使用或者允许他人使用该商业秘密。

3.3 关于保密义务的审查与认定

负有保密义务的主体比较宽泛，根据法律规定或者合同约定负有保密义务的当事人自然应当承担保密义务。对于虽未在合同中约定保密义务，但根据诚信原则以及合同的性质、目的、缔约过程、交易习惯等，知道或者应当知道其获取的信息属于原告商业秘密的被诉侵权人，应当对其获取的商业秘密承担保密义务，包括有渠道或机会获取商业秘密的原告员工、前员工、交易相对人以及其他单位或个人。

认定员工、前员工是否有渠道或者机会获取原告的商业秘密，可以考虑与其有关的下列因素：

（1）职务、职责、权限；

（2）承担的本职工作或者单位分配的任务；

（3）参与和商业秘密有关的生产经营活动的具体情形；

（4）是否保管、使用、存储、复制、控制或者以其他方式接触、获取商业秘密及其载体；

（5）需要考虑的其他因素。

3.4 实质性相同的审查与认定

被诉侵权信息与商业秘密不存在实质性区别的，可以认定被诉侵权信息与商业秘密构成实质性相同。在认定是否构成实质性相同时，可以考虑下列因素：

（1）被诉侵权信息与商业秘密的异同程度；

（2）所属领域的相关人员在被诉侵权行为发生时是否容易想到被诉侵权信息与商业秘密的区别；

（3）被诉侵权信息与商业秘密的用途、使用方式、目的、效果等是否具有实质性差异；

（4）公有领域中与商业秘密相关信息的情况；

（5）需要考虑的其他因素。

3.5 侵权行为举证责任的转移

由于商业秘密本身具有秘密属性，侵权行为一般具有秘密、隐蔽的特点。原告要举出直接证据证明被告实施了侵权行为非常困难，因此可以合理运用举证责任转移，适当降低原告的举证难度。依据《反不正当竞争法》第三十二条第二款规定，原告提供初步证据合理表明商业秘密被侵犯，且提供以下证据之一的，被告应当证明其不存在侵犯商业秘密的行为：（1）有证据表明被告有渠道或者机会获取商业秘密，且其使用的信息与该商业秘密实质上相同；（2）有证据表明商业秘密已经被被告披露、使用或者有被披露、使用的风险；（3）有其他证据表明商业秘密被被告侵犯。

3.6 被告常用抗辩理由的审查

审判实践中，当原告的举证责任满足后，被告往往会采取以下抗辩：

3.6.1 自行开发研制

被告主张其使用的技术信息或经营信息系其自行开发形成。对此，被告需提供充足证据予以证明。

3.6.2 反向工程

反向工程抗辩主要适用于技术信息，指被告抗辩其通过技术手段对公开渠道取得的产品进行拆卸、测绘、分析而获得该产品的有关技术信息。对此，被告需提供证据予以证明。反向工程产生两个法律效果：一是被告不构成侵权；二是反向工程并不意味着该商业秘密丧失秘密性。需要注意：（1）被告以不正当手段知悉了原告商业秘密之后，又以反向工程为由主张其行为合法的，不予支持。（2）法律、行政法规对某类客体明确禁止反向工程的，被告的抗辩不能成立。

3.6.3 个人信赖

这是侵犯客户信息纠纷中被告可能采取的一种抗辩，即客户基于对员工个人的信赖而与该员工所在单位进行交易，该员工离职后，能够证明客户自愿选择与该员工或者该员工所在的新单位进行交易的，法院应当认定该员工没有采用不正当手段获取原告的商业秘密。适用该条规定时，应当注意以下三点：

（1）该种抗辩的适用一般发生在医疗、法律服务等较为强调个人技能的行业领域；

（2）该客户是基于与原告员工之间的特殊信赖关系与原告发生交易，即客户是基于该员工才与原告发生交易。如果员工是利用原告所提供的物质条件、商业信誉、交易平台等，才获得与客户交易机会的，则不应当适用本条规定；

（3）该员工从原告处离职后，客户系自愿与该员工或其所属新单位发生交易。

3.6.4 生存权利

员工在单位工作过程中掌握和积累的与其所从事的工作有关的知识、经验和技能，为其生存基础性要素。要注意将该知识、经验和技能与单位的商业秘密相区分。具体审查时，需注意：

（1）员工在职期间掌握和积累的知识、经验、技能是否属于商业秘密，应当根据案件情况依法确定。

（2）员工所掌握的知识、经验、技能中属于单位商业秘密内容的，员工不得违反保密义务，擅自披露、使用或者允许他人使用其商业秘密，否则应当认定构成侵权。

第四部分 民事责任承担

4.1 民事责任范围

侵犯商业秘密民事纠纷案件的民事责任主要包括停止侵权即不得披露、使用或允许他人使用其接触或获取的商业秘密，赔偿损失，以及销毁或返还侵权载体等。由于此类侵权行为一般不会导致原告商誉损害，因此对于原告要求被告赔礼道歉的诉讼主张一般不应当支持。

4.2 停止侵权责任的适用

在对侵犯商业秘密适用停止侵权责任时，停止侵权的时间一般应当持续到该商业秘密已为公众所知悉时为止。判决停止侵权的持续时间明显不合理的，可以在依法保护原告商业秘密竞争优势的情况下，判决侵权人在一定合理期限或者范围内停止侵权行为。

4.3 侵权物品的处置

原告请求判决侵权人返还或者销毁商业秘密载体，清除其控制的商业秘密信息的，一般应当予以准许。但销毁侵权载体会损害社会公共利益，或者销毁侵权载体不具有可执行性等情形的除外。

4.4 赔偿损失

4.4.1 总体原则

（1）计算损失额的一般方法。赔偿数额按照原告因被侵权所受到的实际损失确定，实际损失难以计算的，按照被告因侵权所获得的利益确定。

（2）因侵权行为导致商业秘密为公众所知悉的损失额的计算。此时，可以考虑商业秘密的商业价值确定赔偿数额。确定商业价值时，应当考虑研究开发成本、实施该项商业秘密的收益、可得利益、可保持竞争优势的时间等因素。

（3）参照许可费的合理倍数确定赔偿数额。原告实际损失额或者被告侵权获利额难以确定，有商业秘密许可使用费参照的，可以参照该许可使用费的合理倍数确定赔偿数额。具体审查原告提供的许可使用费标准是否合理时，还需要综合考虑商业秘密的类型、侵权行为的性质和情节、许可的性质、范围、时间、是否实际支付及支付方式、许可使用合同是否实际履行或者备案、被许可人与许可人是否存在利害关系、行业许可的通常标准等因素。

（4）侵权人及第三方资料可以作为确定赔偿数额的证据。侵权人在审计报告、上市公司年报、招股说明书、财务账簿、会计凭证、销售合同、进出货单据、知识产权许可使用合同、设备系统存储的交易数据、公司网站、产品宣传册或其他媒体上公开的经营信息，以及第三方平台统计的商品流通数据，评估报告，市场监管、税务、金融部门的记录等，除明显不合常理或者侵权人提供足以推翻的相反证据外，可以作为证据，用以证明当事人主张的赔偿数额。

4.4.2　法定赔偿

（1）法定赔偿的考量因素。实际损失或侵权获利难以确定的，可以根据商业秘密的性质、商业价值、研究开发成本、创新程度、能带来的竞争优势以及侵权人的主观过错、侵权行为的性质、情节、后果等因素判决给予原告500万元以下的赔偿。

（2）按照精细化裁判思维，详细分析说明各项酌定因素。结合案情引导当事人举证、质证，将案件中涉及与法定赔偿有关的因素纳入庭审质证范围，全面查清相关事实，为确定赔偿额打下事实基础。同时，在裁判文书中对作为酌定因素的事实和证据进行分析和论证，并在此基础上对各项酌定因素及其与损失、获利之间的关联性进行综合分析和论证，确定相对合理的赔偿额。

（3）严格掌握法定赔偿的适用范围。对于原告请求以实际损失或侵权获利确定赔偿数额的，法院不应当简单地以“难以确定”为由直接适用法定赔偿，而应当积极引导当事人及其诉讼代理人就因侵权行为而产生的损失额、获利额或者许可费标准等方面的事实进行举证，避免简单适用法定赔偿。一般而言，对原告的实际损失和侵权人的侵权获利可以基本查清，或者根据案件的具体情况，依据证据规则和市场规律，可以对赔偿数额予以确定的，不宜适用法定赔偿。对于原告请求按照被告侵权获利赔偿，并通过对被告财务账册进行审计确定被告的获利额后，原告再要求适用法定赔偿的，一般不予准许。

4.4.3　惩罚性赔偿

行为人故意侵犯商业秘密，情节严重的，可以在按照上述方法确定数额的1－5倍确定赔偿数额。

（1）“故意”的认定

综合考虑被告与原告或者利害关系人之间的关系、侵犯商业秘密行为和手段的具体情形、从业时间、受保护记录等因素认定被告主观上是否存在故意。对于下列情形，可以初步认定被告具有侵犯商业秘密的故意。

① 被告或其法定代表人、管理人是原告或者利害关系人的法定代表人、管理人、实际控制人；

② 被告与原告或者利害关系人之间存在劳动、劳务、合作、许可、经销、代理、

代表等关系，且接触过或知悉被侵害的商业秘密；

③ 被告与原告或者利害关系人之间有业务往来或者为达成合同等进行过磋商，且接触过或知悉被侵害的商业秘密；

④ 被告以盗窃、贿赂、欺诈、胁迫、电子侵入或者其他不正当手段获取原告的商业秘密；

⑤ 被告经原告或者利害关系人通知、警告后，仍继续实施侵权行为；

⑥ 其他可以认定为故意的情形。

（2）情节严重的认定

综合考虑侵犯商业秘密行为的手段、次数、性质、侵权行为的持续时间、地域范围、规模、后果，侵权人在诉讼中的行为等因素，认定情节是否严重。被告有下列情形的，可以认定为情节严重：

① 因侵犯商业秘密被行政处罚或者法院裁判其承担责任后，再次实施相同或者类似侵权行为；

② 以侵权为业；

③ 伪造、毁坏或者隐匿侵权证据；

④ 拒不履行保全裁定；

⑤ 侵权获利或者权利人受损巨大；

⑥ 侵权行为可能危害国家安全、公共利益或者人身健康；

⑦ 其他可以认定为情节严重的情形。

（3）计算基数

法院确定惩罚性赔偿数额时，应当以原告实际损失数额或者被告因侵权所获得的利益作为基数。该基数不包括原告为制止侵权所支付的合理开支。

原告的实际损失数额或者被告因侵权所获得的利益均难以计算的，法院依法参照许可使用费的合理倍数确定计算基数。

（4）倍数的确定

法院依法确定惩罚性赔偿数额的倍数时，应当综合考虑被告主观过错程度、侵权行为的情节严重程度等因素。

因同一侵权行为已经被处以行政罚款或者刑事罚金且执行完毕，被告主张减免惩罚性赔偿责任的，法院不予支持，但在确定上述所称倍数时可以综合考虑。

4.4.4　合理开支的支付

原告主张为制止侵权行为所支付的合理开支的，可以在确定的赔偿额之外要求被告承担。合理开支一般包括以下费用：

（1）公证费；

（2）因调查取证或出庭而发生的交通费、食宿费、误工费等；

（3）档案查询费、材料印制费；

（4）翻译费；

（5）律师代理费；

（6）原告为制止侵权行为支付的其他合理费用。

法院在确定合理开支时，应当审查原告合理开支发生的实际可能性、必要性、与本案的关联性、数额的合理性等因素。原告聘请律师的费用要根据案件的性质及难易程度、律师付出的必要劳动、律师费是否实际支出、正常的收费标准等因素确定。原告虽未能提交发票等证据证明其维权支出，但根据案件查明的事实，能够推定该项支出确已发生且系维权必要的，可以计入合理费用范围。

4.4.5 适用举证妨碍及证据披露制度确定损害赔偿数额

法院依法责令被告提供其掌握的与侵权行为相关的账簿、资料，被告无正当理由拒不提供或者提供虚假账簿、资料的，可以参考原告的主张和证据认定被告因侵权所获得的利益。构成《民事诉讼法》第一百一十一条规定情形的，依法追究法律责任。

第五部分 司法鉴定

对于商业秘密案件审理中涉及的技术事实查明，可以通过技术咨询、技术调查官辅助审理、召开专家会议、技术鉴定、当事人聘请专家辅助人等多种方式辅助解决。能够通过其他方式有效查明技术事实的，尽量避免采取技术鉴定方式。法院在审理案件过程中认为待证技术事实需要通过鉴定书证明的，应当向当事人释明，并指定提出鉴定申请的期间。本部分内容系针对采取技术鉴定方式查明技术事实的指南。

5.1 司法鉴定的内容

侵犯商业秘密民事纠纷案件中的司法鉴定一般涉及以下内容：

（1）原告主张的商业秘密是否已为公众所知悉；

（2）被诉侵权的信息与商业秘密的异同；

（3）原告对被告提供的供侵权对比的生产技术等持有异议，认为按照该技术无法生产出涉案产品或无法达到被告所称技术效果的，可以就该问题进行司法鉴定；

（4）其他需要司法鉴定的内容。

5.2 技术鉴定的方法

对于原告主张的技术信息是否不为公众所知悉，以“有关信息不为其所属领域的相关人员普遍知悉和容易获得”为认定标准，即从该信息在所属领域是否属于一般常识或者行业惯例，进入市场后相关公众是否可以通过观察产品直接获得，是否无需付出一定的代价而容易获得等多方面进行技术分析，不能仅依据科技查新报告简单做出是否不为公众所知悉的鉴定意见。

一般而言，在对被告的技术信息与原告主张的技术秘密是否相同或实质性相同进行技术比对时，应当针对原告主张的每一个技术秘密内容或其组合进行技术比对、分析，不应当采用专利侵权比对中逐一比对每一个技术特征的方法。

5.3 鉴定申请期间及费用交纳

当事人申请鉴定，应当在法院指定期间内提出，并预交鉴定费用。逾期不提出申请或者不预交鉴定费用的，视为放弃申请。

当事人双方均不申请技术鉴定，但法院出于查清案情的需要依职权启动司法鉴定程序时，当事人往往以本案不需要鉴定、对方当事人对鉴定事项负有举证责任等理由拒绝交纳鉴定费用。对此，一方面可加强协调工作，促成当事人就鉴定费用的负担达成一致；另一方面，应当明确对鉴定事项的举证责任，经法律释明后确定鉴定费用的预先负担方。对需要鉴定的待证事实负有举证责任的当事人，在法院指定期间内无正当理由不提出鉴定申请或者不预交鉴定费用，或者拒不提供相关材料，致使待证事实无法查明的，应当承担举证不能的法律后果。

5.4　明确委托鉴定的具体事项

鉴定事项的确定要准确、具体、可操作。法院应当听取各方当事人意见，并结合当事人提出的证据确定鉴定范围。鉴定过程中，一方当事人申请变更鉴定范围，对方当事人无异议的，可以准许。

5.4.1　准确性

鉴定事项的归纳要准确，属于鉴定人有权鉴定的技术问题范畴，而不能将法律问题交由鉴定人判定。正确的表述应当是："该技术信息是否不为公众所知悉""原、被告的技术是否相同或实质性相同"。不当或错误的表述是："该技术信息是否具有秘密性""该技术信息是否属于技术秘密""被告是否剽窃了原告的技术秘密"等。

5.4.2　具体性

鉴定事项要具体明确。法院应当根据原告明确的保护范围委托鉴定人鉴定和比对。一般应当尽量避免对原告提交的所有技术信息不作区分，笼统地要求鉴定人对全套技术方案的不为公众所知悉进行鉴定。

5.4.3　可操作性

鉴定事项要具有可操作性，避免将一些无法通过技术手段鉴定的问题交由鉴定人判定，影响审判效率。在确定鉴定事项前，可以要求双方当事人对鉴定事项的可操作性进行说明，合议庭或承办法官也可以先向相关技术机构咨询，保证鉴定事项的可操作性，提高效率。

5.4.4　鉴定人的确定与回避

（1）鉴定人的确定

法院准许鉴定申请的，应当组织双方当事人协商确定具备相应资格的鉴定人。当事人协商不成的，由法院指定。法院依职权委托鉴定的，可以在询问当事人的意见后，指定具备相应资格的鉴定人。鉴定业务领域未实行鉴定机构和鉴定人统一登记管理制度的，法院可以依照上述程序确定具有相应技术水平的专业机构、专业人员鉴定。

法院在确定鉴定人后应当出具委托书，委托书中应当载明鉴定事项、鉴定范围、鉴定目的和鉴定期限。经法院准许或者双方当事人同意，鉴定人可以将鉴定所涉部分检测事项委托其他检测机构进行检测，鉴定人对根据检测结果出具的鉴定意见承担法律责任。

鉴定开始之前，法院应当要求鉴定人签署承诺书。承诺书中应当载明鉴定人保证客观、公正、诚实地进行鉴定，保证出庭作证，如作虚假鉴定应当承担法律责任等内容。鉴定人故意作虚假鉴定的，法院应当责令其退还鉴定费用，并根据情节，依照《民事诉讼法》第一百一十一条的规定进行处罚。

（2）鉴定人的回避

当事人对鉴定人提出回避请求的，应当要求其明确回避理由，并依据《民事诉讼法》第四十四条有关回避的规定审查回避请求是否成立，在申请提出的三日内以口头或书面形式作出决定。当事人对决定不服的，可以在接到决定时申请复议一次，法院应当在三日内作出复议决定并通知复议申请人。

司法鉴定中，对当事人就鉴定人提出的回避申请，应当认真审查并将决定及时通知当事人，避免因对回避事由审查不当而导致程序违法。

5.5　鉴定材料的确定

司法鉴定事项确定后，应当组织当事人固定鉴定材料，并就鉴定材料发表质证意见。未经质证的材料，不得作为鉴定的根据。当事人以保密为由拒绝提供鉴定材料以供质证的，应当向其充分释明法律后果。经法律释明后，无正当理由仍拒绝提供的，一般应当由其承担无法做出鉴定意见、无法查明相关技术事实的不利后果。

鉴定过程中，经法院准许，鉴定人可以调取证据、勘验物证和现场、询问当事人或者证人。因鉴定需要补充的鉴定材料，法院应当组织当事人对补充鉴定材料进行质证。当事人未能提供补充鉴定材料，根据举证责任承担不利后果。

司法鉴定过程中，鉴定人对其接触或知悉的商业秘密或者其他需要保密的商业信息（以下统称为秘密信息）承担保密义务。具体保密方法和措施详见本指南第 8 部分。

5.6　现场勘验

鉴定中需要现场勘验的，法院应当组织各方当事人、鉴定人到现场共同勘验，并完整详细地记录勘验过程。在现场勘验前，应当书面通知各方当事人到场勘验，防止在当事人不知情的情况下进行勘验。勘验时可以邀请技术专家陪同参与。

勘验过程中，勘验人员和当事人应当对其接触或知悉的秘密信息承担保密义务，并尽可能限缩勘验的内容，防止将与案件无关的秘密信息纳入勘验范围，产生泄密隐患。具体保密方法和措施详见本指南第 8 部分。

5.7　司法鉴定中的听证

鉴定书做出前，可以根据案情需要组织听证，由当事人就鉴定事项向鉴定人员进行说明和陈述，并回答鉴定人员提出的问题。

鉴定中，合议庭应当注意加强与司法鉴定部门的沟通，由其向鉴定人转达合议庭就鉴定事项的有关要求。

5.8　鉴定书的审查与质证

（1）鉴定人应当按期提交鉴定书。鉴定人应当在法院确定的期限内完成鉴定，并提交鉴定书。鉴定人无正当理由未按期提交鉴定书的，当事人可以申请法院另行委托鉴定人进行鉴定。法院准许的，原鉴定人已经收取的鉴定费用应当退还；拒不退还的，根据当事人的申请，法院应当在三日内作出裁定，责令鉴定人退还；仍不退还的，由法院依法执行。

（2）鉴定书的内容。一般应当包括下列内容：

① 委托法院的名称；

② 委托鉴定的内容、要求；

③ 鉴定材料；

④ 鉴定所依据的原理、方法；

⑤ 对鉴定过程的说明；

⑥ 鉴定意见；

⑦ 承诺书。

鉴定书应当由鉴定人签名或者盖章，并附鉴定人的相应资格证明。委托机构鉴定的，鉴定书应当由鉴定机构盖章，并由从事鉴定的人员签名。

（3）鉴定书的预审查

正式鉴定书做出前，应当要求鉴定人向法院提供鉴定书初稿，由合议庭对鉴定意见内容是否符合委托鉴定事项要求、是否真正解决技术难题、鉴定意见表述是否清晰、是否容易产生歧义等方面进行预审查，并在不影响鉴定人独立鉴定的前提下提出修改意见。

（4）鉴定书的质证

法院收到鉴定书后，应当及时将副本送交当事人。当事人对鉴定书的内容有异议的，应当在法院指定期间内以书面方式提出。对于当事人的异议，法院应当要求鉴定人作出解释、说明或者补充。必要时，可以要求鉴定人对当事人未提出异议的内容进行解释、说明或者补充。

当事人在收到鉴定人的书面答复后仍有异议的，法院应当根据《诉讼费用交纳办法》第十一条的规定，通知有异议的当事人预交鉴定人出庭费用，并通知鉴定人出庭。有异议的当事人不预交鉴定人出庭费用的，视为放弃异议。双方当事人对鉴定意见均有异议的，分摊预交鉴定人出庭费用。鉴定人出庭费用按照证人出庭作证费用的标准计算，由败诉的当事人负担。因鉴定意见不明确或者有瑕疵需要鉴定人出庭的，出庭费用由其自行负担。法院委托鉴定时已经确定鉴定人出庭费用包含在鉴定费用中的，不再通知当事人预交。

鉴定人依照《民事诉讼法》第七十八条的规定出庭作证的，法院应当在开庭审理三日前将出庭的时间、地点及要求通知鉴定人。委托机构鉴定的，应当由从事鉴定的人员代表机构出庭。鉴定人应当就鉴定事项如实答复当事人的异议和审判人员的询问。当庭答复确有困难的，经法院准许，可以在庭审结束后书面答复。法院应当及时将书面答复送交当事人，并听取当事人的意见。必要时，可以再次组织质证。经法庭许可，当事人可以询问鉴定人、勘验人。询问鉴定人、勘验人不得使用威胁、侮辱等不适当的言语和方式。

鉴定人拒不出庭作证的，鉴定意见不得作为认定案件事实的根据。法院应当建议有关主管部门或者组织对拒不出庭作证的鉴定人予以处罚。当事人要求退还鉴定费用的，法院应当在三日内作出裁定，责令鉴定人退还；拒不退还的，由法院依法执行。当事人因鉴定人拒不出庭作证申请重新鉴定的，法院应当准许。

（5）鉴定书的审查

法院应当按照《民事证据规定》第三十六条、第四十条，《知识产权证据规定》第二十三条的规定，对鉴定书进行审查，并决定是否采信该鉴定书。具体应当结合下列因素进行审查：

① 鉴定人是否具备相应资格；

② 鉴定人是否具备解决相关专门性问题应有的知识、经验及技能；

③ 鉴定方法和鉴定程序是否规范，技术手段是否可靠；

④ 送检材料是否经过当事人质证且符合鉴定条件；

⑤ 鉴定意见的依据是否充分；

⑥ 鉴定人有无应当回避的法定事由；

⑦ 鉴定人在鉴定过程中有无徇私舞弊或者其他影响公正鉴定的情形。

（6）重新鉴定

当事人申请重新鉴定，存在下列情形之一的，法院应当准许：

① 鉴定人不具备相应资格的；

② 鉴定程序严重违法的；

③ 鉴定意见明显依据不足的；

④ 鉴定意见不能作为证据使用的其他情形。

存在前款第一项至第三项情形的，鉴定人已经收取的鉴定费用应当退还。拒不退还的，根据当事人的申请，法院应当在三日内作出裁定，责令鉴定人退还；仍不退还的，由法院依法执行。

对鉴定意见的瑕疵，可以通过补正、补充鉴定或者补充质证、重新质证等方法解决的，不予准许重新鉴定的申请。

重新鉴定的，原鉴定意见不得作为认定案件事实的根据。

（7）鉴定意见的撤销

鉴定意见被采信后，鉴定人无正当理由撤销鉴定意见的，法院应当责令其退还鉴定费用，并可以根据情节，依照《民事诉讼法》第一百一十一条的规定对鉴定人进行处罚。当事人主张鉴定人负担由此增加的合理费用的，法院应予支持。法院采信鉴定意见后准许鉴定人撤销的，应当责令其退还鉴定费用。

第六部分　刑民交叉的处理

6.1　对在先刑事诉讼程序中的证据与事实的审查

原告主张依据生效刑事裁判认定被告侵犯商业秘密的，被告应提供相反证据。如有相反证据足以推翻的，对于在侵犯商业秘密犯罪刑事诉讼中形成的证据，法院应当按照法定程序全面、客观地审查和认定，并协调解决民事、刑事程序冲突问题。

由公安机关、检察机关或者法院保存的与被诉侵权行为具有关联性的证据，当事人及其诉讼代理人因客观原因不能自行收集，申请调查和搜集的，法院应当准许，但可能影响正在进行的刑事诉讼程序的除外。

6.2 生效刑事裁判与民事案件赔偿额的确定

对于刑民交叉的案件，涉及同一侵犯商业秘密行为，当事人主张依据生效刑事裁判认定的实际损失或者违法所得确定民事案件赔偿额的，应予支持。

鉴于民事、刑事诉讼的证明标准不同，原告有证据证明实际损失或者侵权获利额大于在先刑事裁判认定数额的，可以支持原告的主张。

在侵犯商业秘密犯罪刑事自诉、公诉案件中，探索引导自诉人或者被害人及时提起刑事附带民事诉讼，一并解决民事赔偿问题。

第七部分 证据保全和行为保全

7.1 证据保全

侵犯商业秘密民事纠纷案件审理中，原告申请证据保全主要集中于两类证据：一是被告的侵权获利，如企业财务账册等。对此，可以要求原告至工商、税务、海关等部门调取被告经营状况及利润的证据，原告因客观原因不能自行调取到上述相关证据的，可以向原告代理律师签发法院调查令，或者根据原告申请以及案件审理需要，要求被告向法院提供。二是被告的侵权证据，如被告与客户的往来合同、被告的技术资料等。对此，应当要求原告提供其权利受到侵害且被告能够接触或者获取涉案商业秘密的初步证据，再决定是否准许原告的申请，或者在符合《反不正当竞争法》第三十二条规定的情形下，由被告提交证明其不存在侵犯商业秘密行为的相关证据。

在实施保全过程中，为防止被申请人的秘密信息被不当泄露，应当尽量避免申请方接触被保全信息，必要时可以通过委托或者聘请与双方无利害关系的第三方专家参与保全，及时甄别并排除超范围查封的内容。

7.2 行为保全

坚持及时保护与稳妥保护兼顾原则。被申请人试图或者已经以不正当手段获取、披露、使用或者允许他人使用原告所主张的商业秘密，不采取行为保全措施会使判决难以执行或者造成当事人其他损害，或者将会使原告的合法权益受到难以弥补的损害的，法院可以依法裁定采取行为保全措施。

前款规定的情形属于《民事诉讼法》第一百条、第一百零一条所称情况紧急的，法院应当在四十八小时内作出裁定。

第八部分 诉讼中的秘密信息保护

8.1 总体原则

在保全、证据交换、质证、现场勘验、鉴定、询问、庭审等诉讼活动中，对于涉及当事人或者其他利害关系人秘密信息的证据、材料，经其书面申请或者经记录在案口头申请采取保密措施的，法院应当采取必要的保密措施。

违反前款所称保密措施的要求，擅自披露或者在诉讼活动之外使用或者允许他人使用在诉讼中接触、获取的秘密信息的，应当依法承担民事责任。构成《民事诉讼法》第一百一十一条规定情形的，法院可以依法采取强制措施。构成犯罪的，依法追究刑事责任。

法院工作人员对其接触或知悉的秘密信息承担保密义务。对违反保密义务者，视不同情况，依照相关法律规定，依法处理。

8.2　不公开审理

法院应当通过询问、书面告知等方式对保护秘密信息作出双向风险提示。当事人或者利害关系人书面申请或经记录在案口头申请不公开开庭审理的，法院应当不公开审理。

8.3　质证方式的运用

8.3.1　分阶段披露证据

双方当事人应当围绕原告明确主张的商业秘密范围质证，原告未明确主张的商业秘密内容不纳入质证范围。对于被告主张的涉及其秘密信息的证据，应当视原告举证责任的完成情况，逐步披露给原告质证。符合《反不正当竞争法》第三十二条规定情形的，被告应当将其生产技术等相关证据披露给原告质证。

8.3.2　第三方专家筛选或审查

双方协商选择或经双方同意由法院选聘的专家审查、筛选相关证据的，由该第三方专家审查筛选确定最小范围涉及秘密信息的证据交予对方质证。

对较为敏感或价值较大的涉及秘密信息的证据，可以根据当事人或利害关系人申请不交予对方质证，直接交由第三方专家审查，但专家审查意见需交由当事人质证。

第三方专家可以通过共同协商或者由法院指定等方式在法院技术专家库中确定。

8.3.3　限制复制或摘抄

对于涉及秘密信息的证据，当事人及其诉讼代理人在质证、勘验、询问、庭审等诉讼活动中可以查阅，不得复制、摘抄、拍照、录像等。

8.4　保密要求

8.4.1　签署保密承诺书

在保全、证据交换、质证、现场勘验、鉴定、询问、庭审等诉讼活动中，法院应当要求当事人及其诉讼代理人、其他允许参加诉讼的人员签署书面承诺（见附件：保密承诺书），保证不披露、使用或允许他人使用其可能接触到的秘密信息。承诺书的内容应当包括承诺人、承诺事项、法律依据、违反保密承诺的法律后果等。

8.4.2　签发保密令

当事人可以申请法院责令被申请人不得披露、使用或允许他人使用其在各项诉讼活动中接触到的秘密信息内容。经审查，确有必要采取保密令措施的，法院可以作出民事裁定（见附件：保密令裁定书），责令被申请人承担保密义务，禁止从事上述行为。裁定内容应当包括受保密令约束的对象，相关秘密信息内容，作出保密令的事实、理由及法律依据，禁止其从事的具体行为，违反保密令的法律后果等。

8.5 裁判文书的制作、送达

在文书制作过程中，文书正本不记载涉密内容，仅以编号或者名称取代，涉密内容通过文书附件记载，向当事人送达文书正本，不予送达记载涉密内容的附件。

8.6 保密流程

对于涉及秘密信息的裁判文书附件、证据、笔录等材料进行封存，并单独立卷保管，加密标记，限定查阅人员范围，以防止因诉讼材料保密不当导致涉密信息泄露。法院应当强化保密意识，从立案到执行、归档阶段，均设置有别于普通案件的保密流程和措施，如不予扫描上网，限制网上查阅等。

法院可以在办案系统中装设相应保密软件，如对商业秘密案件在流转程序中添加保密提示标签，并通过权限配置等方式，仅限合议庭成员、执行人员、法官助理、书记员查看涉密材料。

附件：保密承诺书、保密令裁定书（样式）

保密承诺书

承诺人：（当事人及其诉讼代理人、法院或当事人聘请的技术专家、鉴定人、诉讼中其他有可能接触秘密信息的人员）

承诺事项：

本人承诺对参与×××诉×××侵犯商业秘密纠纷一案诉讼中所接触的（原告/被告/其他当事人）主张的秘密信息承担保密义务。

一、当事人主张的秘密信息的范围（由主张秘密信息的当事人指定）；

二、案件审结前，不披露、使用、允许他人使用上述秘密信息。案件审结后，根据生效判决确定的裁判内容执行保密义务或者解除保密义务；

三、不私自复制、阅览、摘抄、录音或拍摄上述秘密信息；

四、违反上述保密承诺导致涉案秘密信息泄露，依法承担相应的民事责任；情节严重构成犯罪的，依法承担相应的刑事责任。

附：相关法律规定

《中华人民共和国反不正当竞争法》第九条第一款第（三）项规定："经营者不得实施下列侵犯商业秘密的行为：……违反保密义务或者违反权利人有关保守商业秘密的要求，披露、使用或者允许他人使用其所掌握的商业秘密。"

《中华人民共和国反不正当竞争法》第十七条规定："经营者违反本法规定，给他人造成损害的，应当依法承担民事责任。……因不正当竞争行为受到损害的经营者的赔偿数额，按照其因被侵权所受到的实际损失确定；实际损失难以计算的，按照侵权人因侵权所获得的利益确定。经营者恶意实施侵犯商业秘密行为，情节严重的，可以在按照上述方法确定数额的一倍以上五倍以下确定赔偿数额。

赔偿数额还应当包括经营者为制止侵权行为所支付的合理开支。经营者违反本法第六条、第九条规定，权利人因被侵权所受到的实际损失、侵权人因侵权所获得的利益难以确定的，由人民法院根据侵权行为的情节判决给予权利人五百万元以下的赔偿。"

《中华人民共和国刑法》第二百一十九条规定："有下列侵犯商业秘密行为之一，情节严重的，处三年以下有期徒刑，并处或者单处罚金；情节特别严重的，处三年以上十年以下有期徒刑，并处罚金：……（三）违反保密义务或者违反权利人有关保守商业秘密的要求，披露、使用或者允许他人使用其所掌握的商业秘密的。"

《最高人民法院、最高人民检察院关于办理侵犯知识产权刑事案件具体应用法律若干问题的解释（三）》第四条规定："实施刑法第二百一十九条规定的行为，具有下列情形之一的，应当认定为'给商业秘密的权利人造成重大损失'：（一）给商业秘密的权利人造成损失数额或者因侵犯商业秘密违法所得数额在三十万元以上的；（二）直接导致商业秘密的权利人因重大经营困难而破产、倒闭的；（三）造成商业秘密的权利人其他重大损失的。给商业秘密的权利人造成损失数额或者因侵犯商业秘密违法所得数额在二百五十万元以上的，应当认定为刑法第二百一十九条规定的'造成特别严重后果'。"

承诺人：（签字）

××××年××月××日

××××人民法院民事裁定书

××××……号

申请人：×××，……。

……

被申请人：×××，……。

……

（以上写明当事人及其诉讼代理人的姓名或者名称等基本信息）

关于×××与×××侵犯商业秘密纠纷一案，申请人×××……（申请保密令的请求、事实和理由）。

本院经审查认为，……（写明作出保密令的事实和理由）。×××的申请符合法律规定。

依照《中华人民共和国民事诉讼法》第一百五十四条第一款第（十一）项，《最高人民法院关于知识产权民事诉讼证据的若干规定》第二十六条规定，裁定如下：

一、禁止被申请人×××出于本案诉讼之外的任何目的披露、使用、允许他人使用在诉讼程序中接触到的……（写明申请人主张的秘密信息范围）；

二、……（写明保密令的其他措施）。

如被申请人×××违反上述保密令，本院将依据《中华人民共和国民事诉讼法》第一百一十一条规定，视情节轻重予以罚款、拘留；构成犯罪的，依法追究刑事责任。

审　判　长　×××
审　判　员　×××
审　判　员　×××
××××年××月××日
（院印）
书　记　员　×××

江苏省高级人民法院、江苏省人民检察院、江苏省公安厅办理侵犯商业秘密刑事案件的指引

为加强商业秘密刑事司法保护，统一办案标准，规范办案程序，提高办案水平，形成工作合力，维护公平竞争的市场秩序，优化法治化营商环境，江苏省高级人民法院、江苏省人民检察院、江苏省公安厅就办理侵犯商业秘密刑事案件相关问题形成本指引。

一、办理侵犯商业秘密刑事案件的总体要求

一是坚持严格公正司法。坚持罪刑法定、罪责刑相适应，坚持以审判为中心，贯彻宽严相济刑事政策，准确适用认罪认罚从宽制度，做到依法定罪量刑、宽严有据、罚当其罪。

二是坚持保护激励创新。充分发挥保护商业秘密激励创新的知识产权制度功能，进一步提升商业秘密刑事保护效能。重点打击侵犯创新程度高、对经济社会发展具有突破和推动作用、涉关键领域核心技术商业秘密的犯罪行为，激励高质量创新和关键核心技术攻关；严厉打击情节恶劣的犯罪行为，努力维护诚信守法、公平竞争的市场秩序。

三是坚持实体程序并重。充分考虑商业秘密无形性，犯罪行为隐蔽性，损失数额或违法所得难以确定等特点，依法妥善处理侵犯商业秘密刑事案件，保证判决结果公正、程序正当，切实维护权利人的合法权益。推动民事侵权诉讼程序与刑事司法程序的协调，避免处理结果冲突。减轻权利人维权成本、举证负担，依法保障权利人、犯罪嫌疑人、被告人的实体与程序权益。

二、关于“商业秘密”的认定

依据《中华人民共和国反不正当竞争法》及《最高人民法院关于审理侵犯商业秘密民事案件适用法律若干问题的规定》等相关法律、司法解释规定，依法认定权利人主张的信息是否属于商业秘密。

（一）商业秘密的内涵及类型

商业秘密，是指不为公众所知悉、具有商业价值并经权利人采取相应保密措施的技术信息、经营信息等商业信息。权利人主张的商业秘密内容应当具体明确。

1. 技术信息，是指与技术有关的结构、原料、组分、配方、材料、样品、样式、植物新品种繁殖材料、工艺、方法或其步骤、算法、数据、计算机程序及其有关文档等信息。可以是一项完整的技术方案，也可以是完整技术方案中的一个或若干个相对独立的技术要点。

常见的技术信息包括图纸中的尺寸公差、形位公差、粗糙度、图样画法（表达方法）、尺寸标法、技术要求；产品配方中的配料、成分比例；工艺流程中的材料、配比、数值、环节、步骤；计算机程序代码、为满足一定技术目的而设定的参数、具体的算法等。

权利人不能笼统主张设计图纸、生产工艺或计算机代码构成技术秘密，应当明确构成技术秘密的具体内容、环节、步骤等。

主张计算机软件中的算法构成技术秘密的，应当明确算法需要解决的问题、步骤、步骤之间的逻辑关系以及架构等内容。

2. 经营信息，是指与经营活动有关的创意、管理、销售、财务、计划、样本、招投标材料、客户信息、数据等信息。可以是一个完整的经营方案，也可以是经营方案中若干相对独立的信息要素个体或组合。

客户信息包括客户名称、地址、联系方式以及交易习惯、意向、内容等信息。

权利人不能仅以双方存在长期稳定交易关系为由主张特定客户信息构成商业秘密，应当明确其通过商业谈判、长期交易等获得的独特内容，如客户特定需求、交易习惯、供货时间、价格底线、利润空间、采购渠道、销售渠道、生产经营能力等，避免将公众所知悉的客户名称、地址等信息作为商业秘密保护。

（二）商业秘密的构成要件

商业秘密的构成要件，应当从该信息在犯罪行为发生时“不为公众所知悉”、具有“商业价值”以及权利人采取了相应的“保密措施”三个要件审查认定。

（三）“不为公众所知悉”的认定

1. 总体思路。权利人应当明确其主张构成商业秘密的相关信息与公众所知悉信息的区别。其请求保护的信息在犯罪行为发生时不为所属领域的相关人员普遍知悉和容易获得的，应当认定为不为公众所知悉。

不为公众所知悉的“公众”主体范围并不局限于信息所属领域内人员，但相关信息已被所属领域内的多数人或一般人知悉的，则自然为公众所知悉。

2. 认定技术信息是否不为公众所知悉，可以依据技术专家、技术调查官或者其他有专门知识的人提供的专业意见以及科技查新检索报告等，必要时可以通过技术鉴定等手段解决。

3. 认定客户信息是否不为公众所知悉，应当注意审查该客户信息的特有性，权利人是否为该信息的形成付出了一定的劳动、金钱和努力，以及该信息是否公开或者易于从正常渠道获得。通常应当审查权利人与客户之间是否具备相对稳定的交易关系，一次性、偶然性交易以及尚未发生实际交易的客户一般不构成商业秘密意义上的客户信息。

4. 犯罪嫌疑人、被告人对相关信息不为公众所知悉提出异议的，应当提供相应的材料或者线索，供办案机关查证。

有证据证明存在下列情形之一的，可以认定为公众所知悉：

（1）该信息在所属领域属于一般常识或者行业惯例的；

（2）该信息仅涉及产品的尺寸、结构、材料、部件的简单组合等内容，所属领域的相关人员通过观察上市产品即可直接获得的；

（3）该信息已经在公开出版物或者其他媒体上公开披露的，如在国家或者行业技术标准、教科书、工具书、词典、专利文献、公开发行的学术专著或者刊物等公开出版物上公开的；

（4）该信息已通过公开的报告会、展览等方式公开的；

（5）所属领域的相关人员从其他公开渠道可以获得该信息的。

下列情形不影响相关信息不为公众所知悉的认定：

（1）将为公众所知悉的信息进行组合、整理、改进、加工后形成的新信息，符合不为公众所知悉标准与条件的；

（2）专利审查员、药品审查机构人员等政府职能部门工作人员因履行专利、药品等审批职责而知悉商业秘密的。

（四）“商业价值”的认定

权利人请求保护的信息因不为公众所知悉而具有现实或者潜在的商业价值，能为其带来竞争优势，包括但不限于以下情形的，可以认定其具有商业价值：

1. 能够给权利人带来一定经济收益的；

2. 能够实施，并实现一定创新目的，达到一定创新效果的；

3. 能够对权利人的生产经营产生重大影响的；

4. 权利人为了获得该信息，付出了相应的投入、研发成本或者经营成本的；

5. 该信息能够为权利人带来竞争优势的其他情形。

生产经营活动中形成的阶段性成果符合前款规定的，可以认定具有商业价值。

（五）“相应保密措施”的认定

1. 总体思路。应当综合考虑商业秘密及其载体的性质、商业秘密的商业价值，保密措施的可识别程度、保密措施与商业秘密的对应程度以及权利人的保密意愿等因素，认定权利人是否采取了相应保密措施。保密措施通常能够阻止商业秘密被他人获得，并不要求万无一失；保密措施要能够使承担保密义务的相对人意识到相关信息需要保密。

对于权利人在信息形成一段时间以后才采取保密措施的，应当结合具体案情从严审查，没有相反证据证明该信息已经泄露的，可以认定保密措施成立。

2. 保密措施的形式。具有下列情形之一，在正常情况下能够防止商业秘密泄露的，应当认定权利人采取了相应保密措施：

（1）签订保密协议或者在合同中约定保密义务的；

（2）通过章程、培训资料、规章制度、书面告知等方式，对能够接触、获取商业秘密的员工、前员工、供应商、客户、来访者等提出保密要求的；

（3）对涉密的厂房、车间等生产经营场所限制来访者或者进行区分管理的；

（4）以标记、分类、隔离、加密、封存、限制能够接触或者获取的人员范围等方式，对商业秘密及其载体进行区分和管理的；

（5）对能够接触、获取商业秘密的计算机设备、电子设备、网络设备、存储设备、软件等，采取禁止或者限制使用、访问、存储、复制等措施的；

（6）要求离职员工登记、返还、清除、销毁其接触或者获取的商业秘密及其载体，继续承担保密义务的；

（7）采取其他合理保密措施的。

3. 概括性保密条款的认定。要求保密的商业秘密内容原则上应当具体明确，但对于保密协议、保密条款、劳动合同、规章制度等仅对保守商业秘密作概括性要求，未明确保密的具体信息内容的保密措施不能一概否定，需要结合犯罪嫌疑人、被告人事后是否实际知悉其接触或者获取的信息为商业秘密、是否采取不正当手段以及相关信息实际泄密的可能性等因素综合判断。

具有下列情形之一的，可以认定概括性保密条款为有效、合理的保密措施：

（1）权利人在日后工作中明确告知犯罪嫌疑人、被告人相关信息为商业秘密；

（2）根据诚实信用原则以及合同的性质、目的、缔约过程、交易习惯等，犯罪嫌疑人、被告人知道或者应当知道其接触或获取的信息属于商业秘密；

（3）犯罪嫌疑人、被告人故意采用不正当手段获取权利人主张保护的信息，或者披露、使用、允许他人使用以不正当手段获取的信息，而且也无证据证明该信息在此前已经被公开。

三、关于“侵犯商业秘密行为”的认定

（一）关于“以不正当手段获取商业秘密”的认定

1. 总体思路。认定此项行为的前提是犯罪嫌疑人、被告人此前并不掌握、知悉或者持有商业秘密，应当排除因法律规定、职务职责或者合同约定，合法掌握、知悉或者持有商业秘密的情形，以区别于“违反保密义务或者违反权利人有关保守商业秘密的要求”的行为。

2. “盗窃、贿赂、欺诈、胁迫、电子侵入或者其他不正当手段”的认定。

（1）盗窃，是指通过秘密窃取商业秘密载体或者未经授权通过摄影、摄像、复制、监听等手段获取商业秘密的行为。窃取的对象，包括商业秘密的有形载体或者有形载体内包含的电子信息。偷阅商业秘密后，凭借记忆将其再现出来，也应当认定为盗窃方式。

盗窃必须有窃取商业秘密的主观目的。以窃取普通财物为目的，实际获得商业秘密的，不构成侵犯商业秘密罪。窃取时不知道是商业秘密，事后发现是商业秘密仍进行披露、使用或者允许他人使用，可以认定为以不正当手段获取。

（2）贿赂，是指通过给予财物、高薪、股份或者许诺职位升迁等财产性利益或者非财产性利益的方式，获取商业秘密的行为。

因贿赂行为存在侵犯商业秘密罪与商业贿赂犯罪竞合的，需要结合个案情况，根据竞合理论定罪量刑。

（3）欺诈，是指采用虚构事实、隐瞒真相的方式，使他人陷于错误认识而交付商业秘密的行为。

（4）胁迫，是指通过对生命、健康、隐私、财产、声誉等方面的损害、威胁或要挟的方式，获取商业秘密的行为。

（5）电子侵入，是指采用黑客、木马等技术手段，破坏他人技术防范措施，侵入计算机信息系统等，获取商业秘密的行为，通常采用破解、盗窃身份认证信息、强行突破安全工具等方式。采取未经授权或者超越授权使用计算机信息系统等方式窃取商业秘密的，应当认定为电子侵入方式。

因电子侵入行为存在侵犯商业秘密罪和非法获取计算机信息系统数据罪竞合的，根据竞合理论定罪量刑。

3. 以不正当手段获取商业秘密构成犯罪，不以使用为前提。以不正当手段获取商业秘密的载体，尚未从该载体中提取相关信息的，可以认定为已获取商业秘密。

4. 其他不正当手段的性质和严重程度应当与盗窃、贿赂、欺诈、胁迫、电子侵入等行为相当，行为本身即是不法行为。一般而言，以违反法律规定、诚实信用原则或者公认的商业道德的方式获取权利人的商业秘密的，应当认定属于以其他不正当手段获取商业秘密。

5. 通过自行开发研制或者反向工程获得被诉侵权信息的，不属于侵犯商业秘密的行为。

反向工程，是指通过技术手段对从公开渠道取得的产品进行拆卸、测绘、分析等而获得该产品的有关技术信息。

以不正当手段获取权利人的商业秘密后，又以反向工程为由提出抗辩的，不予采信。

（二）关于“违反保密义务或者违反权利人有关保守商业秘密的要求”的认定

1. 总体思路。认定此项行为的前提是犯罪嫌疑人、被告人根据法律规定、职务职责或者合同约定，合法掌握、知悉或者持有权利人的商业秘密。

对于因为工作便利能够接触权利人的商业秘密，但通常情形下并不需要知悉或掌握商业秘密的犯罪嫌疑人、被告人，利用工作便利主动搜集，获取商业秘密的，应当认定为以不正当手段获取商业秘密。

2. 默示保密义务。对于虽未约定保密义务，但根据诚实信用原则以及合同的性质、目的、缔约过程、交易习惯等，知道或者应当知道其接触或获取的信息属于商业秘密的主体，也应当承担保密义务，具体包括权利人的员工、前员工、交易相对人以及其他单位或自然人。

认定员工、前员工是否有渠道或者机会获取权利人的商业秘密，可以考虑与其有关的下列因素：

（1）职务、职责、权限；

（2）承担的本职工作或者单位分配的任务；

（3）参与和商业秘密有关的生产经营活动的具体情形；

（4）是否保管、使用、存储、复制、控制或者以其他方式合法接触、获取商业秘密及其载体；

（5）需要考虑的其他因素。

（三）关于“以侵犯商业秘密论”的认定

1. 总体思路。该项行为主体为“以不正当手段获取商业秘密”及“违反保密义务或者违反权利人有关保守商业秘密的要求”之外的第三人，具体表现为明知商业秘密来源不合法，仍然获取、使用、披露或者允许他人使用该商业秘密。

2. “明知”是该类行为构成犯罪的必要条件，即明确知道该商业秘密来源不合法，包括但不限于以下情形：

（1）明知他人由于侵犯商业秘密行为承担过民事责任、受过行政处罚甚至刑事处罚；

（2）明知他人系职业性商业间谍。

（四）“披露、使用或者允许他人使用商业秘密”的认定

1. 披露，是指将商业秘密告知权利人以外的其他人，或者将商业秘密内容公之于众。披露的公开化程度或者受众的多少，一般不影响披露行为的成立。

2. 使用，是指在生产经营活动中直接使用商业秘密，或者对商业秘密进行修改、改进后使用，或者根据商业秘密调整、优化、改进有关生产经营活动。

3. 允许他人使用，是指将自己持有的权利人的商业秘密有偿或者无偿地提供给他人，或者指导他人用于生产经营活动等。

（五）同一性判定

1. 涉案信息与权利人的商业秘密相同或者实质性相同，或者与商业秘密中对实现技术目的、效果起关键作用的部分相同的，可以认定两者具有同一性。

在认定是否构成实质性相同时，可以考虑下列因素：

（1）涉案信息与商业秘密的异同程度；

（2）所属领域的相关人员在侵犯商业秘密行为发生时是否容易想到涉案信息与商业秘密的区别；

（3）涉案信息与商业秘密的用途、使用方式、目的、效果等是否具有实质性差异；

（4）公有领域中与商业秘密相关信息的情况；

（5）需要考虑的其他因素。

2. 计算机软件涉及的商业秘密同一性判定应当围绕涉案商业秘密保护对象进行，通常比对犯罪嫌疑人、被告人和权利人的源程序代码。

如果犯罪嫌疑人、被告人的源程序代码无法获取，可以通过目标程序代码的反编译代码进行比对，以判定两者是否相同或者实质性相同。如果犯罪嫌疑人、被告人计算机软件中目标程序代码的反编译代码，与权利人程序代码中算法核心功能模块的相应代码段相同或者实质性相同的，可以认定两者具有同一性。

以未公开的目标程序代码，或者以源程序代码体现的技术方案为商业秘密保护对象的，以相应的内容进行比对。

（六）共同犯罪的认定

不承担保密义务的犯罪嫌疑人、被告人与承担保密义务的犯罪嫌疑人、被告人通谋，共同实施侵犯商业秘密行为，构成共同犯罪的，根据具体情形分别认定：

1. 不承担保密义务的犯罪嫌疑人、被告人通过利诱、贿赂等方式诱使承担保密义务的犯罪嫌疑人、被告人披露权利人商业秘密的，认定两者以不正当手段获取商业秘密。

2. 承担保密义务的犯罪嫌疑人、被告人主动向他人披露，或者允许其使用权利人商业秘密，以获取财产性或非财产性利益的，认定两者违反保密义务或者违反权利人有关保守商业秘密的要求侵犯商业秘密。

四、关于侵犯商业秘密“情节严重”和“情节特别严重”的认定

（一）总体思路

认定侵犯商业秘密犯罪“情节严重”“情节特别严重”时，可以以给权利人造成重大损失作为主要认定标准，并根据相关司法解释的规定确定给权利人造成的损失数额或者违法所得数额。

（二）“直接导致商业秘密的权利人因重大经营困难而破产、倒闭”的认定

侵犯商业秘密造成商业秘密的商业价值大幅降低、权利人商誉严重受损、大量减产、客户大量流失或者丧失大部分市场份额等导致权利人重大经营困难而破产、倒闭的，可以认定为直接导致商业秘密的权利人因重大经营困难而破产、倒闭。

权利人因重大经营困难而破产、倒闭的后果与侵犯商业秘密行为必须具有直接的因果关系，对破产、倒闭起主要、决定性作用。

（三）“合理许可使用费”的认定

以合理许可使用费作为认定损失的标准，应当仅限于以不正当手段获取商业秘密的情形。

合理许可使用费，可以综合涉案商业秘密权利人许可使用相同或者其他商业秘密权利人许可使用类似商业秘密收取的费用，以及商业秘密的类型、商业价值、许可的性质、内容、实际履行情况，侵犯商业秘密犯罪行为的情节、后果等因素认定。

（四）“商业价值”的认定

因侵犯商业秘密行为导致商业秘密已为公众所知悉或者灭失的，可以根据其商

业价值来认定损失数额。

商业价值，可以根据商业秘密的研究开发成本、实施该项商业秘密的收益，包括实际已获得的利益和预期可得利益，以及可保持竞争优势的时间等相关因素综合确定。

（五）“财产性利益”的认定

利用权利人的商业秘密作为对价获得的股权、债权等利益可以认定为财产性利益。

犯罪嫌疑人、被告人已经按照约定将商业秘密交付但尚未实际取得的财产性利益，或者商业秘密尚未交付但已取得的财产性利益，可以认定为其实际获取的违法所得。商业秘密尚未交付，亦未实际取得财产性利益的，该财产性利益不认定为违法所得。

（六）确定权利人损失数额或者犯罪嫌疑人、被告人违法所得数额时技术贡献率的适用

被侵犯的技术秘密系整体技术方案的一部分或者侵犯商业秘密的产品系另一产品零部件，该技术信息或零部件在整体技术方案或者整个产品中起核心或决定性作用的，可以以整体方案或者整个产品产生的利润计算。不起核心或决定性作用的，在可以区分的条件下，应当根据该技术信息、零部件在整体技术方案、整个产品中所起的作用、对于实现整体技术效果的贡献率等因素，合理确定权利人损失数额或者犯罪嫌疑人、被告人违法所得数额。

技术贡献率可以根据鉴定意见、审计评估意见、技术专家或者技术调查官咨询意见以及其他在案证据，审查涉案技术秘密对于提高生产效率、降低经营成本等方面的作用综合确定。

五、关于侵犯商业秘密刑事案件的技术鉴定

（一）鉴定的选择

办理侵犯商业秘密刑事案件过程中，可以就专门性问题委托鉴定。如通过召开专家会议、技术调查官辅助办案等方式能够查明技术事实的，可以不通过鉴定方式解决。是否需要委托技术鉴定由办案机关综合考虑具体案情决定。非技术事实如经营信息是否不为公众所知悉以及同一性的查明，一般不通过鉴定方式解决。

（二）鉴定机构的确定

对于需要鉴定的事项，应当委托具备相应资格和专门知识的人员，具有相应检测设备和检测条件等鉴定能力的鉴定机构鉴定。

涉及特殊技术领域的鉴定，鉴定机构因缺乏专业检测设备，可以委托其他检测机构就鉴定事项中的部分内容进行技术检测，但应当审查被委托单位的资质、检测条件，并就委托过程作详细记载说明，鉴定人对根据检测结果出具的鉴定意见承担法律责任。

已就同一事项经权利人、被告人、犯罪嫌疑人或者其他办案机关委托鉴定过的，一般不再委托同一鉴定机构进行鉴定。

（三）鉴定机构及鉴定人的回避

办案机关委托技术鉴定的，应当对鉴定机构及鉴定人，是否具备鉴定条件与能力，与办案人员、权利人及其委托代理人、犯罪嫌疑人、被告人及其辩护人、案件审理是否存在法律上的利害关系，以及其他可能影响公正鉴定的情形进行审查。鉴定机构具有上述情形的，不得委托其鉴定；鉴定人具有上述情形的，应当及时要求鉴定机构更换。

办案机关应当及时将鉴定机构以及鉴定人情况告知权利人、犯罪嫌疑人、被告人，并明确告知其申请回避的权利及期限。确因案件侦查等客观原因不能及时告知上述信息的，应当在相关事由消失后及时告知。鉴定机构及鉴定人情况，应当包括鉴定机构名称，鉴定人姓名、工作单位、职务、职称、学历、专业领域等基本情况。

权利人、犯罪嫌疑人、被告人提出回避申请的，办案机关应当认真审查后作出决定，并告知申请人，口头告知的应当记入笔录。回避理由正当的，应当重新确定鉴定机构和鉴定人。

上述回避规定适用于接受鉴定机构委托的检测机构及检测人员。

（四）鉴定事项的确定

1. 委托技术鉴定前应当固定权利人主张的技术秘密的具体内容。

2. 委托鉴定书中应当准确无误地表述委托鉴定的事项，并要求鉴定机构在充分收集相关技术资料的基础上，根据鉴定程序和规则公正出具鉴定意见。

委托鉴定事项一般包括权利人主张的技术信息是否为公众所知悉；犯罪嫌疑人、被告人使用的技术信息与权利人主张的技术秘密是否相同或者实质性相同等。

鉴定事项应当具有可操作性，避免将一些无法通过技术手段鉴定的内容，或者属于法律判断内容等无需委托鉴定的事项，交由鉴定机构或鉴定人判定。

3. 同一性鉴定应当将犯罪嫌疑人、被告人实际使用的技术方案与权利人的技术方案进行比对。因实际使用的技术方案已经被破坏等原因无法比对的，可以采用犯罪嫌疑人、被告人技术资料或者产品等载体反映的技术方案进行比对。

4. 对于以不正当手段获取权利人技术秘密后未使用的，可以不做同一性鉴定。

5. 权利人记载技术秘密的技术资料与从犯罪嫌疑人、被告人处调取的其实际使用的技术资料相同的，可以不做同一性鉴定。

（五）鉴定的预审查

1. 鉴定前，办案机关应当根据案件情况当面或者书面听取权利人、犯罪嫌疑人、被告人对鉴定检材、鉴定事项的意见。当面听取意见的，应当制作笔录。对于权利人、犯罪嫌疑人、被告人提出的意见，办案机关应当认真审查，及时将意见转告鉴定机构，要求其充分审查并吸收正当、合理意见。

2. 鉴定意见正式出具前，办案机关可以在不影响鉴定机构独立作出鉴定结论的前提下，针对鉴定意见初稿中鉴定过程记载是否清楚详细、鉴定程序是否规范、鉴定意见是否符合委托要求以及鉴定意见的表述是否清晰等方面进行预审查，提出意见。

（六）鉴定意见的审查

1. 办案机关应当严格审查委托鉴定的程序以及鉴定意见内容，包括鉴定机构和鉴定人是否具有法定资质、是否存在应当回避的情形；检材的来源、取得、保管、送检是否符合法律、有关规定，与相关提取笔录、扣押清单等记载的内容是否相符，检材是否可靠；鉴定意见的形式要件是否完备；鉴定程序是否符合法律、有关规定；鉴定的过程和方法是否符合相关专业的规范要求；鉴定意见是否明确；鉴定意见与案件事实有无关联；鉴定意见与勘验、检查笔录及相关照片等其他证据是否矛盾，如果存在矛盾，能否得到合理解释。

鉴定意见存在内容不清晰、语义分歧等情形的，可以向鉴定机构、鉴定人询问，或者调取鉴定人在鉴定过程中的陈述等，并要求其详细说明。

2. 办案机关应当听取权利人、犯罪嫌疑人、被告人对鉴定程序和鉴定意见的意见。当面听取意见的，应当制作详细笔录。权利人、犯罪嫌疑人、被告人对鉴定意见提出异议的，办案机关应当认真审查，可以要求鉴定机构作出相应说明，必要时可以听取技术调查官、专家辅助人的意见。

3. 人民法院在开庭审理中，应当组织控辩双方就鉴定意见进行质证。权利人、被告人对鉴定意见提出异议的，人民法院可以根据案件审理需要，要求鉴定人出庭接受询问或作出书面说明。

六、办理侵犯商业秘密刑事案件的程序问题

（一）公安机关受理条件

报案人报案或者控告时，应当提供以下初步证据证明其主张的商业秘密以及存在涉嫌犯罪行为：

1. 商业秘密具体内容及载体；

2. 商业秘密的权属证明材料；

3. 商业秘密不为公众所知悉的鉴定意见、查新检索报告或专家意见等；

4. 商业秘密具有商业价值并采取相应的保密措施；

5. 被控告人实施侵犯商业秘密行为的相关线索；

6. 商业秘密被侵犯造成权利人损失数额在30万元以上或者导致因重大经营困难而破产、倒闭的初步证据。

报案人可以一并提交被控告人使用的技术信息、经营信息等与其商业秘密相同或实质性相同的证据。

（二）立案审查

公安机关经审查，认为有涉嫌犯罪的事实，或者其他情节符合侵犯商业秘密罪的立案追诉标准，需要追究刑事责任且属于本地公安机关管辖的，应当立案侦查。

对不符合立案条件的，依法作出不予立案决定，告知报案人通过民事诉讼、行政程序等途径解决。对于需要追究刑事责任但不属于本地公安机关管辖的，应当移送有管辖权的公安机关。

（三）准确、慎重适用强制措施

办理侵犯商业秘密案件，应当严格依照法定程序，准确适用限制被控告人人身、财产权利的强制性措施。在被控告人使用的技术信息、经营信息等与权利人主张的商业秘密相同或实质性相同的认定意见作出前，原则上不采取限制人身、财产权利的强制性措施。

（四）管辖

侵犯商业秘密刑事案件由犯罪地县级公安机关负责受理侦办，派出所不得办理。必要时，市级公安机关可以办理由县级公安机关管辖的侵犯商业秘密刑事案件。

侵犯商业秘密刑事案件的审查逮捕、审查起诉、法律监督由负责管辖知识产权案件的基层人民检察院办理。对案情重大、复杂的侵犯商业秘密刑事案件，必要时，经市级人民检察院与中级人民法院协商后，可由市级人民检察院向中级人民法院提起公诉。

侵犯商业秘密刑事案件由具有知识产权民事案件管辖权的基层人民法院审判。必要时，中级人民法院可以审判基层人民法院管辖的第一审侵犯商业秘密刑事案件；基层人民法院认为案情重大、复杂需要由中级人民法院审判的第一审侵犯商业秘密刑事案件，可以请求移送中级人民法院审判。

（五）刑民交叉案件的程序处理

审理刑事案件过程中，被害人提出附带民事诉讼，且不违反民事案件级别管辖规定的，可以探索开展附带民事诉讼，一并解决民事赔偿问题。刑事附带民事诉讼案件结案后，被害人不得再次提起民事诉讼。

因同一被诉侵犯商业秘密行为分别发生侵犯商业秘密的民事侵权纠纷和涉嫌刑事犯罪案件，原则上两案可以分别处理，但办案机关应当加强协调，保证处理结果相统一。

当事人以涉及同一被诉侵犯商业秘密行为的刑事案件尚未审结为由，请求中止审理侵犯商业秘密民事案件，人民法院在听取当事人意见后认为必须以该刑事案件的审理结果为依据的，应当裁定中止诉讼，待刑事案件审结后，再恢复民事案件的审理。如果民事案件不是必须以该刑事案件的审理结果为依据，则民事案件应当继续审理。

同时承担刑事责任和民事责任的被告人，其财产不足以全部支付的，应当先行承担对被害人的民事赔偿责任。

河南省高级人民法院商业秘密纠纷案件审理的若干指导意见（试行）

一、商业秘密的认定

根据《反不正当竞争法》第十条第三款规定，商业秘密是指不为公众所知悉、能为权利人带来经济利益、具有实用性并经权利人采取保密措施的技术信息和经营信息。

构成商业秘密的技术信息是指利用科学技术知识、信息和经验做出的产品、工艺、材料及其他改进等技术方案。包括以物理的、化学的、生物的或其他形式的载体所表现的设计、工艺、数据、配方、诀窍等形式的技术和技术信息。

构成商业秘密的经营信息是指技术信息以外的能够为权利人带来竞争优势的用于经营活动的各类信息。包括管理诀窍、客户名单、货源情报、产销策略、招标投标的标底及标书内容等信息。

（一）判定某一技术信息或经营信息是否构成商业秘密，应从以下几个主要方面进行审查

1. 商业秘密应是处于秘密状态的技术信息和经营信息。即信息未被任何人向社会公开，不为公众所知悉，未向不特定的人员透露。审查商业秘密的秘密性应考虑以下几点：

（1）审查确定技术、经营信息的公开程度。对于完全未公开过的信息，应认定其具有秘密性，一项完整的信息，如仅被部分公开，则未公开的部分仍应为处于秘密状态的信息。

（2）审查确定技术、经营信息的公开范围。信息仅在特定范围内公开，不特定其他人没有得知，可根据具体情况确定该信息未丧失秘密性。单位职工因业务需要掌握了该信息，不能认定向社会公开，仍认定其秘密性。

（3）他人窃取权利人的技术、经营信息，但尚未向外扩散的，仍认定该信息的秘密性，侵权人公开披露该信息后，其秘密性丧失。

（4）权利人使用其技术、经营信息制造的产品公开出售，不能因此认为该信息已被公开，信息的秘密性仍然存在。

2. 商业秘密应是具有价值性和实用性的技术信息和经营信息。价值性是指商业秘密通过现在或将来的使用，能够为权利人带来现实的或潜在的经济利益。实用性是指通过商业秘密的实际运用可以为权利人创造出经济上的价值。判断技术、经营信息的价值性和实用性，应注意考虑信息能否应用于生产实践及经营管理，以及是否能为权利人带来现实的或潜在的经济利益或市场竞争的优势。

（1）商业秘密的经济价值和实用性，可以结合技术、经营信息与经营者经济利益的内在联系，考察信息是否有利用价值，丧失其秘密性对经营者有无影响，该信心能否为权利人的生产经营活动提供直接的、间接的帮助等诸因素进行认定。

（2）权利人的技术、经营信息有无经济价值、实用性，各方当事人对此没有争议的，人民法院一般不就该问题主动进行审查。

3. 商业秘密应是权利人采取了合理的保密措施加以保护的技术信息和经营信息。权利人是否采取了合理的保密措施，应从权利人所采取保密措施的形式、对象、范围等方面综合审查，一般可以同一行业中公认的对某一类信息应采取的保密措施作为保密措施是否合理的参考标准。

下列情况的保密措施可以认定是合理的：

（1）权利人建立了保密制度，将有关信息明确列为保密事项。

（2）权利人未制定保密制度，但明确要求对某项信息予以保密。

（3）权利人建立了保密制度，虽未明确某一信息是商业秘密，但按照其保密制度的规定，属于保密范围的信息。

（4）权利人向他人披露、提供某一信息时，在相关的合同或文件中明确要求对开发的技术进行保密。

（5）权利人与他人合作开发或委托开发一项新技术，在合同中明确要求对开发的技术进行保密。

某些信息依其属性即可表明属于秘密状态的，权利人无需采取其他保密措施。如权利人在其开发的软件上进行加密，同时制作了解密软件。

经国家有关机关确定为国家秘密的信息，无论权利人是否采取保密措施，均不影响该信息构成商业秘密。

（二）构成商业秘密的客户名单的认定问题

客户名单是经营信息的表现形式之一，能否成为商业秘密，必须审查是否具备商业秘密的法律特征。

判定客户名单是否构成商业秘密，应从以下几个方面考虑：

1. 客户名单具有特定性。受法律保护的客户名单应是具体明确的、区别于可以从公开渠道获得的普通客户的名单。

2. 单独的客户名称的列举不构成商业秘密。客户名单的内容应包括客户名称、客户联系方法、客户需求类型和需求习惯、客户的经营规律、客户对商品价格的承受能力等综合性客户信息。

3. 客户名单具有稳定性。受法律保护的客户名单中的客户群应是权利人经过一定的努力和付出，包括人、财、物和时间的投入，在一定时间段内相对固定的、有独特交易习惯内容的客户。

4. 客户名单具有秘密性。受法律保护的客户名单应是权利人采取了合理的保护措施予以保护的客户信息，他人无法通过公开途径或不经过一定的努力和付出而获得。

5. 审查客户名单是否构成商业秘密，还应注意考虑权利人开发客户名单所耗费的人力、财力以及他人正当获取客户名单的难易程度。

二、商业秘密侵权行为的认定

商业秘密侵权行为是行为人实施了《反不正当竞争法》和有关商业秘密保护法律、法规的禁止性规定，侵犯他人商业秘密的违法行为。认定某一行为是否构成商业秘密侵权行为，可以依以下步骤进行：

1. 审查权利人所诉受到侵害的技术、经营信息是否为一项有效的商业秘密。进行该项审查工作应查明权利人起诉请求中认为受到侵害的商业秘密是否实际存在，其请求给予法律保护的技术、经营信息是否具备商业秘密的法律特征，权利人的商业秘密的具体内容和表现形式，即权利人商业秘密的“秘密点”所在。

2. 查明被诉侵权人所使用的技术、经营信息与权利人的商业秘密是否相同。

3. 审查被诉侵权人对权利人的商业秘密是否有合法的使用权，即合理使用抗辩。存在下列情形，可以认定被诉侵权人享有合法使用权：

（1）被诉侵权人自行创造、构思出与权利人相同的商业秘密。

（2）从其他合法权利人受让的商业秘密。

（3）在权利人疏忽情况下善意取得商业秘密。

（4）商业秘密权利用尽，商业秘密的有形产品在市场流通过程中，被诉侵权人的获取、销售、使用行为。

（5）被诉侵权人通过反向工程取得商业秘密。

反向工程是对合法取得的终端产品的拆卸、破解，从而得出其构造、成分以及制造方法或工艺的行为。

接触、了解权利人技术秘密的人员通过回忆、拆解终端产品获取权利人技术秘密的行为，不能构成反向工程。

4. 查明被诉侵权人是否通过实施法律所禁止的行为获取权利人的商业秘密。这些行为的主要表现形式有：

（1）以盗窃、利诱、胁迫或者其他不正当手段获取权利人的商业秘密。

（2）披露、使用或者允许他人使用以前项手段获取的权利人的商业秘密。

（3）职工违反权利人有关保守商业秘密的要求或合作单位违反保密约定，披露、使用或者允许他人使用其所掌握的权利人的商业秘密。

（4）从权利人离职职工处获取并违法使用权利人商业秘密。

（5）被诉侵权人从其他侵权人处取得并使用明知为权利人商业秘密的技术和经营信息。

（6）法律规定的其他侵犯商业秘密的行为。

三、商业秘密侵权诉讼中的竞业禁止问题

1. 竞业禁止是指生产、经营单位通过与职工签订合同，约定职工在离开单位后一定期限内不得在生产同类产品或经营同类业务且有竞争关系或其他利害关系的其他单位内任职，或者自己生产、经营与原单位有竞争关系的同类产品或业务，单位向职工支付一定数额的补偿费，以减少不正当竞争的方式。

2. 生产、经营单位与职工签订竞业禁止协议，约定禁止职工离职后从事某项职业，并给予适当补偿的。协议只要不违反相关法律规定，应认定其效力。

3. 竞业禁止协议约定内容的审查要点：

（1）竞业禁止协议应由单位职工自愿承诺。包括劳动、用工合同约定、认可或默认单位有关规定等。

（2）竞业禁止协议目的应合理。竞业禁止协议应是为了保护权利人的商业秘密，而非限制职工自由择业和公平竞争。

（3）竞业禁止协议中被禁止主体应适当。协议禁止的对象可以是接触或可能接触重要商业秘密的职工，也可以是其他职工。

（4）竞业禁止协议所禁止的行业范围，应与职工任职期间所接触或可能接触的商业秘密的范围相对应。

（5）竞业禁止协议应约定单位对职工在职、离职时以及离职后竞业禁止期间给予相应的经济补偿。单位未给予相应经济补偿的，职工离职后的自由择业不应受竞业禁止的限制，但职工应对其任职期间所知悉的原单位的商业秘密负有保密义务。

4. 职工未单位签订竞业禁止协议，仍应对其任职期间所知悉的原单位商业秘密负有保密义务。

5. 涉及竞业禁止的侵权纠纷中，在权利人提出证据证明被诉侵权人违反竞业禁止约定披露、使用或允许他人使用商业秘密后，应将举证的重心转移至被诉侵权人，由被诉侵权人举证证明其恪守约定或反诉竞业限制约定违法，披露使用商业秘密有正当、合法、善意的根据等。否则，被诉侵权人应承担相应的举证不力的责任。

6. 对于违反竞业禁止行为的认定，应从被诉侵权人有无违反竞业禁止约定要求，披露或使用权利人商业秘密的故意或过失，被诉侵权人披露、使用商业秘密是否与权利人商业秘密失密以及由此造成的损害有因果关系等方面综合考虑。

四、商业秘密侵权诉讼中保密协议问题

1. 生产、经营单位可以按照有关法律规定，与本单位的职工签订保密协议或者在劳动合同中签订保密条款，约定各自的权利和义务，依法保护商业秘密。

2. 因工作接触、了解单位商业秘密的职工，未与原单位签订保密协议，任职期间和离职后，仍应对其知悉的单位的商业秘密负有保密义务。

3. 职工的保密义务维持时间一般应为职工在职期间和离职后，直至单位商业秘密失效时止。保密协议约定职工保密期限或单位应对职工的保密义务支付相应报酬等，一般从其约定。

4. 商业秘密权利人起诉离职人员违反保密协议条款约定，披露、使用其商业秘密，而离职人员反诉原单位（即权利人）违反约定，不支付相应报酬或补偿费的，可以合并审理。

5. 商业秘密纠纷案件中，违约与侵权竞合发生时，权利人选择违约之诉或侵权之诉主张权利，人民法院应予准许。

6. 对于通过非适当方式到其他单位任职并披露、允许接收单位使用原单位商业秘密的职工，权利人可将职工与接收单位作为共同被告起诉。

五、商业秘密侵权诉讼中当事人的举证责任

商业秘密侵权诉讼中当事人的举证责任，应严格按照《民事诉讼法》、《最高人民法院关于民事诉讼证据的若干规定》合理分配。结合商业秘密侵权诉讼的特点，在确定各方当事人举证责任时应注意以下几点：

1. 权利人在起诉时应提交含有其商业秘密载体的证据，指明其商业秘密的实际存在以及商业秘密体现的位置及内容，将商业秘密的范围界定明确、清楚，并证明商业秘密本身的合法性，包括依商业秘密的构成要件证明技术、经营信息为商业秘密和获得该商业秘密的途径合法等。

2. 被诉侵权人对涉及权利人所诉的商业秘密的内容进行举证抗辩中，人民法院应注意审查被诉侵权人提出的诸如诉讼所涉的商业秘密并不存在，被诉侵权人通过“反向工程”取得商业秘密，被诉侵权人以合法手段获取商业秘密等证据，并逐一加以甄别，作出判断。

3. 被诉侵权人提出的公知技术的抗辩，应由被诉侵权人举证公知技术的载体。应审查公知技术内容的公开范围和程度，以及依照公开的技术内容能否得出与权利人商业秘密相同的生产、经营结果等。

4. 权利人提出相应证据证明被诉侵权人非法获取权利人商业秘密，经查实后，可依权利人证据认定被诉侵权人侵权行为成立。

5. 审理商业秘密侵权案件应坚持“谁主张，谁举证”的一般举证原则，同时，针对不同诉讼阶段可以实行一定条件下的举证责任倒置。

权利人仅提出证据证明被诉侵权人使用的技术、经营信息与其商业秘密有一致性或相同性，且侵权人有获取商业秘密的条件，并无其他直接证据，此种情况下，可适用举证责任倒置。由被诉侵权人举证证明其获取该信息所采取手段、途径的正当性，否则，可以认定被诉侵权人通过非法手段获取权利人商业秘密。

六、商业秘密侵权诉讼中侵权民事责任的承担

商业秘密侵权诉讼中的民事责任是侵权行为人违反《反不正当竞争法》及其他商业秘密保护的法律规定，侵犯他人商业秘密，给被侵害的经营者造成损害，依法应承担的民事责任。

侵权行为人民事责任的承担，应按照《反不正当竞争法》、《中华人民共和国民法通则》的有关规定，实行“过错责任”原则。侵权行为人应承担的民事责任主要有：停止侵权、赔偿损失、赔礼道歉等。人民法院应根据当事人的具体诉讼请求，依据查明事实作出相应的判定。

侵权行为人承担的民事赔偿责任，应为因其侵权行为给商业秘密权利人造成的实际损失，以权利人的实际损失得到“填平”和“弥补”为限，不实行惩罚性的民事赔偿。

1. 对于侵权行为人停止侵权时限一般综合考虑商业秘密本身的性质、技术含量的多少，掌握的难易程度。如诉讼中商业秘密仍处于除当事人之外的秘密状态，一般判令侵权行为人应在该商业秘密被公开之前不准披露、使用的永久性保护。

对于某种商业秘密（如客户名单），其特殊性决定了长期禁止侵权行为人使用该商业秘密的内容将影响其生计。如当事人未约定竞业禁止情况下，无限期地禁止离职的员工使用其在任职期间所知悉的客户名单，往往会严重影响离职员工的生计。对于此情况下受到侵害的商业秘密，可以考虑在一定适当的期限内禁止侵权行为人使用，而不是一概的判令无限期的予以保护。

2. 侵权行为人应承担的民事责任，针对侵权商业秘密的不同行为表现形式，可依当事人的诉讼请求做出相应的判令：

（1）对于非法获取他人商业秘密的行为，一般判令侵权行为人返还商业秘密的载体，并不准泄露该商业秘密。

（2）对于披露他人商业秘密的行为，一般判令侵权行为人赔偿经济损失，披露人在一定期限内不准使用该商业秘密。

（3）对于违法使用他人商业秘密的行为，一般判令侵权行为人停止侵权行为、赔偿权利人经济损失，具体标准为权利人受到损失或侵权行为人在侵权期间因侵权所获得的利润。权利人对该两种计算方法有选择权。以商业秘密权利人因侵权行为遭受的损失计算赔偿额，应主要考虑下列因素：商业秘密的成熟程度，商业秘密的利用周期长短以及是否可重复利用，商业秘密的许可使用和转让情况，市场的容量和供求关系，受侵害的权利人生产、经营收入的实际减少量、商业秘密研制开发的成本等。

以侵权行为人因侵权行为获得的利益计算赔偿数额，由侵权行为人赔偿权利人在侵权期间因侵权所获得的利润。侵权行为人因此所节约的研制、开发成本等可以作为确定赔偿数额的参考。

3. 权利人请求赔偿制止侵权行为而产生的费用，如调查费用、律师代理费用等，只要有相应的合法证据，且该部分支出在合理限度之内，可以予以保护。

4. 侵权行为人非法所得和权利人受到损失数额的证据难以收集的，人民法院可以参照有关法律和司法解释的规定在5000元～50万元范围内酌定侵权赔偿数额。酌定赔偿数额应综合考虑受到侵害的商业秘密的性质、技术含量、掌握的难易，权利人利用商业秘密从事生产、经营的时间和规模、权利人为获取该信息所投入的人力、财力以及侵权行为以权利人的生产、经营造成影响的大小等因素。

七、商业秘密侵权诉讼中技术鉴定问题

1. 商业秘密侵权诉讼中的技术鉴定，是指商业秘密侵权案件审理过程中，依照规定的程序、形式和要求，由鉴定机构对案件所涉技术信息内容进行审查和评价，做出科学、正确结论的过程。

2. 当事人申请鉴定的，人民法院应根据查明案件事实的需要审查决定鉴定与否。当事人的申请内容与其诉讼主张无关的，应予驳回。人民法院一般不应主动进行鉴定，也不应主动超过当事人申请的范围进行鉴定。负有举证责任的一方当事人不申请鉴定，人民法院应向其说明举证要求和法律后果，根据案情需要可依职权委托鉴定。

3. 人民法院同意当事人鉴定申请的，应由当事人协商确定有鉴定资格的机构和人员，协商不成的，由人民法院指定，并通知当事人在合理的期限内对鉴定机构、鉴定人员的资格或者申请回避等提出意见。

4. 鉴定结论的形成及其运用应贯彻客观公正、科学权威的原则。作为鉴定对象的技术信息应是当事人争议的客观存在的案件事实，鉴定的过程和鉴定结论的质证等方面必须公正、公平，鉴定结论应实事求是，建立在充分科学依据的基地上，内容正确、表达准确。

5. 人民法院决定委托鉴定后，应要求当事人明确鉴定的对象及其范围，主要包含权利人所诉被侵权商业秘密是否为公知技术，被侵权人使用的技术与权利人商业秘密相同与否等。还应要求当事人在指定限期内提交完整的资料供鉴定使用，否则，承担鉴定结论对其不利的后果。

6. 人民法院只能就专业技术事实提出鉴定委托，权利人的技术、经营信息是否构成商业秘密，被诉侵权人是否侵权等不是委托鉴定的范围，应由人民法院根据相应证据做出判定。

7. 鉴定人应当出庭接受当事人质询，鉴定结论要经过当事人质证才能作为定案依据。

8. 鉴定结论存在鉴定机构或者鉴定人员不具备相关的鉴定资格、鉴定程序违法、鉴定结论明显依据不足、经过质证认定不能作为证据使用等情形的，当事人申请重新鉴定的，应予准许，不得通过补充鉴定、重新质证、补充质证等方式处理。

八、商业秘密侵权诉讼中专家证人问题

专家证人是指在民事诉讼中依据其专业知识对相关案件事实出具专家证言，或出庭对有关案件事实做出专业技术性陈述，以辅助人民法院查明案件事实的人员。

专家证人出具的证言，是协助人民法院对相关案件有关专业事实进行判断的方式之一。其证明力大小应由人民法院组织当事人地进行质证后判断确定。

商业秘密侵权诉讼中有关专家证人应注意的问题：

1. 当事人一方或双方申请由其单方提出若干名专业技术人员就案件涉及的专业技术问题陈述意见、说明观点、一般应予准许。

2. 人民法院对于当事人申请出庭陈述意见的专家证人应考虑其身份和在本行业的影响，以及与申请人的关系等确定是否准许出庭。人民法院确定的专家证人应当是对相关技术领域可以提出权威性意见的专家。专家证人应主要具备以下条件：

（1）具有专门性的知识、技能，并经专门培训；

（2）具有必要的经验，并具有胜任该工作的能力；

（3）具备表明自己赖以形成意见或结论的科学依据的能力；

（4）具备对假设性问题做出明确回答的能力。

3. 对于出庭专家证人人数应加以限制，一方当事人可以申请 1 ~ 2 人，以不超过 3 人为宜。

4. 专家证人对案件涉及的技术问题所做出的相应陈述，对申请其作为专家证人的当事人产生相应的法律后果。

5. 专家证人出庭一般以当事人的申请为前提。

6. 专家证人出庭陈述意见，应接受法庭以及申请其出庭的对方当事人的询问以及对其陈述的质证。

7. 专家证人对案件事实所作的陈述意见，不受其社会地位和任职单位行政级别的影响。专家证人在本行业内影响力的大小、级别的高低等，不影响同一案件中各专家证人所出具意见证明力的大小。

九、商业秘密侵权诉讼中合法取得商业秘密的人后续开发问题

1. 依合同约定取得权利人商业秘密的单位和个人，可以利用其商业秘密进行新的开发和研究，但应对商业秘密权利人承担合同约定的保密等义务。

2. 职工离职后，利用其任职时掌握和接触的原单位的商业秘密，并在此基础上作出新的技术成果或创新，有权就新的技术成果或创新予以实施或者使用。

3. 离职职工实施或者使用其在原单位商业秘密基础研究、开发的新技术时，如须同时利用原单位商业秘密的，应征得原单位的同意，并支付相应的使用费。

十、商业秘密侵权诉讼中的保密问题

商业秘密侵权诉讼中涉及的权利人的商业秘密是该类案件的核心证据，与权利人的经营活动密切相关，商业秘密的价值主要因其秘密性而得以体现。人民法院在审理商业秘密侵权案件时，特别要注重对有关案件事实、证据的保密，尤其是权利人商业秘密的载体，如技术图纸、客户名单、货源情报、经营诀窍等，避免权利人的商业秘密在案件审理中被再次泄露，加重对其的侵害。

1. 人民法院审理商业秘密侵权案件，应树立保密观念，防止因案件审理使权利人的商业秘密“二次泄露”的问题发生。

2. 审理商业秘密侵权纠纷案件，人民法院可以依照《民事诉讼法》第121条之规定，告知当事人享有申请不公开审理的权利。当事人申请不公开审理的，人民法院一般应予准许。

3. 既要坚持所有证据都须经质证才能作为定案依据，又要注意商业秘密侵权案件的特殊性，对于当事人提交的涉及商业秘密的证据，在质证时应对所有诉讼参与人提出保密要求，明确泄密应承担的法律责任。

在审理商业秘密侵权案件举证、质证时，可以考虑通过以下方式进行保密：

（1）对于权利人的举证要求，视其拥有的商业秘密的等级程度及其所指控的被诉侵权人获知其商业秘密内容的程度，可要求权利人分阶段、分层次举证；

（2）对于已被被诉侵权人获知的商业秘密、或者商业秘密程度较低的内容先举证，对于尚未被披露、尚未被被诉侵权人掌握或完全掌握、关键性的商业秘密可权要求向合议庭举证，对于经济价值很高的商业秘密证据，不进行当事人之间的直接质证，而要求被诉侵权人做出是否合法获取的举证抗辩；

（3）对于需要技术鉴定的重大商业秘密，如化学配方等，人民法院在委托鉴定时，应要求鉴定机构严格选定鉴定人员，明确保密责任。鉴定机构做出的鉴定文书，只交给委托鉴定的人民法院，不得向当事人泄露。鉴定文件的质证，仅告知当事人鉴定结论，不向各方宣读他们的对比材料等具体内容，当事人如有相反意见，可向人民法院提出。

4. 对于未经披露的商业秘密，制作裁判文书时应注意保密，一般应只作原则性（如只写明技术名称或编号）表达，不能将该商业秘密的全部内容都在裁判文书中予以展示。结合具体案件，还可以在裁判文书中明确各诉讼参与人对案件所涉商业秘密的保密义务，以及违反该义务应承担的法律责任。

5. 商业秘密侵权案件审理终结后，有关涉及商业秘密内容的所有证据及材料，一律装订入副卷（保密卷）进行保密归档。

天津市高级人民法院审理侵犯商业秘密纠纷案件研讨会纪要

企业拥有的知识产权，相当一部分是以商业秘密形式存在。随着商业竞争愈发激烈，商业秘密的保护问题，受到社会各界的广泛关注。特别是我市滨海新区制造业发达，外资企业和高新科技企业较多，人才流动频繁，商业秘密的保护问题，在滨海新区知识产权保护战略中具有突出的位置。近年来，我市侵犯商业秘密纠纷案件呈上升趋势，具有隐蔽、复杂、多样的特点。法院在审理案件中，认定事实，适用法律，均遇到一些疑难问题，需要统一认识，明确界限，把握好司法尺度。为了进一步加强知识产权保护，提高审理侵犯商业秘密纠纷案件的司法水平，市高级人民法院在2006年对商业秘密的保护问题进行了专题调研，组织高、中级人民法院的审判人员先后召开了三次研讨会，对审理侵犯商业秘密纠纷案件中，认定事实和适用法律方面的疑难问题进行了深入研讨和总结。此后，最高人民法院于2007年1月发布了《最高人民法院关于审理不正当竞争民事案件应用法律若干问题的解释》。现根据法律和司法解释，归纳整理各次研讨会的意见，纪要如下：

1. 商业秘密是智力活动及经营成果所形成的特定信息，具有知识产权属性，应当按照知识产权保护原则予以保护，但应注意与专利权、商标权等具有绝对排他性的知识产权相区别。

2. 审理侵犯商业秘密纠纷案件，应当注意处理好保护商业秘密与维护市场合理竞争的关系以及保护商业秘密与择业自由的关系，严格依法保护商业秘密，防止权利滥用以及恶意诉讼。

3. 权利人请求保护的商业秘密应当具有相应的信息载体，能够重复再现商业秘密的内容。仅凭人脑记忆，口头传授的“秘诀、秘方”以及商业经验，一般不作为商业秘密予以保护。

4. 能够证明自己合法拥有商业秘密的人是商业秘密专有权人。合法使用他人商业秘密的人，其使用权的范围、期限及权利义务依法由许可使用合同约定。合法获知他人商业秘密的人，其保密责任及权利义务，依照法律和合同约定确定。因商业秘密的权利人或使用人的过失泄密而获知他人商业秘密的人，负有不使用和传播该商业秘密的义务。

5. 根据我国法律和司法解释以及我国加入的相关国际公约的规定，商业秘密的内容及保护范围不限于一般列举的设计、配方、模型、方法、技术、程序、计划、客户名单、营销策略等信息。对于具有特定内容的商业信息，只要符合法律规定的商业秘密条件，应当予以保护。

6. 商业秘密的保护期限，自该秘密为公众知悉之日终止，包括权利人自己公开或因侵权行为公开。

7. 对因侵害商业秘密行为，提起的侵权诉讼，适用民法通则一般诉讼时效为2

年的规定。

8. 侵害商业秘密的案件不限于商业竞争领域。对涉及商业秘密的案件，应当根据案件事实，正确确定案由和适用的法律，不正当竞争纠纷案件，适用《中华人民共和国反不正当竞争法》的规定；合同纠纷案件，适用《中华人民共和国合同法》的规定；非上述范围的纠纷案件或专门法律没有规定的案件，适用《中华人民共和国民法通则》关于保护智力成果权的一般规定。

9. 合法使用商业秘密的人在其使用权受到损害时，依照法律和司法解释的规定，可以请求人民法院保护该商业秘密使用权，但其权利应受使用合同限制，不得行使属于权利人的处分权等项权利。

10. 企、事业单位依法与员工单独订立的保密合同或劳动合同中的保密条款具有相对独立性，不因劳动合同解除失效。企、事业员工离职后违反保密合同的约定，侵犯原所在单位商业秘密的，企、事业单位可以依据保密合同或合同中的保密条款，独立提起保密合同纠纷诉讼。该类案件不属劳动争议案件，不受劳动争议处理程序的限制。

11. 民事合同中有商业秘密保密条款约定的，当事人可以单独就保密条款纠纷提起诉讼，不受合同履行期限或合同中途解除的影响，但依法应确认无效的合同或当事人另有约定的除外。

12. 在立案或审理中发现侵权纠纷与合同纠纷竞合的，应分别情况处理，选择合同纠纷诉讼一般只能起诉合同相对人；选择侵权诉讼可以起诉任何侵权人。当事人选择侵权诉讼的，按照侵权案件适用法律处理，不审理其中的合同纠纷内容。

13. 审理侵犯商业秘密纠纷案件，不适用我国专利法等知识产权专门法关于诉前临时禁止措施和诉前证据保全的规定。

14. 鉴于商业秘密不具有绝对的排他性，因此应依法严格当事人的举证责任。对专门技术或专业性较强的商业经营问题，要注意发挥专家证人的作用。根据最高人民法院《关于民事诉讼证据的若干规定》，当事人可以申请一至二名具有专门知识的人员出庭就案件的专门性问题进行说明。此类专业人员不属于事实证人，其所作的说明，属于技术性解释，不具有证据效力。出庭的专家证人之间以及其与当事人、鉴定人之间，可以相互询问。

15. 因侵权人的过错，导致第三人善意使用他人商业秘密的，一般应判决第三人停止使用并承担保密责任。但如果判决停止使用，对第三人生产经营确有重大影响，可以判决不停止使用或限期使用，并向权利人支付合理的费用，第三人可以向侵权人请求赔偿。

16. 因涉及商业秘密依法不公开审理的案件，审判人员、书记员、鉴定人应当采取相应的保密措施，严格控制接触案件所涉商业秘密的人员范围，开庭审理和合议庭评议场所严禁录音录像，卷宗流转过程应当采取加密措施，严防泄密。但当事人不得以保密为由，拒绝提供有关证据，否则应承担对其不利的裁判后果。涉及商业秘密的证据需要公开出示、质证的，审判人员可以采取责令庭审参加人员保守商业秘密；要求诉讼当事人订立保密协议；限制触密人数等方法。在庭审中，如果合议庭认为，现有证据足以证明案件事实的，可以停止举证、质证并限制证据交换。

17. 在审理侵犯商业秘密纠纷案件中，发现侵权人涉嫌犯罪的事实或线索，符合刑事自诉条件的，应当告知权利人可以同时提起刑事自诉；依法应当提起公诉的，应及时将涉嫌犯罪的有关材料移送公安机关侦查处理，一般应中止民事案件的审理。但移送涉嫌犯罪的事实或线索、不影响民事案件审理的，民事案件可以继续审理。

经法定程序认定侵权犯罪嫌疑人不构成犯罪的，恢复民事案件审理。

经法定程序认定侵权犯罪嫌疑人构成犯罪的，案件涉及的民事赔偿部分应继续审理。

18. 对已移送公安机关的涉嫌侵犯商业秘密犯罪案件，公安机关或者人民检察院要求对民事侵权纠纷案件在先做出判决的，经有关机关协调后，可以对民事侵权案件作出判决。

北京知识产权法院侵犯商业秘密民事案件诉讼举证参考

为有效破解侵犯商业秘密民事案件举证难问题，引导当事人更好地完成举证责任，维护科技创新企业的核心竞争力，依法平等保护中外当事人的合法权益，优化法治化营商环境，根据《中华人民共和国反不正当竞争法》《最高人民法院关于审理不正当竞争民事案件应用法律若干问题的解释》《最高人民法院关于审理侵犯商业秘密民事案件适用法律若干问题的规定》《最高人民法院关于知识产权民事诉讼证据的若干规定》《最高人民法院关于审理侵害知识产权民事案件适用惩罚性赔偿的解释》，以及《北京市高级人民法院知识产权民事诉讼证据规则指引》等相关规定，结合侵犯商业秘密民事案件审理中的主要问题，特制定本举证参考。

第一部分　关于权利基础的举证参考

商业秘密通常是指不为公众所知悉、具有商业价值并经权利人采取相应保密措施的技术信息、经营信息等商业信息。

技术信息主要包括与技术有关的结构、原料、组分、配方、材料、样品、样式、植物新品种繁殖材料、工艺、方法或其步骤、算法、数据、计算机程序及其有关文档等信息。

经营信息主要包括与经营活动有关的创意、管理、销售、财务、计划、样本、招投标材料、客户信息、数据等信息。客户信息，包括客户的名称、地址、联系方式以及交易习惯、意向、内容等信息。

一、可以依法起诉的主体

1. 原告能够举证证明其为商业秘密的权利人或者利害关系人，可以依法提起侵犯商业秘密诉讼。

2. 商业秘密独占使用许可合同的被许可人可以单独提起侵犯商业秘密诉讼；

商业秘密排他使用许可合同的被许可人可以和权利人共同提起侵犯商业秘密诉讼，或者在权利人不起诉的情况下自行提起诉讼；

商业秘密普通使用许可合同的被许可人可以和权利人共同提起侵犯商业秘密诉讼，或者经权利人书面授权单独提起诉讼。

二、商业秘密的法定条件

3. 原告能够举证证明商业秘密在被诉侵权行为发生时不为所属领域的相关人员普遍知悉和容易获得的，可以主张该商业秘密不为公众所知悉。

4. 原告能够举证证明将为公众所知悉的信息进行整理、改进、加工后形成的新信息在被诉侵权行为发生时不为所属领域的相关人员普遍知悉和容易获得的，可以主张该新信息构成商业秘密。为证明该新信息非公众所知悉，原告可以将整理、改进、加工的过程和记录等作为证据提交。

5. 原告主张对商业秘密采取了相应保密措施，可以根据商业秘密及其载体的性质、商业秘密的商业价值、保密措施的可识别程度、保密措施与商业秘密的对应程度以及原告保密意愿等因素，举证证明其为防止商业秘密泄露，在被诉侵权行为发生以前采取了与商业秘密相适应的合理保密措施。

6. 原告主张采取了相应保密措施，可以举证证明存在以下事实：

（1）签订保密协议或者在合同中约定保密义务的；

（2）通过章程、培训、规章制度、书面告知等方式，对能够接触、获取商业秘密的员工、前员工、供应商、客户、来访者等提出保密要求的；

（3）对涉密的厂房、车间等生产经营场所限制来访者或者进行区分管理的；

（4）以标记、分类、隔离、加密、封存、限制能够接触或者获取的人员范围和权限等方式，对商业秘密及其载体进行区分和管理的；

（5）对能够接触、获取商业秘密的计算机设备、电子设备、网络设备、存储设备、软件等，采取禁止或者限制使用、访问、存储、复制等措施的；

（6）要求离职员工登记、返还、清除、销毁其接触或者获取的商业秘密及其载体，继续承担保密义务的；

（7）采取其他合理保密措施的。

7. 原告主张商业秘密具有商业价值的，可以根据商业秘密的研究开发成本、实施该项商业秘密的收益、可得利益、可保持竞争优势的时间等因素，举证证明商业秘密因不为公众所知悉而具有现实的或者潜在的商业价值。生产经营活动中形成的阶段性成果符合上述规定的，原告可以主张该阶段性成果具有商业价值。

三、法定条件的抗辩事由

8. 被告主张原告商业秘密不符合商业秘密法定条件的，可以举证证明存在以下事实：

（1）商业秘密在被诉侵权行为发生时已为公众所知悉；

（2）原告未采取相应保密措施；

（3）商业秘密不具有商业价值；

（4）商业秘密不符合法定条件的其他情形。

9. 被告主张原告商业秘密已为公众所知悉的，可以举证证明存在以下事实：

（1）原告商业秘密在所属领域属于一般常识或者行业惯例的；

（2）原告商业秘密仅涉及产品的尺寸、结构、材料、部件的简单组合等内容，所属领域的相关人员通过观察上市产品即可直接获得的；

（3）原告商业秘密已经在公开出版物或者其他媒体上公开披露的，包括文献资料、宣传材料、网页等；

（4）原告商业秘密已通过公开的报告会、展览等方式公开的；

（5）所属领域的相关人员从其他公开渠道可以获得原告商业秘密的。

10. 被告主张原告商业秘密未采取相应保密措施的，可以通过保密措施的可识别程度、保密措施与商业秘密价值相对应程度、所涉信息载体的特性、他人通过正当方式获得的难易程度等方面进行举证。

第二部分　关于侵权行为的举证参考

四、侵权行为的表现形式

11. 原告主张被告实施了侵犯商业秘密的行为，可以举证证明存在以下事实：

（1）以盗窃、贿赂、欺诈、胁迫、电子侵入或者其他不正当手段获取原告的商业秘密；

（2）披露、使用或者允许他人使用以前项手段获取的原告的商业秘密；

（3）违反保密义务或者违反原告有关保守商业秘密的要求，披露、使用或者允许他人使用其所掌握的商业秘密；

（4）教唆、引诱、帮助他人违反保密义务或者违反原告有关保守商业秘密的要求，获取、披露、使用或者允许他人使用原告的商业秘密。

12. 原告主张被告的行为属于以其他不正当手段获取权利人的商业秘密的，可举证证明被告获取商业秘密的方式违反法律规定或者商业道德。

13. 原告主张被告实施了侵犯商业秘密的具体行为，可以提供以下证据：

（1）被告生产的含有原告商业秘密的产品、产品手册、宣传材料、计算机软件、文档；

（2）被告与第三方订立的含有原告商业秘密的合同；

（3）被告所用被诉侵权信息与原告商业秘密相同或实质上相同的鉴定报告、评估意见、勘验结论；

（4）被告与披露、使用或允许他人使用商业秘密的主体存在合同关系或其他关系的材料；

（5）针对原告商业秘密的密钥、限制访问系统或物理保密装置等被破解、规避的记录；

（6）能反映原告商业秘密被窃取、披露、使用的证人证言；

（7）包含原告商业秘密的产品说明书、宣传介绍资料；

（8）被告明知或应知他人侵犯商业秘密仍提供帮助的相关材料；

（9）被告教唆、引诱、帮助他人侵犯商业秘密的录音录像、聊天记录、邮件；

（10）可以证明被告实施侵犯商业秘密行为的其他证据。

14. 原告主张被告违反保密义务的，可以举证证明根据法律规定或者合同约定等被告应承担保密义务。若未在合同中约定保密义务，可以举证证明根据诚信原则以及合同的性质、目的、缔约过程、交易习惯等，被告知道或者应当知道其获取的信息属于原告的商业秘密。

15. 原告主张被告为员工、前员工的，可以举证证明被告为其经营、管理人员以及具有劳动关系的其他人员。原告主张员工、前员工有渠道或者机会获取原告商业秘密的，可以举证证明存在以下事实：

（1）职务、职责及权限与涉案商业秘密相关；

（2）承担的本职工作或者单位分配的任务与涉案商业秘密相关；

（3）参与和商业秘密相关的生产经营活动；

（4）曾保管、使用、存储、复制、控制或者以其他方式接触、获取商业秘密及其载体；

（5）有渠道或者机会获取商业秘密的其他事实。

16. 原告主张被诉侵权信息与其商业秘密构成实质上相同，可以围绕被诉侵权信息与商业秘密的异同程度、所属领域的相关人员在被诉侵权行为发生时是否容易想到被诉侵权信息与商业秘密的区别、被诉侵权信息与商业秘密的用途、使用方式、目的、效果等是否具有实质性差异、公有领域中与商业秘密相关信息的情况等因素进行举证，具体可以提供以下证据：

（1）有资质的鉴定机关、评估机构出具的鉴定意见、评估意见，相关专家辅助人意见；

（2）能体现与原告商业秘密实质上相同的信息的产品、合同、意向书；

（3）前述证据来自于与被告有关的第三方；

（4）可以证明被诉侵权信息与原告商业秘密构成实质上相同的其他证据。

17. 原告主张被告使用商业秘密的，可举证证明存在以下事实：

（1）被告在生产经营活动中直接使用商业秘密；

（2）被告对商业秘密进行修改、改进后使用；

（3）被告根据商业秘密调整、优化、改进有关生产经营活动。

18. 原告提供初步证据合理表明商业秘密被侵犯，且提供以下证据之一的，被告应当证明其不存在侵犯商业秘密的行为：

（1）有证据表明被告有渠道或者机会获取商业秘密，且其使用的被诉侵权信息与该商业秘密实质上相同；

（2）有证据表明商业秘密已经被被告披露、使用或者有被披露、使用的风险；

（3）有其他证据表明商业秘密被被告侵犯。

19. 原告能够举证证明经营者以外的其他自然人、法人和非法人组织侵犯其商业秘密的，可以依据相关规定提起诉讼并主张侵权人承担的民事责任。

五、侵权行为的抗辩事由

20. 被告否认侵犯商业秘密的，可以提供以下证据：

（1）有资质的鉴定机关、评估机构出具的被诉侵权信息与原告商业秘密不同的鉴定意见、评估报告、勘验结论；

（2）被告获取、披露、使用或者允许他人使用的商业秘密经过合法授权的授权书、合同；

（3）被告自行开发研制或者反向工程等的开发文件、研发记录、音视频文件；

（4）客户基于对离职员工个人的信赖而自愿与该个人或者其新单位进行市场交易的说明、证人证言；

（5）其他证据。

21. 被告主张被诉侵权信息系通过反向工程获取的，可以提供以下证据：

（1）通过公开渠道取得产品的购买合同、接受赠予的凭证、票据；

（2）通过拆卸、测绘、分析等相关技术手段从公开渠道取得的产品中获得有关技术信息的工作记录、视频、文档数据；

（3）委托他人通过拆卸、测绘、分析等技术手段从公开渠道取得的产品中获得有关技术信息的合同、往来邮件；

（4）能够证明被诉侵权信息系通过反向工程获取的其他证据。

22. 被告主张被诉侵权信息系基于个人信赖获取的，可以提供以下证据：

（1）所涉行业领域强调个人技能的行业特点说明；

（2）客户明确其系基于对员工个人的信赖自愿选择交易的声明、说明或者聊天记录、往来邮件；

（3）与相关客户的交易未利用原告所提供的物质条件、交易平台的文件、沟通记录；

（4）能够证明被诉侵权信息系基于个人信赖获取的其他证据。

第三部分　关于请求承担民事责任的举证参考

六、停止侵权

23. 对于侵犯商业秘密行为判决停止侵害的民事责任，停止侵害的时间一般持续到该商业秘密已为公众所知悉时为止。原告能够举证证明依照上述规定判决停止侵害的时间明显不合理的，可以请求法院在依法保护原告的商业秘密竞争优势的情况下，判决被告在一定期限或者范围内停止使用该商业秘密。

24. 原告可以请求法院判决被告返还或者销毁商业秘密载体，清除其控制的被诉侵权信息。

七、赔偿损失

25. 原告能够举证证明其因被侵权所受到的实际损失的，可以请求法院按照其实际损失确定赔偿数额；实际损失难以确定的，原告能够举证证明被告因侵权所获得的利益的，可以请求法院按照被告因侵权所获得的利益确定赔偿数额；原告的损失或者被告获得的利益难以确定的，原告可以请求法院参照商业秘密许可使用费的倍数合理确定。对故意侵犯商业秘密，情节严重的，原告可以请求法院在按照上述方法确定数额的一倍以上五倍以下确定赔偿数额。赔偿数额包括原告为制止侵权行为所支付的合理开支。

26. 原告请求参照商业秘密许可使用费确定因被侵权所受到的实际损失的，可以举证证明许可的性质、内容、实际履行情况以及侵权行为的性质、情节、后果等事实。

27. 原告因被侵权所受到的实际损失、被告因侵权所获得的利益、商业秘密许可使用费难以确定的，原告可以请求法院根据侵权行为的情节判决给予五百万元以下的赔偿。

28. 原告请求法院根据侵权行为的情节判决给予五百万元以下的赔偿的，可以举证证明商业秘密的性质、商业价值、研究开发成本、创新程度、能带来的竞争优势以及被告的主观过错、侵权行为的性质、情节、后果等事实。

29. 原告已经提供被告因侵权所获得的利益的初步证据，但与侵犯商业秘密行为相关的账簿、资料由被告掌握的，原告可以请求法院责令被告提供该账簿、资料。被告无正当理由拒不提供或者不如实提供的，原告可以请求法院根据其主张和提供的证据认定被告因侵权所获得的利益。

30. 原告举证证明因侵权行为导致商业秘密为公众所知悉的，可以请求法院在依法确定赔偿数额时，考虑商业秘密的商业价值。

31. 原告主张被告恶意侵犯其商业秘密且情节严重，请求惩罚性赔偿的，应当在起诉时明确赔偿数额、计算方式以及所依据的事实和理由。

32. 原告主张被告具有侵犯商业秘密的恶意，可以围绕以下事实提供证据：

（1）被告经原告或者利害关系人通知、警告后，仍继续实施侵权行为的；

（2）被告或其法定代表人、管理人是原告或者利害关系人的法定代表人、管理人、实际控制人的；

（3）被告与原告或者利害关系人之间存在劳动、劳务、合作、许可、经销、代理、代表等关系，且接触过被侵犯的商业秘密的；

（4）被告与原告或者利害关系人之间有业务往来或者为达成合同等进行过磋商，且接触过被侵犯的商业秘密的；

（5）其他可以认定为故意的情形。

33. 原告主张被告侵犯商业秘密行为情节严重的，可以围绕以下事实提供证据：

（1）因侵犯商业秘密行为被行政处罚或者法院裁判承担责任后，再次实施相同或者类似侵权行为；

（2）以侵犯商业秘密为业；

（3）侵权行为持续时间长；

（4）伪造、毁坏或者隐匿侵权证据；

（5）拒不履行保全裁定；

（6）侵权获利或者原告受损巨大；

（7）侵权行为可能危害国家安全、公共利益或者人身健康；

（8）其他可以认定为情节严重的情形。

34. 原告主张惩罚性赔偿的，以原告因被侵权所受到的实际损失或者按照侵权人因侵权所获得的利益作为计算基数。该基数不包括原告为制止侵权所支付的合理开支。

第四部分　关于程序事项的举证参考

八、保全

35. 在证据可能灭失或者以后难以取得的情况下，申请人可以在诉讼过程中依法向法院申请保全证据。

36. 因情况紧急，在证据可能灭失或者以后难以取得的情况下，申请人可以在提起诉讼前依法向法院申请保全证据。

37. 被申请人试图或者已经以不正当手段获取、披露、使用或者允许他人使用申请人的商业秘密，可能会使判决难以执行或者造成申请人其他损害，或者将会使申请人的合法权益受到难以弥补的损害的，申请人可以在诉讼过程中依法向法院申请行为保全。

38. 因情况紧急，不立即申请保全会使判决难以执行或者造成申请人其他损害，或者将会使申请人的合法权益受到难以弥补的损害的，申请人可以在提起诉讼前依法向法院申请行为保全。

39. 申请人申请行为保全并主张“情况紧急”的，可以围绕以下事实提供证据：

（1）申请人的商业秘密即将被非法披露；

（2）诉争的商业秘密即将被非法处分；

（3）申请人的商业秘密在展销会等时效性较强的场合正在或者即将受到侵害；

（4）其他需要立即采取行为保全措施的情况。

40. 申请人申请行为保全并主张被申请人的行为会给其造成“难以弥补的损害”的，可以围绕以下事实提供证据：

（1）被申请人的行为将会侵害申请人享有的商誉等权利且造成无法挽回的损害；

（2）被申请人的行为将会导致侵权行为难以控制且显著增加申请人损害；

（3）被申请人的侵害行为将会导致申请人的相关市场份额明显减少；

（4）对申请人造成其他难以弥补的损害。

41. 申请人申请行为保全的，应当依法提供担保。申请人提供的担保数额，应当相当于被申请人可能因执行行为保全措施所遭受的损失，包括责令停止侵权行为所涉产品的销售收益、保管费用等合理损失。

42. 行为保全措施一般不因被申请人提供担保而解除，但申请人同意的除外。

43. 为制止侵犯商业秘密行为，申请人能够在提出保全申请后、保全裁定作出前明确商业秘密的具体内容，同时提供载有商业秘密的合同、文档、计算机软件、产品、招投标文件、数据库文件等证据的，可以申请诉前或诉中证据保全或行为保全。

44. 因被申请人的行为或者其他原因，可能使判决难以执行或者造成申请人其他损害的，申请人可以在诉讼过程中依法向法院申请财产保全并提供相应担保。

45. 因情况紧急，不立即申请保全会使申请人的合法权益受到难以弥补的损害的，申请人可以在提起诉讼前依法向法院申请财产保全。申请人应当提供相当于请求保全数额的担保。

46. 被申请人可以提供充分有效担保，请求解除财产保全。

九、调查令

47. 当事人申请调查收集证据，请求法院颁发调查令，由当事人的诉讼代理人代为调查收集证据的，应满足准予调查收集证据申请应具备的条件，且需同时符合以下条件：

（1）申请人的诉讼代理人为执业律师，且持令代为调查收集证据的人仅限于调查令上列明的执业律师；

（2）调查令足以克服当事人及其诉讼代理人不能自行收集证据的客观原因；

（3）被调查收集的证据不涉及国家秘密、商业秘密、个人隐私等且不存在其他不宜由诉讼代理人持调查令收集的情形。

48. 持有调查令的律师于调查令有效期内，按照调查令载明的证据名称或范围向被调查人调查收集证据。持有调查令的律师向被调查人调查收集证据时，同时出示其律师执业证书原件供被调查人核对。

49. 被调查人对调查令和相关律师身份核对无异后，按照调查令载明的名称或范围提供证据。

50. 被调查人提供的证据在持有调查令的律师和被调查人的共同见证下封存，由持有调查令的律师及时、完整的提交法院或由被调查人在合理期间内采用邮寄等方式提交法院。

51. 被调查人因故未能提供证据或者拒不协助调查的，持有调查令的律师于调查令有效期届满后三日内向法院书面说明相关情况。

十、诉讼中的保密措施

52. 涉及商业秘密的案件，双方当事人可以申请不公开审理。当事人可以申请法院在互联网公布裁判文书时删除涉及商业秘密的信息。

53. 双方当事人所提交证据涉及商业秘密或者其他需要保密的商业信息的，当事人可以申请法院在证据保全、证据交换、举证质证、委托鉴定、询问、开庭等诉讼活动中采取必要的保密措施，保密措施包括但不限于以下情形：

（1）针对不同诉讼环节，申请对接触涉密证据的人员范围作出限制；

（2）要求接触涉密证据的当事人签订保密承诺书；

（3）申请对涉密证据不予交换，仅通过当庭出示的方式由对方当事人发表质证意见；

（4）对于证据中需要保密的部分进行不影响案件审理的遮挡；

（5）申请采取其他必要的保密措施。

54. 接触前款涉密证据的当事人，不得出于本案诉讼之外的任何目的披露、使用、允许他人使用在诉讼程序中接触到的秘密信息。

55. 当事人违反前款所称的保密措施的要求，擅自披露商业秘密或者在诉讼活动之外使用或者允许他人使用在诉讼中接触、获取的商业秘密的，应当依法承担民事责任。构成民事诉讼法第一百一十一条规定情形的，依法采取强制措施。构成犯罪的，依法追究刑事责任。

十一、刑民交叉

56. 由公安机关、检察机关或者法院保存的与被诉侵权行为具有关联性的证据，侵犯商业秘密民事案件的当事人因客观原因不能自行收集的，可以向法院申请调查收集上述证据，但可能影响正在进行的刑事诉讼程序的除外。

57. 当事人可以主张依据生效刑事裁判认定的实际损失或者违法所得确定针对同一侵犯商业秘密行为提起的民事诉讼的赔偿数额。

58. 涉及同一侵犯商业秘密行为的刑事案件尚未审结的，当事人可以请求法院中止审理侵犯商业秘密民事案件。是否中止审理，由民事案件的审理法院根据案件具体情况确定。

3. 部门规章与规范性文件

行政执法机关移送涉嫌犯罪案件的规定

第一条 为了保证行政执法机关向公安机关及时移送涉嫌犯罪案件，依法惩罚破坏社会主义市场经济秩序罪、妨害社会管理秩序罪以及其他罪，保障社会主义建设事业顺利进行，制定本规定。

第二条 本规定所称行政执法机关，是指依照法律、法规或者规章的规定，对破坏社会主义市场经济秩序、妨害社会管理秩序以及其他违法行为具有行政处罚权的行政机关，以及法律、法规授权的具有管理公共事务职能、在法定授权范围内实施行政处罚的组织。

第三条 行政执法机关在依法查处违法行为过程中，发现违法事实涉及的金额、违法事实的情节、违法事实造成的后果等，根据刑法关于破坏社会主义市场经济秩序罪、妨害社会管理秩序罪等罪的规定和最高人民法院、最高人民检察院关于破坏社会主义市场经济秩序罪、妨害社会管理秩序罪等罪的司法解释以及最高人民检察院、公安部关于经济犯罪案件的追诉标准等规定，涉嫌构成犯罪，依法需要追究刑事责任的，必须依照本规定向公安机关移送。

知识产权领域的违法案件，行政执法机关根据调查收集的证据和查明的案件事实，认为存在犯罪的合理嫌疑，需要公安机关采取措施进一步获取证据以判断是否达到刑事案件立案追诉标准的，应当向公安机关移送。

第四条 行政执法机关在查处违法行为过程中，必须妥善保存所收集的与违法行为有关的证据。

行政执法机关对查获的涉案物品，应当如实填写涉案物品清单，并按照国家有关规定予以处理。对易腐烂、变质等不宜或者不易保管的涉案物品，应当采取必要措施，留取证据；对需要进行检验、鉴定的涉案物品，应当由法定检验、鉴定机构进行检验、鉴定，并出具检验报告或者鉴定结论。

第五条 行政执法机关对应当向公安机关移送的涉嫌犯罪案件，应当立即指定2名或者2名以上行政执法人员组成专案组专门负责，核实情况后提出移送涉嫌犯罪案件的书面报告，报经本机关正职负责人或者主持工作的负责人审批。

行政执法机关正职负责人或者主持工作的负责人应当自接到报告之日起3日内作出批准移送或者不批准移送的决定。决定批准的，应当在24小时内向同级公安机关移送；决定不批准的，应当将不予批准的理由记录在案。

第六条 行政执法机关向公安机关移送涉嫌犯罪案件，应当附有下列材料：

（一）涉嫌犯罪案件移送书；

（二）涉嫌犯罪案件情况的调查报告；

（三）涉案物品清单；

（四）有关检验报告或者鉴定结论；

（五）其他有关涉嫌犯罪的材料。

第七条 公安机关对行政执法机关移送的涉嫌犯罪案件，应当在涉嫌犯罪案件移送书的回执上签字；其中，不属于本机关管辖的，应当在24小时内转送有管辖权的机关，并书面告知移送案件的行政执法机关。

第八条 公安机关应当自接受行政执法机关移送的涉嫌犯罪案件之日起3日内，依照刑法、刑事诉讼法以及最高人民法院、最高人民检察院关于立案标准和公安部关于公安机关办理刑事案件程序的规定，对所移送的案件进行审查。认为有犯罪事实，需要追究刑事责任，依法决定立案的，应当书面通知移送案件的行政执法机关；认为没有犯罪事实，或者犯罪事实显著轻微，不需要追究刑事责任，依法不予立案的，应当说明理由，并书面通知移送案件的行政执法机关，相应退回案卷材料。

第九条 行政执法机关接到公安机关不予立案的通知书后，认为依法应当由公安机关决定立案的，可以自接到不予立案通知书之日起3日内，提请作出不予立案决定的公安机关复议，也可以建议人民检察院依法进行立案监督。

作出不予立案决定的公安机关应当自收到行政执法机关提请复议的文件之日起3日内作出立案或者不予立案的决定，并书面通知移送案件的行政执法机关。移送案件的行政执法机关对公安机关不予立案的复议决定仍有异议的，应当自收到复议决定通知书之日起3日内建议人民检察院依法进行立案监督。

公安机关应当接受人民检察院依法进行的立案监督。

第十条 行政执法机关对公安机关决定不予立案的案件，应当依法作出处理；其中，依照有关法律、法规或者规章的规定应当给予行政处罚的，应当依法实施行政处罚。

第十一条 行政执法机关对应当向公安机关移送的涉嫌犯罪案件，不得以行政处罚代替移送。

行政执法机关向公安机关移送涉嫌犯罪案件前已经作出的警告，责令停产停业，暂扣或者吊销许可证、暂扣或者吊销执照的行政处罚决定，不停止执行。

依照行政处罚法的规定，行政执法机关向公安机关移送涉嫌犯罪案件前，已经依法给予当事人罚款的，人民法院判处罚金时，依法折抵相应罚金。

第十二条 行政执法机关对公安机关决定立案的案件，应当自接到立案通知书之日起3日内将涉案物品以及与案件有关的其他材料移交公安机关，并办结交接手续；法律、行政法规另有规定的，依照其规定。

第十三条 公安机关对发现的违法行为，经审查，没有犯罪事实，或者立案侦查后认为犯罪事实显著轻微，不需要追究刑事责任，但依法应当追究行政责任的，应当及时将案件移送同级行政执法机关，有关行政执法机关应当依法作出处理。

第十四条 行政执法机关移送涉嫌犯罪案件，应当接受人民检察院和监察机关依法实施的监督。

任何单位和个人对行政执法机关违反本规定，应当向公安机关移送涉嫌犯罪案件而不移送的，有权向人民检察院、监察机关或者上级行政执法机关举报。

第十五条 行政执法机关违反本规定，隐匿、私分、销毁涉案物品的，由本级或者上级人民政府，或者实行垂直管理的上级行政执法机关，对其正职负责人根据情节轻重，给予降级以上的处分；构成犯罪的，依法追究刑事责任。

对前款所列行为直接负责的主管人员和其他直接责任人员，比照前款的规定给予处分；构成犯罪的，依法追究刑事责任。

第十六条 行政执法机关违反本规定，逾期不将案件移送公安机关的，由本级或者上级人民政府，或者实行垂直管理的上级行政执法机关，责令限期移送，并对其正职负责人或者主持工作的负责人根据情节轻重，给予记过以上的处分；构成犯罪的，依法追究刑事责任。

行政执法机关违反本规定，对应当向公安机关移送的案件不移送，或者以行政处罚代替移送的，由本级或者上级人民政府，或者实行垂直管理的上级行政执法机关，责令改正，给予通报；拒不改正的，对其正职负责人或者主持工作的负责人给予记过以上的处分；构成犯罪的，依法追究刑事责任。

对本条第一款、第二款所列行为直接负责的主管人员和其他直接责任人员，分别比照前两款的规定给予处分；构成犯罪的，依法追究刑事责任。

第十七条 公安机关违反本规定，不接受行政执法机关移送的涉嫌犯罪案件，或者逾期不作出立案或者不予立案的决定的，除由人民检察院依法实施立案监督外，由本级或者上级人民政府责令改正，对其正职负责人根据情节轻重，给予记过以上的处分；构成犯罪的，依法追究刑事责任。

对前款所列行为直接负责的主管人员和其他直接责任人员，比照前款的规定给予处分；构成犯罪的，依法追究刑事责任。

第十八条 有关机关存在本规定第十五条、第十六条、第十七条所列违法行为，需要由监察机关依法给予违法的公职人员政务处分的，该机关及其上级主管机关或者有关人民政府应当依照有关规定将相关案件线索移送监察机关处理。

第十九条 行政执法机关在依法查处违法行为过程中，发现公职人员有贪污贿赂、失职渎职或者利用职权侵犯公民人身权利和民主权利等违法行为，涉嫌构成职务犯罪的，应当依照刑法、刑事诉讼法、监察法等法律规定及时将案件线索移送监察机关或者人民检察院处理。

第二十条 本规定自公布之日起施行。

司法部关于强化行政许可过程中商业秘密和保密商务信息保护的指导意见（征求意见稿）

商业秘密和保密商务信息是市场主体依法享有的重要利益，事关其核心竞争力，对各类市场主体在市场竞争中的生存和发展具有重要作用。近年来，各地区各部门认真贯彻落实党中央、国务院关于加强商业秘密和保密商务信息保护的决策部署，严格执行有关法律规定，不断加强制度建设，强化保密管理，对保护市场主体合法权益、维护正常市场竞争秩序发挥了重要作用，取得了较好的成效。但也要看到，有的地方和部门在实施行政许可过程中，存在保密制度不健全、管理制度落实不到位、责任追究机制不完善等问题，不利于依法保护市场主体的商业秘密和保密商务信息，也不利于维护公平竞争的市场秩序。加强行政许可过程中的商业秘密和保密商务信息保护工作，明确保密管理要求和责任，对保护市场主体的合法权益，营造良好法治化营商环境，激发市场主体活力，具有重要意义。根据《2020—2021 年贯彻落实〈关于强化知识产权保护的意见〉推进计划》关于“强化行政许可过程中商业秘密和保密商务信息保护”的要求和行政许可法等有关法律的规定，现提出以下指导意见。

一、准确界定保密范围

1. 依法确定商业秘密。行政许可申请人在向行政机关申请办理行政许可事项时，对按照反不正当竞争法等法律法规界定的商业秘密要予以明示，对需要保密的商务信息也要予以标明。对可以通过公开渠道获知、不具有商业价值、未采取有效保密措施的商业信息，不得作为商业秘密和保密商务信息。

2. 尽量缩减申请材料。行政许可机关要按照依法确有必要的原则确定申请人提交材料的范围，避免要求提交无关材料，切实保护商业秘密和保密商务信息。

二、认真落实保密管理措施

3. 完善保密管理制度。行政许可机关要建立健全商业秘密和保密商务信息保护管理制度，明确在行政许可事项申请、受理、审查、听证、决定、异议处理、档案管理等环节的具体管理要求。

申请人向行政许可机关提交申请材料时，要明确标出保密要点，不能笼统地把所有材料都作为商业秘密和保密商务信息。对提交的纸质材料，要在文件首页和保密要点处作出明确标注；对提交的电子文档，要在文档首页和保密要点处作出明确标注。

通过互联网等网络在线提交和审批涉及商业秘密和保密商务信息申请材料的，要采取符合国家要求的技术安全防护措施。对集中办理、存放、保管商业秘密和保密商务信息载体的场所，行政许可机关要配备、使用必要的技术防护设施、设备，并对工作人员的出入加以严格限制，确保对商业秘密和保密商务信息载体的全方位、全流程、全环节管理。

4. 加强涉密档案管理。行政许可机关要建立健全涉密档案管理制度，对涉及商业秘密和保密商务信息的纸质材料，要在归档卷宗封面作出标识；对涉及商业秘密和保密商务信息的电子信息要在文档中作出标识，并作加密处理。归档后，确因工作需要借阅、复制、摘抄涉及商业秘密和保密商务信息归档材料的，要履行报批手续并作出具体记录，不得私自借阅、复制、摘抄涉及商业秘密和保密商务信息的档案材料。需要携带含有商业秘密和保密商务信息档案材料外出的，要指定专人负责，并采取必要的安全措施。

5. 建立保密协议制度。在委托第三方评估时，提交的有关材料中涉及商业秘密和保密商务信息的，行政许可机关要与评估机构签订保密协议，明确保密范围、保密期限、保密义务和违约责任，严防评估机构将其知悉的商业秘密和保密商务信息公开、披露或者交易。在聘请有关专家参加论证会时，要与其签订保密协议，明确相应保密义务和责任。

6. 严格控制知悉范围。行政许可机关对其掌握的商业秘密和保密商务信息要根据工作需要严格限定在最小知悉范围内，能限定到具体人员的原则上要限定到具体人员，不得允许与履行职责无关的人员以及其他第三方接触和知悉有关商业秘密和保密商务信息。

7. 完善信息披露异议制度。行政许可机关对政府信息公开申请人申请公开事项涉及商业秘密和保密商务信息的，可以不予公开；若决定公开的，应当事先征求商业秘密和保密商务信息权利人的意见，未经权利人授权或者同意，行政许可机关不得公开，但法律另有规定或者涉及国家安全、重大社会公共利益的除外。行政许可机关依法公开权利人商业秘密和保密商务信息的，要允许权利人在合理期限内提出异议；权利人认为行政许可机关的行为侵犯其合法权益的，可以依法申请行政复议或者提起行政诉讼。

8. 严防信息共享泄密。因行政处罚、行政强制、行政检查等行政执法行为需要与其他行政机关共享信息的，要对其中包含的商业秘密和保密商务信息进行脱密处理，防止在信息共享过程中泄露商业秘密和保密商务信息。无法作脱密处理的，要明确告知共享机关加强保密管理，承担相应保密义务和责任。

三、严格保密义务和责任

9. 强化保密义务。行政许可机关要加强对工作人员的保密教育和管理，明确承担的保密义务和责任。任何行政许可机关及其工作人员不得违反保密义务或者违反权利人有关保守商业秘密和保密商务信息的要求，披露、使用或者允许他人使用其所掌握的商业秘密和保密商务信息；不得以转让商业秘密和保密商务信息作为取得行政许可的条件；不得在实施行政许可过程中，直接或间接要求权利人转让商业秘密和保密商务信息；不得向与权利人有竞争关系或者与调查、监管结果有经济利益关系的第三方专家或顾问披露商业秘密和保密商务信息。

10. 严肃责任追究。对行政机关及其工作人员滥用职权、玩忽职守、徇私舞弊违反保密义务和责任，泄露其知悉的商业秘密和保密商务信息的，依纪依法给予处分；构成犯罪的，依法追究刑事责任。对其他自然人、法人和非法人组织违反反不正当竞争法有关规定侵犯权利人商业秘密和保密商务信息的，依法追究相应责任。

四、加强组织领导

各地区各部门要切实提高政治站位，充分认识加强行政许可过程中商业秘密和保密商务信息保护工作，对统筹推进疫情防控和经济社会发展、扎实做好“六稳”工作，全面落实“六保”任务、持续优化法治化营商环境的重要意义，切实加强对本地区本部门贯彻落实这项工作的组织领导，认真做好本意见的组织实施工作，及时研究解决工作中的重大问题，确保各项措施落实到位，取得成效。要加强指导监督，督促各行政许可机关尽快建立完善内部管理制度，明确任务分工、完善工作机制、落实工作责任。要加强宣传教育，通过政府网站、报刊、广播、电视、网络、新媒体等方式，大力宣传党中央、国务院关于强化行政许可过程中商业秘密和保密商务信息保护的重要举措、重要意义和实施效果，让每一个市场主体都知悉和遵守这项制度，提高全社会的商业秘密和保密商务信息保护意识，为加强商业秘密和保密商务信息保护管理、建立公平市场竞争秩序，营造良好社会氛围。

司法部要加强对这项工作的指导协调，会同有关部门进行监督检查和跟踪评估，重要情况及时报告国务院。

商业秘密保护规定（征求意见稿）

第一章　总　则

第一条　为了制止侵犯商业秘密的行为，加强商业秘密保护，保护商业秘密权利人和相关主体的合法权益，激励研发与创新，维护公平竞争、优化营商环境，促进社会主义市场经济健康发展，根据《中华人民共和国反不正当竞争法》（以下简称《反不正当竞争法》）的有关规定，制定本规定。

第二条 商业秘密的获取、披露、使用应当遵循诚信原则及商业道德。

第三条 任何自然人、法人或非法人组织实施了侵犯中国商业秘密权利人的商业秘密的行为或为其实施侵犯商业秘密行为提供帮助的行为，均适用本规定。

第四条 各级市场监督管理部门应当加强对商业秘密保护的组织、协调、指导和监管执法工作，推动建立健全商业秘密自我保护、行政保护、司法保护一体的商业秘密保护体系，切实维护公平竞争的市场秩序，营造良好的营商环境。

第二章 商业秘密界定

第五条 本规定所称商业秘密，是指不为公众所知悉、具有商业价值并经权利人采取相应保密措施的技术信息、经营信息等商业信息。

本规定所称技术信息是指利用科学技术知识、信息和经验获得的技术方案，包括但不限于设计、程序、公式、产品配方、制作工艺、制作方法、研发记录、实验数据、技术诀窍、技术图纸、编程规范、计算机软件源代码和有关文档等信息。

本规定所称经营信息是指与权利人经营活动有关的各类信息，包括但不限于管理诀窍、客户名单、员工信息、货源情报、产销策略、财务数据、库存数据、战略规划、采购价格、利润模式、招投标中的标底及标书内容等信息。

本规定所称商业信息是指与商业活动有关的，包括但不限于技术信息、经营信息的任何类型和形式的信息。

第六条 本规定所称不为公众所知悉，是指该信息不为其所属领域的相关人员普遍知悉或者不能从公开渠道容易获得。

具有下列情形之一的，可以认定有关信息不构成“不为公众所知悉”：

（一）该信息已经在国内外公开出版物或者其他媒体上公开披露或者已经通过公开的报告会、展览等方式公开；

（二）该信息已经在国内外公开使用；

（三）该信息为其所属领域的相关人员普遍掌握的常识或者行业惯例；

（四）该信息无需付出一定的代价而容易获得或者从其他公开渠道可以获得；

（五）仅涉及产品尺寸、结构、部件的简单组合等内容信息，进入公开领域后相关公众可通过观察、测绘、拆卸等简单方法获得。

申请人提交的技术查新报告、检索报告、公开渠道查询商业信息的资料等与涉案信息不构成实质上相同的，可以推定该信息“不为公众所知悉”，但有相反证据证明的除外。

第七条 本规定所称具有商业价值，是指该信息因其秘密性而具有现实的或者潜在的商业价值，能为权利人带来商业利益或竞争优势。

符合下列情形之一的，可以认定为该信息能为权利人带来商业利益或竞争优势，但有相反的证据能证明该信息不具有商业价值的除外：

（一）该信息给权利人带来经济收益的；

（二）该信息对其生产经营产生重大影响的；

（三）权利人为了获得该信息，付出了相应的价款、研发成本或者经营成本以及其他物质投入的；

（四）涉嫌侵权人以不正当手段获取或者试图获取权利人的商业秘密的；

（五）其他能证明该信息能为权利人带来商业利益或竞争优势的情形。

第八条 本规定所称权利人采取相应保密措施，是指权利人为防止信息泄露所采取的与商业秘密的商业价值、独立获取难度等因素相适应、合理且具有针对性的保密措施。

多个权利人共有商业秘密的，均应当采取相应保密措施。

具有下列情形之一，足以防止涉密信息泄漏的，可以认定权利人采取了“相应保密措施”：

（一）限定涉密信息的密级、保密期限和知悉范围，只对必须知悉的相关人员告知其内容；

（二）任职离职面谈，提醒、告诫现职员工和离职员工履行其保密义务；

（三）对该信息载体采取了加密、加锁、反编译等预防措施或在相关载体上加注保密标志或加密提示；

（四）对于涉密信息采用密码或者代码等；

（五）对于涉密的机器、厂房、车间等场所限制来访者，采取基本的物理隔离措施，如门禁、监控、权限控制等；

（六）制定相应的保密管理制度并与相关人员签署保密协议；

（七）在竞业禁止协议中对保密义务进行明确约定的；

（八）权利人在劳动合同或保密协议中对商业秘密范围有明确界定且与其所主张的秘密范围相符的；

（九）确保涉密信息他人轻易不能获得的其他合理措施。

第九条 本规定所称权利人，是指依法对商业秘密享有所有权或者使用权的自然人、法人或者非法人组织。

第十条 自然人为完成法人或者非法人组织工作任务所研究或开发的商业秘密，归法人或者非法人组织所有，但当事人另有约定的，从其约定。自然人在法人或者非法人组织工作任务以外所研究或开发的商业秘密，归该自然人所有。但其商业秘密系利用法人或者非法人组织的物质技术条件或经验的，法人或者非法人组织有权在支付合理报酬后，于其业务范围内使用该商业秘密。

受委托所研究或开发的商业秘密，该商业秘密的归属由委托人和受托人通过合同约定。未约定或者约定不明的，该商业秘密属于受托人。但委托人有权在其业务范围内使用该商业秘密。

两人以上合作共同研究或开发的商业秘密的归属，当事人有约定的，从其约定；

无约定的，由合作者共同享有。商业秘密为合作者共有时，对商业秘密的使用或处分，如无约定，应征得全体共有人同意，各共有人无正当理由，不得拒绝同意。

第十一条 本规定所称侵权人，是指违反本规定获取、披露、使用商业秘密的自然人、法人或者非法人组织。

第三章 侵犯商业秘密行为

第十二条 经营者不得以盗窃、贿赂、欺诈、胁迫、电子侵入或者其他不正当手段获取权利人的商业秘密。包括但不限于：

（一）派出商业间谍盗窃权利人或持有人的商业秘密；

（二）通过提供财务、有形利益或无形利益、高薪聘请、人身威胁、设计陷阱等方式引诱、骗取、胁迫权利人的员工或他人为其获取商业秘密；

（三）未经授权或超出授权范围进入权利人的电子信息系统获取商业秘密或者植入电脑病毒破坏其商业秘密的，其中，电子信息系统是指所有存储权利人商业秘密的电子载体，包括数字化办公系统、服务器、邮箱、云盘、应用账户等；

（四）擅自接触、占有或复制由权利人控制下的，包含商业秘密或者能从中推导出商业秘密的文件、物品、材料、原料或电子数据，以获取权利人的商业秘密；

（五）采取其他违反诚信原则或者商业道德的不正当手段获取权利人商业秘密的行为。

第十三条 经营者不得披露、使用或者允许他人使用以不正当手段获取的权利人的商业秘密。

本条所称“披露”，是指将权利人的商业秘密公开，足以破坏权利人的竞争优势或损害其经济利益的行为。

本条所称“使用”，是指将权利人的商业秘密应用于产品设计、产品制造、市场营销及其改进工作、研究分析等。

第十四条 经营者不得违反保密义务或者违反权利人有关保守商业秘密的要求，披露、使用或者允许他人使用其所掌握的商业秘密。

本条所称“保密义务”或者“权利人有关保守商业秘密的要求”包括但不限于：

（一）通过书面或口头的明示合同或默示合同等在劳动合同、保密协议、合作协议等中与权利人订立的关于保守商业秘密的约定；

（二）权利人单方对知悉商业秘密的持有人提出的要求，包括但不限于对通过合同关系知悉该商业秘密的相对方提出的保密要求，或者对通过参与研发、生产、检验等知悉商业秘密的持有人提出的保密要求；

（三）在没有签订保密协议、劳动合同、合作协议等情况下，权利人通过其他规章制度或合理的保密措施对员工、前员工、合作方等提出的其他保守商业秘密的要求。

第十五条 经营者违反限制性使用商业秘密的义务，未经授权予以披露或使用的行为，构成侵犯商业秘密的行为。

本条所称“限制性使用商业秘密”，包括但不限于在保密协议、劳动合同、合作协议、合同等中与权利人订立的法定或约定的对商业秘密的限制使用。员工或前员工在工作过程中所形成的自身知识、经验、技能除外。

第十六条 经营者不得教唆、引诱、帮助他人违反保密义务或者违反权利人有关保守商业秘密的要求，获取、披露、使用或者允许他人使用权利人的商业秘密。包括但不限于：

（一）故意用言辞、行为或其他方法，以提供技术、物质支持，或者通过职位许诺、物质奖励等方式说服、劝告、鼓励他人违反保密义务或者违反权利人有关保守商业秘密的要求；

（二）以各种方式为他人违反保密义务或者违反权利人有关保守商业秘密的要求提供便利条件，以获取、披露、使用或者允许他人使用权利人的商业秘密的行为。

第十七条 第三人明知或者应知商业秘密权利人的员工、前员工或者其他单位、个人实施本规定第十二条、第十三条、第十四条、第十五条、第十六条所列违法行为，仍获取、披露、使用或者允许他人使用该商业秘密的，视为侵犯商业秘密。

第十八条 权利人经过商业成本的付出，形成了在一定期间内相对固定的且具有独特交易习惯等内容的客户名单，可以获得商业秘密保护。

前款所称的客户名单，一般是指客户的名称、地址、联系方式以及交易的习惯、意向、内容等构成的区别于相关公知信息的特殊客户信息，包括汇集众多客户的客户名册，以及保持长期稳定交易关系的特定客户。客户基于对职工个人的信赖而与职工所在单位进行市场交易，该职工离职后，能够证明客户自愿选择与自己或者其新单位进行市场交易的，应当认定没有采用不正当手段。

第十九条 下列行为不属于侵犯商业秘密行为：

（一）独立发现或者自行研发；

（二）通过反向工程等类似方式获得商业秘密的，但商业秘密或者产品系通过不正当手段获得、或违反保密义务的反向工程除外；

（三）股东依法行使知情权而获取公司商业秘密的；

（四）商业秘密权利人或持有人的员工、前员工或合作方基于环境保护、公共卫生、公共安全、揭露违法犯罪行为等公共利益或国家利益需要，而必须披露商业秘密的。

前款所称反向工程，是指通过技术手段对从公开渠道取得的产品进行拆卸、测绘、分析等而获得该产品的有关技术信息，但是接触、了解权利人或持有人技术秘密的人员通过回忆、拆解终端产品获取权利人技术秘密的行为，不构成反向工程。

披露人在向有关国家行政机关、司法机关及其工作人员举报前述违法犯罪行为时，须以保密方式提交包含商业秘密的文件或法律文书。

商业秘密权利人或持有人应在其与员工、合作者、顾问等签订的管控商业秘密或其他保密信息使用的任何合同或协议中，向后者提供举报豁免和反报复条款。合同或协议的形式包括但不限于劳动合同、独立承包商协议、咨询协议、分离和解除索赔协议、遣散协议、竞业禁止协议、保密和所有权协议、员工手册等。

第四章　对涉嫌侵犯商业秘密行为的查处

第二十条　侵犯商业秘密行为由县级以上市场监督管理部门认定查处。

第二十一条　权利人认为其商业秘密受到侵害，向市场监督管理部门举报侵权行为时，应当提供其拥有的商业信息符合商业秘密的法定条件，以及其商业秘密被侵犯等证明材料。

认定商业秘密符合法定条件的材料，包括但不限于下列情形：

（一）商业秘密的研发过程和完成时间；

（二）商业秘密的载体和表现形式、具体内容等不为公众所知悉；

（三）商业秘密具有的商业价值；

（四）对该项商业秘密所采取的保密措施。

权利人提交以下材料之一的，视为其已提供初步证据合理表明其商业秘密被侵犯：

（一）有证据表明涉嫌侵权人有渠道或者机会获取商业秘密，且涉嫌侵权人使用的信息与权利人的商业秘密实质上相同；

（二）有证据表明涉嫌侵权人有渠道或者机会获取商业秘密，且保密设施被涉嫌侵权人以不正当手段破坏；

（三）有证据表明商业秘密已被涉嫌侵权人披露、使用或者有被披露、使用的风险；

（四）权利人提交了与该案相关的民事诉讼、刑事诉讼或其他法定程序中所形成的陈述、供述、鉴定意见、评估报告等证据，用于合理表明其商业秘密被侵犯；

（五）有其他证据表明商业秘密被涉嫌侵权人侵犯。

第二十二条　权利人、涉嫌侵权人可以委托有法定资质的鉴定机构对权利人的信息是否为公众所知悉、涉嫌侵权人所使用的信息与权利人的信息是否实质相同等专门性事项进行鉴定。

权利人、涉嫌侵权人可以委托有专门知识的人对权利人的信息是否为公众所知悉等专门性事项提出意见。

权利人、涉嫌侵权人可以就上述鉴定结论或者有专门知识的人的意见向市场监督管理部门提出意见并说明理由，由市场监督管理部门进行审查并作出是否采纳的决定。

第二十三条　侵犯商业秘密行为涉及计算机软件程序的，可以从该商业秘密的软件文档、目标程序与被控侵权行为涉及的软件是否相同，或者被控侵权行为涉及的计算机软件目标程序中是否存在权利人主张商业秘密的计算机软件特有内容，或者在软件结果（包括软件界面、运行参数、数据库结构等）方面与该商业秘密是否相同等方面进行判断，认定二者是否构成实质上相同。

第二十四条 涉嫌侵权人及利害关系人、证明人，应当如实向市场监督管理部门提供有关证据。

权利人能证明涉嫌侵权人所使用的信息与自己主张的商业秘密实质上相同，同时能证明涉嫌侵权人有获取其商业秘密的条件，而涉嫌侵权人不能提供或者拒不提供其所使用的信息是合法获得或者使用的证据的，市场监督管理部门可以根据有关证据，认定涉嫌侵权人存在侵权行为。

第二十五条 经权利人申请并提供初步证明，市场监督管理部门可将在执法调查过程中查获的可能被认定为商业秘密侵权的证据进行查封和扣押。包括但不限于往来邮件、聊天记录、存储介质、侵权物品和设备、内部发文及会议纪要等。如果案件移送至司法机关处理，应将有关证据一并移送。

侵犯商业秘密行为涉及计算机技术的，应当扣押相关计算机服务器、主机、硬盘等存储设备，并及时通过复制、镜像、摄像、截屏、数据恢复等方式固定证据。

第二十六条 在查处商业秘密侵权案件过程中，权利人同时向人民法院提起商业秘密侵权诉讼的，市场监督管理部门可以中止案件的查处。中止原因消除后，应当恢复或者终结案件查处程序。

第二十七条 侵犯商业秘密行为涉嫌犯罪的，应依法移送司法机关处理，市场监督管理部门应中止案件的查处。中止原因消除后，应当恢复或者终结案件查处程序。

第二十八条 在查处商业秘密侵权案件过程中，对涉嫌侵权人违法披露、使用、允许他人使用商业秘密将给权利人造成不可挽回的损失的，应权利人请求并由权利人出具自愿对强制措施后果承担责任的书面保证，市场监督管理部门可以责令涉嫌侵权人停止销售使用权利人商业秘密生产的产品。

第二十九条 认定侵犯商业秘密的，市场监督管理部门在行政处罚同时，可以对侵权行为做出赔偿调解，调解不成的，权利人或持有人可以向人民法院起诉。

第五章 法律责任

第三十条 违反本规定的侵犯商业秘密行为，依照《反不正当竞争法》第二十一条的规定处罚。

第三十一条 符合以下情形之一的，可以认定为《反不正当竞争法》第二十一条所称的情节严重：

（一）因侵害商业秘密造成权利人损失超过五十万元的；

（二）因侵害商业秘密获利超过五十万元的；

（三）造成权利人破产的；

（四）拒不赔偿权利人的损失的；

（五）电子侵入方式造成权利人办公系统网络和电脑数据被严重损坏的；

（六）造成国家、社会重大经济损失，或具有恶劣社会影响的；

（七）其他情节严重的行为。

第三十二条 依照《反不正当竞争法》第二十一条之规定，责令侵权人停止违法行为时，责令停止违法行为的时间可以持续到该项商业秘密已为公众知悉时为止，也可以在依法保护权利人该项商业秘密竞争优势的情况下，责令侵权人在一定期限或者范围内停止使用该项商业秘密。

侵权人停止使用商业秘密行为会给国家利益、社会公共利益造成重大损失的，可以不责令停止使用，但应要求其向权利人支付使用期间内相应的合理费用。

对侵犯商业秘密的物品可以作如下处理：

（一）责令并监督侵权人将载有商业秘密的图纸、软件及其有关资料返还权利人；

（二）监督侵权人销毁使用权利人商业秘密生产的、流入市场将会造成商业秘密公开的产品。但权利人同意收购、销售等其他处理方式的除外。

第三十三条 为生产经营目的使用不知道是未经商业秘密权利人许可的商业秘密，且能举证证明该商业秘密合法来源的，应责令侵权人停止上述使用行为，但商业秘密的使用者能举证证明其已支付合理对价的除外。

前款所称不知道，是指实际不知道且不应当知道。前款所称合法来源，是指通过许可合同等正常商业方式取得商业秘密。对于合法来源，使用者或者销售者应当提供符合交易习惯的相关证据。

第三十四条 《反不正当竞争法》第二十一条所称违法所得是指，以侵权人违法生产、销售商品或者提供服务所获得的全部收入扣除侵权人直接用于经营活动的适当的合理支出。

市场监督管理部门可以综合参考商业秘密侵权人的会计账簿、生产记录、销售记录、转让协议等资料，计算违法所得的数额。

第三十五条 市场监督管理部门调查侵犯商业秘密行为造成权利人的损害的，应按照其因被侵权所受到的实际损失确定；实际损失难以计算的，按照侵权人因侵权所获得的利益确定。在计算“权利人因被侵权所受到的实际损失”、“侵权人因侵权所获得的利益”的时候，可以参照下列计算方法：

（一）权利人的产品因侵权所造成销售量减少的总数乘以每件产品的合理利润所得之积；

（二）权利人销售量减少的总数难以确定的，侵权产品在市场上销售的总数乘以每件产品的合理利润所得之积；

（三）按照通常情形权利人可得的预期利润，减去被侵害后使用同一信息的产品所得利益之差额；

（四）商业秘密许可他人使用的价款；

（五）根据商业秘密研究开发成本、实施的收益、可得利益、可保持竞争优势的时间等因素确定商业秘密的价值，并以该价值的一定比例确定“权利人因被侵权所受到的实际损失”或者“侵权人因侵权所获得的利益”。

第三十六条 市场监督管理部门不得公开行政处罚信息中涉及的商业秘密具体

内容。

其他国家机关及其公务人员对其在履行公务过程中所知悉的商业秘密负有保密义务，不得超出其职责范围进行披露、使用或者允许他人使用权利人的商业秘密。

第六章　附　则

第三十七条　本规定所称商业信息中，属于国家秘密范围的，依据《中华人民共和国保守国家秘密法》的规定进行保护。

违反法律、法规，损害国家利益、社会公共利益，违背诚实信用原则的商业秘密，不在本规定保护范围。

第三十八条　国家市场监督管理总局及其授权的省级市场监督管理部门对外国人违法获取、披露、使用中国商业秘密权利人的商业秘密的行为发起侵权调查，责令其停止侵权行为，查封扣押行为人的侵权产品。

第三十九条　本规定自公布之日起施行，1998 年 12 月 3 日原国家工商行政管理局令第 86 号修订的《国家工商行政管理局关于禁止侵犯商业秘密行为的若干规定》同时废止。

国务院关于促进科技人员合理流动的通知

八、科技人员调离原单位不得私自带走原单位的科技成果、技术资料和设备器材等，不得泄露国家机密或侵犯原单位技术权益。如有违反，必须严肃处理。

国家经贸委办公厅关于加强国有企业商业秘密保护工作的通知①

一、正确理解商业秘密的定义，合理认定商业秘密的范围

商业秘密是指不为公众所知悉，能为权利人带来经济利益，具有实用性并经权利人采取保密措施的技术信息和经营信息。企业在确认商业秘密时，要注意以下几点：（1）商业秘密主要是指制作方法、技术、工艺、配方、数据、程序、设计、客户名单、货源情报、招投标文件以及其他技术信息和经营信息；（2）这些信息必须处在秘密和难以为公众知悉的状态；（3）这些信息必须具有实用性，能给企业带来经济利益；（4）企业作为权利人，必须对这些信息采取合理的保密措施。

国有企业要结合实际情况，对本企业的技术信息和经营信息进行清理。在清理过程中，对有关信息适用哪种知识产权保护形式，企业要权衡利弊后作出合理选择。对于确实适合以商业秘密形式保护的信息，要准确认定商业秘密的范围，并把商业

① 已失效。

秘密作为重要的知识产权纳入企业资产管理的轨道。企业在确定商业秘密的范围时，可以根据商业秘密的重要程度，如关系到企业生存与发展及重大经济利益、关系到企业发展及较大经济利益、影响企业经济利益等程度，对商业秘密确定不同的密级。

二、采取切实可行的保护措施，把国有企业商业秘密保护工作提高到一个新水平

当前，侵犯国有企业商业秘密的行为主要有四类：第一类是不特定人以盗窃、利诱、欺诈、胁迫或者其他不正当手段获取国有企业商业秘密的行为；第二类是不特定人披露、使用或者允许他人使用以第一类所述的不正当手段获取的国有企业商业秘密的行为；第三类是特定人（如本企业职工或交易相对人）违反约定或者违反国有企业有关保守商业秘密要求，披露、使用或者允许他人使用其所掌握的商业秘密的行为；第四类是第三人明知或应知商业秘密是他人非法获取、披露或者使用的，而仍然予以获取、使用或者披露的行为。

国有企业要根据本企业的实际情况，尽快采取切实可行的保护措施，防止商业秘密被窃密、泄密和破密。要设立或指定专门机构并配备专职或兼职人员，如企业法律事务机构或企业法律顾问等，专门负责商业秘密的管理工作。国有企业要以书面形式告知职工所要承担的保密义务，并确认职工知悉保护商业秘密的事实。国有企业在经济往来、合作研究与开发、技术转让、合资与合作、组织形式变更等经济活动中，要十分注意保护商业秘密，如果发现国有企业商业秘密的合法权益受到侵害，要及时通过行政或司法途径予以解决。

国有企业要逐步建立健全商业秘密保护制度，使商业秘密保护措施制度化。国有企业根据实际需要，可以制定如下商业秘密管理制度：商业秘密事项产生、认定管理办法；商业秘密资料使用和销毁管理办法；商业秘密密级确定及保密期限管理办法；职工保守商业秘密管理办法；商业秘密管理奖惩办法；对外接待保密管理办法；商业秘密要害部位保密工作管理办法；会议保密规定；传真机、计算机和通讯设备使用管理规定等。

国家工商行政管理局关于禁止侵犯商业秘密行为的若干规定

第一条 为了制止侵犯商业秘密的行为，保护商业秘密权利人的合法权益，维护社会主义市场经济秩序，根据《中华人民共和国反不正当竞争法》（以下简称《反不正当竞争法》）的有关规定，制定本规定。

第二条 本规定所称商业秘密，是指不为公众所知悉、能为权利人带来经济利益、具有实用性并经权利人采取保密措施的技术信息和经营信息。

本规定所称不为公众所知悉，是指该信息是不能从公开渠道直接获取的。

本规定所称能为权利人带来经济利益、具有实用性，是指该信息具有确定的可应用性，能为权利人带来现实的或者潜在的经济利或者竞争优势。

本规定所称权利人采取保密措施，包括订立保密协议，建立保密制度及采取其他合理的保密措施。

本规定所称技术信息和经营信息，包括设计、程序、产品配方、制作工艺、制作方法、管理诀窍、客户名单、货源情报、产销策略、招投标中的标底及标书内容等信息。

本规定所称权利人，是指依法对商业秘密享有所有权或者使用权的公民、法人或者其他组织。

第三条 禁止下列侵犯商业秘密的行为：

（一）以盗窃、利诱、胁迫或者其他不正当手段获取的权利人的商业秘密；

（二）披露、使用或者允许他人使用以前项手段获取的权利人的商业秘密；

（三）与权利人有业务关系的单位和个人违反合同约定或者违反权利人保守商业秘密的要求，披露、使用或者允许他人使用其所掌握的权利人的商业秘密；

（四）权利人的职工违反合同约定或者违反权利人保守商业秘密的要求，披露、使用或者允许他人使用其所掌握的权利人的商业秘密。

第三人明知或者应知前款所列违法行为，获取、使用或者披露他人的商业秘密，视为侵犯商业秘密。

第四条 侵犯商业秘密行为由县级以上工商行政管理机关认定处理。

第五条 权利人（申请人）认为其商业秘密受到侵害，向工商行政管理机关申请查处侵权行为时，应当提供商业秘密及侵权行为存在的有关证据。

被检查的单位和个人（被申请人）及利害关系人、证明人，应当如实向工商行政管理机关提供有关证据。

权利人能证明被申请人所使用的信息与自己的商业秘密具有一致性或者相同性，同时能证明被申请人有获取其商业秘密的条件，而被申请人不能提供或者拒不提供其所使用的信息是合法获得或者使用的证据的，工商行政管理机关可以根据有关证据，认定被申请人有侵权行为。

第六条 对被申请人违法披露、使用、允许他人使用商业秘密将给权利人造成不可挽回的损失的，应权利人请求并由权利人出具自愿对强制措施后果承担责任的书面保证，工商行政管理机关可责令被申请人停止销售使用权利人商业秘密生产的产品。

第七条 违反本规定第三条的，由工商行政管理机关依照《反不正当竞争法》第二十五条的规定，责令停止违法行为，并可以根据情节处以一万元以上二十万元以下的罚款。

工商行政管理机关在依照前款规定予以处罚时，对侵权物品可以作如下处理：

（一）责令并监督侵权人将载有商业秘密的图纸、软件及其他有关资料返还权利人。

（二）监督侵权人销毁使用权利人商业秘密生产的、流入市场将会造成商业秘密公开的产品。但权利人同意收购、销售等其他处理方式的除外。

第八条 对侵权人拒不执行处罚决定，继续实施本规定第三条所列行为的，视为新的违法行为，从重予以处罚。

第九条 权利人因损害赔偿问题向工商行政管理机关提出调解要求的，工商行政管理机关可以进行调解

权利人也可以直接向人民法院起诉，请求损害赔偿。

第十条 国家机关及其公务人员在履行公务时，不得披露或者允许他人使用权利人的商业秘密。

工商行政管理机关的办案人员在监督检查侵犯商业秘密的不正当竞争行为时，应当对权利人的商业秘密予以保密。

国家知识产权战略纲要

（四）商业秘密

（29）引导市场主体依法建立商业秘密管理制度。依法打击窃取他人商业秘密的行为。妥善处理保护商业秘密与自由择业、涉密者竞业限制与人才合理流动的关系，维护职工合法权益。

中央企业商业秘密保护暂行规定

第一章 总 则

第一条 为加强中央企业商业秘密保护工作，保障中央企业利益不受侵害，根据《中华人民共和国保守国家秘密法》和《中华人民共和国反不正当竞争法》等法律法规，制定本规定。

第二条 本规定所称的商业秘密，是指不为公众所知悉、能为中央企业带来经济利益、具有实用性并经中央企业采取保密措施的经营信息和技术信息。

第三条 中央企业经营信息和技术信息中属于国家秘密范围的，必须依法按照国家秘密进行保护。

第四条 中央企业商业秘密中涉及知识产权内容的，按国家知识产权有关法律法规进行管理。

第五条 中央企业商业秘密保护工作，实行依法规范、企业负责、预防为主、突出重点、便利工作、保障安全的方针。

第二章 机构与职责

第六条 中央企业商业秘密保护工作按照统一领导、分级管理的原则，实行企业法定代表人负责制。

第七条 各中央企业保密委员会是商业秘密保护工作的工作机构，负责贯彻国家有关法律、法规和规章，落实上级保密机构、部门的工作要求，研究决定企业商业秘密保护工作的相关事项。

各中央企业保密办公室作为本企业保密委员会的日常办事机构，负责依法组织开展商业秘密保护教育培训、保密检查、保密技术防护和泄密事件查处等工作。

第八条 中央企业保密办公室应当配备专职保密工作人员，负责商业秘密保护管理。

第九条 中央企业科技、法律、知识产权等业务部门按照职责分工，负责职责范围内商业秘密的保护和管理工作。

第三章　商业秘密的确定

第十条 中央企业依法确定本企业商业秘密的保护范围，主要包括：战略规划、管理方法、商业模式、改制上市、并购重组、产权交易、财务信息、投融资决策、产购销策略、资源储备、客户信息、招投标事项等经营信息；设计、程序、产品配方、制作工艺、制作方法、技术诀窍等技术信息。

第十一条 因国家秘密范围调整，中央企业商业秘密需要变更为国家秘密的，必须依法定程序将其确定为国家秘密。

第十二条 中央企业商业秘密及其密级、保密期限和知悉范围，由产生该事项的业务部门拟定，主管领导审批，保密办公室备案。

第十三条 中央企业商业秘密的密级，根据泄露会使企业的经济利益遭受损害的程度，确定为核心商业秘密、普通商业秘密两级，密级标注统一为“核心商密”、“普通商密”。

第十四条 中央企业自行设定商业秘密的保密期限。可以预见时限的以年、月、日计，不可以预见时限的应当定为“长期”或者“公布前”。

第十五条 中央企业商业秘密的密级和保密期限一经确定，应当在秘密载体上作出明显标志。标志由权属（单位规范简称或者标识等）、密级、保密期限三部分组成。

第十六条 中央企业根据工作需要严格确定商业秘密知悉范围。知悉范围应当限定到具体岗位和人员，并按照涉密程度实行分类管理。

第十七条 商业秘密需变更密级、保密期限、知悉范围或者在保密期限内解密的，由业务部门拟定，主管领导审批，保密办公室备案。保密期限已满或者已公开的，自行解密。

第十八条 商业秘密的密级、保密期限变更后，应当在原标明位置的附近作出新标志，原标志以明显方式废除。保密期限内解密的，应当以能够明显识别的方式标明“解密”的字样。

第四章　保护措施

第十九条 中央企业与员工签订的劳动合同中应当含有保密条款。

中央企业与涉密人员签订的保密协议中，应当明确保密内容和范围、双方的权利与义务、协议期限、违约责任。

中央企业应当根据涉密程度等与核心涉密人员签订竞业限制协议，协议中应当包含经济补偿条款。

第二十条 中央企业因工作需要向各级国家机关，具有行政管理职能的事业单位、社会团体等提供商业秘密资料，应当以适当方式向其明示保密义务。所提供涉密资料，由业务部门拟定，主管领导审批，保密办公室备案。

第二十一条 中央企业涉及商业秘密的咨询、谈判、技术评审、成果鉴定、合作开发、技术转让、合资入股、外部审计、尽职调查、清产核资等活动，应当与相关方签订保密协议。

第二十二条 中央企业在涉及境内外发行证券、上市及上市公司信息披露过程中，要建立和完善商业秘密保密审查程序，规定相关部门、机构、人员的保密义务。

第二十三条 加强中央企业重点工程、重要谈判、重大项目的商业秘密保护，建立保密工作先期进入机制，关系国家安全和利益的应当向国家有关部门报告。

第二十四条 对涉密岗位较多、涉密等级较高的部门（部位）及区域，应当确定为商业秘密保护要害部门（部位）或者涉密区域，加强防范与管理。

第二十五条 中央企业应当对商业秘密载体的制作、收发、传递、使用、保存、销毁等过程实施控制，确保秘密载体安全。

第二十六条 中央企业应当加强涉及商业秘密的计算机信息系统、通讯及办公自动化等信息设施、设备的保密管理，保障商业秘密信息安全。

第二十七条 中央企业应当将商业秘密保护工作纳入风险管理，制定泄密事件应急处置预案，增强风险防范能力。发现商业秘密载体被盗、遗失、失控等事件，要及时采取补救措施，发生泄密事件要及时查处并报告国务院国资委保密委员会。

第二十八条 中央企业应当对侵犯本单位商业秘密的行为，依法主张权利，要求停止侵权，消除影响，赔偿损失。

第二十九条 中央企业应当保证用于商业秘密保密教育、培训、检查、奖励及保密设施、设备购置等工作的经费。

第五章 奖励与惩处

第三十条 中央企业在商业秘密保护工作中，对成绩显著或作出突出贡献的部门和个人，应当给予表彰和奖励。

第三十一条 中央企业发生商业秘密泄密事件，由本企业保密委员会负责组织有关部门认定责任，相关部门依法依规进行处理。

第三十二条 中央企业员工泄露或者非法使用商业秘密，情节较重或者给企业造成较大损失的，应当依法追究相关法律责任。涉嫌犯罪的，依法移送司法机关处理。

第六章　附　则

第三十三条　中央企业应当结合企业实际，依据本规定制定本企业商业秘密保护实施办法或者工作细则。

科学技术保密规定

第一章　总　则

第一条　为保障国家科学技术秘密安全，促进科学技术事业发展，根据《中华人民共和国保守国家秘密法》《中华人民共和国科学技术进步法》和《中华人民共和国保守国家秘密法实施条例》，制定本规定。

第二条　本规定所称国家科学技术秘密，是指科学技术规划、计划、项目及成果中，关系国家安全和利益，依照法定程序确定，在一定时间内只限一定范围的人员知悉的事项。

第三条　涉及国家科学技术秘密的国家机关、单位（以下简称机关、单位）以及个人开展保守国家科学技术秘密的工作（以下简称科学技术保密工作），适用本规定。

第四条　科学技术保密工作坚持积极防范、突出重点、依法管理的方针，既保障国家科学技术秘密安全，又促进科学技术发展。

第五条　科学技术保密工作应当与科学技术管理工作相结合，同步规划、部署、落实、检查、总结和考核，实行全程管理。

第六条　国家科学技术行政管理部门管理全国的科学技术保密工作。省、自治区、直辖市科学技术行政管理部门管理本行政区域的科学技术保密工作。

中央国家机关在其职责范围内，管理或者指导本行业、本系统的科学技术保密工作。

第七条　国家保密行政管理部门依法对全国的科学技术保密工作进行指导、监督和检查。县级以上地方各级保密行政管理部门依法对本行政区域的科学技术保密工作进行指导、监督和检查。

第八条　机关、单位应当实行科学技术保密工作责任制，健全科学技术保密管理制度，完善科学技术保密防护措施，开展科学技术保密宣传教育，加强科学技术保密检查。

第二章　国家科学技术秘密的范围和密级

第九条　关系国家安全和利益，泄露后可能造成下列后果之一的科学技术事项，应当确定为国家科学技术秘密：

（一）削弱国家防御和治安能力；

（二）降低国家科学技术国际竞争力；

（三）制约国民经济和社会长远发展；

（四）损害国家声誉、权益和对外关系。

国家科学技术秘密及其密级的具体范围（以下简称国家科学技术保密事项范围），由国家保密行政管理部门会同国家科学技术行政管理部门另行制定。

第十条 国家科学技术秘密的密级分为绝密、机密和秘密三级。国家科学技术秘密密级应当根据泄露后可能对国家安全和利益造成的损害程度确定。

除泄露后会给国家安全和利益带来特别严重损害的外，科学技术原则上不确定为绝密级国家科学技术秘密。

第十一条 有下列情形之一的科学技术事项，不得确定为国家科学技术秘密：

（一）国内外已经公开；

（二）难以采取有效措施控制知悉范围；

（三）无国际竞争力且不涉及国家防御和治安能力；

（四）已经流传或者受自然条件制约的传统工艺。

第三章 国家科学技术秘密的确定、变更和解除

第十二条 中央国家机关、省级机关及其授权的机关、单位可以确定绝密级、机密级和秘密级国家科学技术秘密；设区的市、自治州一级的机关及其授权的机关、单位可以确定机密级、秘密级国家科学技术秘密。

第十三条 国家科学技术秘密定密授权应当符合国家秘密定密管理的有关规定。中央国家机关作出的国家科学技术秘密定密授权，应当向国家科学技术行政管理部门和国家保密行政管理部门备案。省级机关，设区的市、自治州一级的机关作出的国家科学技术秘密定密授权，应当向省、自治区、直辖市科学技术行政管理部门和保密行政管理部门备案。

第十四条 机关、单位负责人及其指定的人员为国家科学技术秘密的定密责任人，负责本机关、本单位的国家科学技术秘密确定、变更和解除工作。

第十五条 机关、单位和个人产生需要确定为国家科学技术秘密的科学技术事项时，应当先行采取保密措施，并依照下列途径进行定密：

（一）属于本规定第十二条规定的机关、单位，根据定密权限自行定密；

（二）不属于本规定第十二条规定的机关、单位，向有相应定密权限的上级机关、单位提请定密；没有上级机关、单位的，向有相应定密权限的业务主管部门提请定密；没有业务主管部门的，向所在省、自治区、直辖市科学技术行政管理部门提请定密；

（三）个人完成的符合本规定第九条规定的科学技术成果，应当经过评价、检测并确定成熟、可靠后，向所在省、自治区、直辖市科学技术行政管理部门提请定密。

第十六条 实行市场准入管理的技术或者实行市场准入管理的产品涉及的科学

技术事项需要确定为国家科学技术秘密的，向批准准入的国务院有关主管部门提请定密。

第十七条 机关、单位在科学技术管理的以下环节，应当及时做好定密工作：

（一）编制科学技术规划；

（二）制定科学技术计划；

（三）科学技术项目立项；

（四）科学技术成果评价与鉴定；

（五）科学技术项目验收。

第十八条 确定国家科学技术秘密，应当同时确定其名称、密级、保密期限、保密要点和知悉范围。

第十九条 国家科学技术秘密保密要点是指必须确保安全的核心事项或者信息，主要涉及以下内容：

（一）不宜公开的国家科学技术发展战略、方针、政策、专项计划；

（二）涉密项目研制目标、路线和过程；

（三）敏感领域资源、物种、物品、数据和信息；

（四）关键技术诀窍、参数和工艺；

（五）科学技术成果涉密应用方向；

（六）其他泄露后会损害国家安全和利益的核心信息。

第二十条 国家科学技术秘密有下列情形之一的，应当及时变更密级、保密期限或者知悉范围：

（一）定密时所依据的法律法规或者国家科学技术保密事项范围已经发生变化的；

（二）泄露后对国家安全和利益的损害程度会发生明显变化的。

国家科学技术秘密的变更，由原定密机关、单位决定，也可由其上级机关、单位决定。

第二十一条 国家科学技术秘密的具体保密期限届满、解密时间已到或者符合解密条件的，自行解密。出现下列情形之一时，应当提前解密：

（一）已经扩散且无法采取补救措施的；

（二）法律法规或者国家科学技术保密事项范围调整后，不再属于国家科学技术秘密的；

（三）公开后不会损害国家安全和利益的。

提前解密由原定密机关、单位决定，也可由其上级机关、单位决定。

第二十二条 国家科学技术秘密需要延长保密期限的，应当在原保密期限届满前作出决定并书面通知原知悉范围内的机关、单位或者人员。延长保密期限由原定密机关、单位决定，也可由其上级机关、单位决定。

第二十三条 国家科学技术秘密确定、变更和解除应当进行备案：

（一）省、自治区、直辖市科学技术行政管理部门和中央国家机关有关部门每年

12 月 31 日前将本行政区域或者本部门当年确定、变更和解除的国家科学技术秘密情况报国家科学技术行政管理部门备案；

（二）其他机关、单位确定、变更和解除的国家科学技术秘密，应当在确定、变更、解除后 20 个工作日内报同级政府科学技术行政管理部门备案。

第二十四条 科学技术行政管理部门发现机关、单位国家科学技术秘密确定、变更和解除不当的，应当及时通知其纠正。

第二十五条 机关、单位对已定密事项是否属于国家科学技术秘密或者属于何种密级有不同意见的，按照国家有关保密规定解决。

第四章 国家科学技术秘密保密管理

第二十六条 国家科学技术行政管理部门管理全国的科学技术保密工作。主要职责如下：

（一）制定或者会同有关部门制定科学技术保密规章制度；

（二）指导和管理国家科学技术秘密定密工作；

（三）按规定审查涉外国家科学技术秘密事项；

（四）检查全国科学技术保密工作，协助国家保密行政管理部门查处泄露国家科学技术秘密案件；

（五）组织开展科学技术保密宣传教育和培训；

（六）表彰全国科学技术保密工作先进集体和个人。

国家科学技术行政管理部门设立国家科技保密办公室，负责国家科学技术保密管理的日常工作。

第二十七条 省、自治区、直辖市科学技术行政管理部门和中央国家机关有关部门，应当设立或者指定专门机构管理科学技术保密工作。主要职责如下：

（一）贯彻执行国家科学技术保密工作方针、政策，制定本行政区域、本部门或者本系统的科学技术保密规章制度；

（二）指导和管理本行政区域、本部门或者本系统的国家科学技术秘密定密工作；

（三）按规定审查涉外国家科学技术秘密事项；

（四）监督检查本行政区域、本部门或者本系统的科学技术保密工作，协助保密行政管理部门查处泄露国家科学技术秘密案件；

（五）组织开展本行政区域、本部门或者本系统科学技术保密宣传教育和培训；

（六）表彰本行政区域、本部门或者本系统的科学技术保密工作先进集体和个人。

第二十八条 机关、单位管理本机关、本单位的科学技术保密工作。主要职责如下：

（一）建立健全科学技术保密管理制度；

（二）设立或者指定专门机构管理科学技术保密工作；

（三）依法开展国家科学技术秘密定密工作，管理涉密科学技术活动、项目及成果；

（四）确定涉及国家科学技术秘密的人员（以下简称涉密人员），并加强对涉密人员的保密宣传、教育培训和监督管理；

（五）加强计算机及信息系统、涉密载体和涉密会议活动保密管理，严格对外科学技术交流合作和信息公开保密审查；

（六）发生资产重组、单位变更等影响国家科学技术秘密管理的事项时，及时向上级机关或者业务主管部门报告。

第二十九条 涉密人员应当遵守以下保密要求：

（一）严格执行国家科学技术保密法律法规和规章以及本机关、本单位科学技术保密制度；

（二）接受科学技术保密教育培训和监督检查；

（三）产生涉密科学技术事项时，先行采取保密措施，按规定提请定密，并及时向本机关、本单位科学技术保密管理机构报告；

（四）参加对外科学技术交流合作与涉外商务活动前向本机关、本单位科学技术保密管理机构报告；

（五）发表论文、申请专利、参加学术交流等公开行为前按规定履行保密审查手续；

（六）发现国家科学技术秘密正在泄露或者可能泄露时，立即采取补救措施，并向本机关、本单位科学技术保密管理机构报告；

（七）离岗离职时，与机关、单位签订保密协议，接受脱密期保密管理，严格保守国家科学技术秘密。

第三十条 机关、单位和个人在下列科学技术合作与交流活动中，不得涉及国家科学技术秘密：

（一）进行公开的科学技术讲学、进修、考察、合作研究等活动；

（二）利用互联网及其他公共信息网络、广播、电影、电视以及公开发行的报刊、书籍、图文资料和声像制品进行宣传、报道或者发表论文；

（三）进行公开的科学技术展览和展示等活动。

第三十一条 机关、单位和个人应当加强国家科学技术秘密信息保密管理，存储、处理国家科学技术秘密信息应当符合国家保密规定。任何机关、单位和个人不得有下列行为：

（一）非法获取、持有、复制、记录、存储国家科学技术秘密信息；

（二）使用非涉密计算机、非涉密存储设备存储、处理国家科学技术秘密；

（三）在互联网及其他公共信息网络或者未采取保密措施的有线和无线通信中传递国家科学技术秘密信息；

（四）通过普通邮政、快递等无保密措施的渠道传递国家科学技术秘密信息；

（五）在私人交往和通信中涉及国家科学技术秘密信息；

（六）其他违反国家保密规定的行为。

第三十二条 对外科学技术交流与合作中需要提供国家科学技术秘密的，应当经过批准，并与对方签订保密协议。绝密级国家科学技术秘密原则上不得对外提供，确需提供的，应当经中央国家机关有关主管部门同意后，报国家科学技术行政管理部门批准；机密级国家科学技术秘密对外提供应当报中央国家机关有关主管部门批准；秘密级国家科学技术秘密对外提供应当报中央国家机关有关主管部门或者省、自治区、直辖市人民政府有关主管部门批准。

有关主管部门批准对外提供国家科学技术秘密的，应当在10个工作日内向同级政府科学技术行政管理部门备案。

第三十三条 机关、单位开展涉密科学技术活动的，应当指定专人负责保密工作、明确保密纪律和要求，并加强以下方面保密管理：

（一）研究、制定涉密科学技术规划应当制定保密工作方案，签订保密责任书；

（二）组织实施涉密科学技术计划应当制定保密制度；

（三）举办涉密科学技术会议或者组织开展涉密科学技术展览、展示应当采取必要的保密管理措施，在符合保密要求的场所进行；

（四）涉密科学技术活动进行公开宣传报道前应当进行保密审查。

第三十四条 涉密科学技术项目应当按照以下要求加强保密管理：

（一）涉密科学技术项目在指南发布、项目申报、专家评审、立项批复、项目实施、结题验收、成果评价、转化应用及科学技术奖励各个环节应当建立保密制度；

（二）涉密科学技术项目下达单位与承担单位、承担单位与项目负责人、项目负责人与参研人员之间应当签订保密责任书；

（三）涉密科学技术项目的文件、资料及其他载体应当指定专人负责管理并建立台账；

（四）涉密科学技术项目进行对外科学技术交流与合作、宣传展示、发表论文、申请专利等，承担单位应当提前进行保密审查；

（五）涉密科学技术项目原则上不得聘用境外人员，确需聘用境外人员的，承担单位应当按规定报批。

第三十五条 涉密科学技术成果应当按以下要求加强保密管理：

（一）涉密科学技术成果在境内转让或者推广应用，应当报原定密机关、单位批准，并与受让方签订保密协议；

（二）涉密科学技术成果向境外出口，利用涉密科学技术成果在境外开办企业，在境内与外资、外企合作，应当按照本规定第三十二条规定报有关主管部门批准。

第三十六条 机关、单位应当按照国家规定，做好国家科学技术秘密档案归档和保密管理工作。

第三十七条 机关、单位应当为科学技术保密工作提供经费、人员和其他必要的保障条件。国家科学技术行政管理部门，省、自治区、直辖市科学技术行政管理部门应当将科学技术保密工作经费纳入部门预算。

第三十八条 机关、单位应当保障涉密人员正当合法权益。对参与国家科学技术秘密研制的科技人员，有关机关、单位不得因其成果不宜公开发表、交流、推广而影响其评奖、表彰和职称评定。

对确因保密原因不能在公开刊物上发表的论文，有关机关、单位应当对论文的实际水平给予客观、公正评价。

第三十九条 国家科学技术秘密申请知识产权保护应当遵守以下规定：

（一）绝密级国家科学技术秘密不得申请普通专利或者保密专利；

（二）机密级、秘密级国家科学技术秘密经原定密机关、单位批准可申请保密专利；

（三）机密级、秘密级国家科学技术秘密申请普通专利或者由保密专利转为普通专利的，应当先行办理解密手续。

第四十条 机关、单位对在科学技术保密工作方面作出贡献、成绩突出的集体和个人，应当给予表彰；对于违反科学技术保密规定的，给予批评教育；对于情节严重，给国家安全和利益造成损害的，应当依照有关法律、法规给予有关责任人员处分，构成犯罪的，依法追究刑事责任。

第五章　附　则

第四十一条 涉及国防科学技术的保密管理，按有关部门规定执行。

第四十二条 本规定由科学技术部和国家保密局负责解释。

第四十三条 本规定自公布之日起施行，1995 年颁布的《科学技术保密规定》（国家科学技术委员会、国家保密局令第 20 号）同时废止。

4. 地方性法律、法规

重庆市反不正当竞争条例

第一章　总　则

第一条 为了促进社会主义市场经济健康发展，鼓励和保护公平竞争，制止不正当竞争行为，保护经营者和消费者的合法权益，优化营商环境，根据《中华人民共和国反不正当竞争法》和有关法律、行政法规，结合本市实际，制定本条例。

第二条 经营者在生产经营活动中，应当遵循自愿、平等、公平、诚信的原则，遵守法律法规和商业道德，不得实施或者帮助他人实施不正当竞争行为。

本条例所称经营者，是指从事商品生产、经营或者提供服务（以下所称商品包括服务）的自然人、法人和非法人组织。

第三条 市、区县（自治县）人民政府建立反不正当竞争工作协调机制，协调处理维护市场竞争秩序的重大问题，不断完善公平竞争的制度措施，制止不正当竞争行为，为公平竞争创造良好的环境和条件。

乡镇人民政府、街道办事处负责本辖区内公平竞争环境建设的相关工作。

第四条 市市场监督管理部门负责指导、协调本市不正当竞争行为的监督查处工作，查处本市重大不正当竞争行为。区县（自治县）市场监督管理部门负责本行政区域内不正当竞争行为的监督查处工作。

法律、行政法规规定不正当竞争行为由发展改革、民政、财政、商务、文化旅游、体育、通信管理等其他部门查处的，依照其规定。

其他有关部门按照各自职责负责反不正当竞争的相关工作。

第五条 本市加强与其他省、自治区、直辖市反不正当竞争工作的交流合作，推动建设高效规范、公平竞争、充分开放的全国统一大市场。

本市按照成渝地区双城经济圈建设等国家战略部署，推动川渝地区反不正当竞争工作协作，加强川渝地区反不正当竞争重大政策协同，促进市场环境优化。

第二章 不正当竞争行为

第六条 经营者不得实施下列混淆行为，引人误认为是他人商品或者与他人存在特定联系：

（一）擅自使用与他人有一定影响的商品名称、包装、装潢、独特形状等相同或者近似的标识；

（二）擅自使用他人有一定影响的企业名称（包括简称、字号等）、社会组织名称（包括简称等）、姓名（包括笔名、艺名、译名等）、其他市场主体或者组织名称（包括个体工商户、农民专业合作社、事业单位等的名称），以及代表其名称或者姓名的文字、图形、代号；

（三）擅自使用他人有一定影响的域名主体部分、网站名称、网页等；

（四）擅自使用与他人有一定影响的节目栏目名称、网店名称、自媒体名称或者图标、应用软件名称或者图标等相同或者近似的标识；

（五）其他足以引人误认为是他人商品或者与他人存在特定联系的混淆行为。

前款所称引人误认为，应当以相关公众的一般注意力为标准，根据标识实际使用的范围，结合标识的相似度、显著性和知名度以及商品的类似程度等因素进行综合认定。前款所称有一定影响的标识，是指一定范围内为相关公众所知晓，能够识别商品或者其来源的显著性标识。

经营者在先使用的标识，与他人有一定影响的标识相同或者近似的，可以在原使用范围内继续使用。

经营者不得销售他人实施本条第一款规定的混淆行为的商品。

第七条 任何组织和个人不得在明知或者应知他人实施第六条第一款规定的混

淆行为的情况下，为其提供仓储、运输、邮寄、印刷、隐匿、经营场地、加工服务、广告服务（含广告设计、制作和发布）、商品展示、网络搜索、网络交易平台等便利条件，帮助实施混淆行为。

第八条 经营者不得采用财物或者其他手段贿赂下列组织或者个人，以谋取交易机会或者竞争优势：

（一）交易相对方的工作人员；

（二）受交易相对方委托办理相关事务的组织或者个人；

（三）利用职权或者影响力影响交易的组织或者个人。

前款所称其他手段，包括提供各种名义的旅游、留学、考察、住房使用权、房屋装修、使用设备设施等使前款组织或者个人受益的手段。

任何组织和个人不得收受、承诺收受或者通过他人收受贿赂，为经营者谋取交易机会或者竞争优势。

第九条 经营者不得对下列信息作虚假或者引人误解的商业宣传，欺骗、误导消费者或者相关公众：

（一）商品的性能、功能、质量、来源、制造方法、使用方法、生产日期、有效期限、销售状况、价格或者售前售后服务等；

（二）商品的用户评价、许可获得情况、曾获荣誉等；

（三）经营者的生产经营规模、市场地位、曾获荣誉、技术水平、研发实力、授权经销和加盟等关联关系或者许可获得情况、商业信誉；

（四）有关经营者和商品的其他信息。

前款所称商业宣传包括下列行为：

（一）在经营场所或者展览会、展销会、博览会等其他场所，进行展示、演示、说明、解释、推介或者文字标注等；

（二）通过电话、上门推销或者举办品鉴会、发布会、推介会等方式，进行展示、演示、说明、解释、推介或者文字标注等；

（三）通过网站、自媒体等网络手段进行展示、演示、说明、解释、推介或者文字标注等；

（四）张贴、散发、邮寄商品的说明、图片或者其他资料；

（五）其他不构成广告的商业宣传行为。

有下列情形之一，足以造成消费者或者相关公众误解的，属于本条第一款所称引人误解的商业宣传：

（一）对商品作片面的宣传或者对比的；

（二）忽略前提条件、必要信息使用或者不完全引用第三方数据、结论等内容的；

（三）将科学上未定论的观点、现象等作为定论事实的；

（四）使用歧义性语言进行宣传的；

（五）组织、雇佣他人或者指使他人冒充顾客等进行销售诱导的；

（六）其他引人误解的商业宣传。

第十条 任何组织和个人不得实施下列行为，帮助其他经营者对销售数量、用户评价、应用排名、搜索结果排名等进行虚假或者引人误解的商业宣传：

（一）组织虚假交易、虚构评价、伪造物流单据、诱导作出指定评价；

（二）为其他经营者进行虚假或者引人误解的商业宣传提供组织、策划、制作、发布等服务以及资金、场所、工具等条件；

（三）其他帮助进行虚假或者引人误解的商业宣传的行为。

第十一条 经营者不得实施下列侵犯商业秘密的行为：

（一）以盗窃、贿赂、欺诈、胁迫、电子侵入或者其他不正当手段获取权利人的商业秘密；

（二）披露、使用或者允许他人使用以前项手段获取的权利人的商业秘密；

（三）违反保密义务或者违反权利人有关保守商业秘密的要求，披露、使用或者允许他人使用其所掌握的商业秘密；

（四）教唆、引诱、帮助他人违反保密义务或者违反权利人有关保守商业秘密的要求，获取、披露、使用或者允许他人使用权利人的商业秘密。

经营者以外的其他自然人、法人和非法人组织实施前款所列违法行为的，视为侵犯商业秘密。

第三人明知或者应知商业秘密权利人的员工、前员工或者其他组织、个人实施本条第一款所列违法行为，仍获取、披露、使用或者允许他人使用该商业秘密的，视为侵犯商业秘密。

经营者通过自行开发研制获得产品技术信息，或者通过技术手段对从公开渠道取得的产品进行拆卸、测绘、分析等方式获得该产品技术信息的，不属于侵犯商业秘密。

第十二条 商业秘密是指不为公众所知悉、具有商业价值并经权利人采取相应保密措施的下列技术信息、经营信息等商业信息：

（一）与技术有关的结构、原料、组分、配方、材料、样品、样式、植物新品种繁殖材料、工艺、方法或者其步骤、算法、计算机程序及其有关文档、图纸设计方案等技术信息；

（二）与经营活动有关的管理、销售、财务、计划、样本、招投标材料、客户信息等经营信息；

（三）其他商业信息。

下列信息不属于不为公众所知悉的信息：

（一）该信息在所属领域属于一般常识或者行业惯例；

（二）该信息仅涉及产品的尺寸、结构、材料、部件的简单组合等内容，所属领域的相关人员通过观察上市产品即可直接获得；

（三）该信息已通过公开的出版物、报告会、展览等方式披露，或者可以通过其他公开渠道获得；

（四）法律法规规定的其他不属于不为公众所知悉的信息。

将公众所知悉的信息进行整理、改进、加工后形成的新信息，不为所属领域的相关人员普遍知悉和易于获得的，该新信息属于不为公众所知悉的信息。

第十三条 经营者开展有奖销售，所设奖的种类、兑奖条件、奖金金额或者奖品等有奖销售信息应当明确，不得有下列影响兑奖的情形：

（一）奖项种类、参与条件、范围和方式、开奖时间和方式、奖金金额不明确；

（二）奖品价格、品名、种类、数量不明确；

（三）中奖概率、兑奖时间、条件和方式、奖品交付方式、弃奖条件、主办方及其联系方式不明确；

（四）除有利于消费者或者相关公众以外，有奖销售活动开始后，擅自变更奖项种类、参与条件、开奖方式、兑奖方式等信息，以及另行附加条件或者限制；

（五）其他有奖销售信息不明确影响兑奖的情形。

经营者不得采用下列谎称有奖或者故意让内定人员中奖的欺骗方式开展有奖销售：

（一）虚构奖项、奖品、奖金金额等；

（二）仅在有奖销售活动范围中的部分区域投放奖品、奖金；

（三）在有奖销售活动期间，将带有中奖标志的商品、奖券不投放或者不全部投放市场；

（四）未在有奖销售前明示，将带有不同奖金金额或者奖品标志的商品、奖券按不同时间投放市场；

（五）兑奖后抵用券等奖品不能使用；

（六）故意让内部员工、指定组织或者个人等内定人员中奖；

（七）其他谎称有奖或者故意让内定人员中奖的方式。

经营者开展抽奖式的有奖销售，不得有下列最高奖的金额超过五万元的情形：

（一）一次性抽奖金额超过五万元；

（二）同一奖券或者购买一次商品具有两次或者两次以上获奖机会累计金额超过五万元；

（三）其他最高奖金额超过五万元的情形。

第十四条 经营者不得实施下列编造、传播或者指使他人编造、传播虚假信息或者误导性信息，损害竞争对手的商业信誉、商品声誉的行为：

（一）刊登、发布含有虚假或者误导性信息的对比性、声明性广告；

（二）组织、指使他人以消费者名义散布对竞争对手及其商品的恶意评价；

（三）针对竞争对手及其商品公开发出含有虚假或者误导性信息的评论、风险提示、告客户书、警示函、律师函等；

（四）针对竞争对手，以虚假或者误导性信息向国家机关、行业协会、消费者组织等进行举报、投诉并向社会公布举报、投诉情况，或者就该信息进行公开举报、投诉；

（五）针对竞争对手的实际控制人、高级管理人员，公开发出含有虚假或者误导性信息的评论、风险提示、告客户书、警示函、律师函等，造成竞争对手商业信誉、商品声誉损害；

（六）其他损害竞争对手商业信誉、商品声誉的行为。

第十五条 经营者利用网络从事生产经营活动，应当遵守反不正当竞争法律法规的规定，不得利用技术手段，通过影响用户选择或者其他方式，实施下列妨碍、破坏其他经营者合法提供的网络产品或者服务正常运行的行为：

（一）未经其他经营者同意，在其合法提供的网络产品或者服务中，插入链接、强制进行目标跳转；

（二）误导、欺骗、强迫用户修改、关闭、卸载其他经营者合法提供的网络产品或者服务；

（三）恶意对其他经营者合法提供的网络产品或者服务实施不兼容；

（四）其他妨碍、破坏其他经营者合法提供的网络产品或者服务正常运行的行为。

第十六条 经营者不得借助行政机关和法律、法规授权的具有管理公共事务职能的组织或者具有市场支配地位的其他经营者的指定行为销售质价不符的商品。

质价不符是指商品的质量合格，但商品的价格显著高于同期市场同类商品的市场价格。

第三章　监督检查

第十七条 监督检查部门调查涉嫌不正当竞争行为，可以采取下列措施：

（一）进入涉嫌不正当竞争行为的经营场所进行检查；

（二）询问被调查的经营者、利害关系人以及其他有关组织、个人，要求其说明有关情况或者提供与被调查行为有关的其他资料；

（三）查询、复制与涉嫌不正当竞争行为有关的协议、账簿、单据、文件、记录、业务函电和其他资料；

（四）查封、扣押与涉嫌不正当竞争行为有关的财物；

（五）查询涉嫌不正当竞争行为的经营者的银行账户。

采取前款规定的措施，应当向本部门主要负责人书面报告，并经批准。情况紧急，需要当场实施前款第四项规定的措施的，应当在二十四小时内补办批准手续；未获批准的，应当立即解除。

第十八条 监督检查部门调查涉嫌不正当竞争行为，被调查的经营者、利害关系人以及其他有关组织、个人应当如实提供有关资料或者情况，不得拒绝、拖延或者谎报，不得隐匿、销毁、转移证据，以及实施其他拒绝、阻碍调查的行为。

第十九条 监督检查部门及其工作人员对调查过程中知悉的商业秘密负有保密义务，不得泄露或者非法向他人提供。

第二十条 监督检查部门调查不正当竞争行为过程中，发现国家机关、相关组织的工作人员支持、包庇、参与不正当竞争行为的，应当通报该机关、组织，同时抄告该机关、组织的上级或者主管部门。相关机关、组织应当依法作出处理。

第二十一条 对涉嫌不正当竞争行为，任何组织和个人有权向监督检查部门举报，监督检查部门接到举报后应当依法及时处理。

监督检查部门应当向社会公开受理举报的电话、信箱或者电子邮件地址，并为举报人保密。对实名举报并提供相关事实和证据的，监督检查部门应当将处理结果告知举报人。

第二十二条 监督检查部门与有关部门应当加强反不正当竞争案件信息共享和协同工作，加强案件线索通报移送，开展调查取证协查协助，在重点领域、重点区域探索联合执法。

监督检查部门发现所查处的案件属于其他部门管辖的，应当依法移送有关部门。发生跨部门管辖争议、不能协商解决的，通过市或者相关区县（自治县）反不正当竞争工作协调机制解决。

监督检查部门发现不正当竞争行为涉嫌犯罪的，应当按照有关规定将案件及时移送司法机关；司法机关在案件办理过程中，发现不正当竞争行为线索的，应当移送相关监督检查部门。

第二十三条 监督检查部门应当将经营者的不正当竞争行为纳入社会信用系统，依法实施信用监管。

第二十四条 监督检查部门应当推动运用大数据、人工智能、区块链、云计算等现代信息技术，提高发现和查处不正当竞争行为的能力。

第四章　公平竞争环境建设

第二十五条 行政机关和法律、法规授权的具有管理公共事务职能的组织应当依法平等对待各类市场主体，保障各类市场主体在经济活动中享受平等待遇。

行政机关和法律、法规授权的具有管理公共事务职能的组织不得滥用行政权力，制定含有排除、限制竞争内容的公共政策措施；没有法律、法规或者国务院决定和命令依据，不得制定减损市场主体合法权益或者增加其义务的公共政策措施。

行政机关和法律、法规授权的具有管理公共事务职能的组织应当持续清理，及时废除含有排除、限制竞争内容的公共政策措施。

第二十六条 行政机关和法律、法规授权的具有管理公共事务职能的组织制定涉及市场主体经济活动的公共政策措施时，应当进行公平竞争审查。未经公平竞争审查，或者经公平竞争审查认为具有排除、限制竞争效果的，不得出台。

市、区县（自治县）人民政府建立公平竞争审查工作联席会议制度，统筹协调公平竞争审查工作，研究解决制度实施和审查过程中的重大、疑难问题，对公平竞争审查落实情况实施第三方评估。

公平竞争审查具体办法由市人民政府另行制定。

第二十七条 监督检查部门应当对新技术、新产业、新业态、新模式等新型经济形态中出现的不正当竞争行为进行分析和研究，为制定公平竞争政策提供参考。

第二十八条 监督检查部门应当通过公开不正当竞争典型案例等方式，对经营者依法依规开展商业竞争进行指引，指导经营者建立健全商业秘密保护、反商业贿赂等公平竞争管理制度。

第二十九条 经营者应当落实主体责任，加强公平竞争的内部控制与合规管理，自觉抵制不正当竞争行为。

电子商务平台经营者应当在平台服务协议和交易规则中明确平台内公平竞争规则，建立不正当竞争行为举报投诉、纠纷协调等机制，引导平台内经营者依法竞争。

第三十条 行业协会、商会应当主动维护市场公平竞争秩序，依法加强行业自律，强化自我教育、自我管理、自我监督，引导、规范会员公平竞争，制定本行业竞争自律规范和竞争合规指引，配合、协助监督管理部门查处不正当竞争行为。

行业协会、商会不得组织从事《中华人民共和国反不正当竞争法》和本条例禁止的不正当竞争行为。

第三十一条 本市建立政府引导、市场主导、行业自律、社会参与的公平竞争社会共治机制，防范不正当竞争行为，培育和弘扬公平竞争文化，推动形成依法合规、公平竞争的社会氛围。

第三十二条 监督检查部门应当通过以案释法、情景互动等方式开展公平竞争法治宣传，引导市场主体合法经营、依法维护自身合法权益，不断增强全社会公平竞争意识。

新闻媒体应当及时、准确宣传反不正当竞争的措施和成效，推广典型经验，及时曝光损害公平竞争的行为和典型案件，充分发挥舆论监督作用。

第三十三条 市人民政府应当建立市场竞争状况评估制度，完善评估指标体系、健全评估标准和程序、强化评估结果运用，加强重点行业和新兴领域市场竞争状况评估，营造公平竞争市场环境，不断优化市场化、法治化、国际化营商环境。

第五章 法律责任

第三十四条 违反本条例规定，《中华人民共和国反不正当竞争法》等法律、行政法规有处罚规定的，适用其规定；给他人造成损害的，应当依法承担民事责任；构成犯罪的，依法追究刑事责任。

第三十五条 经营者违反本条例第六条第一款的规定，实施混淆行为的，由监督检查部门责令停止违法行为，没收混淆的产品、标签、包装、宣传材料、模具、印版、图纸资料等违法商品。违法经营额五万元以上的，可以并处违法经营额五倍以下的罚款；没有违法经营额或者违法经营额不足五万元的，可以并处二十五万元以下的罚款。情节严重的，吊销营业执照。

经营者登记的名称违反本条例第六条规定的，应当及时办理名称变更登记；名称变更前，由原登记机关以统一社会信用代码代替其名称。

第三十六条 经营者违反本条例第六条第四款的规定，销售他人实施混淆行为的商品的，由监督检查部门责令停止违法行为，没收违法商品。违法经营额五万元以上的，可以并处违法经营额三倍以下的罚款；没有违法经营额或者违法经营额不足五万元的，可以并处五万元以下的罚款。情节严重的，吊销营业执照。

经营者不知道所销售商品存在混淆情形，能证明该商品是自己合法取得并说明提供者的，由监督检查部门责令停止销售。

第三十七条 违反本条例第七条的规定，帮助他人实施混淆行为的，由监督检查部门责令停止违法行为，没收违法所得，可以并处一万元以上五万元以下的罚款。

第三十八条 违反本条例第八条第三款规定，收受、承诺收受或者通过他人收受贿赂，为经营者谋取交易机会或者竞争优势的，由监督检查部门没收违法所得；单位违反的，可以并处十万元以上三百万元以下罚款；个人违反的，可以并处五万元以上五十万元以下罚款。法律、行政法规另有规定的，适用其规定。

第三十九条 经营者违反本条例第十四条规定，编造、传播或者指使他人编造、传播虚假信息或者误导性信息，损害竞争对手的商业信誉、商品声誉的，由监督检查部门责令停止违法行为、消除影响，处十万元以上五十万元以下罚款；情节严重的，处五十万元以上三百万元以下罚款。

第四十条 经营者违反本条例第十六条规定，借助行政机关和法律、法规授权的具有管理公共事务职能的组织或者具有市场支配地位的其他经营者的指定行为销售质价不符的商品的，由监督检查部门责令停止违法行为，没收违法所得，可以并处违法经营额一倍以上三倍以下的罚款。

第四十一条 行政机关和法律、法规授权的具有管理公共事务职能的组织违反本条例第二十六条的规定，制定涉及市场主体经济活动的公共政策措施未进行公平竞争审查或者违反审查标准出台公共政策措施的，由上级机关责令改正；对直接负责的主管人员和其他直接责任人员依法给予处分。市场监督管理部门可以向有关上级机关提出依法处理的建议。

第四十二条 行业协会、商会违反本条例第三十条第二款的规定，组织从事不正当竞争行为的，由监督检查部门责令停止违法行为，有违法所得的，没收违法所得，可以并处五万元以上二十万元以下的罚款。

第六章 附 则

第四十三条 本条例自2023年1月1日起施行。

浙江省反不正当竞争条例

第一章 总 则

第一条 为了促进社会主义市场经济健康发展，鼓励和保护公平竞争，制止不正当竞争行为，保护经营者和消费者的合法权益，优化营商环境，根据《中华人民共和国反不正当竞争法》（以下简称反不正当竞争法）和其他有关法律、行政法规，结合本省实际，制定本条例。

第二条 在本省行政区域内从事商品生产、经营或者提供服务（以下所称商品包括服务）的自然人、法人和非法人组织（以下统称经营者）在生产经营活动中，应当遵循自愿、平等、公平、诚信的原则，遵守法律、法规和商业道德，不得实施或者帮助他人实施不正当竞争行为。

第三条 省、设区的市人民政府建立反不正当竞争工作协调机制，协调处理维护市场竞争秩序的重大问题。

县（市、区）人民政府可以建立本行政区域反不正当竞争工作协调机制，协调处理本行政区域内跨部门反不正当竞争执法等工作。

第四条 县级以上人民政府市场监督管理部门负责不正当竞争行为的监督管理工作；法律、行政法规规定由其他部门（以下与市场监督管理部门统称为监督检查部门）负责监督管理的，依照其规定。

县级以上人民政府其他有关部门应当按照各自职责做好反不正当竞争相关工作。

第五条 监督检查部门应当通过定期公布典型案例和其他形式开展反不正当竞争法治宣传教育，及时向经营者、消费者提示相关风险。

新闻媒体应当开展反不正当竞争的法治宣传教育，增强全社会的反不正当竞争意识。

第六条 电子商务平台经营者应当加强自身竞争合规管理，防范竞争违规风险，倡导竞争合规文化。

电子商务平台经营者应当在平台服务协议和交易规则中明确平台内公平竞争规则，建立不正当竞争行为举报投诉、纠纷协调等机制，并依据平台服务协议和交易规则协调平台内经营者之间的不正当竞争纠纷，引导平台内经营者依法竞争。

第七条 行业协会、商会等社会组织应当加强自律管理，通过制定行业规则、从业规范、自律公约等，引导、规范会员依法竞争、遵守商业道德，协调处理会员之间的市场竞争纠纷，协助监督检查部门、行业主管部门履行职责，维护市场竞争秩序。

第八条 省人民政府应当推动、支持建立长江三角洲区域反不正当竞争工作协作机制，促进长江三角洲区域反不正当竞争重大政策协调和市场环境优化。

省有关部门应当推动构建跨省域反不正当竞争信息共享、案件移送、执法协助、联合执法机制，通过案件会商研判、裁量标准互通等方式促进执法标准统一。

第二章　不正当竞争行为

第九条 经营者不得实施下列混淆行为，引人误认为是他人商品或者与他人存在特定联系：

（一）擅自使用与他人有一定影响的商品名称、包装、装潢等相同或者近似的标识；

（二）擅自使用他人有一定影响的市场主体名称（包括简称、字号等）、社会组织名称（包括简称等）、姓名（包括笔名、艺名、译名等），或者代表市场主体名称和社会组织名称的标志、图形、代号；

（三）擅自使用他人有一定影响的域名主体部分、网站名称、网店名称、自媒体名称、应用软件名称、应用软件交互界面、网页等；

（四）将他人未注册的驰名商标或者有一定影响的注册商标作为市场主体名称中的字号使用，误导公众；

（五）其他足以引人误认为是他人商品或者与他人存在特定联系的混淆行为。

由经营者营业场所的装饰、营业用具的式样、营业人员的服饰等构成的具有独特风格的整体营业形象，可以认定为前款第一项所称装潢。

本条第一款第二项、第四项所称市场主体，包括企业、个体工商户、农民专业合作社（联合社）以及法律、行政法规规定的其他市场主体。

销售存在本条第一款规定情形的商品，引人误认为是他人商品或者与他人存在特定联系的，应当认定为本条第一款规定的混淆行为。

第十条 经营者不得通过给予财物、提供财产性利益或者其他手段贿赂反不正当竞争法规定的相关单位和个人，以谋取交易机会或者竞争优势。

任何单位和个人不得收受贿赂，为经营者谋取交易机会或者竞争优势。

经营者支付折扣、佣金以及交易相对方接受折扣、中间人接受佣金，应当遵守反不正当竞争法的规定。

第十一条 经营者不得对下列信息作虚假或者引人误解的商业宣传，欺骗、误导消费者或者相关公众：

（一）经营者的商业信誉；

（二）商品的性能、功能（功效）、工艺、质量、用途、产地、成分、售后服务等；

（三）商品的交易额、成交量、预约量、市场占有率等；

（四）商品的收藏量、点赞量、投票量、关注量、转发量、浏览量等；

（五）商品的用户评价、曾获荣誉、品牌历史或者来源等；

（六）有关经营者和商品的其他信息。

第十二条 有下列情形之一，误导消费者或者相关公众的，可以认定为引人误解的商业宣传：

（一）对商品作片面的宣传报道、声明性公告或者对比；

（二）使用第三方的数据、结论等不完全引用或者忽略必要前提条件；

（三）将科学上未定论的观点、现象作为定论的事实用于商品宣传；

（四）将特定条件下形成的结论作为普遍性结论对商品进行宣传；

（五）使用歧义性语言进行商业宣传；

（六）其他足以引人误解的商业宣传。

第十三条 经营者明知或者应知其他经营者进行虚假或者引人误解的商业宣传，而为其提供组织、策划、制作、发布等服务或者提供经营场所、工具等条件的，应当认定为帮助其他经营者进行虚假或者引人误解的商业宣传的行为。

第十四条 经营者不得实施反不正当竞争法规定的侵犯商业秘密的行为。

前款所称商业秘密，是指不为公众所知悉、具有商业价值并经权利人采取相应保密措施的下列技术信息、经营信息等商业信息：

（一）与技术有关的实验（试验）数据、设计方案和程序、产品配方、制作方法、工艺流程、技术图纸、技术诀窍、研发记录、程序代码、算法等技术信息；

（二）与经营活动有关的客户资料、财务数据、库存数据、战略规划、货源情报、产销策略、利润模式、薪酬体系、采购计划、投标文件等经营信息；

（三）其他商业信息。

经营者对从公开渠道取得的产品通过技术手段进行拆卸、测绘、分析等方式获得该产品技术信息的，不属于侵犯他人商业秘密的行为。

第十五条 经营者进行有奖销售，不得存在下列情形：

（一）所设奖的种类、兑奖条件、奖品种类、兑奖时间、兑奖地点、兑奖方式、中奖概率（奖品数量）、奖金金额（奖品价格）等有奖销售信息不明确，影响兑奖；

（二）采用谎称有奖或者故意让内定人员中奖的欺骗方式进行有奖销售；

（三）抽奖式的有奖销售，最高奖的金额超过五万元。

有奖销售活动开始后，不得变更已经公示的前款第一项规定的有奖销售信息，但有利于消费者的除外。

有关法律、行政法规对彩票销售另有规定的，从其规定。

第十六条 经营者不得编造、传播或者指使他人编造、传播虚假信息或者误导性信息，对竞争对手的商品质量、商品价格、交易条件、企业形象、生产经营状况以及竞争对手法定代表人、控股股东、实际控制人、董事、监事或者高级管理人员的健康状况、信用状况、能力、品质等进行诋毁，损害竞争对手的商业信誉、商品声誉。

第十七条 经营者不得利用技术手段，通过影响用户选择或者其他方式，实施下列妨碍、破坏其他经营者合法提供的网络产品或者服务正常运行的行为：

（一）未经其他经营者同意，在其合法提供的网络产品或者服务中，插入链接、强制进行目标跳转；

（二）误导、欺骗、强迫用户修改、关闭、卸载其他经营者合法提供的网络产品或者服务；

（三）恶意对其他经营者合法提供的网络产品或者服务实施不兼容；

（四）未经用户同意下载、安装、运行应用程序，影响其他经营者合法提供的网络产品或者服务正常运行；

（五）对非基本功能的应用程序不提供卸载功能或者对应用程序卸载设置障碍，影响其他经营者合法提供的网络产品或者服务正常运行；

（六）恶意对其他经营者合法提供的网络产品或者服务实施拦截、过滤、修改、关闭、卸载、下架、屏蔽链接、覆盖内容等干扰行为；

（七）其他妨碍、破坏其他经营者合法提供的网络产品或者服务正常运行的行为。

第三章　监督检查

第十八条　监督检查部门应当建立不正当竞争行为预防机制，加强对经营者依法开展商业竞争的行政指导，公开裁量基准，指导重点领域、重点区域经营者建立健全反不正当竞争内部管理制度。

第十九条　监督检查部门应当推动反不正当竞争多跨场景应用建设，运用数字化监管平台对不正当竞争行为开展监管，对重点领域、重点区域出现的不正当竞争行为予以监测、分析和研究，提高发现和查处不正当竞争行为的能力，加强线上线下一体化监管。

第二十条　监督检查部门和有关部门应当建立反不正当竞争协作机制，强化部门间协调联动，加强反不正当竞争案件的信息共享、线索移送、查证协助、情况会商，必要时可以开展联合执法。

第二十一条　监督检查部门可以就知名度、是否导致混淆或者误导、损失数额等事项，委托社会调查机构、评估机构等中介机构进行调查。

社会调查机构、评估机构等中介机构接受委托提供调查服务的，应当遵守相关法律、法规、标准、技术规范等规定，履行合同约定的义务，出具相应的调查评估报告，并对调查评估报告的真实性、合法性负责。

第二十二条　监督检查部门调查涉嫌不正当竞争行为时，被调查的经营者、利害关系人、其他有关单位和个人应当如实提供有关资料或者说明情况，不得拒绝、拖延，不得提供虚假资料。

商业秘密权利人请求监督检查部门查处涉嫌侵犯商业秘密行为的，应当提供被侵犯商业秘密的具体内容，已采取的保密措施以及被侵权事实等初步材料。监督检查部门可以根据实际情况，要求涉嫌侵权人提供其所使用的商业信息不属于商业秘密或者系合法获得的证明材料。

第二十三条　监督检查部门及其工作人员对调查中知悉的个人信息和商业秘密负有保密义务，不得泄露或者非法向他人提供。

第二十四条　任何单位和个人有权向监督检查部门举报涉嫌不正当竞争的行为，监督检查部门应当依法及时处理。

监督检查部门应当向社会公开受理举报的电话、信箱或者电子邮件地址，并为举报人保密。对实名举报并提供相关事实和证据的，监督检查部门应当将处理结果告知举报人。

第四章　法律责任

第二十五条　违反本条例规定的行为，法律、行政法规已有法律责任规定的，从其规定。

第二十六条 违反本条例第九条规定实施混淆行为，或者明知、应知商品存在混淆情形仍予以销售的，依照反不正当竞争法关于实施混淆行为的处罚规定予以处罚。不知道所销售商品存在混淆情形，能证明该商品是自己合法取得并说明提供者的，由监督检查部门责令停止销售。

第二十七条 单位或者个人违反本条例第十条第二款规定收受贿赂，为经营者谋取交易机会或者竞争优势的，由监督检查部门没收违法所得，对单位处十万元以上三百万元以下罚款，对个人处五万元以上五十万元以下罚款。

依法履行公职的人员违反本条例第十条第二款规定收受贿赂的，由有权机关依法处理。

第二十八条 经营者违反本条例第十五条第一款、第二款规定进行有奖销售的，由监督检查部门处五万元以上二十万元以下罚款；情节严重的，处二十万元以上五十万元以下罚款。

第二十九条 经营者违反本条例第十六条规定，编造、传播或者指使他人编造、传播虚假信息或者误导性信息，损害竞争对手的商业信誉、商品声誉的，由监督检查部门责令停止违法行为、消除影响，处十万元以上五十万元以下罚款；情节严重的，处五十万元以上三百万元以下罚款。

第三十条 经营者违反本条例第十七条规定，实施妨碍、破坏其他经营者合法提供的网络产品或者服务正常运行行为的，由监督检查部门责令停止违法行为，处十万元以上五十万元以下罚款；情节严重的，处五十万元以上三百万元以下罚款。

第三十一条 监督检查部门及其工作人员有下列行为之一的，由有权机关对直接负责的主管人员和其他直接责任人员依法处理：

（一）违法进行检查或者违法采取行政强制措施的；

（二）罚款不使用法定票据或者没收财物不制作没收清单的；

（三）截留、挪用、私分或者变相私分罚款、没收财物的；

（四）支持、包庇不正当竞争行为的；

（五）泄露或者非法向他人提供调查过程中知悉的个人信息和商业秘密的；

（六）其他滥用职权、玩忽职守、徇私舞弊的行为。

第五章　附　则

第三十二条 本条例自 2022 年 10 月 1 日起施行。

四川省反不正当竞争条例

第一章　总　则

第一条 为了促进社会主义市场经济健康发展，鼓励和保护公平竞争，弘扬社会主义核心价值观，制止不正当竞争行为，保护经营者和消费者的合法权益，优化营商环境，根据《中华人民共和国反不正当竞争法》和有关法律、行政法规的规定，结合四川省实际，制定本条例。

第二条 在四川省行政区域内从事商品生产、经营或者提供服务（以下所称商品包括服务）的自然人、法人和非法人组织（以下统称经营者）在生产经营活动中，应当遵循自愿、平等、公平、诚信的原则，遵守法律法规和商业道德，不得实施或者帮助他人实施不正当竞争行为。

第三条 省人民政府建立反不正当竞争工作协调机制，统筹全省反不正当竞争工作，研究决定反不正当竞争重大政策，协调处理维护市场竞争秩序的重大问题。

市（州）人民政府建立本行政区域反不正当竞争工作协调机制，协调处理本行政区域内跨部门反不正当竞争执法等工作。

第四条 县级以上地方人民政府履行市场监督管理职责的部门对不正当竞争行为进行查处；法律、行政法规规定由其他部门（以下与履行市场监督管理职责的部门统称为监督检查部门）查处的，依照其规定。

公安、民政、住房城乡建设、文化和旅游、卫生健康、网信、商务、地方金融监管等部门按照各自职责做好反不正当竞争的相关工作。

第五条 鼓励、支持和保护一切组织和个人对不正当竞争行为进行社会监督。

国家机关及其工作人员不得支持、包庇不正当竞争行为。

第六条 推动建立川渝反不正当竞争工作协作机制，与重庆市开展联动执法，从执法标准统一、执法信息共享、执法结果互认等方面加强协作，促进川渝反不正当竞争重大政策协调和市场环境优化。

加强与其他省（区、市）反不正当竞争工作的交流合作，依法配合、协助其他省（区、市）有关行政机关和司法机关的调查取证、文书送达、执行等工作。

第二章　反不正当竞争环境建设

第七条 经营者应当落实主体责任，加强反不正当竞争内部控制与合规管理，自觉抵制不正当竞争行为。

第八条 行业协会、商会等组织应当加强行业自律，引导、规范会员依法竞争，配合、协助监督检查部门查处不正当竞争行为。

第九条 监督检查部门应当将经营者因实施不正当竞争行为而受到行政处罚的信息记入信用记录，向国家企业信用信息公示系统和省社会信用信息平台系统归集并依法予以公示，会同相关部门及有关单位依照国家规定对失信市场主体实施联合惩戒。

第十条 监督检查部门应当对重点领域、重点区域以及新型业态中出现的不正当竞争行为进行分析和研究，为制定反不正当竞争政策提供参考。

第十一条 监督检查部门应当加强互联网监管体系建设和执法能力建设，利用现代信息技术，提高发现和查处不正当竞争行为的能力。

第十二条 监督检查部门应当建立健全工作机制，通过公开不正当竞争案件裁量基准、典型案例等方式，对经营者依法依规开展商业竞争进行指引，指导经营者建立健全商业秘密保护、反商业贿赂等反不正当竞争管理制度。

监督检查部门应当通过以案释法、情景互动等方式开展反不正当竞争法治宣传。

第十三条 任何组织和个人有权向监督检查部门举报不正当竞争行为，监督检查部门接到举报后应当依法及时处理。

监督检查部门应当向社会公开受理举报的电话、信箱或者电子邮件地址等，并为举报人保密。对实名举报并提供相关事实和证据的，监督检查部门应当将处理结果告知举报人。

任何组织和个人不得滥用举报权利扰乱监督检查部门正常工作秩序，不得捏造事实诬陷他人、实施敲诈勒索。

第十四条 县级以上人民代表大会常务委员会通过听取和审议专项工作报告、开展执法检查等方式，加强对反不正当竞争工作的监督。

第三章　不正当竞争行为

第十五条 经营者不得实施下列混淆行为，引人误认为是他人商品或者与他人存在特定联系：

（一）擅自使用与他人有一定影响的商品名称、包装、装潢等相同或者近似的标识；

（二）擅自使用他人有一定影响的企业名称（包括简称、字号等）、社会组织名称（包括简称等）、姓名（包括笔名、艺名、译名等）；

（三）擅自使用他人有一定影响的域名主体部分、网站名称、网页等；

（四）其他足以引人误认为是他人商品或者与他人存在特定联系的混淆行为。

经营者不得销售明知或者应知是实施了混淆行为的商品。

本条第一款所称引人误认为，应当以相关公众的一般注意力为标准，根据标识实际使用的范围，结合标识的相似度、显著性和知名度以及商品的类似程度等因素进行综合认定。本条第一款所称有一定影响，是指标识经过经营者的使用，在市场上具有一定的知名度，为一定范围内的相关公众所知悉。

第十六条 经营者不得采用财物或者其他手段贿赂下列单位或者个人，以谋取交易机会或者竞争优势：

（一）交易相对方的工作人员；

（二）受交易相对方委托办理相关事务的单位或者个人；

（三）利用职权或者影响力影响交易的单位或者个人。

任何单位和个人不得收受、承诺收受或者通过他人收受贿赂，为经营者谋取交易机会或者竞争优势。

经营者在交易活动中，可以以明示方式向交易相对方支付折扣，或者向中间人支付佣金。经营者向交易相对方支付折扣、向中间人支付佣金的，应当如实入账。

接受折扣、佣金的经营者也应当如实入账。

经营者的工作人员进行贿赂的，应当认定为经营者的行为；但是，经营者有证据证明该工作人员的行为与为经营者谋取交易机会或者竞争优势无关的除外。

第十七条 经营者不得对其商品的性能、功能、质量、来源、联名合作和加盟等关联关系、销售状况、用户评价、曾获荣誉等作虚假或者引人误解的商业宣传，欺骗、误导消费者。

经营者不得通过组织虚假交易等方式帮助其他经营者进行虚假或者引人误解的商业宣传。

本条所称商业宣传，包括下列行为：

（一）在经营场所或者通过互联网、上门推销、展览、展销、鉴定等方式，对商品进行展示、演示、说明、解释、推介或者文字标注等；

（二）张贴、散发、邮寄商品的说明、图片或者其他资料；

（三）展示商品的销售量、用户评价或者网站点击量、页面浏览量以及点赞、打赏等交易互动数据等；

（四）其他不构成广告的商业宣传行为。

第十八条 经营者不得实施下列侵犯商业秘密的行为：

（一）以盗窃、贿赂、欺诈、胁迫、电子侵入或者其他不正当手段获取权利人的商业秘密；

（二）披露、使用或者允许他人使用以前项手段获取的权利人的商业秘密；

（三）违反保密义务或者违反权利人有关保守商业秘密的要求，披露、使用或者允许他人使用其所掌握的商业秘密；

（四）教唆、引诱、帮助他人违反保密义务或者违反权利人有关保守商业秘密的要求，获取、披露、使用或者允许他人使用权利人的商业秘密。

经营者以外的其他自然人、法人和非法人组织实施前款所列违法行为的，视为侵犯商业秘密。

第三人明知或者应知商业秘密权利人的员工、前员工或者其他单位、个人实施本条第一款所列违法行为，仍获取、披露、使用或者允许他人使用该商业秘密的，视为侵犯商业秘密。

本条例所称商业秘密，是指不为公众所知悉、具有商业价值并经权利人采取相应保密措施的技术信息、经营信息等商业信息，包括：

（一）与技术有关的结构、原料、组分、配方、材料、样品、样式、植物新品种繁殖材料、工艺、方法或者其步骤、算法、数据、计算机程序及其有关文档、图纸设计方案等信息；

（二）与经营活动有关的创意、管理、销售、财务、计划、样本、招投标材料、客户信息、数据等信息；

（三）其他商业信息。经营者通过自行开发研制获得产品技术信息，或者通过技术手段对从公开渠道取得的产品进行拆卸、测绘、分析等方式获得该产品技术信息的，不属于侵犯他人商业秘密的行为。

第十九条 具有下列情形之一，在正常情况下足以防止商业秘密泄露的，应当认定权利人采取了相应保密措施：

（一）签订保密协议或者在合同中约定保密义务的；

（二）通过章程、培训、规章制度、书面告知等方式，对能够接触、获取商业秘密的员工、前员工、供应商、客户、来访者等提出保密要求的；

（三）对涉密的厂房、车间等生产经营场所限制来访者或者进行区分管理的；

（四）以标记、分类、隔离、加密、封存、限制能够接触或者获取的人员范围等方式，对商业秘密及其载体进行区分和管理的；

（五）对能够接触、获取商业秘密的计算机设备、电子设备、网络设备、存储设备、软件等，采取禁止或者限制使用、访问、存储、复制等措施的；

（六）要求离职员工登记、返还、清除、销毁其接触或者获取的商业秘密及其载体，继续承担保密义务的；

（七）采取其他合理保密措施的。

第二十条 经营者进行有奖销售不得存在下列情形：

（一）未在有奖销售前明确公布奖项种类、参与条件、参与方式、开奖时间、开奖方式、奖金金额、奖品价格、奖品品名、奖品种类、奖品数量、中奖概率、兑奖时间、兑奖条件、兑奖方式、奖品交付方式、弃奖条件、主办方及其联系方式等信息，影响兑奖；

（二）采用谎称有奖或者故意让内定人员中奖的欺骗方式进行有奖销售；

（三）抽奖式的有奖销售，最高奖的金额超过五万元。

前款第二项所称谎称有奖的方式进行有奖销售，包括：

（一）虚构奖项、奖品、奖金金额等；

（二）在有奖销售期间将带有中奖标志的商品、奖券不投放、未全部投放市场或者仅在特定区域投放；

（三）未在有奖销售前明示，将带有不同奖金金额或者奖品标志的商品、奖券按不同时间投放市场；

（四）未按照明示的信息兑奖；

（五）其他谎称有奖的方式。有奖销售活动开始后，经营者不得擅自变更奖项种类、参与条件、开奖方式、兑奖方式等信息，不得另行附加条件或者限制，但是有利于消费者的除外。

第二十一条 经营者不得编造、传播虚假信息或者误导性信息，损害竞争对手的商业信誉、商品声誉。

第二十二条 经营者利用网络从事生产经营活动，应当遵守法律法规和商业道德，不得利用技术手段，通过影响用户选择或者其他方式，实施下列妨碍、破坏其他经营者合法提供的网络产品或者服务正常运行的行为：

（一）未经其他经营者同意，在其合法提供的网络产品或者服务中，插入链接、强制进行目标跳转；

（二）误导、欺骗、强迫用户修改、关闭、卸载其他经营者合法提供的网络产品或者服务；

（三）恶意对其他经营者合法提供的网络产品或者服务实施不兼容；

（四）无正当理由对其他经营者合法提供的网络产品或者服务实施拦截、关闭、降低或者提高搜索结果排名；

（五）未经用户许可或者授权，下载、安装、运行、更新应用程序，影响其他经营者合法提供的设备、功能或者程序正常运行；

（六）其他妨碍、破坏其他经营者合法提供的网络产品或者服务正常运行的行为。

第四章　对涉嫌不正当竞争行为的调查

第二十三条　监督检查部门调查涉嫌不正当竞争行为，可以采取下列措施：

（一）进入涉嫌不正当竞争行为的经营场所进行检查；

（二）询问被调查的经营者、利害关系人及其他有关单位、个人，要求其说明有关情况或者提供与被调查行为有关的资料；

（三）查询、复制与涉嫌不正当竞争行为有关的协议、账簿、单据、文件、记录、业务函电和其他资料；

（四）查封、扣押与涉嫌不正当竞争行为有关的财物；

（五）查询涉嫌不正当竞争行为的经营者的银行账户。

采取前款规定的措施，应当向监督检查部门主要负责人书面报告，并经批准。采取前款第四项、第五项规定的措施，应当向市（州）以上地方人民政府监督检查部门主要负责人书面报告，并经批准。情况紧急，需要当场实施前款第四项规定的措施的，应当在二十四小时内报告，并补办批准手续；未获批准的，应当立即解除强制措施。

监督检查部门应当依法将涉嫌不正当竞争行为的查处结果及时向社会公开。

第二十四条　监督检查部门调查涉嫌不正当竞争行为，被调查的经营者、利害关系人及其他有关单位、个人应当如实提供有关资料或者情况，如实回答询问，并协助调查，不得拒绝、拖延或者谎报。

第二十五条　监督检查部门及其工作人员应当对调查涉嫌不正当竞争行为过程中知悉的商业秘密予以保密，不得泄露或者非法向他人提供。

第二十六条　监督检查部门发现国家机关、相关单位及其工作人员支持、包庇、参与不正当竞争行为的，可以通报该机关、单位，同时抄告该机关、单位的上级或者主管部门。相关机关、单位应当依法作出处理。

第二十七条　监督检查部门应当与相关部门建立反不正当竞争案件信息共享和协同工作机制，加强案件线索通报移送，开展调查取证协查协助，在重点领域、重点区域探索联合执法。

完善反不正当竞争案件行政执法与刑事司法的衔接机制。监督检查部门发现不正当竞争行为涉嫌犯罪的，应当按照有关规定将案件及时移送司法机关。司法机关在案件办理过程中，发现不正当竞争行为线索的，可以移送相关监督检查部门。

第五章　法律责任

第二十八条　违反本条例规定的行为，《中华人民共和国反不正当竞争法》等法律法规已有法律责任规定的，从其规定；构成犯罪的，依法追究刑事责任。

第二十九条　经营者违反本条例第十五条规定，实施商业混淆行为、销售明知或者应知是实施了混淆行为的商品的，由监督检查部门责令停止违法行为，没收实施混淆行为的产品、标签、包装、宣传材料、模具、印版、图纸资料等违法商品。违法经营额五万元以上的，可以并处违法经营额五倍以下的罚款；没有违法经营额或者违法经营额不足五万元的，可以并处二十五万元以下的罚款。情节严重的，吊销营业执照。

经营者登记的企业名称违反本条例第十五条规定的，应当自收到行政处罚决定书之日起三十日内办理企业名称变更登记；名称变更前，由原企业登记机关以统一社会信用代码代替其名称。企业逾期未办理变更登记的，企业登记机关将其列入经营异常名录；完成变更登记后，企业登记机关将其移出经营异常名录。

第三十条　经营者擅自隐藏、转移、变卖或者损毁监督检查部门查封、扣押的财物的，由公安机关依法处罚。

第三十一条　监督检查部门的工作人员滥用职权、玩忽职守、徇私舞弊或者泄露调查过程中知悉的商业秘密的，依法给予处分。

第六章　附　则

第三十二条　本条例自2022年1月1日起施行。

上海市反不正当竞争条例

第一章　总　则

第一条　为了促进社会主义市场经济健康发展，鼓励和保护公平竞争，制止不正当竞争行为，保护经营者和消费者的合法权益，优化营商环境，根据《中华人民共和国反不正当竞争法》和有关法律、行政法规的规定，结合本市实际，制定本条例。

第二条　在本市从事商品生产、经营或者提供服务（以下所称商品包括服务）的自然人、法人和非法人组织（以下统称经营者）在生产经营活动中，应当遵循自愿、平等、公平、诚信的原则，遵守法律法规和商业道德，不得实施或者帮助他人实施不正当竞争行为。

第三条 市人民政府建立反不正当竞争工作协调机制，研究决定本市反不正当竞争重大政策，协调处理本市维护市场竞争秩序的重大问题，为公平竞争创造良好的环境和条件。

各区人民政府建立本区反不正当竞争工作协调机制，协调处理本区跨部门反不正当竞争执法等工作。

第四条 市市场监督管理部门负责指导、协调本市不正当竞争行为的预防和查处工作，查处本市重大、跨区等不正当竞争行为。区市场监督管理部门负责本行政区域内不正当竞争行为的预防和查处工作。

财政、文化旅游、民政、体育、商务等部门（以下与市场监督管理部门统称为监督检查部门）根据法律、行政法规的规定，负责各自职责范围内不正当竞争行为的预防和查处工作。

公安、发展改革、地方金融监管、网信等部门按照各自职责做好反不正当竞争的相关工作。

市场监督管理等监督检查部门应当与相关部门建立反不正当竞争案件信息共享和协同工作机制，加强案件线索通报移送，开展调查取证协查协助，在重点领域、重点区域探索联合执法。

第五条 本市探索建立对不正当竞争行为的监测、分析和研究机制。

市场监督管理部门应当会同有关部门、专业院校、科研机构、行业组织等，对重点领域、重点区域以及新型业态中出现的不正当竞争行为探索开展监测、分析和研究，为本市制定反不正当竞争政策提供参考。

第六条 市场监督管理等监督检查部门应当加强线上线下监管体系建设和监管执法队伍建设，利用人工智能、大数据等现代信息技术，提高发现和查处不正当竞争行为的能力。

第七条 本市推动实施长江三角洲（以下简称长三角）区域反不正当竞争工作协作，开展跨区域协助、联动执法，实现执法信息共享、执法标准统一，促进长三角区域反不正当竞争重大政策协调和市场环境优化。在长三角生态绿色一体化发展示范区探索反不正当竞争执法一体化。

本市加强与其他省市反不正当竞争工作的交流合作，依法配合、协助其他省市有关行政机关和司法机关的调查取证、文书送达、执行等工作。

第二章　不正当竞争行为

第八条 经营者不得实施下列混淆行为，引人误认为是他人商品或者与他人存在特定联系：

（一）擅自使用与他人有一定影响的商品名称、包装、装潢等相同或者近似的标识；

（二）擅自使用他人有一定影响的企业名称（包括简称、字号等）、社会组织名称（包括简称等）、姓名（包括笔名、艺名、译名等）；

（三）擅自使用他人有一定影响的域名主体部分、网站名称、网页等；

（四）擅自使用与他人有一定影响的商品独特形状、节目栏目名称、企业标志、网店名称、自媒体名称或者标志、应用软件名称或者图标等相同或者近似的标识；

（五）其他足以引人误认为是他人商品或者与他人存在特定联系的混淆行为。

前款所称有一定影响的标识，是指一定范围内为公众所知晓，能够识别商品或者其来源的显著性标识。前款所称使用行为，包括生产、销售他人有一定影响的标识的行为。经营者在先使用他人有一定影响的标识，可以在原使用范围内继续使用。

经营者不得通过将他人有一定影响的标识与关键字搜索关联等方式，帮助其他经营者实施混淆行为。

第九条 经营者不得采用财物或者其他手段贿赂下列单位或者个人，以谋取交易机会或者竞争优势：

（一）交易相对方的工作人员；

（二）受交易相对方委托办理相关事务的单位或者个人；

（三）利用职权或者影响力影响交易的单位或者个人。

任何单位和个人不得收受、承诺收受或者通过他人收受贿赂，为经营者谋取交易机会或者竞争优势。

经营者、交易相对方、中间人支付或者接受折扣、佣金的，均应当按照相关财务制度如实入账。

第十条 经营者不得对其商品的性能、功能、质量、销售状况、用户评价、曾获荣誉等作虚假或者引人误解的商业宣传，欺骗、误导消费者或者其他相关公众。

前款所称的商业宣传行为包括：

（一）在经营场所或者展览会、展销会、博览会等其他场所，以及通过互联网等信息网络对商品进行展示、演示、说明、解释、推介或者文字标注等；

（二）通过上门推销或者举办鉴定会、宣传会、推介会等方式，对商品进行展示、演示、说明、解释、推介或者文字标注等；

（三）张贴、散发、邮寄商品的说明、图片或者其他资料等；

（四）其他不构成广告的商业宣传行为。

有下列情形之一，足以造成相关公众误解的，可以认定为引人误解的商业宣传：

（一）对商品作片面的宣传或者对比的；

（二）忽略前提条件、必要信息使用或者不完全引用第三方数据、结论等内容的；

（三）将科学上未定论的观点、现象作为定论事实的；

（四）使用歧义性语言进行宣传的；

（五）其他足以引人误解的商业宣传。

第十一条 经营者不得实施下列行为，帮助其他经营者对销售数量、用户评价、应用排名、搜索结果排名等进行虚假或者引人误解的商业宣传：

（一）组织虚假交易、虚构评价、伪造物流单据、诱导做出指定的评价；

（二）为其他经营者进行虚假或者引人误解的商业宣传提供组织、策划、制作、发布等服务以及资金、场所、工具等条件；

（三）其他帮助进行虚假或者引人误解的商业宣传的行为。

被帮助的其他经营者实施的虚假或者引人误解的商业宣传是否完成，不影响前款所列违法行为的认定。

第十二条 经营者不得实施下列侵犯商业秘密的行为：

（一）以盗窃、贿赂、欺诈、胁迫、电子侵入或者其他不正当手段获取权利人的商业秘密；

（二）披露、使用或者允许他人使用以前项手段获取的权利人的商业秘密；

（三）违反保密义务或者权利人的保密要求，披露、使用或者允许他人使用其掌握的权利人的商业秘密；

（四）教唆、引诱、帮助他人违反保密义务或者权利人的保密要求，获取、披露、使用或者允许他人使用权利人的商业秘密。

经营者以外的其他自然人、法人和非法人组织实施前款所列违法行为的，视为侵犯商业秘密。

第三人明知或者应知商业秘密权利人的员工、前员工或者其他单位、个人实施本条第一款所列违法行为，仍获取、披露、使用或者允许他人使用该商业秘密的，视为侵犯商业秘密。

本条例所称的商业秘密，是指不为公众所知悉、具有商业价值并经权利人采取相应保密措施的技术信息、经营信息等商业信息，包括：

（一）与技术有关的实验（试验）数据、配方、工艺、设计方案、技术诀窍、程序代码、算法、研发记录等信息；

（二）与经营活动有关的客户资料、货源情报、产销策略、利润模式、薪酬体系、标书内容等信息；

（三）其他商业信息。

经营者通过自行开发研制或者通过技术手段对从公开渠道取得的产品进行拆卸、测绘、分析等方式获得该产品技术信息的，不属于侵犯他人商业秘密的行为。

第十三条 商业秘密权利人应当根据商业秘密的实际情况，采取相应的保密措施，包括：

（一）限定涉密信息的知悉范围；

（二）对于涉密信息载体采取加锁、标注保密标识等措施；

（三）对于涉密信息设置密码或者代码等；

（四）与相关人员签订保密协议或者对相关人员提出保密要求；

（五）对于涉密信息所在的机器、厂房、车间等设备、场所采取限制来访者或者提出保密要求等保密管理措施；

（六）其他相应的保密措施。

第十四条 经营者为了销售商品或者获取竞争优势，采取向消费者提供奖金、物品或者其他利益的有奖销售行为，不得存在下列情形：

（一）所设奖的种类、兑奖条件、奖金金额或者奖品等有奖销售信息不明确，影响兑奖；

（二）采用谎称有奖或者故意让内定人员中奖的欺骗方式进行有奖销售；

（三）抽奖式的有奖销售，最高奖的金额超过五万元。

前款第一项所称的有奖销售信息不明确，包括：

（一）公布的奖项种类、参与条件、范围和方式、开奖时间和方式、奖金金额不明确；

（二）奖品价格、品名、种类、数量不明确；

（三）兑奖时间、条件和方式、奖品交付方式、弃奖条件、主办方及其联系方式不明确；

（四）其他有奖销售信息不明确。

本条第一款第二项所称的谎称有奖的方式进行有奖销售，包括：

（一）虚构奖项、奖品、奖金金额等；

（二）在有奖销售活动期间将带有中奖标志的商品、奖券不投放、未全部投放市场或者仅在特定区域投放；

（三）未在有奖销售前明示，将带有不同奖金金额或者奖品标志的商品、奖券按不同时间投放市场；

（四）未按照明示的信息兑奖；

（五）其他谎称有奖的方式。

本条第一款第三项规定的最高奖的金额超过五万元，包括一次性抽奖金额超过五万元，以及同一奖券或者购买一次商品具有二次或者二次以上获奖机会累计金额超过五万元的情形。

有奖销售活动开始后，经营者不得擅自变更奖项种类、参与条件、开奖方式、兑奖方式等信息，不得另行附加条件或者限制，但是有利于消费者的除外。

第十五条 经营者不得编造、传播或者指使他人编造、传播虚假信息或者误导性信息，损害竞争对手的商业信誉、商品声誉。

前款所称的传播包括：

（一）以声明、告客户书等形式将信息传递给特定或者不特定对象；

（二）利用或者组织、指使他人利用大众媒介、信息网络散布相关信息；

（三）组织、指使他人以消费者名义对竞争对手的商品进行评价并散布相关信息；

（四）其他传播行为。

经营者对竞争对手的商品，不得作出虚假或者误导性的风险提示信息，损害竞争对手的商业信誉、商品声誉。

第十六条 经营者利用网络从事生产经营活动，应当遵守法律法规和商业道德，不得利用技术手段，通过影响用户选择或者其他方式，实施下列妨碍、破坏其他经营者合法提供的网络产品或者服务正常运行的行为：

（一）未经其他经营者同意，在其合法提供的网络产品或者服务中，插入链接、强制进行目标跳转；

（二）误导、欺骗、强迫用户修改、关闭、卸载或者无法获取其他经营者合法提供的网络产品或者服务；

（三）恶意对其他经营者合法提供的网络产品或者服务实施不兼容；

（四）无正当理由对其他经营者合法提供的网络产品或者服务实施拦截、关闭等干扰行为；

（五）违背用户意愿下载、安装、运行应用程序，影响其他经营者合法提供的设备、功能或者其他程序正常运行；

（六）对非基本功能的应用程序不提供卸载功能或者对应用程序卸载设置障碍，影响其他经营者合法提供的设备、功能或者其他程序正常运行；

（七）其他妨碍、破坏其他经营者合法提供的网络产品或者服务正常运行的行为。

第三章　对涉嫌不正当竞争行为的调查

第十七条　监督检查部门对依据职权或者通过投诉、举报、其他部门移送、上级交办等途径发现的不正当竞争违法行为线索，应当在规定时限内予以核查，决定是否立案。

第十八条　监督检查部门发现所查处的案件属于其他部门管辖的，应当依法移送有关部门。发生跨部门管辖争议、不能协商解决的，提交市或者相关区反不正当竞争协调机制决定。

第十九条　监督检查部门调查涉嫌不正当竞争行为，可以采取下列措施：

（一）进入涉嫌不正当竞争行为的经营场所进行检查；

（二）询问被调查的经营者、利害关系人及其他有关单位、个人，要求其说明有关情况或者提供与被调查行为有关的其他资料；

（三）查询、复制与涉嫌不正当竞争行为有关的协议、账簿、单据、文件、记录、业务函电和其他资料；

（四）查封、扣押与涉嫌不正当竞争行为有关的财物；

（五）查询涉嫌不正当竞争行为的经营者的银行账户。

监督检查部门采取前款规定的措施，应当依法作出书面报告，并经批准。情况紧急需要当场实施前款第四项规定的措施的，应当在二十四小时内报批，并补办批准手续；未获批准的，应当立即解除。

第二十条　监督检查部门调查涉嫌不正当竞争行为，被调查的经营者、利害关系人以及其他有关单位、个人应当如实提供有关资料或者情况。

权利人请求监督检查部门查处涉嫌侵犯商业秘密行为的，应当提供商业秘密的具体内容，已采取的保密措施以及被侵权事实等初步材料。监督检查部门可以根据实际情况，要求侵权嫌疑人提供其所使用的商业信息不属于商业秘密或者系合法获得的证明材料。

第二十一条 监督检查部门及其工作人员对调查过程中知悉的商业秘密负有保密义务，不得泄露或者非法向他人提供。

第二十二条 监督检查部门发现国家机关、相关单位及其工作人员支持、包庇、参与不正当竞争行为的，可以通报该机关、单位，同时抄告该机关、单位的上级或者主管部门。相关机关、单位应当依法作出处理。

第二十三条 本市完善反不正当竞争案件行政执法与刑事司法的衔接机制。监督检查部门发现不正当竞争行为涉嫌犯罪的，应当按照有关规定移送相关司法机关。司法机关在案件办理过程中，发现不正当竞争行为线索的，可以移送相关监督检查部门。

第四章 反不正当竞争环境建设

第二十四条 经营者是反不正当竞争第一责任人，应当落实主体责任，加强反不正当竞争内部控制与合规管理，自觉抵制不正当竞争行为。鼓励经营者建立健全反商业贿赂等反不正当竞争管理制度，监督检查部门在查处商业贿赂案件中，应当对经营者落实反商业贿赂管理制度情况开展检查。

经营者不正当竞争行为情节轻微并及时纠正，没有造成危害后果的，依法不予行政处罚。

经营者不正当竞争行为情节轻微或者社会危害较小的，依法可以不予行政强制。

第二十五条 行业组织应当加强行业自律，引导、规范会员合法竞争，对会员建立健全反商业贿赂管理制度等加强指导，协调处理会员之间的竞争纠纷，维护市场竞争秩序。

行业组织应当在政府部门指导下，制定本行业竞争自律规范和竞争合规指引，配合、协助监督检查部门查处不正当竞争行为。

第二十六条 本市鼓励、支持和保护一切组织和个人对不正当竞争行为进行社会监督。监督检查部门应当为举报和协助查处不正当竞争行为的组织和个人保密。

任何组织和个人不得捏造事实诬陷他人、实施敲诈勒索，不得滥用举报权利扰乱监督检查部门正常工作秩序。

第二十七条 监督检查部门应当建立工作机制，对经营者依法依规开展商业竞争进行事前指引，公开不正当竞争案件裁量基准，并对经营者建立健全反商业贿赂等反不正当竞争管理制度加强指导。

市监督检查部门、市高级人民法院应当定期公布不正当竞争典型案例，会同宣传、司法行政等部门通过以案释法、情景互动等方式开展反不正当竞争法治宣传。

第二十八条 对于破坏竞争秩序，损害消费者合法权益的行为，法律规定的有关组织向人民法院提起公益诉讼的，监督检查部门依法给予支持。

第二十九条 市、区人民代表大会常务委员会通过听取和审议专项工作报告、开展执法检查等方式，加强对本条例实施情况的监督。

市、区人民代表大会常务委员会充分发挥人大代表作用，组织人大代表专题调研和视察等活动，汇集、反映人民群众的意见和建议，督促有关方面落实反不正当竞争的各项工作。

第五章　法律责任

第三十条 违反本条例规定的行为，法律、行政法规有处罚规定的，从其规定。

经营者违反本条例第十条规定，属于发布虚假广告的，依照《中华人民共和国广告法》的规定处罚。

经营者的行为构成垄断行为的，依照《中华人民共和国反垄断法》的规定处罚。

第三十一条 经营者违反本条例第八条规定实施混淆行为的，由监督检查部门责令停止违法行为，没收混淆的产品、标签、包装、宣传材料、模具、印版、图纸资料等违法商品。违法经营额五万元以上的，可以并处违法经营额五倍以下的罚款；没有违法经营额或者违法经营额不足五万元的，可以并处二十五万元以下的罚款。情节严重的，吊销营业执照。

经营者登记的名称构成混淆行为，监督检查部门或者人民法院作出责令停止使用名称的行政处罚决定或者裁判的，经营者应当在规定的期限内办理名称变更登记。

经营者未在规定的期限内办理名称变更登记的，监督检查部门或者人民法院可以根据当事人的申请，向原登记机关发出协助执行文书。原登记机关收到协助执行文书后，应当督促经营者及时变更名称。名称变更前，以统一社会信用代码代替其名称。

第三十二条 监督检查部门调查涉嫌不正当竞争行为，应当按照法律法规的要求，将查处结果及时向社会公开。

监督检查部门作出行政处罚决定的，应当自作出行政处罚决定之日起七个工作日内，通过本部门或者本系统门户网站等渠道依法公开行政处罚案件信息，并将该处罚信息作为公共信用信息予以归集；情况复杂的，经本部门负责人批准，可以延长七个工作日。行政机关应当在法定权限内对违法经营者采取信用惩戒措施。

第六章　附　则

第三十三条 本条例自 2021 年 1 月 1 日起施行。

广东省关于经营者加强商业秘密保护指引

第一条 为强化经营者商业秘密保护意识，提升知识产权保护能力，促进创新发展，维护公平竞争，根据《中华人民共和国反不正当竞争法》及相关法律法规，制定本指引。

本指引所称经营者，是指从事商品生产、经营或者提供服务的自然人、法人和非法人组织。

第二条 根据《中华人民共和国反不正当竞争法》，商业秘密是指不为公众所知悉，具有商业价值并经权利人采取相应保密措施的技术信息和经营信息。

第三条 符合下列条件的信息，属于《中华人民共和国反不正当竞争法》保护的商业秘密。

（一）该信息不为公众所知悉，即具有秘密性，若该信息是所属领域普遍知悉或者容易获得的，则不属于商业秘密。

（二）该信息具有商业价值，即该信息能够给经营者带来直接或间接的经济利益或者竞争优势。

（三）权利人采取了相应保密措施，包括对商业秘密本身的保护，对内部员工的保密要求，以及对外部人员的防范等。

（四）该信息是技术信息或者经营信息。技术信息主要包括：技术设计、产品配方、制作工艺、制作方法、计算机程序等信息。经营信息主要包括：管理诀窍、客户名单、货源情报、产销策略、标书标底等信息。

第四条 经营者可以通过建立健全系统的商业秘密保护制度，设立商业秘密管理和保护机构，加强员工保密守则培训等，持续加强商业秘密保护力度。

经营者可以按照技术信息和经营信息的商业价值或效用，科学划定商业秘密的范围和秘密级别。其中与产品研发有关的技术方案、原材料构成及供应渠道、研发成本等事关企业核心竞争力的信息需列入较高级别的商业秘密。

经营者可以建立健全商业秘密保护制度，对商业秘密采取相应保密措施，包括：指定专人管理，严格保密要求；专设保密场所，实现有效保护；采取加密手段，防止拷贝复制：实施隔离措施，控制接触范围。

对于可能接触商业秘密的内部员工，告知其负有保守商业秘密的义务，并可以与其签订保密协议（参考文本见附件2）和竞业限制协议（参考文本见附件3），将商业秘密的知悉人员控制在最小范围，必要时可以实行商业秘密拆分保护，分部分掌握，成组合使用。

经营者可以在委托开发、委托加工、商业咨询、技术转让等商务活动中及时签订保密协议（参考文本见附件1），明确各方保密义务和保密责任，防止商业秘密在商务交往中泄露。

第五条 经营者的商业秘密被侵犯，可视不同情况，采取不同的救济措施：

（一）寻求民事保护。可依据《中华人民共和国反不正当竞争法》、《中华人民共和国仲裁法》、《中华人民共和国民事诉讼法》等有关法律法规，向仲裁机构申请仲裁，或者向法院提起民事诉讼，要求侵权人停止侵权并赔偿损失。

（二）寻求行政保护。经营者的商业秘密被他人的不正当竞争行为侵犯，可以向县级以上市场监督管理部门举报，并按本指引第六条要求提供有关材料。

（三）寻求刑事保护。侵犯商业秘密，造成商业秘密权利人损失数额在五十万元以上的，或者侵权人的违法所得数额在五十万元以上的，或者致使商业秘密权利人破产的，或者致使商业秘密权利人遭受其他重大损失的，商业秘密权利人可以向公安机关举报，追究侵权人的刑事责任。

第六条 举报人向县级以上市场监督管理部门请求保护其商业秘密，需提交以下材料：

（一）请求保护的商业秘密权利主体资格。举报人应为该技术信息或经营信息的权利人，或者与权利人具有独占使用许可、排他使用许可关系的被许可人。普通使用许可合同的被许可人须经权利人书面授权。

（二）请求保护的技术信息和经营信息符合商业秘密的法定构成要件。包括该技术信息和经营信息的载体、具体内容、商业价值和对其采取的具体保密措施等。

（三）被举报人具有接触该技术信息和经营信息的条件等情形。

（四）被举报人使用的技术信息和经营信息与投诉人请求保护的技术信息和经营信息具有一致性或相同性。

第七条 经营者应当遵守《中华人民共和国反不正当竞争法》等相关法律法规，强化商业秘密保护，维护市场竞争秩序。

（一）经营者可以通过技术手段对从公开渠道取得的产品进行拆卸、测绘、分析等方式获得该产品的技术信息，但不得通过盗窃、贿赂、欺诈、胁迫、电子侵入或其他不正当手段获取他人商业秘密；

（二）在购买、引进他人先进技术、产品配方等可能涉及商业秘密的技术资料时，由出让人在相关协议中作出该项技术属于其合法取得的书面说明；

（三）在劳务合同中约定，新入职人员依法遵守其与原所属企业之间的保密协议和竞业限制协议，不得违法使用所掌握的其他经营者的商业秘密。

第八条 省市场监管局委托局法律顾问研究起草了《商务合作保密协议（参考文本）》《商业秘密保密协议（参考文本）》《竞业限制协议（参考文本）》，供经营者在加强商业秘密保护中参考。

第九条 本指引不具有法律约束力，不属于强制性规范，仅供经营者参考使用。

附件一

商务合作保密协议（参考文本）

甲方：____________ 乙方：____________

法定代表人：____________ 法定代表人：____________

统一社会信用代码：____________ 统一社会信用代码：____________

电话：____________ 电话：____________

传真：____________ 传真：____________

地址：____________ 地址：____________

项目联系人、电话及邮箱：________ 项目联系人、电话及邮箱：________

甲乙双方正在就____________事项进行商务合作，双方在谈判或合作期间，均因合作需要可能接触或掌握对方有价值的保密信息（包括但不限于口头、书面或其他任何形式），双方本着平等自愿、协商一致、诚实守信的原则，为保护双方商业秘密事宜，于____年____月____日（以下简称“生效日”），在中华人民共和国________________________（具体签署地址），签署本保密协议以共同执行：

第一条 术语定义

本协议所称保密信息，企业在生产经营过程中形成的不为公众所知悉，具有商业价值并经权利人采取相应保密措施的技术信息和经营信息。

第二条 保密信息的范围

经双方确认，双方在谈判或合作履约期间，因合作需要可能接触或掌握对方有价值的保密信息，包括但不限于以下内容：

(1) 双方的客户、员工、管理人员及顾问的名单、联系方式及其他相关信息，包括但不限于姓名、联系电话（移动和固定电话）、电子邮件地址、即时通讯方式或社交网络地址（QQ、MSN、Skype、微信、易信、来往、Line、微博、空间等）、家庭地址等任何足以识别、联系客户、员工、管理人员及顾问的信息；

(2) 双方经营活动有关的合同文本及法律文书；

(3) 双方经营活动中涉及的关键价格信息；

(4) 双方谈判或合作履约中的会议决议、会议纪要、谈判与磋商细节等资料；

(5) 双方的具体经营状况及经营策略（如营业额、销售数据、负债、库存、经营方针、投资决策意向、产品定价、服务策略、市场分析、广告策略、定价策略、营销策略等）；

(6) 与双方资产、财务有关的信息（如存货、现金等资产的存放地、保险箱密码、数量、价值等，以及财务报表、账簿、凭证等）；

(7) 双方的知识产权、专有技术等信息（如产品设计、产品图纸、生产制造工艺及技术、计算机软件程序、数据库、技术数据、专利技术、版权信息、科研成果等）；

(8) 根据法律、法规规定以及本协议约定需要保密的其他与技术和经营活动有关的信息。

第三条 保密信息的例外

1. 在披露时或披露前，已为公众所知晓的信息或资料；

2. 能证明获得相关信息时已经熟知的资料或信息；

3. 由第三方合法提供给乙方的资料或信息；

4. 未使用对方的技术资料，由在日常业务中独立学习或研究获得的知识、信息或资料。

第四条 双方权利义务

1. 未经一方书面同意，另一方（包括各自代表、员工）不得向第三方（包括新闻媒体或其从业人员）公开和披露任何保密信息，或以其他方式使用保密信息。

2. 如谈判、合作项目不再继续进行，或相关合同解除、终止，一方有权在任何时候向另一方提出返还、销毁保密信息的书面要求，另一方应按要求在____个工作日内向对方返还、销毁其占有的或控制的全部保密信息，包括但不限于保密信息的全部文件和其它材料，并保证不留有任何复制版本。

3. 甲乙双方应以不低于其对已方拥有的类似资料的保密程度来对待对方向其披露的保密信息，但在任何情况下，对保密信息的保护都不能低于合理程度。

第五条 保密义务期限

甲乙双方互为保密信息的提供方和接受方，负有保密义务。本协议的保密期限，为本协议签订之日起至双方终止谈判或合作后____年止。

第六条 知识产权

任何一方向另一方或其代表披露保密信息，并不代表同意另一方任意使用其保密信息、商标、专利、技术秘密及其它知识产权。

第七条 保密信息的保存和使用

1. 任何一方均有权在双方合作期间保存必要的保密信息，以履行约定义务。

2. 在保密期限内，任何一方在应对合作项目的索赔、诉讼、及刑事控告等相关事宜时，有权合理使用保密信息。

3. 如任何政府部门要求一方披露保密信息，应及时给予另一方书面通知，足以使另一方能够寻求保护令或其他适当的救济。如另一方没有获得保护或救济，或丧失取得保护或救济的权利，一方应仅在法律要求的范围内向政府部门披露相关保密信息，并且应尽合理做事根据另一方的要求对保密信息进行任何修改，并为披露的任何保密信息取得保密待遇。

第八条 违约责任

1. 任何一方如违反本协议下的保密义务，应承担违约责任。双方约定，本协议项下之违约金（以下简称“违约金”），其违约金数额相当于双方拟达成或已达成合作金额的____%。如本条款约定的上述违约金不足以弥补因违反保密义务而给受害方造成的损失，受害方有权进一步向侵权方主张损失赔偿。

2. 在双方谈判或合作期间内，无论上述违约金给付与否，受害方均有权立即终止谈判或解除与违约方的合同、合作关系，因终止谈判或解除合同、合作所造成的缔约过失赔偿责任、合同赔偿损失由违约方自行承担。

3. 损失赔偿的范围包括但不限于以下费用：

（1）受害方为处理此次纠纷支付的费用，包括但不限于律师费、诉讼费、差旅费、材料费、调查费、评估费、鉴定费等。

（2）受害方因此而遭受商业利益的损失，包括但不限于可得利益的损失、技术开发转让费用的损失等。

4. 在保密期间内，任何一方对本协认任何一项的违约，都会给另一方带来不能弥补的损害，并且具有持续性，难以或不可能完全以金钱计算出受损程度，因此除按法律规定和本协议约定执行任何有关损害赔偿责任外，任何一方均有权采取合理的方式来减轻损失，包括但不限于指定措施和限制使用的合理请求。

第九条 适用法律和争议解决

1. 对因本协议或本协议各方的权利和义务而发生的或与之有关的任何事项和争议、诉讼或程序，本协议双方均选择以下第____种方式解决：

（1）向本合同签订地人民法院提请诉讼；

（2）向____________________仲裁委员会申请仲裁。

2. 若协议履行过程中双方发生诉讼或仲裁，在诉讼或仲裁进行期间，除正在进行诉讼或仲裁的部分或直接和实质性地受到诉讼或仲裁影响的条款外，本协议其余条款应当继续履行。

第十条 其他

1. 本协议自甲乙双方法定代表人或授权代表签字盖章之日起生效，且未经双方书面协议不得补充或修改。本协议签署、履行、解释和争议解决均适用中华人民共和国法律。

2. 本协议一式________份，双方各执________份，具有同等法律效力。

（签署页）

甲方：____________（盖章） 乙方：____________（盖章）

法定代表人/授权代表：__________ 法定代表人/授权代表：__________

日期：____________ 日期：____________

附件二

商业秘密保密协议（参考文本）

甲方（用人单位、披露方）：________ 乙方（劳动者、接受方）：______

法定代表人：____________ 居民身份证号码：____________

统一社会信用代码：____________ 电话：____________

电话：____________ 职务：____________

传真：____________ 住址：____________

地址：____________

甲、乙双方根据《中华人民共和国反不正当竞争法》、《中华人民共和国劳动合同法》及国家、地方有关规定，双方本着平等自愿、协商一致、诚实守信的原则，为保护甲方商业秘密，于____年____月____日（以下简称“生效日”）在中华人民共和国____________（具体签署地址）签署本保密协议以共同执行：

第一条 合同目的描述

乙方了解甲方就其产品、研发、制造、营销、管理、客户、计算机（程序）、营运模式等业务及相关技术、服务投入庞大资金及人物力，享有经济效益及商誉；乙方知悉参与并接触第三条（保密信息范围的条款）所述各项业务机密资料系基于甲方对乙方履行本协议之信赖。乙方若未履行或违反本协议规定，将对第三条（保密信息范围的条款）以及投资、经营、商誉或经济权益产生不利影响，甚至产生直接或间接损害，构成不公平竞争，影响产业公平秩序等，甲方将依据中华人民共和国相关法律、法规等追究其相应法律责任。

第二条 术语定义

本协议所称商业秘密，是指企业在生产经营过程中形成的不为公众所知悉，具有商业价值并经权利人采取相应保密措施的技术信息和经营信息。

第三条 保密信息的范围

经双方确认，乙方在甲方任职期间，因履行职务已经或将要接触或知悉甲方的商业秘密，包括但不限于以下内容：

（1）甲方的客户、员工、管理人员及顾问的名单、联系方式及其他相关信息，包括但不限于姓名、联系电话（移动和固定电话）、电子邮件地址、即时通讯方式或社交网络地址（QQ、MSN、Skype、微信、易信、来往、Line、微博、空间等）、家庭地址等任何足以识别、联系客户、员工、管理人员及顾问的信息；

（2）与甲方经营活动有关的合同文本及法律文书；

（3）甲方经营活动中涉及的关键价格信息；

（4）甲方日常经营管理中的会议决议、会议纪要、谈判与磋商细节等资料；

(5) 甲方的具体经营状况及经营策略（如营业额、销售数据、负债、库存、经营方针、投资决策意向、产品定价、服务策略、市场分析、广告策略、定价策略、营销策略等）；

(6) 与甲方资产、财务有关的信息（如存货、现金等资产的存放地、保险箱密码、数量、价值等，以及财务报表、账簿、凭证等）；

(7) 与甲方人事、管理制度有关的资料（如劳动合同、人事资料、管理资料、培训资料、工资薪酬及福利待遇资料、奖惩情况等）；

(8) 甲方的知识产权、专有技术等信息（如产品设计、产品图纸、生产制造工艺及技术、计算机软件程序、数据库、技术数据、专利技术、版权信息、科研成果等）；

(9) 根据法律、法规规定以及本协议约定需要保密的其他与技术和经营活动有关的信息。

第四条 保密信息的例外

1. 在披露时或披露前，已为公众所知晓的信息或资料；

2. 能证明从甲方获得相关信息时乙方已经熟知的资料或信息；

3. 由第三方合法提供给乙方的非保密资料或信息；

4. 未使用甲方的技术资料，由乙方在日常业务中独立学习或研究获得的知识、信息或资料。

第五条 保密义务的期限

本协议的有效期为本协议签订之日起至双方解除或者终止劳动关系后____年止。其中涉及国家机密的，依照《中华人民共和国保守国家秘密法》及相关法律法规的规定执行。

第六条 保密义务的效力

乙方确认，在与甲方的劳动关系存续期间，需在任何地域内遵守本协议约定之保密义务。乙方不得以该地域不能够或者不具备形成甲方的实际竞争关系为理由，要求甲方排除本协议约定之保密义务。

第七条 积极保密义务

1. 如乙方须对外使用甲方所披露的信息时，不确定该信息是否为保密信息，需向甲方书面征询，由甲方给予书面答复。

2. 乙方应自甲方按要求向其提供保密信息之日起，对相关信息予以保密，不得向任何第三方披露上述信息。

3. 为使乙方更好地履行本协议约定之保密义务，甲方应该对乙方进行保密教育及培训。

第八条 消极保密义务

1. 乙方于任职期间或离职后所知悉、接触、持有、使用之机密资料及密码，系甲方或其客户赖以经营之重要资产，乙方应以善良管理人的注意义务采取有效的措施保护该机密资料及密码，且乙方于任职期间或离职后均不以任何方式泄露或将该机密资料及密码交付给第三人。

2. 乙方了解甲方所有电脑及其软件使用管理等信息（包括电脑数量、品牌、软件套数、名称、使用状况等）均系甲方之经营秘密，属乙方应保密范围，乙方应以善良管理人的注意义务采取一切适当措施保管之，未经甲方事先同意不得以任何方式提供或泄露予任何第三方（包括甲方内部其他无关员工以及甲方外部人员等）。未经甲方事前书面同意不得私自复制、备份或以任何方式私自或为他人留存电脑所安装之任何软件（包括系统软件及应用软件等）。

3. 乙方了解甲方设有专门的对外发言及信息披露制度，乙方承诺严格遵守该发言及信息披露制度。乙方了解在甲方依法公布或披露甲方任何营运信息前，乙方不得擅自向第三人告知、传播或提供有关甲方的任何机密资料。

4. 乙方同意甲方对商业秘密之定义和界定，无论故意或过失、无论以任何形式泄露甲方商业秘密均属违约或违法行为（含犯罪行为），甲方有权视情节和危害程度，采取对商业秘密保护措施，并要求赔偿相关损失。乙方亦同意配合甲方调查，包括但不限于问话、交待事件过程、交付或保存事件相关资料及设备，同意甲方将存储资料、电脑邮件等封存、保全，根据甲方立场配合甲方进行控告和调查。

5. 乙方确认知晓甲方薪资保密的相关规定并承诺严格遵守执行，不告知别人自己的薪资、奖金收入及发放情况，不探听、议论、盗取、阅览别人薪资、奖金之相关情况和资料。

6. 乙方了解甲方设有诚信廉洁相关规约，乙方应严格遵守，即不向甲方交易对象（包括协力厂商、客户、供货商或服务商等，且无论交易是否成交）约定或索取任何不正当利益，包括回扣、佣金、不当馈赠或招待等。

7. 乙方承诺于任职期间或离职后不为自己或他人之利益，唆使或利诱甲方其关联企业员工离职或违背职务。

8. 乙方承诺不进行贪污、挪用、侵占、盗窃甲方资金或财产或侵犯商业秘密之行为。

9. 乙方承诺，未经事先披露并经同意，应要求乙方承担违约责任。

第九条 知识产权条款

不论以明示或默示方式，甲方应该对所披露信息享有所有权或其他权利，保证未侵犯第三方的知识产权，如乙方因使用甲方的信息损害了第三人的权利，则乙方应立即停止使用该信息，并且由甲方赔偿第三方的损失，乙方不构成违约，此情形仅限于乙方因工作需要而正当使用该信息。

第十条 通知规则

1. 一方在本协议履行过程中向另一方发出或者提供的所有通知、文件、文书、资料等，均以本协议所列明的地址送达，一方向另一方手机或电子邮箱发送的短信或电子邮件亦视为已送达另一方。

2. 如一方迁址、变更电话、电邮，应当书面通知另一方，未履行书面通知义务的，一方按原地址邮寄相关材料或通知相关信息即视为已履行送达义务。当面交付上述材料的，在交付之时视为送达；以邮寄、短信、电邮方式交付的，寄出、发出或者投邮后即视为送达。

第十一条 离职事宜

1. 乙方所占有、使用、监督或管理的知识产权有关的资料、机密资料为甲方财产，乙方应于离职时悉数交还甲方并保证不留有任何复制版本。

2. 乙方在办理离职手续时，应依甲方要求以书面形式再次确认本协议所述义务，并接受甲方安排的离职面谈，签署相关的承诺书等文件。

3. 乙方接受其他用人单位聘用或与他人合伙、合作或合资之前，应将签署本协议的相关义务通知新用人单位、合伙人、合作者或合资者。

第十二条 信息载体

1. 乙方同意，乙方所持有或保管的记录着甲方保密信息的一切载体均归甲方所有。前述载体包括但不限于设备、光盘、磁盘、磁带、笔记本、文件、备忘录、报告、案卷、样品、账簿、信件、清单、软件程序、录像带、幻灯片或其他书面、图示记录等。乙方应当于离职时，或于甲方提出要求时，将前述载体交付给甲方。

2. 若载体是由乙方自备的，且保密信息可以从载体上消除或复制出来，甲方有权随时要求乙方将保密信息复制到甲方享有所有权的其他载体上，并把原载体上的保密信息消除，否则视为乙方已同意将这些载体的所有权转让给甲方，甲方有权不予以返还该载体，但须向乙方支付该载体经济价值相对应的费用补偿。

第十三条 违约责任

1. 乙方违反本协议任何保密义务（包括但不限于保密义务、禁止引诱与招揽义务，下同）的规定或不按约定履行乙方的保密义务将构成重大违约行为，乙方须承担违约责任。双方约定，本协议项下之违约金（以下简称“违约金”），其违约金数额相当于乙方解除或者终止劳动合同前____个月（不足12个月的按折合成12个月的标准计算）核定工资与奖金总和的________%。若甲方曾向乙方支付保密费的，在乙方违反本协议约定之保密义务时，除支付上述违约金外，乙方还应将甲方已经累计支付的保密费全部退还给甲方。若乙方的违约行为同时侵犯了甲方的商业秘密等相关权利的，甲方可以选择根据本协议之约定要求乙方承担相应的违约责任，或根据有关法律、法规之规定要求乙方承担相应的侵权责任。

2. 为便于计算乙方违约/侵权行为给甲方造成的损失，双方进一步约定，因乙方如下行为造成甲方实际损失的计算标准如下：

(1) 乙方违反本协议约定，泄露、倒卖甲方客户信息及/或接触、鼓动、劝说、引诱或招揽甲方客户停止入金、进行出金、至其他甲方开户或解除与甲方的交易协议等造成甲方损失的计算公式：

甲方损失＝［涉及甲方客户数量×（甲方单一客户开发成本＋甲方单一客户年度平均交易手续费）］

（2）乙方违反本协议约定，接触、鼓动、劝说、引诱或招揽甲方员工从甲方离职去其他甲方或实体工作或提供服务，造成甲方损失的计算公式：

甲方损失＝［涉及甲方客户数量×（甲方单一员工招聘成本＋甲方单一员工的年度平均工资）］

（3）在任何情况下，若甲方实际损失根据上述标准计算出来的金额或根据其他标准计算出来的金额少于本协议约定的违约金标准的，则双方同意根据本协议约定的违约金标准作为认定甲方实际损失的依据。

第十四条 免责事由

如任何政府部门要求乙方披露保密信息，乙方应及时给予甲方书面通知，足以使甲方能够寻求保护或其他适当的救济。如甲方没有获得保护或救济，或丧失取得保护或救济的权利，乙方应仅在法律要求的范围内向政府部门披露相关保密信息，并且应尽合理措施根据甲方的要求对保密信息进行任何修改，并为披露的任何保密信息取得保密待遇。

第十五条 保密费

本协议保密费为：____________，保密费从____年____月____日开始，按月支付，由甲方于每月的____日通过乙方的银行账户支付。乙方银行账户如下：

开户名称：____________

银行账号：____________

开户行：____________

第十六条 合同的解除

1. 双方协商确定，出现下列情形之一的，本协议自行解除或终止：

（1）保密期限届满；

（2）甲方宣布解密；

（3）甲方保密事项已经公开。

第十七条 纠纷解决程序与管辖

1. 对因本协议或本协议各方的权利和义务而发生的或与之有关的任何事项和争议、诉讼或程序，本协议双方均选择以下第________种方式解决：

（1）向本合同签订地人民法院提请诉讼；

（2）向____________仲裁委员会申请仲裁。

2. 若协议履行过程中双方发生诉讼或仲裁，在诉讼或仲裁进行期间，除正在进行诉讼或仲裁的部分或直接和实质性地受到诉讼或仲裁影响的条款外，本协议其余条款应当继续履行。

第十八条 其他

1. 本协议自甲乙双方签字盖章之日起生效，且未经双方书面协议不得补充或修改。本协议签署、履行、解释和争议解决均适用中华人民共和国法律。

2. 本协议一式________份，双方各执________份，具有同等法律效力。

（以下无正文）

甲方：____________（盖章） 乙方：____________

法定代表人/授权代表：

日期： 日期：

附件三

竞业限制协议（参考文本）

甲方（用人单位、披露方）：________ 乙方（劳动者、接受方）：________

法定代表人：____________ 居民身份证号码：____________

统一社会信用代码：____________ 电话：____________

电话：____________ 职务：____________

传真：____________ 住址：____________

地址：____________

甲、乙双方根据《中华人民共和国反不正当竞争法》、《中华人民共和国公司法》、《中华人民共和国劳动合同法》及国家、地方有关规定，双方本着平等自愿、协商一致、诚实守信的原则，就竞业限制事宜，于____年____月____日（以下简称“生效日”）在中华人民共和国____________（具体签署地址）签署本协议以共同执行：

第一条 合同目的描述

乙方了解甲方就其产品、研发、制造、营销、管理、客户、计算机（程序）、营运模式等业务及相关技术、服务投入庞大资金及人物力，享有经济效益及商誉；乙方若未履行或违反本协议规定，将对甲方投资、经营、商誉或经济权益产生不利影响，甚至产生直接或间接损害，构成不公平竞争，影响产业公平秩序等，甲方将依据中华人民共和国相关法律、法规等追究其相应法律责任。

第二条 竞业限制义务

乙方承诺在竞业限制期间：

1. 未经甲方同意，乙方在甲方任职期间不得自营或者为他人经营与甲方同类的营业。不论因何种原因从甲方离职，乙方在劳动关系解除或终止后________年（不超过二年）内，不得到____________（具体竞业限制区域）内与甲方生产或者经营同类产品、从事同类业务的有竞争关系的其他用人单位，或者自己开业生产或者经营同类产品、从事同类业务。

2. 乙方为证明在竞业限制期限内已履行了竞业限制义务，自乙方在劳动关系解除或终止后________月内，应及时向甲方提交下列证明材料，以证明自己是否履行了竞业限制协议约定的义务：

（1）从甲方离职后，与新的单位签订的劳动合同，或者能够证明与新的单位存在劳动关系的其他证据；

（2）新的单位为该乙方缴纳社会保险的证明；

（3）或当乙方为自由职业或无业状态，无法提供上述（1）、（2）项证明时，可由其所在街道办事处、居委会（村委会）或其它公证机构出具的关于乙方的从业情况的证明。

3. 不得利用其甲方股东等身份以任何不正当手段获取利益，不得利用在甲方的地位和职权为自己谋取私利。

4. 不得直接或间接拥有、管理、经营、控制，或参与拥有、管理、经营或控制或其他任何形式（包括但不限于在某一实体中持有权益、对其进行投资、拥有其管理责任，或收购其股票或股权，或与该实体订立许可协议或其他合同安排，但通过证券交易所买卖上市公司不超过发行在外的上市公司股票3%的股票的行为除外）从而在竞争性区域内从事与任何在种类和性质上与甲方经营业务相类似或相竞争的业务。

5. 不得在竞争性单位或与甲方有直接经济往来的公司、企业、其他经济组织和社会团体内接受或取得任何职务（包括不限于合伙人、董事、监事、股东、经理、职员、代理人、顾问等），或向该类竞争性单位提供任何咨询服务（无论是否有偿）或其他协助。

6. 不得利用股东等身份做出任何不利于甲方的交易或安排；不以任何方式从事可能对甲方经营、发展产生不利影响的业务及活动，包括但不限于：利用现有社会及客户资源阻碍或限制甲方的独立发展；对外散布不利于甲方的消息或信息；利用知悉或获取的甲方信息直接或间接实施或参与任何可能损害甲方权益的行为。

7. 不得拉拢、引诱或鼓动甲方的雇员离职，且不得自行或协助包括但不限于在生产、经营或销售等领域与甲方经营业务相同及或相似之经济实体招聘从甲方离职之人员。

8. 不得在包括但不限于生产、经营及或销售等领域与甲方之包括但不限于原料供应商、产品销售商等各种业务伙伴进行与甲方存在竞争之活动。

9. 不得自行或协助他人使用自己掌握之甲方计划使用、或正在使用之一切公开及或未公开之技术成果、商业秘密，不论其是否获得利益。

第三条 竞业限制补偿

1. 在乙方竞业限制期间，即与乙方劳动关系解除或终止后________年内，甲方每月向乙方按其离职前12个月平均工资（包括年终奖等一切劳动报酬）的________%的标准支付津贴作为补偿。

2. 支付方式为：补偿费从____年____月____日开始，按月支付，由甲方于每月的____日通过乙方的银行账户支付。乙方银行账户如下：

开户名称：____________

银行账号：____________

开户行：____________

3. 如乙方拒绝领取，甲方可以将补偿费向有关机关提存，由此所发生的费用由乙方承担。

第四条 违约责任

1. 甲方无正当理由不履行本协议第三条所列各项义务，拒绝支付乙方的竞业限制补偿费（延迟支付约定的补偿费支付期限一个月以上，即可视为拒绝支付）的，甲方除如数向乙方支付约定的竞业限制补偿费外，还应当向乙方一次性支付竞业限制补偿总额________%的违约金。

2. 乙方不履行本协议第二条规定的义务，应当向甲方一次性支付竞业限制补偿总额________%的违约金，同时乙方因违约行为所获得的收益应当甲方所有，甲方有权对乙方给予处分。如违约金不足以补偿甲方损失，甲方还有权向乙方主张由此遭受的经济损失。

3. 前项所述损失赔偿按照如下方式计算：

(1) 损失赔偿额为甲方因乙方的违约行为所受的实际经济损失，计算方法是：因乙方的违约行为导致甲方的产品销售数量下降，其销售数量减少的总数乘以单位产品的利润所得之积。

(2) 如果甲方的损失依照第（1）项所述的计算方法难以计算的，损失赔偿额为乙方及相关第三方因违约行为所获得的全部利润，计算方法是：乙方及相关第三方从与违约行为直接关联的每单位产品获得的利润乘以在市场上销售的总数所得之积；

(3) 甲方因调查乙方的违约行为而支付的合理费用，包括但不限于律师费、调查费、评估费等，应当包含在损失赔偿额之内。

4. 如乙方不能按二条第2项要求提交约定证明材料，则应该视为乙方未履行竞业限制协议约定的义务，甲方有权按本竞业限制协议参考上述条款追究乙方的违约责任。

第五条 合同的权利义务终止

双方约定，出现下列情况之一的，本协议自行终止：

1. 乙方所掌握的甲方重要商业秘密已经公开，而且由于该公开导致乙方对甲方的竞争优势已无重要影响。

2. 甲方无正当理由不履行本协议第三条的义务，拒绝向乙方支付竞业限制补偿费的。

3. 甲方因破产、解散等事由终止法人主体资格，且没有承受其权利义务的合法主体。本合同权利义务的终止不影响甲乙双方在本合同签订之前或之后签订的商业秘密保密协议的效力。

4. 竞业限制期限届满。

第六条 纠纷解决程序与管辖

1. 对因本协议或本协议各方的权利和义务而发生的或与之有关的任何事项和争议、诉讼或程序，本协议双方均选择以下第________种方式解决：

（1）向本合同签订地人民法院提请诉讼；

（2）向____________仲裁委员会申请仲裁。

2. 若协议履行过程中双方发生诉讼或仲裁，在诉讼或仲裁进行期间，除正在进行诉讼或仲裁的部分或直接和实质性地受到诉讼或仲裁影响的条款外，本协议其余条款应当继续履行。

第七条 其他

1. 本协议自甲乙双方签字盖章之日起生效，且未经双方书面协议不得补充或修改。本协议签署、履行、解释和争议解决均适用中华人民共和国法律。

2. 本协议一式________份，双方各执________份，具有同等法律效力。

（以下无正文）

甲方：____________（盖章） 乙方：____________

法定代表人/授权代表：____________

日期：____________ 日期：____________

山西省商业秘密保护工作指引

第一条 目的

为强化经营者商业秘密保护意识，防范商业秘密合法权益被侵犯，促进市场主体创业创新发展，维护公平竞争，根据《中华人民共和国反不正当竞争法》及相关法律法规，制定本指引。

第二条　对象

本指引为市场监督管理部门、各类园区及特色小镇、行业协会、经营者、商业秘密保护示范区、站（点）及商业秘密保护服务机构在开展商业秘密保护工作时提供参考。

经营者是指从事商品生产、经营或者提供服务的自然人、法人和非法人组织。

商业秘密保护示范区是指省内各县（市、区）产业基地、科技企业孵化器、海外高层次人才创业园、大学科技园等商业秘密保护工作较好的园区以及特色小镇。

商业秘密保护示范站是指在本区域内的重点产业、集聚产业或创新产业中商业秘密保护工作成效较好的行业协会或其他组织；也可以由律师事务所、公证机构、司法鉴定机构等商业秘密保护服务机构、示范企业自发组成的松散型联盟组织。

商业秘密保护示范点是指在本区域内新兴产业、高科技产业或区域重点集聚产业中，经营规模或技术实力具有领先地位，商业秘密保护工作成效较为突出的企业。

第三条　定义

商业秘密是指不为公众所知悉，具有商业价值并经权利人采取相应保密措施的技术信息和经营信息等商业信息。

第四条　构成要件

商业秘密构成要件包括非公知性、价值性和保密性。

1.（非公知性——不为公众所知悉）《最高人民法院关于审理不正当竞争民事案件应用法律若干问题的解释》第九条指出，有关信息不为其所属领域的相关人员普遍知悉和容易获得，应当认定为“不为公众所知悉”。作为商业秘密的技术信息和经营信息等商业信息是不能从公开渠道直接获取的，需要依靠商业秘密的“创造者”利用公知的知识、经验或技巧经过创造或探索，或人力、财力、物力的投入方能获得。

2.（价值性——具有商业价值）能给商业秘密权利人带来经济利益或者竞争优势，是商业秘密权利人追求商业秘密保护的目的。

3.（保密性——权利人采取保密措施）是指商业秘密权利人或合法持有人采取的对内与对外，并与商业秘密信息相适合的合理的保密措施。商业秘密主要依赖于权利人采取保密措施，以弥补法律强制性保护的不足。采取保密措施不要求是绝对的、无缺陷的措施，只要是合理的、适当的即可。

第五条　保护范围

商业秘密信息一般可以分为两大类：技术信息类商业秘密和经营信息类商业秘密。

1. 技术信息可以是一项完整的技术方案，或是开发过程中阶段性技术成果，以及有价值的技术数据，也可以是一项完整方案中的一个或若干个相对独立的技术要点。主要包括：技术设计、程序、质量控制、应用试验、工艺流程、设计图纸（含草图）、工业配方、制作工艺、制作方法、试验方式和试验记录等。

2. 经营信息可以是一个完整的经营方案，也可以是经营方案中若干相对独立的信息要素个体或组合。所有可能给权利人带来经济利益或竞争优势的非技术类信息，都可以成为经营信息。主要包括：管理方案、管理诀窍、客户名单、货源情报、产销策略、投融资计划、标书、标底等方面的信息。企事业单位管理中相关会议上的工作计划、某些管理决定、研究事项、员工薪酬等信息，除企事业明确表明不构成商业秘密的外，均属于商业秘密保护范畴。

第六条　权利人与义务人

商业秘密的权利人，可以是自然人、法人或非法人组织，从其享有的权利范围上包括商业秘密的持有人和被许可使用人。

商业秘密的义务人是指依据合同约定或法律规定负有保密义务的自然人、法人和非法人组织。

第七条　取得方式

商业秘密可通过以下方式取得：

1. 企事业单位或个人自主研发取得；

2. 经过商业秘密权利人许可、转让而合法取得；

3. 通过“反向工程”取得：“反向工程”是指通过技术手段对从公开渠道取得的产品进行拆卸、测绘、分析等手段而获得该产品的有关技术信息。

4. 通过分析研究公开资料、信息、技术，整合改进后取得；

5. 其他合法渠道取得。

第八条　证明方式

1. 原始取得：适用于商业秘密由权利人自主研发获取商业秘密的情形。此类情形可通过研发立项、记录文件、试验数据、技术成果验收备案文件等证明商业秘密的形成及归属。

2. 继受取得：适用于通过交易方式受让或取得使用授权的情形。此类情形可通过商业秘密交易转让合同或授权使用许可协议等材料证明商业秘密的归属或使用权利。

第九条　侵犯商业秘密行为

1. 以盗窃、贿赂、欺诈、胁迫、电子侵入或者其他不正当手段获取权利人的商业秘密；

2. 披露、使用或者允许他人使用以前项手段获取的权利人的商业秘密；

3. 违反保密义务或者违反权利人有关保守商业秘密的要求，披露、使用或者允许他人使用其所掌握的商业秘密；

4. 教唆、引诱、帮助他人违反保密义务或者违反权利人有关保守商业秘密的要求，获取、披露、使用或者允许他人使用权利人的商业秘密。

5. 第三人明知或者应知商业秘密权利人的员工、前员工或者其他单位、个人实施本条第一款所列违法行为，仍获取、披露、使用或者允许他人使用该商业秘密的，视为侵犯商业秘密。

6. 其他非法获取商业秘密的行为。

第十条　保护路径

一项技术在申请专利前或申请专利未公开之前应当作为商业秘密加以保护。一项技术或者若干项关联技术可以将部分内容申请专利，部分内容作为商业秘密加以保护。实践中对技术信息同时采用商业秘密和专利两种方式保护是最有效的。

1. 对简单的、易被他人自行研究成功或者较容易被他人通过反向工程解析的技术信息，商业秘密权利人应考虑采用申请专利的手段加以保护。

2. 企事业单位保密能力强的，可以采用商业秘密的方式保护。

3. 技术信息先进性程度高的，可以先采用商业秘密保护；技术信息可能丧失先进性或者可能被他人申请专利的，应当采用专利保护。

第十一条　保护原则

企业自主。企业应高度重视商业秘密保护，将商业秘密保护纳入企业整体知识产权保护战略规划。企业开展商业秘密保护应遵守国家的法律、法规和相关规章制度，企业的商业秘密保护范围、期限、区域、组织领导等应由企业自主决定。

预防为主。商业秘密保护的核心在于防范，采取有效的商业秘密保护措施有利于控制泄密风险，降低泄密概率，提高维权成功率。

政府指导。政府职能部门按照相应的职能依法履职，并根据企业的需求指导企业做好相关护密维权工作。

合理适当。商业秘密主要依赖于权利人采取保密措施，以弥补法律强制性保护的不足。采取保密措施不要求是绝对的、无缺陷的措施，只要是合理的、适当的即可。

第十二条　协同保护

市场监管部门重点抓好商业秘密保护“两个平台”示范建设。即抓住商业秘密保护示范区及商业秘密保护示范站（点）建设，提高保护受众面。

商业秘密保护示范区要突出抓好商业秘密保护多部门联合保护机制、商业秘密保护纠纷多元化解决机制、商业秘密侵权查处快速反应机制，通过建机制、抓示范、强维权，构建“点线面”立体化商业秘密保护工作体系。

商业秘密保护示范站要协助市场监督管理部门普及商业秘密法律制度和政策措施，推动企业自主自觉地开展保护工作，及时地将企业需求及建议反映给执法机关；利用专业知识配合执法机关开展行政调解和违法查处。

商业秘密保护示范点要发挥示范效应，为片区企业提供商业秘密保护工作交流学习机会，建立反馈商业秘密保护工作需求、收集侵权线索等工作机制。

第十三条　保护体系

相关单位和机构指导帮助商业秘密权利人建立商业秘密保护体系，主要包括：完善的保密组织构架、涉密人员管理机制、涉密文书资料管理机制、涉密载体管理机制、重点涉密区域管理机制、商业秘密保护工作监管检查机制、泄密预警和处置机制等。

第十四条　管理制度

商业秘密管理主要包括：涉密人员管理、涉密区域管理、涉密信息管理、商务活动管理等。

商业秘密管理的模式包括：分项目管理、分阶段管理、分区域管理、分部门管理。

第十五条　范围识别

企业正确识别自身商业秘密范围是做好商业秘密保护工作的基础，其关键在于做好商业秘密定密分级管理工作。

第十六条　风险评估

企业通过采用相关商业秘密泄密风险评估标准与体系，测评自身商业秘密发生泄密而造成影响和损失的可能程度，能够使企业发现自身商业秘密泄密风险隐患，为企业制订和完善保密政策提供依据。

第十七条　风险监控

泄密风险监控对于商业秘密的信息汇集、技术研发、管理模式及保护措施至关重要，旨在全方位防范泄密风险，降低被破解的可能性。

泄密风险监控的主要方面：决策监控、人员监控、研发监控、履约监控、实施监控。

第十八条　制度公示

企事业单位应建立商业秘密保密制度“公开”和规章的“明示”制度。可以采用以下方式向全体员工公开和明示其内容，公开或者明示过程应当以可以证明的方式予以记载和保存：

1. 在指定位置张贴规章制度；

2. 在集体会议上公布规章制度的内容和法律性质；

3. 员工书面确认知悉规章制度的内容及法律性质，承诺遵守。

第十九条　人员管理

商业秘密保护重在对人的管控。员工是创造和保护商业秘密的基础要素，对员工的管理直接决定商业秘密保护的效果。

针对涉密员工应做好岗前培训、岗位定职、工作交接，签署保密协议、竞业限制协议是必要的环节。

第二十条　脱密和竞业限制

1. 脱密期的使用

（1）适用脱密期的员工为接触商业秘密，并掌握商业秘密核心信息的高级技术人员、高级管理人员；

（2）适用脱密期的时间一般在员工要求离职、退休或者单位认为需要调离原岗位的前 6 个月；

（3）适用脱密期的期限应当根据保密事项的性质、接触的程度等因素综合考虑确定，最长不超过 1 年；

（4）适用脱密期的员工转岗、离职或退休后对已经知悉的商业秘密仍负有保密义务。

2. 竞业限制的使用

《中华人民共和国劳动合同法》规定，对负有保密义务的劳动者，用人单位可以在劳动合同或者保密协议中与劳动者约定竞业限制条款，并约定在解除或者终止劳动合同后，在竞业限制期限内按月给予劳动者经济补偿。劳动者违反竞业限制约定的，应当按照约定向用人单位支付违约金。

竞业限制的人员限于用人单位的高级管理人员、高级技术人员和其他负有保密义务的人员。竞业限制的范围、地域、期限由用人单位与劳动者约定，竞业限制的约定不得违反法律、法规的规定。

在解除或者终止劳动合同后，前款规定的人员到与本单位生产或者经营同类产品、从事同类业务的有竞争关系的其他用人单位，或者自己开业生产或者经营同类产品、从事同类业务的竞业限制期限，最短2年，最长不得超过5年。

第二十一条　定期检查

企业内设的商业秘密保护管理组织应定期开展本企业商业秘密保护工作的监管与检查，监管检查的重点包括：涉密人员、涉密载体、涉密计算机网络、涉密商务活动、重点涉密区域、商业秘密保护范围筛选、商业秘密保护工作制度落实情况等。

第二十二条　泄密处置

企业发生泄密事件后，应作的必要处置内容包括：核实泄密内容、调查泄密原因与责任人、搜集泄密证据、追究相关人员责任、制订补救措施方案、开展保密整改。

第二十三条　证据收集

权利人发现商业秘密被侵犯的迹象、线索时，可及时与管辖地的商业秘密保护服务机构、市场监督管理部门、公安机关等联系，在其指导下搜集下列证据，必要时进行证据保全公证：

1. 泄密信息为一般公众不知悉或者无法轻易获得的信息；

2. 泄密信息的具体内容、载体、已采取的保护措施；

3. 可能的泄密途径；

4. 可能与泄密信息有关的人员（如在职员工、离职员工、退休员工）的信息；

（1）有关人员在本企业的工作经历、工作内容、接触到的涉密信息；

（2）有关人员在本企业接受保密培训的记录；

（3）有关人员与企业签订的商业秘密保护合同（协议）；

5. 可能与泄密信息有关的第三方；

6. 侵犯涉密信息的具体行为表现；

7. 对方使用泄密信息可能导致的后果。

第二十四条　救济方式

根据证据收集情况，权利人可依法采取下列方式进行维权：

1. 向市场监督管理部门举报。被侵权行为符合本指引第四条情形的，权利人可选择向市场监督管理部门举报。经市场监督管理部门调查，符合《最高人民检察院、公安部关于公安机关管辖的刑事案件立案追诉标准的规定（二）》第七十三条的规定，移送公安机关。

2. 向公安机关报案。被侵权行为符合《最高人民检察院、公安部关于公安机关管辖的刑事案件立案追诉标准的规定（二）》第七十三条的规定，权利人可以向公安机关报案，依法追究刑事责任。

3. 申请劳动仲裁或商事仲裁。权利人可就劳动合同或保密协议的当事人违反约定保密义务，应当依法承担法律责任的，可以申请劳动仲裁或商事仲裁。

4. 向人民法院提起民事诉讼。根据《民事诉讼法》第119条之规定，权利人可以向人民法院起诉，并依据《中华人民共和国反不正当竞争法》第三十二条之规定，应就其所主张的商业秘密保密性提供初步证据，且合理表明商业秘密被侵犯。

5. 向人民检察院提起商业秘密诉讼活动法律监督。

6. 涉及国家秘密的，应向国家安全部门、保密部门报告。

维权过程中，可能会涉及商业秘密“非公知性”、“同一性”和“损失数额”鉴定。

第二十五条 本指引及其相关附件不具有法律约束力，不属于强制性规范，仅供相关单位参考使用。

陕西省经营者加强商业秘密保护指引

第一章 总 则

第一条 为促进我省经营者的商业秘密保护意识强化及能力提升，更好维护其合法权益，根据《中华人民共和国反不正当竞争法》《中华人民共和国民法典》及相关法律法规及政策文件，制定本指引。

第二条 经营者是指从事商品生产、经营或者提供服务的自然人、法人和非法人组织。

第三条 根据《中华人民共和国反不正当竞争法》的相关规定，商业秘密是指不为公众所知悉，具有商业价值并经权利人采取相应保密措施的技术信息和经营信息等商业信息。

第四条 商业秘密的权利人，可以是自然人、法人或非法人组织，从其享有的权利范围上包括商业秘密的持有人和被许可使用人。

商业秘密的义务人是指依据合同约定或法律规定负有保密义务的自然人、法人和非法人组织。

第五条 商业秘密应具有以下属性：

（一）该信息不为公众所知悉，即该信息不为所属领域的相关人员普遍知悉或者容易获得。

（二）该信息具有商业价值，能够给经营者带来现实的或者潜在的经济利益或者竞争优势。

（三）其他符合商业秘密构成要件的商业信息。

商业秘密信息主要指技术信息类商业秘密和经营信息类商业秘密，各类商业秘密一般包括但不限于以下内容：

1. 与产品研发相关的技术信息。包括产品配方、生产加工技术、图纸；关键环节控制技术；研发过程中的试验数据；产品的改进或更新换代方案等。

2. 与产品或原材料价格及购销渠道、营销策略有关的经营信息。包括产品的研发、生产成本信息；主要原材料采购渠道及价格信息；竞标方案；客户的联系方式、需求、交易习惯及潜在的交易动向；拟定中的营销策略，拟投入使用的产品特有名称、包装装潢信息等信息。

第六条 商业秘密可通过以下方式取得：

（一）原始取得：适用于商业秘密由权利人自主研发获取商业秘密的情形，一般通过企事业单位或个人自主研发取得、“反向工程”破解等手段实现。此类情形可通过研发立项、记录文件、试验数据、技术成果验收备案文件等证明商业秘密的形成及归属。

（二）继受取得：适用于通过受让或被许可等方式合法取得使用商业秘密所有权或使用权的情形。此类情形可通过商业秘密交易转让合同或授权使用许可协议等材料证明商业秘密的归属或使用权利。其他合法渠道取得的商业秘密也应当受到法律保护。

第七条 下列行为，属于《中华人民共和国反不正当竞争法》禁止的侵犯商业秘密行为：

（一）以盗窃、贿赂、欺诈、胁迫、电子侵入或者其他不正当手段获取权利人的商业秘密。

（二）披露、使用或者允许他人使用以前项手段获取的权利人的商业秘密。

（三）违反保密义务或者违反权利人有关保守商业秘密的要求，披露、使用或者允许他人使用其所掌握的商业秘密。

（四）教唆、引诱、帮助他人违反保密义务或者违反权利人有关保守商业秘密的要求，获取、披露、使用或者允许他人使用权利人的商业秘密。

（五）第三人明知或者应知商业秘密权利人的员工、前员工或者其他单位、个人实施上述所列违法行为，仍获取、披露、使用或者允许他人使用该商业秘密的。

第二章　经营者商业秘密保护

第八条 经营者通过构建完善的组织构架、管理机制，应及时组织商业秘密的评定工作，对经营活动中产生的技术信息和经营信息进行分析，遴选出涉密信息，并结合组织机构、职责分工、管理特点、责任岗位开展商业秘密保护工作和改进机制提升商业秘密保护水平。

（一）保密组织架构构建

保密组织架构构建可参照以下原则开展：

1. 部门设置：经营者可以设立商业秘密保护部门，也可以依托法务部门、知识产权管理部门、核心业务部门等相关部门开展商业秘密保护工作。经营者的分支机构、子公司、关联机构可根据需要设置保密部门和人员，以实现商业秘密全流程管理。

2. 人员职责：在涉及商业秘密保护管理职能的部门，应配备专兼职保密员，其应至少履行以下职责：秘密因素识别；组织编制与实施商业秘密保护措施，并负责监督实施和整改检查；商业秘密保护培训；商业秘密维权和侵权保护及配合调查取证等工作；进行保密宣传。

（二）涉密人员管理

管理应结合业务流程、岗位特点、职务级别等因素综合确定承担不同商业秘密保护义务的部门、岗位和人员，并以商业秘密生命周期为导向，针对员工特别是涉密岗位、职级的员工做好入职管理、培训管理、履职管理和离职管理等全流程管理。

1. 入职管理：员工入职时，经营者应针对承担不同保密及相关义务的员工进行相应保密管理。其中：一、全员管理：应对所有新员工进行背景调查，宜重点调查涉密岗位员工；二、保密协议管理：应与承担保密义务的员工签订适宜的保密协议。为避免保密协议无效，应注意：不得与不负有保密义务的员工签订该协议；应在协议中约定具体的保密义务，包括保密内容与范围；对于违约责任有明确约定；约定合理、合法的保密期限；对于协议的效力解释和变更双方应达成合意；应约定纠纷管辖主体或所在地；宜要求员工在协议中明确签署保密承诺条款；三、侵权规避管理：为避免连带侵权责任，必要时应要求员工做出不侵犯他人商业秘密的承诺。特别是在录用具有竞争性关系经营者原职工时，宜审核确定其保密义务内容、要求其签订相关保证书，以避免其侵犯原单位秘密；四、宣培管理：经营者应做好商业秘密保护相关知识、要求和制度的培训和宣传工作。应保存培训及宣传记录，与企业合规工作做好衔接。

2. 履职管理：承担保密义务的员工均应按照商业秘密保护制度的要求做好本岗位商业秘密保护工作，如：及时上报涉密信息、使用涉密信息时进行登记、流转使用涉密信息遵照规定要求、做好密码保护和账户退出及其他保密事项。

3. 离职管理：员工离职前，经营者应向其重申保密义务；必要时与其约定竞业禁止义务及违约责任。员工完成涉密自检和检查、移交涉密载体后，应对其进行离职检查。离职检查完成后方能办理后续离职手续，并应采取通知与离职员工有关的相关方，做好相关业务交接等适当措施进行脱密处理。其中：一、离职检查：应注意涉密信息移交的真实完整性、涉密工作账户短期内操作情况等事项；二、竞业禁止管理：必要时可与高级管理人员、高级技术人员等负有较高保密义务的人员签订竞业禁止协议。为避免竞业禁止协议无效，应注意：不得与不负有保密义务的员工签订相关协议；用人单位与劳动者双方应就约定事项达成合意；协议应约定经济补偿金，且不得以劳动报酬作为离职后补偿金；关联公司限定应尽量明确或有一定条件设置；竞业禁止期不得超过法定期限；约定不得违反其他法律、法规的规定。

可根据需要掌握离职员工在竞业禁止期内的就业去向或相关业务活动，根据需要依据竞业禁止协议维权或将其解除。

（三）涉密信息管理

涉密信息管理一般包括文件资料管理、电子信息管理、其他涉密载体管理等，其中：

1. 文件资料管理：对于文件资料管理，应做好标识管理（如：在文件资料上注明密级、保护期等醒目标注）、权限管理（如：实行登记管理，限定涉密信息知悉范围，按照权限使用）、档案管理（如：宜以发文形式公布涉密文件，专人负责归档或销毁；复制复印件与原件的保密期限、级别相同，涉密资料加锁存放）、流转管理。

2. 电子信息管理：对于电子信息管理，应做好安全管理、权限管理、口令管理、存储管理、提醒管理和流传管理等工作。其中：一、安全管理：应注意病毒防范和病毒库升级，及时检杀病毒、修补漏洞；二、权限管理：应根据岗位职责、事项特点，按照“最小够用”原则设定权限；对涉密设备、数据库、应用系统及账户均实行权限管理；设定权限时，应考虑不同账户、层级的功能、权限和期限，其中权限可能包括审批权限、访问权限、操作权限、互联网使用权限等；应根据情况及时回收权限、重新授权；对于加密数据应按照权限使用并指定专人进行解密操作，员工履行审批手续后方可查阅或使用超出原权限的加密数据；在查阅和使用完加密数据后，应及时删除或由专人保管并不得未经审批再次使用；应对涉密数据的拷贝、下载、复制行为和复制件、复印件等采取限制措施，如经审批后方可拷贝、保存拷贝记录等；三、口令管理：应对涉密设备、数据库或账户设置密码；不得使用默认密码、或以保存密码方式自动登录；应对涉密账号和密码实行登记、备案、发放、变更、注销管理；四、存储管理：涉密信息应存储于经营者或保密部门授权的存储设备、网络空间，并定期对其进行备份；五、提醒管理：应注意在账户登录界面、账户主界面，涉密电子信息及涉密文件资料的首尾页、页眉脚、背景水印，涉密音视频开头、结束处等有泄密风险或提示必要的场合、场景中进行保密义务提醒；六、流转管理：应与相关方签订保密协议；应注意收发涉密数据时应使用唯一出入口，对涉密数据流入、流出进行审批、并保存记录；涉密数据应通过与互联网隔离的内部局域网或加密互联网通道传递，其非网络流传应通过经授权的、登记编号的专用存储设备和载体完成；通过电子邮件发送涉密信息或数据时，应进行加密和签名，同时可规定配套保密技术如限定文档打开次数、打开时限、编辑权限、下载频次等。

3. 其他涉密载体管理：应由特定部门、人员按照规定程序对存储涉密信息的各类存储设备和载体进行管理，有必要时实行编号替代措施，未经保密部门审批不得以拍摄、测绘、仿造等手段提取其信息；跨区域转移、送外维修、送外使用时均应经保密部门审批，并采取必要防护措施如拆除涉密存储设备、部件等。

（四）涉密区域管理

宜采取物理隔离措施保护涉密区域，将其划定为相对独立的空间；在出入处张贴标志和警示语，安装视频监控设施和报警装置；必要时对其采取网络阻断；应限制无关人员进入，确需进入时应审批，审批后应履行出入登记；应对进出人员进行保密告知，并对其全程监督；工作人员进入涉密区域应佩戴工作证、来访人员应佩戴临时证件；受访部门应根据保密需要设定来访人员参观路线，并安排人员陪同。

其中，适宜定为涉密重点区域的部门或地点一般涉及：重要职能部门、重要生产作业场所、重要涉密载体及物品存放区等承载涉密信息的载体及物品的存放所在地。

（五）涉密活动管理

经营者应在参与商务活动、配合检查活动、开展宣传培训活动等各项活动时，预先进行商业秘密识别和风险管理；被识别出具有商业秘密保护必要的活动均为涉密活动，应以保密性为底线、经济性为考量，在活动时进行必要的商业秘密及非公开信息保护工作。在涉密活动中，应与相关方签订保密合同或协议，或在其中设置保密条款；对相关人员进行背景调查；在涉及知识产权归属等问题时，应通过合同或协议对自身商业秘密保护和防止相关方侵犯他方商业秘密做出约定；选择在有保密条件的场所开展涉密活动，开展活动时通过签到、打卡、拍照、摄像等方式做好活动记录；根据需要限定参加人员的范围。

可能属于涉密活动的场景一般有：商务来访、商务合作、共同开发研究、委托开发或加工、聘任或委托外聘人员、接受监督检查及审计、公证发布、投保及其他可能涉及商业秘密的活动。

（六）检查与改进

经营者应定期开展商业秘密保护工作的监管与检查，不断改进商业秘密保护举措，构建科学高效、趋于完善的工作机制，落实对商业秘密从定密、隐密、流转、利用、解密到销毁全环节的保护。

第九条 经营者与域外主体进行商务合作时，对于对方要求签订保密协议、为其承担保密义务的情况，应当认真查验核对由对方出具、翻译的保密协议内容。对于其中的格式条款、霸王条款应当进行沟通、协商，尤其应当注意对于出现纠纷时所选用的准据法、仲裁所在地或仲裁主体，防止对方恶意诉讼。

第十条 经营者应防范泄密和侵权两方面商业秘密风险，全面保护自身权益、构建良好市场秩序。经营者应注意甄别风险因素，并采用风险评估标准对其进行评估、畅通线索渠道等方式排查隐患，制定泄密及侵权应急预案有效应对风险。尽量将损失和危害控制在最小限度内，并在事后启动调查，对泄密或侵权情况进行核查评估，查明原因和责任人，搜集证据并追究责任，通过复盘、整改持续提升管理效能。

第三章 商业秘密协同保护

第十一条 维权救济主要涉及救济途径和证据搜集两个方面，其中：

（一）救济途径

经营者的商业秘密被侵犯，需进行证据收集，可视不同情况，采取不同的救济措施：

1. 协商调解：经营者与侵权人双方本着真实自愿的原则协商、或委托共同认可的第三方进行调解。

2. 民事保护：可就劳动合同或保密协议申请劳动仲裁或商事仲裁；向人民法院提起民事诉讼。

3. 行政保护：经营者的商业秘密被他人的不正当竞争行为侵犯，可以向县级以上市场监督管理部门举报。

4. 刑事保护：被侵权行为符合刑事案件立案追诉标准的，经营者或权利人可以直接向公安机关报案。

5. 国家秘密：对于涉及国家秘密的情况，应向国家安全部门、保密部门及公安机关报告。

（二）证据收集

在获得行政主管部门、司法机关或商业秘密保护服务机构等机构或单位帮助和指导之前，经营者或权利人发现商业秘密被侵犯的风险或后果时，应及时对以下证据进行固定以便维权：

1. 能够证明被侵权信息属于权利人主张的商业秘密的证据，包括经营者已采取的保密措施、该信息的商业价值及非公知性。

2. 该商业秘密与侵权人掌握信息的实质性重合的证据。

3. 能够证明侵权人通过不正当手段获取该信息的证据，或者在信息实质性相似的基础上能够证明对方接触该商业秘密的间接证据链。

4. 商业秘密被侵权后的损失及与侵权行为间因果关系的证据。此外，对于经营者或权利人自主研发、合法受让或被许可、通过反向工程破解以及善意取得的商业秘密，应当保留相关证据以规避被恶意诉讼的损失。其中，涉及商业秘密的非公知性、同一性、损害赔偿额等证明时，可寻求第三方服务机构提供科技查新、鉴定评估等专业服务。

5. 经营者在合作开发、委托加工等活动中，应保留相关合同、协议，以便在相关方侵犯第三方商业秘密时，提供必要证据维护自身权益。

第四章　附　则

第十二条　本指引及其相关附录不具有法律约束力，不属于强制性规范，仅供相关单位参考使用。

附录：

1. 杜绝商业秘密侵权保证书（员工版参考文本）
2. 员工保密合同（参考文本）
3. 竞业限制协议（参考文本）
4. 委托加工保密合同（参考文本）

附录 1

杜绝商业秘密侵权保证书

（员工版参考文本）

聘用人员姓名：__________ 性别：__________ 年龄：__________

身份证号：____________________ 手机号：__________

入职时间：________________ 目前岗位：________________

职务：____________________ 职称：____________________

家庭住址：____________________

目前居所：____________________

离职时间（人事部门登记）：____________________

本人郑重承诺，在甲方工作期间严守商业秘密保护规定，对工作中接触、管理、生产或创造的，所有权属于第三方的商业秘密均不进行违法、违约处理和使用，对于向原工作单位及相关方承担的保密义务及竞业限制义务均严格遵守。

对于因本人过失或故意而造成的第三方商业秘密或非公开信息被侵权而导致的任何损失，均由本人承担责任。由甲方先行向第三方赔付的，甲方有权向本人追偿。

本人已认真阅读承诺书内容，并明白承诺书所表达的意思表示，所签订的承诺书为本人同意且真实的意思表示。本承诺书自本人签字/签章之日起生效。

承诺人：__________

（签章、指印）：__________

日期：__________

地点：__________

附录2

员工保密合同

（参考文本）

合同编号：____________

××××保密合同［　］号

商业秘密权利人（用人单位）：____________

（下称“甲方”）

统一社会信用代码：____________

劳动者/聘用人员姓名：____________

性别：____________

年龄：____________

（下称“乙方”）

身份证号：____________　　手机号：____________

目前岗位：____________　　职务/职称：____________

家庭住址：________________________

目前居所：________________________

乙方知悉甲方是商业秘密权利人，自愿为其因工作而知悉的商业秘密对甲方承担保密义务，甲方、乙方双方在自愿、诚实信用原则下，经充分协商，达成如下一致条款，并共同恪守。

一、入职告知

1. 乙方在进入甲方工作单位之前，对曾经工作过的任何单位或合作单位，均未承担任何保密义务，如不泄露、不使用前单位（指与乙方签订有保密协议、竞业限制协议的甲方之前的单位）商业秘密等义务，也未承担任何竞业限制义务。

2. 乙方如因曾经签订相关保密协议、竞业限制协议而承担有相应的保密义务及竞业限制义务的，乙方则应保证：

（1）严守对其前工作单位或合作单位的保密义务，在甲方工作期间不泄露、不使用其在前单位掌握、知悉的商业秘密；

（2）如实向甲方告知与其前工作单位签订的保密协议和竞业限制协议具体内容；

（3）在甲方工作期间不违反与其前工作单位的竞业限制协议内容，不从事与其前工作单位具有竞争性质的业务工作。

二、商业秘密范围

甲方的商业秘密范围是指甲方不为公众所知悉、具有商业价值并采取相应保密措施的技术信息、经营信息等商业信息。

甲方的商业秘密包括但不限于甲方发布的商业秘密保护范围清单中列出的范围，包括但不限于特定的、完整的、部分的不为公众所知悉的商业信息，或未公开的信息；其表现形式包括但不限于涉及商业秘密的草稿、草案、图纸、样品、模型、仿制品、文档、文件等各种资料和物品载体。

三、乙方对商业秘密的保护义务

乙方已充分认识到保守甲方商业秘密是关系到公司生存和发展的重要问题，因此乙方应严格保守甲方的商业秘密，并自愿承担保密义务。除因工作需要且经甲方商业秘密保护部门或特定程序批准，向在有知情必要和权限的特定方进行保密性交流以外，应：

1. 严格遵守甲方制定的涉及商业秘密保护的制度，具体保密义务应符合当时有效的保密制度要求；

2. 不得在与甲方有竞争关系的机构兼职；

3. 不得直接或间接向甲方外部的人员或机构泄露涉密信息或非公开信息；

4. 不得直接或间接向甲方内部的无关人员或未授权人员泄露自身掌握的涉密信息；

5. 不得出于为特定工作之外的用途及利益使用涉密信息及非公开信息；

6. 不得擅自以复制、拷贝、仿制、摘抄等方式提取甲方的涉密数据、文件资料及物质载体，不得将其擅自披露；

7. 对因工作接触、经手、保管的甲方客户提供的文件应妥善保管，经商业秘密保护部门或特定程序批准，且不违反与甲方客户的合同约定，方能超出工作范围使用；

8. 发现任何组织和个人侵犯甲方商业秘密时，应及时采取证据保全、信息保护或转移等必要的临时保护措施，并向商业秘密保护部门报告；并在后续过程中配合商业秘密保护部门进行举证调查、诉讼救济等活动；

9. 其他应当承担的保密义务。

四、成果归属和双方义务

关于涉及双方的成果归属按照以下原则进行，未纳入协议规定范围内的按照法律规定或双方再次协商解决：

1. 乙方受甲方委托、从事日常工作、完成工作任务，或在受甲方雇佣期间创造、构思和完成的商业秘密或信息，归甲方所有；在做出该类职务成果时，应在作出之日起10天内向甲方商业秘密保护部门报告；

2. 乙方在甲方任职期间，完全利用非工作时间，又未使用甲方的资金、技术、商业秘密等信息物质资源的，所得的非职务开发成果所有权归乙方所有。但以下情况除外：

（1）该信息、成果与甲方业务具有竞争性；

（2）该信息、成果占用了甲方的非公开资料、信息、在研产品、成果等资源；

(3) 该信息、成果形成于乙方的职务开发成果之上。

3. 甲方应制定相应职务成果奖励规定和政策，其制定的职务成果奖励内容作为本合同的内容，应遵照执行。

五、乙方承诺与甲方义务

乙方承诺在甲方工作期间，不采取包括但不限于以下的方式擅自使用、许可第三方使用或披露甲方的商业秘密：

1. 非法获取商业秘密：对涉密信息物质载体、文件资料、电脑屏幕进行拍摄、摄像、复制、仿制、摘抄等；以信息技术等手段非法侵入电脑和系统获取涉密信息；进入未授权的涉密区域；其他非法获取商业秘密的行为；

2. 允许他人非法获取商业秘密或放任这种可能性：将自己的存储涉密信息的电脑或账户的登录信息告诉第三方；出借载有涉密信息的U盘、硬盘及其他存储设备或载体；离开工位、涉密电脑、涉密区域时未及时锁定、关机、关门；在非工作场合、非工作时间与未授权对象谈及涉密信息或未尽到相应注意义务；其他可能导致他人非法获取甲方商业秘密的故意或过失行为；

3. 同与甲方有交易关系或竞争关系、所属行业相同或相似或行业原本不同但因技术经济发展出现业务重合的企业，存在以下关系：

(1) 直接与其交易、变相交易；

(2) 以亲友名义等“白手套”方式与之交易、变相交易；

(3) 组建或参与组建、投资或间接投资对方；

(4) 存在无法说明原因的来自对方的收益；

(5) 免费为其工作、提供服务。

4. 直接帮助或间接帮助第三人劝诱甲方中掌握商业秘密的人员离开甲方，或为其泄密进行斡旋；

5. 试图侵犯涉及甲方客户名单、客户关系的商业秘密，该类信息包括但不限于：客户名称、联系人及联系方式、联系人习惯偏好、交易习惯、合同事宜、佣金或折扣、交提货方式、结算事项等；

6. 采取其他不正当手段。

乙方无论以何种原因离职或解除劳动关系后，仍需无条件地对在职期间所接触到的甲方商业秘密及非公开信息承担保密义务，直至该商业秘密能够被公众所知悉或属于公开信息。

六、涉密信息退出

乙方无论以何种原因与甲方解除劳动关系或实际离开甲方，均应接受甲方的离职前保密谈话，听取甲方告知的保密义务并履行，移交一切涉密物品和信息载体、退出涉密信息的系统及账号并告知登录信息，远离涉密区域并交出门禁、钥匙；涉密重点岗位员工应与甲方签订竞业限制协议等商业秘密保护确认文书，并在竞业限制期限内配合甲方了解任职动向。

甲方应制定常态化商业秘密信息和物品类别清单，并根据乙方岗位和职级特点列出乙方应归还、退出的涉密信息内容；应在乙方离职前主动告知其保密义务以及违法违约时应承担的法律责任；应敦促并监督乙方就涉密信息进行交接，并在对乙方进行离职检查（如：电脑数据完整性、工作账户正常化程度、涉密信息使用状态等）后方可批准相关部门完成乙方离职手续。

涉密信息包括但不限于甲方关于商业秘密保护类别范围和清单所规定的，涉及甲方商业秘密和非公开信息的文档、文件、数据、模型、样品、仿制品、录音、录像、实验试验记录，可以以电脑、手机、U盘、硬盘、光盘、软盘、信息系统、书面材料、实物等为载体；乙方个人工作日志中涉及甲方商业秘密的内容，应交还甲方或由相关部门在不少于两人的特定区域内销毁。

甲方通过包括但不限于法务函、短信、律师函、电子邮件、微信等书面通知方式，对乙方进行三次以上通知后，乙方仍不移交完毕涉密信息的，甲方将保留将乙方违约行为告知业务相关方及合法维权的可能。

乙方擅自带走或不予交还相关商业秘密载体的行为，甲方将视之为盗窃商业秘密进行举报或诉讼。

七、合同有效期限

本合同自签订之日起即刻生效，本合同所规定的保密义务对乙方具有长期效力，即乙方在入职前履行各项手续、接受培训、与甲方接触的过程中，及就职期间与离职后的时间内，乙方所接触、知悉或管理的商业秘密及非公开信息出于非乙方过失或故意的原因被公众所知悉后或成为公开信息后，该合同对乙方所负担的关于相关涉密信息或非公开信息的约束力才失效。

八、法律责任

为避免甲方商业秘密被乙方披露、违法违约使用，或基于乙方的故意、过失导致其他商业秘密被侵权的损失，给甲方造成现实或潜在的商业价值贬损、削弱甲方竞争力、降低竞争者竞争成本或提升其竞争优势，甲乙双方应共同做好甲方商业秘密保护工作。双方约定：

若乙方违反本合同或相关法律法规规定，乙方应向甲方支付违约金____万元，及损害赔偿金。损害赔偿金的数额以甲方因乙方泄密导致的直接及间接损失之和估算。当甲方遭受的损失难以估算时，以乙方因泄密所取得的违法所得减去必要成本投入后的数额估算。

当泄密被甲方发现时，若乙方尚有未被甲方支付的工资收入、分红收入、专家费、技术服务费、咨询费、佣金等各类可得收入，则甲方有权暂停向乙方支付，并有权在双方就赔偿额达成合意后从中进行扣除。

因乙方违约而导致甲方支出的维权所用费用（包括但不限于律师费、差旅费、人工费、知识产权费等），由乙方承担。

九、争议的解决办法

因执行本合同而发生纠纷，可以由双方协商解决、共同委托双方认可的第三方调解及仲裁。一方不愿协商、调解或仲裁，及协商、调解或仲裁不成的，甲方有权举报，双方均有权提起诉讼。诉讼交由甲方所在地人民法院管辖。

双方约定仲裁机构为：____________________。

一、本《员工保密合同》成为甲、乙双方签订的劳动合同的重要组成部分；任何一方不得擅自变更或解除。以前签订的合同、承诺书、保证书或涉及商业秘密保护的约定条款中与本合同不符之处，以本合同为准。

二、本合同一式两份，甲、乙双方各执一份。双方签字、签章即代表各自认真阅读本合同条款，并明白合同所表达的意思表示，所签订的合同为双方一致同意且真实的意思表示。本合同自签订之日起生效。

甲方：____________　　乙方：____________

（公章）：　　（签章、指印）：

签订地点：________________________

签订日期：____年____月____日

附录3

竞业限制协议

（参考文本）

甲方：____________

统一社会信用代码：____________

地址：____________

乙方：________　性别：________　年龄：________

身份证号码：____________

现居住地址：____________

手机号码：____________　其他联系人方式：____________

根据《中华人民共和国民法典》、《中华人民共和国反不正当竞争法》及相关法律法规，甲、乙双方在平等自愿的基础上，经充分友好协商，就员工竞业禁止等相关事宜，达成如下协议：

一、乙方承诺在任职期间及离职后的（不超过两年）年内，不得从事以下活动：

1. 以兼职或全职等形式受聘于与甲方业务相同或相似、有竞争关系的机构及相关方；

2. 自己经营或与他人共同经营与甲方有直接或间接竞争关系的业务，或对相关业务进行投资、从中享有任何财务或者其他形式的权益；

3. 为以上机构及相关方就相关业务提供咨询、建议等服务；

4. 为与甲方有竞争关系的第三人和在甲方就职期间认识的且尚对甲方有商业价值的客户、供货商及其他相关合作方之间牵线搭桥、促进了解和合作；

5. 为与甲方有竞争关系的第三人劝诱甲方员工离职、游说与甲方有合作关系的相关方基于非甲方过失的原因降低合作度；

6. 其他违反竞业禁止原则的行为。

二、甲方承诺：

1. 为补偿乙方承担竞业限制义务期间的损失，甲方支付乙方一定的竞业限制补偿金。在竞业限制期间，甲方给予乙方不低于任职期间月平均工资30%的经济补偿，具体标准为________元/月，在乙方离职后按月打入乙方账户；

2. 如乙方离职后账户变动应书面告知甲方，否则由乙方承担相应责任；

3. 乙方在甲方任职期间甲方不承担任何补偿费用。

三、违约处理：

1. 若乙方违反本协议，乙方应当向甲方支付违约金________元，并承担由此引起的甲方直接或间接损失；

2. 对于乙方违约造成甲方损失的，乙方还应同时支付赔偿金。赔偿金包括甲方因此而导致的直接或间接损失，甲方调查乙方违约行为而支付的合理费用包含在损失赔偿金之内。

损失无法计算时，最低赔偿金为________元。

3. 若乙方的违约违法行为发生在于甲方任职期间，则甲方有权不经提前告知立即解除与乙方的聘用关系，并依法追究其法律责任。

四、双方确认本协议所确定的竞业限制期为乙方在甲方任职期间及离职后的（不超过两年）年内。该期限及其他协议条款不受乙方离职、辞职原因影响。双方确认竞业限制的范围为____________，地域为____________。

五、本协议履行过程中发生的纠纷，可以由双方协商解决、共同委托双方认可的第三方调解及仲裁。一方不愿协商、调解或仲裁，及协商、调解或仲裁不成的，甲方有权举报，双方均有权提起诉讼。诉讼交由甲方所在地人民法院管辖。

双方约定仲裁机构为：____________________。

六、本《竞业限制协议》成为甲、乙双方签订的劳动合同的重要组成部分；任何一方不得擅自变更或解除。以前签订的合同、承诺书、保证书或涉及竞业禁止的约定条款中与本合同不符之处，以本合同为准。

七、本合同一式两份，甲、乙双方各执一份。双方签字、签章即代表各自认真阅读本合同条款，并明白合同所表达的意思表示，所签订的合同为双方一致同意且真实的意思表示。本合同自签订之日起生效。

甲方：____________　　乙方：____________
（公章）　　（签章、指印）
签订地点：________________________
签订日期：____年____月____日

附录4

委托加工保密合同

（参考文本）

甲方（委托方）：____________　　乙方（加工方）：____________
住所地：____________　　住所地：____________
法定代表人：____________　　法定代表人：____________

甲乙双方因委托加工合作涉及双方商业秘密，为保证彼此商业秘密不受侵犯，经双方协商一致同意签订本合同。甲、乙双方约定共同以下条款，做好保密工作。

第一条 委托加工涉及甲方的商业秘密包括：

1. 产品（含不合格产品、瑕疵品、报废品、半成品）、样品；

2. 包装、标签、标识、标志等信息；

3. 工艺资料、图纸、色版、色样、原材料配方；

4. 委托加工过程中涉及的甲方产品和工艺制造或创造技术信息、技术资料、商业秘密、知识产权及非公开信息；

5. 委托加工过程中涉及的甲方产品价格、供货商、客户、合作方等相关信息；

6. 其他经甲、乙双方在委托加工过程中确认的需要保密的信息、涉密载体。

第二条 甲方对委托乙方加工所交付的所有标的物，以及根据甲方的产品和工艺在委托加工过程中创造的新的技术信息、技术资料、商业秘密、非公开信息及知识产权享有所有权。

第三条 甲方责任

1. 甲方向乙方提供加工所需的技术图纸和加工要求；

2. 甲方以实物、电子信息等任何形式向乙方提供技术资料时，甲方应进行登记、备案；

3. 甲方在乙方返还属于甲方的所有物、标的物时，应核查数量、内容，并登记、备案；

4. 甲方对乙方提供的且注明保密义务的信息、物品负有保密责任，未经乙方同意不得提供给任何第三方。

第四条 乙方责任

1. 乙方应将甲方提供的资料、物品、信息仅用于甲方的产品或按照甲方要求为甲方提供服务；

2. 乙方无论受委托的加工工作完成与否，均应对甲方提供的涉密物品、资料严格保密，亦即乙方接受甲方委托加工任务期间为保密期，同时乙方在委托加工合同结束后仍应无限期承担对甲方商业秘密和非公开信息的保密义务。当甲方的原商业秘密基于非乙方过失或故意的原因而丧失非公知性时，或经甲方书面同意时，或受让成为甲方原商业秘密所有人时，或甲方将原商业秘密转让给第三人且获得新权利人同意时，乙方方可不再承担对甲方商业秘密或原商业秘密的保密义务。否则，乙方不得以复制、仿制、摘抄、拍摄、录像等方式提取涉密信息，不得基于故意或过失以泄露、告知、公布、发行、非法转让等方式将甲方商业秘密或非公开信息透漏给第三方；亦不得未经甲方书面同意自行使用；

3. 乙方为保证、保障有效承担本合同约定的保密责任，妥善保管涉及甲方商业秘密的文件、资料、电子信息载体等对象，并应当根据双方约定开展以下工作并不得拒绝甲方对该项内容进行核查：

——与涉密人员签订保密协议，对涉密人员、信息和区域进行有效管理；

——建立甲方商业秘密使用台账，对经手人员、使用情况、流转情况、责任人员、责任部门、衍生数据、交还情况等进行记录，并有记录人、确认人等两人以上签字确认；

——建立甲方产品废弃物销毁登记制度。乙方销毁受甲方委托加工生产过程中制造的废弃物、瑕疵品、半成品、报废品等相关物资时，需甲方指定的工作人员或甲方委托的相关人员在场核对清单、内容并监督销毁；

——实施其他双方约定或必要的商业秘密保护举措。

4. 乙方应在受委托的加工任务完成时，或虽在受委托加工过程中但甲方基于合理怀疑或合理原因要求乙方返还甲方的所有物（包括实物、电子信息等）。甲方的所有物包括相关图纸、技术资料、样品、模型，加工产生的报废品、半成品、瑕疵品、其他未流通或未交付物资，未使用完的甲方提供的原材料、工具、设备，及其他涉密信息载体；

5. 乙方不得利用甲方、甲方产品及提供的信息未经授权做宣传；

6. 在本合同约定的保密期限内，乙方如知道或应知甲方商业秘密被泄露或存在泄密风险，有义务及时通知甲方；并在合理成本下采取积极措施避免损失的扩大。基于非乙方原因而出现的风险或损失，经乙方有效阻止危害或损失扩大的，甲方应承担相应风险管理成本，并向侵权人追偿。若乙方明知或应知存在甲方商业秘密被侵权的后果或风险，而不告知甲方造成损失扩大的，甲方将保留追究乙方法律责任的权利。

7. 甲方有权随时了解乙方对甲方商业秘密的管理和使用情况，乙方不得拒绝甲方的合理要求。若乙方违反本规定，甲方有权基于乙方泄密及违约的合理怀疑单方面终止合作关系，并依法追究乙方的相关法律责任。双方约定，乙方违反本规定则应一次性赔偿甲方违约金________元，并赔偿甲方因合同终止及商业秘密被侵权导致的直接及间接损失；

8. 因乙方使甲方商业秘密或非公开信息泄露而导致甲方损失的，乙方承担包括甲方维权费用在内的所有损失。甲方为维权所支付的合理费用包括但不限于调查费、律师费、差旅费、鉴定费、会议费、资料费、诉讼费用等实际支出。

第五条 本《委托加工保密合同》成为甲、乙双方签订的委托加工合同的重要组成部分。以前签订的合同、承诺书、保证书或涉及竞业禁止的约定条款中与本合同不符之处，以本合同为准。

第六条 任何一方不得擅自变更或解除本合同，本合同的任何一处修改均应经过双方书面同意。修改时应将原合同收回并作废，届时以新合同为准；任何直接修改均为无效。合同的部分无效并不影响其他部分的效力。

第七条 本协议履行过程中发生的纠纷，可以由双方协商解决、共同委托双方认可的第三方调解及仲裁。一方不愿协商、调解或仲裁，及协商、调解或仲裁不成的，甲方有权举报，双方均有权提起诉讼。诉讼交由甲方所在地人民法院管辖。

双方约定仲裁机构为：____________________。

第八条 本合同一式两份，甲、乙双方各执一份。双方签字、签章即代表各自认真阅读本合同条款，并明白合同所表达的意思表示，所签订的合同为双方一致同意且真实的意思表示。本合同自签订之日起生效。

第九条 其他未尽事宜，由双方友好协商解决。

甲方（盖章）：____________	乙方（盖章）：____________
法定代表人或委托代理人：________	法定代理人或委托代理人：________
(签章)	(签章)
签订日期：____年____月____日	签订日期：____年____月____日
签订地点：____________	签订地点：____________

安徽省商业秘密保护规范

前　言

本文件按照 GB/T 1.1—2020《标准化工作导则　第 1 部分：标准化文件的结构和起草规则》的规定起草。

请注意本文件的某些内容可能涉及专利。本文件的发布机构不承担识别专利的责任。

本文件由安徽省市场监督管理局反垄断和反不正当竞争执法局提出。

本文件由安徽省市场监督管理局归口。

本文件起草单位：安徽省质量和标准化研究院、安徽省市场监督管理局反垄断和反不正当竞争执法局、合肥高新技术产业开发区管理委员会。

本文件主要起草人：骆辉、郑文宝、黄静、陶学明、李杰、罗伟、黄媛。

商业秘密保护规范

1　范围

本文件规定了商业秘密保护的基本原则、企业自我保护、行政保护、司法保护、协同保护等方面的内容。

本文件适用于企业开展商业秘密保护工作。

2　规范性引用文件

本文件没有规范性引用文件。

3　术语和定义

下列术语和定义适用于本文件。

3.1　商业秘密 trade secrets

不为公众所知悉、具有商业价值并经权利人采取相应保密措施的技术信息、经营信息等商业信息。

[来源：中华人民共和国反不正当竞争法，第九条]

3.2　涉密载体 secret - related carriers

记载或存储商业秘密信息的各类物质，如纸质介质、存储介质（U 盘、硬盘、光盘、服务器等）和其他介质。

3.3　涉密区域 secret - related area

可以接触到商业秘密信息的场所，如企业厂房、车间、研发室、实验室、办公室、保密室、档案室、机房等。

4　基本原则

4.1　企业自主

企业是商业秘密保护的第一责任主体，采取管理、技术、经济等手段，实施商业秘密自主保护，并在商业秘密泄密或被侵犯的行为发生后进行维权是企业的重要工作。

4.2　预防为先

提高商业秘密保护的意识和能力，建立企业商业秘密保护机制和制度，识别和确定商业秘密的泄密风险，加强保密事项的管理，并采取相应的保护和应急措施，预防或避免商业秘密泄密或被侵犯的行为发生。

4.3　依法维权

商业秘密受到侵犯时，要理性表达利益诉求，依据相关法律法规的规定，向行政管理机构、公安机关、司法机关等寻求保护，维护合法权益。

4.4　多元协同

利用行业协会、第三方服务机构等多方社会力量提供的宣传培训、技术咨询、法律援助等服务，有助于提高商业秘密保护能力。

5　企业自我保护

5.1　基本要求

5.1.1　企业应建立或确定商业秘密保护责任部门，配备专（兼）职保密管理人员，明确保密职责权限。

5.1.2　企业应建立内控外防的商业秘密保护管理制度，建立健全商业秘密保护管理体系文件，实现商业秘密的产生、使用、存储、流转等全过程事项的管理。

5.1.3　企业应划定涉密区域，配备并维护商业秘密保护所需的设施设备。

5.1.4　企业应组织开展商业秘密保护相关法律法规、制度文件等的学习培训，确保相关人员具备商业秘密保护的意识和能力。

5.1.5　企业应形成并保留商业秘密自我保护的过程记录。

5.2　商业秘密的确定

5.2.1　原则

5.2.1.1　企业定期或不定期开展商业秘密的核查、评估和确定工作，特别是在核心技术研发、重大经营活动、项目研究的重要节点，应及时性开展商业秘密的遴选工作。

5.2.1.2　企业应在确定的商业信息范围内遴选商业秘密。

5.2.1.3　企业应根据商业秘密的保密性、价值性等构成要件，确定其商业秘密。

5.2.2　范围

企业应界定其商业秘密的遴选范围。遴选范围宜包括：

a）与技术有关的结构、原料、组分、配方、材料、样品、样式、植物新品种繁殖材料、工艺、方法或其步骤、算法、数据、计算机程序及其有关文档等技术信息；

b）与经营活动有关的创意、管理、销售、财务、计划、样本、招投标材料、客户信息、数据等经营信息。其中客户信息包括客户的名称、地址、联系方式以及交易习惯、意向、内容等信息。

注：范围来源于《最高人民法院关于审理侵犯商业秘密民事案件适用法律若干问题的规定》(法释〔2020〕7号)。

5.2.3 保密性

企业应确认其拟界定的商业秘密的保密性，即不为其所属领域的相关人员普遍知悉或者不能从公开渠道容易获得。在确定商业秘密的保密性时，企业宜考虑包括但不限于以下情形：

a）未在国内外公开使用；

b）未在国内外公开出版物或者其他媒体上公开披露；

c）未通过公开的报告会、展览等方式公开；

d）不属于其所属领域相关人员普遍掌握的常识或行业惯例；

e）不能仅涉及产品尺寸、结构、材料、部件的简单组合等内容；

f）不能从公开渠道获得。

5.2.4 价值性

企业应确认其拟界定的商业秘密的价值性，包括现有的商业价值和潜在的商业价值。在确定商业秘密的价值性时，企业宜考虑包括但不限于以下情形：

a）给企业带来的经济收益，包括现有的和潜在的经济收益；

b）对企业生产经营的重要程度；

c）企业的投入研发、经营以及其他成本；

d）为企业带来的竞争优势；

e）竞争对手获取商业信息后产生的价值；

f）因信息泄露后产生或可能产生的经济损失；

g）因信息泄露后可能承担的法律责任。

5.2.5 商业秘密的认定

5.2.5.1 企业应建立商业秘密认定准则，并明确企业商业秘密认定形式、认定人员、认定时机、认定范围、认定程序等要求。

5.2.5.2 企业应根据商业秘密的保密性、价值性等构成要件，识别生产经营过程中产生的技术信息、经营信息等商业信息，并进行登记、核查和评估，以确定其中的商业秘密。

5.2.5.3 企业应建立商业秘密保护清单，确定商业秘密的内容、保密期限、主责部门/负责人、知悉范围、保存方式、存证方式等。

5.3 商业秘密的管理

5.3.1 企业应对确定的商业秘密进行分类分级，并按照密级高低，实行分级保护和管理。

5.3.2 企业应建立商业秘密保护清单，并对商业秘密进行标识。

5.3.3 企业应明确商业秘密的保密事项，并建立对涉密人员、涉密载体、涉密物品、涉密区域、涉密商务活动等事项的管理要求，至少应采取以下保密措施：

a）对涉密人员的入职、在职、离职等实施管理，进行培训和教育、与涉密人员签订商业秘密保护协议（见附录 A）、竞业限制协议（见附录 B）、商务合作保密协议（见附录 C）等；

b）通过章程、培训、规章制度、书面告知等方式，对能够接触、获取商业秘密的员工、前员工、供应商、客户、来访者等提出保密要求；

c）对电脑、U 盘、移动硬盘、光盘、服务器等涉密载体的制作、收发、传递、使用、复制、保存、维修、销毁实施全生命周期管理；

d）对模具、产品、零部件、生产设备、计算机设备、电子设备、网络设备等涉密物品或设备，采取标记、分类、隔离、加密、封存、限制使用等保护措施；

e）对厂房、车间、研发室、实验室、办公室、保密室、档案室等涉密区域（场所）采取物理隔离、警示标识、设置监控、限制来访等措施，实施区分管理；

f）对开展来访、购销、合作、对外交流、并购重组等涉密商务活动，采取与对方签署保密协议、约定商业秘密的内容和归属、约定保护商业秘密职责和权限、调查对方商业秘密管理能力等保护措施；

g）采取其他合理保密措施。

5.3.4　企业应定期或不定期对商业秘密保护措施进行监督检查，确保其持续的适宜性、充分性和有效性。

5.4　应急处置

5.4.1　企业应建立商业秘密泄密或被侵权的应急预案，制定紧急应对流程，必要时，可开展应急演练。

5.4.2　当企业商业秘密发生泄密或被侵权等紧急情况时，企业应迅速做出响应，并采取措施，将危害和损失控制在最小限度内，措施包括但不限于：

a）启动对商业秘密泄密或被侵权事件的核查，确认事件发生的过程、责任人等；

b）分析商业秘密泄密原因，判断是否受到侵权，并评估事件的严重程度；

c）收集商业秘密泄密或被侵权的证据；

d）向市场监督管理部门或公安机关举报；

e）涉及国家秘密的，应立即向公安机关、保密行政管理部门及其他相关部门报告。

5.5　企业维权

当商业秘密被侵犯时，企业应主动维权，并视不同情况，采取以下维权途径和方式：

a）协商和解。当商业秘密侵权情节轻微，双方可自行协商并达成和解；

b）申请调解。当发生商业秘密侵权纠纷，且尚未经过法院、公安或者其他行政机关受理，双方可向人民调解委员会等调解组织申请民事纠纷调解；

c）申请仲裁。若双方达成商业秘密相关仲裁协议，双方可根据协议规定，向仲裁委员会申请经济纠纷仲裁；

d）寻求行政保护。企业有证据表明其商业秘密受到侵犯，可向县级以上市场监督管理部门举报；

e）寻求司法保护。企业商业秘密侵权案件符合刑事案件立案条件的，企业可向公安机关控告；企业还可以向人民法院提起诉讼，提出停止侵权行为请求；

f）向人民检察院申请法律监督。企业认为民事审判程序中审判人员存在违法行为的或民事执行活动存在违法情形的，可向人民检察院申请法律监督；

g）法律法规规定的其他途径。

6 行政保护

6.1 企业有证据表明其商业秘密受到侵犯，可向市场监督管理部门举报，寻求行政保护，并应提供但不限于以下材料：

a）商业秘密权利人主体信息；

b）涉案商业秘密的内容和载体；

c）商业秘密的构成要件，包括商业秘密自主研发/开发的相关证明材料或有关转让授权材料、不为公众所知悉的证据、现实或者潜在的商业价值证据、采取保密措施的证据；

d）因侵权行为导致的损失；

e）侵权人主体信息；

f）侵权人接触或实施侵权行为的相关证明材料，如侵犯商业秘密行为的时间、地点、手段、后果及其他情节；

g）市场监督管理部门要求企业提交的其他材料。

6.2 市场监督管理部门查证立案后，企业应积极配合问询、现场检查等调查取证工作，并应及时补充提供涉案的证据。

6.3 企业可根据案件进展情况，在立案后变更、增加其所主张的商业秘密具体内容。

7 司法保护

7.1 企业商业秘密侵权案件符合刑事案件立案条件的，企业可向公安机关控告，并应提供但不限于以下材料：

a）商业秘密权利人主体信息；

b）涉案商业秘密的内容和载体；

c）商业秘密的构成要件，包括商业秘密自主研发/开发的相关证明材料或有关转让授权材料、不为公众所知悉的证据、现实或者潜在的商业价值证据、采取保密措施的证据；

d）因侵权行为导致的损失；

e）侵权人主体信息；

f）侵权人接触或实施侵权行为的相关证明材料，如侵犯商业秘密行为的时间、地点、手段、后果及其他情节；

g）公安机关要求提交的其他材料。

7.2 企业应配合公安机关、人民法院开展案件的查办和调查取证工作。

7.3 企业应根据人民法院的要求出庭参加案件审理。涉及商业秘密的案件，企业可向人民法院申请不公开审理。

7.4 企业可向人民检察院提起商业秘密诉讼活动法律监督。

7.5 对于涉及国家工作人员利用职权实施犯罪的，企业可向人民检察院举报。

8 协同保护

企业可向园区管理机构、行业协会以及第三方服务机构等社会组织寻求商业秘密保护工作支持，利用外部服务资源，提高企业商业秘密保护工作能力。这些服务资源包括但不限于以下方面：

a）商业秘密保护宣传培训；

b）商业秘密管理建设等；

c）涉密信息的信息管理系统的开发、部署和维护；

d）商密秘密侵权风险监测与预警；

e）商业秘密信息鉴定或评估；

f）商业秘密维权协助。

附录A
（资料性）
商业秘密保护协议的示例

示例：

商业秘密保护协议

甲方（用人单位）：____________

法定代表人：____________　　统一社会信用代码：____________

电话：____________　　传真：____________

地址：________________________

乙方（劳动者）：____________

居民身份证号码：____________

电话：____________　　职务：____________

住址：________________________

甲、乙双方根据《中华人民共和国反不正当竞争法》《中华人民共和国劳动合同法》及国家、地方有关规定，双方本着平等自愿、协商一致、诚实守信的原则，为保护甲方商业秘密，于____年____月____日（本协议生效日）在中华人民共和国____________（具体签署地址）签署本保密协议以共同执行：

一、入职告知

1. 乙方知悉甲方是商业秘密权利人，自愿为其因工作而知悉的商业秘密对甲方承担保密义务。

2. 乙方在进入甲方工作单位之前，对曾经工作过的任何单位或合作单位，均未承担任何保密义务，诸如不泄露、不使用前单位（指与乙方签订有保密协议、竞业限制协议的甲方之前的单位）商业秘密等义务，也未承担任何竞业限制义务。

3. 乙方如因曾经签订相关保密协议、竞业限制协议而承担有相应的保密义务及竞业限制义务的，乙方则应保证：

（1）严守对其前工作单位或合作单位的保密义务，在甲方工作期间不泄露、不使用其在前单位掌握、知悉的商业秘密；

（2）如实向甲方告知与其前工作单位签订的保密协议和竞业限制协议具体内容；

（3）在甲方工作期间不违反与其前工作单位的竞业限制约定，不从事与其前工作单位具有竞争性质的业务工作。

二、商业秘密范围

经双方确认，乙方在甲方任职期间，因履行职务已经或将要接触或知悉甲方的商业秘密，包括但不限于以下内容：

（1）与技术有关的结构、原料、组分、配方、材料、样品、样式、植物新品种繁殖材料、工艺、方法或其步骤、算法、数据、计算机程序及其有关文档等技术信息；

（2）与经营活动有关的创意、管理、销售、财务、计划、样本、招投标材料、客户信息、数据等经营信息。其中客户信息包括客户的名称、地址、联系方式以及交易习惯、意向、内容等信息；

（3）其他符合商业秘密构成要件的商业信息。

注：此条仅供参考。实际使用时，企业可根据自身实际情况进行商业秘密范围的明确细化。

三、乙方对商业秘密保护的义务

乙方已充分认识到保守甲方商业秘密是关系到公司生存和发展的重要问题，因此，乙方应严守甲方的商业秘密，并自愿承担保密义务，除因工作需要且经甲方批准，向应该知道前条所列之商业秘密内容的甲方客户或第三人进行必要的保密性交流外：

（1）严格遵守甲方制定的涉及商业秘密保护的制度；

（2）不得在与甲方有竞争关系的企业兼职；

（3）不得直接或间接向甲方内部无关人员泄露；

（4）不得直接或间接向甲方外部的单位或人员泄露；

(5) 不得为自己利益使用或计划使用;

(6) 不得擅自复制或披露包含甲方商业秘密的文件或文件副本;

(7) 不得擅自拷贝甲方计算机软件的任何数据、文件资料，或信息;

(8) 不得向第三人提供涉及甲方商业秘密的资料、信息;

(9) 对因工作所保管、接触的甲方客户提交的文件应当妥善保管和管理，未经商业秘密保护部门批准，不得超出工作范围使用;

(10) 发现第三人以盗窃、贿赂、欺诈、胁迫、电子侵入或其他不正当手段谋取或计划谋取甲方商业秘密时，即向商业秘密保护部门报告，并积极采取保护的必要措施;

(11) 其它应当承担的保密义务。

四、乙方承诺

乙方承诺在甲方工作期间，不得采取下列方式之一披露、擅自使用、或许可第三人使用甲方的商业秘密:

(1) 将自己使用的电脑用户名、密码告诉第三人; 对电脑页面或内容进行拍摄、摄像; 非法获取电子数据商业秘密; 以电子侵入或非法侵入方式使用电脑、获取存储的商业秘密或信息;

(2) 与甲方有交易关系、或竞争关系、行业相同或相似的国内外任何企业进行交易、或由亲戚朋友名义进行交易、或变相交易;

(3) 组建、参与组建或投资、变相投资与甲方经营相关、相同、或相似的企业;

(4) 直接或间接或帮助第三人劝诱甲方掌握商业秘密的人员或职员离开甲方;

(5) 直接、间接、试图影响或者侵犯甲方拥有的客户名单及其客户关系的商业秘密，包括客户名称、联系人、联系人习惯、联系方式、聊天工具、电子邮箱、交易习惯、合同关系、合同内容、佣金或折扣、交提货方式、款项结算等等;

(6) 利用非工作时间为与甲方同行业的企业工作、提供咨询服务等;

(7) 采取其他不正当手段。

乙方无论以任何原因离职或解除劳动关系后，仍然无条件地对甲方的商业秘密承担保密义务，直至出现本协议约定的第十二条协议的解除情形。

五、保密材料的交还

1. 乙方无论何种原因离开甲方，均应当自觉办理离职手续、接受甲方组织的离职前保密谈话，并交还属于甲方商业秘密的所有文档、数据、三维、文件、资料（包括电脑、硬盘、U盘、光盘、软盘等存储载体中的信息)、物品等。

2. 乙方个人工作日记中或其他载体含有甲方商业秘密的，应当同时交还或由甲方监督销毁，甲方须向乙方支付该载体经济价值相对应的费用补偿。

3. 甲方应当列出乙方掌握甲方商业秘密的清单，双方确认、签字，并办理交还的交接手续。

4. 若乙方擅自带走或不予交还的，视为盗窃商业秘密的行为。

六、成果归属

1. 乙方因工作、职务而创造和构思的有关技术和经营的商业秘密或信息归甲方所有。

2. 乙方在甲方任职期间，完全利用非工作时间，又未使用甲方的资金、技术、商业秘密及工作时间等资源条件，所得的非职务开发结果的知识产权归乙方所有。

七、违约责任

1. 乙方违反本协议任何保密义务的规定或不按约定履行乙方的保密义务将构成重大违约行为，乙方须承担违约责任。双方约定，本协议项下违约金（以下简称“违约金”），其违约金数额相当于乙方解除或者终止劳动合同前________个月（不足12个月的按折合成12个月的标准计算）核定工资与奖金总和的________%。

2. 若甲方曾向乙方支付保密费的，在乙方违反本协议约定之保密义务时，除支付上述违约金外，乙方还应将甲方已经累计支付的保密费全部退还给甲方。

3. 若乙方的违约行为同时侵犯了甲方的商业秘密等相关权利的，甲方可以选择根据本协议约定要求乙方承担相应的违约责任，或根据有关法律、法规之规定要求乙方承担相应的侵权责任。

八、免责事由

如任何政府部门要求乙方披露保密信息，乙方应及时给予甲方书面通知，足以使甲方能够寻求保护或其他适当的救济。如甲方没有获得保护或救济，或丧失取得保护或救济的权利，乙方应仅在法律要求的范围内向政府部门披露相关保密信息。

九、保密义务的期限

本协议的有效期为本协议签订之日起至双方解除或者终止劳动关系后____年止。其中涉及国家机密的，依照《中华人民共和国保守国家秘密法》及相关法律法规的规定执行。

十、保密费

本协议的保密费自本协议签订之日开始，按月支付，每月支付金额为________，由甲方于每月的________日向乙方的银行账户转账支付。乙方银行账户如下：

开户名称：____________

银行账号：____________

开户行：____________

十一、协议的解除

双方协商确定，出现下列情形之一的，本协议自行解除或终止：

（1）保密期限届满；

（2）甲方宣布解密；

（3）甲方保密事项已经公开。

十二、纠纷解决程序与管辖

1. 对因本协议或本协议各方的权利和义务而发生的或与之有关的任何事项和争议、诉讼或程序，本协议双方均选择以下第________种方式解决：

（1）向本协议签订地人民法院提请诉讼；

（2）向____________仲裁委员会申请仲裁。

2. 若协议履行过程中双方发生诉讼或仲裁，在诉讼或仲裁进行期间，除正在进行诉讼或仲裁的部分或直接和实质性地受到诉讼或仲裁影响的条款外，本协议其余条款应当继续履行。

十三、其他

1. 本协议自甲乙双方签字盖章之日起生效，且未经双方书面协议不得补充或修改。本协议签署、履行、解释和争议解决均适用中华人民共和国法律。

2. 本协议一式________份，双方各执________份，具有同等法律效力。

（以下无正文）

甲方：____________（盖章）　　　　乙方：____________

法定代表人/授权代表：____________

日期：____________　　　　日期：____________

附录 B

（资料性）

竞业限制协议的示例

示例：

竞业限制协议

甲方（用人单位）：____________

法定代表人：____________　　　　统一社会信用代码：____________

电话：____________　　　　传真：____________

地址：________________________

乙方（劳动者）：____________

居民身份证号码：____________

电话：____________　　　　　　　　　　职务：____________

住址：________________________

甲、乙双方根据《中华人民共和国反不正当竞争法》、《中华人民共和国劳动合同法》及国家、地方有关规定，双方本着平等自愿、协商一致、诚实守信的原则，就竞业限制事宜，于____年____月____日（本协议生效日）在中华人民共和国____________（具体签署地址）签署本保密协议以共同执行。

一、协议目的描述

乙方了解甲方就其产品、研发、制造、营销、管理、客户、计算机（程序）、营运模式等业务及相关技术、服务投入庞大资金及人物力，享有经济效益及商誉；乙方若未履行或违反本协议规定，将对甲方投资、经营、商誉或经济权益产生不利影响，甚至产生直接或间接损害，构成不公平竞争，影响产业公平秩序等，甲方将依据中华人民共和国相关法律、法规等追究其相应法律责任。

二、竞业限制义务

乙方承诺在竞业限制期间：

（1）未经甲方同意，乙方在甲方任职期间不得自营或者为他人经营与甲方同类的营业。不论因何种原因从甲方离职，乙方在劳动关系解除或终止后____年（不超过二年）内，不得到____________（具体竞业限制区域）内与甲方生产或者经营同类产品、从事同类业务的有竞争关系的其他用人单位，或者自己开业生产或者经营同类产品、从事同类业务；

（2）乙方为证明在竞业限制期限内已履行了竞业限制义务，自乙方在劳动关系解除或终止后月内，应及时向甲方提交下列证明材料，以证明自己是否履行了竞业限制协议约定的义务：

a）从甲方离职后，与新的单位签订的劳动合同，或者能够证明与新的单位存在劳动关系的其他证据；

b）新的单位为该乙方缴纳社会保险的证明；

c）或当乙方为自由职业或无业状态，无法提供上述（1）、（2）项证明时，可由其所在街道办事处、居委会（村委会）或其它公证机构出具的关于乙方的从业情况的证明。

（3）不得利用其甲方股东等身份以任何不正当手段获取利益，不得利用在甲方的地位和职权为自己谋取私利；

（4）不得直接或间接拥有、管理、经营、控制，或参与拥有、管理、经营或控制或其他任何形式（包括但不限于在某一实体中持有权益、对其进行投资、拥有其管理责任，或收购其股票或股权，或与该实体订立许可协议或其他合同安排，但通过证券交易所买卖上市公司不超过发行在外的上市公司股票3%的股票的行为除外）从而在竞争性区域内从事与任何在种类和性质上与甲方经营业务相类似或相竞争的业务；

（5）不得在竞争性单位或与甲方有直接经济往来的公司、企业、其他经济组织和社会团体内接受或取得任何职务（包括不限于合伙人、董事、监事、股东、经理、职员、代理人、顾问等），或向该类竞争性单位提供任何咨询服务（无论是否有偿）或其他协助；

（6）不得利用股东等身份做出任何不利于甲方的交易或安排；不以任何方式从事可能对甲方经营、发展产生不利影响的业务及活动，包括但不限于：利用现有社会及客户资源阻碍或限制甲方的独立发展；对外散布不利于甲方的消息或信息；利用知悉或获取的甲方信息直接或间接实施或参与任何可能损害甲方权益的行为；

（7）不得拉拢、引诱或鼓动甲方的雇员离职，且不得自行或协助包括但不限于在生产、经营或销售等领域与甲方经营业务相同及或相似之经济实体招聘从甲方离职之人员；

（8）不得在包括但不限于生产、经营及或销售等领域与甲方之包括但不限于原料供应商、产品销售商等各种业务伙伴进行与甲方存在竞争之活动；

（9）不得自行或协助他人使用自己掌握之甲方计划使用、或正在使用之一切公开及或未公开之技术成果、商业秘密，不论其是否获得利益。

三、竞业限制补偿

1. 在乙方竞业限制期间，即与乙方劳动关系解除或终止后________年内，甲方每月向乙方按其离职前12个月平均工资（包括年终奖等一切劳动报酬）的________%的标准支付津贴作为补偿。

2. 支付方式为：补偿费从乙方离职之日开始，按月支付，由甲方于每月的________日向乙方的银行账户转账支付。乙方银行账户如下：

开户名称：____________________

银行账号：____________________

开 户 行：____________________

3. 如乙方拒绝领取，甲方可以将补偿费向有关机关提存，由此所发生的费用由乙方承担。

四、违约责任

1. 甲方无正当理由不履行本协议第三条所列各项义务，拒绝支付乙方的竞业限制补偿费（延迟支付约定的补偿费支付期限一个月以上，即可视为拒绝支付）的，甲方除如数向乙方支付约定的竞业限制补偿费外，还应当向乙方一次性支付竞业限制补偿总额________%的违约金。

2. 乙方不履行本协议第二条规定的义务，应当向甲方一次性支付竞业限制补偿总额________%的违约金，同时乙方因违约行为所获得的收益应当甲方所有，甲方有权对乙方给予处分。如违约金不足以补偿甲方损失，甲方还有权向乙方主张由此遭受的经济损失。

3. 前项所述损失赔偿按照如下方式计算：

(1) 损失赔偿额为甲方因乙方的违约行为所受的实际经济损失，计算方法是：因乙方的违约行为导致甲方的产品销售数量下降，其销售数量减少的总数乘以单位产品的利润所得之积；

(2) 如果甲方的损失依照第 (1) 项所述的计算方法难以计算的，损失赔偿额为乙方及相关第三方因违约行为所获得的全部利润，计算方法是：乙方及相关第三方从与违约行为直接关联的每单位产品获得的利润乘以在市场上销售的总数所得之积；

(3) 甲方因调查乙方的违约行为而支付的合理费用，包括但不限于律师费、调查费、评估费等，应当包含在损失赔偿额之内。

4. 如乙方不能按二条第2项要求提交约定证明材料，则应该视为乙方未履行竞业限制协议约定的义务，甲方有权按本竞业限制协议参考上述条款追究乙方的违约责任。

五、协议的权利义务终止

双方约定，出现下列情况之一的，本协议自行终止：

1. 乙方所掌握的甲方重要商业秘密已经公开，而且由于该公开导致乙方对甲方的竞争优势已无重要影响。

2. 甲方无正当理由不履行本协议第三条的义务，拒绝向乙方支付竞业限制补偿费的。

3. 甲方因破产、解散等事由终止法人主体资格，且没有承受其权利义务的合法主体。本协议权利义务的终止不影响甲乙双方在本协议签订之前或之后签订的商业秘密保密协议的效力。

4. 竞业限制期限届满。

六、纠纷解决程序与管辖

1、对因本协议或本协议各方的权利和义务而发生的或与之有关的任何事项和争议、诉讼或程序，本协议双方均选择以下第________种方式解决：

(1) 向本协议签订地人民法院提请诉讼；

(2) 向____________仲裁委员会申请仲裁。

2. 若协议履行过程中双方发生诉讼或仲裁，在诉讼或仲裁进行期间，除正在进行诉讼或仲裁的部分或直接和实质性地受到诉讼或仲裁影响的条款外，本协议其余条款应当继续履行。

七、其他

1. 本协议自甲乙双方签字盖章之日起生效，且未经双方书面协议不得补充或修改。本协议签署、履行、解释和争议解决均适用中华人民共和国法律。

2. 本协议一式________份，双方各执________份，具有同等法律效力。

（以下无正文）

甲方：____________（盖章）　　　　乙方：____________

法定代表人/授权代表：____________

日期：____________　　　　日期：____________

附录 C
（资料性）
商务合作保密协议的示例

示例：

商务合作保密协议

甲方：____________

法定代表人：____________　　　　统一社会信用代码：____________

电话：____________　　　　传真：____________

地址：____________

项目联系人、电话及邮箱：____________

乙方：____________

法定代表人：____________　　　　统一社会信用代码：____________

电话：____________　　　　传真：____________

地址：____________

项目联系人、电话及邮箱：____________

甲乙双方正在就____________事项进行商务合作，双方在谈判或合作期间，均因合作需要可能接触或掌握对方有价值的保密信息（包括但不限于口头、书面或其他任何形式），双方本着平等自愿、协商一致、诚实守信的原则，为保护双方商业秘密事宜，于____年____月____日（本协议生效日），在中华人民共和国____________（具体签署地址），签署本保密协议以共同执行：

一、术语定义

本协议所称保密信息，企业在生产经营过程中形成的不为公众所知悉，具有商业价值并经权利人采取相应保密措施的技术信息和经营信息等商业信息。

二、保密信息的范围

经双方确认，双方在谈判或合作履约期间，因合作需要可能接触或掌握对方有价值的保密信息，包括但不限于以下内容：

1）与技术有关的结构、原料、组分、配方、材料、样品、样式、植物新品种繁殖材料、工艺、方法或其步骤、算法、数据、计算机程序及其有关文档等技术信息；

2）与经营活动有关的创意、管理、销售、财务、计划、样本、招投标材料、客户信息、数据等经营信息。其中客户信息包括客户的名称、地址、联系方式以及交易习惯、意向、内容等信息；

3）其他符合商业秘密构成要件的商业信息。

注：此条仅供参考。实际使用时，企业可根据自身实际情况进行商业秘密范围的明确细化。

三、保密信息的例外

1. 在披露时或披露前，已为公众所知晓的信息或资料。

2. 能证明获得相关信息时已经熟知的资料或信息。

3. 由第三方合法提供给乙方的资料或信息。

4. 未使用对方的技术资料，由在日常业务中独立学习或研究获得的知识、信息或资料。

四、双方权利义务

1. 未经一方书面同意，另一方（包括各自代表、员工）不得向第三方（包括新闻媒体或其从业人员）公开和披露任何保密信息，或以其他方式使用保密信息。

2. 如谈判、合作项目不再继续进行，或相关合同解除、终止，一方有权在任何时候向另一方提出返还、销毁保密信息的书面要求，另一方应按要求在________个工作日内向对方返还、销毁其占有的或控制的全部保密信息，包括但不限于保密信息的全部文件和其它材料，并保证不留有任何复制版本。

3. 甲乙双方应以不低于其对己方拥有的类似资料的保密程度来对待对方向其披露的保密信息，但在任何情况下，对保密信息的保护都不能低于合理程度。

五、保密义务期限

甲乙双方互为保密信息的提供方和接受方，负有保密义务。本协议的保密期限，为本协议签订之日起至双方终止谈判或合作后________年止。

六、知识产权

任何一方向另一方或其代表披露保密信息，并不代表同意另一方任意使用其保密信息、商标、专利、技术秘密及其它知识产权。

七、保密信息的保存和使用

1. 任何一方均有权在双方合作期间保存必要的保密信息，以履行约定义务。

2. 在保密期限内，任何一方在应对合作项目的索赔、诉讼、及刑事控告等相关事宜时，有权合理使用保密信息。

3. 如任何政府部门要求一方披露保密信息，应及时给予另一方书面通知，足以使另一方能够寻求保护令或其他适当的救济。如另一方没有获得保护或救济，或丧失取得保护或救济的权利，一方应仅在法律要求的范围内向政府部门披露相关保密信息，并且应尽合理做事根据另一方的要求对保密信息进行任何修改，并为披露的任何保密信息取得保密待遇。

八、违约责任

1. 任何一方如违反本协议下的保密义务，应承担违约责任。双方约定，本协议项下之违约金（以下简称“违约金”），其违约金数额相当于双方拟达成或已达成合作金额的________%。如本条款约定的上述违约金不足以弥补因违反保密义务而给受害方造成的损失，受害方有权进一步向侵权方主张损失赔偿。

2. 在双方谈判或合作期间内，无论上述违约金给付与否，受害方均有权立即终止谈判或解除与违约方的合同、合作关系，因终止谈判或解除合同、合作所造成的缔约过失赔偿责任、合同赔偿损失由违约方自行承担。

3. 损失赔偿的范围包括但不限于以下费用：

（1）受害方为处理此次纠纷支付的费用，包括但不限于律师费、诉讼费、差旅费、材料费、调查费、评估费、鉴定费等；

（2）受害方因此而遭受商业利益的损失，包括但不限于可得利益的损失、技术开发转让费用的损失等。

4. 在保密期间内，任何一方对本协议任何一项的违约，都会给另一方带来不能弥补的损害，并且具有持续性，难以或不可能完全以金钱计算出受损程度，因此除按法律规定和本协议约定执行任何有关损害赔偿责任外，任何一方均有权采取合理的方式来减轻损失，包括但不限于指定措施和限制使用的合理请求。

九、纠纷解决程序与管辖

1. 对因本协议或本协议各方的权利和义务而发生的或与之有关的任何事项和争议、诉讼或程序，本协议双方均选择以下第________种方式解决：

（1）向本协议签订地人民法院提请诉讼；

（2）向____________仲裁委员会申请仲裁。

2. 若协议履行过程中双方发生诉讼或仲裁，在诉讼或仲裁进行期间，除正在进行诉讼或仲裁的部分或直接和实质性地受到诉讼或仲裁影响的条款外，本协议其余条款应当继续履行。

十、其他

1. 本协议自甲乙双方法定代表人或授权代表签字盖章之日起生效，且未经双方书面协议不得补充或修改。本协议签署、履行、解释和争议解决均适用中华人民共和国法律。

2. 本协议一式________份，双方各执________份，具有同等法律效力。

（以下无正文）

甲方：____________（盖章）　　乙方：____________（盖章）

法定代表人/授权代表：________　　法定代表人/授权代表：________

日期：____________　　日期：____________

参考文献

[1]《中华人民共和国刑事诉讼法》

[2]《中华人民共和国民事诉讼法》

[3]《中华人民共和国行政诉讼法》

[4]《中华人民共和国反不正当竞争法》

[5]《最高人民法院关于审理侵犯商业秘密民事案件适用法律若干问题的规定》（法释〔2020〕7号）

[6]《最高人民法院、最高人民检察院关于办理侵犯知识产权刑事案件具体应用法律若干问题的解释（三）》（法释（2020）10号）

[7]《最高人民检察院　公安部关于修改侵犯商业秘密刑事案件立案追诉标准的决定》

[8]《安徽省知识产权保护办法》

吉林省加强经营者商业秘密保护行政指南

第一条　为扎实落实党的十九届四中全会关于加强商业秘密保护的精神和市场监管总局《关于加强反不正当竞争执法营造公平竞争环境的通知》（国市监竞争〔2020〕94号）要求，深入推进我省商业秘密保护工作，促进创新发展，维护公平竞争，依据《中华人民共和国反不正当竞争法》《关于禁止侵犯商业秘密行为的若干规定》等相关法律法规，制定本行政指南。

第二条　商业秘密是指《中华人民共和国反不正当竞争法》第九条规定的不为公众所知悉，具有商业价值并经权利人采取相应保密措施的技术信息、经营信息等商业信息。

第三条　经营者是指《中华人民共和国反不正当竞争法》第二条规定的从事商品生产、经营或者提供服务的自然人、法人和非法人组织。

第四条 经营者的商业秘密被侵犯寻求市场监管部门救济时，可告知其视不同情况，采取不同的救济措施：

（一）寻求民事保护。可依据《中华人民共和国反不正当竞争法》、《中华人民共和国仲裁法》、《中华人民共和国民事诉讼法》等有关法律法规，向仲裁机构申请仲裁，或者向法院提起民事诉讼，要求侵权人停止侵权并赔偿损失。

（二）寻求行政保护。经营者的商业秘密被他人的不正当竞争行为侵犯，可以向县级以上市场监督管理部门举报。

（三）寻求刑事保护。依据《最高人民检察院、公安部关于公安机关管辖的刑事案件立案追诉标准的规定（二）》第七十三条，侵犯商业秘密，造成商业秘密权利人损失数额在五十万元以上，或者侵权人的违法所得数额在五十万元以上，或者致使商业秘密权利人破产，或者致使商业秘密权利人遭受其他重大损失的，商业秘密权利人可以向公安机关举报，追究侵权人的刑事责任。

（四）向人民检察院提起商业秘密诉讼活动法律监督。

（五）涉及国家秘密的，应当向国家安全部门、保密部门或其他法律法规规定的职能部门报告。

维权过程中，可能会涉及商业秘密及损失数额鉴定。

第五条 县级以上市场监督管理部门接受经营者投诉举报，应注重收集以下材料：

（一）请求保护的商业秘密权利主体资格。举报人应为该技术信息或经营信息的权利人，或者与权利人具有独占使用许可、排他使用许可关系的被许可人。普通使用许可合同的被许可人须经权利人书面授权。

（二）请求保护的技术信息和经营信息符合《反不正当竞争法》有关商业秘密的构成要件。

1. 该信息是技术信息或者经营信息。

技术信息主要包括：技术设计信息（设计图及其草案、模型、样板、设施方案、测试记录及数据等）、采购技术信息（型号、牌号、定制品技术参数及价格、特别要求等）、生产信息（产品配方、工艺流程、技术参数、电子数据、作业指导书等）、设备设施信息（涉密生产设备、仪器、夹具、模具等中的技术信息）、软件程序（设计计划、设计方案、源代码、应用程序、电子数据等）及企业认为有必要采取保密措施进行保护的未公开的专利申报信息等其他技术性信息。

经营信息主要包括：管理文件（文件、规章制度等）、决策信息（战略决策、管理方法等）、研发信息（研发策略、研发经费预算等）、采购经营信息（采购渠道、采购价格、采购计划、采购记录等）、营销信息（营销策划、营销方案、营销政策、营销手册、物流信息、快递信息等）、招投标信息（标书、标底等）、财务信息（财务报表、财务分析、统计报表、预决算报告、各类账册、工资信息等）、销售信息（销售记录、销售协议等）、人力资源信息（员工手册、职位、联系方式等）、企业认为有必要采取保密措施的其他经营性信息。

2. 该信息不为公众所知悉，即具有秘密性。

3. 该信息具有商业价值，即该信息能够给权利人带来直接或间接（现实或潜在）的经济利益或者竞争优势。

4. 权利人对其技术信息或经营信息采取的相应的商业秘密保护措施情况：

（1）签订保密协议、竞业限制协议或者在合同中约定保密义务情况；

（2）通过章程、规章制度、培训等方式提出的保密要求情况；

（3）对能够接触、获取商业秘密的供应商、客户、访客等提出保密要求情况；

（4）以标记、分类、隔离、封存等方式，对商业秘密及其载体进行区分和管理情况；

（5）对能够接触、获取商业秘密的计算机设备、电子设备、网络设备、存储设备、软件等，采取禁止或者限制访问、存储、复制等措施情况；

（6）要求离职员工登记、返还、删除、销毁其接触或者获取的商业秘密及其载体，继续承担保密义务情况；

（7）设立商业秘密保护设施情况。

保密措施应当与商业秘密价值、重要程度相适应。商业秘密共有的，各共有人均应当采取相应保密措施。

（三）被举报人具有接触该技术信息和经营信息的条件等情形。

（四）被举报人使用的技术信息和经营信息与权利人请求保护的技术信息和经营信息具有一致性或相同性等证据材料。

（五）法律法规规定的其他材料。

第六条 各级市场监管部门要建立一定数量的、尽量涵盖内外资、多领域和大中小型企业的商业秘密服务指导站（联系点），对企业加强商业秘密工作进行指导，明确指导培训、建立完善保护制度、行政救济、侵犯其商业秘密实施不正当竞争行为的查处、推广企业脱秘后的保护商业秘密（含保密协议、竞争限制协议、商务合作协议等）的经验做法等市场监管部门服务指导内容，使之成为市场监管部门联系企业加强商业秘密保护的桥梁，成为服务企业的纽带。禁止借建站（点）之机进行其他不必要的检查和过度了解经营者具体的商业秘密事项。对执法办案中知悉的商业秘密保密。

第七条 各级市场监管部门可依据职能并结合本地实际，制定加强商业秘密保护的指引、指南，明确商业秘密范围、指导经营者加强商业秘密保护、促进其依法合规经营。

第八条 各级市场监管部门应当加强市场监管，依据《反不正当竞争法》第九条规定，积极查处侵犯商业秘密的不正当竞争行为。

第九条 各级市场监管部门应当采取微信公众号推送、媒体报刊宣传、发放宣传单、知识产权宣传周等各种形式，加强有关法律法规、典型案例、加强企业商业秘密保护经验做法的宣传，促进经营者增强商业秘密保护意识，明确权利边界，提升依法保护水平和维权能力，维护公平竞争环境。

第十条 本指南不具有法律约束力，不属于强制性规范，仅供各地市场监管部门参考使用。

江西省经营者加强商业秘密保护指引

第一条 为强化经营者商业秘密保护意识，提升知识产权保护，促进创新发展，维护公平竞争，根据《中华人民共和国反不正当竞争法》等相关规定，制定本指引。

本指引所称经营者，是指从事商品生产、经营或者提供服务的自然人、法人和非法人组织。

第二条 根据《中华人民共和国反不正当竞争法》，商业秘密是指不为公众所知悉，具有商业价值并经权利人采取相应保密措施的技术信息和经营信息。

第三条 符合下列条件的信息，可以判断属于《中华人民共和国反不正当竞争法》保护的商业秘密。

（一）该信息不为公众所知悉。即该信息不为经营者所属领域的相关人员普遍知悉和容易获得。

（二）该信息具有商业价值。即该信息能够为经营者带来直接的、现实的或者间接的、潜在的经济利益或者竞争优势。

（三）权利人采取了相应的保密措施。即权利人采取了与该信息商业价值等具体情况相适应的合理的保护措施，且相关措施在通常情况下足以防止该信息泄露。

（四）该信息属于技术信息、经营信息等商业信息。“技术信息”主要包括与技术有关的结构、原料、组分、配方、材料、样品、样式、植物新品种繁殖材料、工艺、方法或其步骤、算法、数据、计算机程序及其有关文档等信息。“经营信息”主要包括与经营活动有关的创意、管理、销售、财务、计划、样本、招投标材料、客户信息、数据等信息。

前款所称的客户信息，包括客户的名称、地址、联系方式以及交易习惯、意向、内容等信息。

第四条 权利人为防止商业秘密泄露，可以采取与商业秘密的商业价值、独立获取难度等因素相适应、合理且具有针对性的保密措施，包括但不限于：

（一）签订保密协议或者在合同中约定保密义务；

（二）通过章程、培训、规章制度、书面告知等方式，对能够接触、获取商业秘密的员工、前员工、供应商、客户、来访者等提出保密要求；

（三）对涉密的厂房、车间等生产经营场所限制来访者或者进行区分管理；

（四）以标记、分类、隔离、加密、封存、限制能够接触或者获取的人员范围等方式，对商业秘密及其载体进行区分和管理；

（五）对能够接触、获取商业秘密的计算机设备、电子设备、网络设备、存储设备、软件等，采取禁止或者限制使用、访问、存储、复制等措施；

（六）要求离职员工登记、返还、清除、销毁其接触或者获取的商业秘密及其载体，继续承担保密义务；

（七）采取其他合理保密措施。

第五条 下列行为属于法律禁止的侵犯商业秘密行为：

（一）以盗窃、贿赂、欺诈、胁迫、电子侵入或者其他不正当手段获取权利人的商业秘密；

（二）披露、使用或者允许他人使用以前项手段获取的权利人的商业秘密；

（三）违反保密义务或者违反权利人有关保守商业秘密的要求，披露、使用或者允许他人使用其所掌握的商业秘密；

（四）教唆、引诱、帮助他人违反保密义务或者违反权利人有关保守商业秘密的要求，获取、披露、使用或者允许他人使用权利人的商业秘密。

经营者以外的其他自然人、法人和非法人组织实施前款所列违法行为的，视为侵犯商业秘密。

第三人明知或者应知商业秘密权利人的员工、前员工或者其他单位、个人实施本条第一款所列违法行为，仍获取、披露、使用或者允许他人使用该商业秘密的，视为侵犯商业秘密。

第六条 经营者应当遵守《中华人民共和国反不正当竞争法》等相关规定，重视商业秘密、尊重商业秘密、保护商业秘密，下列行为可以判断不属于侵犯商业秘密行为：

（一）独立发现或者自行开发研制；

（二）通过反向工程等类似方式获得商业秘密的，但商业秘密或者产品系通过不正当手段获得、或违反保密义务的反向工程除外；

（三）在购买、引进他人先进技术、产品配方等可能涉及商业秘密的技术资料时，由出让人在相关协议中作出该项技术属于其合法取得的书面说明；

（四）股东依法行使知情权而获取公司商业秘密的；

（五）商业秘密权利人或持有人的员工、前员工或合作方基于环境保护、公共卫生、公共安全、揭露违法犯罪行为等公共利益或国家利益需要，而必须披露商业秘密的。

前款所称反向工程，是指通过技术手段对从公开渠道取得的产品进行拆卸、测绘、分析等而获得该产品的有关技术信息。

第七条 经营者的商业秘密被侵犯，可视不同情况，采取不同的救济措施。

（一）寻求民事保护。权利人可以依法向人民法院提起民事诉讼，要求侵权人停止侵权并赔偿损失。

（二）寻求行政保护。权利人可以向县级以上市场监督管理部门举报，要求侵权人停止侵权，并追究侵权人行政责任。

（三）寻求刑事保护。侵犯商业秘密行为给权利人造成损失数额或者因侵犯商业秘密违法所得数额在三十万元以上的，或者致使权利人因重大经营困难而破产、倒闭的，或者遭受其他重大损失的，权利人可以向公安机关报案，追究侵权人的刑事责任。

第八条 举报人向县级以上市场监督管理部门请求保护其商业秘密，需提交以下材料：

（一）证明主张保护的商业秘密权利主体资格。

（二）证明主张保护的商业信息符合商业秘密法定构成要件。

（三）被举报人具有接触该技术信息和经营信息的条件等情形。

（四）被举报人使用的技术信息和经营信息与投诉人请求保护的技术信息和经营信息具有一致性或相同性。

在查处商业秘密侵权案件过程中，权利人同时向人民法院提起商业秘密侵权诉讼的，市场监督管理部门可以中止案件的查处。中止原因消除后，应当恢复或者终结案件查处程序。

侵犯商业秘密行为涉嫌犯罪的，应依法移送司法机关处理，市场监督管理部门应中止案件的查处。中止原因消除后，应当恢复或者终结案件查处程序。

第九条 各级市场监管部门要加强对经营者商业秘密保护工作的指导，总结推广经验做法。市场监管部门及其工作人员对工作中知悉的商业秘密负有保密义务。

第十条 本指引依据相关法律法规及司法解释，经营者应根据行业特点及规范要求加以完善。本指引仅供经营者参考使用。

附件1：商务合作保密协议（参考文本）

附件2：商业秘密保密协议（参考文本）

附件3：竞业限制协议（参考文本）

附件1

商务合作保密协议（参考文本）

甲方：____________

法定代表人：____________　　统一社会信用代码：____________

电话：____________　　传真：____________

地址：____________

项目联系人、电话及邮箱：____________

乙方：____________

法定代表人：____________　　统一社会信用代码：____________

电话：____________　　传真：____________

地址：____________

项目联系人、电话及邮箱：____________

甲乙双方正在就____事项进行商务合作，双方在谈判或合作期间，均因合作需要可能接触或掌握对方有价值的保密信息（包括但不限于口头、书面或其他任何形式），双方本着平等自愿、协商一致、诚实守信的原则，为保护双方商业秘密事宜，于____年____月____日（以下简称“生效日”），在中华人民共和国____________（具体签署地址），签署本保密协议以共同执行：

第一条 术语定义

本协议所称保密信息，企业在生产经营过程中形成的不为公众所知悉，具有商业价值并经权利人采取相应保密措施的技术信息和经营信息。

第二条 保密信息的范围

经双方确认，双方在谈判或合作履约期间，因合作需要可能接触或掌握对方有价值的保密信息，包括但不限于以下内容：

（1）双方的客户、员工、管理人员及顾问的名单、联系方式及其他相关信息，包括但不限于姓名、联系电话（移动和固定电话）、电子邮件地址、即时通讯方式或社交网络地址（QQ、MSN、Skype、微信、易信、来往、Line、微博、空间等）、家庭地址等任何足以识别、联系客户、员工、管理人员及顾问的信息；

（2）双方经营活动有关的合同文本及法律文书；

（3）双方经营活动中涉及的关键价格信息；

（4）双方谈判或合作履约中的会议决议、会议纪要、谈判与磋商细节等资料；

（5）双方的具体经营状况及经营策略（如营业额、销售数据、负债、库存、经营方针、投资决策意向、产品定价、服务策略、市场分析、广告策略、定价策略、营销策略等）；

（6）与双方资产、财务有关的信息（如存货、现金等资产的存放地、保险箱密码、数量、价值等，以及财务报表、账簿、凭证等）；

（7）双方的知识产权、专有技术等信息（如产品设计、产品图纸、生产制造工艺及技术、计算机软件程序、数据库、技术数据、专利技术、版权信息、科研成果等）；

（8）根据法律、法规规定以及本协议约定需要保密的其他与技术和经营活动有关的信息。

第三条 保密信息的例外

1. 在披露时或披露前，已为公众所知晓的信息或资料；

2. 能证明获得相关信息时已经熟知的资料或信息；

3. 由第三方合法提供给乙方的资料或信息；

4. 未使用对方的技术资料，由在日常业务中独立学习或研究获得的知识、信息或资料。

第四条 双方权利义务

1. 未经一方书面同意，另一方（包括各自代表、员工）不得向第三方（包括新闻媒体或其从业人员）公开和披露任何保密信息，或以其他方式使用保密信息。

2. 如谈判、合作项目不再继续进行，或相关合同解除、终止，一方有权在任何时候向另一方提出返还、销毁保密信息的书面要求，另一方应按要求在____个工作日内向对方返还、销毁其占有的或控制的全部保密信息，包括但不限于保密信息的全部文件和其它材料，并保证不留有任何复制版本。

3. 甲乙双方应以不低于其对己方拥有的类似资料的保密程度来对待对方向其披露的保密信息，但在任何情况下，对保密信息的保护都不能低于合理程度。

第五条 保密义务期限

甲乙双方互为保密信息的提供方和接受方，负有保密义务。本协议的保密期限，为本协议签订之日起至双方终止谈判或合作后____年止。

第六条 知识产权

任何一方向另一方或其代表披露保密信息，并不代表同意另一方任意使用其保密信息、商标、专利、技术秘密及其它知识产权。

第七条 保密信息的保存和使用

1. 任何一方均有权在双方合作期间保存必要的保密信息，以履行约定义务。

2. 在保密期限内，任何一方在应对合作项目的索赔、诉讼、及刑事控告等相关事宜时，有权合理使用保密信息。

3. 如任何政府部门要求一方披露保密信息，应及时给予另一方书面通知，足以使另一方能够寻求保护令或其他适当的救济。如另一方没有获得保护或救济，或丧失取得保护或救济的权利，一方应仅在法律要求的范围内向政府部门披露相关保密信息，并且应尽合理做事根据另一方的要求对保密信息进行任何修改，并为披露的任何保密信息取得保密待遇。

第八条 违约责任

1. 任何一方如违反本协议下的保密义务，应承担违约责任。双方约定，本协议项下之违约金（以下简称“违约金”），其违约金数额相当于双方拟达成或已达成合作金额的________%。如本条款约定的上述违约金不足以弥补因违反保密义务而给受害方造成的损失，受害方有权进一步向侵权方主张损失赔偿。

2. 在双方谈判或合作期间内，无论上述违约金给付与否，受害方均有权立即终止谈判或解除与违约方的合同、合作关系，因终止谈判或解除合同、合作所造成的缔约过失赔偿责任、合同赔偿损失由违约方自行承担。

3. 损失赔偿的范围包括但不限于以下费用：

（1）受害方为处理此次纠纷支付的费用，包括但不限于律师费、诉讼费、差旅费、材料费、调查费、评估费、鉴定费等。

(2) 受害方因此而遭受商业利益的损失，包括但不限于可得利益的损失、技术开发转让费用的损失等。

4. 在保密期间内，任何一方对本协议任何一项的违约，都会给另一方带来不能弥补的损害，并且具有持续性，难以或不可能完全以金钱计算出受损程度，因此除按法律规定和本协议约定执行任何有关损害赔偿责任外，任何一方均有权采取合理的方式来减轻损失，包括但不限于指定措施和限制使用的合理请求。

第九条 适用法律和争议解决

1. 对因本协议或本协议各方的权利和义务而发生的或与之有关的任何事项和争议、诉讼或程序，本协议双方均选择以下第________种方式解决：

(1) 向本合同签订地人民法院提请诉讼；

(2) 向____________仲裁委员会申请仲裁。

2. 若协议履行过程中双方发生诉讼或仲裁，在诉讼或仲裁进行期间，除正在进行诉讼或仲裁的部分或直接和实质性地受到诉讼或仲裁影响的条款外，本协议其余条款应当继续履行。

第十条 其他

1. 本协议自甲乙双方法定代表人或授权代表签字盖章之日起生效，且未经双方书面协议不得补充或修改。本协议签署、履行、解释和争议解决均适用中华人民共和国法律。

2. 本协议一式________份，双方各执________份，具有同等法律效力。

(签署页)

甲方：____________（盖章） 乙方：____________

法定代表人/授权代表：__________ 法定代表人/授权代表：__________

日期：____________ 日期：____________

附件2

商业秘密保密协议（参考文本）

甲方（用人单位、披露方）：____________

法定代表人：____________ 统一社会信用代码：____________

电话：____________ 传真：____________

地址：________________________

乙方（劳动者、接受方）：____________

居民身份证号码：____________

电话：____________ 职务：____________

住址：________________________

甲、乙双方根据《中华人民共和国反不正当竞争法》、《中华人民共和国劳动合同法》及国家、地方有关规定，双方本着平等自愿、协商一致、诚实守信的原则，为保护甲方商业秘密，于____年____月____日（以下简称“生效日”）在中华人民共和国____________（具体签署地址）签署本保密协议以共同执行：

第一条 合同目的描述

乙方了解甲方就其产品、研发、制造、营销、管理、客户、计算机（程序）、营运模式等业务及相关技术、服务投入庞大资金及人物力，享有经济效益及商誉；乙方知悉参与并接触第三条（保密信息范围的条款）所述各项业务机密资料系基于甲方对乙方履行本协议之信赖。乙方若未履行或违反本协议规定，将对第三条（保密信息范围的条款）以及投资、经营、商誉或经济权益产生不利影响，甚至产生直接或间接损害，构成不公平竞争，影响产业公平秩序等，甲方将依据中华人民共和国相关法律、法规等追究其相应法律责任。

第二条 术语定义

本协议所称商业秘密，是指企业在生产经营过程中形成的不为公众所知悉，具有商业价值并经权利人采取相应保密措施的技术信息和经营信息。

第三条 保密信息的范围

经双方确认，乙方在甲方任职期间，因履行职务已经或将要接触或知悉甲方的商业秘密，包括但不限于以下内容：

（1）甲方的客户、员工、管理人员及顾问的名单、联系方式及其他相关信息，包括但不限于姓名、联系电话（移动和固定电话）、电子邮件地址、即时通讯方式或社交网络地址（QQ、MSN、Skype、微信、易信、来往、Line、微博、空间等）、家庭地址等任何足以识别、联系客户、员工、管理人员及顾问的信息；

（2）与甲方经营活动有关的合同文本及法律文书；

（3）甲方经营活动中涉及的关键价格信息；

（4）甲方日常经营管理中的会议决议、会议纪要、谈判与磋商细节等资料；

（5）甲方的具体经营状况及经营策略（如营业额、销售数据、负债、库存、经营方针、投资决策意向、产品定价、服务策略、市场分析、广告策略、定价策略、营销策略等）；

（6）与甲方资产、财务有关的信息（如存货、现金等资产的存放地、保险箱密码、数量、价值等，以及财务报表、账簿、凭证等）；

(7) 与甲方人事、管理制度有关的资料（如劳动合同、人事资料、管理资料、培训资料、工资薪酬及福利待遇资料、奖惩情况等）；

(8) 甲方的知识产权、专有技术等信息（如产品设计、产品图纸、生产制造工艺及技术、计算机软件程序、数据库、技术数据、专利技术、版权信息、科研成果等）；

(9) 根据法律、法规规定以及本协议约定需要保密的其他与技术和经营活动有关的信息。

第四条 保密信息的例外

1. 在披露时或披露前，已为公众所知晓的信息或资料；

2. 能证明从甲方获得相关信息时乙方已经熟知的资料或信息；

3. 由第三方合法提供给乙方的非保密资料或信息；

4. 未使用甲方的技术资料，由乙方在日常业务中独立学习或研究获得的知识、信息或资料。

第五条 保密义务的期限

本协议的有效期为本协议签订之日起至双方解除或者终止劳动关系后____年止。其中涉及国家机密的，依照《中华人民共和国保守国家秘密法》及相关法律法规的规定执行。

第六条 保密义务的效力

乙方确认，在与甲方的劳动关系存续期间，需在任何地域内遵守本协议约定之保密义务。乙方不得以该地域不能够或者不具备形成甲方的实际竞争关系为理由，要求甲方排除本协议约定之保密义务。

第七条 积极保密义务

1. 如乙方须对外使用甲方所披露的信息时，不确定该信息是否为保密信息，需向甲方书面征询，由甲方给予书面答复。

2. 乙方应自甲方按要求向其提供保密信息之日起，对相关信息予以保密，不得向任何第三方披露上述信息。

3. 为使乙方更好地履行本协议约定之保密义务，甲方应该对乙方进行保密教育及培训。

第八条 消极保密义务

1. 乙方于任职期间或离职后所知悉、接触、持有、使用之机密资料及密码，系甲方或其客户赖以经营之重要资产，乙方应以善良管理人的注意义务采取有效的措施保护该机密资料及密码，且乙方于任职期间或离职后均不以任何方式泄露或将该机密资料及密码交付给第三人。

2. 乙方了解甲方所有电脑及其软件使用管理等信息（包括电脑数量、品牌、软件套数、名称、使用状况等）均系甲方之经营秘密，属乙方应保密范围，乙方应以善良管理人的注意义务采取一切适当措施保管之，未经甲方事先同意不得以任何方式提供或泄露予任何第三方（包括甲方内部其他无关员工以及甲方外部人员等）。未经甲方事前书面同意不得私自复制、备份或以任何方式私自或为他人留存电脑所安装之任何软件（包括系统软件及应用软件等）。

3. 乙方了解甲方设有专门的对外发言及信息披露制度，乙方承诺严格遵守该发言及信息披露制度。乙方了解在甲方依法公布或披露甲方任何营运信息前，乙方不得擅自向第三人告知、传播或提供有关甲方的任何机密资料。

4. 乙方同意甲方对商业秘密之定义和界定，无论故意或过失、无论以任何形式泄露甲方商业秘密均属违约或违法行为（含犯罪行为），甲方有权视情节和危害程度，采取对商业秘密保护措施，并要求赔偿相关损失。乙方亦同意配合甲方调查，包括但不限于问话、交待事件过程、交付或保存事件相关资料及设备，同意甲方将存储资料、电脑邮件等封存、保全，根据甲方立场配合甲方进行控告和调查。

5. 乙方确认知晓甲方薪资保密的相关规定并承诺严格遵守执行，不告知别人自己的薪资、奖金收入及发放情况，不探听、议论、盗取、阅览别人薪资、奖金之相关情况和资料。

6. 乙方了解甲方设有诚信廉洁相关规约，乙方应严格遵守，即不向甲方交易对象（包括协力厂商、客户、供货商或服务商等，且无论交易是否成交）约定或索取任何不正当利益，包括回扣、佣金、不当馈赠或招待等。

7. 乙方承诺于任职期间或离职后不为自己或他人之利益，唆使或利诱甲方其关联企业员工离职或违背职务。

8. 乙方承诺不进行贪污、挪用、侵占、盗窃甲方资金或财产或侵犯商业秘密之行为。

9. 乙方承诺，未经事先披露并经同意，应要求乙方承担违约责任。

第九条　知识产权条款

不论以明示或默示方式，甲方应该对所披露信息享有所有权或其他权利，保证未侵犯第三方的知识产权，如乙方因使用甲方的信息损害了第三人的权利，则乙方应立即停止使用该信息，并且由甲方赔偿第三方的损失，乙方不构成违约，此情形仅限于乙方因工作需要而正当使用该信息。

第十条　通知规则

1. 一方在本协议履行过程中向另一方发出或者提供的所有通知、文件、文书、资料等，均以本协议所列明的地址送达，一方向另一方手机或电子邮箱发送的短信或电子邮件亦视为已送达另一方。

2. 如一方迁址、变更电话、电邮，应当书面通知另一方，未履行书面通知义务的，一方按原地址邮寄相关材料或通知相关信息即视为已履行送达义务。当面交付上述材料的，在交付之时视为送达；以邮寄、短信、电邮方式交付的，寄出、发出或者投邮后即视为送达。

第十一条 离职事宜

1. 乙方所占有、使用、监督或管理的知识产权有关的资料、机密资料为甲方财产，乙方应于离职时悉数交还甲方并保证不留有任何复制版本。

2. 乙方在办理离职手续时，应依甲方要求以书面形式再次确认本协议所述义务，并接受甲方安排的离职面谈，签署相关的承诺书等文件。

3. 乙方接受其他用人单位聘用或与他人合伙、合作或合资之前，应将签署本协议的相关义务通知新用人单位、合伙人、合作者或合资者。

第十二条 信息载体

1. 乙方同意，乙方所持有或保管的记录着甲方保密信息的一切载体均归甲方所有。前述载体包括但不限于设备、光盘、磁盘、磁带、笔记本、文件、备忘录、报告、案卷、样品、账簿、信件、清单、软件程序、录像带、幻灯片或其他书面、图示记录等。乙方应当于离职时，或于甲方提出要求时，将前述载体交付给甲方。

2. 若载体是由乙方自备的，且保密信息可以从载体上消除或复制出来，甲方有权随时要求乙方将保密信息复制到甲方享有所有权的其他载体上，并把原载体上的保密信息消除，否则视为乙方已同意将这些载体的所有权转让给甲方，甲方有权不予以返还该载体，但须向乙方支付该载体经济价值相对应的费用补偿。

第十三条 违约责任

1. 乙方违反本协议任何保密义务（包括但不限于保密义务、禁止引诱与招揽义务，下同）的规定或不按约定履行乙方的保密义务将构成重大违约行为，乙方须承担违约责任。双方约定，本协议项下之违约金（以下简称“违约金”），其违约金数额相当于乙方解除或者终止劳动合同前________个月（不足12个月的按折合成12个月的标准计算）核定工资与奖金总和的________%。若甲方曾向乙方支付保密费的，在乙方违反本协议约定之保密义务时，除支付上述违约金外，乙方还应将甲方已经累计支付的保密费全部退还给甲方。若乙方的违约行为同时侵犯了甲方的商业秘密等相关权利的，甲方可以选择根据本协议之约定要求乙方承担相应的违约责任，或根据有关法律、法规之规定要求乙方承担相应的侵权责任。

2. 为便于计算乙方违约/侵权行为给甲方造成的损失，双方进一步约定，因乙方如下行为造成甲方实际损失的计算标准如下：

(1) 乙方违反本协议约定，泄露、倒卖甲方客户信息及/或接触、鼓动、劝说、引诱或招揽甲方客户停止入金、进行出金、至其他甲方开户或解除与甲方的交易协议等造成甲方损失的计算公式：

甲方损失＝[涉及甲方客户数量×(甲方单一客户开发成本＋甲方单一客户年度平均交易手续费)]

（2）乙方违反本协议约定，接触、鼓动、劝说、引诱或招揽甲方员工从甲方离职去其他甲方或实体工作或提供服务，造成甲方损失的计算公式：

甲方损失＝［涉及甲方客户数量×（甲方单一员工招聘成本＋甲方单一员工的年度平均工资）］

（3）在任何情况下，若甲方实际损失根据上述标准计算出来的金额或根据其他标准计算出来的金额少于本协议约定的违约金标准的，则双方同意根据本协议约定的违约金标准作为认定甲方实际损失的依据。

第十四条 免责事由

如任何政府部门要求乙方披露保密信息，乙方应及时给予甲方书面通知，足以使甲方能够寻求保护或其他适当的救济。如甲方没有获得保护或救济，或丧失取得保护或救济的权利，乙方应仅在法律要求的范围内向政府部门披露相关保密信息，并且应尽合理措施根据甲方的要求对保密信息进行任何修改，并为披露的任何保密信息取得保密待遇。

第十五条 保密费

本协议保密费为：__________，保密费从____年____月____日开始，按月支付，由甲方于每月的____日通过乙方的银行账户支付。乙方银行账户如下：

开户名称：________________

银行账号：________________

开 户 行：________________

第十六条 合同的解除

1. 双方协商确定，出现下列情形之一的，本协议自行解除或终止：

（1）保密期限届满；

（2）甲方宣布解密；

（3）甲方保密事项已经公开。

第十七条 纠纷解决程序与管辖

1. 对因本协议或本协议各方的权利和义务而发生的或与之有关的任何事项和争议、诉讼或程序，本协议双方均选择以下第________种方式解决：

（1）向本合同签订地人民法院提请诉讼；

（2）向__________仲裁委员会申请仲裁。

2. 若协议履行过程中双方发生诉讼或仲裁，在诉讼或仲裁进行期间，除正在进行诉讼或仲裁的部分或直接和实质性地受到诉讼或仲裁影响的条款外，本协议其余条款应当继续履行。

第十八条 其他

1. 本协议自甲乙双方签字盖章之日起生效，且未经双方书面协议不得补充或修改。本协议签署、履行、解释和争议解决均适用中华人民共和国法律。

2. 本协议一式________份，双方各执________份，具有同等法律效力。

（以下无正文）

甲方：____________（盖章）　　　　乙方：____________

法定代表人/授权代表：____________

日期：____________　　　　日期：____________

附件3

竞业限制协议（参考文本）

甲方（用人单位、披露方）：____________

法定代表人：____________　　　　统一社会信用代码：____________

电话：____________　　　　传真：____________

地址：____________

乙方（劳动者、接受方）：____________

居民身份证号码：____________

电话：____________　　　　职务：____________

住址：____________

甲、乙双方根据《中华人民共和国反不正当竞争法》、《中华人民共和国公司法》、《中华人民共和国劳动合同法》及国家、地方有关规定，双方本着平等自愿、协商一致、诚实守信的原则，就竞业限制事宜，于____年____月____日（以下简称“生效日”）在中华人民共和国____________（具体签署地址）签署本协议以共同执行：

第一条　合同目的描述

乙方了解甲方就其产品、研发、制造、营销、管理、客户、计算机（程序）、营运模式等业务及相关技术、服务投入庞大资金及人物力，享有经济效益及商誉；乙方若未履行或违反本协议规定，将对甲方投资、经营、商誉或经济权益产生不利影响，甚至产生直接或间接损害，构成不公平竞争，影响产业公平秩序等，甲方将依据中华人民共和国相关法律、法规等追究其相应法律责任。

第二条　竞业限制义务

乙方承诺在竞业限制期间：

1. 未经甲方同意，乙方在甲方任职期间不得自营或者为他人经营与甲方同类的营业。不论因何种原因从甲方离职，乙方在劳动关系解除或终止后____年（不超过二年）内，不得到____________（具体竞业限制区域）内与甲方生产或者经营同类产品、从事同类业务的有竞争关系的其他用人单位，或者自己开业生产或者经营同类产品、从事同类业务。

2. 乙方为证明在竞业限制期限内已履行了竞业限制义务，自乙方在劳动关系解除或终止后____月内，应及时向甲方提交下列证明材料，以证明自己是否履行了竞业限制协议约定的义务：

（1）从甲方离职后，与新的单位签订的劳动合同，或者能够证明与新的单位存在劳动关系的其他证据；

（2）新的单位为该乙方缴纳社会保险的证明；

（3）或当乙方为自由职业或无业状态，无法提供上述（1）、（2）项证明时，可由其所在街道办事处、居委会（村委会）或其它公证机构出具的关于乙方的从业情况的证明。

3. 不得利用其甲方股东等身份以任何不正当手段获取利益，不得利用在甲方的地位和职权为自己谋取私利。

4. 不得直接或间接拥有、管理、经营、控制，或参与拥有、管理、经营或控制或其他任何形式（包括但不限于在某一实体中持有权益、对其进行投资、拥有其管理责任，或收购其股票或股权，或与该实体订立许可协议或其他合同安排，但通过证券交易所买卖上市公司不超过发行在外的上市公司股票3%的股票的行为除外）从而在竞争性区域内从事与任何在种类和性质上与甲方经营业务相类似或相竞争的业务。

5. 不得在竞争性单位或与甲方有直接经济往来的公司、企业、其他经济组织和社会团体内接受或取得任何职务（包括不限于合伙人、董事、监事、股东、经理、职员、代理人、顾问等），或向该类竞争性单位提供任何咨询服务（无论是否有偿）或其他协助。

6. 不得利用股东等身份做出任何不利于甲方的交易或安排；不以任何方式从事可能对甲方经营、发展产生不利影响的业务及活动，包括但不限于：利用现有社会及客户资源阻碍或限制甲方的独立发展；对外散布不利于甲方的消息或信息；利用知悉或获取的甲方信息直接或间接实施或参与任何可能损害甲方权益的行为。

7. 不得拉拢、引诱或鼓动甲方的雇员离职，且不得自行或协助包括但不限于在生产、经营或销售等领域与甲方经营业务相同及或相似之经济实体招聘从甲方离职之人员。

8. 不得在包括但不限于生产、经营及或销售等领域与甲方之包括但不限于原料供应商、产品销售商等各种业务伙伴进行与甲方存在竞争之活动。

9. 不得自行或协助他人使用自己掌握之甲方计划使用、或正在使用之一切公开及或未公开之技术成果、商业秘密，不论其是否获得利益。

第三条 竞业限制补偿

1. 在乙方竞业限制期间，即与乙方劳动关系解除或终止后____年内，甲方每月向乙方按其离职前12个月平均工资（包括年终奖等一切劳动报酬）的____%的标准支付津贴作为补偿。

2. 支付方式为：补偿费从____年____月____日开始，按月支付，由甲方于每月的____日通过乙方的银行账户支付。乙方银行账户如下：

开户名称：________________

银行账号：________________

开 户 行：________________

3. 如乙方拒绝领取，甲方可以将补偿费向有关机关提存，由此所发生的费用由乙方承担。

第四条 违约责任

1. 甲方无正当理由不履行本协议第三条所列各项义务，拒绝支付乙方的竞业限制补偿费（延迟支付约定的补偿费支付期限一个月以上，即可视为拒绝支付）的，甲方除如数向乙方支付约定的竞业限制补偿费外，还应当向乙方一次性支付竞业限制补偿总额____%的违约金。

2. 乙方不履行本协议第二条规定的义务，应当向甲方一次性支付竞业限制补偿总额____%的违约金，同时乙方因违约行为所获得的收益应当甲方所有，甲方有权对乙方给予处分。如违约金不足以补偿甲方损失，甲方还有权向乙方主张由此遭受的经济损失。

3. 前项所述损失赔偿按照如下方式计算：

(1) 损失赔偿额为甲方因乙方的违约行为所受的实际经济损失，计算方法是：因乙方的违约行为导致甲方的产品销售数量下降，其销售数量减少的总数乘以单位产品的利润所得之积。

(2) 如果甲方的损失依照第（1）项所述的计算方法难以计算的，损失赔偿额为乙方及相关第三方因违约行为所获得的全部利润，计算方法是：乙方及相关第三方从与违约行为直接关联的每单位产品获得的利润乘以在市场上销售的总数所得之积；

(3) 甲方因调查乙方的违约行为而支付的合理费用，包括但不限于律师费、调查费、评估费等，应当包含在损失赔偿额之内。

4. 如乙方不能按二条第2项要求提交约定证明材料，则应该视为乙方未履行竞业限制协议约定的义务，甲方有权按本竞业限制协议参考上述条款追究乙方的违约责任。

第五条 合同的权利义务终止

双方约定，出现下列情况之一的，本协议自行终止：

1. 乙方所掌握的甲方重要商业秘密已经公开，而且由于该公开导致乙方对甲方的竞争优势已无重要影响。

2. 甲方无正当理由不履行本协议第三条的义务，拒绝向乙方支付竞业限制补偿费的。

3. 甲方因破产、解散等事由终止法人主体资格，且没有承受其权利义务的合法主体。本合同权利义务的终止不影响甲乙双方在本合同签订之前或之后签订的商业秘密保密协议的效力。

4. 竞业限制期限届满。

第六条 纠纷解决程序与管辖

1. 对因本协议或本协议各方的权利和义务而发生的或与之有关的任何事项和争议、诉讼或程序，本协议双方均选择以下第____种方式解决：

（1）向本合同签订地人民法院提请诉讼；

（2）向____________仲裁委员会申请仲裁。

2. 若协议履行过程中双方发生诉讼或仲裁，在诉讼或仲裁进行期间，除正在进行诉讼或仲裁的部分或直接和实质性地受到诉讼或仲裁影响的条款外，本协议其余条款应当继续履行。

第七条 其他

1. 本协议自甲乙双方签字盖章之日起生效，且未经双方书面协议不得补充或修改。本协议签署、履行、解释和争议解决均适用中华人民共和国法律。

2. 本协议一式____份，双方各执____份，具有同等法律效力。

（以下无正文）

甲方：____________（盖章）　　乙方：____________

法定代表人/授权代表：________

日期：____________　　日期：____________

山东省经营者加强商业秘密保护工作指引

本指引依据《中华人民共和国反不正当竞争法》等相关法律法规制定，旨在增强经营者商业秘密保护意识，提升商业秘密保护能力，推进经营者自主创新发展，维护公平竞争市场秩序。

一、商业秘密的涵义及构成要件

商业秘密是指不为公众所知悉、具有商业价值并经权利人采取相应保密措施的技术信息、经营信息等商业信息。

《中华人民共和国反不正当竞争法》保护的商业秘密，应当具备下列四个构成要件：

（一）该信息不为公众所知悉

即该信息不为经营者所属领域的相关人员普遍知悉和容易获得。

（二）该信息具有商业价值

即该信息能够为经营者带来直接的、现实的或者间接的、潜在的经济利益或者竞争优势。

（三）权利人采取了相应的保密措施

即权利人采取了与该信息商业价值等具体情况相适应的合理的保护措施，且相关措施在通常情况下足以防止该信息泄露。

（四）该信息属于技术信息、经营信息等商业信息

“技术信息”主要包括产品配方、制作工艺、技术方法、设计资料、实验数据等信息。“经营信息”主要包括管理诀窍、产销策略、货源情报、标底标书、客户名单、薪酬体系等信息。

二、侵犯商业秘密行为的表现形式

侵犯商业秘密行为主要有以下四种表现形式：

（一）以不正当手段获取商业秘密

主要是指行为人通过盗窃、贿赂、欺诈、胁迫、电子侵入或者其他不正当手段获取权利人的商业秘密。例如，行为人将权利人载有商业秘密的文件偷偷复制，返还原件，留存复印件；以给付财物或其他利益的方式诱使他人告知商业秘密等。

（二）将以不正当手段获取的商业秘密进行披露、使用或者允许他人使用

主要是指行为人通过不正当手段获取商业秘密后，将商业秘密向他人扩散、用于自身生产经营或者提供给第三人使用。其中，将商业秘密提供给第三人使用时，无论是有偿还是无偿方式均属于侵犯权利人商业秘密的行为。

（三）将来源正当的商业秘密予以不正当披露、使用或者允许他人使用

主要是指行为人虽然通过正当途径获取或者知悉了商业秘密，但却违反合同约定的保密义务或者权利人保密要求，披露、使用或者允许他人使用其所掌握的商业秘密。这类行为人主要包括权利人在职、离职员工；权利人合作伙伴，如代理商、供货商、银行等；为权利人提供服务的外部人员，如律师、顾问、审计人员等。需要注意的是，教唆、引诱、帮助他人违反保密义务或权利人保密要求，实施披露、使用或者允许他人使用权利人商业秘密的行为，属于侵犯商业秘密行为。

（四）第三人因主观恶意或重大过失而获取、披露、使用或允许他人使用

第三人明知或应知商业秘密权利人的员工、前员工或者其他单位、个人实施前述侵犯商业秘密行为，仍然获取、披露、使用或允许他人使用，视为侵犯权利人的商业秘密。其中，“明知”是指明明知道，即第三人主观上知道而故意为之；“应知”是指应当知道，即从客观上判断，只要尽到必要、合理的注意义务的人都应当知道，但第三人因重大过失造成其主观上并不知道。

三、商业秘密权利人的救济途径

权利人发现自己的商业秘密被侵犯时，可视情况采取不同的救济措施：

（一）寻求民事保护

权利人可以向仲裁机构申请仲裁，或者向人民法院提起民事诉讼，要求侵权人停止侵权并赔偿损失。

（二）寻求行政保护

权利人可以向县级以上市场监督管理部门举报，追究侵权人行政责任。

（三）寻求刑事保护

侵犯商业秘密行为给权利人造成损失数额在五十万元以上的，侵权人违法所得数额在五十万元以上的，致使权利人破产或者遭受其他重大损失的，权利人可以向公安机关报案，追究侵权人的刑事责任。

四、商业秘密权利人的举证责任

商业秘密权利人向县级以上市场监督管理部门举报时，需配合提交相关材料以证明下列事项：

（一）证明主张保护的商业秘密权利主体资格。

（二）证明主张保护的商业信息符合商业秘密法定构成要件。

（三）证明被举报人使用的商业信息与主张保护的商业信息相同或实质相同。

（四）证明被举报人具备接触或者非法获取主张保护的商业信息的渠道或者机会。

五、商业秘密涉嫌侵权人的举证责任

县级以上市场监督管理部门对侵犯商业秘密案件进行调查时，涉嫌侵权人应当证明权利人所主张的商业秘密不属于《中华人民共和国反不正当竞争法》规定的商业秘密；商业秘密权利人提供相关证据合理表明商业秘密被侵犯的，涉嫌侵权人应当证明其不存在侵犯商业秘密行为。

经营者可以通过技术手段对从公开渠道取得的产品进行拆卸、测绘、分析而获得该产品的有关技术信息（即反向工程），但不得通过不正当手段获取他人商业秘密后，又以反向工程为由主张其获取行为合法。

六、经营者在商业秘密保护工作中的责任与义务

经营者应当遵守《中华人民共和国反不正当竞争法》等规定，强化商业秘密保护，维护公平竞争秩序。

经营者应当提高自我保护意识，建立健全自我保护机制，防止商业秘密泄露。

经营者采取保密措施，应当综合考虑商业秘密所涉信息载体的特性、保密措施的可识别程度、他人通过正当方式获得该商业信息的难易程度等因素，并通过内外结合进行具体设定。

（一）对内强化内部控制

经营者应当建立商业秘密保护规章制度，可以采取以下措施：

一是完善企业章程，增加商业秘密保护条款。

二是明确保密客体，即明确企业作为商业秘密保护的信息范围、密级及保密期限。

三是制定关于涉密资料、物品的收发、流转、使用、存储、维修、销毁等全链条管理规定，如明确审批层级、管理人员、交接手续、复制要求、保险装置等。

四是制定互联网运行涉密信息的管理规定，如限定专用电脑、传输网络与介质，提高密码层级，定期修改密码等。

五是制定涉密会议、活动的管理规定，如选择具备保密条件的会议场所、限定参加会议人员的范围、确定会议内容是否传达及传达范围、选择使用会议设备、明确个人通信工具保管方式和会议文件管理方式等。

六是制定企业访客管理规定，如明确活动区域、陪同人员、登记要求等。

七是制定员工保密培训方案，经常对员工开展保密培训。

八是制定泄密应急处置预案，在泄密情况发生时及时止损、固定证据。

经营者应当重视合同或者协议中保密条款的约定，一是要与员工签订保密协议，明确保密客体及员工在职在岗、离职离岗期间的保密义务；二是要与涉密核心岗位人员签订竞业限制协议，明确具体保密义务，明确竞业限制的范围、地域、期限（不得超过两年），约定经济补偿及违约金额。

经营者应当根据不同的密级，配备必要的保密设施，如监控装置、门禁装置、网络设备、存储设施、计算机、软件、提醒标识等。

（二）对外明示责任义务

经营者应当在涉及商业秘密的合同或协议中设置保密条款，如明确约定保密客体，明确合同对方及其员工、代理人等的保密义务，明确保密期限在合同终止后仍然持续有效，明确违反保密义务的违约责任。

经营者应当在涉及商业秘密的商业洽谈、参观、展示等活动中，签订保密协议，明确保密客体、保密义务等。

浙江省商业秘密保护工作指引

第一条　目的

为强化经营者商业秘密保护意识，防范商业秘密合法权益被侵犯，促进市场主体创业创新发展，维护公平竞争，根据《中华人民共和国反不正当竞争法》及相关法律法规，制定本指引。

第二条　对象

本指引为市场监督管理部门、各类园区及特色小镇、行业协会、经营者、商业秘密保护示范区、站（点）及商业秘密保护服务机构在开展商业秘密保护工作时提供参考。

经营者是指从事商品生产、经营或者提供服务的自然人、法人和非法人组织。

商业秘密保护示范区是指省内各县（市、区）产业基地、科技企业孵化器、海外高层次人才创业园、大学科技园等商业秘密保护工作较好的园区以及特色小镇。

商业秘密保护示范站是指在本区域内的重点产业、集聚产业或创新产业中商业秘密保护工作成效较好的行业协会或其他组织；也可以由律师事务所、公证机构、司法鉴定机构等商业秘密保护服务机构、示范企业自发组成的松散型联盟组织。

商业秘密保护示范点是指在本区域内新兴产业、高科技产业或区域重点集聚产业中，经营规模或技术实力具有领先地位，商业秘密保护工作成效较为突出的企业。

第三条　定义

商业秘密是指不为公众所知悉，具有商业价值并经权利人采取相应保密措施的技术信息和经营信息等商业信息。

第四条　构成要件

商业秘密构成要件包括非公知性、价值性和保密性。

1.（非公知性－不为公众所知悉）《最高人民法院关于审理不正当竞争民事案件应用法律若干问题的解释》第九条指出，有关信息不为其所属领域的相关人员普遍知悉和容易获得，应当认定为“不为公众所知悉”。作为商业秘密的技术信息和经营信等商业信息是不能从公开渠道直接获取的，需要依靠商业秘密的“创造者”利用公知的知识、经验或技巧经过创造或探索，和/或人力、财力、物力的投入方能获得。

2.（价值性－具有商业价值）能给商业秘密权利人带来经济利益或者竞争优势，是商业秘密权利人追求商业秘密保护的目的。

3.（保密性－权利人采取保密措施）是指商业秘密权利人或合法持有人采取的对内与对外，并与商业秘密信息相适合的合理的保密措施。商业秘密主要依赖于权利人采取保密措施，以弥补法律强制性保护的不足。采取保密措施不要求是绝对的、无缺陷的措施，只要是合理的、适当的即可。

第五条　保护范围

商业秘密信息一般可以分为两大类：技术信息类商业秘密和经营信息类商业秘密。

1. 技术信息主要包括：技术设计、程序、质量控制、应用试验、工艺流程、设计图纸（含草图）、工业配方、制作工艺、制作方法、试验方式和试验记录等。技术信息可以是一项完整的技术方案，也可以是一项完整技术方案中的一个或若干个相对独立的技术要点。

2. 经营信息主要包括：管理方案、管理诀窍、客户名单、货源情报、产销策略、投融资计划、标书、标底等方面的信息。经营信息可以是一个完整的经营方案，也可以是经营方案中若干相对独立的信息要素个体或组合。所有可能给权利人带来经济利益或竞争优势的非技术类信息，都可以成为经营信息。

企事业单位管理中相关会议上的工作计划、某些管理决定、研究事项、员工薪酬等并不一定构成商业秘密。

第六条　权利人与义务人

商业秘密的权利人，可以是自然人、法人或非法人组织，从其享有的权利范围上包括商业秘密的持有人和被许可使用人。

商业秘密的义务人是指依据合同约定或法律规定负有保密义务的自然人、法人和非法人组织。

第七条　取得方式

商业秘密可通过以下方式取得：

1. 企事业单位或个人自主研发取得；

2. 经过商业秘密权利人许可、转让而合法取得；

3. 通过“反向工程”取得：“反向工程”是指通过技术手段对从公开渠道取得的产品进行拆卸、测绘、分析等手段而获得该产品的有关技术信息。

4. 通过分析研究公开资料、信息、技术，整合改进后取得；

5. 其他合法渠道取得。

第八条　证明方式

1. 原始取得：适用于商业秘密由权利人自主研发获取商业秘密的情形。此类情形可通过研发立项、记录文件、试验数据、技术成果验收备案文件等证明商业秘密的形成及归属。

2. 继受取得：适用于通过交易方式受让或取得使用授权的情形。此类情形可通过商业秘密交易转让合同或授权使用许可协议等材料证明商业秘密的归属或使用权利。

第九条　保护路径

一项技术在申请专利前或申请专利未公开之前应当作为商业秘密加以保护。一项技术或者若干项关联技术可以将部分内容申请专利，部分内容作为商业秘密加以保护。实践中对技术信息同时采用商业秘密和专利两种方式保护是最有效的。

1. 对简单的、易被他人自行研究成功或者较容易被他人通过反向工程解析的技术信息，商业秘密权利人应考虑采用申请专利的手段加以保护。

2. 企事业单位保密能力强的，可以采用商业秘密的方式保护。

3. 技术信息先进性程度高的，可以先采用商业秘密保护；技术信息可能丧失先进性或者可能被他人申请专利的，应当采用专利保护。

第十条　保护原则

企业自主。企业应高度重视商业秘密保护，将商业秘密保护纳入企业整体知识产权保护战略规划。企业开展商业秘密保护应遵守国家的法律、法规和相关规章制度，企业的商业秘密保护范围、期限、区域、组织领导等应由企业自主决定。

预防为主。商业秘密保护的核心在于防范，采取有效的商业秘密保护措施有利于控制泄密风险，降低泄密概率，提高维权成功率。

政府指导。政府职能部门按照相应的职能依法履职，并根据企业的需求指导企业做好相关护密维权工作。

合理适当。商业秘密主要依赖于权利人采取保密措施，以弥补法律强制性保护的不足。采取保密措施不要求是绝对的、无缺陷的措施，只要是合理的、适当的即可。

第十一条　协同保护

市场监管部门重点抓好商业秘密保护“两个平台”示范建设。即抓住商业秘密保护示范区及商业秘密保护示范站（点）建设，提高保护受众面。

商业秘密保护示范区要突出抓好商业秘密保护多部门联合保护机制、商业秘密保护纠纷多元化解决机制、商业秘密侵权查处快速反应机制，通过建机制、抓示范、强维权，构建“点线面”立体化商业秘密保护工作体系。

商业秘密保护示范站要协助市场监督管理部门普及商业秘密法律制度和政策措施，推动企业自主自觉地开展保护工作，及时地将企业需求及建议反映给执法机关；利用专业知识配合执法机关开展行政调解和违法查处。

商业秘密保护示范点要发挥示范效应，为片区企业提供商业秘密保护工作交流学习机会，建立反馈商业秘密保护工作需求、收集侵权线索等工作机制。

第十二条　保护体系

相关单位和机构指导帮助商业秘密权利人建立商业秘密保护体系，主要包括：完善的保密组织构架、涉密人员管理机制、涉密文书材料管理机制、涉密载体管理机制、重点涉密区域管理机制、商业秘密保护工作监管检查机制、泄密预警和处置机制等。

第十三条　管理制度

商业秘密管理主要包括：涉密人员管理、涉密区域管理、涉密信息管理、商务活动管理等，可参照《浙江省商业秘密保护管理与服务规范》建立相关管理制度。

商业秘密管理的模式包括：分项目管理、分阶段管理、分区域管理、分部门管理。

第十四条　范围识别

企业正确识别自身商业秘密范围是做好商业秘密保护工作的基础，其关键在于做好商业秘密定密分级管理工作。

第十五条　风险评估

企业通过采用相关商业秘密泄密风险评估标准与体系，测评自身商业秘密发生泄密而造成影响和损失的可能程度，能够使企业发现自身商业秘密泄密风险隐患，为企业制订和完善保密政策提供依据。

第十六条　风险监控

泄密风险监控对于商业秘密的信息汇集、技术研发、管理模式及保护措施至关重要，旨在全方位防范泄密风险，降低被破解的可能性。

泄密风险监控的主要方面：决策监控、人员监控、研发监控、履约监控、实施监控。

第十七条　制度公示

企事业单位应建立商业秘密保密制度“公开”和规章的“明示”制度。可以采用以下方式向全体员工公开和明示其内容，公开或者明示过程应当以可以证明的方式予以记载和保存：

1. 在指定位置张贴规章制度；

2. 在集体会议上公布规章制度的内容和法律性质；

3. 员工书面确认知悉规章制度的内容及法律性质，承诺遵守。

第十八条　人员管理

商业秘密保护重在对人的管控。员工是创造和保护商业秘密的基础要素，对员工的管理直接决定商业秘密保护的效果。

针对涉密员工应做好岗前培训、岗位定职、工作交接，签署保密协议、竞业限制协议是必要的环节。

第十九条　脱密和竞业限制

1. 脱密期的使用

（1）适用脱密期的员工为接触商业秘密，并掌握商业秘密核心信息的高级技术人员、高级管理人员；

（2）适用脱密期的时间一般在员工要求离职、退休或者单位认为需要调离原岗位的前几个月；

（3）适用脱密期的期限应当根据保密事项的性质、接触的程度等因素综合考虑确定，最长不超过6个月；

（4）适用脱密期的员工转岗、离职或退休后对已经知悉的商业秘密仍负有保密义务。

2. 竞业限制的使用

《中华人民共和国劳动合同法》规定，对负有保密义务的劳动者，用人单位可以在劳动合同或者保密协议中与劳动者约定竞业限制条款，并约定在解除或者终止劳动合同后，在竞业限制期限内按月给予劳动者经济补偿。劳动者违反竞业限制约定的，应当按照约定向用人单位支付违约金。

竞业限制的人员限于用人单位的高级管理人员、高级技术人员和其他负有保密义务的人员。竞业限制的范围、地域、期限由用人单位与劳动者约定，竞业限制的约定不得违反法律、法规的规定。

在解除或者终止劳动合同后，前款规定的人员到与本单位生产或者经营同类产品、从事同类业务的有竞争关系的其他用人单位，或者自己开业生产或者经营同类产品、从事同类业务的竞业限制期限，不得超过二年。

第二十条　定期检查

企业内设的商业秘密保护管理组织应定期开展本企业商业秘密保护工作的监管与检查，监管检查的重点包括：涉密人员、涉密载体、涉密计算机网络、涉密商务活动、重点涉密区域、商业秘密保护范围筛选、商业秘密保护工作制度落实情况等。

第二十一条　泄密处置

企业发生泄密事件后，应作的必要处置内容包括：核实泄密内容、调查泄密原因与责任人、搜集泄密证据、追究相关责任、制订补救措施方案、开展保密整改。

第二十二条　证据收集

权利人发现商业秘密被侵犯的迹象、线索时，可及时与管辖地的商业秘密保护服务机构、市场监督管理部门、公安机关等联系，在其指导下搜集下列证据，必要时进行证据保全公证：

1. 泄密信息为一般公众不知悉或者无法轻易获得的信息；

2. 泄密信息的具体内容、载体、已采取的保护措施；

3. 可能的泄密途径；

4. 可能与泄密信息有关的人员（如在职员工、离职员工、退休员工）的信息；

（1）有关人员在本企业的工作经历、工作内容、接触到的涉密信息；

（2）有关人员在本企业接受保密培训的记录；

（3）有关人员与企业签订的商业秘密保护合同（协议）；

5. 可能与泄密信息有关的第三方；

6. 侵犯涉密信息的具体行为表现；

7. 对方使用泄密信息可能导致的后果。

第二十三条　救济方式

根据证据收集情况，权利人可依法采取下列方式进行维权：

1. 向市场监督管理部门举报。被侵权行为符合本指引第四条情形的，权利人可选择向市场监督管理部门举报。经市场监督管理部门调查，符合《最高人民检察院、公安部关于公安机关管辖的刑事案件立案追诉标准的规定（二）》第七十三条的规定，移送公安机关。

2. 向公安机关报案。被侵权行为符合《最高人民检察院、公安部关于公安机关管辖的刑事案件立案追诉标准的规定（二）》第七十三条的规定，权利人可以向公安机关报案，依法追究刑事责任。

3. 申请劳动仲裁或商事仲裁。权利人可就劳动合同或保密协议的当事人违反约定保密义务，应当依法承担法律责任的，可以申请劳动仲裁或商事仲裁。

4. 向人民法院提起民事诉讼。根据《民事诉讼法》第 119 条之规定，权利人可以向人民法院起诉，并依据《中华人民共和国反不正当竞争法》第三十二条之规定，应就其所主张的商业秘密保密性提供初步证据，且合理表明商业秘密被侵犯。

5. 向人民检察院提起商业秘密诉讼活动法律监督。

6. 涉及国家秘密的，应向国家安全部门、保密部门报告。

维权过程中，可能会涉及商业秘密“非公知性”、“同一性”和“损失数额”鉴定。

第二十四条　鉴定机构

商业秘密权利人维权时，鉴定机构可以在以下两个信息平台自主查询选择。

1. 浙江法院网对外委托机构信息平台 http：//112. 124. 2. 191/wtjdjg/；

2. 诉讼资产网专业机构信息平台 https：//www1. rmfysszc. gov. cn/agency/Inter-

mediary. shtml。

第二十五条 本指引及其相关附件不具有法律约束力，不属于强制性规范，仅供相关单位参考使用。

附件：

1. 商业秘密保护范围
2. 员工保密合同（参考文本）
3. 竞业限制协议（参考文本）
4. 委托加工保密合同（参考文本）

附件 1

商业秘密保密范围

1. 技术信息

涉密技术信息

项目	表现形式
设计信息	设计图及其草案、模型、样板、设计方案、测试记录及数据等。
采购技术信息	型号、牌号、定制品技术参数及价格、特别要求等。
生产信息	产品的配方、工艺流程、技术参数、电子数据、作业指导书等。
设备设施信息	涉密生产设备、仪器、夹具、模具等中的技术信息。
软件程序	设计计划、设计方案、源代码、应用程序、电子数据等。
其他	企业认为有必要采取保密措施其他技术信息，如未公开的专利申报信息等。

2. 经营信息

涉密经营信息

项目	表现形式
管理文件	文件、规章制度等。
决策信息	战略决策、管理方法等。
研发信息	研发策略、研发经费预算等。
采购经营信息	采购渠道、采购价格、采购计划、采购记录等。
营销信息	营销策划、营销方案、营销政策、营销手册、物流信息、快递信息等。
招投标信息	标书、标底等。
财务信息	财务报表、财务分析、统计报表、预决算报告、各类账册、工资信息等。
供应商和客户信息	名称、联系人、联系方式、交易习惯、合同内容、交提货方式、款项结算等。

续表

项目	表现形式
销售信息	销售记录、销售协议等。
人力资源信息	员工名册、职位、联系方式等。
其他	企业认为有必要采取保密措施其他经营信息。

附件2

员工保密合同（参考文本）

合同编号：

××××秘合［ ］号

商业秘密权利人（用人单位）：____________（下称甲方）

统一社会信用代码：____________

劳动者或聘用人员：____性别：____年龄：____岁（下称乙方）

身份证号：____________ 手机：____________

岗位：________________ 职务：________________

家庭住址：________________ 现在住所：________________

乙方知悉甲方是商业秘密权利人，自愿为其因工作而知悉的商业秘密对甲方承担保密义务，甲、乙双方在自愿、诚实信用原则下，经充分协商，达成如下一致条款，并共同恪守。

一、入职告知

1. 乙方在进入甲方工作单位之前，对曾经工作过的任何单位或合作单位，均未承担任何保密义务，诸如不泄露、不使用前单位（指与乙方签订有保密协议、竞业限制协议的甲方之前的单位）商业秘密等义务，也未承担任何竞业限制义务。

2. 乙方如因曾经签订相关保密协议、竞业限制协议而承担有相应的保密义务及竞业限制义务的，乙方则应保证：(1) 严守对其前工作单位或合作单位的保密义务，在甲方工作期间不泄露、不使用其在前单位掌握、知悉的商业秘密；(2) 如实向甲方告知与其前工作单位签订的保密协议和竞业限制协议具体内容；(3) 在甲方工作期间不违反与其前工作单位的竞业限制约定，不从事与其前工作单位具有竞争性质的业务工作。

二、商业秘密范围

甲方的商业秘密范围是指甲方不为公众所知悉、具有商业价值并经权利人采取相应保密措施的技术信息、经营信息等商业信息。

甲方的商业秘密包括且不限于《商业秘密保护范围》（甲方发文公布实施）列出的商业秘密保护范围，包括且不限于特定的、完整的、部分的、个别的不为公众所知悉的商业信息，或未披露的信息，包括且不限于涉及商业秘密的草稿、拟稿、草案、样品、图形、三维、模型、文档、文件、数据、资料等商业信息。

三、乙方对商业秘密保护的义务

乙方已充分认识到保守甲方商业秘密是关系到公司生存和发展的重要问题，因此，乙方应严守甲方的商业秘密，并自愿承担保密义务，除因工作需要而经甲方商业秘密保护部门批准，向应该知道前条所列之商业秘密内容的甲方客户或第三人进行必要的保密性交流外：

1. 严格遵守甲方制定的涉及商业秘密保护的制度（参见合同附件）；

2. 不得在与甲方有竞争关系的企业兼职；

3. 不得直接或间接向甲方内部无关人员泄露；

4. 不得直接或间接向甲方外部的单位或人员泄露；

5. 不得为自己利益使用或计划使用；

6. 不得擅自复制或披露包含甲方商业秘密的文件或文件副本；

7. 不得擅自拷贝甲方计算机软件的任何数据、文件资料，或信息；

8. 不得向第三人提供涉及甲方商业秘密的资料、信息；

9. 对因工作所保管、接触的甲方客户提交的文件应当妥善保管和管理，未经商业秘密保护部门批准，不得超出工作范围使用；

10. 发现第三人以盗窃、贿赂、欺诈、胁迫、电子侵入或其他不正当手段谋取或计划谋取甲方商业秘密时，即向商业秘密保护部门报告，并积极采取保护的必要措施；

11. 其它应当承担的保密义务。

四、成果归属和报告义务

1. 乙方因工作、职务而创造和构思的有关技术和经营的商业秘密或信息归甲方所有；为甲方公司利益而作出职务成果时，应当在作出之日起 10 天内向甲方商业秘密保护部门报告。

2. 乙方在甲方任职期间，完全利用非工作时间，又未使用甲方的资金、技术、商业秘密及工作时间等资源条件，所得的非职务开发结果的知识产权归乙方所有。但以下情况除外：

（1）该研究、开发结果、产品、作品同甲方业务具有竞争性；

（2）实际上或可以论证，该研究、开发结果、产品、作品系抢先占用了甲方的研究、开发结果、产品、作品；

（3）该研究、开发结果、产品、作品系在乙方的职务开发结果的基础上形成的。

3. 乙方在职期间或离职一年之内的非职务发明，应以书面形式向甲方提交非职务发明的材料，经甲方确认的非职务发明，其所有权、使用权与甲方无关。

五、职务成果的奖励

甲方制定职务成果奖励规定可作为本合同的重要组成部分，并遵照执行。

六、乙方承诺

乙方承诺在甲方工作期间，不得采取下列方式之一披露、擅自使用、或许可第三人使用甲方的商业秘密：

1. 将自己使用的电脑用户名、密码告诉第三人；对电脑页面或内容进行拍摄、摄像；非法获取电子数据商业秘密；以电子侵入或非法侵入方式使用电脑、获取存储的商业秘密或信息；

2. 与甲方有交易关系、或竞争关系、行业相同或相似的国内外任何企业进行交易、或由亲戚朋友名义进行交易、或变相交易；

3. 组建、参与组建或投资、变相投资与本合同第二条甲方经营相关、相同、或相似的企业；

4. 直接或间接或帮助第三人劝诱甲方掌握商业秘密的人员或职员离开甲方；

5. 直接、间接、试图影响或者侵犯甲方拥有的客户名单及其客户关系的商业秘密，包括客户名称、联系人、联系人习惯、联系方式、聊天工具、电子邮箱、交易习惯、合同关系、合同内容、佣金或折扣、交提货方式、款项结算等等；

6. 利用非工作时间为与甲方同行业的企业工作、提供咨询服务等；

7. 采取其他不正当手段。

乙方无论以任何原因离职或解除劳动关系后，仍然无条件地对甲方商业秘密承担保密义务，直至该商业秘密完全公开。

七、保密材料的交还

乙方无论何种原因离开甲方，均应当自觉办理离职手续、接受甲方组织的离职前保密谈话，并交还甲方《商业秘密保护范围规定》所列之属于甲方商业秘密的所有文档、数据、三维、文件、资料（包括电脑、硬盘、U盘、光盘、软盘等存储载体中的信息）、物品等。

乙方个人工作日记中含有甲方商业秘密的，应当同时交还或由商业秘密保护部门监督销毁。

甲方应当列出乙方掌握甲方商业秘密的清单，双方确认、签字，并办理交还的交接手续。经过三次以上书面通知（包括不限于法务函、短信、律师函等），仍然不移交商业秘密的，进行失信公示。

若乙方擅自带走或不予交还的，视为盗窃商业秘密的行为。

八、合同有效期限

1. 上述保密义务对乙方长期有效，无论其在职期间，还是离职之后，除非甲方商业秘密为公众所知悉或完全公开。

2. 如果甲方商业秘密进入公知领域，是因乙方的过错，除追究法律责任外，乙方或知悉方仍无权使用该商业秘密。

九、法律责任

鉴于甲方商业秘密被披露、使用或允许第三人使用或转让给第三人将会削弱甲方竞争优势、造成不可估量的经济损失，为了有效保护甲方商业秘密，双方约定：若乙方违反本合同规定的，乙方应当向甲方支付违约金为万元。甲方遭受到的损失难以计算时，赔偿额为乙方侵权行为所获取的所有经济利益，包括但不限于乙方的工资收入、分红收入或其他一切现实经济收入或可得收入，还包括甲方为获取本合同项下且为乙方违约泄露、使用的商业秘密而付出的开发成本等实际费用。

因乙方违约而导致甲方为维权而支付的合理费用，包括但不限于律师费、差旅费、人工费等，以及因乙方违约给甲方造成的全部直接或间接损失，由乙方承担。

十、争议的解决办法

因执行本合同而发生纠纷，可以由双方协商解决或者共同委托双方信任的第三方调解。协商、调解不成或者一方不愿意协商、调解的，任何一方都有提起诉讼的权利。

十一、本《员工保密合同》(即《保密协议》)成为甲、乙双方签订的劳动合同的重要组成部分；任何一方不得擅自变更或解除，以前签订的合同或涉及商业秘密保护的条款与本合同有不一致的地方，以本合同为准。

十二、本合同一式二份，甲、乙双方各执一份，自签订之日起具有法律效力。

甲方（公章）：____________　　乙方（签字指印）：____________

签订地点：____________

签订日期：____年____月____日

附件 3

竞业限制协议（参考文本）

甲方：____________

统一社会信用代码：____________

地址：____________

乙方：____　　性别：____　　年龄：____

身份证号：________________　　手机号码：____________

身份证地址：________________　　现居住地址：________________

根据《中华人民共和国劳动法》、《中华人民共和国公司法》及有关法律法规，甲、乙双方在平等自愿的基础上，经充分友好协商，就员工竞业禁止等有关事宜，达成如下协议：

1. 乙方承诺，其在任职期间及离职后二年内，不得受聘于任何与甲方业务相同或相似、且有竞争关系的组织，以及从事与甲方业务相同或相似的业务，无论在该组织中任何职，无论全职或兼职；

2. 乙方承诺，其在任职期间及离职后二年内，不得自己经营或与他人共同经营与甲方有直接或间接竞争关系的业务，或在任何直接或间接与甲方竞争的业务中享有任何财务或其他形式的权益。不为与甲方有竞争关系的第三人提供咨询、建议等服务；

3. 乙方承诺，其在任职期间及离职后二年内，不得将自己以前的客户介绍给与甲方有竞争关系的第三人或将与甲方有竞争关系的第三人介绍给自己以前的客户；

4. 乙方承诺，其在任职期间及离职后二年内，不得劝诱甲方员工离职，介绍给与甲方有竞争关系的第三人。

5. 甲、乙双方确认本协议所确定的竞业限制期为乙方在甲方的任期内及离职后二年内。无论乙方因何种原因辞职，本协议之效力均不受影响。

6. 双方确认，竞业限制的范围为____，地域为____。为补偿乙方离职后二年内的竞业限制义务，甲方支付乙方一定的竞业限制补偿金，在竞业限制期间甲方给予乙方不低于任职期间月均工资30%的经济补偿，具体标准为________元/月，在乙方离职后按月打入乙方账户，如乙方账户有变动的，则应书面告知甲方，否则由乙方承担相应责任。乙方在甲方任职期间甲方不承担任何补偿费用。

7. 乙方如违反本合同任一条款，给甲方造成损失的，乙方应当支付甲方违约金元，并承担甲方由此引起的一切损失。损失无法计算时，最低按赔偿甲方人民币元计算，甲方因调查乙方的违约行为而支付的合理费用，应当包含在损失赔偿额之内。如乙方的违法行为发生于在甲方任职期间，则甲方有权不经预告立即解除与乙方的聘用关系，并依法追究其法律责任。

8. 因本协议履行过程中发生的纠纷，双方协商解决，协商不成，交由甲方所在地人民法院管辖。

9. 本协议自双方签字或盖章之日起生效。

10. 本协议一式两份，双方各执一份，效力相同。

甲方：____________　　　　乙方：____________

____年____月____日　　　　____年____月____日

签订地点：____________

附件 4

委托加工保密合同（参考文本）

甲方（委托方）：____________　　　乙方（加工方）：____________

住址：____________　　　住址：____________

法定代表人：____________　　　法定代表人：____________

甲乙双方因委托加工合作涉及甲方商业秘密，为保证甲方商业秘密不受侵犯，经协商一致同意签订本合同，共同信守以下条款做好保密工作。

第一条　委托加工涉及甲方的商业秘密包括：

1. 产品（含不合格产品）、样品、包装；

2. 工艺资料、图纸、色版/样、原材料配方；

3. 委托加工过程中知悉的甲方产品和工艺创造技术、产品价格、供货商、客户等相关信息；

4. 委托加工过程中根据甲方产品和工艺创造的新的技术信息、技术资料、知识产权等智力成果；

5. 经甲乙双方在委托加工过程中确认的需要保密的其他信息。

第二条　甲方对委托乙方加工所交付的所有标的物享用所有权。

第三条　甲方责任：

1. 甲方提供乙方加工需要的技术图纸和加工要求；

2. 甲方在以书面、电子（包括：邮件、传真、U 盘等）或其他形式向乙方提供图纸时，需进行登记或备案；

3. 甲方对乙方提供的注明保密的技术负有保密责任，未经乙方同意不得提供给任何第三方；

4. 甲方在乙方返还属于甲方的标的物时，确认数量并登记或备案。

第四条　乙方责任：

1. 乙方应将甲方提供的资料信息仅用于甲方的产品；

2. 乙方不论委托加工工作完成与否，都应对本合同中甲方提供的所有标的物严格保密，未经甲方书面同意，乙方不得故意或疏忽以泄露、告知、公布、发布、出版、传授、转让等任何方式将甲方商业秘密透露给第三方知悉，或自行使用；

3. 乙方为承担本合同约定的保密责任，应妥善保管有关的文件和资料，未经甲方事先的书面许可，不得对其复制、仿造等；在委托加工合同到期后，亦不得复制、仿造甲方产品；

4. 乙方应当建立商业秘密保护制度，与涉密人员签订保密协议，进行有效管理。建立甲方商业秘密使用台账，确认经手人员、使用时间、产品制作（销毁）数据等情况；

5. 乙方应当建立甲方产品废弃物销毁登记制度。乙方销毁甲方的报废品、不合格产品等物品时，需甲方的工作人员或委托人员在场确认；

6. 乙方应当于委托加工合同结束时，或者于甲方提出要求后，返还属于甲方的财物标的物。甲方的标的物包括相关图纸资料、加工的报废品、样品、半成品、成品等资料和产品以及记载着甲方秘密信息的一切载体；

7. 在本合同约定的保密期限内，乙方如发现甲方商业秘密信息被泄露，应及时通知甲方，并采取积极的措施避免损失的扩大。若商业秘密泄露由乙方造成损失，甲方有权追究乙方法律责任。

第五条 乙方不得利用甲方、甲方产品及提供的资料做宣传。

第六条 乙方在委托加工合同结束后承担保密义务的期限为无限期保密，直至甲方的商业秘密已完全公开公知之日止。

第七条 甲方有权利随时了解乙方对其商业秘密的管理和使用情况。若乙方违反上述条款，乙方将一次性赔偿甲方惩罚性违约金元，并赔偿甲方全部经济损失。同时甲方有权单方终止合作关系，并依法追究乙方相关法律责任。

第八条 若因乙方故意或重大过失导致本协议第一条所约定的保密内容对外泄露导致甲方损失的，甲方为维权所支付的合理费用，包括但不限于调查费、差旅费、律师费、诉讼费用等，由乙方承担。

第九条 甲乙双方在委托加工过程中发生纠纷，由双方协商解决或者共同委托双方信任的第三方调解。

若协商、调解未成，双方都有提起诉讼的权利，提起诉讼的法院为甲方企业所在地的各级人民法院，对此条款甲方已特别提醒乙方尽到注意义务。

第十条 本合同的任何修改必须经过双方的书面同意，合同的部分修改或部分无效并不影响其他部分的效力。

第十一条 双方确认，在签署本合同前已仔细审阅过合同的内容，并完全了解合同各条款的法律含义。

第十二条 本合同共一式两份，甲乙双方各执一份。本合同以双方签字或盖章之日起生效。

第十三条 其它未尽事宜，由双方友好协商解决。

甲方（盖章）：____________　　乙方（盖章）：____________

法定代表人或委托代理人：________　　法定代表人或委托代理人：________

签订日期：____年____月____日　　签订日期：____年____月____日

签订地点：____________

浙江省商业秘密保护管理与服务规范

1. 范围

本标准规定了商业秘密保护的术语和定义、一般要求、商业秘密事项管理、企业自主保护、商业秘密维权和协同保护。

本标准主要适用于企业的商业秘密保护管理，也适用于企业集聚的园区、特色小镇的管理机构和行业协会、第三方社会服务机构为企业提供的商业秘密保护服务。科研院所等其他组织的商业秘密保护亦可参照执行。

2. 术语和定义

下列术语和定义适用于本文件。

2.1 商业秘密 trade secrets

不为公众所知悉、具有商业价值并经权利人采取相应保密措施的技术信息、经营信息等商业信息。

注："不为公众所知悉"、"具有商业价值" 和 "相应保密措施" 的具体内容见《中华人民共和国反不正当竞争法》及最高人民法院发布的有关司法解释。

2.2 涉密载体 secret carriers

以文字、数据、符号、图形、图像、视频和音频等方式记录商业秘密信息的各类物质，如纸质文件、存储介质（磁性介质、光盘、U 盘、硬盘、服务器等）和其他介质。

2.3 涉密物品 secret items

含有商业秘密信息的设备、原材料、半成品和样品等。

3. 一般要求

3.1 应坚持"企业自主、政府指导、预防为主和依法维权"的商业秘密保护管理和服务原则。

3.2 企业应设立商业秘密保护部门或依托相关部门开展商业秘密保护工作，配备专（兼）职保密员。

3.3 企业的分支机构、子公司和关联企业可参照设置商业秘密保护部门和专（兼）职保密员。

3.4 企业的商业秘密保护部门和保密员应履行以下职责：

a）识别和管理商业秘密事项、涉密部门、涉密人员、涉密区域；

b）组织企业员工进行商业秘密保护培训；

c）组织制订、实施商业秘密保护措施；

d）会同各部门对相关保密制度及其落实情况进行检查及督促整改；

e）履行商业秘密泄露的证据整理、搜集、举证、协助调查取证等工作。

3.5 应分析确定企业的商业秘密保护重点部门和重点岗位，划定商业秘密保护重点区域，宜在涉及商业秘密保护的重点部门配备保密员。

3.6 应制定和实施有关商业秘密的保护、培训、宣传、泄密应急处置和奖惩的管理制度。

3.7 企业的商业秘密保护工作应实行分级管理措施：

a）对商业秘密及涉密载体实行分级管理，按层级履行使用审批手续；

b）对涉密场所实行区域分级管理；

c）对涉密岗位、涉密人员实行分级管理。

3.8 应对涉密信息进行严格管控，宜按涉密岗位、业务流程等细化分割涉密信息，涉密岗位按权限接触相关的涉密信息。

3.9 应在企业内部进行保密宣传（如设置画报、标语、发送短信提醒等），营造商业秘密保护氛围。

4. 商业秘密事项管理

4.1 定密

4.1.1 应对企业的商业秘密进行核查和评估，其表现形式见附录 A，评估范围应包括：

a）涉密技术信息：与科学技术有关的结构、原料、组分、配方、材料、样式、工艺、方法或其步骤、算法、数据、计算机程序及其有关文档等信息；

b）涉密经营信息：与经营活动有关的创意、管理、营销、财务、计划、样本、招投标材料、数据、客户信息等，以及对特定客户的名称、地址、联系方式、交易习惯、交易内容、特定需求等信息进行整理、加工后形成的客户信息。

4.1.2 对企业的商业秘密进行核查和评估时应考虑以下因素：

a）信息的经济价值，包括该信息产生的现在的价值，以及该领域技术革新的速度和有无替代技术等的将来的价值；

b）对竞争企业的价值；

c）因信息泄露等可能遭受的损失程度；

d）信息泄露时可能承担的法律责任；

e）法律、法规、规章及相关司法解释等规定的其他情形。

4.1.3 下列信息不应作为企业的商业秘密：

a）公知信息和基础理论；

b）已申请并公开的专利技术信息；

c）公众可通过反向工程等合法途径获得的信息；

d）法律、法规、规章及相关司法解释规定的其他情形。

4.1.4 宜对技术秘密进行科技查新，确认其不为公众所知悉。

4.1.5 应建立商业秘密事项目录清单，确定商业秘密的价值估算、泄露损失、涉密人员范围、保护措施、存放地点及保存方式等内容。

4.1.6 根据商业秘密的重要性，由高到低可依次分为核心秘密、重要秘密和一般秘密三个保护等级，实行定期复评、动态调整。

4.1.7　泄露后有可能影响国家安全和利益的商业秘密，应依法定程序将其确定为国家秘密。

4.2　隐密

4.2.1　下列情形涉及商业秘密的，应对相关信息予以隐藏：

a）与供应商、客户、合作方等的沟通和信息往来中；

b）信息公开、发布、流转时；

c）协助其他单位尽职调查时；

d）其他情形。

4.2.2　配合行政机关和部门的行政检查、行政执法行动中，涉及隐秘事项检查的，企业应主动提醒执法检查人员履行保密义务。

4.2.3　可采取的隐藏方式为：

a）隐藏或删除涉密信息；

b）对涉密信息进行模糊化处理；

c）其他方式。

4.3　解密

4.3.1　企业的商业秘密出现下列情形时，可予解密：

a）企业认为商业秘密事项已不再具有保护价值的；

b）其它特定因素导致商业秘密被公开的。

4.3.2　企业认为不需要继续保密的信息可予以解密，可采取的解密方式为：

a）移出涉密区域；

b）消除或变更密级标识、提示；

c）电子文档解密；

d）其他方式。

4.4　销毁

4.4.1　销毁涉及商业秘密的文件（含复制文件）、资料、电子信息、载体和物品，应由保密员列出销毁清单，经商业秘密保护部门审批后实施。

4.4.2　可采取下列方式对销毁过程进行监督管理：

a）在视频监控范围内销毁；

b）不少于2名员工见证下销毁；

c）对销毁过程录像等。

4.4.3　应采取合适的方式妥善销毁：

a）文件、资料应粉碎成颗粒状或焚烧处置；

b）电子信息应利用彻底删除软件永久删除；

c）其他合适的方式。

5. 企业自主保护

5.1　人员管理

5.1.1　入职管理

5.1.1.1 新入职、转岗到涉密岗位的员工，应与其签订与岗位工作内容相适应的员工保密合同/协议（见附录B）。

5.1.1.2 高级管理人员、高级技术人员及其他负有保密义务的人员（如职业经理人、技术、采购、销售等涉密重点岗位人员），可与其签订竞业限制协议（见附录C）。

5.1.1.3 涉密重点岗位员工入职前宜做背景调查，必要时应要求其作出不侵犯他人商业秘密的承诺。

5.1.1.4 在录用潜在竞争性关系企业的员工时，宜采取的措施有：

a）审核待录用的员工与原单位之间的保密约定、保密义务、保密内容及范围，以防范该员工在本企业内部公开或使用原单位的商业秘密；

b）提醒待录用的员工不应将原单位的商业秘密带入本企业进行使用或公开，并要求就本项内容签署保证书；

c）定期对已入职的员工所从事的业务内容进行审核，以排除使用原单位商业秘密；

d）其他措施。

5.1.2 培训管理

5.1.2.1 商业秘密保护培训宜列入企业年度培训计划，使在职员工对商业秘密可能泄露的异常状态及承担法律后果保持足够警觉。

5.1.2.2 应对新入职涉密岗位的人员进行商业秘密保护培训。

5.1.2.3 可采取发放资料、集中培训、网络培训或相结合的方式开展培训，保存培训记录。

5.1.2.4 签订员工保密合同/协议的人员在培训结束后宜进行考核，保存相关考核材料。

5.1.3 履职管理

5.1.3.1 应督促员工遵守企业商业秘密保护制度，做好本岗位商业秘密保护工作：

a）涉密信息及载体应及时上报，由保密员归档统一管理；

b）使用涉密信息应履行登记手续；

c）涉密电子文档、数据按规定途径和要求使用、流转等；

d）离开工作岗位前及时下线工作账户，或设置电脑锁屏等。

5.1.3.2 应对员工进行监督，防止在职员工未经商业秘密保护部门审批出现下列行为：

a）登陆未授权账户或系统；

b）利用系统漏洞以不当方式获取涉密文件资料、物品、数据；

c）超范围、超权限获取使用涉密文件资料、物品、数据；

d）复制、发送涉密电子文档；

e）将涉密电子文档存于未授权载体或网络空间；

f）拍摄、摘抄涉密资料；

g）拍摄、测绘、仿造涉密物品；

h）进入非授权涉密区域；

i）披露企业未公开的信息等。

5.1.4　离职管理

5.1.4.1　涉密岗位员工离职前，企业应主动告知保密义务，以及若违反规定应承担的相应法律责任。告知离职员工不应有以下行为：

a）复制、带离、损毁、篡改、拍摄涉密文件资料、物品；

b）查阅、拷贝、篡改、发送涉密电子文档、数据；

c）删除、更改账户；

d）披露、使用商业秘密等。

5.1.4.2　提醒离职员工主动移交一切涉密载体和物品：

a）涉密文件资料、数据及其载体、物品；

b）账号、密码等账户信息；

c）工作电脑；

d）门禁卡、钥匙等。

5.1.4.3　宜对其采取适当措施进行脱密，及时回收系统权限，并及时通知与离职员工有关的供应商、客户、合作单位等，做好业务交接。

5.1.4.4　宜开展离职检查，检查内容包括：

a）检查工作电脑数据是否完整；

b）检查工作账户：

1）近期是否有异常操作，如异常查询、下载、拷贝、修改、删除等；

2）邮箱邮件收发记录。

c）离职前一定期限内的涉密文档、数据的查阅和使用情况等。

5.1.4.5　宜与离职涉密重点岗位员工签订竞业限制协议等商业秘密保护确认文书，竞业限制协议应根据企业需要进行启动或解除。

5.1.4.6　应及时掌握离职员工在竞业限制期限内的任职去向。

5.2　涉密信息保护

5.2.1　文件资料管理

5.2.1.1　应有密级、保护期限等标识，实行登记管理、归档存放，宜以发文形式公布。

5.2.1.2　由部门保密员登记造册，按权限使用，查阅、借阅、续借应履行登记手续。

5.2.1.3　复制（复印、打印、扫描、摘抄等）、跨区域转移、向第三方披露或提供第三人使用前应履行审批和登记手续，复印件或复制件与原件的密级、保密期限相同。

5.2.1.4　新闻发布、论文发表、专利申请等信息发布和公开前，由商业秘密保护部门对信息进行审核。

5.2.2 账户、电子信息管理

5.2.2.1 一般要求

5.2.2.1.1 应充分考虑设备、系统的安全性，做好账户、密码的收集、存放和传输的安全工作。

5.2.2.1.2 做好病毒防范和病毒库的升级、查杀病毒等工作。

5.2.2.1.3 定期进行安全检查，发现系统漏洞及时修补。

5.2.2.1.4 用户的操作行为应有日志记录，可实时报告登陆、获取信息和异常入侵等行为。

5.2.2.2 权限管理

5.2.2.2.1 应对设备、数据库和各类应用系统及其账户实行权限管理，按岗位职责或特定工作事项按“最小够用”原则设定权限：

a）合理分配不同层级账户的功能和审批权限；

b）合理分配项目中不同账户的功能和使用期限；

c）合理设定不同账户的访问、操作、查看等权限及其使用期限；

d）合理设定不同账户的互联网使用权限等。

5.2.2.2.2 权限到期、人员转岗、项目或事项变更时应重新授权。

5.2.2.2.3 人员离职时应回收相应权限。

5.2.2.3 口令管理

5.2.2.3.1 各类设备、数据库和应用系统应设账户和密码，不应使用默认密码或保存密码自动登录。

5.2.2.3.2 根据企业的业务类型，采取适当的账户、密码管理方式，如：

a）限制使用简单密码；

b）必要时不定期更改密码；

c）输错密码一定次数锁定账户。

5.2.2.3.3 宜对所有涉密账号和密码实行统一登记、备案、发放和变更管理。

5.2.2.4 电子信息保护

5.2.2.4.1 涉密数据应存储于企业授权的存储设备和应用系统，不应存储于非授权存储设备、网络空间。核心秘密、重要秘密等级的数据应采用加密方式存储。

5.2.2.4.2 指定专人进行解密操作，员工按照权限使用加密数据。

5.2.2.4.3 员工需要超出权限查阅或使用加密数据的，应履行审批手续。在查阅或使用完成后，应予以删除，不应非工作需要而擅自使用。

5.2.2.4.4 宜在各类场景进行保密义务提醒，如：

a）在账户登录提示、账户登录后的主界面设置保密义务提醒；

b）在涉密电子文档首页、页眉、页脚、页面水印等设置保密义务提醒；

c）在涉密音视频开头提示保密义务。

5.2.2.4.5 定期对涉密数据进行备份并妥善保存。

5.2.2.5 电子信息流转

5.2.2.5.1 收发涉密数据应使用唯一出入口，对涉密数据流入流出进行审批。

5.2.2.5.2 内部局域网应与互联网隔离，涉密数据网络传递应通过内部局域网或加密互联网通道完成。

5.2.2.5.3 通过邮件发送涉密数据时，应加密和签名，可限定文档打开次数、打开时限和编辑权限等。

5.2.2.5.4 对外发送涉密数据应经过审批，并采取加密措施，数据发送与密钥发送不宜采用同一通道。

5.2.2.5.5 应与客户、合作单位等涉密数据接收单位或个人签订保密协议。

5.2.2.5.6 应对涉密数据拷贝采取限制措施，经审核批准后方可拷贝，妥善保存拷贝记录。

5.2.3 其他涉密载体、涉密物品管理

5.2.3.1 涉密信息存放的硬盘、光盘、磁性介质、U 盘等各类存储设备，应妥善保存、归档登记。

5.2.3.2 涉密载体、物品的存放地点宜设为涉密重点区域，宜采取物理隔离的方式进行保护。

5.2.3.3 宜对重要原料和部件实行编号替代、分部门管理等管理方式。

5.2.3.4 未经商业秘密保护部门审批，不准许拍摄、测绘或仿造。

5.2.3.5 由部门保密员登记造册，按权限使用，领用应履行登记手续。

5.2.3.6 跨区域转移应履行审批手续，必要时采取防护措施。

5.2.3.7 送外维修前应经商业秘密保护部门审批，并拆卸涉密存储设备。

5.3 涉密区域管理

5.3.1 应识别涉密区域，区域入口处张贴涉密区域标志和警示语。宜将下列部门或地点列为涉密重点区域：

a）研发设计、信息管理、财务、人力资源等部门；

b）实验室、重要生产工作场所；

c）控制中心、服务器机房等；

d）涉密档案、涉密载体存放地点；

e）未公开的样品存放地点；

f）模具、专用夹具、重要零部件等的存放区；

g）重要原材料、重要半成品等涉密物资存放区等。

5.3.2 涉密区域宜采取物理隔离保护措施。

5.3.3 涉密重点区域实行进出登记和保密告知，应采取以下保护措施：

a）划定相对独立的空间，进出口有涉密区域标识；

b）涉密区域进入需经过授权，设有门禁隔离设施，宜采用指纹、脸部、瞳孔等技术手段验证身份；

c）进出口处应安装视频监控设施和报警装置，非法闯入能立即告警；

d）限制使用具有录音、摄像、拍照、信息存储等功能的设备；

e）必要时采取网络隔离阻断等。

5.3.4　涉密区域应限制非相关人员进入，确因工作需要进入的应履行审批手续并全程监督。

5.4　商务活动管理

5.4.1　来访人员访问涉密区域应经审批，履行进出登记，佩戴临时证件。来访人员进入涉密区域，受访部门可设定参观路线，安排人员陪同，限制来访人员使用具有录音、摄像、拍照、信息存储等功能的设备。

5.4.2　在商务合作、共同研究及涉及商业秘密的交易、公证、保险等活动时，应签订保密合同/协议，或在合同/协议条款中规定保密要求，约定保密内容和范围、保密责任和义务及违约责任。

5.4.3　涉及商业秘密的委托加工，应与加工方签订保密合同/协议（见附录 D）或保密条款。

5.4.4　聘任或委托外聘专家、顾问、翻译、律师等可能接触涉密信息的外部人员，宜做背景调查，并签订保密合同、保密条款或保密承诺书。

5.4.5　接受外部单位开展的检查、审计等活动前，应与其签订保密合同或保密条款。

5.4.6　涉及商业秘密的会议或其他活动，应采取下列保密措施：

a）选择具有保密条件的场所；

b）根据工作需要，限定参加人员的范围，指定参与涉密事项的人员；

c）告知参加人员保密要求，必要时签订保密承诺书；

d）对涉密文件、资料进行控制：

1）确定文件发放范围，做好发放登记；

2）重要涉密文件资料应有明显保密和会后回收标识；

3）休会或会议结束时，及时收回清点、登记。

e）通过拍照、摄像、签名等方式，做好记录等。

5.4.7　在共同或委托开发的项目合作中应采取措施防止侵犯他人商业秘密，签订保密合同/协议对涉及商业秘密等知识产权的权利归属和使用权做出约定。

5.5　检查和改进

5.5.1　开展商业秘密保护情况检查，检查内容应包括：

a）商业秘密保护制度建立情况；

b）涉密人员管理情况；

c）涉密区域管理情况；

d）商业秘密事项的定密、隐密、解密、销毁情况；

e）涉密文件资料的管理情况；

f）涉密账户、电子信息的管理情况；

g）电子邮箱、聊天工具、设计软件、存储软件等工具软件使用商业秘密的情况；

h）涉密载体、物品的管理情况等。

5.5.2　发现有泄密情况及隐患的，应及时采取纠正/预防措施。

6. 商业秘密维权

6.1　应急处置

6.1.1　应制定商业秘密泄密紧急处理预案，建立泄密事件紧急应对流程。

6.1.2　培训和引导员工对商业秘密可能泄露的异常状态保持警觉，发现可能泄密迹象及时报告上级。

6.1.3　出现商业秘密泄露的征兆或者迹象时，企业应：

a）迅速进行处置，防止信息扩散；

b）启动对商业秘密泄露的核查、确认和评估，查明原因、责任人；

c）采取措施，将危害和损失控制在最小限度内等。

6.2　证据搜集

6.2.1　发现商业秘密涉嫌被侵权时，应搜集并整理下列证据性材料：

a）企业是该商业秘密的权利人的证据：

1）泄密信息的具体内容、载体；

2）泄密信息为一般公众不知悉或者无法轻易获得的证明；

3）已采取的保密措施。

b）合理表明该商业秘密被侵犯的初步证据：

1）泄密人员能够接触秘密信息且被侵权信息与该秘密信息实质相似的初步证据；

2）泄密人员相关信息：包括签订劳动合同/保密协议、参与的保密培训、具体工作职责等信息；

3）可能的泄密途径。

c）该商业秘密被侵犯的损害事实：

1）侵权行为具体表现（如非法获取、非法披露、非法使用等）；

2）被侵权所受的损失或侵权行为所获得收益；

3）主张法定赔偿的参考因素及其证据。

6.2.2　可向商业秘密保护服务机构寻求帮助。

6.2.3　可向专业机构申请涉密信息的非公知性、同一性和损失数额的鉴定。

6.3　维权途径

6.3.1　根据证据收集情况，企业可依法采取下列方式进行维权：

a）向市场监督管理部门举报投诉；

b）向公安机关控告；

c）申请劳动仲裁或商事仲裁；

d）向人民法院提起民事诉讼；

e）向人民检察院提起商业秘密诉讼活动法律监督等。

6.3.2　涉及国家秘密的，应立即采取补救措施，并向当地公安机关、国家安全机关和保密行政管理部门报告。

7. 协同保护

7.1　组织保障

7.1.1　企业集聚的园区、特色小镇的管理机构、行业协会和第三方社会服务机构等，可根据自身力量和企业需求，聚集、整合商业秘密保护的服务资源，提供商业秘密保护宣传、咨询、指导、风险监测、维权等服务，为行政部门、司法部门等开展商业秘密保护服务工作提供协助。

7.1.2　园区、特色小镇的管理机构宜设独立的商业秘密保护服务窗口，也可依托知识产权保护服务窗口提供服务。具备条件的园区、特色小镇的管理机构宜设立商业秘密保护服务平台，配置专（兼）职工作人员，建立工作人员管理制度，明确工作职责，保障服务平台正常运营。

7.1.3　园区、特色小镇的管理机构宜积极协调职能部门或社会组织在园区、特色小镇设立商业秘密保护服务指导站。

7.2　服务内容

7.2.1　宣传培训

7.2.1.1　开展商业秘密保护宣传，可采取的方式为：

a）举办商业秘密保护培训班、讲座；

b）编制、印发商业秘密保护宣传资料；

c）利用媒体平台宣传等。

7.2.1.2　提供适合企业不同层次人员的商业秘密保护专题培训：

a）对企业股东、高级管理人员开展商业秘密保护重要性、必要性和战略性的培训；

b）对企业从事商业秘密保护工作的专（兼）职人员、重点岗位人员开展商业秘密保护实务及案例培训；

c）对企业员工开展商业秘密保护知识培训和警示教育；

d）利用行业协会、学会、商会等渠道将维权成功的案例向企业广泛宣传等。

7.2.2　指导服务

7.2.2.1　通过走访调研，了解企业商业秘密保护需求，有针对性地开展商业秘密保护指导工作。

7.2.2.2　接待和解答企业商业秘密保护咨询，提供商业秘密保护相关资料查询服务。

7.2.2.3　对企业商业秘密保护工作进行风险评估，发现商业秘密保护工作的漏洞。

7.2.2.4　引导企业建立和完善商业秘密保护工作体系，包括：

a）界定商业秘密保护范围；

b）建立和完善商业秘密保密制度；

c）建立和完善商业秘密分级分类管理制度；

d）建立和完善商业秘密使用管理制度；

e）建立和完善商业秘密保护的应急反应机制等。

7.2.2.5 第三方服务机构可依相应服务资质提供下列专业服务：

a）开发、部署和维护涉密文件、数据的信息管理系统；

b）提供技术信息的非公知性、同一性和损失数额的鉴定评估；

c）提供科技查新委托服务；

d）协助被侵权企业搜集证据和维权；

e）其他专业服务。

7.2.3 风险监测

7.2.3.1 对辖区/行业内商业秘密侵权突发事件、隐患、可能出现的紧急情况开展风险监测。

7.2.3.2 根据发生的商业秘密侵权案例、服务过程中发现的商业秘密泄露隐患，向企业发布商业秘密风险警示。

7.2.4 协助维权

7.2.4.1 当企业反映商业秘密被侵犯并寻求帮助时，提供协助搜集、整理维权材料等服务。

7.2.4.2 根据被侵权企业意愿，协助执法部门开展泄密核查、现场检查等行动，并配合做好调解服务。帮助企业制定维权方案，联系和协调有关部门。

台湾地区营业秘密法

第一条

为保障营业秘密，维护产业伦理与竞争秩序，调和社会公共利益，特制定本法。本法未规定者，适用其他法律之规定。

第二条

本法所称营业秘密，系指方法、技术、制程、配方、程式、设计或其他可用于生产、销售或经营之资讯，而符合左列要件者：

1. 非一般涉及该类资讯之人所知者。
2. 因其秘密性而具有实际或潜在之经济价值者。
3. 所有人已采取合理之保密措施者。

第三条

受雇人于职务上研究或开发之营业秘密，归雇用人所有。但契约另有约定者，从其约定。

受雇人于非职务上研究或开发之营业秘密，归受雇人所有。但其营业秘密系利用雇用人之资源或经验者，雇用人得于支付合理报酬后，于该事业使用其营业秘密。

第四条

出资聘请他人从事研究或开发之营业秘密，其营业秘密之归属依契约之约定；

契约未约定者，归受聘人所有。但出资人得于业务上使用其营业秘密。

第五条

数人共同研究或开发之营业秘密，其应有部分依契约之约定；无约定者，推定为均等。

第六条

营业秘密得全部或部分让与他人或与他人共有。

营业秘密为共有时，对营业秘密之使用或处分，如契约未有约定者，应得共有人之全体同意。但各共有人无正当理由，不得拒绝同意。

各共有人非经其他共有人之同意，不得以其应有部分让与他人。但契约另有约定者，从其约定。

第七条

营业秘密所有人得授权他人使用其营业秘密。其授权使用之地域、时间、内容、使用方法或其他事项，依当事人之约定。

前项被授权人非经营业秘密所有人同意，不得将其被授权使用之营业秘密再授权第三人使用。

营业秘密共有人非经共有人全体同意，不得授权他人使用该营业秘密。但各共有人无正当理由，不得拒绝同意。

第八条

营业秘密不得为质权及强制执行之标的。

第九条

公务员因承办公务而知悉或持有他人之营业秘密者，不得使用或无故泄漏之。

当事人、代理人、辩护人、监定人、证人及其他相关之人，因司法机关侦查或审理而知悉或持有他人营业秘密者，不得使用或无故泄漏之。

仲裁人及其他相关之人处理仲裁事件，准用前项之规定。

第十条

有左列情形之一者，为侵害营业秘密。

1. 以不正当方法取得营业秘密者。

2. 知悉或因重大过失而不知其为前款之营业秘密，而取得、使用或泄漏者。

3. 取得营业秘密后，知悉或因重大过失而不知其为第一款之营业秘密，而使用或泄漏者。

4. 因法律行为取得营业秘密，而以不正当方法使用或泄漏者。

5. 依法令有守营业秘密之义务，而使用或无故泄漏者。

前项所称之不正当方法，系指窃盗、诈欺、胁迫、贿赂、擅自重制、违反保密义务、引诱他人违反其保密义务或其他类似方法。

第十一条

营业秘密受侵害时，被害人得请求排除之，有侵害之虞者，得请求防止之。

被害人为前项请求时，对于侵害行为作成之物或专供侵害所用之物，得请求销毁或为其他必要之处置。

第十二条

因故意或过失不法侵害他人之营业秘密者，负损害赔偿责任。数人共同不法侵害者，连带负赔偿责任。

前项之损害赔偿请求权，自请求权人知有行为及赔偿义务人时起，二年间不行使而消灭；自行为时起，逾十年者亦同。

第十三条

依前条请求损害赔偿时，被害人得依左列各款规定择一请求：

1. 依“民法”第二百十六条之规定请求。但被害人不能证明其损害时，得以其使用时依通常情形可得预期之利益，减除被侵害后使用同一营业秘密所得利益之差额，为其所受损害。

2. 请求侵害人因侵害行为所得之利益。但侵害人不能证明其成本或必要费用时，以其侵害行为所得之全部收入，为其所得利益。

依前项规定，侵害行为如属故意，法院得因被害人之请求，依侵害情节，酌定损害额以上之赔偿。但不得超过已证明损害额之三倍。

第十三之一条

意图为自己或第三人不法之利益，或损害营业秘密所有人之利益，而有下列情形之一，处五年以下有期徒刑或拘役，得并科新台币一百万元以上一千万元以下罚金：

1. 以窃取、侵占、诈术、胁迫、擅自重制或其他不正方法而取得营业秘密，或取得后进而使用、泄漏者。

2. 知悉或持有营业秘密，未经授权或逾越授权范围而重制、使用或泄漏该营业秘密者。

3. 持有营业秘密，经营业秘密所有人告知应删除、销毁后，不为删除、销毁或隐匿该营业秘密者。

4. 明知他人知悉或持有之营业秘密有前三款所定情形，而取得、使用或泄漏者。

前项之未遂犯罚之。

科罚金时，如犯罪行为人所得之利益超过罚金最多额，得于所得利益之三倍范围内酌量加重。

第十三之二条

意图在外国、中国大陆地区、中国香港或中国澳门使用，而犯前条第一项各款之罪者，处一年以上十年以下有期徒刑，得并科新台币三百万元以上五千万元以下之罚金。

前项之未遂犯罚之。

科罚金时，如犯罪行为人所得之利益超过罚金最多额，得于所得利益之二倍至十倍范围内酌量加重。

第十三之三条

第十三条之一之罪，须告诉乃论。

对于共犯之一人告诉或撤回告诉者，其效力不及于其他共犯。

公务员或曾任公务员之人，因职务知悉或持有他人之营业秘密，而故意犯前二条之罪者，加重其刑至二分之一。

第十三之四条

法人之代表人、法人或自然人之代理人、受雇人或其他从业人员，因执行业务，犯第十三条之一、第十三条之二之罪者，除依该条规定处罚其行为人外，对该法人或自然人亦科该条之罚金。但法人之代表人或自然人对于犯罪之发生，已尽力为防止行为者，不在此限。

第十四条

法院为审理营业秘密诉讼案件，得设立专业法庭或指定专人办理。

当事人提出之攻击或防御方法涉及营业秘密，经当事人声请，法院认为适当者，得不公开审判或限制阅览诉讼资料。

第十五条（略）

第十六条

本法自公布日施行。

广东省技术秘密保护条例

第一条　为保护技术秘密权利人的合法权益，调动社会对科学技术研究、开发和创新的积极性，推动科学技术进步，根据《中华人民共和国科学技术进步法》、《中华人民共和国反不正当竞争法》和有关法律、法规，结合本省实际，制定本条例。

第二条　技术秘密是指不为公众所知悉的技术，即专利技术以外的技术，包括未申请专利的技术、未授予专利权的技术以及不受专利法保护的技术。

第三条　本省行政区域内单位和个人拥有的技术秘密的保护，适用本条例。

属国家技术秘密，国家有法律、法规规定的，从其规定。

有损社会公共利益、违背社会道德的技术秘密，不受本条例保护。

第四条　各级人民政府科学技术主管部门会同同级市场监督管理部门，负责组织本条例的实施。其他主管部门按照各自的职责，协助做好技术秘密保护工作。

第五条　合作开发或者委托开发完成的技术秘密成果的使用权、转让权以及收益的分配办法，由当事人约定；没有约定或者约定不明确的，可以协议补充，不能达成补充协议的，按照合同相关条款或者交易习惯确定；依照前述规定仍不能确定的，在没有相同技术方案被授予专利权前，当事人均有使用和转让的权利。但是，委托开发的研究开发人不得在向委托人交付研究开发成果之前，将该研究开发成果转让给第三方。

第六条 不同单位或者个人独立研究开发出同一技术秘密的，其技术秘密权益分别归该单位或者个人所有。

第七条 单位应当建立和健全技术秘密保护制度，确定技术秘密保护管理机构和专职、兼职管理人员，采取有效措施，保护本单位的技术秘密。

第八条 单位应当对其技术秘密加以明示，其方式为：

（一）在技术资料档案上，加盖技术秘密标识；

（二）对不能加盖技术秘密标识的模型、样品、数据、配方、工艺流程等，以书面形式明示；

（三）其他的明示方式。

第九条 技术秘密权利人应当严格遵守技术秘密保护规定。在业务交往中需要涉及技术秘密的，应当与对方签订技术秘密保护协议。

第十条 对涉及技术秘密的研究、开发、生产等场所，单位应当采取防范措施，防止泄露技术秘密。

第十一条 单位可以在劳动合同中约定技术秘密保护条款，也可以与有关当事人依法签订技术秘密保护协议。

在技术秘密保护期限内，劳动合同终止的，当事人仍负有保护技术秘密的义务。

第十二条 技术秘密保护协议应当采用书面形式。

技术秘密保护协议主要内容包括：

（一）保护内容和范围；

（二）保护期限；

（三）双方的权利和义务；

（四）违约责任；

（五）其他。

第十三条 单位可以与知悉技术秘密的有关人员签订竞业限制协议。

前款所称竞业限制是指单位与知悉技术秘密的人员约定在解除、终止劳动合同后，在一定期限内，被竞业限制人员不得到与本单位生产或者经营同类产品、从事同类业务的有竞争关系的其他用人单位，或者自己开业生产或者经营同类产品、从事同类业务。

竞业限制的时间不得超过二年。在竞业限制期间，单位应当向被竞业限制人员支付一定的竞业限制补偿费。

第十四条 竞业限制协议应当双方协商一致，并且以书面形式签定。

竞业限制协议主要内容包括：

（一）生产同一种核心技术产品且有竞争关系的企业范围；

（二）竞业限制的期限；

（三）竞业限制补偿费的数额及支付方式；

（四）违约责任。

第十五条 职务技术成果完成人，对其完成的职务技术成果中的技术秘密负有保护义务；未经所在单位同意，不得擅自披露和使用。

国家公务员执行公务、有关专家参加科技成果鉴定或者技术论证、技术经纪人从事技术中介活动等，知悉他人技术秘密的，负有技术秘密保护义务，不得擅自披露和使用。

第十六条 当事人不得因技术合同无效而擅自披露技术秘密，依据无效技术合同接收的技术资料、样品、样机等，应当及时返还权利人，不得保留复制品。

第十七条 技术秘密一经公开，原签订的技术秘密保护协议或竞业限制协议即告失效。

第十八条 对已公开的资料或者售出的产品进行分析、解剖而获知技术的，不视为侵犯技术秘密行为。

第十九条 对技术秘密纠纷中的有关技术问题需要鉴定的，应当由省级以上科学技术主管部门推荐的专家进行鉴定。

第二十条 有下列行为之一的，由县级以上市场监督管理部门责令停止违法行为，没收违法所得，处十万元以上一百万元以下的罚款；情节严重的，处五十万元以上五百万元以下的罚款：

（一）以盗窃、贿赂、欺诈、胁迫、电子侵入或者其他不正当手段获取权利人的技术秘密的；

（二）披露、使用或者允许他人使用以前项手段获取的权利人的技术秘密的；

（三）违反保密义务或者违反权利人有关保守技术秘密的要求，披露、使用或者允许他人使用其所掌握的技术秘密的；

（四）教唆、引诱、帮助他人违反保密义务或者违反权利人有关保守技术秘密的要求，获取、披露、使用或者允许他人使用权利人的技术秘密的。

经营者以外的其他自然人、法人和非法人组织实施前款所列违法行为的，视为侵犯技术秘密。

第三人明知或者应知技术秘密权利人的员工、前员工或者其他单位、个人实施本条第一款所列违法行为，仍获取、披露、使用或者允许他人使用该技术秘密的，视为侵犯技术秘密。

以上行为构成犯罪的，依法追究刑事责任。

第二十一条 侵害他人技术秘密权利的，侵权人应当依法赔偿技术秘密权利人。

第二十二条 当事人违反竞业限制协议的，应当负违约责任。

为获取他人技术秘密而录用被竞业限制人员的，录用单位或个人应当承担相应的法律责任。

第二十三条 技术秘密受让方不知悉并且没有合理的依据应当知悉转让方侵害他人技术秘密的，赔偿责任由非法转让方承担。受让方经技术秘密权利人同意，可以继续使用该技术秘密，但应当支付相应的费用。

第二十四条 因技术秘密保护协议发生纠纷，当事人可以根据协议中的仲裁条款或者事后达成的书面仲裁协议，向仲裁机构申请仲裁。

当事人在技术秘密保护协议中没有订立仲裁条款，事后又没有达成书面仲裁协议的，可以向人民法院起诉。

第二十五条 科学技术主管部门、市场监督管理部门执法人员滥用职权、玩忽职守、泄露技术秘密的，依法给予处分；构成犯罪的，依法追究刑事责任。

第二十六条 本条例自公布之日起施行。

浙江省技术秘密保护办法

第一条 为了加强对技术秘密权利人（以下简称权利人）正当权益的保护，促进科技进步，根据《中华人民共和国科学技术进步法》、《中华人民共和国反不正当竞争法》及其他有关法律、法规，结合本省实际，制定本办法。

第二条 本办法所称的技术秘密，是指能为权利人带来利益、权利人已采取严格的保密措施、不为公众所知悉的技术信息，包括设计、程序、配方、工艺、方法、诀窍及其他形式的技术信息，属于商业秘密。

第三条 本省行政区域内权利人合法拥有的技术秘密保护适用本办法。属于国家秘密的技术秘密，按照有关法律、法规的规定执行。

第四条 违反法律、法规，损害国家利益、社会公共利益，违背公共道德的技术秘密，不受本办法保护。

第五条 省人民政府科技行政管理部门负责本办法的组织实施；市、县（市、区）人民政府科技行政管理部门负责本行政区域内技术秘密保护的管理和指导。

第六条 县级以上人民政府工商行政管理部门、公安机关按照各自职责查处侵犯技术秘密的行为。

第七条 科技行政管理部门应当加强对权利人技术秘密保护的指导，通过组织培训、技术咨询、制度规范等方式，提高权利人技术秘密保护的意识、能力、水平。

鼓励权利人通过申请专利权保护其技术成果。

第八条 权利人根据技术秘密的特点，建立、健全技术秘密保护的管理制度，配备专职或者兼职的管理人员，对技术秘密保护进行规范化管理。

权利人可以自行选择合法的保护措施、手段和方法，自行确定技术秘密的密级和保护期限，但法律、法规另有规定的，从其规定。

第九条 权利人要求本单位或者与本单位合作的涉及技术秘密的相关人员（以下简称相关人员）保守技术秘密的，应当签订保密协议或者在劳动（聘用）合同（以下统称合同）中作出明确具体的约定。相关人员应当严格按照保密协议或者合同约定履行义务。没有签订保密协议或者没有在合同中作出约定的，相关人员不承担保密责任。保密协议或者合同约定的部分内容不明确的，相关人员只对约定明确的内容承担保密义务。

签订保密协议或者合同约定的相关人员，合同终止后仍负保密义务的，应当书面约定，双方可以就是否支付保密费及其数额进行协商。

第十条 保密协议或者合同约定应当明确下列主要内容：

（一）保密的对象和范围；

（二）双方的权利和义务；

（三）保密期限；

（四）违约责任；

（五）其他需要约定的事项。

第十一条 有下列情形之一的，保密协议或者合同约定自行终止：

（一）约定的保密期限届满的；

（二）该技术秘密已公开的；

（三）权利人不按保密协议或者合同约定支付保密费的。

第十二条 权利人与知悉技术秘密的相关人员可以签订竞业限制协议。

相关人员应当严格按照竞业限制协议约定履行义务。竞业限制协议约定的部分内容不明确的，相关人员只对约定明确的内容承担保密义务。

权利人应当按竞业限制协议约定向履约的相关人员支付一定数额的补偿费。

第十三条 竞业限制协议应当具备以下主要条款：

（一）竞业限制的具体范围；

（二）竞业限制的期限；

（三）补偿费的数额及支付方法；

（四）违约责任；

（五）其他需要约定的事项。

第十四条 竞业限制协议约定的竞业限制期限最长不得超过 2 年；没有约定期限的，竞业限制期限为 2 年。

第十五条 竞业限制补偿费的标准由权利人与相关人员协商确定。没有确定的，年度补偿费按合同终止前最后一个年度该相关人员从权利人处所获得报酬总额的三分之二计算。

第十六条 有下列情形之一的，竞业限制协议终止：

（一）竞业限制期限届满的；

（二）该技术秘密已经公开的；

（三）依法或者协议双方约定终止的其他情形。

协议双方可以约定，权利人违反协议约定不支付或者无正当理由拖欠补偿费，或者权利人违法、违约解除与相关人员合同的，竞业限制协议自行终止。

第十七条 禁止下列侵犯技术秘密行为：

（一）以盗窃、利诱、胁迫或者其他不正当手段获取权利人的技术秘密；

（二）披露、使用或者允许他人使用以本条第（一）项手段获取的技术秘密；

（三）违反技术秘密保密协议、合同约定或者竞业限制协议，披露、使用或者允许他人使用其所掌握的技术秘密；

（四）获取、使用或者披露明知因本条第（一）、第（二）或者第（三）项所列违法行为而获取或者披露的他人的技术秘密。

第十八条 侵犯权利人技术秘密，造成损害的，应当赔偿损失，并依法承担其他民事责任。

第十九条 当事人对技术秘密损害赔偿额有约定的，按照约定赔偿；没有约定的，可以协商确定；协商不成的，被侵权人可以按下列方式之一计算赔偿额：

（一）按因被侵权所受到的实际损失计算；

（二）按侵权人获取的非法所得及被侵权人进行的相关法律行为所支出的费用的总和计算。

因侵害行为造成技术秘密完全公开的，应当按该技术秘密的全部价值量赔偿。技术秘密的全部价值量，由具有相应资质的无形资产评估机构评定。

第二十条 违反本办法第十七条规定，侵犯权利人技术秘密的，工商行政管理部门应当责令行为人停止违法行为、返还权利人载有技术秘密的有关资料、停止销售使用权利人技术秘密生产的产品，并按照《中华人民共和国反不正当竞争法》有关规定处以罚款。

国家机关公务人员违反本办法第十七条规定，侵犯权利人技术秘密的，除按照前款规定处罚外，还应当依法给予行政处分。

第二十一条 侵犯技术秘密，构成犯罪的，依法追究刑事责任。

第二十二条 技术秘密的内容在国内外传播媒介上披露，或者在国内被公开使用的，视为该技术秘密已经公开。

第二十三条 本办法自2006年1月1日起施行。

深圳经济特区企业技术秘密保护条例

第一章 总 则

第一条 为了保护合法拥有技术秘密企业的权益，促进企业自主创新，推动深圳经济特区（以下简称特区）企业技术进步，根据有关法律和行政法规的基本原则，结合特区的实际情况，制定本条例。

第二条 特区内企业技术秘密保护，适用本条例。

第三条 市知识产权行政主管部门负责本条例的组织实施，指导企业技术秘密的保护工作，监督、查处违反本条例的行为。

第四条 本条例所称技术秘密，是指不为公众所知悉、能为企业带来经济利益、具有实用性并经企业采取保密措施的非专利技术和技术信息。

第五条 本条例所称的技术和技术信息，包括以物理的、化学的、生物的或者其他形式的载体所表现的设计、工艺、数据、配方、诀窍、程序等形式。

第六条 独立开发出同一技术秘密的，无论开发时间的先后，各独立开发人均可自由使用、转让或者披露该技术秘密。

许可使用、转让或者披露技术秘密时，独立开发人应当出具独立开发的有关证明材料。

第七条 因意外获取的技术秘密，应当以合理形式保密，由此产生的合理费用，权利人应当予以补偿。

第八条 市知识产权行政主管部门应当会同有关部门建立技术秘密诚信档案，记录生效司法、仲裁文书等所确认的技术秘密失信行为。

第九条 违反法律、法规，损害国家利益、社会公共利益，违背公共道德的技术秘密，不在本条例的保护范围。

第二章 企业技术秘密管理

第十条 企业合法拥有技术秘密需要保护的，应当健全技术秘密的内部管理制度，配备专职或者兼职的技术秘密管理人员，对本企业的技术秘密进行规范化管理。

第十一条 企业可以建立保密制度，主要包括：

（一）保密对象；

（二）涉密场所；

（三）保密标志的内容或者保密文件的内容；

（四）保密措施；

（五）其他需要规定的内容。

保密制度应当在企业内部公开。

第十二条 企业可以建立保密措施，主要包括：

（一）限定涉密信息的知悉范围；

（二）对涉密信息、载体标明保密标志或采取防范措施；

（三）签订保密协议；

（四）对涉密场所使用者、来访者的保密要求；

（五）其他合理措施。

第十三条 企业应当对其所拥有的合法技术秘密加以明示确认，确认方式包括：

（一）加盖保密标识；

（二）不能加盖保密标识的，用专门的企业文件加以确认；并将文件送达负有保密义务的有关人员；

（三）保密义务人能理解的其他确认方式。

第十四条 企业可以根据技术秘密的生命周期长短、技术成熟程度、技术潜在价值大小和市场需要程度等因素，自行确定其密级和保密期限。法律、法规另有规定的除外。

第十五条 企业需要保密的科研项目，应当于立项时确立相应的保密措施。

第十六条 企业采取发放保密费的方式保护技术秘密的，保密费应当在劳动合同或者工资单中明示。

第三章 企业技术秘密保护

第十七条 企业员工或者业务相关人应当保守其所知悉的企业技术秘密。

企业有权要求员工或者业务相关人保守企业技术秘密。企业可以通过签订保密协议、公布保密制度、发放保密费等方式向员工提出保密要求。员工和业务相关人向企业作出保密承诺且企业接受的，视为保密协议成立。

本条例所称业务相关人，包括与企业有业务往来关系需要知悉技术秘密的单位和个人。

第十八条 在保密协议有效期限内，员工应履行下列义务：

（一）防止泄露企业技术秘密；

（二）不得向他人泄露企业技术秘密；

（三）未经合法拥有技术秘密的企业同意，不得使用该技术秘密进行生产与经营活动。

第十九条 保密期限为技术秘密的存续期。在保密期限内，员工和业务相关人负有保密义务，但该技术秘密已经公开或者另有约定的除外。

第二十条 企业可以与因业务往来需要知悉技术秘密的业务相关人或者企业技术秘密合法受让人、使用人签订保密协议。

承担保密义务的业务相关人或者合法受让人、使用人在保密协议的有效期限内应当按本条例的相关规定，采取有效的保密措施，防止泄露该技术秘密；非经技术秘密合法拥有人的书面同意，不得披露、泄露或者公开企业技术秘密。

承担保密义务的业务相关人不得利用该技术秘密进行生产经营活动。

第二十一条 企业可与其高级管理人员、高级技术人员和其他负有保密义务的员工签订竞业限制协议。

第二十二条 竞业限制协议应当以书面形式签订，一般包括以下主要条款：

（一）竞业限制的范围、地域；

（二）竞业限制的期限；

（三）补偿费的数额及支付方式；

（四）违约责任。

第二十三条 竞业限制的期限最长不得超过解除或者终止劳动合同后超过两年，超过两年的，超过部分无效。

竞业限制协议中没有约定期限或者约定不明确的，视为无固定期限协议，可以随时解除协议，但应当提前至少一个月通知对方。

第二十四条 竞业限制协议约定的补偿费，按月计算不得少于该员工离开企业前最后十二个月月平均工资的二分之一。约定补偿费少于上述标准或者没有约定补偿费的，补偿费按照该员工离开企业前最后十二个月月平均工资的二分之一计算。

第二十五条 竞业限制补偿费应当在员工离开企业后按月支付。用人单位未按月支付的，劳动者自用人单位违反约定之日起三十日内，可以要求用人单位一次性支付尚未支付的经济补偿，并继续履行协议；劳动者未在三十日内要求一次性支付的，可以通知用人单位解除竞业限制协议。

第二十六条 技术秘密已经公开的，当事人可以解除竞业限制协议。法律、法规另有规定的除外。

行使竞业限制协议解除权的，应当书面通知对方，竞业限制协议的解除自通知到达对方时生效，但是双方另有约定的除外。

第二十七条 企业违反法律或者劳动合同单方解除劳动合同的，该员工可以解除竞业限制协议。

第二十八条 企业依法合并、分立或者终止时，保密协议、竞业限制协议由变更后的当事人承担或者分别承担履行协议义务和享受应有的权利。

第四章 法律责任

第二十九条 侵犯企业技术秘密造成损害的，应当承担赔偿损失和其他民事责任，并承担被侵害企业因调查该项侵害其合法权益行为所支付的合理费用。

第三十条 侵犯企业技术秘密，给被侵害的企业造成损失的，侵权人应当赔偿被侵害企业的经济损失。

技术秘密权利人损失数额的计算，应当综合其研究开发成本、实施该技术秘密的收益、可得利益、可保持竞争优势的时间、技术秘密转让或者许可费用、市场份额减少等因素确定。技术秘密权利人损失数额无法计算的，以侵权人的违法经营额作为技术秘密权利人的损失数额。

第三十一条 有下列侵权行为的，市知识产权主管部门应当责令立即停止侵权，并处违法经营额等额罚款，没有违法经营额或者违法经营额难以确定的，根据情节对个人处五万元以上十万元以下的罚款，对单位处十万元以上二十万元以下的罚款：

（一）对技术秘密负有保密义务的人，未经技术秘密合法拥有人书面同意，披露、使用或者允许他人使用该技术秘密的；

（二）负有竞业限制义务的人，未经合法拥有技术秘密企业书面同意，在生产、经营同类且有竞争关系的产品的企业任职或者自己生产、经营同类且有竞争关系的产品的；

（三）明知他人负有竞业限制义务不得到本企业任职，仍然招用该人的。

第三十二条 以欺诈、盗窃、利诱、胁迫、贿买或者其他不正当手段获取技术秘密的，市知识产权主管部门应当责令立即停止侵害，返还与技术秘密有关的资料和设备，并处二十万元以上五十万元以下的罚款。

第三十三条 以前条所列的不正当手段获取技术秘密，并加以披露、使用或转让的，市知识产权主管部门应当责令其立即停止侵害，返还与技术秘密有关的资料和设备，并处五十万元以上一百万元以下的罚款。

第三十四条 明知或者应知是违约披露或者以不正当手段获取的技术秘密，受让、使用或者再向他人披露该技术秘密的，其转让协议无效，承担连带赔偿责任，由市知识产权主管部门封存与技术秘密有关的设备和资料，并处十五万元以上三十万元以下的罚款。

第三十五条 负有竞业限制义务的员工违反竞业限制约定的，应当按照约定向用人单位支付违约金。

负有竞业限制义务的员工违反竞业限制协议，同时违反保密义务给企业造成损害的，受损害的企业有权要求支付违约金，并可以按照本条例第三十条的规定提出赔偿损失请求。

具有业务竞争关系的相关企业知道或者应当知道该员工负有竞业限制义务，仍然招用该员工的，应承担连带责任。

第三十六条 技术秘密受让人或者技术秘密得悉人不知道也没有合理的依据应当知道该技术秘密是非法转让或者违约披露的，赔偿责任由非法出让人或者违法、违约披露人承担。

技术秘密受让人或者技术秘密得悉人获悉属非法转让或者违约披露后应当立即停止使用，并采取合理、有效的措施保守秘密。技术秘密受让人或者技术秘密得悉人所遭受的损失及采取保密措施的费用，可以向非法出让人或者违法、违约披露人追偿；无法追偿的，由合法拥有技术秘密的企业与技术秘密受让人或者技术秘密得悉人合理分担。经合法拥有技术秘密的企业书面同意，技术秘密受让人或者技术秘密得悉人可以继续使用该技术秘密。

第三十七条 市知识产权主管部门或者其他国家机关工作人员非法使用、允许他人使用或者泄露履行公务过程中所知悉的技术秘密的，由所在单位给予处分或者由监察机关依法给予政务处分；构成犯罪的，依法追究刑事责任。

第五章 附 则

第三十八条 技术秘密的内容在国内外传播媒介上披露，或者在国内被公开使用的，视为该技术秘密已经公开。

第三十九条 市人民政府可以依据本条例制定实施细则。

第四十条 本条例规定罚款处罚的，市知识产权主管部门应当制定具体处罚办法。

第四十一条 本条例自 1996 年 1 月 1 日起施行。

宁波市企业技术秘密保护条例

第一条 为保护拥有技术秘密企业的合法权益，调动企业科技创新和科技投入的积极性，推动企业技术进步，根据有关法律、法规，结合本市实际，制定本条例。

第二条 本市行政区域内的企业合法拥有的技术秘密保护适用本条例。

属国家科学技术秘密，法律、法规另有规定的，从其规定。

第三条 本条例所称企业技术秘密，是指不为公众所知悉、能为企业带来经济利益、具有实用性并经企业采取保密措施的非专利技术及技术信息，包括设计图纸（含草图）、试验结果和试验记录、工艺及流程、配方、样品、数据等。

第四条 本条例所称保密措施是：

（一）企业对技术秘密明确划定密级和范围，并将该技术秘密的保护要求明确告知有关人员；

（二）企业与知悉技术秘密的员工及有关人员签订保密协议，或者提出书面的保密要求并经签名确认；

（三）企业对技术秘密的存放、使用、转移等环节采取了合理、有效的管理办法和保护手段。

第五条 市和县（市）、区科学技术行政管理部门负责组织本条例的实施，工商等有关行政管理部门按照各自的职责，协助做好企业技术秘密保护工作。

第六条 企业应当建立和健全技术秘密的内部管理制度，配备专职或兼职的技术秘密管理人员，对本企业的技术秘密进行规范化管理。

第七条 企业应当对涉及技术秘密的场所，按涉密的程度，确定不同的保密等级并采取防范措施，防止泄露技术秘密。

第八条 不同企业独立研究开发出同一技术的，其技术秘密权益分别归该企业所有，无论时间先后，均享有使用或转让该技术的权利。

企业自行开发或者委托开发的技术项目，应当在立项时确定是否需要保密。

第九条 企业可以根据技术的生命周期、成熟程度、潜在价值和产品市场需求等因素，自行确定技术秘密的密级和保密期限。

第十条 企业应当按下列规定对技术秘密明示确认：

（一）书面形式的技术秘密加盖技术秘密标识，标明密级和保密期限；

（二）非书面形式的技术秘密用前项规定的标识方式标在易于识别的地方；

（三）对涉密的计算机及相关技术，在其存储介质和电子文档中设立明确的保密标志。

对于不易标识的企业技术秘密，应当用保密义务人能够理解的其他有效方法予以确认。

企业技术秘密的密级以及保密期限如有变更，应当在原件上作出明显标志并及时通知保密义务人。

第十一条 企业可以根据保密岗位和密级与员工签订企业技术秘密保密协议，或在与员工签订的劳动合同中规定有关企业的技术秘密保密条款。

第十二条 企业在经营活动中可以根据企业技术秘密保护的有关规定，与合同另一方在合同中订立保密条款，或与之签订企业技术秘密保密协议。

当事人不得因合同无效或者被撤销而擅自披露企业技术秘密，因该合同取得的技术资料、样品、样机等，应当及时返还权利人，不得保留复制品。

第十三条 签订企业技术秘密保密协议应遵循公平、合理的原则。

企业技术秘密保密协议应当以书面形式签订，其主要内容包括：

（一）保密内容与范围；

（二）保密期限；

（三）双方的权利和义务；

（四）违约责任；

（五）其他需要规定的事项。

第十四条 企业可以与知悉技术秘密的员工签订竞业限制协议。

竞业限制，是指企业与员工约定该员工在离开该企业的一定期限内，不得在生产同一种核心技术的产品且有竞争关系的其他企业任职，或者自己从事与原企业有竞争关系的同一种核心技术产品的生产经营。

第十五条 签订竞业限制协议，双方应当协商一致，并以书面形式签订。

竞业限制协议的主要内容包括：

（一）竞业限制的具体范围；

（二）竞业限制的期限；

（三）竞业限制补偿费的数额及支付方式；

（四）违约责任。

第十六条 竞业限制的期限，可根据员工涉及的企业技术秘密的密级、所处保密岗位或者受到的特殊训练等情况而定，最长不得超过二年。

第十七条 在竞业限制期间，企业应当按照竞业限制协议中的约定，向被竞业限制人员支付一定的补偿费。年补偿费不得低于该员工离职前一年从该企业获得的年报酬总额的二分之一。

双方也可以根据约定或者协商提前终止竞业限制协议。

第十八条 有下列情形之一的，竞业限制协议自行终止：

（一）企业技术秘密已经公开的；

（二）负有竞业限制义务的员工死亡的；

（三）企业终止的；

（四）企业违反竞业限制协议，不支付或者无正当理由拖欠补偿费的。

第十九条 企业依法合并、分立时，除另有约定外，变更后的当事人应当继续履行企业技术秘密保密协议、竞业限制协议规定的义务并享受相应的权利。

企业终止后，相关当事人可以另行约定企业技术秘密保密协议和竞业限制协议。

第二十条 有关专家参加科技成果鉴定或者技术论证、技术经纪人从事技术中介活动等，知悉企业技术秘密的，负有技术秘密保护义务，应当遵守企业技术秘密保护的有关规定，不得擅自披露和使用，因泄露企业技术秘密给企业造成损失的，依法承担赔偿责任。

第二十一条 有下列行为之一的，属于侵犯企业技术秘密：

（一）以盗窃、利诱、胁迫或者其他不正当手段获取企业技术秘密的；

（二）披露、使用或者允许他人使用以前项手段获取的企业技术秘密的；

（三）违反约定或者违反权利人有关保守企业技术秘密的要求，披露、使用或者允许他人使用其所掌握的企业技术秘密的。

第三人明知或者应知前款所列违法行为，获取、使用或者披露企业技术秘密的，视为侵犯企业技术秘密。

第二十二条 有本条例第二十一条所列侵权行为之一，给被侵害的企业造成损害的，应当赔偿经济损失，并承担被侵害人因调查该项侵权行为所支付的合理费用。经济损失赔偿额按以下方法计算：

（一）侵权行为尚未造成企业技术秘密完全公开的，经济损失赔偿额按技术秘密权利人因被侵权而受到的实际损失或者侵权人因侵权行为获得的全部利润计算；

（二）侵权行为造成企业技术秘密完全公开的，经济损失赔偿额应当按该技术秘密的全部价值量计算。企业技术秘密的全部价值量，由国家认可的资产评估机构评估确定。

当事人之间在有关协议中对经济损失赔偿额有约定的，按照约定赔偿。

第二十三条 本条例第二十一条所列行为违反《中华人民共和国反不正当竞争法》的，由县级以上工商行政管理部门依法查处；构成犯罪的，依法追究刑事责任。

第二十四条 对企业技术秘密纠纷中的有关技术问题需要鉴定的，由市科学技术行政管理部门推荐有关专家进行鉴定。

第二十五条 科学技术、工商等有关行政管理部门工作人员滥用职权、玩忽职守、泄露企业技术秘密的，依法给予行政处分；给企业造成损害的，依法承担赔偿责任；构成犯罪的，依法追究刑事责任。

第二十六条 本条例自 2001 年 3 月 1 日起施行。

澳门特别行政区商法典

第二章　不正当竞争

第一百五十六条（适用之客体范围）

一、本章所指之行为如在市场上以竞争为目的而作出，则视为不正当竞争行为。

二、如作出行为之情况客观显示出该行为能促进或确保其本人或第三人之产品或服务在市场上销售者，则推定为以竞争为目的而作出之行为。

第一百五十七条（适用之主体范围）

一、不正当竞争之规则适用于企业主及一切参与市场活动者。

二、不论主体是否在同一行业从事业务，均适用关于不正当竞争之规则。

第一百五十八条（一般条款）

一切在客观上表现出违反经济活动规范及诚信惯例之竞争行为，均构成不正当竞争行为。

第一百六十六条（侵犯秘密）

一、未经权利人许可，披露或利用以正当途径取得但有保密义务之产业秘密或任何其他企业秘密，或以不正当途径取得，尤其以下条所规定之任一行为取得者，视为不正当竞争行为。

二、为本条之效力，一切具实际用途、能为权利人提供经济利益、不为公众所知悉且权利人采取适当之保密安全措施之技术讯息或商业讯息，均视为秘密。

第一百六十七条（促使他人违反合同及利用他人对合同之违反）

一、诱使员工、供应者、顾客及其他须遵守合同义务者违反彼等已向竞争者承担之合同义务，视为不正当竞争行为。

二、促使合同依规定终止或于知悉他人之违反合同行为后为自己或第三人利用该行为，如以披露或利用企业秘密为目的，或有欺骗、意图将竞争者排挤出市场或其他类似情况者，视为不正当竞争行为。

第一百七十条（不正当竞争之诉讼）

不正当竞争之诉讼应自受害人知悉或可知悉诉讼所依据之事实之行为人之日起一年内向法院提起，但不得在该等事实发生三年后方提起。

第一百七十一条（制裁）

宣告存在不正当竞争行为之判决，应命令立即禁止继续作出该行为，并指出适当方法消除有关后果。

第一百七十二条（损害赔偿）

一、不正当竞争行为不论属故意或过失行为，行为人均须赔偿所引致之损害。

二、在上款所指情况下，得命令公布有关判决。

三、一经证实存有不正当竞争行为，即推定有过错。

第一百七十三条（代表利害关系人之实体之正当性）

如不正当竞争行为损害某类利害关系人之利益，不正当竞争之诉讼亦得由代表该类利害关系人之实体提起。

澳门特别行政区刑法典

第一百八十九条（违反保密）

未经同意，泄漏因自己之身分、工作、受雇、职业或技艺而知悉之他人秘密者，处最高一年徒刑，或科最高二百四十日罚金。

第一百九十条（不当利用秘密）

未经同意，利用因自己之身份、工作、受雇、职业或技艺而知悉之有关他人之商业、工业、职业或艺术等活动之秘密，而造成他人或本地区有所损失者，处最高一年徒刑，或科最高二百四十日罚金。

（四）其他参考资料

论我国商业秘密保护专门法的制定*

郑友德

摘　要：在贸易全球化和供应链互联互通的影响下，商业秘密作为企业无形资产的一个重要组成部分，在市场竞争中发挥了越来越重要的作用。由于以互联网、云存储、大数据和人工智能等为代表的新技术的勃兴，盗用商业秘密的不法行为日益猖獗，发达国家更加重视通过制定商业秘密单行法，加强对侵害商业秘密行为的民事与刑事制裁。我国现行的商业秘密保护规定散见于不同法律法规和司法解释中，缺乏系统性、有序性和逻辑自洽性。此外，相关法律之间在有关概念、原则上缺少协调统一，易产生法律竞合问题，增加了法律适用难度。以至于在我国形成了商业秘密保护“维权难、举证难、赔偿难、审理难、胜诉难”等“五难”困境。为此，本文以国际商业秘密保护协议和欧美商业秘密特别立法为参照，从立法、司法、行政执法和企业守法与法律意识等方面分析了我国商业秘密保护制度的现状。重点探讨了我国商业秘密专门立法中亟待解决的重点难点问题。最后论证了我国制定商业秘密保护专门立法的必要性和可行性。

关键词：商业秘密；立法；疑难问题

商业秘密或许是无形资产保护最古老的形式。有记载显示，收获和织造丝绸的方法在数个世纪中一直得到保护，且局限于中国的某个特定区域内。六世纪时这一秘密被盗用并被带入拜占庭后，也同样被严格保密起来。① 在贸易全球化和供应链互联互通的当下，由于商业秘密作为重要的无形智力资产，能和专利等其他知识产权和谐共存、互补共进，因此受到不同规模的企业，尤其是中小企业的青睐，他们把商业秘密和专利等其他形式的知识产权相融合，作为增强市场竞争力和研发创新管理的工具，更加重视商业秘密及其战略价值。商业秘密涵盖广泛，通常包括保密的技术信息、商业信息或金融信息，比如未披露的财务成果、新产品计划、商业计划、市场调研和策略、材料清单、价格计算方法、客户名单、分销方法、食品及饮料配

---

* 原文载于《电子知识产权》2018 年第 10 期。

① Epstein, Craft Guilds, Apprenticeship, and Technological Change in Preindustrial Europe. *The Journal of Economic History* 58, 684 - 713. 1998. https://www.jstor.org/stable/2566620? seq = 1#page_scan_tab_contents, [cited 2018 Aug. 18].

料及化学配方等。一般来说，无论何种信息，只要满足不为竞争对手所知、采取了合理的保密措施而具有显在或潜在的经济价值等条件，即可作为商业秘密受到法律的保护。

由于贸易的全球化，开放创新的盛行，以互联网、云存储、大数据和人工智能等为代表的新技术的勃兴，盗用商业秘密的不法行为日益猖獗，引起世界各国的重视。为此，美欧日等国家和地区近年来陆续制定并完善了商业秘密立法，加强对国内外侵害商业秘密行为的民事与刑事制裁。以美欧为代表的商业秘密专门立法自此揭开了商业秘密专门立法全球化的序幕。

然而，世界上尚有许多国家，商业秘密保护仍然薄弱，除企业普遍缺乏商业秘密保护意识外，大部分原因是缺乏系统的商业秘密保护立法。这也正是中国商业秘密保护现状的缩影。因此，健全、完善我国现行的商业秘密立法，特别是及时制定专门的商业秘密立法，加强商业秘密的保护，将会有效地为商业秘密持有人提供民事、行政和刑事救济，及时打击侵害商业秘密行为，激励企业创新，增强市场竞争活力。

本文首先分析了商业秘密在国际市场竞争中的重要性，并以国际商业秘密保护协议和欧美商业秘密特别立法为参照，分析商业秘密立法的国际化趋势，论述美欧等发达国家或地区如何在商业秘密保护上对我国提出严峻挑战。其次从立法、司法、行政执法和企业守法与法律意识等方面探讨了我国商业秘密保护制度的现状。随后重点探讨了我国商业秘密专门立法中亟待解决的重点难点问题。最后论证了我国制定商业秘密保护专门立法的必要性和可行性。

一、商业秘密在国际经济竞争中日益增长的重要性：企业对无形资产的偏好分析

随着经济全球化迅速发展，传统跨国公司成长为全球型公司，企业竞争从过去单个企业间的竞争上升到全球价值链的竞争，企业竞争方式发生了重大变化。根据我国《民法总则》第 123 条的规定，商业秘密与发明、实用新型、外观设计以及商标等并列为知识产权的客体。特别是在贸易全球化和供应链互联互通的影响下，商业秘密成为无形资产的一个重要组成部分，发挥了越来越重要的作用。不同于传统的家传秘方，商业秘密被誉为现代企业知识资产“皇冠上的明珠”，需要经历多年开发无数个合作项目才能取得②。据近期估测，商业秘密包含企业知识资产价值的

② Jorda KF. Trade Secrets and Trade – Secret Licensing. In：Krattiger A，Mahoney RT，Nelsen L（eds）Intellectual Property Management in Health and Agricultural Innovation：A Handbook of Best Practices. MIHR，Oxford. 2007.

70%③。在一项调查中④，受访者高度评价技术秘密是竞争优势的重要来源，同时大部分受访者（88%）认为技术和知识是最为重要的知识资产。因此，商业秘密作为一种具有巨大商业价值的无形财产，是企业保护其技术信息和经营信息的重要形式，是驱动企业技术创新与经营创新和企业获取竞争优势的有效工具之一，也是维护网络安全、国家经济安全、国防安全乃至国家安全的重要战略资源之一。

据美国国家科学基金会（NSF）和人口普查局2012年度支持的“商业研发与创新调查”（BRDIS）⑤，与专利、商标和版权相比，58.3%的美国企业认为商业秘密“非常重要”。例如，在制造业领域，美国的化工、计算机和电子产品、机械和运输设备行业的企业偏好商业秘密，表示商业秘密比专利、商标或版权“更重要”。而在非制造业领域，信息产业（包括出版和软件）以及专业、科技服务行业的美国企业也青睐商业秘密。此外，不只是大公司关心商业秘密；56.2%的员工少于500人的美国公司也认为商业秘密“非常重要”，相比之下，专利权占45.4%，商标占37.8%，版权占25.6%。⑥

据欧盟知识产权局2017年7月发布的一项关于“通过商业秘密和专利保护创新”的研究，⑦ 在所调查的二十万个不同规模的欧洲企业中，与专利、商标、版权等相比，52.3%的企业使用商业秘密。大型企业中，69.1%的企业使用商业秘密；中小型企业中，51.2%的企业使用商业秘密。研究还发现，在欧盟24个成员国大多数不同规模的公司，使用商业秘密保护创新的比例高于专利。

贝克·麦坚时国际律师事务所2017年8月发布的研究报告表明，⑧ 69%的企业高管预计，在快速发展的技术创新保护上，商业秘密比保护其他类型的知识产权更显重要。在受访企业中，48%认为商业秘密比专利、商标重要；32%则持相反意见；12%认为商业秘密比专利重要，但商标更胜一筹；8%认为商业秘密保护弱于专利，

---

③ Bird RC, Jain SC. The Global Challenge of Intellectual Property Rights. Elgar Publishing, Cheltenham, 2008; Forrester Consulting. The Value of Corporate Secrets: How Compliance and Collaboration Affect Enterprise Perceptions of Risk. Forrester Consulting Thought Leadership Paper 2010. https://www.nsi.org/pdf/reports/The%20Value%20of%20Corporate%20Secrets.pdf; Schwarts RS, Weil MD, United States Law on Restrictive Covenants and Trade Secrets. American Law Institute. American Bar Association Continuing, Legal Education ST001, 2291. 2010, https://www.ali.org/about-ali/ali-continuing-legal-education/, 2017.11.12, [cited 2018 Aug. 18].

④ Intellectual Property Owners Association [IPOA], Survey on Strategic Management of Intellectual Property. https://www.ipo.org/wp-content/uploads/2013/04/survey_results_revised.pdf, 2017.02.1, [cited 2018 Aug. 18].

⑤ NSF and National Center for Science and Engineering Statistics (NCSES), BRDIS: 2012, October 29, 2015. https://www.nsf.gov/statistics/srvyindustry/, 2016.12.1, [cited 2018 Aug. 18].

⑥ National Science Foundation (NSF), National Center for Science and Engineering Statistics (NCSES). Business Research and Development and Innovation: 2012, 2015, tables 53–57. https://www.nsf.gov/statistics/srvyindustry/, 2016.12.1, [cited 2018 Aug. 18].

⑦ EU Study Highlights Importance of Trade Secrets to Innovative Firms. https://www.mccannfitzgerald.com/knowledge/intellectual-property/eu-study-highlights-importance-of-trade-secrets-to-innovative-firms, [cited 2018 Jan. 16].

⑧ Baker Mckenzie, protect and preserve, The Rising Importance of Safeguarding Trade Secrets 2017. https://www.bakermckenzie.com/-/media/files/insight/publications/2017/trade-secrets, [cited 2018 Feb. 5].

但优于商标。该报告还发现，绝大多数的企业都认为商业机密和知识产权对于企业的品牌价值和战略发挥着非常重要或者关键的作用。受访的亚洲企业管理层中有85%都认为商业机密和知识产权是业务的核心要素，这一比例高于全球其他地区。在亚洲接受调研的企业中，有40%已经将商业机密和知识产权的保护列为董事会管理层最重要的五大忧虑之一。

商业秘密被窃取对企业的影响包括失去竞争优势、核心业务技术和降低企业信誉，以及业绩降低和盈利减少。据美国制止知识产权威胁委员会声称，与目前美国对亚洲年度出口额相比，因侵犯知识产权造成的损失可能超过3000亿美元。美国商会在一项调查中称⑨，商业秘密被窃取会使美国公司每年损失超过500亿美元。据美国知识产权委员会估计，假冒商品、盗版软件和窃取商业秘密，包括通过网络窃取商业秘密，每年使美国的直接经济损失达到2250亿美元到6000亿美元，占2016年GDP的1%到3%⑩。佩莱格里诺（Pellegrino）指出⑪，“20%的欧洲公司的商业秘密遭到侵占，但实际数字可能会高得多”。在英国，企业每年因知识产权盗窃和商业间谍蒙受的损失多达210亿英镑⑫。荷兰内政和王国关系部的情报和安全局在其2014年度报告中指出：数字经济间谍活动损害了荷兰的经济增长潜力，因此对整个国家经济的创新和竞争能力构成了越来越大的风险。⑬ 欧盟委员会影响评估报告（2013年）提供的数据显示，德国在2010年因工业间谍活动造成的实际损失约200亿欧元。尽管其他专家认为真正的损害可能接近500亿欧元。⑭ 商业秘密保护的重要性不言而喻。

除了窃取，当企业在为获取市场准入的程序中向官方提供保密经营信息时，也面临侵占风险⑮。如果信息未被政府官员妥善保存或管理，或被其主动公开，商业秘密会变成公共知识，从而失去其价值。从企业角度来看，保证此类信息的保密状态至关重要。政府要求提供的信息应当缩小范围并尽可能排除提供商业秘密信息。

当商业秘密在信息经济社会发挥愈来愈重要作用的同时，商业秘密被窥探、窃取的风险愈来愈大，商业秘密被侵害或窃取的风险涉及诸多因素。比如，企业研发

---

⑨ Trends in Proprietary Information Loss, ASIS International, September 2002. https: //www. uschamber. com/sites/default/files/legacy/issues/technology/files/informationloss2. pdf, [cited 2018 Aug. 18].

⑩ IP Commission 2017. Update to the Report of the Commission on the Theft of American Intellectual Property. http: //www. ipcommission. org/report/ip_commission_report_052213. pdf, [cited 2018 Mar. 22].

⑪ Fortune, Global 500 2015. http: //fortune. com/rankings/, [cited 2018 Aug. 18].

⑫ Detica, Government Office (2011) The Cost of Cybercrime, Full Report. London. https: //assets. publishing. service. gov. uk/government/uploads/system/uploads/attachment_data/file/60943/the – cost – of – cyber – crime – full – report. pdf, [cited 2018 Aug. 18].

⑬ The General Intelligence and Security Service, Ministry of the Interior and Kingdom Relations, 2014. https: //english. aivd. nl/publications/annual – report/2015/05/13/annual – report – 2014 – not – only – returnees – but – also – "stay – at – homes" – pose – a – threatpg. 24 – 25, [cited 2017 Feb. 21].

⑭ European Commission, 2013. http: //eur – lex. europa. eu/legal – content/lv/ALL/? uri = CELEX: 52013SC0471 pg. 175, [cited 2017 Feb. 21].

⑮ Arrasvuori J, Liang, L, Kuusisto, J. Management of Confidential Business Information: Results of the International Telephone Survey 2014. https: //papers. ssrn. com/sol3/papers. cfm? abstract_id = 2442384, [cited 2018 May. 22].

中开放创新的盛行，IT 技术、数字技术以及大数据、物联网、云存储等新兴技术的发展和全球供应链的勃兴，加之国际人才流动的日益频繁，使侵害商业秘密的案件即便发生，通常也很难追踪取证。各国对商业秘密的保护标准不一，亦使起诉难度增加。2018 年 1 月的一项调查表明⑯，重要性和脆弱性与商业秘密如影相随。超过 75%的受访者表示，他们公司商业秘密面临的风险在过去 10 年中有所增加。50%的人认为这种风险“显著增加”。尚无人表示商业秘密面临的风险已经降低。

在保护智力成果和工商业成果方面，商业秘密和专利互为补充，企业通常倾向于混合使用这两种手段有效地保护其知识资产。与专利相比，不少专利的创意来源于商业秘密。许多企业虽然未拥有专利，但绝大多数却拥有商业秘密，企业能够使用商业秘密保护范围广泛的敏感信息而无须获得政府相关部门注册或批准。此外，只要长期采取合理的保护措施，商业秘密的保护几乎不受时间限制，而发明专利在我国至多保护 20 年。实际上，将商业秘密简化为知识产权保护的一种形式是基于其对企业的真实价值。因为商业秘密可以构成企业无形资产的基石，成为企业培训员工和提高其职业操守、吸引投资、建立合资、支撑经营关系的重要手段。

商业秘密包括任何受到保护的商业信息——无论涉及技术、金融或战略，这些信息并不广为人知，并为其所有人提供了竞争优势。创新型企业对商业秘密的使用贯穿其运营体系，并将其评价为一种专有信息的管理手段。保护研发投资、市场成果和战略规划，保护不受专利法、著作权法和商标法保护的具有独立经济价值的秘密信息，提供有力的诉讼工具和企业管理战略，商业秘密同时是促进协同创新的重要手段。目前各式各类的协同创新皆要求广泛地分享保密的商业信息。对商业秘密的保护可以促进合作伙伴之间的分享，因为可以在第三方侵占有价值的信息时实现补偿。欧盟40%的公司称，⑰ 在缺乏保护的情况下，他们会将商业信息严格地限制在内部，从而防止失控。

总体上看，世界上大多数国家的企业、政府、学术界和其他机构越来越认识到商业秘密的重要性。这种国际社会形成的共识增加了在国际贸易协议和制定商业秘密保护特别法中新的话语权。例如，商业秘密是许多公司的生命线。有人甚至指出:⑱“窃取商业秘密很可能对美国公司维护的敏感信息安全构成最紧迫威胁。”

二、全球强化商业秘密保护的新趋势：美欧率先走向融合

国际商业秘密保护制度的发展，最早可以追溯到 1967 年《保护工业产权巴黎公

⑯ David S. Almeling, et al. , A Survey of In – House Attorney Views on Trade Secrets. https：//www. law360. com/articles/999664/a – survey – of – in – house – attorney – views – on – trade – secrets [hereinafter “In – House Counsel Study”], [cited 2018 Jan. 12].

⑰ EU Commission Staff Working Document, Executive Summary of the Impact Assessment Accompanying the document proposal for a Directive of the European Parliament and of the Council on the protection of undisclosed know – how and business information (trade secrets) against their unlawful acquisition, use and disclosure. https：//eur – lex. europa. eu/legal – content/EN/TXT/PDF/? uri = CELEX：52013SC0472&from = EN, [cited 2018 Mar. 22].

⑱ Daniel A. Schnapp, Trade Secret Theft and the Rise of the Private Right of Action. http：// www. foxrothschild. com/publications/trade – secret – theft – and – the – rise – ofthe – private – right – of – action/. [cited 2018 Aug. 18].

约》（以下简称《巴黎公约》）修订时，增设的第 10 条之二第二项规定："凡在工商业活动中违反诚实惯例的竞争行为构成不正当竞争。"并将商业混同、商业诋毁、误导陈述（第三项）等三种不正当行为作为成员国转化为本国法的最低标准予以典型列举。侵害商业秘密的行为，虽然未在增设的第 10 条之二第三项明确列出，但其可以作为工商业活动中违反诚信原则的不正当竞争行为，纳入《巴黎公约》的保护范围，亦为《巴黎公约》大多数成员国所采纳。

1994 年通过的 TRIPS 协议将有关保护未披露信息的规定纳入第 39 条，从而开启了商业秘密保护国际协调的先河。依据 TRIPS 协议第 1 条第一项的规定，成员国在 TRIPS 协议下的最基本义务，为遵守 TRIPS 协议的诸项具体规范，并将其落实到国内法中，各成员国在制定其国内法时，必须遵循"最低标准原则"保护知识产权和商业秘密。我国《反不正当竞争法》中关于保护商业秘密的规定（2017 年修订前的第 10 条和修订后的第 9 条）基本上遵循了这一原则。虽然 TRIPS 协议以"未披露的信息"为由提及商业秘密，但它并没有建立特定的标准或方法来保护商业秘密，[19] 而是让各个成员国家制定保护商业秘密、惩治盗用的法律。在实践中，成员国有的制定了专门的商业秘密法，有的将商业秘密保护置于反不正当竞争法、合同法，或者依靠普通法。

《跨太平洋伙伴关系协定》（TPP）虽然夭折，但是，该协定中关于商业秘密的规定，反映出发达国家因应当下侵害商业秘密的新情况、新问题、新局面所采取的高标准、严要求的新立场。TPP 对于商业秘密的保护比 TRIPS 协议和双边贸易协议设定的最低标准更高。TPP 要求参加方针对侵害商业秘密提供法律保护，包括国有单位，同时，在某些情况下可以运用刑事程序和处罚。根据 2015 年 11 月 5 日公布的 TPP 文本第 18 章，各成员方应确保人们可以运用法律手段来防止他们合法掌握的商业秘密擅自以违反诚实商业惯例的方式被披露给他人（包括国有企业）或者被他人获取或利用。在本章中，商业秘密至少包括 TRIPS 协议第 39 条第 2 款所规定的未披露信息。在侵害商业秘密行为的类型上，特别列举：（1）未经授权的情况下故意获取保存在电脑系统中的商业秘密；（2）未经授权的情况下故意盗用商业秘密（包括通过电脑系统）；（3）欺诈性不披露或在未经授权的情况下故意披露商业秘密（包括通过电脑系统）。将国有企业作为盗用商业秘密的主体，这在国际贸易协议中尚属首次。并把上述行为提高到可能损害成员国的经济利益、国际关系甚至国防或国家安全的高度。

美国和欧盟政府代表指出，正在进行的《跨大西洋贸易与投资伙伴关系协定》（TTIP）谈判是协调和加强本国和本地区商业秘密保护的推动力[20]。笔者推测，在接下来的 TTIP 谈判中，欧美等国至少会坚持 TPP 中关于保护商业秘密的基本立场。

---

⑲ WTO. Agreemeet on Trade - Related Aspects of Intellectual Property Rights (accessed November 3, 2016). [cited 2018 Aug. 18].

⑳ Akhtar, Jones. Transatlantic Trade and Investment Partnership (TTIP) Negotiations, February 4, 2014. https://fas.org/sgp/crs/row/R43387.pdf, [cited 2017. Mar. 19].

2014年，亚太经合组织（APEC）知识产权专家组（IPEG）一致提议“知识产权专家组推动加强商业秘密的保护和执行”。作为此工作的一部分，APEC赞同为学习“APEC经济体关于商业秘密的现行法律和监管制度”做准备。该研究的目的是加强IPEG对APEC经济体现有的法律和监管框架在保护商业秘密方面的理解，以帮助APEC成员经济体识别共同的挑战和应对措施，以加强商业秘密保护和促进持续投资和创新。在2015年1月公布的《APEC经济体的商业秘密保护》报告中㉑，描述了商业秘密对APEC经济体的重要性；讨论保护商业秘密的法律要素。其后向APEC成员方企业推荐了有关商业秘密保护的最佳做法㉒。

（一）美欧商业秘密保护立法

综上所述，无论是国际条约还是有关国际组织，近年来都十分重视商业秘密法律的保护。美国和欧盟2016年分别制定商业秘密专门立法是践行这种思潮的具体体现。

近年来美国国会通过并修改了旨在保护企业商业秘密的一系列法律。2012年12月28日，奥巴马总统签署了《盗窃商业秘密净化法》（Theft of Trade Secrets Clarification Act），㉓修订和扩大了《经济间谍法》（Economic Espionages Act，以下简称EEA）的适用范围。2016年5月11日，强调商业秘密民事保护的美国联邦《保护商业秘密法》（The Defend Trade Secrets Act，以下简称DTSA）生效㉔。此后不到30天，即2016年6月8日，欧洲议会和理事会通过《欧盟商业秘密指令》（European Union Directive 2016/943 on the Protection of Trade Secrets，以下简称EU－TSD），作为世界两大经济体的美国与欧盟同一年先后颁行保护商业秘密的专门立法，绝非巧合，而是一种战略上的不谋而合。两法几乎同时面世凸显了美欧对商业秘密保护的重视程度。

商业秘密是欧洲文化遗产的一部分，是使欧洲商品，比如法国葡萄酒和香水、瑞士手表、德国汽车等驰名全球的制胜法宝。商业秘密也促进了欧盟中小型企业的创新。盗用驱动欧洲商品快速发展的专有信息可能最终削弱欧盟企业的竞争优势㉕。

㉑ Trade Secrets Protection in the APEC Economies. http://mddb.apec.org/Documents/2015/IPEG/IPEG1/15_ipeg1_027.pdf，［cited 2017 Feb. 13］.

㉒ In 2016 in Lima，APEC Leaders and Ministers endorsed a set of eight best practices meant to serve as a toolkit for policy development across the Asia Pacific. https://ustr.gov/sites/default/files/11202016－US－Best－Practices－Trade－Secrets.pdf，［cited 2017 Feb. 13］.

㉓ David E. Dubberly. New Federal Law Increases Trade Secret Protection. http://www.nexsenpruet.com/insights/new－federal－law－increases－trade－secret－protection，［cited 2018 Aug. 13］.

㉔ Sebastian Kaplan，Patrick Premo. The Defend Trade Secrets Act of 2016 Creates Federal Jurisdiction for Trade Secret Litigation. http://www.ipwatchdog.com/2016/05/23/defend－trade－secrets－act－2016－creates－federal－jurisdiction－trade－secret－litigation/id＝69245/，［cited 2018 Aug. 13］.

㉕ Trade Secrets: European Union Challenge in a Global Economy. http://www.ifraorg.org/view_document.aspx?docId＝22900，［cited 2018 Aug. 14］.

2013 年的一项研究表明[26]，商业秘密对经济，特别是中小企业的重要性，使许多组织担心，对侵害商业秘密行为起诉会导致不充分的补救措施和公开披露商业秘密的潜在风险。欧洲议会和理事会遂于 2016 年 6 月通过 EU – TSD，于 2018 年 5 月起在各成员国实施。

除 EEA 为美国打击经济间谍犯罪提供联邦刑事救济外，DTSA 在美国历史上为制止商业秘密侵害行为首创了联邦民事救济。在此之前，商业秘密的民事保护通常是由州法管辖，几乎每个州（纽约和马萨诸塞州除外）都依赖于《统一商业秘密法》，DTSA 试图使侵害商业秘密的标准更加统一和专业化，提供与其他侵犯知识产权行为相一致的补救措施（包括禁令救济、损害赔偿、惩罚性损害赔偿和故意盗用的律师费等）。DTSA 还要求司法部长准备一份关于外国窃取美国商业秘密的大小和范围的两年期报告、外国政府的参与度、在国外可获得的法律和执法保护以及确认问题重大的国家等信息[27]。EU – TSD 使欧盟多元化、碎片化的商业秘密保护法律获得统一，其旨在协调欧盟内的商业秘密立法，促进欧盟竞争和创新跨境转移。也和 DTSA 一样，EU – TSD 创造了首个适用于 27 个欧盟成员国的侵害商业秘密民事救济，确保在欧盟市场内形成一个统一的侵害商业秘密民事赔偿标准。

值得注意的是，这两个新的商业秘密法律实质上是一致的，共性大于异性，均是为了进一步协调国际商业秘密保护。

DTSA 和 EU – TSD 的共同点包括对商业秘密的定义[28]和侵害商业秘密行为的构成[29]，以及单方扣押、禁令救济。两法在通过不当获取、不当使用或不当披露构成的侵害商业秘密行为的规定以及合法获取商业秘密的定义［商业秘密由下列任一手段获得：反向工程、独立推演以及“其他合法获取手段”（根据 DTSA）或“其他诚实的商业惯例”（根据 EU – TSD）］上大致相同。两法还涉及共同的限制条款，比如排除监管和告密者披露，就业禁令之限制，其他法律的非优先适用或补救措施等。两法最为独特的共同条款涵盖对保密程序的要求、单方救济、域外侵权救济、对公开的限制、对告密者的豁免等。

两法的类似之处还有：

第一，法院在审判程序中可以给予的临时救济[30]以及法院在授予或拒绝此类预防性救济之前应予以考虑的诸如：（1）损害与公共利益的平衡[31]；（2）拥有商业秘密

---

[26] Explanatory Memorandum to Proposal for a Directive of the European Parliament and of the Council on the Protection of Undisclosed Know – How and Business Information（Trade Secrets）Against their Unlawful Acquisition，Use and Disclosure. http：//eur – lex. europa. eu/legalcontent/EN/TXT/uri¼CELEX：52013PC0813；see also Executive Summary of the Impact Assessment. http：//eur – lex. europa. eu/legal – content/EN/TXT/？uri¼CELEX：52013SC0472，［cited 2018 Mar. 22］.

[27] DTSA，Public L. No. 114 – 153，May 11，2016. https：//www. congress. gov/114/plaws/publ153/PLAW – 114publ153. pdf，［cited 2017 Sep. 23］.

[28] See 18 U. S. C. § 1839（3）；EU – TSD Art. 2 Sec.（1）.

[29] See 18 U. S. C. § 1839（5）（A）；EU – TSD Art. 4，§ 2.

[30] See 18 U. S. C. § 1836（b）（2）；EU – TSD Art. 10，§ 1.

[31] See 18 U. S. C. § 1836（b）（2）（A）（ii）；EU – TSD Art. 11，§ 2.

的目的和证明自己胜诉的可能性[32]等相似因素。

第二，两法都允许收取合理的律师费补偿商业秘密所有者或持有者，以替代临时禁令或其他临时措施[33]。

第三，下游客户或供应商承担盗用责任[34]。依据DTSA，只有其职位发生实质性变化之前，他明知或应知该信息是商业秘密且因意外或过失知晓商业秘密，该行为人才承担责任。根据EU－TSD，任何人在市场营销、进出口或者储存货物时侵害了商业秘密，只要行为人明知或应知商业秘密被非法使用，无论该信息是否来自商业秘密持有者或间接来自他人，这种行为就构成非法使用。

第四，损害赔偿。DTSA和EU－TSD均有相似规定。允许赔偿原告遭受包括利润损失在内的实际损失[35]，以及（不重复）基于盗用者不公平获利（美国法上的不当得利）和“侵权者的不当利益”[36]。两法还规定依据合理的许可费赔偿盗用造成的损害。[37]

第五，DTSA和EU－TSD都允许对发起恶意盗用请求的一方进行制裁。DTSA特别规定向提出恶意盗用请求的一方收取律师费。[38] 如果提起的诉讼是恶意的，EU－TSD要求成员国允许对申请人实施制裁或者对被申请人给予损害赔偿[39]。

此外，两法还存在一定差别，兹概括如下：

第一，DTSA与EU－TSD的一个重大差异是谁是适格诉讼主体。DTSA规定[40]，唯有商业秘密所有人（owner）可以提起盗用的民事诉讼。因此，被告方可以辩称，DTSA并未授予实质上不足以拥有或被许可完全商业秘密权的原告以诉讼资格，非排他许可人或合同方可能因此不能成为诉讼主体。根据EU－TSD，可由商业秘密持有人（holder）请求救济，该人系任何依法控制商业秘密的自然人或法人[41]。这样，商业秘密所有人或排他被许可人以及控制商业秘密的非排他性许可人均有诉讼资格。

第二，对言论自由和举报者（whistleblowers）的保护：DTSA保护“直接或间接秘密地向联邦政府、州政府或地方政府官员或律师”透露商业秘密的举报者[42]；EU－TSD规定，对于以维护公共利益为目的，为了揭露职务性或者其他类型的犯罪行为或者违法行为的举报者提出的盗用诉讼请求必须被驳回。此外，当对商业秘密的获取、使用及披露存在下列情形之一的，成员国应当确保当事人借此提起的诉

---

[32] See 18 U. S. C. § 1836 (b) (2) (A) (ii); EU－TSD Art. 11, § 1.

[33] See 18 U. S. C. § 1836 (b) (3) (A) (iii); EU－TSD Art. 10, § 2.

[34] See 18 U. S. C. § 1839 (5) (B) (iii); EU－TSD Art. 4 Sec. 5.

[35] See 18 U. S. C. § 1836 (b) (3) (B) (i) (I); EU－TSD Art. 14, § 1.

[36] See 18 U. S. C. § 1836 (b) (3) (B) (i); EU－TSD Art. 14, § 2.

[37] See 18 U. S. C. § 1836 (b) (3) (B) (ii); EU－TSD Art. 14, § 2.12.

[38] See 18 U. S. C. § 1836 (b) (3) (D).

[39] See EU－TSD Art. 7, § 2.

[40] See 18 U. S. C. §1836 (b) (1) (An owner of a trade secret that is misappropriated may bring a civil action under this subsection...).

[41] See EU－TSD Art. 2 (2).

[42] See 18 U. S. C. § 1833 (b) (1) (A) 6.

讼请求被驳回：（1）为了行使《欧盟基本权利宪章》中表达自由和信息自由的基本权利。（2）为了履行根据欧盟成员国法所规定的职工代表的职能，职工向职工代表披露相关信息，但该披露行为以履行职工代表职能的必要为限。（3）为了保护欧盟成员国法所承认的合法的利益。[43] 上述举报行为并不要求商业秘密被秘密披露。

第三，惩罚性赔偿：依据 DTSA，故意或恶意情况下盗用商业秘密，惩罚性赔偿金可以判以损害赔偿的两倍[44]。EU - TSD 没有明确规定惩罚性赔偿，但其规定，司法机关在适当的情况下可以考虑非经济因素，比如商业秘密持有人遭受的精神损害[45]。

第四，DTSA 修改了 EEA，后法规定盗窃外国实体的利益（经济间谍活动）和故意偷窃州际商业机密，意图侵占商业秘密并损害其所有者利益的应承担刑事责任。相比之下，刑事责任是欧盟成员国的问题，一些国家在某些情况下提供刑事处罚，而其他国家根本不追究刑事责任[46]。

关于美欧两法异同的详尽分析，请参考作者此前的相关合作论文[47]，本文不再赘述。

如前所述，EU - TSD 的主要目的是在整个欧盟内对未披露的专有技术和经营信息提供最低标准的法律保护，原则上还允许成员国相较于该指令可以“针对非法获取、使用或泄露商业秘密采取更为广泛的保护”[48]。这种协调化的目标是创造一个有效的内部市场。不同于 2013 年的指令草稿，EU - TSD 最终版本明确表示对商业秘密建立最低保护的目的，而非对成员国的法律完全协调。

因此，成员国实施 EU - TSD 时可以选择高于指令最低保护要求和水平的规定。这样，虽然它将确保成员国的法律均将实现最低限度的保护，但不会导致一个完全公平的竞争环境，欧盟的某些成员国仍然可以享受额外的商业秘密保护。

2016 年 6 月 8 日 EU - TSD 在欧盟立法通过后，按规定成员国必须在 2018 年 6 月 9 日之前在任何法律、条例或行政法现中予以实施。以下分述英法德等国的实施现状。

（二）英国商业秘密条例[49]

英国此前没有商业秘密保护的专门立法规定。商业秘密受合同和/或衡平法保

㊸ See EU - TSD Art. 5.

㊹ See 18 U. S. C. § 1836（b）（3）（c）.

㊺ See EU - TSD Art. 14，§ 2.

㊻ Baker，McKenzie. Study on Trade Secrets. https：//www. usitc. gov/publications/332/journals/katherine_linton_importance_of_trade_secrets_0. pdf，[cited 2017 Feb. 13].

㊼ 李薇薇，郑友德. 欧美商业秘密保护立法新进展及对我国的启示，《法学》2017 年第 7 期。

㊽ See EU - TSD Art. 1.

㊾ 2018 No. 597，Intellectual Property，The Trade Secrets（Enforcement，etc.）Regulations 2018. http：//www. legislation. gov. uk/uksi/2018/597/made，[cited 2018 July. 13]；Trade Secrets：UK implements EU Directive on time，but uncertainties remain. https：//www. jdsupra. com/legalnews/trade - secrets - uk - implements - eu - 31631/，[cited 2018 July. 13].

护。英国法院的判例表明，其保护具有“必要秘密品质”的信息，该信息在履行保密义务的情况下进行传递，且以未经授权的方式使用（或被胁迫使用）而损害商业秘密持有人。尽管英国“脱欧”时间很短，但英国政府仍然计划出台新的规定，使其在“脱欧”以后继续实施。于是，英国首个商业秘密保护的特别立法——英国商业秘密条例［The Trade Secrets（Enforcement，etc.）Regulations 2018（SI 2018 No. 597）］于2018年6月9日生效，适用于整个英国全境（英格兰和威尔士、苏格兰和北爱尔兰）。

EU－TSD的实质性规定已经在很大程度上反映在英国商业秘密条例中。事实上，英国商业秘密条例已经比EU－TSD更进一步，包括通过EU－TSD并未规定的搜查令来保存证据。该条例基本上沿用了EU－TSD中关于商业秘密和侵权物品的定义，规定了时效期间，并对相关财产救济计算方式的原则作了细微调整。同时规定了EU－TSD中要求的临时措施和提供这类救济措施之前所考虑的事项。EU－TSD中的某些规定并未在条例中进行转化，但预计会在普通法中体现。EU－TSD第4条第（5）款即为例证。该条规定非法使用包括在明知或应知情况下交易侵权物。此外，在雇员无意中非法获得、使用或披露了雇主的商业秘密时，该条例并没有限制雇员对雇主的责任。

（三）法国商业秘密保护法[50]

法国法律长期以来承认商业秘密，并主要根据普通《法国债法》《法国侵权责任法》《法国知识产权法典》《法国刑法典》和《法国劳动法典》保护商业秘密。法国没有引入保护公司商业秘密或技术诀窍的一般文本。《法国知识产权法典》第L.621－1条特别条款规定只保护制造秘密，其适用领域仅限于雇佣合同。此外，自2008年5月1日以来，“secret de fabrication”（制造秘密）的表达已经取代了“secret de fabrique”（工厂秘密）的表达，后者似乎限制了上述规定的适用范围。

为了实施EU－TSD，法国商业秘密保护法（Bill，以下简称法案）于2018年3月24日得到联合委员会（由参议院和国民议会的平等成员组成的立法委员会）的认可，最终由法国议会于2018年6月21日通过。为确保该法案符合法国宪法，法案已提交给法国宪法委员会（Conseil Constitutionnel）批准[51]。为了确保遵守EU－TSD的规定，法案对法国现有的相关法律做了少许修改，将新修订的商业秘密保护规则一

---

[50] Isabelle Cottin. Examination of the Bill transposing EU Directive on trade secrets. https：//www. soulier－avocats. com/en/examination－of－the－bill－transposing－directive－on－trade－secrets/，［cited 2018July. 15］；Holger Kastler，Sue McLean，Wolfgang Schönig，Bryan Wilson. Harmonization of Trade Secrets in Europe and New US Trade Secrets Law Gets the Green Light——What Do These Changes Mean for Companies in Germany，the UK and the US？ https：//media2. mofo. com/documents/160527harmonizationtradesecrets. pdf，［cited 2018 July. 15］；Luc Desaunettes. La transposition de la directive ‘secret d'affaires’ en droit français：uneanalyse de la proposition de loiadoptée par l'Assembléenationale（The Transposition of the Trade Secrets Directive into French Law：An Analysis of the Text Adopted by the French National Assembly）. https：//papers. ssrn. com/sol3/papers. cfm？abstract_id＝3160587，［cited 2017 Feb. 13］.

[51] New French law on the protection of trade secrets：opportunities and risks for businesses and investor. https：//www. eversheds－sutherland. com/global/en/what/articles/index. page？ArticleID＝en/Competition_EU_and_Regulatory/new－french－law－on－protection－of－trade－secrets－060718，［cited 2018 July. 16］.

并纳入《法国商法典》(French Commercial Code，以下简称 FCC)，从而首创了统一的法国商业秘密保护法。

法案将与法国现行保护制造秘密的立法共存。制造秘密被判例法定义为“任何提供实际利益或商业利益、由制造者实施并对其竞争对手保密的制造工艺”。其受《法国知识产权法典》(第 L. 621 –1 条) 和《法国劳动法典》(第 L. 1227 –1 条) 保护，对任何实际或威胁披露制造秘密的董事或者雇员给予刑事制裁。同样，将保留《法国刑法典》中规定的现有的刑事犯罪，如盗窃、抢劫和销赃行为（在载有资料的文件被盗的情况下)、欺诈和违反职业保密义务等。

法国商业秘密保护法共分四章。

第一章规定法案的适用范围和条件，下分四节。第一节确定商业秘密的定义（将纳入 FCC 第 L. 151 –1 条)。此前的法国国内法中并未明确定义商业秘密。法案基本上援用了 EU –TSD 第 2 条关于“商业秘密”的法律定义，两者非常相似。只是法案拓宽了商业秘密商业价值的范围，规定商业秘密除了具有现实的商业价值，还包括潜在的商业价值，从而成为潜在的商业秘密，例如包括在研发成果中，但尚未投入商业化的商业秘密提供更为广泛的保护。法国参议院在讨论该条时认为，“经济价值”的概念会比“商业价值”概念更有包容性。但是，由于前者难以评估和解释，联合委员会拒绝了这一建议，最终保留了“商业价值”的概念。第二节规定商业秘密的合法占有和合法获取行为。即当商业秘密是通过以下方式获得，商业秘密的取得应视为合法：(1) 独立发现或创造；(2) 观察、研究、拆卸或测试已向公众提供的产品或物品，或合法地拥有信息获取者，除非合同规定禁止或限制获取商业秘密。(将纳入 FCC 第 L. 151 –3 条)。FCC 第 L. 151 –2 条将规定商业秘密的合法持有人为“依法控制的人”，因此，区分合法持有人和非法持有人的准则应是对商业秘密的控制或失控与否。第三节则明确商业秘密的非法获取、使用和披露行为（将纳入 FCC 第 L. 151 –4 条、第 L. 151 –5 条和第 L. 151 –6 条)。它主要转化了 EU –TSD 第 4 条的规定。其一，非法获取行为系指：(1) 擅自访问、盗用或复制含有商业秘密或可以推演出商业秘密的任何文件、物件、材料、物质或电子文件；(2) 在这种情况下的任何其他行为被认为是不正当和违背诚实的商业惯例（FCC 第 L. 151 –4 条)。其二，未经合法商业秘密持有人同意或者违反保密协议使用或披露商业秘密，均视为非法（FCC 第 L. 151 –5 条)。其三，凡接受商业秘密的人明知或应知该商业秘密直接或间接来自 FCC 第 151 –5 条第 1 段规定范围内的非法使用或披露商业秘密的人，则商业秘密的取得、使用和披露也应视为非法（FCC 第 L. 151 –6 条)。第四节规定商业秘密保护的例外（FCC 第 L. 151 –7 条)，明确要求在以下情况下应限制商业秘密的保护：(1) 行使言论自由和传播自由的权利，包括新闻自由权和信息自由权（FCC 第 L. 151 –8 条第 1) 项)；(2) 为保护公众利益，善意揭露、举报非法活动和不当行为（FCC 第 L. 151 –8 条第 2) 项)；(3) 为保护欧盟法或国家法所承认的合法权益（FCC 第 L. 151 –8 条第 3) 项)。上述规定中，如果将“公共利益”解释得过于宽泛，可能会妨碍商业秘密的保护，建议在个案中通过判例法界定“公共利益”

的类型和范围。同样，下列情况均应限制商业秘密的行使：（1）商业秘密的取得是在雇员或其代表行使信息和咨询权的框架下进行的（FCC 第 L. 151－9 条第 1 款第 1）项）；（2）雇员对其代表的商业秘密的披露，是合法行使代表职责的框架下进行的，因为这种披露对于履行这些职责是必要的（FCC 第 L. 151－9 条第 1 款第 2）项）；（3）由此获得或披露的信息应由获得此类信息的雇员或其代表以外的其他人作为商业秘密保密（FCC 第 L. 151－9 条第 2 款）。

第二章规定商业秘密侵害的预防、制止、救济措施，下分四节。第一节明确防止和杜绝商业秘密侵权的措施，要求法官应当采取“相应的”措施，防止或者杜绝侵害商业秘密的行为。FCC 第 L. 152－3 条将提供下述一系列措施：（1）禁止实施或继续实施披露商业秘密的行为（FCC 第 L. 152－3 条第Ⅰ款第 1）项）；（2）禁止生产、要约、在市场上安置或使用实质上侵害商业秘密的产品，或禁止为这些目的进出口或储存这些产品（FCC 第 L. 152－3 条第Ⅰ款第 2）项）；（3）下令全部或部分销毁包含商业秘密的任何文件、物件、材料、物质或电子文档，或视案情可将其全部或部分归还给原告（FCC 第 L. 152－3 条第Ⅰ款第 3）项）。法院也可命令，将实质上侵害商业秘密的产品从市场撤回，在市场之外进行处置，为补救侵害行为进行改进、销毁或视案情基于受害方利益予以扣押。此外，法官可以根据行为人的请求，在满足下列要求的情况下，向受害方准予赔偿：（1）当违法者在获得、使用或披露时，明知或应知商业秘密是直接或间接地从违法使用或披露商业秘密的另一个人获得（FCC 第 L. 152－5 条第 1 款第 1）项）；（2）执行 FCC 第 L. 152－3 条第 1）项至第 3）项所规定的措施，对该加害方造成不相称的损害（FCC 第 L. 152－5 条第 2）项）。第二节规定侵害商业秘密的赔偿，FCC 第 L. 152－6 条将根据受害方所受经济和精神损失和加害方所获利润规定损害赔偿。第三节规定判决公开条款。FCC 第 L. 152－7 条将规定，在保守商业秘密的前提下，可以公开发布任何关于“非法获取、使用或泄露商业秘密”的法院判决。第四节提供滥用程序或拖延程序行为的处罚规定。为了减少新条款被商业秘密持有人滥用的风险，FCC 第 L. 152－8 条规定如下：依本章规定，任何滥用程序或拖延程序的自然人或法人应承担民事赔偿责任，赔偿额为索赔损失金额的 20%。未提赔偿请求的，民事罚款不得超过 60000 欧元。此外，FCC 第 L. 152－1 条和第 L. 152－2 条还特别规定，侵害商业秘密的人应当“承担民事责任”（该法案不提供任何刑事处罚），侵害商业秘密的诉讼时效“自相关事实起”限制为五年。

第三章提供了民商事法院保护商业秘密的一般规定。

FCC 第 L. 153－1 条及其后续条款应修改现有的程序规则，以保护商业秘密的机密性。主要的创新涉及举行“闭门”听证会的可能性，这将使当事人的辩论和申辩得到保密。

因此，在民商事诉讼程序中，一方或第三方声称提出的证据交换或提交的请求有可能对商业秘密产生不利影响时，且若对该秘密的保护不能以其他方式确保并不损害被告的抗辩权，法官可根据自己的动议或应一方或第三方的要求作出决定：（1）

如果法官认为确有必要，可独立审查该项证据而作出相应裁定，或判定仅就某些核心要素进行证据交换或者提交，或判令仅以摘要形式进行证据交换或者提交，或限制（任何一方自然人和被授权协助或者代表该自然人的人）获取该项证据；(2) 认为应该维持诉讼程序，在庭内作出判决；(3) 调整判决理由并调整为保护商业秘密需要而将公开判决的条款。

此外，FCC 第 L. 153－2 条将对在法庭程序中获取涉及商业秘密的证据或文书的任何人和所有人施加保密义务。

（四）德国商业秘密保护法（联邦政府法律草案）[52]

德国保护商业秘密的现行法律系《德国反不正当竞争法》（Gesetz gegen den unlauteren Wettbewerb，UWG）第 17 和 18 条的刑事规则以及《德国民法典》（Bürgerlichen Gesetzbuchs，BGB）第 823 和 826 条，但这些法律不足以转化 EU－TSD，故有必要在民法中制定特别立法保护商业秘密。虽然一些欧盟成员国，例如丹麦和瑞典，已经根据 EU－TSD 修改了本国的法律，但是，德国联邦司法与消费者保护部（Bundesministerium der Justiz und für Verbraucherschutz，BMJV）长期以来一直对德国法何时实施 EU－TSD 保持沉默。直至 2018 年 4 月 19 日，BMJV 才公布《德国商业秘密保护法》的部长级草案（Referentenentwurf des Gesetzzum Schutz von Geschäftsgeheimnissen，RefE des GeschGehG），后于 2018 年 7 月 18 日公布《德国商业秘密保护法》（联邦政府法律草案）（以下简称草案）（Gesetzentwurf der Bundesregierung，Entwurfeines Gesetzeszur Umsetzung der Richtlinie（EU）2016/943 zum Schutz von Geschäftsgeheimnissen vor rechtswidrigem Erwerb sowierechtswidriger Nutzung und Offenlegung，RegE_GeschGehG）。根据草案，德国的商业秘密保护将发生根本性的变化。德国不久将诞生一部统一的商业秘密保护特别立法。据专业法律杂志 JUVE 称，德国联邦议院将于 2018 年 9 月对草案进行审议，预计将在 2018 年年底通过[53]。

草案共分四章 22 条，第一章通则（第 1 条—第 4 条）、第二章侵害请求权（第 5 条—第 13 条），第三章商业秘密争议程序（第 14 条—第 21 条）、第四章惩罚规定（第 22 条）。兹简评如下：

1. 商业秘密的定义

与德国现行商业秘密法相比，草案一个重要的改变是对商业秘密进行了更客观

---

[52] Gesetzentwurf der Bundesregierung Entwurf eines Gesetzes zur Umsetzung der Richtlinie（EU）2016/943 zum Schutz von Geschäftsgeheimnissen vor rechtswidrigem Erwerb sowie rechtswidriger Nutzung und Offenlegung. https：//www. bmjv. de/SharedDocs/Gesetzgebungsverfahren/Dokumente/RegE_GeschGehG. pdf? __blob = publicationFile&v = 1，[cited 2018 July. 20]；Holger Kastler，Sue McLean，Wolfgang Schönig，Bryan Wilson. Harmonization of Trade Secrets in Europe and New US Trade Secrets Law Gets the Green Light——What Do These Changes Mean for Companies in Germany，the UK and the US? https：//media2. mofo. com/documents/160527harmonizationtradesecrets. pdf，[cited 2018 July. 17]；Wolfgang Schönig，Holger A. Kastler. Update on the Implementation of the EU Trade Secrets Directive into German Law. https：//www. mofo. com/resources/publications/180505 – eu – directive. html，[cited 2018 July. 17].

[53] Herbert Smith Freehills. Corporate Crime Update – June 2018 – Germany. https：//www. lexology. com/library/detail. aspx? g = 902ba70c – 5979 – 4c29 – adbf – e099fe7f979d，[cited 2018 July. 16].

的定义。与EU－TSD类似，根据该草案，“商业秘密”被定义为以下信息：（1）通常不为经常涉及该类信息的业内人员所公知或易于获取，因此具有商业价值；及（2）合法控制该秘密的所有人采取合理措施对信息进行保密。然而，草案并不符合EU－TSD规定的三重测试法（源自TRIPS协议），因为其将前述EU－TSD第1条关于商业秘密信息构成三要件（该信息不为公众所知、该信息因保密而具有商业价值、信息的合法控制人对该信息采取了合理的保密措施）中的前两个合二为一，这是否会造成实质影响，最终法案是否会纠正这种误解，都还有待观察。

真正的变化在于定义的最后一个要件，即合理的保密措施。德国法律先前采取了相当主观的观点，强调商业秘密持有人有保守商业秘密的意愿，以及这种意愿在现实环境中是不是显而易见。现在，持有商业秘密的公司将不得不采取合理的保密措施，才能从提供给商业秘密持有者的新权利中受益。就像草案的作者所言，“合理的保密措施”是一个客观标准。商业秘密的持有人有义务举证说明其采取了保密措施。

合理措施包括物理的、组织上的和合同的措施。采取的措施是否合理最终取决于商业秘密本身。BMJV指出了在评估合理性时必须考虑的几个因素，包括需要保护的商业秘密的价值、潜在的研发成本、对商业秘密持有者而言的重要性、如何将信息标记为保密的方法以及与雇员和商业伙伴之间的现有协议。德国法庭在解释“合理措施”要求时会有多么严格尚待观察，但是，“合理措施”显然不应被理解为“完美的保护”，因为这种苛求既给商业秘密持有者提出难题，亦会使该条款在司法上难以实施。

2. 合法行为、非法行为和例外

根据EU－TSD，草案区分了非法、合法行为以及非法行为的例外。

（1）非法行为。

和EU－TSD类似，该草案指出，通过下列手段获取商业秘密被认为非法：（i）未经授权访问、盗用或复制任何为商业秘密持有者合法控制、含有商业秘密的或可从中推测出商业秘密的文档、物品、材料、纸质或电子文件；或（ii）在这种情况下被认为是违反诚实商业惯例的任何其他行为。以下行为人使用或披露商业机密的行为被草案认为违法：（i）非法获取商业秘密的；（ii）违反含有限制商业秘密使用的保密协议（或类似义务）；或（iii）违反（合约中）不公开商业秘密义务的。此外，草案还指出，如果某人在获得、使用或披露商业秘密时，明知或应知该商业秘密是直接或间接从非法使用或泄露商业秘密的他人获得，则该获得、使用或披露商业秘密的行为是违法的。

（2）合法行为。

如果商业秘密的获取、使用或披露是法律或合同允许的，则是合法的。关于合法获得，草案示举右例：（i）独立发现或创造；（ii）反向工程；以及（iii）员工或员工代表行使信息咨询和参与权。

这里需提醒的两点是：其一，关于独立发现或创造。在独立发现技术秘密的情况下，发现者不仅可以在不侵犯任何商业秘密持有人权利的情况下使用或披露该技术信息，甚至还可以为潜在的发明申请并获得专利，前提是该技术符合可专利性的一般规定。从定义上看，商业秘密不应被视为丧失新颖性的公开的现有技术。但是，在保护战略发展上，商业秘密持有人可能会认为德国专利法至少提供了先用权。因此，如果持有人决定不提交专利申请以不披露其技术秘密，则该持有人将承担可能有第三方就其独立发现或创造获得专利导致的风险，致使此类商业秘密可能不受保护。但是，如果可以证明其先用权，则即使该持有人继续使用该技术秘密也不会被告侵权。其二，关于反向工程。根据现行德国判例法，如果反向工程需要大量的劳动力或技术投入，则其可能被认为非法。根据 EU – TSD，草案指出，如果产品满足右述两条件：（i）可以公开获取；或者（ii）依法由不承担任何合法有效的保密义务的一方合法持有，则反向工程是获得商业机密的合法方式。因此，只要产品尚未从公开渠道获取，就可以通过合同禁止，即使是法律允许范围内的反向工程。相反，欧盟计算机软件指令（2009/24/EC）和德国版权法对有关反编译程度的反向工程合同约束条款进行了限制。

（3）非法行为的例外。

根据草案，合法举报系商业秘密保护的最重要例外（ausnahme）。举报者举报不当行为、不法行为或非法活动时可以根据草案寻求保护，只要他们披露商业秘密是以保护公众利益为目的（第 4 条）。但是该例外的范围尚不明确。

首先，何种情况下才能满足“公共利益”的要求，仍然模糊不清，且目前尚不清楚以“公共利益”行事是否必须是员工的唯一动机。对于那些其行为不为例外覆盖而可能导致严重后果的雇员，这种明确性的缺失会导致法律严重的不安定性。结果可能会使雇主提出违规处分甚至刑事指控。其次，草案原则上将举报视为合法，却没有具体说明举报人是否必须先行努力在内部解决问题或遵循内部指导规则处理。没有制定内部举报程序的举报制度可能会给公司和举报人带来挑战。最后，德国现行雇佣法要求举报人在向公共当局等外部人员举报所称的不当行为之前，要通知其雇主并与之磋商。这种“两步走”的制度也存在于欧盟其他一些成员国，旨在通过认可内部信息的重要性和员工的就业前景以保护公司和举报者。因此，大多数德国公司已经建成匿名的内部举报制度作为其人事政策的一部分。

2018 年 4 月 23 日，欧盟委员会发布了关于保护举报违反联盟法律行为的举报人指令提案（以下简称举报人指令）。这是欧盟委员会的一个初期立法项目，目前还不清楚是否以及将以何种形式颁布该指令。然而，根据该举报人指令，拥有 50 名以上员工或年营业额在 1000 万欧元以上的私人法律实体或从事金融服务的法人实体都有义务建立内部举报和后续举报渠道及程序，并且在内部举报之后设立外部举报程序。

3. 权利与救济

草案中将商业秘密持有人享有的权利和补救措施单独列为一章（第二章第 5 条至 13 条）。其中包括知识产权权利所有人可以获得的典型补救措施，例如（i）禁令救济；（ii）销毁任何包含或体现商业秘密的文件、物件、资料、实体或电子档案，或在适当情况下，将这些物品交付给商业秘密所有人；（iii）召回侵权产品或从分销渠道中永久移除侵权产品；（iv）销毁侵权产品或者从市场上回收这些侵权产品；（v）关于侵权程度的知情权；（vi）损害赔偿。根据 EU - TSD 的要求，除了赔偿损失，草案中所规定的所有权利都要明确经过比例检验。

此外，在特定条件下，草案规定，如果是公司的雇员或代理人盗用了商业秘密，除了损害赔偿，商业秘密持有人可以选择将该公司作为共同侵权人并向其提出索赔。

最后，草案根据现行德国法律规定了针对滥用商业秘密的刑事处罚［第 22 条，该条将取代 UWG 中第 17 条至第 19 条，并明确提及其他一些更为宽泛的刑事处罚（例如，德国刑法第 202a 条）］。

关于补救措施可能呈现如下亮点：

（1）知情权。

知情权通常会加强商业秘密持有人的地位，但仍然无法满足其在某些方面的期望。根据草案，商业秘密持有人可要求侵害人披露来源信息和侵权产品的销售渠道信息，即关于：（i）制造商、供应商、以前的所有者和客户的名称和地址；（ii）这些产品的数量和价格。此外，如果侵权人故意或因重大过失未能准确提供这些信息，商业秘密持有人还可以要求赔偿损失。

（2）损害赔偿。

与现行的德国知识产权法律相似的是，草案规定损害赔偿的计算可以基于以下三种既定方法：（i）侵权人的利润；（ii）合理的版费（虚构的许可费）；（iii）商业秘密持有人损失的利润。

（3）金钱补偿代替禁令。

草案中的创新之一是可以选择支付金钱赔偿取代禁令和进一步的纠正措施。适用这一规定的条件是：（i）侵权人不得故意或疏忽；（ii）根据所有事实，禁令的颁发应该是不成比例的，即禁令必须对侵权者构成不成比例的危害，且金钱赔偿必须让受害方感到合情合理。在把禁令视为“违约补救办法”的德国，即使不存在过失，这种新的选择实质上也确立了强制许可权，这是一个重大的理论变革。但是，德国法院如何广泛适用该规定尚不清楚。该规定的适用范围看上去很窄，因为根据德国法律，判定疏忽的门槛相对较低。因此，该条款可能仅适用于个人非法和无过失地获取、使用和披露商业秘密的情况，例如在不知情的情况下违反合同义务。

（4）公司所有者对员工和代理人承担的责任。

如果公司的员工或代理人实施侵权行为，并且该行为是与其（这些雇员或代理人）代表公司履行职责密切相关，草案授权商业秘密持有人直接针对该公司所有者提出索赔权（损害赔偿除外），该规定旨在防止公司所有者逃避责任，因为所有者没有亲自参与行为，并不知道商业秘密是从非法使用或披露商业秘密的第三方获得。EU - TSD 并没有强制推行该概念，但德国 UWG 中已经有类似规定。

4. 诉讼期间的商业秘密保护

草案还为在德国寻求诉讼救济的商业秘密持有人提供了重要改进。目前，德国程序法几乎未为诉讼中的信息保密提供保障。这些变化可能是草案中最有价值的改革。

(1) 获取保密令程序。

根据草案，现在原告起诉时可以向法院提供一份修改后的起诉副本，同时请求将该副本送达被告。若想该请求获准，商业秘密持有人必须就被编辑的信息是否构成商业秘密提供可靠证据。法院然后可依请求决定颁发法庭令（beschluss），这样可以在不听取被告人陈述的情况下不损害所称商业秘密的保密性。

若该请求获批，被告只能在法院公布最终判决后对保密令提出疑问。这是为了确保诉讼程序不被拖延。但是，如果法院不打算批准原告保护其商业秘密的请求，法院则要向原告说明原因并要求原告提供说明为何保护所称商业秘密的详细信息。若法院最后仍然驳回该请求，商业秘密持有人即可提出上诉。

(2) 访问和披露限制。

(i) 一般的受限访问。在所称商业秘密被分类为机密后，法院可以根据当事人请求限制访问：①文件；②口头听证会及其会议记录。为保守这些信息的机密性，并且不被在法律程序外使用和泄露这些信息（草案第15条），法院的这种分类会对诉讼当事人（包括当事人的法定代理人、证人、专家以及其他所有可能接触到这些信息的人）构成法律义务。另外，第三方只能访问被处理过（有关商业秘密的陈述已被删除或编辑）的书面法院判决（草案第18条）。

这些规定在德国法律中非常新颖。目前，法院有权限制某些文件的访问权限或者限制被授权访问文件的人员范围，并且法院只有在下列情况才能排除公众获取相关信息：①系争商业秘密对诉讼当事人很重要；②没有任何其他正压倒性的合法利益（例如国家安全）能证明公众参与商业秘密的讨论是正当的。

(ii) 有限的强制访问和披露。然而，该草案还提供了一个关于一般限制访问的例外，即每方当事人中至少有一个自然人和一名法律代表或其他代表有权被授予全权访问所有未经编辑的文件和听证会。这项例外规定受到了严厉批评，因为商业秘密持有人在所有关于盗用商业秘密的诉讼中披露商业秘密，可能会给其带来巨大风险，因为向所谓的侵权者披露商业秘密（通常是竞争对手）最终可能导致披露方丧失竞争优势。

(iii) 违反保密义务的处罚。违反保密义务的处罚仅包括罚款1000欧元或至多一周的拘留。这一规定一直受到严厉抨击，因为罚款数额太低，收效不大，因此在草案征求修改意见过程中，人们也期盼罚款数额能大幅度增加。

(3) 管辖权。

草案规定，侵权人居住地的地方法院（landgerichte）的专门民事法庭应当对商业秘密纠纷拥有专属管辖权。除此之外，草案还规定了可以选择将司法权从一个州转移到另一州，虽然德国各州是否会真正适用该选择权尚需时间证明。

（五）其他欧盟国家

总体上看，欧盟一些成员国将受到EU-TSD新规则的影响。尤其是比利时，需要对其目前所提供的保护作出若干重大改变，而丹麦、意大利、西班牙已经提供了指令所需的大部分保护。然而，即使在受影响较小的成员国，有人认为该指令也会导致有的成员国相关法律发生下述重要变化(54)：

EU-TSD将规定可以针对从非法使用或披露的另一方在应知情况下获得商业秘密的第三方行使诉权，这将加强目前在德国、意大利、法国、荷兰、西班牙、比利时、丹麦和波兰的商业秘密保护。

EU-TSD还将加强对其设计、功能、生产或销售明显受益于商业秘密的商品的保护。这将有利于针对在未提供严格商业秘密保护的法域内制造的产品进口至欧盟的当事人提出侵害商业秘密诉讼。

由于EU-TSD提供诉讼过程中保守商业秘密机密性的规定，这将改善包括法国、荷兰、西班牙、比利时、波兰和芬兰在内的多个法域的商业秘密保护。特别是，EU-TSD允许私人听证会和判决的修订。通过消除诉讼程序本身可能导致披露其商业秘密的风险，将会使商业秘密所有者更有信心提起执法诉讼。

EU-TSD规定，在所有司法管辖区都应提供保护商业秘密的临时和初步措施。这些措施包括临时禁止使用或披露商业秘密的临时禁令和初步禁令，以及扣押明显受益于窃取商业秘密的商品。这将改善法国、比利时和芬兰提供的临时补救措施的范围，并在其中一些临时救济状况不太明晰的其他法域提供更大的法律安定性。

英国、法国、意大利(55)、荷兰(56)、瑞典(57)、丹麦(58)已在EU-TSD实施截止期（2018年6月9日）前后通过实施了新的商业秘密保护法。比利时将于2018年8月24日实施专门的商业秘密保护法(59)。德国、西班牙、波兰、捷克、匈牙利等国的相关法律草案正在修改或起草中(60)。截至目前，英国、法国、荷兰、瑞典、丹麦、比利

(54) Robert Williams, Toby Bond. Protecting Trade Secrets in Europe - An Update. https: //www. ipwatchdog. com/2018/04/15/protecting-trade-secrets-in-europe-update/id=95794/, [cited 2018 July. 18].

(55) Katrin Grünewald. Italien - Neues Gesetz über den Schutz von Geschäftsgeheimnissen. https: //www. gtai. de/GTAI/Navigation/DE/Trade/Recht-Zoll/Wirtschafts-und-steuerrecht/recht-aktuell, t=italien--neues-gesetz-ueber-den-schutz-von-geschaeftsgeheimnissen, did=1933902. html, [cited 2018 July. 19].

(56) New legislation puts Netherlands on the map as venue to fight trade secrets infringements. https: //www. debrauw. com/newsletter/new-legislation-puts-netherlands-on-the-map-as-venue-to-fight-trade-secrets-infringements/#, [cited 2018 July. 18].

(57) Valea. New Act on the Protection of Trade Secrets. https: //www. lexology. com/library/detail. aspx? g=6d6a7ef5-a085-4fcc-b9f0-f3bd5edc1979, [cited 2018 July. 17].

(58) Danish Implementation of Directive 2016/943/EU: Protecting Your Trade Secret. https: //www. magnusson-law. com/publication/103, [cited 2018 July. 17]; The Danish Act on Trade Secrets has now been adopted, April 15, 2018. https: //ipkitten. blogspot. com/2018/04/the-danish-act-on-trade-secrets-has-now. html, [cited 2018 July. 17].

(59) Baker McKenzie. Belgian implementation of the EU Trade Secrets Directive. https: //www. lexology. com/library/detail. aspx? g=57232655-b5a6-43e6-917e-861ce85bac50, [cited 2018 July. 15].

(60) Will Smith, Robert Williams. Implementation of the Trade Secrets Directive - The deadline has passed, 11 June 2018. https: //www. twobirds. com/en/news/articles/2018/global/implementation-of-the-trade-secrets-directive-the-deadline-has-passed, [cited 2018 July. 18]; Hogan Lovells. Trade Secrets Global Guide 2018. https: //www. limegreenipnews. com/files/2018/06/Global-Trade-Secrets-Guide. pdf, [cited 2018 July. 15].

时以及德国等七国是以或将以专门条例和专门法的形式实施 EU－TSD，从而打破了此前欧盟成员国在商业秘密专门立法上瑞典一枝独秀的局面，也说明制定专门法保护商业秘密得到法德等欧盟大国的认可和支持。

（六）日本新修订不正当竞争防止法

在全球两大经济共同体大力推进商业秘密专门立法和执法的同时，日本和韩国也加紧修法，提高了商业秘密的保护力度。

日本于 2015 年年底大幅度修订《日本不正当竞争防止法》（2016 月 1 日起开始实施），增加侵害商业秘密的不正当竞争行为类型，细化了打击商业秘密侵权行为的民事程序，规定了更加严厉的刑事处罚措施。[61] 修改具体如下：

1. 扩大刑事处罚对象的范围

（1）对盗取海外存储信息的处罚。

根据修订之前的《日本不正当竞争防止法》，只有在日本境外不正当使用或者泄露由日本境内的个人或企业所控制的商业秘密的行为，才属于刑事处罚的范围。但修订后的《日本不正当竞争防止法》扩大了刑事处罚对象的范围，不仅在日本境外不正当使用或泄露了商业秘密的行为要受到刑事处罚，还规定获取在日本境外的商业秘密也要受到刑事处罚。

除此之外，新法保护在日本境内从事经营活动的人所控制的一切商业秘密，而且废除了之前要求商业秘密必须由日本企业或个人所控制的这一前提条件。

（2）对窃取商业秘密未遂行为的处罚。

修订前的《日本不正当竞争防止法》只对既遂的窃取商业秘密的行为实施处罚，即只处罚成功窃取商业秘密的行为，而不追究仅试图窃取而未成功的行为。然而，泄露的商业秘密传播得广泛而迅速，因此处罚试图窃取商业秘密而未遂的行为是预防窃取、保护商业秘密的有效措施。

（3）对第三人的处罚。

直接通过不正当手段获得或者一开始通过正当手段获得而后来不正当地泄露了商业秘密的人，由于首先接触了商业秘密而被称为第一人，继而从第一人手中获得商业秘密的人，被称为第二人。修订之前的法律只处罚侵害商业秘密的第一人和第二人，修订后的法律扩大了被处罚对象的范围，包括了一切明知商业秘密是通过不正当途径获得而仍然获取或者转售商业秘密的人。这意味着不仅是第一人和第二人会面临刑事处罚，包括后续获得商业秘密的第三人等都可以被追究刑事责任。

---

[61] 松本慶．営業秘密保護の実務が変わる　不正競争防止法の改正で，http：//judiciary. asahi. com/fukabori/2016020200001. html，［cited 2017 Feb. 20］；陈思勤．日本商业秘密保护制度的经验与启示，华中科技大学法学院演讲稿，2017 年 9 月 11 日；郑友德，王活涛，高薇：日本商业秘密保护研究，《知识产权》2017 年第 1 期；YUASA，HARA. The amendment to the Unfair Competition Prevention Act－Enhancement of trade secret protection. https：//www. lexology. com/library/detail. aspx？ g = a5021e7f－8851－48dc－9606－aa8c7e2c66e3，［cited 2018 Feb. 6］。

(4) 对离职后窃取商业秘密行为的处罚

修订后的《日本不正当竞争防止法》包括“退职犯”，意为犯罪行为不仅包括在职时许诺或接受他人请托，而且包括在退职之后使用、披露商业秘密者。[62]

(5) 关于出售、进口、出口侵害商业秘密产品的刑事处罚以及民事救济程序。

修订后的《日本不正当竞争防止法》规定，所有涉嫌商业秘密侵害行为的产品“转让、交付，或为转让、交付目的展览，输出或输入，或通过电子通信网络提供之行为”均构成侵害商业秘密行为，禁止出售、进口、出口由窃取技术性商业秘密而生产的产品。同时规定被侵害人可以通过民事救济程序申请对出售、进口、出口侵权产品的行为实施禁令，并规定这种行为将受到刑事处罚。新法还规定，对于在获取产品时就明知该产品为侵犯了商业秘密而依然生产了侵权产品，或者是应知却因疏忽而没有知悉为侵权产品的，被侵权人都可以诉诸民事救济程序维护自己的权利。而对于明知者，则可以诉诸刑事救济程序。

2. 加大刑罚力度

新法规定了更严厉的刑事处罚措施，比如监禁以及更高金额的罚款。将对个人的最大罚款金额从1千万日元提升至2千万日元，对企业或其他法人的最大罚款金额从3亿日元提升至5亿日元。此外，对于在境外不正当地使用和不正当地向海外企业披露商业秘密的行为引入了一种新的处罚方式。对个人最高罚金3千万日元，对法人机构最高罚金10亿日元，还规定可以没收由于商业秘密侵权而获得的收益。

3. 完善民事救济程序

(1) 减轻原告举证负担。

根据修订前的法律，针对商业秘密使用和泄露而提起的民事诉讼中，原告有义务提交证据证明被告有不正当使用商业秘密的行为。然而，尤其是在关于制造方法相关的技术性商业秘密案件中，原告很难举证证明被告使用了通过不正当的手段获得的商业秘密，因为必要的证据总是掌握在被告的手中。因此，修订后的法律设计了一个可推翻的推定机制，即推定被告使用了原告关于制造方法的商业秘密，只要原告提出：(i) 被告不正当地获取了原告的商业秘密；(ii) 被告制造了能够通过使用该商业秘密生产出来的产品；(iii) 涉及的商业秘密与产品制造相关。而为了推翻这些推定，被告需要承担证明自己没有使用商业秘密制造产品的举证责任。这种举证责任转移至被告的制度在发达国家中乃是独一无二的。

(2) 延长诉讼时效。

根据修订前的法律，如果侵害商业秘密的人长时间持续不正当地使用商业秘密，权利人将在10年之后丧失申请禁令和求偿权，该权利始于侵害行为开始之日。修订后的法律将诉讼时效延长至20年，因为以往的案例表明发现商业秘密被侵害往往需要经过很多年的时间。

---

[62] 张玉瑞. 日本《不正当竞争防止法》的借鉴意义，中国知识产权报，http://www.cipnews.com.cn/showArticle.asp?Articleid=39651. 最后浏览日期：2016年7月19日。

（七）韩国新修订反不正当竞争与商业秘密保护法

据韩国知识产权局（KIPO）2014年的调查[63]，韩国的商业秘密保护现状令人担忧。其突出表现在韩国社会缺乏对商业秘密保护意义的认可。关于商业秘密保护的法律制度，57%的被调查者认为，韩国企业的商业秘密很容易被泄露，或者面临商业秘密被泄露的危险，而企业还不足以采取任何法律限制措施提前防止商业秘密被泄露。

那么，尽管商业秘密的保护变得越来越重要，为何商业秘密在韩国没有得到适当保护？调查结果表明有以下四个原因：首先，由提起商业秘密泄露诉讼的商业秘密人（原告）承担与商业秘密泄露有关的举证责任。其次，在举证责任方面，商业秘密持有人必须证明潜在侵害人侵害了其商业秘密。然而，他很难证明潜在侵害人是否使用了他的商业秘密。故而其倾向于放弃与商业秘密有关的诉讼，或者败诉。再次，韩国损害赔偿数额很低，因此，即使法院判决有利于原告，商业秘密持有人也得不到多少赔偿。最后，约31%的商业秘密持有人在商业秘密被侵犯后，由于难以举证其商业秘密被泄露而从未采取任何相应的措施。

韩国遂于2016年8月公布了《韩国反不正当竞争与商业秘密保护法》（Unfair Competition Prevention and Trade Secret Protection Act，UCPA）（修订版），以应对韩国公司因被窃取商业秘密所遭受到的日益严重的损害。新法强化对侵害商业秘密行为的刑事制裁。为了更好地执行，KIPO将被授权调查侵权行为并提供处置建议。此外，该法案允许对故意擅自泄露机密技术的违法者处以三倍的损害赔偿。修订案还将扩大被视为侵害商业秘密的行为类型。

该法的修订重点概括如下[64]：

其一，关于商业秘密的定义。根据现行法，“商业秘密”包括生产方法、销售方法或者其他不为公众所知，具有独立经济价值，并已“以合理的努力维护其机密”的有用的技术或商业信息。第2条拟删去“合理的努力”一词，并将生产方法、销售方法和其他有用的技术或商业信息视为商业秘密，只要信息的保密性得以维持。这意味着对商业秘密的法定标准进一步放宽，这将大大降低信息构成商业秘密的门槛，并通过删除“合理的努力”来扩大保护范围。

其二，关于惩罚性赔偿。修订后的第14条之2第6款拟规定，故意违反商业秘密法造成损害，可将赔偿额度提高至实际损失的三倍。而现行反不正当竞争法规定，任何人因盗窃商业秘密而遭受损害的，只能赔偿其实际损失数额，以及根据该法规定估算的赔偿额。采取惩罚性赔偿主要考虑违法者意图、违法持续时间以及违法次数。如果存在故意违法，依新法案损害赔偿金可能会相当重。

其三，关于刑事处罚。尽管现行反不正当竞争法规定，对已取得、使用或泄露

---

[63] Han，Ji－Young，The Recent Issue and Policy on Protection of Trade Secret in Korea. http：//web. apollon. nta. co. jp/jck_symposium/files/1205_04. pdf，[cited 2018 Apr. 8].

[64] Unfair competition in Korea. http：//www. inhousecommunity. com/article/unfair－competition－korea/，[cited 2018 Feb. 6].

商业秘密的任何第三方可处监禁或罚款，修订后的版本规定并增加了将被处以刑罚的行为类型。

将知识产权的权利化和商业秘密隐匿化战略融合的开放式战略，在全球化的企业竞争中愈发凸现其重要性，美欧日韩等发达国家将商业秘密的保护强化定位为左右国家产业竞争力的重要课题，启动了商业秘密保护专门法律制度的国际协调化进程。特别是《欧盟商业秘密指令》在其成员国的陆续实施，不仅为欧盟企业，而且为欲与欧盟或中国企业合作的外国企业，提供了一个分享信息的规则或安全环境，消除拟进入中国市场的外企对于其商业秘密泄露的担忧。这样会使中国更能吸引外资或外国投资。

三、我国商业秘密保护面临发达国家的严峻挑战

前已述及，美欧以及日本2015—2016年立法和修法的主要目的除加强本国、本地区内部的商业秘密保护，强化对侵害商业秘密的民事制裁和刑事制裁外，还把矛头直指部分外国政府或企业。

在经济全球化背景下，国际贸易活动日趋频繁。由于我国经济实力与创新能力日益增强，对与我国贸易往来密切的欧美等发达国家的经济发展构成竞争，他们常常针对我国企业发起商业秘密侵害行为的诉讼或者特别调查，意图遏制我国经济竞争力。

美国著名的商业秘密法专家马克·R. 哈里根（R. Mark Halligan）强调：中国的商业秘密安全是目前美国高层特别关心的。[65] 美国奥巴马政府总统执行办公室早在2013年2月就颁布了《美国政府减少盗窃美国商业秘密战略》，这是迄今为止世界上唯一一部保护商业秘密的国家战略。该战略偏颇地指出中国是“美国经济信息和技术中两个最具侵略性的收藏家之一（另一个被认定为俄罗斯）”[66]，在该战略发布后不久，美国高级官员频繁地推动这一战略的实施，并将中国连同俄罗斯列为威胁，甚至其他国家也诬蔑中国是商业秘密窃取的发生地。例如，德国军事情报部门的负责人说，他的机构的主要任务之一是打击来自中国和俄罗斯的“工业间谍活动”[67]。上述战略阐述了美国政府在减少盗窃商业秘密行为、保护商业秘密方面所采取的下述五大战略行动：（1）通过外交途径保护商业秘密；（2）建立和分享企业保护商业秘密最佳实践；（3）加强国内执法；（4）完善国内立法；（5）增加公众对美国经济遭受商业秘密盗窃威胁与风险的共识。该战略列举了19个侵害商业秘密的重点案例，其中16个涉及华人或中国企业，占同期案件总数的85%。2014年5月，美国司

---

[65] 马克·R. 哈里根等著. 商业秘密资产管理（2016），余仲儒等译. 知识产权出版社2017年版，第40页。

[66] White House Strategy on Mitigating the Theft of U. S. Trade Secrets. https：//publicintelligence. net/wh - economic - espionage/，[cited 2017 Jan. 23].

[67] Reuters，German Spy Chief Targets Russian，Chinese Industrial Espionage. http：//www. reuters. com/article/2013/02/18/us - germany - spies - idUSBRE91H08C20130218，[cited 2018 July. 16].

法部以商业间谍罪起诉中国5名军官;[68] 2015年5月，天津大学教授赴美参加会议被诱捕，共6人涉嫌经济间谍罪和窃取商业秘密被起诉。2015年5月，担任美国天普大学物理系主任的华裔超导专家郗小星被逮捕，被指控的罪名是向“位于中国的第三方、包括一些政府实体”提供了美国的先进超导技术。2017年5月19日，美国司法部网站上以“中国公民承认从事经济间谍犯罪，窃取美国公司的商业秘密”为题，详细披露前IBM中国有限公司软件工程师徐某某为中国政府服务，盗用IBM专有源代码即将被宣判的信息[69]。据美国知识产权执法协调员2018年3月致美国国会的知识产权年度报告[70]，2017财年，在美国司法部检察官和联邦调查局（FBI）对企业和国家赞助的商业秘密盗窃着手调查和起诉的9个案例中，有5个与我国有关。据早先的统计[71]，近十年美国以涉嫌侵犯商业秘密和经济间谍罪起诉的中国专家学者近百名。

美国网络安全公司在指责中国军方参与网络黑客攻击行动的文件中指出，最近的7个窃密事例中有6个都涉及中国。美国荒谬地认为中国企业是商业间谍“元凶”，甚至指责中国军方盗窃美国的商业机密。[72] 美国在第113次国会引入大量涉及盗取商业秘密的法案，其中有两个法案专门针对中国，分别是《亟待进一步防范中华人民共和国国家支持的网络窃取商业机密的行为》和《中国共产党经济间谍制裁法案》。[73] 前者主要针对所谓中国网络间谍盗取美国企业的商业秘密以及对美国网络安全的危害，采取调查、起诉、国际争端方式解决等各种措施进行反制。后者则认为，应该谴责中国针对美国的网络间谍活动和经济间谍活动。对于中国的国有企业及其董事会成员、总裁、高管等在美国境内财产应予冻结或者阻止其交易，并建议禁止中国国有企业董事会成员、总裁、高管获得美国签证和入学资格。虽然这两个法案并未得逞，但是充分显示出美国偏激的看法，即认为中国的商业秘密保护不力，甚至认为中国政府纵容、资助针对美国企业的商业间谍行为。

英国路透社2016年4月27日称，美国奥巴马政府当地时间26日再次将中国列为年度知识产权保护最差记录样，这是美国单方连续27年将中国列入侵犯知识产权的“黑名单”。[74]

2016年6月1日，美国国际贸易委员会（ITC）主持召开了由美国政府、工业

---

[68] 美国起诉5名解放军军官为网络黑客，中方：美国才是最大窃密者，http：//www.guancha.cn/strategy/2014_05_20_230879.shtml，最后浏览日期：2017年2月14日。

[69] Chinese National Pleads Guilty to Economic Espionage and Theft of a Trade Secret From U.S. Company, https：//www.justice.gov/opa/pr/chinese－national－pleads－guilty－economic－espionage－and－theft－trade－secret－us－company－0，[cited 2018 June. 12].

[70] United States Intellectual Property Enforcement Coordinator Intellectual Property Report to Congress. https：//www.whitehouse.gov/wp－content/uploads/2017/11/2018Annual_IPEC_Report_to_Congress.pdf，[cited 2018 July. 3].

[71] 张绳祖. 商业秘密保护与国家利益，“强国知产”微信公众号，最后访问日期：2017年5月4日。

[72] 同前注②：5。

[73] Brian T. Yeh. Protection of Trade Secrets：Overview of Current Law and Legislation. http：//ipmall.info/sites/default/files/hosted_resources/crs/R43714_2016－04－22.pdf，[cited 2017 Feb. 21].

[74] 中国再被美国列入侵犯知识产权“黑名单”，网易新闻，http：//news.163.com/16/0427/22/BLMMGLCO00014JB6.html，最后访问日期：2017年2月20日。

界、贸易协会、智库和学术界共计24名外界代表参加的商业秘密圆桌会议[75]。重点讨论了商业秘密保护与执法的重要性，强调美国商业秘密盗用特别在海外受到的挑战[76]。与会代表抱怨，美国的商业秘密保护在中国遭遇严重障碍。指出中国的诉讼程序规则要求原告就商业秘密的保密措施提供书面证据，使商业秘密保护（在中国）非常困难。

美国总统特朗普在竞选宣言中曾表态，他将“对窃取知识产权的行为采取零容忍政策”“进一步加强防御中国黑客的保护”，并对窃取商业秘密犯罪展开“迅捷、坚定、毫不含糊”的行动。[77] 在特朗普的竞选平台上，在强化美国经济的关切方面，唯独把知识产权关注的焦点集聚在中国和就业问题上。据ITC 2013年5月的一项调查称，改善美国在中国的知识产权保护将会在美国创造200多万个就业岗位。特朗普把中国确定为美国就业的一个重大“威胁”，并意图阻止美国向中国的技术转移。[78]

就在2018年6月，美国白宫贸易与制造政策办公室（White House Office of Trade and Manufacturing Policy）发表《中国经济侵略如何威胁美国与世界的技术和知识产权》报告[79]，从美国角度给出了其对中国施加惩罚性关税、挑起贸易战的初衷，耸人听闻地试图给中国扣上“经济侵略”的帽子，指责中国：（1）通过物理和网络手段窃取技术和知识产权；（2）利用“技术换市场”，“强迫”外国公司进行技术转让；（3）对关键原材料进行出口限制和垄断采购权的方式“胁迫”外国公司；（4）“有计划”地收集公开信息和技术成果，派出中国留学生和访问学者作为“技术间谍”，同时引进美国科技人才，以此“窃取”美国的先进技术；（5）通过政府投资获取技术等手段，从而使中国达到对世界范围内的技术和知识产权“引进、消化、吸收与再创新”的产业政策目标。并诬蔑中国工程师和科学家无需研发时间和成本，利用反向工程重新研发生产非中国企业的产品。

在美国政府1987—2017年的《国家安全战略报告》中，始终关注中国经济崛起的战略维度。在早期的报告，美国急于把中国融入全球经济体系，2015年和2017年的奥巴马政府和特朗普政府都在抱怨中国通过网络“盗窃”美国的知识产权和商业

---

[75] Dan Kim, Katherine Linton, Mitchell Semanik. U. S. International Trade Commission's Trade Secrets Roundtable: Discussion Summary. https: //www. usitc. gov/publications/332/journals/linton_semanik_trade_secrets_summary_0. pdf, [cited 2018 May. 7].

[76] U. S. International Trade Commission's Trade Secrets Roundtable: Discussion Summary. https: //www. usitc. gov/publications/332/journals/linton_semanik_trade_secrets_summary_0. pdf, [cited 2017 Apr. 20].

[77] Aaron Wininger. 预期特朗普执政时期将有更多窃取商业秘密的刑事案件，北京东方亿思知识产权代理有限责任公司翻译编辑，http: //www. zhichanli. com/article/43956，最后访问日期：2017年2月20日。

[78] Intellectual Property Under President Trump. http: //www. managingip. com/Blog/3601088/Intellectual - property - under - President - Trump. html, [cited 2017 Feb. 21].

[79] White House Office of Trade and Manufacturing Policy, How China's Economic Aggression Threatens the Technologies and Intellectual Property of the United States and the World. https: //www. whitehouse. gov/wp - content/uploads/2018/06/FINAL - China - Technology - Report - 6. 18. 18 - PDF. pdf, [cited 2018 July. 29].

秘密。[80] 特朗普政府于2017年12月公布长达68页的《国家安全战略报告》[81]，直接提及“中国”达36次，涉及政治、经济、军事、外交，以及地区战略等各个领域，此外还有多处表述隐晦指向中国。点名指责中国每年“盗取”美国价值数千亿美元的知识产权，“盗窃”专利技术和早期创意，“不公平地”利用自由社会的发明。多年来利用网络经济战和其他恶意行为等复杂手段削弱美国的商业和经济，削弱美国长期的竞争优势。

因此，某种程度上说，《美国政府减少盗窃美国商业秘密战略》和《美国商业秘密保护法》的制定实施，伴随着美国特朗普政府的上台，将会使中国企业特别是外向型企业在商业秘密保护上面临严峻考验。

近年来，随着中美贸易合作关系的不断加深，中国已经连续多年成为“337调查”涉案次数最多的国家之一，而据最新数据显示，美国针对中国企业的“337调查”正悄悄发生变化。据数据显示，[82] 近年来美国对中国“337调查”案件数量近3年成逐年递增的趋势，其占美国发起的全部案件的比重也在明显上升，由2015年的29.4%上升至2016年的40.6%，2017年预计达到48.1%，美国的“337调查”正在加大对中国商品的调查力度。从近8年以来，美国对中国发起的“337调查”数据来看，2016年是继2012年以来针对中国企业的337调查的又一个高峰年，涉案公司高达83家，比过去同期增长246%。2017年的涉案次数已经高达13次，企业数量虽然相对2016年有所减少，但是不代表“337调查”力度的减弱。美国近半数“337调查”针对中国，从2015年到2017年，广东、江苏、上海、香港等沿海地区成“377调查”重灾区，其中，广东省连续三年位居榜首。除广东省之外，江苏省紧随其后，在近两年受调查数目位居第二，其中2016年有16家企业。其次是上海、北京、香港，分别有7家、6家、7家企业受到“337调查”。从统计数据看，近年来“北上广深”一线城市受到“337调查”的企业数量最多、影响最大。

据统计，[83] 自ITC从1986年首度向中国发难开始，中国的涉案企业已多达80多家，涉案数量占总数的四分之一。仅2012年全年，美国就对中国台湾和大陆发起了47起“337调查”，占总发起量的86.2%。ITC官网的数据显示，中国大陆已经取代日本和中国台湾地区，成为亚洲败诉数量最多的地区。

为了维护网络安全，惩治利用网络窃取商业秘密的行为，我国《网络安全法》于2017年6月1日正式实施。但是，在网络安全法出炉之前，美国商会等46家来自美洲、欧洲、亚洲和大洋洲等地区的国际企业团体联名给中国国务院写信抗议，认

---

[80] USC U. S. – China Institute. China in U. S. National Security Strategy Reports，1987—2017. http：//china. usc. edu/china – us – national – security – strategy – reports – 1987—2017.［cited 2018 Jan. 5］.

[81] National Security Strategy of the United States of America. https：//www. state. gov/documents/organization/63562. pdf，［cited 2017 Dec. 30］.

[82] 美国近半数“337调查”针对中国，广东地区成“重灾区”，https：//www. sohu. com/a/167150647_518762，最后访问日期：2017年9月1日。

[83] 美国337调查频频发难中国企业应诉成本高昂，http：//finance. takungpao. com/gscy/q/2013/0720/1774796. html，最后访问日期：2018年1月23日。

为该法第35条的规定（关键信息基础设施的运营者采购网络产品和服务，可能影响国家安全的，应当通过国家网信部门会同国务院有关部门组织的国家安全审查）的实质是实施国家安全审查。由于外企很难如数提供相关设计图纸、源代码等审核资料，因而认为该法增加了贸易壁垒。美国商会全球监管合作中心副主席尚恩·希瑟（Sean Heather）在2017年9月在美国参众两院联合经济委员会举行的听证会上错误地指责[84]："中国最近的网络安全法要求审查过程广泛但不明确的行业范围，有可能被用来阻碍市场准入。这项新法律所产生的不确定性和重叠要求将阻碍美国企业在中国开展业务的能力。中国新兴的信息技术法规框架对全球互联互通构成严重挑战。"德国主流媒体也不当地警告[85]，来自中国的针对德国的"黑客"、间谍、窃取商业机密行为大增，中国新网络安全法也正威胁德国企业。

美国信息技术与创新基金会（ITIF）主席罗伯特·阿特金森（Robert D. Atkinson）2018年5月9日在美国参议院外事关系委员会举行的"国际掠夺性经济行为多边与战略回应听证会"上建议，美国国会应加强与欧洲议会成员和法国、德国、日本和英国等主要贸易伙伴的立法机构的协调，讨论中止中国重商主义（mercantilism）和制止中国窃取知识产权的法律解决方案[86]。近年来在美国以侵害商业秘密为由专找中国说事的浊流中，欧盟某些国家和日本尾随起哄。据报道[87]，欧盟和日本最近要求加入特朗普政府在WTO就中国歧视性的技术许可要求提出的磋商请求，认为中国违反WTO规则。欧盟2018年6月6日向WTO提交了一份针对中国不公平对待外国知识产权持有者的争端解决投诉[88]，抱怨中国通过其国内立法，对含有知识产权和商业秘密的技术进口实行一套有别于适用于中国企业技术转让规则的规则。中方的措施似乎是：（1）歧视外国知识产权持有人；（2）限制外国权利人保护在中国行使知识产权的能力。认为这与中国履行的WTO义务背道而驰。

继2018年7月17日欧盟和日本签署零关税自由贸易协定后[89]，美欧又于2018年7月25日签署经贸联合声明，等于抛开WTO另起炉灶，最终三方合体，达成零关税贸易协定。而且，美欧日"今后会与有着类似想法的伙伴紧密合作，推动所谓

---

[84] Testimony by Sean Heather, Vice President, Center for Global Regulatory Cooperation, U. S. Chamber of Commerce, House and Senate Joint Economic Committee Committee Hearing: Congressional Documents and Publications. https: //www. uschamber. com/testimony/testimony – joint – economic – committee – the – dynamic – gains – free – digital – trade – the – us – economy, [cited 2017 Dec. 12].

[85] 中国外交部批德国驻华大使涉华不当言论：颠倒黑白，环球时报，http: //mil. news. sina. com. cn/china/2017 – 12 – 28/doc – ifyqcwaq5123632. shtml，最后访问日期：2018年2月16日。

[86] Testimony of Robert D. Atkinson, Before the Senate Committee on Foreign Relations, Hearing on A Multilateral and Strategic Response to International Predatory Economic Practices. http: //www2. itif. org/2018 – strategic – response – international – predatory – economic – practices. pdf, [cited 2018 July. 2].

[87] US, EU, Japan Will Take China to Task for Violating WTO Rules. http: //wtocenter. vn/news/us – eu – japan – will – take – china – task – violating – wto – rules, [cited 2018 Jun. 14].

[88] Intellectual Property Watch, EU Files WTO Case Against China Over IP Rights Protection. http: //www. ip – watch. org/2018/06/06/eu – files – wto – case – china – ip – rights – protection/, [cited 2018 June. 14].

[89] 冷眼. 美欧日另起炉灶，成功实现零关税自由贸易！WTO将成为历史？"薪火书店"微信公众号，最后访问日期：2018年7月26日。

的 WTO 改革，解决不公平贸易行为，包括知识产权窃取行为、强制性技术转让行为”[90]。不难预见，美欧日达成贸易联盟的主要攻击目标无疑是对准中国。而且在未来的对华贸易中，包括商业秘密在内的知识产权问题依然是美欧日打压中国的重要筹码之一。因此，我国将在商业秘密问题上会面临更大的国际压力。

综上，美欧日等发达国家利用国际条约、国内立法和行政执法三管齐下，通过经济制裁、WTO 磋商机制、国际舆论和外交手段在商业秘密问题上对我国重重施压，我国除坚决予以一一回击，化解因商业秘密纠纷引起的国际风波外，从立法、司法和行政执法上完善商业秘密保护制度，提高商业秘密的法律保护水平，乃是当务之急。

四、我国商业秘密保护现状分析

近年来，我国在商业秘密立法和司法保护方面取得了长足的进步。首先，在立法方面，我国目前已形成由《民法总则》《反不正当竞争法》《合同法》《劳动法》《劳动合同法》《科学技术进步法》《促进科技成果转化法》《公司法》《保守国家秘密法》《反间谍法》《网络安全法》《民事诉讼法》《刑法》等十余部法律和《技术进出口管理条例》《技术引进合同管理条例》《中医药条例》《外资企业法实施细则》、原国家经贸委《关于加强国有企业商业秘密保护工作的通知》、原国家工商行政管理局《关于禁止侵害商业秘密行为的若干规定》、原国家科委《关于加强科技人员流动中技术秘密管理的若干意见》和《科学技术保密规定》等行政法规和部门规章组成的较完善的商业秘密保护法律法规制度。在 1993 年我国《反不正当竞争法》颁布实施后，北京市、上海市、海南省、四川省、河南省、广东省、湖北省和深圳市等省市陆续颁布了反不正当竞争法实施细则。广东、浙江、深圳、珠海和宁波等省市制定了保护商业秘密的地方性法规。其次，在司法保护上，《最高人民法院关于审理不正当竞争民事案件应用法律若干问题的解释》已于 2007 年 2 月 1 日起施行。江苏省高级人民法院、浙江省高级人民法院、天津市高级人民法院近年来先后印发了关于审理商业秘密案件有关问题的指导意见和研讨会纪要，北京市高级人民法院印发了《关于审理反不正当竞争案件几个问题的解答（试行）》，上海知识产权法院出台《侵害商业秘密纠纷审理指引》。据统计[91]，在 2008 年至 2015 年期间，在中国法院受理的知识产权纠纷案件中，商业秘密案件总量不大，基本稳定在年均 200—250 件。但是不正当竞争纠纷中，侵害商业秘密案件所占比重较大，占 20% 左右。

综上，我国商业秘密保护的规定散见于不同法律法规和司法解释中，缺乏系统性、有序性和逻辑自洽性，此种分散的立法模式难以在整体考量某种具体法律制度之特殊性的基础上作出统一的价值安排，无法从实体法和程序法的整体设计上实现商业秘密专门立法的目标。立法的不尽完善，使在司法实践中对诸如商业秘密的诉讼主体、合理保密措施等认定标准上尺度不一，在一定程度上影响了司法审判的公

---

[90] 继民. 美欧经贸联合声明，“继民财经汇”微信公众号，最后访问日期：2018 年 7 月 26。

[91] 朱理. 商业秘密专门立法的必要性与司法审判难点问题，商业秘密保护立法研讨会，深圳峰创智诚科技有限公司，2016 年 6 月 19 日。

正性和权威性。此外，相关法律之间在有关概念、原则上缺少协调统一，易产生法律竞合问题，徒增法律适用难度。由于商业秘密保护具有客体的非公示性、侵害行为的隐蔽性、保护方式的特殊性等特点[92]，该类案件的审理难度也远超其他各类知识产权案件，形成了商业秘密保护“维权难、举证难、赔偿难、审理难、胜诉难”的“五难”困境。以中国裁判文书网数据看[93]，2013—2017年，全国法院审结的侵害商业秘密民事案件只有610起，侵害商业秘密犯罪刑事案件198起，其中民事诉讼中原告败诉的案件占比为63.19%，诉讼请求部分得到支持的案件占比约为27.54%，诉讼请求完全得到支持的案件仅仅占比约9.27%。在广东省内各级法院2011年至2017年审结的33起商业秘密刑事案件中[94]，有约12%的案件是无法成立侵害商业秘密罪的，主要原因是证据不足，因此即便在刑事案件中有侦查机关的介入，也无法完全解决商业秘密案件“举证难”的问题，而“举证难”这一特点在其民事案件中则更为突出。

在我国，随着市场经济体制的建立，技术竞争、人才竞争日趋剧烈，商业秘密成为企业市场竞争的焦点。现实中以各种不正当手段侵害商业秘密的现象已相当普遍。科研成果泄露、模具图纸被克隆、采购信息泄露、同行卧底窃密、优秀人才跳槽、外贸客户飞单、电子数据泄露、财务信息披露、经营秘密泄露、黑客植入窃密等，被视为侵犯中国企业商业秘密的十大“高危风险”。[95]

由于经济全球化导致企业间的国际竞争日趋激烈，发达国家把商业秘密作为增强企业市场竞争力的有效工具，不仅为其提供系统的法律保护，而且为企业制定了极具可操作性的商业秘密管理指南或方针，日本如此，韩国亦如此。这些示范性规则为不同企业制定商业秘密管理战略提供了基本导向和框架。与之相比，唯一关系企业商业秘密管理的中央政府相关部门文件，即原国家经贸委于1997年7月2日颁布的《关于加强国有企业商业秘密保护工作的通知》，但该规定过于原则化、离散化，缺乏可实施性。2008年6月5日国务院颁布的《国家知识产权战略纲要》明确表示，近五年的目标是“商业秘密等得到有效保护与合理利用”。在列为“专项任务”之一的商业秘密上，强调“引导市场主体依法建立商业秘密管理制度”。在“战略措施”上，“鼓励和支持市场主体健全技术资料与商业秘密管理制度”。[96] 然而，《国家知识产权战略纲要》实施至今十年有余，仍然未见任何相关行政部门单独或联合制定企业商业秘密管理的引导性或示范性规则。

由于立法相对滞后，政府疏于引导，企业缺乏自我保护意识，尽管目前我国有

---

[92] 同前注91。

[93] 定军．重要知识产权维权难商业秘密法亟待出台，21世纪经济报道．21财经App，最后访问日期：2018年6月9日。

[94] 史彩云．2011年至2017年广东法院商业秘密公开案例研究报告，“律师思维”微信公众号，最后访问日期：2018年7月27日。

[95] 我国商业秘密保护面临尴尬局面，http：//lawyer.szhk.com/2014/05/27/282876125967057.html，最后访问日期：2017年2月20日。

[96] 郑友德，王活涛，高薇．日本商业秘密保护研究，《知识产权》2017年第1期。

的企业对商业秘密采取了一定的保护措施，但由于其不够完善，针对性不强，从而使商业秘密泄露案件时有发生。例如，浙江省工商局2015年的一项问卷调查显示[97]，近23.4%的企业明确表示曾经发生过商业秘密泄密事件。一万五千份调查问卷结果表明，泄密事件给企业造成经济损失的有67.2%。在高新企业集聚的深圳市南山区，该区法院2008年发布的白皮书显示[98]：2004年以来，南山区侵害商业秘密犯罪案件的数量为13宗，占同期南山区知识产权刑事案件总数的43%。而在这些侵害商业秘密案中，85%的受害人是国内知名高新技术企业，比如华为、中兴通讯、创维、TCL等。

随着数字贸易在全球的蓬勃兴起，许多外贸企业面临着网络安全与商业秘密保护相关的新挑战和新机遇。欧美日等发达国家或地区通过专门立法和制定网络安全政策，把利用网络和黑客窃取商业秘密的行为纳入其严密监控之下。世界各国网络安全漏洞频发、黑客攻击事件大量曝光的事实表明，没有网络安全就没有企业安全，没有网络安全就没有国家安全。现在网络安全不是一个单纯的技术问题，而是越来越多地与法律问题，特别是商业秘密保护密切关联。

我国《网络安全法》作为维护网络安全的基础性法律，虽然于2017年6月1日正式实施，但该法仅在第四章（网络信息安全）第45条规定，依法负有网络安全监督管理职责的部门及其工作人员，必须对在履行职责中知悉的个人信息、隐私和商业秘密严格保密，不得泄露、出售或者非法向他人提供。而对利用网络窃取、擅自使用、泄露商业秘密的行为及其法律责任未作任何规定。这不能不说是维护网络安全的基本法的一个重大遗漏。

在我国没有制定专门的商业秘密保护法的情况下，人们很大程度上把希望寄托于2016年启动的《反不正当竞争法》的修订（以下简称新反法），但结果多少有些令人失望，新反法关于完善商业秘密保护的闪光之处是为了避免歧义，借鉴TRIPS协议第39条，将旧法第10条中商业秘密构成中的“能为权利人带来经济利益、具有实用性”以“具有商业价值”取代之。易言之，新反法第9条基本上是由旧法第10条略加修饰润色而成，并无实质性变化[99]。另在新反法第17条第4款专门增设侵害商业秘密法定赔偿（高至300万元）的规定，可以视为新反法的一大创新。可是，新反法第21条又规定侵害商业秘密情节严重者，可处以50万元以上300万元以下的行政罚款。如果某一侵害案既要处以高达300万元的民事损害法定赔偿，又因情节严重，面临300万元的行政罚款，这样的民行叠加的处罚结果是填补侵害者因侵害为被侵害者带来的经济损失？还是带有威慑性目的、变相的惩罚性赔偿或处罚？

---

[97] 浙江省企业问卷调查启示：商业秘密保护势在必行，http：//mt. sohu. com/20151118/n426849534. shtml，最后访问日期：2016年6月1日。

[98] 南山区法院发布知识产权司法保护状况，http：//china. findlaw. cn/chanquan/zccqdt/guonadongtai/2487. html，最后访问日期：2017年3月20日。

[99] 郑友德，王活涛. 新修订反不正当竞争法的顶层设计与实施中的疑难问题探讨，《知识产权》2018年第1期。

五、我国商业秘密保护专门立法中的疑难问题

通过上节分析可知，我国现行的商业秘密保护法律制度存在若干疑难问题。笔者拟以我国加入的商业秘密保护国际条约为基准，以美欧日韩等国商业秘密的立法和司法为借鉴，以创建统一的商业秘密专门立法为目标，根据我国商业秘密立法和司法实践，凝练出以下有关重点难点问题予以探讨。

（一）商业秘密保护的正当性

从保护客体及其互补保护转换关系上看，商业秘密与专利最具可比性。因为两者均源于秘密的创意和发明，只是在选择保护路径和运作方式上有所不同。两者在保护有价值的信息上殊途同归，呈现出互补关系而非替代关系。那么，欲制定独立的商业秘密法，就必须首先明确该法的立法宗旨何在，保护商业秘密的正当理由是什么。只有这样，才能使该法纲举目张，彰显其与专利法不同的特质和社会价值取向。专利发明与商标和作品一样，采取无形财产法的规范范式，沿袭权利的进路，构建以专利权人为中心的专利权保护体系，旨在提高技术创新能力，促进科技进步和经济繁荣；而作为商业秘密的技术信息与经营信息，大多采取类似反不正当竞争法的行为规制法的调控模式，沿袭法益的思路，保护商业秘密持有人与相关人的合法利益，协调公共利益，其目标在于促进累积创新，保障市场竞争秩序。

雷吉博（Régibeau）和罗克特（Rockett）认为[100]："知识产权法与（反不正当）竞争法的功能和目标有别，广言之，知识产权法的主要功能是对可能具有经济价值的资产适当配置产权并为其提供保护；（反不正当）竞争法的主要功能是规制源于市场力量（market power）的（知识）产权的使用。"

保护商业秘密的理论依据一直困扰着法院和学者[101]。鉴于各国商业秘密的执法和司法对商业秘密之构成提出积极举证和消极抗辩的不同规则，学术界一直很难就商业秘密法的理论正当性及其在现行法律理论中的地位达成学术共识。美国法院曾把商业秘密分类为财产、侵权（tort）和知识产权。尽管现在美国法官和学者越来越将商业秘密定性为财产或知识产权的形式，但是，即便美国 2016 年通过 DTSA，仍有人否认 DTSA 是知识产权法[102]。EU－TSD 立法依据明确表示，为促进创新和竞争，指令的所有规定均不为技术秘密或作为商业秘密保护的信息创设排他权[103]。商业秘密法

---

[100] Pierre Régibeau, Katharine Rockett. The Relationship Between Intellectual Property Law and Competition Law: An Economic Approach. Cambridge University Press, 2007.

[101] Mark A. Lemley. The Surprising Virtues of Treating Trade Secrets as IP Rights, 61 S TAN. L. R EV. 311, 312 (2008); Robert Bone. A New Look at Trade Secret Law: A Doctrine in Search of Justification, 86 C AL. L. R EV. 241, 243 (1998); Robert G. Bone. The (Still) Shaky Foundations of Trade Secret Law, 92 T EX. L. R EV. 1803, 1803 (2014).

[102] Eric Goldman. The Defend Trade Secrets Act Isn't an Intellectual Property Law. https: //ssrn. com/abstract = 2924827, [cited 2018 April. 5].

[103] Richtlinie (EU) 2016/943 Des Europaischen Parlaments Und Des Rates vom 8. Juni 2016 über den Schutz vertraulichen Know－hows und vertraulicher Geschäftsinformationen (Geschäftsgeheimnisse) vor rechtswidrigem Erwerb sowie rechtswidriger Nutzung und Offenlegung (Text von Bedeutung für den EWR). https: //eur－lex. europa. eu/legal－content/DE/TXT/PDF/? uri = CELEX: 32016L0943&from = DE, [cited 2018 June. 5].

在这条曲折的成长道路上，已经获得了五彩缤纷的昵称，从“知识产权的灰姑娘”[104]或“知识产权的继子”[105]到“变色龙”[106]。

保护商业秘密的理论依据目前大致分为效率论或道德论。效率论认为商业秘密法能够鼓励创新，促进秘密信息的有效披露，并阻止那些试图保护和窃取秘密信息的人浪费开支[107]。对商业秘密提供法律保护能增加社会福利，提高大于边际成本的社会边际效益[108]。道德论则认为商业秘密法有助于维护“商业道德标准”[109]。以下将分别讨论有关保护商业秘密的若干理论依据。

其一，维护市场竞争中的商业道德。

TRIPS 协议第 39 条将“诚实商业惯例”作为判断获取和使用未披露信息或商业秘密是否合法的标准，这实质上沿袭了《巴黎公约》第 10 条之二关于经营活动应遵循“诚实商业惯例”的规定。违反“诚实商业惯例”的任何经营行为，均构成不正当竞争行为。与其一脉相承的还有，WIPO《关于反不正当竞争保护的示范规定》第 6 条（关于秘密信息的不正当竞争）第（1）款规定，工商活动中的任何违背诚实商业惯例的行为，未经合法控制该信息人的同意，披露、获取或使用其秘密信息的，应构成不正当竞争行为。该法的这种规制方式基于包括竞争道德在内的各种要素的考虑，而非基于财产权之思维[110]。质言之，商业秘密法的目的不是保护财产本身，而是制止竞争者从事超越合法竞争范围的活动[111]。商业秘密现在被广泛认为具备支持商业道德和有限支持创新两大功能[112]。易言之，除鼓励发明外，商业道德是商业秘密法所依据的两大政策之一[113]。前已述及，这种竞争道德评价标准早已被吸纳在《巴黎公约》第 10 条之二和 TRIPS 协议第 39 条中。EU－TSD 第 3 条特别规定了符合诚信商业惯例的其他合法获取、使用以及披露商业秘密行为。

商业秘密法经常被援引的非经济学依据是它有助于维护“商业道德标准”。美国最高法院在“Kewanee Oil Co. 诉 Bicron Corp.”案（以下简称“Kewanee”案）中强

---

[104] Sharon K. Sandeen. The Cinderella of Intellectual Property Law, in 2 Intellectual Property and Information Wealth: Issues and Practices In the Digital Age 399, 399 (Peter K. Yu. ed. 2007)

[105] Christoph Ann. Know－how－Stiefkind des Geistigen Eigentums? GRUR 2007 Heft 1.

[106] Vincent Chiappetta, Myth, Chameleon, or Intellectual Property Olympian? A Normative Framework Supporting Trade Secret Law, 8 G EO. MASON L. R EV. 69 (1999). to a “real toad in a conceptual garden”.

[107] Robert G. Bone. The (Still) Shaky Foundations of Trade Secret Law, Texas Law Review, Vol. 92, 2014, http://texaslawreview.org/wp－content/uploads/2015/08/Bone－92－7.pdf, [cited 2018 July. 6].

[108] Michael Risch. Why Do We Have Trade Secrets? Marquette Intellectual Property Law Review. https://papers.ssrn.com/sol3/papers.cfm? abstract_id＝885778, [cited 2018 Jan. 2].

[109] E. I. DuPont de Nemours & Co. v. Rolfe Christopher et al., 431 F.2d 1012 (5th Cir. 1970).

[110] Sharon Sandeen. Identifying and Keeping the Genie in the Bottle: The Practical and Legal Realities of Trade Secrets in Bankruptcy Proceedings, 44 G ONZAGA L. R EV. 81, 84, 2008.

[111] Mary L. Lyndon. Secrecy and Access in an Innovation Intensive Economy: Reordering Information Privileges in Environmental, Health and Safety Law, 78 Colo. R. Rev. 465, 496, 2007.

[112] James Pooley. Trade Secrets, § 102 [2], 2000.

[113] Restatement Third on Unfair Competition, §39, Comment A, Paragraph 1 (1995).

调，维持商业道德标准是商业秘密背后的概括性政策[114]。美国联邦第五巡回法庭在"E. I. DuPont de Nemours & Co. 诉 Rolfe Christopher"案中指出，遵循诚信和公平交易原则是商业世界的生命和精神[115]。因此，鼓励日益提高的公平和商业道德标准，仍然是法院审理商业秘密案件的试金石[116]。

其二，激励专利以外的创新。

从社会的角度来看，商业秘密也可以被认为是"创新友好"型秘密。它们可以与雇员和商业伙伴共享；只要企业用合同或其他合理措施保护其商业秘密。事实上，美国知识产权出口的很大一部分是由依赖商业秘密的工艺和向海外子公司和第三方许可的软件组成[117]。

商业秘密保护如同专利保护，均有助于促进包括可专利和不可专利的创新。商业秘密法能够激励开发和运用那些不受专利法保护的小发明，而后者在国家的科学技术进步中仍然扮演着重要的角色。根据商业秘密法促进创新的理论，商业秘密法允许商业秘密持有者控制秘密信息的使用将有助于鼓励对创造这种信息的投资[118]。这一论点与专利激励创新论相吻合，即授予专有权有助于打击信息产品的生产不足。在"Kewanee"案中[119]，美国最高法院强调，商业秘密法旨在将鼓励尚未达到专利保护高度的发明，促使独立的创新者发现和运用他的发明，从而培育竞争，使公众不会被剥夺使用一个有价值的、尚不可专利的发明的权利。在"Kewanee"案中，法院认为美国联邦专利法不能优先于商业秘密法适用，并解释说："鼓励发明的专利政策不会受到另一种发明激励形式存在的干扰。"[120] 从而肯定了商业秘密法和专利法均可从不同层面鼓励创新。

那么，以商业秘密的形式保护未被披露的发明是不是一个良好的公开政策呢？具体地说，鉴于商业秘密和专利看似原理相反，以至于有人对前者是否会违背后者承担的传播知识功能提出疑问[121]。实际上，商业秘密与专利可以和谐共存，因为它们

---

[114] Kewanee Oil Co. v. Bicron Corp. , 416 U. S. 470, 481 (1974). https: //supreme. justia. com/cases/federal/us/416/470/, [cited 2018 Aug. 4].

[115] E. I. DuPont de Nemours & Co. v. Rolfe Christopher. 431 F. 2d 1012 (5th Cir. 1970). https: //cyber. harvard. edu/people/tfisher/1970%20Dupont. pdf, [cited 2018 Aug. 12].

[116] Melvin F. Jager, Trade Secret Law, 1. 03, at 1 -4 to 1 -8, 1996.

[117] Linton. The Unexpected Importance of Trade Secrets: New Directions in International Trade Policy Making and Empirical Research. https: //www. usitc. gov/publications/332/journals/katherine_linton_importance_of_trade_secrets_0. pdf, [cited 2018 Aug. 1].

[118] Richard A. Epstein. The Constitutional Protection of Trade Secrets Under the Takings Clause, 71 U. C HI. L. R EV. 57, 58 (2004); Andrew A Schwartz. The Corporate Preference for Trade Secret, 74 O HIO S T. L. J. 623, 632 (2013).

[119] Kewanee Oil Co. v. Bicron Corp. , 416 U. S. 470 (1974). https: //supreme. justia. com/cases/federal/us/416/470/, [cited 2018 Aug. 20].

[120] Kewanee Oil Co. v. Bicron Corp. , 416 U. S. 470, 481 (1974). https: //supreme. justia. com/cases/federal/us/416/470/, [cited 2018 Aug. 4].

[121] Czapracka. Antitrust and Trade Secrets: The US and the EU Approach. https: //digitalcommons. law. scu. edu/cgi/viewcontent. cgi? article = 1447&context = chtlj, [cited 2018 Mar. 7].

具有不同的经济和道德功能[122]。将商业秘密保护扩展到明确可专利的发明并不与专利公开政策冲突。商业秘密法的存在被视为鼓励了通过许可进行技术传播，否则可能构成对技术的藏匿。也就是说，只有明确划清商业秘密与专利之间的边界，方能确保两者交集时不至于扭曲激励和促进创新和竞争的政策目标。

在实践中，商业秘密是专利制度的有效补充。鉴于前者涉及更广泛的主题，商业秘密法可以应用于专利法无法涉及的领域，实现对商业计划、客户名单以及所谓"消极技术诀窍"（negative know－how）的保护。与专利法保护显性知识相比，商业秘密尤为有效地保护隐性知识或非编码知识（tacit knowledge or non－codifiable knowledge），即保护为实施获得专利权的发明所需的信息。实际上，技术转让经常涉及专利和商业秘密两者的许可。这样，对商业秘密的保护不仅使公司得以分享实施专利技术所需的补充知识[123]，而且还可对专利技术予以商业化和改进。在某些情况下，专利许可本身不能保证对专有技术的全面利用，商业秘密可以构成技术转让合同中最有价值的部分[124]。不可否认，商业秘密法和专利法可以合理共存，互为补充地为某项专利技术的有效实施提供更全面的法律支撑。

其三，促进专有信息的披露与共享。

制定商业秘密法的另一个理由是，它鼓励以增进效率的方式分享机密信息。商业秘密法类似专利法，也具有促进信息披露的功能。差别只是在于：专利法鼓励在专利说明书中公开披露，而商业秘密法鼓励在公司内部（雇主与雇员之间、雇员之间）和公司之间（特别是在受保护信息的许可人和被许可人之间）进行披露。没有商业秘密保护，商业秘密的持有人不可能与合作者或被许可人分享其秘密，后者也不会支付许可费或承担保密义务。结果造成信息或知识囤积而非传播，进而违背了保护商业秘密的立法初衷。马克·莱姆利（Mark Lemley）详细阐述了促进信息披露的理由[125]，认为对保密的过度投资将会筑起篱笆一类的物理限制措施，故商业秘密法可以替代对保密的某些低效投资，促进信息流向潜在的商业伙伴和合作者。因此，商业秘密法是促进法定范围内信息共享的催化剂。

其四，预防不成比例的保密措施投入。

依据商业秘密法效率论，商业秘密法降低了自卫或保密成本，鼓励企业花更少的钱来保护秘密信息或试图获取秘密信息。质言之，商业秘密法减少了企业"预防偷窃（商业秘密）展开的军备竞赛（arms race）"[126]。如果没有商业秘密法，公司将投入更多的钱来保护秘密，而盗用者将投入更多的钱去偷窃秘密。如此下去，将会

---

[122] Donald S. Chisum & Michael A. J Acobs, Understanding Intellectual Property Law § 3B (1) (1992).

[123] Jorda. Trade Secrets and Trade－Secret Licensing. In: Krattiger A, Mahoney RT, Nelsen L (eds) Intellectual Property Management in Health and Agricultural Innovation: A Handbook of Best Practices. MIHR, Oxford. 2007.

[124] Jager. The Critical Role of Trade Secret Law in Protecting Intellectual Property Assets. In: Goldschneider R (ed) The LESI Guide to LicensingBest Practices. Wiley, Hoboken, New Jersey. 2002.

[125] Mark A. Lemley. The Surprising Virtues of Treating Trade Secrets as IP Rights, 61 S TAN. L. R EV. 311, 312 (2008).

[126] Robert G. Bone, supra note 107.

形成不断升级的畸形“军备竞赛”。理论上，商业秘密法降低了参与这种“军备竞赛”的诱因，因为所有者可以选择诉讼，而不是使用更昂贵的保密预防措施。而且这种诉讼在理想情况下能够阻止盗用者，并引导或迫使他们努力转向成本更低的选择，如向商业秘密持有人获得使用许可。

其五，公共利益的限制。

美欧的商业秘密法十分重视商业秘密持有者合法利益与公共利益之间的协调问题。例如，《美国不正当竞争重述（第三版）》指出[127]：“出于非商业利用目的披露他人的商业秘密可能涉及自由表达权益，或者促进其他重要的公共利益。”该重述进一步表示：“例如，可针对有关公共卫生或安全、犯罪或侵权行为或者其他重要公共事项等的信息披露授予特许豁免。”

商业秘密保护的本意旨在帮助公司保护作为创新成果的机密信息不被竞争对手剽窃。但是，事实上许多公司日益利用商业秘密法来阻碍消费者、公共监督群体和潜在改进者审视大量相关信息。商业秘密持有人还可能基于商业秘密的非公开性和保密性要求，将可能涉及危害环境保护、公共卫生、公共财政、侵犯人权、腐败与欺诈、歧视、利益冲突、公共安全、内部市场运作、国家税收等违法、违规、违反公序良俗的信息混同为本企业的商业秘密加以保护，从而损害公共利益。这些公司能够这么做的部分原因在于，与专利法和著作权法中明确创设的反向等同原则、先用权原则以及合理使用原则相比，除将通过反向工程、独立创造等方式获取或使用的商业秘密视为合理使用外，商业秘密法没有健全的、具有社会效益的未经授权使用行为的明确限制原则，例如，商业秘密法未考虑到离职员工使用专有信息来创造具有显著改进的产品，或披露危害公共利益的不法行为。

因此，基于公共利益，DTSA 与 EU - TSD 特别规定保护言论自由和举报者(whistleblowers)：DTSA 保护“直接或间接秘密地向联邦政府、州政府或地方政府官员或律师”透露商业秘密的举报者[128]；EU - TSD 规定，为了维护公共利益之目的，必须驳回为揭露职务性或者其他类型的犯罪行为或者违法行为的举报者提出的盗用诉讼请求。[129] 与此同时，美欧已在侵害商业秘密司法审判中建立了公共利益抗辩规则。商业秘密持有人的员工、合作伙伴基于公共利益，可以举报商业秘密中的违法信息，而且这种披露商业秘密的行为可获豁免。

依据台湾地区“营业秘密法”第 1 条的规定[130]，商业秘密保护必须立足于调和社会公共利益，在保护商业秘密的同时亦须兼顾与其他人利益的衡平，不能因为商业秘密持有人的特定利益而损害更大的社会利益。

（二）商业秘密的界定

“商业秘密”一词在不同的国际条约或其他国家立法中的称谓并不一致，有称

---

[127] Restatement Third on Unfair Competition § 40 cmt. C.

[128] See 18 U. S. C. § 1833 (b) (1) (A), 6.

[129] See EU - TSD Art. 5.

[130] 谢铭祥，吉清华，丁中原，等. 营业秘密法解读，中国政法大学出版社，2003 年 5 月第 1 版。

“专门技术”“专有技术”“特许权利”“秘密方法”“营业秘密”等，究其原因，或因为其范围涵盖较广，且边界不清，随着商业活动发展而日益扩张，难以界定其确切内容。

我国新反法第9条规定：[131]“本法所称的商业秘密，是指不为公众所知悉、具有商业价值并经权利人采取相应保密措施的技术信息和经营信息。”这与TRIPS协议第32条第2项的规定基本一致，即商业秘密指包含非公知性或保密性、具有商业价值和采取相应保密措施等三要素[132]的技术信息和经营信息。2004年《最高人民法院关于审理技术合同纠纷案件适用法律若干问题的解释》第1条规定：“技术秘密是指不为公众所知悉、具有商业价值并经权利人采取保密措施的技术信息。”其与新反法第9条的规定几无差异，只是后者只涉及与技术信息相关的商业秘密的界定。未来的商业秘密专门立法关于商业秘密的定义，是直接移植新反法第9条，还是有必要进一步修改完善？

其一，关于新反法第9条中第一要素“非公知性或保密性”。即被保护的信息必须是秘密的，但其不一定是绝密的。商业秘密持有人可以与员工和商业伙伴分享信息，故在一定条件下商业秘密是促进信息共享、协同创新的催化剂。相反，保密性要求商业秘密信息不能轻易公开，只有在对更广泛的公众保持保密的条件下才能向他人披露。然而，商业秘密信息或创意并非为商业秘密持有人专有，若通过公平手段，比如自主创造、反向工程或阅读公共文件所获得的主题并不受商业秘密保护，易言之，商业秘密不提供专有的信息使用权，只要他人公平地获得该信息或者该信息以公平手段进入公共领域。故同一个商业秘密可能同时或异时被不同持有人持有（并非因许可合同导致）。与专利发明保护不同，商业秘密保护不受法定期限限制，若不被不法披露或者持有人主动放弃保密，它们才可能在正常竞争过程中耗尽或寿终正寝。还有，商业秘密保护的主题范围可以呈开放式，尽管新反法第9条将商业秘密信息分为技术信息与经营信息两大类。此外，商业秘密保护的信息既包括有利于持有人的积极信息，也涉及不利于持有人的消极信息，比如，持有人在之前研发、生产或经营过程中的失败或不成功信息。

其二，关于新反法第9条中第二要素“具有商业价值”，是仅仅限定在现实的或显在的，还是可以扩充到未来的或潜在的？《美国统一商业秘密法》（UTSA）第4条

---

[131] 修订前的《反不正当竞争法》第10条规定：“本条所称的商业秘密，是指不为公众所知悉、能为权利人带来经济利益、具有实用性并经权利人采取保密措施的技术信息和经营信息。”

[132] TRIPS协议第39条之二　只要有关信息符合下列三个条件：

（a）在一定意义上，其属于秘密，就是说，该信息作为整体或作为其中内容的确切组合，并非通常从事有关该信息工作之领域的人们所普遍了解或容易获得的；

（b）因其属于秘密而具有商业价值；

（c）合法控制该信息之人，为保密已经根据有关情况采取了合理措施；

则自然人及法人均应有可能防止他人未经许可而以违背诚实商业行为的方式披露、获得或使用合法处于其控制下的该信息。在本节中，“以违背诚实商业行为的方式”，应至少包括诸如违约、泄密及诱使他人泄密的行为，还应包括通过第三方以获得未披露过的信息（无论该第三方已知或因严重过失而不知该信息的获得将构成违背诚实商业行为）。

规定："商业秘密……由于未能被可从其披露或使用中获取经济价值的他人所公知且未能用正当手段已经可以确定，因而具有实际或潜在的独立经济价值。"《美国不正当竞争重述（第三版）》第4章第39节规定："商业秘密，指任何可用于工商经营的信息，其有足够的价值和秘密性，使相对于他人产生现实或潜在经济优势。"依据《最高人民法院关于审理不正当竞争民事案件应用法律若干问题的解释》（以下简称司法解释）第10条，我国修订前《反不正当竞争法》第10条第3款规定的"能为权利人带来经济利益、具有实用性"，系指"有关信息具有现实的或者潜在的商业价值，能为权利人带来竞争优势"。显然，该司法解释借鉴了美国上述两法的相关规定，而且对我国修订前《反不正当竞争法》第10条第3款的规定进行了扩大解释。TRIPS协议第39条之二和EU－TSD第2条将商业秘密构成三要素之一定义为"其因秘密性而具有商业价值"，并未明确该商业价值的潜在属性。如前所述，《英国商业秘密条例》和《德国商业秘密保护法（草案）》对商业秘密的定义基本上沿用了EU－TSD第2条的规定。《法国商业秘密保护法》则在EU－TSD第2条规定的基础上，拓宽了商业秘密商业价值的范围，规定商业秘密除了具有现实的商业价值，还包括潜在的商业价值。例如，尚未商业化的实验性工作和尚未公开的产品或策略以及错误的研究方法或失败的实验结果[133]。根据全国人大法工委对新反法第9条第3款规定的解释（以下简称法工委解释）[134]，商业秘密信息具有商业价值，一是指该信息能够为经营者带来经济利益或者竞争优势。二是指该信息能够带来直接的、现实的或者间接的、潜在的经济利益或竞争优势。这显然与司法解释第10条的解释一脉相承。从字面上看，新反法第9条第3款规定的"商业价值"，除应理解为使用该信息能够带来直接的、现实的经济利益或竞争优势外，并不必然包括间接的、潜在的商业价值，除非在法律上像美国和法国那样明确规定。如果随意演绎，作扩大化解释，无疑将会扩宽商业秘密的保护范围，降低规制侵犯商业秘密行为的门槛。三是商业秘密信息应符合公序良俗。例如，对于有关偷税漏税、偷排有毒废料、对公务员行贿、制造或销售毒品的手法等违反公序良俗的信息，《日本不正当竞争防止法》虽然没有明文规定，但在判例中对此类信息会以不符合日本法关于商业秘密构成三要件之一的"有用性"而不予保护[135]。

其三，关于新反法第9条中第三要素"采取相应保密措施"，通常被认为是商业秘密构成三要素中最为重要的环节[136]。然而，究竟是采取"相应保密措施"还是"合理保密措施"呢？美国1996年的经济间谍法（EEA）将商业秘密定义为所有者"需采取合理的措施确保其信息是秘密的"。美国国际贸易委员会（ITC）的判例也使用了UTSA范本和普通法中的商业秘密定义，要求所有者尽"合理努力"保护其

---

[133] Jorda KF，supra note 2.

[134] 王瑞贺．中华人民共和国反不正当竞争法释义，法律出版社，2018年1月第1版。

[135] 陈思勤．日本商业秘密保护制度的经验与启示，华中科技大学法学院演讲稿，2017年9月11日。

[136] Chally J. The Law of Trade Secrets：Toward a more efficient approach. Vanderbilt Law Review 57，2004，1269－1311.

商业秘密。EU－TSD 第 2 条的规定与 TRIPS 协议第 39 条之二类似，为保持商业秘密信息的秘密性，合法控制人采取了合理的保密措施。在欧洲，拉脱维亚、立陶宛和罗马尼亚的国家商业秘密立法和比利时的司法中已包括了“合理措施”的要求。另外，哥斯达黎加、萨尔瓦多、加纳、印度尼西亚、约旦、毛里求斯、巴拿马、沙特阿拉伯、卡塔尔、泰国、汤加、特立尼达和多巴哥以及瓦努阿图的商业秘密立法，特别要求信息的所有者或其他控制者采取“合理步骤”保持信息的秘密[137]。前已述及，《德国商业秘密保护法（草案）》将“合理的保密措施”定义为商业秘密的最后一个构成要件，摒弃了德国法律先前强调的商业秘密持有人须有保守商业秘密的意愿的提法。

在 WTO 绝大多数成员国的法律中，保守秘密所必要的努力通常被定性为“合理的”，与 TRIPS 协议第 39 条所规定基本一致。然而，一些国家施加了更具体的附加义务，被认为是广义合理性要求的具体实施。例如，一些普通法系国家要求被告负有保密的合同义务或默示义务；其他国家要求与收件人签订书面协议和提供保密通知[138]。

俄罗斯和日本的立法或案例法规定了更为严格和详尽的保护措施。

在俄罗斯，商业秘密信息的拥有者必须实施一种商业秘密“保密制度”，其必须包括提供构成商业秘密的信息清单，通过建立处理信息和控制访问该信息的程序来限制获取信息，保留获得访问权人和/或获得该信息提供或转让的人的记录，在劳动和民法合同的基础上规范雇员的使用，并要附上一份“商业秘密”戳记，指明该信息的持有者。[139]

《日本不正当竞争防止法》第 2 条第 6 款将商业秘密定义为“是指作为秘密被管理的生产方法、销售方法及其他对事业活动有用的技术上或者是经营上的、不为公众所知悉的信息”。即构成商业秘密的信息须满足秘密管理性、有用性、非公知性三要件。在秘密管理性的判断上，虽然有学者认为其主观上要求保有者认识到信息的秘密性，客观上依具体情况采取了经济合理的管理措施[140]，看似与其他国家要求的“合理措施”类同。但是，与其他国家普遍要求的“合理措施”相比，这种对秘密

---

[137] CREATE. Org，“Reasonable Steps” to Protec Trade Secrets，2015. https：//ac－counsel. com/wp－content/uploads/CREATe_org_Trade_Secrets_Reasonable_Steps_7_15_15_Final. pdf，[cited 2017 Jan. 23].

[138] Mark F. Schultz，Douglas C. Lippoldt. Approaches to Protection of Undisclosed Information（Trade Secrets）－Background Paper，OECD Trade Policy Paper No. 162，22－Jan－2014. https：//www. oecd－ilibrary. org/docserver/5jz9z43w0jnw－en. pdf? expires＝1534470438&id＝id&accname＝guest&checksum＝12A1E3A8A9C1960E36515AE6F055B5BD，[cited 2016 Nov. 12].

[139] Russia－Federal Law of the Russian Federation on Commercial Secrecy，No. 98－FZ 2004，art. 3（2）. http：//www. wipo. int/edocs/lexdocs/laws/en/ru/ru048en. pdf. Such measures are recognized as reasonably sufficient provided access is excluded to unauthorized persons，and employees and counteragents can use the information without violating the regime. Id.，art. 10.

See also http：//www. loc. gov/law/help/tradesecrets/russia. php#_ftn5，[cited 2018 July. 2].

[140] 陈思勤. 日本商业秘密保护制度的经验与启示，华中科技大学法学院演讲稿，2017 年 9 月 11 日。

管理性的要求被证明是“更严格的”保密标准[141]。日本法院对执行这一标准的其他要求是，商业秘密持有者必须限制获得该信息的人的数量，明确指出该主题是秘密的，且通过物理和电子手段访限制问[142]。据美国联邦地方法院 1950—2008 年间 394 起商业秘密案件的统计数据显示[143]，如果商业秘密持有人采取以下步骤，法院更有可能判定持有人作出了合理的努力：（1）与雇员的协议；（2）与商业伙伴的协议；以及（3）限制对某些人的访问，例如通过须知的规则。

前文论及，韩国新修订反不正当竞争法第 2 条拟删去原法中关于商业秘密的定义中“合理的努力”的规定，这意味着放宽对商业秘密的法定标准，降低信息构成商业秘密的门槛。与俄罗斯和日本相比，韩国则走向了另外一个极端。

我国新反法第 9 条依然沿用旧法第 10 条的规定，将商业秘密的构成要件之一限定为采取“相应的保密措施”，与美欧等大多数国家要求的采取“合理的措施”保密基本相似，唯一的差别在于采取的措施是“相应的”还是“合理的”。要求承担不超过“合理措施”来维持保密性是与制定商业秘密法的经济合理性相辅相成的。实验性证据表明，过度保密不仅带来资源的浪费，而且在信息无法在外部安全共享时导致丧失协作机会[144]。从经济学角度讲，商业秘密保护具有双重涵义。首先，其保证企业不会在保密上过度投资，从而更有效地利用其资源。其次，降低了企业间共享知识的风险，通过为企业创造安全的知识共享环境，让企业共享因各种原因未取得专利的信息，从而促进知识的传播[145]。就后一点而言，商业秘密保护与当下强调的渐进式创新和协同创新模式十分匹配。“合理”的含义在不同情况下有不同意涵，特别是在科技发展的情况下[146]。一个全部业务限于一栋建筑的公司通过基本的雇佣合同和访客须知就足以防范商业秘密被侵占的风险。但是，一家全球联网的企业需要有效应用成熟的技术来发现和防止网络窃取，并可能因此承担大量的花费。“合理的措

---

[141] CREATE. Org，“Reasonable Steps” to Protec Trade Secrets，2015. https：//ac – counsel. com/wp – content/uploads/CREATe_org_Trade_Secrets_Reasonable_Steps_7_15_15_Final. pdf，[cited 2017 Jan. 23].

[142] T. Flynn.，Do Japan's Trade Secret Laws Finally Work? A Comparative Analysis of Japanese and U. S. Trade Secret Law（Feb. 2012）. http：//works. bepress. com/travis_flynn/1，[cited 2018 July. 2].

[143] David S. Almeling，Darin W. Snyder，Michael Sapoznikow. A Statistical Analysis of Trade Secret Litigation in Federal Courts，Gonzaga Law Review，Vol. 45：2，2009/10.

[144] Jennifer Brant，Sebastian Lohse. Trade Secrets：Tools for Innovation and Collaboration，ICC，2014. https：//papers. ssrn. com/sol3/papers. cfm? abstract_id = 2501262，[cited 2017 Jan. 24].

[145] Friedman DD，Landes WM，Posner RA. Some Economics of Trade Secret Law. Journal of Economic Perspectives 5，1991，61 – 72；Arrasvuori J.，Liang L.，Kuusisto J.. Management of Confidential Business Information：Results of the International Telephone Survey 2014. https：//papers. ssrn. com/sol3/papers. cfm? abstract_id = 2442384，[cited 2017 Jan. 24].

[146] 在美国著名的 du Pont 侵占案件中，法院判决被告有罪，被告对在建设之中的且从上方可以观察到其内部秘密工艺的工业设备拍摄了航空照片。法官认为，在整个建设期间于建设工地设置一个临时外罩的花费超过合理花费，同时强调了违法者的行为在道德上应受谴责。E. I. du Pont de Nemours & Co. v. Rolfe Christopher，431 F. 2d 1012（5th Cir. 1970）. https：//www. casebriefs. com/blog/law/patent – law/patent – law – keyed – to – adelman/introduction – patent – law – keyed – to – adelman – patent – law – law/e – i – dupont – denemours – co – v – christopher/，[cited 2016 Apr. 26].

施”通常须满足两个条件：一是其系客观标准而非主观标准，所谓采取了“合理的措施”，即要求商业秘密持有人应举证表明其通过物理的、管理上的和合同形式对信息采取了保密措施；二是为保密采取的“合理的措施”并非“完美无缺”或者“天衣无缝”。对判断保密措施采取方式是否合理时，一般应当以“可见、可知、可防”为限，即以明示的方式是第三人可以知悉商业秘密的存在与权利人拒绝泄露的主观意图，同时相关措施可以达到一定预防泄露效果即可，而无须要求客观上达到绝对的“保密性”(147)。根据我国某些高级人民法院的意见(148)，“采取合理保密措施”可概括为以下四点：（1）对其主张权利的信息对内、对外均采取了保密措施，或者制订了相应的保密制度或采取一定的物理防范措施，除非通过不正当手段，他人轻易不能获得该信息；（2）要求所采取的保密措施应当明确、具体地规定了信息的范围；（3）“采取合理保密措施”应从持有人所采取保密措施的形式、对象、范围等方面综合审查，一般可以同一行业中公认的对某一类信息应采取的保密措施作为保密措施是否合理的参考标准；（4）采取的保密措施是适当的、合理的，不要求必须万无一失。

（三）商业秘密的主体

新反法第9条将商业秘密主体明确表述商业秘密的“权利人”或经营者。《民法总则》第123条亦将商业秘密定义为知识产权的客体，如此看来，声称商业秘密权利人似无疑义。目前，在欧盟27个成员国中，只有法国、意大利等极少数国家认为商业秘密属于知识产权法的保护对象。比如，法国在《法国商业秘密保护法》未颁布实施之前，把制造秘密纳入《法国知识产权法典》保护之下；意大利则将商业秘密纳入《意大利工业产权法典》保护范围。根据EU－TSD前言第16段(149)，“为了保护创新并促进竞争，EU－TSD的规定对商业秘密保护的技术秘密或由其保护的信息不构成排他权。以这种方式有可能独立发现一个技术秘密或相同的信息。合法获得产品的‘反向工程’应被视为一种获取信息的合法手段，除非另有合同约定。然而，

---

(147) 陶钧. 商业秘密司法保护的困境与路径设计，“知产力”微信公众号，最后访问日期：2018年7月28日。

(148) 《北京市高级人民法院关于审理反不正当竞争案件几个问题的解答（试行）》第12条，1998年3月24日实施；《江苏省高级人民法院关于审理商业秘密案件有关问题的意见》第7条，2004年2月3日实施；《河南省高级人民法院商业秘密侵权纠纷案件审理的若干指导意见（试行）》第1条第1款第3项，2005年3月2日实施。

(149) Im Interesse von Innovation und Wettbewerbsförderung sollten die Bestimmungen dieser Richtlinie keine Exklusivrechte an als Geschäftsgeheimnis geschütztem Know－how oder als solchem geschützten Informationen begründen. Auf diese Weise sollte die unabhängige Entdeckung desselben Know－hows oder derselben Informationen möglich bleiben. Das，Reverse Engineering “bei einem rechtmäßig erworbenen Produkt sollte als ein rechtlich zulässiges Mittel zum Erwerb von Informationen angesehen werden，es sei denn，dass vertraglich etwas anderes vereinbart wurde. Die Freiheit zum Abschluss derartiger vertraglicher Vereinbarungen kann jedoch rechtlich beschränkt werden. RICHTLINIE（EU）2016/943 DES EUROPÄISCHEN PARLAMENTS UND DES RATES vom 8. Juni 2016 über den Schutz vertraulichen Know－hows und vertraulicher Geschäftsinformationen（Geschäftsgeheimnisse）vor rechtswidrigem Erwerb sowie rechtswidriger Nutzung und Offenlegung（Text von Bedeutung für den EWR）. https：//eur－lex. europa. eu/legal－content/DE/TXT/PDF/?uri＝CELEX：32016L0943&from＝DE，［cited 2018 Jun. 5］.

此种合同自由会受到法律限制。"申言之，EU－TSD不把商业秘密视为知识产权，是基于EU－TSD中独立的救济体系（第三章　执行措施、程序、损害赔偿）强调兼顾各个不同利益群体不同的利益诉求，故其并不像2004年《欧盟知识产权执行指令》那样，以保障知识产权权利人的利益作为主导性的制度设计指引，着重关注的是知识产权权利人之单极利益。而商业秘密制度则涉及多元利益、群体之利益实现。如果EU－TSD将商业秘密的属性定义为排他权，对于商业秘密的保护就会像其他知识产权制度一样，直接适用2004年《欧盟知识产权执行指令》中有关程序、执行和赔偿的规则，EU－TSD立法者在商业秘密保护过程中所希望达到的平衡各方权利主体的立法目标就不能实现[150]。

TRIPS协议第39条和WIPO《关于反不正当竞争保护的示范规定》第6条中所称商业秘密"合法持有人"或"合法控制人"（person lawfully in control），(《日本不正当竞争防止法》称为"商业秘密保有人")，仅从字面上看，其不属于"权利人"或"所有权人"，因为合法持有人不享有商业秘密处分权。"合法持有人"在WIPO《关于反不正当竞争保护的示范规定》第6条中的解释为"合法控制（control）该信息的自然人或法人"。至于"控制"的确切涵义注释中并未明确。有人表明[151]，EU－TSD第2条第2款将作为商业秘密主体的"商业秘密持有人"（trade secret holder）定义为"合法控制商业秘密的自然人或法人"（natural or legal person lawfully in control of a trade secret），这里的"合法控制者"，意味着除商业秘密所有人外，还包括授权使用商业秘密的独占许可人和非独占许可人[152]。据作者理解，TRIPS协议第39条和WIPO《关于反不正当竞争保护的示范规定》第6条中的"合法控制"，应包括商业秘密所有人对商业秘密的占有和控制，以及依合同获得商业秘密的持有人对商业秘密的占有和控制。TRIPS协议和WIPO《关于反不正当竞争保护的示范规定》之所以未采用"权利人"的称谓，主要是为了限制商业秘密的保护范围或防止商业秘密被滥用[153]。

从商业秘密属性上来讲，其不是一项类似知识产权的排他性权利，而只是类似于反不正当竞争法框架下的一种防御性权利。[154] 质言之，包括专利权、商标权、著作权在内的知识产权之所以具有排他性或具有对世权性质，在于无论知晓与否，知识产权权利人以外的所有人皆是该权利人的显在或潜在的相对义务人；而商业秘密的

---

[150] Hilty. 欧盟商业秘密保护制度的最新发展与中国比较研究，反不正当竞争法修订与商业秘密立法研讨会，华中科技大学，2017年6月17日。

[151] Rembert Niebel. Lorenzo de Martinis and Birgit Clark，The EU Trade Secrets Directive：all change for trade secret protection in Europe? Journal of Intellectual Property Law & Practice，2018，Vol. 13，No. 6.

[152] 依据《最高人民法院关于审理不正当竞争民事案件应用法律若干问题的解释》（2007年2月1日施行）第15条的规定，对于侵犯商业秘密行为，商业秘密独占使用许可合同的被许可人和普通使用许可合同的被许可人可以和权利人共诉或单诉。

[153] 郑友德，张钦坤，李薇薇，伍春艳.《对〈反不正当竞争法〉（修订草案送审稿）的修改建议》，《知识产权》2016年第6期。

[154] Hilty，supra note 150.

(保密)义务人仅为知晓该秘密的员工、合作伙伴和被许可人，故商业秘密权益是一种具有债权属性的对人权或权益。其保护范围需要在个案中根据原告所采取的保密措施的程度和被告的义务范围来确定。保密性意味着商业秘密无法获得排他权。因为要获得权利保护就得先明确权利边界，明确权利边界就要将信息公之于众，提供公众及竞争对手参与博弈的空间，证成排他权的正当性。而商业秘密信息的保密性要求决定了不可能有一套事前安排的设权标准或程序，天然地阻却了排他权或独占权的设定[155]。

此外，新反法第 9 条将商业秘密主体限定为经营者，将会大大限制该法的适用范围。试想一下，某位家传秘方的继承人，并没有参与市场经营活动，其秘方受到不法侵占[156]，在新反法第 9 条无法适用的情况下，难道还要转致适用《民法总则》第 123 条?

综上，未来商业秘密专门立法究竟如何定义商业秘密，很大程度上取决于法的保护范围和保护法益的确定。对商业秘密是实行宽保护还是窄保护，对侵害商业秘密行为是严格规制还是放松规制，是专门保护商业秘密持有人的利益还是兼顾与之相关的员工、合作者以及公众的利益，在制定商业秘密专门立法时必须对上述问题作出明智的抉择。

(四)侵害商业秘密的主体

按照我国新反法第 9 条的规定，侵害商业秘密的主体系经营者，包括从事商品生产、经营或提供服务的自然人、法人和非法人组织。如前所述，国际上通常将非法获取、使用、披露商业秘密行为列为典型的侵害商业秘密行为类型。从企业发生的侵害商业秘密纠纷来看，除持有人外，只有企业员工和前员工以及合作伙伴才有可能接触、知悉本企业的商业秘密。质言之，只有员工和前员工才最有可能成为不法获取、使用、披露商业秘密的主体或第一人，而非商业秘密持有人的竞争对手或其他经营者抑或第三人。我国商业秘密的民事保护以反不正当竞争法为主。按照欧美及大多数国家的传统，反不正当竞争法大多明确规定防止员工或前员工泄漏商业秘密的风险，而不是供应商泄漏的风险。众所周知，国际上侵害商业秘密的行为主体通常系指员工或前员工。在我国，由于员工与所在单位或企业存在劳动关系，员工侵害商业秘密的案件多发，是侵害商业秘密的主要源头之一，如果不将其纳入侵害商业秘密的行为主体，显然是新反法的重要缺失[157]。旧反法第 10 条将侵害商业秘密的行为主体限定为经营者，为了完善商业秘密保护的行政执法，国家工商总局在 1998 年颁布的《关于禁止侵害商业秘密行为的若干规定(修正)》第 3 条将员工增列为侵害商业秘密的行为主体。

---

[155] 郑友德，黄炜杰. 知识产权法与反不正当竞争法的交集与切割，待发表。

[156] 陈斯. 商业秘密案件审判的实践理性——以东莞市第一人民法院为研究样本，反不正当竞争法修订与商业秘密立法研讨会，华中科技大学，2017 年 6 月 17 日。

[157] 孔祥俊.《新修订反不正当竞争法释评(下)》，“上海交大知识产权与竞争法研究院”微信公众号，最后访问日期：2017 年 11 月 5 日。

法工委在解释新反法第9条第1款第1项至第3项时[158]，一共列举了五种违法行为。仅仅在列举第一种行为时，泛举了员工、前员工违法获取商业秘密，或者违反保密约定，自己将该商业秘密用于生产经营活动，从而自己变身为“经营者”，构成对商业秘密持有人的不正当竞争的情形。似乎想以此证明新反法第9条将侵害商业秘密的主体定为经营者的正确性。可是，就以上解释而言，正是员工、前员工违法获取商业秘密，首先构成违反新反法第9条第1款的行为主体。其后自己将该商业秘密用于生产经营活动，即从事通常所说的违法违约跳槽，非法使用不法获取的商业秘密，自办企业，从员工或前员工转变身份为“经营者”，与原业主展开不正当竞争的行为。后一种“变身”行为并不能否认其首先是作为侵权主体的员工或前员工身份。申言之，员工、前员工违法获取商业秘密，即使未用于生产经营活动，也未披露，也会构成侵害商业秘密行为，适用新反法第9条第1款。事实上，员工或前员工违反保密义务或约定，擅自将商业秘密信息下载于电脑中存储，或者记载在非保密本上，或私带回住所，均为绝大多数企业商业秘密规则所不容，无论其是否有经营目的或愿望[159]。EU－TSD第4条将非法获取、使用、披露商业秘密的行为人称为“他（er）”或“某人（eine Person）”。这里应既包括员工或前员工，也包括竞争对手。从而排除了将行为人仅限于经营者带来的局限性。

据对广东法院近十年的商业秘密公开案例调查结果分析[160]，在搜集到的148起民事案件中，能够确认侵权行为人身份的有74起。在这74起案件中，涉及公司在职员工的为19起（占比约26%），涉及离职员工的为48起（占比约65%），被告为竞争对手的仅有5起（占比约7%），被告为委托经营方或者技术开发方的仅有2起（占比约3%）。公司员工成为侵害公司商业秘密的主要行为人，其中又以离职员工为主。而在18起商业秘密刑事公开案件中，被告无一例外都是或曾经是公司员工，其中在职员工有3起（占比约17%），离职员工有15起（占比约83%）。

据2017年浙江省法院商业秘密纠纷案件分析报告[161]，在57份判决书中，涉案主体间的关系为公司与员工或公司与股东的案件总数达到了54份。而原被告身份关系为同行或合作商的仅有3份。引起公司商业秘密纠纷的主要原因，一是公司员工违反忠实、保密义务，泄露公司的商业秘密；二是公司员工未经公司同意，利用职务便利自营与任职公司同类的业务，损害公司利益；三是员工离职后，任职与原公司

---

[158] 王瑞贺．中华人民共和国反不正当竞争法释义，法律出版社，2018年1月第1版。

[159] “第五，如果员工违法获取商业秘密后，未用于生产经营活动，也未披露，则一般不会对市场竞争造成影响，不构成对商业秘密权利人的不正当竞争，不宜适用本条规定”。见王瑞贺主编，中华人民共和国反不正当竞争法释义，法律出版社，2018年1月第1版第31－32页。问题在于员工或前员工违法获取商业秘密后，即使未用于生产经营活动，也未披露，但通常会对市场竞争产生潜在的不利影响。按照很多国家的商业秘密立法或司法，也构成典型的侵犯商业秘密行为。但主体主要是员工或前员工，而不是经营者，当然无法适用新反法第9条。

[160] 史彩云．2011年至2017年广东法院商业秘密公开案例研究报告，“律师思维”微信公众号，最后访问日期：2018年7月27日。

[161] 盛康祺，黄帮鸽．2017年商业秘密纠纷案件大数据分析报告，“浙江汉鼎律师事务所”微信公众号，最后访问日期：2018年5月3日。

生产、经营同类产品的其他企业，从事与原公司商业秘密有关的经营活动等。而这三种行为正好是新反法第9条第1款第1项至第3项规制的行为。

朱理法官的统计也表明[162]，从纠纷起因来看，因职工离职引发的案件比重极大，约占90%。商业秘密案件的被告几乎全部集中在企业的内部雇员，企业外部人员通常是作为共同被告被提起诉讼，外部人员作为单独被告的商业秘密案件并不常见。

因此可以认为，商业秘密纠纷的产生，更多情况下并非由竞争对手导致，而是由于公司管理不善或者是其他原因致使公司员工对公司的商业秘密造成了侵害，致使员工成为企业侵害商业秘密的主要行为人。

安斯加尔·奥利教授担心[163]，由于大多数商业秘密侵害是由（前）员工实施，而其不属于经营者，新反法第9条的规定将会使中国现行的反不正当竞争法面临困境。

（五）侵害商业秘密行为

纵观国内外商业秘密保护立法中规定的侵害商业秘密行为不外乎三大类：非法获取、非法使用与非法披露。所谓“非法”应为“违反诚实商业行为”之意，与TRIPS协议第39条规定类同，具体包含“违约、泄密、诱使他人泄密及通过第三方获取未披露信息”等行为。新反法第9条将侵害商业秘密的行为也规定为：（1）以盗窃、贿赂、欺诈、胁迫等不当手段获取；（2）不法或违约违规披露；（3）不法或违约违规使用等三大类。以上第一类行为中，新反法以“贿赂”替代旧反法第10条中的“利诱”，并增加了以“欺诈”手段获取商业秘密的行为。这么界定与《日本不正当竞争防止法》和《韩国制止反不正当竞争与商业秘密保护法》的相关规定几乎雷同[164]。唯一差别是我国法律将通过贿赂获取商业秘密增设为侵害商业秘密行为。我们也曾建议将2016年《反不正当竞争法修订草案送审稿》第9条第1款第1项获取商业秘密的不正当手段典型列举中的“利诱”置换成“贿赂”，因为后者包含有形与无形、显在与潜在利益的诱惑，其涵盖面远宽于“利诱”[165]。而且2004年修改前的《德国反不正当竞争法》也将通过“贿赂”获取商业秘密列为侵害商业秘密的行为。赫尔提（Hilty）教授对新反法第9条中商业秘密“盗窃”概念的引入表示质疑[166]。因为“盗窃”并非反不正当竞争法上的一个概念，刑法上盗窃是“以排他的形式占有、使用他人财物的行为”，盗窃罪所侵犯的客体是公私财物的所有权。而在

---

[162] 同前注91。

[163] 安斯加尔·奥利. 比较法视角下德国与中国反不正当竞争法的新近发展，新反法实施问题研讨会，《知识产权》2018年第6期。

[164] 《日本不正当竞争防止法》第2条第1款第4项：窃取、詐欺、強迫その他の不正の手段により営業秘密を取得する行為（以下「不正取得行為」という。）又は不正取得行為により取得した営業秘密を使用し、若しくは開示する行為；《韩国反不正当竞争与商业秘密保护法》第2条第3款第（a）项：Acquiring trade secrets by theft, deception, coercion or other improper means (hereinafter referred to as “act of improper acquisition”), or subsequently using or disclosing the improperly (including informing any specific person of the trade secret while under a duty to maintain secrecy; hereinafter the same shall apply).

[165] 同前注153。

[166] Hilty, supra note 150.

反不正当竞争法的语境下，具有商业秘密的信息是无形的，不可能以任何形式占有。所有权保护不是该法规制的对象，且不正当竞争违法行为判定的决定性因素不是“取得所有权”，而是因不法“获取、使用和披露”商业秘密的信息形成的不道德竞争行为。很显然，反不正当竞争法中“不正当或不道德”和刑法上“非法”具有不同的内涵。因而，不适宜用刑法上的“盗窃”概念来作为非法获取商业秘密的构成要件。可以考虑概括非法获取商业秘密的特点，或将“盗窃”替换成“窃取”。《日本不正当竞争防止法》第2条第1款第4项在确定非法获取商业秘密构成要件时用“窃取”而非“盗窃”，从侧面印证了赫尔提教授建议的可行性。

与EU－TSD第4条关于不法行为的规定[167]相比，我国新反法仅仅把侵害商业秘密的行为划分为三类，内容泛化，类型单一，并未将直接生产、提供或将侵权产品投放市场，或为了实现该目而进出口或储存该侵权产品的直接侵权行为和间接侵权行为纳入其规制的范畴。《日本不正当竞争防止法》第2条第1款第10项也将使用不正当获取的技术上的商业秘密而制造的产品转让、交付、展示、出口、进口或者通过通信网络提供的行为列为侵害商业秘密的行为。同时规定被侵权人可以通过民事救济程序申请对出售、进口、出口侵权产品的行为实施禁令，并规定这种行为将受到刑事处罚。对于在获取产品时就明知该产品为侵犯了商业秘密而依然生产该侵权产品，或者是应知因疏忽没有知悉为侵权产品的，被侵权人都可以诉诸民事救济程序维护自己的权利。而对于明知者，则可以诉诸刑事救济程序。日本法所称的商业秘密侵权产品，仅限于使用技术秘密制造的产品[168]。EU－TSD第2条第4款定义的“侵权产品”，是指其设计、特点、功能、制造工艺或销售极大地受益于非法获取、使用或披露的商业秘密的产品。可见，两法在规制商业秘密侵权产品市场流通

---

[167] EU－TSD第4条（非法获取、使用以及披露商业秘密）：1. 成员国须确保，商业秘密的持有人针对非法获取、使用及披露商业秘密的行为，能够运用本指令所规定的措施、程序和救济，防止上述行为的发生或针对上述行为获得赔偿。2. 当行为人实施下列行为时，视为未经商业秘密持有人许可非法获取商业秘密：（a）针对处于商业秘密持有人合法控制下的，包含商业秘密或者通过其能演绎出商业秘密的文档、物体、原料、材料或者电子信息，通过未经授权的渠道接触、未经授权的占有或未经授权的复制；（b）其他根据具体情况不属于诚信商业实践的行为。3. 使用或者披露一项商业秘密将视为违法，当行为人未经商业秘密持有人许可，而通过第三人获取了相关商业秘密，且第三人自己表示，其实施了下列行为之一：（a）非法获取商业秘密；（b）违反不披露商业秘密的保密协议或其他保密义务；（c）违反关于限制性使用商业秘密的合同义务或者其他义务。4. 同样被认为是非法获取、使用及披露商业秘密的行为还包括，当行为人在获取、使用以及披露商业秘密时，已知或者根据具体情况应知，该直接或者间接从持有商业秘密的第三人处取得的商业秘密，存在本条第3款所述及的违法使用或者披露的情形。5. 直接生产、提供或将侵权产品投放市场，或为了实现这种目而实施的进口、出口或储存侵权产品，上述三种行为也将被认为是侵犯了商业秘密，当行为人在实施上述三种行为时，已知或者根据具体的情况应知，存在本条第3款所述及的违法使用商业秘密的情形。

[168] 陈思勤. 日本商业秘密保护制度的经验与启示，华中科技大学法学院演讲稿，2017年9月11日；《日本不正当竞争防止法》第2条第1款第10项：第四号から前号までに掲げる行為（技術上の秘密（営業秘密のうち、技術上の情報であるものをいう。以下同じ。）を使用する行為に限る。以下この号において「不正使用行為」という。）により生じた物を譲渡し、引き渡し、譲渡若しくは引渡しのために展示し、輸出し、輸入し、又は電気通信回線を通じて提供する行為（当該物を譲り受けた者（その譲り受けた時に当該物が不正使用行為により生じた物であることを知らず、かつ、知らないことにつき重大な過失がない者に限る。）が当該物を譲渡し、引き渡し、譲渡若しくは引渡しのために展示し、輸出し、輸入し、又は電気通信回線を通じて提供する行為を除く。）

行为的区别在于：日本法把储存侵权产品的间接侵权行为排除在外；EU－TSD 涵盖通过获取、使用或披露等三类行为制造的侵权产品，而日本法仅限于通过非法使用技术秘密行为制造的侵权产品。鉴于原告很难举证证明被告使用了通过不正当的手段获得的商业秘密制造相关产品（因为这类证据往往掌握在被告手中），为了减轻原告在制造方法相关的技术性商业秘密案件中的举证负担，新修订的《日本不正当竞争防止法》还新设计了一个举证推定机制[169]，即推定被告使用了原告关于制造方法的商业秘密，只要原告提出：（1）被告不正当地获取了原告的商业秘密；（2）被告制造了能够通过使用该商业秘密生产出来的产品；（3）涉案的商业秘密与产品制造相关。被告若想推翻这些推定，需要承担其没有使用商业秘密制造产品的举证责任。这种举证责任转移至被告的制度在发达国家中乃是独一无二的。

此外，EU－TSD 对利用商业秘密生产和销售的侵权产品规定了禁止销售、从市场上召回、销毁等救济措施和罚则体系[170]。《法国商业秘密保护法》有类似规定[171]。但《德国商业秘密保护法（草案）》借鉴德国专利法、商标法和著作权法关于信息提供请求权的规定，另行制定了要求侵权人告知侵权产品信息和违反告知义务者承担损害赔偿的条款[172]。我国主要依据《专利法》第 11 条，将为生产经营目的制造、

[169] 同前注 96。

[170] EU－TSD 第 10 条第 1 款第（b）—（c）项：禁止生产、提供或将侵权产品投放市场，或禁止以实现上述三种目的而进行的进口、出口或储存侵权产品；查封扣押或要求交付涉嫌侵权的产品以及被进口的产品，用以阻止涉案侵权产品进入市场或在市场中进行流通。EU－TSD 第 12 条：1. 成员国应当确保，基于一项针对非法获取、使用或者披露商业秘密的实质性的判决，主管司法机关可以根据申请人的申请，针对违法行为的实施人，可以批准执行下列一项或者多项措施：（a）终止，或必要时禁止对商业秘密的使用和披露；（b）禁止生产、提供侵权产品或将侵权产品投放市场，或禁止以实现上述三种目的而进行的进口、出口或储存侵权产品；（c）针对侵权产品采取适当的救济措施；（d）根据申请人的请求，销毁全部或部分商业秘密的载体或是包含商业秘密的文档、物体、原料、材料或者电子信息，或是要求向申请人交付全部或部分商业秘密的载体或是包含商业秘密的文档、物体、原料、材料或者电子信息。2. 本条第 1 款（c）项所说的救济措施包括：（a）从市场上召回侵权产品；（b）消除侵权产品的侵权部分；（c）销毁侵权产品，或在适当的情况下，可将侵权产品做下架处理，但该下架处理的行为将不会对涉案商业秘密造成不利影响。3. 成员国可以规定，相应的主管司法机关，在清理排除市场上侵权产品的过程中，可以根据申请人的申请，将涉案侵权产品交付给商业秘密的持有人或慈善机构。4. 主管司法机关可以要求侵害商业秘密的主体，承担因实施本条第 1 款（c）项以及（d）项而产生的费用，除非有特殊理由无须支付相关费用。但这些措施的适用，不能影响商业秘密持有人正常地获得，因商业秘密遭受非法获取、使用以及披露而造成的损害赔偿。

[171] Isabelle Cottin. Examination of the Bill transposing EU Directive on trade secrets. https：//www. soulier－avocats. com/en/examination－of－the－bill－transposing－directive－on－trade－secrets/，[cited 2018 July. 15]；Holger Kastler，Sue McLean，Wolfgang Schönig，Bryan Wilson. Harmonization of Trade Secrets in Europe and New US Trade Secrets Law Gets the Green Light——What Do These Changes Mean for Companies in Germany，the UK and the US? https：//media2. mofo. com/documents/160527harmonizationtradesecrets. pdf，[cited 2018 July. 17].

[172] Gesetzentwurf der Bundesregierung Entwurfeines Gesetzeszur Umsetzung der Richtlinie（EU）2016/943 zum. 第二节（侵权产品的告知，违反告知义务的损害赔偿）第 8 条（侵权产品的告知，违反告知义务的损害赔偿）规定：（1）商业秘密持有人可以要求侵权人告知下述信息：1. 侵权产品的制造商、供应商和其他原物主以及确凿的侵权产品商户和销售商的名称和地址；2. 制造、订购、交付或接收侵权产品的数量及买价；3. 侵权人占有或所有的包含或体现商业秘密的文献、物品、材料、物质或电子文件；4. 获得商业秘密和向其披露的人。（2）若侵权人因故意或者重大过失提供延误的、虚假的或不完整的信息，则其应对商业秘密持有人承担损害赔偿义务。

使用、许诺销售、销售、进口其专利产品，或者使用其专利方法以及使用、许诺销售、销售、进口依照该专利方法直接获得的产品；或者为生产经营目的制造、许诺销售、销售、进口其外观设计专利产品的行为规定为侵犯专利权的行为。另外，我国在《专利法》第64条、《商标法》第60条、《著作权法》第48条、《集成电路布图设计保护条例》第31条和《知识产权海关保护条例》第27条中规定，知识产权行政管理部门可以查封、没收、扣押、销毁侵权商品或侵权复制品。

从《巴黎公约》到《反假冒贸易协议》，侵权物品处置的保护标准不断提高：处置类型由商标权、著作权扩展至所有类型的侵权产品以及原材料和工具；处置手段则从没收、扣押扩展至销毁。严厉处置侵权物品，已经被发达国家视为打击侵权盗版、假冒行为的重要手段[173]。据广东智诚知识产权研究院2018年7月的报告[174]，该院调研了深圳市南山区144家上市企业后发现，67.12%的企业请求相关部门责令侵权人销毁侵害商业秘密的违法产品。由于商业秘密法的保护客体与知识产权法一样，也是具有高商业价值的无形信息。为了及时制止侵害商业秘密的行为，防止侵权产品的进一步扩散，彻底消除市场上流通的侵权产品对商业秘密持有人的持续性侵害，未来的商业秘密保护单行法有必要将生产、进出口、销售侵权产品的行为列为典型的侵害商业秘密行为，并规定没收、召回、销毁、禁止入境等民事救济措施及相应的民事刑事责任。

我国新反法第9条第2款规定："第三人明知或者应知商业秘密权利人的员工、前员工或者其他单位、个人实施前款所列违法行为，仍获取、披露、使用或者允许他人使用该商业秘密的，视为侵害商业秘密。"《日本不正当竞争防止法》第19条第1款第6项规定："通过交易获取的商业秘密，在获取时系善意或者是无重大过失的，在交易的权限范围内使用或披露该商业秘密的行为，可予免责。"以上"交易的权限范围内"系指交易不问有偿与否，包括商业秘密的买卖合同、许可使用合同等，但不包括继承或企业合并等。"权限范围"指对所获取的商业秘密以自己的意志可以使用或处分的范围。如许可使用合同中如果规定了可使用的地区、可使用的年限，那么只能在这个范围内使用时才可获免责[175]。问题在于，若第三人经交易善意且无重大过失获取商业秘密，但事后知悉了该商业秘密来源于非法途径，其仍在原交易权限范围内披露、使用或者允许他人使用该商业秘密的行为是否构成我国新反法第9条第1款第2项的不正当竞争行为？如果被判构成，是否有失公允，罔顾该第三人的正当利益？抑或应根据该第三人的主观情节和客观后果予以责任减免？根据日本法，善意获取者可以在交易获取的范围内继续使用或披露而不会被追究民事责任，只有超过了交易权限范围的使用等行为才会被认定为不正当竞争行为[176]。以专利"先用

---

[173] 陈颖，孙艳．检视与重构：论知识产权侵权诉讼中侵权物品的处置，《电子知识产权》2015年第4期。

[174] TAIP. 144家上市公司告诉你，"深圳牛企"是如何进行商业秘密保护的！"峰创智诚"微信公众号，最后访问日期：2018年8月1日。

[175] 同前注135。

[176] 同前注135。

权”为例，专利权作为排他权，尚且兼顾第三人正当使用专利权时的合法利益[177]，善意获取商业秘密者在交易获取的范围内继续使用或披露为何不行？

（六）适用除外与豁免

尽管商业秘密与狭义的知识产权在权利属性上存在差异，但两者的客体均为无形的信息。由于商业秘密信息与专利法保护的技术信息不同，具有不对外公开、不接受公众与社会监督的特征，而且商业秘密在法律制度设计上具有保护多元利益的特点，故从促进商业秘密信息的流动和共享，推动累积式创新，平衡商业秘密持有人与相关人的利益，避免持有人将商业秘密滥用或者滥诉作为恶意竞争的工具，增进公共利益，提高社会效益的立法旨意出发，有必要对商业秘密的行使设置相应的限制措施。

依据《最高人民法院关于审理不正当竞争民事案件应用法律若干问题的解释》第12条，通过自行开发研制或者反向工程等方式获得的商业秘密，不被认定为原反不正当竞争法第10条第1项、第2项规定的侵害商业秘密行为。但是新反法并未增设适用除外的规定。比较而言，DTSA和EU－TSD均规定反向工程和独立发现是合法方式。EU－TSD规定，以下列任何一种方式获取商业秘密的行为应被认为是合法的：（1）独立发现或创造；（2）对公众可获得的产品或客体的观察、研究、拆卸或信息获取；（3）员工或员工代表按照欧盟和本国的法律或惯例行使信息权或咨询权；（4）任何其他符合商业诚信原则的行为。DTSA则是在定义“不正当手段时仅提及不包括反向工程、独立推导或其他任何合法获取方式”，不像EU－TSD那样详尽列举。欧美商业秘密法的类似规定适用范围更为宽泛、具体。除2007年司法解释中已明确的反向工程、独立发现或创造、合法取得等行为外，引入欧美立法中的告密者或举报者豁免规则。美国立法认定“向政府申告违法行为时不可避免披露他人商业秘密的行为”不视为商业秘密侵害行为，欧盟立法中将“符合商业诚信原则的使用行为，为表达和信息自由所做的使用行为”视为合法行为，两法均规定了侵害商业秘密的司法豁免条款，但内容差异较大。EU－TSD第5条规定，不得对以下方式获取、使用或披露商业秘密的行为提供司法救济：（1）为表达和行使信息自由权而合法使用；（2）为揭发申请人的错误指示或行为、非法活动或基于公共利益需要而必须对其取得、使用或披露的行为；（3）雇员为工作之必要而披露商业秘密；（4）为保护合法利益的目的。另对举报者基于公共利益披露商业秘密行为的豁免不必以保密方式，但行为人应承担豁免举证责任。DTSA对侵害商业秘密的司法豁免规定更倾向于保护告密者，其仅限于以保密方式直接或间接地向联邦、州或地方政府官员、律师披露商业秘密。要求雇主必须在所有涉及保密信息的协议中依法告知雇员免责条款，否则无法得到完整的损害赔偿。[178] 鉴于日本立法中亦有“如为违反公序良俗的信息，其泄露不符合商业秘密法律保护之意旨，而不予保护”的规定，日本

---

[177] 我国《专利法》第69条规定：有下列情形之一的，不视为侵犯专利权：（二）在专利申请日前已经制造相同产品、使用相同方法或者已经作好制造、使用的必要准备，并且仅在原有范围内继续制造、使用的。

[178] 同前注47。

法判例中将违反公序良俗的信息视为不具有用性而不加以商业秘密保护。因此有学者建议[179]，我国相关立法也可遵循“违法行为本身不产生法益，亦不受法律保护”的精神，规定如果因保护其他公共利益而有必要予以披露商业秘密信息的行为，不构成商业秘密侵害行为。

如前所述，欧美已在侵害商业秘密司法审判中建立了公共利益抗辩规则。商业秘密持有人员工、合作伙伴基于公共利益，可以举报商业秘密中的违法信息，而且这种披露商业秘密的行为可获豁免。由于商业秘密与专利相比，前者是否依法保护，无须相关行政部门审查，无须公开，故商业秘密持有人基于商业秘密的非公开性和保密性要求，有可能将可能涉及危害环境保护、公共卫生、公共财政、侵犯人权、腐败与欺诈、歧视、利益冲突、公共安全、内部市场运作、国家税收等违法、违规、违反公序良俗的信息混同为本企业的商业秘密加以保护，从而损害公共利益。举报者若对这些不法或非法信息通过不同途径举报，促使相关部门调查核实，这将增强对企业的问责、监督企业自律、维护公平竞争秩序、保护社会公共利益，同时可以增强对市场的信任度，从而吸引潜在的投资者和合作伙伴[180]。目前，我国《环境信息公开办法（试行）》《企业事业单位环境信息公开办法》涉及环境信息公开披露与商业秘密保护的规定。

当前知识产权制度中的各种机制旨在平衡权利人竞争利益与公众的社会需求。我国现行知识产权法中，对专利权、著作权的行使均有明确限制。只要处在合理使用的范围，未经授权的著作权使用不被视为侵权。专利法要求详细描述发明创造才能获得保护，以促进技术创新和科学技术的发展。此外，这些类型的限制和社会平衡机制可以用来推动知识产权的使用，以促进社会公正（social justice）。虽然商业秘密法具有知识产权的某些属性，但其在我国现行法中缺乏足够的限制和平衡机制来满足公众的需求，未考虑未经授权使用的社会效益。如前所述，与著作权法和专利法相比，商业秘密法保护客体宽泛、保护要求最低，其保护无须正式的申请程序，缺乏社会监督，在制度设计上要求创造者尽可能保密，并鼓励创造者不披露信息。因此，虽然专利法和著作权法通过防范知识产权信息的不充分保护和过度保护来优化社会福利，而将适度限制商业秘密使用不纳入商业秘密法的制度安排在某些情况下可能降低社会福祉[181]。

限制和社会平衡机制可以用来促进知识产权的使用，以促进社会公正。商业秘密的创造尽管是所有人的个体创造性智力劳动成果，具有个体性，但实质上其或多或少借鉴、吸收了前人的思想和智慧，兼具社会性。对于这类具有双重属性的知识信息，如果仅仅出于所有人单极利益考虑，无视公共利益，全然不顾社会公众在其

---

⑰⑨ 同前注135。

⑱⓪ 郑友德. 商业秘密与举报者保护，2018年（第四届）知识产权金融与司法暨知识产权运用研讨班，2018年6月10日，复旦大学法学院。

⑱① Taylor R. Moore. Trade Secrets and Algorithms as Barriers to Social Justice. https://cdt.org/files/2017/08/2017-07-31-Trade-Secret-Algorithms-as-Barriers-to-Social-Justice.pdf, [cited 2018 Feb. 22].

创造过程中的潜在作用而对其采取封闭式的保护，显然有悖于商业行为的核心伦理准则——社会公正原则[182]。笔者建议，在未来制定的中国商业秘密保护法中设立商业秘密适用除外条款，将独立研发、反向工程、善意取得、基于公共利益举报等作为适用除外在法中明确列举。

值得借鉴的是，美国学者效仿《美国著作权法》第107条的“合理使用”条款[183]，归纳并扩充了商业秘密是否构成合理使用的五个要素[184]：（1）使用的目的和特征，例如，此类使用是具有商业性还是出于非营利性教育目的；（2）商业秘密信息的性质，例如，该信息是具有技术性（如制造工艺）还是商业性（例如定价数据）；（3）所用商业秘密信息相对于原告和被告的最终产品或工艺的重要性，例如，被告对商业秘密信息的“改进”程度；（4）使用对商业秘密所有者激励和市场损害可能性的影响；（5）合理许可使用费的适当性。本文认为，上述五个判定要素对我国类似商业秘密案件的司法审判具有一定的参考价值。

（七）诉讼中的商业秘密保护

商业秘密是企业的核心竞争力，更是尚无核心专利却掌握着独门技术诀窍的中小企业赖以生存的重要无形资产。由于商业秘密的保密性不具有可逆性，一旦其在案件审理过程中泄露，将会引发难以挽回的严重后果，轻则使商业秘密的商业价值丧失殆尽，企业的竞争优势付诸东流，重则将会给企业带来灭顶之灾。因此，在司法实践中，如何应对“二次泄密”问题，成为未来商业秘密立法中的重点之一。

据对宁波两级法院多年来审判的商业秘密民事案件的调查结果表明[185]，商业秘密持有人普遍担心“二次泄密”。为规避泄密风险，选择不起诉来消极保护商业秘密。此外，在需提交鉴定机构鉴定的技术秘密案件中，当事人对于鉴定机构能否尽到保密义务也存有一定程度的顾虑。

我国《民事诉讼法》第134条、第68条[186]，《最高人民法院关于适用〈中华人民共和国民事诉讼法〉的解释》第103条第3款[187]，《最高人民法院关于审理因垄断

---

[182] 商业秘密权的限制与适度保护研究，“原韵永强说法”微信公众号，最后访问日期：2017年2月21日。

[183] 《美国著作权法》第107条规定：“在任何特定情况下，确定对一部作品的使用是不是合理使用，要考虑的因素应当包括：（1）使用的目的和性质；（2）著作权作品的性质；（3）同整个著作权作品相比所使用的部分的数量和内容的实质性；（4）这种使用对著作权作品的潜在市场或价值所产生的影响。”

[184] Deepa Varadarajan, Trade Secret Fair Use. https://ir. lawnet. fordham. edu/cgi/viewcontent. cgi? article = 5061&context = flr, [cited 2017 Sep. 24].

[185] 邓梦甜. 商业秘密民事纠纷案件调研报告，“云积法创”微信公众号，最后访问日期：2018年8月2日。

[186] 我国《民事诉讼法》第134条：“人民法院审理民事案件，除涉及国家秘密、个人隐私或者法律另有规定的以外，应当公开进行。离婚案件，涉及商业秘密的案件，当事人申请不公开审理的，可以不公开审理。”第68条：“证据应当在法庭上出示，并由当事人互相质证。对涉及国家秘密、商业秘密和个人隐私的证据应当保密，需要在法庭出示的，不得在公开开庭时出示。”

[187] 《最高人民法院关于适用〈中华人民共和国民事诉讼法〉的解释》第103条第3款：“涉及国家秘密、商业秘密、个人隐私或者法律规定应当保密的证据，不得公开质证。”

行为引发的民事纠纷案件应用法律若干问题的规定》第11条[188]分别对商业秘密侵害案件的不公开审理、举证、质证时的保密和具结保密承诺书等问题作了规定。我国新反法第9条仅对商业秘密保护做了实体性规定，除第30条[189]规定对调查过程中泄露所知悉的商业秘密的监督检查部门的工作人员给予处分外，缺乏庭审保密等程序性规定。《最高人民法院关于适用〈中华人民共和国民事诉讼法〉的解释》第146条[190]也只是要求主持民事案件调解以及参与调解的人员在调解过程中承担保守商业秘密的义务。此外，有关省高院和专业法院仅仅规定商业秘密案件质证应作出书面保密承诺，比如，江苏省高级人民法院《关于审理商业秘密案件有关问题的意见》第12条规定质证前当事人及委托代理人应当具结保密承诺书。上海知识产权法院《侵害商业秘密纠纷审理指引》要求当事人签订保密承诺书，确定涉密证据质证规则。总体上看，上述规定极其零散，对司法过程如何全面、有效地保护商业秘密缺乏系统的引导性。

欧美等国商业秘密保护立法中则采用实体法与程序法合而为一的模式，即同时规定专门的民事救济程序性规定，如保护令、扣押令等。法院在诉讼中可适用民事诉讼程序中的证据保全制度，同时对于在诉讼中接触商业秘密的人，包括法官、检察官、当事人、代理人、辩护人、鉴定人、证人、书记员、翻译、法警、打字员等其他诉讼参与人[191]，如果存在侵害他人商业秘密的可能，也可根据商业秘密持有人的申请或者依职权向其发出保护令，要求其保守商业秘密，不得用于诉讼外目的，如有违约泄密则应承担相应的失密责任。例如，EU－TSD和DTSA在诉讼程序中均设定详尽、具体且有可操作性的保护商业秘密的措施[192]。EU－TSD意识到诉讼程序中每位可能知悉商业秘密者（包括参与司法程序的控辩双方、他们的律师或其他代理人、司法工作人员、证人、鉴定人以及其他相关人员）对商业秘密造成的潜在威胁，因此详细地规定了其对所知悉商业秘密的保密义务及其履行保密义务的具体措施，以及在决定采取这些措施时需要考虑的因素。比例原则在此同样适用，综合考虑公平审判与有效救济的平衡、当事人与第三人的利益平衡，以及可能存在的潜在损害等[193]。DTSA强调在扣押过程中对扣押人信息、材料以及扣押执行等事项的保密要求，

---

[188] 《最高人民法院关于审理因垄断行为引发的民事纠纷案件应用法律若干问题的规定》第11条："证据涉及国家秘密、商业秘密、个人隐私或者其他依法应当保密的内容的，人民法院可以依职权或者当事人的申请采取不公开开庭、限制或者禁止复制、仅对代理律师展示、责令签署保密承诺书等保护措施。"

[189] 我国《反不正当竞争法》第30条："监督检查部门的工作人员滥用职权、玩忽职守、徇私舞弊或者泄露调查过程中知悉的商业秘密的，依法给予处分。"

[190] 《最高人民法院关于适用〈中华人民共和国民事诉讼法〉的解释》第146条："人民法院审理民事案件，调解过程不公开，但当事人同意公开的除外。主持调解以及参与调解的人员，对调解过程以及调解过程中获悉的国家秘密、商业秘密、个人隐私和其他不宜公开的信息，应当保守秘密，但为保护国家利益、社会公共利益、他人合法权益的除外。"

[191] 唐海滨，孙才森，梁彦，王莉萍．有关商业秘密立法的重点难点问题，《中国法学》1999年第4期。

[192] 同前注47。

[193] See EU－TSD § 9.

却忽视了整个诉讼过程中每位可能接触到商业秘密的人对商业秘密所构成的威胁，只规定“法院不得批准或指示披露任何被所有者称为商业秘密的信息，除非法院允许所有者以保密形式提交文件”[194]。但是，在遵守竞业禁止协议的前提下，EU - TSD和DTSA均强调发布制止侵害商业秘密行为的禁令不应妨碍雇员的正常流动性。而1996年的《美国经济间谍法》第1835节（保密令）规定，在依本章进行的任何控诉或其他程序中，为必要和恰当地保守商业秘密，法院应考虑联邦刑事与民事诉讼法、联邦证据法和其他联邦法律的要求，下达命令和采取其他有关措施。对于美国政府提出的诉间上诉，联邦地区法院应以决定或命令，予以受理，授权或指导任何商业秘密的披露。1985年修订的《美国统一商业秘密法》第2节（禁令救济）规定，对实际或潜在的盗用商业秘密行为可采用禁令禁止。特别情势下，法院可发布命令采取强制措施保全商业秘密。由此可以认为，美国后两部法律对于保护司法过程中的商业秘密的措施比DTSA更为严格、具体。如果即便是存在潜在的盗用商业秘密行为，也可发布禁令，这将对禁令申请人的举证提出严峻挑战。

由上看出，与欧美法相比，我国现行民诉法、新反法和有关司法解释等在保护诉讼过程的商业秘密的规定上尚有诸多不尽完善之处。

目前，尽管中国法院在审理程序中经常采用不公开开庭、限制或禁止阅读和复制、限制证据开示范围、责令具结保密承诺书等的商业秘密保护措施，但是，在商业秘密案件审理中，比如在证据保全、庭审、质证过程中，还是有可能发生“二次泄密”。朱理法官建议[195]，为了避免“二次泄密”，中国法院可以考虑借鉴欧美的做法，建立“商业秘密保护令”制度，对于在诉讼中接触商业秘密的人，如果存在侵犯他人商业秘密的可能性，法院可以根据商业秘密权利人的申请或依职权向其发出保护令，要求其保守商业秘密，不得用于诉讼外目的。对此，笔者也赞同设立“商业秘密保护令”制度[196]，新反法规定：“当事人、代理人或者其他诉讼参与人违反商业秘密保护令，在诉讼外披露或者使用其在诉讼中获得的商业秘密的，人民法院可以根据具体情节给予罚款、拘留；构成犯罪的，依法追究刑事责任。”更进一步，我国台湾地区“智慧财产案件审理法”制定了非常详细的“秘密保持命令”实体与程

---

[194] See 18 U. S. C. § 1835（b）.

[195] 同前注91。

[196] 同前注153。

序规则[197]。

比较而言，我国现行的《专利法》《商标法》和《著作权法》均已设立起诉前向人民法院申请禁令的专门制度[198]，即持有人或者利害关系人能举证他人正在实施或者即将实施侵权行为，如不及时制止，将会使其合法权益受到难以弥补的损害的，可在诉前向人民法院申请采取责令停止有关行为的措施。而作为准知识产权的商业秘密，在视作保护商业秘密核心法律的新反法中，却缺少向人民法院申请禁令的规范，仅仅在第21条规定，经营者违反本法第9条规定侵害商业秘密的，由监督检查部门责令停止违法行为。尽管上海市第一中级人民法院依据我国《民事诉讼法》第100条[199]规定，在国内颁发首个商业秘密诉前禁令[200]，但是，上述规定还是缺乏针对

[197] 我国台湾地区“智慧财产案件审理法”第11条（秘密保持命令）：当事人或第三人就其持有之营业秘密，经释明符合下列情形者，法院得依该当事人或第三人之声请，对他造当事人、代理人、辅佐人或其他诉讼关系人发秘密保持命令：一、当事人书状之内容，记载当事人或第三人之营业秘密，或已调查或应调查之证据，当事人或第三人之营业秘密。二、为避免因前款之营业秘密经开示，或供该诉讼进行以外之目的使用，有妨害该当事人或第三人基于该营业秘密之事业活动之虞，致有限制其开示或使用之必要。前项规定，于他造当事人、代理人、辅佐人或其他诉讼关系人，在声请前已依前项第一款规定之书状阅览或证据调查以外方法，取得或持有该营业秘密时，不适用之。受秘密保持命令之人，就该营业秘密，不得为实施该诉讼以外之目的而使用之，或对未受秘密保持命令之人开示。第12条（申请秘密保持命令应载事项）：秘密保持命令之声请，应以书状记载下列事项：一、应受秘密保持命令之人。二、应受命令保护之营业秘密。三、符合前条第一项各款所列事由之事实。第13条（声请之裁定）：准许秘密保持命令之裁定，应载明受保护之营业秘密、保护之理由，及其禁止之内容。准许秘密保持命令之声请时，其裁定应送达声请人及受秘密保持命令之人。秘密保持命令自送达受秘密保持命令之人，发生效力。驳回秘密保持命令声请之裁定，得为抗告；第14条（秘密保持命令之撤销）：受秘密保持命令之人，得以其命令之声请欠缺第11条第一项之要件，或有同条第二项之情形，或其原因嗣已消灭，向诉讼系属之法院声请撤销秘密保持命令。但本案裁判确定后，应向发秘密保持命令之法院声请。秘密保持命令之申请人得声请撤销该命令。关于申请撤销秘密保持命令之裁定，应送达于声请人及相对人。前项裁定，得为抗告。秘密保持命令经裁定撤销确定时，失其效力。撤销秘密保持命令之裁定确定时，除声请人及相对人外，就该营业秘密如有其他受秘密保持命令之人，法院应通知撤销之意旨。第15条（声请秘密保持命令之通知）：对于曾发秘密保持命令之诉讼，如有未经限制或不许阅览且未受秘密保持命令之人，声请阅览、抄录、摄影卷内文书时，法院书记官应即通知声请命令之人。但秘密保持命令业经撤销确定者，不在此限。前项情形，法院书记官自声请命令之当事人或第三人受通知之日起十四日内，不得将卷内文书交付阅览、抄录、摄影。声请命令之当事人或第三人于受通知之日起十四日内，声请对请求阅览之人发秘密保持命令，或声请限制或不准许其阅览时，法院书记官于其声请之裁定确定前，不得为交付。声请秘密保持命令之人，同意第一项之声请时，第二项之规定不适用之。

[198] 我国《专利法》第66条：“专利权人或者利害关系人有证据证明他人正在实施或者即将实施侵犯专利权的行为，如不及时制止将会使其合法权益受到难以弥补的损害的，可以在起诉前向人民法院申请采取责令停止有关行为的措施。申请人提出申请时，应当提供担保；不提供担保的，驳回申请。”《商标法》第65条：“商标注册人或者利害关系人有证据证明他人正在实施或者即将实施侵犯其注册商标专用权的行为，如不及时制止将会使其合法权益受到难以弥补的损害的，可以依法在起诉前向人民法院申请采取责令停止有关行为和财产保全的措施。”《著作权法》第50条：“著作权人或者与著作权有关的权利人有证据证明他人正在实施或者即将实施侵犯其权利的行为，如不及时制止将会使其合法权益受到难以弥补的损害的，可以在起诉前向人民法院申请采取责令停止有关行为和财产保全的措施。”

[199] 我国《民事诉讼法》第100条：“人民法院对于可能因当事人一方的行为或者其他原因，使判决难以执行或者造成当事人其他损害的案件，根据对方当事人的申请，可以裁定对其财产进行保全、责令其作出一定行为或者禁止其作出一定行为；当事人没有提出申请的，人民法院在必要时也可以裁定采取保全措施。”

[200] 上海一中院发出国内首个商业秘密行为禁令，法制网，http：//www. legaldaily. com. cn/index/content/2013－08/02/content_4721747. htm？node＝20908，最后访问日期：2018年3月2日。

性，我们依然期待在未来的商业秘密保护单行法中专门制订详尽、具体的商业秘密保护令规则。

（八）域外适用

商业秘密保护法虽为一国之内的法律，但经济全球化背景下的国际贸易活动日趋频繁，而针对外国人或外企的商业秘密侵害行为的诉讼或者特别调查程序近年来在欧美频发，原因在于其商业秘密保护立法或者执法均扩张其域外适用范围，使之能够更好地保护其国内商业秘密持有人的合法权益。故美欧的商业秘密保护法如同反垄断法一样，亦发挥“长臂效应”的功能，把法的触角延伸到境外。比如，《美国经济间谍法》第1831节将经济间谍界定为故意或者明知窃取或不当使用商业秘密而让外国政府、外国机构或外国代理人受益的行为人[201]。2013年专门制定的《美国国外与经济间谍法律责任强化法案》则进一步扩大经济间谍法案的适用范围，并增强刑责。除立法外，美国还将外交与行政双管齐下，一方面，通过政府的各种外交手段要求其他国家采取必要措施，如在与中国的经贸谈判和知识产权谈判中均直接要求我国加强商业秘密保护。另一方面，美国贸易代表办公室（USTR）依据1974年《美国贸易法》第301（b）（1）节，针对某外国的知识产权和商业秘密保护情况公布“301调查报告”，随即对某国宣布相应的贸易报复措施。当域外盗用美国商业秘密涉及进口货物时，美国国际贸易委员会（ITC）扮演着重要的角色，其可根据1930年《美国关税法》第337条款获得授权，针对“进口产品的不正当竞争方法和不正当行为”发起“337调查”。只要是盗用行为可能损害美国相关产业利益，哪怕该行为发生在外国，ITC也可行使管辖权。2011年，美国联邦巡回上诉法院就对天某集团公司（以下简称天某）对ITC的裁决提出上诉一案作出裁决。在审议“第337条是否适用于利用境外盗用的商业秘密生产的进口货物时”，美国联邦巡回法院认为，事实上，即使盗用发生在美国境外，第337条也适用，因为随后的进口将导致不公平的竞争[202]。这项决定允许ITC发布禁令禁止有关产品进口到美国，以避免进口“侵权产品”损害美国相关产业的公平竞争。

上述ITC对我国天瑞的337调查案就是具有代表性的域外适用案[203]。在该案审理过程中，天瑞提出的抗辩理由是：即使天瑞有侵犯原告Amsted的商业秘密的行为，该行为完全是在中国境内发生的，因此，《美国关税法》第337条不适用，ITC不应受理此案。天瑞还提出，由于Amsted并没有在美国国内使用涉案的受商业秘密保护的ABC工艺，故Amsted并没有满足在ITC 337调查中所必需的“国内产业”的要求。ITC驳回了天瑞的抗辩，指出在本案中，天瑞通过不正当的商业秘密盗用手段制造的铸钢火车车轮进入美国市场，对Amsted造成了不公平竞争。同时，该案行政法官指出：只要保密的工艺被盗用导致原告的国内产业受到损害，本国工业是否使用

---

[201] See 18 U. S. Code §1831.

[202] Tian Rui Grp. Co. v. U. S. Int'l Trade Comm'n, 661 F. 3d 1322, 1328 (Fed. Cir. 2011).

[203] 从美国337调查案看商业秘密的保护，中国知识产权报，2012年12月26日；天瑞案带给美知识产权保护新武器，福布斯中文网，2011年10月28日。

此保密工艺并不重要。只要原告能证明有足够的国内产业会因为被告的不公平竞争而受到损害便可。ITC 后来裁定天瑞盗用了 Amsted 的商业秘密，违反了《美国关税法》第 337 条的规定，发布了对天瑞的铸钢火车车轮的有限禁止令。天瑞随即上诉至美国联邦巡回上诉法院，亦未获支持。在上诉中，美国联邦巡回上诉法院分析了两个争议焦点[204]：（1）基于 337 条款，ITC 对在中国盗用商业秘密导致的不公平竞争行为，是否有管辖权；（2）Amsted 在美国的生产中已经不再使用 ABC 技术时，天瑞把使用了该商业秘密所制造的车轮进口到美国，是否对其美国国内产业造成了损害。其一，从治外法权分析，美国联邦巡回上诉法院引用了 EEOC v. Arabian Am. Oil Co. 案[205]中的判决，认为当美国国会没有相反的立法意图时，推定美国法不能域外适用。然而，法院驳回了天瑞关于 ITC 无权将 337 条款适用于域外的抗辩，理由有三。首先，法院认为 337 条款所规制的进口行为本身就是“一个天然的国际交易”，因为这种交易必然发生于不同国家之间。其次，法院认为所指控的行为发生在中国，该行为只有在对美国国内产业造成损害后才会受到规制，ITC 并没有将 337 条款适用于纯粹的域外产品，而是将条款适用于影响国内产业的行为，并提供国内救济。最后，ITC 对 337 条款的最初解释是允许规制国外行为，法院认为这与 337 条款的立法史是一致的。美国国会通过了 ITC 在 1919 年的建议报告，制定 337 条款来弥补执行机构的不足，以及为通过进口从事的不正当竞争行为提供救济，即使这些行为发生在国外。法院经过此论证后认为，ITC 裁决发生在中国的被控行为违反了 337 条款是合法的。其二，从国内产业分析，法院在天瑞案中的判决认为，原告主张国内产业受到损害，并不需要实际使用了涉案的被盗用商业秘密。按照 337 条款本身的意思，法院指出：“在一般条款中，并没有明确要求国内产业与调查中涉及的知识产权相关。”尽管天瑞强调，美国参议院的提案要求，在商标及商业秘密案件中，被损害的国内产业必须与被保护的知识产权之间存在联系，法院发现这一提案因被撤销而没有成为法律，故这一立法意图抗辩无效。相反，法院认为在涉及 337 条款的不正当竞争诉讼中，只有“法定知识产权”（例如专利）才需要与国内产业相关，在涉及盗用商业秘密行为的诉讼中，只要原告能够证明盗用行为对其国内产业造成了损害，就能够满足条款规定的损害要求，而不管原告是否在国内使用了被盗用的商业秘密。巡回上诉法院认为，Amsted 尽管事实上没有在美国使用被盗用的 ABC 技术，但由于其提交的证据证明，天瑞制造的铁路车轮能够在美国与其所制造的车轮相竞争，这就已经证明了存在易受损害的国内产业[206]。

2016 年 5 月 26 日，ITC 宣布对中国输美碳钢与合金钢产品发起“337 调查”，调查共涉及宝钢、首钢、武钢等中国钢铁企业及其美国分公司共计 40 家企业。根据该调查程序，美方一旦裁定企业有违规行为，相关产品或被永久禁止进入美国市场。

---

[204] Natalie Flechsig. Trade Secret Enforcement After TianRui: Fighting Misappropriation Through the ITC. https://scholarship.law.berkeley.edu/cgi/viewcontent.cgi?article=1982&context=btlj, [cited 2017 Dec. 22].

[205] EEOC v. Arabian Am. Oil Co., 499 U.S. 244, 248 (1991).

[206] See Tianrui, 661 F.3d at 1337.

对此，涉案中国企业严阵以待。案件共涉及三个诉点，即商业秘密、反垄断和反规避调查。2017 年 2 月 15 日，在宝钢及其律师的努力下，美方被迫提出动议要求撤回商业秘密诉点的指控。2017 年 2 月 22 日，ITC 行政法官裁定，终止关于宝钢的商业秘密诉点的调查。这意味着，在这场针对中国钢铁企业“窃取其商业技术秘密”的无理控告的战役中，宝钢终获胜利。这也是在美国“337 调查”历史上，中国企业首次获得商业秘密类案件的胜诉。在过往的美方“337 调查”中，中方胜诉的概率偏低。在过去已经判决 47 起“337 调查”案件中，中国企业的败诉率高达 60%，远高于国际平均败诉率 26%[207]。宝钢此次取胜，意义重大。胜诉一方面会增强中国企业在国际贸易中的信心，另一方面也为其他行业和企业今后应对“337 调查”一类的国际贸易摩擦提供了可以借鉴的处理方式。

欧盟虽然没有类似于 337 条款这样域外直接适用的规定，但根据 EU－TSD 第 4 条和第 10 条，直接生产、提供侵权产品或将侵权产品投放市场，或为了实现这种目而实施的进口、出口或储存侵权产品的行为将视为侵害商业秘密，并禁止以实现上述三种目的而进行的进口、出口或储存侵权产品，要求查封、扣押或要求交付涉嫌侵权的产品以及被进口的产品，用以阻止涉案侵权产品进入欧盟市场。那么，在国际贸易中发生在欧盟外部的涉及侵害商业秘密的行为，同样可认定其属于不法使用商业秘密而构成侵权，可予以直接规制。

近年来，日本企业大力扩张其国际市场，外包业务比重上升。随着海外云存储信息量的剧增，日本企业的商业秘密越来越频繁地储存于境外。根据修订之前的《日本不正当竞争防止法》，只有在日本境外不正当使用或者泄露由日本境内的个人或企业所控制的商业秘密的行为，才给予刑罚。但修订后的《日本不正当竞争防止法》扩大了刑罚的范围，规定获取日本境外的商业秘密也要受到刑罚。除此之外，新法保护在日本境内从事经营活动的人所控制的一切商业秘密，删除之前要求商业秘密必须由日本企业或个人所控制的这一前提条件。如此一来，比如，从一名日本企业临时派遣到其他国家工作的员工那里盗取商业秘密的行为将受到刑罚。而且，在日本境外盗取由日本企业在云储存服务器上存储的商业秘密，也将受到刑罚[208]。

因此，在积极参与国际贸易活动的过程中，我们必须“防”“攻”兼备。一方面，构建有效的商业秘密侵害风险化解机制，打造严密的商业秘密侵害自我防御之盾，以应对国外针对我国个人和企业涉及商业秘密侵害的域外适用诉讼程序和特别调查，采取相应的贸易措施反制国外的贸易报复；另一方面，补充完善我国《对外贸易法》等相关法律法规的域外适用规则，锻造严厉打击国际贸易中盗用我国商业秘密行为之矛，加强相关行业的信息交流，强化商业秘密行政管理部门与其他部门的联动执法，对涉及商业秘密泄密案件的相关情况，比如涉嫌盗用的外国政府或机构数量与名单、所在产业和技术类型、惯用盗用手段、商业秘密泄密现状以及所造成的影

---

[207] 万静．中国钢企首获美 337 调查商业秘密类案件胜诉，《法制日报》，2017 年 2 月 26 日；历时 2 年中国钢企全面打赢美国“337 调查”案，央视网《经济半小时》，2018 年 3 月 22 日。

[208] 同前注 96。

响等进行调查、分析，一旦确认后即采取贸易制裁措施，比如禁止进出口或扣押侵害商业秘密所生产的产品。

（九）商业秘密保护中行民刑分野与协调

在商业秘密案件的行政、民事与刑事保护中，是“先行后民”还是“先民后刑”或“先刑后民”？抑或“行民刑”层层依次递进？商业秘密持有人经常面临着是提起民事诉讼还是寻求刑事保护的困境。由于对于侵害商业秘密行为举证难或原告举证的局限，商业秘密持有人往往优先选择刑事途径来替代民事纠纷的解决[209]。目前通行的做法是，商业秘密持有人先刑后民，民事救济失败转求刑事保护。而在商业秘密的刑事司法中却存在创新冲动与畏难情绪等问题[210]。事实表明，这种先刑后民的维权方式存在明显弊端。例如，江苏高级人民法院二审审结汪某某侵害商业秘密罪案，二审刑事判决认为，原审判决认定汪某某构成侵害商业秘密罪证据不足，对其定罪不当，故撤销原判，改判汪某某无罪[211]。之所以出现这种尴尬局面，主要原因在于[212]，一是侵害商业秘密罪在立法和司法上过于依赖民事规则[213]，致使刑事认定陷入茫然；二是行政犯在商业秘密犯罪构成和违法性评价上依赖行政立法和行政执法，在行政和刑事程序衔接过程中存在案件移送率低和以罚代刑等程序性冲突问题。因此，如何完善有关商业秘密的现行行政、民事，特别是刑事保护立法和程序规则，依法理顺行民刑司法程序，使受到侵害的商业秘密持有人获得充分的民事救济的同时，又能有效地惩罚侵害商业秘密的犯罪行为，是商业秘密保护立法中必须解决的难点之一。

（十）专家辅助人与技术调查官制度

技术秘密案件审理中如何有效运用专家辅助人与技术调查官制度？商业秘密中技术秘密案件的审判，通常具有很强的技术背景，此类案件事实认定的难度较大，

---

[209] 宋健．商业秘密民刑司法保护若干问题探讨，《商业秘密保护立法研讨会》，华中科技大学，2018 年 8 月 18 日。

[210] 顾韬．商业秘密刑事司法相关问题探讨，《反不正当竞争法修订与商业秘密立法研讨会》，华中科技大学，2017 年 6 月 17 日。

[211] 一审：江苏省盐城市中级人民法院（2014）盐知刑初字第 00011 号刑事判决书；二审：江苏省高级人民法院（2015）苏知刑终字第 00012 号刑事判决书。摘自宋健，商业秘密民刑司法保护若干问题探讨，《商业秘密保护立法研讨会》，华中科技大学法学院，2018 年 8 月 18 日。

[212] 熊理思．知识产权刑事保护与其他法律保护之间的关系协调，华东政法大学博士论文，2016 年 5 月 11 日。

[213] 我国《刑法》第 219 条：“有下列侵犯商业秘密行为之一，给商业秘密的权利人造成重大损失的，处三年以下有期徒刑或者拘役，并处或者单处罚金；造成特别严重后果的，处三年以上七年以下有期徒刑，并处罚金：（一）以盗窃、利诱、胁迫或者其他不正当手段获取权利人的商业秘密的；（二）披露、使用或者允许他人使用以前项手段获取的权利人的商业秘密的；（三）违反约定或者违反权利人有关保守商业秘密的要求，披露、使用或者允许他人使用其所掌握的商业秘密的。明知或者应知前款所列行为，获取、使用或者披露他人的商业秘密的，以侵犯商业秘密论。本条所称商业秘密，是指不为公众所知悉，能为权利人带来经济利益，具有实用性并经权利人采取保密措施的技术信息和经营信息。本条所称权利人，是指商业秘密的所有人和经商业秘密所有人许可的商业秘密使用人。”上条关于侵犯商业秘密行为构成要件基本上照搬旧反法第 10 条，只是附加“给商业秘密的权利人造成重大损失的”的模糊性前提。

对专业技术的依赖性较高，因而在审判中大多有专家辅助人参与，以保证案件公正的审判。关于专家辅助人制度，我国三大诉讼法及司法解释均作了明确规定[214]，但在技术秘密案件中如何具体适用，尚需在未来商业秘密单行立法中予以考虑。

简单分析三大诉讼法相关规范，可以看出[215]：在制度功能方面，三大诉讼法均明确专家辅助人的职能集中于就鉴定人作出的鉴定意见提出意见或就专业性、专门性问题提出意见等两个方面；在法律地位方面，刑事和行政诉讼法相关规定均未明确专家意见的性质，民事诉讼法司法解释明确了其应视为当事人陈述。实践中普遍认为，该规定隐含了专家辅助人应视为当事人的立法观点。

在审理技术秘密案件中，组织司法鉴定是解决技术问题的主要手段，但并非唯一手段。一是技术鉴定不能完全解决诉讼中面临的所有技术问题，如对技术使用情况的证据保全是难以启动技术鉴定的。二是技术鉴定周期普遍较长，若遇有技术难题即送交鉴定，势必导致审判周期过长，影响审判效率。实践中有些技术科技含量不高，通过一般技术咨询即可解决。三是审判实践中还存在一些并不适于进行技术鉴定的情况，如某些技术鉴定耗资巨大，成本过高；所涉问题属于边缘学科和冷门技术领域，很难形成符合法定人数的专家鉴定组等[216]。因此，在技术秘密案件中，对技术事实的认定，除组织必要的技术鉴定外，也要注意发挥技术专家辅助人制度的作用。由于专家辅助人是代表当事人对鉴定意见进行质证，或者对案件事实所涉及的专业问题提出意见，基于专家辅助人与当事人之间存在聘用关系，其很难保持中立性，在就诉讼中有关技术秘密问题表态时不免存在一定的倾向性。

2014 年 8 月 31 日，全国人大常委会作出在北上广设立知识产权法院的决定。与此同时，最高人民法院出台《关于知识产权法院技术调查官参与诉讼活动若干问题的暂行规定》，推进在知识产权案件审理中设立技术调查官制度的探索。可以认为，引入技术调查官可以降低专家辅助人对技术事实认定上的倾向性风险，增强其中立性。技术调查官由法院指派参与庭审，决定了其通常情况下尽可能保持中立立场，其对技术事实的表态更接近客观事实。

上海知识产权法院最近的调查数据显示[217]，技术调查官参与审理的案件所需天数

---

[214] 我国《民事诉讼法》第 79 条："当事人可以申请人民法院通知有专门知识的人出庭，就鉴定人作出的鉴定意见或者专业问题提出意见。"《最高人民法院关于适用〈中华人民共和国民事诉讼法〉的解释》第 122 条："当事人可以依照民事诉讼法第七十九条的规定，在举证期限届满前申请一至二名具有专门知识的人出庭，具有专门知识的人在法庭上就专业问题提出的意见，视为当事人的陈述。人民法院准许当事人申请的，相关费用由提出申请的当事人负担。"第 123 条："人民法院可以对出庭的具有专门知识的人进行询问。经法庭准许，当事人可以对出庭的具有专门知识的人进行询问，当事人各自申请的具有专门知识的人可以就案件中的有关问题进行对质。具有专门知识的人不得参与专业问题之外的法庭审理活动。"《刑事诉讼法》第 192 条第 2 款、《最高人民法院关于民事诉讼证据的若干规定》第 61 条、《最高人民法院关于审理环境民事公益诉讼案件适用法律若干问题的解释》第 15 条、《最高人民法院关于行政诉讼证据若干问题的规定》第 48 条。

[215] 李盛荣，张璇. 专家辅助人立场定位中的紧张关系及其消解——以知识产权审判为视角，全国法院第 28 届学术讨论会获奖论文集，2017 年 5 月 15 日。

[216] 同前注 210。

[217] 郝洪. 法院来了技术调查官，《人民日报》，2018 年 5 月 18 日。

平均为117天，而由鉴定机构参与案件审理所需天数平均为178天。技术调查官参与案件审理后，案件审理天数平均缩短61天。到目前为止，还没有一起案件因技术调查官提供的技术审查意见原因而被上级法院改判或者发回重审。如果技术调查官遵循“有限参与”原则，扮演法官的“技术助手”，仅限于参与技术事实的认定[218]，那么，在技术秘密案件审理中，技术调查官将和专家辅助人对技术事实的认定起到互补作用，法官在此基础上再根据技术鉴定、技术调查、技术咨询等技术事实查明方式，将会比较顺利破解技术秘密案件中的技术难题。

（十一）其他

除上述十点疑难之处外，笔者认为，还有以下若干问题亟待在立法前探讨。

第一，侵害商业秘密的损害赔偿问题如何解决？以广东为例[219]，20起胜诉的商业秘密民事案件的判赔金额普遍不高，10万元以下占60%，这些案件以侵害公司经营秘密案件为主；判赔金额30万元以上的占比为25%，其中以侵害公司技术秘密案件为主。损害赔偿偏低与旧反法未设置惩罚性赔偿制度[220]是否有一定关系，新反法第17条第4款新创的法定损害赔偿规定是否可以视为惩罚性赔偿对侵害者起到震慑作用，我们将拭目以待。此外，民事损害赔偿数额如何依法计算？新反法第17条第2款完善了旧反法第20条第1款关于损害赔偿计算的规定，在司法审判中怎样准确实施？是否能真正消除赔偿标准不一、个别判决同案不同判，从而在社会上引起司法不公正的质疑？

第二，举证责任可否转移或者推定？我国的商业秘密侵权案件属于一般民事侵权案件，原被告诉讼过程中的举证责任分配适用《民事诉讼法》中“谁主张，谁举证”的原则。但是，商业秘密因为保密性要求，相应的侵害行为也大多秘密地进行，侵害手段极具隐蔽性，故商业秘密案件中举证或调查取证往往十分困难，且取证工作一般公开进行，侵权行为人很可能会设法转移或销毁证据。故建议案件审理中将举证责任在原被告双方之间根据实际情况转移，促使双方积极举证。在诉讼过程中，应当考虑当事人离证据的远近、获得证据的难易程度以及当事人举证能力的大小等确定举证责任。按照“接触+实质相同—合法来源”的侵害商业秘密认定方式，原告只要能够证明被告存在接触原告信息的前提，且原被告双方信息相同或者实质相同，即可推定被告信息来源于原告，存在侵害行为；除非被告能够证明自己的信息另有合法来源，就原告不存在商业秘密，或就其使用的技术信息或经营信息等未侵犯原告的商业秘密提供反证[221]。因此，商业秘密单行立法中可借鉴知识产权专门立法的“举证责任转移规则”，明确原被告双方举证责任的分配，规定商业秘密持有人能

---

[218] 郑志柱，林奕濠．论技术调查官在知识产权诉讼中的角色定位，《知识产权》2018年第8期。

[219] 同前注94。

[220] 《美国统一商业秘密法》第三章和新修订的《韩国反不正当竞争与商业秘密保护法》规定了惩罚性赔偿，EU－TSD未规定。

[221] 东莞市第一人民法院关于商业秘密案件调研报告，反不正当竞争法修订与商业秘密立法研讨会，华中科技大学，2017年6月17日。

够证明被告使用的信息与其商业秘密实质相同以及其有获取其商业秘密条件的，被告则应当对其使用的信息具有合法来源承担举证责任，据此法院可以推定无法举证的侵害人是非法取得持有人的商业秘密。

第三，新反法仅有被侵害人得以实施损害赔偿请求权的规定，而缺失必要的排除防止侵害请求权，如前所述，而新反法第 21 条“监督管理部门责令停止违法行为”系行政禁令性救济措施，而民事救济中禁令制度才是真正能够保障被侵害人商业秘密合法权益的有力工具。2016 年反法修订送审稿第 17 条曾规定“经营者违反本法规定，损害他人合法权益的，应当停止侵害”，并将其前置于损害赔偿请求权之前，凸显其防止商业秘密侵害损失扩大的风险之重要意义。可惜，新反法又将该项规定删除。欧美商业秘密法律保护修法趋势均体现出强化民事保护程序的意旨，都在损害赔偿法则之外另规定有停止使用或泄露商业秘密的禁止性规则。可见，禁令制度对于因商业秘密泄露而遭受损失或者因存在泄露危险而可能遭受损失的人而言是至关重要的救济措施，在商业秘密保护立法中不可或缺。

第四，如何处理竞业禁止与商业秘密保护的关系，很大程度上涉及员工或前员工的基本人权、劳动就业权与商业秘密持有人合法权益的冲突与协调，未来立法无法绕过。

第五，能否处罚窃取商业秘密的未遂行为？新修订的《日本不正当竞争防止法》除对既遂的窃取商业秘密行为实施处罚外，还处罚仅试图窃取而未成功的行为[222]。事实上，商业秘密一旦泄露，就会广泛迅速地传播，同样会给持有人带来重大损失。因此，处罚试图窃取商业秘密而未遂的行为是预防窃取、保护商业秘密的有效措施。我国商业秘密立法若采取严格保护立场，似可借鉴这一做法。

第六，有关商业秘密单独立法的其他重点难点问题，作者曾专文予以列举[223]，本文不再赘述。

六、制定商业秘密保护专门立法的必要性和可行性

首先，如上所述，我国现行立法对商业秘密的保护散见于各种不同的法律中，相互间缺乏必要的协调，难以形成统一有效的保护合力，不利于法律的正确理解和贯彻实施。其次，现行法律规定比较简单、原则，没有形成系统化、可操作性强的法律规范体系，导致在司法审判中商业秘密案件取证难、认定难、保护难，影响了对相关权利人合法权益的保护。最后，国内大多数企业商业秘密的意识淡薄，侵害纠纷频发，特别在“走出去，引进来”的国际知识产权贸易或国际技术投资中经常落入侵害商业秘密的陷阱。而作为社会服务部门的政府相关行政机关对现行法律规定缺乏必要的政策性引导和实施指南，使许多企业对其从事的或拟从事的与商业秘密相关的行为无法作出合理的预期和研判。

从全球视野来看，我国既是侵害商业秘密多发地，也是国际侵害商业秘密纠纷

---

[222] 同前注 96。

[223] 郑友德，高薇．商业秘密立法保护重点难点 40 问，商业秘密保护立法研讨会，深圳峰创智诚科技公司，2016 年 6 月 19 日。

的核心地带。后者甚至成为引发中美贸易战的导火索之一。

笔者认为，基于以下六点，有必要对保护商业秘密进行专门立法：

第一，是维护商业秘密持有人合法权益的需要[224]。

商业秘密可以为其持有人带来显在与潜在的经济利益和竞争优势。商业秘密凝聚着企业智力、人力和财力资源的大量投入，谁拥有商业秘密，谁就会在激烈的市场竞争中处于优势地位。在市场竞争中，有的经营者为了获得市场竞争优势，往往不择手段，侵害他人的商业秘密，从而给商业秘密持有人造成不同程度的经济损失。为了有效预防和制止这类侵害行为，必须通过制定专门的商业秘密立法和严格的司法加强商业秘密的保护。这样不仅可以通过民事赔偿的方式有效弥补持有人的经济损失，而且可以通过禁止令、扣押、罚款等行政手段及时预防和制止侵害行为的发生，甚至可以通过刑事手段制裁恶意侵害行为，从而最大限度地维护商业秘密持有人的合法权益，激励其持续创新的活力。

第二，是保障社会主义市场竞争秩序的需要。

制定专门的商业秘密保护法有利于营造公平有序的市场环境，使企业在公平自由的市场环境下参与竞争。在更有效地对商业秘密进行保护的同时，对侵害商业秘密的行为进行严厉打击，将促使企业更加专注于研究专有技术，优化管理手段，改善经营方法，以此来增强企业市场竞争活力，强化我国的综合国力。同时有利于消除贸易障碍，优化外商投资环境，培育友好互利的国际贸易关系。

第三，是全面提升企业商业秘密创造、运用、保护和管理水平的内在需求。

企业要想获得市场竞争优势，就必须通过技术创新和经营创新，自主创造专有技术和经营秘密，扩大产品和服务的无形产权专有资源的配置，以此改进生产和经营方法，优化管理策略，但这必须以严格的法律保护为前提，只有将这些技术信息和经营信息纳入商业秘密法律的保护范围，才能提高企业对商业秘密重要性的认识，增强企业商业秘密创造、运用、保护和管理水平。据广东智诚知识产权研究院 2018 年 7 月的报告[225]，该院调研了深圳市南山区 144 家上市企业后发现，超过半数的企业支持制定专门的商业秘密保护法和企业商业秘密管理指南。从一个侧面印证了制定专门的商业秘密保护法对企业的重要意义。

第四，是顺应国际化潮流，加强保护国内外商业秘密的需要。

我国侵害商业秘密纠纷频发的原因众多，但立法不健全，司法保护不力是主要根源。前已述及，为了严厉打击国内外侵害商业秘密行为，保护商业秘密持有人的合法权益，作为世界两大经济体的美国和欧盟于 2016 年分别完善和制定了统一的商业秘密法。欧盟成员国在 EU－TSD 颁布之前，只有瑞典制定了独立的商业秘密法，但在 EU－TSD 实施前后，除瑞典依据 EU－TSD 的最低要求重新修订本国商业秘密法外，至少还有英国、法国、荷兰、丹麦、比利时以及德国等六国，一改长期以来用

[224] 同前注 191。

[225] TAIP. 144 家上市公司告诉你，“深圳牛企”是如何进行商业秘密保护的！“峰创智诚”微信公众号，最后访问日期：2018 年 8 月 1 日。

普通法、反不正当竞争法和民法等非专门法保护商业秘密的法律传统，以或将以专门法的形式实施 EU－TSD。甚至连作为发展中国家的印度尼西亚、泰国和乌干达，也分别于2000年制定了独立的商业秘密法[226]。可见，制定专门法保护商业秘密已成为强化商业秘密法律保护国际化的主要潮流。我国作为世界第二大经济体和新兴经济国家的领头羊，有必要融入商业秘密保护国际化的潮流中，遵循保护商业秘密的国际惯例，尽快制定商业秘密专门立法，为有效保护商业秘密作出应有的贡献。

第五，是进一步扩大对外开放，优化外商投资环境的需要。

从世界范围来看，包括商业秘密在内的知识产权保护已逐渐演变成各国在政治、法律、经济与贸易博弈中的重要内容之一，也是国际技术贸易投资的核心环节，围绕商业秘密保护展开的国际多边、双边的谈判，推动了各国对商业秘密的重视和保护。除早先的《巴黎公约》外，TRIPS 协议以及近年来的 TTP 和 TTIP 均涉及保护商业秘密的条款，说明世界上越来越多的国家重视商业秘密的保护。特别是 WTO 成员方就与国际贸易有关的知识产权保护问题达成 TRIPS 协议，进而统一了商业秘密保护的国际基准，大大提高了商业秘密保护的国际水平。与相关知识产权保护国际条约比较，该协议首次规定各成员国须通过立法履行保护商业秘密的义务。1993 年我国制定的《反不正当竞争法》第 10 条正是履行这一义务的体现。然而，如前所述，我国现行的商业秘密保护立法和司法水平与改革开放的现实需求还存在不小差距，外商投资环境屡受诟病。我们只有遵循 TRIPS 协议的要求，加强商业秘密的立法和司法保护，才能消除贸易障碍，优化外商投资环境，促进对外交流与合作，最大限度保护国内商业秘密持有人的利益。

第六，是反制国外经济间谍的需要。

拨开美欧等西方国家恶意指责中国窃取商业秘密的团团迷雾，殊不知，境外经济间谍早已云集中国。2009 年，澳大利亚力拓集团员工因涉嫌窃取中国国家机密[227]，在中国钢铁行业以及在华跨国公司当中引发“地震”。近年来，美国和日本间谍利用各种身份，窃取中国高科技军工企业技术秘密的案件时有曝光[228]。2016 年，韩国 Mujin 电子窃取了国内盛美半导体设备（上海）有限公司的商业秘密[229]，严重损害了中国半导体行业的利益。近期我国不少重大的自主创新知识产权成果也成为外国的窥探对象。比如，在“一带一路”背景下，我国高铁技术输出逐渐成为趋势。一些发

---

[226] Law of The Republic of Indonesia Number 30 Year 2000 Regarding Trade Secret. http://www.wipo.int/wipolex/en/text.jsp? file_id = 226914; Thailand, Trade Secrets Act B. E. 2545 (2002). http://www.wipo.int/wipolex/en/text.jsp? file_id = 129785; Trade Secrets Protection Act, The Trade Secrets Protection Act, 2009. http://www.wipo.int/edocs/lexdocs/laws/en/ug/ug009en.pdf, [cited 2018 May. 6].

[227] 澳大利亚力拓集团 4 员工因涉嫌窃取中国国家机密被拘捕，新华网，http://news.163.com/09/0709/14/5DPM3P38000120GR.html，最后访问日期：2018 年 8 月 5 日。

[228] 百家号. 日美间谍如此猖獗. 反制其发展还需全民行动，军情速递站，https://baijiahao.baidu.com/s?id = 1568743472524835&wfr = spider&for = pc，最后访问日期：2018 年 5 月 3 日。

[229] Mujin 公司窃取盛美半导体设备（上海）有限公司商业秘密，https://www.douban.com/note/601172537/，最后访问日期：2018 年 4 月 3 日。

展中国家，采取技术窥探与盗取的方式，抄袭中国高铁技术的方式[230]，发展自己的高铁产业，并有可能与中国高铁企业竞争国际市场，以更为廉价的成本推销自己的技术，给我国高铁企业造成巨大损失。经济间谍活动使境外企业获得了不公平的竞争优势，不但损害了中国企业的经济利益，还扰乱了我国市场竞争秩序，对我国维护经济安全和国防安全带来极大隐患。因此，为适应国际政治、经济和市场竞争制度的发展，制定独立的商业秘密保护法，运用域外适用条款和海关监管措施，将为防范和制裁境内外经济间谍提供有力的反制措施，也是反制美欧经济制裁的需要。

首先，改革开放以来，我国在建立商业秘密保护法律制度方面已做了大量工作，先后制定了一系列涉及商业秘密保护的法律法规，对于推动我国的商业秘密保护工作起到了重要作用。虽然现有的法律规定零散、欠系统化、个别条款自相矛盾，但是依然为制定专门的商业秘密法打下了基础。一方面，这些法规较为合理的地方，可以为商业秘密保护法所借鉴吸纳；另一方面，这些法规的不足，甚至不合理之处，可以在制定专门商业秘密保护法时予以规避。而制定一部统一高效的商业秘密法，可以全面发挥法的预防、指引、惩罚等多元功能，增大法的适用性，减小不同部门、不同层级、不同部门法之间的冲突。

其次，我国在商业秘密司法保护方面积累了比较丰富的实践经验。近年来，商业秘密的数量增多，侵害商业秘密的行为随之增加，侵害商业秘密的案件也逐年增加。这些大量的侵害商业秘密的案件丰富了行政机关、法院对于商业秘密保护的实践经验。根据最高人民法院印发的《中国法院知识产权司法保护状况》白皮书可知，几乎每年都有涉及商业秘密的具有较大社会影响的案件。其中包括 2009 年江汉石油“牙轮钻头”商业秘密案[231]、2010 年力拓商业间谍案[232]、2010 年天府诉百事侵犯技术秘密纠纷案[233]、2013 年圣莱科特国际集团等与华奇化工有限公司等侵害商业秘密纠纷案[234]、2014 年麦格昆磁（天津）有限公司与苏州瑞泰新金属有限公司等侵害技术秘密纠纷上诉案[235]。对于这些案件的审理，可以不断总结审判实践经验，发现现有法律的不足，从而为制定专门商业秘密法的相关条款提供基本依据。

再次，20 世纪 90 年代初，商业秘密保护法曾列入中国专项立法规划，但迄今 20 多年未见进展。1996 年以前，全国人大多名代表曾多次向全国人民代表大会联名

---

[230] 专家：有的国家抄袭中国高铁给中企造成巨大损失，检察日报，https：//www. guancha. cn/economy/2017_08_16_423097. shtml，最后访问日期：2018 年 8 月 4 日。

[231] 江汉石油“牙轮钻头”商业秘密案，新华网，http：//news. 163. com/10/0422/20/64TCDH47000146BC. html，最后访问日期：2018 年 6 月 7 日。

[232] 同前注 227。

[233] 天府诉百事侵犯技术秘密纠纷案：拿回浓缩液配方，重庆晚报，http：//www. chinanews. com/cj/2010/12 - 31/2758949. shtml，最后访问日期：2018 年 5 月 6 日。

[234] 圣莱科特商业秘密侵权纠纷案，中国法院网，https：//www. chinacourt. org/article/detail/2014/04/id/1281648. shtml，最后访问日期：2018 年 5 月 6 日。

[235] 麦格昆磁（天津）有限公司诉夏某、苏州瑞泰新金属有限公司侵害技术秘密纠纷上诉案，江苏省高级人民法院（2013）苏知民终字第 159 号民事判决书，中国法院网，https：//www. chinacourt. org/article/detail/2015/04/id/1598565. shtml，最后访问日期：2018 年 8 月 4 日。

提出尽快制定商业秘密立法的提案。1996 年，原国家经贸委在广泛调研论证的基础上曾拟订出商业秘密法草案，并报送国务院。尽管该草案夭折，但是它对重新制定商业秘密保护法仍然有一定的参考价值。

从次，商业秘密法介于反法与知识产权法之间，还与劳动法联系紧密。其在实施方面与反法也存在一些区别。我国现行的商业秘密保护主要法源来自反法。假若不单独制定商业秘密保护法，留待再次修改反法时在现行法第 9 条的基础上扩充成独立一章，再在民事乃至刑事救济和法律责任规定中增设相关条款，那将使未来的反法严重失衡[236]，让反法变得不伦不类。因而有必要制定一部独立的商业秘密保护法。

最后，EU－TSD 的颁布与 DTSA 的通过，以及欧盟部分成员国商业秘密单行法的颁行，亦为我国制定商业秘密保护法提供了一定的立法借鉴。其中 EU－TSD 关于扩大持有人范围、对侵害商业秘密行为采取列举加兜底的定义、间接侵权的认定、设立保护令和临时禁令和扣押令、对禁令的具体内容的规定、赔偿数额的确定以及商业秘密与其他权利的平衡等方面的规定均各具特色且不乏亮点。DTSA 关于单方扣押令、赔偿数额的确定以及惩罚性赔偿、告密者保护条款、“长臂管辖” 等条款也有参考价值。

综上表明，我国现在已经具备了制定单行商业秘密法的基本条件。

结语与展望

在经济全球化背景下，国际贸易活动日趋频繁，由于我国经济实力与创新能力日益增强，与我国贸易往来密切的欧美等发达国家的经济发展形成激烈竞争，欧美等发达国家针对中国的崛起，采取各种遏制措施。在这种严峻的国际形势下，我们应该深刻认识保护商业秘密对于保障我国经济安全的战略意义，不失时机地制定商业秘密保护专门立法，以顺应国际市场公平竞争的基本需求。

2018 年 4 月 10 日，习近平总书记在博鳌亚洲论坛演讲强调，我们鼓励中外企业开展正常技术交流合作，保护在华外企业合法知识产权。同时，我们希望外国政府加强对中国知识产权的保护。加强知识产权保护，是完善知识产权保护制度最重要的内容，也是提高中国经济竞争力最大的激励。对此，外资企业有保护要求，中国企业更加有迫切的保护意愿。因此，尽快制定专门的商业秘密法，建议全国人大适时制定“中华人民共和国商业秘密法”，加强对商业秘密的保护，推动我国实施创新驱动发展战略、参与国际竞争，提高企业的创新能力和我国的综合国力。加强商业秘密的保护，这不是屈从于美国的施压，而是中国经济发展的内在需求，更是激发中国企业参与全球竞争的内生动力。

因此，笔者建议：首先，监督检查《国家知识产权战略纲要》中有关商业秘密战略的实施情况，全面提高商业秘密战略在企业的实施水平。其次，由国家市场监督管理总局组织领导，尽快成立由有关行政部门、专家组成的《中华人民共和国商

[236] 同前注 163。

业秘密法》起草小组，制定商业秘密保护法草案，并将商业秘密保护法尽快纳入全国人大立法计划。同时建议尽快修订《中华人民共和国对外贸易法》，在该法中增设类似美国法中的“337（调查）条款”，以便及时应对美欧等国家借口知识产权争端挑起的贸易战，依法对侵犯我国知识产权和商业秘密的外国厂商采取有力的措施予以反制。

欧盟及中国商业秘密保护制度的最新发展与比较研究*

瑞托·赫尔提（Reto M. Hilty）

【内容摘要】全球范围内越来越重视商业秘密保护在促进创新、保障相关群体权益过程中的作用。通过对2016年《欧盟商业秘密指令》与中国商业秘密保护相关制度最新发展的趋势比较可知，商业秘密的法律属性区别于传统的知识产权保护制度；在完善商业秘密制度的过程中，应当通过具体的制度设计，完成多元主体在制度表达层面的利益平衡；救济体系的完善应当是中国和欧盟各成员国下阶段立法的重点；基于商业秘密保护的特殊性以及中国法保护商业秘密的现状，中国立法者可以考虑在统合已有的制度框架之基础上，制定统一的商业秘密单行法。

【关键词】欧盟法　商业秘密　反不正当竞争法　救济体系　劳动者保护　反向工程

一、欧盟法及其法律框架

2016年欧盟通过了专门性的《欧盟商业秘密指令》，① 本文将探讨关于《欧盟商业秘密指令》（欧盟指令）的若干问题，并结合中国法相关领域内最新的立法动向进行比较研究，进而提出相应的完善策略。

在进入对具体的制度进行比较之前，有必要对《欧盟商业秘密指令》诞生的背景以及欧盟整体的法律框架进行介绍。尽管TRIPS协议第39条对商业秘密保护做了基本规定，但对于欧盟及欧盟成员国而言，在执行商业秘密保护的过程中所遇到的问题集中在两个方面：第一，欧盟虽以整体身份加入了WTO，但各成员国转化TRIPS协议第39条的程度和水平却参差不齐。第二，欧盟最重要运行基础和政策目

* 本文系作者受郑友德教授之邀请，为华中科技大学中国知识产权司法保护理论研究基地与腾讯研究院主办的，2017年“反不正当竞争法修订与商业秘密立法研讨会”所作。孔祥俊教授、林秀琴教授、黄勇教授、范长军博士、崔国斌教授、刘晓海教授、张玉瑞研究员、谢晓饶教授的发言和点评，对文章的完善提供思路和意见，在此一并谢过。感谢李陶博士对相关中国法材料的整理和对文稿的翻译、感谢郑友德教授对文稿的审校。本文系“面向自主创新能力建设的国家知识产权政策体系研究”（项目编号12AZD031）之阶段性研究成果。

作者：瑞托·赫尔提（Reto M. Hilty），德国马克斯普朗克创新与竞争研究所所长，慕尼黑大学法律系、苏黎世大学法律系双聘教授。译者：李陶，中央财经大学法学院副教授，德国法学博士。

① 2016年6月8日《欧洲议会和欧盟理事会关于保护未披露的技术决窍和商业信息（商业秘密）防止非法获取、使用和披露的第2016/943号（欧盟）指令，即商业秘密指令》。

标是创造统一的内部市场，而内部市场之形成，有赖于基本的法律框架之统一。就欧盟商业秘密保护的现实及各成员国立法的情况来看，欧盟当时的制度框架缺少对商业秘密保护的统一规则。成员国不同的保护策略和参差不齐的保护水平，难以为欧盟内部市场的参与者提供安全的投资环境，进而促进创新经济的发展。② 因此，从提高转化 TRIPS 协议的水平以及完善欧盟内部市场这两个层面看，制定统一的商业秘密指令势在必行。

为了能够理解《欧盟商业秘密指令》实际的作用和意义，还需就欧盟法的框架体系做简要说明。首先，立法行为的正当性论证是立法权行使的前提，何为欧盟法立法的正当性？直观地说是建立统一的欧盟内部市场。建立统一的内部市场是欧盟法立法的正当性基础，也正是《欧盟商业秘密指令》意图实现的目标。而欧盟内部市场之总体建设，需要以促进和保障四项基本自由作为具体的价值指引，即劳动力流动自由、资本流动自由、货物通关自由、劳动服务流动自由。除四项基本自由以外，若欧盟还想实现其他目标，从理论上来讲则缺乏正当性。

此外，在欧盟法的概念之下，有必要对两种重要的法律渊源进行区分，即“条例”和“指令”。欧盟法中“条例”可被欧盟成员国直接适用，其标准指示性明确，司法效果强，适用效力统一。另一个比较常用的立法形式是“指令”。与“条例”有所区别，“指令”不能在成员国的司法过程中被直接援引，对其之适用，须经过成员国国内法的转化。③ 故而，其对欧盟立法者立法目标之实现，也因为各个国家转化程度和手段的不同，产生不同的效果。从某种意义上来讲，指令往往只能规定抽象性的立法目标和价值取舍，具体怎样转化，通过何种立法形式转化，成员国均有自由的空间。

最后，以欧盟立法者要求成员国转化欧盟指令的程度为标准，“指令”又被分成“全面协调型”（vollharmonisierung）和“部分协调型”（teilharmonisierung）。在全面协调型指令转化的过程中，成员国对指令内容的转化存在较少的空间，不能制定高于或者低于指令内容的保护标准；而对于部分协调型指令之转化，成员国则存在一定的自主空间，在指令要求的最低保护标准之上，成员国可以选择进行额外的制度供给，以提供更高水平的保护。但是，从表达形式和指令的内在缺陷上看，即便是完全协调型指令，其能够做的，也只是在欧盟领域内针对某一具体的内容，体现欧盟立法者对于该问题价值取舍。由此可见，指令无论从形式上还是从内容上，都跟中国的立法有很大的不同。形式上它不是纯粹能够直接可供适用的立法形式，因为它是指令而不是条例。从内容上，其体现的多是价值的取舍、价值目标的表达，而

---

② 在立法的论证阶段，欧盟委员会委托两个机构对当时欧盟境内商业秘密保护的实践情况、保护需求以及各个成员国的制度框架做了两份评估。两份评估不但显示了欧盟市场内经营者对商业秘密保护的依赖，而且也指出了因缺乏统一的商业秘密保护造成的诸多问题。参见 Hogan Lovells International LLP：Report on Trade Secrets for the European Commission，09. 2011；Baker McKenzie：Study on Trade Secrets and Confidential Business Information in the Internal Market，04. 2013。

③ 立法表述层面，指令常使用如下词汇：成员国须要确保……；成员国须制定……。

不像中国立法一样，可以直接通过制度设计体现立法者所欲实现的价值目标。

二、《欧盟商业秘密指令》的基本立场及其评析

针对《欧盟商业秘密指令》本身之分析的第一步，是研究该指令在对待商业秘密保护过程中的立场，通过对欧盟在保护商业秘密过程中基本立场的解读，可以对欧盟立法者在立法方法和具体规制策略选择中的利弊进行分析，进而针对宏观的立法方法，进行比较法层面的研究。

根据《欧盟商业秘密指令》第 1 条第 1 款，成员国可以在保证本指令第 3 条、第 5 条等所规定之内容会被保障的情况下，制定高于本指令的规则。因此，《欧盟商业秘密指令》属于上文提及的"部分协调型指令"。如前所述，部分协调型指令虽能给成员国留下灵活的转化空间，但从立法技术上看，部分协调型指令对成员国的约束力也相对较弱。本部分将选取若干具体问题，分析该立法选择会造成怎样的弊端，这些弊端或许对中国完善相应的制度设计具有方法论上的启示。

（一）"排他性权利"抑或是"防御性权利"

根据《欧盟商业秘密指令》前言第 16 段，"从商业秘密属性上来讲，其不是一项像知识产权一样的排他性权利，而只是一种防御性权利"。欧盟立法者作出此立法设计之原因在于，商业秘密制度涉及多元利益群体之利益实现，当独立的、通过自己研发，或使用反向工程等方式获悉了他人的商业秘密时，其行为具有正当性。这样的权利形式类似于反不正当竞争法框架下的防御性权利，而不是知识产权框架下的排他性权利。

就广义的欧盟反不正当竞争法的制度设计来讲，由于立法权的局限，欧盟立法者对该领域的协调能力弱，对反不正当竞争法领域内问题的协调目前只有分散的专门性指令。《欧盟商业秘密指令》的颁布，可以看作是对欧盟层面反不正当竞争法协调领域的拓展和内容的推进。得出该结论的理由是，从既有的欧盟法对反不正当竞争法所调整内容和协调情况看，之前的各种专题性指令，尚未涉及救济体系（临时性诉前措施、程序性规则、执行措施）之构建，但《欧盟商业秘密指令》引入了详尽的执行及救济体系（指令的第三章）。执行、程序及罚则体系的引入反映出商业秘密保护本身之特殊性。在具体的救济措施的构建中，也体现了该特殊性对具体制度设计的要求。基于商业秘密保护牵涉利益群体的广泛性，个性化的执行、程序及罚则体系有利于全面保障并兼顾相关利益群体的利益诉求。申言之，《欧盟商业秘密指令》中独立的救济体系（执行措施、程序、损害赔偿），强调兼顾各个不同利益群体不同的利益要求，因此其并不像 2004 年的《欧盟知识产权执行指令》那样，④ 以保障知识产权权利人的利益作为主导性的制度设计指引。如果该指令将商业秘密的属性定义为排他权，对于商业秘密的保护就会像其他知识产权制度一样，直接适用 2004 年《欧盟知识产权执行指令》中有关程序、执行和赔偿的规则。由于 2004 年的《欧盟知识产权执行指令》着重关注的是知识产权权利人之单极利益，故立法者

④ 欧洲议会和欧盟理事会（EU）2004/48，2004 年 4 月 29 日，《欧盟知识产权执行指令》。

在商业秘密保护过程中所希望达到的平衡各方权利主体的立法目标不能实现，也正因为如此，立法者没有将其定义为排他性的权利。举个例子，在专利侵权过程中，可能被告并不是实际侵权行为人，但根据《欧盟知识产权执行指令》，其在侵权诉讼过程中需要承担较重的证明责任。但商业秘密指令没有采取这样的罚则体系和措施，所以就程序性保障而言，如果一个人被控侵犯商业秘密，他可以用商业秘密指令框架下的规定进行抗辩和应对。相应的证据规则、例外规则、程序性规则的设计不单纯地止步于保障商业秘密持有人单方的利益。

回到本章的起点，具体问题在何处？如前所述，《欧盟商业秘密指令》是部分协调型指令，所以成员国可以根据上文提到的指令第 1 条，选择更高水平的保护方式。而从目前的立法选择和司法实践来看，欧盟成员国对于商业秘密法律属性的认识并不统一。如意大利就将商业秘密看作是一种像知识产权一样的排他权。如果在指令的转化过程中，意大利鉴于其已有的司法传统和规则体系，或者是其他成员国为了提高保护标准，将商业秘密定义为如同知识产权一样的排他权，那么在执行、程序、罚则等层面，就可以直接适用2004 年《欧盟知识产权执行指令》,《欧盟商业秘密指令》意图实现多元利益群体利益均衡的法律价值安排也会因此大打折扣。

因此，通过上述分析可以确信，欧洲立法者所选择的路径具有立法论上的局限。尽管立法者理性地认识到，商业秘密的保护涉及不同群体的利益，并力图通过个性化的救济体系（执行、程序机罚则体系）平衡不同立法价值。但是，在立法的策略选择上，由于立法者选择了部分协调的立法方式，保留了成员国的实行高标准保护的选择权，故欧盟立法者利用单独立法的方式实现利益均衡的目标恐存在落空之危险。从比较法的层面看，对于立法权独立的国家，基于商业秘密保护的特殊性和牵扯利益的多元性，建议立法者以单行法来创造一个独立保护体系，其中应当既包括实体法又包括程序法，以此实现相关群体在具体制度构建过程中的利益均衡。若商业秘密和其他知识产权制度一样，分享一种概括性、统一性罚则和措施体系，则共享一种统一性罚则体系和救济措施无法兼顾商业秘密保护的特殊性（非排他性、涉及利益群体广泛）的要求。由于中国是立法权独立的国家，所以欧盟选择以“部分协调型指令”保护商业秘密所产生的弊端，不会在中国的立法选择中发生。

（二）“民事保护”抑或是“刑事保护”

虽然《欧盟商业秘密指令》只涉及民事保护规则，但由于本指令是部分协调型指令，所以成员国可根据各自的执法传统和立法目标给予民事保护以外的刑事保护。对此，欧洲和中国都面临同样的一个基础性问题，即对侵犯商业秘密的处罚，在民事保护之外，是否还有必要再提供刑事保护。笔者认为，商业秘密的持有人不会因为得到额外的刑事保护，而加强创新实践行为。而其他市场参与者却可能因为畏惧刑事制裁，而选择不通过反向工程或独立的研发对商业秘密进行破解，因为稍有不慎，这些独立的商业秘密研发行为可能会落入商业秘密的保护范围之内，带来繁重而昂贵的诉讼，进而增大企业运行中的风险。单就救济措施而言，如果民事保护以及相应的程序性救济措施足够完备，则完全可以为商业秘密持有人提供保障和促进创新的制度保障。从立法技术和策略上，欧盟立法者所选择的部分协调方式，在这个层面会给未来的司法实践带来很多不确定的因素。

此外，还需明确商业秘密制度和专利制度的不同，专利制度全面的保护体系是以权利信息的公开为条件。从两种制度对社会产生的外部性价值上看，专利制度公开和分享的信息，有利于提升创新的水平和效率。若对商业秘密持有人提供与专利制度一样的刑事保护，则在实践中或产生架空专利制度之虞。

（三）开放性概念的使用

另一个因部分协调而带来的不确定因素体现在大量开放性概念的使用。在《欧盟商业秘密指令》第 3 条（合法获取、使用以及披露商业秘密）第 1 款和第 4 条（非法获取、使用以及披露商业秘密）第 2 款的表述过程中，都运用了“符合（不符合）诚信商业实践（seriöse Geschäftspraxis，honest commercial practies）”这一个概念。如何解释此类概念是欧洲和中国学界一直以来共同关心的问题。此处对该开放性概念的使用，是对 TRIPS 协议第 39 条的贯彻与延续。这种开放性概念的优点在于，司法和执法机构可以根据具体的社会和技术发展，与时俱进地对成文法进行动态解释，进而完成对广义上的“法”的续造。对于司法权统一的中国来说，此种开放性概念有利于法院和执法机构对概念进行灵活的解释，发展法的内涵。

但对于司法权分散的欧盟而言，此类概念的使用则会增大指令转化和适用过程中的不确定性。这种不确定性的产生由如下几个原因引起：第一，成员国在转化欧盟法中开放性概念的过程中，都会根据本国的制度传统和法律的语词体系对于该类开放性概念进行自我诠释，概念体系和法律的实践的传统不同，对概念的诠释也就自然各异。第二，在对欧盟法中的法律概念进行适用的过程中，欧盟法院（EuGH，CJEU）只有解释建议权，而没有司法裁判权。就这点而言，许多中国学者对欧盟法院的功能存在误读。申言之，在成员国将欧盟指令进行国内法的转化之后，在法律适用的过程中，往往针对这些开放性的概念存在解释上的不同理解。此时，成员国的法院就会将解释个别词汇的疑问呈报至欧盟法院，请求欧盟法院进行释疑。欧盟法院的职责是回答成员国法院的问题，而不是作出具有效力的裁判。裁判行为还需要成员国法院在得到欧盟法院的相关解释后，依据自己本国的制度传统和各自的理解作出。

三、《欧盟商业秘密指令》的主要内容以及与中国法的比较

在宏观分析完《欧盟商业秘密指令》立法的立场、方法以及该立法策略选择的利弊得失后，下面将针对本指令中具体的六项基本制度安排逐一进行评介，同时笔者将尽可能结合中国法的相关制度进行比较研究。比较的对象主要是中国 1993 年《反不正当竞争法》以及 2017 年 2 月 26 日公布的《反不正当竞争法（修改草案送审稿）》（2017 年草案），其中也涉及中国 2017 年《民法总则》以及《刑法》等其他

相关条文。[⑤] 对于比较的内容和方法还需要进行两点说明：第一，本文选取的比较视角是“欧盟及中国商业秘密保护最新的立法动向”，因此比较主要针对两个法域内最新的制度和制度设计动向展开。第二，进行比较研究的困难之一是比较对象在概念体系和语词体系层面存在差异。若其中出现概念理解上的偏差，也诚恳地希望在后续的讨论中得到中国学界的纠正。

（一）商业秘密的概念及对商业秘密的证明

《欧盟商业秘密指令》第2条第1项对何为商业秘密进行了定义。[⑥] 该定义的渊源来自TRIPS协议第39条之二。TRIPS协议第39条的定义方式对WTO成员方具有约束效果，但这不意味着所有成员方须一字一句誊抄TRIPS协议之内容。成员方可以根据自己的情况对TRIPS协议中的概念进行加工和理解。对于商业秘密的概念而言，最重要的保护前提是，商业秘密持有人须“采取相应的保护措施”，对有商业价值的信息进行了保护。但如果将TRIPS协议规定的内容机械地理解为，商业秘密持有人需要全面证明其采取了相应的保密措施，或其和相关人员就保密性达成了具体的保密协议，这未免对于商业秘密所有人的举证责任要求过于苛责。特别是当一项商业秘密涉及人员非常多的情况下，要求持有人就“与每一个涉密人员都签署了保密协议”这样的举证责任难度大。对此，不同法域出于保护商业秘密持有人的利益考量，在证据采信的过程中，会提出不同的证据规则。[⑦] 程序法上，从商业秘密举证责任的分担来看，根据《欧盟商业秘密指令》第11条，该举证责任施加给了商业秘密的持有人。[⑧]

中国法上，现行《反不正当竞争法》第10条以及2017年《反不正当竞争法（修改草案送审稿）》第9条，可以看作是对TRIPS协议第39条之二的直接转化，后者将现行法中的“能为权利人带来经济利益”修改为“具有商业价值”，并删除了商业秘密需要具有“实用性”的构成要件，扩大了保护的范围，与TRIPS协议保持了统一。但在反不正当竞争法层面，中国没有直接对举证责任一并进行规定。在涉及商业秘密纠纷的案件中，证据规则分散在不同领域及不同类型的法律渊源中，根

---

⑤ 本研究主要涉及的中国法律（草案）及条款为：现行《反不正当竞争法》第10条、第20条和第25条；《反不正当竞争法（修改草案送审稿）》第9条、第10条和第24条；《民法总则》第123条；《刑法》第219条；《合同法》第43条；《劳动合同法》第23条和第24条；《最高人民法院关于审理不正当竞争民事案件应用法律若干问题的解释》第9—17条。

⑥ 《欧盟商业秘密指令》第2条（定义） 为实现本指令之立法目标，下列定义特指：

1. “商业秘密”是指同时满足以下所有要求的信息：（a）其具有下述秘密性，即无论是整体，还是对具体部分的编排组合，对于在该领域从事与相关信息有关的工作人员，均属于不能够正常接触或不知道的信息；（b）其因秘密性而具有商业价值；（c）为保持其秘密性，合法控制人根据情况采取了适当的保密措施。

⑦ 如北京市高级人民法院《关于审理反不正当竞争案件几个问题的解答（试行）》对何为“采取合理保密措施”（第12条）作出了解答。根据该条，“权利人必须对其主张权利的信息对内、对外均采取了保密措施；所采取的保密措施明确、具体地规定了信息的范围；措施是适当的、合理的，不要求必须万无一失”。

⑧ 《欧盟商业秘密指令》第11条（适用条件和保护措施）1. 成员国应当确保，主管司法机关在作出实施本指令第10条所规定的措施之前，可以要求申请人提供所有的、在合理范围内可以获得的证据，以此充分地证明：（a）商业秘密的事实存在。

据《最高人民法院关于审理不正当竞争民事案件应用法律若干问题的解释》第14条,[⑨] 商业秘密持有人在具体的案件中，需要就商业秘密的存在性进行举证。该举证责任的分担，贯彻了“谁主张、谁举证”原则。就证明责任的制度选择上，欧盟和中国都没有采取由被告承担“商业秘密所有人没有采取适当的保密措施”的证明规则，在此种证明规则下，只要被告能够证明商业秘密持有人没有采取适当的保密措施，那么原告所主张的商业秘密就不具有秘密性，被告使用他人信息的行为即没有违法性。就秘密性证明的责任分担上看，中国法虽然沿袭了国际惯例，但是却没有将证明责任问题一并写入《反不正当竞争法》中。松散多元的立法模式虽具有针对性和灵活性，但此种分散的立法和使用模式难以在整体考量具体制度特殊性的基础上作出统一的价值安排。若中国立法者有针对商业秘密进行单行法专门性立法的打算，可以考虑整体性地将分散的程序性及执行规则进行体系性的统合。

（二）商业秘密持有人及商业秘密的法律属性

根据《欧盟商业秘密指令》第2条，商业秘密的持有人（Inhaber eines Geschäftsgeheimnisses，trade secret holder）是指任何“合法控制”（rechtmäßige Kontrolle，lawfully controlling）商业秘密的自然人或法人。该定义以“控制”为标准，而非“所有”，强调的是商业秘密并非如知识产权一样，是一项排他性财产权。只要是通过合法的途径控制持有了相关的信息，即可得到法律的保护。就此点而言，中国法中不但缺乏对何为“商业秘密持有人”之一般性定义，而且对于商业秘密属性的界定也缺乏形式和内容上的统一。尤其就商业秘密属性的界定而言，中国《反不正当竞争法》中的概念表述不但没有和TRIPS协议第39条之二保持统一，而且也不能在中国法的法律体系内部形成立法表述与概念理解之间的逻辑自洽。

作出上述判断具体原因是：通过对TRIPS协议的体系性解读可以确定，商业秘密的属性与其他知识产权存在不同。概念表述上，TRIPS协议使用的是“合法的商业秘密持有人”（the person lawfully in control of the information）这一概念，而不是如同在描述其他知识产权制度一样，使用“所有人”（ownerofthe……）这一概念。TRIPS协议这一措辞上的区别对待，不但体现了其对商业秘密属性区别于知识产权的基本立场，同时也为WTO成员方转化TRIPS协议创造了适度的空间，以便成员方能够选择与其经济社会发展相协调的保护水平。而通过对中国法体系性的解读可知，TRIPS协议中这种将商业秘密与知识产权区别对待的立场，并没有被中国立法者在概念表述中采纳。具言之，1993年中国《反不正当竞争法》以及2017年《反不正当竞争法（修改草案送审稿）》均使用“权利人”来描述商业秘密的“持有人”，形式逻辑上将其认定为是一种与其他知识产权等同的法律概念。事实上，根据中国《反不正当竞争法》第1条、第2条和第20条，如果立法者意图对商业秘密的属性

⑨ 《最高人民法院关于审理不正当竞争民事案件应用法律若干问题的解释》第14条　当事人指称他人侵犯其商业秘密的，应当对其拥有的商业秘密符合法定条件、对方当事人的信息与其商业秘密相同或者实质相同以及对方当事人采取不正当手段的事实负举证责任。其中，商业秘密符合法定条件的证据，包括商业秘密的载体、具体内容、商业价值和对该项商业秘密所采取的具体保密措施等。

作出特殊安排，其可以选择“权益人”这样一个概念。[10] 同样的立法安排同样可以通过中国《刑法》第213条至第220条中的“侵犯知识产权罪”中的“侵犯商业秘密罪”的定义和犯罪构成要件分析得出。此外，从最新的立法安排上看，2017年中国《民法总则》第123条，商业秘密和其他知识产权一样，被统一认定为是一项“专有的权利”。

将商业秘密界定为一种专有性排他权或许并不是一项理性的选择，究其原因，对商业秘密的非排他性考量还基于市场因素。与《欧盟商业秘密指令》一样，中国《反不正当竞争法》也将商业秘密保护的对象细分为“技术信息”和“经营信息”。[11] 对于市场参与者而言，如果其通过合法的方式获得了与商业秘密持有人的商业秘密一样的技术信息或者经营信息，应当允许其对这些信息进行使用。垄断性排他权的制度供给方式偏重考量对单一市场参与者的利益保护，而“技术信息”和“经营信息”这些内涵复杂、外延模糊的信息，应当尽可能地为多数经营者合法的利用，以此创造更多的经济外部性价值。鉴于此，如果中国的立法者和学者有意将商业秘密定义为一种非排他性财产权，建议在法律概念表达中使用“持有人”或“权益人”而非“权利人”这一概念。

（三）商业秘密的侵害人及侵害商业秘密的行为

《欧盟商业秘密指令》第2条，将“侵害人”界定为“任何实施了非法获取、使用或披露商业秘密行为的自然人或法人”。其核心构成要件为“非法获取、使用及披露”。何为非法获取、使用及披露商业秘密？欧盟立法者以正反两个方式，通过第3条（合法获取、使用以及披露商业秘密）及第4条（非法获取、使用以及披露商业秘密）对其进行了界定。

《欧盟商业秘密指令》第3条首先列举了几种合法获取商业秘密的类型，即“独立的发明或发现、反向工程、为了维护劳动者权利而获悉商业秘密，以及符合诚信商业实践的其他行为”。中国1993年《反不正当竞争法》和2017年《反不正当竞争法（修改草案送审稿）》只从反面对侵犯商业秘密的行为进行了类型化，而没有从正面规定何为合法的获得、使用及披露商业秘密的行为。从反面对侵犯商业秘密行为的类型化，单从立法技术上说，该种立法选择是将商业秘密看成了一项防御性权利，仅规定禁止性行为，而未像其他知识产权一样，对行使权利的范围进行明确界定。但是，从增大适用性和增进法律安全的角度，中国立法者可以考虑在整合已有司法实践的基础上，将何为合法获取、使用、披露商业秘密的行为进行列举，将其与非法获取、使用、披露商业秘密的行为一并规定在同一部法律中。

《欧盟商业秘密指令》第4条随后列举了几种非法获取、使用和披露商业秘密的

---

⑩ 《反不正当竞争法》第1条　为保障社会主义市场经济健康发展，鼓励和保护公平竞争，制止不正当竞争行为，保护经营者和消费者的合法权益，制定本法。

第2条　经营者在市场交易中，应当遵循自愿、平等、公平、诚实信用的原则，遵守公认的商业道德。本法所称的不正当竞争，是指经营者违反本法规定，损害其他经营者合法权益，扰乱社会经济秩序的行为。

⑪ 1993年《反不正当竞争法》第10条，2017年《反不正当竞争法（修改草案送审稿）》第9条。

类型。从类型化的方式看，中国的反不正当竞争法和欧盟的商业秘密指令，都选择了就“非法获取”与“非法使用及披露”进行两分的定义方式。

首先，就何为“非法获取商业秘密”而言，中国法通过1993年《反不正当竞争法》第10条第1款第1项进行了规定⑫，《欧盟商业秘密指令》则将其规定在了第4条第2款。⑬ 从内容上对欧盟指令和中国法进行比较后可以发现，中国法使用了盗窃、贿赂、胁迫等概念，列举非法获取的方式；而欧盟指令则选择了以描述的方式对非法获取商业秘密进行概括，其中使用了“未经授权的接触”“非经授权的占有”“未经授权的复制”等描述方式。笔者认为，“盗窃”并不是一个反不正当竞争法上的概念，因为盗窃是“以排他的形式占有、使用他人财物的行为”。刑法上盗窃罪所侵犯的客体是公私财物的所有权。而在反不正当竞争法的语境下，所有权保护不是该法规制的对象，且违法行为判定的决定性因素不是“取得所有权”而是因“(共同）使用”形成的不道德的竞争行为。比如，就产品特有的包装装潢侵权而言，反不正当竞争法之所以对其进行规制，是因为经营者在自己商品上不正当使用他人特有包装装潢的行为，破坏了竞争秩序，此行为具有不正当性（不道德性)。很显然，反不正当竞争法中“不正当（不道德)”和刑法上“非法”具有不同的内涵。因而，不适宜用刑法上的“盗窃”概念来作为非法获取商业秘密的构成要件。可以考虑借鉴《欧盟商业秘密指令》的立法技术，以描述性的方式，概括非法获取商业秘密的特点，或将“盗窃”替换成“窃取”。

其次，就何为“非法使用、披露商业秘密”而言，以非法获取商业秘密和非法披露、使用商业秘密为是否以同一主体为标准，欧盟法和中国法又将“非法使用、披露商业秘密”的规制措施细分为，行为人本人披露、使用商业秘密（欧盟指令第4条第3款，中国1993年《反不正当竞争法》第10条第1款第2项、第3项⑭)，以及第三人从行为人处获得了商业秘密后，再进行披露、使用商业秘密两种情形（欧盟指令第4条第4款，⑮ 中国1993年《反不正当竞争法》第10条第2款⑯)。从善意第三人利益保护的角度看，就第三人获得、披露和使用商业秘密而言，欧盟法和中国法都以主观上的明知或应知作为违法性标准。通过与欧盟指令的比较，从立法技术上看，虽然中国立法者的上述规制安排可圈可点，但是在具体的概念逻辑和结构安排上，仍有可以完善之处。

从概念逻辑上看，无论是中国1993年《反不正当竞争法》还是2017年草案，

---

⑫ 2017年《反不正当竞争法（修改草案送审稿)》第9条第1款第1项。

⑬ 《欧盟商业秘密指令》第4条（非法获取、使用以及披露商业秘密）2. 当行为人实施下列行为时，视为未征得商业秘密持有人的同意非法获取商业秘密：(a）针对处于商业秘密持有人合法控制下的，包含商业秘密或者通过其能演绎出商业秘密的文档、物体、原料、材料或者电子信息，通过未经授权的渠道接触、未经授权的占有或未经授权的复制；(b）其他根据具体情况不属于诚信商业实践的行为。

⑭ 2017年《反不正当竞争法（修改草案送审稿)》第9条第1款第2项、第3项。

⑮ 当第三人主观上知道或者应当知道他人持有的商业秘密为非法时，仍然从该行为人处获取商业秘密的行为。

⑯ 2017年《反不正当竞争法（修改草案送审稿)》第10条第2款。

都将“授权他人使用”作为与使用、披露平行的违法行为进行了列举。笔者并不认为有必要将“授权他人使用”进行单独列举，原因有二：其一，既然立法者对行为人和第三人在获取、使用、披露商业秘密问题上，作出了结构性区分，并分别以独立的法条进行规制，就肯定了会存在第三人从行为人处“取得”商业秘密的情形，且立法者对非善意第三人非法“取得”的规制显然不仅限于“授权取得”这一种方式。其二，“授权他人使用”实际上是“披露”的一种行为表现。作为受体的第三人在获悉商业秘密后可以选择使用或者不使用。披露行为的主体也可以各种方式进行“披露”，“授权他人使用”是披露的一种方式。故“披露”行为已经能够涵盖对“授权”行为的规制。如果中国立法者日后决定对商业秘密通过专门法规制，可以考虑将“授权他人使用”删除。

在结构安排上，在中国 1993 年《反不正当竞争法》中，行为人和第三人获取、披露和使用商业秘密的行为共同规定在了第 9 条。2017 年草案则是在内容完全不变的情况下，将第三人获取、披露和使用商业秘密的情形与劳动者侵犯商业秘密的情形共同规定在了第 10 条。由于第一手立法资料的缺乏，笔者不能解读出中国立法者将第三人获取、披露和使用商业秘密和劳动者侵犯商业秘密共同规定在同一条中的用意。故从法条逻辑与结构安排上看，中国 1993 年《反正当竞争法》对此的结构安排更为合理。

（四）何为侵权产品

《欧盟商业秘密指令》除对上述三个基本概念进行定义之外，还同时在指令的第 2 条中对何为“侵权产品”进行了单独定义。对侵权产品进行清晰的定义，是为了对执行救济措施提供明确的指向。对于商业秘密保护的制度而言，高效有力的救济及罚则措施是制度运行的关键，基于侵害商业秘密行为的发生或发生之虞，侵权产品会受到停止生产、召回、销毁等不同程度的措施规制（具体措施，参见下文“救济体系”）。

根据《欧盟商业秘密指令》第 2 条第 4 款，侵权产品是指，“其设计、特点、功能、制造步骤或营销，极大地受益于被非法获取、使用或披露的商业秘密”。单就概念本身的表述而言，英语概念“infringinggoods”对“侵权产品”的表述更科学，德语里“rechtsverletzende Produkte”以“侵权的”（rechtsverletzende）作为对“产品”的修饰，会让人误以为商业秘密具有排他权属性。故此处只能将侵权产品的前缀“侵权”做广义的，包含了“权益”的理解。中国《侵权责任法》将权益作为保护的客体，亦是对“侵权”的客体做了全面的理解。⑰ 从概念的内容上看，若对于某一产品的“营销”也极大地受益于商业秘密侵害行为，那么即便该产品本身（设计、特点、功能、制造步骤）与商业秘密的内容无关，该产品也同样属于侵权产品的范围，进而属于执行措施和罚则（《欧盟商业秘密指令》第 10 条、第 12 条）的对象。

---

⑰ 根据《侵权责任法》第 2 条，侵害民事权益，应当依照本法承担侵权责任。本法所称民事权益，包括生命权、健康权、姓名权、名誉权、荣誉权、肖像权、隐私权、婚姻自主权、监护权、所有权、用益物权、担保物权、著作权、专利权、商标专用权、发现权、股权、继承权等人身、财产权益。

笔者并不赞成欧盟这种宽泛的对侵权产品的定义。若将营销得益于商业秘密侵权的产品认定为侵权产品，那么对于侵权产品的认定未免过于宽泛。

但就中国法而言，1993 年《反不正当竞争法》及其 2017 年草案，不但缺乏对于侵权产品的具体定义，而且也没有针对侵权产品制定专门的制裁处罚措施。1993 年《反不正当竞争法》第 25 条及其 2017 年草案第 24 条所规定的“行政执法措施”只有停止侵害和罚款，没有针对侵权产品的任何罚则。事实上，在实际的执法过程中和行政法规中，中国行政执法机构的执法范围却不止于罚款。⑱ 如前所述，高效有力的执行制裁是制度运行的保障，中国立法只关注实体法而忽视对执行和制裁的做法已为多方所诟病。单纯通过提高行政处罚罚金数额的方法不足以保障权益人利益，遏制侵害行为的再次发生。当侵害行为发生之后，处罚措施不应当止步于反不正当竞争法明确的停止侵害，还应当通过法律，而不仅仅是部门的行政法规，针对侵权产品采取下架、销毁、召回、没收等全面的执法措施，从而消除流通于市场上的产品对权益人的持续性侵害。

（五）例外规则

《欧盟商业秘密指令》另一个立法亮点体现在独立的例外条款之设定上（欧盟指令第 5 条），基于这些例外性规定，商业秘密持有人就商业秘密被获取、披露和使用所提请的，适用救济体系的请求会直接被驳回。这些例外的正当基础主要来自基本权利中的“表达自由”和“信息自由”［欧盟指令第 5 条（a）］；基于公共利益和为了打击职务性和其他类型的犯罪行为［欧盟指令第 5 条（b）］；基于劳工权益之保护［欧盟指令第 5 条（c）］；基于保护欧盟法或者成员国法所承认的其他利益［欧盟指令第 5 条（d）］。

就这一点而言，中国法中对于宪法基本权利和其他公共利益的立法表达并不清晰。这种单独设置例外规定的做法，也再次从侧面体现了商业秘密保护之特殊性，以及将其设置为专有排他权的不足。在建设法治国家的历史进程中，单方面保护特定利益群体的做法从来不是一个明智的选择。建议在总体视角下考虑其他市场参与者和其他利益群体的相关要求，统合性地就商业秘密保护之特点而创造一个灵活的、能够兼顾其他具有正当性利益的制度。

（六）救济体系

中国法和欧盟法最大的区别之一体现在救济体系上。如前所述，由于欧盟立法者并没有将商业秘密定位为一种和其他知识产权一样的排他性财产权，进而对于侵害商业秘密的救济，不能直接适用 2004 年《欧盟知识产权执行指令》。但鉴于救济性措施在遏制侵权过程中发挥着巨大的作用，《欧盟商业秘密指令》专门在第三章（司法措施、程序和救济），用了整个指令将近三分之二的篇幅，去构建针对商业秘

⑱ 根据国家工商行政管理总局 1998 颁布的《关于禁止侵犯商业秘密行为的若干规定》之第 7 条，行政执法机构除了能够对侵害人进行处罚外，对于侵权物品还可以做如下处理：（一）责令并监督侵权人将载有商业秘密的图纸、软件及其他有关资料返还权利人。（二）监督侵权人销毁使用权利人商业秘密生产的、流入市场将会造成商业秘密公开的产品。但权利人同意收购、销售等其他处理方式的除外。

密侵权的专门性救济体系。由于救济体系的建立是立法的重点，因此立法者又将第三章细分为三个部分，即涉及禁止诉权滥用、时效期间、司法程序中商业秘密秘密性维持的第一部分“一般性规定”（第 6 条至第 9 条）；涉及临时性措施和预防性措施、使用条件和保护措施的第二部分“临时性和预防性措施”（Vorläufige und vorbeugende Maßnahmen，第 10 条、第 11 条，类似于中国法中“诉前禁令”）；以及涉及司法救济措施、保障性措施、损害赔偿、裁判文书之公布的第三部分“基于实质性判决的措施”（第 12 条至第 15 条）。篇幅所限，笔者不能对第三章所有的内容进行评介并结合中国法进行比较，而只能针对个别问题展开。

首先，针对第一部分“一般性规定”而言，《欧盟商业秘密指令》第 6 条作为救济体系的一般性规则，要求成员方在救济体系的建设中，必须公平合理、简单有效，且具有威慑性。与 2004 年《欧盟知识产权执行指令》相比，《欧盟商业秘密指令》的一大创新在于，其在第 7 条设置了专门性的禁止权利滥用的规则。[19] 对于权利滥用条款的设置，不但体现了欧盟立法者关注相关利益群体，遏制滥用诉权的立法价值安排，同时，禁止权利滥用条款的引入也是对目前实践中滥用诉权立法上的回应。此外，从《欧盟商业秘密指令》第 8 条诉讼时效的安排上，也能印证立法者的上述关注不同利益群体利益平衡的方法论。因为与 2004 年《欧盟知识产权执行指令》相比，《欧盟商业秘密指令》具有单独和明确的诉讼时效规定。前者在涉及时效期间的制度中，使用的是“适当性的时间内”[20]，而后者则直接规定诉讼时效不得超过 6 年。《欧盟商业秘密指令》的第 9 条是关于诉讼过程中商业秘密秘密性维持的规定。由于秘密性维持只是技术性处理问题，且各方对于秘密性维持的观点统一，故笔者不进行介绍。

其次，《欧盟商业秘密指令》在第三章第二部分中，以很大篇幅对“临时性和预防性措施”（针对商业秘密侵权的诉前禁令）的适用进行了规制。临时性和预防性措施的适用，具有防止侵权产品流入市场、阻止侵害行为的实际发生、降低侵害行为对商业秘密持有人侵害的程度等功能。从临时措施的内容上看，指令除要求行为人停止生产侵权产品、停止披露和使用商业秘密以外，司法机关还可以针对涉嫌侵权产品进行查封扣押。针对尚未入境的产品，可以禁止该涉嫌侵权的产品通过海关进入一国市场（欧盟指令第 10 条第 1 款）。如前所述，立法者在商业秘密保护的制度设计中所考虑的利于群体从来不是一元的。严厉而全面的执法措施需要提供相应的证据证明确实存在侵权（欧盟指令第 11 条第 1 款），以及辅之以相应的适用条件和保护措施（欧盟指令第 11 条第 2 款至第 4 款）用以规范商业秘密持有人对制度设计的使用，从而在救济措施上，平衡商业秘密持有人和其他主体的利益。对此，欧盟指令第 11 条第 3 款要求申请人在申请使用临时性和预防性措施的 20 个工作日或者

---

⑲ 《欧盟商业秘密指令》第 7 条第 2 款规定，成员国应确保，当申请人就非法获取、使用及披露商业秘密提出的诉求，明显没有依据，或，申请人所提出的要求提供司法救济的行为，明显属于滥用或有悖于商业伦理时，具有管辖权的法院可以依据国内法的规定，依据被申请人之申请，采取应对权利滥用的措施。

⑳ 《欧盟知识产权执行指令》第 3 条第 1 款，第 7 条第 1 款、第 3 款。

31 个自然日内，必须就商业秘密侵权提起诉讼；欧盟指令第 11 条第 4 款要求申请人在申请使用临时性和预防性措施之时，提供相应的担保。

最后，《欧盟商业秘密指令》在第三章第三部分中，详细地规定了“基于实质性判决的措施”。其中第 12 条和第 13 条尤其引人注目。第 12 条首先明确了基于实质性判决的各种执行措施，最具特点的是明确了针对侵权产品可以进行销毁、从市场上召回（Rückruf der rechtsverletzenden Produkte vom Market，recall of the infring good from the market）。与此同时，第 13 条却又对执行措施之行使方式和程度进行了限制，在具体的执行过程中，需要考虑商业秘密的价值、特点以及其他因素。[21] 此种立法方式让人不禁联想到美国在 eBay 案判决中确定的“四个因素”检测标准。[22] 对此，两个法域在对待该问题时，方法论层面的立场是一致的，即在综合考量诸多因素的基础上，作出适当的（符合比例的）处罚措施决定。在第 14 条关于损害赔偿的条款中，欧盟立法者提出了相对模糊的损害赔偿标准，具体而言，尽管第 14 条第 1 款明确了“适当的实际损失”这一基本标准，且针对员工侵害商业秘密作出了损害赔偿额度的限制和特殊标准。但是在第 14 条第 2 款，在确定损害赔偿的过程中，又提出了诸如“负面的经济效果（包括受害方预期的收益、加害方预期的不当获益），以及具体情况下因加害人实施非法获取、使用或披露商业秘密而形成的，经济损失以外的无形损失”，作为司法机关在确定损害赔偿数额过程中应当参考的因素。此外，“作为替代方案，主管司法机构也可以在结合具体的案情的基础上，将损害赔偿数额确定为一笔概括性的总数，该概括性总数的确定基础应至少包含，加害方若能获得相应使用商业秘密的许可，而本应当支付的许可费”。第 15 条则明确了在司法文书的公布过程中，需要考虑商业秘密的秘密性维持以及诉讼主体的名誉。

与欧盟指令中详尽的救济体系形成鲜明对比，就中国的商业秘密保护而言，法律层面的救济体系的制度建设则略显粗疏，其具体表现在：

第一，无论是和《欧盟商业秘密指令》相比较还是和中国的其他知识产权部门法（专利法、商标法、著作权法）相比较，尽管商业秘密与上述知识产权制度一样，同为 TRIPS 协议的调整对象，[23] 但中国立法者既没有在 1993 年《反不正当竞争法》中，也没有在 2017 年反不正当竞争法的修改过程中，对救济体系（诉前禁令、秘密性维持、民事执行措施、损害赔偿标准之确定）给予足够的关注，特别缺乏在法律

---

[21] 《欧盟商业秘密指令》第 13 条（适用条件、保障性规定以及替代措施） （1）成员国应当确保，主管司法机关在审查申请人就实施本指令第 12 条所述及的司法措施和救济措施之时，以及针对具体的案情考虑涉案行为的适当性时，需同时要考虑下列因素：（a）商业秘密的价值或者商业秘密的其他特点，（b）为了保护商业秘密所采取的措施，（c）被申请人在获取、使用以及披露商业秘密过程中的行为，（d）非法使用和披露商业秘密造成的后果，（e）各方具有的正当性利益，以及司法机构在作出支持或者拒绝提供保护措施而可能造成的，对双方利益的影响，（f）第三方具有的正当性利益，（g）公共利益，以及（h）对宪法基本权利的保护。

[22] 即如果不作出相应的救济措施原告是否会遭受到无法弥补之损害；对原告的救济在法律上是否适当；对于原告救济的作出是否符合公共利益；权衡双方损害程度。eBay，Inc. v. MercExchange，L. L. C.，126 S. Ct. 1837，1838 - 1839（2006）.

[23] TRIPS 协议中有关救济体系的制度，参见第 41 条到第 63 条。

层面细化民事的救济措施。即便结合2017年草案，从发展趋势上进行解读，上述问题依然没有得到改变。具言之，首先，对于民事侵权，该草案送审稿第20条对于侵犯商业秘密的民事救济只限于“损害赔偿”，对于其他救济方式还需要间接援引中国《侵权责任法》第15条，行使停止侵害、排除妨碍、消除危险、返还财产、赔偿损失等相应的请求权。对此，司法机构在裁定责任的承担方式和承担程度上，存在过大的自由裁量之空间，且该自由裁量的行使过程中，在法律层面，没有明确统一的参照标准。其次，对于诉前禁令，这一越来越重要的救济措施，还需要间接参照中国《民事诉讼法》第100条至第108条进行适用，而在中国其他的知识产权部门法中，专门性的诉前禁令制度早已存在。[24] 再次，对于损害赔偿额度的问题，尽管《最高人民法院关于审理不正当竞争民事案件应用法律若干问题的解释》中对商业秘密侵权的赔偿标准有所涉及，但是在不考虑商业秘密损害赔偿特点和具体情形的情况下（如对于员工侵犯商业秘密的损害赔偿应当减轻，欧盟指令第14条第1款），单纯以“可以参照确定侵犯专利权的损害赔偿额的方法进行”[25] 予以指示，此举并不明智。对此，同为TRIPS协议的调整对象，在其他知识产权部门法均存在具体的损害赔偿计算方式的背景下，没有理由不在《反不正当竞争法》中针对商业秘密侵权规定具体的损害赔偿计算标准。

第二，在分析完民事救济体系在中国《反正不正当竞争法》立法论层面的粗疏之后，接下来分析行政执法问题。即便是针对中国立法者关注度最高的行政执法，在救济体系的构建中，也并不尽如人意。从中国2017年草案运用的方法上看，立法者大幅提高了罚款的数额，细化了自然人侵权过程中罚款的适用。对此，问题主要体现在：首先，单从立法技术上，立法者似乎将“罚款”作为唯一的执法手段，完全忽视了其他可能的救济措施（如查封、扣押、召回、销毁）。对此，对于执法实践中已经存在的其他执法手段,[26] 可以考虑通过立法直接规定。单纯提高行政处罚数额的做法，无法有效地在侵害发生之前“预防侵害”，在侵害发生后“降低侵害结果”。其次，中国立法者并没有界定行政处罚中的罚款与刑事处罚中的罚金（《刑法》第219条）之间适用的功能关系，以及在罚款与罚金并用时冲突的解决方式。再次，尽管立法者认识到了自然人侵害和经营者侵害在责任承担上面的区别（2017年草案第24条），对于自然人（企业职工、公务员、专业从业人员）所处的罚款的数额大大低于经营者所处的罚款数额，但是立法者并没有把这一方法继续贯彻到民事救济中去。建议将这一区别对待的立法方法贯彻到日后的民事救济和救济的过程中。

---

[24] 《著作权法》第50条、《专利法》第66条、《商标法》第65条。

[25] 《最高人民法院关于审理不正当竞争民事案件应用法律若干问题的解释》第17条 确定反不正当竞争法第十条规定的侵犯商业秘密行为的损害赔偿额，可以参照确定侵犯专利权的损害赔偿额的方法进行；……；因侵权行为导致商业秘密已为公众所知悉的，应当根据该项商业秘密的商业价值确定损害赔偿额。商业秘密的商业价值，根据其研究开发成本、实施该项商业秘密的收益、可得利益、可保持竞争优势的时间等因素确定。

[26] 同前注18。

对于上述在救济体系构建中存在的问题，笔者建议，首先，遵循中国立法者在其他知识产权部门法立法中已经运用的方法，可以考虑通过法律直接细化对侵害商业秘密的救济体系，该救济体系之构建应当以强化民事救济为主导，并特别关注在诉前禁令、损害赔偿数额确定、销毁、返还、召回、禁止入境和禁止在市场中流通等针对侵权产品之执法措施的运用。其次，在救济制度具体的构建过程中，应当在明确商业秘密侵害具有特殊性的基础上，肯定自然人侵权与法人侵权在偿付能力上的差别，分别制定相应的责任承担方式；肯定商业秘密与其他知识产权制度的区别，制定相应的禁止和防止权利滥用的规则。

四、《欧盟商业秘密指令》中其他的特别问题

在系统评介完《欧盟商业秘密指令》内容之后，笔者还将针对“反向工程”和“劳工保护”这两个问题进行介绍。上述两点不但能够充分体现商业秘密保护的特殊性，而且就欧盟法在相关领域内的发展看，上述两个问题也是可圈可点。

（一）反向工程

由于立法者并没有将其定位为一项排他性权利，故他人通过独立研发、经营积累获得经验和信息，不能够被认为“非法获取”。也正因为如此，欧盟法在欧盟指令层面第一次[27]明确地对以获取信息为目的（Rückbau，Reverse Engineering）的合法性作出了回应。根据欧盟指令第 3 条，凡是针对处于公共领域内的客体及通过合法占有取得产品或特定对象，进行观察、研究、反向工程或者实验，所取得的信息，不被认为是“非法获取”，只要不存在其他的关于限制取得的约定。从立法宣誓的意义上看，这无疑是反向工程在成文法层面的一大进步。但是在实际操作中，究竟实施反向工程合法的范围在何处，究竟会产生怎样的实践效果，还需要结合欧盟指令做相应的文义解释、体系解释和立法解释。运用文意解释可知，欧盟指令第 3 条第 1 款，只涉及对于反向工程在“非法获取”商业秘密层面的排除。对于进一步披露和使用基于反向工程所“获取”信息的行为，第 3 条并没有对其正当性给予肯定。其次，运用体系解释，通过解释第 4 条第 3 款——非法披露、使用商业秘密的列举条款可知，当行为人违反了不披露商业秘密的保密协议或者其他保密义务，或者违反了关于限制性使用商业秘密的合同义务或者其他义务，可构成非法披露和使用商业秘密。可见，尽管通过反向工程，可以合法取得秘密信息，但是，如果存在以合同形式存在的，限制性使用该信息的合同义务或者其他义务，则行为人也不能就其基于反向工程所掌握的商业秘密进行进一步的披露和使用。最后，通过立法解释可知，根据欧盟指令前言（立法理由）第 15 段和第 16 段，对于反向工程行为的正当性，商业秘密持有人可以通过合同和约定进行排除，但成员国在转化有关反向工程的条款时，应限制持有人通过此类合同排除反向工程适用的措施。综上，尽管立法者在《欧盟商业秘密指令》中原则上肯定了可以通过反向工程“获取”秘密信息。但是

---

[27] 也有人认为在中国 2009 年的《计算软件指令》就为计算机软件反向工程问题提供了解决问题的指引，参见《计算机软件指令》立法理由第 15 段。但是在该指令中，并没有出现反向工程（Reverse Engineering）这一词语表达。

这一获取行为之正当性，可以通过合同进行排除，但成员国应当在转化欧盟指令的过程中，限制此类禁止使用反向工程的私人约定。而针对反向工程“获取”的秘密信息做进一步的“使用”和“披露”，并不属于欧盟指令认为的合法披露使用商业秘密的范围之内。

就中国法而言，是否存在针对反向工程的直接的例外性规定？尽管2007年《最高人民法院关于审理不正当竞争民事案件应用法律若干问题的解释》第12条规定：“通过自行开发研制或者反向工程等方式获得的商业秘密，不认定为反不正当竞争法第十条第（一）、（二）项规定的侵犯商业秘密行为。”1993年《反不正当竞争法》第10条第（一）项规定的是非法获取商业秘密的情形，而第（二）项规定的则是非法披露、使用以及许可他人使用的情形。结合最高人民法院的司法解释再进行理解，即基于反向工程的豁免范围，不但能够作用于获取，还能作用于披露、使用和许可他人使用。毫无疑问，这样的规定对于商业秘密持有人来说非常不利。在有关的实际案件中，法官对于该司法解释的效力也不置可否。[28] 对此，松散凌乱的立法技术之弊端就暴露无遗。为了能够全面发挥法的预防、指引、惩罚等多元功能，增大法的适用性，减小不同部门、不同层级、不同部门法内容上的冲突，建议通过一部统一的法律对商业秘密进行全面规定。

就反向工程而言，成员国在转化欧盟指令的过程中，以及今后在司法实践的过程中，还将会陆续针对反向工程进行立法，生成相应的判决。在此过程中，既要留给公众和市场参与者足够的空间，允许市场参与者和他人通过反向工程获取信息、改善产品和服务质量、促进创新，又要防止因他人过度利用该制度，给商业秘密持有人造成损害，导致市场失灵。

（二）劳工保护

《欧盟商业秘密指令》中对劳工权益保护的关照也尤为明显。劳工权益保护为何如此重要？一是因为在欧盟统一市场构建的过程中，四项基本自由为其基石，而四项基本自由之中就有劳动力资源的流动自由，劳动力资源的流动自由是欧盟一体化过程中非常重要的因素，所以欧洲法必须时刻有这样一种利益考量自觉，即在任何方面都不能限制劳工自由流动。二是源于劳工在创新实践中的作用。欧洲创新能力之体现，很大程度上依赖于作为劳动者的创新人员。呼应四项基本自由，欧盟立法者在欧盟指令的第1条第3款中，明确了对欧盟指令的使用和解释“不得限制劳动力资源的流动”，且特别禁止：“a）限制员工对于本指令第2条第1项规定范围以外的非商业秘密信息之使用；b）限制员工对其在日常工作中，以诚实方式掌握的工作经验和能力之使用；c）在工作合同中强制规定，属于欧盟法或成员国法非强制规定范围内的，其他限制员工的条款。”此外，欧盟指令第3条第1款c、第5条c、第14条第1款还有涉及劳工权益的具体规定。但是总体上看，欧盟指令运用了“不得

---

[28] 参见北京市第一中级人民法院民事判决书，（2006）一中民初字第14468号，2013年北京市高级人民法院二审判决维持原判。

限制劳动力资源的流动”作为整个劳工权益保障的一般性规定，故成员国在具体的转化过程中，缺乏明确的标准和规则指引，这无疑对于成员国国内法的转化和日后的司法实践提供了很大的空间，同时也是不确定的因素。

中国立法者多将有关职工保守商业秘密的制度通过《劳动合同法》《合同法》《公司法》等法律法规建立。从2017年《反不正当竞争法》的立法趋势上看，尽管中国立法者认识到了商业秘密保护和劳动者的关系，但是并没有制定具体的行为标准，而仅是作出规定：国家机关工作人员、律师、注册会计师等专业技术人员针对在履行职务过程中知悉的商业秘密应当予以保密。该一般性规定缺乏具体的标准，从《反不正当竞争法》的性质和立法技术上看，立法者应当运用禁止性的方式提出具体的标准，以便增大法律的适用性和指引性。新添置的对上述人员保密义务的规定乃是执业行为日常的基本行为准则。中国立法者在《反不正当竞争法》中的概括性规定，或许旨在增大执法机构之执法范围。

五、结论及建议

整体上看，无论是欧盟指令还是中国法，皆是在TRIPS协议第39条框架下对商业秘密保护的细化。双方都多通过禁止性规定调整经济活动中的侵害商业秘密的行为。就中国法而言，尽管立法者将商业秘密保护置于《反不正当竞争法》的保护范围之内，但是从无论是从最新的《民法总则》之顶层设计看，还是从商业秘密保护属性在《反不正当竞争法》中的立法表达来看，商业秘密的法律表达和实质内涵并不能形成形式和内容上的逻辑自洽。如果立法者无意将其定义为排他性财产权，应当通过修法或者权威解释，明确商业秘密的法律属性。

通过对中国法有关商业秘密保护制度体系性的解读可以发现，中国立法者在制度设计与建设的过程中，多单方面考虑商业秘密持有人之利益，对于商业秘密保护制度框架下其他群体的利益，缺乏统一的关注与立法安排。商业秘密保护的特殊性，要求立法者尽量通过统一的制度框架实现持有人、第三人（其他市场参与者、劳工）、公众等多元利益的平衡。在程序和救济措施的构建中，立法者不应将救济制度的完善重点停留在对行政执法横向和纵向的扩展，立法者尤其应当关注民事救济体系的细化和建设，特别是需完善包括程序（证据规则、秘密性维持）、损害赔偿、诉前禁令、判决执行等救济体系的建设，并同时区分行政执法和刑事保护在功能上的分工。在完善这些救济体系的过程中，需要保持商业秘密持有人和第三方、公众等主体之间的利益平衡。为了实现上述目标，中国立法者可以考虑是否有必要通过一部单行的法律法规，统合既有的松散规则，创造统一高效的商业秘密保护单行法，以此为中国市场经济的进一步发展提供全面、高效的法律保障。

欧美商业秘密保护立法新进展及其对我国的启示*

李薇薇，郑友德

内容摘要：商业秘密是现代商业活动中竞争制胜之利器，一旦被违法公开，对权利人的损害不可逆转，从而会为其带来不可估量的损失。因此，为强化对商业秘密的法律保护，世界各国近年来频频修法，以防患于未然。作为我国商业秘密保护主要法源的《反不正当竞争法》第10条规定较为笼统，而且施行24年未作修改，严重滞后于社会发展需求，难以应对商业秘密保护执法和司法中的诸多问题。有鉴于此，有必要对欧盟和美国新近的商业秘密保护专门立法予以系统分析，求同存异，及时推动我国商业秘密保护的专门立法。其中，关于商业秘密内涵、侵权行为及其认定、法律责任、司法救济程序与域外适用等立法重点与难点问题亟待解决。

关键词：商业秘密，不正当竞争，侵害行为，域外适用

商业秘密作为一种具有商业价值的无形财产，是市场主体采取保密措施的技术信息和经营信息，也是企业竞争力的集中体现。由于商业秘密具有无形性，不容易受权利人控制，因而极易受到他人侵害，由此将对权利人造成致命的损失。商业秘密法律保护不力将直接损害企业创新积极性和市场竞争公平性，进而可危及国家经济安全。因此，2016年，作为世界两大经济体的美国与欧盟先后颁行保护商业秘密的专门立法。2016年5月11日，美国总统正式签署《美国保护商业秘密法》（The Defend Trade Secrets Act，DTSA）；2016年5月27日，欧盟议会紧随其后通过《欧盟商业秘密指令》（European Union Directive 2016/943 on the Protection of Trade Secrets，EU－TSD），凸显两者对商业秘密保护的重视程度，同时也足以说明商业秘密保护专门立法对于保护企业的重要无形资产和增强企业的市场竞争力的重要意义。目前我国商业秘密保护规则散见于不同法律，系统性法律规范的缺失使得商业秘密司法审判定案无据而直接适用一般法律原则，立法碎片化和司法原则化的弊端严重弱化商业秘密法律保护。另外，我国也面临与欧美等国同样的商业秘密保护困境与经济安全风险，制定专门立法强化保护刻不容缓。因此，本文拟系统分析欧美商业秘密保护立法新发展，以此为鉴，论证当下我国进行商业秘密保护专门立法的必要性，从商业秘密内涵、侵权行为及其认定、法律责任、司法救济程序与域外适用等立法中的重点与难点问题入手，构建未来我国商业秘密保护法的立法框架和制度规则。

---

* 本文系国家社科基金重点项目“面向自主创新能力建设的国家知识产权政策体系研究”（项目编号：12AZD031）的阶段性成果。原文载于《法学》2017年第7期。

一、欧美商业秘密保护的立法背景

（一）欧盟商业秘密指令

欧盟早先有关商业秘密保护的法律一直都是由各成员国自行制定，体例各异。然而，面对近年来国际国内日益猖獗的侵犯商业秘密行为，欧盟力图消除各成员国在商业秘密保护法律制度上的差异，在区域层面采取了保护商业秘密的统一立法，以促进欧盟统一市场内的创新和经济发展。2012 年，欧盟在比较各成员国的商业秘密保护法制后发现，由于各成员国的商业秘密保护和救济措施各异，欧盟旨在防止商业秘密被非法获取、使用或披露的商业秘密保护法律在格局上呈现多样化和碎片化的态势，对商业秘密缺乏统一保护的立法状况给欧盟国家的经济发展也带来了诸多不利影响。因此，2013 年 11 月 27 日欧盟委员会向欧洲议会和欧盟理事会提交《防止未公开专有技术和商业信息（商业秘密）被非法获取、使用和泄露的指令草案》,① 针对商业秘密的定义，对商业秘密的非法获取、使用与泄露行为，保全与损害赔偿程序，对泄露的警告措施、补救措施、罚则等内容进行明确规定，其中有关商业秘密的定义与 TRIPS 协议第 39 条之二一致，此外，还对商业秘密持有人、侵权人、侵权产品等基本概念进行界定。2014 年 5 月 26 日欧盟委员会又提交了《欧盟商业秘密保护新框架》（NEW EU Framework for Protection of Trade Secrets），将商业秘密视为现代商业竞争与创新管理的重要工具，强调法律程序中的商业秘密保护，进一步彰显了保护商业秘密的决心，以确保欧盟市场的公平竞争。此后历经数次修改，2016 年 5 月，《欧盟商业秘密指令》终于尘埃落定，以 TRIPS 协议第 39 条之二为基础确立了商业秘密的定义及保护原则，厘清了获取商业秘密的合法与非法手段，而且在与国际公约规定一致的前提下规定了各项民事诉讼措施、预警措施、损害赔偿程序等，以期为未来各成员国落实指令要求奠定一个良好的共同法律基础。其中不乏独具特色且颇具合理性的规定，具体内容包括扩大商业秘密权利人的范围，对侵犯商业秘密的行为予以列举加兜底的定义，对间接侵权的认定，对保护令、临时禁令和扣押令的申请和实施，临时禁令的具体内容，赔偿数额的确定，以及商业秘密与其他权利平衡等。此外，《欧盟商业秘密指令》最值得关注的是有关商业秘密侵权行为的除外规定，这可以避免其成为恶性商业竞争手段，加重对恶意滥用商业秘密侵权诉讼者的处罚；同时将对侵权产品的销售或进出口等行为列入侵害商业秘密的规制范围，并规定相应的预防措施。

EU – TSD 使欧盟多元化、碎片化的商业秘密保护法律获得统一，旨在协调成员国的相关法律，确保在欧盟市场内形成一个统一的民事赔偿标准。该指令将对欧盟成员国具有约束力，要求成员国制定符合商业秘密保护最低要求的国家立法。旨在统一商业秘密保护法律的 EU – TSD 可为企业带来多种好处，比如增加了保护的确定性，有助于企业根据保密条款更加明确地进行信息共享。而且，在欧盟境内建立统

① See Proposal for a Directive of The European Parliament and of The Council on the Protection of Undisclosed Know – How and Business Information（Trade Secrets）Against Their Unlawful Acquisition，Use and Disclosure，p. 4，http：//www. consilium. europa. eu/uedocs/cms_data/docs/pressdata/en/intm/142780. pdf，［cited 2017 Mar. 10］.

一的商业秘密保护最低标准，不仅有助于企业阻止他人滥用其采取保密措施的技术信息和经营信息，还有助于缓解因员工流动引发泄密而导致的争端等。

（二）美国保护商业秘密法

美国很早即建立了层级比较完备、民刑责任界分清晰的商业秘密保护法律体系，明确界定了商业秘密的内涵，区分了侵害商业秘密的民事违法行为和刑事违法行为，强化民刑责任的共同规制与司法救济措施。美国早期以各州法或判例法为先导，以美国法学会《侵权法重述》《反不正当竞争法重述》等为中介，将有关商业秘密保护的判例进行汇编，而后美国国会又将有关商业秘密保护等内容编入《美国法典》之中，[②] 这些内容均成为美国法院对相关案件的重要裁判依据。美国法学会《侵权法重述》明确定义商业秘密并规定了具体的侵权行为，将窃取或泄露商业秘密作为不正当竞争行为加以规制。其虽不具有法源效力，但仍有法院据以作出裁判，因此应具有事实上的法律约束力。1948 年《美国商业秘密法》（TSA）为商业秘密保护提供了一个基本的立法示范，也为雇员或代理人的行为提供规范。1979 年《美国统一商业秘密法》（USTA）作为示范法[③]在全美绝大多数州得以施行，统一了商业秘密的定义和保护范围，规定了侵害他人商业秘密行为的民事救济措施，但未涉及刑事制裁，因此虽起到协调美国各州立法的作用，但仍无法解决跨州商业活动中法律适用混乱的问题。1996 年《美国经济间谍法》（EEA）则主要规定非法获取商业秘密的行为人应负刑事责任，且让美国的商业秘密保护走向国际化，可追诉在美国领域之外实施的商业秘密犯罪行为，而 2013 年《美国国外与经济间谍刑罚强化法》[④] 将经济间谍罪的罚金上限提升至 500 万美元，组织犯此罪者则可判罚 1000 万美元。2013 年奥巴马政府为应对商业秘密窃取案件对自由贸易所造成的冲击，发表商业秘密保护战略[⑤]。2016 年颁行的 DSTA 旨在修正 1996 年 EEA 的内容，使联邦获得对窃取商业秘密行为的司法管辖权，同时通过统一的联邦制定法协调商业秘密保护立法；在具体内容上，进一步对不当取得或以不正当手段侵害商业秘密的行为进行明确规定，增加各种民事救济程序，如为盗用商业秘密的行为增设了联邦民事救济。在此之前，有关商业秘密的刑事案件由检察官依据 EEA 提起刑事诉讼，而有关商业秘密的民事案件则只能由私人依据各州的商业秘密保护法和反不正当竞争法提起诉讼。DSTA 通过后，当商业秘密被侵犯时，商业秘密持有人可以涉商业秘密案件属于联邦法律问题为由直接向美国联邦地区法院申请禁令和请求赔偿救济，使商业秘密权利人更容

---

② See 18 U. S. C. §112，19 U. S. C. §1335.

③ 所谓的《美国统一商业秘密法》仅为示范文本并无直接的法律效力，各州只是遵此立法框架制订并实施各自的商业秘密保护法，司法实践中的判案标准仍千差万别，因此可能出现不同的裁判结果，会给商事主体维护自身利益带来极大困难。

④ See Foreign and Economic Espionage Penalty Enhancement Act of 2012，Pub. L. No. 112 – 269，126 Stat. 2442（2013）.

⑤ See Office of Management and Budget，Launch of the Administration's Strategy to Mitigate the Theft of U. S. Trade Secrets，http：//www. whitehouse. gov/blog/2013/02/19/launch – administration – s – strategy – mitigate – theft – us – trade – secrets，[cited 2017 Mar. 20].

易在联邦地区法院获得救济。而联邦地区法院在处理跨州和国际案件以及有关复杂技术问题案件方面比州法院更具优势。显然，这有助于商业秘密保护法律的统一，提高商业秘密保护的稳定性、可预见性，便于企业制定相应的商业秘密保护策略。此外，DSTA 进一步强化证据保全、禁令、扣押令等民事救济手段，避免商业秘密损害进一步扩大。

二、EU－TSD 与 DTSA 制度规则的对比与解析

（一）商业秘密的法律意涵

商业秘密的属性、内涵与范围在国际条约或者其他国家或地区立法中都不尽相同，欧美自 1994 年签署 WTO 协定后明确将知识产权列入其重要谈判议题，及至 TRIPS 协议第 39 条关于“未披露信息（Protection of Undisclosed Information）的保护”规定表明商业秘密被当作一种特殊类型的知识产权加以保护。然而，欧美最新修法虽仍确认其为权利的本质，但似有将其独立于知识产权之外进行特别保护的立法倾向。美国在 19 世纪便确立商业秘密作为财产而应予以保护的原则⑥，USTA 和 EEA 对商业秘密采用“举例概括的归纳式立法体例⑦”，且范围日益扩大，DTSA 未作新的定义，继续沿用“所有形式和类型的财务、商业、科学、技术、经济或工程信息，只要符合秘密性、价值性和保密性要件，即可获得保护”的相对宽松的认定范围。而 EU－TSD 基本沿用 TRIPS 协议第 39 条之二的规定，以明确的构成要件对“商业秘密”作出统一界定，概括为秘密性、价值性与保密性三要件，凡不符合前述要件者，即不属于商业秘密保护客体范围。⑧ 此定义与我国《反不正当竞争法》对商业秘密的定义基本相同。可见秘密性、价值性与保密性三要件为各国商业秘密保护客体之共识：（1）商业秘密所有人或合法控制信息的人采取合理措施保护其秘密性。（2）该信息必须是秘密的，它既不为他人已知，也不容易被他人轻而易举地获得。（3）信息因其秘密性而具有实际或潜在的经济或商业价值。

两者相较，EU－TSD 的商业秘密定义说明，公开可用信息的组合也可获得保护，前提是它们不易获得或者不为相关公众所知悉。对此，DTSA 则未提及，但美国司法实践中，通常已知的组件或概念的独特组合仍可视为商业秘密。而对“价值性”的认定，EU－TSD 称商业价值，DTSA 称经济价值，看似相同，实则迥异，“商业价

---

⑥ See Peabody v. Norfolk, 98 Mass. 452, 458 (1868).

⑦ See 18 U. S. C. § 1839 (3). Definitions, (a) as used in this chapter— (3) the term “trade secret” means all forms and types of financial, business, scientific, technical, economic, or engineering information, including patterns, procedures, programs, or codes, whether tangible or intangible, and whether or how stored, compiled, or memorialized physically, electronically, graphically, photographically, or in writing if— (A) the owner thereof has taken reasonable measures to keep such information secret; and (B) the information derives independent economic value, actual or potential, from not being generally known to, and not being readily ascertainable through proper means by, the public.

⑧ See EU－TSD Art. 2 (1)：“商业秘密是符合如下要件的信息：（a）该信息作为整体或作为其中内容的确切组合，对于通常处理此种信息的领域内人员是秘密的；（b）因其秘密性而具有商业价值；（c）由合法控制该信息的人采取合理措施予以保密。”

值”一词或将没有任何客观价值或微不足道的信息排除在法律保护范围之外。⑨

商业秘密相关主体。商业秘密定义中大多涉及“权利人”和“他人”等相关主体的界定。EU－TSD 将商业秘密持有人作为权利人，指任何合法控制商业秘密的自然人或者法人。⑩ 商业秘密持有人包括被许可人。结合 EU－TSD 的其他条款，被许可人，即使是既非独占也非排他许可的普通被许可人，亦可单独起诉。DTSA 则规定“如果商业秘密涉及或者将被用于跨州或跨境贸易中的产品或服务，商业秘密遭到不当使用的，该商业秘密所有人可以依本条规定提起民事诉讼”⑪。易言之，DTSA 将商业秘密所有人作为权利人。两者相较，EU－TSD 的权利人范围更广，除所有人外，还有如被许可人的其他合法控制人，但 EU－TSD 这一扩张与欧盟涉及其他知识产权的指令的规定不同，也与我国的法律规定不同⑫。虑及商业秘密的特殊性，其一旦泄露，所采取的法律措施必须速效方能及时防止和挽回持有人的损失。EU－TSD 的该项规定免除被许可人在采取法律措施时为满足主体要求应履行的烦琐手续，确有其合理性。侵害商业秘密的主体一般在法条中表述为“他人”，EU－TSD 与 DTSA 关于“他人”的表述既有交叠亦有部分差异。⑬ EU－TSD 中的“他人”是指通常处理此种信息的人员。DTSA 明确商业秘密既不为他人已知，也不会被他人轻易获得，此处的“他人”必须是从商业秘密的使用、披露中获得经济利益的人。

（二）侵害商业秘密的行为类型

EU－TSD 和 DTSA 均对侵害商业秘密行为作了统一规定，原则上非法获取、使用和披露商业秘密均构成侵犯商业秘密的行为。

1. 非法获取/不当取得

二者对通过不正当或非法手段获取他人商业秘密的侵害行为的界定基本相似。EU－TSD 规定的“非法获取”是指未经商业秘密持有人同意，而故意或因重大过失取得商业秘密的下列行为：（1）未经授权获取或复制受商业秘密持有人合法控制，含有商业秘密或从中可演绎出商业秘密的任何文件、资料、实体或电子文档；（2）窃取；（3）贿赂；（4）欺诈；（5）违反或诱使他人违反保密协议或任何其他保密义务；（6）其他违反商业诚信原则的行为。DTSA 定义的不正当手段，包括窃

---

⑨ See R. Knaak, A. Kur& R. M. Hilty（2014）, Comments of the Max Planck Institute for Innovation and Competition of 3 June 2014 on the Proposal of the European Commission for a Directive on the Protection of Undisclosed Know－How and Business Information（Trade Secrets）Against Their Unlawful Acquisition, Use and Disclosure of 28 November 2013, COM（2013）813 Final, 45 IIC 2014, 953, Munich/Berlin: C. H. Beck/Springer.

⑩ See EU－TSD art. 2, § 2.

⑪ See 18 U. S. C. § 1836（b）（1）.

⑫ 《最高人民法院关于审理不正当竞争民事案件应用法律若干问题的解释》第 15 条：对于侵犯商业秘密行为，商业秘密独占使用许可合同的被许可人提起诉讼的，人民法院应当依法受理。排他使用许可合同的被许可人和权利人共同提起诉讼，或者在权利人不起诉的情况下，自行提起诉讼，人民法院应当依法受理。普通使用许可合同的被许可人和权利人共同提起诉讼，或者经权利人书面授权，单独提起诉讼的，人民法院应当依法受理。

⑬ See Comparing U. S. and EU Trade Secret Laws, http://www.transatlanticbusiness.org/wp－content/uploads/2016/07/US－EU－Trade－Secret－Comparison－30－June－2016.pdf, [cited 2016 Jul. 30].

取、贿赂、虚假陈述、违反或诱使他人违反保密义务，或通过电子或其他手段进行间谍活动。相较之，EU - TSD 对于“非法获取”的具体表现形式规定更加周严、详尽，认为非法行为的实质是有悖商业诚信原则，因此以兜底方式概括可能出现的其他非法获取商业秘密的行为。DTSA 关于“非法手段”采列举方式，也较详尽，但缺乏兜底条款。

2. 非法使用和披露

二者关于非法使用和披露的规定相当一致，仅有细微差别。EU - TSD 和 DTSA 均规定，未经商业秘密持有人同意，而故意或因重大过失使用或披露商业秘密，以及第三人明知或应知仍然使用或者披露商业秘密，即构成非法使用和披露商业秘密行为。EU - TSD 还规定故意制造、提供或进行侵害商业秘密的商品的销售、进出口，或以此为目的的商品存储，亦构成非法使用行为⑭，此规定类似于辅助侵权行为的认定。这里所称“故意”，只需行为人实际或推定知道商业秘密未经授权使用，即可认定。⑮ DTSA 则规定，如果行为人偶然或因错误而获取商业秘密，只有实际使用或披露商业秘密才承担责任；如果接触商业秘密的行为人的角色没有发生实质性改变，他可能不承担侵权责任；⑯ 对辅助侵权行为的认定则没有规定。

3. 侵害行为人的必要知悉程度

二者关于非法获取或使用、披露商业秘密信息的行为人的必要知悉程度的认定存有分歧。DTSA 中侵犯商业秘密应承担责任的前提是明知或应知，无论商业秘密是直接从商业秘密所有者或间接从第三方获得。它只强调“知道或有理由知道”商业秘密是以不正当手段获得的，至于是不是直接从所有者获得还是间接获得，法律没有规定。而 EU - TSD 对直接从商业秘密持有者获取和从第三方获取加以区分。如果秘密信息从合法控制者处获取，则非法获取必须是未获得授权或者是通过违背商业诚信原则的行为。如果信息是从缺乏合法控制的第三方获得，则要求明知或者在该情形下应当知悉，商业秘密是从正在非法使用或披露商业秘密的另一人处获得的。因此，当行为人不知情地以不正当手段自第三方获取商业秘密时，二者都认为此种情形不必承担责任，但 DTSA 特别规定直接自商业秘密所有者获取时，行为人不知道采用的是不正当手段者也无须承担责任。⑰

4. 合法获取、使用及披露商业秘密信息

二者均认为反向工程和独立发现是合法方式。EU - TSD 规定，当以下列任何一种方式获取商业秘密时，应认为是合法的：（1）独立发现或创造；（2）对公众可获得的产品或客体的观察、研究、拆卸，或信息获取；（3）员工或员工代表按照欧盟和国家的法律或惯例，行使信息权或咨询权；（4）在这种情形下，任何其他符合商

---

⑭ The conscious and deliberate production, offering orplacing on the market of infringing goods, or export or storage of infringing goods for those purposes, shall be considered an unlawful use of a trade secret.

⑮ See EU - TSD art. 4, § 5.

⑯ See 18 U. S. C. § 1839 (5).

⑰ 同前注3。

业诚信原则的行为。[18] 但此规定还需与各成员国的法律规定一致。[19] DTSA 则是在定义不正当手段时提到“不包括反向工程、独立推导或其他任何合法获取方式”[20]。可见，DTSA 对此缺乏与 EU – TSD 类似的详尽列举，可能导致通过反向工程获取商业秘密的诉讼中增加判定是否存在侵犯商业秘密行为的难度。而 EU – TSD 对合法获取、使用以及披露商业秘密的规定更加全面，除了反向工程和独立发现，还有员工享有信息权或咨询权和符合诚实商业惯例的行为，这些都是 DTSA 所没有的。

5. 适用除外

二者均有关于侵害商业秘密的司法豁免之规定，但内容差异较大。EU – TSD 规定，不得对以下方式取得、使用或披露商业秘密的行为提起司法救济请求：(1) 为表达和行使信息自由权而合法使用；(2) 为揭发申请人的错误指示或行为、非法活动，或基于公益需要，而必须对其进行取得、使用或披露行为；(3) 雇员为工作之必要而披露商业秘密；(4) 为履行非合同义务的行为；(5) 为保护合法利益的目的。[21] 该条规定考虑到了商业秘密与其他利益的平衡，是 EU – TSD 亮点之一。但本条规定也最具争议。有观点认为其表述有过于抽象，语义不明，可能会矫枉过正，反而在实践中损及商业秘密持有人的利益。[22] 还有观点认为，由于 EU – TSD 多处条款强调诉讼中保护商业秘密的保密性，对告密者和新闻记者的工作产生较大影响，仅有本条款不足以保护告密者和新闻工作者，并且告密者需要举证证明公共利益高于商业利益。DTSA 对侵犯商业秘密的司法豁免规定更倾向于保护“告密者”，且要求保密者基于举报或调查涉嫌违反法律的行为目的，以保密的方式直接或间接地向联邦、州或地方政府官员、律师披露商业秘密；或者在诉讼或其他司法程序中，以保密形式在起诉状或其他法律文书中披露商业秘密。而雇员在针对雇主涉嫌违法报复而提起的诉讼中，可以向其律师披露商业秘密，并且在庭审过程中使用商业秘密，但须以保密方式提交，非经法院同意不得对外披露。[23] 相较之，EU – TSD 对告密者基于公共利益的披露行为的豁免无须以保密方式披露商业秘密，但行为人应承担豁免举证责任。此外，DTSA 要求雇主必须在所有涉及保密信息的协议中依法告知雇员[24]免责条款，否则无法得到完整的损害赔偿。虽然 DTSA 没有规定记者或者其他有利于公共利益人的例外，但是这些人可以通过第一修正案获得保护。

---

[18] See EU – TSD art. 3, § 1.

[19] See EU – TSD art. 3, § 2.

[20] See 18 U. S. C. § 1839 (6).

[21] See EU – TSD art. 5.

[22] See The trade secrets directive, http://www.twobirds.com/en/news/articles/2014/global/food – law – may/the – trade – secrets – directive, [cited 2015 Aug. 31].

[23] See 18 U. S. C. § 1833 (b).

[24] 这里的“雇员”包括所有与雇主签订合同或提供咨询服务的个人，包括那些作为承包商或从事顾问工作的人。

（三）权利救济

1. 民事赔偿额度的确定

（1）补偿性损害赔偿。

在补偿性损害赔偿上，两法规定本质上一致，赔偿数额按照实际损失、不当得利以及许可付费损失的先后顺序确定。EU - TSD 规定经由商业秘密持有人申请，法院可判令侵权人向其支付与实际损害相当的损害赔偿金，还需考虑受损害方的利润损失、侵权人因获取商业秘密的不当得利，甚至因非法获取、使用或披露商业秘密给其持有人带来的精神损害等综合因素。还有一种便捷算法，法院直接以许可费的数额等为参照标准，不区分具体情况，整体确定损害赔偿金总额。[25] DTSA 关于补偿性损害赔偿的规定主要包括不正当使用商业秘密所造成的实际损失和任何额外的不当得利，且该不当得利未包含在依实际损失作出的损害赔偿之内；或者可根据不正当使用者对其未经授权的披露或使用行为应承担的合理的许可费用来计算。[26]

（2）惩罚性损害赔偿。

惩罚性损害赔偿源自对恶意的故意侵权行为的超额处罚，在此主要是针对故意且恶意侵害商业秘密的行为。DTSA 规定，如果商业秘密系被蓄意或恶意不正当使用，那么法院可以按侵害商业秘密裁决的损害赔偿金额，裁决侵害人赔付最高不超过其三倍的惩罚性损害赔偿。[27] EU - TSD 没有明确规定惩罚性损害赔偿的具体适用规则和标准。如前所述，EU - TSD 允许司法机关在确定赔偿额时可考量由不正当获取、使用和披露商业秘密给持有人带来的精神损失[28]，这可能会在欧盟成员国的法律中构成超出其实际损害的显著的惩罚性赔偿，但并没有 DTSA 中关于惩罚性赔偿是补偿性赔偿的多少倍的明文规定。

（3）对恶意侵害行为或者恶意诉讼请求人的特别处罚。

二者都明文规定了损害赔偿之外的特别处罚条款，但目的有异。EU - TSD 规定，法院如发现提起非法获取、使用或披露商业秘密之诉的原告无明显案由，或试图以不正当手段延迟或者限制竞争对手进入市场而恶意提起不实诉讼，或滥用司法救济程序，则应对恶意请求人或申请人进行处罚或向被申请人进行损害赔偿[29]，可见 EU - TSD 这一措施旨在避免司法救济被滥用而妨害欧盟内部市场合法贸易和公平竞争。DTSA 则规定，如果有旁证证明对不正当使用商业秘密的诉求或临时救济措施的请求是基于恶意且违背诚信原则，或者恶意实施不正当使用商业秘密行为，法院可以裁决赔偿胜诉方所支付的合理律师费。[30]

---

[25] See EU - TSD art. 14.

[26] See 18 U. S. C. § 1836 (b) (3) (B).

[27] See 18 U. S. C. § 1836 (b) (3) (C) .

[28] See EU - TSD art. 14, § 2.

[29] See EU - TSD art. 7, § 2.

[30] See 18 U. S. C. § 1836 (b) (3) (D).

2. 刑事责任的认定

侵害商业秘密的刑事责任认定并不是本文讨论的重点，EU - TSD 不包括任何有关刑事责任的规定，是否将盗用商业秘密行为纳入刑法规制范围取决于成员国的立法意旨。但美国有关商业秘密侵害行为的刑责管辖则集中于 EEA 中，明确规定涉及商业秘密窃取的经济间谍行为之行为人、行为表现与内容、具体刑责内容等，旨在实现吓阻侵害商业秘密犯罪行为，同时将规制触手伸向外国政府所支持的发生在美国境内外的经济间谍活动，为后续扩展其商业秘密法制的域外适用奠定基础。

（四）司法临时救济措施

司法实践中，第三方对商业秘密的非法获取通常会给其合法持有人带来毁灭性后果，因为一旦被公开披露，该持有人就不太可能恢复到商业秘密丧失之前的状态，其基于持有商业秘密而获得的权益可能损失殆尽。因此，权利人一经发现其商业秘密存在被不法获取、使用或披露之虞即可提请司法保护，便捷易行的临时救济措施确有必要，民事扣押令和禁令救济等措施可对诉讼过程中权利人的商业秘密提供最大限度的保障。

1. 民事扣押令

EU - TSD 规定权利人只要能提供合理证据证明其商业秘密正在遭受或者即将发生不法侵害，可向司法机关申请临时救济措施，民事扣押措施适用于“扣押或者移送涉嫌侵权产品，包括进口产品，以阻止其进入市场或在市场流通”㉛。司法机关综合考量商业秘密价值、保密措施、侵害行为及其影响、临时救济措施对当事人或第三方合法利益的影响等因素决定是否同意其申请，同时规定临时救济措施的撤销或失效要件。此外，申请人须能提供足够的担保，以确保被申请人或其他被影响人因错误实施临时救济措施而遭受损失得以获得补偿。㉜

DTSA 规定，商业秘密持有人可为民事证据保全目的向联邦法院单方申请民事扣押令，以保障作为诉讼标的的商业秘密不被泄露或散布。这是本法案中较为重要且存在争议的一部分。为避免商事主体利用扣押程序从事不正当竞争行为，DTSA 对于扣押程序作了严格限制。首先，法院签发扣押令必须查明法条规定的八项事实。其次，扣押令的内容包括将扣押范围控制在最低限度内，以降低对第三人和被控人的合法经营造成的阻碍；保护扣押财产不被泄漏；尽快安排听证程序以及提供担保。再次，扣押程序中，法院可邀中立的技术专家参与审查，或者任命专人对涉案商业秘密信息进行定位和隔离，对无关财产不予扣押。此外，在听证程序中，获得扣押令的一方负有举证责任，如举证不力，则应撤销或者适当变更扣押令。最后，确定扣押系错误时，被申请人可请求因非法扣押而权益受损的救济。DTSA 意图从多方面限制申请人的权利，规范法院发布扣押财产命令的程序，保证受害人及时获得救济以及促进被告人与第三人合法权利间的平衡。㉝

㉛ See EU - TSD art. 10.

㉜ See EU - TSD art. 11.

㉝ See 18 U. S. C. § 1836 (b) (2).

比较可知，EU－TSD 的扣押对象仅针对侵权产品，小于 DTSA 扣押令的适用范围。EU－TSD 无明文规定是否可实施持有人单方申请的扣押程序。在证明责任上，EU－TSD 仅需申请人提供证据，证明其保有商业秘密、申请人是合法商业秘密的持有人以及商业秘密正在被非法获得、使用或披露，或对商业秘密的非法获得、使用和披露即将发生。DTSA 的证明责任规定则更为具体，需要更全面的证明。在扣押听证程序上，EU－TSD 对扣押听证制度未作规定，而 DTSA 则明确设立。从内容上看，该规定类似于我国民事诉讼法中的诉前保全。然而，实施扣押令对被申请人的财产利益也会造成极大影响，亦存在滥用风险，二者均采取必要措施进行防控，如 EU－TSD 规定的比例原则。DTSA 亦有严格限制条件，申请人要提交相关证据，提供担保；在合理期间内起诉，否则临时措施将被撤销或失效；如最终确定申请人属恶意或错误申请时，其应向答辩人或受损害第三方就其损失进行合理补偿。

2. 禁令救济

初步禁令救济作为临时性或预防性救济措施之一，EU－TSD 规定法院须依商业秘密所有人的申请裁决：（1）停止侵害，或视具体情况而定，临时禁止商业秘密的使用和披露；（2）禁止生产、提供、销售或使用侵权产品，或因上述目的禁止进出口或存储侵权产品[34]。这里所称之“侵权产品”一般是指“其设计、特性、功能、制造过程或营销明显受益于非法获得，使用或披露的商业秘密”。此外，与扣押令程序中对申请人的限制类同，如为恶意申请也将向受损害方支付合理的金钱补偿。如果侵害行为非主观故意实施[35]或者禁令可能导致显失公平的损害时，亦可允许支付合理的许可费以取代禁令的执行。[36]

DTSA 中临时禁令制度源于 USTA 的临时性救济措施[37]，规定法院依申请对既存的或具有潜在威胁的不当获取商业秘密行为颁发临时禁令[38]，其时效应为商业秘密有效存续期间或消除不当获取行为所得商业利益的合理期间。如果法院有合理理由认为颁发禁令不能实现衡平救济[39]的目的，则可判令在原本可能禁止使用商业秘密的期间支付合理权利金以取代禁令。

3. 决定因素

两法对司法机关决定是否给予或拒绝临时或预防性救济申请的考量因素之规定基本相似。

首先，平衡私益损害与公共利益。DTSA 考虑是否对当事人产生直接的、无法挽回的损失；拒绝扣押对申请人造成的损害是否远大于执行扣押对被申请人合法利益可能造成的损害以及对第三人可能造成的损害。EU－TSD 要求司法机关综合考虑商

---

[34] See EU－TSD art. 13 (3).

[35] See EU－TSD art. 14, § 2.

[36] See 18 U. S. C. § 1836 (b) (3) (B).

[37] See Uniform Trade Secrets Act with 1985 Amendments, § section 2.

[38] See 18 U. S. C. § 1836 (b) (3) (C).

[39] 禁令制度源自衡平法上救济措施，其目的是综合考量双方当事人利益的公平合理性。

业秘密的价值、侵害行为的影响、当事人的利益、第三方和公共利益等多方因素。

其次，被申请人已占有商业秘密和/或即将发生侵害行为。DTSA 申请人须举证证明其被窃取的信息属于商业秘密，且扣押令的被申请人通过不正当手段获得、使用或披露该商业秘密，或图谋不轨。EU－TSD 规定司法机关有权要求申请人合理举证，以证明其商业秘密，且申请人是合法持有人、商业秘密正在被非法获得、使用或披露，或即将发生该不法侵害。

再次，被申请人针对临时性或预防性救济措施的抗辩机会。DTSA 要求法院在签发扣押令 7 天内举行听证，除非被申请人和其他受此扣押令影响的第三方同意其他时间举行。EU－TSD 则规定，如申请人在合理时间内（通常是 1 个月）未向主管司法机关提起程序以获得实体裁决，或者争议中的信息因为不能归结于被申请人的原因，不再成为商业秘密，则撤销或废止临时措施。

最后，申请人的担保与赔偿能力。DTSA 规定法院应当要求获得扣押令的申请人依法院确定的数额提供充足的担保，如扣押发生错误或超过必要限度，受到损害之人可针对该扣押令的申请人就该扣押令提起诉讼，并且有权获得救济。EU－TSD 也规定法院实施临时措施的前提是申请人提供足够的担保或相当保证，当发现不存在侵害商业秘密行为或申请人实际未受此类行为威胁时，法院依受损害方的请求，有权命令申请人提供合理补偿。

4. 禁令不得妨碍雇员流动性

对侵害商业秘密行为的禁令制度，不应妨碍雇员流动性和公平竞争，但应当考虑与竞业禁止规则的衔接。EU－TSD 对员工流动性提供相对稳健的保护，规定不得限制员工对不构成商业秘密的信息的使用；不得限制员工使用在正常工作过程中诚实地获得的经验和技能；劳动合同中保密义务与竞业禁止的规定应在合理范围内。[40]但各成员国相关法律可继续适用。DTSA 关于员工流动性的限制较为宽松，禁令一般不得针对雇佣关系，如需颁发雇佣禁令则必须有切实证据证明商业秘密正面临被他人不当使用的威胁，仅依据个人所知的信息或属商业秘密无法申请禁令[41]。但 DTSA 对员工流动性的保护仅仅在联邦法下适用，而 DTSA 也不排斥州法，易言之，州法仍可允许在 DTSA 中不被允许的限制雇员流动性的雇佣禁令，这或可导致未来法律适用之冲突。

（五）法律程序中商业秘密的保密措施

诉讼程序中的证据开示可能要求商业秘密作为证据予以公开，一旦诉讼程序中保密不慎，就导致泄密，商业秘密持有人即使最终胜诉也难以获得有效的司法救济。有鉴于此，持有人可能选择不诉讼以避免泄密风险，保障其商业秘密的秘密性。因此，EU－TSD 和 DTSA 均认为有必要在商业秘密案件法律程序中设立恰当的防护措施以保护合法商业秘密的秘密性。

---

[40] See EU－TSD art. 1, § 3.

[41] See 18 U. S. C. § 1836 (b) (3) (A) (i) (I) － (II).

EU－TSD 认识到整个诉讼程序过程中每个可能接触到商业秘密的人，包括当事人及其法定代表人、法院官员、证人、专家和其他参与到与非法获取、使用或披露商业秘密相关法律程序的人，或能够接触到部分法律文件的人，都可能对商业秘密的秘密性造成威胁，因此全面而详细地规定了他们因参与或接触而知悉商业秘密的保密义务及其履行保密义务的具体措施，以及决定采取措施保持秘密性时需要考虑的因素。比例原则在此同样适用，综合考虑公平审判与有效救济的平衡，当事人与第三方的利益平衡，以及可能存在的潜在损害等[42]。其中采取限制接触的措施并未限制诉讼中对方律师合法行使阅卷权。

DTSA 强调了在扣押过程中对扣押人信息、材料、扣押的执行等的保密要求，却忽视了整个诉讼程序过程中每一个可能接触到商业秘密的人对商业秘密的秘密性所构成的威胁，只规定“法院不得批准或指示披露任何被所有者称为商业秘密的信息，除非法院允许所有者以保密形式提交文件”。[43] 此外，也未对具体履行保密义务的措施进行详细规定。

（六）域外管辖权

为应对经济全球化背景下的商业秘密侵害行为，欧美商业秘密立法均有涉及域外商业秘密侵害行为的管辖规定。1996 年 EEA 最早规定对发生在域外的商业秘密侵害行为享有域外管辖权，主要涉及刑事责任管辖问题[44]，即根据其第 1837 条规定，可对行为人是美国公民或有美国永久居留权的外国人，或根据美国法律成立的商业组织在美国境外实施的侵害商业秘密行为进行域外管辖。此外，商业秘密民事案件一般由当事人为主张其私益提起诉讼，举证困难，但依据 EEA 规定，美国商业秘密持有人只要怀疑他人侵害或意图侵害其商业秘密，即有权向联邦调查局（FBI）举报，利用国家强制性执法资源实施刑事调查手段、羁押措施和刑事处罚，即使行为人不在美国境内，FBI 还可通过实施诱捕实现域外管辖。由于美国一直将中国视为商业秘密窃密的最大威胁，涉及中国人或者华裔的经济间谍案日益增多，其中不乏适用域外管辖权的案例。

中国天瑞公司诉美国国际贸易委员会（ITC）案后美国商业秘密国内法域外适用从刑事责任扩展至民事责任领域[45]，此案判决一出，美国 337 条款就能直接赋予 ITC 等有关部门针对发生在美国领域外的商业秘密案件行使管辖权和执法权。该案中，美国联邦巡回法院认为，中国天瑞公司被指控的侵犯商业秘密行为虽然完全发生在美国领域外，但其利用该商业秘密生产的产品一旦进口到美国，会对美国相关产业

---

[42] See EU－TSD art. 9.

[43] See 18 U. S. C. § 1835（b）.

[44] See 18 U. S. C. § 1837.

[45] See Should US Trade Secret Laws Extend To Foreign Countries? http：//www. faegrebd. com/webfiles/Should%20US%20Trade%20Secret%20Laws%20Extend%20To%20Foreign%20Countries. pdf，［cited 2018 Aug. 4］.

造成威胁或者损害，且美国有必要对该产业进行保护[46]，因此 ITC 可以适用 337 条款禁止利用该商业秘密生产的产品进口到美国，不论该产业中的美国企业是否应用该商业秘密。

这个判决使得那些怀疑自己的商业秘密信息在海外遭到侵犯的美国商业秘密持有人可以直接向美国有关部门主张权利，要求其禁止通过窃密行为生产的竞争性产品进口到美国，直接由美国海关进行执法，其影响深远。

三、我国制定商业秘密保护专门法的必要性及其立法构建

日益严峻的商业秘密保护困境给世界各国都带来挑战，我国现行单薄的商业秘密保护立法较之相对完备的欧美立法经验相形见绌，导致司法审判中法律适用的诸多障碍，如商业秘密法律属性的不确定，侵害行为的认定标准不清晰，责任形式单一，商业秘密案件缺乏特应性的司法程序等问题。此外，随着中国经济融入全球化的进程加速，国际贸易中涉及商业秘密的行为如何适用法律，如何应对外来规制，如何协调国际保护等问题日益凸显。下文立足于前文欧美商业秘密立法经验比较和修法背景分析，对照我国当前严峻的国内外商业秘密侵害现状，以欧美商业秘密保护共同规则为鉴，探讨具有中国特色的商业秘密专门立法中亟待解决的重点难点问题。

（一）欧美商业秘密立法经验的借鉴

如前文所述，商业秘密是合法的、具有一定价值的知识财产，应该受到保护防止侵害。近年来欧美商业秘密的立法改革强化专门立法，将商业秘密视为重要的知识财产予以保护，在商业秘密界定、侵害行为认定、责任追究、权利救济、域外适用等方面呈现出规则趋同的发展。经济全球化背景下的经济活动不可能偏安一隅，欧美关于商业秘密保护的共同规则可为我国商业秘密法律保护借鉴，知己知彼，取长补短。这些共同规则估计将会促进《跨大西洋贸易与投资伙伴关系协定》（TTIP）关于商业秘密的谈判，为 TTIP 谈判提供一条基本进路和指引。

首先，确定商业秘密的范围。商业秘密通常包括满足下列要求的任何类型的信息：（1）信息所有人或合法占有人必须采取合理的措施来保持其保密性；（2）信息必须是秘密的，它既不是通常已知的，也不容易通过这个圈子的其他人来获得，这个圈子的其他人通常是指正常处理这种信息，并能从其披露或使用中获得经济价值的人；及（3）信息必须从它的保密中获得经济或商业价值。

---

[46] 此案原告 Amsted 是一家美国公司，其拥有制造钢车轮的秘密工艺流程。Amsted 将此工艺流程授权许可给了很多中国的制造公司。在 2005 年时，中国天瑞公司向 Amsted 公司请求许可使用该工艺流程，但是双方谈判失败。中国天瑞公司于是雇佣了获得 Amsted 公司许可的一家中国公司的前雇员，运用该雇员的知识，中国天瑞公司学会了 Amsted 的工艺流程，在中国生产钢车轮，并把产品出口到美国。Amsted 公司遂向 ITC 提出控诉，指控中国天瑞公司违反美国关税法案的 337 条款，该条款禁止“不正当竞争方法和不正当行为的物品的进口……破坏或实质性损害美国产业”。中国天瑞公司认为如果其使用工艺流程的行为发生在美国，则侵犯了美国国内的商业秘密法，但是所涉侵权行为（包括获取和使用）完全发生在中国，337 条款不具有域外效力。鉴于 ITC 发布限期排除令禁止天瑞车轮的进口，中国天瑞公司诉至美国联邦巡回法院。该法院最终认可了 ITC 的决定。

其次，认定商业秘密侵害行为，也被称为非法获取、使用或泄露商业秘密，具体包括：（1）未经所有人或合法的商业秘密持有人的同意或授权，通过明知或应知该商业秘密被非法或以其他方式不当获得的人，获取他人的商业秘密；（2）未经所有人或合法的商业秘密持有人的同意或授权，通过非法或其他不正当手段取得商业秘密或者违反保持商业秘密的保密性的协议或义务，披露或使用他人的商业秘密，且行为人明知或应知该商业秘密是通过非法或不正当手段获取商业秘密的人或者是非法使用或披露商业秘密的人处获得，或在有义务保护商业秘密的秘密性或限制其使用的情形下获取，又或是通过违反保护商业秘密的秘密性或限制其使用的任何协议或义务的人获得。这里所称“非法或不正当手段获取商业秘密”包括未经授权和/或非法访问、复制或侵占商业秘密信息，但不包括独立的推导、发现或创造、反向工程，反向工程的产品或其他对象应当是可为公众获取或获取者合法占有，且没有任何合法有效的义务禁止或限制这样的反向工程。

再次，侵权责任豁免通常适用于完全不知情地获取、使用或披露商业秘密的行为人。法律还规定，如果行为人披露商业秘密信息出于揭露或调查涉嫌不当行为或非法活动的目的，也可适用有限制的豁免。欧美等国家的商业秘密侵权责任豁免还可由劳动法、工会法或其他法律规定。司法机关在商业秘密诉讼程序应允许采取相应的保密措施，当商业秘密所有人或持有人有正当理由，来保护被指控的商业秘密信息的保密性，并限制其披露，以达到必要的诉讼目的。此外，欧美等国立法对商业秘密侵权法制与员工流动性之间潜在的紧张关系形成共识，设定例外规则，以确保员工流动性不受限制。

最后，侵害商业秘密救济措施一般包括：（1）临时性或预防性措施，针对涉嫌侵害者，包括扣押商品或者其他必要财产以防止商业秘密的泄露传播和初步禁令救济；（2）补偿性损害赔偿，可以根据商业秘密所有人或持有者的实际损失或损害，侵权人的不当得利，或通过对侵害行为发生期间的合理许可费用来衡量；（3）潜在的额外的惩罚性赔偿，此赔偿建立在侵权人故意、恶意的行为基础上或对商业秘密持有人构成精神损害的基础上；（4）禁令救济，包括停止或防止侵占以及采取积极行动或纠正措施来保护商业秘密；（5）其他制裁，适用在违背诚信的回应索赔或其他诉讼行为发起或进行的行为中。上述所有救济措施的适用均规定具体条件和程序，保护和限制并存。

（二）制定专门立法的必要性

综上所述，世界各国日益重视商业秘密对于商业竞争、企业管理乃至经济安全的重大意义，无不首先通过国家立法来实现保护商业秘密的目的。我国的现实情况却相形见绌，首先，与专利法、著作权法和商标法等专门法保护相比，我国对商业秘密的保护是以反不正当竞争法保护为主，其他保护散见于合同法、劳动法、劳动合同法、公司法、民事诉讼法、刑法等不同法律，看似“全面”保护，实则缺乏系统性和内在逻辑性，不同法律规定中概念不一致、称谓不统一，易产生法律竞合问题，增加法律适用难度。其次，我国《反不正当竞争法》第10条作为商业秘密保护的主要法源，法律责任上突出规定行政处罚，而对侵权损害赔偿等重要的民事救济仅作原则性规定，处罚标准不明。如涉嫌不法侵害商业秘密犯罪行为，因我国1997年《刑法》中有关侵犯商业秘密罪的入罪门槛过高而难以有效追究其刑事责任而失去威慑作用。最后，相较欧美日等近年来频繁对商业秘密保护立法的修订与完善，我国《反不正当竞争法》实施近24年未作修改，现行该法的适用范围仍为“具有竞争利益的经营者与经营者之间的关系”，而司法实务中涉及雇员泄露、使用单位的商业秘密，或是非经营者之间的保密义务、法律程序中“二次泄密”风险等，可能因法律适用上的障碍而“无法可依”，而此类行为可能是商业秘密最大的风险来源。因此，主要依靠反不正当竞争的现行法律规制无法形成有效保护，即使对反不正当竞争法的局部进行修订，也难以解决我国现行商业秘密保护制度中诸多“紊乱区”和“空白点”[47]，有必要在已有反不正当竞争法保护商业秘密之外，对商业秘密保护制定专门立法，以统一基本概念、明确适用范围，整合前述诸多法律之间的分散规定与适用规则，以严格的法律保护引导企业对专有技术的研发投入，增强保护和管理意识，培育以此为核心的竞争优势，提升在经济活动中的竞争力。此外，我国经济实力与创新能力日益增强，与他国经济发展竞争更加激烈，欧美等发达国家通过商业秘密保护遏制我国经济发展，例如美国EEA颁布以来实施域外管辖的经济间谍案中很多都涉及我国企业或公民[48]，因此我国商业秘密保护立法也需考量与国际立法和贸易规则相一致，消除发达国家利用这些法律规则设置的贸易障碍，防范域外的商业秘密窃密风险，保障投资与创新，更好地促进经济发展。

（三）我国商业秘密立法的完善建议

1. 商业秘密的内涵

（1）法律属性。

商业秘密立法应首先明确商业秘密的法律属性，此为立法之基础。目前我国商业秘密保护以反不正当竞争法为主导，而该法并不为规制对象创设类似于专利、商标的独占权，其保护的是基于该客体而产生的法益，即使将商业秘密类同于知识产权加以保护，使之具有部分财产权属性，但绝不涵盖产权全部属性。但最新颁布的《民法总则》则是将“商业秘密”明确与发明、作品、商标等并列成为知识产权的客体，是可为权利人专有的权利。对此，笔者认为商业秘密不应归类于财产权利，它只是一种具有财产价值的特殊类型信息[49]。该种信息不需要任何登记或授权程序，往往由其持有人采取相应手段对其完全保密，外界很难知晓，因此“很难构成明确

---

[47] 唐海滨，孙才森，梁彦，王莉萍. 有关商业秘密立法的重点难点问题，《中国法学》1999年第4期，第20－32页。

[48] 中国企业面临大考——美国众议院通过联邦商业秘密法，中国合规网，http：//mp. weixin. qq. com/s? _biz = MzA5MjA5MTExOQ = = &mid = 2650163431&idx = 1&sn = c89948cb3f249f5de6490d459cef4a23&scene = 1&srcid = 0820QuYs53p73uNkSvgNwqAp#rd. 最后访问日期：2016年7月14日。

[49] 郑友德，王活涛，高薇. 日本商业秘密保护研究，《知识产权》2017年第1期，第114－120页。

的权利客体[50]”，因此“不应从法律上确认其物权性质[51]”。只是在其他人以不法手段侵害持有人的商业秘密时，法律赋予其请求法律救济的权利，用以制止该不正当竞争行为，因此，现阶段我国主要以反不正当竞争法规制之亦符合该逻辑[52]。

（2）商业秘密的定义。

各国现行立法中对商业秘密的界定基本与 TRIPS 协议的规定一致，均包含非公知性、商业价值和秘密管理措施等要素[53]。我国现行《反不正当竞争法》第 10 条规定：“本条所称的商业秘密，是指不为公众所知悉、能为权利人带来经济利益、具有实用性并经权利人采取保密措施的技术信息和经营信息。”1995 年颁行的《国家工商行政管理总局关于禁止侵犯商业秘密行为的若干规定》中商业秘密的定义与之相同，2004 年《最高人民法院关于审理技术合同纠纷案件适用法律若干问题的解释》中明确规定“技术秘密是指不为公众所知悉、具有商业价值并经权利人采取保密措施的技术信息”。前述商业秘密的定义与 TRIPS 协议和 WIPO《关于不正当竞争保护的示范规定》的规定基本相同，但我国反不正当竞争法规定商业秘密的构成要件中多出一个“具有实用性”特征，这大大限缩了商业秘密的保护范围，使很多本应得到保护的秘密信息因不符合“实用性”要件而得不到保护。

我国现行反不正当竞争法中规定商业秘密应“为权利人带来经济利益，具有实用性”，2007 年《最高人民法院关于审理不正当竞争民事案件应用法律若干问题的解释》（以下简称 2007 年司法解释）进一步将其认定为“具有现实的或者潜在的商业价值，能为权利人带来竞争优势的”[54]，“商业价值”的表述与国际立法趋同，未来修法也应直接采用“商业价值”来代替“经济利益”的表述，因为实践中确有一些商业秘密信息对权利人本身并不能直接创造新价值而带来经济利益，但如若其竞争对手获取该商业秘密信息则可能直接从中获取应用价值，从而损及权利人相对于其竞争对手的竞争优势[55]，间接损害其利益，因此，立法中应对此加以明确，这对后续损害赔偿范围之认定尤为重要。

---

[50] 唐海滨，孙才森，梁彦，王莉萍．有关商业秘密立法的重点难点问题，《中国法学》1999 年第 4 期，第 20－32 页。

[51] 同前注 50。

[52] 《巴黎公约》1967 年文本第 10 条之二的规定为反不正当竞争提供有效保护。

[53] TRIPS 协议第 39 条之二　只要有关信息符合下列三个条件：

（a）在一定意义上，其属于秘密，就是说，该信息作为整体或作为其中内容的确切组合，并非通常从事有关该信息工作之领域的人们所普遍了解或容易获得的；

（b）因其属于秘密而具有商业价值；

（c）合法控制该信息之人，为保密已经根据有关情况采取了合理措施；

则自然人及法人均应有可能防止他人未经许可而以违背诚实商业行为的方式披露、获得或使用合法处于其控制下的该信息。在本节中，“以违背诚实商业行为的方式”，应至少包括诸如违约、泄密及诱使他人泄密的行为，还应包括通过第三方以获得未披露过的信息（无论该第三方已知或因严重过失而不知该信息的获得将构成违背诚实商业行为）。

[54] 2007 年《最高人民法院关于审理不正当竞争民事案件应用法律若干问题的解释》第 10 条规定。

[55] 最高人民法院研究室．知识产权、不正当竞争司法解释理解与适用，法律出版社 2014 年 5 月版，第 509 页。

此外，前述定义中的“权利人”亦不同于专利权人、商标权人等主体意涵，参考欧美立法中多使用“所有人”概念，而TRIPS协议第39条和WIPO《关于反不正当竞争保护的示范规定》第6条中则使用“合法持有人”[56]，仅从字面上看，它不等于“权利人”或“所有权人”，因为合法持有人不享有对商业秘密的处分权，仅为“合法控制”，除真正的权利人之占有和控制外，还应包括依各种合同获得商业秘密的持有人对商业秘密的占有和控制。因此，采用“合法持有人”的概念更有利于避免限制商业秘密持有主体的范围，从而实现扩大商业秘密的保护范围的目的。

2. 行为类型与认定

欧美商业秘密保护立法中规定的侵害商业秘密行为不外乎两类：非法获取、非法使用或披露，所谓“非法”应为“违反诚实商业行为”之意，与TRIPS协议规定类同，具体包含“违反合同、泄密和违约诱导”等具体做法。我国侵害商业秘密行为的具体认定在现行反不正当竞争法中表现为“盗窃、利诱、胁迫等不法获取，不法披露或使用、违反保密措施等”，行为列举更为具体。现实中的员工携密跳槽或其他泄密行为发生的前提是很多不同形式的非财物利益，可能造成执法时因不符合法律之硬性规定而无法规制的困难。笔者认为现行立法的“利诱”行为应以是否违反商业诚信原则为标准予以认定，类同于TRIPS协议中“违约诱导”的规定。

笔者通过比较其他立法惯例，认为“欺诈”作为最典型的一种违反诚信原则的不法行为应在此予以补充。“欺诈”一词在民法中已有明确界定与适用规则，亦不会增加执法困难。如前所述，“违反诚实商业行为”已包含“违反保密措施”的行为。因“违反保密措施”而构成侵害商业秘密的行为主体为“经营者”，此规定似将实践中大量发生的雇员或前雇员涉嫌违反保密协议而发生的商业秘密泄密行为排除在外，尽管现行公司法、劳动合同法对此已有规定，但笔者认为反不正当竞争法修法时可直接删除前置的“经营者”限制，即“经营者”之外的其他主体实施的侵害行为也可适用此项规定。此外，对于雇员或者前雇员涉嫌商业秘密侵害行为的认定应与现行竞业禁止规定和保密协议内容相衔接，充分考量企业的利益、雇员职位差异，以及竞业禁止地域范围、时间、禁止的行为、补偿措施等综合因素，而不能简单地进行侵权认定后直接要求其承担较为严重的法律责任。对于雇员非故意（重大过失）泄露商业秘密而造成损害的，可给予限制损害赔偿额的宽宥处理。

鉴于欧美商业秘密保护立法中对不构成商业秘密侵害行为的明确规定，我国立法规定商业秘密侵害行为时也应借鉴除外规定，明确不构成商业秘密侵害行为的情形，以兼顾保护其他法益，同时也避免商业秘密因滥诉而成为恶意商业竞争的工具。除2007年司法解释中已明确的反向工程、独立发现或创造、合法取得等行为外，引入欧美立法中的“告密者”豁免规则。美国立法认定“向政府申告违法行为时不可避免披露他人商业秘密的行为”不视为商业秘密侵害行为，欧盟立法中将“符合商

---

[56] 这里的“合法持有人”，在WIPO《关于反不正当竞争保护的示范规定》第6条中的解释为“合法控制（control）该信息的自然人或法人”。至于“控制”的确切涵义注释中并未明确。

业诚信原则的使用行为，为表达和信息自由所做的使用行为”视为合法行为，日本立法中亦有“如为违反公序良俗的信息，其泄露不符合商业秘密法律保护之意旨，而不予保护”的规定，因此我国相关立法也可因循“违法行为本身不产生法益，亦不受法律保护”的精神而规定，如果因保护其他公益而有必要予以披露商业秘密信息的行为，不构成商业秘密侵害行为。

3. 承担法律责任

我国现行《反不正当竞争法》第20条规定，侵害商业秘密行为人应承担损害赔偿责任，但赔偿数额以其损失额为限或者以侵权所获利润为限[57]，司法实践中被侵害人往往难以对前述赔偿数额实际举证，可能造成因无法证明其实际损害而无法请求损害赔偿的困境。相反，后续数条针对具体侵害商业秘密行为的法律责任的规定有具体数额内容，但均是由“监督检查部门责令停止违法行为并根据情节处以不同具体数额罚款”，而监督检查部门一般是指工商行政管理部门，因此这只能视为一种行政处罚，并不能直接代替侵权赔偿。笔者认为，持有人因商业秘密泄露往往遭受巨大损失且不可逆转，商业秘密保护立法必须明确规定损害赔偿的估算方法，根据我国民法确立的损害赔偿原则，以被侵害人的实际损害为限[58]，若此无法确证，则可参照2007年司法解释第17条确定的比照侵犯专利权的损害赔偿额计算方法，根据该项商业秘密的商业价值来确定损害赔偿额，具体根据其研究开发成本、实施该项商业秘密的收益、可得利益、可保持竞争优势的时间等因素来估算，或者参照新修订的商标法中直接规定法定损害赔偿上限，由法官自由裁量。如果是行为人故意实施侵害行为，手段恶劣，后果十分严重者，还可参考美国商业秘密保护立法中的惩罚性损害赔偿制度予以重罚，以儆效尤。

此外，我国现行反不正当竞争法及其最新的修法草案都仅有被侵害人得以实施损害赔偿请求权的规定，而缺失必要的防止侵害请求权，而法条中有关“监督管理部门责令停止违法行为”和“可责令被申请人停止销售使用权利人商业秘密生产的产品”[59] 的规定或可视为行政禁令性救济措施，但仅限于监督管理部门依职权的行政强制措施，而民事救济中禁令制度才是真正能够保障被侵害人商业秘密合法权益的有力武器。欧美商业秘密法律保护修法趋势均体现出强化民事保护程序的意旨，都在损害赔偿法则之外另规定停止使用或泄露商业秘密的禁止性规则，同时“禁止制造、提供、在市场上展示侵犯商业秘密的侵权产品，或为此目的而进出口、储存侵权产品等”，避免商业秘密损害进一步扩大。因此，禁令制度对于因商业秘密泄露而遭受损失或者因存在泄露危险而可能遭受损失的人而言是至关重要的救济措施，在商业秘密保护立法中不可或缺。对此，2007年司法解释第16条已明确规定“人民法

---

[57] 我国《反不正当竞争法》第20条规定，经营者违反本法规定，给被侵害的经营者造成损害的，应当承担损害赔偿责任，被侵害的经营者的损失难以计算的，赔偿额为侵权人在侵权期间因侵权所获得的利润。

[58] 唐海滨，孙才森，梁彦，王莉萍. 有关商业秘密立法的重点难点问题，《中国法学》1999年第4期，第20-32页。

[59] 1998年《国家工商行政管理局关于禁止侵犯商业秘密行为的若干规定》第6条。

院对于侵犯商业秘密行为判决停止侵害的民事责任时”，即可认为是认可人民法院在审判中可适用“停止侵害”这一民事责任形式的。虑及为被侵害人提供更为及时有效的法律保障，商业秘密保护立法应当吸收这一立法精神，明确规定被侵害人在向人民法院起诉时可以申请停止侵害的禁令，以及时封堵泄密路径，维护其合法权益。

4. 司法救济程序

商业秘密本就保密，相应的侵害行为也大多秘密进行，因此在商业秘密案件中举证或调查取证往往十分困难，且取证工作一般公开进行，侵害行为人很可能会设法转移或销毁证据。对此，商业秘密立法中可借鉴其他知识产权专门立法的“举证责任转移规则”，规定商业秘密权利人能够证明他人使用的信息与其商业秘密实质相同以及他人有获取其商业秘密条件的，他人应当对其使用的信息具有合法来源承担举证责任，据此法院可以推定无法举证的侵害人系非法取得权利人的商业秘密。

司法保护作为商业秘密保护的最后一道防线，也是关键环节，亦可导致商业秘密在此过程中再次泄露。我国现行立法仅对商业秘密保护进行实体性规定，缺乏实践可操作的程序性规定，在具体司法审判中则是依据民事诉讼法相关规定执行，并无针对保障商业秘密免受侵害的特应性规定。欧美等国商业秘密保护立法中则采用实体法与程序法合而为一的模式，即同时规定专门的民事救济程序性规定，如保护令、扣押令等。法院在诉讼中可适用民事诉讼程序中的证据保全制度，同时对于在诉讼中接触商业秘密的人，包括法官、检察官、当事人、代理人、辩护人、鉴定人、证人、书记员、翻译、法警、打字员等其他诉讼参与人[60]，如果存在侵害他人商业秘密的可能，也可根据商业秘密权利人的申请或者依职权向其发出保护令，要求其保守商业秘密，不得将商业秘密用于诉讼外目的，如有违约泄密则应承担相应的泄密责任。对此，笔者认为，在我国商业秘密保护司法实践或者当事人的诉讼过程中，亟待设立商业秘密保护令制度，规定“当事人、代理人或者其他诉讼参与人违反商业秘密保护令，在诉讼外披露或者使用其在诉讼中获得的商业秘密的，人民法院可以根据具体情节给予罚款、拘留；构成犯罪的，依法追究刑事责任”。[61]

此外，对于涉嫌侵害商业秘密行为所用的财产或者工具，法院亦可予以扣押，避免出现诉讼障碍，以保障申请人实体权利的实现。同时，商业秘密持有人发现可能侵犯其商业秘密的货物即将进出口的，可以向货物进出境地海关提出扣留前述货物的申请，继而就被扣留的前述货物向人民法院申请采取责令停止侵权行为或者财产保全的措施。

5. 域外适用

商业秘密保护立法虽为一国之内的法律，但经济全球化背景下的国际贸易活动日趋频繁，而针对外国人或企业的商业秘密侵害行为的诉讼或者特别调查程序近年

---

[60] 唐海滨，孙才森，梁彦，王莉萍. 有关商业秘密立法的重点难点问题，《中国法学》1999 年第 4 期，第 20 - 32 页。

[61] 郑友德，张钦坤，李薇薇，伍春艳，等.《反不正当竞争法（修订送审稿）》修改建议报告，2016 年 5 月。

来在欧美频发，原因在于其商业秘密保护立法或实践中均扩张其域外适用范围，使之能够更好地保护其国内商业秘密持有人的合法权益。美国 EEA 将经济间谍界定为故意或者明知窃取或不当使用商业秘密的行为将会为外国政府、外国机构或外国人带来利益[62]，直接将保护网延伸至国外。2013 年专门制定《美国国外与经济间谍刑罚强化法》扩大反经济间谍法案的适用范围与提高刑责。除此之外，美国一方面通过政府的各种外交手段要求其他国家采取必要措施，如在与中国的经贸谈判和知识产权谈判中均直接要求我国强化商业秘密保护。另一方面运用贸易政策工具强化国际贸易中商业秘密泄密的防治，以减少美国企业因商业秘密被盗取或不当使用而面临的不公平竞争。例如，利用《美国关税法》第 337 条频频针对发生在美国境外的侵害商业秘密行为进行调查，前述中国天瑞公司案中，法院就认为只要是窃密行为可能损害美国相关产业利益，哪怕该行为发生在中国，ITC 也可行使管辖权，有权发布“有限禁止进口令”，因为允许“侵权产品”进口会损害美国相关产业的公平竞争。而针对中国 30 家钢铁企业的“337 特别调查”中明确将窃取商业秘密行为列为调查重点，险致中国钢铁行业陷入雪上加霜的困境。细查 337 条款内容，其立法意图便包含适用于发生在国外的行为或陈述，且一旦原告诉点被支持，可能导致相关“侵权”产品直接在美国市场上被禁售，这样的后果对于企业或者行业可能就是灭顶之灾。美国始终将商业秘密保护列为双边、多边或区域贸易谈判的重要议题内容，如 TPP 协议中也有专章规定商业秘密保护，明确商业秘密盗取行为的主体包括国有企业，因为国有企业作为外国经济实体，其利益不仅仅是其个体经济，而可能关乎国家的经济利益、国际关系甚至是国防或国家安全。而欧盟虽没有类似于 337 条款这样可域外直接适用的程序，但在其商业秘密立法中规定“故意制造、提供或进行侵权产品的销售、进口、出口，或为此目的的产品存放，亦视为不法使用商业秘密”，那么在国际贸易过程中针对发生在欧盟外部的涉及实际获得商业秘密的行为，同样可认定其属于不法使用商业秘密而构成侵权，可予以直接规制。与我国贸易往来密切的近邻日本，2012 年修订《日本不正当竞争防止法》时增设规定可对在日本境外实施的恶意获取、披露或使用他人商业秘密行为追究其刑事责任，实为域外适用的明确规定。

因此，我国在积极参与国际贸易活动过程中必须考虑如何构筑我们自身的商业秘密保护防御之盾，以应对国外针对我国个人和企业涉及商业秘密侵权的域外适用诉讼程序和特别调查程序。同时也需考虑如何设计我国为封堵国家贸易中的商业秘密违法泄密行为之矛，补充完善相关立法的域外适用规则。首先，可禁止对认定为侵害商业秘密所生产的产品的进口，禁止经济间谍或商业秘密侵害行为人入境，并冻结其相关财产以确保法律责任的承担。其次，强化商业秘密行政管理部门与其他部门的联动执法，对涉及商业秘密泄密案件的相关情况进行汇总分析，包括相关外国政府或机构数量与名单、经济间谍锁定的产业与信息和技术类型、窃密惯用手段、

[62] See 18 U. S. Code §1831.

商业秘密泄密现状以及所造成的影响等情况。

综上，为应对商业秘密侵害案件频发之严重影响企业创新动力和市场竞争秩序的困局，欧美日等发达国家均修订商业秘密保护立法，避免出现更大的经济负面影响与安全风险。目前我国也面临同样困局，商业秘密保护立法亟待完善，即使专门立法条件尚不成熟，也应尽快修订《反不正当竞争法》第10条，综合考量商业秘密的保护范围、侵害行为认定、侵害责任承担、救济措施、程序性规则的实践操作性、内国法与外国法的域外适用冲突与协调等不同要素与机制，同时虑及商业秘密相关利益主体所涉法律关系的复杂性，注意与现行法体系中合同法、劳动法、公司法、知识产权法、刑法等相关条款规定的协调与衔接。同时，现时修法或未来专门立法亦不能任意扩张商业秘密保护的范围和强度，否则也可能冲击良性的研发竞争，影响人才流动性，弱化持续研发的动能。因此，一方面要避免因过于严苛的商业秘密保护导致信息共享反趋保守，阻滞后续研发；另一方面也要避免商业秘密保护程序成为恶意商业竞争的工具，设计合理的除外适用规则，防止合法程序本身的不当利用。

欧盟侵犯商业秘密民事刑事行政诉讼举证责任*

郑友德（编译）

一、原告与被告概况

根据对欧盟国家判例法的分析，28个成员国中涉及商业秘密相关纠纷的当事人概况如下：

（1）公司诉员工或前员工；

（2）公司诉公司；

（3）竞争监管机关诉公司；

（4）受特定合同义务约束的各方；

（5）纠纷前不存在关系的各方。

所分析案件的当事人涉及若干经济部门，包括零售、制药、运输、建筑、设计、制造、软件、高科技、食品和饮料、银行、旅游、化妆品、核能、化学、电子和电气。

（一）公司诉员工或前员工

在这种情况下，公司通常是原告，员工或前员工是被告。

公司与员工或前员工之间的纠纷案件发生于以下24个成员国的中小企业到大型企业：奥地利、比利时、保加利亚、克罗地亚、塞浦路斯、丹麦、爱沙尼亚、芬兰、

* 本译文原文参见：https：//euipo. europa. eu/tunnel - web/secure/webdav/guest/document_library/observatory/documents/reports/2018_Baseline_of_Trade_Secrets_Litigations_in_EU_Member_States/2018_Baseline_of_Trade_Secrets_Litigations_in_EU_Member_States_EN. pdf，最后访问日期：2024年6月4日。

法国、德国、希腊、匈牙利、意大利、爱尔兰、拉脱维亚、立陶宛、卢森堡、波兰、罗马尼亚、斯洛文尼亚、西班牙、瑞典、荷兰、英国。

例如，在丹麦，原告往往是大公司，而西班牙更多的是中小企业，德国则是规模不同的公司。

芬兰有一起案件涉及中小企业与印刷服务部门的前销售代理之间的纠纷。

其他案件包括起诉在与前雇主的相同市场成立公司，或者开始为竞争对手工作的前员工。这些纠纷发生在以下成员国：比利时、爱沙尼亚、捷克、芬兰、希腊、匈牙利、爱尔兰、意大利、立陶宛、卢森堡和西班牙。

克罗地亚、法国、德国和西班牙出现一些其他类型的案件，被诉侵害行为系前员工向竞争对手披露商业秘密、泄露制造秘密和违背诚信原则。

（二）公司诉公司

涉及竞争公司间纠纷的若干案件发生在以下成员国：奥地利、比利时、保加利亚、克罗地亚、法国、芬兰、德国、匈牙利、拉脱维亚、意大利、波兰、葡萄牙、罗马尼亚、斯洛文尼亚、斯洛伐克、西班牙以及英国。

在法国，出现一家公司与其现有和潜在的合同伙伴之间的纠纷案。此案中潜在的合同伙伴参与了双方失败的谈判。

（三）竞争监管机关诉公司

马耳他发生的是竞争程序中披露商业秘密的特别案件。原告系马耳他竞争局（原马耳他竞争和消费者局的下属机构，负责地方竞争法和欧盟竞争法的执法），被告为马耳他能源电力生产和配送服务的主要提供者。

（四）受特定合同义务约束的各方

6个成员国出现涉及受特别合同义务约束的双方。

具体而言，在爱尔兰出现特许人与被特许人之间的纠纷案件。在保加利亚、罗马尼亚和西班牙发生少量许可人与被许可人之间纠纷的案件。英国某些案件涉及通过许可或合资企业获取信息的公司。芬兰发生一起违反信任义务披露与代理协议有关的商业秘密案件。

（五）纠纷前不存在关系的各方

在斯洛文尼亚有几起案件，原被告在纠纷前没有关系。

二、证明侵犯商业秘密所需证据

一般来说，为了获得商业秘密保护，必须提供足够的证据来证明被诉侵权行为。

根据所收集的数据，阻止商业秘密所有人起诉的主要因素之一是就侵权行为举证困难。

（一）民事诉讼

一般来说，在民事诉讼中，必须证明（累积的）：

（1）存在商业秘密（秘密性、商业秘密所有人保密的经济利益、商业秘密所有人的保密意愿、保密采取的适当措施）；

（2）被告存在侵权行为；

（3）被告从事了非法活动。

获得保护的先决条件之一是，证明原告所主张的商业秘密所有权受到侵害。法院往往认为，应该证明商业秘密所有人作出了各种合理努力，并安排了合适的保密措施，或者侵权人须知信息的秘密性。

在基于侵权法起诉时，一般要求原告同时证明侵权人的责任（特别是其存在过错）、原告所受损害以及侵权与损害之间存在因果关系。

以违反合同义务起诉时，原告必须证明存在合同义务及其违约行为。

在不公平竞争诉讼中，法院往往要求原告证明被告的行为意图是与商业秘密持有人竞争，或者被控侵权人从使用秘密信息中获得具体利益。

在克罗地亚最近的一个相关案件中，最高法院认为，如果披露数据可能损害一方的经济利益，则这种数据应被视为商业秘密，不论是否存在将其归类为商业秘密的公司内部管理规则的证据。

法院通常认为，间接证据足以证明侵犯商业秘密。然而，根据一些成员国的判例法，所有情况必须得到某些确凿证据的证明。

一般而言，各种证据均可用来证明商业秘密受到侵害，包括电子邮件、合同、文件、证人证词或外部专家的证词。

法院在诉讼过程中也可能征求专家意见，以便更准确地审理案件。然而，根据某些成员国的案例法，法院专家不能仅仅为了获得支持原告主张的证据而参与诉讼程序。事实上，原告应在没有专家证词支持的情况下证明违法行为。

据本研究报告的国家级专家认为，在商业秘密持有人看来，难以证明上述方面（特别是关系原告所受实际损害）是阻碍向主管法院起诉的主要因素之一。实践中，缺乏证据往往会导致原告的诉讼请求被拒绝。

例如，最近保加利亚发生的一起案件提交了以下证据：

（1）雇用合同；

（2）（雇用）终止通知；

（3）雇主就被告访问含有客户个人数据的公司登记册的授权；

（4）已签署的不泄露机密信息和不从事竞争活动的保密和效忠声明；

（5）证人证词；

（6）现为竞争公司股东的被告与前雇主客户之间的通信。

在诉讼过程中，被告（现为竞争公司股东的前员工，与原告的经营活动相同）辩称，该保密和效忠声明无效，因为根据最高上诉法院的惯例，雇用合同终止后禁止从事竞争活动的协议是无效的。瓦尔纳（Varna）地方法院指出，没有证据证明商业秘密受到侵犯。瓦尔纳地方法院和最高上诉法院维持了原判。

原告在保加利亚另一起案件中提交了以下证据：

（1）雇用合同和终止合同的文件；

（2）履行不披露公司秘密的声明；

（3）被告（原告的前员工）和其他前员工的任职说明；

（4）保加利亚保护竞争委员会（CPC）关于确认被告的新雇主未违反竞争规则的决定；

（5）被告的新雇主及其第三方订立的会计服务合同；

（6）原告与其客户间的电子邮件/通信；

（7）客户向被告的新雇主开具的发票；

（8）被告的新雇主提供的工作职位网站截图；

（9）会计专家报告。

被告声称，许多前员工鉴于工作条件离职，而不是利用其有竞争对手的前雇主的商业秘密。被告进一步声称，因经济条件更好选择了新雇主。法院认定，被诉被盗用信息不构成商业秘密，没有证据证明侵犯了商业秘密。

根据爱沙尼亚判例法，原告要证明其存在商业秘密以及被告不正当地披露和使用商业秘密，而被告有机会和义务合理反驳原告的指控。

总的来说，在将来存在证据可能被销毁或妨碍风险时，可以采取获取证据的措施（扣押、搜查或披露令）。如存在这类风险，甚至在提出侵权诉讼之前，有关方可要求事先收集证据（预审取证）。然而，这通常需要强有力的证据。

在爱尔兰，只要可能造成严重损害或者会丢失证据，法院均可授予所谓的安东·皮勒令（Anton Piller Order，也称为搜查令，即法院命令一方/被申请人允许另一方/申请人进入被申请人的营业场所检查、移走或复制文件或其他物品，从而可能在针对申请人的诉讼或拟议诉讼中形成证据——本文译者注）。安东·皮勒令可以包括诉前措施，比如未经事先警告搜查营业场所或扣押证据，目的是防止开庭前损害或丢失侵权证据。根据此命令收集的证据只能用于诉讼目的，其内容需保密。

（二）刑事诉讼

在刑事诉讼中，所有成员国的证据都是由调查当局和法院依据职权或应受害方请求收集的。

为了确定刑事责任，有必要证明所有侵权构成要素的存在，包括最终构成犯罪的意图（欺诈）。尤其是在一些成员国，公诉人必须证明侵权人“毫无任何合理怀疑”地犯下了罪行。

在调查期间，公诉人有权下令搜查、扣押文件，并讯问被告人或证人。

克罗地亚最近的一起刑事案件中使用了以下证据：

（1）证人证词；

（2）有关文件；

（3）雇用合同；

（4）公司确定哪些数据被视为商业秘密的一般举措。

然而，萨格勒布市刑事法院指出，证据不足则不存在侵权。

在芬兰的一个刑事案件中，当关于调换被告工作，拟将其从原告公司调至竞争对手处的谈判尚在进行时，被告在个人记忆棒上保存了原告的客户登记册和销售报告数据。被告个人记忆棒中保存的保密信息后来成为证据。此外，被告的雇用合同已提交法院，以证明其中载有保密条款。例如，法院就个人设备保存数据的必要性以及是否应禁止员工从事这类行为等问题与原告公司的员工进行了面谈。由于这是一个刑事案件，证据主要由主管部门收集。诸被告声称保存数据为了远程工作，被告 B 声称是为了计算佣金之必须。被告因企图侵犯商业秘密而被判处三个月的有条件监禁。

在另一起德国刑事案件中，一名前销售代表被传唤为被告作证。被告声称，（大量）客户资料是本人离开原告公司后借助电话簿和笔记本复制的。德国联邦高等法院认为，销售代表为原告工作期间掌握的客户姓名和地址，根据《德国反不正当竞争法》第 17 条之规定，实际上应视为商业秘密，责令将案件退回上诉法院判决。

在另一起芬兰刑事案件中，被告的制造商使用了原告公司的雪地摩托车套装图案。据原告称，这种图案通过非法手段获得，以便为被告生产雪地摩托车。此外，原告使用的制造商与被告公司使用的制造商之间存在联系。在这一刑事案件中，主管当局主要收集以下证据：

（1）被告和原告的雪地摩托套装照片；

（2）被告发送给制造商的套装模板；

（3）证人证词。

法院裁定，被告须知制造商在使用原告的套装模板。事实上，原告还没有开始销售雪地摩托套装，因此，在复制套装图案期间不可能从事反向工程。此外，法院承认存在损害赔偿，但判决中没有披露赔偿金额。

（三）行政诉讼

为了认定侵权行为，所有成员国的竞争监管机构均可检查或搜查工作场所或计算机系统，扣押文件或其他相关数据。

在行政诉讼中，各种证据可以用来证明商业秘密侵权，包括电子邮件、相关文件、证人或专家报告。

在保加利亚最近的一起行政案件中使用了以下证据：

（1）认定原告技术的基本技术参数与被告所用技术相似的详尽研究报告；

（2）许可协议及其附录；

（3）由一位工程师化学家编写的对比两种技术的技术专家报告；

（4）涉嫌侵权的洗涤器装置施工招标程序文件；

（5）欧洲反欺诈局（European Anti - Fraud Office，OLAF）关于被告参与所述投标程序期间使用虚假信息的最终调查报告；

（6）新加坡国际仲裁中心许可协议争端仲裁裁决。

被告声称他们的技术不同于原告的技术，并质疑原告提交的诸多证据的采信性。他们还要求提交保加利亚不同主管机构完成的审计报告。保加利亚保护竞争委员会（CPC）指出，不存在侵权行为。保加利亚最高行政法院的两个合议庭维持了原判。

在另一起保加利亚行政案件中，原告提交了以下证据：

（1）被告的雇用合同及其终止合同；

（2）原告与第三方就某一项目达成的施工咨询协议；

（3）原告首席执行官向其员工颁发的禁止披露机密信息的指令；

（4）被告创建的新公司与第三方签署的合同。

虽然被告声称其建立的新公司并不拥有原告的任何机密信息，但保加利亚保护竞争委员会指出存在侵权行为。保加利亚最高行政法院的两个合议庭维持了原判。

据希腊竞争监管局（HCC）称，企业确定的销售定价信息本身是保密的。事实上，交换销售定价信息受到禁止，因为它可能有助于企业达成价格协同协议，即使该信息本可以以其他方式披露。因此，如果能证明企业之间系统地交换了价格表（向竞争对手发送价格表，后者既不反对也无保留地接收价格表），就会出现涉及机密信息的非法协同行为。

欧盟商业秘密诉讼经典案例解析*

郑友德（编译）

2023年6月，欧盟知识产权局（EUIPO）发布了一份题为《欧盟商业秘密诉讼趋势》的综合研究报告，分析了自2016年《欧盟商业秘密指令》（Directive 2016/943/EU）颁布以来，欧盟成员国中商业秘密诉讼的模式与特点。该报告基于2017年1月1日至2022年10月31日期间，欧盟27个成员国共695个国家判决，提供了定量分析和个别典型案例的简要分析。

一、定量分析结果

根据该报告，商业秘密诉讼涵盖了广泛的领域，其中制造业（32%）是最常见的。其他值得关注的领域包括“批发和零售”、“机动车和摩托车维修”（11%）、“金融和保险”（7%）和“专业、科技活动”（7%）。

与普遍认为商业秘密主要涉及技术创新的观点相反，该报告显示，被争议的未披露信息更多地归类为“商业信息”（62%）而非“技术信息”（33%）。诉讼中最常见的商业信息类型是“下游信息（分销方法、广告策略、营销数据、客户名单）”（31%）和“财务信息（定价模型、会计数据）”（13%）。诉讼中最常见的技术信息类型是“制造工艺/专有技术”（19%）。仅有3%的诉讼涉及被归类为“原型/未发布产品设计”的信息。

尽管商业秘密的纠纷具有国际性，但诉讼主要发生在各成员国当事人之间，在86%的案件中，相关当事人均位于同一个欧盟成员国。

在大多数诉讼中，原告为私人企业：27%的原告为中小企业，10%为大型企业，

---

* 本译文原文参见：https：//euipo. europa. eu/tunnel - web/secure/webdav/guest/document_library/observatory/documents/reports/2023_Trade_Secrets_Litigation_Trends_in_the_EU/2023_Trade_Secrets_Litigation_Trends_Study_FullR_en. pdf，最后访问时间：2024年6月4日。本文于2024年5月29日刊载于“知产前沿”微信公众号。

11%为微型企业。大部分被告（38%）系前雇员，13%的被告为中小企业，11%为微型企业，4%为大型企业。

胜诉率在不同的欧盟国家之间差异明显。商业秘密侵权诉讼的整体胜诉率为27%。然而，各国之间差异很大。波兰和保加利亚的原告胜诉率分别为14%和7%。比利时和意大利分别为30%和40%。

在上诉方面，商业秘密案件的平均上诉率为46%。也存在显著例外，如意大利的上诉率仅为11%，而瑞典的上诉率高达87%。

最常见的救济措施是责令被告停止使用和/或禁止使用商业秘密。在107个诉讼中，均判决被告支付损害赔偿金。

二、典型案例分析

（一）比利时安特卫普商业法院：Govaerts Recycling 诉 P. V. 案（默示义务/2019年5月9日）

1. 争议对象

定制生产线组成的机密信息。

2. 适用法律

（1）《比利时经济法典》第I. 17/1、XI. 332/4和XI. 336/3条（转化自《欧盟商业秘密指令》第2条、第4条和第12条）。

（2）原《比利时民法典》第1184条；《比利时经济法典》第XI. 165条第（1）款和第XI. 306条。

3. 案情

Govaerts Recycling（G. R.）是一家从事再生塑料产品生产的家族企业。他们声称，其公司持续投资于新的回收技术并开发了定制生产线，已拥有六条独特的生产线，并正在建设第七条。自1997年以来，P. V. 先生以独立服务提供者的身份为G. R. 提供技术服务。双方之间没有签署书面协议，但P. V. 多年来向G. R. 开具发票并获得薪酬。2017年，G. R. 雇佣了一家IT调查公司，该公司发现P. V. 为G. R. 的竞争对手工作，并将包含生产线信息的文件复制到USB盘（U盘）。据称，这些信息被传递给了G. R. 的竞争对手。G. R. 指控P. V. 盗用商业秘密，要求停止、禁止披露并销毁被复制的文件。

4. 争议焦点与裁判要点

P. V. 辩称，生产线不属于商业秘密，即便是，他也是合法获得的，并且没有任何合同义务限制他获取商业秘密。法院认为，G. R. 证明其开发并优化了独特的生产线，这些生产线不仅仅是标准机器的组合。这些生产线及其操作的详细信息并未被公众普遍知晓，也不易为相关领域的人士所获取。供应商和员工有保密义务，G. R. 在其服务器上采取了数据安全保护措施，不同用户对信息的访问权限不同，这表明他们采取了合理步骤来保护其信息。因此，法院认为关于G. R. 生产线的信息符合《比利时经济法典》第I. 17/1条（转化自《欧盟商业秘密指令》第2条）的商业秘密定义。尽管G. R. 和P. V. 之间从未签署书面协议，更不用说保密协议，但获取商业秘密的限制也源于诚信义务。

此外，法院裁定 P. V. 非法获取了商业秘密。法院认为，P. V. 未能提供可信的理由解释为何在如此短的时间内将大量文件复制到 USB 盘。许多文件上明确注明信息不得传播。此外，法院接受了在从事技术研发的专业圈子中，不披露或复制所获知识是惯常的做法（商业习惯）。因此，P. V. 知道或至少应该知道，他的行为构成对 G. R. 商业秘密的侵害。法院命令 P. V. 停止使用和披露被复制的文件，并责令 P. V. 支付赔偿金和诉讼费用。

5. 简评

本案表明，在商业秘密保护案件中，保密合同的诚实义务与默示义务密切相关。两者共同构成保护商业秘密的重要法律基础。诚信义务，系指在商业活动中，劳资双方应当本着诚实信用的原则行事。即使没有明确的书面保密协议，员工仍须遵守基本的诚信原则，不得利用企业的商业秘密谋取不正当利益。默示义务是指即使劳资双方没有明文规定的保密条款，员工仍然负有保密义务。这种义务通常源于商业惯例、双方的长期合作关系或特定情况下的合理预期。

（二）比利时布鲁塞尔商业法庭：Kevlaer bv 诉 K. D. V.（Kevlaer 的前创始人）、Elano nv（K. D. V. 创办的公司）、Finance 4 You bv（K. D. V. 创办的公司）、S. V. D. L.（Kevlaer 的前员工）、Finaid bv（竞争公司）案（客户名单/2020 年）

1. 争议对象

保密的客户名单。

2. 适用法律

（1）《比利时经济法典》第 I. 17/1 条、第 XI. 332/4 条（转化自《欧盟商业秘密指令》第 2 条和第 4 条）。

（2）《比利时经济法典》第 VI. 104 条。

（3）《比利时民事诉讼法典》第 871bis 条第 2 款第 1 项。

3. 案情

A. L. 和 K. V. D. ** 共同创立了一家名为 Kevlaer 的保险和咨询公司。由于一场冲突，2019 年布鲁塞尔商业法庭命令 A. L. 购买 K. V. D. 在 Kevlaer 的股份。法院命令下达的第二天，员工 S. V. D. L. 据称复制了 Kevlaer 的整个客户名单，此点后经 Kevlaer 雇佣的 IT 调查公司证实。公司随即解雇了 S. V. D. L.。随后，K. V. D. 用新的电子邮件地址联系了多名客户，并成为竞争公司的股东和常务董事。K. V. D. 还雇佣了 Kevlaer 的三名前员工，包括 S. V. D. L.。Kevlaer 向法院起诉，要求禁止 K. V. D. 在五年内与其客户联系，否则将处以每个客户 2000 欧元的罚款。

4. 争议焦点与裁判要点

法院认定包含当前、潜在和过去客户的客户名单构成商业秘密。该名单被认定为秘密，因为在保险行业内不易获取，且包含了诸如姓名、地址、电话号码和/或电

** 与案例标题中的“K. D. V.”不一致，原文如此，疑有误。——译者

子邮件地址等个人信息。这些信息被存储在一个包含数千行和多列的 Excel 文件中。尽管 K. V. D. 可能能够根据其个人知识和公开信息重建部分客户名单，但这并不会降低客户名单的保密性，因为这一要求应从相关商业领域的普通人的角度进行评估。

法院认定 Kevlaer 的客户名单具有商业价值，因为它使公司能够向许多人出售保险产品，从而相对于没有该信息的保险公司具有竞争优势。此外，Kevlaer 采取了合理的措施来保持信息的保密性，例如要求多个秘密和个人密码。

然而，法院驳回了侵害商业秘密的指控，因为没有发现非法获取或使用的证据。首先，法院指出，S. V. D. L. 在进行所谓复制时仍处于受雇状态，且当时没有设置访问限制。用于保存客户名单的程序在上传文件后会自动从本地驱动器中删除该文件。其次，Kevlaer 无法证明 S. V. D. L. 将名单的副本交给了竞争公司。最后，Kevlaer 仅引用了少量客户收到前商业伙伴 K. V. D. 发送的争议邮件的消息，且没有具体证据表明该邮件发送给了文件中列出的所有个人和法人实体。法院发现没有迹象表明被告大规模接触了 Kevlaer 的客户，或持有或使用客户名单进行大规模推销。此外，法院还驳回了其他不正当竞争的指控。

5. 简评

比利时判例法的趋势似乎表面上拒绝将客户名单视为商业秘密，理由是这些客户名单不是秘密，因为个人客户数据可以从网上公开来源（如通过领英）找到。然而，受商业秘密保护的客户名单不仅包括客户的基本信息（如名称、地址、联系方式），还包括交易习惯、意向、内容等详细信息，这些信息必须区别于公开信息，才符合商业秘密的保护要求。

（三）保加利亚最高行政法院：Katrin Max OOD（批发和零售贸易公司、中小企业）诉 EverClean EOOD（原告竞争对手、微型企业）案（保密义务/2018 年 4 月 10 日）

1. 争议对象

客户的姓名和联系方式、价格、订单数量、交货和付款条款、原告合同中的其他商业条款等保密信息。

2. 适用法律

（1）《保加利亚竞争保护法》第 37 条和第 2 条第 1 款第 4 项。

（2）《保加利亚竞争保护法》附加规定第 1 条第 9 项。

3. 案情

Katrin Max OOD 是一家分销各种品牌的卫生和清洁设备产品的批发和零售公司。2010 年，两名自然人 L. N. P. 和 S. M. A. 被 Katrin Max OOD 聘为销售员和顾问，他们签署了保密声明，声明中包含禁止在雇佣期间和离职后三年内从事同业竞争活动以及使用和/或披露保密信息的条款。Katrin Max OOD 发布了一项雇主令，列出了保密信息的一般类别。2013 年 7 月，L. N. P. 和 S. M. A. 成立了 EverClean EOOD 公司。2013 年 8 月 1 日，L. N. P. 和 S. M. A. 从 Katrin Max OOD 辞职。2013 年 8 月底，EverClean EOOD 开始销售与 Katrin Max OOD 相同的产品。Katrin Max OOD 的一些客户开始从 EverClean EOOD 购买，导致 Katrin Max OOD 的营业额下降。Katrin Max

OOD 向保加利亚竞争保护委员会（CPC）提起诉讼，指控 EverClean EOOD、L. N. P. 和 S. M. A. 非法获取、披露和使用商业秘密，以及不正当招揽客户。CPC 驳回了请求，Katrin Max OOD 向保加利亚最高行政法院提出上诉。

4. 争议焦点与裁判要点

Katrin Max OOD 声称其前雇员 L. N. P. 和 S. M. A. 完全掌握了其雇主的商业数据，包括客户的姓名和联系方式、价格、订单数量、交货和付款条款以及其他商业条款。Katrin Max OOD 声称，L. N. P. 和 S. M. A. 在仍为其雇员期间，成立了一家竞争对手公司 EverClean EOOD，开始销售相同的产品。Katrin Max OOD 认为，L. N. P. 和 S. M. A. 违反了保密义务和竞争法，将他们在 Katrin Max OOD 工作期间获取的所有保密信息交给了 EverClean EOOD 公司。EverClean EOOD 利用这些信息，通过向 Katrin Max OOD 的前客户提供更低价格和不正当招揽客户的方式，最终获得了市场份额。L. N. P. 和 S. M. A. 承认签署了保密声明，但否认向 EverClean EOOD 使用或披露商业秘密。EverClean EOOD 否认任何不正当的商业行为，声称指控只是基于假设，没有证据。EverClean EOOD 辩称其在 L. N. P. 和 S. M. A. 辞职后才开始真正的业务，未对 Katrin Max OOD 造成证明的损害，并通过自身诚信的努力获得了市场份额。被告方还提出保密声明无效，因为根据劳动法案例，声明对员工施加的限制无效。

保加利亚最高行政法院分析了商业秘密保护的要求，并得出结论认为，为了享有商业秘密保护，首先，商业秘密持有人必须明确识别商业秘密，事先明确识别出构成商业秘密的具体、个别化的信息，而不能简单地将整个公司的商业数据笼统地识别为商业秘密。其次，商业秘密持有人须采取适当的保密措施，即必须采取适当的措施来限制对这些信息的访问。这些措施包括建立特别的访问规章制度，并授权特定的员工访问这些商业秘密。最后，法院还指出，统一和一般性的保密声明，如果不是针对每个员工单独起草的，并且没有明确说明受保密义务约束的具体信息，不能被视为适当的保密措施。基于上述理由，法院驳回了上诉，并确认未发生侵权行为。

5. 简评

法院的判决为商业秘密保护规定了明确的标准，特别是在如何识别和保护商业秘密方面。这个判决在随后的两个案件中被引用，表明它对后续的司法实践产生了重要影响。同时，保加利亚最高行政法院五人小组的确认进一步增强了这一判决的权威性，确保了其在类似案件中的指导作用。

（四）爱沙尼亚最高法院：K. M. 、J. K. 、M. K. 和 BloomEst OÜ 刑案（刑事无罪判决/2020 年 5 月 15 日）

1. 争议对象

包括商业伙伴信息、财务信息等的商业秘密。

2. 适用法律

《爱沙尼亚刑法》第 377 条。

3. 案情

J. K. 、M. K. 和 K. M. 是原告（SME）的雇员。原告的商业活动涉及园艺和农业产品的批发。被告基于其雇佣合同、《爱沙尼亚义务法》和《爱沙尼亚雇佣合同法》负有保护原告商业秘密的法律义务。2016 年，J. K. 、M. K. 和 K. M. 成立了一家名为 BloomEst OÜ 的公司，旨在与原告在园艺产品、幼苗和植物材料批发领域展开竞争。被告代表 BloomEst OÜ 与原告的多家供应商和客户进行谈判，并据称利用原告的商业秘密接管原告的合作伙伴。涉案信息涉及原告的合作伙伴、客户和供应商的分析、各种销售合同、销售数据、价格清单、定价机制、营业额和利润等。该信息被用在 BloomEst OÜ 的商业计划中，借此是保密信息向银行申请启动贷款。原告根据《爱沙尼亚刑法》第 377 条，对前雇员 J. K. 、M. K. 和 K. M. 以及 BloomEst OÜ 提起刑事诉讼，指控被告非法获取、使用和披露商业秘密。

4. 争议焦点与裁判要点

争议焦点为被告在设立 BloomEst OÜ 时是否披露并使用了原告的商业秘密。县法院驳回了这一主张，理由是该信息不构成三名员工雇佣合同中保密条款所涵盖的商业秘密。原告称员工合同要求对定价机制、货物采购价格、库存数量、债务追收、进出大楼密码等信息保密，泄露可能损害雇主的利益。然而，法院发现雇主没有明确界定哪些信息被视为商业秘密。基本上所有有关该公司的信息都被宣布为机密。而且，合同并没有禁止员工在离开公司后从事同一领域的工作，且被告利用其长期积累的知识和技能成立了新公司。法院裁定，由于用人单位没有明确规定哪些信息属于商业秘密，因此雇员不能因泄露这些信息而承担责任。该判决在上诉后被推翻，塔林巡回法院判定被告有罪，认为法庭纠纷期间分析的信息属于商业秘密。该巡回法院认为，被告在制订商业计划时非法使用了原告的商业秘密，该商业计划已提交给银行以创办一家竞争公司。

爱沙尼亚最高法院推翻了塔林巡回法院的裁决，并参考县法院的判决，认为本案不存在商业秘密。爱沙尼亚最高法院强调，被告是各自领域的专家，具有长期的工作经验。因此，商业计划中使用的数据不能被视为原告的商业秘密。爱沙尼亚最高法院认为，县法院适当地裁定，雇佣合同中通常应对机密信息进行定义。其中包括计算机用户 ID 和密码、人员数据等，这些数据因其本身的性质而不构成法定的商业秘密。

5. 简评

该案件表明，普通的公知信息和雇员工作过程中积累的技能、经验与知识必须与企业的商业秘密相区隔，不能作为商业秘密受到保护。如果在雇佣合同中将商业秘密定义得过宽、过广、过泛，以至于涵盖雇员在工作期间可能接触到的所有信息，则保密合同或竞业禁止协议依法不具可实施性。

（五）芬兰市场法院：Oy Granula Ab Ltd. 诉 Palonot Oy 和 A 案（尚未发布的产品/2022 年 3 月 4 日）

1. 争议对象

非公开的新发明的商业秘密信息。

2. 适用法律

(1)《芬兰专利法》(550/1967) 第1 (1) 条和第53 (1) 条。

(2)《芬兰不正当商业行为法》(1061/1978) 第1 (1) 条、第4 (1) 条和第4 (3) 条。

3. 案情

2017年3月9日，Palonot Oy（以下简称Palonot）向芬兰国家专利局提交了一份专利申请，涉及一种用于处理各种木制品的阻燃剂的“组成和制备方法”，发明人被列为A和B。两位发明人之一的A在受雇于Palonot之前，自2009年10月至2015年12月期间受雇于Oy Granula Ab Ltd（以下简称Granula）。Palonot于2016年成立，A是其创始人之一，并自2016年6月1日起受雇于Palonot。2018年9月10日，Granula为一项涉及制作相同防火化合物的“组成和制备方法”的发明提交了一份专利申请，发明人为C。Granula诉请市场法院宣告：(1) 该发明的发明人是C；(2) Palonot的同一发明专利无效；(3) A违反保密协议，非法使用了Granula的商业秘密。最后一项请求不是根据《芬兰商业秘密法》(550/2018)，而是根据当时适用的《芬兰不正当商业行为法》(1061/1978) 提出的。

4. 争议焦点与裁判要点

芬兰市场法院指出，A的雇佣合同中包含保密条款，其中规定须保密的信息包括与Granula产品技术实施有关的信息。法院认为，Granula的商业秘密条款的使用限制无论如何都不能涵盖A在加入Granula之前获得的信息或公共领域的信息。法院认为，没有证据表明C或A在Granula工作期间提出了涉案专利中描述的发明，也没有人声称Granula的其他人提出了该发明。因此，Granula不可能拥有包含该专利中描述发明的商业秘密。

根据案件中的证据，法院表示，C没有在Granula指导A制造或测试各种产品工艺，也没有证据表明C或Granula的其他人将与防火有关的商业秘密或技术指令交给了A。证据支持Granula的阻燃剂配方完全是由A独立准备的结论。法院承认A准备的配方可能受保密协议的保护，但这一点需要Granula提供证据。然而，法院认为Granula没有提供能够得出此结论的证据。

此外，法院认为Granula关于Palonot非法获取和使用商业秘密的论点不正确。Granula声称Palonot不可能在成立后的9个月内开发出专利发明。然而，法院发现，鉴于A和B的背景和经验，这种情况是可能的，而且Palonot确实在这段时间内开发出了该发明。此外，专利申请利用了公开的美国专利中披露的已知技术。

鉴于上述情况，芬兰市场法院认为无法确定A或Palonot在起草涉案专利申请时依赖了Granula的商业秘密或技术指令。因此，A和Palonot不能被认为违反了诉讼事实发生时适用的法律，即《芬兰不正当商业行为法》第1 (1) 条、第4 (1) 条和第4 (3) 条规定的公平商业惯例。

5. 简评

本案表明在缺乏直接证据的情况下，根据《芬兰不正当商业行为法》认定商业秘密侵权行为的复杂性。此外，本案还揭示了在雇佣关系终止后，无法合理推断非法使用商业秘密的行为所带来的挑战。

（六）芬兰市场法院：SuperScale Sp. z. o. o（从事游戏行业的金融公司）诉 Traplight Oy（从事游戏行业大型公司）案（游戏软件/2020 年 9 月 7 日）

1. 争议对象

游戏手稿（商业脚本）版权和商业秘密。

2. 适用法律

（1）《芬兰商业秘密法》（95/2018）第 3 条、第 4 条、第 8 条和第 9 条（转化自《欧盟商业秘密指令》第 4 条、第 3 条、第 12 条和第 10 条）。

（2）《芬兰不正当商业行为法》（1061/1978）。

（3）《芬兰版权法》（404/1961）。

3. 案情

原告 SuperScale Sp. z. o. o（以下简称 SuperScale）为移动游戏“Traplight's Battle Legion”创建了一个商业脚本，其中包括游戏内视图设计和玩家可用的决策选项等商业特征。商业脚本可以被视为芬兰版权法下的原创文学作品或编纂作品，并且可能包含商业秘密或受《芬兰商业秘密法》保护的技术说明。SuperScale 与被告 Traplight Oy 达成了一项开发合作协议，规定了该游戏的商业开发条款，SuperScale 有权在游戏商业发布后获得部分收入。2020 年 6 月，Traplight Oy 终止了协议。当时，SuperScale 已经基本完成了商业脚本的制作，但其版税尚未开始支付。SuperScale 声称，Traplight Oy 违反了良好的商业诚信和惯例，试图在未支付适当报酬的情况下利用 SuperScale 的商业秘密。

4. 争议焦点与裁判要点

芬兰市场法院表示，根据案件中提出的论据和证据，SuperScale 未能证明其所谓的商业脚本是独立于移动游戏的受版权保护的作品，或受版权法保护的编纂作品。实际上，SuperScale 与 Traplight Oy 的合作本质上是咨询服务，即对游戏的各个特征和元素提供分析和反馈。法院随后审查了 Traplight Oy 是否非法使用了 SuperScale 的商业秘密或技术信息，是否违反了合同义务。双方提交了他们之间开发合作协议的摘录，其中包括对商业秘密的保密条款。SuperScale 假定 Traplight 的使用权仅在协议终止时停止。因此，根据 SuperScale 的说法，Traplight Oy 对商业脚本的使用权应存在于开发合作协议的有效期间内。然而，法院指出，协议的“知识产权”部分未提及任何商业脚本或其权利，该部分规定 Traplight Oy 有权在协议终止后继续利用 SuperScale 的开发提案。SuperScale 未能证明 Traplight Oy 在合同关系中以及合同终止时，违反了《芬兰商业秘密法》第 3（2）（3）条［对应《欧盟商业秘密指令》第 4（2）（b）条］下的诚信商业惯例，非法获取了 SuperScale 的商业秘密，或以其他任何与案件相关的方式违反了《芬兰商业秘密法》。实际上，提供给 Traplight Oy 的反馈包括了移动游戏行业的常见解决方案，这些解决方案并不符合商业秘密的构成要件。芬兰市场法院认定，SuperScale 未能举证证明其对 Traplight Oy 所声称的权利之存在，以及这些权利受到侵害。

5. 简评

本案例展示了在公司间合作协议中明确和详细的知识产权条款的重要性。法院在本案中强调了各方必须在协议中清晰地规定商业秘密和知识产权的范围和使用权。SuperScale 未能在协议中明确规定商业脚本的知识产权归属，导致其主张未能得到法院支持。法院拒绝了超出双方在协议中明确约定范围的商业秘密解释，这表明在商业合作中，未能明确和具体地界定知识产权和商业秘密的条款可能导致相关权利或利益保护上的不足。因此，企业在起草和签订合作协议时，应当充分考虑和详尽规定涉及知识产权和商业秘密的条款，以避免日后可能的争议和法律风险。

（七）法国巴黎上诉法院：（18/04573）X（自然人、员工）诉巴黎机场案（专有技术的界定/2020 年）

1. 争议对象

互动站专有技术。

2. 适用法律

（1）《欧盟委员会第 316/2014 号关于技术转让协议类别适用〈欧盟运作条约〉第 101（3）条的规定》第 1（1）（i）条。

（2）《法国民事诉讼法》第 700 条。

3. 案情

巴黎机场的一名员工在业余时间开发了一种互动站，能够提供机场尚未能够提供的服务。她声称这项发明不是在她的工作过程中完成的，雇主放弃了专利权。2007 年，巴黎机场向客户推出了类似的互动站。该员工向国家员工发明委员会（CNIS）提出个人发明申请，该委员会认为互动站是一种商业方法，而不是可专利的发明。2018 年，该员工寻求损害赔偿和形象损害赔偿，但初审法院驳回了她的诉求。她提起上诉，主张她的发明是具有经济价值的专有技术或创意。

4. 争议焦点与裁判要点

员工的诉求基于 CNIS 的认定，即发明是一种商业方法。她认为该互动站应作为具有经济价值的专有技术受反不正当竞争法保护。双方同意使用欧盟委员会第 316/2014 号法规中的定义，该法规第 1（1）（i）条将专有技术定义为经验和测试所得的实用信息，需具备秘密性、实质性和标识性。法院须确定该员工的互动站是否符合这些标准，特别是秘密性的要求。

法院认定该互动站不符合可保护的专有技术标准，因为它缺乏秘密性。因为形成互动站的信息已经是公开知识，且其使用的技术（如光纤）自 1970 年代以来就已为人所知。被告主张他们有权使用已经公开或可以获取的想法，强调这是他们的合法权利。他们进一步证明，在 2000 年代初，巴黎的奥利机场和戴高乐机场已经在开发类似的互动站。这意味着，类似的技术和概念在那个时候已经存在并被公开讨论。

此外，原告（该员工）在其工作中获取了这些开发项目的机密信息，并基于这些信息开发了她自己的互动站解决方案。然而，法院认为，尽管原告使用了这些机密信息，但原告的工作并没有提供足够的经济价值来获得法律保护。这可能是因为她的解决方案并没有显著超越或改进已有的技术，无法被视为具有独创性或经济价值的专有技术。最终，上诉法院支持初审法院的决定，认为原告的工作不符合保护专有技术的条件，因此驳回了她的上诉。

5. 简评

本案凸显了专有技术的保护范围以及专利发明与商业方法的区别，并为专有技术的商业秘密保护提供了实践指导。根据欧盟委员会第316/2014号法规，专有技术需具备秘密性、实质性和标识性，其中秘密性是核心条件。本案中原告开发的互动站因技术已为公众所知，未能满足秘密性要求，无法获得保护。本案强调了在主张专有技术保护时，确保信息未被广泛披露的重要性。法院判决与《欧盟商业秘密指令》第2（1）（a）条一致，明确了商业秘密保护的标准和应用。本案为企业和个人在开发和保护技术时提供了重要法律依据和实践指导，特别是信息秘密性的关键作用。

（八）德国杜塞尔多夫地区劳动法院：塑料包装制造和销售私营公司诉前雇员案（案件编号：12 SaGa 4/20）（客户笔记/2020年6月3日）

1. 争议对象

前雇员在新公司使用商业信息（客户、收入等）请求的初步禁令。

2. 适用法律

（1）2019年《德国商业秘密保护法》［转化自《欧盟商业秘密指令》第2（1）条、第4条、第10条和第9条］。

（2）《德国反不正当竞争法》（2019年以前的版本）第2条、第4条、第6条和第17条。

3. 案情

被告系原告的前雇员，后来被竞争对手雇用。这两家公司都制造和销售包括泡沫在内的塑料包装。原告声称被告在终止雇佣关系后继续接收并使用了三份关于客户、销售额、收入和产品类型的文件，以及有关客户关系的个人笔记，包括会议记录。原告指控，被告在为新雇主工作时使用了这些信息，特别是通过联系相同的客户进行广告宣传。被告则辩称，他合法地使用了记忆的信息，并且在为新雇主工作时没有使用所指控的文件。

4. 争议焦点与裁判要点

在一审判决驳回了初步禁令请求后，上诉法院部分撤销一审判决，并授予了一项初步禁令，要求被告停止使用个人笔记，同时维持了对三份涉嫌侵权文件的不授予禁令的决定。

关于被告所记录的客户关系个人笔记，法院确认个人笔记（客户联系信息、销售数据等）的内容可能构成商业秘密，即使未能提供笔记副本也不会导致侵权诉讼主张无效。合同中规定在雇佣关系最后一天归还“所有工作材料（如笔记……）”

的义务，足以作为对笔记的保密保护的“合理步骤”。

相较而言，一份文件由于未采取“合理步骤”来保护秘密，被认为不构成商业秘密。法院根据《欧盟商业秘密指令》将“合理步骤”要求解释为低于“理想保护”的客观法律标准，其应根据案件具体情况来确定，特别是商业秘密的类型和价值、使用情况、开发成本和对公司的相关性、公司规模、信息标记以及与雇员和合作伙伴签订的合同。尽管相关合同条款中明确提及涉案笔记，但归还该文件的义务源自一个非常一般的保密条款，而该条款因缺乏具体性且原告未在一段时间内主张该归还义务，法院认为不符合“合理步骤”标准。

关于另外两份文件，法院认为在被告归还存有这些文件的电脑后，缺乏证据证明被告此后仍然获取和持有这些文件。应原告请求，法院宣布两份涉及有争议商业秘密的证据受保密措施保护。

5. 简评

德国杜塞尔多夫地区劳动法院的判决明确了“合理步骤”的标准应基于具体情况、公司规模、信息标记、合同条款的明确性和执行力度来评估。企业不需要亦不可能实施完美无缺、万无一失的保护措施，但必须根据具体场景采取被视为合理和适当的措施来保护商业秘密。法院的详细分析和解释为企业在制定和执行保密措施时提供了明确的法律指导，确保企业能够在法律框架内有效保护其商业秘密，同时也使得法律在不同情况下的应用更加灵活和公平。

这一判决为理解和应用“合理步骤”标准提供了重要的参考，并对后续的商业秘密保护案件具有重要的指导意义。该早期上诉判决根据《德国商业秘密保护法》影响了“合理步骤”保护秘密的解释、商业秘密的定义以及商业秘密诉讼的几个程序性方面，特别是“合理步骤”的法律标准被许多学者和后来的判决引用。

此外，据美国法律研究所《不正当竞争重述》（2009 年第三版）第 42 条 d 详评，商业秘密与员工的知识、技能和经验必须相区隔。对商业秘密与一般技能、知识、培训收获和经验进行区分，旨在合理平衡保护秘密信息与雇员流动性之间的关系。对于员工在工作中处处需要用到的信息，如果作为商业秘密予以保护将会使员工丧失一定的工作能力，从而无法胜任与其整体资质相符的职务，其则通常不会作为前雇主的商业秘密加以保护。

美国学者一致认为，员工在工作中积累的行业知识和个人技能属于其自身的经验和个人的“记忆”，不受商业秘密法的约束，应允许其在新工作中自由使用。这些信息之所以不构成商业秘密，是因为它们是普遍的、非特定的，不具备独立的商业价值。只有那些具体的、经过合理保护并具有商业价值的信息才被视为商业秘密，受到法律保护［参见 James Pooley（1997）. Trade Secrets，Law Journal Press 1997；Graves，C. T.，& Range，B. D.（2006）. Dual function of trade secrets：Innovations and competition in U. S. law. 24 Santa Clara High Tech. L. J. 199.］。

（九）意大利米兰知识产权专门法院：F. I. M. I. S. P. A.（意大利中小型工业设备制造和销售公司）诉 Officine Meccaniche Barni S. P. A.（意大利中小型机械工程和制造公司）案（诉求的充分性/2022 年 6 月 23 日）

1. 争议对象

金属条清洗和脱脂专利装置的制造工艺和专有技术。

2. 适用法律

（1）《意大利工业产权法典》第 98 条和第 99 条（转化自《欧盟商业秘密指令》第 2（1）条及第 3 条和第 4 条）。

（2）《意大利民法典》第 2598 条（不正当竞争）。

（3）《意大利工业产权法典》第 66 条（专利侵权）。

3. 案情

F. I. M. I. S. P. A. 是一家以设计、建造和调试线圈加工装置和机器著称的意大利公司。2021 年 7 月，该公司指控其竞争对手 Officine Meccaniche Barni S. P. A. 侵犯了其一项关于金属条清洗和脱脂装置的专利，并非法获取了相关的商业秘密，随后将这些秘密技术应用于类似装置并把该类装置推向市场。

在初步审理中，原告请求在未经被告听证的情况下（inaudita altera parte），授予多项临时救济措施：对被告的涉嫌侵权产品（装置及其部件）和制造方法，以及相关技术和商业文件进行详细的检查和记录；扣押这些产品（包括原告申请中未提及的第三方持有的产品）；禁止使用原告的专利和商业秘密；罚款；披露任何参与制造、销售和获取这些产品的任何第三方信息；公布临时决定。

4. 争议焦点与裁判要点

法官部分支持了原告诉求，依据《意大利工业产权法典》第 129 条，在未经被告听证的情况下（inaudita altera parte）授予了所请求的证据保全措施，但驳回了其他措施，认为在初步审理的早期阶段，所请求的这些措施将不合比例性。在完成证据保全并获得关于涉嫌侵权的文件后，法官听取了被告的陈述，并指定了一名技术专家评估是否存在专利和商业秘密的表面侵权。

在初步审理结束时，法官确认了证据保全，并基于获得的信息认定专利已被侵犯。因此，法官禁止被告继续使用该发明。然而，一方面，法官拒绝了要求公布初步决定的请求，认为在案件全面审理之前，此类命令是不适当的。另一方面，法官驳回了原告关于商业秘密侵权的申请。尽管证据保全证实被告持有明显来源于原告的文件，法官并未确定是否也发生了商业秘密侵权。对此，法官认为原告提供的指控“并不十分清楚”，而数据的机密性尚需进一步评估。该决定显示，旨在证据保全令与禁令救济和/或扣押侵权物品的命令对被告业务的影响不同，因此需要对其授予要求进行不同的评估。欲颁发证据保全令，原告必须提供足够的初步证据，以证明其对被告涉嫌侵权活动的合理怀疑具有正当性。实际上，执行证据保全措施不太可能对被告的业务产生负面影响。然而，禁令措施甚至扣押侵权物品会对被告的业务产生直接且破坏性的影响。因此，在授予前者的同时不授予后者的救济措施可能是合理的。

5. 简评

该判决充分解释了授予证据保全措施以保全证据的理由和限制：这种措施被认为会对被告造成微创，而其他措施可能被视为更具侵略性，具有不可逆转地干扰或限制竞争对手业务的风险，甚至会带来不可挽回的损害。根据《欧盟商业秘密指令》序言中主张的比例原则，证据保全措施应在对诉讼双方利益进行权衡后授予，确保在保护权利人的合法权益与不对被告造成不必要的损害之间取得平衡。

按照比例原则要求，在评估是否授予证据保全措施时，法官需要考虑所采取措施的必要性和相称性。本案法官依据这一原则，决定在初步阶段仅授予证据保全措施，而非全面的禁令或扣押措施。理由在于，证据保全措施主要用于记录和保存涉嫌侵权的证据，对被告的业务影响较小，而禁令和扣押措施则可能对被告的业务产生直接且破坏性的影响。因此，在证据尚未完全确凿的初步阶段，采取较为温和或柔性的救济措施是合理的。

需要强调的是，法官以原告关于商业秘密侵权的指控“不足够”或“不够清楚”为由，拒绝了相关的禁令措施。根据比例原则，这表明原告必须提供足够的初步证据，以证明其对被告涉嫌侵权活动的合理怀疑具有正当性，并且这种证据应能支持采取进一步措施的必要性。

（十）意大利米兰知识产权专门法院（初审）：Leonardo Assicurazioni S. R. L.（意大利中小型保险公司）诉 Pro Insurance S. R. L.、A&A Insurance Broker S. R. L.（竞争对手保险公司及原告的前雇员）案（智能系统数据/2018 年 5 月 14 日）

1. 争议对象

获取和披露存储在专用云软件中的包含个人数据的秘密客户信息。

2. 适用法律

（1）《意大利工业产权法典》第 98 条和第 99 条［转化自《欧盟商业秘密指令》第 2（1）条、第 3 条和第 4 条］。

（2）《意大利民法典》第 2598 条（不正当竞争）。

（3）《意大利工业产权法典》第 129 条（证据保全和扣押）。

（4）《欧盟商业秘密指令》第 943/2016 号。

（5）《欧盟知识产权执法指令》第 2004/48/EC 号。

3. 案情

Leonardo Assicurazioni S. R. L. 是位于意大利米兰的 Generali 保险公司的总代理，拥有一套通过 SIAG 软件存储和保护的秘密和敏感信息。SIAG 软件根据客户的需求自动选择产品，有效利用数据库。2017 年，Pro Insurance S. R. L.（由原告的前分代理人创立）和 A&A Insurance Broker S. R. L. 两家公司联系了原告的客户，涉嫌非法获取、使用和披露了 Leonardo Assicurazioni S. R. L. 拥有的包含秘密信息的客户资料。原告向法院申请对被告所有包含商业秘密或与数据库的相关材料授予证据保全，以及禁止使用这些信息的临时救济措施。

4. 争议焦点与裁判要点

法院在未经被告听证的情况下（inaudita altera parte）发布了临时判决，批准了原告请求的证据保全措施。在随后的交叉审查中，被告声称由于所诉信息缺乏保密性和所谓的侵权信息系被告合法获取，故对被告所有包含商业秘密或与数据库相关的材料进行证据保全和禁用令不具可实施性。此外，一名前雇员被指控非法获取信息，对此他提出了关于被告主体不适格的异议。法官根据《意大利工业产权法典》第98条和第99条驳回了这一异议，因为这些条款不仅对制止不正当竞争行为提供有效保护，还制止任何非法获取、披露或使用商业秘密的行为。因此，适用范围不受不正当竞争法中“企业家或经营者”身份要求的限制。相反，根据国家和欧盟法律（即《欧盟知识产权执行指令》和《欧盟商业秘密指令》），保护适用于更广泛的主体，包括直接和间接参与非法获取商业秘密的第三方。

法院确认了证据保全救济措施，因为有大量有关客户组合的文件与通过SIAG软件人工智能技术处理的相关产品相匹配，并且这种独特的数据组合为商业秘密所有者带来了巨大的商业利益。法院确认：“这些信息的价值和可访问性应针对信息的整体配置和组合元素进行评估，而不是基于单独的数据元素。”法院通过对这些文件的审查，认为非法获取的信息满足《意大利工业产权法典》第98条和第99条有关商业秘密的所有构成要件；尽管对A&A Insurance Broker S. R. L. 和自然人的证据不足以发布其他临时措施，但法官对Pro Insurance S. R. L. 仍然颁布了以下措施：a. 禁止使用、披露和获取与商业策略和客户组合相关的商业秘密；b. 对未遵守判决的罚款；c. 扣押侵权文件。

5. 简评

本案被视为意大利非法获取商业秘密如何影响数字经济的一个典型范例，其中秘密信息本身并不具有巨大的商业价值，但后者可以通过人工智能技术处理而彰显。该裁决显示了对商业秘密的保密性和商业价值要求的解释。信息的秘密性质必须根据整个数据要素的组合来解释，而非单独的元素。因此，即使特定数据易于获取，这也不会否定信息组合的秘密性。

美欧司法均强调，商业秘密保护不仅限于数据集合，而是延及数据的集合及其（人工智能）处理方法。人工智能技术能够从大量数据中提取具有商业价值的数据集，从而和处理方法同时构成具有高度商业价值的秘密信息。

（十一）意大利米兰法院：Sadepan Chimica S. R. L. 和 Sadepan Chimica NV（意大利大型化学公司）诉两个自然人案（技术保护措施/2021年3月31日）

1. 争议对象

获取和使用肥料和生产设备的技术图纸、配方和生产工艺、专有技术以及管理信息（如生产利润、风险评估和生产策略）。

2. 适用法律

（1）《意大利工业产权法典》第98条和第99条［转化自《欧盟商业秘密指令》第2（1）条、第3条和第4条］。

（2）《意大利民法典》第2598条（不正当竞争）。

（3）《意大利工业产权法典》第66条（专利侵权）。

3. 案情

Sadepan Chimica S. R. L. 和 Sadepan Chimica NV 是同一企业集团内的两家公司，他们起诉了一名前雇员（与其雇佣关系于2016年终止）和 MyP S. R. L.（该公司的前唯一股东，她也是被告前雇员的妻子）。

2019年3月4日，原告向米兰法院提起诉讼，要求在未经被告听证的情况下（inaudita altera parte）对包含从 Sadepan Chimica NV 非法获取并被 MyP S. R. L. 使用的机密信息文件进行证据保全、扣押和停止使用。法官于2019年3月11日签发了所请求的法令，其内容随后在2021年3月的一项命令中得到了确认。

4. 争议焦点与裁判要点

被告辩称，机密信息由于 Sadepan Chimica NV 的披露而普遍为人所知，并且无论如何这些信息并不属于他们。法院认为这一辩护理由不成立。关于信息的实际保密性问题，法院认为 Sadepan Chimica NV 已将信息存储在一个可以确保物理和网络安全的保护系统中。值得注意的是，法官并没有权威性地断言采取了合理的措施（这在判例法中通常可以找到），而是对 Sadepan Chimica NV 所应用的保护措施进行了详细评估。具体来说，其物理安全通过数据中心入口的门锁和空间检测报警器来保障。网络安全方面，采取了几项措施，包括公司域名访问的软件限制、专有防火墙系统、适合公司性质和规模的下一代防火墙（NGFW）、基于每位员工职责的信息分级访问控制系统、特定公司数据访问的授权，以及要求至少包含八个字符的复杂密码。所有这些措施在大公司员工流动性大的背景下被认为足以提供“超过最低限度的机密信息保护措施”。此外，Sadepan Chimica NV 还使用了自动备份程序以防止数据丢失，展示了公司在组织和管理机密信息方面的谨慎和勤勉。

5. 简评

在涉及“合理步骤”要求方面，法院在本案中对保护机密信息的物理安全和网络安全措施之间予以明确区分。与通常的判例法不同，法院对公司为确保信息保密所采取的各种保护措施进行了详细而深入的评估。该案例说明了全面和多层次保护策略的重要性，强调了在机密信息保护中，物理防御和网络防御同样不可或缺。法院的详细评估不仅验证了 Sadepan Chimica NV 在物理和网络安全方面所采取的具体措施，还凸显了企业在保护其机密信息时必须采取的高标准和严要求。这一案例为其他公司在秘密信息保护方面提供了有价值的参考，展示了在信息安全管理中平衡多种防御措施的必要性和有效性。

（十二）西班牙马德里省上诉法院：Tridecor SL 公司诉 Raúl（原告的员工）案（刑事诉讼/2022年3月8日）

1. 争议对象

获取和使用客户名单和数据、财务信息、发票、销售摘要等机密商业信息。

2. 适用法律

《西班牙刑法》第 278 条和第 21.6 条。

3. 案情

Raúl 是一名计算机科学家，他为 HIJOS DE PENG,SL 公司设计了一个网页，在此过程中，他未经授权获取了 TRIDECOR PENG,SL 的财务状况、发票、资产负债表和客户名单等机密信息。几年后，他将 TRIDECOR PENG,SL 公司的商业信息，特别是客户名单，提供给另一家从事相同商业活动的公司 360 DH,SL，向他们展示了这些信息，并要求支付 1500 欧元作为对价。360 DH,SL 的管理人员怀疑被告可能非法获取了这些信息，于是通知了 TRIDECOR PENG,SL 公司，后者决定举报他。国家警察在他即将交付信息的公司附近逮捕了 Raúl，并查获了一个包含 TRIDECOR PENG,SL 公司发票、完整客户名单及其数据以及其他会计和财务信息的 USB 驱动器。

4. 争议焦点与裁判要点

被告在辩护中提出了四点抗辩。第一，他只为 HIJOS DE PENG，而非 TRIDECOR PENG,SL 工作，并且没有证据证明 HIJOS DE PENG SL 与 TRIDECOR PENG,SL 之间存在业务继承关系。第二，TRIDECOR PENG,SL、HIJOS DE PENG 和 360 HD,SL（他打算交付机密信息的公司）是一个商业集团。第三，他在 HIJOS DE PENG 工作时没有签署任何保密协议，他获取这些信息是其工作的一部分。在向其他公司提供服务时，展示之前完成的工作是为了证明自己做过足够的培训，这并不意味着泄密。第四，他被抓获时携带的 USB 驱动器上的信息未被 360 HD,SL 使用或利用。

在一审和上诉中，法院均得出类似结论。被告/上诉人在关于工作成果归属的问题上自相矛盾。一方面，他声称未为 TRIDECOR PENG,SL 工作，另一方面，他又声称从 TRIDECOR PENG,SL 获得的信息是其工作成果。法院还发现，唯一确认的合同关系是与 HIJOS DE PENG 签订的，但这并不妨碍被告访问 TRIDECOR PENG,SL 的敏感信息。法院还认定，未证明 TRIDECOR PENG,SL、HIJOS DE PENG 和 360 DH,SL 是一个商业集团。即使如此，也没有授权被告向不同的法律实体提供信息。此外，这些信息对被告的工作（设计网页）并非必要，他的工作是设计网页。

法院还指出，判决被告构成刑事犯罪是正确的，因为《西班牙刑法》第 278 条不要求存在保密合同义务。他们还认定，不适用“未遂”的罪名是合适的，因为信息的交付实际上已经发生。实际上，从被告将 USB 驱动器上的信息交付给 360 DH,SL 员工的那一刻起，犯罪行为就已经完成。欲使泄露机密信息的罪行成立，不需要接收公司下载、使用或整合这些信息，也不需要其保留媒介（USB 驱动器）。综上所述，法院认为信息具有商业价值，因为交易价格为 1500 欧元。

5. 简评

该案例反映了西班牙比其他欧盟成员国更频繁地使用刑法作为保护商业秘密的工具。尽管刑法是保护商业秘密的最后法律手段，但它不受 TRIPS 协议第 39（2）条或《欧盟商业秘密指令》第 2（1）条中商业秘密定义的约束。本案并未分析涉案信息是否普遍为人所知或易于获取（尽管从案情中很容易推断出并非如此），也未评估是否采取了合理步骤或合理措施保护信息。侵权判决主要基于对涉案信息是秘密的且具有价值的推定，因为被告/上诉人希望以一定价格出售该信息，并基于一系列关于侵权者向第三方披露信息的行为的事实。

（十三）西班牙巴塞罗那省法院：Aplicaciones Electronicas y De Radiofrecuencia S. L.（电子和软件行业的中小企业）和 Tradingall Electronic S. L. /Aplicaciones Electronicas y De Radiofrecuencia S. L.（电子和软件行业的中小企业）案（推定获取/2019 年）

1. 争议对象

获取和使用计算机程序源代码机密信息。

2. 适用法律

（1）《西班牙反不正当竞争法》第 11 条（模仿行为）："商业行为不得通过复制竞争对手的产品或服务，导致消费者误以为其购买的产品或服务与他人提供的相同。""若模仿行为涉及复制独创的或具有显著市场价值的元素，且这些元素是通过不正当手段获取的，则视为不正当竞争。"

（2）《西班牙反不正当竞争法》第 13 条（侵犯商业秘密）："商业秘密的获取、使用或披露若未经过合法授权，且以不正当手段（如盗窃、贿赂、欺诈、违反保密协议或其他类似手段）进行的，视为侵犯商业秘密。""任何第三方若明知或应知商业秘密是通过不正当手段获取的，而仍然获取、使用或披露该商业秘密的，也视为侵犯商业秘密。"

3. 案情

Electronicas y De Radiofrecuencia S. L 公司起诉 Tradingall Electronic S. L. /Aplicaciones Electronicas y De Radiofrecuencia S. L 公司，根据《西班牙反不正当竞争法》第 13 条指控被告侵犯商业秘密，并根据同法第 11 条实施不正当模仿行为。本案中涉及两个包含集成软件的复杂产品被被告模仿，据称该软件受到商业秘密的保护。虽然未明确指出，但可以理解为该软件信息系指源代码。

4. 争议焦点与裁判要点

一审中被告被判侵犯商业秘密和从事不正当模仿行为。质言之，法院认为被告通过工业间谍手段非法获取了秘密的源代码信息。在上诉中，上诉人（即在一审中被判侵权的一方）声称原告并未举证证明其接触过原告电子产品的软件或源代码。尽管如此，二审法院与一审法院得出了相同的结论。上诉法院认为，在评估是否构成商业秘密侵权时，无需查明是否实际获取或接触过该软件或源代码。原告与被告的产品几乎完全相同，足以推定被告非法获取了原告的商业秘密。技术专家认为，原被告两产品之间大部相似绝非偶然。

5. 简评

本案涉及商业秘密的非法获取。值得注意的是，法院在判定所涉商业秘密被非法获取时，并未要求原告提供直接证据证明被告访问或接触了涉案秘密。法院而是基于两产品之间的极度相似性，推定被告存在非法获取商业秘密的行为。在适用推定侵权原则时，法院根据产品的复杂性与相似性进行了综合考量。

《日本不正当竞争防止法》（2022）第五条之二规定了基于技术秘密不法获取推定不法使用技术秘密行为的条款，规定实施本法第二条第 1 款第四项、第五项或第八项规定的行为（限于获取商业秘密的行为）时，如果实施者生产了使用该技术秘密所产生的物品，或从事了政令规定的明显使用技术秘密的其他行为，应推定该实施者从事了各项规定中（限于使用商业秘密的行为）的生产等行为。

APEC 经济体的商业秘密保护[*][**]

TAIP 小组（译）

目　录

---

* 本文是对 2015 年 1 月 31 日至 2 月 1 日第四十届 APEC 知识产权专家组会议报告 Trade Secrets Protection in the APEC Economies 的翻译。——译者

** 本出版物由 Nathan Associates 的 Judy Goans、Janine Mans 和 Marwa Abdou 编写，由美国国际开发署（USAID）审查。

本出版物由美国通过美国国际开发署提供支持而成为可能。其内容由作者独自承担，不一定反映美国国际开发署或美国政府的观点。

保护范围

其他事宜

第三部分　测试或其他数据

对测试或其他数据的要求

保护测试或其他数据的条件

如何保护测试或其他数据?

透明度

测试或其他数据的保护期限

其他事宜

第四部分　执法

商业秘密补偿和救济

商业秘密和政府许可

对测试或其他数据的救济和补偿

有关执法的一般问题

建议

在所有经济体启用保护

讨论实践中的变化

执行摘要

2014年，APEC知识产权专家组（IPEG）一致提议“知识产权专家组推动加强商业秘密的保护和执行”。作为此工作的一部分，亚太经合组织体赞同为学习“亚太经合组织经济体关于商业秘密的现行法律和监管制度”做准备。该研究的目的是加强IPEG对APEC经济体现有的法律和监管框架在保护商业秘密方面的理解，以帮助APEC成员经济体识别共同的挑战和应对措施，以加强商业秘密保护和促进持续投资和创新。

商业秘密：商业秘密是从小型初创企业到世界上一些最大公司的广泛业务中最关键的知识产权资产。不管是在发展中还是在发达国家，企业有时会选择用商业秘密来保护这些信息，因为这些信息特别是在专利保护方面可能范围广、迅速安全、持续时间长而且成本低。对于创新者而言，特别是在刚刚发展现代专利制度的经济体系下，由于对专利要求认识有限，商业秘密可能提供可用的唯一形式的知识产权保护。商业秘密并不包括专有权，但商业秘密必须得到保护，防止以违反诚实商业惯例的方式进行非法获取、使用或披露。

为本报告提供信息的亚太经合组织经济体在处理商业秘密方面极为一致。在所有回应的经济体成员中，任何合法控制商业秘密的个人或实体都可以要求保护。所有成员都承认科学、技术和商业信息的商业秘密。所有成员都允许正式组织营利性业务的索赔。大多数成员允许非正式企业或正式组织的非营利机构提出索赔。在所有成员中，书面保密协议可以建立商业秘密权，而在大多数经济体成员中，就业协议可以建立这样的权利超越雇佣期限。但是参与经济体在商业秘密要求例外情况方面也表现出差异。对于盗用商业秘密，所有的经济体成员都提供民事救济，三分之二成员提供刑事保护。

测试或者其他数据：企业大力投资于测试以确保新型药品和农用化学品的安全性和有效性，并且作为市场批准的条件，向政府办公室提交测试或其他数据。世界贸易组织成员有义务保护这些数据免遭不公平的商业用途。世界贸易组织成员还有义务保护这些数据免受披露，除非有必要保护公众，或者除非采取措施确保数据免受不公平商业使用。在所有响应经济体中，政府都要求提交测试或其他数据作为上市批准的条件，并且必须隐瞒数据的披露并禁止其直接使用。不同的经济体是否禁止间接使用也相应不一样。大多数只保护数据不公开，但是会在应公共利益要求时披露数据。

管理和执法：企业依靠法律制度来实施他们在商业秘密和测试或其他数据方面的权利。所有经济体都允许民事诉讼，并且大部分都规定了与商业秘密盗用有关的刑事诉讼。所有这些都提供了在民事案件中获得损害赔偿、禁令和法院费用的可能性。八个经济体成员报告称，盗窃和/或罚款可用于盗用商业秘密行为。大约一半经济体成员都可以将恢复原状或禁令与刑事起诉结合起来。

建议：从调查回复的回顾中可以得出一些建议。亚太经合组织可以努力确保所有经济体都能获得商业秘密保护。对于 APEC 经济体而言，讨论实践中的变化并根据该地区的共同标准和实践加强国际保护也是有价值的。

APEC 经济体的商业秘密保护

思想产权

如果大自然赋予一种产权具有超越所有专属产权的稳定性，这就是思想的力量，我们称之为“创意”。它能够被创意者排他性地长期持有，但一旦被泄露，就能被所有人复制，但不能为任何人独占。

——托马斯·杰弗逊，发明家和美国总统（托马斯·杰弗逊的著作，13：333-35，1813 年 8 月 13 日）。

简介

2014 年，APEC 知识产权专家组（IPEG）一致通过了关于“IPEG 加强商业秘密保护和执法工作”的提案。作为该工作的一部分，约有 50 名亚太经合组织经济体代表参加了 2014 年 8 月举行的为期一天的亚太经合组织 IPEG 2 商业秘密研讨会，该研讨会由来自私营部门、政府和学术界的专家组成。亚太经合组织的经济体也同意“对商业秘密在 APEC 现有的法律和监管制度的研究做准备”。该研究的目的是加强 IPEG 对 APEC 经济体现有的法律和监管框架在保护商业秘密方面的理解，以帮助 APEC 经济体识别共同的挑战和应对措施，达到加强商业秘密保护和促进持续投资和创新目的。

这项研究进一步推动了 APEC 以前开展的工作。2011 年，APEC 领导人同意出台一系列政策推动有效的、市场驱动的和非歧视性的创新政策。2012 年，APEC 经济体同意制定 APEC 创新和贸易实施规范，为经济体如何在这一领域实施其 2011 年的承诺提供指导。

这项研究以这些承诺为基础，建立了保护 APEC 经济体商业秘密和测试或其他数据的法律框架信息库。分享这些信息可以促进各经济体之间的透明度，突出实践的一致性和现有程序的多样性。它还提供了最佳实践的例子，并加强了知识产权保护在促进创新方面的重要性。

该研究的信息来自对分发给 APEC 经济体的调查问卷的答复。8 月份的研讨会报告了初步结果。该研讨会由来自私营部门、政府和学术界的专家组成，此次约有 50 名 APEC 经济体代表参加。

该文件描述了 APEC 经济体商业秘密的重要性，讨论了保护商业秘密的法律要素，并报告了有关实践的详细信息及这些要素在 APEC 经济体中是如何实施的。大多数 APEC 经济体参与了这项研究。但是，由于答复的数量因主题而异，此每个主题都会报告“响应经济体”的数量。方法学在附录Ⅰ中讨论。按经济体划分的结果列在附录Ⅱ中。附录Ⅲ提供了经济体的全部答复。附录Ⅳ给出了法律框架的法律和其他要素。附录分为两卷。

背景

保密是保护有价值信息的最基本的方式。作为一种保护方法，即使在没有商业秘密专门法律的情况下，任何人都可以获得保密。开发新事物的人（如创新流程或设备）可以选择公开或保密。同样，一个人可能会选择保护与商业相关的信息，例如供应来源、客户名单或通过保密来引入新产品的计划。传统上，制定商业秘密法律是为了保护商业或贸易秘密。然而，所有类型的信息都有可能作为秘密保存下来，一个被谨慎保护的秘密可能会被保存许多年。

在两个重要的情况下需要对商业秘密进行法律保护。一种情况就是，当秘密信息的所有者[①]或代表所有者行事的人向一方或多方透露全部或部分秘密，并期望这些人能够保密时，就会存在所有者的期望不会被满足的风险。另一种情况是，当某人采取违背诚实商业行为的措施去获取、披露或使用所有者已经保密的信息。

当秘密信息的所有者与员工或潜在商业伙伴共享信息或批判其某一部分时，可能会发生泄密。当秘密设备或过程在使用过程中被其他人观察到时，也可能会发生泄露。有时候，仅仅看到一个设备就足以破坏其保密性，或者通过研究非秘密材料来学习秘密的基本要素，例如通过对样本进行测试。通过研究设备来了解设备的过程称为“反向工程”。对于机械设备而言，反向工程可能非常简单，如拆开设备并重新组装。

---

① 秘密信息的“所有者”是合法控制秘密信息的任何人。“所有者”优于“持有者”，因为不止一个人可以合法地控制秘密信息。

商业秘密保护的一个重要问题涉及不正当竞争的概念，特别是诚实商业惯例。大多数商业秘密法允许以合法的方式获取、使用或披露商业秘密信息，但是当这些行为以违反诚实商业惯例的方式完成时，则将获取、使用或披露行为视为盗用行为。大多数商业秘密法律也允许所有者采取法律行动防止此类违法行为，但承认一种可能性，即多人合法持有同一件秘密信息，且每一人都有权使用这些信息，并且任何一方都不可以阻止另一方使用或泄露信息。

因此，商业秘密权利从其他方面为知识产权提供了不同类型的保护。例如，根据《伯尔尼保护文学和艺术作品公约》，该版权法将（有一些例外）允许原创作品的作者有权防止他人复制或改编作者的作品、公开发布此作品、公开表演作者的戏剧作品或公开吟诵作者的文学作品以及其他权利，即使作品并不是秘密，作者也可以享有这些权利。同样，根据《与贸易有关的知识产权协议》（TRIPS 协议，适用于 WTO 成员），专利权通常允许专利持有人排除其他人制造、使用、许诺出售、出售或进口发明，即使此发明并不是秘密，甚至在另一个人独立开发此发明的情况下也是如此。

商业秘密保护的重要性

保护信息免受未经授权的获取、使用或披露的能力为秘密信息的所有者提供了重要的商业优势。企业投入大量资源来识别潜在客户并保持客户满意度，提升和改进他们的产品或生产方法以提高质量或降低成本，甚至可能开发新产品或生产方法，并探索商机。因此，企业为了保护他们的投资和保持投资可能提供的竞争优势而保守各种不同类型的秘密信息是非常有用的。

未公开信息的主要商业价值通常是其提供的竞争优势。未披露的业务或技术信息可能有助于企业的有效性或效率，提升其提供的商品或服务的质量，降低成本或以其他方式促进企业的效益。这些信息的保密性增强了其价值，因为它使控制未公开信息的企业意识到未披露信息赋予所具备的优势。

披露这些信息可以让其他人获得相同的利益，而无需投入资金来开发公司希望保留的信息以供自己使用。除了企业可能从其保密的信息中获得的任何竞争优势之外，未经授权的获取、使用或披露秘密信息使公司处于竞争劣势，因为其他公司获得相同优势而未进行相同投资。

商业秘密对发达经济体和发展中经济体都有利。商业秘密是宝贵的财产，也是世界上一些大公司商业模式的重要组成部分。例如，贸易保密就是保护可口可乐和肯德基炸鸡配方的知识产权形式。Forrester 咨询公司 2010 年的一项研究估计，商业秘密占公司信息资产组合的三分之二，对于“制造业，信息服务业和专业，科学和技术服务业”公司（美国商会）而言，所占份额更大。

商业秘密对于小型企业和初创公司也很重要。

客户清单、供应清单、配方和其他类型的信息可帮助小企业将其产品和服务设置为与同一领域的其他企业不同，但此类信息通常不受专利或版权的保护。在技术快速发展的高科技领域，企业通常依靠商业秘密而不是专利，因为他们可能发现专利对于业务需求而言发展太慢。

除这些优势之外，商业秘密保护对于发展中经济体和刚刚开始实施现代知识产权制度的经济体尤其重要。拥有宝贵专有资产的个人和企业可能无法充分利用现有工具来保护其知识资产。此外，发明人有时在披露后就使专利的新颖性要求被公众了解，从而使其发明不可再被授予专利权。

虽然商业秘密保护可能不是保护某项发明的首选方法，但商业秘密保护有时可能是唯一可用的保护方法。例如，在发明的主题不具有专利性的情况下，商业秘密可能是有用的；在提交专利申请之前披露了发明，使得专利保护不可用；或者发明人或小企业无法获得法律援助或无法承担获得专利费用的情况。

尽管商业秘密不能提供专利所提供的专有权利，但商业秘密与专利相比具有一些重要优势。与专利不同，将知识产权作为商业秘密保护并不要求所有者向政府机构提交申请或支付费用。尽管商业秘密容易受到独立发现的影响，但妥善维护的秘密受到保护的时间可能比专利要长得多。

无论是在发展中国家还是在发达国家，企业都可以选择将发明作为商业秘密而不是通过专利制度来保护相关信息，因为商业秘密保护可以立即获得并且在没有政府批准的情况下得到保护，其范围可能更广泛，因为没有专利事项排除，它的持续时间可能更长，并且维护费用可能更低。

商业秘密也支持企业的需要，以保护那些不能被另一种保护形式（专利、版权、工业设计）充分保护的信息。它们可能特别用于保护非专利制造技术以及客户或供应商名单、新产品设计或营销计划。版权可以为法律行为提供独立的基础，例如，防止他人复制图纸或其他材料。尽管大多数司法管辖区将版权保护限于书面材料，但盗用商业秘密的行为通常可用于防止或寻求对其他类型盗用的补救措施，例如未经授权口头披露商业秘密或通过观察不成文的程序而学习的商业秘密。

国际要求

作为世界贸易组织的成员，APEC 经济体必须考虑 TRIPS 协议下的义务。TRIPS 协议列出了许多可能被认为是保护商业秘密法律框架一部分的核心要求。

商业秘密和未披露的信息

TRIPS 协议使用术语“未公开信息”来描述必须受法律保护的信息。就本报告而言，“商业秘密”和“未公开信息”这两个术语被认为具有相同的含义。

TRIPS 协议第 39.2 条规定：

“2. 自然人和法人应有可能防止其合法控制的信息在未经其同意的情况下以违反诚实商业惯例的方式向他人披露，或被他人获取或使用，这种信息如下：

（a）属秘密，即作为一个整体或就其各部分的精确排列和组合而言，该信息尚不为通常处理所涉信息范围内的人所普遍知道，或不易被他们获得；

（b）因其秘密性而具有商业价值；并且

（c）合法控制该信息的人员在一定情况下采取了合理的措施来保守秘密。”

第 2 款脚注解释说：

就本条款而言，“违反诚实商业惯例的行为”至少应指违反合同、违反信用和诱发违约行为等行为，并包括从第三方获取未披露的信息，这些第三方知道或曾经因严重疏忽而不知道这种行为涉及获取未披露信息。

理解《保护工业产权巴黎公约》（以下简称《巴黎公约》）第10条之二（2）中的“诚实商业惯例”一词也可能有所帮助：

“（2）任何违反诚实商业惯例的竞争行为均构成不正当竞争行为。”

这一规定包含在TRIPS协议中，也被列入《巴黎公约》的实质部分。

根据TRIPS协议标准，几乎任何类型的信息都可以作为商业秘密受到保护，只要它符合第39条第2款规定的三重测试。还要注意，术语“秘密”具有特定含义，即“作为整体或者其各部分的精确排列和组合”的信息并不是“通常处理所涉信息范围内的普遍知道或不易被他们获得的信息。”（TRIPS协议第39.2（a）条）

TRIPS协议要求世界贸易组织成员保护满足某些条件的未公开信息。第一个条件是信息因其具有秘密性而具有商业价值。在大多数情况下，符合其他两个要求的信息因其具有秘密性也具有商业价值。信息具有秘密性这一单独事实并不能保证它具有商业价值。TRIPS协议没有规定最低限度的保护要求，也没有明确一个标准来确定哪些信息因其秘密性而具有商业价值。

第二个条件是信息所有者在一定情况下已经采取了合理的措施来保证信息的秘密性。“在一定情况下已经采取了合理的……”这一措辞表明，法院可能已经考虑到事实情况，例如信息的性质和信息的使用方式，某些法域的法院已经认识到了这些因素。

TRIPS协议和测试或其他数据

在与“未公开信息”相同的条款中，TRIPS协议规定了向政府机构提交的作为获得上市许可条件的“未公开的测试或其他数据”具体要求。公司对这些数据进行投资，以确保他们引入市场的新型医药或农用化学品的安全性和有效性。因此他们可能会担心其竞争对手通过获取或使用这些数据而获得“搭便车”的可能性。

TRIPS协议第39.3条要求WTO成员保护提交给政府机关的测试或其他数据，以此作为获得医药或农用化学产品市场批准的条件。政府要保护这些数据免遭不公平的商业使用。此外，政府还必须保护这些数据不被披露，除非公开是保护公众的必要条件，并采取措施确保数据免受不公平的商业使用。该条款在保护公众的灵活性的同时，平衡了保护有价值信息免受披露的利益。

APEC实践

为了更好地了解商业秘密和测试或其他数据的保护水平，APEC经济体被要求回答有关法律保护的具体要素的问题，包括行业来源确定的问题。

第一部分　法律框架

商业秘密的保护主要由所有者采取措施来完成信息保密。但是，一旦这些信息被盗用，所有者就必须依靠法律制度提供的补救措施。保护测试或其他数据投资的能力也极其依赖保护数据免受披露和不公平使用的法律制度。

参与本研究的经济体被要求提供其相关法律、法规或其他法律保护框架的文件。这些文件在附录Ⅲ中提供。一个经济体回应说，其没有商业秘密法，并表示很愿意对制定这样的法律提供技术援助。

APEC 经济体有哪些法律制度？

世界上有两种主要的法律制度：民法典和普通法。民法典系统是最常见的，并为大多数欧洲国家采用，而普通法系统在美国、加拿大和大部分前英国体系流行。

这两种制度都依赖法官来解释和适用法律。然而，普通法系统的法官被认为在阐释或“解释”成文法律以适应不可预见的情况方面拥有更大的自由度，上诉法院的先例决定对所有下级法院都具有约束力。这些决定构成了一个由经验发展而来的“普通法”的主体（有时称为“法官制定的法律”）。一般来说，民法典辖区的法律比普通法管辖区的法律更为详细。三分之二（9/13）的响应经济体都属于民法典辖区。

所有响应经济体都提供了有关其法律框架的信息。几乎所有的响应经济体都有其保护商业秘密的法定法律，有时会通过法规、行政程序、指导方针和司法裁决来加强。

新加坡，一个反应迅速的经济体，报告说，其对商业秘密的保护完全依赖于普通法，并提供了为在新加坡保护商业秘密的法律依据的司法判决。即使在保护商业秘密的法律框架主要是成文法的经济体中，该框架也可能继续通过适用和解释各种情况下法律的司法判决来发展，特别是在普通法管辖区。

第二部分　保护商业秘密

对商业秘密的有效法律保护取决于商业秘密保护的可用性和有效性，包括谁有资格申请保护、哪些类型的客体有资格得到保护、哪些方法被认为足以建立商业秘密等等。此研究确定了法律保护的关键要素，并邀请各经济体介绍其做法。所研究的要素来自国际惯例，包括 TRIPS 协议概述的保护内容，以及工业界②就某些经济体的商业秘密保护缺陷提出的问题。第二部分总结了每个要素的重要性，并提供了有关这些问题在参与本研究的经济体中如何处理的信息。

谁可以主张商业秘密保护？

对商业秘密提供法律保护是一个关键问题。所有 14 个响应经济体报告称，任何合法控制商业秘密信息的个人或实体都可以申请商业秘密保护。所有人都同意，商业秘密保护适用于正在开展业务的个人以及正式组织的营利性企业。然而，关于是否可以由非商业实体（如非政府组织）成由市政当局或村庄主张商业秘密，或者非正式或未注册企业是否可以主张要求对于盗用商业秘密进行保护。尽管新加坡指出，一个市镇或村庄的商业秘密问题与其情况无关，但绝大多数经济体将在所有这些情况下提供保护。

什么类型的信息可以作为商业秘密加以保护？

商业秘密保护对许多类型的信息都有价值。TRIPS 协议从功能上定义了必须保

② 行业问题可以在许多方面找到，包括上面提到的商会研究。

护的信息类型——第 39 条定义的保密信息，因其秘密而具有价值，已经采取合理步骤对信息保密——但没有对有资格获得保护的客体类型进行任何限制。然而，企业抱怨也表明，在一些经济体中，保护只适用于某些类型的主题。商业秘密保护两个最常见的用途是用于科技信息和商业信息，如商业计划、客户名单和偏好以及供应来源——这些都是企业想要拥有的有价值的信息，也是企业可能不希望分享的信息。所有 14 个响应经济体均表示，这些类型的信息可获得商业秘密保护。大约一半经济体说他们的法律不包括保护与政治、社会或宗教组织有关的信息。

如何创建或保护商业秘密？

大多数商业秘密法律侧重于商业秘密的保护，而不一定首先关注商业秘密是如何创建的。除秘密要求和合理保密措施之外，TRIPS 协议关于未公开信息的要求并不涉及创建或维持商业秘密，例如可用于确定该信息是商业秘密并有权得到保护的方法，以及在特定情况下哪些措施可以构成合理的措施。

纵观可用于将信息确立为商业秘密的不同方法，几乎所有的响应经济体都报告说，其法律体系将承认书面保密协议作为确立商业秘密的方法，并且没有必要对此协议的有效性进行公证。

通常情况下，只要信息作为秘密被妥善保存，它就会受到商业秘密的保护。但是，如果就业协议规定了一项义务，重要的是要知道保密要求是否可以超出就业期限。绝大多数经济体承认就业协议中带有保密规定是确立商业秘密的一种方法，并表示这种保密条款可以在协议的期限之后继续有效。一些经济体报告称，雇用后的保密需要执行一项雇用后协议。约三分之二的响应经济体报告称，他们的法律将承认口头协议是确立商业秘密的一种方法。

几乎所有的经济体都表示可以采取切实可行的措施来确立商业秘密，例如标志、警告或其他防止泄露秘密信息的预防措施；采取物理措施，如将信息放入锁定的保险箱或抽屉中；分离制造过程的一部分以防止他人了解其细节的程序。对于这些例子，美国增加了限制物理和数字访问的方法；密码保护访问；安全设施；问题回答访问；登录、注销程序；物理和数字监视和监视。

一些经济体表示，他们的法律较少关注确立商业秘密的具体措施，而是从更全面的角度来确定这些措施是否足以创造商业秘密。

什么类型的行为被认为是违法的?

通常，只有当商业秘密信息的获取、使用或披露是以“违反诚实商业惯例”的手段完成的，商业秘密才会受到保护而不被盗用，《保护工业产权巴黎公约》中将此术语称为不公平竞争行为。因此，了解 APEC 经济体如何应用这一要求很有帮助，特别是可以将哪些类型的行为视为“违反诚实商业行为”以确定盗用行为。考虑最常见的盗用方法，14 个响应经济体同意，为获取、使用或促使某人披露商业秘密信息而采取的下列行为将构成建立盗用所需的不当行为类型：

- 欺诈或背信的行为。
- 不恰当的物理入侵，如闯入某一设施中。

• 电子入侵，例如窃听电话，窃听电话线或窃取网站或电子邮件，但新加坡将此因素限制为非法的电子入侵。

• 所有者的会计师、律师或医生违反职责。韩国指出，如果所有者的会计师，律师或医师非法使用、获取或披露所有者的商业秘密，将受到与该行业相关的个别法律的制裁，而不是商业秘密保护法的制裁。在违反职责可能导致盗用的人员名单中，菲律宾在违反保密协议的情况中增加了“雇员、合作伙伴和类似的商业/专业关系”，美国增加了银行家和股票经纪人。

获得秘密信息的另一种常见方法是通过假冒伪装成被授权获取秘密信息的人员，或者伪装成有权或可以观察到此类信息的设施或电子设备的正当人员。几乎所有的响应经济体（13/14）都表示，冒充可以构成盗用商业秘密的不法行为类型。

保护商业秘密的限制性

商业秘密的保护主要取决于商业秘密所有者行使其权利的能力。以上内容考察了建立商业秘密和证明盗用所需的要素，本节重点讨论限制。这种限制是贸易保密的一个重要推论，并且在许多司法管辖区已被采纳，以防止可能允许虚假索赔妨碍进步和妨碍诚实商业交易的滥用行为。这一政策关注提出了两个法律问题：法律是否承认某些行为不是盗用行为，以及在某些情况下当事方没有义务保护某些信息作为商业秘密。

经济体对这些问题的处理进一步确定了盗用的范围。也就是说，它定义了哪些行为是被禁止的，哪些行为是不被禁止的。它也有助于界定商业秘密本身的性质；也就是说，信息所有者什么时候能够对其使用、披露或获取行为请求法律保护，以及这些能力何时被取消。首先看例外情况，绝大多数的响应经济体（10/14）表示，他们的法律承认，通过合法复制且诚实获得来发现商业机密信息并不是盗用他人的行为；大多数（11/14）经济体同意“反向工程”、化学测试或对合法且诚实获得的其他分析也构成了了解商业秘密的正当手段，因此不构成盗用。

几个经济体指出，其他例外情况被其法律承认。中国香港提到了独立创造，并指出其最终答案取决于信息本身必须具有必要的“质量自信”。日本提到《日本不正当竞争预防法》第19.1（vi）条③。美国在发表的文献中提到了独立发明和披露，作为公民保护商业秘密义务的额外例外。

这个问题的第二个方面是，当一方在保密义务下获得信息时，该方或者已经可以访问该信息而对披露方不负有保密义务，或者后来独立获取信息，也就是说，其来源与所有者无关，或以某种其他合法的方式显示信息而没有保密义务。在这些情况下，关于该方是否必须遵守保密协议（或继续遵守该协议）或这些事实是否减轻了当事方保护作为商业秘密的信息的责任方面存在法律问题。

③ 第19.1（vi）条：第2条第（1）款第（四）至（九）项所列的不正当竞争——通过交易获取商业秘密的人的行为（仅限于获取此类商业秘密时并不知道商业秘密的披露是不正当披露的行为，或者存在对该商业秘密进行不当披露或不当披露行为的干预行为并且由于疏忽而不知道这一点）在通过此类交易获得的权限范围内使用或披露商业秘密。法律全文见附录Ⅳ。

在这种情况下，明显存在证据问题需要解决。例如，商业秘密信息的接收者仅声称有之前的知识就足够了吗？如果不是，那么必须提交什么样的证据以及哪一方负有说服的责任呢？或者，当事方随后从另一来源获悉信息时，法院如何确定信息是以真正独立的方式获得的，或者如何确定信息是从一个据称不相关的来源获得的——但仅仅是因为接受者已经可以访问未公开的信息，实际上，它是正在寻找信息。

尽管实施这些规定有困难，但在这两种情况下，有政策理由考虑解除一方的保密义务。例如，可以想象一下，员工在其就业协议中受保密条款约束并遵守协议（也许多年）的情况，但信息已在互联网上公开。在这种情况下，对雇员强制执行协议将导致相当惊人的情况，即雇员可能是世界上唯一无权使用或披露信息的人。再举一个例子，人们可以想象一种情况，商业秘密的所有者将信息许可给另一家公司，并且所有者的雇员希望离开他或她现在的工作并加入被许可的公司，但由于就业协议中的保密条款而被阻止他或她为已经拥有该信息的公司工作。

对于主动提供的信息，一方是否有义务保护它已经知道的商业秘密，这个问题是公司经常遇到的问题。个人可能会联系该公司，并提出披露他们声称是商业秘密的有价值信息，声称这是一笔交易秘密——事实上这可能是商业秘密——并且他们希望获得补偿。公司面临的问题是，除非知道信息是什么，否则无法评估这些信息的利益或信息对公司的价值，甚至无法估计公司是否已知道信息。因此，几乎所有规模的公司都有政策和标准回应拒绝接受这些信息，并建议那些希望提供未经请求的信息的人必须依靠其专利权（如果有的话）来这样做。毋庸赘言，这项政策保护公司免受诉讼，而且在大多数情况下，也避免了从独立发明人获取有价值信息的可能性。这些政策还限制了创新者利用商业秘密保护作为发起业务关系的基础能力。

在这种复杂的政策背景下，APEC 经济体如何解决这些问题可能并不令人感到意外。报告中略多于一半的经济体（7/13）表明，根据其法律，当事方在其披露时已经拥有该信息或当事方随后以合法方式获取信息并且没有保密义务时，无需保持信息的保密性。报告中不到一半的经济体（5/13）称，一方随后从与所有者无关的来源获悉信息时不需要保持信息的保密性。

保护范围

一旦确立了商业秘密权利，提供赔偿的法律保护就显得至关重要。12 个响应对经济体均表明，如果信息被确定为构成商业机密，且不受上一节所述限制，则其法律制度会赋予合法控制该信息人员提起民事诉讼以防止未经授权使用、获取或披露信息的权利。

约三分之二的响应经济体还表示，其法律框架还规定了处理未经授权使用、获取或披露商业秘密信息的刑事程序，注意到新加坡法律“这仅适用于未经授权盗窃电子数据，而不是一般的机密信息”。补救办法和追索权的可用性在下文第四部分“执法”中有更充分的论述。

其他事宜

本节考虑一系列影响 APEC 经济体充分保护商业秘密的问题。这些问题包括与未披露信息有关的问题，被盗用商业秘密的所有人可以在多大程度上防止其进一步盗用、许可，以及商业秘密与版权的关系，特别是，是否必须选择补救办法。

未披露的信息：尽管 APEC 响应经济体的法律界定了制定商业秘密的标准，但只有大约一半的经济体报告说，他们已经制定了评估信息因其秘密性是否有价值，或者在这种情况下采取的保护信息的保密措施是否“合理”的标准。

防止进一步盗用：一个重要的问题是，被盗用的商业秘密所有者可以得到的补救办法。如果秘密被广泛传播，那么所有者能继续将这些信息称为商业秘密的可能性已被破坏。但是，如果盗用具有更多限制性，所有者能够阻止信息的传播并防止未经授权的使用，则有可能继续将这些信息作为商业秘密。

例如，在最近一起著名的商业秘密盗用案例中④，可口可乐公司的一名员工与其他人合谋，为可口可乐公司最大的竞争对手百事可乐公司提供新产品的保密计划。在这种情况下，拟议接受者的行为堪称典范，因为百事可乐公司的高管们通知了提供秘密的竞争对手和逮捕盗用信息个人的执法官员。

这个案例说明盗用可能涉及有限的披露。这种披露的有害影响可以通过使用适当的法律措施来减轻，例如禁止接受者使用商业秘密信息的法院命令，也禁止在未经权利持有人授权的情况下进一步披露信息。在这种情况下提供适当的补救措施往往可以避免盗用企业的重要商业秘密造成的灾难性损失。

显然，在上述案例中，百事可乐公司高管们立即认识到所提供的信息涉及盗用竞争对手的商业秘密。不幸的是，并非所有这些盗用行为对于接受者而言都是显而易见的，他们可能会善意地认为披露方有权进行披露，因此可能会为信息支付昂贵的代价。在这种情况下，信息的善意购买者和所有者都被侵占方所害。但是，所有人的权利高于购买者的权利，并且如果管辖区的法律允许，则可以受到保护。

当商业秘密被盗用并随后向善意取得信息的第三方披露时，11 个报告经济体中有 9 个表示所有者可以阻止第三方进一步披露或使用商业秘密（信息的诚信购买者），一旦第三方意识到该方由于非法披露而收到该信息。新加坡指出，这个问题涉及公平的考虑，并将高度依赖案件的具体事实。

许可：维护商业秘密取决于持有保密信息，但利用商业秘密的能力在某些情况下可以通过许可授予他人而最大化。因此，知道商业秘密是否可以成为许可协议的主题是非常重要的。所有作出回应的经济体都表示，商业秘密可以成为被许可的对象，俄罗斯肯定地表示：“商业秘密的专有权可以根据许可协议进行转让。”

版权和商业秘密保护：知道商业秘密的所有者是否可以申请商业秘密和版权保护，或者所有者是否必须选择一种形式而非另一种的保护是很重要的。能够获得这

④ 美国诉威廉斯案，第 06 - 00313 - CR - 3 - 1（2008 年 3 月 20 日第 11 版）；该意见的全文可在第十一巡回法庭网站 http：//www. ca11. uscourts. gov/published - opinions 上查找案件号码 06 - 00313。

两种形式的保护是非常有优势的，因为这两种形式的知识产权涉及不同的权利，保护不同的利益，并提供不同的补救措施。

可能会出现双重保护形式对于书面形式的文学作品，如新产品计划、产品或供应商名单、操作手册等；艺术作品，如拟议产品的技术图纸或艺术效果图；再如计算机程序或数据库等。文学和艺术作品都属于版权保护范围，如果这些作品传达的信息作为商业秘密受到保护，商业秘密保护也可能适用。

尽管出版物会破坏已出版作品中信息的商业秘密，但版权声明并不一定依赖出版物。《伯尔尼保护文学和艺术作品公约》以及 TRIPS 协议要求保护未出版的作品。因此，未发表作品的事实并不能排除版权保护的可用性。[⑤] 因此，可以预期这两种保护形式都可以使用，事实上，约三分之二的响应经济体（8/13）报告说，商业秘密的所有者可以为同一项作品申请版权和商业秘密保护。

在注册方面出现了一个可能混淆的问题就是通常需要交存作品。虽然《伯尔尼保护文学和艺术作品公约》要求版权保护无需登记手续，但一些司法管辖区提供版权登记制度来通常作为执法的附属物。如果声明商业秘密的作品的副本作为注册系统的一部分存放，并且这些记录可供查阅，则注册可能会破坏作品中披露信息的秘密性。但是，这并不排除两种选择的可用性，因为整个作品的交存并不是注册的必须要求。至少一些版权登记处只接受有限的部分材料以满足交存要求。长期以来，计算机程序的这种情况一直存在，其文本可以达到数千页，并且有已经报告了的一些情况，例如商业秘密技术图纸，以图纸和内容为基础进行注册的图画被删除了。

第三部分　测试或其他数据

这项研究还考察了 APEC 经济体关于政府需求和测试或者其他数据的做法，这些测试或者其他数据作为获得农业化学和药品的市场准入条件提交（呈现）。

为了药品和农业化学品的有效性和安全性而投入百万美元进行测试的企业，可能会担心一些政策允许不经授权获得或者不合理地商业使用企业的原始数据，从而可能为其他竞争企业提供“搭便车”的机会。

对测试或其他数据的要求

对测试或其他数据保护的一项重要考虑是，它何时需要被披露（公开）。9 个响应经济体都报告说他们需要提交测试或其他与药品上市批准申请有关的数据以及农化产品的市场批准。

- 中国香港指出：“在 2012 年 10 月 1 日或之后，仿制药如果原产品已在中国香港注册 8 年（在 2012 年 10 月 1 日生效之前是 5 年）则豁免提交‘证明产品的安全性和有效性的临床和科学文件’。有关这方面的更多信息，请参阅卫生署、药物办事处、药物注册及进出口管制部、药剂制品/物质注册指引，https：//www. drugoffice. gov. hk/（2014 年 3 月）。”

⑤　与商业秘密和版权有关的问题在这一重要方面不同于与商业秘密和专利有关的问题，即专利要求公开发明，而版权则适用于未公开的作品。

• 美国报告说，根据《美国有毒物质控制法》，还需要提交化学数据。除此之外，没有经济体报告要求提交数据用于任何其他目的。

关于农用化学品，9 个响应经济体均表明，对测试或其他数据的要求不取决于请求的主题是否已经在另一经济体中得到批准，并且只有两个经济体报告了药品案例。新加坡表示，“每个申请人必须提交自己的注册档案，不管是否在海外/其他部门获得批准”，并指出：“申请可以基于从其他经济体获得的事先批准，但监管决定/结果可能会根据不同司法管辖区之间药品的收益和风险之间的平衡而有所不同。”

结果与上市批准是否基于在另一经济体中向同一申请人提供批准的问题类似，其中该方自己的数据已被用于获得较早的批准。

作出回应的 8 个经济体都同意，没有提供另一经济体批准数据的一方不能通过另一经济体的批准获得上市。

保护测试或其他数据的条件

研究型公司总是对测试或其他数据获得保护必须满足的条件感兴趣。特别是，测试或其他数据的保护是自动取得，还是数据的创建者必须提出申请或满足其他要求，了解这一点是有用的。几乎所有的经济体都表示保护是自动的。日本指出，对受保护的药品自动设定复审期限。而新加坡指出，对于受到保护的药品，将自动设定复审期限，“只要申请人提交注册文件，该信息就会保密”。

越南表示，如果保护不是自动的，申请人必须在规定的时间内提交与药品有关的测试或其他数据的保护请求，该书面申请必须包含在营业执照的档案中或与农化/药品的流通请求有关，并且（至少在有疑问的情况下）要求上市批准的申请人提供证据证明申请人是数据的创始人，或者拥有所有者的授权将其用于特定目的。

没有经济体报告申请人必须满足调查表中确定的要求以外的任何要求。

如何保护测试或其他数据

测试或其他数据的发起者也有兴趣知道他们的数据如何被保护。作出回应 8 个的经济体都报告说，政府会隐瞒数据的披露，尽管美国指出在农用化学品方面有一些例外。中国香港指出：“这些数据只有政府官员在注册需要的基础上才能看到。除非创始人发布或给予许可，否则数据是保密的。”

作出回应的 8 个经济体都表示，必须要求他们的代理机构禁止第三方使用测试或其他数据获得第三方的营销许可，除非第三方获得数据发起人的许可，尽管美国指出对于农用化学品而言，适用某些例外。新加坡指出，无论海外批准与否，每个申请人都必须提交自己的档案。

其他经济体没有报告额外的需求。

透明度

经济体所处商业环境的一个重要因素是其程序的透明度。就测试或其他数据而言，了解测试或其他数据的保护条件是否清晰明确和公开可用是非常有用的，以及如果这些信息是公开的，那么这些信息如何被提供。

作出回应的经济体报告了一个相对透明的系统，9 个系统都表明测试或其他数据的保护条件已明确规定并公开。这主要是通过法律法规来完成的，这些法律和法规已经出版或以其他方式公开发布。几个经济体发布经批准的产品清单或在互联网上提供信息，大多数经济体通过法律法规提供指导，或者像中国香港一样，通过出版指南提供指导：

• 日本指出，其政府通知公众新批准的药品名单，并在批准当天提供一段时间的数据保护（复审）。对于农用化学品，相关通知可在线获取。

• 对于医药产品，中国香港向卫生药物管理局、药品注册和进出口管制司提供药品/药物注册指导说明，网址为 https：//www. drugoffice. gov. hk/eps/do/en/doc/guidelines_forms/guid. pdf（2014 年 3 月），对于农业化学品则提供渔农自然保护署发布的“农药登记指南”，该指南网址为 http：//www. afcd. gov. hk/english/publications/publications_qua/pub_qua_pes/files/PPRD12G04E. pdf. 。该经济体还提到其评论说：“如果‘原产品已在中国香港注册超过 8 年（2012 年 10 月 1 日生效之前是 5 年）’，则 2012 年 10 月 1 日或之后，仿制药豁免提交‘证明产品的安全性和有效性的临床和科学文献’”。

• 对于农业化学品，新加坡注意到这些信息是根据新加坡农业食品和卫生局（AVA）网站（www. ava. gov. sg）上的植物控制法和植物控制（农药注册）规则提供的，而对于药品，这些信息可以从卫生科学局获得（www. hsa. gov. sg）。

• 中国台北也在网上提供其信息，其“药品法案”第 40 – 1 条下的药品可在网上查阅，网址为 http：//law. moj. gov. tw/Eng/LawClass/LawContent. aspx？PCODE = L0030001；中国台湾“农药管理法”第 10 条提到的农用化学品也可在网上获取，网址为 http：//law. moj. gov. tw/Eng/LawClass/LawAll. aspx？PCode = M0140012。

• 为了保护药物测试数据，美国提到了联邦食品药品监督管理局网站（www. fda. gov），以及《美国法典》第 21 章第 355 节、第 360 节和《美国联邦法规》（CFR）第 314 节、第 316 节。对于农药产品，美国提到了《联邦杀虫剂、杀菌剂和灭鼠剂法》（FIFRA）的第 3 节和第 10 节，可在美国环境保护署网站上查阅（www. epa. gov）。

只有两个经济体报告说，他们发布了测试或其他数据受保护的产品清单，但几乎所有迹象都表明，通过向适当的政府机构进行调查可以及时获得这些信息。新加坡注意到，“对于农业化学品，AVA 网站上提供了杀虫剂清单”。

测试或其他数据的保护期限

测试数据或其他数据受到保护的时间段也是数据创建者和一般企业关注的问题。一小部分作出回应的经济体为测试或其他数据提供固定的保护期限。附录Ⅱ中报告了每个作出回应经济体提供的条款及其确定方式。

即使存在固定的保护期，了解是否存在可能导致提前终止测试或其他数据保护期的情况是重要的，如果存在，则可能需了解导致提前终止的条件是什么。在作出回应的 9 个经济体中，大约有一半报告说，有些情况可能会导致提前终止对测试或其他数据的保护。两个经济体表明保护期限仅限于产品专利保护期限，两个经济体表明如果数据公开披露则保护终止。

印度尼西亚和菲律宾回应称，测试或其他数据因泄露终止保护而非因向公众披露。印度尼西亚指出，（对测试或其他数据进行）保护旨在防止个人或实体泄露信息的不当行为。越南表示，在这种情况下，保护并未终止，并提到了概述的数据保密终止条件的法律条款⑥。新加坡回应称，一旦公开披露测试或其他数据则保护终止，但其也表示“这仅适用于农用化学品”。

这三个经济体（印度尼西亚、菲律宾和新加坡）都回应说，在以下条件下终止对测试或其他数据的保护：

- 当健康或其他主管部门确定信息一般是已知的或其他人可以轻易获得时。
- 基于所有人的行为而非数据泄露。
- 其他条件。例如印度尼西亚提到的反向工程；菲律宾提到的基于公共利益需要而披露；越南在其通函中提到的条件（该通函的脚注5）。

日本和菲律宾表示，测试或其他数据的保护期限不受另一经济体保护期限的限制。

其他事宜

保护测试或其他数据的一个重要问题涉及“不公平商业用途”的含义，考虑此因素对所提供保护力度产生深远影响。保护测试或其他数据的其他条件也很重要，例如上市批准申请是否涉及新的用途、新的适应症或以前经批准产品的不同剂量，或者涉及将以前批准的产品与其他产品结合而成的新产品。

作出回应的7个经济体都同意，“不公平商业用途”这一术语被理解为包括对另一方提出的测试或其他数据的直接使用。而且几乎所有的响应经济体都同意，对于申请营销批准的一方，该术语也被理解为包括通过机构提交公开材料或监管决定对测试或其他数据的间接使用，该机构依赖另一方发起的测试或其他数据。中国台北指出，在没有依赖相同测试或其他数据的在先申请的情况下，“在检查营销批准申请时，测试或其他数据的发起者是不相关的”。

一些经济体指出了其他保护条件：

- 中国台北：数据排他性的保护仅适用于包含新化学实体的药品和农药的测试或其他数据。
- 美国：对于某些新的适应症，有3年的专有扩展可用。
- 越南：根据《2010年3月1日卫生部第05/2010/TT－BYT号指导药品注册过

⑥ 《2010年3月1日卫生部第05/2010/TT－BYT号指导药品注册过程中测试数据保护（保密）的通知》第14条，数据保密的终止。在下列情形下，应部分或全部终止数据保密：

1. 数据不再符合本通知第6条规定的要求。
2. 主管机构有确切理由认定拥有保密数据的药品注册机构无合法权利使用该数据。
3. 拥有保密数据的药品批准上市决定不再有效，或药品注册号被撤销，或药品注册机构自愿撤销注册号。
4. 主管机构对含有保密数据的药品相关专利颁发强制许可。
5. 解决纠纷的主管机构宣布接受数据保密申请的决定无效。
6. 为保护公众健康和满足社会紧急需求，必须终止数据保密保护。

程中测试数据的保护（保密）的通知》：

“第 6 条　对数据的保密要求。如果数据完全满足以下要求，则应保密：

1. 作为商业秘密，符合知识产权法第 4 条第 23 款和第 84 条规定的保护要求；

2. 作为相当大的努力投资的结果；

3. 有本通知第 7 条第 1 款规定的保密要求。”

大多数作出回应的经济体提供对缺乏披露的测试或其他数据的保护，而大多数并未提供对上市批准申请是否涉及新的用途、新的适应症或以前经批准产品的不同剂量，或者涉及将以前批准的产品与其他产品结合而成的新产品的保护。同样，尽管美国注意到它为某些生物制品提供了 12 年的专有权，但大多数经济体并未对测试或其他数据提供保护条件，不论这些测试或其他数据是否与某些类型的材料相关。新加坡指出，缺乏披露仅适用于“农用化学品”，并且关于上市批准的请求是否涉及新用途，“对于农用化学品，所有提交的信息均视为保密信息。对于药品，与数据保护有关的规定适用于营销批准的授予，但不适用于现有营销许可的变更”。

虽然经济体通过隐瞒对测试或其他数据的披露对其进行保护，大多数经济体还是意识到，至少在某些情况下，需要对不披露政策实行例外情况，其中大多数经济体表示他们会披露信息，当披露测试或其他数据对保护公众是必要时。

- 中国香港：根据 TRIPS 协议第 39 条，世界贸易组织成员应当保护数据免于披露，除非披露对于保护公众而言是必要的。据我们所知，迄今为止，中国香港没有关于此问题的相关判例。
- 印度尼西亚：国内安全、社会健康和安全。
- 日本：虽然没有既定的标准，但是当监管部门根据其构成成分的新科学信息决定取消农药注册和紧急召回时，必须公开某些数据。例如，如果某些农药中含有一组对人体健康构成不可接受的风险的杂质，并且相关管制行动已经实施，那么指出哪些产品含有多少浓度的杂质以提醒该产品的用户和供应商就是公平和必要的。在这种情况下，不必介意数据保护，因为有问题的产品迟早会被禁止生产和销售。
- 菲律宾：出于公共利益和/或保护问题。
- 新加坡：对于农用化学品，适用于（i）如果申请人同意；和/或（ii）如果为了保护公众的健康/安全而需要披露信息。对于药品，该清单载于《新加坡药品法》（www. hsa. gov. sg）第 19B 节。
- 美国：《美国食品药物和化妆品法案》（“该法案”或“FD&C 法案”）为 FDA（美国食品药品监督管理局）提供监督药物安全性和有效性的权力；FDA 以与其促进公共卫生使命相一致的方式实施该法和其与核准药物独占性有关的规定。（其他意见见附录Ⅱ）。

经济体报告了不同的措施以确保测试或其他数据免受不公平的商业使用：

- 中国香港：要求提供原始数据的书面授权。
- 印度尼西亚：国内法规。
- 新加坡：对于农业化学品，提交的信息被视为保密信息。对于药品，相关步骤载于《新加坡药品法》（www. hsa. gov. sg）第19A 节、第19B 节和第19D 节。

• 中国台北：根据我们的法律，没有具体的规定来控制为防止不公平商业使用而采取的措施。

• 菲律宾：禁止违反规定的披露；只有在确定有保护公众利益或公众的现实需求时，才可披露（测试或其他数据）。

• 越南：根据《2010年3月1日卫生部第05/2010/TT－BYT号指导药品注册过程中测试数据的保护（保密）的通知》：

“第6条　对数据的保密要求。如果数据完全满足以下要求，则应保密：

1. 作为商业秘密，符合知识产权法第4条第23款和第84条规定的保护要求；

2. 作为相当大的努力投资的结果；

3. 有本通知第7条第一款规定的保密要求。”

第四部分　执法

对商业秘密以及测试或其他数据的法律保护与实施这些权利的程序一样有效。从这个角度来看，执法是一个多方面的概念。它包括民事补救措施和刑事处罚的可用性；获得损害赔偿的可能性；预防或限制此类伤害和减轻损害采取的措施。

商业秘密补偿和救济

需要补救或诉诸法律措施可能涉及不同类型的法律诉讼。作出回应的10个经济体都报告称，在商业秘密被盗用时可以提起民事诉讼，并且大多数经济体还规定了刑事执法。

几乎没有一个经济体报告指出，追索权包括海关当局采取的行动，唯一的例外是印度尼西亚，该国表示海关可以通过法院命令采取行动。这一点很重要，例如，记录商业机密的文件，或者更可能是体现商业秘密的项目从一个管辖区转移到另一个管辖区。例如，这些项目可能包括特许经营业务的程序手册，正在开发的产品的图片或图纸或正在开发的产品模型等。对于文件、图纸和照片，所有人可能设法通过依靠版权来阻止商品的发布，但仍需要采取措施来保护商品的保密性。

除民事和刑事程序外，俄罗斯和越南报告了在商业秘密被盗用的情况下可能采取的行政措施，菲律宾报告了可能对政府官员或雇员采取行政措施的可能性。

民事诉讼中的救济类型对商业秘密法的效力也至关重要。最重要的补救办法是获得与商业秘密所有人所受损害相称的损害赔偿金的权利，以及获得禁令以防止未经授权使用、披露或获取商业机密信息的权利。考虑到诉讼的成本，除损害赔偿之外，判决支付所有权人与诉讼相关的费用也是有益的。

鉴于所有权人在民事诉讼中处于优势地位，作出回应的12个经济体的法院都有权判决损害赔偿；有权发布禁令或其他命令以防止进一步使用、披露或获取商业机密信息；有权命令被告支付至少部分诉讼费用。俄罗斯表示，侵犯商业秘密专有权的人，包括非法收到构成商业秘密的信息的人、披露或使用该信息的人以及承诺保守商业秘密的人，除非法律或合同规定了其他责任，否则有义务支付因侵犯商业秘密专有权造成的损害赔偿。中国台北指出，关于诉讼费用，其法院可以下令支付法庭费用。

谈到刑事诉讼，在商业秘密案件中规定了刑事程序的作出反应的 8 个经济体都规定由罪犯支付罚款，并在适当的情况下规定了监禁的可能性。处罚范围见附录Ⅱ。美国报告说，根据违反的法律不同，处罚会有所不同，在某些情况下，罚款可能达到被盗用商业秘密价值的三倍。

为了司法经济的利益（缩短法院在相关案件中处理相同或相关问题的时间），一些司法管辖区赋予其法院在刑事诉讼被告因盗用商业秘密而被判有罪时作出民事补偿判决的权力。在这些情况下，法院可能有权发布禁令，禁止进一步使用或披露被告的商业秘密信息；禁止第三方进一步使用或披露商业秘密信息，或下令向商业秘密的所有人支付赔偿。

各经济体在解决这些问题时存在分歧，其中大约一半允许其法院在刑事诉讼中采取这些措施。韩国指出，根据其法律，这些补救措施在民事诉讼中是可能的。

纵观刑事盗用行为，作出回应的 7 个经济体都报告说，在刑事诉讼中，有必要确定被告有盗用的明知或意图，但明知或意图可以从实际情况推断出来。在这种情况下，俄罗斯指出，一个既没有意识到也没有理由意识到其使用行为是违法的商业秘密使用人不承担刑事责任，这包括个人无意或错误地获取商业秘密的情况。作出回应的经济体中，只有一半认为不需要额外的因素来确定犯罪行为。

三个经济体报告说，需要额外条件来证明盗用商业秘密行为是犯罪：

- 中国台北提到盗用商业秘密的盗用者或第三方是为了获取非法利益，或者为了给商业秘密持有人造成损失。

- 日本表示，只有当盗用是为了获得不当利益，或给所有人造成损害时，才构成犯罪。

- 美国指出，根据其刑法，证明盗窃商业秘密需要证明被告：（1）打算将商业秘密转换为所有者以外的其他人的利益；（2）商业秘密涉及用于或企图用于商业的商品或服务；（3）被告知道或意图使该罪行损害商业秘密所有人的利益。经济间谍罪的成立要求证明行为人是在明知或意图造福外国政府的情况下盗窃商业秘密。详细信息请参阅 http：//www. justice. gov/criminal/cybercrime/docs/prosecuting_ip_crimes_manual_2013. pdf.

几乎没有任何经济体通过海关提供盗用商业秘密的救济，尽管印度尼西亚指出海关可以通过法院命令行事。菲律宾指出，“如果受到专利保护”，海关可以采取行动。美国指出，如果特殊条件得到满足，“美国联邦法院可能基于《美国法典》第 19 章第 1337 节提起行政诉讼”。

商业秘密和政府许可

保护商业秘密的另一个重要方面是，当政府要求当事人提交信息时（例如为了监管审查的目的）保护商业秘密程序的有效性。几乎所有的经济体都表示，他们有程序来阻止进一步披露、使用或获取提交给政府的与诉讼或监管审查有关的商业秘密信息，并且类似的规定可用于防止政府披露机密信息，作为商业形成、投资条件和产品注册或认证计划的一部分。

虽然中国香港表示它还没有这样的程序，但它指出："虽然政府方面没有这种机制，但根据每个案件的情况，法院或法庭可能并且可以根据他们认为合适的方式作出适当的命令，以便约束任何人。"

大多数作出回应的经济体表明，他们有防止无意泄露商业秘密的行政程序。韩国表示，向行政机关披露商业秘密的案件很少。

关于政府为保护向其提供的信息的秘密性而可能采取的具体行动类型，各经济体大致均分为两种观点，一种认为行政机关可以仅返还商业秘密信息，而不是将其保留在政府档案中，另一种则相反。美国指出，这种做法可能会被一些机构使用，尽管不是由环境保护局。

企业自然担心行政机关对其商业秘密的保护能力，同时也担心在诉讼过程中法院保护商业秘密信息的能力。后一个问题不仅可能出现在涉及盗用商业秘密的案件中，这种案件的被告可能认为这些信息实际上不是商业秘密，而且还涉及与竞业禁止协议和商业计划有关的案子或与专利、专有技术或工业设计有关的案件。

解决这个问题的一个办法是提供专门的法庭程序（有时称为秘密诉讼程序），法官或其他官员可以在不将这些信息放在法庭记录中的情况下审查商业秘密信息。大多数作出回应的经济体报告说，其法律制度规定了此类程序，并且法院可以下达命令，禁止与诉讼有关的当事方（例如律师、地方法官或法院人员）泄露或使用商业秘密信息。

对测试或其他数据的救济和补偿

当一方认为政府机构未能对该方的测试或其他数据提供保护时，强制执行条款也是必要的。与大多数商业秘密案件不同，在这种情况下，另一方很可能是政府机构或其雇员，或因缺乏保护而受益的第三方。作出回应的 8 个经济体证实，如果一方认为政府机构未能对该方的测试或其他数据提供保护，其法律体系就向该方提供救济和补偿；几乎所有经济体都同意在这种情况下，可以由政府的个人雇员和第三方提供救济和补偿。

- 日本指出，它有可能对未经授权使用受保护的测试或其他数据的农药进行注册的上诉，以及提起民事损害赔偿的可能性。日本法律还规定，对其公职人员泄露秘密予以惩处。如果一方对不公平地使用测试或其他数据负有责任，例如向政府官员提出非法请求或实施欺骗行为，则损害赔偿的民事诉讼也可以用来对抗第三方。
- 新加坡则提供了申诉程序，并且如果情况允许，可以进行司法审查。
- 中国台北指出，其"药事法"第 40－1 条规定，主管机关应当保密为获得营销许可而提交的商业秘密；"商业秘密法"第 9 条第 1 款为公务员制定了保密义务，违反该义务者依照"商业秘密法"第 12 条和第 13－1 条分别承担民事和刑事责任；针对第三方的诉讼则受"商业秘密法"第 12 条和第 13－1 条的规制。
- 菲律宾指出，其法律规定了针对政府机构颁布禁令/法院命令；对政府雇员的民事、刑事和行政诉讼；针对第三方的民事和刑事诉讼。

- 越南通过行政法庭对向政府机构提出的申诉提供行政救济。
- 美国指出，受害方可以向法院申请补偿和/或惩罚性赔偿以及针对该机构、该机构个别雇员和第三方的律师费。

有关执法的一般问题

执法程序的细节往往对执法工作至关重要。收集证据并防止被盗用的商业秘密或测试或其他数据的进一步传播可能需要取证程序。

临时措施：临时措施，即临时禁令、扣押货物或法院其他命令等措施可在全面审理案件之前提供，该措施可用于保存并收集盗用的证据以及防止受害方损失的扩大。在以下情况下，单方面[⑦]（inaudita altera parte）临时措施是十分必要的：如果被告知道将要采取法律措施时证据不易固定（portable）或可能灭失，并且时间十分紧迫以至于在合理的时间内既无法确定被告，也无法通知被告。12 个作出反应的经济体中有 11 个表示其法律制度确实提供了临时措施，俄罗斯明确表示“现行法律规定了临时措施”，12 个经济体中的 10 个表示它们也提供了单方面临时措施。

各经济体也基本上同意临时措施的可用条件，几乎所有的经济体都同意可以使用临时措施来保存证据，并且所有经济体都同意它们可以用来防止商业秘密的泄露。关于单方面临时措施的情况与此类似，作出回应的 9 个经济体都同意这种程序可用于保存证据并防止商业秘密的泄露。

关于临时措施的程序要求，作出回应的经济体中有 6 个报告称，采取临时措施的当事人通常需要提供担保（在采取单方面取临时措施的情况下，8 个经济体中有 6 个认为需要提供担保）。11 个作出回应的经济体中有 9 个要求通知所有当事方临时措施的情况，而这 9 个中有 7 个要求立即通知被告。有趣的是，获得临时救济的时间似乎不仅在各经济体之间有所不同，而且还因所涉案件的类型而有所不同。附录Ⅱ列出了各经济体关于通知要求和获得临时措施时间的回应。

在一般类别的临时救济中，11 个作出回应的经济体中有 9 个报告说其法律制度规定了临时禁令，11 个中的 9 个（尽管不是同一组经济体）表明永久性禁令是可能的，至少这种可能性在法院的自由裁量权之内。以下几个经济体提供了有关其实践的更多信息：

- 中国香港指出：诉中禁令的目的是在审理争议事项之前保留事项（preserve matters）。
- 墨西哥指出：任何因其工作、职业、职务或岗位而从事其专业或业务关系的人有权接触商业秘密，此人已被警告保密，其在无正当理由且未经保密人或其授权用户同意的情况下，禁止泄露商业秘密（《墨西哥工业产权法》第 85 条）。
- 墨西哥还指出，“任何泄露因其职业、职务或岗位而知道或收到的秘密或机密信息行为都是犯罪”（《墨西哥联邦刑法》第 210 条）；或向第三方透露因职业、职务、职责、专业或商业关系而获知的商业秘密；或在知悉商业秘密保密性、获得

---

⑦ 另一方未被审讯。

使用许可后未经商业秘密所有人的同意，为了自己或者第三方的经济利益或为了对秘密所有人造成损害（《墨西哥工业产权法》第223条第Ⅳ）。

• 菲律宾指出，临时禁令被固定为20天，而初步禁令则取决于需要。

• 新加坡表示，通常如果损害赔偿不足以弥补损失，临时禁令“可能在全面审理之前授予，如果在全面审判结束时认定原告败诉，临时禁令将被撤回。”

• 美国指出，在商业秘密存在期间可能会有禁令。禁令可以在任何合理的期限内延长以消除商业优势。

取证程序：在涉及商业秘密的诉讼或者涉及测试或者其他数据的诉讼中，当事人可以启动取证程序至关重要。绝大多数经济体（11个作出回应的经济体中有9个）表示，在商业秘密案件中他们有获取证据的法定程序，而大多数经济体（9个作出回应的经济体中有5个）对涉及测试或其他数据的案件有这样的程序。

对于商业秘密而言，各经济体报告了其法律体系中的细节：

• 智利：申请人可以要求法律规定的法律预防措施。

• 中国香港：诉讼当事人的庭前开示、文件披露和交换证人证词。

• 中国台北：根据“知识产权案件裁决法”第11条，对于当事人或者第三人持有的商业秘密存在下列情形之一的，法院可以在该当事人或者第三人提供初步证明时，向对方、代理人、诉讼助理或者其他相关方签发保密保存令：

1. 当事人诉状的内容披露自己的商业秘密或第三方的商业秘密，或已经或将要提出的证据涉及一方或第三方的商业秘密。

2. 对发现或使用的限制是必要的，以防止对前款所述商业秘密的发现或使用，是为了与本案有关的其他目的，并且对因泄露商业秘密而对缔约方或第三方的经营造成的妨碍存在担忧。

前款规定不适用于通过前述第1款规定的以文件审查或取证以外的方式取得或者拥有该商业秘密的对方、代理人、诉讼助理或者其他关联方。

受保密保全令限制的人不得将商业秘密用于与案件无关的目的，也不应向不受该命令约束的人披露该商业秘密。

• 马来西亚：根据1980年《马来西亚高等法院规则》和《马来西亚民事诉讼法》以及《马来西亚证据法》。

• 菲律宾：法院不能强迫当事人披露商业秘密/或者适用开示模式。披露并提交商业秘密/数据作为证据由各方自行决定。法庭有权酌情禁止审判/听证公开。

• 俄罗斯：法院在诉讼中有保护商业秘密的程序。

• 越南：根据《越南民事诉讼法》(2004）第94条，以下情况下要求个人、机构和/或组织提供证据：

“1. 如果采取必要措施收集证据的相关方仍然无法自行收集，他们可以要求法院收集证据，以确保妥善解决民事案件和/或问题。

2. 要求法院收集证据的当事人应当在书面申请中明确说明要证明的要点，要收集的证据，不能自行收集证据的理由；管理或保存需要收集的证据的个人、机构或组织的全名和地址。

3. 法院可以直接或书面要求管理保存证据的个人、机构或组织提供这些证据。管理或保存此类证据的个人、机构或组织应有责任在收到请求之日起 15 日内按照法院要求全面、及时提供证据。”

虽然大多数作出回应的经济体都表示他们有涉及商业秘密案件取证的法律程序，但在测试或其他数据方面的回应居多。绝大多数作出回应的经济体（8 个中有 5 个）表示，他们在涉及使用或依赖测试或其他数据的情况下有合法程序获取证据。中国香港指出其程序包括：庭前公示（pre – trial discovery），文件披露以及诉讼各方交换证人证词。马来西亚指出，其程序规定于 1980 年《马来西亚高等法院规则》和《马来西亚民事诉讼法》以及《马来西亚证据法》。

诉中商业秘密保护：几乎所有作出回应的经济体（12 个中有 11 个）都有程序来保护诉讼中的商业秘密。俄罗斯指出，“法院可以根据《俄罗斯联邦仲裁程序法》第 64 条聘请专家审理商业秘密案件和其他证据。”菲律宾指出，“法院不能强迫当事人披露商业秘密”，且不适用“开示模式”，“是否披露并提交商业秘密/数据作为证据由各方决定”。

在诉讼中使用专家：涉及技术问题的案件的证据可能很复杂，法院和当事方往往会求助于专家来解释事实。但是，专家审查商业秘密信息或测试或其他数据必然涉及披露。因此，在涉及商业秘密案件中制定专家使用程序至关重要。在绝大多数作出回应的经济体中（12 个中有 11 个），法院允许在商业秘密案件中使用专家，并且在绝大多数情况下（9 个作出回应经济体中有 7 个），法院允许在涉及测试或其他数据的案件中使用专家。一些经济体提供了有关其实践的更多信息：

• 中国香港指出，使用专家的能力取决于每个案件的情况。

• 日本认为，专家的使用不是法律规定的。

• 中国台北提及其“商业秘密法”第 9 条第 2 款：任何当事方、当事方代表、辩护律师、专家证人、证人以及与案件有关的其他当事人均不得在无正当理由的情况下使用或披露任何通过司法调查或诉讼而知道或获得的他人的商业秘密。

• 马来西亚指出，使用专家需符合 1980 年《马来西亚高等法院规则》和《马来西亚民事诉讼法》及其《马来西亚证据法》。

• 俄罗斯表示，法院可以根据《俄罗斯联邦仲裁程序法》第 64 条的规定，聘请商业秘密案件的专家以及使用其他形式的证据。

• 越南提到其民事诉讼法（2004 年）第 13 条（民事诉讼执行机构的责任和人员）：

“1. 民事诉讼执行机构和人员必须尊重人民，接受人民群众的监督。

2. 民事诉讼执行机构和人员在执行任务和行使权力时应负法律责任。当民事诉讼行为人实施了违反法律的行为，应当根据违规行为的性质和严重程度依法追究他们的刑事责任。

3. 民事诉讼执行机构和人员必须依法保守国家秘密、工作机密，保持经济良好的风俗习惯，根据当事人的合法要求保守相关方的专业秘密、商业秘密和个人隐私。

4. 如果因民事诉讼执行人员实施非法行为，对个人、机构或/和组织造成损害，法院必须向被害人支付损害赔偿金，民事诉讼执行人员应当依法向法院赔偿。”

菲律宾指出，为确保专家对秘密信息的保护，法院有不公开审理或听证的自由裁量权；新加坡提到其法院可能会采用保密承诺方式；而美国提到了法官进行不公开审理的可能性。

关于使用外国专家，马来西亚和中国台北表示，只要法院批准使用外国专家，双方可以提供外国专家的信息，而美国则回应说，当事方可以提供外国专家的信息，只要法院批准使用外国专家。

国民待遇：从事国际贸易的公司面临的一个关键问题是，他们是否会得到与国内企业相同的待遇。11 个作出回应的经济体都表明，在对商业秘密的民事或刑事强制执行方面，外国当事人享有与国民相同的待遇。同样，作出回应的 6 个经济体都同意，就涉及保护测试或其他数据的侵权行为，外国当事人享有与国民相同的待遇，有权提起民事诉讼或刑事申诉。俄罗斯指出：“就针对侵犯商业秘密的行为提起民事诉讼或刑事申诉而言，外国公民与俄罗斯联邦公民适用同样的程序。”

涉及商业秘密案件的经验：大多数经济体表示，无论是通过政府机构还是法院，他们对处理商业秘密案件的经验相对有限。香港指出，它没有相关统计。韩民报告称：“2012 年，大约有 240 例（民刑各 120 例）。”

建　议

在所有经济体中启用保护

根据参与调查的经济体反馈的调查问卷，似乎在所有经济体中采取保护措施是有效的，同时确保每个经济体所希望的为商业秘密提供保护措施，以及测试或者其他具备相应技术性能的数据。巴布亚新几内亚对受到技术援助以帮助其制定一个保护商业秘密的法律框架已经表示出兴趣。由于只有约三分之二的 APEC 经济体反馈了调查问卷，因此可能还有其他的经济体会对相同类型的援助措施感兴趣。

讨论实践中的变化

由于一家企业可能在多个 APEC 经济体中运作，因此更具一致性的商业秘密保护措施可以让企业以更低的花费更有效地使用商业秘密。虽然 APEC 经济体在实践中存在相当大的差异，但保护商业秘密、测试以及其他数据方面的差异可能是有价值的讨论主题。感兴趣的主题可能包括以下问题：

- 确立商业秘密所需的条件。例如，大约三分之二的经济体承认口头协议是确立保密要求的一种手段，并且诸如标志、警告或其他的预防措施几乎是所有国家都承认的限制获得商业秘密的实际措施。

- 贸易保密的例外条件是或应该被承认。约三分之二的经济体有所响应，并承认这种例外情况是“反向工程”，但对于是否有例外情况几乎没有一致意见。例如，当信息失去了保密性或被一方当事人披露，导致接收人已经知晓了秘密信息。这可以从保密协议当事双方以及保护信息不被披露的政府的角度来解决。

- 刑事起诉是否适用于商业秘密盗用。与处理其他涉及未经授权的财产的非法行为相比，可能需要从经济层面考虑对盗用行为的处理。
- 什么类型的行为可能导致测试数据或其他类型数据的不正当商业使用，尤其是间接使用，以及可能在这个类别下被禁止的行为类型。
- 临时措施的有效性及其适用条件。

商业秘密保护和制止侵权执法最佳实践*

TAIP 小组（译）

介绍

APEC 经济体致力于推动创新，并认识到有效、均衡的商业秘密保护及执法方案，对防止商业秘密盗用、创新和投资所起到的作用。商业秘密是企业知识产权体系的组成要素，并且可以推动 APEC 经济体的经济、创新的发展和社会政策目标的实现。鉴于商业秘密在许多行业中发挥着重要作用，2014 年 APEC 领导人会议指出“创新是经济增长的一项重要手段”，同意“创建有利于创新的整体环境”，包括“尊重知识产权和商业秘密。”同年，APEC 部长们“重申”知识产权作为鼓励创造和创新的激励措施，并重申对知识产权加强保护和执法的承诺，包括商业秘密。部长们也认可知识产权专家组在保护商业秘密方面取得的成果。2015 年 1 月在菲律宾克拉克举行的会议上，IPEG 发布了四卷题目为“APEC 经济体的商业秘密保护”的报告，并表示 IPEG 成员在闭会期间，该报告将“作为进一步行动的参考，以确定最佳实践方案，这种实践方案将是未来 IPEG 成员讨论的主题”。

商业秘密推动创新、中小微企业的发展

对于一些企业，商业秘密可能构成其最重要的知识产权资产。这与企业的规模、企业是在发展中经济还是在发达经济中经营无关。作为对其他形式知识产权保护的补充，中小微企业可能尤其依赖商业秘密来保持竞争地位，获取融资，并融入全球供应链。虽然商业秘密保护并不确保持有者具有专有权，但许多政府通过提供法律补救措施来防止以违反诚实商业惯例、未经授权的方式获取、使用或披露。商业秘密的有效保护对中小微企业特别重要，与大型企业相比，中小微企业可能更易受到不正当影响，且难以从中恢复。

最佳实践方案

由于各国的法律传统各不相同，APEC 不同经济体的商业秘密保护和执法的有效

---

* 本文原文参见：https：//ustr. gov/sites/default/files/11202016 – US – Best – Practices – Trade – Secrets. pdf，最后访问时间：2024 年 3 月 8 日。——译者

实施方案可能有所不同。同样，是否实施民法或者民法典、法令、侵权法、合同法、不正当竞争法和/或刑法的执法效果也不同。

根据《APEC 经济体的商业秘密保护》报告中反映的大多数 APEC 经济体采用的实践方案，以及经济合作和发展组织、私营部门等主体发布的引人注意的报告，APEC 经济体确定了以下八项保护商业秘密和打击商业秘密盗用行为的最佳实践方案。作为制定良好政策的有力工具，这些建议不具有强制约束力，是自愿性的，并且不影响经济体在世界贸易组织和其他区域中进行双边和多边谈判的立场。APEC 经济体也注意到保护专利和其他鼓励公开披露的知识产权的好处。在商业秘密保护中，鼓励采用以下最佳实践方案：

1. 权利声明。允许广泛的合法持有商业秘密的自然人和法人声明商业秘密保护权利，并主张反对商业秘密的盗用，包括正式组织的营利性企业和非政府组织。

2. 范围。根据 TRIPS 第 39 条的规定，只要信息仍然具有商业价值并且在保密情况下，允许合法持有商业秘密的自然人或法人在这种情况下采取合理步骤，使信息处于保密状态保护秘密信息，这些信息作为一个整体或者具体框架、组成零件，该信息一般是不被圈内通常处理科学、技术和商业信息的人获知或接触，其中可能包括商业计划、客户名单和偏好以及供应渠道。APEC 采取该方案的经济体，可能是希望解释早期研究和开发的成果，在适当情况下也可以作为商业秘密实施保护。

3. 确定性和可预测性。为了提供更大的确定性和可预测性，解决各自法律体系中对于合约安排、书面禁止披露合同、员工协议和其他途径，缺乏明确性的问题，增加保护商业秘密的责任。APEC 有的经济体尚未采取该方案，可能希望禁止披露义务可以超出雇用期限。

4. 责任。根据适用的国家法律，允许商业秘密侵权在对应情况下将引起民事和刑事责任。在规定民事责任时，可能会考虑各种法律概念，例如合同违约、违反信任、构成不公平竞争行为和侵权行为。在规定刑事责任时，应该考虑到故意侵犯商业秘密可能会出现的各种情况，尤其是出于商业利益，包括盗窃、欺诈、以物理或电子入侵盗用以实现非法目的。APEC 经济体也应该认识到，侵犯商业秘密可能涉及国内外的自然人和法人。

5. 针对法律索赔的抗辩。为遭到商业秘密侵权索赔的自然人或法人提供法律辩护，包括但不一定限于以下情况：

a. 反向工程师合法途径获得的项目；

b. 独立发现被称为商业秘密信息；

c. 以合法的方式从第三方获取商业秘密信息，并且不承担保密义务或不知道该信息属于商业机密；

d. 受适当豁免权保护，如为了提供违法证据、采取措施保护善意合法披露。

6. 救济途径。在民事执法程序中，授予自然人和法人有效的救济途径，包括在适当情况下的补偿性/惩罚性损害赔偿、禁令救济；采取临时救济措施防止商业秘密受到威胁或泄露，包括竞业限制或其他防止进一步使用、泄露或盗用的命令；扣押货物、销毁材料，以及防止侵权的一方获得收益的潜在可能性。在刑事执法或其他诉讼中，救济途径和处罚可能包括在适当的情况下实施惩罚性罚款、刑罚、没收资产和犯罪收益。

7. 程序措施。在商业秘密侵权案件执法程序中，规定：

a. 利害关系方可以明确区分管辖不同类型的商业秘密纠纷的法院或其他机构，包括可能违反禁止披露义务、雇佣和其他协议要求等情形；

b. 在适当的情况下，获得证据和资产保全令，以及其他提供初步禁令救济的命令；

c. 民事和刑事执法程序中具有获取证据的程序，其中包括在适当的情况下，允许搜查保留和获取证据的机制，强迫拒绝提供证据的一方当事人提供证据的手段，并对不合作方施加不利后果；

d. 商业秘密在执行程序中可能会受到保护，例如通过使用保护令和限制获取敏感信息的措施。

e. 专家证人可以出现在诉讼程序中。

8. 当政府要求提交商业秘密以进行调查、监管或为政府机构的其他行为时，[①] 应通过采取书面措施，有效地加强防止商业秘密进一步披露的保护，这些措施包括：

a. 限制必要的机密信息的提交，以满足政府有关行为所必需的信息为限；

b. 限制政府人员获取机密信息；

c. 提供管理和保护机密信息的程序；

d. 为寻求豁免披露的人员提供申请程序，并提供一种质疑披露的机制。

① 注：需要明确的一点，本段所建议的目的是在未来政府部门调查、监管或者其他行为中，加强对商业秘密的保护，但不能违背 TRIPS 协议第 39.3 条的义务。这些建议同样不能作为本段第 c 项和第 d 项关于合理执法目的，和/或根据法律或者法院令而执行的合理免除理由。